Sackmann
das Lehrbuch für die Meisterprüfung

Teil III

41. Auflage

Handlungsfeld 1:
Wettbewerbsfähigkeit von Unternehmen beurteilen

Handlungsfeld 2:
Gründungs- und Übernahmeaktivitäten vorbereiten, durchführen und bewerten

Handlungsfeld 3:
Unternehmensführungsstrategien entwickeln

Autoren:
Dipl.-Kffr. Regina Bernasch-Lieber, Dipl.-Ök. Martin Borgmann, Dipl.-Finw. (FH) Holger Busch, Dr. Helmar Franz, Dipl.-Ök. Frank Jäger, Dipl.-Kffr. Katrin Koch, Matthias Kurz, Dipl.-Kffr. Elke Lamprea, Dipl.-Ing. Dorrit Mai, Dietmar Michalek-Riehl, Dr. Gerhard Müller, Dipl.-Betriebsw. Eckhard Nikolaizig, Dipl.-Ing. (FH) Harry Nöthe, Dipl.-Volksw. Rainer Nolten, RA Dominik Ostendorf, Dipl.-Hdl. Rolf Richard Rehbold, Dipl.-Betriebsw. Günter Schlenke, Gabriele Schöne-Sobolewski, Dipl.-Oec. Martina Seifarth, Gerd Sobolewski, RA Matthias Steinbild, Dipl.-Kfm. Werner Stephany, Volker Thienenkamp, StR Wolfgang Weihrauch

Verlagsanstalt Handwerk

Sackmann – das Lehrbuch für die Meisterprüfung
ISBN 978-3-86950-260-1 (Teil III und IV)

Teil III – mit Lernportal
HF 1: Wettbewerbsfähigkeit von Unternehmen beurteilen
HF 2: Gründungs- und Übernahmeaktivitäten vorbereiten, durchführen und bewerten
HF 3: Unternehmensführungsstrategien entwickeln
41., korrigierte Auflage
ISBN 978-3-86950-259-5 (Teil III)

Teil IV
Berufs- und Arbeitspädagogik, Ausbildung der Ausbilder; mit CD-ROM
41. Auflage
ISBN 978-3-86950-187-1 (Teil IV)

FSC www.fsc.org MIX Aus verantwortungsvollen Quellen FSC® C010135

Wir danken Regina Bernasch-Lieber, Prof. Dr. Detlef Buschfeld, Astrid Gähring, Anke Köhn, Rolf Richard Rehbold und Wolfgang Weihrauch für die Unterstützung bei der Neukonzeption dieses Lehrbuchs. Sie erarbeiteten die Musterbetriebe und die Einstiegsbeispiele zum Kapitelauftakt.

Lektorat und Herstellung:
Martina Burkert, Karin Färber-Kersten, Brigitte Henze, Barbara Schnell
Layout: Bärbel Bereth
Satz: Reemers Publishing Services GmbH
Foto: © Alexander Raths - Fotolia.com

Verlagsanstalt Handwerk

Verlagsanstalt Handwerk GmbH
Auf'm Tetelberg 7, 40221 Düsseldorf
Tel.: 0211 / 39098-0, Fax: 0211 / 39098-70
E-Mail: info@verlagsanstalt-handwerk.de
Internet: www.verlagsanstalt-handwerk.de

Neu – das Sackmann-Lernportal

kostenfreies Lernportal

Der Sackmann geht neue Wege bei der Vorbereitung auf Teil III der Meisterprüfung. Mit der 41. Auflage des Sackmann Teil III erhalten Sie zusammen mit dem Lehrbuch einen Zugang zu einem kostenfreien Online-Lernportal. Im Lernportal können Sie viele Inhalte des Lehrbuchs sofort anwenden, ausprobieren und vertiefen. Damit können Sie unmittelbar überprüfen, ob Sie Lerninhalte verstanden haben und praktisch umsetzen können.

Im Internet gelangen Sie unter

Internetadresse

www.sackmann-lernportal.de

auf die Startseite mit dem Login.

Öffnen Sie bei Ihrem ersten Besuch zunächst den Bereich „Kursteilnehmer" und informieren sich über Struktur, Inhalte, Navigation und wichtige Details.

Zugangsnummer

Tragen Sie danach in das Login-Feld Ihre individuelle Zugangsnummer ein. Sie lautet:

0F60AB251-D

Login

Unter dem Login finden Sie ein Auswahlmenü. Dort können Sie sich Ihrer Handwerkskammer zuordnen, bei der Sie Ihre Prüfung ablegen werden. Diese Zuordnung ist freiwillig und führt Sie zu weiteren Informationen der Handwerkskammer – vorausgesetzt, Ihre zuständige Handwerkskammer ist im Auswahlmenü aufgeführt.

Sie können sich selbstverständlich aber auch ohne Kammerzuordnung frei im Lernportal bewegen und haben Zugang zu allen Inhaltsseiten. Eine Registrierung unter Ihrem Namen ist nicht erforderlich.

Die Struktur im Lernportal folgt der Gliederung im Lehrbuch, sodass Sie sich einfach orientieren können. Über den Reiter „Handlungsfelder" bestimmen Sie, ob Sie sich im Handlungsfeld (HF) 1, 2 oder 3 umsehen möchten. In der Navigation links können Sie anschließend das jeweilige Kapitel anklicken.

interaktive Aufgaben

Dort finden Sie zunächst eine Übersicht und anschließend eine Vielzahl unterschiedlicher interaktiver Aufgaben, animierter Grafiken, Tabellen zum Rechnen, Formulare zum Ausfüllen, Auszüge aus Gesetzestexten, weiterführende Links und vieles mehr. Zu jedem Thema kann es ganz unterschiedliche interaktive Materialien geben. Am Ende jeder Lernsituation können Sie einen kleinen Test durchlaufen.

Zusatzangebot Die Unterlagen im Lernportal stellen ein zusätzliches Angebot dar, das Sie dabei unterstützt, Ihre Kompetenzen zu verbessern und Ihr Wissen praktisch anzuwenden. Sie werden in jedem Fall viele zusätzliche Tipps und ein tieferes Verständnis für Zusammenhänge erhalten. Selbstverständlich können Sie nach wie vor ausschließlich mit dem Lehrbuch lernen und sich auf die Prüfung vorbereiten.

News Auf der Newsseite des Lernportals werden Sie ständig informiert, was sich Neues im Lernportal getan hat oder wenn beispielsweise gesetzliche Änderungen wirksam werden, die im Rahmen Ihres Kurses von größerer Bedeutung sind. Es lohnt sich daher in jedem Fall, das Sackmann-Lernportal regelmäßig zu besuchen!

Der Zugriff auf das Lernportal steht Ihnen für eine Kursdauer von maximal 18 Monaten zur Verfügung.

Prüfungen Ein wichtiger Hinweis: Jede Handwerkskammer entscheidet individuell, wie die Prüfung für den Teil III aussieht, wie viele und welche Art von Fragen gestellt werden usw. Daher dient alles, was Sie im Lernportal finden, nur der Übung und erfüllt nicht den Anspruch, so oder ähnlich in Ihrer Kammer geprüft zu werden. Jeglicher Rechtsanspruch ist daher ausgeschlossen.

Das Sackmann-Lernportal wird ständig erweitert und weiterentwickelt. Daher ist uns Ihre Meinung sehr wichtig. Schreiben Sie uns, was Ihnen gefällt, was wir besser machen können, was Sie vermissen.

Kontakt Nehmen Sie Kontakt mit uns auf, per Mail (info@verlagsanstalt-handwerk.de) oder telefonisch unter 02 11/390 98-44.

Es versteht sich natürlich von selbst, dass wir zu Prüfungsfragen oder Prüfungsmodalitäten keinerlei Auskünfte geben.

Besuchen Sie auch unsere Website unter www.verlagsanstalt-handwerk.de und informieren sich unter www.vh-buchshop.de in unserem Online-Buchshop über weitere Fachliteratur fürs Handwerk.

Juni 2013

Verlagsanstalt Handwerk GmbH

Inhalt

Handlungsfeld 1: Wettbewerbsfähigkeit von Unternehmen beurteilen

Handlungsfeld 3: Unternehmensführungsstrategien entwickeln

Einführung

Die Meisterprüfung ist ein markantes Aushängeschild des deutschen Handwerks und ein wichtiger Karriereschritt auf Ihrem Weg in die Selbständigkeit oder eine entsprechende Führungsposition. Vorbereitung und Prüfung folgen modernen Leitlinien und Zielsetzungen beruflicher Bildungspolitik. Dieser Anspruch wird durch eine grundlegende Neuordnung des Teils III in der Allgemeinen Meisterprüfungsverordnung vom 26.10. 2011 erfüllt. Entsprechend folgt die überarbeitete 41. Auflage des Sackmanns dem neuen Rahmenlehrplan für die Meistervorbereitung.

Die Leitlinien der beruflichen Bildung lassen sich aktuell an zwei Kernpunkten festmachen: der Handlungs- und der Kompetenzorientierung.

Handlungsorientierung

- Die Meisterprüfungsverordnung orientiert sich an Handlungen, speziell an unternehmerischem Handeln im Wettbewerb, wie dies von Selbstständigen ebenso wie von Mitarbeitern mit Führungsaufgaben erwartet wird.
- Dabei folgen sie klaren Regeln: Sie analysieren die Situation, denken und planen verschiedene Wunschvorstellungen für die Zukunft, wägen Handlungsalternativen ab und führen mindestens eine davon konsequent aus. Und am Ende des Tages, des Quartals oder des Jahres kontrollieren sie die Ergebnisse, analysieren erneut und passen ihre Planungen an usw. Planung, Ausführung und Kontrolle - für verantwortlich tätige Menschen ist dieser sich wiederholende Zusammenhang ein wichtiges Prinzip.
- Sie finden es in der Verordnung und daher auch in diesem Lehrbuch. Es geht nicht mehr um die reine Reproduktion von Wissen. Es geht darum, grundlegendes Wissen anzuwenden, d.h. Wissen in Handlungen zu übersetzen. Dieses Ziel soll durch das Lernportal mit seinen vielseitigen ergänzenden Aufgaben und Materialien unterstützt werden.

Kompetenzen

- Die Meisterprüfungsverordnung benennt Kompetenzen. Kompetenzen beschreiben die Fähigkeiten, die Menschen zur Erfüllung ihrer Aufgaben brauchen.
- Auch Unternehmertum und damit die Fähigkeiten, die unternehmerisches Handeln und dessen Erfolg auszeichnen, sind erlernbar. Die neue Meisterprüfungsverordnung für Teil III strukturiert typische Unternehmer-Situationen und folgt dabei dem Lebenszyklus eines Unternehmens. Unternehmen werden gegründet oder übernommen, geführt und weiter entwickelt.

Handlungsfeld 1

Damit sich angehende Meister zunächst ein Bild von den unternehmerischen Aufgaben machen können, vermittelt Handlungsfeld 1 (HF 1) einen Einblick in die Handlungen, die einen Handwerksbetrieb wettbewerbsfähig machen.

Mit der Beurteilung der Wettbewerbsfähigkeit eines Unternehmens erfolgt der Einstieg in die Unternehmenswelt und deren vielfältige Aufgaben.

Handlungsfeld 2

Nach diesem generellen Überblick folgt in Handlungsfeld 2 (HF 2) die Gründung oder Übernahme eines Unternehmens. Und richtig, auch hier ist die (künftige) Wettbewerbsfähigkeit zu analysieren. Bereits in diesem Handlungsfeld lässt sich das Wissen anwenden, welches in HF 1 erlernt worden ist. Darüber hinaus werden Planungen konkretisiert.

Handlungsfeld 3

In Handlungsfeld 3 (HF 3) wird beides angewendet, nämlich Analyse und Planung bzw. Steuerung und Kontrolle als unternehmerische Aufgaben miteinander wiederkehrend in einer Strategie zu verbinden. Unternehmerisch handelnde Menschen sind gut beraten, weit über den Tag hinaus zu blicken und auch ein gerade gut laufendes Tagesgeschäft kritisch mit Blick auf die Zukunft zu prüfen. Dies in Grundzügen zu lernen ist eine wichtige Aufgabe der Vorbereitung auf die Meisterprüfung.

Einstieg über Alltagssituationen

Um das in einem Lehrbuch zu vermittelnde Wissen mit der Praxis im Betrieb zu verknüpfen, werden alle Themenfelder durch die Schilderung realistischer Alltagssituationen eingeleitet. Sie bilden den Rahmen für das Wissen, sollen deutlich machen, wozu die Fakten, Begriffe, Rechenwege und all die anderen Erläuterungen letztlich gut sein sollen: zur Beantwortung praktischer Fragen, zu Lösungen unternehmerischer Problemstellungen. Diese Beispiele handwerklicher Tätigkeitsbereiche ziehen sich als roter Faden durch das gesamte Lehrbuch und lassen Fachwissen anschaulich werden.

Online-Lernportal

Die Orientierung an unternehmerischen Handlungen führt dazu, dass fachsystematische Themen in verschiedenen Kapiteln unter einer jeweils veränderten Perspektive behandelt werden. Kompetenzen und das dafür erforderliche Wissen werden immer genau dort vermittelt, wo sie zur Bewältigung der gerade anstehenden unternehmerischen Aufgabe gebraucht werden.

Querverweise sind daher unentbehrlich und überall im Lehrbuch zu finden, um Zusammenhänge deutlich zu machen. Folgen Sie ihnen und Sie werden von Handlungsfeld zu Handlungsfeld tiefer in die einzelnen Themen einsteigen.

Dieses Lehrbuch folgt einem ganz neuen Konzept und unser Ziel ist natürlich, dass es sich in der Vorbereitung auf die Meisterprüfung gut bewährt. Deshalb sind wir auf Hinweise, Kritik und Anregungen angewiesen, um den Inhalt kontinuierlich zu verbessern.

E-Mail: Am einfachsten erreichen Sie uns per E-Mail unter folgenden Adressen:

Burkert@verlagsanstalt-handwerk.de (Martina Burkert)
Faerber@verlagsanstalt-handwerk.de (Karin Färber-Kersten)
Henze@verlagsanstalt-handwerk.de (Brigitte Henze)
Schnell@verlagsanstalt-handwerk.de (Barbara Schnell)

Wir wünschen Ihnen viel Erfolg auf dem Weg zum erfolgreichen Meistertitel.

Juni 2013
Verlagsanstalt Handwerk GmbH und das Autorenteam

Handlungsfeld 1: Wettbewerbsfähigkeit von Unternehmen beurteilen

Unternehmensziele analysieren und in ein Unternehmenszielsystem einordnen

A

Auf dem Weg zur Baustelle legen Malermeister Ralf Weiss und Geselle Peter Braun einen Zwischenstopp in ihrer Lieblingsbäckerei ein, um gemeinsam die Frühstückspause zu verbringen. Vor ihnen auf dem Tisch liegt eine Zeitung mit der Schlagzeile „Innere Kündigung - 20 % der Deutschen schieben Dienst nach Vorschrift".

„Wissen Sie, Chef", sagt Peter Braun nachdenklich, „ich arbeite wirklich gern für Sie."

Ralf Weiss lacht. „Und wieso ist das so?"

„Na, anderen Chefs geht es doch nur um den Gewinn. Bei Ihnen ist das anders. Bei Ihnen sind auch die Mitarbeiter und die Kunden wichtig."

Ralf Weiss denkt einen Moment nach. „Aber natürlich ist es wichtig, dass unser Unternehmen Gewinn erwirtschaftet - ohne Gewinn kein Unternehmen und damit auch keine Arbeitsplätze! Aber du hast schon recht, dass es auch andere Ziele gibt, die aber letztlich alle dazu dienen, den Erfolg des Unternehmens zu sichern. Kundenzufriedenheit ist zum Beispiel so ein Ziel. Wenn Kunden zufrieden sind, sprechen sie uns immer wieder an und empfehlen uns weiter. Und das sichert wiederum unsere Existenz. Oder denk einmal an unser Qualitätsbewusstsein: Nur gute Mitarbeiter, die motiviert arbeiten und mitdenken, erbringen die hochwertige Arbeitsleistung, die uns im Wettbewerb bestehen lässt."

1 Unternehmensziele

Anhand von Zielen kann der Unternehmer seine Unternehmensaktivitäten planen, durchführen und kontrollieren. Ziele werden i.d.R. von der Unternehmensführung festgelegt. Sie können sich auf ganz unterschiedliche Inhalte wie z.B. die Steigerung von Umsatz und Gewinn, die Reduzierung von Kosten oder auch die Verbesserung von Qualität und Service beziehen.

Zielbildung

Ziele werden meist unter Einbezug einer Unternehmensvision entwickelt. Die Unternehmensvision beschreibt ein Bild des Unternehmens in der Zukunft. Der Unternehmer überlegt in diesem Zusammenhang was er mit seinem Unternehmen in den nächsten Jahren erreichen will und was das Unternehmen einzigartig macht.

Beispiel: Malermeister Ralf Weiss hat die Unternehmensvision, dass sein Betrieb im Ort als Erstes genannt wird, wenn es um Zuverlässigkeit und gute Leistung im Malerhandwerk geht. Neben der Gewinnerzielungsabsicht zählen deshalb Qualitätsbewusstsein und Kundenzufriedenheit zu den wichtigsten Zielen in seinem Unternehmen.

Wesentliche ökonomische Ziele sind z.B. Erfolgsziele und Finanzziele. Im Handwerk spielen jedoch auch Sozialziele (Mitarbeiterziele) und Kundenziele eine wichtige Rolle.

Unternehmensziele im Handwerk

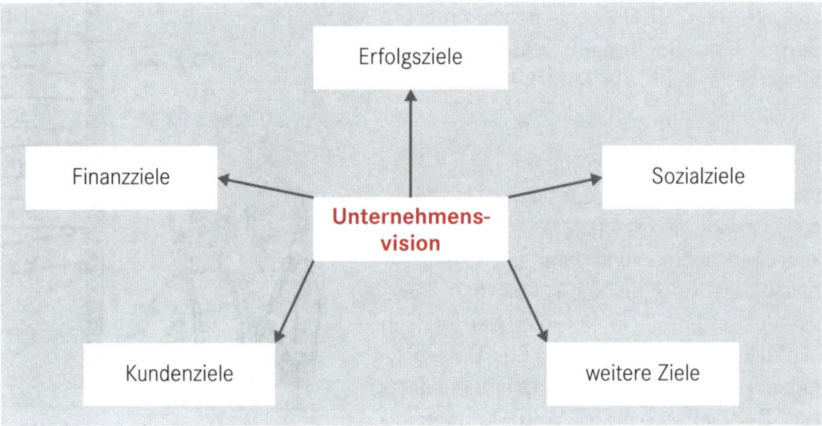

Um zu einem späteren Zeitpunkt überprüfen zu können, ob ein Ziel erreicht wurde, muss es bestimmten Anforderungen genügen. Dazu gehört, dass es messbar ist und Inhalt und Zeitpunkt, zu dem es erreicht werden soll, klar definiert sind.

Beispiel: Malermeister Weiss möchte, dass im nächsten Jahr mindestens 50 neue Kunden über Empfehlungen zu ihm kommen. Damit ist das Ziel klar definiert. Als Zeitpunkt der Messung ist das Ende des nächsten Jahres definiert. Die Messbarkeit ist durch die festgelegte Zahl von 50 Kunden gegeben. Wichtig für die Überprüfung ist zusätzlich, dass jeder neue Kunde befragt wird, wie er auf den Malerbetrieb Weiss aufmerksam geworden ist.

Zielbestandteile

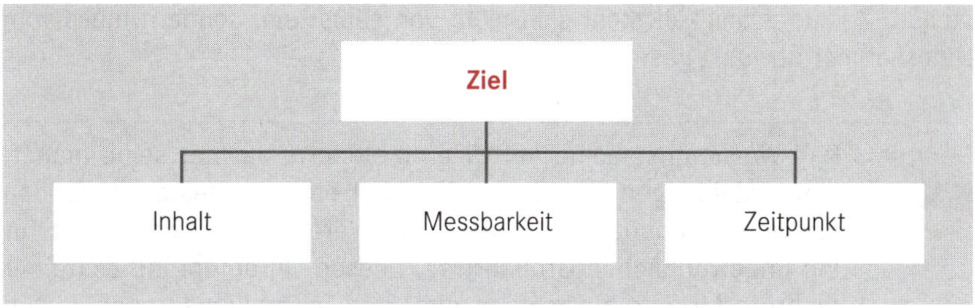

Ziele müssen einen klar definierten Inhalt haben, messbar und zeitpunktbezogen sein. Je eindeutiger das Ziel formuliert ist, desto besser ist eine Kontrolle der Zielerreichung möglich.

1.1 Erfolgsziele

Als Erfolgsziele im weitesten Sinn gelten Ziele, die für das wirtschaftliche Überleben eines Unternehmens unmittelbar von Belang sind.

Gewinnerzielung

Oberstes Ziel eines jeden wirtschaftlich ausgerichteten Unternehmens ist es, dauerhaft Gewinn zu erzielen. Gewinnerzielung gehört daher auch zu den wichtigsten Erfolgszielen.

Umsatzsteigerung

Hieraus ergeben sich weitere Erfolgsziele. Um Gewinn zu generieren, ist es notwendig, Umsatzerlöse zu erwirtschaften. Dies unter der Bedingung, dass die hierbei entstehenden Kosten geringer als die Erlöse sind. Die Steigerung des Umsatzes bei gleichzeitig niedrigen Kosten für Material und Personal stellt also ein weiteres mögliches Erfolgsziel dar.

Darüber hinaus werden unter Erfolgszielen aber auch die Sicherung der Auslastung oder die Rentabilität eines Betriebes verstanden.

Erfolgsziele beziehen sich auf den wirtschaftlichen Erfolg und das langfristige Bestehen eines Unternehmens am Markt.

1.2 Finanzziele

Sicherung der Liquidität

Für jedes Unternehmen ist es von zentraler Bedeutung, über ausreichend Geldmittel zu verfügen, um Verbindlichkeiten (Schulden) termingerecht zu begleichen. Die Sicherung der Liquidität (Zahlungsfähigkeit) zählt daher zu den wichtigsten Finanzzielen.

Ein Unternehmen gilt dann als liquide, wenn es seine kurzfristigen Verbindlichkeiten durch flüssige Mittel begleichen kann. Besonders wichtig ist hierbei, dass die finanziellen Mittel bei Fälligkeit der Verbindlichkeit zur Verfügung stehen. Zahlungsfähigkeit stellt sich nicht von selbst ein, sondern muss vom Unternehmer bewusst gesteuert werden.

Beispiel: Ralf Weiss muss seine Aufträge so steuern, dass er seine monatlichen Zahlungen für Strom, Personal etc. aus seinen laufenden Einnahmen finanzieren kann. Daher vereinbart er bei einem für ihn ungewöhnlichen Großauftrag, dessen Durchführung sich über mehrere Monate hinzieht, regelmäßige Teilzahlungen nach Fertigstellungsfortschritt.

Kreditwürdigkeit

Weitere Finanzziele beziehen sich z.B. auf den Erhalt der Kreditwürdigkeit oder auch die Bildung von Rücklagen.

Finanzziele dienen dazu, die Finanzierung und Liquidität eines Unternehmens zu sichern.

1.3 Sozialziele

Während bei Großunternehmen meist Erfolgs- und Finanzziele im Vordergrund stehen, sind Sozialziele insbesondere bei kleinen und mittleren Handwerksbetrieben ein wesentlicher Schlüssel zum Erfolg.

gute Arbeitsbedingungen

Sozialziele beschreiben dabei das angestrebte Verhältnis des Unternehmens gegenüber seinen Mitarbeitern. Im engeren Sinn zählen hierzu das Arbeitsverhältnis einschließlich Sozialleistungen, die Sicherung von Arbeitsplätzen, angemessene Bezahlung, ausreichender Arbeitsschutz etc. Auch die Mitarbeitermotivation kann ein Sozialziel sein. Denn im Handwerk, wo die eigentliche Leistung nicht durch Maschinen, sondern durch Menschen erbracht wird, hängt der wirtschaftliche Erfolg entscheidend von motivierten Mitarbeitern ab.

Beispiel: Peter Braun hat ein gutes Verhältnis zu seinem Chef und arbeitet gerne für ihn, weil er weiß, dass ihm die Mitarbeiter wichtig sind. Schließlich legt Ralf Weiss viel Wert auf regelmäßige Qualifizierungsmaßnahmen seiner Mitarbeiter. Damit trägt er entscheidend zu deren Motivation bei.

Tests und Aufgaben zu diesem Kapitel finden Sie im Sackmann-Lernportal.

1.4 Kundenziele

Kundenzufriedenheit

Unternehmensziele können sich auch auf das Verhältnis gegenüber externen Interessengruppen wie Kunden oder Lieferanten beziehen. Hierbei kommt der Kundenzufriedenheit eine besondere Bedeutung zu.

Insbesondere im Handwerk beruhen viele Produkte und Dienstleistungen auf konkreten Kundenwünschen. Die direkte Beziehung zum Kunden bestimmt wesentlich den Geschäftserfolg. Ist der Kunde zufrieden, empfiehlt er den Handwerksbetrieb oder dessen Produkte weiter. Auf diese Mund-zu-Mund-Propaganda sind vor allem kleine und mittelständische Unternehmen oder Betriebe angewiesen.

Beispiel: Der Kunde, dem Ralf Weiss im letzten Jahr die Geschäftsräume gestrichen hat, war so zufrieden, dass er den Malermeister Geschäftsfreunden und Bekannten weiterempfohlen hat. Auf diese Weise hat Ralf Weiss schon einige neue Aufträge verbuchen können. Das will er jetzt bewusst weiter ausbauen.

Handwerksbetriebe stehen ferner in engem Kontakt zu ihren Lieferanten. Hier können sich Unternehmensziele z.B. auf einen respektvollen Umgang miteinander beziehen.

2 Zielbeziehungen

Wechselwirkung von Zielen

Normalerweise werden in einem Unternehmen mehrere Ziele gleichzeitig verfolgt. In den meisten Fällen handelt es sich um ganze Bündel von unternehmerischen Zielen, die miteinander in Wechselwirkung stehen. Sie verhalten sich entweder neutral zueinander, fördern oder behindern sich gegenseitig.

Ziele können kurzfristig unvereinbar erscheinen, langfristig jedoch durchaus harmonieren.

So können z.B. Investitionen in die Weiterbildung der Mitarbeiter oder den Ankauf von neuen Maschinen der übergeordneten Gewinnerzielungsabsicht zumindest kurzfristig entgegenstehen. Langfristig tragen Mitarbeiterqualifikation und die Erneuerung des Maschinenparks aber zur Produktivitätssteigerung und Schaffung eines guten Betriebsklimas bei, was eine notwendige Voraussetzung für die Gewinnsteigerung darstellt.

Zu den Aufgaben der Unternehmensführung gehört es deshalb, nicht nur einzelne Ziele zu formulieren und zu gewichten, sondern die unterschiedlichen Zielbeziehungen bei der Planung zu berücksichtigen. Die schwierigste Aufgabe besteht darin, Abhängigkeiten und Widersprüche bei der Fixierung von Zielen zu erkennen.

2.1 Komplementäre Ziele

Bei der Definition von Zielbeziehungen unterscheidet man zwischen komplementären, konfliktären und indifferenten Zielen.

sich ergänzende Ziele

Als komplementäre Ziele gelten sich begünstigende Ziele, bei denen Maßnahmen zur Erreichung eines Ziels gleichzeitig zur Förderung oder Erreichung eines anderen Zieles beitragen.

Beispiel: Der alte Firmenwagen ist für das Image des Malerbetriebes von Ralf Weiss nicht gerade förderlich. Schon oft hat er sich überlegt, endlich einen neuen Transporter zu kaufen. Seine Mitarbeiter wären bestimmt begeistert. Endlich gäbe es auch keine Probleme mehr mit dem alten Anlasser.

Der Kauf eines neuen Firmenwagens, der in erster Linie einen Marketingzweck erfüllen soll (Ziel 1), würde in diesem Fall also gleichzeitig zur Steigerung der Mitarbeiterzufriedenheit (Ziel 2) beitragen.

2.2 Konfliktäre Ziele

konkurrierende Ziele

Unter konfliktären Zielen versteht man konkurrierende Ziele, bei denen die Erreichung des einen Zieles die Realisierung eines anderen Zieles beeinträchtigt oder verhindert.

In vielen Handwerksbetrieben steht z.B. die beabsichtigte Gewinnsteigerung durch Senkung der Kosten grundsätzlich im Konflikt mit zu tätigenden Investitionen. Da es ohne Investitionen jedoch schwer ist, langfristig erfolgreich am Markt zu agieren, müssen in letzter Konsequenz diese Kosten in Kauf genommen werden.

Beispiel: Malermeister Weiss hat immer mehr Kunden, die eine zügige Auftragsabwicklung wünschen. Um diesem Wunsch gerecht zu werden, müssten seine Mitarbeiter abends länger und auch samstags arbeiten. Dafür müsste er ihnen Zuschläge zahlen oder einen weiteren Mitarbeiter einstellen.

Die Steigerung der Kundenzufriedenheit, die Ralf Weiss nur durch Erhöhung seiner Personalkosten erreichen kann, verringert seinen Gewinn und steht damit im Konflikt mit seiner Gewinnerzielungsabsicht.

2.3 Indifferente Ziele

neutrale Ziele

Indifferente Ziele sind neutrale Ziele, deren Erreichung keinen Einfluss auf die anderen Ziele hat.

Beispiel: Zur weiteren Verbesserung des Betriebsklimas möchte Ralf Weiss seinen Mitarbeitern mehr Mitspracherechte bei betrieblichen Entscheidungen einräumen. Um Kosten für Benzin zu senken, sollen mehr Aufträge in der Nähe des Betriebes gewonnen werden.

Beide Ziele fördern oder behindern sich nicht gegenseitig, sondern stehen neutral zueinander und können gleichzeitig in Angriff genommen werden.

2.4 Unternehmenszielsystem

Eine zentrale Aufgabe der Planung ist es, sämtliche im Unternehmen vorkommenden Ziele so zu koordinieren, dass der Gesamterfolg sichergestellt ist | ▸ HF 1, Kap. 5.1 |. Dies setzt ein Unternehmenszielsystem voraus, das die einzelnen Ziele sinnvoll ordnet und strukturiert.

Zielprioritäten und Zielhierarchien

Bei der Erstellung eines solchen Unternehmenszielsystems gilt es Zielprioritäten festzulegen und Zielhierarchien zu bilden. Hierzu hat sich in der Praxis die Einführung einer Rangordnung bewährt, die eine Einteilung in Ober-, Zwischen- und Unterziele vorsieht.

Als Oberziele gelten dabei die von der Unternehmensführung festgelegten übergeordneten Zielvorgaben des Unternehmens, die i.d.R. über verschiedene Zwischen- und konkrete Unterziele zu erreichen sind.

Beispiel: Das übergeordnete Ziel von Malermeister Weiss ist es, den Gewinn zu steigern. Dazu muss der Umsatz erhöht bzw. müssen die Kosten gesenkt werden. Um diese Zwischenziele zu erreichen, wird eine Reihe von unterschiedlichen Maßnahmen notwendig, die als Unterziele definiert werden können. Im Bereich der Umsatzsteigerung sind dies z.B. die Steigerung der Kundenzufriedenheit und des Bekanntheitsgrades, im Bereich der Kostensenkung u.a. die Optimierung von Arbeitsabläufen. Die grafische Aufbereitung dieses Unternehmenszielsystems stellt sich wie folgt dar:

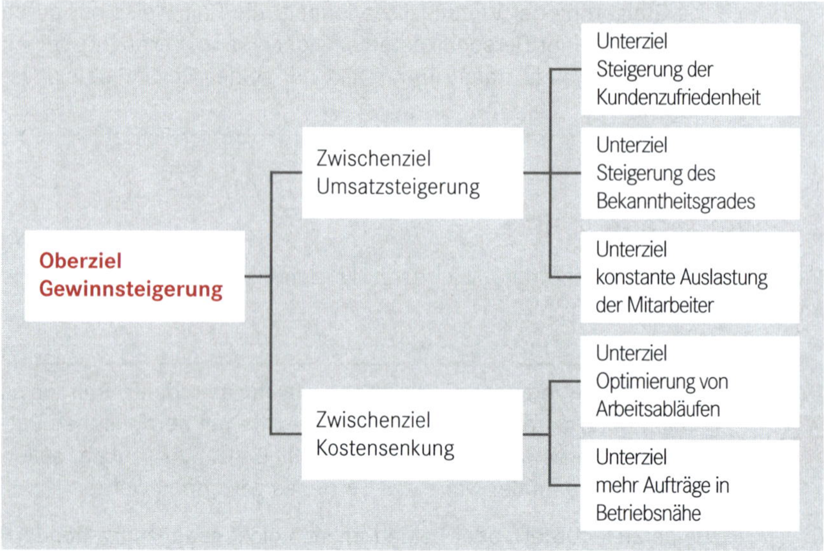

Kompetenzen

Das sollten Sie als zukünftiger Meister können:

- ✔ bedeutsame Ziele und Zielbeziehungen kennen,
- ✔ ein Zielsystem aufstellen.

Bedeutung der Unternehmenskultur und des Unternehmensimages für die betriebliche Leistungs- und Wettbewerbsfähigkeit begründen

B

Als Ralf Weiss und Peter Braun nach der Frühstückspause aufbrechen, kommen sie am Lieferwagen ihrer Lieblingsbäckerei vorbei. Beim Anblick des Gebäcks, das in appetitlichen Farben rundum auf dem Wagen glänzt, läuft Peter Braun gleich wieder das Wasser im Mund zusammen.

„Chef“, setzt er an, „gut, dass man mit Ihnen reden kann. Und jetzt, da ich den Lieferwagen der Bäckerei sehe, kommt mir wieder in den Sinn, was ich schon immer mal sagen wollte.“

„Na, dann mal raus mit der Sprache“, ermuntert ihn Ralf Weiss.

„Na ja, immer wenn ich andere Firmenfahrzeuge sehe, denke ich, dass wir mit unserem Transporter nicht allzu viel hermachen. Was unterscheidet uns eigentlich von allen anderen Malerbetrieben?“

„Wir machen gute Arbeit und Kundenzufriedenheit steht bei uns immer an erster Stelle, nicht die größtmögliche Gewinnspanne“, antwortet Ralf Weiss spontan.

„Gerade das müssten wir dann doch eigentlich auch vermitteln, um neue Kunden zu gewinnen. Aber unser Firmenfahrzeug fällt gar nicht weiter auf. Ein weißer Transporter mit dem Schriftzug ‚Ralf Weiss - Malerarbeiten aller Art‘, das bringt’s doch nicht.“

„Nun ja“, windet sich Ralf Weiss, „mir fehlt oft einfach die Zeit, mich damit zu beschäftigen.“

„Aber Chef, wir müssen doch zeigen, was uns wichtig ist und was wir besonders gut können, sonst wirken wir nach außen hin lediglich wie ein Betrieb von vielen!“

3 Unternehmenskultur

In jedem Betrieb arbeiten Menschen, die ganz unterschiedliche Ansichten und Vorstellungen davon haben, wie man Probleme löst bzw. wie man miteinander umgeht. Damit die Aktivitäten aller Mitarbeiter in einem Unternehmen in die gleiche Richtung gehen, ist eine gezielte Ausrichtung notwendig. Diese Aufgabe übernimmt u.a. die Unternehmenskultur. Sie ist in jedem Unternehmen vorhanden. Eine Unternehmenskultur bildet sich von selbst heraus, auch wenn sie nicht bewusst entwickelt und gesteuert wird. Grundsätzlich hat der Unternehmer jedoch die Chance und Aufgabe, die Unternehmenskultur zu prägen. Er bestimmt, wie er mit seinen Mitarbeitern umgeht, welcher Umgangston unter den Kollegen herrscht, wie man Kunden und Lieferanten gegenübertritt.

gezielte Ausrichtung

Unternehmenskultur umfasst somit die von Menschen geschaffenen Umgangsformen, Verhaltensmuster, Werte und Normen, die das Handeln aller und die Entscheidungen im Unternehmen prägen. Diese Definition beinhaltet auch den ständigen Wandel der Unternehmenskultur in Anpassung an sich verändernde Rahmenbedingungen.

Erfolgsfaktor

In vielen Fällen ist die gelebte Unternehmenskultur ein ganz entscheidender Faktor für den Erfolg eines Unternehmens und dessen positives Image in der Öffentlichkeit. Wird eine positive Unternehmenskultur auch nach außen repräsentiert, sorgt sie im besten Fall für eine Abgrenzung zu anderen Unternehmen und für einen Wettbewerbsvorteil.

Unternehmensphilosophie

Der Unternehmer bestimmt auch die Unternehmensphilosophie. Sie ist Ausgangspunkt für das wirtschaftliche Handeln und beeinflusst die Ziele des Unternehmens. Die Unternehmensphilosophie resultiert aus den bisherigen Lebenserfahrungen des Unternehmers und seinen Grundeinstellungen. Daraus leitet sich sein Auftreten gegenüber Kunden, Lieferanten und Wettbewerbern ab wie auch intern gegenüber seinen Mitarbeitern. Seine Philosophie beeinflusst seine Strategien, Pläne, Ziele und seinen Führungsstil. In der Unternehmensphilosophie können z.B. gegenseitiger Respekt im Umgang miteinander, Verantwortungsbewusstsein gegenüber Umwelt und Gesellschaft, der Wille zu Innovationen etc. zum Ausdruck gebracht werden.

Unternehmensleitbild

Fasst man die aus der Unternehmensphilosophie resultierenden Normen und Werte schriftlich zusammen, entsteht ein Unternehmemsleitbild | ► HF 2, Kap. 27.1 |, das nach innen und außen wirken kann. Intern gibt es Mitarbeitern Orientierung und eine Zielrichtung für ihre Handlungen. Es wirkt i.d.R. motivierend, stärkt das Wir-Gefühl und gibt Auskunft zu Fragen wie:

- Wer sind wir und was können wir besonders gut?
- Was wollen wir erreichen?
- Von welchen Werten lassen wir uns leiten?

Gegenüber der Öffentlichkeit soll das Leitbild ein positives Image vermitteln und die besonderen Qualitäten des Unternehmens sichtbar machen.

Die Entwicklung eines Unternehmensleitbilds erfordert viel Zeit und Kraft. Es muss sorgfältig erarbeitet werden, bietet aber im Gegenzug die Chance, sich über zukünftige Ziele und Wege klar zu werden. Daher wird ein Unternehmensleitbild vor allem in Zeiten des Umbruchs erstellt. Das kann z.B. sein, wenn Zielgruppen und Kundenbeziehungen überdacht, Qualitätsstandards neu definiert oder die Organisationsstruktur neu geordnet werden sollen.

Beispiel: Angeregt durch das Gespräch mit seinem Gesellen denkt Ralf Weiss abends noch einmal darüber nach, was seine Ideale waren, als er sich mit seinem Malerbetrieb vor Jahren selbstständig gemacht hat. Er hatte nach seiner Meisterprüfung in seinem Lehrbetrieb gekündigt, weil er vieles anders und besser machen wollte als sein Chef. Ralf Weiss wollte seine Aufträge so planen, dass er stets pünktlich bei seinen Kunden sein und seine Baustelle blitzsauber wieder verlassen kann. Die Zuverlässigkeit und Sauberkeit seines Betriebs hat ihm bereits viele Stammkunden eingebracht und zum positiven Image seines Unternehmens beigetragen. Daher hat er seinen Mitarbeitern diese Regeln auch als oberstes Prinzip vermittelt.

Unternehmenskultur wird erkennbar am Umgang aller Beteiligten untereinander und der Art und Weise, wie in einem Unternehmen Situationen bewältigt werden. Je länger ein Unternehmen am Markt besteht, Mitarbeiter eingestellt werden, sich Umgangsformen untereinander und dem Chef gegenüber herausbilden, desto mehr bekommt die Unternehmenskultur eine eigene Dynamik und wird von den unterschiedlichen im Unternehmen handelnden Personen geprägt. Kurz: Ein Betriebsklima entsteht.

Betriebsklima

Das Betriebsklima beschreibt die Stimmung in einem Unternehmen und beeinflusst ganz entscheidend die Arbeitsmotivation der Mitarbeiter. Die gemeinsame Entwicklung eines Unternehmensleitbildes kann ein positives Betriebsklima fördern und die Produktivität steigern. Die flachen Hierarchien im Handwerk sind gut geeignet, um eigenverantwortliches Handeln der Mitarbeiter zu fördern. Ein kooperativer Führungsstil trägt dazu bei, eine vertrauensvolle Unternehmenskultur zu schaffen, bei der sich sowohl die Mitarbeiter als auch der Unternehmer wohl fühlen.

Auch Kunden und Lieferanten bekommen indirekt mit, ob im Unternehmen ein gutes Betriebsklima herrscht und sich die Mitarbeiter wohl fühlen. Schließlich ist auch eine niedrige Mitarbeiterfluktuation Ausdruck eines guten Betriebsklimas.

Corporate Identity

Eine Unternehmenskultur, die von allen gelebt wird, sollte auch nach außen hin sichtbar gemacht werden. Hier kommt es darauf an, die wesentlichen Schwerpunkte sowie die Einzigartigkeit und Stärken des Unternehmens herauszustellen. Man spricht dann von Corporate Identity oder kurz CI. Gemeint ist damit ein einheitliches Auftreten des Unternehmens am Markt, das dieses unverwechselbar macht. Ein solches Unternehmensbild bzw. eine Unternehmensidentität ermöglicht es Kunden und Lieferanten, das Besondere des Unternehmens zu erkennen, und unterstützt Mitarbeiter, sich mit ihrem Unternehmen zu identifizieren.

Corporate Design

Für das sichtbare Auftreten auf dem Markt wird ein einheitliches Erscheinungsbild, das Corporate Design (CD), entwickelt. Dazu gehört die Entwicklung eines unverwechselbaren Firmenzeichens (Unternehmenslogo), die Farb- und Formgestaltung des Firmenschriftzuges sowie ein einprägsamer Slogan. Diese Elemente werden dann auf Briefbögen, Visitenkarten, der Arbeitskleidung, den Firmenfahrzeugen, beim Online-Auftritt etc. sichtbar.

- **Die Unternehmensphilosophie bezeichnet die festgelegten Normen und Werte einer Unternehmung. Sie wird häufig auch als Unternehmensleitbild bezeichnet.**
- **Die Unternehmenskultur bezeichnet die durch die Mitarbeiter eines Unternehmens gelebte Umsetzung der Unternehmensphilosophie.**
- **Als Corporate Identity bezeichnet man die einheitliche Außenwirkung der Unternehmenskultur auf dem Markt.**
- **Das Corporate Design sorgt für ein einheitliches Erscheinungsbild und ein Wiedererkennen des Unternehmens auf dem Markt.**

Außenwirkung

Für die Entwicklung des Betriebes ist es wichtig, wie er nach außen auftritt und von der Öffentlichkeit wahrgenommen wird. Um seinen Bekanntheitsgrad zu erhöhen, muss u.a. Werbung gemacht und eine gezielte Öffentlichkeitsarbeit betrieben werden.

Folgende Aspekte können die Außenwirkung des Unternehmens positiv beeinflussen:

- Der Betrieb unterstützt als Sponsor gemeinnützige Aktionen.
- Unternehmer und/oder Mitarbeiter sind in Vereinen und anderen gesellschaftlichen Gremien tätig.
- Das Unternehmen berücksichtigt freiwillig umweltfreundliche Konzepte.

Beispiel: Ralf Weiss unterstützt seit einigen Jahren als Sponsor den örtlichen Fußballverein, in dessen Jugendmannschaft sein jüngster Sohn aktiv ist. Schon mehrfach ist er sonntags am Spielfeldrand mit Neukunden ins Gespräch gekommen. Auch das Engagement eines Mitarbeiters bei der freiwilligen Feuerwehr hat zum positiven Image seines Malerbetriebs beigetragen. Jetzt will er gemeinsam mit seinen Mitarbeitern überlegen, wie sie sich beim nächsten Gemeindefest z.B. durch einen Malwettbewerb sichtbar einbringen können.

Der Betriebssitz mit seinen Gebäuden und Außenanlagen hat ebenfalls eine enorme Außenwirkung. Ein aufgeräumter Hof, gepflegte Firmenfahrzeuge, ansprechende Geschäftsräume, Ordnung in der Werkstatt, der Einsatz umweltschonender Materialien und freundliche Mitarbeiter in sauberer Arbeitskleidung prägen den Eindruck bei den Kunden. Diese nehmen viele unterschiedliche Seiten eines Unternehmens wahr und reagieren entsprechend.

Beispiel: Ralf Weiss ist klar, dass er viele zufriedene Stammkunden gewonnen hat, weil er hochwertige und besonders umweltfreundliche und geruchsfreie Farben und Lacke verwendet. Seine freundliche Art und geduldige Beratung unsicherer Kunden bei der Farbauswahl führt ebenfalls dazu, dass er weiterempfohlen wird. Er hat also schon viele seiner Ziele erreicht. Doch sein Geselle Peter Braun hat vollkommen recht. Die besonderen Vorzüge seines Malerbetriebs müssen endlich auch auf seinen beiden Firmenwagen sichtbar gemacht werden.

Erfahrungsaustausch

Langfristig ist auch die Zusammenarbeit mit Interessenvertretern wichtig, z.B. in der Innung, da sich hier die Möglichkeit eines intensiven Erfahrungsaustausches bietet. Dabei können neue Ideen entstehen, wie man das eigene Unternehmen noch wettbewerbsfähiger ausrichten und welche Verbesserungen man vornehmen kann, um den Kunden nicht über den Preis, sondern vorrangig über die Leistung bzw. die Produkte zu überzeugen.

So können z.B. ein stets erreichbarer Kundendienst, eine bessere Beratungsqualität oder der Einsatz moderner Technik für den Kunden ausschlaggebende Gründe sein, einen höheren Preis zu akzeptieren.

3.1 Repräsentation nach innen und außen

3.1.1 Symbole

Eine Kultur, die im Unternehmen gelebt wird, sollte nach außen sichtbar sein. Daher werden für die Außendarstellung häufig Symbole genutzt. Mehr als Worte können Symbole international und ohne Sprache wirken.

Logo

Im Logo eines Handwerksbetriebes finden sich häufig Symbole wieder. Das Symbol dient u.a. dazu, das Gewerk eines Betriebs auf den ersten Blick zu identifizieren. Anhand eines aussagekräftigen Logos wird ein Betrieb sehr schnell wiedererkannt. Ein einfacher, gut erkennbarer Aufbau und ansprechende Farbkombinationen zeichnen ein gutes Logo aus. Merkmale von wirksamen Logos sind:

- Klarheit in der Aussage,
- Abgrenzung von Wettbewerbern,
- Wiedererkennbarkeit.

Das Logo wird auf Briefbögen, Werbeflyern oder -geschenken, Visitenkarten, an Fahrzeugen und in Anzeigen verwendet. Im Internet gibt es vielfältige Angebote zur Erstellung von Logos oder man beauftragt einen Grafiker oder Werbefachmann, der dann gleich alles aus einem Guss erstellt. In der Regel besteht ein Logo aus einer Grafik oder einem Symbol (z.B. Hobel beim Tischler, Brezel oder Brötchen beim Bäcker etc.) und einem Schriftzug mit dem Namen des Unternehmens.

Beispiel: Ralf Weiss überlegt zusammen mit Peter Braun, wie ein Logo für seinen Malerbetrieb aussehen könnte.

„Alle Logos von Malerbetrieben, die mir gerade einfallen, haben Farbtöpfe, Pinsel und bunte Farben. Daran kann ich dann ganz schnell erkennen, dass es sich um einen Malerbetrieb handelt“, erklärt Peter Braun nach kurzer Bedenkzeit.

„Ja, das ist richtig, aber dann kann man uns auch leicht mit unseren Wettbewerbern verwechseln und es zeigt dem Kunden noch nicht, wofür wir stehen und wodurch wir uns von anderen Malerbetrieben unterscheiden“, gibt Ralf Weiss zu bedenken. Er beschließt, in den nächsten Tagen einmal bewusst auf Logos anderer Firmen zu achten und sich bei der nächsten Innungsversammlung bei Kollegen nach einem erfahrenen Grafiker umzuhören.

Ein Logo ist im Unterschied zu einer Marke nicht geschützt. Um zu verhindern, dass das einmal gewählte Symbol auch von anderen Betrieben verwendet wird, muss es angemeldet werden. Nach eingehender Überprüfung auf Einmaligkeit wird es dann beim Patent- und Markenamt in München als „Marke“ eingetragen. Die rechtliche Grundlage in Deutschland ist durch das 1995 in Kraft getretene „Markengesetz“ gegeben.

3.1.2 Rituale

Regeln In jedem Betrieb werden bestimmte Rituale gepflegt. Oft sind es Verhaltensweisen, die entweder bewusst eingeführt wurden oder sich ganz nebenbei eingebürgert haben und die fehlen, wenn sie einmal nicht erfolgen. Rituale sind wie ungeschriebene Regeln.

Rituale bekommen nur dadurch einen Sinn, dass sie sich täglich, wöchentlich, monatlich oder jährlich wiederholen. Sie bilden eine Konstante im Alltagsgeschehen und werden in ihrer Bedeutung für die Mitarbeiter häufig unterschätzt.

Tests und Aufgaben zu diesem Kapitel finden Sie im Sackmann-Lernportal.

Beispiel: Peter Braun spricht kurz vor Feierabend Ralf Weiss an. „Chef, die anderen haben mich gebeten, Sie zu fragen, ob Sie mit unserer Arbeit in letzter Zeit nicht zufrieden sind."

„Wie kommt ihr denn darauf?", reagiert Ralf Weiss erstaunt.

„Wir wissen ja, dass Sie im Moment viel um die Ohren haben, aber sonst haben Sie am Montagmorgen jeden einzelnen von uns persönlich begrüßt und sind mit ihm die Aufträge für die Woche kurz durchgegangen. Seit ein paar Wochen bekommen wir die Aufträge von Ihrer Frau im Büro schriftlich ausgehändigt. Okay, da steht genau drin, was wir zu tun haben, und es ist alles tipptopp vorbereitet, aber die persönliche Ansprache fehlt dem einen oder anderen schon. Und das jährliche Grillfest bei Ihnen im Garten ist wegen der vielen Arbeit auch auf unbestimmte Zeit verschoben worden ..."

Ralf Weiss ist überrascht, dass seinen Mitarbeitern diese Rituale so wichtig sind.

---

soziale Bedeutung

Rituale besitzen eine starke soziale Bedeutung. Sie können das Wir-Gefühl im Unternehmen positiv beeinflussen und für Vertrauen, Halt und Orientierung sorgen. Dabei dürfen sie jedoch nicht als feste, unumstößliche Regel gelten, sondern müssen locker mit Raum für Flexibilität und Veränderung gehandhabt werden.

Sie helfen ohne zusätzlichen organisatorischen Aufwand Probleme im Rahmen der Unternehmenskultur zu lösen und sie vermitteln Beständigkeit und Orientierung. Insbesondere soziale Rituale wie die Geburtstagsrunde, der gemeinsame Kegelabend alle zwei Monate oder die jährliche Weihnachtsfeier sorgen für motivierte Mitarbeiter sowie für ein Zusammengehörigkeitsgefühl untereinander und gegenüber dem Chef.

3.2 Werte und Normen

gesellschaftliche Werte

Eine Gesellschaft wird durch Werte, für die sie steht, definiert. In der Bundesrepublik Deutschland sind das z.B. Rechtsstaatlichkeit, Meinungsfreiheit und soziale Marktwirtschaft etc.

Werte sind etwas Abstraktes. Damit diese gesellschaftlichen Werte für alle Gesellschaftsmitglieder bindend sind, müssen sie durch Normen näher beschrieben und durch Gesetze verbindlich geregelt werden. Aus diesem Grund sind die wichtigsten Werte als Gesetze im Grundgesetz der Bundesrepublik Deutschland festgeschrieben.

Eine Norm verbindet eine bestimmte Situation mit vorgegebenen Verhaltensweisen oder Abläufen. Grundsätzlich wird erwartet, dass jeder Mensch die in seinem Umfeld geltenden Normen kennt und sich danach richtet. Verstöße dagegen werden je nach Bedeutung unterschiedlich geahndet.

Auch in Unternehmen ist die Einhaltung von gemeinsamen Normen für das Miteinander und die reibungslosen Abläufe erforderlich. Werte und Normen sind Teil der Unternehmenskultur und haben eine große Bedeutung für den Erfolg und das Image des Unternehmens. So gibt es in den meisten Unternehmen klare Regeln für den Umgang mit Arbeitszeiten, Pausen und Überstunden, für das Verhalten gegenüber Auszubildenden, Kollegen, Kunden, Lieferanten oder dem Chef.

3.2.1 Soziale Normen

soziale Strukturen

Bei der Arbeit werden nicht nur Leistungen für den Auftraggeber erbracht, sondern die Menschen treten auch zueinander in Beziehung. Sie kommunizieren auf unterschiedliche Weise, sie agieren und reagieren. Es bilden sich soziale Strukturen heraus.

Der Begriff „Arbeitswelt" trifft den Sachverhalt sehr gut: Es gelten eigene Regeln und Gesetze. Soziale Normen, die z.B. für alle Menschen in Deutschland von Bedeutung sind, werden im Unternehmen durch Leitungshierarchien und Arbeitsprozesse auf betriebliche Anforderungen zugeschnitten.

Sicherheitsregeln

Während es z.B. im Büro üblich ist, Kleidung nach privatem Geschmack zu tragen, sieht das in der Werkhalle oder auf Baustellen ganz anders aus. Die Gesundheit und das Leben der Arbeitnehmer zu schützen, hat hier Vorrang. Auf witterungsgerechte Kleidung und erforderliche Schutzmaßnahmen wie Bauhelm und Sicherheitsschuhe zu achten, ist Verpflichtung des Chefs. Er muss seine Mitarbeiter mindestens so umfassend anleiten, dass sich keine Unfälle ereignen und sie keinen materiellen Schaden verursachen.

Soziale Normen sind Vorgaben, die das Verhalten von Personen in Gruppen betreffen. Das können einzelne Mitarbeiter untereinander sein oder mehrere Gruppen innerhalb des Unternehmens.

Bei einem Verstoß gegen soziale Normen reagiert die übrige Belegschaft häufig mit Ablehnung gegenüber der Person. Verletzungen sozialer Normen können auch in der Missachtung von gültigen Höflichkeitsregeln liegen, z.B. in der Nichtteilnahme an betrieblichen Ritualen wie dem gemeinsamen Frühstück oder der Geburtstagsfeier im Kollegenkreis.

Handwerksbetriebe können ohne soziale Verhaltensweisen nicht überleben. Die Beschäftigung mit gesellschaftlichen Werten und deren Umsetzung in betriebliche Normen gehört zu den Managementaufgaben eines jeden erfolgreichen Unternehmers.

3.2.2 Organisatorische und technische Normen

Auch die Einhaltung von organisatorischen und technischen Normen ist für einen Handwerksbetrieb von großer Bedeutung, um sich im Wettbewerb zu behaupten. Die bedeutendste organisatorische Norm in Europa ist die DIN EN ISO 9001. Sie legt die Anforderungen fest, die an ein Qualitätsmanagementsystem gestellt werden | ► HF 3, Kap. 2.3 |. Die Einhaltung dieser Normen wird durch einen unabhängigen Gutachter regelmäßig überprüft und durch eine Zertifizierung bestätigt. Mit ZDH-Zert[1] steht dem deutschen Handwerk eine handwerkliche Zertifizierungsstelle zur Verfügung.

DIN EN ISO 9001

ZDH-Zert

Die Norm im Betrieb einzuführen stellt eine große Herausforderung dar. Die Qualitätspolitik des Unternehmens muss formuliert und in einem Handbuch schriftlich dargelegt werden. Während das Handbuch allgemeine Formulierungen enthält, werden die konkreten Abläufe in dokumentierten Verfahren dargelegt und durch Formblätter ergänzt.

geregelte Abläufe

Die geregelten Abläufe müssen den Vorgaben der Norm entsprechen, um ein weltweit anerkanntes Qualitätsmanagement-Zertifikat zu erhalten. Diese Übereinstimmung wird durch einen externen Auditor geprüft. Die Kosten für die Erteilung des Zertifikats und die regelmäßigen Überprüfungen können erheblich sein. Dennoch erwarten immer mehr Auftraggeber von Handwerksbetrieben eine Zertifizierung, so z.B. von Zulieferern der Automobilindustrie, Gebäudereinigern, Informationstechnikern oder auch bei der Vergabe von Bauaufträgen öffentlicher Bauträger. Besonders wichtig ist es, dass das Qualitätsmanagement im Unternehmen auch „lebt“. Die im Handbuch geschilderten Abläufe müssen den Mitarbeitern bekannt sein und von ihnen eingehalten werden.

Das System ist den ständigen Veränderungen des Marktes und den wechselnden Kundenwünschen anzupassen. Den Kosten für eine Einführung eines Qualitätsmanagementsystems stehen folgende Vorteile gegenüber:

- Die Kundenzufriedenheit wird erhöht und die Kundenbindung wird ausgebaut.
- Das betriebliche Image gegenüber den Kunden und der Gesellschaft wird aufgebessert.
- Die Einführung unterstützt die Gestaltung der Unternehmenskultur.
- Nacharbeit und Reklamationen werden durch die Vermeidung häufiger Fehler reduziert.
- Bei öffentlichen Ausschreibungen bestehen Wettbewerbsvorteile.
- Der Umsatz steigt mit der Qualitätsverbesserung der Produkte und Leistungen.
- Das Betriebsergebnis wird durch weniger Nacharbeit nachhaltig verbessert.
- Die Mitarbeiterzufriedenheit steigt mit der Einbeziehung in Problemlösungen.

---

[1] *www.zdh-zert.de*

Die Norm DIN EN ISO 9001 ist international anerkannt und eine gute Anleitung zu betrieblichen Reorganisationsmaßnahmen. Das ausgestellte Zertifikat ist für drei Jahre gültig.

technische Normen

In einer hochentwickelten Volkswirtschaft ist die Entwicklung von einheitlichen Standards für Eigenschaften von Geräten, Bauteilen, Systemelementen, technischen Systemen etc. unverzichtbar. Gemeinsame Normen und Begrifflichkeiten fördern den weltweiten Handel und die reibungslose Zusammenarbeit. Sie erbringen einen hohen betriebs- und volkswirtschaftlichen Nutzen, dienen der Rationalisierung sowie der Sicherheit und Verständigung.

Das Deutsche Institut für Normung (DIN) hat die Aufgabe übernommen, allgemein anerkannte Regeln der Technik in Normen zu fassen. Dies dient der Verständigung von Produzenten, die ein gemeinsames Endprodukt (Kfz, Landmaschine, Heizungsanlage etc.) herstellen, ebenso den vielen Reparatur- und Wartungsbetrieben im Handwerk.

Kompetenzen

Das sollten Sie als zukünftiger Meister können:

- ✔ Merkmale der Unternehmenskultur beschreiben,
- ✔ Bedeutung der Unternehmenskultur über persönliche oder soziale Zielsetzungen begründen,
- ✔ gesellschaftliche Verantwortung eines Unternehmens im Unternehmensimage kommunizieren.

Situation des Unternehmens am Markt analysieren und Erfolgspotenziale begründen

C

Thorsten Mainau, Geschäftsführer der Mainau & Roth GmbH, sitzt im Büro, als Friedel Roth, Gründer des alteingesessenen Maurerunternehmens und Seniorpartner, hereinkommt.

„Hallo Friedel. Gut, dass du da bist. Ich wollte sowieso mit dir reden. Ich habe gerade das Angebot für den Rohbau des Einkaufszentrums im Gewerbepark fertiggestellt. Du weißt schon, für die öffentliche Ausschreibung."

Friedel Roth blickt skeptisch. „Du setzt neuerdings auf solche Großaufträge? Wir haben doch bisher immer auf Privatkunden und Qualität statt auf Großaufträge und günstige Preise gesetzt und sind damit immer gut gefahren."

Thorsten Mainau schaut auf. „Ja, sicher, aber über kurz oder lang werden wir gar nicht umhinkommen, etwas an unserer Unternehmensstrategie zu ändern."

„Wie meinst du das?", fragt Friedel Roth.

„Na ja, ich beobachte natürlich schon mit offenen Augen den Markt und unsere Wettbewerber. Auch wenn wir mit unserem Konzept die letzten 25 Jahre erfolgreich waren, sollten wir deswegen nicht leichtfertig Marktchancen vergeben. Bei einem Betrieb unserer Größenordnung liegt es doch auf der Hand, mehr solcher Großaufträge anzunehmen. Klar, dass wir vorher die Risiken noch genau abklären müssen. Und natürlich hat das auch Folgen für unsere gesamte Geschäftsplanung ..."

4 Analyse der vergangenen und zukünftigen Entwicklung

Der Erhalt der gegenwärtigen und die Sicherung der künftigen Wettbewerbsfähigkeit des Unternehmens gehören zu den wichtigsten Aufgaben eines jeden Unternehmers. Dies setzt eine sorgfältige Unternehmensplanung voraus, die sowohl notwendige Anpassungsmaßnahmen als auch Erfolgspotenziale des Unternehmens im Blick hat und systematisch weiter ausbaut.

Unternehmensanalyse

Um beurteilen zu können, wie ein Unternehmen aufgestellt ist und wo mögliche Erfolgspotenziale liegen, sollte es mindestens einmal im Jahr einer umfassenden Analyse unterzogen werden. Hierbei sind unter wettbewerbsrelevanten Gesichtspunkten sowohl externe als auch interne Faktoren zu berücksichtigen. Dazu gehören Einschätzungen zur allgemeinen Marktentwicklung, aber auch die folgenden Aspekte:

- Deckt sich das betriebliche Leistungsangebot noch mit den künftigen Anforderungen des Marktes (Produkt-/Angebotsplanung)?
- Wo eröffnen sich ggf. neue Marktchancen (Umsatzplanung | ► HF 2, Kap. 12 |)?
- Wo liegen die Stärken und Schwächen des Unternehmens | ► HF 3, Kap. 19.3 |?
- Sind finanzielle Engpässe zu erwarten, z.B. durch saisonale Schwankungen (Finanz-/Liquiditätsplanung | ► HF 2, Kap. 13, HF 3, Kap. 8.3.4 |)?
- Benötigt der Betrieb zur Sicherung der Wettbewerbsfähigkeit ggf. neue Maschinen und wie werden diese finanziert (Investitionsplanung | ► HF 2, Kap. 11.1, Kap. 11.2, HF 3, Kap. 8.2, Kap. 8.3.1 |)?
- Wo sind Kostensteigerungen zu erwarten (Kostenplanung | ► HF 1, Kap. 11 |)?
- Ist die Einstellung von weiteren Mitarbeitern notwendig (Personalplanung | ► HF 3, Kap. 11 |)?
- Wie wird sich das zukünftige Betriebsergebnis entwickeln (Gewinnplanung | ► HF 2, Kap. 14, HF 3, Kap. 8.3.3 |)?
- Welche Risiken sind mit möglichen Marktanpassungen des Unternehmens verbunden(Risikoplanung | ► HF 1, Kap. 6 |)?

Die im Rahmen dieser eingehenden Bestandsaufnahme gewonnenen Erkenntnisse bilden die Informationsgrundlage für weitere Unternehmensplanungen.

Beispiel: Die Mainau & Roth GmbH ist ein alteingesessenes Bauunternehmen mit 20 Mitarbeitern, das sich im Privatkundenbereich mit klassischen Maurer- und Hochbauarbeiten einen Namen gemacht hat.

Der Betrieb zeigt eine gesunde Auftragslage, wenn auch ohne großen Aufwärtstrend. Die Analyse der Umsatzzahlen lässt jedoch seit einiger Zeit eine leichte Stagnation erkennen.

Geschäftsführer Thorsten Mainau beschließt deshalb, neue Marktchancen zu nutzen und langfristig ein zweites Standbein aufzubauen. Neue Chancen sieht er vor allem in Großbauprojekten. So sind in den nächsten Jahren für den nahen Umkreis gleich mehrere bauliche Großprojekte geplant – u.a. ein Gewerbepark mit Einkaufszentrum. Fachlich und personell wäre sein Betrieb bestens aufgestellt, um diese neuen Segmente zu bedienen. Allerdings müsste die gesamte Planung entsprechend neu auf diese Ziele ausgerichtet werden.

---

5 Planung

Unternehmerische Entscheidungen sind ohne Planung nicht möglich. Deshalb gehört Planung zu den zentralen Aufgaben der Unternehmensführung und sollte normalerweise das unternehmerische Handeln von der Gründung des Unternehmens bis zur Übergabe an einen Nachfolger bestimmen.

Unternehmeraufgabe

Zur langfristigen Sicherung der Existenz eines Unternehmens ist eine systematische und kontinuierliche Planung unerlässlich.

In der betrieblichen Praxis wird eine systematische Unternehmensplanung jedoch immer noch vernachlässigt. Die täglichen Ereignisse bestimmen vielfach den Takt. Man versucht, möglichst gut auf Vorgänge zu reagieren. Wenn eine Unternehmensplanung in Ansätzen vorhanden ist, bezieht sie sich meist nur auf einzelne Aufträge bzw. einzelne Kunden und damit auf relativ kurze Zeiträume von wenigen Tagen bis zu mehreren Monaten.

Planungsaufwand

Oft heißt es: „Je kleiner ein Betrieb ist, desto weniger Planung ist nötig." Doch dieser Grundsatz ist falsch. Richtig ist, dass der Planungsaufwand in einem angemessenen Verhältnis zum Nutzen stehen muss. Dabei spielt natürlich auch die Betriebsgröße eine Rolle. Allerdings ist in vielen Handwerksbetrieben die Regelung der täglichen Abläufe keineswegs Bestandteil einer übergeordneten Unternehmensplanung. Auch Unternehmensgrundsätze als Orientierungsrahmen für eine langfristige Planung existieren eher selten. Als Konsequenz fehlt auch die Formulierung von langfristigen oder kurzfristigen Zielen | ► HF 1, Kap. 1 |.

Wenn jedoch Planung fehlt und durch intuitive und improvisierte Entscheidungen ersetzt wird, kann das die Stabilität des Betriebes nachhaltig gefährden. Entscheidungen werden in solchen Fällen nicht gründlich vorbereitet, sondern spontan getroffen. Es bleibt möglicherweise dem Zufall oder der Tagesform des Unternehmers überlassen, in welche Richtung sich ein Unternehmen entwickelt bzw. ob notwendige Marktanpassungen rechtzeitig vorgenommen werden.

Planungsnutzen

Oft geben erst außergewöhnliche Ereignisse den entscheidenden Anstoß, Unternehmensplanung systematisch zu betreiben. So z.B. bei größeren Investitionen oder auch der Betriebsübergabe an einen Nachfolger. Bei diesen und ähnlichen Anlässen wird allerdings auch der Nutzen von Planung für das Unternehmen deutlich:

- Veränderungen, die das langfristige Überleben des Unternehmens sichern, können rechtzeitig eingeleitet werden,
- Abläufe im Unternehmen können effizienter gestaltet werden,
- weit reichende Entscheidungen können sicherer vorbereitet werden.

Aktuelles zu den Themen im Sackmann bietet das Lernportal.

Aufgaben und Ziele

Definition

Planung ist stets auf die Zukunft gerichtet und kann allgemein als gedankliche Vorwegnahme künftiger Entwicklungen beschrieben werden. Aufgabe der Unternehmensplanung ist es, Pläne zur Erreichung der vorher festgesetzten Unternehmensziele | ▸ HF 1, Kap. 1 | zu entwickeln und für deren Umsetzung zu sorgen.

Unternehmenssteuerung

Als Instrument der Unternehmenssteuerung beschränkt sie sich also nicht nur auf die Festsetzung von Zielvorgaben und die Erstellung von Plänen zu deren Realisierung. Planung in einem umfassenderen Sinn erstreckt sich auch auf die Steuerung der Planungsumsetzung und deren Kontrolle.

Aufgaben von Planung

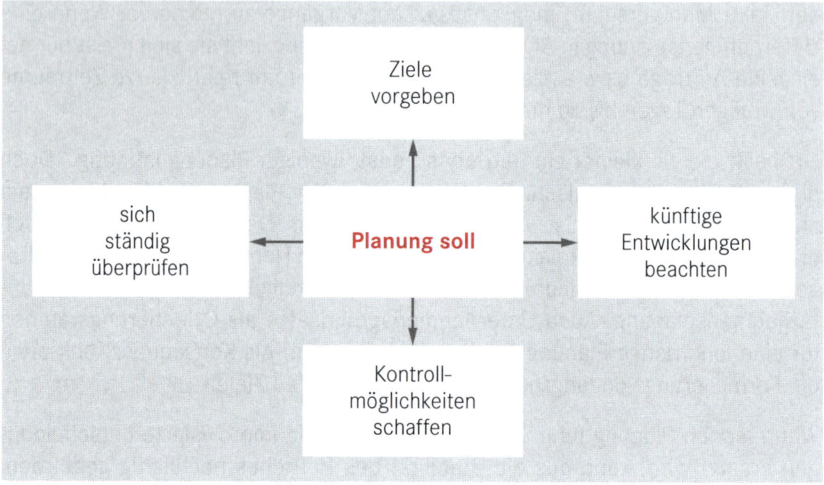

Planungszeiträume

Planung lässt sich grundsätzlich nach sachlichen und zeitlichen Gesichtspunkten gliedern. Je nach Reichweite des Planungszeitraums wird dabei zwischen strategischer (langfristiger) und operativer (kurzfristiger) Planung unterschieden.

strategische Planung

Die strategische Planung bezieht sich auf die langfristige Sicherung des Unternehmens im Wettbewerb, trifft hierzu grundlegende Entscheidungen und schafft die notwendigen Rahmenvorgaben. Da sich Anpassungen an einen sich ständig verändernden Markt nicht kurzfristig realisieren lassen, ist sie auf Planungszeiträume von bis zu zehn Jahren ausgerichtet. Ziel ist die Sicherung bestehender und die Erschließung neuer Erfolgspotenziale.

operative Planung

Die operative Planung baut auf der strategischen Planung auf, konkretisiert deren allgemeine Vorgaben und legt kurzfristigere Ziele, konkrete Maßnahmen und Mittel zur Umsetzung fest. Gegenstand der operativen Planung sind also kurzfristige Feinplanungen. Planungszeitraum kann hier der Tag, die Woche oder das Jahr sein. Grundsätzlich geht die operative Planung jedoch über einen Zeitraum von zwei Jahren nicht hinaus.

Zeithorizont von strategischer und operativer Planung

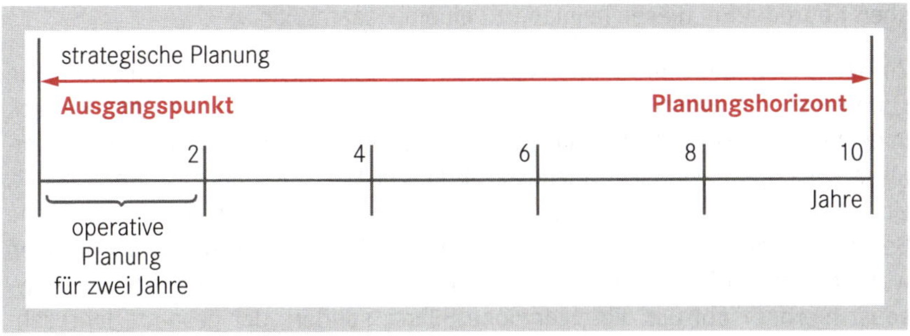

5.1 Planungsbereiche

Planung erstreckt sich auf viele verschiedene Unternehmensbereiche. Im handwerklichen Betrieb unterscheidet man zwischen kaufmännischen und organisatorischen Planungsbereichen.

Planungsbereiche im Handwerksbetrieb

Planungsbereiche

kaufmännische Bereiche	**organisatorische Bereiche**
Beispiele ▸ Umsatzplanung ▸ Personalplanung ▸ Kostenplanung ▸ Investitionsplanung ▸ Finanzplanung ▸ Absatzplanung	Beispiele ▸ Abteilungspläne ▸ Werkstattpläne ▸ Bereichspläne

kaufmännische Bereiche

Unter den kaufmännischen Bereichen werden Planungen zu den wichtigsten betrieblichen Funktionsbereichen zusammengefasst, wie z.B. Umsatz- und Liquiditätsplanung, Investitionsplanung und Personalplanung.

organisatorische Bereiche

Bei der organisatorischen Planung kommen immer auch aufbauorganisatorische Gesichtspunkte | ▸ HF 3, Kap. 1 | zum Tragen, die mit der Struktur des Betriebes zusammenhängen. So gliedert sich die Gesamtplanung eines Unternehmens i.d.R. in verschiedene Bereichspläne oder weitere Differenzierungen nach Abteilungen bzw. Leistungsarten. Je nach Gewerk gibt es Pläne für Werkstatt, Produktion, Reparatur, Wartung, Service etc.

Koordination von Detailplänen

Um die tatsächlichen Verhältnisse in einem Handwerksbetrieb möglichst genau zu erfassen, sind die jeweiligen Bereichspläne so detailliert wie möglich zu erstellen. Die unternehmerische Herausforderung besteht dann in der erfolgreichen Koordination dieser Teilpläne zu einem Gesamtplan.

Bilanzanalyse

Zu den wichtigsten Informationsquellen, die Auskunft über ein Unternehmen geben, zählt die Bilanz. Eine Bilanzanalyse | ▸ HF 1, Kap. 10.1.1 | gibt Einblick in die Vermögens- und Finanzlage eines Unternehmens. Sie ermöglicht Erkenntnisse zur Kapital- und Vermögensstruktur, zur Wirtschaftlichkeit, Rentabilität, Umsatz- und Kostenentwicklung des Betriebes und bildet die Grundlage für die Beurteilung der gegenwärtigen Ertragslage und die Prognose der zukünftigen wirtschaftlichen Entwicklung des Unternehmens. Gegenstand der Bilanzanalyse ist hierbei nicht nur die eigentliche Bilanz, sondern der gesamte Jahresabschluss.

Kennzahlen

Ein wesentliches Instrument der Bilanzanalyse stellt dabei die Ermittlung und Auswertung von Kennzahlen dar. Wichtige Kennzahlen sind z.B. die Umsatzrentabilität und die Eigenkapitalquote | ▸ HF 1, Kap. 10.1, 10.2 |.

Planungsbereiche können abhängig von der Art des Unternehmens, der Branche, der Unternehmensgröße und der Stellung am Markt unterschiedliche Bedeutung haben. Wesentliche kaufmännische Planungsbereiche sind u.a.:

- Umsatzplanung

Umsatzprognose

Zur Umsatzplanung | ▸ HF 2, Kap. 12 | bedient man sich i.d.R. der Umsatzprognose. Auf der Grundlage der vorhandenen bzw. geplanten produktiven Arbeitsstunden und des erreichbaren Stundenverrechnungssatzes lassen sich die erzielbaren Umsätze berechnen. Hinzu kommen der Materialeinsatz einschließlich des Materialaufschlages sowie sonstige betriebliche Leistungen. Zusätzliche Sicherheit bringt ein Vergleich mit Zahlen der Wettbewerber oder mit Betriebsvergleichen.

- Personalplanung

Personalbedarf

Bei der Personalplanung | ▸ HF 3, Kap. 11 | ermittelt der Unternehmer nicht nur, wie viele Mitarbeiter benötigt werden, sondern auch, welche Qualifikationen vorhanden sind und künftig gebraucht werden. Daraus ergibt sich häufig ein konkreter Weiterbildungsbedarf. Auch die Altersstruktur der Mitarbeiter, der Krankenstand und die aktuelle Arbeitsmarktlage müssen berücksichtigt werden.

- Kostenplanung

Plankostenrechnung

Ebenso sorgfältig wie der Umsatz müssen auch die Kosten geplant werden. Bei der Kostenplanung erweist sich die Plankostenrechnung | ▸ HF 1, Kap. 11.6 | als hilfreich. Im Kostenplan werden alle erwarteten Kosten erfasst, wie z.B. Personalkosten, Mieten, Materialkosten, Energiekosten, Versicherungen etc. Die Prognose kann dabei auf den Daten der Vergangenheit oder Schätzungen der künftigen Preisentwicklung beruhen.

- Investitionsplanung

  Investitionsbedarf

  In die Investitionsplanung | ► HF 1, Kap. 11.7.2, HF 2, Kap. 11.1, HF 3, Kap. 8.2 | fließen alle Investitionsmaßnahmen und die damit verbundenen Kosten ein, die zum Erhalt oder zur Erweiterung der Unternehmensaktivitäten erforderlich sind. Das können neue Geschäfts- oder Ausstellungsräume, Maschinen, Werkzeuge, Computer und Software, aber auch Weiterbildungsmaßnahmen zur Mitarbeiterqualifizierung sein.

- Finanzplanung

  Liquiditätsplanung

  Zur Finanzplanung gehört sowohl die Liquiditätsplanung (kurzfristige Finanzplanung) als auch die Kapitalplanung (langfristige Kapitalplanung). Eine sorgfältige, zeitpunkt- und betragsgenaue Planung aller Ein- und Auszahlungen ist für jeden Unternehmer ein absolutes Muss. Dabei ist auch das Zahlungsverhalten der Kunden zu berücksichtigen. Die Liquiditätsplanung | ► HF 2, Kap. 13, HF 3, Kap. 8.3.4 | umfasst die nächsten sechs bis zwölf Monate und sichert die Zahlungsfähigkeit des Unternehmens. Mögliche Liquiditätslücken, die frühzeitig erkannt werden, können durch Gegenmaßnahmen ausgeglichen werden.

  Kapitalplanung

  Die Kapitalplanung berücksichtigt den Finanzmittelbedarf für einen längeren Zeitraum und bezieht die Finanzierung von Investitionen in neue Maschinen, Gebäude etc. ein. Sie legt aber auch fest, woher die benötigten Finanzmittel kommen sollen.

- Absatzplanung

  Marktforschung

  Die Absatzplanung legt fest, mit welchen Mitteln des Marketings zu welchen Preisen welche Produkte oder Dienstleistungen in welchen Mengen umgesetzt werden sollen. Dabei dient die Marktforschung | ► HF 3, Kap. 4.2 | der Beschaffung von Informationen über mögliche Absatzmärkte.

Untersuchungen über Alter, Familienstand oder Einkommen möglicher Kunden sowie über Preise und Qualität von Konkurrenzprodukten bilden wichtige Planungsgrundlagen. Auch Daten über die Marktlage oder die Marktentwicklung, die Zahl der potenziellen Nachfrager, deren Kaufkraft und Kaufverhalten, die Anzahl und die Marktauftritte der Konkurrenten fließen in die Absatzplanung ein.

Zielgruppenanalyse

In Verbindung mit der Marktforschung gilt auch eine möglichst präzise Zielgruppenanalyse und -bestimmung | ► HF 3, Kap. 4.1 | als wichtiges Instrument der Unternehmensplanung.

Nutzen Sie das interaktive Zusatzmaterial im Sackmann-Lernportal.

Beispiel: Nachdem Thorsten Mainau für alle kaufmännischen Bereiche die Planungen fürs nächste Jahr erstellt hat, fühlt er sich in seinen Überlegungen bestätigt. Der Betrieb ist solide aufgestellt. Das hat auch die Bilanzanalyse, die er gemeinsam mit Friedel Roth und seinem Steuerberater betrachtet hat, und die Auswertung der betrieblichen Kennzahlen ergeben.

Sorgen macht ihm lediglich die Umsatzentwicklung, die im Gegensatz zu den steigenden Kosten bei den Löhnen und beim Einkauf von Materialen stagniert. Schließlich möchte er nicht in die Situation kommen, qualifizierte Mitarbeiter entlassen zu müssen.

Da in seiner Region zurzeit jedoch keine Neubaugebiete für Ein- und Zweifamilienhäuser ausgewiesen sind, also der Bereich, in dem er besonders stark ist, muss er seinen Umsatz in anderen Geschäftsbereichen deutlich steigern.

Planungsinstrumente

Bei seinen vielfältigen planerischen Aufgaben stehen dem Handwerksmeister verschiedene Planungsinstrumente zur Verfügung. Mit ihrer Hilfe lässt sich analysieren, wo sein Betrieb gerade steht. Planungsinstrumente machen Chancen sichtbar und grenzen gleichzeitig das Risiko von Fehlentwicklungen ein.

ABC-Analyse

Ein äußerst vielseitig einsetzbares Instrument ist die sog. ABC-Analyse | ► HF 3, Kap. 19.4 |. Sie nimmt eine Einteilung in Gruppen (beste/wichtigste = A, mittlere = B und schlechteste/nicht so wichtig = C) vor. Über diese Einteilung wird schnell ersichtlich, welche Bereiche (Kunden, Produkte etc.) für das Unternehmen besonders wichtig sind und bei der Planung intensiv betrachtet werden müssen.

Die ABC-Analyse verdeutlicht z.B.,

- welches die wichtigsten Kunden sind, um die man sich besonders intensiv kümmern muss,
- welche Produkte/Dienstleistungen den größten Umsatzanteil haben und unbedingt weiterentwickelt werden müssen,
- welches die Hauptlieferanten sind, mit denen es sich lohnt, intensive Einkaufsgespräche bezüglich Bestellmengen, Preisgestaltung, Lieferzeiten und Qualitätsanforderungen zu führen,
- welche Aufgaben die besondere Aufmerksamkeit des Unternehmers erfordern und keinesfalls an Mitarbeiter delegiert werden dürfen.

Die ABC-Analyse kommt überall dort zum Einsatz, wo schnell und einfach Prioritäten zu setzen sind und Arbeitsschwerpunkte geplant werden müssen.

Stärken-Schwächen-Analyse

Weitere Planungsinstrumente, die helfen, den Ist-Zustand des Unternehmens zu analysieren, kommen in anderen Unternehmensbereichen, u.a. im Controlling, zum Einsatz. Dazu gehört z.B. die Stärken-Schwächen-Analyse | ► HF 3, Kap. 19.3 | und die SWOT-Analyse | ► HF 3, Kap. 5.2 |. Sie dienen dazu, die Möglichkeiten (Chancen) und Schwachstellen (Risiken) offenzulegen. Die Stärken-Schwächen-Analyse identifiziert die Leistungsstärken des Betriebs. Diese gilt es auszubauen. Eventuell können auch Schwächen beseitigt werden, um den Betrieb leistungsfähiger zu machen. Bei der Analyse helfen Checklisten und Fragebogen, die der Handwerker selbst, seine Mitarbeiter oder sogar Kunden ausfüllen. Auch dieses Instrument kommt in vielen Unternehmensbereichen zum Einsatz und wird häufig im Marketing genutzt, um die eigene Position am Markt bzw. gegenüber den Mitbewerbern zu klären | ► HF 3, Kap. 5 |.

Beispiel: Durch den Einsatz verschiedener Planungsinstrumente ist Thorsten Mainau klar geworden, dass er wenig Erfahrung im Bereich von großen gewerblichen Bauprojekten wie dem geplanten Einkaufszentrum hat. Auch gibt es mehrere starke Wettbewerber, die aufgrund ihrer Größe, Finanzkraft und Referenzen in diesem Bereich die Ausschreibung unter sich ausmachen dürften.

Aber der Bau eines Seniorenzentrums mit hochwertiger Ausstattung oder einiger Mehrfamilienhäuser für gut betuchte und anspruchsvolle Eigentümer passt genau in sein Stärken-Profil. Diese Richtung möchte er gerne weiterverfolgen. Deshalb setzt er sich erneut mit Friedel Roth zusammen.

Suche nach Alternativen

Ist über geeignete Instrumente klar geworden, wie es im Betrieb aussieht, geht es im Folgenden daran, Schlüsse zu ziehen und Alternativen zu suchen. Im Team mit Mitarbeitern, Freunden oder der Familie können nun neue Ideen erarbeitet werden, um den Betrieb weiter nach vorne zu bringen.

Brainstorming

Brainstorming ist eine von vielen Methoden zur Ideenfindung. Dabei gibt es klare Regeln. Alle Teilnehmer nennen spontan ihre Einfälle, die nicht kommentiert oder kritisiert, sondern alle notiert werden. Durch die wertfreie Äußerung treten auch ungewöhnliche Ideen zutage, die sonst nie ausgesprochen würden.

Mindmap

Weitere Möglichkeiten sind das Erstellen eines Mindmaps und die Metaplan-Technik. Beim Mindmap werden Ideen rund um eine Ausgangsfrage notiert und zu dieser durch Linien, Pfeile etc. grafisch in Beziehung gesetzt. Das Bild, das dabei entsteht, gleicht einer Landkarte (engl. = map) und hält alle Ideen für eine spätere Weiterentwicklung fest.[1]

Metaplan-Technik

Bei der Metaplan-Technik schreiben alle Teilnehmer der Ideenfindungsrunde ihre Gedanken auf farbige Kärtchen, die anschließend auf einer Pinwand strukturiert werden.

[1] *Siehe Sackmann, Teil IV, 41. Auflage, S. 186.*

Durch alle diese Kreativitätstechniken können Erfahrungen gesammelt, aber vor allem Ideen für weitere Planungsprozesse gewonnen werden.

Betriebsvergleiche

Zur Planung gehört ebenso, dass man die gewonnenen Erkenntnisse mit weiteren Marktdaten, anderen Betrieben, Branchen etc. vergleicht. Dazu lassen sich vielfältige Informationen im Internet finden. Im Handwerk stehen u.a. Betriebsvergleiche für viele Gewerke zur Verfügung, an denen man seinen eigenen Betrieb messen kann.

Benchmarking

Beim sog. Benchmarking orientiert man sich an Best-Practice-Beispielen anderer Betriebe und versucht, durch kontinuierliche Verbesserungen diese Leistungen zu erreichen. Man könnte es auch als „Lernen von den Besten" bezeichnen. Dabei ist nicht immer nur ein Vergleich innerhalb der Branche ratsam. Gerade der Blick auf Betriebe anderer Branchen kann durchaus richtungsweisend für eigene zukünftige Entwicklungen sein.

Kosten-Nutzen-Analyse

Abschließend müssen alle Planungsideen geprüft und bewertet werden. Dazu dient die Kosten-Nutzen-Analyse. Sie prüft die Wirtschaftlichkeit der geplanten Maßnahmen. Dazu werden alle voraussehbaren Kosten, der erwartete Nutzen und die damit verbundenen Einnahmen einander gegenübergestellt. Die Kosten-Nutzen-Analyse wird eingesetzt, um alternative Planungsvorhaben zu beurteilen und die Variante mit dem günstigsten Verhältnis von Kosten und Nutzen zu ermitteln.

5.2 Planungsphasen

Planung ist darauf ausgerichtet, die festgelegten Unternehmensziele | ► HF 1, Kap. 1 | zu erreichen. Die Planungsprozesse vollziehen sich dabei in mehreren Phasen.

Phasen des Planungsprozesses

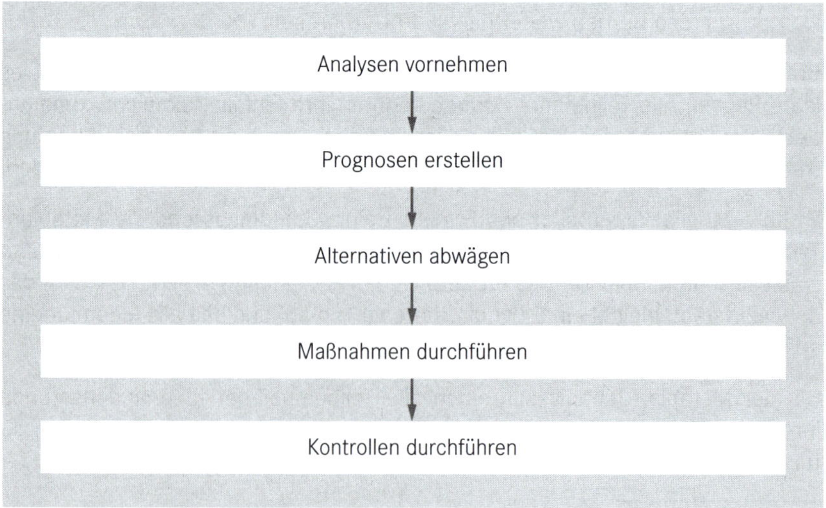

Analysen vornehmen

Phase 1

Um die Unternehmensziele auch wirklich zu erreichen, ist es zwingend notwendig, regelmäßig festzustellen, wo der Betrieb gerade steht. Über die Analyse der verschiedenen Planungsbereiche und mithilfe der Planungsinstrumente verschafft sich der Unternehmer einen Überblick über die Wirtschaftlichkeit, das Leistungs- und Produktangebot und die Wettbewerbsfähigkeit seines Betriebs. Dabei erhält er u.a. Antworten auf folgende Fragen:

- Wie rentabel arbeitet der Betrieb?
- Wie hoch sind die Kosten für Personal, Miete, Materialeinsatz, Werbung etc.?
- Wie steht der Betrieb im Vergleich zum Wettbewerb da?
- Welche Produkte und Leistungen sind entscheidend für den Betriebserfolg?
- Welche Zielgruppen werden angesprochen und werden sie erreicht?

Beispiel: „Du hattest übrigens recht, Friedel“, begrüßt Thorsten Mainau seinen Seniorpartner, als dieser das nächste Mal im Büro vorbeischaut. „Den Auftrag für den Rohbau des Einkaufszentrums haben wir nicht bekommen. Das war wohl doch eine Nummer zu groß für uns. Aber ich habe mich inzwischen genau informiert und auch die Analysen und Prognosen unseres Verbands hinzugezogen. Durch eine hohe Zahl an Single-Haushalten und eine Überalterung der Gesellschaft gerät der Anteil an Einfamilienhäusern gegenüber einem großen Bedarf an qualitativ hochwertigen Eigentums- und Mietwohnungen deutlich ins Hintertreffen. Da ist also, wie schon vermutet, keine Umsatzsteigerung mehr für uns zu erwarten.“

„Ja, da liegst du wohl richtig. Ich habe mich auch umgehört und herausgefunden, dass sich unser stärkster Wettbewerber in letzter Zeit auf preisbewusste Baumaßnahmen im privaten Wohnungsbau spezialisiert hat. Damit haben wir Chancen, uns im Bau von hochwertigen Wohnanlagen zu etablieren. Mit unserem guten Ruf in der Region und unseren zuverlässigen und qualifizierten Mitarbeitern können wir in diesem Geschäftsbereich zu einem der führenden Anbieter werden.“

Gemeinsam machen sich die beiden daran, anhand von konkreten Marktdaten und weiteren Informationen Entwicklungsprognosen aufzustellen.

Prognosen erstellen

Phase 2

Sobald durch Analysen der Ist-Zustand des Betriebs festgestellt ist, kann eine Prognose erstellt werden, wie sich das Unternehmen voraussichtlich entwickeln wird. Diese Entwicklungsprognose wird dann mit den definierten Zielen verglichen. Meist weichen gewünschte und tatsächliche Entwicklungen infolge von kurzfristigen oder unvorhergesehenen Marktveränderungen voneinander ab. Das Vergleichsergebnis zeigt auf, wo es Probleme gibt und wo unternehmerische Entscheidungen erforderlich sind.

Phase 3 Alternativen abwägen

Meist gibt es mehrere Möglichkeiten und Wege, die zu Problemlösungen führen. Diese Alternativen gilt es zu finden und zu bedenken. Die Abwägung aller positiven und negativen Auswirkungen der Handlungsalternativen führt den Unternehmer zu seinen Entscheidungen. Letztlich wird er den Plan beschließen und in die Tat umsetzen, der eine optimale Gesamtwirkung für das Unternehmen in Aussicht stellt.

Im Handwerk sind für die Entscheidungsfindung insbesondere folgende Kriterien zu beachten: das mögliche Risiko, die Finanzierbarkeit, die personelle Ausstattung, die Fähigkeit, sich mit anderen abzustimmen, die geplante Rentabilität und die zeitlichen Vorgaben.

Beispiel: Einige Wochen später sitzen Thorsten Mainau und Friedel Roth erneut zusammen, um ihre Planung weiterzuführen. „Ich habe mir noch eine Alternative überlegt. Wir könnten doch unseren Aktionsradius um etwa 100 km ausdehnen und knapp hinter der Grenze im Ausland arbeiten. Dort sind mehrere Neubaugebiete ausgewiesen, wo Ein- bis Dreifamilienhäuser entstehen sollen. Lass uns diese Möglichkeit doch auch einmal durchgehen“, regt Friedel an.

„Das könnte wirklich interessant sein. Dann müssten wir allerdings unsere Baustellen und unseren Personaleinsatz anders planen. Weißt du, wo wir uns informieren können, welche Voraussetzungen zu erfüllen sind, um im Nachbarland als Unternehmen aktiv zu werden?“, fragt Thorsten Mainau.

„Ich rufe gleich morgen den zuständigen Berater bei der Handwerkskammer an. Dann sehen wir weiter“, schlägt Friedel Roth vor.

Phase 4 Maßnahmen durchführen

Aus den Unternehmerentscheidungen lassen sich geeignete Maßnahmen ableiten, die in die operative Planung einfließen. Diese Maßnahmen sind wiederum darauf ausgerichtet, die Unternehmensziele zu erreichen. Sie sollten schriftlich gefasst und allen Beteiligten erläutert werden, damit eine konsequente Umsetzung der beschlossenen Maßnahmen erfolgen kann.

Phase 5 Kontrollen durchführen

Zu festen Zeitpunkten wird dann die konsequente Umsetzung der Maßnahmen kontrolliert und geprüft, ob sich der erwartete Erfolg eingestellt hat. Dieser Kontrolle kommt eine besondere Bedeutung zu, denn sie hat die Aufgabe, regelmäßig zu ermitteln, ob die erzielten Resultate (Ist) mit den Planvorgaben

(Soll) übereinstimmen bzw. welche Abweichungen bestehen. Durch regelmäßige Kontrollen lässt sich ausschließen, dass die beschlossenen Maßnahmen ins Leere laufen oder sogar nachteilige Auswirkungen verursachen. Nach jeder Kontrolle wird klar, ob weitere Änderungen notwendig werden und einzelne Pläne erneut angepasst werden müssen.

Je regelmäßiger und systematischer Kontrollen stattfinden, desto besser. Wichtig ist, dass sie immer auch eine Analyse der Ursachen der Planabweichungen nach sich ziehen, um nicht wirkungslos zu bleiben.

Sind im Rahmen der Kontrolle die Fehler und ihre Ursachen identifiziert, können entsprechende Gegenmaßnahmen eingeleitet werden. Je nachdem, ob es sich um Fehler bei der Umsetzung oder um Planungsfehler handelt, sind betriebliche Korrekturen oder sogar grundlegende Planungsänderungen notwendig.

Planung als dynamischer Prozess

Planungsprozesse enden also nicht in der abschließenden Entscheidung für bestimmte Handlungsalternativen und der darauf folgenden Umsetzung. Planung muss vielmehr als ein dynamischer Prozess verstanden werden, der sich als eine fortlaufende Abfolge von Planung, Umsetzung, Kontrolle und erneuter Planung darstellt | ► HF 3, Kap. 19.1 |.

Planungsprozess als Regelkreis

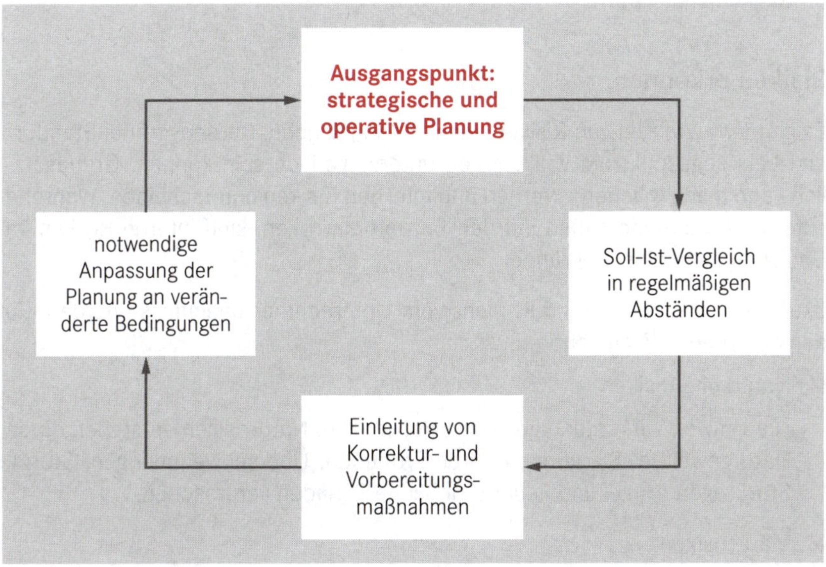

Beispiel: Die strategische Planung von Thorsten Mainau sieht vor, neben dem bisherigen Bau von Ein- und Zweifamilienhäusern die Errichtung qualitativ anspruchsvoller Wohnanlagen als weiteren Geschäftsbereich zu etablieren. Dadurch will er seinen Umsatz in den nächsten fünf Jahren um 20 % erhöhen. Aufbauend auf dieser groben Planung erarbeitet er für die nächsten beiden Jahre operative Zielsetzungen.

Als Erstes einigt er sich jedoch mit Friedel Roth darauf, von jetzt an noch regelmäßiger zu kontrollieren, ob sich Umsatz, Kosten und Gewinnerwartung so entwickeln, wie geplant. Dadurch hofft er Probleme frühzeitig erkennen, analysieren und seine Maßnahmen zur Geschäftsfelderweiterung anpassen zu können.

---

6 Risikobewertung

Jede unternehmerische Entscheidung eröffnet Chancen, birgt aber zugleich auch Risiken in sich. Zu einer soliden Planung gehört nicht nur der Blick in die Vergangenheit und auf zukünftige Entwicklungen, sondern auch ein sorgfältiges Abwägen von Chancen und Risiken. Um auf Risiken angemessen reagieren zu können, haben sich die folgenden Schritte bewährt:

Risiken einschätzen

1. Risiken erkennen,
2. Risiken bewerten,
3. Risiken steuern.

Risiken erkennen

Risikoarten

Es gibt eine Vielzahl von Risiken, die je nach Branche, Betriebsgröße, Standort und Leistungsspektrum vollkommen unterschiedlich sein können. Grundsätzlich kann man zwischen externen und internen Risiken unterscheiden. Während externe Risiken von außen auf den Betrieb einwirken, sind interne Risiken im Unternehmen selbst begründet.

externe Risiken

Externe Risiken können i.d.R. nicht vom Unternehmer beeinflusst werden. Zu den externen Risiken gehören u.a.:

- Natürliche Risiken

  Die Umwelt wirkt ständig auf den Betrieb ein. Naturrisiken entstehen durch Naturgewalten. Sie können durch Erdbeben, Überschwemmungen, Sturm, Starkregen, Hagel und Feuer erhebliche Schäden verursachen.

- Marktrisiken

  Die Konjunkturentwicklung kann den Markt ebenso grundlegend beeinflussen wie neue Wettbewerber im direkten Umfeld. Auch eine Umorientierung von Kunden und Lieferanten oder neue Regelungen im Kreditvergabeverhalten der Banken können für ein Unternehmen existenzgefährdend sein. Forderungsausfälle durch Insolvenzen bei größeren Auftraggebern führen bei kleineren Unternehmen fast zwangsläufig zu Liquiditätsengpässen oder noch schlimmeren Folgen.

- Politische Risiken

  Bei Exportgeschäften spielt die politische Stabilität im Ausland die entscheidende Rolle bei der Höhe des Risikos. Im Inland ist ein Unternehmen hauptsächlich durch die sich ständig verändernde Gesetzgebung betroffen, etwa im Bereich der Steuergesetze, der Gewährleistung, des Arbeitsrechts und der Umweltgesetzgebung.

Externe Risiken entstehen durch Veränderung der Klima- und Umwelteinflüsse, durch Konjunktur und Verbraucherverhalten, neue Wettbewerber, technologische und rechtliche Entwicklungen. Auch wenn externe Risiken nicht vom Unternehmer abgewendet werden können, ist es wichtig, sie zu erkennen und soweit es geht zu berücksichtigen, denn sie können großen Einfluss auf die Entwicklung des Unternehmens haben. Als Gegenmaßnahme können in einigen Fällen Versicherungen abgeschlossen werden. Ansonsten ist Weitsicht gefragt und eine sorgfältige Marktbeobachtung.

interne Risiken

Interne Risiken sind häufig „hausgemacht", können allerdings vom Unternehmer beeinflusst werden. Sie ergeben sich oftmals in den Bereichen Beschaffung, Finanzen, Personal, Organisation und der Unternehmensführung. Typische Risiken sind

- Personalausfall durch Krankheit oder Elternzeit,
- hohe Mitarbeiterfluktuation durch schlechtes Betriebsklima,
- hohe Ausfallwahrscheinlichkeit durch veralteten Maschinenpark,
- Verlust durch mangelhafte Datensicherung oder Angriffe von außen,
- Qualitätseinbruch durch Lieferantenwechsel,
- fehlende Innovation in Leistungserstellung und Technik,
- nicht marktgerechte Preispolitik,
- Liquiditätsengpässe durch zu niedrige Eigenkapitalquote,
- Auftragsreinbruch durch Abhängigkeit von wenigen großen Kunden,
- häufige Inanspruchnahme der Gewährleistung infolge von Schlechtleistung,
- nicht geregelte Unternehmernachfolge.

Risiken bewerten

Risiken können überschaubar, aber auch existenzbedrohend sein. Um angemessen auf sie zu reagieren bzw. sie abzusichern, empfiehlt es sich, die unterschiedlichen Risiken in ihrer Wichtigkeit und Eintrittswahrscheinlichkeit zu bewerten | ► SWOT-Analyse, S. 507 |. Anhand dieser Einteilung kann anschließend ein spezieller Maßnahmenplan erstellt werden.

Tests und Aufgaben zu diesem Kapitel finden Sie im Sackmann-Lernportal.

Risikobewertung

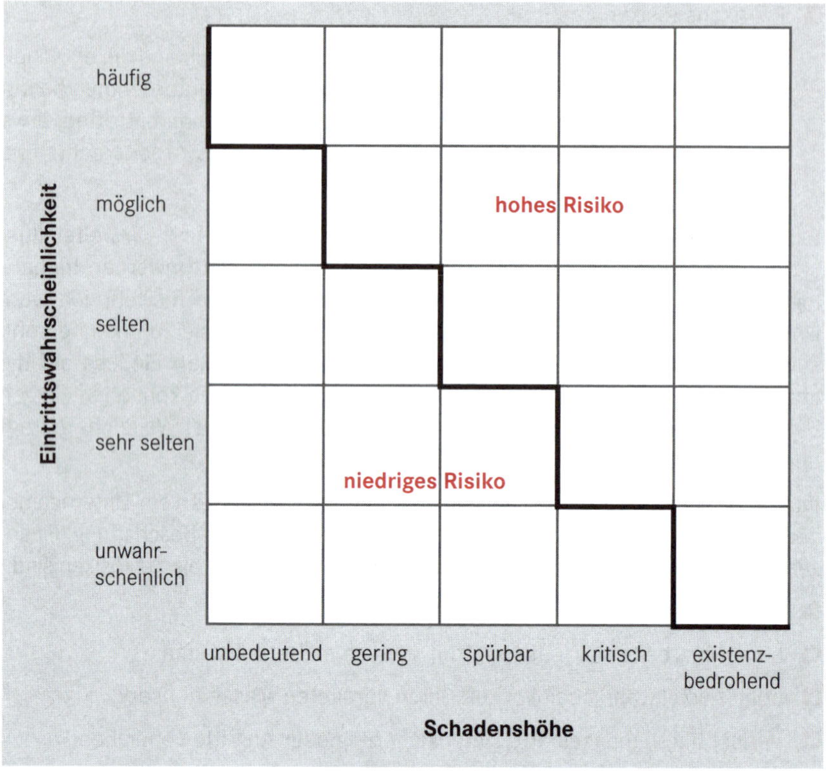

Risiken steuern

Risikostrategien

Ebenso wie eine individuelle Planung benötigt jeder Betrieb eine differenzierte Risikostrategie. Neben dem rechtzeitigen Erkennen und Bewerten der Risiken kann ein passgenauer Maßnahmenplan dabei helfen, das Risiko positiv zu beeinflussen oder zumindest die wirtschaftlichen Folgen zu begrenzen. Dieser kann eine Schadensverhütung durch Risikovermeidung bzw. -minderung oder auch eine Schadenüberwälzung vorsehen. Bei der Abwälzung von Risiken wird ein Vertrag mit Dritten, z.B. einer Versicherung, geschlossen, die dann für den entstandenen Schaden einstehen.

Absicherung interner Risiken

Bei der Absicherung von internen Risiken ist der Unternehmer gefragt. Hat er die Risiken erkannt und in ihrer Bedeutung für seinen Betrieb bewertet, kann er gezielt Gegenmaßnahmen ergreifen, um diesen Risiken vorzubeugen oder sie zumindest abzufedern. So kann er z.B.

- durch Schutzmaßnahmen Unfällen vorbeugen,
- Erkrankungen durch die Pflicht zu richtiger Wetterkleidung minimieren,
- Abhängigkeiten durch Aufbau weiterer Kunden oder Vereinbarung von langfristigen Abnahmeverpflichtungen reduzieren,

- Innovationen ständig im Auge behalten,
- in neue Technologien investieren,
- regelmäßige Datensicherung gewährleisten,
- durch gut geschulte, erfahrene und motivierte Mitarbeiter weniger Mängel beim Kunden verursachen,
- die Durchsetzbarkeit von Forderungen steigern etc. | ▸ HF 3, Kap. 21 |.

Versicherungen

Externe Risiken lassen sich i.d.R. nicht abwenden, können jedoch bis zu einem gewissen Grad durch Versicherungen abgedeckt werden. Grundsätzlich gibt es eine Vielzahl von Versicherungen und Anbietern. Hinzu kommen Vertreter, Makler und Berater, die mehr oder weniger neutral beraten und Empfehlungen aussprechen. Die größte Herausforderung für einen Unternehmer besteht darin, zu entscheiden, welche Versicherungen für den eigenen Handwerksbetrieb zur Existenzsicherung notwendig sind | ▸ HF 2, Kap. 25.2 |. Dazu müssen Kosten und Nutzen abgewogen werden und in einem angemessenen Verhältnis zueinander stehen.

Die richtige Versicherung zur Absicherung von Risiken kann nur individuell und nach eingehender Prüfung der jeweiligen Sachlage gefunden werden.

kalkulierbare Risiken

Der Abschluss der richtigen Versicherung bedeutet Schutz vor finanzieller Not, wenn Gefahr eintritt. Auf diese Weise ist gewährleistet, dass der Betrieb weitergeführt und die Arbeitsplätze gesichert werden können.

Hinweise zum Versicherungsabschluss

Durch den Abschluss einer Haftpflichtversicherung wird z.B. sichergestellt, dass Schäden, die Kunden oder andere Personen durch die Arbeit des Handwerkers erleiden, finanziell durch die Versicherung geregelt werden.

Beim Abschluss einer Versicherung ist unbedingt darauf zu achtet, dass die Versicherungssumme dem Versicherungswert entspricht, also weder eine Unterversicherung noch Überversicherung vorliegt.

Ferner sollten die folgenden Bestandteile eines Versicherungsvertrages genau geprüft werden:

- Prämie des Versicherungsnehmers (zu zahlender Betrag),
- Leistung des Versicherers bei Eintreten des Schadenfalles,
- Vertragsdauer,
- Kündigungsbedingungen.

Da die Risiken und Vermögensstrukturen in einem Betrieb ständigen Veränderungen unterworfen sind, ist es ratsam, einmal im Jahr einen Versicherungs-Check durchzuführen. So kann festgestellt werden, ob die vorhandenen Versicherungen noch den tatsächlichen Bedingungen genügen.

Kompetenzen

Das sollten Sie als zukünftiger Meister können:

- ✔ Bedeutung, Ablauf und Bereiche der Unternehmensplanung kennen,
- ✔ Stärken und Schwächen eines Unternehmens am Markt im Hinblick auf das Zielsystem beschreiben,
- ✔ Marktchancen und -risiken abschätzen,
- ✔ unternehmerische Risiken einschätzen.

Informationen aus dem Rechnungswesen, insbesondere aus Bilanz sowie Gewinn- und Verlustrechnung zur Analyse von Stärken und Schwächen nutzen

D

Dachdeckermeister Markus Petersson besucht ein Seminar ‚Unternehmensrechnung und Rechnungswesen für Führungskräfte' des Juniorenkreises Handwerk. Der Steuerberater hatte ihn dazu gedrängt, sich intensiver mit betriebswirtschaftlichen Zusammenhängen auseinanderzusetzen, da Markus bald den elterlichen Betrieb übernehmen und auch einiges verändern will, da die Gewinne stagnieren bzw. rückläufig sind.

Nur gut, dass er hier einige Leute kennt: Tischlermeister Jochen Wall ist auch dabei genau wie Elektromeister Jens Schwarz. Alle drei kennen sich noch von der Meisterschule.

„Allein schon den Titel ‚Unternehmensrechnung und Rechnungswesen' kapiere ich nicht! Ist die Bedeutung denn nicht identisch? Leute, da gehe ich lieber eine Woche aufs Dach ...", klagt Markus Petersson.

„Mensch, Markus! Wir müssen doch die Fachsprache lernen! Auch wenn sie zuerst verwirrend klingt", beschwichtigt ihn Jochen Wall.

Da kannst du arbeiten, so viel und so gut du willst. Das bringt nicht viel, wenn du das Zahlenwerk deines Betriebes nicht lesen oder nicht richtig damit umgehen kannst", wirft Jens Schwarz ein. „Was ist, wenn du zu spät merkst, dass du die Löhne für deine Leute nicht mehr zahlen kannst? Oder wenn du nicht weißt, ob du dir einen neuen Transporter leisten kannst, weil der alte nicht mehr läuft?"

„Und Ärger mit Behörden oder Banken willst du bestimmt auch vermeiden, hab ich recht?", vermutet Jochen Wall.

„Na sicher, wir wollen ja alle gutes Geld verdienen", stimmt Markus Petersson den Freunden zu.

7 Teilsysteme der Unternehmensrechnung

externe/interne Unternehmensrechnung

Der Begriff Unternehmensrechnung stammt aus der Betriebswirtschaftslehre und umfasst die von einem Unternehmen eingesetzten systematischen Rechnungssysteme. Es handelt sich um einen sehr weit gefassten Begriff, der auch die gesamte konzeptionelle Ausgestaltung beinhaltet. Je nachdem, welche Adressaten angesprochen werden, unterscheidet man zwischen einer (betriebs-)internen und (betriebs-)externen Unternehmensrechnung, wobei die Grenzen allerdings fließend sind.

Wichtige externe Adressaten sind Gläubiger, Kunden, Mitarbeiter, Lieferanten, Investoren und die Öffentlichkeit. Intern benötigen Geschäftsführung oder Eigentümer permanent fundierte Auskünfte und Entscheidungshilfen.

Das Rechnungswesen bildet den Kern der Unternehmensrechnung und wird ebenfalls im Hinblick auf die Zielsetzung in einen externen und internen Bereich unterteilt:

Bereiche des Rechnungswesens

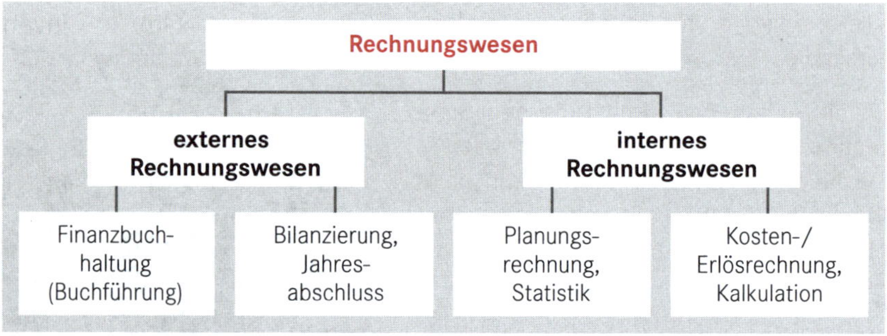

Das Rechnungswesen hilft, alle wertmäßig relevanten Vorfälle lückenlos zu dokumentieren und ist die Grundlage der Unternehmensplanung, denn die Zahlen des Rechnungswesens liefern Erkenntnisse über Umsätze, laufende Aufwände und die finanziellen Möglichkeiten des Betriebes. Zudem kann der Unternehmer betriebliche Teilbereiche und die Folgen seiner Handlungen besser kontrollieren. Das Rechnungswesen ist eine vorwiegend vergangenheitsbezogene Ist-Rechnung.

Abgrenzung zum Rechnungswesen

Die Unternehmensrechnung grenzt sich vom Rechnungswesen durch folgende Aspekte ab:

- Der Zielbezug ist weiter gefasst. Neben herkömmlichen Zielen, wie z.B. Sicherung der Liquidität und Erzielung eines angemessenen Gewinns, werden als relevante Entscheidungsziele auch in den Blick genommen:
  - Sozialziele: Wie nimmt das Unternehmen seine soziale Verantwortung nach innen - also seinen Mitarbeitern gegenüber - und nach außen - also Dritten gegenüber - wahr?
  - Umweltziele: Welche betrieblichen Maßnahmen zum Schutz der Umwelt sind geplant bzw. wurden erfolgreich umgesetzt?

– Potenzialziele: Worin liegen die Erfolgspotenziale des Unternehmens, die erkannt und zukünftig ausgebaut werden müssen?

Mittel- und Langfristigkeit

- Während das klassische Rechnungswesen überwiegend kurzfristig (operativ) ausgerichtet ist, stehen bei der Unternehmensrechnung mittelfristige (taktische) sowie langfristige (strategische) Ziele im Vordergrund.
- Das Rechnungswesen beinhaltet ausschließlich quantitative Werte, also (meist geldwerte) Zahlen. In der Unternehmensrechnung werden zusätzlich Mengengrößen und qualitative Größen verarbeitet.

Führungsinstrument

- Die Unternehmensrechnung ist stärker als übergreifendes Unternehmensführungsinstrument zu betrachten. Sie beinhaltet in höherem Maße als das Rechnungswesen zukunftsorientierte und strategiebezogene Planrechnungen.

Teilsysteme der Unternehmensrechnung

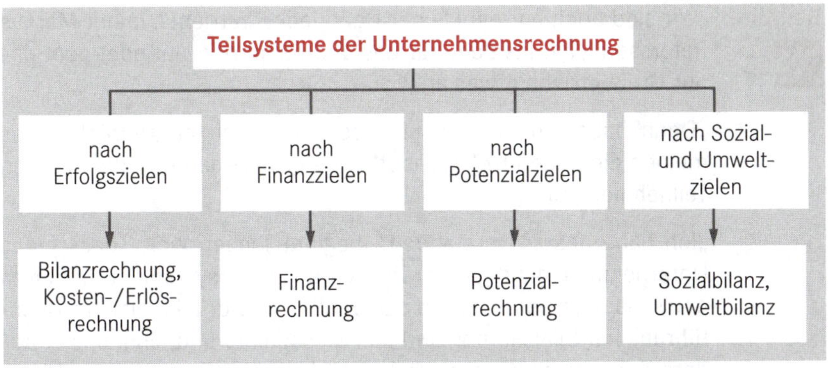

Die Unternehmensrechnung besitzt sowohl unternehmensexterne als auch -interne Adressaten.

Bilanzrechnung

Die Bilanzrechnung | ► S. 69 | wird beispielsweise vom Staat eingefordert, der an der exakten Berechnung der Gewinn- und damit der Steuerhöhe interessiert ist. Auch Gläubiger wie Banken oder Lieferanten wollen genau über die wirtschaftliche Lage informiert sein, ebenso wie Gesellschafter als Investoren.

Kosten- und Erlösrechnung

Die Kosten- und Erlösrechnung | ► S. 70 | wird auf freiwilliger Basis erstellt und dient internen Zwecken, vor allem der Unternehmenssteuerung. Sie soll z.B. Hilfen für die Kalkulation geben und genau aufzeigen, ob und an welcher Stelle des Betriebs wofür welche Kosten in welcher Höhe angefallen sind. Im Handwerk gibt es dafür zahlreiche einfache, aber dennoch hilfreiche Methoden. Großunternehmen setzen bis ins Detail ausgeklügelte, betriebsspezifische Systeme ein.

Finanzrechnung

Die Finanzrechnung | ► S. 72 | wird ebenfalls überwiegend intern eingesetzt. Mit welchen kurzfristigen Ein- und Ausgaben ist zu rechnen? Ist die Liquidität des Unternehmens gesichert? Können langfristig alle Investitionen im erforderlichen Umfang in welcher Art und Weise geleistet werden?

Sozialrechnung

Sowohl für betriebsinterne (Geschäftsführung, Mitarbeiter) als auch -externe Empfänger (Gesellschafter, Banken, Lieferanten, Kunden) sind Sozial- und Umweltbilanzen | ► S. 73 | von Interesse. Was leistet eine Unternehmung für die Gesellschaft? Welcher gesellschaftliche Wert liegt in der Ausbildungsbereitschaft des Unternehmens? Wie viel trägt ein Unternehmen zum aktiven Umweltschutz bei?

Potenzialrechnung

Im Rahmen der ebenfalls betriebsinternen Potenzialrechnung | ► S. 76 | stehen Fragen im Vordergrund, wie z.B.: Welche zukunftsorientierten Möglichkeiten und marktbezogenen Chancen sind im Unternehmen verborgen, die bisher ungenutzt geblieben sind? Welche Risiken könnten mit ihrer Nutzung verbunden sein? Schlummernde Potenziale können z.B. im Know-how des Personals oder in der Optimierung der Finanzierung liegen.

Beispiel: „Wir sind doch nur ein kleiner Dachdeckerbetrieb!“, meint Markus Petersson. „Ist das denn für uns überhaupt relevant oder geht das nur Großbetriebe etwas an?“

„Dann habe ich mich wohl missverständlich ausgedrückt! Was meinen die anderen?“, wendet sich der Seminarleiter den übrigen Teilnehmern zu.

„Ich habe das so verstanden“, beginnt Jochen Wall, „dass jedes Unternehmen mindestens ein Teilrechnungssystem durchführen muss, nämlich das, was uns z.B. der Staat aufdrückt, also die Buchführung mit Bilanzierung und Jahresabschluss und, und, und ... Andere Teilsysteme können wir freiwillig noch zusätzlich nutzen.“

„Ja, stimmt. Wir als Schwarz Elektrotechnik OHG nutzen die Kosten- und Erlösrechnung, beispielsweise um Angebote zu kalkulieren. Dazu zwingt uns niemand. Dieses Rechnungssystem hat Gemeinsamkeiten mit der Buchführung, ist letztlich aber unabhängig davon“, entgegnet Jens Schwarz und fährt fort: „Als drittes System wollen wir die kurzfristige Finanzrechnung ausbauen. Und deshalb bin ich hier, um das zu lernen.

Uns ist es nämlich im vorigen Jahr passiert, dass wir plötzlich nicht zahlungsfähig waren und kein Skonto mehr ziehen konnten. Da kursierten gleich die übelsten Gerüchte. Dagegen habe ich von Potenzial- und Sozialbilanzen noch nie was gehört, ehrlich gesagt! Aber wer nicht mit der Zeit geht, geht mit der Zeit!“ Jens Schwarz ist richtig neugierig geworden.

Alles verstanden? Werden Sie im Sackmann-Lernportal aktiv!

7.1 Bilanzrechnung

Die im Teilsystem Bilanzrechnung | ► HF 1, Kap. 8-10 | erfassten Geschäftsvorfälle werden zum einen chronologisch (nach der Zeit) erfasst und zum anderen nach sachlichen Gesichtspunkten, z.B. alle Kontoauszüge einer Bank, Eingangs- bzw. Ausgangsrechnungen.

Aufgaben der Bilanzrechnung

Daraus leiten sich die Hauptaufgaben der Bilanzrechnung ab:

- zeitpunktbezogene Ermittlung und Festlegung des Wertes der Vermögensbestände, z.B. Maschinen, Vorräte, Forderungen, liquide Mittel (Bank, Kasse);
- zeitpunktbezogene Ermittlung und Festlegung des eingebrachten Kapitals, z.B. von Gesellschaftern, sowie der Fremdmittel, z.B. von Banken, Lieferanten;
- zeitraumbezogene Gegenüberstellung von Aufwendungen und Erträgen zur Ermittlung des Gewinns;
- Darstellung des erzielten Überschusses in einer Periode als Bemessungsgrundlage für die Besteuerung und für die Gewinnausschüttung an die Eigner;
- Erstellung einer differenzierten Informationsbasis über die wirtschaftliche Situation des Betriebs.

Nebensysteme der Bilanzrechnung

Folgende Nebensysteme können in der Bilanzrechnung integriert sein:

- die Kontokorrentbuchhaltung, d.h. die Führung separater Kunden- (Debitoren) und Lieferantenkonten (Kreditoren),
- die Lohnbuchhaltung,
- eine spezielle Lagerbuchführung,
- eine gesonderte Verwaltung für Anlagegüter (Anlagenbuchhaltung),
- die detaillierte Wareneingangsbuchhaltung.

Am Jahresende wird ein Jahresabschluss erstellt, dessen Kernpunkte die Bilanz und die Gewinn- und Verlustrechnung | ► HF 1, Kap. 9.1 | bilden. Die Bilanz informiert über die Ausstattung des Unternehmens mit Vermögen und Kapital, bezogen auf einen bestimmten Stichtag (z.B. der 31.12. eines Jahres). Die Gewinn- und Verlustrechnung gibt Aufschluss über die Aufwendungen (Werteverzehr des Unternehmens) und die Erträge (Wertezuwachs des Unternehmens), die während eines Geschäftsjahres angefallen sind.

Bilanzrechnung

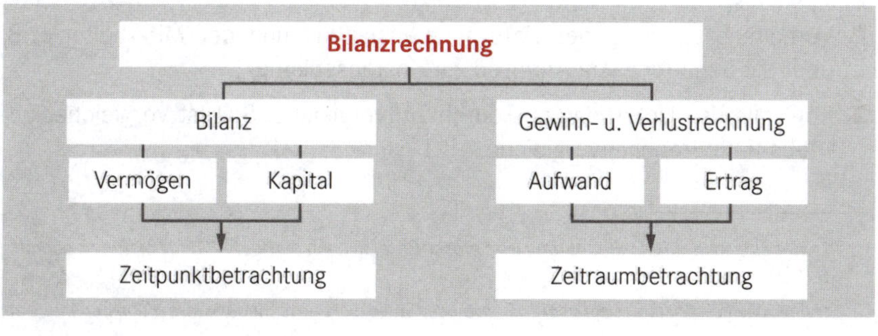

7.2 Kosten- und Erlösrechnung

Das Teilsystem Kosten- und Erlösrechnung[1] | ► HF 1, Kap. 11 | als Kern des freiwilligen, betriebsinternen Rechnungswesens baut auf dem Zahlenmaterial der Bilanzrechnung auf. Sie bildet ausschließlich Unternehmensprozesse mengen- und wertmäßig ab, die mit dem eigentlichen Betriebszweck zu tun haben bzw. blendet aus, was diesen nicht berührt (betriebsfremde, außerordentliche, periodenfremde Aufwendungen und Erträge).

Unter Kosten ist der Verzehr an betrieblichen Produktionsfaktoren (Werkstoffe, Betriebsmittel, Arbeitseinsatz), unter Erlös der u.a. mit dem Verkauf erzielte Wertezuwachs gemeint.

Beispiel: Markus Petersson deckt für einen Kunden das Dach und stellt dafür € 20 000,– (netto) in Rechnung. Der Netto-Rechnungsbetrag ist der erzielte Wertezuwachs, der einfach zu ermitteln ist.

Dagegen sind Kosten z.T. schwieriger zu bestimmen: Neben den eingekauften Materialien und gezahlten Löhnen müssen anteilig z.B. auch alle Verwaltungskosten, die Abschreibungen für eingesetzte Fahrzeuge, der Mietaufwand etc. berücksichtigt werden. Die genaue Feststellung des Werteverbrauchs setzt ausgeklügelte Berechnungen voraus.

Im Mittelpunkt der Betrachtung stehen daher nicht nur im Handwerk immer die Kosten, nur am Rande die Erlöse, so dass verkürzt meist oft nur der Ausdruck „Kostenrechnung“ verwendet wird.

Funktion der Kosten- und Erlösrechnung

Die Hauptzwecke der Kosten- und Erlösrechnung sind in aller Regel operativ (kurzfristig) ausgelegt[2]:

- Dokumentation und Information über realisierte Kosten und Erlöse sowie die Prognose zukünftiger Kosten und Erlöse,
- Planung und Steuerung von Unternehmensabläufen, wie z.B. eine optimale Beschaffung von Materialien, rationale Auftragsabwicklung, Preisbestimmung durch den Einsatz diverser Kalkulationsverfahren, Informationen über die Produktpolitik (Eigen- oder Fremdbezug), Entscheidungshilfen, ob Aufträge angenommen werden sollen oder nicht,
- Verhaltenssteuerung der Unternehmensleitung und der Mitarbeiter (z.B. über die Schaffung von Anreizen zur Kostensenkung),
- Kontrolle des Unternehmens durch Zeitvergleiche, Soll-Ist-Vergleiche, Betriebs- und Branchenvergleiche.

---

[1] *In einer eingeschränkten Bedeutung wird dieser Bereich auch als Kosten- und Leistungsrechnung (KLR) bezeichnet.*

[2] *Strategische (langfristige) Ziele deckt die an dieser Stelle nicht beschriebene Investitionsrechnung ab.*

Aufbau der Kostenrechnung

Nach einer einleitenden Abgrenzungsrechnung | ► HF 1, Kap. 11.3.2 | ist die Kosten- und Erlösrechnung dreistufig aufgebaut.

- In der Kostenartenrechnung | ► HF 1, Kap. 11.3 | werden die verbrauchten Produktionsfaktoren aufgelistet, z.B. verwendete Materialien, Personalaufwendungen, Energieaufwendungen, Verwaltungskosten. Welche Kosten sind angefallen?
- In der anschließenden Kostenstellenrechnung | ► HF 1, Kap. 11.4 | werden die Kosten nach dem Verursachungsprinzip auf einzelne Bereiche aufgeteilt. Wo sind die Kosten angefallen? Dies können z.B. einzelne Abteilungen sein, die Produktion, das Lager, die Verwaltung.
- Am Ende steht die Kostenträgerrechnung | ► HF 1, Kap. 11.5 |. Wofür sind die Kosten angefallen? Dies können z.B. einzelne Produkte oder Aufträge sein. In der Kostenträgerstückrechnung erfolgt eine Erfassung der anfallenden Kosten pro Kostenträger.

Innerhalb der Kosten- und Erlösrechnung sind weitere Nebensysteme | ► HF 1, Kap. 11.6 | integriert.

Vollkostenrechnung

- Bei der historisch älteren Vollkostenrechnung werden ausnahmslos alle Kosten auf die einzelnen Kostenträger verteilt. Über diese Vollständigkeit soll die Wirtschaftlichkeit des Entstehungsprozesses kontrolliert und eine Erfolgsrechnung ermöglicht werden. Trotz Kritik an diesem Verfahren ist die Vollkostenrechnung in ihren Varianten das gebräuchlichste Kostenrechnungsverfahren.

Teilkostenrechnung

- Die seit Mitte der 70er Jahre entwickelte Teilkostenrechnung (bzw. die daraus abgeleitete Variante der Deckungsbeitragsrechnung) berücksichtigt zunächst nur den Teil der Kosten, der von einem Kostenträger direkt verursacht wurde (variable Kosten). Die Teilkostenrechnung gilt als Hilfe für sehr kurzfristige Entscheidungen auf konkurrenzintensiven Märkten.

Ist-/Plankostenrechnung

- Die Ist- und Plankostenrechnung vergleicht tatsächlich angefallene mit erwarteten Kosten, um zukünftige Entwicklungen besser abschätzen zu können.

Wie detailliert eine Kosten- und Erlösrechnung zu sein hat, lässt sich nur betriebsindividuell beantworten. Sie muss allerdings eindeutig, praktikabel und wirtschaftlich sein.

Kosten- und Erlösrechnung

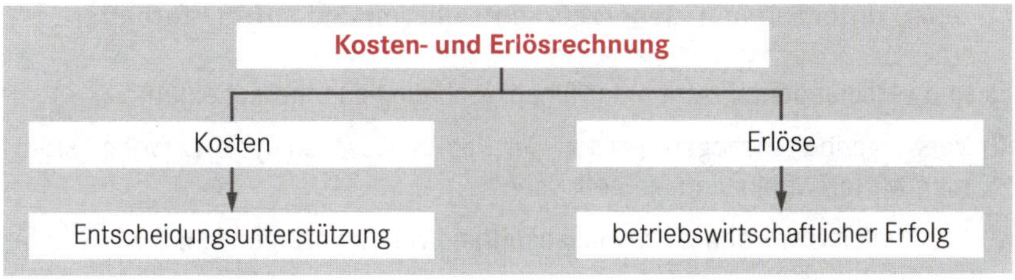

Beispiel: „Ahhh, das kommt mir doch sehr bekannt vor!“, freut sich Elektromeister Jens Schwarz. „Mit unserer speziellen Branchen-Software können wir das auch alles bewerkstelligen. Hat zwar etwas gedauert, denn zuerst haben wir die Software nur zum Schreiben von Angeboten, Auftragsbestätigungen und Rechnungen genutzt.

Gut gebrauchen konnten wir von Anfang an die Vorkalkulation von Angeboten im Menü „Kostenrechnung“. Tatsächlich war da die Vollkosten- und Deckungsbeitragsrechnung einstellbar. Übers ganze Jahr haben wir immer sämtliche Vollkosten, für einen einzelnen Auftrag nur die Deckungsbeiträge betrachtet. Das war bei uns einfach die Differenz zwischen angestrebtem Nettopreis abzüglich Material- und Personalkosten. Jetzt verstehe ich auch, warum.

Noch gar nicht integriert haben wir die Kostenstellen- und Plankostenrechnung. Das sind zwei Menüpunkte im Programm, die ich bislang noch nie genutzt habe. Das muss ich dringend ändern.“

„Ja, wir sind auch an diesem Thema dran!“, wirft Tischlermeister Jochen Wall ein. „Wir müssen unsere Kosten viel stärker analysieren, um auch unsere Preise vernünftig kalkulieren zu können. Das ist alles sehr zeitintensiv, aber gar keine Kostenrechnung zu betreiben, ist längerfristig gesehen in aller Regel tödlich für einen Betrieb!“

Markus Petersson hört schweigend zu. Da haben ihm seine Freunde doch einiges an Wissen und Erfahrung voraus.

7.3 Finanzrechnung

Die Finanzrechnung als Teilsystem eines vorwiegend internen Zwecken dienenden Rechnungswesens bietet Instrumente zur Erfassung und Prognose der Liquidität | ▸ HF 2, Kap. 11, HF 3, Kap. 8 |.

Sie betrachtet sämtliche vergangenen und zukünftigen Zuflüsse an liquiden Mitteln (Einzahlungen) und deren Abflüsse (Auszahlungen). Als übergeordnetes Ziel will sie das kurzfristige finanzielle Gleichgewicht eines Unternehmens jederzeit kontrollieren und aufrechterhalten.

Formen der Finanzrechnung

Es sind verschiedene Formen der Finanzrechnung zu unterscheiden:

- Vergangenheitsbezogen werden die Kapitalflüsse analysiert. Woher stammen Mittel, wohin sind sie geflossen?
- Konkretisiert werden diese Flüsse mithilfe von Kennzahlen z.B. zur Liquidität | ▸ HF 1, Kap. 10.1 |.

- So kann die Selbstfinanzierungskraft eines Unternehmens über den Cash-Flow | ► HF 1, Kap. 10.2.2 | gemessen werden. Inwieweit stehen überschüssige Mittel nach Abzug der Auszahlungen, Zinszahlungen, Tilgungsleistungen von Darlehen, Gewinnausschüttungen für Reinvestitionen zur Verfügung?
- Über einen täglichen Liquiditätsstatus mit Zahlen der Buchhaltung kann das Unternehmen jederzeit eine Prognose über seine Zahlungsfähigkeit abgeben.
- In einem Finanzplan | ► HF 3, Kap. 8.3.4 | kann eine wochen- bis monatsgenaue Prognose der Zahlungsfähigkeit erarbeitet werden. Sind zu wenig liquide Mittel da (Unterliquidität) oder zu viele (Überliquidität), die besser anderweitig einzusetzen sind? Welche Maßnahmen haben welche liquiditätswirksamen Folgen?
- Der Kapitalbedarfsplan | ► HF 2, Kap. 11.1.2, HF 3, Kap. 8.3.1 | liefert kurz- bis mittelfristige Prognosen über benötigte Mittel für anstehende Investitionen.
- Die Kapitaldeckungsplanung | ► HF 3, Kap. 8.3.2 | unterstützt Überlegungen zur Mittelherkunft, ob eigene oder fremde Mittel herangezogen werden sollen | ► HF 3, Kap. 9 |.

Finanzrechnung

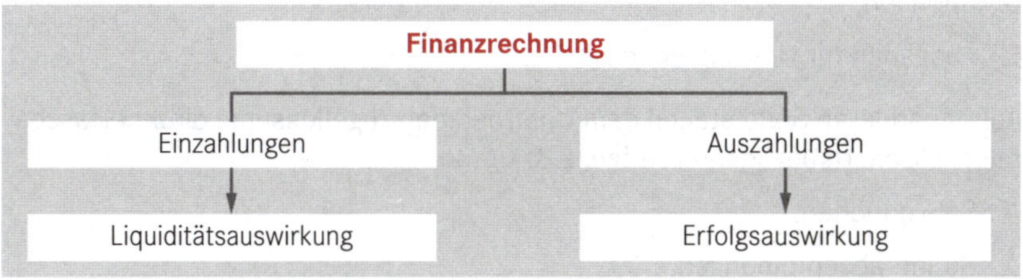

7.4 Sozial- und Potenzialrechnung

7.4.1 Sozialrechnung

Das klassische Rechnungswesen liefert ein an einzelwirtschaftlichen Zielen orientiertes, ausschließlich auf materielle Werte fixiertes Zahlenwerk: Bilanzen, Gewinne/Verluste, Entwicklungen, Prognosen. Ausgerichtet ist es auf die Interessen der Kapitalgeber (Shareholder). Dies ist aber nicht ausreichend als Grundlage für eine sozial- und umweltverträgliche Unternehmenspolitik.

entwickelt in 70er Jahren

Die in den 70er Jahren entwickelte Sozialrechnung ist Bestandteil einer systematischen, regelmäßigen Berichterstattung mit Informationen über die gesellschaftlich positiven und/oder negativen Auswirkungen von Unternehmensaktivitäten. Sie bildet als Ergänzung der betrieblichen Unternehmensrechnung ein freiwilliges Instrument der Öffentlichkeitsarbeit. Gesetzlich ist sie bis heute nicht geregelt.

Die Sozialrechnung wendet sich nicht nur an die Kapitalgeber, sondern auch an Mitarbeiter, Kunden, Lieferanten, sonstige Geschäftspartner und die Öffentlichkeit. Sie soll als imagebildende Maßnahme zusätzliche Anerkennung bei diesen Stakeholdern erzeugen, deren Bindung an das Unternehmen stärken und für langfristige, vertrauensvolle Partnerschaften sorgen.

Die Bereitschaft zur Aufstellung einer Sozialbilanz soll Zeichen einer erkannten gesamtgesellschaftlichen Verantwortung des Unternehmens sein. Im Gegensatz zur Wirtschaftsbilanz wird nicht über die ökonomischen Leistungen berichtet, sondern es können soziale quantitative wie qualitative Aspekte dokumentiert und Potenziale zur Verbesserung identifiziert werden.

gesellschaftsbezogene Aufwendungen

In der Sozialrechnung als Bestandteil einer Sozialbilanz werden auf der einen Seite vom Unternehmen geleistete gesellschaftsbezogene Aufwendungen dargestellt:

- Lohnzahlungen,
- freiwillige Sozialleistungen,
- Steuern,
- Spenden,
- Ausgaben für Umweltschutz.

gesellschaftsbezogene Erträge

Auf der anderen Seite stehen dem Unternehmen zugeflossene, direkt erfassbare gesellschaftsbezogene Erträge, z.B.

- Subventionen,
- Sonderabschreibungen,
- infrastrukturelle Leistungen.

Ökobilanzen

Sonderform der Sozialrechnung

Eine Sonderform der Sozialrechnung sind die Umwelt- oder Ökobilanzen, die erhebliche gesellschaftliche Akzeptanz erlangen.

Die betriebliche Umweltbilanz ist eine systematische Darstellung und Bewertung der umweltrelevanten Auswirkungen wirtschaftlicher Aktivitäten durch eine Gegenüberstellung des Inputs- (Roh-, Hilfs-, Betriebsstoffe, Fremdleistungen, Energie, Luft etc.) und des Outputs (Produkte oder Leistungen, stoffliche Emissionen in Form von Abfall, Abgase etc.) während einer betrachteten Periode. Dies kann für einzelne Produkte, Produktionsprozesse, Produktionsstandorte oder ganze Unternehmen erfolgen.

Welche Rohstoff- und Energieströme werden zugeführt und welche Abfall- und Abwassermengen, Luftemissionen, Immissionen, Energieverbräuche werden durch den betrieblichen Leistungsprozess initiiert?

Das Unternehmen kann durch regelmäßige, standardisierte Ökobilanzen Zeitvergleiche anstellen. Die Einleitung gezielter, messbarer umweltpolitischer Maßnahmen bewirkt dabei nicht nur Kostensenkungen, sondern fördert eine öffentlichkeitswirksame positive Außendarstellung.

Lange Zeit fehlten jedoch normative oder gar gesetzliche Vorgaben für die Sozialrechnung. Dadurch waren kaum Vergleichsmöglichkeiten zwischen den Bilanzen zweier Firmen oder gar Branchen möglich. Sozial- und Umweltrechnungen blieben so häufig subjektive Instrumente der Öffentlichkeitsarbeit.

Seit Mitte der 90er Jahre etablierten sich Weiterentwicklungen relevanter Leitlinien normierter Umweltmanagementsysteme durch sog. Nachhaltigkeitsberichte.

Nachhaltigkeitsberichte

Die Praxisrelevanz der Nachhaltigkeitsberichte ist in den letzten Jahren enorm gestiegen. Auch für kleine und mittlere Unternehmen kann die Erstellung eines Nachhaltigkeitsberichts durch unabhängige Agenturen nach anerkannten Standards durchaus lohnenswert sein. Neben Kosteneinsparungen durch Ressourcenschonung sind Umsatzzuwächse durch Ansprache bisher unerreichbarer Zielgruppen denkbar. Eine Veröffentlichung kann ein imageträchtiges Alleinstellungsmerkmal werden.

Beispiel: „Ökobilanz? Nachhaltigkeitsberichte? Ob wir das in einem kleinen Handwerksbetrieb überhaupt gebrauchen können?", Markus Petersson ist ausgesprochen skeptisch.

„Also für unsere Tischlerei wäre eine Öko-Zertifizierung einfach super!", wirft Jochen Wall ein. „Der Dozent hat gesagt, dass man zu erschwinglichen Preisen eine Agentur beauftragen kann, die das für einen Kleinbetrieb prüft. Wir haben ja ohnehin den Slogan ‚Holz-natürlich'. Viele unserer Kunden sind ja ein wenig öko-angehaucht. Und vor den anderen Kriterien habe ich auch keine Angst. Wir verwenden keine Tropenhölzer, haben alle Umweltauflagen in Sachen Lärm und Staubemissionen erfüllt und spenden regelmäßig. Auch Arbeitsunfälle sind in unserem Betrieb schon lange nicht mehr passiert."

Markus Petersson blickt immer noch skeptisch. Aber Jochen Wall lässt sich davon nicht beirren und überlegt weiter: „Und dann noch eines: So ein anerkanntes Nachhaltigkeitsgütezeichen ist ein geradezu sensationelles Alleinstellungsmerkmal! Unsere Konkurrenz jedenfalls hat so etwas nicht. Ich stelle mir das gerade auf allen unseren Fahrzeugen, auf dem Briefpapier und auf Schildern in der Werkstatt vor. Gleich morgen schaue ich mir das mal im Internet an..."

7.4.2 Potenzialrechnung

In der Mitte der 90er Jahre wurde verstärkt die sog. Potenzialrechnung entwickelt. Sie besitzt ebenfalls keine gesetzliche Grundlage. Ziel ist es, langfristig wirkende, strategische Erfolgspotenzialfaktoren in einem Unternehmen auszumachen, aufzubauen und später am Markt effizient einzusetzen.

Unter Erfolgspotenzial versteht man nachhaltig wirksame Wettbewerbsvorteile oder Strategien, die rechtzeitig erkannt und entwickelt werden müssen, um später am Markt besser bestehen zu können.

Sie sind allerdings nur schwer objektiv messbar, da ihre Einschätzungen meist subjektiver Natur sind.

Der Erfolg unternehmerischer Aktivitäten ist von äußeren Faktoren wie der konjunkturellen Entwicklung, dem Eintritt neuer Wettbewerber oder technologischen Veränderungen abhängig. Daraus entstehen Unsicherheiten über künftige, nicht beeinflussbare Entwicklungen. Mithilfe von Prognosen kann man diese abschätzen.

Im Rahmen einer Potenzialrechnung werden Werte für folgende, nicht aktivierte immaterielle Vermögensgegenstände angesetzt, z.B. für Potenzial

Potenziale

- wie Marken, Unternehmenskultur, Reputation, Image,
- das im Wissen (Humankapital), in der Motivation oder in günstigen Altersstrukturen der Mitarbeiter oder besonderen Fähigkeiten beim Management liegt,
- das aus der vertrauensvollen Partnerschaft zu Kunden und Lieferanten entsteht,
- der Produkt- und Dienstleistungspalette, des Stands der Technik, der Forschung und Entwicklung,
- das im Finanzbereich liegt (Reserven, Kapitalmarktfähigkeit, Eigenkapitalquoten).

Alle diese Potenziale werden mit den damit verbundenen Chancen und Risiken absolut bewertet und mit anderen Unternehmen verglichen, um daraus relative Stärken und Schwächen ableiten zu können.

Problematik der Potenzialrechnung

Aufgrund der langfristigen Orientierung kann ein rein strategisches Management keine Lösungen für konkret vorliegende Probleme bieten. Es liefert zwar langfristig gültige Rahmenbedingungen, aber praktikable Lösungen müssen stets im Rahmen taktischer (mittelfristiger) Entscheidungen und operativer (kurzfristiger) Prozesse gefunden werden.

8 Buchführung

8.1 Aufgaben und gesetzliche Regelungen

Innerhalb des betrieblichen Rechnungswesens ist es die Aufgabe der Buchführung bzw. Finanzbuchhaltung, alle Geschäftsvorfälle im Leben eines Unternehmens, die sich wertmäßig darstellen lassen, zu erfassen und auszudrücken. So werden Veränderungen des betrieblichen Vermögens und der Schulden sichtbar und der betriebliche Erfolg während eines bestimmten Zeitraumes ist feststellbar.

Die Buchführung erfasst alle Belege (Geschäftsvorfälle) zum einen nach chronologischen Gesichtspunkten im Grundbuch (Journal) und zum anderen nach sachlichen Gesichtspunkten im Hauptbuch (auf Sachkonten) sowie in diversen Nebenbüchern wie den Kundenkonten (Debitorenkonten) und Lieferantenkonten (Kreditorenkonten).

Anforderungen an die Buchführung

Aus den Zielsetzungen des Rechnungswesens lassen sich die wichtigsten Anforderungen an die Buchführung ableiten. Sie muss demnach die folgenden Funktionen erfüllen können:

- jederzeit einen Überblick über die Höhe und die Zusammensetzung des betrieblichen Vermögens und der betrieblichen Schulden geben,
- den Erfolg (Gewinn oder Verlust) der betrieblichen Tätigkeit während eines bestimmten Zeitraumes ermitteln und ausdrücken,
- die Veränderungen der einzelnen Vermögens- und Schuldposten festhalten und ausweisen,
- als wichtige Unterlage für die betriebliche Kostenrechnung und Kalkulation sowie weitere Planungsrechnungen dienen,
- Zahlenmaterial für inner- und außerbetriebliche statistische Zwecke sowie interne und externe Betriebsvergleiche bereithalten,
- Grundlage für die Bemessung verschiedener Steuern abgeben,
- die wirtschaftlichen Verhältnisse des Unternehmens wiedergeben, z.B. bei Verhandlungen mit Kreditgebern, Auftraggebern und Behörden (z.B. Krankenkassen, Arbeitsämtern, Gerichten) oder bei Vermögens- oder Erbauseinandersetzungen.

Die Ergebnisse der Buchführung sind aus dem Jahresabschluss zu erkennen. Dessen Kernpunkte bilden die Bilanz und die Gewinn- und Verlustrechnung.

8.1.1 Handelsrechtliche Bestimmungen

Buchführungspflicht nach HGB

Die handelsrechtlichen Bestimmungen sind im Wesentlichen im Handelsgesetzbuch (HGB) verankert. Als zentrale gesetzliche Vorschrift ist die Pflicht zum Führen von Büchern zu nennen. Nach dem HGB ist „jeder Kaufmann verpflichtet, Bücher zu führen und in diesen seine Handelsgeschäfte und die Lage seines Vermögens nach den Grundsätzen ordnungsmäßiger Buchführung" (GoB) ersichtlich zu machen.

Buchführungspflicht gilt grundsätzlich für alle Betriebsinhaber, die unter das HGB fallen, und für alle Kapitalgesellschaften. Damit ist die sog. Kaufmannseigenschaft | ▸ HF 1, Kap. 13.1 | angesprochen.

Ausnahmen

Freiberufler, Nicht-Kaufleute und Kleingewerbetreibende sind nicht buchführungspflichtig. Ebenso ausgenommen von der Buchführungspflicht sind Einzelkaufleute, die in zwei aufeinander folgenden Geschäftsjahren nicht mehr als € 500 000,- Umsatz und € 50 000,- Gewinn erzielt haben. Bei Neugründungen gilt dies schon, wenn am ersten Bilanzstichtag die Grenzwerte nicht überschritten werden.

Zu den buchführungspflichtigen Unternehmen gehört auch ein relativ hoher Anteil an Handwerksbetrieben.

Anforderungen an Buchführungsaufzeichnungen

An die Buchführungsaufzeichnungen werden in § 239 HGB ganz bestimmte Anforderungen gestellt:

- Sie müssen „vollständig, richtig, zeitgerecht und geordnet" vorgenommen werden.
- Sie dürfen nicht so verändert werden, dass der ursprüngliche Inhalt nicht mehr feststellbar ist, d.h., sie dürfen nicht unleserlich gemacht oder ausradiert werden.
- Sie müssen in einer lebenden, d.h. in einer derzeit gebräuchlichen Sprache abgefasst werden.
- Sofern Abkürzungen, Ziffern, Buchstaben oder Symbole verwendet werden, muss deren Bedeutung feststehen.

Die Aufzeichnungen dürfen auch auf Datenträgern geführt werden, sofern sichergestellt ist, dass sie während der gesetzlich vorgeschriebenen Aufbewahrungsfristen verfügbar und jederzeit lesbar gemacht werden können | ▸ Grundsätze ordnungsmäßiger Speicherbuchführung, S. 106 |.

Die gesetzlichen Regelungen im HGB beschränken sich aber nicht nur auf die Buchführung.

Bilanzierungspflicht

Das HGB schreibt vor, dass jeder Kaufmann bei Beginn seiner Tätigkeit und zum Schluss eines jeden Geschäftsjahres eine Bilanz aufzustellen hat.

Es muss dazu ein Abschluss gemacht werden, in dem Vermögen und Schulden des Unternehmens darzustellen und zu bewerten sind.

Zum Ende eines jeden Geschäftsjahres sind Aufwendungen und Erträge in einer Gewinn- und Verlustrechnung gegenüberzustellen.

Aufbewahrungspflichten

Weiter bestehen bestimmte Aufbewahrungspflichten für Handelsbücher (Grundbuch, Hauptbuch, Journal), Eröffnungsbilanzen, Jahresabschlüsse, Inventare und Buchungsbelege. Diese müssen 10 Jahre aufbewahrt werden, Geschäftsbriefe 6 Jahre. Die Frist beginnt mit Ablauf des Kalenderjahres, in dem die Bilanz aufgestellt, der Geschäftsbrief empfangen, der Buchungsbeleg angefallen ist.

rechtliche Regelungen für die Buchführung

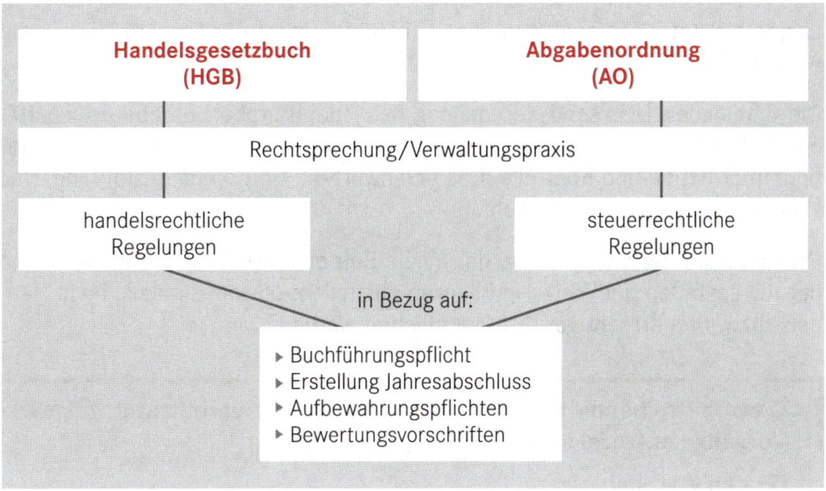

8.1.2 Steuerrechtliche Bestimmungen

Die Buchführungspflicht kann sich für Unternehmer auch nach steuerrechtlichen Vorschriften ergeben | ► HF 2, Kap. 23 |. Hier ist insbesondere die Abgabenordnung (AO) zu nennen.

abgeleitete Buchführungspflicht

Buchführungspflichtig sind gemäß § 140 AO alle Gewerbetreibenden, die schon nach anderen als steuerlichen Bestimmungen Bücher führen müssen (z.B. alle Kaufleute im Sinne des HGB | ► S. 223 |).

originäre Buchführungspflicht

Besteht keine Buchführungspflicht gemäß HGB, kann ggf. eine originäre Buchführungspflicht abgeleitet werden. Dies betrifft alle übrigen Gewerbetreibenden, wenn bei ihnen

- ein Umsatz von mehr als € 500 000,– im Kalenderjahr oder
- ein Gewinn aus Gewerbebetrieb von mehr als € 50 000,– im Wirtschaftsjahr (12 Monate)

erzielt wird.

Aus der steuerlichen Buchführungspflicht leitet sich die Notwendigkeit zur Erstellung von Jahresabschlüssen ab. Die AO verweist hier auf die entsprechenden Bestimmungen des HGB.

Buchführungspflicht ist Bilanzierungspflicht!

Einnahmen-Überschuss-Rechnung

Alle anderen Gewerbetreibenden sind jedoch nicht gänzlich von der jährlichen Gewinnermittlung befreit. Sie müssen ihr Jahresergebnis durch ein vereinfachtes Verfahren errechnen, die sog. Einnahmen-Überschuss-Rechnung. Der steuerlich relevante Gewinn aus einem Gewerbebetrieb wird hierbei durch die Gegenüberstellung betrieblicher Einnahmen und Ausgaben ermittelt, wobei noch gewisse Besonderheiten zu berücksichtigen sind, z.B. bezüglich Abschreibungen.

Liegen die Betriebseinnahmen über € 17 500,-, muss der Steuererklärung die Anlage EÜR beigefügt werden | ► Anlage EÜR |.

Die Einnahmen-Überschuss-Rechnung hat jedoch große betriebswirtschaftliche Nachteile, denn sie liefert keine brauchbaren Ergebnisse zur Dokumentation, Information und Kontrolle. Das erschwert die Unternehmensführung, weil kein ständiger Überblick besteht.

Dies ist auch der Grund dafür, dass viele Betriebe ihre Buchführung im Sinne der AO gestalten und freiwillig Bilanzen aufstellen, obwohl sie dazu nach Handels- bzw. Steuerrecht gar nicht verpflichtet wären.

Gewerbetreibende sind nach dem Steuerrecht verpflichtet, folgende Vorgänge aufzuzeichnen:

- **den Wareneingang,**
- **die Einnahmen und Ausgaben,**
- **den Geschäftsverkehr mit Lieferanten und Kunden,**
- **die Lohnbuchhaltung,**
- **die beweglichen Anlagegüter.**

Wareneingangsbuch

Grundsätzlich müssen alle gewerblichen Unternehmen ausnahmslos den Wareneingang gesondert aufzeichnen. Ein Wareneingangsbuch muss jedoch nicht unbedingt geführt werden. Bilanzierungspflichtige Unternehmen können diese Vorschrift durch Führung eines Wareneingangskontos innerhalb der Buchführung erfüllen.

Kassenbuch

Die Kasseneinnahmen und -ausgaben sollen täglich erfasst werden. Dazu sind alle Betriebe mit regelmäßigen Bareinnahmen und -ausgaben verpflichtet. In der Praxis wird hierzu ein Kassenbuch geführt, von dem in gewissen zeitlichen Abständen (täglich, wöchentlich, monatlich) die addierten Einzahlungen und Auszahlungen in die Buchführung übernommen werden.

Kontokorrentbuch

Im Kontokorrentbuch ist der Geschäftsverkehr mit den einzelnen Kunden und Lieferanten auszuweisen. Aus ihm ist zu erkennen, auf welche Kunden und Lieferanten welcher Rechnungsausgang bzw. -eingang entfällt. Die Kontrolle der Kundenforderungen und Lieferantenverbindlichkeiten wird hierdurch wirksam erleichtert.

Eine gesetzliche Verpflichtung zur Führung eines Kontokorrentbuches besteht dann nicht, wenn innerhalb der Finanzbuchhaltung der unbare Geschäftsverkehr mit Kunden und Lieferanten über entsprechende Konten erfasst wird.

Lohnbuchhaltung

Der Arbeitgeber muss für jeden Arbeitnehmer und für jedes Kalenderjahr getrennt ein Lohnkonto führen, zu dessen Aufbau und Inhalt es Durchführungsvorschriften gibt. Die Lohnkonten werden in der Lohnbuchhaltung zusammengefasst, die es heute in fast allen Handwerksbetrieben gibt.

Anlageverzeichnis

Aus den steuerlichen Vorschriften zur Buchführungspflicht leitet die Finanzverwaltung auch die Notwendigkeit zur Führung eines gesonderten Anlageverzeichnisses über die beweglichen Wirtschaftsgüter des betrieblichen Anlagevermögens ab (z.B. Maschinen, Fahrzeuge). Hier müssen die entsprechenden Gegenstände mit genauer Bezeichnung und dem Bilanzwert zum Bilanzstichtag ausgewiesen werden. Diese Angaben stellen eine statistische Kontrolle der entsprechenden Bilanzwerte dar.

8.1.3 Grundsätze ordnungsmäßiger Buchführung (GoB)

keine gesetzlich vorgeschriebene Verfahrensweise

Weder im Steuerrecht noch im Handelsrecht findet sich eine Festlegung auf eine bestimmte Verfahrensweise der Buchführung, sodass der Unternehmer grundsätzlich selber entscheiden kann, wie er die Buchführung betreibt. Er sollte jedoch die Grundsätze ordnungsmäßiger Buchführung beachten.

Danach ist eine Buchführung ordnungsmäßig, wenn sie den gesetzlichen Bestimmungen entspricht. Konkret bedeutet dies u.a.:

- Es müssen die erforderlichen Bücher geführt werden.
- Die Geschäftsvorfälle sind zeitnah und nach sachlichen Gesichtspunkten geordnet zu erfassen.

Grundsätze ordnungsmäßiger Buchführung

Um die Ordnungsmäßigkeit der Buchführung sicherzustellen, müssen insbesondere die folgenden Grundsätze eingehalten werden:

- Materielle Ordnungsmäßigkeit: Die Buchführungsaufzeichnungen müssen vollständig und richtig sein. Sie müssen sämtlich nachprüfbar sein. Keine Buchung ohne Beleg!
- Formelle Ordnungsmäßigkeit: Die Buchungen müssen klar und übersichtlich ausgeführt sein. Dies bedeutet, dass der Steuerprüfer (ein sachkundiger Dritter) ohne Schwierigkeiten und in angemessener Zeit Einblick in die Buchführungszusammenhänge gewinnen können muss. Ein bestimmtes Buchführungssystem ist dabei aber nicht vorgeschrieben.
- Wirtschaftlichkeit: Die Buchführung muss so aufgebaut sein, dass der Umfang der Buchführungsarbeiten in einem vertretbaren Verhältnis zu den hieraus zu gewinnenden Erkenntnissen steht.

Aus dem Grundsatz der Wirtschaftlichkeit heraus resultieren zahlreiche, insbesondere steuerliche Erleichterungsbestimmungen, u.a. bei der Inventur (z.B. Zusammenfassung gleichartiger Artikel zu Warengruppen), bei der Bewertung des Betriebsvermögens (z.B. Sofortabschreibungen) oder der Kassenbuchführung (z.B. Erfassung der täglichen Einnahmen in einer einzigen Summe unter bestimmten Voraussetzungen in Geschäften des Einzelhandels und Handwerks).

8.2 Inventur und Abschluss

Jeder Kaufmann und alle steuerlich buchführungspflichtigen Gewerbetreibenden müssen zu Beginn ihrer Tätigkeit und zum Ende eines jeden Geschäftsjahres eine Inventur machen.

Inventur ist die mengen- und wertmäßige Bestandsaufnahme aller Vermögensteile und Schulden. Das bedeutet: Alle Wirtschaftsgüter und Verbindlichkeiten eines Unternehmens sind zu erfassen, zu bezeichnen und zu bewerten.

Ziele der Inventur:

- Kontrollfunktion: Überprüfung des Buchbestandes („Soll") mit den tatsächlichen Beständen („Ist"),
- Lieferung gesicherter Ausgangsdaten für den Jahresabschluss.

8.2.1 Inventurarten

Es lassen sich zwei grundlegende Inventurarten unterscheiden:

körperliche Inventur

- Die körperliche Inventur besteht aus dem Zählen, Messen bzw. Wiegen von Vermögenswerten und deren Bewertung, wie z.B. der Warenvorräte eines Betriebes.

Buchinventur

- Die Buchinventur besteht aus der Bestandsfeststellung von bestimmten Vermögenswerten und Schulden in den Büchern und deren Bewertung. Diese können körperlich nicht erfasst werden, wie z.B. die Forderungen (Außenstände gegenüber Kunden) und Verbindlichkeiten (Außenstände bei Lieferanten) eines Betriebes.

Darüber hinaus unterscheidet man die Inventurverfahren nach dem Zeitpunkt der Bestandsaufnahme:

Stichtagsinventur

- Die Stichtagsinventur findet an einem beliebigen Inventurstichtag oder einem Zeitraum von zehn Tagen davor oder zehn Tagen danach statt. Bestandsveränderungen zwischen dem Inventurstichtag und dem Tag der Bestandsaufnahme sind durch Fortschreibung oder Rückrechnung auf den Inventurstichtag zu berücksichtigen.

verlegte Inventur

- Die verlegte Inventur findet in einem Zeitraum von drei Monaten vor dem Inventurstichtag bzw. zwei Monaten nach dem Inventurstichtag statt. Auch hier sind Bestandsveränderungen zwischen dem Inventurstichtag und dem Tag der Bestandsaufnahme durch Fortschreibung oder Rückrechnung auf den Inventurstichtag zu berücksichtigen.

permanente Inventur

- Die permanente Inventur findet dann statt, wenn Zu- und Abgänge von Vermögenswerten in einem gesonderten Bestandsverzeichnis fortlaufend festgehalten werden, aus dem heraus die Daten zum Inventurstichtag entnommen werden, die zu einem beliebigen Termin im Laufe des Geschäftsjahres tatsächlich abzugleichen sind.

- Die Stichprobeninventur ist dann zulässig, wenn das Ergebnis der Stichprobe zu einem hinreichenden Ergebnis der Grundgesamtheit führt.

Stichproben-inventur

8.2.2 Inventar

Das Ergebnis der Inventur sind Bestandslisten, die alle Vermögenswerte und Schulden nach Art, Menge und Wert zu einem Gesamtverzeichnis zusammenfassen und somit das Inventar ergeben.

Jedes Inventar setzt sich aus drei Hauptteilen zusammen:

Hauptteile des Inventars

- Vermögen:
  - Anlagevermögen | ► S. 86 |,
  - Umlaufvermögen | ► S. 86 |.
- Schulden:
  - langfristige Schulden (Darlehen, Hypotheken),
  - kurzfristige Schulden (Verbindlichkeiten, Bankschulden).
- Eigenkapital oder Reinvermögen:

  Wenn alle Vermögensteile zu Geld gemacht und von diesem Geld die Schulden beglichen würden, bliebe unter dem Strich das Reinvermögen bzw. Eigenkapital übrig.

betriebliches Vermögen
./. betriebliche Schulden
= Reinvermögen (Eigenkapital)

Das Inventar muss den Nachweis ermöglichen, dass die Bestände vollständig aufgenommen worden sind. Dazu ist die Inventur nach Räumlichkeiten (z.B. Verkaufsräume, Lager, Werkstatt, Schaufenster etc.) getrennt vorzunehmen und das Bestandsverzeichnis entsprechend zu gliedern. Auch Hilfs- und Betriebsstoffe sind aufzunehmen.

Es ist notwendig, dass über jede Position im Inventar folgende Angaben enthalten sind:

- Menge (Anzahl, Maß, Gewicht),
- Bezeichnung des Gegenstands (Art, Größe, Artikelnummer),
- Wert der Maßeinheit.

Die Inventur ist die notwendige Tätigkeit zur Aufstellung des Inventars. Das Inventar ist das Ergebnis der Inventur und die Grundlage für den Jahresabschluss.

Beispiel: **Inventar der Petersson Bedachungen KG für den 31.12.20..**

A. Vermögensteile	
I. Anlagevermögen	
1. Grundstück Neustadt, Weilerstraße	€ 30 000,–
2. Gebäude Neustadt, Weilerstraße	€ 10 000,–
3. Maschinen lt. Verzeichnis	€ 55 000,–
4. Fuhrpark lt. Verzeichnis	€ 70 000,–
5. Geschäftsausstattung lt. Verzeichnis	€ 20 000,–
II. Umlaufvermögen	
1. Materialbestand lt. Verzeichnis	€ 21 000,–
2. Unfertige Leistungen lt. Verzeichnis	€ 35 000,–
3. Forderungen aus Lieferungen und Leistungen lt. Verzeichnis	€ 52 000,–
4. Postbankguthaben	€ 10 000,–
5. Kassenbestand	€ 3 000,–
Summe des Vermögens	**€ 306 000,–**
B. Schulden	
I. Langfristige Schulden	
Darlehen	€ 61 000,–
II. Kurzfristige Schulden	
1. Verbindlichkeiten aus Lieferungen und Leistungen lt. Verzeichnis	€ 58 000,–
2. Kontokorrentverbindlichkeiten	€ 25 000,–
3. Verbindlichkeiten aus Lohn- und Kirchensteuer	€ 4 000,–
4. Umsatzsteuerverbindlichkeiten	€ 7 000,–
5. Kundenanzahlungen	€ 21 000,–
Summe der Schulden	**€ 176 000,–**
C. Ermittlung des Reinvermögens	
Summe des Vermögens	€ 306 000,–
./. Summe der Schulden	€ 176 000,–
= **Reinvermögen (Eigenkapital)**	**€ 130 000,–**

Die jeweiligen Inventarwerte sind maßgebend für die Bilanz zum betreffenden Zeitpunkt. Ergeben sich Abweichungen zwischen den Sollwerten aus der Buchführung bzw. der Bilanz und den Istwerten des Inventars (z.B. beim Materialbestand), so sind die Bilanzansätze entsprechend zu korrigieren.

8.2.3 Abschluss

Der Jahresabschluss schließt die laufende Buchführung eines kaufmännischen Geschäftsjahres ab. Er stellt die finanzielle Lage und den Erfolg eines Unternehmens fest.

Die Bilanz sowie die Gewinn- und Verlustrechnung sind die Hauptbestandteile des Jahresabschlusses.

Bilanz

Aufgaben der Bilanz

Eine Inventur durchführen, ein Inventar erstellen und aus dem Inventar eine Bilanz ableiten, muss als sachlogische Einheit betrachtet werden. Ähnlich wie beim Inventar gehört es zu den Aufgaben der Bilanz, eine Übersicht über die Zusammensetzung und den Wert des betrieblichen Vermögens und der Schulden zu einem bestimmten Stichtag zu geben. Dabei weist die Bilanz dieselben Inhalte aus wie das Inventar. Der Unterschied zum Inventar besteht einerseits in der Ausführlichkeit und andererseits in der Betrachtungsform. Außerdem wird die Bilanz in Kontenform dargestellt, das Inventar hingegen in Staffelform.

Während das Inventar eine ausführliche Darstellung aller Vermögenswerte und Schulden eines Betriebes einzeln nach Art, Menge und Wert gegliedert darstellt, ist die Bilanz eine komprimierte Darstellung der Hauptpunkte des Inventars, die sich auf zusammengefasste Werte beschränkt.

Aktiva

Die Bilanz enthält in einer Gegenüberstellung auf der linken Seite die Vermögensteile, aus denen sich das Betriebsvermögen zusammensetzt, gegliedert nach Anlage- und Umlaufvermögen. Diese Seite der Bilanz wird Aktivseite (Aktiva) genannt.

Passiva

Auf der rechten Seite der Bilanz werden die Finanzierungsquellen - das Betriebskapital, bestehend aus dem Eigenkapital des Unternehmers und dem Fremdkapital externer Kapitalgeber - genannt. Diese Seite der Bilanz wird Passivseite (Passiva) genannt.

Ihren persönlichen Zugang zum Sackmann-Lernportal finden Sie auf Seite 3.

Beide Seiten der Bilanz müssen gleich hohe Summen aufweisen, sie halten sich also die Waage (bilancia = italienisch: Waage).

Bilanz

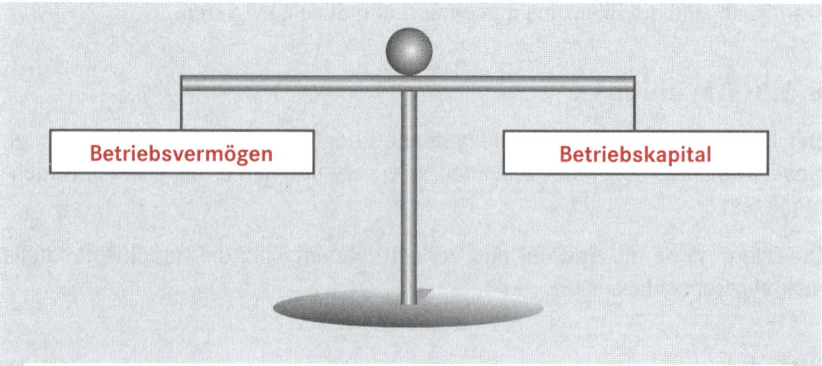

Aktiva	Passiva
Anlagevermögen Umlaufvermögen	Eigenkapital Fremdkapital

Betriebsvermögen Beim betrieblichen Vermögen wird unterschieden zwischen

- Anlagevermögen

  Unter das Anlagevermögen fallen die Vermögensgegenstände, die dem Betrieb auf längere Dauer zur Verfügung zu stehen, um die Betriebsleistung zu erbringen. Dies sind insbesondere die Betriebsgrundstücke und -gebäude, Maschinen, Einrichtungsgegenstände, Betriebsfahrzeuge.

- Umlaufvermögen

  Das Umlaufvermögen umfasst die Vermögensposten, die üblicherweise nur kurze Zeit im Betrieb verbleiben, weil sie sich durch die Leistungserstellung ständig verändern. Sie sollen möglichst schnell wieder in Zahlungsmittel umgewandelt werden (z.B. Vorratsbestände, Kundenforderungen). Auch die Zahlungsmittel selbst gehören dazu (z.B. Bankguthaben oder Kassenbestand).

Betriebskapital Das Betriebskapital wird nach Herkunft der Mittel unterschieden. Es setzt sich zusammen aus dem

Eigenkapital

- Eigenkapital (= Reinvermögen im Inventar), das vom Unternehmer (bzw. vom Unternehmen) oder von den Gesellschaftern als Eigentümer eingebracht wurde.

  Gewinne, private Einlagen oder Gesellschaftereinlagen vergrößern es. Verluste, private Entnahmen oder das Ausscheiden von Gesellschaftern vermindern es.

Fremdkapital

- Fremdkapital (= Schulden im Inventar) von Fremdkapitalgebern.

  Schulden werden auch Verbindlichkeiten genannt. Die betrieblichen Verbindlichkeiten werden in der Bilanz nach der Fristigkeit gegliedert:

- langfristige Verbindlichkeiten, z.B. Hypotheken, langfristige Darlehen oder sonstige Kredite,
- kurzfristige Verbindlichkeiten, z.B. gegenüber Banken, Lieferanten, dem Finanzamt etc.

Rückstellungen

Zum Fremdkapital als Summe aller bilanziellen Verbindlichkeiten gehören auch die Rückstellungen | ► HF 1, Kap. 9.2 |. Es handelt sich hierbei um betriebliche Verpflichtungen, deren Höhe und Fälligkeit noch nicht sicher feststehen. Voraussetzungen für die Bildung von Rückstellungen sind:

- Der Grund für die zu erwartende betriebliche Verpflichtung muss bekannt sein (z.B. die Erfüllung von Mängelbeseitigungsverpflichtungen aus der Ausführung einer Werklieferung) | ► S. 383 |.
- Die Verbindlichkeit muss im laufenden bzw. abgelaufenen Geschäftsjahr entstanden sein.
- Innerhalb eines bestimmten Zeitraums muss die Wahrscheinlichkeit bestehen, dass die Rückstellung auch tatsächlich in Anspruch genommen wird.
- Die Höhe der auf das Unternehmen zukommenden Verpflichtung ist zwar nicht genau bekannt, jedoch abschätzbar.

Gliederung der Bilanz

Eine bestimmte Gliederung der Aktiv- und Passivseiten einer Bilanz schreibt das HGB nur für Kapitalgesellschaften vor | ► S. 114 |. Alle übrigen Unternehmen anderer Rechtsformen unterliegen in dieser Hinsicht keinen Beschränkungen.

Aktivseite

Passivseite

Aus Gründen der Übersichtlichkeit und zur Erleichterung der Bilanzauswertung werden auf der Aktivseite im Allgemeinen die Vermögensgegenstände nach ihrer Liquidierbarkeit, d.h. ihrer Fähigkeit, wieder in Zahlungsmittel umgewandelt werden zu können, aufgeführt. Auf der Passivseite der Bilanz wird zunächst mit dem Eigenkapital begonnen, danach folgt das Fremdkapital.

Eine nach diesen Gesichtspunkten aufgestellte Bilanz zeigt dann auf ihrer Aktivseite, wie die dem Unternehmen zur Verfügung stehenden Mittel verwendet worden sind, und auf ihrer Passivseite, woher diese Mittel gekommen sind.

Bilanzgliederung

Aktiva	Passiva
betriebliches Vermögen = Mittelverwendung	**Betriebskapital = Mittelherkunft**

Wenn Unternehmen anderer Rechtsformen eine derartige Gliederung anwenden, übernehmen sie damit mehr oder weniger auch die gesetzlichen Vorschriften für Kapitalgesellschaften in Bezug auf die Bilanz.

Aktuelles zu den Themen im Sackmann bietet das Lernportal.

Schlussbilanz = Eröffnungsbilanz

Liegt der Stichtag der Bilanzerstellung am Ende des Geschäftsjahres, so spricht man von der Schlussbilanz. Deren Werte müssen den Bilanzansätzen zu Beginn des neuen Geschäftsjahres entsprechen. Dies ist dann die Eröffnungsbilanz des folgenden Geschäftsjahres.

Beispiel:

Aktiva		Schlussbilanz 31.12....		Passiva
I. Anlagevermögen		**I. Eigenkapital**		
bebaute Grundstücke	€ 30 000,-	Komplementär	€ 80 000,-	
Geschäftsbauten	€ 10 000,-	Kommanditist	€ 50 000,-	
Maschinen	€ 55 000,-	**II. Fremdkapital**		
Fuhrpark	€ 70 000,-	Darlehen	€ 61 000,-	
BGA	€ 20 000,-	Kontokorrent	€ 25 000,-	
II. Umlaufvermögen		Verbindlichkeiten aus L.u.L	€ 58 000,	
Materialbestand	€ 21 000,-	Verbindlichkeiten aus Lst/KiSt	€ 4 000 ,-	
unfertige Leistungen	€ 35 000,-	Umsatzsteuer laufendes Jahr	€ 7 000,-	
Forderungen aus L.u.L	€ 52 000,-	Kundenanzahlungen	€ 21 000,-	
Postbank	€ 10 000,-			
Kasse	€ 3 000,-			
Bilanzsumme	**€ 306 000,-**	**Bilanzsumme**	**€ 306 000,-**	

Die sog. Geschäftsvorfälle verändern die Werte einzelner Bilanzpositionen (z.B. Fuhrpark) innerhalb eines Jahres. Ein Geschäftsfall liegt immer dann vor, wenn sich das Vermögen (Aktiva) oder Kapital (Passiva) in irgendeiner Weise ändert.

Beispiel: Die Petersson Bedachungen KG benötigt einen neuen Kranwagen. Gerhard Petersson schließt den Kauf durch eine Postbanküberweisung ab. Dadurch verändern sich die Bilanzpositionen Fuhrpark (wird wertmäßig größer) und Postbank (wird wertmäßig kleiner).

Jede wertmäßige Änderung muss dazu führen, dass die Vermögenswerte und Kapitalien des Unternehmens in der Waage bleiben.

Es werden vier verschiedene Bilanzveränderungen unterschieden:

Bilanzveränderungen

- Aktiv-Passiv-Mehrung,
- Passivtausch,
- Aktiv-Passiv-Minderung,
- Aktivtausch.

Beispiel: Der Dachdeckerbetrieb Petersson hat in seiner Eröffnungsbilanz folgende Ausgangssituation:

Aktiva		Eröffnungsbilanz	Passiva
Anlagevermögen	€ 185 000,–	Eigenkapital	€ 130 000,–
z.B. BGA	€ 20 000,–	Fremdkapital	€ 176 000,–
Umlaufvermögen	€ 121 000,–	z.B. Verbindlichkeiten	
z.B. Postbank	€ 10 000,–	aus L.u.L.	€ 58 000,–
z.B. Kasse	€ 3 000,–	z.B. Kontokorrent	€ 25 000,–
Aktivsumme	€ 306 000,–	Passivsumme	€ 306 000,–

Dabei steht die Position „Kontokorrent“ für ein „überzogenes Bankkonto“, d.h., der eingeräumte Kontokorrentkredit ist in Anspruch genommen worden.

1. Markus Petersson kauft einen Gegenstand für die Betriebs- und Geschäftsausstattung im Wert von € 2 000,– auf Ziel.

Aktiv-Passiv-Mehrung

Sowohl Aktiva als auch Passiva erhöhen sich um dieselbe Summe von € 2 000,-. Es handelt sich dabei um die Anschaffung von Vermögenswerten, die neu finanziert worden sind. Dieser Vorgang wird als Aktiv-Passiv-Mehrung (Bilanzverlängerung) bezeichnet.

Die veränderte Eröffnungsbilanz sieht folgendermaßen aus:

Aktiva		Bilanz (1)	Passiva
Anlagevermögen	€ **187 000,–**	Eigenkapital	€ 130 000,–
z.B. BGA	€ **22 000,–**	Fremdkapital	€ **178 000,–**
Umlaufvermögen	€ 121 000,–	z.B. Verbindlichkeiten aus L.u.L.	€ **60 000,–**
		z.B. Kontokorrent	€ 25 000,–
Aktivsumme	€ **308 000,–**	Passivsumme	€ **308 000,–**

2. Eine Verbindlichkeit in Höhe von € 2 000,– wird von Gerhard Petersson per Banküberweisung beglichen.

Passivtausch

Nur auf der Passivseite findet eine Änderung in Höhe von € 2 000,– statt. Es handelt sich dabei um eine Umschuldung, denn dem Schuldenabbau bei der Verbindlichkeit steht gleichzeitig eine Schuldenzunahme bei der Bank gegenüber. Dieser Vorgang wird als Passivtausch bezeichnet, der zwar die Kapitalstruktur verändert, nicht aber die Bilanzsumme.

Aktiva		Bilanz (2)	Passiva
Anlagevermögen	€ 187 000,–	Eigenkapital	€ 130 000,–
Umlaufvermögen	€ 121 000,–	Fremdkapital	€ 178 000,–
z.B. Postbank	€ 10 000,–	z.B. Verbindlichkeiten aus L.u.L.	€ **58 000,–**
		z.B. Kontokorrent	€ **27 000,–**
Aktivsumme	€ 308 000,–	Passivsumme	€ 308 000,–

3. Gerhard Petersson überweist vom Postbankkonto € 4 000,– auf das Bankkonto, um den in Anspruch genommenen Kontokorrentkredit zu verringern.

Aktiv-Passiv-Minderung

Sowohl Aktiva als auch Passiva vermindern sich um dieselbe Summe. Es handelt sich dabei also um einen Schuldenabbau, der gleichzeitig verbunden ist mit einer Verringerung des Vermögens. Dieser Vorgang wird als Aktiv-Passiv-Minderung (Bilanzverkürzung) bezeichnet. Die veränderte Bilanz weist nun eine geringere, aber ebenfalls eine ausgeglichene Summe aus.

Aktiva		Bilanz (3)	Passiva
Anlagevermögen	€ 187 000,–	Eigenkapital	€ 130 000,–
z.B. BGA	€ 22 000,–	Fremdkapital	€ **174 000,–**
Umlaufvermögen	€ **117 000,–**	z.B. Kontokorrent	€ **23 000,–**
z.B. Postbank	€ **6 000,–**		
z.B. Kasse	€ 3 000,–		
Aktivsumme	€ **304 000,–**	Passivsumme	€ **304 000,–**

4. Markus Petersson kauft einen Gegenstand der Betriebs- und Geschäftsausstattung im Wert von € 1 000,–, den er sofort bar bezahlt.

Nur auf der Aktivseite findet eine Änderung statt. Es handelt sich dabei um eine Vermögensumschichtung, denn der Zunahme bei der

Aktivtausch

Geschäftsausstattung steht in gleicher Höhe eine Abnahme in der Kasse gegenüber. Dieser Vorgang wird als Aktivtausch bezeichnet. Er verändert zwar die Vermögensstruktur, aber nicht die Bilanzsumme.

Aktiva	Bilanz (4)		Passiva
Anlagevermögen	€ **188 000,–**	Eigenkapital	€ 130 000,–
z.B. BGA	€ **23 000,–**	Fremdkapital	€ 174 000,–
Umlaufvermögen	€ **116 000,–**		
z.B. Kasse	€ **2 000,–**		
Aktivsumme	€ 304 000,–	Passivsumme	€ 304 000,–

Zusammenfassend lässt sich festhalten:

- Jeder Geschäftsvorfall führt dazu, dass sich mindestens zwei Positionen der Bilanz verändern.
- Die Bilanzsumme der Aktiva und Passiva bleibt bei allen vier Formen der Bilanzveränderung immer ausgeglichen.

Gewinn- und Verlustrechnung

betrieblicher Erfolg

Die Gewinn- und Verlustrechnung (GuV) gibt eine Übersicht über die Zusammensetzung und die Höhe der Erträge und Aufwendungen eines bestimmten Zeitraumes, wohingegen die Bilanz den Stand des Vermögens und der Schulden zu einem bestimmten Stichtag aufzeigt. Das GuV-Konto wird über das Eigenkapital abgeschlossen | ► Eigenkapitalkonto, S. 98 |. Der betriebliche Erfolg (Gewinn oder Verlust) wird als Differenz aus Ertrag und Aufwand dieses Zeitraumes ausgewiesen.

Wenn die Erträge größer sind als die Aufwendungen, ergibt sich aus der GuV-Rechnung ein Gewinn. Bei einem Gewinn mehrt sich das Eigenkapital, bei einem Verlust vermindert es sich.

Ertrag

Als Ertrag | ► S. 98 | bezeichnet man den Wert aller vom Unternehmen erbrachten betrieblichen Leistungen während eines bestimmten Zeitraumes.

Aufwand

Aufwand | ► S. 98 | ist demgegenüber der Wert aller verbrauchten Güter und Dienstleistungen während eines bestimmten Abrechnungszeitraumes.

Alles verstanden? Werden Sie im Sackmann-Lernportal aktiv!

Davon zu unterscheiden sind die Einnahmen und Ausgaben.

Einnahmen Einnahmen | ▸ S. 171 | liegen bei Erhöhung von Zahlungsmitteln (z.B. Bankguthaben oder Kassenbestand) sowie von betrieblichen Forderungen vor. Eine Einnahme wird also schon erzielt, wenn einem Kunden eine Rechnung erteilt wird, nicht erst, wenn diese Rechnung bezahlt wird.

Ausgaben Von Ausgaben | ▸ S. 170 | spricht man bei Verringerung von Zahlungsmitteln sowie der Erhöhung von betrieblichen Verbindlichkeiten (z.B. Erhalt sowie Bezahlung einer Lieferantenrechnung).

Schließlich ist in diesem Zusammenhang auch noch zwischen Einzahlungen und Auszahlungen zu unterscheiden.

Einzahlungen Bei Einzahlungen handelt es sich um Erhöhungen der Zahlungsmittel (z.B. Bankguthaben, Kassenbestand).

Auszahlungen Bei Auszahlungen vermindern sich im Gegenzug die liquiden Mittel.

8.3 System der doppelten Buchführung

Die doppelte Buchführung hat ihren Namen aufgrund zweier Merkmale:

- Zweifache Buchungen: Jeder Geschäftsvorfall wird auf mindestens zwei Konten erfasst, und zwar auf der Soll- und auf der Haben-Seite.
- Doppelte Art der Gewinnermittlung: zum einen durch Gegenüberstellung von Aufwendungen und Erträgen in der Gewinn- und Verlustrechnung, zum anderen durch Vergleich des Betriebsvermögens zu Beginn und am Ende des Geschäftsjahres.

8.3.1 Kontenführung auf Bestandskonten

Buchungsregeln

Bestandskonten sind Konten, die in der doppelten Buchführung aus der Bilanz eines Unternehmens abgeleitet werden. Jedem Posten in der Bilanz wird ein eigenes Bestandskonto zur Erfassung der laufenden Änderungen zugeordnet, da nur so ein ausführlicher Überblick über die vielfältigen Bewegungen (Buchungen) gewährleistet werden kann.

Wie auch die Bilanz ist das Konto eine zweiseitige Darstellung. Die Kontenseiten werden hier bezeichnet mit Soll = linke Seite und Haben = rechte Seite. Da sich die Bilanzpositionen immer nur mehren oder mindern können, dienen die beiden Kontenseiten der geordneten Erfassung von Mehrungen und Minderungen.

Ausgehend von der Bilanz unterscheidet man zwischen

- Aktivkonten (zur Dokumentation des Anlage- und Umlaufvermögens),
- Passivkonten (zur Dokumentation des Eigen- und Fremdkapitals).

Folgende Kontenregeln sind zu beachten:

- Konten, die die Vermögenswerte fortschreiben (aktive Bestandskonten), weisen auf der Sollseite den Anfangsbestand und die Vermögensmehrungen aus. Auf der Habenseite weisen sie die Vermögensminderungen und den Schlussbestand aus.
- Konten, die die Kapitalien fortschreiben (passive Bestandskonten), weisen auf der Habenseite den Anfangsbestand und die Kapitalmehrungen aus. Auf der Sollseite weisen sie die Kapitalminderungen sowie den Schlussbestand aus.

Eröffnungsbilanz

Aktiva	Eröffnungsbilanz Passiva
BGA Postbank Kasse	Verbindlichkeiten Kontokorrent
↓ **Aktivkonten**	↓ **Passivonten**

Aktivkonten

Aktivkonten

Soll	BGA Haben
Anfangsbestand Mehrungen (= neu erworbene BGA)	Minderungen (= abgeschriebene und ausgeschiedene BGA) Schlussbestand

Soll	Postbank Haben
Anfangsbestand Mehrungen (= Zahlungseingänge)	Minderungen (= Zahlungsausgänge) Schlussbestand

Soll	Kasse Haben
Anfangsbestand Mehrungen (= Kasseneinnahmen)	Minderungen (= Kassenausgaben) Schlussbestand

Passivkonten

Passivkonten

Soll	Verbindlichkeiten aus L.u.L. Haben
Minderungen (= Ausgleich der Lieferantenrechnungen) Schlussbestand	Anfangsbestand Mehrungen (= Rechnungseingänge von Lieferanten)

Soll	Kontokorrent Haben
Minderungen (= Gutschriften auf dem Bankkonto) Schlussbestand	Anfangsbestand Mehrungen (= Belastungen auf dem Bankkonto)

Buchen auf Konten

Beim Buchen auf Konten sind immer drei Angaben zu machen:

- Nummer des Geschäftsvorfalls (stellvertretend für den Beleghinweis in der Praxis),
- Gegenkonto,
- Betrag.

Die Bilanzveränderungen der Petersson Bedachungen KG | ► S. 89 | sehen auf T-Konten gebucht folgendermaßen aus:

Beispiel:

Soll	BGA		Haben
Anfangsbestand	€ 20 000,–		
1) Verbindlichkeiten aus L. u. L.	€ 2 000,–		
4) Kasse	€ 1 000,–		

Soll	Postbank		Haben
Anfangsbestand	€ 10 000,–	3) Kontokorrent	€ 4 000,–

Soll	Kasse		Haben
Anfangsbestand	€ 3 000,–	4) BGA	€ 1 000,–

Soll	Verbindlichkeiten aus L. u. L.		Haben
2) Kontokorrent	€ 2 000,–	Anfangsbestand	€ 58 000,–
		1) BGA	€ 2 000,–

Soll	Kontokorrent		Haben
3) Postbank	€ 4 000,–	Anfangsbestand	€ 25 000,–
		2) Verbindlichkeiten aus L. u. L.	€ 2 000,–

Regelmäßigkeit beim Buchen

Es wird die Regelmäßigkeit beim Buchen auf Konten erkennbar: Alle vier möglichen Bilanzveränderungen führen dazu, dass immer eine Buchung auf der Sollseite und eine Buchung auf der Habenseite eines Kontos stattfindet.

Nutzen Sie das interaktive Zusatzmaterial im Sackmann-Lernportal.

Buchungsbelege/Belegorganisation

Jede Buchung muss durch einen entsprechenden Hinweis auf den zugrunde liegenden Geschäftsvorfall belegt sein, z.B. durch

Belegarten

- Eingangsrechnungen,
- Durchschriften der Ausgangsrechnungen,
- Bankbelege und Bankauszüge,
- Quittungen über Barzahlungen.

Jeder Beleg ist in chronologischer Reihenfolge mit einer Belegnummer zu versehen, z.B. „ER/123“ für „Eingangsrechnung Nr. 123“. Die Belegnummer gibt im Konto den Hinweis auf den entsprechenden Geschäftsvorfall. Umgekehrt sollte auf dem Beleg zum Zwecke der Gegenkontrolle ein Buchungsvermerk eingetragen werden, aus dem zu erkennen ist, wo dieser Beleg innerhalb des Kontensystems der Buchführung verbucht ist.

Eigenbelege

Sofern keine schriftlichen Belege für Geschäftsvorfälle vorliegen, z.B. bei Entnahmen aus der Kasse für private Zwecke, sollten zur Sicherung des Buchungsnachweises sog. Eigenbelege erstellt werden. Auf ihnen werden ebenfalls die zur Charakterisierung des jeweiligen Geschäftsvorfalls notwendigen Angaben gemacht (Datum, Beleg-Nummer, Euro-Betrag, Unterschrift).

Buchungssatz

Die Regelmäßigkeit beim Buchen der Konten ergibt den Buchungssatz. Dieser gibt den Geschäftsvorfall (den zu buchenden Beleg) auf den anzusprechenden Konten und die zu buchenden Beträge wieder. Dabei wird zuerst das Konto genannt, bei dem die Sollbuchung vorzunehmen ist, und dann das Konto, bei dem die Habenbuchung erfolgen soll.

Allgemeine Form des Buchungssatzes: Sollkonto an Habenkonto.

Um einen Buchungssatz systematisch zu entwickeln, sind folgende Fragen an einen Geschäftsvorfall zu stellen:

- **Welche Konten werden durch den Geschäftsvorfall verändert?**
- **Welcher Bilanzseite sind die Konten zuzuordnen?**
- **Wie ändern sich die Konten rechnerisch?**
- **Auf welchen Kontenseiten sind die Buchungen vorzunehmen?**

einfacher/zusammengesetzter Buchungssatz

Werden durch einen Geschäftsvorfall zwei Konten verändert, bezeichnet man den zu bildenden Buchungssatz als einfachen Buchungssatz. Bei drei und mehr zu verändernden Konten spricht man von einem zusammengesetzten Buchungssatz. Eingeordnet in den bisherigen Ablauf buchhalterischer Arbeiten erfolgt die Bildung des Buchungssatzes immer vor der Kontenführung.

Beispiel: Die Buchungssätze zu den vier Bestandsveränderungen | ► S. 89 | lauten:

1)	BGA € 2 000,-	an	Verbindlichkeiten aus L.u.L. € 2 000,-
2)	Verbindlichkeiten aus L.u.L. € 2 000,-	an	Kontokorrent € 2 000,-
3)	Kontokorrent € 4 000,-	an	Postbank € 4 000,-
4)	BGA € 1 000,-	an	Kasse € 1 000,-

Kontenabschluss

Beim Kontenabschluss wird ermittelt, welcher Bestand an Vermögen bzw. an Kapital zum Periodenende auf dem Konto vorhanden ist. Auch hier hat sich eine systematische Vorgehensweise herausgebildet.

Saldieren

Ausgegangen wird von der wertmäßig größeren Kontenseite, die die Kontensumme vorgibt. Auf der wertmäßig kleineren Seite wird die Differenz zur wertmäßig größeren Seite gebildet (Saldieren). Dabei wird der Betrag auf der wertmäßig kleineren Seite von der Kontensumme (der wertmäßig größeren Seite) abgezogen. Die sich daraus ergebende Differenz wird als Schlussbestand (Saldo) auf der wertmäßig kleineren Seite eingetragen. Somit sind beide Seiten ausgeglichen: Sie haben dieselbe Kontensumme sowohl im Soll wie im Haben.

Folgende Vorgehensweise wird empfohlen:

1. **Ausgehend von der Schlussbilanz der vorherigen Periode werden die Konten zunächst eröffnet, indem die Anfangsbestände vorgetragen werden. Als Gegenbuchung zu den Anfangsbeständen kann ein Eröffnungsbilanzkonto bzw. Saldenvortragskonto geführt werden.**
2. **Bilden des Buchungssatzes bzw. Führen des Grundbuches: Die zu buchenden Belege (Geschäftsvorfälle) werden danach geordnet, welche Konten angesprochen werden, und dann nach Soll und Haben sortiert.**
3. **Führen des Hauptbuches: Die Buchungssätze des Grundbuches werden dann in die einzelnen Konten eingetragen.**
4. **Kontenabschluss: Zum Periodenende werden die Konten auf der wertmäßig kleineren Seite saldiert.**
5. **Die Salden der aktiven und passiven Bestandskonten werden in der Bilanz – nach Seiten geordnet – gegenübergestellt und müssen seitenweise addiert eine ausgeglichene Bilanzsumme ergeben.**

Beispiel: Bezogen auf die aufgeführten Bilanzveränderungen sehen die abgeschlossenen Konten folgendermaßen aus:

Soll	**BGA**		**Haben**
Anfangsbestand	€ 20000,-	Schlussbestand	€ 23000,-
1) Verbindlichkeiten	€ 2000,-		
4) Kasse	€ 1000,-		
Kontensumme	€ 23000,-	Kontensumme	€ 23000,-

Soll	**Postbank**		**Haben**
Anfangsbestand	€ 10000,-	3) Kontokorrent	€ 4000,-
		Schlussbestand	€ 6000,-
Kontensumme	€ 10000,-	Kontensumme	€ 10000,-

Soll	**Kasse**		**Haben**
Anfangsbestand	€ 3000,-	4) BGA	€ 1000,-
		Schlussbestand	€ 2000,-
Kontensumme	€ 3000,-	Kontensumme	€ 3000,-

Soll	**Verbindlichkeiten aus L.u.L.**		**Haben**
2) Kontokorrent	€ 2000,-	Anfangsbestand	€ 58000,-
Schlussbestand	€ 58000,-	1) BGA	€ 2000,-
Kontensumme	€ 60000,-	Kontensumme	€ 60000,-

Soll	**Kontokorrent**		**Haben**
3) Postbank	€ 4000,-	Anfangsbestand	€ 25000,-
Schlussbestand	€ 23000,-	2) Verbindlichkeiten aus L.u.L.	€ 2000,-
Kontensumme	€ 27000,-	Kontensumme	€ 27000,-

Alles verstanden? Werden Sie im Sackmann-Lernportal aktiv!

8.3.2 Kontenführung auf Erfolgskonten

Buchungsregeln

Neben Bestandskonten werden in jedem Unternehmen Erfolgskonten geführt. Diese erfassen die Vorgänge, die den Gewinn bzw. den Verlust des Unternehmens bestimmen. Während bei den Bestandskonten nach Aktiva und Passiva unterschieden wird, unterscheidet man bei Erfolgskonten zwischen

- Aufwandskonten, die den Werteverzehr erfassen, und
- Ertragskonten, die den Wertezuwachs des Betriebes verzeichnen.

Werteverzehr

Werteverzehr ist der gesamte steuerrechtlich anerkannte Verbrauch an wirtschaftlichen Gütern, bedingt durch

- betriebliche Aufwendungen, z.B. Mieten, betriebliche Versicherungen, Personalkosten, Abschreibungen,
- betriebsfremde Aufwendungen, z.B. Verluste aus Finanzspekulationen,
- außerordentliche Aufwendungen, z.B. Verluste beim Verkauf von Investitionsgütern.

Wertezuwachs

Wertezuwachs entsteht z.B. durch

- betriebliche Erträge
  - Umsatzleistungen, bedingt durch Handel und handwerkliche Leistungen,
  - Lagerleistungen, bedingt durch Fertigungsprodukte, die noch nicht abgesetzt wurden,
  - Eigenleistungen, bedingt durch Erstellung eigengenutzter Investitionsgüter,
- betriebsfremde Erträge, z.B. Gewinne aus Finanzspekulationen,
- außerordentliche Erträge, z.B. Gewinne beim Verkauf von Investitionsgütern.

Regeln

Für beide Kontenarten der Erfolgskonten gibt es Buchungsregeln, die vor dem Hintergrund der Einordnung dieser Konten gesehen werden müssen. Es handelt sich nämlich bei den Erfolgskonten um Unterkonten des Eigenkapitalkontos, da der Gewinn bzw. der Verlust, den ein Unternehmen in einer Periode erwirtschaftet, letztlich das Eigenkapital mehrt oder mindert.

Eigenkapitalkonto

Soll	**Eigenkapital**	**Haben**
Minderungen (Werteverzehr) Schlussbestand		Anfangsbestand Mehrungen (Wertezuwachs)

Davon ausgehend sind Buchungen auf Aufwandskonten nichts anderes als indirekte Minderungen des Eigenkapitals. Da sich das Eigenkapitalkonto als Passivkonto auf der Sollseite mindert, werden Minderungen ebenfalls auf der Sollseite des jeweiligen Aufwandskonto erfasst. Dementsprechend sind Buchungen auf Ertragskonten als indirekte Mehrungen des Eigenkapitals auf der Habenseite des jeweiligen Ertragskontos zu erfassen.

Auswirkungen von Buchungen auf Erfolgskonten

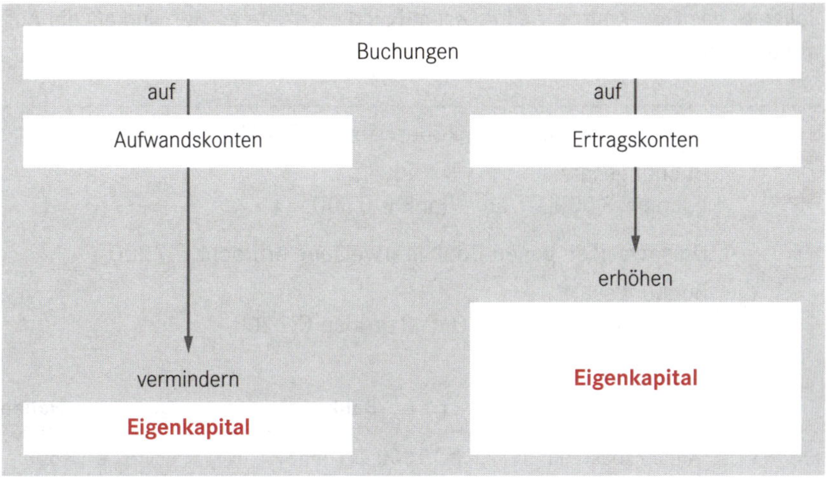

Gewinn- und Verlustkonto

Ermittlung von Gewinn/Verlust

Das Gewinn- und Verlustkonto hat die Aufgabe, die Salden aller Erfolgskonten zu erfassen und durch Saldierung zu ermitteln, ob der Betrieb Gewinn oder Verlust erwirtschaftet hat. Da die Erfolgskonten, wie zuvor festgestellt, grundsätzlich nur auf einer Seite gebucht werden, ergibt sich beim Kontenabschluss der Saldo der Aufwandskonten immer auf der Habenseite und der Saldo der Ertragskonten immer auf der Sollseite.

Übertragung der Salden

Diese Salden werden entsprechend den Buchungsregeln entgegengesetzt (über Kreuz) auf das GuV-Konto übertragen. Alle Aufwandskonten erscheinen auf der Sollseite und alle Ertragskonten erscheinen auf der Habenseite. Daher kann man die Kontenseiten der GuV dahingehend präzisieren, dass die Sollseite als Aufwandsseite und die Habenseite als Ertragsseite definiert wird.

GuV-Konto

Soll	GuV	Haben
Aufwendungen (Saldo)	Erträge (Saldo)	
Kontensumme	Kontensumme	

Ihren persönlichen Zugang zum Sackmann-Lernportal finden Sie auf Seite 3.

An beispielhaften Geschäftsvorfällen sollen sowohl Gewinn als auch Verlust durch Saldierung des GuV-Kontos verdeutlicht werden.

Durch Saldieren ergibt sich der Erfolg: Der Gewinn erscheint als Saldo auf der Sollseite des GuV-Kontos, da in diesem Fall die Erträge größer sind als die Aufwendungen.

Beispiel: Lohnzahlung durch Banküberweisung € 3 500,-

Buchungssatz:
Löhne € 3 500,- an Bank € 3 500,-

Umsatzerlöse gegen Banküberweisung erbracht € 7 200,-

Buchungssatz:
Bank € 7 200,- an Umsatzerlöse € 7 200,-

Soll		**Bank**	**Haben**
Anfangsbestand	€ 10 000,-	Löhne	€ 3 500,-
Umsatzerlöse	€ 7 200,-		

Soll		**Löhne**	**Haben**
Bank	€ 3 500,-	Gewinn/Verlust (Saldo)	€ 3 500,-

Soll		**Umsatzerlöse**	**Haben**
Gewinn/Verlust (Saldo)	€ 7 200,-	Bank	€ 7 200,-

Soll		**GuV**	**Haben**
Löhne	€ 3 500,-	Umsatzerlöse	€ 7 200,-
Eigenkapital (Saldo)	€ 3 700,-		

Soll		**Eigenkapital**	**Haben**
		Anfangsbestand	€ 60 000,-
		Gewinn/Verlust	€ 3 700,-

Im nachfolgenden Beispiel ergibt sich der Verlust als Saldo auf der Habenseite, da in diesem Fall die Aufwendungen größer sind als die Erträge.

Beispiel: Bezahlung der Miete durch Banküberweisung € 4 800,-

Buchungssatz:
Mietaufwendungen € 4 800,- an Bank € 4 800,-

Umsatzerlöse gegen Banküberweisung erbracht € 1 200,-

Buchungssatz:
Bank € 1 200,- an Umsatzerlöse € 1 200,-

Soll	Bank		Haben
Anfangsbestand	€ 13 700,-	Mietaufwendungen	€ 4 800,-
Umsatzerlöse	€ 1 200,-		

Soll	Mietaufwendungen		Haben
Bank	€ 4 800,-	Gewinn/Verlust (Saldo)	€ 4 800,-

Soll	Umsatzerlöse		Haben
Gewinn/Verlust (Saldo)	€ 1 200,-	Bank	€ 1 200,-

Soll	GuV		Haben
Mietaufwendungen	€ 4 800,-	Umsatzerlöse	€ 1 200,-
		Eigenkapital (Saldo)	€ 3 600,-

Soll	Eigenkapital		Haben
Gewinn/Verlust	€ 3 600,-	Anfangsbestand	€ 63 700,-

8.3.3 Kontenführung auf Privatkonten

rechtsform-abhängig

Privatkonten werden in Betrieben benötigt, die in der Rechtsform des Einzelunternehmens oder als Personengesellschaften geführt werden| ► HF 2, Kap. 16.1, 16.2 |. Sie erfassen die durch die Eigentümer (als Privatpersonen) verursachten Vermögens-, Kapital- oder Erfolgsänderungen.

Privatkonten sind Unterkonten des Eigenkapitals bzw. des Kontos variables Kapital. Das hat die Konsequenz: Bewegungen auf den Privatkonten wirken sich in der einen oder anderen Weise auf das Eigenkapital aus und werden beim Kontenabschluss direkt über das Eigenkapitalkonto (bzw. die Eigenkapitalkonten) saldiert.

Beispiel: Um Privatentnahmen der Petersson Bedachungen KG handelt es sich, wenn Gerhard Petersson

- dem Betrieb Bargeld für die private Lebensführung entnimmt,
- einen Gegenstand der Geschäftsausstattung in das Privatvermögen übernimmt,
- von seinen Mitarbeitern Ausbesserungsarbeiten an seinem Privathaus ausführen lässt,
- für einen Firmenwagen ständig ein Fahrtenbuch führt, damit er am Jahresende die private Nutzung genau nachhalten kann.

Daneben gibt es Privateinlagen, bei denen der Unternehmer dem Betrieb aus seinem Privatvermögen Geld oder Gegenstände zur Verfügung stellt.

buchungstechnische Erfassung

Zur buchungstechnischen Erfassung sind mindestens die Konten Privatentnahmen und Privateinlagen zu führen. Beide Konten sind Unterkonten des Eigenkapitals und entsprechend wie die Erfolgskonten zu führen.

Auf dem Konto Privatentnahmen wird im Soll gebucht und im Haben saldiert. Auf dem Konto Privateinlagen wird im Haben gebucht und im Soll saldiert. Der Saldo beider Konten wird am Jahresende direkt auf das Eigenkapitalkonto übertragen, sodass es folgende Informationen beinhaltet:

Eigenkapitalkonto

Soll	Eigenkapital Haben
Minderungen durch Verlust Minderungen durch Privatentnahmen Schlussbestand	Anfangsbestand Mehrungen durch Gewinn Mehrungen durch Privateinlagen

Übersicht über Konten

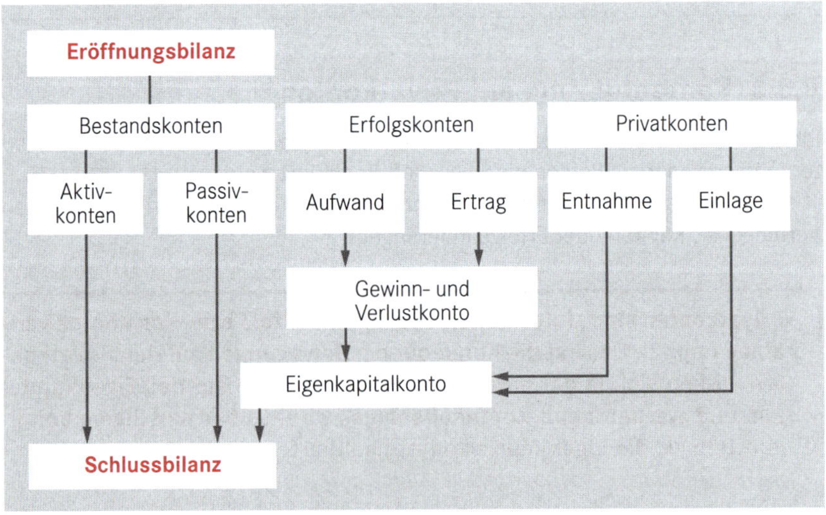

8.3.4 Kontenrahmen/Kontenplan

Zur klaren und übersichtlichen Gestaltung der Buchführung ist bei der Kontenführung eine gewisse Ausführlichkeit erforderlich. Hierfür gibt es Orientierungsmaßstäbe, die sog. Kontenrahmen.

Kontenrahmen sollen es dem Betrieb erleichtern, die für ihn notwendigen Konten systematisch zusammenzustellen. Da der Handwerker seine Buchführung i.d.R. in Kooperation mit einem Steuerberater führt, ist es naheliegend, dass er einen Kontenrahmen verwendet, mit denen auch Steuerberater üblicherweise arbeiten. In der Praxis sind die beiden DATEV-Kontenrahmen SKR 03 und SKR 04 sehr verbreitet | ► DATEV-Kontenrahmen |.

betrieblicher Kontenplan

Jeder Unternehmer stellt sich aus einem Kontenrahmen seinen eigenen betrieblichen Kontenplan zusammen. Hierbei verfährt er folgendermaßen:

- Übernahme einzelner Konten aus dem ausgewählten Kontenrahmen,
- Ausdifferenzieren einzelner Konten in tiefer gehende Untergliederungen durch fünf- und mehrstellige Kontennummerierungen,
- Weglassen von Konten, die für den Betrieb keine Bedeutung haben.

8.3.5 Hauptabschluss-Übersicht

Zwischenbilanz

Ein kompletter Kontenabschluss wird nur einmal zum Jahresende bzw. zum Ende des Geschäftsjahrs durchgeführt. Mit der Hauptabschluss-Übersicht (HÜ) kann sich der Unternehmer monatlich oder quartalsweise einen Überblick verschaffen. Sie stellt die Entwicklung aller Konten von der Eröffnungs- bis zur Zwischenbilanz dar und gibt einen Überblick über das gesamte Zahlenwerk der Buchführung während einer bestimmten Periode.

Aufbau der HÜ

Der Aufbau der HÜ ist nicht vorgeschrieben, erfolgt jedoch i.d.R. in Tabellenform mit folgender Aufteilung:

- Alle Konten werden dem jeweiligen betrieblichen Kontenplan entsprechend aufgelistet.
- Die Eröffnungsbilanz des jeweiligen Jahres wird ausgewiesen.
- Die Umsatzbilanz weist auf den Soll- und Habenseiten der einzelnen Konten die wertmäßigen Beträge der dort angefallenen Buchungen aus.
- Bei der Summenbilanz handelt es sich um die Addition der Zahlen aus den Konten der Eröffnungsbilanz und den entsprechenden Konten der Umsatzbilanz.
- In der Summenbilanz werden diese Kontenergebnisse noch nicht saldiert, sondern erst in der Saldenbilanz.
- Innerhalb der ausgewiesenen Konten sind Umbuchungen vorzunehmen, um die Kontenergebnisse der Saldenbilanz „jahresabschlussreif" zu machen, z.B. durch die Einbuchung der Abschreibungen auf das bilanzielle Anlagevermögen.

- Danach werden die Kontenergebnisse der Bestandskonten in die vorläufige Schlussbilanz (Vermögensbilanz) und die Kontenergebnisse der Erfolgskonten in die Erfolgsbilanz (Gewinn- und Verlustrechnung) übertragen. Der Saldo in der Erfolgsbilanz weist dann den Gewinn oder Verlust der jeweiligen Abrechnungsperiode aus. Dieser Saldo muss mit dem Saldo in der Vermögensbilanz übereinstimmen.

8.4 Verfahrenstechniken und Arbeitsabläufe

8.4.1 Konventionelle Verfahrenstechniken

Die im Folgenden dargestellten zwei konventionellen Verfahrenstechniken sind für die systematische Aneignung der Technik der Buchführung weiter von Bedeutung, auch wenn sie in der betrieblichen Praxis durch eine EDV-gestützte Buchführung weitgehend ersetzt wurden.

Es handelt sich dabei um die manuellen Verfahrenstechniken der

- T-Konten-Buchführung und
- Journalbuchführung.

Diese müssen abhängig von der Rechtsform den rechtlichen Vorschriften entsprechen | ► S. 77 |.

Arbeitsabläufe der T-Konten-Buchführung

Vorgehen mit T-Konten

Der Ausgangspunkt bei der T-Konten-Buchführung ist die Erstellung einer Eröffnungsbilanz.

1. Einrichtung und Eröffnung von Bestandskonten:
   Dabei wird entweder der Anfangsbestand auf den Konten vorgetragen oder der Anfangsbestand durch eine Eröffnungsbuchung vorgenommen. Dies ist das sog. Eröffnungsbilanzkonto, welches die Aufgabe hat, die Gegenbuchungen zu den Anfangsbeständen aufzunehmen.
2. Einrichtung von Erfolgskonten; ggf. Einrichtung von Privatkonten.
3. Sortierung und Kontierung der Belege; auf den Belegen werden die bei einem Geschäftsvorfall betroffenen Konten vermerkt - die Buchungssätze.
4. Eintragung der Buchungssätze in die Konten (Kontierung).
5. Vorbereitende Abschlussbuchungen und Umbuchungen:
   Ihr Umfang hängt von der Komplexität der Aufgabenstellung ab.
6. Schließlich werden die Bestandskonten zum Schlussbilanzkonto abgeschlossen.

Arbeitsabläufe der Journalbuchführung

amerikanisches Journal

Im sog. amerikanischen Journal werden Grund- und Hauptbuch in einem einheitlichen Organisationsmittel zusammengefasst. In der Anordnung von oben nach unten werden die Geschäftsvorfälle in chronologischer Reihenfolge vermerkt (Grundbuchteil). In der Anordnung von links nach rechts werden die eingetragenen Beträge nochmals den einzelnen Konten zugeordnet (Hauptbuchteil). Die uns bekannte Form des sog. T-Kontos bleibt dabei grundsätzlich erhalten. Die Konten im Journal werden je nach individuell angelegtem betrieblichen Kontenplan bezeichnet.

Die Kopfspalte eines Journals hat auszugsweise i.d.R. folgendes Aussehen:

Kopfspalte eines Journals

GV-Nr.	Datum	Geschäftsvorfall	Betrag	USt.	Geschäftsbauten	
					Soll 1	Haben 2
		Übertrag				

Der Vorteil des Journals ist seine Übersichtlichkeit. Ein großer Nachteil liegt jedoch in einem mangelnden Detaillierungsgrad: Die Anzahl der Konten, die mit dieser Technik möglich sind, ist stark begrenzt. Deshalb kann das amerikanische Journal den heutigen Anforderungen der Unternehmensführung an die Buchführung nicht mehr gerecht werden, zumal sich gleichzeitig die EDV-gestützte Buchführung weitgehend durchgesetzt hat.

Vorgehen bei der Journalbuchführung

Der Ausgangspunkt bei der Journalbuchführung ist die Hauptabschluss-Übersicht (Bilanzübersicht). Hier werden alle Konten eingerichtet, die zur Abwicklung der Aufgabe benötigt werden. Wenn man sich an einem Kontenrahmen orientiert, dann werden die Konten aufsteigend nach Kontennummern aufgeführt. Dabei bietet die Kontengliederung des SKR 04 den Vorteil, dass eine Trennung von Bestandskonten (bis Kontenklasse 3) und Erfolgskonten (ab Kontenklasse 4) gewährleistet ist.

8.4.2 EDV-gestützte Verfahrenstechniken

Wenn ein PC und Buchführungssoftware als Arbeitsmittel zur buchhalterischen Erfassung eingesetzt werden, erübrigen sich komplizierte und zeitaufwändige rechnerische Arbeiten:

Vorteile

- Das Aufsummieren, Zusammenstellen, Übertragen und Abstimmen von Konten und Beträgen entfällt.
- Nebenrechnungen, wie die Berechnung bzw. Herausrechnung von Umsatzsteuerbeträgen, werden automatisch durchgeführt.
- Ständige Plausibilitätsprüfungen schließen bestimmte Fehlerquellen aus.
- Die gespeicherten Daten können jederzeit für Auswertungen oder Abschlüsse abgerufen werden.

- Die gespeicherten Daten können problemlos in andere EDV-gestützte Bereiche übertragen und verarbeitet werden.

vorgegebene Verfahrensabläufe

Allerdings werden durch die eingesetzte Software bestimmte Verfahrensabläufe vorgegeben:

- Die Eröffnung der Bestands- und Personenkonten (für die einzelnen Schuldner und Gläubiger) kann nur über entsprechende Gegenbuchungen auf Saldenvortragskonten vorgenommen werden.
- Buchungen können nur als einfache Buchungssätze verarbeitet werden. Zusammengesetzte Buchungssätze müssen in mehrere einfache Buchungssätze aufgelöst werden.
- Forderungen und Verbindlichkeiten werden immer über Debitoren- bzw. Kreditorenkonten gebucht.
- Die Umsatzsteuer findet Berücksichtigung, indem entweder bei der Kontierung ein Umsatzsteuerschlüssel angegeben oder auf automatischen Konten kontiert wird, denen programmintern ein bestimmter umsatzsteuerrechtlicher Tatbestand zugeordnet ist.

Grundsätze der GoS

In der EDV-gestützten Buchführung, der sog. Speicherbuchführung, müssen die Grundsätze ordnungsmäßiger Speicherbuchführung (GoS) erfüllt werden. Sie entsprechen den für alle Techniken der Buchführung geltenden Grundsätzen nach Handelsgesetzbuch und Abgabenordnung, wurden jedoch um einige auf die EDV abgestimmte Anforderungen ergänzt:

- Ein sachverständiger Dritter (Betriebsprüfer) muss sich in dem jeweiligen Verfahren der Buchführung in angemessener Zeit zurechtfinden und sich einen Überblick über die Geschäftsvorfälle und die Lage des Unternehmens verschaffen können.
- Die Geschäftsvorfälle müssen richtig, vollständig und zeitgerecht erfasst werden sowie sich in ihrer Entstehung und Abwicklung verfolgen lassen (Beleg- und Journalfunktion).
- Die Belege sind so zu verarbeiten, dass sie geordnet darstellbar sind und einen Überblick über die Vermögens- und Ertragslage ermöglichen (Kontenfunktion).
- Die Buchungen müssen einzeln und geordnet nach Konten und diese fortgeschrieben nach Kontensummen oder Salden sowie nach Abschlussposten dargestellt und jederzeit lesbar gemacht werden können.
- Die EDV-gestützte Buchführung muss durch eine Verfahrensdokumentation, die aktuelle sowie vergangene Vorgänge nachweist, verständlich und nachvollziehbar gemacht werden.
- Das in der Dokumentation beschriebene Verfahren muss dem in der Praxis eingesetzten Programm (bzw. der Version) voll entsprechen (Programmidentität).

Tests und Aufgaben zu diesem Kapitel finden Sie im Sackmann-Lernportal.

8.4.3 Auslagerung der Buchführung

In den letzten Jahren sind die Möglichkeiten für Handwerksunternehmer und anderer Klein- und Mittelbetriebe gewachsen, mithilfe kostengünstiger Hard- und Softwarelösungen die Buchführung im eigenen Betrieb selbst zu machen. Die notwendige Kompetenz lässt sich erwerben. Es muss nicht unbedingt ein versierter Finanzbuchhalter oder ein EDV-Spezialist eingestellt werden. Der Unternehmer spart Kosten und kann das eigene Unternehmen zeitnah im Blick behalten und hat alle Unterlagen bei Bedarf sofort zur Hand.

kostengünstige Hard-/Software

Beispiel: Im Familienbetrieb der Petersson KG kümmert sich seit vielen Jahren Markus' Mutter Hilde um die Buchführung. Seit kurzem arbeitet sie mit einer Buchhaltungssoftware, die ihr von einem befreundeten anderen Handwerksbetrieb empfohlen worden war. Nach dem die Anfangsschwierigkeiten überwunden sind, ist sie jetzt erleichtert über die automatisierte Datenverarbeitung. Denn beispielsweise die Möglichkeit der automatischen Erstellung verschiedener Auswertungen und Fälligkeitslisten spart Zeit und Nerven. Auch ihr Steuerberater, der bislang nur den Jahresabschluss erstellt, ist zufrieden mit den perfekt vorbereiteten Unterlagen.

Doch insgeheim plant Markus Petersson, der den Betrieb bald übernehmen wird, die gesamte Buchführung durch den Steuerberater erledigen zu lassen, wenn seine Mutter in Rente gegangen ist. Er will sich lieber um neue Geschäftsfelder als um Buchhaltung kümmern, auch wenn er jetzt dieses Seminar zum Thema Rechnungswesen besucht und sich dort Grundkenntnisse aneignet.

Ein Problem stellen die ständig gestiegenen steuerlichen Anforderungen an die buchführungsmäßigen Aufzeichnungs- und Nachweispflichten dar. Daher gibt es auch gute Gründe, die Buchführung an einen Steuerberater auszulagern oder auf Buchhaltungs- und Steuerberatungsstellen des Handwerks zurückzugreifen.

Gründe für Auslagerung

Eine kostengünstigere Alternative zum Steuerberater kann unter Umständen der Einsatz eines Buchhaltungsservice-Dienstleisters sein, der sämtliche buchhalterischen Aufgaben übernimmt und den Jahresabschluss vorbereitet | ► HF 3, Kap. 18.2.4 |. Der Abschluss selbst muss dann allerdings von einem Steuerberater oder Wirtschaftsprüfer durchgeführt werden.

Die Auslagerung der Buchführung hat folglich Vor- und Nachteile. Zu den Vorteilen zählen folgende Aspekte:

Vorteile

- keine Notwendigkeit, eigene Kompetenz in Buchführung und Steuerfragen zu erwerben, sodass die gewonnene Zeit für andere betriebliche Aufgaben besser genutzt werden kann,
- keine Notwendigkeit, einen Mitarbeiter für die Buchhaltung zu beschäftigen sowie Hard- und Software zu beschaffen oder zu leasen,

- keine Anpassungsprobleme an neue Hard- und/oder Software-Technologie,
- Sicherheit, dass die Buchhaltung korrekt und ordnungsgemäß abgewickelt wird.

Zu den Nachteilen gehören folgende Punkte:

Nachteile

- mögliche Anpassungsprobleme an das Organisationssystem des externen Partners (z.B. Kontenrahmen, Datenaustauschverfahren),
- räumliche Trennung zwischen Anfall und Verarbeitung der Buchungsbelege,
- direkter Zugriff auf die gebuchten Grundaufzeichnungen nicht jederzeit möglich (nur über Abruf beim externen Partner),
- Abhängigkeit von externen Datenaustausch-, -speicherungs- und -sicherungsstandards.

In der Verantwortung des Unternehmens selbst bleibt auch bei externer Buchführung immer noch die Erledigung zahlreicher Aufgaben:

Pflichtaufgaben des Unternehmers

- Sammlung, Kontrolle, Zuordnung und Sicherung der Belege,
- Aufstellung eines betriebsindividuellen Kontenplanes,
- Festlegung der gewünschten Auswertungsergebnisse, z.B. Rentabilitäts- und/oder Liquiditätskennzahlen,
- Festlegung der erforderlichen Buchführungsübersichten (z.B. Monats-, Jahresvergleiche, intern oder extern),
- Festlegung zeitlicher Berichtsintervalle (z.B. monatlich, vierteljährlich),
- Festlegung der auszudruckenden Buchhaltungs- und/oder Auswertungsunterlagen (z.B. monatliche Auszüge der berührten Konten),
- Festlegung des Ablage- und/oder Belegsystems (z.B. Ablage oder Fotokopie der Originalbelege, Mikroverfilmung).

Andere Aufgaben können wahlweise vom Betrieb oder vom externen Steuerbüro durchgeführt werden, insbesondere:

Aufgabenverteilung bei externer Buchführung

- Aufbereitung der angefallenen Buchungsbelege,
- Kontenzuordnung der einzelnen Belege (Vorkontierung),
- evtl. Zusammenstellung von Buchungssätzen,
- Eingabe der Buchungen in das EDV-System, Datenerfassung auf Datenträgern für Transport oder Weiterleitung der Daten (ggf. online im Rahmen eines Datenverbunds).

Die eigentliche betriebsbezogene Aufbereitung der eingegebenen Daten, Datenspeicherung, Sicherung und Rücksendung der Verarbeitungsergebnisse an das jeweilige Unternehmen gehören zu den typischen Aufgaben des externen Steuerbüros.

„Jochen, Dr. Hunold hat gerade angerufen! Der Jahresabschluss muss vorbereitet werden!“, ruft Ramona Wall ihrem Bruder zu.

Die beiden Geschwister und Tischlermeister führen seit zwei Jahren gemeinsam die Geschäfte der Tischlerei Wall OHG und haben sich auf den Innenausbau spezialisiert. Beide gehen in ihrem Beruf auf und harmonieren gut miteinander. Lediglich das Rechnungswesen fällt ihnen schwer. Doch zum Glück steht ihnen der erfahrene Steuerberater Dr. Hunold zur Seite, der die junge OHG seit der Gründung begleitet und schon so manche Schwierigkeiten mit Finanzbehörden und Banken geregelt hat.

Jahresabschluss: Bilanz, GuV, Abschreibungen, Jahreswerte, Fristen einhalten!

„Er braucht noch einige Unterlagen und Angaben. Sein Büro mailt uns eine Liste zu. Es geht u.a. um die Abschreibungen wegen der teuren CNC-Maschine. Außerdem möchte er gerne die Jahreswerte mit uns durchgehen. Das Finanzamt sitzt ihm schon mit Fristen im Nacken.“

9 Jahresabschluss/Periodenabschluss

Buchführungspflichtige Unternehmen | ► HF 1, Kap. 8.1.1, 8.1.2 | haben zum Ende eines Geschäftsjahres einen Jahresabschluss[1] zu erstellen. Dieser beendet das Geschäftsjahr rechnerisch und spiegelt die Vermögens-, Schulden- und Ertragslage zum Abschlussstichtag wider. Im Wesentlichen beantwortet der Jahresabschluss die folgenden Fragen:

- Über wie viel Vermögen verfügt das Unternehmen?
- Wie viel Kapital ist im Unternehmen wie gebunden?
- Aus welchen Quellen stammt das Kapital?
- Wie viel Gewinn wurde im abgelaufenen Jahr erzielt?

Fristen

Bis zur tatsächlichen Erstellung des Jahresabschlusses dürfen je nach Rechtsform mehrere Monate vergehen (bei Personengesellschaften bis zu neun Monate, bei großen Kapitalgesellschaften bis zu drei Monate).

[1] *Alle wesentlichen gesetzlichen Grundlagen zum Jahresabschluss finden sich im HGB (3. Buch - Handelsbücher § 238 ff).*

Bestandteile

Einzelunternehmen, OHG und KG müssen eine Bilanz sowie eine Gewinn- und Verlustrechnung vorlegen. Für Kapitalgesellschaften gilt ein erweiterter Jahresabschluss. Sie haben zusätzlich einen Anhang und Lagebericht zu erstellen.

Der Anhang enthält allgemeine Informationen zur Vermögens-, Finanz- und Ertragslage des Unternehmens, die insbesondere für Gesellschafter, Anteilseigner und Gläubiger von Bedeutung sind.

Der Lagebericht[1] beinhaltet Informationen, die für die Gesamtbeurteilung eines Unternehmens und seine voraussichtlichen Entwicklung wichtig werden. Hierzu gehören u.a. Angaben zum Geschäftsverlauf, zur Absatzlage sowie zu Chancen und Risiken des Betriebes.

Allerdings ist auch ohne gesetzliche Verpflichtungen die Nutzung der umfangreichen Kontrollfunktionen des Rechnungswesens dringend angeraten.

Elemente des Jahresabschlusses

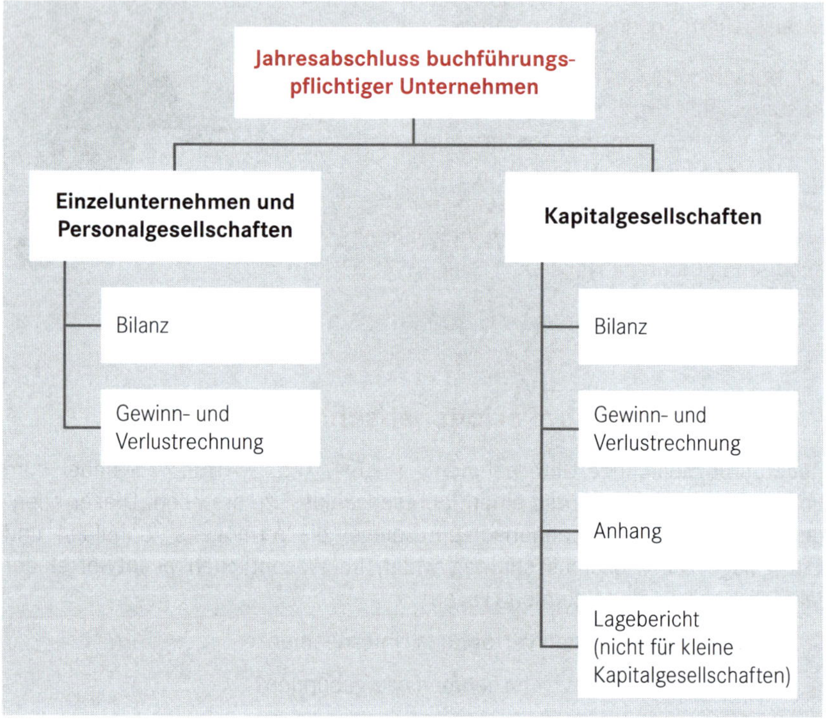

Bei Einzelunternehmen und Personengesellschaften müssen die persönlich haftenden Gesellschafter den Jahresabschluss unterzeichnen, bei einer AG oder GmbH die Vorstände bzw. Geschäftsführer. Ferner sind Kapitalgesellschaften dazu verpflichtet, unabhängige Prüfer einzusetzen.

---

[1] *Befreit sind kleine Kapitalgesellschaften mit einer Bilanzsumme bis € 4,84 Mio., einem Umsatz bis € 9,68 Mio. und bis zu 50 Mitarbeitern (zwei der drei Bedingungen müssen erfüllt sein).*

Der Jahresabschluss bildet den formalen Abschluss der Buchhaltung. Er bedarf der sorgfältigen Planung und Organisation. Je nach Unternehmensform ist der Jahresabschluss zu veröffentlichen. Die Verantwortung für die Richtigkeit belegen Einzelunternehmer bzw. alle persönlich haftenden Gesellschafter durch Unterschriften (bei Kapitalgesellschaften die Geschäftsführer).

Dokumentations- und Rechenschaftsfunktion

Der Jahresabschluss erfüllt im Wesentlichen drei Hauptfunktionen. Ein Unternehmer muss nicht nur im eigenen Interesse dokumentieren, über wie viel Vermögen und Schulden er verfügt und wie sich diese im Laufe eines Jahres entwickelt haben. Auch anderen Gesellschaftern gegenüber hat er Rechenschaft über die wirtschaftliche Situation abzulegen. Darüber hinaus dienen die Ergebnisse des Jahresabschlusses künftigen Planungen.

Informationsfunktion

Die Ergebnisse des Jahresabschlusses sind dabei nicht nur für den Unternehmer, sondern auch für andere Adressaten wie Anteilseigner, Banken, Gläubiger, staatliche Institutionen, Mitarbeiter und die Öffentlichkeit von Bedeutung. Schließlich lassen sich hieraus Rückschlüsse auf die vergangene und künftige Entwicklung des Unternehmens ziehen.

Adressaten

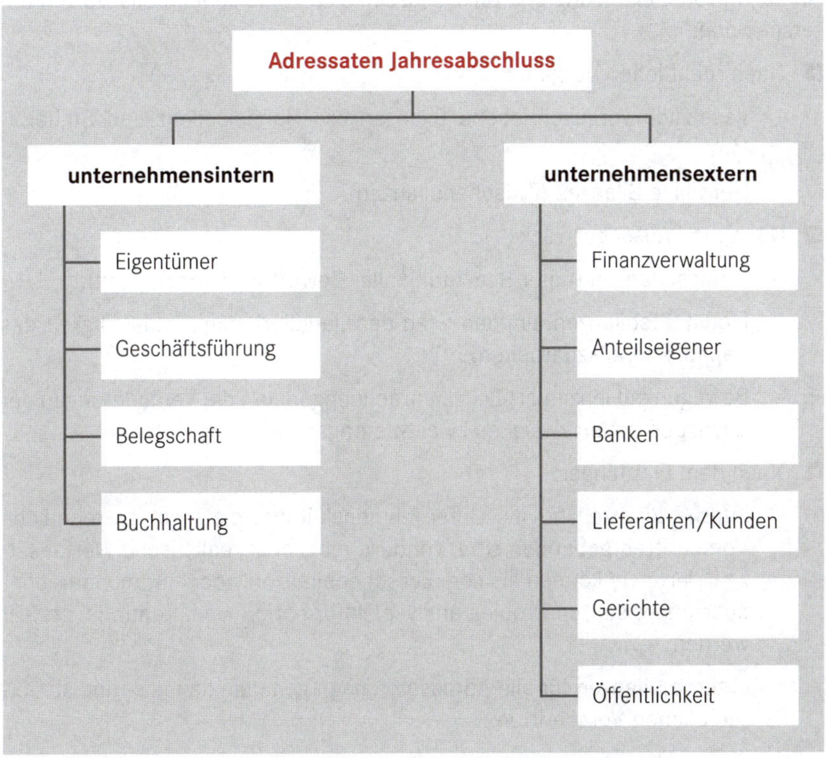

Zahlungsbemessungsfunktion Die Höhe des tatsächlichen Gewinns bestimmt schließlich die Steuerlast und die Gewinnausschüttung an Gesellschafter bzw. Anteilseigner (z.B. Dividenden an Aktionäre). Sie bildet ferner die Grundlage für die Entlohnung von Mitarbeitern (z.B. Bonuszahlungen, Prämien etc.).

9.1 Aufbau von Bilanz und Gewinn- und Verlustrechnung

9.1.1 Bilanz

Bilanz als Zeitpunktrechnung Allgemeine Grundlagen zur Bilanz wurden bereits erläutert | ► HF 1, Kap. 8.2.3 |. Als Zeitpunktrechnung gibt die Bilanz Auskunft über die Bestände an Vermögen und Kapital am Bilanzstichtag. Der unternehmerische Erfolg ergibt sich aus der Veränderung des Eigenkapitals zwischen zwei Stichtagen. Neben Gewinnen/Verlusten kann er durch Einlagen/Entnahmen der Eigentümer beeinflusst werden.

Eine kritische Beurteilung und wirtschaftliche Auswertung von Bilanzen geschieht durch die Bilanzanalyse. Hierbei werden Informationen zur Vermögens-, Ertrags- und Finanzlage ausgewertet.[1]

Bilanzarten Abhängig von Zielsetzung und Anlass lassen sich verschiedene Bilanzarten unterscheiden:

- Nach rechtlichen Vorgaben:
  - gesetzlich vorgeschriebene Bilanzen wie Handelsbilanz und Steuerbilanz,
  - freiwillige Bilanzen (Zwischenbilanzen).
- Nach dem Aussagezweck:
  - Erfolgsbilanzen (unter Beachtung aller Bewertungsvorschriften),
  - Liquiditätsbilanzen, um den Grad der Liquidierbarkeit und Fälligkeit des Kapitals herauszuarbeiten,
  - Bewegungsbilanzen als Zeitraumrechnungen, um die Veränderungen der Bilanzpositionen zwischen zwei Stichtagen aufzuzeigen.
- Nach dem Empfänger:
  - interne Bilanzen für die Unternehmensleitung, die nicht an rechtliche Vorschriften gebunden sind, sondern möglichst realistische Wertansätze liefern; sie können als sog. Zwischenbilanzen wochen-, monats- oder quartalsweise zur Problemanalyse, Information und Kontrolle erstellt werden,
  - externe Bilanzen für alle Adressaten nach genauen handels- und steuerrechtlichen Vorschriften.

---

[1] *§ 264 Abs. 2 HGB*

- Nach der Häufigkeit der Erstellung:
  - ordentliche Bilanzen, die regelmäßig am Stichtag mit einer Eröffnungsbilanz zu Beginn und Schlussbilanz am Ende des Geschäftsjahres aufzustellen sind,
  - außerordentliche Bilanzen zu besonderen Anlässen wie z.B. Gründungsbilanzen (zum Unternehmensstart), Umwandlungsbilanzen (bei Änderung der Rechtsform), Auseinandersetzungsbilanzen (bei Ausscheiden eines Gesellschafters), Sanierungsbilanzen (zur Bewältigung einer Unternehmenskrise), Liquidationsbilanzen (bei Auflösung des Unternehmens).

Handelsbilanz

Aus rechtlicher Sicht sind die Handels- und die Steuerbilanz zu unterscheiden. Die Handelsbilanz ist eine gesetzlich vorgeschriebene externe Bilanz, die bei Beginn eines Handelsgewerbes und regelmäßig am Schluss eines Geschäftsjahres aufzustellen ist.

Steuerbilanz

Die Steuerbilanz ist eine nach steuerrechtlichen Vorschriften abgewandelte Handelsbilanz, die jährlich erstellt wird, um die Höhe der Einkommen- bzw. Körperschaftssteuer bestimmen zu können.

Zielkonflikt Handels- und Steuerbilanz

Handels- und Steuerbilanz beinhalten einen grundlegenden Zielkonflikt. Die Handelsbilanz[1] schützt vor allem die Gläubiger wie Banken oder Lieferanten, dient aber auch der unternehmensinternen Information. Aus kaufmännischer Vorsicht werden das Vermögen niedrig und die Schulden hoch angesetzt. Das Unternehmen muss danach die wirtschaftliche Situation bewusst eher schlechter darstellen.

Die Steuerbilanz[2] dient vornehmlich der korrekten Gewinnermittlung und ist vor allem für die Finanzverwaltung von Belang. Diese will möglichst hohe Steuereinnahmen erzielen. Demzufolge soll die Steuerbilanz möglichst positiv ausfallen, d.h. die Unternehmen sind im Gegensatz zum Handelsrecht steuerrechtlich angehalten, ihr Vermögen möglichst hoch und ihre Verbindlichkeiten eher niedrig anzusetzen.

Um beim Jahresabschluss einen gerechten Ausgleich zwischen beiden Interessenslagen herzustellen, hat der Staat diesen gesetzlich reguliert. Insofern stellt der Jahresabschluss eine Kompromisslösung dar.

Die Handelsbilanz bildet dabei nach dem Maßgeblichkeitsprinzip die Grundlage für die Steuerbilanz. Letztere unterscheidet sich von der Handelsbilanz nur bei ausdrücklichen Abweichungen im Steuerrecht.

---

1 *Die rechtliche Grundlage hierzu bilden vor allem §§ 238-289 HGB.*

2 *Rechtsgrundlage sind insbesondere die Abgabenordnung (§§ 140-148), das HGB (§§ 238-256), das Einkommensteuer-, das Körperschaftssteuer- und das Gewerbesteuergesetz.*

Bilanz als Steuerungsinstrument

Über die rechtliche Bedeutung hinaus besitzt der Jahresabschluss eine hohe Bedeutung als zentrales Informations- und Steuerungsinstrument.

Funktion der Bilanz

Speziell beim Jahresabschluss kommen der Bilanz drei Funktionen zu:

1. Bestimmung von Vermögen und Kapital (Bilanzierung dem Grunde nach),
2. Bewertung von Vermögen und Fremdkapital (Bilanzierung der Höhe nach),
3. geordneter Ausweis von Vermögen und Kapital in Kontenform mit Soll = Aktiva und Haben = Passiva (klare Bilanzgliederung).

Gliederungsvorschriften

Gesetzliche Gliederungsvorschriften gelten nur für Kapitalgesellschaften. Demnach haben insbesondere große und mittelgroße Kapitalgesellschaften die Bilanzgliederung nach § 266 HGB zu beachten.

Kapitalgesellschaften und die GmbH & Co. KG müssen einige zusätzliche HGB-Vorschriften hinsichtlich des Jahresabschlusses beachten. Für die Anwendung dieser Zusatzregelungen ist die Einteilung der Kapitalgesellschaften in die folgenden Größenklassen von Bedeutung.

Größenklassen

Kapitalgesellschaft	Bilanzsumme €	Umsatz €	Anzahl der Mitarbeiter
kleine	bis 4,84 Mio.	bis 9,68 Mio.	bis 50
mittelgroße	bis 19,25 Mio.	bis 38,5 Mio.	bis 250
große	über 19,25 Mio.	über 38,5 Mio.	über 250

Zur Einordnung in eine dieser Größenklassen müssen mindestens zwei der drei Kriterien an zwei aufeinanderfolgenden Jahresabschluss-Stichtagen erfüllt sein. Bei Gründung sind für die Größenklasseneinteilung die Verhältnisse am ersten Bilanzstichtag entscheidend.

Die folgende Abbildung stellt ein (verkürztes) Schema der Bilanzgliederung nach HGB für große und mittelgroße Kapitalgesellschaften dar.

Aktuelles zu den Themen im Sackmann bietet das Lernportal.

verkürzte Bilanzgliederung nach § 266 HGB

Aktiva	Passiva
A. Anlagevermögen	**A. Eigenkapital**
I. Immaterielle Vermögensgegenstände	**I. Gezeichnetes Kapital**
1. Konzessionen, Rechte, Lizenzen	**II. Kapitalrücklagen**
2. Geschäfts- oder Firmenwert	**III. Gewinnrücklagen**
3. Geleistete Anzahlungen	**IV. Gewinn-/Verlustvortrag**
II. Sachanlagen	**V. Jahresüberschuss/Jahresfehlbetrag**
1. Grundstücke, Bauten	
2. Technische Anlagen, Maschinen	
3. Betriebs- und Geschäftsausstattung	**B. Rückstellungen**
4. Geleistete Anzahlungen/Anlagen im Bau	1. Pensionsrückstellungen
	2. Steuerrückstellungen
III. Finanzanlagen	3. Sonstige Rückstellungen
Beteiligungen, Ausleihungen, Wertpapiere des Anlagevermögens	
B. Umlaufvermögen	**C. Verbindlichkeiten**
I. Vorräte	1. Anleihen
1. Roh-, Hilfs- und Betriebsstoffe	2. Verbindlichkeiten gegenüber Banken
2. Unfertige Erzeugnisse und Leistungen	3. Erhaltene Anzahlungen
3. Fertige Erzeugnisse und Leistungen	4. Verbindlichkeiten aus Lieferungen und Leistungen
4. Geleistete Anzahlungen	
II. Forderungen und sonstige Vermögensgegenstände	5. Wechselverbindlichkeiten
1. Forderungen aus Lieferungen und Leistungen	6. Verbindlichkeiten gegenüber verbundene Unternehmen
2. Forderungen gegen verbundene Unternehmen	7. Verbindlichkeiten gegenüber Unternehmen aus Beteiligungen
3. Forderungen gegen Unternehmen aus Beteiligungen	8. Sonstige Verbindlichkeiten
4. Sonstige Vermögensgegenstände	
III. Wertpapiere	
IV. Kassenbestände, Schecks, Bankguthaben	
C. Aktive Rechnungsabgrenzung	**D. Passive Rechnungsabgrenzung**

Aus Gründen der Praktikabilität und Vergleichbarkeit wird dieser Aufbau auch von kleinen Kapitalgesellschaften und Personengesellschaften übernommen.

Sie differenzieren die mit Buchstaben und römischen Ziffern bezeichneten Posten gesondert und in der vorgeschriebenen Reihenfolge.

einfaches Bilanzschema

Aktiva	Bilanz Passiva
A. Anlagevermögen	A. Eigenkapital
B. Umlaufvermögen	B. Rückstellungen
	C. Verbindlichkeiten (Fremdkapital)
C. Aktive Rechnungsabgrenzung	D. Passive Rechnungsabgrenzung

Einheitsbilanz im Handwerk

Handwerksbetriebe legen meist eine Einheitsbilanz nach dem Maßgeblichkeitsgrundsatz vor. Danach wird eine (identische!) Steuerbilanz aus der Handelsbilanz abgeleitet. Voraussetzung ist allerdings, dass die Handelsbilanz auch steuerlichen Bestimmungen entspricht. So müssen handelsrechtlich zulässige Entscheidungen so getroffen werden, dass sie auch steuerrechtlichen Bestimmungen genügen. Nur bei größeren Kapitalgesellschaften weisen Handels- und Steuerbilanz unterschiedliche Werte aus | ► HF 1, Kap. 8.1.1, Kap. 8.1.2 |.

Beispiel: Die Einheitsbilanz der Wall OHG stellt sich stark vereinfacht wie folgt dar:

Aktiva		Passiva	
A. Anlagevermögen	€	**A. Eigenkapital**	€
I. Immaterielle Vermögensgegenstände	–	I. Gezeichnetes Kapital	120 000,–
II. Sachanlagen	230 000,–	…	
III. Finanzanlagen	–	IV. Jahresüberschuss/Jahresfehlbetrag	20 000,–
B. Umlaufvermögen		**B. Rückstellungen**	30 000,–
I. Vorräte		**C. Verbindlichkeiten (Fremdkapital)**	
1. Roh-, Hilfs- und Betriebsstoffe	36 000,–	2. (Langfr.) Verbindlichkeiten gegenüber Banken	162 000,–
2. Unfertige Erzeugnisse, unfertige Leistungen	4 000,–	3. Erhaltene Anzahlungen	4 000,–
II. Forderungen und sonst. Vermögensgegenstände		4. Verbindlichkeiten aus Lieferungen u. Leistungen	36 000,–
1. Forderungen aus Lieferungen und Leistungen	96 000,–	8. Sonstige Verbindlichkeiten	44 000,–
4. Sonstige Vermögensgegenstände	6 000,–		
III. Wertpapiere	–		
IV. Kassenbestände, Schecks, Bankguthaben	45 000,–		
C. Aktive Rechnungsabgrenzung	3 000,–	**D. Passive Rechnungsabgrenzung**	4 000,–
Bilanzsumme	**420 000,–**	**Bilanzsumme**	**420 000,–**

9.1.2 Gewinn- und Verlustrechnung (GuV)

GuV als Zeitraumrechnung

Allgemeine Grundlagen zur Gewinn- und Verlustrechnung wurden bereits erläutert | ► HF 1, Kap. 8.2.3 |. Im Gegensatz zur Bilanz stellt die Gewinn- und Verlustrechnung eine Zeitraumrechnung dar. Sie gibt eine Übersicht und Zusammenfassung über alle erfolgsrelevanten Vorgänge der Abrechnungsperiode.

Gewinn bzw. Verlust werden als Differenz (= Saldo) zwischen Erträgen und Aufwendungen ermittelt. Der ausgewiesene Gewinn am Bilanzstichtag wird durch Umbuchungen korrigiert und dient anschließend als Berechnungsbasis für die Steuerlast.

Bei der Aufstellung der GuV gelten das Gebot der Vollständigkeit und ein Verrechnungsverbot von Aufwendungen und Erträgen. Für die Zurechnung zu einer Periode entscheidet nicht der Zahlungszeitpunkt, sondern die wirtschaftliche Zugehörigkeit.

Staffelform

Die GuV wird in aller Regel nicht als T-Konto (Soll/Haben) dargestellt, sondern in der sog. Staffelform. Dazu werden die einzelnen Positionen untereinander aufgeführt. Der erzielte Jahresüberschuss/-fehlbetrag ist ganz unten ausgewiesen. Die Übersichtlichkeit und Aussagekraft der Staffelform wird dabei durch Berechnung sinnvoller Zwischensummen deutlich erhöht.

Gliederungsvorschriften

Je nach Rechtsform gelten unterschiedlich strenge gesetzliche Vorgaben bei der Erstellung der GuV:

- Für Kapitalgesellschaften gelten eine feste Reihenfolge in Staffelform und ein gesonderter Ausweis der einzelnen Positionen. Außerdem müssen sie die GuV im elektronischen Bundesanzeiger im Rahmen der Publizitätspflicht für betriebsfremde Dritte veröffentlichen. Große und mittlere Kapitalgesellschaften müssen zudem Jahresabschluss, Lagebericht und Anhang von einem gesonderten Abschlussprüfer kontrollieren lassen.
- Kleine und mittlere Kapitalgesellschaften dürfen die GuV in verkürzter Form aufstellen. Damit braucht ein Teil der Erfolgsinformationen nicht offengelegt zu werden.
- Einzelunternehmer und Personengesellschaften können ihre GuV auch in Kontenform erstellen. Gängige Praxis ist aber auch hier das verkürzte Schema in Staffelform.

Gesamt- und Umsatzkostenverfahren

Alle Unternehmen haben für die Gliederung der GuV die Wahl zwischen dem Gesamtkosten- und dem Umsatzkostenverfahren[1]. Beim Umsatzkostenverfahren werden nur die Aufwendungen berücksichtigt, die zu Umsätzen geführt haben. Das Gesamtkostenverfahren erfasst hingegen alle Aufwendungen, die zur betrieblichen Leistungserstellung beigetragen haben, unabhängig davon, ob die Leistungen verkauft oder auf Lager produziert wurden.

---

[1] *Das Umsatzkostenverfahren soll u.a. internationale Vergleiche ermöglichen. Da es in aller Regel für Handwerksunternehmen nicht relevant ist, beschränken sich in der Folge alle Ausführungen auf das Gesamtkostenverfahren.*

GuV-Gliederung nach dem Gesamtkostenverfahren

Gliederungsschema		
1.		Umsatzerlöse
2.	+	Bestandsmehrungen fertige und unfertige Erzeugnisse
	./.	Bestandsminderungen fertige und unfertige Erzeugnisse
3.	+	andere aktivierte Eigenleistungen
4.	+	sonstige betriebliche Erträge
5.	./.	Materialaufwand (Roh-, Hilfs-, Betriebsstoffe, Handelswaren)
	=	**Rohergebnis**
6.	./.	Personalaufwand
7.	./.	Abschreibungen
8.	./.	sonstige betriebliche Aufwendungen
	=	**Betriebsergebnis**
9.-11.	+	Erträge aus dem Finanzbereich
12.-13.	./.	Aufwendungen aus dem Finanzbereich
14.	=	**Ergebnis der gewöhnlichen Geschäftstätigkeit**
15.	+	außerordentliche Erträge
16.	./.	außerordentliche Aufwendungen
17.	=	**Gesamtergebnis (vor Steuern)**
18.-19.	./.	erfolgswirksame Steuern
20.	=	**Jahresüberschuss/Jahresfehlbetrag (nach Steuern)**

Jahresüberschuss/ Jahresfehlbetrag

In Zeile 20 der o.a. GuV ist der verbleibende Jahresüberschuss/Jahresfehlbetrag als Gewinn oder Verlust ausgewiesen. Er entspricht dem Saldo des GuV-Kontos.

Rohergebnis

Das Rohergebnis (Zeilen 1 bis 5) ergibt sich vor allem aus der Differenz zwischen den erzielten Umsätzen (Zeile 1) und dem Aufwand für Materialien (Zeile 5). Haben sich z.B. die Bestände für teilfertige Arbeiten, Materialien etc. innerhalb eines Jahres erhöht, werden sie zum Umsatz addiert, sonst subtrahiert (Zeile 2).

Betriebsergebnis

Das Betriebsergebnis (bis Zeile 8) berücksichtigt alle betrieblich bedingten Aufwendungen (Zeilen 6–8), so z.B. für Personal und Abschreibungen, die vom Rohergebnis abgezogen werden. Insbesondere Zeile 8 fasst zahlreiche Einzelpositionen wie Miete, Werbung, Verwaltung etc. zusammen.

Ergebnis der gewöhnlichen Geschäftstätigkeit

Nach der Verrechnung von gezahlten und erhaltenen Zinsen (Zeilen 9 bis 13) ergibt sich in Zeile 14 das Ergebnis der gewöhnlichen Geschäftstätigkeit. Es zeigt den Betrag an, der aus dem handwerklichen Kerngeschäft der entsprechenden Periode resultiert.

Die Zeilen 15 und 16 umfassen „außerordentliche Positionen“. Diese sind entweder im Vorfeld nicht planbar, liegen wirtschaftlich außerhalb der Periode oder gehören nicht zum handwerklichen Kerngeschäft.

Ergebnis

In Zeile 17 weist die GuV das Gesamtergebnis vor Steuern aus. Nach Abzug der Steuern ergibt sich in Zeile 20 schließlich das endgültige Jahresergebnis. Bis zur endgültigen Feststellung des Jahresgewinns durch den Steuerberater können jedoch einige Monate vergehen.

Beispiel: Termin beim Steuerberater: Dr. Hunold erläutert den Geschwistern Wall die GuV. „Das Jahr war ordentlich“, fasst er zusammen. „Es sind bis jetzt immerhin € 121 591,- übrig geblieben.“

vorläufige GuV Wall OHG			**€**
1.		Umsatzerlöse	897 585,-
2.	+	Bestandsmehrungen fertige und unfertige Erzeugnisse	50 000,-
	./.	Bestandsminderungen fertige und unfertige Erzeugnisse	40 000,-
3.	+	andere aktivierte Eigenleistungen	-
4.	+	sonstige betriebliche Erträge	20 000,-
5.	./.	Materialaufwand, Handelswaren, Fremdleistungen	323 100,-
	=	**Rohergebnis**	604 485,-
6.	./.	Personalaufwand	302 226,-
7.	./.	Abschreibungen	25 312,-
8.	./.	sonstige betriebliche Aufwendungen	122 546,-
	=	**Betriebsergebnis**	154 401,-
9.-11.	+	Erträge aus dem Finanzbereich	-
12.-13.	./.	Aufwendungen aus dem Finanzbereich	12 810,-
14.	=	**Ergebnis der gewöhnlichen Geschäftstätigkeit**	141 591,-
15.	+	außerordentliche Erträge	8 000,-
16.	./.	außerordentliche Aufwendungen	28 000,-
17.	=	**Gesamtergebnis (vor Steuern)**	121 591,-
18.-19.	./.	erfolgswirksame Steuern (folgen später)	
20.	=	**Jahresüberschuss/Jahresfehlbetrag (nach Steuern)**	121 591,-

„Bis jetzt?“, fragt Joachim Wall verständnislos.

„Ja, denn es fehlen noch einige Umbuchungen und es müssen noch Steuern bezahlt werden! Das dicke Ende kommt noch!“, scherzt Dr. Hunold. „Und außerdem müssen Sie davon leben. Das unterscheidet eine OHG als Personengesellschaft von einer Kapitalgesellschaft.“

„Stimmt, wir haben ja regelmäßige Privatentnahmen. Sind die nicht dabei?“, fragt Ramona Wall.

„Nein, die gehen sofort ins Eigenkapital. Aber keine Sorge, am Hungertuch nagen Sie sicher nicht!“

„Jetzt verstehe ich!“, stellt Jochen Wall fest. „Man darf den Gewinn, also den Jahresüberschuss in Zeile 20, nicht mit dem Betriebsergebnis nach Zeile 8 verwechseln. Das sind € 154 401,- die wir mit unserer Tischlerei erwirtschaftet haben. Der Rest ist nur Beiwerk.“

„Nur?“, meint Ramona Wall. „Immerhin fällt der Gewinn um über € 30 000,- auf € 121 591,-, wenn ich in Zeile 17 blicke. Wohin ist das Geld denn verschwunden?“

„Das sind vor allem Zinsen, die Steuernachzahlung für voriges Jahr und der nicht versicherte Wasserschaden nach dem starken Regen. Dies sind alles sog. außerordentliche Aufwendungen, die nichts mit eigentlichen Tischlerbetrieb zu tun haben“, antwortet Dr. Hunold.

Ein angemessener Gewinn ist betriebswirtschaftlich erforderlich, um z.B.

- das Eigenkapital und damit die Unabhängigkeit und Kreditwürdigkeit des Unternehmens kontinuierlich zu steigern,
- nötige Investitionen tätigen zu können, z.B. Neuanschaffungen von Maschinen, Ersatz von Fahrzeugen etc.,
- Ausschüttungen an Gesellschafter und Kapitalgeber vornehmen zu können, um die Attraktivität des Unternehmens zu erhalten,
- speziell bei Personengesellschaften den Lebensunterhalt der Einzelunternehmer oder vollhaftenden Gesellschaftern zu decken,
- dem Unternehmer eine Risikoprämie für das eingesetzte Kapital zu gewähren.

Nutzen Sie das interaktive Zusatzmaterial im Sackmann-Lernportal.

9.2 Spielräume bei Ansatz und Bewertung

9.2.1 Bilanzierungsgrundsätze

GoB

Die Grundsätze ordnungsmäßiger Buchführung (GoB) | ► HF 1, Kap. 8.1.3 | bilden auch die rechtliche Basis für die Aufstellung der Bilanz. Demnach muss sich ein „sachverständiger Dritter“ innerhalb einer angemessenen Zeit ein Bild über die wirtschaftliche Lage des Unternehmens machen können. Hierzu sind grundsätzlich alle Geschäftsvorfälle vollständig, sachlich richtig, klar, übersichtlich und mit einem Beleg nachweisbar aufzuzeichnen.

GoBil

Zusätzlich gelten bei der Erstellung die Grundsätze ordnungsmäßiger Bilanzierung (GoBil). Hierbei werden formelle und materielle Grundsätze unterschieden.

Bilanzierungsgrundsätze

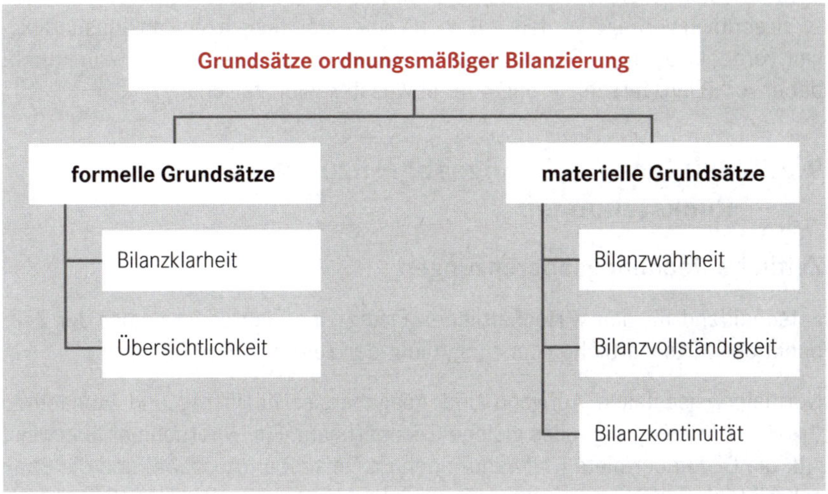

Bilanzklarheit

Im Grundsatz der Bilanzklarheit ist festgelegt, dass die Bilanzpositionen klar zu bezeichnen und zu gliedern sind. Forderungen dürfen nicht mit Verbindlichkeiten verrechnet werden („Saldierungsverbot“). Gleichartige Bewertungsgegenstände können zusammengefasst, müssen aber einzeln bewertet werden.

Übersichtlichkeit

Die Forderung nach Übersichtlichkeit sieht vor, dass die vom Gesetzgeber im HGB festgelegten Gliederungsvorschriften einzuhalten sind. Damit wird eine übersichtliche Ordnung der Bilanz sichergestellt.

Bilanzwahrheit

Der Grundsatz der Bilanzwahrheit umfasst neben der Einhaltung aller gesetzlichen Bestimmungen die Forderung nach Vollständigkeit aller Vermögens- und Schuldenpositionen. So müssen nicht sofort erkennbare Buchungen lückenlos erfasst werden, wie z.B. der Verlust gestohlener oder verdorbener Ware. Der Unternehmer hat außerdem willkürfrei zu handeln. Bei durchaus erlaubten Schätzungen hat er immer gleiche Maßstäbe anzusetzen sowie „vernünftig“ und nachvollziehbar zu handeln. Hierbei gilt das Vorsichtsprinzip: Im Zweifel setzt er seine Schulden höher und sein Vermögen niedriger an. Gewinn weist er erst nach der Realisierung aus, Verluste bereits vorher.

Bilanzvollständigkeit Nach dem Grundsatz der Bilanzvollständigkeit hat eine Bilanz lückenlos sämtliche Vermögenswerte und Schulden zu beinhalten. Dazu kommen spezielle Rechnungsabgrenzungsposten am Ende eines Geschäftsjahres. Kompliziert wird die Einhaltung dieses Grundsatzes durch spezielle, gesetzlich festgelegte Bilanzierungsverbote und Bilanzierungswahlrechte.

Bilanzkontinuität Die Forderung nach Bilanzkontinuität beinhaltet sowohl formale als auch materielle Aspekte. Die formale Bilanzkontinuität verlangt z.B. die Beibehaltung der Gliederung, des Bilanzstichtags oder die Aufführung einzelner Positionen in aufeinanderfolgenden Jahren. Materielle Bilanzkontinuität ist gegeben, wenn immer gleiche Bewertungsansätze beibehalten werden.

Verstöße gegen die Grundsätze der ordnungsmäßigen Bilanzierung können strafrechtlich verfolgt werden, z.B. wenn Überschuldung bzw. Zahlungsunfähigkeit verdeckt oder ein Gewinn bewusst zu niedrig angesetzt wird. Man spricht dabei von Bilanzverschleierung oder bewusster Bilanzfälschung.

9.2.2 Zeitliche Rechnungsabgrenzungen und Rückstellungen

Zeitliche Rechnungsabgrenzungen

Entscheidend für den wirtschaftlichen Erfolg eines Jahres ist immer der Zeitpunkt der wirtschaftlichen Leistung, nicht der Zeitpunkt der Zahlung.

Normalerweise fallen Aufwand und Ausgaben sowie Ertrag und Einnahmen | ► HF 1, Kap. 8.2.3 | in das gleiche Geschäftsjahr. Ein Unternehmer überweist z.B. die Dezembermiete (Aufwand) noch im Dezember (Ausgabe) und die Bank schreibt ihm die Zinsen (Ertrag) für ein Jahr am 31. Dezember gut (Einnahme). *periodengerechte Erfolgsermittlung* Die gesetzlich geforderte periodengerechte Ermittlung des Unternehmenserfolgs ist so gesichert.

Wenn die Dezembermiete aber erst im Januar bezahlt wird, die Zinsen erst im neuen Jahr gutgeschrieben werden, stimmt die GuV des abgelaufenen Jahres nicht, denn beide Buchungen fehlen am 31.12.

Genauso können Zahlungen im alten Geschäftsjahr wirtschaftlich das neue Geschäftsjahr berühren: Wird z.B. eine Betriebshaftpflichtversicherung am 1.7. für ein Jahr im Voraus bezahlt, gehört sie wirtschaftlich zur Hälfte ins neue Jahr.

Die Dezembermiete, Teile der Zinserträge und Betriebshaftpflichtversicherung waren zeitlich nicht eindeutig zugeordnet. Für solche Fälle sieht der Gesetzgeber Korrekturen durch zeitliche Rechnungsabgrenzungen vor. Ziel ist die periodengerechte Feststellung des Erfolgs.

Alle Aufwendungen und Erträge eines Geschäftsjahres sind unabhängig vom Zeitpunkt ihrer Zahlung beim Jahresabschluss zu berücksichtigen.

Dieser gesetzlichen Forderung zufolge unterscheidet man vier Fälle der zeitlichen Rechnungsabgrenzung, die in der Bilanz separat ausgewiesen werden und deren Auswirkungen sich wie folgt darstellen.

zeitliche Rechnungsabgrenzungen

zeitliche Abgrenzung	Auswirkung Gewinn	Auswirkung Bilanzposition	laufendes Jahr	folgendes Jahr
Aktive Rechnungsabgrenzung (ARA)	Gewinn steigt	Aktiva Vermögen steigt	Ausgabe	Aufwand
Sonstige Forderungen	Gewinn steigt	Aktiva Vermögen steigt	Ertrag	Einnahme
Passive Rechnungsabgrenzung (PRA)	Gewinn sinkt	Passiva Schulden steigen	Einnahme	Ertrag
Sonstige Verbindlichkeiten	Gewinn sinkt	Passiva Schulden steigen	Aufwand	Ausgabe

Aktive Rechnungsabgrenzung

Eine Aktive Rechnungsabgrenzung (Hauptgliederungspunkt C in der Bilanz, Aktivseite) liegt vor, wenn der Kaufmann bereits im alten Jahr für einen Aufwand zahlt, der erst im neuen Jahr entsteht.

Die Korrekturbuchung am 31.12. „Aktive Rechnungsabgrenzung an Aufwandskonto" bewirkt, dass im alten Jahr der Aufwand sinkt, Gewinn und Vermögen also steigen. Die Aktive Rechnungsabgrenzung wird am 1.1. des neuen Jahres durch die Umkehrbuchung „Aufwandskonto an Aktive Rechnungsabgrenzung" wieder aufgelöst. Die GuV des neuen Jahres wird demnach mit dem korrekten anteiligen Aufwand belastet.

Beispiel: Ramona und Jochen Wall klären mit ihrem Steuerberater weitere Fragen rund um den Jahresabschluss: „Wir haben am 1.7. doch € 600,- für die Betriebshaftpflicht für ein Jahr im Voraus überwiesen. Wie wirkt sich das denn in der Schlussbilanz aus? Und wo findet man das wieder?"

Dr. Hunold: „Am 1.7. sind damit € 600,- Aufwand in die GuV eingegangen. Da die Hälfte ins neue Jahr gehört, buchen wir am 31.12. € 300,- auf ‚Aktive Rechnungsabgrenzung' und kürzen die Versicherungsaufwendungen um € 300,-. Damit steigt die Bilanzsumme um € 300,- und der Gewinn diesen Jahres ebenfalls. Am 1.1. drehen wir das um. Damit kommen € 300,- Versicherungsaufwand ins neue Jahr. Denn da gehören sie schließlich hin!"

Sonstige Forderungen

Buchungen im Soll des Kontos „Sonstige Forderungen" bewirken am 31.12. ebenfalls ein Ansteigen des Gewinns und des Vermögens. Im Unterschied zur Aktiven Rechnungsabgrenzung sind Zahlungen zwar noch nicht eingegangen, wohl aber ist bereits im alten Jahr ein Ertrag entstanden, der gebucht werden muss. Bei eingehender Zahlung wird die Sonstige Forderung später im neuen Jahr aufgelöst. Sonstige Forderungen sind auf der Aktivseite der Bilanz im Umlaufvermögen zu finden.

Beispiel: „Ich habe bei der Bank am 1.4. des alten Jahres € 10 000,- angelegt", erklärt Jochen Wall. „Am 31.3. des nächsten Jahres bekomme ich 4 % Zinsen, also immerhin € 400,-! Eigentlich läuft die Verzinsung schon neun Monate ..."

„Ja, eben", erklärt Dr. Hunold. „€ 300,- der Zinsen gehören ins alte Jahr, nur die € 100,- für das vierte und letzte Quartal ins neue. Wir buchen einfach am 31.12. die € 300,- mit ‚Sonstige Forderungen an Zinsertrag'. Damit erhöhen sich Gewinn und Vermögen schon im alten Jahr."

„Obwohl die € 400,- erst am 31.3. auf unserem Geschäftskonto ankommen?"

„Genau, das Konto ‚Bank' nimmt am 31.3. um € 400,- im Soll zu, im Haben werden die € 300,- ‚Sonstige Forderungen' aufgelöst und zusätzlich € 100,- Zinsertrag für die GuV des neuen Jahres gebucht. Jetzt passt alles wieder zusammen!"

Passive Rechnungsabgrenzung

Eine Passive Rechnungsabgrenzung (Hauptgliederungspunkt D in der Bilanz, Passivseite) ist zu buchen, wenn ein Geldeingang im alten Jahr erfolgt, der Ertrag aber erst im nächsten Jahr vorliegt.

Am 31.12. wird mit der Buchung „Ertragskonto an Passive Rechnungsabgrenzung" eine Gewinnminderung vorgenommen und eine Schuld zugebucht. Wie die Aktive wird auch die Passive Rechnungsabgrenzung am 1.1. zurückgebucht („Passive Rechnungsabgrenzung an Ertragskonto").

Beispiel: „Ach so, eine Passive Rechnungsabgrenzung haben wir, weil wir eine unserer Garagen vermietet haben und immer € 100,- für zwei Monatsmieten im Voraus bekommen", bemerkt Ramona Wall.

„Ja, hier", erklärt Dr. Hunold. „Am 1.12. sind € 100,- für Dezember und Januar auf dem Bankkonto eingegangen, die als Mietertrag gebucht wurden. Aber € 50,- gehören ins neue Jahr. Daher korrigieren wir am 31.12. den Mietertrag über die Passive Rechnungsabgrenzung nach unten, der Gewinn sinkt um € 50,-. Am 1.1. wird das wieder ausgeglichen. In der Schlussbilanz sind aber die € 50,- Schulden als Passive Rechnungsabgrenzung ausgewiesen."

„Schulden? Wieso denn Schulden?"

„Der Mieter hat doch am 31.12. schon € 50,- Januarmiete bezahlt, obwohl er die Garage im Januar noch gar nicht benutzt hat. Also schulden Sie die Leistung als Vermieter für den Januar!"

Sonstige Verbindlichkeiten

Sonstige Verbindlichkeiten (Position C, „Verbindlichkeiten" bzw. „Fremdkapital", Passivseite) liegen vor, wenn Aufwendungen für das laufende Geschäftsjahr erst im nächsten Jahr bezahlt werden. Durch die Buchung „Aufwand an Sonstige Verbindlichkeiten" werden am 31.12. gewinnmindernde Schulden erfasst. Wird im nächsten Jahr die Schuld beglichen, z.B. durch eine Überweisung, werden nur noch die das neue Jahr betreffenden Aufwendungen gebucht.

Beispiel: „Ist das vielleicht eine Sonstige Verbindlichkeit?", fragt Jochen Wall. „Wir haben seit Jahren ein günstiges Darlehen laufen. Die € 4 000,- Zinsen für den 1.10. eines Jahres bis 30.9. des nächsten Jahres bezahlen wir immer erst im Nachhinein am 30.9."

„Genau!" Dr. Hunold strahlt. „€ 1 000,- der € 4 000,- Zinsen, nämlich für ein Quartal, setzen wir noch im alten Jahr am 31.12. als Aufwand ab, obwohl sie erst Ende September fällig werden. Wir erhöhen damit Ihre Schulden!"

„Wie? Wir erhöhen unsere Schulden? Und das soll gut sein?"

„Ja sicher, in dem Fall schon, denn der Gewinn wird im alten Jahr € 1 000,- kleiner ausfallen. Damit sparen Sie Steuern. Und das Beste: Die € 1 000,- sind weiter auf Ihrem Konto und Sie können bis Ende September damit arbeiten!"

Die zeitliche Rechnungsabgrenzung dient dazu, den Erfolg am Jahresende periodengerecht festzustellen. Die GuV wird am 31.12. durch Korrekturbuchungen richtiggestellt.

Man unterscheidet mit der Aktiven und Passiven Rechnungsabgrenzung (ARA, PRA), Sonstigen Forderungen und Sonstigen Verbindlichkeiten vier verschiedene Fälle.

Rückstellungen

Viele Verbindlichkeiten stehen am 31.12. noch nicht genau fest, so z.B. die Gewerbesteuern für das abgelaufene Jahr. Man weiß zwar, dass sie fällig werden, aber nicht, in welcher Höhe und wann. Werden diese zum 31.12. nicht erfasst, ist der Gewinn in der GuV falsch, weil er zu hoch angesetzt ist.

Rückstellungen

Über sog. Rückstellungen gelangen solche ungewisse Schulden für Aufwendungen des abgelaufenen Geschäftsjahres noch in die GuV | ► HF 1, Kap. 8.2.3 |.

Hinsichtlich der Wirkung sind sie mit Sonstigen Verbindlichkeiten vergleichbar. Der entscheidende Unterschied liegt darin, dass sie von der Höhe her nur geschätzt werden können. Der Schätzwert ist nach vernünftiger kaufmännischer Beurteilung anzusetzen. Die Wirkung zeitlicher Jahresabgrenzungen veranschaulicht die folgende Übersicht:

Wirkung von Rückstellungen

zeitliche Abgrenzung	Auswirkung Gewinn	Auswirkung Bilanzposition	laufendes Jahr	folgendes Jahr
Rückstellungen	Gewinn sinkt	Passiva Schulden steigen	Aufwand	Ausgabe ungewisse Höhe und Fälligkeit

Anlässe

Für folgende Fälle sind zwingend Rückstellungen (Hauptgliederungspunkt B in der Bilanz, Passivseite) zu bilden:

- Pensionsverpflichtungen für Vorsorgeaufwendungen (Pensionsrückstellungen),
- betriebliche Steuern, Steuernachzahlungen, Abschluss- und Prüfungskosten (Steuerrückstellungen),
- mögliche Prozesskosten,
- Garantieverpflichtungen, auch ohne rechtliche Verpflichtung, sog. Kulanzleistungen,
- unterlassene Aufwendungen für Instandsetzung, die in den ersten drei Monaten des folgenden Jahres nachgeholt werden, z.B. für Fuhrpark.

In anderen Fällen bestehen zusätzlich Wahlmöglichkeiten. Ursachen der potenziellen Verbindlichkeiten liegen immer im abgelaufenen Jahr, während ihre Erfüllung in der neuen Periode erfolgt.

Steuer- und Zinsvorteile

Am 31.12. werden über die Buchung „Aufwand an Rückstellungen“ Gewinne vermindert und Schulden erhöht. Bezahlt werden müssen die Schulden aber erst später. Durch den reduzierten Gewinn ergeben sich als Folge Steuer- und Zinsvorteile für das Unternehmen.

Fällt der Grund für die Rückstellung weg, muss die Rückstellung aufgelöst werden, z.B. bei Zahlung mit der Buchung „Rückstellungen an Bank“. Da der Schätzbetrag nur in seltenen Fällen mit dem tatsächlichen Zahlbetrag übereinstimmt, wird bei einer zu niedrigen Schätzung ein periodenfremder Aufwand, bei einer zu hohen Schätzung ein periodenfremder Ertrag in die GuV des nächsten Jahres gebucht.

Rückstellungen sind Verbindlichkeiten, die im Gegensatz zu anderen Verbindlichkeiten am Bilanzstichtag der Höhe und/oder Fälligkeit nach noch nicht feststehen. Sie werden geschätzt. Bei der Auflösung der Rückstellungen fallen i.d.R. im neuen Jahr erfolgswirksame Korrekturen an.

Beispiel: Ramona Wall runzelt die Stirn. „Also, wenn ich das richtig verstanden habe, sind Rückstellungen gut für uns, obwohl ich erst noch lernen muss, dass Schuldenmachen manchmal gute Seiten hat.“

Dr. Hunold lacht: „Ja, das stimmt. Nehmen wir einmal an, dass die betrieblichen Steuern für das abgelaufene Jahr € 2 000,- betragen werden. Wir buchen also schon am 31.12. die € 2 000,- als ‚Aufwand an Rückstellungen'. Der Gewinn und damit die Steuern werden gemindert, die Schulden erhöht, das Geld bleibt jedoch im Unternehmen!“

„Und was ist, wenn die tatsächlichen Steuern € 2 500,- betragen?“

„Wir zahlen € 2 500,- ‚an Bank'. Dann müssen wir die € 2 000,- Rückstellungen auflösen. Die reichen aber nicht. Die restlichen € 500,- sind in der Tat periodenfremder Aufwand. Die schmälern den Gewinn im nächsten Jahr. Nicht aber die aufgelösten Rückstellungen, denn die wurden ja schon im alten Jahr wirksam. Haben wir zu viel geschätzt, erzielen wir einen periodenfremden Ertrag, der wiederum den Gewinn erhöht.“

9.2.3 Rücklagen

Rücklagen stellen eine besondere Form des Eigenkapitals dar und stärken die Finanzkraft eines Unternehmens. Man unterscheidet offene Rücklagen und stille (verdeckte) Rücklagen.

offene Rücklage

Offene Rücklagen werden auf der Passivseite der Bilanz aufgeführt. Sie können, wie z.B. für Kapitalgesellschaften, gesetzlich[1] festgelegt sein oder freiwillig gebildet werden. Aus dem versteuerten Gewinn gebildet, stellen sie eine Art der Gewinnverwendung dar.

stille Rücklage

Stille Rücklagen (oder stille Reserven) sind in der Bilanz nicht ersichtlich. Sie entstehen durch Unterbewertung von Aktiva oder Überbewertung von Passiva. Im Aktiv führen zu hohe Abschreibungen, zu geringe Bewertungen von Beständen wie Vorräte, teilfertige Arbeiten oder Wertsteigerungen des Vermögens zu stillen Rücklagen. Auf der Passivseite bilden zu hohe Rückstellungen oder Währungsverbindlichkeiten mögliche stille Reserven.

Da zunächst entweder zu hoher Aufwand oder zu geringe Erträge gebucht werden, wirken sich stille Rücklagen gewinnmindernd aus. Bei ihrer Auflösung wird dies aber wieder rückgängig gemacht und ein steuerpflichtiger Gewinn realisiert. Zwischenzeitlich kann der Unternehmer allerdings einen erheblichen Finanzierungsvorteil nutzen.

[1] *Details dazu siehe § 266 HGB.*

Beispiel: „Wir haben doch unseren Transporter zwei Jahre länger als die übliche Nutzungsdauer gefahren. In diesen zwei Jahren hatte der Wagen einen offiziellen Bilanzwert von nur € 1,- in der Bilanz", erinnert sich Jochen Wall. „Als wir ihn dann für € 4 000,- in Zahlung gegeben haben, haben wir einen Gewinn von € 3 999,- erzielt."

„Ja, das war eine typische stille Reserve. Das Vermögen war zu gering ausgewiesen, die Abschreibungen waren zu hoch, gemessen am tatsächlichen Wert des Autos. Der Mehrwert von € 3 999,- blieb zwei Jahre im Unternehmen. Auf der Aktivseite hätte der Fuhrpark, auf der Passivseite das Eigenkapital um den Betrag höher ausfallen müssen", bestätigt Dr. Hunold.

9.2.4 Bestandsbewertungen

Allgemeine und besondere Bewertungsgrundsätze

Jeder Kaufmann hat zum Jahresabschluss mit dem Inventar ein Bestandsverzeichnis aller Vermögensteile und Schulden zu erstellen. Mit welchen Geldbeträgen diese aufzunehmen bzw. zu bewerten sind, ist Gegenstand der sog. Bestandsbewertung.

Die angemessene Quantifizierung von Vermögen und Schulden wird als Bewertung bezeichnet.

Der Gesetzgeber hat hierzu eine Vielzahl von Vorschriften erlassen. Demnach muss der Kaufmann ein den tatsächlichen Verhältnissen entsprechendes Bild vermitteln, wobei handels- und steuerrechtliche Vorschriften zu berücksichtigen sind. Nach dem Maßgeblichkeitsprinzip sind die Wertansätze in der Handelsbilanz grundsätzlich auch für die Steuerbilanz relevant | ► HF 1, Kap. 9.1.1 |.

Darüber hinaus ist im § 252 HGB ein Katalog von sechs allgemeinen Bewertungsgrundsätzen verbindlich festgelegt:

Bilanzidentität Nach dem Grundsatz der Bilanzidentität muss die Eröffnungsbilanz eines Jahres als Ganzes sowie in den je einzelnen Positionen und Werten mit der Schlussbilanz des vorherigen Jahres übereinstimmen.

Unternehmensfortführung Der Grundsatz der Unternehmensfortführung besagt, dass bei der Bewertung davon auszugehen ist, dass der Betrieb fortgeführt, also nicht verkauft oder aufgelöst wird.

Einzelbewertung Laut Grundsatz der Einzelbewertung ist jeder Vermögensbestandteil und jede Schuld einzeln zu bewerten. Sie dürfen keinesfalls miteinander verrechnet (saldiert) werden.

allgemeine Bewertungsgrundsätze

allgemeine Bewertungsgrundsätze für Vermögen und Schulden in der Bilanz

- Bilanzidentität
- Grundsatz der Unternehmensfortführung
- Grundsatz der Einzelbewertung
- Vorsichtsprinzip
- Periodenprinzip
- Bewertungsstetigkeit

Vorsichtsprinzip

Nach dem Vorsichtsprinzip dürfen Gewinne nicht auf Verdacht berücksichtigt werden, sondern erst dann, wenn sie tatsächlich erzielt worden sind (Realisationsprinzip). Verluste hingegen sind auszuweisen, obwohl sie noch nicht eingetreten sind.

Diese Ungleichbehandlung von Gewinnen und Verlusten folgt dem Imparitätsprinzip („Ungleichheit"). Es verhindert, dass Vermögen und Gewinn und damit Besteuerung und Ausschüttungen zu hoch angesetzt werden.

Periodenprinzip

Das Periodenprinzip sieht vor, dass Aufwendungen und Erträge unabhängig von Zahlungen im Jahresabschluss zu berücksichtigen sind. Zeitlich entscheidend ist die wirtschaftliche Zugehörigkeit, z.B. bei den zeitlichen Rechnungsabgrenzungen oder Rückstellungen | ► HF 1, Kap. 9.2.2 |.

Bewertungsstetigkeit

Die auf den vorherigen Jahresabschluss angewandten Bewertungsmethoden sind beizubehalten. Auf diese Weise soll die stetige Vergleichbarkeit gewährleistet werden.

Neben diesen allgemeinen Bewertungsgrundsätzen finden aufgrund des Vorsichts- und Gläubigerschutzprinzips auch einige besondere Bewertungsmaßstäbe für Vermögen und Schulden nach § 255 HGB Anwendung.

Alles verstanden? Werden Sie im Sackmann-Lernportal aktiv!

besondere Bewertungsgrundsätze

besondere Bewertungsgrundsätze (Auswahl) für Vermögen und Schulden in der Bilanz

- Anschaffungskostenprinzip
- Niederstwertprinzip
- Wertaufholungsgebot
- Höchstwertprinzip

Anschaffungskostenprinzip So dürfen nach dem Anschaffungskostenprinzip Vermögensgegenstände höchstens mit ihren Anschaffungskosten als Wertobergrenze in die Bilanz einfließen. Dies ist der Betrag, den ein Unternehmen zur betriebsbereiten Beschaffung des Wirtschaftsguts aufwenden muss. Zum eigentlichen Kaufpreis kommen also z.B. Bezugskosten (Transport, Versicherung, Verpackung) oder auch Montagekosten dazu. Abzuziehen sind hingegen gewährte Rabatte und Skonti.

Niederstwertprinzip Das Niederstwertprinzip regelt, dass beim Vergleich von zwei alternativen Vermögenswerten grundsätzlich der jeweils niedrigere anzusetzen ist. Für das Umlaufvermögen gilt ein strenges Niederstwertprinzip ohne Ausnahme. Für das Anlagevermögen ist es für Personengesellschaften insofern gemildert, als dass nur bei dauerhaften Wertminderungen der niedrigere Betrag genommen werden muss (Wahlrecht). Dieses gilt bei Kapitalgesellschaften nur für Kapitalanlagen.

Wertaufholungsgebot Seit 2010 müssen ausnahmslos alle Kaufleute nach dem sog. Wertaufholungsgebot bei einer Wertsteigerung eines Vermögensteils den jeweils höheren Betrag ansetzen (Maximum: Anschaffungskosten).

Höchstwertprinzip Schließlich legt das Höchstwertprinzip fest, dass bei Schulden beim Vergleich von zwei alternativen Werten grundsätzlich der jeweils höhere anzusetzen ist.

Bewertungsspielräume

Bestandsbewertungen weisen häufig Spielräume auf, die sich unmittelbar auf die Höhe des Jahreserfolgs auswirken können. So kann der Unternehmer den Jahreserfolg buchungstechnisch nach oben und unten beeinflussen. Wird Vermögen zu hoch oder werden Schulden zu niedrig bewertet, entsteht z.B. eine unberechtigte Mehrung des Eigenkapitals (nicht realisierter „Scheingewinn“). Umgekehrt handelt es sich um einen „Scheinverlust“, wenn Vermögen zu niedrig oder Schulden zu hoch angesetzt werden. Um hier Grenzen zu setzen, hat der Gesetzgeber Vorschriften erlassen, die einerseits die Interessen der Gläubiger schützen und andererseits ein stetiges Steueraufkommen sicherstellen sollen | ► Zielkonflikt Handels- und Steuerbilanz, S. 113 |.

Vor allem folgende Positionen der Bilanz beinhalten Bewertungsspielräume:

Beispiele

- Zeitliche Rechnungsabgrenzungsposten sind erforderlich, da manche Vorgänge wirtschaftlich ins nächste, manche noch in dieses Jahr gehören. Überdies können bestimmte Werte, z.B. die Höhe der Steuern, am Bilanzstichtag nur geschätzt werden | ► HF 1, Kap. 9.2.2 |.
- Abnutzbares Anlagevermögen (Maschinen, Fuhrpark etc.) unterliegt Wertminderungen durch Abnutzung, Alterung oder Verschleiß. Dies wird über sog. Abschreibungen berücksichtigt | ► HF 1, Kap. 9.2.5 |.
- Vorräte aller Art (Materialien, Waren, Energievorräte) unterliegen teils erheblichen Preisschwankungen, die z.B. saisonal oder konjunkturell begründet sein können.
- Forderungen können z.B. aufgrund wirtschaftlicher Probleme von Kunden uneinbringlich werden.
- Bei Gläubigern im Ausland können Wechselkursschwankungen auftreten.

Bewertungen im Einzelnen

Grundstücke und Gebäude

Nicht abnutzbare Grundstücke sind ohne darauf befindliche Gebäude zu bewerten. Sie sind mit den Anschaffungskosten anzusetzen. Nach dem strengen Niederstwertprinzip dürfen Wertsteigerungen nicht beachtet werden.

Dauerhafte Wertminderungen sind aber zwingend zu berücksichtigen. Die abnutzbaren Gebäude unterliegen einer planmäßigen Abschreibung.

abnutzbares Anlagevermögen

Beim abnutzbaren Anlagevermögen dürfen immaterielle Vermögensgegenstände (Markenrechte, Patente, Lizenzen, Konzessionen etc.) erfasst werden, wenn sie entgeltlich erworben oder in das Betriebsvermögen eingelegt sind. Auch sie unterliegen einem planmäßigen Wertverlust (Abschreibung) | ► HF 1, Kap. 9.2.5 |.

Umlaufvermögen

Beim Umlaufvermögen (z.B. Vorräte) bilden die Anschaffungskosten grundsätzlich die Wertobergrenze. Liegt der Tagespreis am Bilanzstichtag unter diesen Kosten, muss dieser angesetzt werden. Sollte er dann wieder steigen, muss nach dem Wertaufholungsgebot zugeschrieben werden.

Vorräte

Zu den Vorräten gehören alle eingekauften Materialien, Handelswaren und selbst hergestellte fertige und unfertige Erzeugnisse. Für sie gilt der Grundsatz der Einzelbewertung.

Dies ist aber sehr mühsam, wenn z.B. Hunderte von Nägeln o.Ä. zu erfassen sind oder die Einkaufspreise im Laufe eines Jahres schwanken. Daher gestattet der Gesetzgeber mehrere Vereinfachungsverfahren:

Durchschnitts-verfahren

- In der einfachsten Form des Durchschnittsverfahrens werden alle eingekauften Werte durch die eingekauften Mengen dividiert. Dieser durchschnittliche Preis wird mit dem Tagespreis verglichen. Der jeweils niedrigere ist für die Bewertung der Restbestände gültig.

Verbrauchs-folgebewertung

- Bei der Verbrauchsfolgebewertung wird eine bestimmte Folge des Verbrauchs unterstellt. Beim sog. Lifo-Verfahren (last in first out) wird angenommen, dass die zuletzt angeschaffte Ware zuerst verbraucht wird. Beim Fifo-Verfahren (first in first out) geht man davon aus, dass die zuerst angeschaffte Ware auch zuerst verwertet wird. Nach Handelsrecht sind beide Verfahren zulässig, nach Steuerrecht nur das Lifo-Verfahren.

Beispiel: „Das hört sich aber kompliziert an“, meint Jochen Wall.

„Nur auf den ersten Blick“, entgegnet Dr. Hunold. „Nehmen wir z.B. die Spanplatten für den Großauftrag. Sie hatten am 31.12. noch 400 m² Spanplatten auf Lager. Was sind die in der Bilanz wert?“

Ramona Wall: „Wir haben supergünstig eingekauft, erst 1 200 m² für insgesamt € 5 400,– und später noch 600 m² für € 1 800,–. Zusammen waren das € 7 200,– für 1 800 m². Das machte im Durchschnitt nur € 4,– pro m². Heute zahlen wir als Tagespreis fast € 5,– pro m².“

„Laut Durchschnittsverfahren müssten wir die € 4,– ansetzen“, erklärt Dr. Hunold. „Die 400 m² auf Lager sind demnach € 1 600,– wert. Läge der Tagespreis am Jahresende unter den € 4,–, wäre dieser zu wählen, weil er niedriger ist.“

„Und wie sähe das bei Lifo oder Fifo aus?“, hakt Jochen Wall nach.

„Bei Lifo wird unterstellt, Sie hätten zuerst die letzte Lieferung von 600 m² verbraucht, also würde der Rest von 400 m² aus der ersten Lieferung stammen. Bei dieser betrug der m²-Preis € 4,50 (€ 5 400,– : 1 200 m²). Somit wären die 400 m² mit € 1 800,– in der Bilanz erschienen.

Bei Fifo wird angenommen, die erste Lieferung wurde auch zuerst verbraucht. Also stammt der Restbestand aus der zweiten Lieferung über 600 m². Die haben nur € 3,– pro m² gekostet (€ 1 800,– : 600 m²). Jetzt hätte der Bilanzwert nur bei € 1 200,– gelegen. Das alles unter der Voraussetzung, dass der Tagespreis jetzt höher ist. Übrigens: Wir haben Lifo gewählt, weil dieses Verfahren steuer- und handelsrechtlich gültig ist.“

---

zweifelhafte und uneinbringliche Forderungen

Ist bei noch offenen Forderungen aufgrund von Mahn- oder Insolvenzverfahren anzunehmen, dass diese nicht voll beglichen werden, sind sie zwingend von den einwandfreien Forderungen als sog. zweifelhafte Forderungen abzugrenzen.

Am Jahresende muss geschätzt werden, wie hoch der voraussichtliche Ausfall sein wird. Dieser Betrag wird gewinnmindernd abgeschrieben, der Rest bleibt als zweifelhaft bestehen. Die Korrektur der Umsatzsteuer darf erst später nach endgültiger Klärung erfolgen.

Beispiel: „Kannst du dich noch an die Insolvenz der Hussing GmbH erinnern, Jochen?“, fragt Ramona Wall. „Das hat uns eine Stange Geld gekostet. Da waren noch € 11 900,- offen! € 10000,- netto + € 1 900,- Umsatzsteuer!“

Dr. Hunold: „Ich hatte damals geschätzt, dass noch 20 % eingehen, also € 2000,- und somit € 8000,- verloren sind. Die wurden auch am Jahresende gewinnmindernd abgeschrieben.“

„Aber dann sind nach Monaten doch nur € 500,- hereingekommen“, erinnert sich Jochen Wall.

„Ja, bei denen war nichts mehr zu holen. Das war noch einmal € 1 500,- zusätzliche Abschreibung. Aber die Umsatzsteuer konnten wir dann fast ganz zurückholen“, erklärt Dr. Hunold.

Verbindlichkeiten

Bei der Bewertung von Verbindlichkeiten ist das Höchstwertprinzip anzuwenden, d.h., die Schulden sind so hoch wie möglich anzusetzen. Dies wird z.B. bei Rechnungen relevant, die in einer Fremdwährung ausgestellt sind.

Beispiel: „Ich habe doch einmal Holz bei einem Schweizer Händler gekauft. Das waren damals im November SFr 6000,-, genau € 5000,-. Die Rechnung brauchte ich erst im Januar zu zahlen. Bis Ende Dezember ist der Schweizer Franken aber im Wert gestiegen, da waren es € 5100,-. In der Bilanz mussten die auch erscheinen. Wäre der Franken im Kurs gefallen, wäre es bei den € 5000,- geblieben, denn es gilt immer der höhere Schuldenwert!“, erläutert Ramona Wall.

9.2.5 Abschreibungen

Abschreibungen (= Absetzung für Abnutzung; Abkürzung: AfA) erfassen die Wertminderungen von mittel- und langfristig genutzten Vermögensgegenständen auf der Aktivseite der Bilanz, wie z.B. Fahrzeuge, Maschinen etc. Diese verschleißen technisch durch regelmäßige Nutzung und Alterungsprozesse. Wertverluste können jedoch auch wirtschaftlich begründet sein, z.B. durch die Einführung eines neueren und verbesserten Modells, Preissenkungen am Markt oder höhere Gewalt (Unfälle, Brandschäden).

Wichtig ist die Unterscheidung des Anlagevermögens in

- abnutzbare Gegenstände, wie z.B. Maschinen, Fahrzeuge und Gebäude, und
- nicht abnutzbare Gegenstände, wie z.B.
  - Sachanlagen (z.B. Grundstücke),

– immaterielle Vermögensgegenstände (z.B. Konzessionen, Patente und Lizenzen),
– Finanzanlagen (z.B. Beteiligungen).

Abnutzbare Gegenstände sind in ihrer zeitlichen Nutzung begrenzt. Sie werden daher planmäßig abgeschrieben, bei besonderen Vorkommnissen wie höherer Gewalt außerplanmäßig.

Nicht abnutzbare Gegenstände können unbefristet genutzt werden. Sie können nur außerplanmäßig abgeschrieben werden, so z.B. wenn eine Finanzanlage unvorhergesehen verloren geht.

planmäßige Abschreibung

Planmäßige Abschreibung bedeutet, dass die Anschaffungskosten (Herstellkosten bei selbst erstellten Gütern) auf die betriebsgewöhnliche Nutzungsdauer verteilt werden. Letztere sind den AfA-Tabellen der Finanzverwaltung zu entnehmen. Ausnahmen hiervon müssen individuell begründet werden.

So weist die allgemeine AfA-Tabelle u.a. folgende Nutzungsdauern aus:

betriebsgewöhnliche Nutzungsdauer

Vermögensgegenstand	Nutzungsdauer
Gebäude	40–50 Jahre
LKW	9 Jahre
PKW	6 Jahre
Computer und Zubehör	3 Jahre

Um in größeren Unternehmen eine dauernde Übersicht zu gewährleisten, wird eine Anlagenbuchhaltung als Nebenbuchhaltung geführt. Hierzu wird für jeden einzelnen Anlagegegenstand eine Anlagekarte genutzt, die alle wichtigen Angaben wie technische Details, Anschaffungskosten, Nutzungsdauer und Abschreibungspläne enthält.

Alle Abschreibungen werden als Aufwand gebucht. Sie mindern zwar den Wert des Vermögens, aber auch den steuerlichen Gewinn. Da sie zu keinen Auszahlungen führen, schonen sie die immer knappen liquiden Mittel (Bank, Kasse).

Anschaffungskosten

Die Anschaffungskosten können, müssen aber nicht mit dem Einkaufspreis eines Gutes identisch sein. Sie umfassen grundsätzlich alle Aufwendungen, die notwendig sind, um einen Vermögensgegenstand zu erwerben, ihn an seinen Einsatzort zu bringen und in einen betriebsbereiten Zustand zu versetzen. Anschaffungskosten werden auf das Sachanlagekonto gebucht und gehen so unmittelbar in die Bilanz ein, werden dort „aktiviert“.

- Grundsätzlich wird von Nettopreisen ohne Vorsteuern ausgegangen.
- Kostenmindernd wirken sich Sofortrabatte, Boni und Skonti aus.
- Kostenerhöhend sind Anschaffungsnebenkosten, wie z.B. Transportkosten, Zölle, Schulungen, Montage, Anschlusskosten, Notar- und Gerichtskosten.

Beispiel: Ramona Wall: „Unsere Fräse hat laut Liste € 8 400,- netto gekostet. Wir haben 15 % Rabatt ausgehandelt. Der Transport hat € 160,- gekostet. Außerdem musste in unserer Werkstatt ein standfester Sockel errichtet werden. Das hat noch einmal mit € 700,- zu Buche geschlagen. Die Anschaffungskosten betrugen damit € 8 000,- und berechnen sich folgendermaßen:

	€ 8 400,-	netto Einkaufspreis
./.	€ 1 260,-	netto Anschaffungskostenminderung (15 % Rabatt)
+	€ 160,-	netto Anschaffungsnebenkosten (Transport)
+	€ 700,-	netto Anschaffungsnebenkosten (standfester Sockel)
=	€ 8 000,-	netto Anschaffungskosten.“

Durch die jährlichen Abschreibungen werden die Anschaffungskosten kontinuierlich vermindert. Der jeweils verbleibende Betrag aus der Differenz zwischen Anschaffungskosten (bzw. Anfangswert am 1.1.) und den Abschreibungen am 31.12. wird als Restbuchwert bezeichnet. ***Restbuchwert***

In der GuV erscheinen die Abschreibungen als Aufwand. Durch die Verteilung über die Jahre der Nutzung kann der Unternehmenserfolg für jedes Jahr passend berechnet werden.

Bei der Kalkulation von Aufträgen müssen alle Kosten berücksichtigt werden, somit auch die Abschreibungen. Führt der Unternehmer dies konsequent durch, erlöst er bei jedem Umsatz einen gewissen Teil für die Wertminderung seiner Sachanlagen. Spart er genau dieses Geld an, kann er es nach Ablauf der betrieblichen Nutzungsdauer wieder in neue Maschinen, Fahrzeuge etc. investieren. Damit ergibt sich ein geschlossener Abschreibungskreislauf. ***Abschreibungskreislauf***

Beispiel: Jochen Wall: „Unsere Hochleistungsfräse hat vor zwei Jahren € 8 000,- gekostet. Sie ist täglich im Einsatz und verliert an Wert. Laut amtlicher Tabelle hat sie eine betriebliche Nutzungsdauer von vier Jahren. In jedem Jahr werden € 2 000,- (€ 8 000,- : 4 Jahre) abgeschrieben, somit nach vier Jahren die gesamten € 8 000,-. Der Gewinn und damit die Steuerlast sinken am Jahresende, ohne dass Geld abfließt. Erst war mir nicht klar, warum ich mich darüber freuen kann, aber jetzt dämmert es! Wir wollen nach vier Jahren wieder in eine neue Fräse investieren. Bis dahin müssen die Mittel dazu wieder vorhanden sein! Somit müssen wir die Abschreibungen in die Preise einkalkulieren. Letztlich muss der Kunde den Wertverlust der Fräse zahlen.“

Abschreibungen bezeichnen Wertminderungen für Sachanlagen. Es handelt sich um sofort abzugsfähige Betriebsausgaben, die das Vermögen und den steuerpflichtigen Gewinn vermindern. Abschreibungen sind ein wichtiges Instrument für die Steuergestaltung. Über die Verkaufserlöse müssen sie wieder in das Unternehmen zurückfließen.

Bei der planmäßigen Abschreibung sind drei Abschreibungsmethoden zu unterscheiden, die Einfluss auf die Höhe der Abschreibungsbeträge nehmen:

Abschreibungsmethoden

- lineare Abschreibung,
- degressive Abschreibung,
- Abschreibung nach Leistungseinheiten.

Die Wahl der jeweiligen Methode sollte von der Vorstellung eines vorsichtig handelnden und vernünftig wirtschaftenden Kaufmanns geprägt sein. Zu beachten ist, dass es zuletzt zahlreiche Änderungen im Steuerrecht gegeben hat. Seit 2012 ist z.B. die degressive Methode bei Neuanschaffungen nicht mehr möglich.[1]

lineare Abschreibung

Die lineare Methode stellt den Regelfall dar. Die Anschaffungskosten werden dabei gleichmäßig über die Nutzungsdauer verteilt, sodass sich jährlich gleich bleibende Abschreibungsbeträge ergeben.

Bei allen Methoden kann für jedes Gut am Ende ein Erinnerungswert von € 1,- verbleiben.[2]

$$\text{Abschreibungsbetrag} = \frac{\text{Anschaffungs-/Herstellkosten}}{\text{Nutzungsdauer (in Jahren)}}$$

Beispiel: Ramona Wall: „Unsere Fräse wurde mit € 8 000,- in die Bilanz eingestellt. Die betriebliche Nutzungsdauer liegt laut amtlicher Tabelle bei vier Jahren. Die jährliche Abschreibung beträgt folglich € 2 000,- (Rechnung: € 8 000,- : 4 Jahre = € 2 000,-). Nach vier Jahren sind es insgesamt € 8 000,-. Im letzten Jahr können es auch € 1 999,- sein, wenn wir € 1,- als Erinnerungswert stehen lassen."

---

degressive Abschreibung

Bei der degressiven Methode wird ein immer gleicher Prozentsatz vom Restbuchwert abgezogen. Er betrug zuletzt (bis 2010) maximal 25 % (höchstens das 2,5-fache des linearen Wertes) und führte damit nur bei Gütern ab einer Nutzungsdauer ab fünf Jahren zu höheren Abschreibungsbeträgen.

$$\text{Abschreibungsbetrag} = \frac{\text{Buchwert x Abschreibungssatz}}{100}$$

Von der degressiven Methode darf einmal wahlweise zur linearen gewechselt werden, nicht jedoch umgekehrt.

---

[1] *Nur für vor dem 1. Januar 2008 sowie nach dem 31.Dezember 2008 und vor dem 1. Januar 2011 angeschaffte Güter.*

[2] *Gesetzlich nicht vorgeschrieben.*

Beispiel: Ramona Wall: „Hätten wir degressiv abgeschrieben, sähe die Rechnung wie folgt aus:

Jahr 1	€ 8 000,–	Anschaffungskosten
Jahr 1	€ 2 000,–	25 % Abschreibung
Jahr 2	€ 6 000,–	Restbuchwert
Jahr 2	€ 1 500,–	25 % Abschreibung vom Restbuchwert
Jahr 3	€ 4 500,–	Restbuchwert
Jahr 3	€ 1 125,–	25 % Abschreibung vom Restbuchwert
Jahr 4	€ 3 375,–	Restbuchwert
Jahr 4	€ 3 374,–	Restabschreibung
Danach	€ 1,–	Erinnerungswert (optional)

Das Verfahren hätte uns keine steuerlichen Vorteile gebracht, denn die Abschreibungsbeträge wären in den ersten drei Jahren niedriger als bei der linearen Methode gewesen."

Abschreibung nach Leistungseinheiten

Die sog. Leistungsabschreibung geht nicht von einer Nutzungsdauer, sondern von einer technisch möglichen Leistung aus. Dies können z.B. bei einem Fahrzeug die zu erwartende Kilometerleistung oder bei einer Maschine die zu erwartenden Betriebsstunden sein.

Diese Methode ist dann sinnvoll, wenn die wirtschaftliche Nutzung eines Gutes starken Schwankungen unterliegt. Der Nachweis der erbrachten Leistung kann z.B. über Kilometerzähler oder andere Zählwerke erfolgen.

$$\text{Abschreibungsbetrag} = \frac{\text{Anschaffungskosten}}{\text{Gesamtleistung}} \times \text{Jahresleistung}$$

Beispiel: Ramona Wall: „Angenommen, unsere € 8 000,– teure Fräse hätte eine Lebensdauer von insgesamt 8 000 Stunden. In einem Jahr nutzen wir sie 1 500 Stunden. € 8 000,– : 8 000 Stunden ergibt € 1,– pro Stunde. Bei 1 500 Stunden im Jahr hätten wir 1 500 Stunden X € 1,– = € 1 500,– abschreiben können."

monatsgenaue Abschreibung

Anlagegüter müssen monatsgenau abgeschrieben werden. Wird z.B. eine Anschaffung im April eines Jahres getätigt, werden für das aktuelle Jahr neun, im letzten Jahr der Nutzungsdauer noch drei Monate angesetzt.

Auch bei einem Verkauf innerhalb eines Geschäftsjahres muss die AfA zeitanteilig monatsgenau berechnet werden. Bei einem Verkauf über bzw. unter Buchwert entsteht ein sog. außerordentlicher Ertrag bzw. außerordentlicher Aufwand.

außerplanmäßige Abschreibung

Werden Anlagegüter außerplanmäßig zerstört oder unterliegen sie einer dauerhaften Wertminderung, müssen sie handelsrechtlich außerplanmäßig am Bilanzstichtag abgeschrieben werden. Bei nur vorübergehender Wertminderung bestehen Wahlmöglichkeiten für Personengesellschaften. Kapitalgesellschaften müssen den Wert „aufholen", d.h. nach einer Abschreibung wieder zuschreiben.

Beispiel: Ramona Wall: „Ich habe mal mit unserem Firmenfahrzeug einen Unfall gehabt. Der PKW war laut Gutachten dauerhaft € 3 000,- weniger wert. Diesen Betrag haben wir außerplanmäßig abgeschrieben."

---

geringwertige Wirtschaftsgüter (GWG)

Eine besondere Rolle spielen sog. geringwertige Wirtschaftsgüter (GWG). Dabei handelt es sich um abnutzbare und selbstständig nutzbare Wirtschaftsgüter des Anlagevermögens mit einem Anschaffungswert bis zu € 1 000,-. Für diese bestehen gewisse Vereinfachungen. Hierunter fallen beispielsweise Regale, Tische, Stühle, Büroausstattung etc.

Größenklassen GWG

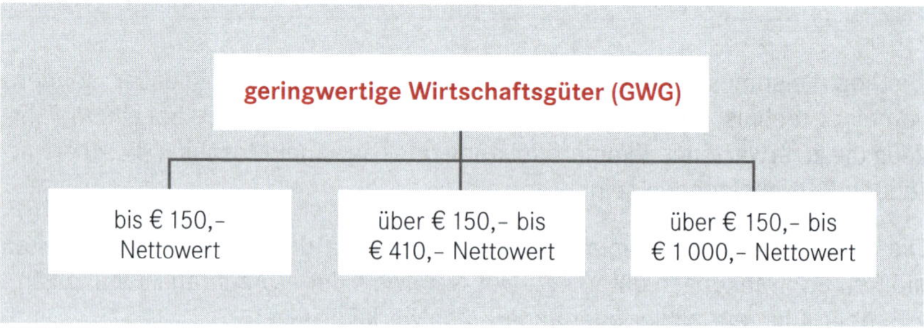

Seit 2010 existieren für ihre Bewertung folgende Wahlmöglichkeiten:

- Güter mit einem Wert bis € 150,- netto können wahlweise mit ihrer regulären Nutzungsdauer in die Bilanz eingestellt oder als Aufwand in der GuV sofort abgeschrieben werden.
- Güter mit einem Wert über € 150,- bis € 410,- netto können wahlweise mit ihrer regulären Nutzungsdauer in die Bilanz eingestellt oder auf ein Zwischenkonto verbucht und dann am 31.12. vollständig abgeschrieben werden.
- Alternativ kann für ausnahmslos alle Güter über € 150,- bis € 1 000,- netto ein Sammelkonto eingerichtet werden. Diese Güter können über fünf Jahre linear abgeschrieben werden, unabhängig, ob sie noch genutzt oder schon verkauft sind. Damit muss nur ihr Zugang verbucht werden, sonst nichts. Die Inventur wird so erheblich einfacher.

Tests und Aufgaben zu diesem Kapitel finden Sie im Sackmann-Lernportal.

Beispiel: Jochen Wall: „Ich habe mir einen sehr guten programmierbaren Taschenrechner gekauft. Der hat € 119,- brutto inkl. 19 % Umsatzsteuer gekostet. Den haben wir sofort abgeschrieben als Büromaterial. Der existiert damit gar nicht mehr offiziell. Die € 100,- netto waren in der GuV gewinnmindernd verbucht."

Ramona Wall: „Aber bei meinem neuen Laptop für € 476,- brutto (€ 400,- netto) haben wir lange überlegt, was wir machen. Wir haben ihn dann zwischengebucht und zum 31.12. vollständig abgeschrieben. Wir hätten auch das Sammelkonto für Güter bis € 1 000,- einrichten können, aber dann hätten wir alle Gegenstände mit einem Nettowert zwischen € 150,- und € 1 000,- dahin buchen müssen. Außerdem hätte es fünf Jahre gedauert, bis wir den Laptop zu 100 % abgeschrieben hätten. Gut, jetzt haben wir keine Wahl mehr. Wenn wir jetzt etwas kaufen, das über € 410,- kostet, müssen wir regulär über die amtliche Nutzungsdauer abschreiben."

„Silvia, such doch bitte mal die Jahresabschlüsse der letzten drei Jahre heraus. Ich habe nächste Woche ein wichtiges Bankgespräch!", bittet Stefan Hoffmann, Geschäftsführer der SH Haustechnik GmbH, die auszubildende Bürokauffrau Silvia Kluge.

„Na, Chef, schon wieder Geld anlegen?", scherzt diese.

„Nein, im Gegenteil! Wir wollen doch ein neues Bad-Studio bauen und dazu brauchen wir Geld von der Bank. Wir müssen bestimmt unsere Zahlen offenlegen."

Die Auszubildende legt ihm drei prall gefüllte Ordner auf den Schreibtisch. „Na dann, viel Vergnügen! Alles fein säuberlich abgeheftet, aber wirklich reingeguckt hat da wahrscheinlich niemand."

„Na, werde mal nicht frech", antwortet Stefan Hoffmann. Doch schon bei den ersten Seiten fühlt er sich überfordert. An einiges erinnert er sich zwar noch von seiner Meisterprüfung, aber die vielen Fachbegriffe verwirren ihn. Welche Zahlen sind wichtig und welche nicht? Ob er das Bankgespräch lieber verschieben soll? Aber dann geht wieder wertvolle Zeit verloren ...

10 Grundzüge der Auswertung des Jahresabschlusses

10.1 Bilanzkennzahlen

10.1.1 Aufbereitung der Bilanz

unterschiedliche Funktionen

Die Ergebnisse des Jahresabschlusses sind für den Unternehmer, Anteilseigner oder auch Kreditgeber gleichermaßen von Bedeutung. Je nach Interessenlage erfüllen die Informationen zur wirtschaftlichen Lage und Geschäftsentwicklung des Unternehmens unterschiedliche Funktionen.

Der Unternehmensführung dienen sie in erster Linie als Kontroll- und Steuerungsinstrument, aber auch als Planungsgrundlage für zukünftige unternehmerische Entscheidungen und Maßnahmen. Banken oder potenziellen Gesellschaftern bieten sie Entscheidungshilfen bei der Einschätzung der Finanz- und Ertragskraft oder Rentabilität eines Unternehmens.

Um zu bedarfsgerechten Aussagen des Jahresabschlusses zu gelangen, ist das oft umfangreiche Zahlenmaterial im Vorfeld übersichtlich aufzubereiten.

Bilanzanalyse

Die Auswertung der Bilanz erfolgt mithilfe der Bilanzanalyse, die i.d.R. in drei Schritten abläuft:

1. Aufbereitung der Daten:
   Nach dem formalen Abschluss der laufenden Buchführung und Umbuchungen des Steuerberaters werden die einzelnen Positionen der Bilanz zunächst neu strukturiert, um aussagefähigere Daten zu erhalten.
2. Bildung von betriebswirtschaftlichen Kennzahlen:
   Nach Bereinigung und Aufbereitung des Zahlenmaterials werden Kennzahlen gebildet. Steuerberater liefern in ihren Auswertungen zwar regelmäßig standardisierte Kennzahlen, oft sind sie aber für betriebsspezifische Belange keineswegs ausreichend und müssen dahingehend geprüft werden.
3. Interpretation der Kennzahlen:
   Im letzten Schritt werden diese Kennzahlen ausgewertet und dazu im Rahmen von Zeit-, Soll-Ist- und Branchenvergleichen mit internen Werten anderer Perioden, mit betriebsinternen Planzahlen und Branchenvergleichszahlen anderer Betriebe verglichen | ► HF 1, Kap. 10.3 |.

Hinzuziehen von Vergleichsdaten

Bei der Auswertung der Kennzahlen sollten mehrere Vergleichsebenen herangezogen werden. Denn die Bilanz

- ist immer stichtagsbezogen und beinhaltet stark zusammengefasste Positionen,
- beruht auf Daten der Vergangenheit, die nur unzuverlässige Prognosen zulassen,
- bietet keine qualitativen Informationen über schwebende Geschäfte, langfristige Beziehungen zu Kunden, Lieferanten etc.,
- gibt lediglich Ergebnisse an, lässt aber nicht auf die Ursachen von Erfolg oder Misserfolg schließen.

Aufbereitung der Bilanz

Vor der eigentlichen Auswertung und der damit verbundenen Ermittlung der Kennzahlen ist die Bilanz jedoch zunächst aufzubereiten, d.h., die Ursprungswerte werden besser lesbar dargestellt. Dies geschieht z.B. durch

- sinnvolle Umgruppierungen (Aktive Rechnungsabgrenzungsposten werden den Forderungen, Passive den Verbindlichkeiten zugeordnet),
- Verdichtungen (Roh-, Hilfs- und Betriebsstoffe werden zu Vorräten, Bank- und Kassenkonten sowie Schecks zu liquiden Mitteln zusammengefasst),
- Bereinigungen (ausstehende Gesellschaftereinlagen werden mit dem gezeichneten Kapital verrechnet),

- Aufspaltungen (Rückstellungen werden in lang-, mittel- und kurzfristige Rückstellungen untergliedert),
- Ergänzungen (stille Reserven werden umbewertet).

Im nächsten Schritt werden schließlich auch die prozentualen Werte der einzelnen Positionen in die Bilanz aufgenommen. Damit ist eine bessere Vergleichbarkeit sowohl mit internen Zeitvergleichen als auch mit Branchenvergleichen gegeben. Die Aussagekraft der Bilanz wird so deutlich erhöht.

Beispiel: Die aufbereitete Bilanz der SH Haustechnik GmbH:

Aktiva	**€**	**%**	**Passiva**	**€**	**%**
Anlagevermögen	**140 000,–**	**28**	**Eigenkapital**	**120 000,–**	**24**
Maschinen	80 000,–	16			
Fuhrpark	60 000,–	12	**Fremdkapital**	**380 000,–**	**76**
			Langfristige Verbindlichkeiten	120 000,–	24
Umlaufvermögen	**360 000,–**	**72**			
Vorräte	70 000,–	14	Kurzfristige Verbindlichkeiten	175 000,–	35
Teilfertige Arbeiten	60 000,–	12			
Kurzfristige Forderungen	150 000,–	30	Sonstige kurzfr. Verbindlichkeiten	85 000,–	17
Liquide Mittel	80 000,–	16			
Summe Vermögen	**500 000,–**	**100**	**Summe Kapital**	**500 000,–**	**100**

Die vier Hauptpositionen der Bilanz (das Anlage- und Umlaufvermögen auf der Aktivseite sowie das Eigen- und Fremdkapital auf der Passivseite) werden im nächsten Schritt in Beziehung zum Gesamtvermögen (Bilanzsumme, Gesamtkapital) gesetzt.

Bildung von Kennzahlen

Auf diese Weise werden sog. Kennzahlen gebildet, die weitreichende Aussagen über die Vermögens- und Kapitalstruktur, die Anlagedeckung sowie die Liquidität bzw. Zahlungsfähigkeit eines Unternehmens erlauben.

Ihren persönlichen Zugang zum Sackmann-Lernportal finden Sie auf Seite 3.

Auswertungsbereiche der Bilanz

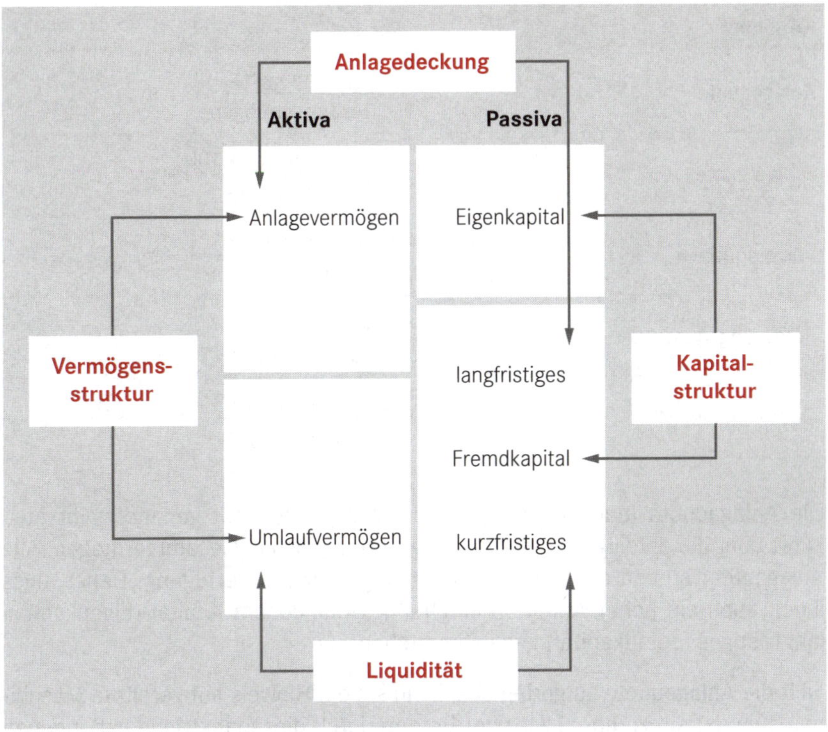

10.1.2 Vermögensstruktur

Die Aktivseite der Bilanz zeigt die Verwendung der eingesetzten Mittel. Die Zusammensetzung des Gesamtvermögens wird als Vermögensstruktur bezeichnet. Sie lässt Rückschlüsse auf die unterschiedliche Bindungsdauer der investierten Mittel zu.

Anlagegüter wie Maschinen oder Fahrzeuge sind jahrelang im betrieblichen Einsatz. Ihr Nutzen wandelt sich nur langsam wieder in flüssige Mittel um. Je länger Vermögen aber fest gebunden ist, desto weniger flexibel ist ein Unternehmen in finanzieller Hinsicht. Dazu besteht immer das Risiko eines ungeplanten, plötzlichen Verlustes, z.B. durch Unfälle oder schnelle technische Neuerungen.

Bei Vorräten des Umlaufvermögens verläuft die Umwandlung in flüssige Mittel viel schneller. Handelswaren, Materialien oder Rohstoffe werden innerhalb von Tagen oder Wochen eingekauft und wieder verkauft. Die freigesetzten Verkaufserlöse können in kurzer Zeit wieder neu investiert werden.

Die jeweiligen prozentualen Anteile geben Auskunft über die Fristigkeit der Bindung der Vermögenswerte. Diese Quoten können mit älteren Betriebszahlen, anderen Betrieben der Branche und mit Planzahlen verglichen werden. Folgende Quoten gehören zu den wichtigsten Kennzahlen der Vermögensstruktur:

Kennzahlen zur Vermögensstruktur

Kennzahl	Formel
Anlagequote	$\frac{\text{Anlagevermögen x 100}}{\text{Gesamtvermögen}} = \%$
Umlaufquote	$\frac{\text{Umlaufvermögen x 100}}{\text{Gesamtvermögen}} = \%$
Vorratsquote	$\frac{\text{Vorratsvermögen x 100}}{\text{Gesamtvermögen}} = \%$
Forderungsquote	$\frac{\text{Forderungen x 100}}{\text{Gesamtvermögen}} = \%$
Quote liquider Mittel	$\frac{\text{liquide Mittel x 100}}{\text{Gesamtvermögen}} = \%$

Anlagequote Die Anlagequote (auch Anlagegrad oder Anlageintensität genannt) gibt Auskunft über die anteilige Höhe des Anlagevermögens am Gesamtvermögen. Alle Anlagegüter stehen dem Unternehmen langfristig zur Verfügung. Daher muss ihnen auch ein hoher Anteil an langfristig gebundenem Kapital (Eigenkapital, langfristiges Fremdkapital) gegenüberstehen.

Fällt die Anlagequote zu gering aus, kann sie ein Hinweis auf veraltete Maschinen sein. Ist sie zu hoch, wird der Betrieb durch diese langfristig gebundenen Mittel unflexibel und krisenanfällig. Denn wenn Maschinen in konjunkturschwachen Zeiten nicht ausgelastet sind, müssen sie stillgelegt oder u.U. sogar mit Verlust verkauft werden.

Eine hohe Anlagequote führt unweigerlich zu einer höheren Fixkostenbelastung durch Zinsen und Abschreibungen | ► HF 1, Kap. 9.2.5 |.

Umlaufquote Das Umlaufvermögen (Vorräte, Forderungen an Kunden, flüssige Mittel) unterliegt im Betriebsprozess raschen Veränderungen. Die Umlaufquote gibt an, wie viel Prozent des Gesamtvermögens aus relativ kurzfristig gebundenem Umlaufvermögen besteht.

Ein Unternehmen mit einer hohen Umlaufquote kann auch in stärkerem Maße mit kurzfristigem Fremdkapital arbeiten, da Mittel schnell wieder freigesetzt werden. Anlage- und Umlaufquote ergeben zusammen 100 %.

Vorratsquote Die Vorratsquote (auch als Vorratsintensität bezeichnet) beziffert die anteilige Höhe sämtlicher Lagerbestände (Handelswaren, Materialien, Roh-, Hilfs- und Betriebsstoffe) am Gesamtvermögen. Fällt sie zu gering aus, ist möglicherweise die Liefer- und Produktionsbereitschaft gefährdet. Umgekehrt blockieren hohe Lagerbestände den Betrieb und binden Kapital, was zu hohen Zinsaufwendungen führt, wenn sie zu hoch ist.

Forderungsquote Die Forderungsquote (Forderungsintensität) gibt Auskunft über den Anteil von Forderungen (also von offenen, nicht bezahlten Kundenrechnungen) am Gesamtvermögen. Je höher diese Quote ausfällt, desto mehr liquide Mittel fehlen dem Unternehmen. Die Forderungsquote kann ein Indiz für die Qualität des Mahnwesens, für die Zahlungsmoral und Zufriedenheit der Kunden sein. Zur Verbesserung bietet sich die Überprüfung der Zahlungskonditionen, die Kontrolle der Anzahl der Reklamationen oder eine Kundenbefragung an.

Quote liquider Mittel

Die Quote der liquiden Mittel ist ein Hinweis auf die Zahlungsfähigkeit eines Unternehmens | ► Liquiditätsgrade, HF 1, S. 150 |. Ist sie zu niedrig, verfügt das Unternehmen über keine kurzfristigen finanziellen Spielräume und es droht u.U. die Insolvenz. Ist sie zu hoch, wird Potenzial nicht optimal genutzt, denn Geld in der Kasse bringt keine Zinsen.

Beispiel: Handwerksmeister Michael Horstkamp ist die rechte Hand von Stefan Hoffmann. Die beiden kennen sich seit der Meisterschule. Gemeinsam schauen sie sich einige Bilanzkennzahlen der SH Haustechnik GmbH im Branchenvergleich an.

Kennzahl	SH Haustechnik GmbH	Branche
Anlagequote	$\frac{\text{€ 140 000,- x 100}}{\text{€ 500 000,-}} = 28\ \%$	20 %
Umlaufquote	$\frac{\text{€ 360 000,- x 100}}{\text{€ 500 000,-}} = 72\ \%$	73 %
Vorratsquote	$\frac{\text{€ 70 000,- x 100}}{\text{€ 500 000,-}} = 14\ \%$	15 %
Forderungsquote	$\frac{\text{€ 150 000,- x 100}}{\text{€ 500 000,-}} = 30\ \%$	22 %
Quote liquider Mittel	$\frac{\text{€ 80 000,- x 100}}{\text{€ 500 000,-}} = 16\ \%$	15 %

„Tja, und was sagen die Zahlen jetzt konkret? Zum Beispiel die Anlagequote?“, fragt Michael Horstkamp.

„Ich habe hier einen Betriebsvergleich für unsere Branche“, erklärt Stefan Hoffmann. „Im Durchschnitt liegt die Anlagequote für einen Betrieb unserer Größe bei 20 %. Wir liegen bei 28 %, weil wir letztes Jahr den neuen Transporter gekauft haben. Zu groß darf der Unterschied nicht werden, denn zu viel Anlagevermögen macht unbeweglich, weil Kapital fest gebunden ist.“

„Genau. Und wie gut die Zahlungsmoral unserer Kunden ist, kann man an der Forderungsquote ablesen. Schau mal, die anderen haben 22 %, wir 30 %! Das heißt doch, wir warten viel länger auf unser Geld als unsere Wettbewerber!“

„Exakt. Vielleicht sollte ich Thomas im Büro anhalten, die Mahnungen pünktlicher herauszuschicken."

„Wir könnten aber auch 3 % Skonto gewähren", schlägt Michael vor. „Das ist bestimmt für manche ein Anreiz, schneller zu zahlen. Die Prozentpunkte kalkuliere ich dann vorher in die Aufträge mit ein."

„Oder zahlen etwa manche Kunden später, weil sie unzufrieden mit uns sind?", überlegt Stefan laut. „Hm, das sollten wir vielleicht auch kontrollieren."

10.1.3 Kapitalstruktur

Die Kapitalstruktur (Finanzierung) gibt Aufschluss über die Mittelherkunft. Anhand der Zusammensetzung und der Fristigkeit der Bindung des eingesetzten Kapitals lassen sich Finanzierungsrisiken einschätzen.

Allgemeingültige Aussagen über das richtige Verhältnis von Eigen- und Fremdkapital lassen sich nicht treffen. Grundsätzlich sollten jedoch langfristig gebundene Vermögensteile auch langfristig finanziert sein.

Kennzahlen zur Kapitalstruktur

Kennzahl	Formel
Eigenkapitalquote	$\frac{\text{Eigenkapital x 100}}{\text{Gesamtkapital}} = \%$
Fremdkapitalquote	$\frac{\text{Fremdkapital x 100}}{\text{Gesamtkapital}} = \%$
Verschuldungsgrad	$\frac{\text{Fremdkapital x 100}}{\text{Eigenkapital}} = \%$

Eigenkapitalquote

Die Eigenkapitalquote beziffert den Anteil der eigenen Mittel am Gesamtkapital eines Unternehmens. Diese Kennzahl gibt Auskunft über die finanzielle Unabhängigkeit eines Unternehmens und gilt damit auch als Maßstab für dessen Kreditwürdigkeit. Je höher das Eigenkapital, desto größer die Kreditwürdigkeit. Dabei sind auch stille Reserven | ► Rücklagen, S. 127 | zu berücksichtigen. Ein nur selten erreichtes Idealmaß ist mit 50 % anzusetzen, im Durchschnitt sind 25 % Eigenkapitalquote der Regelfall.

Eine zu niedrige Eigenkapitalquote kann durch folgende Maßnahmen gesteigert werden:

- **Verringerung des Fremdkapitals, z.B. durch Tilgung von Darlehen oder Begleichen kurzfristiger Verbindlichkeiten,**
- **private Einlagen bzw. Verringerung der Privatentnahmen,**
- **Aufnahme von Gesellschaftern, auch stille Beteiligungen,**

- **Belassen der Gewinne im Unternehmen (keine Gewinnausschüttungen),**
- **Abbau von überflüssigem Anlagevermögen, von Lagerbeständen, Forderungen, sofern die daraus resultierenden liquiden Mittel zur Begleichung von Verbindlichkeiten genutzt werden.**

Fremdkapitalquote

Die Fremdkapitalquote bezeichnet hingegen den Anteil des Fremdkapitals am Gesamtvermögen und gibt damit u.a. Auskunft über die finanzielle Abhängigkeit von außenstehenden Kapitalgebern. Mit einem hohen Fremdkapitalanteil sind nicht nur gewinnmindernde Zinsbelastungen verbunden, auch die Kreditwürdigkeit des Unternehmens sinkt. Die Mitspracherechte von Gläubigern bei unternehmenspolitischen Entscheidungen nehmen hingegen zu.

Verschuldungsgrad

Der Verschuldungsgrad berechnet das Verhältnis zwischen Fremd- und Eigenkapital. Er dient ebenfalls als Maß für die Kreditwürdigkeit eines Betriebs. Liegt er im Idealfall bei 100 %, kommt auf jeden Euro Eigenkapital ein Euro Fremdkapital.

Je höher der Verschuldungsgrad ausfällt, desto abhängiger ist das Unternehmen von seinen Gläubigern, das allgemeine Risiko erhöht sich. Der Verschuldungsgrad kann auch im Zusammenhang mit der Gewinnsituation gesehen werden | ► HF 1, Kap. 10.2.2 |.

Beispiel: „Was? Wir sind mit 317 % verschuldet?“, entfährt es Stefan Hoffmann.

Kennzahl	SH Haustechnik GmbH	Branche
Eigenkapitalquote	$\frac{\text{€ 120 000,– x 100}}{\text{€ 500 000,–}} = 24\ \%$	25 %
Fremdkapitalquote	$\frac{\text{€ 380 000,– x 100}}{\text{€ 500 000,–}} = 76\ \%$	75 %
Verschuldungsgrad	$\frac{\text{€ 380 000,– x 100}}{\text{€ 120 000,–}} = 317\ \%$	300 %

„Ja, aber langsam. Das heißt ja nur, dass auf € 1,– Eigenkapital € 3,17 Fremdkapital kommen. Die Eigenkapitalquote aller Branchenkollegen liegt bei 25 %, somit beträgt das Fremdkapital 75 % der Bilanzsumme. Und 75 % geteilt durch 25 % ergibt 300 % Verschuldungsgrad. Siehst du, wir sind nur etwas schlechter als der Durchschnitt!“, beruhigt ihn Michael Horstkamp.

„Das ist auch wichtig. Du weißt ja, für unser geplantes Bad-Studio brauche ich eine Menge Geld von der Bank. Und die überprüfen garantiert unsere Kreditwürdigkeit. Höher sollte der Verschuldungsgrad jetzt nicht werden.“

10.1.4 Anlagedeckung

Die auch als Goldene bzw. Silberne Bilanzregeln bekannten Anlagedeckungsgrade I und II stellen die jeweils langfristigen Positionen beider Bilanzseiten gegenüber und liefern Informationen darüber, inwieweit das Anlagevermögen durch Eigenkapital oder langfristiges Fremdkapital gedeckt ist.

Fristenkongruenz

Der Rückfluss der investierten Mittel für Gebäude, Maschinen oder Fahrzeuge als Grundlage der Betriebsbereitschaft erfolgt nur allmählich über lange Jahre hinweg. Deshalb sollten diese auch langfristig finanziert sein. Man spricht in diesem Zusammenhang auch von Fristenkongruenz (Fristenübereinstimmung). Die Dauer der Freisetzung liquider Mittel über Abschreibungen sollte in etwa mit den Tilgungsraten übereinstimmen | ► HF 1, Kap. 9.2.5 |.

Im Umkehrschluss bedeutet die Einhaltung dieser Regeln, dass kurzfristige Verbindlichkeiten mindestens vollständig durch das Umlaufvermögen gedeckt sein sollten. Denn Umlaufvermögen ist in kurzer Zeit liquidierbar und kann daher schnell zum Abbau der kurzfristigen Verbindlichkeiten genutzt werden. Gerade in Krisenzeiten können Tilgungen und Zinsen für Investitionen die verminderten Gewinne schnell übersteigen.

Beispiel: „Wir haben doch den neuen Transporter für € 40 000,– gekauft und über vier Jahre finanziert. Haben wir das denn wohl richtig gemacht?“, fragt Michael Horstkamp.

Stefan Hoffmann überlegt einen Moment. „Also, gut war, dass wir den nicht bar bezahlt haben, obwohl ich das Geld gerade parat hatte. Erst dachte ich noch, das kostet dann keine Zinsen und der Wagen wird preiswerter. Aber kurz darauf musste ich einen großen Auftrag vorfinanzieren, der richtig was abgeworfen hat. Da hätte ich einen teuren Kredit aufnehmen müssen. Und überhaupt wären mir bei Barzahlung finanziell in vielen Dingen die Hände gebunden gewesen. Aber nach der Goldenen Bilanzregel ist die Finanzierung über vier Jahre noch zu kurz, denn Fahrzeuge werden sechs Jahre lang abgeschrieben. Wir zahlen das Fahrzeug somit schneller ab, als es das Geld wieder einfährt! Das ist nicht ganz optimal. Beim nächsten Mal achte ich mehr darauf!“

Kennzahlen zur Anlagedeckung

Kennzahl	Formel
Anlagedeckung I (%)	$\frac{\text{Eigenkapital x 100}}{\text{Anlagevermögen}}$
Anlagedeckung I (€)	Eigenkapital ./. Anlagevermögen
Anlagedeckung II (%)	$\frac{\text{(Eigenkapital + langfristiges Fremdkapital) x 100}}{\text{Anlagevermögen}}$
Anlagedeckung II (€)	(Eigenkapital + langfristiges Fremdkapital) ./. Anlagevermögen

Anlagedeckung I

Die Anlagedeckung I (Goldene Bilanzregel) gibt an, inwieweit das Anlagevermögen durch das Eigenkapital gedeckt ist. Bei Erreichen einer Quote von ≥ 100 % ist die Goldene Bilanzregel erfüllt und die Anlagedeckung I gegeben. Steigt der Wert allerdings zu hoch an, kann dies ein Hinweis auf veraltete Anlagen und einen Investitionsstau sein.

Anlagedeckung II

Die Anlagedeckung II (Silberne Bilanzregel) ist erreicht, wenn das Anlagevermögen durch Eigenkapital und langfristiges Fremdkapital abgedeckt wird. Als Mindestanforderung zur Einhaltung der Anlagedeckung II bzw. der Silbernen Bilanzregel ist ebenfalls ein Wert von ≥ 100 % notwendig.

Die Anlagedeckung kann durch folgende Maßnahmen nach oben korrigiert werden:

- **Heraufsetzen des Eigenkapitals durch Privateinlagen und/oder neue Gesellschafter,**
- **Reinvestition bzw. Nichtentnahme der Gewinne,**
- **Verminderung von Privatentnahmen und Gewinnausschüttungen an Gesellschafter,**
- **Aufnahme von langfristigen Krediten (nur Anlagedeckung II),**
- **Investitionsstopp für neue Anlagegüter,**
- **Leasing statt Kauf von Anlagegütern.**

Beispiel: „Wie sieht eigentlich unsere Anlagedeckung aus?“, fragt Stefan Hoffmann mit einem Blick auf die Zahlen.

„Wir verpassen mit 86 % die Goldene Bilanzregel, es fehlen € 20 000,- Eigenkapital. Aber die Silberne schaffen wir locker mit 171 %. Da haben wir € 100 000,- mehr als nötig. Da ist alles in Ordnung“, antwortet Michael Horstkamp. „Aber ich sehe gerade im Betriebsvergleich, dass unsere Wettbewerber 120 % bei der Goldenen und 200 % bei der Silbernen Regel schaffen. Die sind besser als wir!“

Kennzahl	SH Haustechnik GmbH	Branche
Anlagedeckung I (%)	$\frac{€\ 120\,000,\text{-} \times 100}{€\ 140\,000,\text{-}} = 86\ \%$	120 %
Anlagedeckung I (€)	€ 120 000,- ./. € 140 000,- = € -20 000,-	
Anlagedeckung II (%)	$\frac{(€\ 120\,000,\text{-} + €\ 120\,000,\text{-}) \times 100}{€\ 140\,000,\text{-}} = 171\ \%$	200 %
Anlagedeckung II (€)	€ 120000,- + € 120000,- ./. € 140000,- = € 100000,-	

„Ist das so schlimm? Was schlägst du jetzt vor?“, will Stefan Hoffmann wissen.

„Kurz gesagt, Eigenkapital heraufsetzen oder langfristige Kredite aufnehmen oder Anlagevermögen abbauen!“

10.1.5 Liquidität

Die Sicherung der Liquidität, also der Zahlungsfähigkeit (liquide = „flüssig“), gehört zu den zentralen Aufgaben eines jeden Unternehmers. Ist ein Unternehmen nicht mehr in der Lage, seinen kurzfristigen Zahlungsverpflichtungen zu den jeweiligen Fälligkeitsterminen nachzukommen, droht die Insolvenz. Deshalb muss die Liquidität permanent überprüft werden.

Den Liquiditätskennzahlen kommt im Rahmen der Bilanzanalyse eine besondere Bedeutung zu. Sie geben an, in welchem Umfang kurzfristige Verbindlichkeiten tatsächlich beglichen werden können. Grundsätzlich gelten zwei Regeln:

- Je kurzfristiger ein Vermögensposten gebunden ist, desto früher ergibt sich daraus eine Geldeinnahme. Beispiel Kundenforderungen: Ein Kunde erhält ein Zahlungsziel von 30 Tagen zum Begleichen einer Rechnung. Er zahlt pünktlich nach 30 Tagen.
- Je kurzfristiger Kapital zur Verfügung steht, umso früher wird eine Geldausgabe nötig. Beispiel Lieferantenverbindlichkeiten: Der Unternehmer erhält eine Lieferantenrechnung und nutzt die Option, diese innerhalb von 10 Tagen unter Abzug von Skonto zu begleichen.

Grundsätzlich unterscheidet man drei Liquiditätsgrade:

Kennzahlen zur Liquidität

Kennzahl	Formel
Liquidität 1. Grades	$\frac{\text{flüssige Mittel x 100}}{\text{kurzfristige Verbindlichkeiten}} = \%$
Liquidität 2. Grades	$\frac{\text{(flüssige Mittel + kurzfristige Forderungen) x 100}}{\text{kurzfristige Verbindlichkeiten}} = \%$
Liquidität 3. Grades	$\frac{\text{(flüssige Mittel + kurzfristige Forderungen + Vorräte) x 100}}{\text{kurzfristige Verbindlichkeiten}} = \%$

Liquidität 1. Grades Die Liquidität 1. Grades, auch Barliquidität genannt, gibt Aufschluss darüber, wie viel Prozent der kurzfristigen Verbindlichkeiten ausschließlich über flüssige Mittel abgedeckt werden. Zur Erfüllung der Liquidität 1. Grades gilt ein Richtwert von mindestens 20 %.

Liquidität 2. Grades In der betrieblichen Praxis ist besonders die Liquidität 2. Grades von Bedeutung. In Erweiterung der Liquidität 1. Grades gibt sie an, wie viel Prozent der kurzfristigen Verbindlichkeiten nicht nur durch liquide Mittel, sondern zusätzlich durch kurzfristige Forderungen abgedeckt werden.

Die Liquidität 2. Grades sollte mindestens 100 % betragen. Droht sie unter 100 % abzusinken, muss unverzüglich gegengesteuert werden, ansonsten droht die Insolvenz.

Liquidität 3. Grades

Die Liquidität 3. Grades berücksichtigt bei der Beurteilung der Zahlungsfähigkeit das gesamte Umlaufvermögen, also zusätzlich zu den flüssigen Mitteln und den kurzfristigen Forderungen noch sämtliche Vorräte. Sie sollte in etwa 200 % betragen und als Puffer die kurzfristigen Verbindlichkeiten doppelt abdecken. Ist die Liquidität 3. Grades erfüllt, können auch unvorhergesehene Ereignisse (z.B. Forderungsausfälle) abgefedert werden.

Bei einer Unterschreitung der Richtwerte spricht man von Unterdeckung, bei Überschreitung von Überdeckung.

Bei der Liquiditätsberechnung im Rahmen der Bilanzanalyse ist zu beachten, dass die Liquiditätsgrade stichtagsbezogen berechnet werden. Daher unterliegt ihre Auswertung folgenden Einschränkungen:

- Die jeweiligen Fälligkeitstermine der Verbindlichkeiten sind im Detail nicht bekannt.
- Die Berechnungen stellen immer Momentaufnahmen dar. Die Liquidität ändert sich durch die Geschäftsvorfälle jedoch täglich.
- Kreditspielräume (z.B. Kontokorrent) und laufende Zahlungsverpflichtungen (Personal, Miete, Steuern, Tilgungen etc.) gehen aus der Bilanz nicht hervor. Das bedeutet, dass immer auch eine zusätzliche Finanzplanung vorgenommen werden sollte.

Um die betriebsinterne Entwicklung der Liquidität beurteilen zu können, bieten sich deshalb zusätzlich Zeit- und Branchenvergleiche an.

Beispiel: Michael Horstkamp stutzt, als er sich die Liquiditätskennzahlen genauer ansieht.

Kennzahl	SH Haustechnik GmbH	Branche
Liquidität 1. Grades	$\frac{€\ 80\,000,\text{–} \times 100}{€\ 260\,000,\text{–}} = 31\ \%$	25 %
Liquidität 2. Grades	$\frac{(€\ 80\,000,\text{–} + €\ 150\,000,\text{–}) \times 100}{€\ 260\,000,\text{–}} = 88\ \%$	115 %
Liquidität 3. Grades	$\frac{€\ 360\,000,\text{–} \times 100}{€\ 260\,000,\text{–}} = 138\ \%$	195 %

„Mensch, Stefan, unsere Liquidität 2. Grades beträgt nur 88 % statt des geforderten Mindestwertes von 100 %! Uns fehlen gut € 30 000,–. Das heißt, wir können bald nicht mehr alle kurzfristigen Verbindlichkeiten bedienen, selbst wenn alle unsere Kunden pünktlich ihre offenen Rechnungen bezahlen. Unser Ruf als pünktliche Zahler steht auf dem Spiel. Die Kollegen schaffen die Kennzahl mit 115 % hingegen locker. Und die Liquidität 3. Grades ist von den geforderten 200 % auch weit entfernt. Da besteht dringender Handlungsbedarf!“, warnt er seinen Chef.

„Das war auf den ersten Blick aus der Bilanz gar nicht ersichtlich. Aber keine Panik! Die Kennzahlen stellen eine Art Frühwarnsystem dar! Mir bleibt noch Zeit zum Eingreifen. Außerdem ist unsere Liquidität 1. Grades mit 31 % prima, d.h., wir verfügen derzeit sogar über relativ viele Barmittel. Ich sehe mir gleich die Fälligkeitstermine im Detail an. Zur Not kann ich ja noch das Kontokorrentkonto überziehen.“

„Das ist aber teuer und sicher nicht ideal! Bieten sich hier vielleicht noch andere Möglichkeiten an?“

Folgende Maßnahmen können zur Verbesserung der Liquidität beitragen:

- Umwandlung der kurzfristigen Verbindlichkeiten in mittel- oder langfristige, z.B. durch Kreditaufnahme,
- Privat- bzw. Gesellschaftereinlagen in Form von liquiden Mitteln,
- Verkauf von nicht betriebsnotwendigem Anlagevermögen,
- Abbau von Vorräten, z.B. durch Verkaufsaktionen,
- vorsichtigere Einkaufspolitik, z.B. durch niedrigere Mindestbestände,
- Einforderung von Kundenanzahlungen,
- pünktliches Schreiben und Verbuchen der Ausgangsrechnungen,
- verbessertes Mahnwesen und bessere Zahlungskonditionen (Skonti, Rabatte – nur Liquidität 1. Grades),
- Aushandeln längerer Zahlungsziele bei Einkäufen.

Aktuelles zu den Themen im Sackmann bietet das Lernportal.

10.2 Erfolgskennzahlen

Die Erfolgskennzahlen beziehen neben Werten der Bilanz auch solche der Gewinn- und Verlustrechnung mit ein. Sie ermöglichen Aussagen über

- die Rentabilität bzw. Ertragskraft eines Unternehmens (Gewinne bezogen auf Kapitalwerte oder den Umsatz),
- die Finanzstärke eines Betriebes sowie
- die Wirtschaftlichkeit des betrieblichen Leistungsprozesses, d.h. das Verhältnis zwischen Ertrag und Aufwand.

Um zu aussagekräftigen Kennzahlen zu gelangen, muss die Gewinn- und Verlustrechnung wie die Bilanz zunächst entsprechend aufbereitet werden.

10.2.1 Aufbereitung der Gewinn- und Verlustrechnung

Die GuV bezeichnet ein Sammelkonto, das im Laufe eines Jahres alle Aufwendungen auf der Soll- und alle Erträge auf der Habenseite aufnimmt. Die Differenz (der Saldo) ergibt den vorläufigen Gewinn. Vorläufig, weil neben den Umbuchungen zum Jahresabschluss z.B. noch Steuern zu zahlen sind.

Staffelform

Durch die Staffelform, die Bildung von Zwischensummen, eine veränderte Sortierung und Bildung von Prozentwerten wird die Aussagekraft der GuV im Vergleich zur unübersichtlichen Darstellung auf einem T-Konto bereits deutlich verbessert.

Allerdings folgt ihr Aufbau dann immer noch ordnungsgemäßen handels- und steuerrechtlichen Anforderungen. Eine effiziente betriebswirtschaftliche Unternehmenssteuerung ist damit jedoch kaum möglich. Daraus abgeleitete Entscheidungen können sogar kontraproduktiv sein. Auch für Kreditgeber wie Banken bilden die Werte des Jahresabschlusses keine hinreichende Datenbasis.

DATEV

betriebswirtschaftliche Auswertungen (BWA)

Die Schwachstellen einer „normalen“ GuV liegen dabei in der fehlenden Zeitnähe und Aktualität der Werte. Seit Ende der 60er-Jahre hat sich die DATEV[1] in diesem Zusammenhang um verbesserte Standards für kleine und mittlere Betriebe durch den Aufbau sog. betriebswirtschaftlicher Auswertungen (BWA) bemüht. Mittlerweile sind diese in allen gängigen Buchhaltungsprogrammen ähnlich angelegt. Betriebswirtschaftliche Auswertungen nutzen als Datenbasis die GuV und stellen vorläufige, unterjährig erstellte Auswertungen dar. Sie verfolgen im Wesentlichen drei Hauptzwecke:

- Kurzfristige unternehmerische Entscheidungshilfe: Anhand von Vergleichszahlen aus dem Vorjahr bzw. Vormonat zeigen sie frühzeitig Entwicklungen auf, z.B. zu hohe Kosten oder zu niedrigen Umsatz. So kann der Unterneh-

[1] *Datenverarbeitungsorganisation der Steuerbevollmächtigten für die Angehörigen des steuerberatenden Berufes in der Bundesrepublik Deutschland, eingetragene Genossenschaft mit beschränkter Haftpflicht mit Sitz in Nürnberg.*

mer rasch geeignete Maßnahmen zur Verbesserung des Betriebsergebnisses oder der Liquidität ergreifen.

- Branchenvergleich: Durch den Vergleich der Kennzahlen mit Unternehmen der Branche lassen sich besondere betriebsspezifische Entwicklungen nachvollziehen.
- Information für Dritte: Die BWA spiegelt die aktuelle Unternehmenssituation realistisch wider, die z.B. für die Prüfung der Kreditwürdigkeit, das sog. Rating, unerlässlich wird.

Summen- und Saldenliste

Die Summen- und Saldenliste als wichtiger Bestandteil der BWA ist eine Aufstellung aller Konten der Buchhaltung, die in der betrachteten Periode Buchungen aufweisen. Sie stellt die Geschäftsvorfälle des Unternehmens in Form von Anfangssalden, Bewegungen und Endsalden dar. Dazu werden kumulierte, d.h. im Laufe eines Jahres aufaddierte Werte dargestellt. Mit der Summen- und Saldenliste ist ein Kurzüberblick über alle Bestands- und Erfolgskonten möglich, denn sie verdeutlicht, wohin erwirtschaftetes Geld geflossen ist, z.B. in die Veränderung des Warenbestandes, in Entnahmen oder in die Rückzahlung von Krediten. In aller Regel erweist sich die getrennte Aufstellung von Summen- und Saldenlisten für Sachkonten, Debitoren und Kreditoren als sinnvoll.

Beispiel: Beispiel einer Summen- und Saldenliste für das Konto „1600 Kasse“:

Konto	**Name**	**Wert 1.1.**		**Saldo März**		**kumulierte Werte**		**Saldo aktuell**	
		Aktiva €	**Passiva €**	**Soll €**	**Haben €**	**Soll €**	**Haben €**	**Soll €**	**Haben €**
1600	Kasse	500,-		300,-	250,-	950,-	700,-	750,-	

Erläuterung: Am 1.1. befanden sich € 500,- in der Kasse der SH Haustechnik GmbH. Im März sind € 300,- ein- und € 250,- wieder ausgezahlt worden. Insgesamt wurden von Januar bis März € 950,- ein- und € 700,- ausgezahlt. Daraus folgt, dass der aktuelle Kassenbestand nun € 750,- beträgt (€ 500,- + € 950,- ./. € 700,- = € 750,-).

kurzfristige Erfolgsrechnung (KER)

Ein weiterer Hauptbestandteil der BWA ist die unterjährig, meist monatlich erstellte kurzfristige Erfolgsrechnung (KER). Sie wird als Ergänzung zur Buchführung vom Steuerberater erstellt bzw. kann in einem Standardprogramm zur Buchführung jederzeit abgerufen werden.

Unterschied GuV und KER

Der Unterschied zwischen GuV und KER liegt vor allem in der zeitlichen Ausrichtung. Die GuV ist auf ein ganzes Geschäftsjahr ausgerichtet, die KER soll monatlich aktuelle Entscheidungshilfen geben. Dabei darf sie keineswegs nur als eine monatlich ausgedruckte „Zwischen-GuV“ verstanden werden. Denn für eine qualifizierte KER sind zusätzliche Abgrenzungsbuchungen nötig, die Aufwendungen und Erträge monatsweise verursachungsgerecht verteilen. Diese Buchungen haben keinen Einfluss auf das handels- und steuerrechtliche Ergebnis, sondern es geht ausschließlich um eine nachhaltig verbesserte Unternehmenssteuerung.

Beispiele

- Beispiel Material- und Wareneinkäufe: Im April werden Lieferantenrechnungen für ein Projekt gebucht, das von Mai bis Juli läuft. Die GuV für April weist folglich große Verluste aus. In einer aussagekräftigen KER sind die Beträge aus dem April herauszunehmen und auf die Monate Mai bis Juli entsprechend dem Werteverzehr zu verteilen.
- Beispiel teilfertige Arbeiten: Die Rechnung für obiges Projekt wird im Juli geschrieben. Der Gewinn schießt im Juli in die Höhe, obwohl die Leistung in den Vormonaten erbracht wurde. Die teilfertigen Arbeiten müssen also den entsprechenden Monaten zugeordnet werden.
- Beispiel Abschreibungen: Werden sie nur einmal jährlich am Ende eines Geschäftsjahres verbucht, verfälschen sie im Dezember das Ergebnis, denn im Grunde betreffen sie jeden Monat. In einer aussagekräftigen KER müssen sie gleichmäßig monatlich verteilt werden.
- Beispiel Personalkosten: Die Zahlung von Urlaubs- und Weihnachtsgeld führt im Juli und November zu doppelt so hohen Personalkosten. Ohne ihre gleichmäßige Verteilung auf alle Monate ist eine KER nahezu ohne Aussagekraft, denn Juli und November zeigen viel zu hohe, die anderen Monate viel zu geringe Personalkosten.
- Beispiel Zinsen: Viele Zinsaufwendungen und -erträge werden nicht in monatlichen, sondern in anderen Intervallen (jährlich, quartalsweise) ausgeglichen. Dies führt ebenfalls zu Verfälschungen des Ergebnisses und wird entsprechend korrigiert.
- Beispiel Steuern und Versicherungen: Kfz-Steuern und einige Versicherungsprämien werden einmal jährlich gezahlt und gebucht. Obwohl sie wirtschaftlich alle Monate gleichmäßig betreffen, ordnet sie die GuV nur einem einzigen Monat zu. In der KER hingegen werden sie gleichmäßig verteilt, um solchen Verfälschungen entgegenzuwirken.
- Beispiel kalkulatorische Kosten: Alle kalkulatorischen Kosten (Unternehmerlohn, Zinsen etc.) müssen monatlich gebucht werden, sonst wird das Ergebnis des Monats „geschönt“.

Sollen aus einer GuV aussagekräftige, monatlich relevante KER entstehen, sind obige Abgrenzungsbuchungen notwendig. Sie führen generell dazu, dass unterjährig unkontrollierte Schwankungen bei Aufwendungen und Erträgen auf realistische und brauchbare Werte korrigiert werden.

Beispiel: KER der SH Haustechnik GmbH, in der obige Abgrenzungsbuchungen berücksichtigt wurden:

KER	April		Jan-April	
	€	**%**	**€**	**%**
Betriebsleistung (Umsatz)	**72 000,–**	**100,0**	**270 000,–**	**100,0**
./. Fremdleistungen	1 000,–	1,4	3 000,–	1,1
./. Material	26 000,–	36,1	96 000,–	35,6
./. Handelswaren	1 000,–	1,4	6 000,–	2,2
= **Rohgewinn I (Wertschöpfung)**	**44 000,–**	**61,1**	**165 000,–**	**61,1**
./. Personalaufwand	28 000,–	38,9	105 000,–	38,9
= **Rohgewinn II**	**16 000,–**	**22,2**	**60 000,–**	**22,2**
./. Abschreibungen	2 000,–	2,8	8 000,–	3,0
./. Zinsaufwand	700,–	1,0	2 800,–	1,0
./. sonstige Kosten	10 000,–	13,9	40 000,–	14,8
= **Betriebsergebnis**	**3 300,–**	**4,5**	**9 200,–**	**3,4**
± neutrales Ergebnis	-800,–	-1,1	- 2 500,–	-0,9
= **Gewinn (vorläufig)**	**2 500,–**	**3,4**	**6 700,–**	**2,5**

Rohgewinn I

Der Rohgewinn I, die Wertschöpfung, berechnet sich aus der Differenz der Betriebsleistung[1] abzüglich aller Vorleistungen von außerhalb des Unternehmens. Dies sind alle eingekauften Materialien, Handelswaren und Fremdleistungen. Damit spiegelt er den innerbetrieblich entstandenen Wertzuwachs wider.

Beispiel: Nach dem Termin mit der Bank nehmen Stefan Hoffmann und Michael Horstkamp die KER als aufbereitete GuV genauer unter die Lupe:

„Wir kaufen ein Waschbecken für € 100,– ein und installieren es direkt beim Kunden, der € 250,– dafür zahlen muss. Der Wertzuwachs unserer Arbeit, die Wertschöpfung, beträgt dann immerhin € 150,–. Dabei handelt es sich aber nicht um Gewinn, denn Personal-, Fahrzeug- und andere Kosten sind noch zu berücksichtigen."

[1] *Neben Umsätzen gehören Bestandsveränderungen und aktivierte Eigenleistungen dazu.*

Rohgewinn II
Betriebsergebnis

Der Rohgewinn II beziffert die um Personalkosten verminderte Wertschöpfung. Von ihm sind alle übrigen Kosten zu decken. Das daraus resultierende Betriebsergebnis sagt aus, wie viel allein das Kerngeschäft eingebracht hat.

vorläufiger Gewinn

Werden mit diesem Betriebsergebnis abschließend die sog. neutralen (außerordentlichen, betriebs- und periodenfremden) Aufwendungen und Erträge verrechnet, ergibt sich der vorläufige Gewinn.

Beispiel: Michael Horstkamp schmunzelt, weil Stefan Hoffmann wie gebannt auf die kurzfristige Erfolgsrechnung starrt. „Mehr als € 6 700,- Gewinn bis April werden es auch durch die Aufbereitung der GuV nicht!“

„Ja, aber die Prozentzahlen sind schon um einiges aufschlussreicher. Von € 100,- Umsatz bleiben uns ganze € 2,50 als Gewinn. Allein € 35,60 fließen in die Materialien und € 38,90 gehen für das Personal drauf! Bei dem € 250,- teuren Waschbecken würden uns gerade mal € 6,25 also 2,5 %, Gewinn bleiben.“ Stefan Hoffmann blickt irritiert.

„Du zahlst dir halt ein viel zu hohes Gehalt!“, scherzt Michael Horstkamp.

„Das sehe ich mir aber noch im Detail an!“, versichert Stefan Hoffmann. „Da lässt sich bestimmt auch noch so einiges bei uns verbessern!“

10.2.2 Rentabilität und Cashflow

Rentabilität

Die absolute Gewinnhöhe sagt noch recht wenig aus. Erst wenn der Gewinn ins Verhältnis zum Mitteleinsatz gesetzt wird, können daraus wichtige Informationen abgeleitet werden. Rentabilitätskennzahlen setzen den Gewinn eines Unternehmens ins Verhältnis zum eingesetzten Kapital oder zum Umsatz[1]. Bei Personengesellschaften sind vom Gewinn kalkulatorische Kosten (Unternehmerlohn) abzuziehen, um Vergleichbarkeit mit Kapitalgesellschaften herzustellen | ► HF 1, Kap. 11.1 |. Ebenso sind außergewöhnliche Aufwendungen und Erträge mit einmaligem oder zufälligem Charakter zu verrechnen.

Cashflow

Der Cashflow gibt als „Bargeldfluss“ Auskunft über die sog. Selbstfinanzierungskraft oder Kapitaldienstfähigkeit eines Unternehmens, die z.B. bei der Entscheidung über dessen Kreditwürdigkeit eine Rolle spielt.

Je höher Rentabilität und Cashflow ausfallen, desto besser und stabiler ist die wirtschaftliche Lage eines Betriebes zu bewerten.

---

[1] *In der Fachliteratur sind Definitionen zur Rentabilität und zum Cashflow nicht einheitlich. Hier ist bewusst eine einfache Form gewählt.*

Kennzahlen zur Rentabilität

Kennzahl	Formel
Eigenkapitalrentabilität[1]	$\frac{\text{Gewinn x 100}}{\text{Eigenkapital}} = \%$
Gesamtkapitalrentabilität[2]	$\frac{\text{(Gewinn + Zinsaufwand) x 100}}{\text{Gesamtkapital}} = \%$
Umsatzrentabilität	$\frac{\text{Gewinn x 100}}{\text{Umsatz}} = \%$
Brutto-Cashflow (€)	Gewinn + Abschreibungen
Netto-Cashflow (€)	Brutto-Cashflow ./. Privatentnahmen + Privateinlagen
dynamischer Verschuldungsgrad (Jahre)	$\frac{\text{Fremdkapital}}{\text{Brutto-Cashflow}}$

Eigenkapitalrentabilität

Die Eigenkapitalrentabilität setzt den Gewinn ins Verhältnis zum eingesetzten Eigenkapital. Diese Kennzahl gibt Auskunft über die Verzinsung der investierten Mittel der Eigentümer und ist damit für den Unternehmer sowie für vorhandene und potenzielle Gesellschafter ein Anhaltspunkt, weiter in das Unternehmen zu investieren oder nicht.

Die Eigenkapitalrentabilität sollte neben der banküblichen Verzinsung von langfristig angelegtem Kapital auch eine Prämie für das unternehmerische Risiko (Unternehmerwagnis) enthalten.

Gesamtkapitalrentabilität

Die Gesamtkapitalrentabilität belegt die Höhe der Verzinsung des eingesetzten Gesamtkapitals. Zum Gewinn sind die Zinsen für Fremdkapital wieder zu addieren, denn sie wurden als Kapitalkosten bereits beglichen und in der GuV berücksichtigt.

Die Gesamtkapitalrentabilität gibt dem Unternehmer an, ob sich eine weitere Aufnahme von Fremdkapital lohnt. Solange der Zinssatz für neue Kredite unter der Gesamtkapitalrentabilität liegt, ist dies der Fall. Denn dann wirkt sich die höhere Verschuldung bzw. niedrige Ausstattung mit Eigenkapital positiv aus, wobei der höhere Zinsaufwand beachtet werden muss. Die Investition wird dann auch zum Anstieg der Eigenkapitalrentabilität führen. Diese Hebelwirkung der Neukreditaufnahme wird als Leverage-Effekt bezeichnet.

Leverage-Effekt

---

[1] *Das Eigenkapital ist hier in einer einfachen Variante bestimmt. Genauer kann ein Durchschnittswert des eingesetzten Eigenkapitals auf folgende Weise ermittelt werden:*

$$\frac{\text{Eigenkapital Eröffnungsbilanz + Eigenkapital Schlussbilanz}}{2}$$

[2] *Genauer ist aber vom durchschnittlichen Gesamtkapital auszugehen:*

$$\frac{\text{Gesamtkapital Eröffnungsbilanz + Gesamtkapital Schlussbilanz}}{2}$$

Beispiel: „Was heißt das jetzt für unser geplantes Bad-Studio, in das wir investieren wollen?“, fragt Stefan Hoffmann. „Die Bank hat mir einen Kredit mit 8 % Zinsen angeboten. Nehmen wir z.B. die Werte vom letzten Abschluss ...“

Kennzahl	**SH Haustechnik GmbH**	
Eigenkapitalrentabilität	$\frac{€\ 20\,000,- \times 100}{€\ 120\,000,-}$	= 16,7 %
Gesamtkapitalrentabilität	$\frac{(€\ 20\,000,- + €\ 10\,000,-) \times 100}{€\ 500\,000,-}$	= 6,0 %
Umsatzrentabilität	$\frac{€\ 20\,000,- \times 100}{€\ 1\,000\,000,-}$	= 2,0 %
Brutto-Cashflow (€)	€ 20 000,- + € 25 000,-	= € 45 000,-
Netto-Cashflow (€)	hier wie Brutto-Cashflow da GmbH (ohne Privatkonto)	= € 45 000,-
dynamischer Verschuldungsgrad (Jahre)	$\frac{€\ 380\,000,-}{€\ 45\,000,-}$	= 8,4 Jahre

„Wir haben aber nur eine Gesamtkapitalrentabilität von 6 % geschafft. Nimmst du Fremdkapital für unter 6 % auf, kannst du zusätzliche Gewinne erzielen, die die Eigenkapitalrentabilität weiter steigen lassen. Bei 8 % aber liegen ja die Zinsen deutlich über der Rendite von 6 %! Du erwirtschaftest die zu zahlenden Zinsen dann gar nicht!“, erklärt Michael Horstkamp.

„Aber wer gibt mir einen Kredit für unter 6 %? Heißt das etwa, dass wir ein Renditeproblem haben?“

„Ja. Zumindest kannst du den Leverage-Effekt nicht nutzen. Da musst du dir bei der Bank andere Argumente einfallen lassen!“

Die Umsatzrentabilität berechnet den prozentualen Anteil des Gewinns[1] vom Umsatz. Damit gibt sie Auskunft über den Spielraum des Unternehmers, künftige Kostensteigerungen und/oder Preisrückgänge abzufangen. *Umsatzrentabilität*

Der Cashflow gibt die im Geschäftsjahr erwirtschafteten Finanzmittel an, die dem Unternehmen zur freien Verfügung stehen. Sie können zur Finanzierung neuer Investitionen, zur Schuldentilgung oder für die Gewinnausschüttung ver- *Cashflow*

[1] *Aus Gründen der Vergleichbarkeit werden kalkulatorische Kosten bei Personengesellschaften vom in der GuV ausgewiesenen Gewinn abgezogen. Statt Umsatz kann auch die gesamte Betriebsleistung genommen werden.*

wendet werden. Damit ist der Cashflow eine aufschlussreiche Kennzahl, wenn es um die Ertrags- und Selbstfinanzierungskraft eines Unternehmens geht. Zusätzlich beschreibt diese Kennzahl die Kapitaldienstfähigkeit eines Unternehmens: Zinsen und Tilgungen für Kredite müssen aus Einnahmeüberschüssen der wirtschaftlichen Tätigkeit fristgerecht beglichen werden können. Bei Kreditvergaben überprüfen die Banken diese Kennzahl im Vergleich zur Vergangenheit, Gegenwart und künftigen Planungen auf Plausibilität.

Brutto-Cashflow

In der Praxis gibt es zahlreiche, oft komplizierte Varianten zur Berechnung des Brutto-Cashflows. In der einfachsten Form werden zum Gesamtgewinn (nach Steuern) die Abschreibungen addiert. Abschreibungen mindern zwar den Gewinn, führen aber nicht zum Abfluss liquider Mittel. Der Buchwert des Anlagevermögens wird vermindert, das Barvermögen jedoch in gleichem Maße erhöht, wenn die Abschreibungsbeträge in die Preise einkalkuliert wurden.

Netto-Cashflow

Bei Personengesellschaften verrechnet man zusätzlich Privateinlagen oder -entnahmen zum sog. Netto-Cashflow.[1]

dynamischer Verschuldungsgrad

Der dynamische Verschuldungsgrad setzt den Brutto-Cashflow in Beziehung zum Fremdkapital. Dieser Wert dient Banken als Anhaltspunkt bei der Gewährung von Krediten. Das Ergebnis zeigt, wie lange es dauert, bis das eingesetzte Fremdkapital aus eigener Kraft vom Unternehmen zurückgezahlt werden kann.

10.2.3 Kennzahlen zur Wirtschaftlichkeit

Umschlagskennzahlen

Ob ein Unternehmen wirtschaftlich gearbeitet hat, ergibt sich allgemein aus dem Verhältnis von Ertrag und Aufwand. Ist der Ertrag größer als der Aufwand, liegt eine positive Wirtschaftlichkeit vor. Je größer dieses Verhältnis ist, umso wirtschaftlicher wurde im Unternehmen gearbeitet. Sogenannte Umschlagskennziffern bilden die Wirtschaftlichkeit ab.

Kennzahlen zur Wirtschaftlichkeit

Kennzahl	Formel
Forderungsumschlag	$\frac{\text{Umsatzerlöse}}{\text{durchschnittlicher Forderungsbestand}}$
durchschnittliche Kreditdauer (Tage)	$\frac{360}{\text{Forderungsumschlag}}$
Kapitalumschlag	$\frac{\text{Umsatzerlöse}}{\text{Gesamtkapital}}$
durchschnittliche Kapitalumschlagsdauer(Tage)	$\frac{360}{\text{Kapitalumschlag}}$

[1] *Bei Kapitalgesellschaften muss der ausgeschüttete Gewinn abgezogen werden. Das entfällt hier aus Vereinfachungsgründen.*

Forderungsumschlag

Der Forderungsumschlag gibt an, wie oft Forderungen im Jahr, gemessen am Umsatz, umgeschlagen werden. Je öfter dies geschieht, desto besser, denn umso schneller fließt Geld zurück ins Unternehmen.

Je höher der Forderungsumschlag, desto

- **besser die Zahlungsmoral der Kunden,**
- **geringer die Zinsbelastung,**
- **geringer das Risiko eines Forderungsausfalls,**
- **besser die Liquidität und Rentabilität des Unternehmens.**

durchschnittliche Kreditdauer

Teilt man die 360 Tage eines Jahres durch den Forderungsumschlag, erhält man die durchschnittliche Kreditdauer in Tagen. Damit wird die Zeit in Tagen ermittelt, die ein Unternehmer warten muss, bis seine Kunden ihre offenen Rechnungen bezahlen. Je länger diese Spanne ist, desto schlechter für ihn, weil es sich letztlich um zinslos gewährte Kredite an Kunden handelt.

Die durchschnittliche Kreditdauer spiegelt die Zahlungsmoral der Kunden wider. Diese kann von der allgemeinen wirtschaftlichen Situation, der Akzeptanz der angebotenen Zahlungsbedingungen oder von der Zufriedenheit der Kunden mit der geleisteten Arbeit abhängen.

Kapitalumschlag

Der Kapitalumschlag belegt den Rückfluss des Kapitals über die Umsätze. Er gibt an, wie schnell sich das eingesetzte Kapital vom Unternehmen zum Kunden und wieder zurück bewegt.

Je höher der Kapitalumschlag, desto

- **schneller fließt das Kapital über Umsätze ins Unternehmen zurück,**
- **geringer werden der erforderliche Kapitaleinsatz und als Folge die Zinsaufwendungen,**
- **besser werden auch Liquidität und Rentabilität.**

durchschnittliche Kapitalumschlagsdauer

Daraus folgend gibt die durchschnittliche Kapitalumschlagsdauer in Tagen an, wie lange es dauert, bis die Bilanzsumme einmal umgesetzt („umgeschlagen") wurde. Je kürzer diese Umschlagsdauer, desto flexibler kann ein Unternehmen auf aktuelle Ereignisse finanziell reagieren.

Tests und Aufgaben zu diesem Kapitel finden Sie im Sackmann-Lernportal.

Beispiel: „Was? Wir warten durchschnittlich 54 Tage auf unser Geld?" Stefan Hoffmann ist sichtlich entsetzt. „Wir gewähren doch nur ein Zahlungsziel von 30 Tagen. Da stimmt doch was nicht!"

„Warte, ich schau mal bei unserer Konkurrenz." Michael Horstkamp blättert im Betriebsvergleich. „Die haben einen Forderungsumschlag von 10 und damit eine durchschnittliche Kreditdauer von nur 36 Tagen. Du hast recht. Die anderen kommen schon viel eher an ihr Geld, während du das Konto überziehen und teure Zinsen zahlen musst!"

Kennzahl	SH Haustechnik GmbH
Forderungsumschlag	$\frac{€\ 1\,000\,000,–}{€\ 150\,000,–} = 6{,}7$-mal
durchschnittliche Kreditdauer (Tage)	$\frac{360}{6{,}7} = 54$ Tage
Kapitalumschlag	$\frac{€\ 1\,000\,000,–}{€\ 500\,000,–} = 2{,}0$-mal
durchschnittliche Kapitalumschlagsdauer (Tage)	$\frac{360}{2} = 180$ Tage

„Dagegen müssen wir unbedingt etwas unternehmen", überlegt Stefan Hoffmann laut. „Aber was?"

„Lass uns erst mal analysieren, woran das liegt", meint Michael Horstkamp. „Achten die im Büro nicht gut genug auf die Zahlungseingänge? Oder bist du zu großzügig mit den mündlichen Versprechungen!? Du lässt dich ja gerne mal vertrösten ..."

10.3 Kontrollformen

Für eine umfassende Beurteilung der wirtschaftlichen Lage eines Unternehmens reicht es nicht aus, ausschließlich isolierte Kennzahlen eines einzigen Jahres zu analysieren. Auch rein innerbetriebliche Vergleiche sind unzureichend, da möglicherweise schlechte Zahlen mit schlechten Zahlen verglichen werden oder unrealistische Planwerte angesetzt wurden. Vielmehr empfiehlt es sich, folgende drei Vergleichsebenen hinzuzuziehen:

Zeitvergleich

- Zeitvergleiche stellen die aktuellen Werte der Bilanz oder GuV denen des vergangenen Jahres, Quartals oder Monats gegenüber und dokumentieren, wie sich die innerbetrieblichen Kennzahlen im Laufe der Zeit entwickelt haben.

Soll-Ist-Vergleich

- Soll-Ist-Vergleiche ziehen zum Vergleich innerbetriebliche Planzahlen hinzu und geben Aufschluss darüber, ob die gesteckten Ziele erreicht wurden.

Betriebsvergleich

- Betriebsvergleiche greifen demgegenüber auf Branchenvergleichszahlen[1] zurück und belegen, wie erfolgreich der Betrieb im Vergleich zu Unternehmen der gleichen Branche und Größe arbeitet.

Erst die regelmäßige Nutzung aller drei Vergleiche ermöglicht es, Stärken und Schwächen des Unternehmens zu erkennen sowie Ansätze möglicher Veränderungen zu entwickeln. Damit stellen sie ein nützliches Instrument der Unternehmenssteuerung dar.

Zwischenbetriebliche Vergleiche weisen allerdings auch bestimmte Einschränkungen in ihrer Aussagekraft auf, die es zu berücksichtigen gilt:

- Betriebsvergleiche als Teil des betrieblichen Controlling | ► HF 3, Kap. 19 | berechnen lediglich Zahlen und damit rein quantitative Größen. Eine Weiterentwicklung der Betriebsvergleiche stellt dagegen das sog. Benchmarking („Eckwerte vergleichen") dar, das neben der Analyse von betrieblichen Geschäftsprozessen auch qualitative Größen, sog. weiche Erfolgsfaktoren wie Führungsqualität, Personalpolitik, Marketingqualitäten etc. mit einbezieht. Hier kommt insbesondere die folgende Frage zum Tragen: Warum sind manche Betriebe besser als andere? Anhand eines Musterbetriebs kann dann die am besten geeignete Erfolgsmethode („Best Practice") ermittelt werden.
- Der Betrieb wird lediglich an den Durchschnittsergebnissen vergleichbarer Betriebe - zwar derselben Branche und Größe - gemessen, also an einem „Mittelmaß". Betriebsvergleiche sagen nichts über mögliche Verteilungen und können „Ausreißerwerte" enthalten, die den Schnitt verfälschen.
- Regionale Besonderheiten oder Spezialisierungen werden in aller Regel nicht erfasst. Eine absolute Vergleichbarkeit kann es allerdings nicht geben.

Beispiel: Stefan Hoffmann hat die wichtigsten Kennzahlen seines Betriebs einem Zeit-, einem Soll-Ist- und einem Betriebsvergleich unterzogen. Er bespricht mit Michael Horstkamp die Ergebnisse. „Unsere Anlagedeckung I ist in den letzten Jahren geschrumpft", stellt er ernüchtert fest. „Wir liegen ganz deutlich unter der Konkurrenz! Das bedeutet, wir dürfen nicht weiter in Anlagevermögen investieren. Das würde unsere Handlungsfähigkeit absolut einschränken!"

[1] *Die Landes-Gewerbeförderungsstelle des nordrhein-westfälischen Handwerks e.V. (LGH) veröffentlicht regelmäßig Zahlen für viele Gewerke unterschiedlicher Betriebsgrößen: www.lgh-betriebsvergleiche.de.*

Kennzahl	**SH Haustechnik GmbH**					**Branche**
	Jahr 1	**Jahr 2**	**Jahr 3**	**Ist Jahr 4**	**Plan Jahr 5**	**Jahr 4**
Eigenkapital-quote	26 %	28 %	21 %	24 %	25 %	25 %
Anlage-deckung I	115 %	125 %	90 %	86 %	100 %	120 %
Anlage-deckung II	195 %	185 %	180 %	171 %	175 %	200 %
Liquidität 1. Grades	35 %	30 %	33 %	31 %	25 %	25 %
Liquidität 2. Grades	120 %	114 %	105 %	88 %	110 %	115 %
Rohgewinn I (Wertschöpfung)	54 %	58 %	59 %	61 %	61 %	54 %
Eigenkapital-rentabilität	22 %	22 %	19 %	17 %	17 %	13 %
Gesamtkapital-rentabilität	9 %	5 %	7 %	6 %	6 %	3 %
Umsatz-rentabilität	4 %	4 %	3 %	2 %	3 %	2 %
dynamischer Verschuldungs-grad (Jahre)	5,6	7,6	8,6	8,4	7,0	5,6
durchschnittliche Kreditdauer (Tage)	45	42	46	54	45	36
durchschnittliche Kapitalumschlags-dauer (Tage)	140	150	160	180	180	180

„Und unsere Liquidität 2. Grades muss dringend über 100 % gebracht werden“, ergänzt Michael Horstkamp. „Wir können unsere kurzfristigen Verbindlichkeiten derzeit gar nicht bedienen! Außerdem ist unser dynamischer Verschuldungsgrad viel zu hoch! Das bedeutet, wir sind im Gegensatz zu unserer Konkurrenz nicht kreditwürdig. Ich glaube, das neue Bad-Studio kannst du vergessen.“

„Du hast recht, momentan ist keine gute Zeit für Luftschlösser. Aber die massiven Probleme waren allein aus der Bilanz nicht ersichtlich. Gut, dass wir uns die Kennzahlen noch mal im Vergleich angesehen haben! Da scheint ja wirklich einiges bei uns schiefzulaufen. Wenn wir jetzt nicht aufpassen ...“

„Na, noch haben wir Zeit“, beruhigt ihn Michael Horstkamp.

Kompetenzen

Das sollten Sie als zukünftiger Meister können:

- ✔ Teilsysteme des betrieblichen Rechnungswesens unterscheiden, ihre Zusammenhänge verstehen und Rechnungsgrößen zuordnen,
- ✔ Auswirkungen typischer Geschäftsvorfälle in den Teilsystemen strukturell darstellen,
- ✔ Grundprinzipien und -begriffe der doppelten Buchführung verstehen,
- ✔ Aufgaben von Buchführung und Bilanz erläutern,
- ✔ Möglichkeiten sowie Vor- und Nachteile der Ausgliederung von Buchführungsaufgaben anhand von Qualitätskriterien erläutern,
- ✔ Aufbau und Aussagekraft von Jahresabschluss und betriebswirtschaftlichen Auswertungen (BWA) sowie weiterer typischer Unterlagen erläutern,
- ✔ wichtige Arten des Betriebsvermögens und der Verbindlichkeiten erfassen und bewerten,
- ✔ Bewertungsspielräume, Wertberichtigungen, Rückstellungen sowie stille Reserven bei der Analyse von Kennzahlen des externen Rechnungswesens berücksichtigen,
- ✔ Arten der Abschreibungen beschreiben und in den Teilsystemen des Rechnungswesens berücksichtigen,
- ✔ Branchen-, Zeit- sowie Soll-Ist-Vergleiche durchführen sowie deren Ergebnisse erläutern,
- ✔ Gewinn oder Verlust einer Unternehmung auch unterjährig ermitteln,
- ✔ einfache periodische Finanzplanungen durchführen und Kriterien für kritische Liquiditätslagen kennen.

E Informationen aus dem internen und externen Rechnungswesen zur Entscheidungsvorbereitung nutzen

Die Geschwister Ramona und Jochen Wall sind mit dem Gewinn, den ihr Tischlerbetrieb für sie abwirft, eigentlich ganz zufrieden. Doch als sie zum wiederholten Male den Zuschlag für einen Auftrag nicht erhalten, da kommen sie doch ins Grübeln: „Wie kalkulieren andere Unternehmen, dass sie günstiger anbieten können? Und ist unser Gewinnanteil bei dem, was wir leisten und an Zeit investieren, wirklich zufriedenstellend? Doch wo genau müssen wir ansetzen, um Schwachstellen in unserem Unternehmen aufzudecken, damit das Ergebnis besser wird?"

Ihr Gebiet ist vorrangig der Innenausbau für private Kunden. An öffentlichen Ausschreibungen nehmen sie nur dann teil, wenn die Kapazitätsauslastung niedrig ist, aber die Mitbewerber bieten fast immer unter dem Preis der Wall OHG an. Sie überlegen weiter...

„Wir müssen unsere Preise und Kosten genauer in den Blick nehmen. Welche Kosten fallen eigentlich wo bzw. für welche Produkte und Leistungen im Betrieb an? Welche Produkte und Leistungen versprechen eigentlich einen hohen Gewinn? Wo genau ist unsere Preisuntergrenze bei den verschiedenen Leistungen? Sind wir damit wettbewerbsfähig oder ist dieser Preis im Vergleich immer noch zu hoch?"

11 Kosten- und Erlösrechnung

11.1 Kostenrechnung

Um die Fragen rund um Kosten und Preise beantworten und fundierte Entscheidungen treffen zu können, benötigt ein Unternehmen eine gut funktionierende und konsequent durchgeführte Kostenrechnung. Sie bildet die Grundlage für die Preiskalkulation und bietet Entscheidungshilfen für die Kosten- und Investitionsplanung. In der Folge dient sie der Kontrolle, ob die Entscheidungen erfolgreich waren. Grundsätzlich ist sie unerlässlich, um die Wirtschaftlichkeit des Betriebs und einzelner Leistungsbereiche zu beurteilen und zu steuern.

Die Kostenrechnung ist neben der Buchführung und dem Jahresabschluss ein wichtiger Teil des betrieblichen Rechnungswesens. Die Buchführung und der Jahresabschluss allein reichen als Planungs- und Entscheidungsbasis für den Unternehmer nicht aus. Sie liefern aber das notwendige Zahlenmaterial für die Kostenrechnung.

Diese baut auf den Zahlen der Buchführung auf, ist aber nicht - wie die Buchführung - an klare Vorgaben zur Erstellung durch gesetzliche Vorschriften gebunden, weil sie nur den betrieblichen Anforderungen genügen muss und nicht der Information von z.B. Gläubigern, Aktionären oder Finanzbehörden dient | ► HF 1, Kap. 7 |.

11.2 Aufgaben und Gliederung der Kostenrechnung

11.2.1 Aufgaben der Kostenrechnung

Welche Aufgaben die Kostenrechnung in welchem Umfang für ein Unternehmen übernimmt, hängt maßgeblich von der Größe und Struktur eines Betriebes ab.

Aufgaben der Kostenrechnung

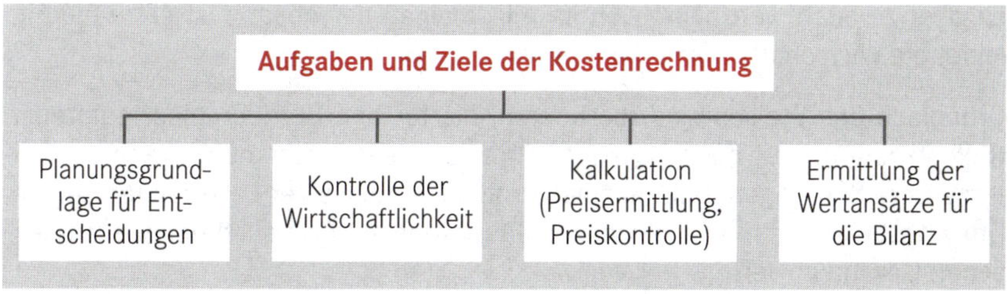

Planungsgrundlage für Entscheidungen - Bereitstellung von Informationen für zukünftige Maßnahmen

Informationen für unternehmerische Entscheidungen

Unternehmerische Entscheidungen sollten u. a. auf der Grundlage von objektiven Sachinformationen getroffen werden. Die Kostenrechnung stellt wertvolle Informationen aus dem Betrieb für den Unternehmer zur Verfügung, mit deren Hilfe er fundierte Entscheidungen treffen kann.

Beispiel: Ramona und Jochen Wall könnten mit Blick auf ihre Energiekosten der letzten Jahre feststellen, dass bei den Investitionsplanungen ein Augenmerk auf energiesparende Anlagen gelegt werden sollte.

Kontrolle der Wirtschaftlichkeit

Eine wichtige Aufgabe der Kostenrechnung ist die Bewertung der unternehmerischen Entscheidungen im Hinblick auf die Wirtschaftlichkeit des Betriebes.

Wirtschaftlich arbeitet ein Betrieb nicht allein dadurch, dass viel gearbeitet wird. Wirtschaftlich gearbeitet wird dann, wenn eine bestimmte Leistung mit dem geringst möglichen Mitteleinsatz erreicht wird.

Die Kostenrechnung bietet die Möglichkeit, Vergleiche mit internen, aber auch mit externen Werten (Betriebsvergleiche) anzustellen. Somit können Kostenabweichungen ermittelt und mögliche Ursachen gesucht bzw. analysiert werden.

Aufgrund der Ursachenanalyse kann sich der Unternehmer mit dem Ziel, die Kosten zu optimieren, für Korrekturmaßnahmen entscheiden. Mit wachsender Betriebsgröße und zunehmender Konkurrenz ist eine ständige Überwachung der Wirtschaftlichkeit des Betriebes ohne Kostenrechnung nicht mehr möglich.

Kalkulation

Preisermittlung

In jedem Handwerksbetrieb besteht die Notwendigkeit, den richtigen Preis zu ermitteln, und zwar als Angebotspreis und als Preisuntergrenze. Neben der Qualität eines Erzeugnisses oder einer Leistung ist der Preis entscheidend für die Absatzmöglichkeit.

Liegt er zu hoch, verringert sich im Allgemeinen der Absatz; ist er zu niedrig, leidet die Wirtschaftlichkeit des Betriebes.

Grundlage des Preises sind die Kosten, die für den Betrieb selbst entstehen (Selbstkosten). Erst nach genauer Kenntnis dieser Selbstkosten kann der Unternehmer den Angebotspreis eines Produktes oder einer Leistung festsetzen. Der Angebotspreis muss sowohl kostendeckend sein als auch einen angemessenen Gewinn abwerfen.

Bezogen auf die Kostenrechnung heißt Kalkulieren: die Kosten von Produkten und Leistungen bestimmen.

Marktpreis

Preiskontrolle

Für zahlreiche Erzeugnisse liegen Marktpreise vor, z.B. empfohlene oder feste Verkaufspreise. Der einzelne Unternehmer kann sie kaum verändern. Er muss daher prüfen, ob ein festliegender Marktpreis für ihn akzeptabel ist, d.h., die Selbstkosten eines Auftrages deckt (Preisuntergrenze) und zusätzlich noch einen Gewinn beinhaltet.

Für die unternehmerische Entscheidung sind außerdem folgende Überlegungen wichtig:

- Kann ein Marktpreis ggf. zur Absatzsteigerung noch unterboten werden?
- Soll ein Erzeugnis bzw. eine Leistung innerhalb des Unternehmensprogramms gefördert oder eingeschränkt werden?
- Muss bei nicht kostendeckenden Marktpreisen eine bestimmte Produktion aufgegeben werden, wenn sich die Selbstkosten nicht senken lassen?

Ermittlung der Wertansätze von Halb- und Fertigerzeugnissen für die Bilanz

Als Bestandteile des Umlaufvermögens sind teilfertige Arbeiten und Fertigerzeugnisse, soweit sie noch nicht berechnet wurden, zum Bilanzstichtag zu bewerten. Hierzu werden die bis dahin angefallenen Kosten ermittelt, d.h., es werden die Selbstkosten unter Berücksichtigung gewisser steuerlicher Einschränkungen angesetzt.

11.2.2 Grundbegriffe der Kostenrechnung

Im Folgenden werden die Begriffe

- Leistung - Ertrag,
- Aufwand - Kosten,
- Einnahme - Ausgabe

erläutert und gegeneinander abgegrenzt.

Die betriebliche Tätigkeit umfasst die Herstellung von Gütern und das Erbringen von Dienstleistungen. Dies wird im Folgenden als Betriebszweck bezeichnet. So fertigen Bäcker und Fleischer Lebensmittel, die Kfz-Werkstatt repariert Unfallschäden, der Augenoptiker erbringt Gesundheitsdienste und der Tischler produziert Gebrauchs- und Anlagegüter. Dabei werden stets Produktionsfaktoren in Form von Arbeitsleistungen, Werkstoffen und Kapital benötigt. Das Ergebnis ist dann die Leistung des Betriebes. ***Betriebszweck*** ***Leistung***

Unter dem Ertrag versteht man die dem Unternehmen zufließenden, aus seiner Leistung entstandenen Werte während eines bestimmten Zeitraumes. ***Ertrag***

Der Aufwand ist der Verbrauch des Unternehmens an Gütern und Dienstleistungen in einem bestimmten Zeitraum, unabhängig davon, ob er dem Betriebszweck unmittelbar dient oder nicht. ***Aufwand***

Kosten sind der Teil des Aufwands, der den wertmäßigen, betriebsbedingten Verbrauch an Gütern und Dienstleistungen darstellt, die ausschließlich dem Betriebszweck dienen. ***Kosten***

In einem Betrieb ist also ein Verbrauch von Produktionsfaktoren erforderlich, um eine Leistung zu erbringen und zu veräußern. Die Kosten sind genau zu ermitteln, um die von dem Unternehmen zu erstellenden Angebote kalkulieren zu können.

Nutzen Sie das interaktive Zusatzmaterial im Sackmann-Lernportal.

Die Kosten sind also nur ein Teil des Aufwands, wie auch folgende Abbildung zeigt.

Zusammenhang von Aufwand und Kosten

Zweckaufwand Dient der Aufwand dem Betriebszweck, stellt er Zweckaufwand dar und deckt sich mit den Grundkosten. Dazu gehören z.B. Material- und Personalaufwand, Kfz-Kosten, betriebliche Versicherungen, Energiekosten etc.

Beispiel: Aufwand sind z.B. die Materialkosten für die Anfertigung einer Schrankwand und die dafür aufgewendeten Arbeitsstunden von Jochen Wall.

---

neutraler Aufwand Dient der Aufwand sonstigen betriebsfremden oder außerordentlichen Zwecken und nicht dem Betriebszweck, handelt es sich um neutralen Aufwand. Dazu gehören z.B. Feuer- und Sturmschäden, Instandhaltung ungenutzter Teile des Betriebsgebäudes oder Spenden. Der neutrale Aufwand wird nur in der Buchführung erfasst. In der Kostenrechnung spielt er keine Rolle. Er stellt keine Kosten dar, d.h., er dient nicht der betrieblichen Leistungserstellung.

Beispiel: Ein durch einen Kurzschluss ausgelöster Brand in der Wall OHG vernichtet das gerade angelieferte Holz für einen Kundenauftrag, in die Kostenrechnung fließt dieser Aufwand nicht ein.

Zusatzkosten Zu den Zusatzkosten gehören in erster Linie die kalkulatorischen Kosten. Der selbstständige Unternehmer kann kein Gehalt beziehen, da er kein Angestellter ist. In die Kostenrechnung fließt stellvertretend der kalkulatorische Unternehmerlohn ein. In der Buchführung wird er nicht erfasst, da er steuerlich nicht ansetzbar ist, weil keine steuerlich anerkennbaren Vereinbarungen zugrunde liegen. Das gilt auch für die kalkulatorischen Zinsen für das vom Unternehmer eingebrachte Eigenkapital | ▸ kalkulatorische Kosten, S. 179 |.

Ausgaben Ausgaben können Zahlungsmittelabflüsse, Abgänge von Forderungen und die Erhöhung von Verbindlichkeiten sein. So entsteht z.B. eine Ausgabe, aber keine Auszahlung, wenn auf Ziel eingekauft wird. Voneinander abzugrenzen sind auch die Begriffe „Aufwand" und „Ausgaben". Es ist möglich, dass ein Aufwand vorliegt, aber keine Ausgabe erfolgt.

Beispiel: So führen z.B. Abschreibungen in den Jahren nach der Anschaffung einer Fräsmaschine bei der Wall OHG zu keinen Ausgaben mehr. Sie sind bereits bei der Anschaffung erfolgt. Die Abschreibungen sind aber in den Folgejahren als Aufwand in der Gewinn- und Verlustrechnung bzw. als Kosten in der Kostenrechnung zu finden, weil die Anschaffungskosten auf die Jahre der Nutzung verteilt werden.

Ein weiteres Beispiel ist eine Privatentnahme des Einzelunternehmers. Sie ist zwar eine Ausgabe, aber kein betrieblicher Aufwand.

Einnahmen

Einnahmen entstehen durch die Erhöhung des Zahlungsmittelbestands, der Erhöhung von Forderungen und der Verminderung von Schulden.

Ein Ertrag ist nicht immer mit einer Einnahme gleichzusetzen. Wenn z.B. die Pensionszusage an einen leitenden Mitarbeiter durch vorzeitiges Ausscheiden des Berechtigten entfällt, ergibt sich durch die Auflösung der entsprechenden Rückstellung ein Ertrag. Es fließt jedoch keine Einnahme. Andererseits ergibt sich durch eine Privateinlage aus einer Erbschaft des Betriebsinhabers eine Einnahme, jedoch ist dies kein betrieblicher Ertrag.

11.2.3 Gliederung der Kostenrechnung

Die Kostenrechnung gliedert sich in drei Teilgebiete, die systematisch aufeinander aufbauen:

- Kostenartenrechnung,
- Kostenstellenrechnung,
- Kostenträgerrechnung.

Kostenartenrechnung

Die Kostenartenrechnung ist die Grundlage der Kostenrechnung. Sie dient der Erfassung und Gliederung der verschiedenen Kostenarten. Die grundsätzliche Frage lautet: Welche Kosten sind entstanden? Die Kosten können dabei nach verschiedenen Kriterien gegliedert werden. Die Ermittlung der Kostenarten erfolgt vor allem mithilfe der Daten der Buchführung. Des Weiteren müssen die Zusatzkosten ermittelt werden.

Kostenstellenrechnung

Im Rahmen der Kostenstellenrechnung wird ermittelt, wo die Kosten entstanden sind. Dazu werden einzelne Kostenstellen, d.h., die Orte der Kostenentstehung im Betrieb, abgegrenzt und die ermittelten Kosten diesen Kostenstellen zugeordnet. Die Kostenstellenrechnung ist für größere Betriebe mit mehreren Leistungsbereichen erforderlich. Untersucht man z.B. einen größeren Kfz-Betrieb, so findet man die mechanische Werkstatt, den Karosseriebau, die Lackiererei, den Ersatzteileverkauf, den Neu- und Gebrauchtwagenhandel. Alle diese Bereiche verursachen unterschiedlich hohe Kosten und werden deshalb als einzelne Kostenstellen behandelt.

Beispiel: In der Wall OHG gibt es folgende wesentliche Kostenstellen:

- die Maschinenarbeit: hohe Investitionen durch eine CNC-gesteuerte Fräse mit entsprechenden Abschreibungen und Zinsen, beachtliche Energiekosten,
- die Handarbeit im sog. Bankraum: hohe Personalkosten,
- die Montage: außerhalb der Betriebsstätte ausgeführte Arbeiten mit hohen Kfz- und Reisekosten, Auslösungen (Pauschalerstattung zum Ausgleich von Mehraufwendungen bei auswärtigen Arbeiten).

Kostenträgerrechnung

Mithilfe der Kostenträgerrechnung werden die Kosten einzelnen Kostenträgern - also Produkten oder Dienstleistungen (pro Stück/pro Stunde) - zugerechnet. Die Frage lautet: Wofür sind Kosten entstanden? Mit anderen Worten: Die Kostenträgerrechnung ermittelt die Kosten einzelner Produkte und Dienstleistungen pro Stück und dient somit der Produkt- bzw. Auftragskalkulation. Sie ist sowohl für kleinere als auch für größere Betriebe notwendig.

Gliederung der Kostenrechnung

Kostenartenrechnung
Welche Kosten entstehen?

→ **Kostenstellenrechnung**
Wo entstehen Kosten?

→ **Kostenträgerrechnung**
Wofür entstehen Kosten? Wer trägt Sie?

Die Kostenrechnung kann sowohl in kleinen als auch großen Betrieben zur Vorbereitung von Entscheidungen eingesetzt werden. Die Frage, wie detailliert die Kostenrechnung dabei gestaltet wird, hängt maßgeblich von der Größe und Struktur eines Betriebs ab.

Ein Unternehmen mit nur einem Produkt bzw. ein Unternehmen, das ausschließlich Dienstleistungen der gleichen Art erbringt (z.B. ein Elektrotechniker führt nur Installationen bei privaten Kunden aus), benötigt keine tief gegliederte Kostenrechnung. In der Regel reicht die Ermittlung eines einheitlichen Stundenverrechnungssatzes aus | ► Stundenverrechnungssatz, S. 192 |.

Ein größerer Betrieb mit zwei oder mehreren Bereichen der Leistungserstellung (Kostenstellen) benötigt eine umfangreichere Kostenrechnung.

Beispiel: Den Geschwistern Wall wird klar, dass die verschiedenen Kostenstellen in ihrem Unternehmen eine umfangreichere Kostenrechnung erforderlich machen, mit deren Hilfe sie auch ihre Preisgestaltung optimieren können. Bisher haben sie sich bezüglich der Preise an den Marktgegebenheiten orientiert. Bei öffentlichen Ausschreibungen haben sie die Preise der Mitbewerber erfahren und dadurch einen Anhaltspunkt für die eigene Kalkulation erhalten. Sie planen nun, genauere Methoden einführen.

11.3 Kostenartenrechnung

Die Kostenartenrechnung dient der Ermittlung und Darstellung aller Kostenarten eines Unternehmens. Die ermittelten Daten bilden die Grundlage für die Kostenstellen- und Kostenträgerrechnung. Die Kostenartenrechnung zeigt die Kostenstruktur und das Kostenniveau des Unternehmens und schafft so den Ansatz, Kosten steuern und kontrollieren zu können. Sie ist zeitraumbezogen, d.h., sie erfasst die Kosten einer bestimmten Abrechnungsperiode.

11.3.1 Gliederung der Kostenarten

Die Kosten können nach verschiedenen Kriterien gegliedert werden, je nachdem, zu welchem Zweck sie verwendet werden sollen.

mögliche Gliederung der Kosten

Gliederung der Kosten

nach Produktionsfaktoren	**nach der Zurechnung zu Produkten**	**nach der Abhängigkeit vom Beschäftigungsgrad**	**nach der betrieblichen Funktion**
▸ Personalkosten ▸ Stoffkosten ▸ Kapitalkosten ▸ Fremdleistungen ▸ Kosten der menschlichen Gesellschaft	▸ Einzelkosten ▸ Gemeinkosten ▸ Sondereinzelkosten	▸ variable Kosten ▸ fixe Kosten	▸ Werkstattkosten ▸ Lagerkosten ▸ Bürokosten ▸ Ladenkosten ▸ Montagekosten

Kosten nach Produktionsfaktoren

Bei der Aufteilung der Kosten nach Art der verbrauchten Produktionsfaktoren unterscheidet man:

- Personalkosten: alle Kosten, die mit der menschlichen Arbeitsleistung innerhalb eines Unternehmens in Verbindung stehen (Löhne, Gehälter, gesetzliche und freiwillige Sozialabgaben),
- Stoffkosten: alle mit der Leistungserstellung anfallenden Roh-, Hilfs- und Betriebsstoffe (Material), Waren,
- Kapitalkosten: Zinsen und Abschreibungen,
- Fremdleistungen: z.B. Dienstleistungen wie externe Beratungs- und Planungskosten oder Leistungen von Subunternehmern, wenn die eigenen Kapazitäten nicht ausreichen bzw. keine vorhanden sind,
- Kosten der menschlichen Gesellschaft: Steuern, Gebühren, Beiträge.

Die Kosten können auch nach Art der Zurechnung gegliedert werden. Daraus ergeben sich:

Einzelkosten

- Einzelkosten: Kosten, die den Produkten/Leistungen unmittelbar zugerechnet werden können (z.B. Fertigungsmaterial, Fertigungslöhne, Einbauteile, Fremdleistungen),

Gemeinkosten

- Gemeinkosten: Kosten, die für die gesamte Produktion/Leistung einer Abrechnungsperiode gemeinsam anfallen und nicht unmittelbar zugerechnet werden können (z.B. Miete, Gehälter, Zinsen, Kfz-Steuer, Handwerkskammerbeitrag). Die Gemeinkosten werden mithilfe der Kostenstellenrechnung über einen Kostenverteilungsschlüssel und dann mithilfe der Kostenträgerrechnung auf die einzelnen Kostenträger umgelegt.

Sondereinzelkosten

- Sondereinzelkosten (der Fertigung oder des Vertriebs): direkt zu verrechnende Einzelkosten, die nur in Sonderfällen für einen bestimmten Auftrag entstehen (z.B. Kosten für Modelle, Spezialwerkzeuge, Lizenzgebühren, Spezialverpackung, Transport). In der Regel zählen auch die Fremdleistungen dazu.

Die Kosten können auch nach ihrem Verhalten bei Veränderung des Beschäftigungsgrades (Verhältnis zwischen vorhandener Kapazität eines Betriebes und der tatsächlichen Auslastung in einer Periode) gegliedert werden:

fixe Kosten

- fixe Kosten: bei Veränderung des Beschäftigungsgrades bleibt die Höhe konstant (z.B. Werkstattmiete),

variable Kosten

- variable Kosten: bei Veränderung des Beschäftigungsrades verändert sich auch die Höhe der variablen Kosten (z.B. Kosten für Fertigungsmaterial).

Bei der Aufgliederung nach betrieblichen Funktionen wird unterschieden, in welchen Abteilungen oder Bereichen die Kosten entstehen (z.B. Lagerhaltung, Fertigung, Vertrieb, Verwaltung).

Größere Bäckereien, Fleischereien oder Friseurketten sehen die Filialen als Kostenstellen an. Damit lässt sich auch der Erfolg einzelner Filialen genau bemessen.

Beispiel: Ramona und Jochen Wall setzen sich zusammen, um die für ihren Betrieb sinnvollen Gliederungen festzulegen. Sie stellen fest, dass sie eine Kombination aus allen Bereichen des Kostengliederungssystems anwenden sollten:

- nach Produktionsfaktoren, um überhaupt erst einmal die anfallenden Kosten zu erfassen,
- nach der Zurechnung zu Produkten, um die auftragsbezogenen Aufwendungen besser zu überblicken,
- nach der Abhängigkeit vom Beschäftigungsgrad, damit sie die Auswirkungen von Kapazitätsschwankungen beurteilen können,
- nach der betrieblichen Funktion, um die Kosten den entsprechenden Abteilungen zuordnen zu können.

11.3.2 Erfassen der Kostenarten

Die wesentliche Grundlage zur Erfassung der Kostenarten sind Bilanz und Gewinn- und Verlustrechnung der Finanzbuchhaltung. Der Zweckaufwand in der Buchführung entspricht den Grundkosten in der Kostenrechnung und kann entsprechend überführt werden (Abgrenzungsrechnung). Die erforderliche Aufteilung in Einzel- und Gemeinkosten bzw. fixe und variable Kosten für die Kostenrechnung muss jedoch neu aufbereitet und durch entsprechende Unterlagen dokumentiert werden.

Die Zusatzkosten (kalkulatorische Kosten) werden nicht in der Finanzbuchhaltung erfasst, müssen aber in der Kostenrechnung berücksichtigt werden.

Für die Kostenrechnung sind neben der Buchführung weitere Unterlagen erforderlich (z.B. Materialentnahmescheine, Lohnlisten, Inventurlisten, Kapazitätsberechnungen, Planungsberechnungen).

notwendige Unterlagen der Kostenrechnung

Zahlen aus der Buchführung

- Bilanz
- Gewinn- und Verlustrechnung

\+

- Stundenzettel (entspr. Software)
- Lohnlisten
- Materialentnahmescheine
- Inventurlisten
- Auftragszettel (entspr. Software)
- Kapazitätsberechnungen
- Maschinenlaufzeiten

Bei der Erfassung einzelner Kostenarten ist vor allem die Frage zu klären, ob eine Kostenart direkt einzelnen Produkten bzw. Dienstleistungen zugeordnet werden kann, also ob Einzel- oder Gemeinkosten vorliegen. Die möglichst genaue Abgrenzung zwischen Einzel- und Gemeinkosten ist für die spätere Ermittlung der Zuschlagssätze und somit für die Kalkulation sehr wichtig.

Abgrenzung von Einzel- und Gemeinkosten

Einzelkosten	Gemeinkosten
können direkt den Produkten/ Dienstleistungen zugeordnet werden.	können nicht direkt den Produkten/ Dienstleistungen zugeordnet werden. Sie müssen anteilig auf die Produkte verteilt werden.
	▸ als Zuschlag auf die Materialkosten ▸ als Zuschlag auf die Fertigungslöhne

Im Folgenden werden die beiden wichtigsten Kostenarten - die Personal- und die Materialkosten - näher betrachtet und daraufhin überprüft, ob Einzel- oder Gemeinkosten vorliegen. Des Weiteren werden die kalkulatorischen Kosten erläutert.

Personalkosten

Zu den Personalkosten gehören

- Löhne für gewerbliche Arbeitnehmer,
- Gehälter für Angestellte und Poliere,
- Ausbildungsvergütungen,
- Aushilfslöhne,
- Lohnnebenkosten.

Im Allgemeinen kann ein Großteil der Lohnkosten für gewerbliche Arbeitnehmer einem Auftrag direkt zugerechnet werden. Im gut organisierten Betrieb gibt es den Auftrag begleitende Arbeitsblätter bzw. entsprechende Software. In diese hat jeder einzelne Mitarbeiter seine für diesen Auftrag geleisteten Stunden einzutragen. Ein anderer Teil der Lohnkosten fällt jedoch nicht unmittelbar bei der Erstellung von Produkten oder Dienstleistungen an.

Deshalb wird bei den Löhnen für gewerbliche Arbeitnehmer zwischen Fertigungslöhnen und Gemeinkostenlöhnen unterschieden.

Fertigungslohn

- Fertigungslöhne entstehen unmittelbar bei der Produktions- und Leistungserbringung und lassen sich als Einzelkosten direkt den Aufträgen zurechnen. Betriebswirtschaftlich nicht ganz korrekt, aber in vielen Erläuterungen gebräuchlich, wird hierbei von „produktiven Löhnen“ gesprochen. Produktiv bedeutet, dass diese Lohnkosten direkt in die Produktion/Leistung eingehen. „Unproduktive“ Personalkosten sind in diesem Sinne die Personalkosten, die nicht direkt zugeordnet werden können bzw. für die wir keinen Ertrag erhalten, wie z.B. für Mängelbeseitigungs- und Garantiearbeiten oder innerbetriebliche Leistungen.

Gemeinkostenlohn

- Gemeinkostenlöhne (z.B. Löhne für Lagerarbeiten, Verwaltungsarbeiten, innerbetriebliche Reparaturen, Reinigung, Transport, Feiertage, Urlaub, Leerlaufstunden, Lohnfortzahlung im Krankheitsfall etc.) können nicht direkt einem Auftrag zugerechnet werden. Um den Anteil der Gemeinkostenlöhne zu ermitteln, sind zusätzliche Aufzeichnungen zur Buchführung notwendig.

Vom Genauigkeitsgrad der Erfassung der Kosten hängt der Aussagewert der gesamten Kostenrechnung entscheidend ab.

Gehalt

Gehälter für Angestellte und Poliere (in Bauunternehmen) werden für verwaltende und überwachende leitende Tätigkeiten gezahlt. Sie lassen sich nur schwer oder gar nicht bestimmten Aufträgen zuordnen und zählen deshalb zu den Gemeinkosten.

Ausbildungsvergütung

Ausbildungsvergütungen können je nach erlangter Qualifikation des Auszubildenden mehr oder weniger anteilig als Einzelkosten oder als Gemeinkosten gewertet werden.

Aushilfslohn

Auch Aushilfslöhne können je nach Art der Tätigkeit, für die die Aushilfskraft eingestellt wurde, als Einzel- oder als Gemeinkosten gewertet werden. Wird wegen eines Kapazitätsengpasses eine Aushilfskraft für die Produktion eingestellt, handelt es sich um Einzelkosten. Bei der Schwangerschaftsvertretung einer Büroangestellten in der Verwaltung handelt es sich um Gemeinkosten.

Lohnnebenkosten

Die Lohnnebenkosten stellen heute einen sehr beachtlichen Anteil an den Personalkosten dar. Dabei handelt es sich u.a. um

- die Arbeitgeberanteile zur Sozialversicherung,
- Beiträge zur Berufsgenossenschaft für die Unfallversicherung,
- tarifliche, gesetzliche oder freiwillige Leistungen bei Geburten, Eheschließungen, Jubiläen, familiären Todesfällen; Freistellung für Arztbesuche und Wehrübungen,
- Mutterschafts- und Erziehungsurlaub,
- Sonderumlagen für den Arbeitsmedizinischen und den Sicherheitstechnischen Dienst und Insolvenzgeld.

Die Lohnnebenkosten können nicht direkt einem Auftrag zugeordnet werden; deshalb handelt es sich ebenfalls um Gemeinkosten.[1] Andererseits sind aber die Sozialversicherungsbeiträge direkt abhängig von der Lohn- bzw. Gehaltshöhe; sie sind ein feststehender Prozentsatz des Entgelts. Da es heute auch für die Krankenversicherung einen einheitlichen Beitragssatz gibt, kann sie auch bei den Lohneinzelkosten als entsprechender Aufschlag mitberücksichtigt werden.

Es gibt aber auch Mitarbeiter, deren Vergütung oberhalb der jeweiligen Beitragsbemessungsgrenze liegt. Dann vermindert sich der prozentuale Anteil der Sozialversicherungsbeiträge an der Vergütung. Dies würde zusätzliche Aufgliederungen der Entgelte erforderlich machen. Daher werden sehr häufig die gesamten Sozialversicherungsbeiträge als Gemeinkosten angesetzt.

Beispiel: Die in der Gewinn- und Verlustrechnung der Wall OHG ausgewiesenen Bruttolöhne und -gehälter von € 239 363,- beinhalten ein Gehalt von € 12 600,- für die Bürotätigkeit der kaufmännischen Mitarbeiterin Fritsch. Somit verbleiben € 226 763,- als Bruttolöhne, die noch in Einzel- und Gemeinkosten unterteilt werden müssen.

Bei der Aufschlüsselung unterstellen die Geschwister Wall, dass 35% der Bruttolöhne nicht direkt verrechenbare Löhne, also Gemeinkosten, darstellen. Diese Annahme ist gerechtfertigt, weil Urlaubs- und Feiertagslöhne sowie sonstige Leer- bzw. Fehlzeiten in den Bruttolöhnen enthalten sind. Um dies zu belegen, nehmen sie den Tarifvertrag im Tischler-Handwerk als Anhaltspunkt.

---

[1] *Ein anderer Ansatz besagt, dass die Lohnnebenkosten den Einzel- oder Gemeinkosten zugeordnet werden, je nachdem, ob sie aus den Fertigungslöhnen oder Gehältern erwachsen.*

	Kalendertage im Jahr	365
./.	Samstage und Sonntage	104
=	lohnpflichtige Tage	261
./.	bezahlte Abwesenheitstage:	
	durchschnittliche Urlaubstage	29
	Feiertage	10
	durchschnittliche Krankheitstage	6
	tarifliche Ausfalltage (Hochzeit, Geburt etc.)	4
=	Anwesenheitstage	212

Wenn sie das Urlaubs- und Weihnachtsgeld in bezahlte Abwesenheitstage umrechnen, ergibt sich folgendes Bild:

Das tarifliche Urlaubsgeld beträgt 50 % der Vergütung für 29 Arbeitstage, sodass noch einmal Zusatzzahlungen für 14,5 Tage vorgenommen werden.

Das Weihnachtsgeld beträgt 50 % eines Monatsentgeltes. Das ergibt nochmals 15 bezahlte Tage (50 % von 30 Monatstagen).

Zu den 49 bezahlten Abwesenheitstagen kommen somit weitere 29,5 bezahlte Tage (14,5 + 15 Tage) ohne Arbeitsleistung hinzu. Insgesamt werden also 290,5 Tage (261 + 29,5 Tage) bezahlt.

In den 290,5 bezahlten Arbeitstagen sind 78,5 (49 + 29,5 Tage) Tage ohne Arbeitsleistung, also unproduktive Tage, enthalten. Das heißt, dass

$$\frac{78{,}5 \text{ Tage} \times 100}{290{,}5 \text{ Tage}} = 27\ \%$$

des Bruttolohnes nicht direkt verrechenbar sind. Dieser Anteil des Lohnes stellt somit Gemeinkosten dar.

Hinzu kommen betrieblich bedingte Leerlaufzeiten, unentgeltliche Garantiearbeiten, innerbetriebliche Reparaturen und Leistungen u.Ä. Auch diese Zeiten sind im oben erläuterten Sinne unproduktiv, also ebenfalls Gemeinkosten. Die Annahme von insgesamt 35 % nicht direkt verrechenbarer Löhne ist daher nicht zu hoch gegriffen.

Die Bruttolohnsumme von € 226 763,- ist zur Ermittlung der Fertigungslöhne als Einzelkosten demzufolge um 35 % = € 79 367,- zu kürzen. Dieser Betrag ist den Gemeinkosten zuzurechnen. Er wird auch als „Gemeinkostenlohn" bezeichnet. Es verbleiben als Fertigungslohn € 147 396,-.

Weitere Gemeinkosten im Personalbereich sind der gesetzliche soziale Aufwand (Lohnnebenkosten) in Höhe von € 62 863,-, der noch gesondert berücksichtigt wird.

Materialkosten

Materialkosten lassen sich gliedern in

- Rohstoffe (Fertigungsmaterial): z.B. Holzprofile für den Fensterbau, Massivhölzer für den Möbelbau,
- Hilfsstoffe: z.B. Beschläge (Griffe und Scharniere) für Möbel und den Fensterbau,
- Betriebsstoffe: z.B. Schmiermittel für Maschinenwartung.

Fertigungsmaterial/ Hilfsstoffe

Das Fertigungsmaterial und die Hilfsstoffe gehen unmittelbar in das Erzeugnis ein und stellen Einzelkosten dar. Die genaue Erfassung ist grundlegende Voraussetzung für eine exakte Kostenverrechnung. Die Verwendung von Materialentnahmescheinen ist die zuverlässigste Art der laufenden Erfassung. Ein Materialentnahmeschein sollte Angaben über Menge, Art und Kosten des Verbrauchs und die Zuordnung zum entsprechenden Auftrag enthalten. Eine andere Form der Erfassung ist die Aufzeichnung des verbrauchten Materials auf die den Auftrag begleitenden Unterlagen/Arbeitspapieren.

Betriebsstoffe

Kleinmaterial und Betriebsstoffe, wie z.B. Schrauben und Nägel, sind i.d.R. nur indirekt verrechenbar und stellen Gemeinkosten dar.

Kalkulatorische Kosten

Kalkulatorische Kosten sind Aufwendungen, die betriebsnotwendig sind, aber nicht zu Ausgaben führen. Zu den kalkulatorischen Kosten zählen

- kalkulatorischer Unternehmerlohn,
- kalkulatorische Entgelte für mithelfende Familienangehörige,
- kalkulatorische Eigenkapitalverzinsung,
- kalkulatorische Miete,
- kalkulatorische Abschreibungen,
- kalkulatorische Wagnisse.

In einer Kapitelgesellschaft kann der geschäftsführende Gesellschafter einen Arbeitsvertrag und für seine eigenen, dem Betrieb zur Verfügung gestellten Werkstatträume einen Mietvertrag mit dem Unternehmen abschließen. Sein Eigenkapital kann er dem Unternehmen als Darlehen zur Verfügung stellen und Zinsen fordern.

Ein Einzelunternehmer darf rechtlich derartige Verträge nicht mit sich selbst abschließen. Da aber jedes Unternehmen den Unternehmer als Mitarbeiter benötigt, des Weiteren Räumlichkeiten und Kapital notwendig hat, sind im Einzelunternehmen kalkulatorische Kosten anzusetzen.

Die kalkulatorischen Kosten finden sich nicht als Aufwand in der Buchführung wieder, müssen aber in die Kostenrechnung und Kalkulation einfließen.

Kalkulatorischer Unternehmerlohn

Der kalkulatorische Unternehmerlohn stellt das Entgelt für die Arbeit des im eigenen Betrieb tätigen Einzelunternehmers bzw. der im Betrieb tätigen Gesellschafter einer Personengesellschaft dar.

Soweit diese Personen selbst an einem Auftrag direkt mitarbeiten, handelt es sich bei diesen erbrachten Stunden um Einzelkosten. In kleineren Betrieben ist es durchaus üblich, dass der Inhaber noch produktive Dienstleistungen und Fertigungsarbeiten in nennenswertem Umfang erbringt. Der Anteil für Verwaltung, Überwachung und Leitung stellt Gemeinkosten dar.

Höhe des kalkulatorischen Unternehmerlohns

Die Höhe des kalkulatorischen Unternehmerentgeltes basiert auf dem Gehalt eines leitenden Angestellten in der jeweiligen Branche. Der Betriebsinhaber ist jedoch nicht an tarifliche Arbeitszeiten gebunden. Aus eigenen betrieblichen Interessen leistet er i.d.R. erheblich mehr Arbeitsstunden.

Daher erfolgt ein entsprechender Zuschlag für Mehrarbeit. Außerdem sind hinzuzurechnen der Arbeitgeberanteil zur Sozialversicherung, die gesetzliche Unfallversicherung durch die Berufsgenossenschaft sowie das Urlaubs- und Weihnachtsgeld.

Dies sind auch die Leistungen, die für einen Arbeitnehmer in vergleichbarer Position aufgebracht werden. Der Unternehmer erhält sie nicht und muss die entsprechenden Leistungen aus privaten Mitteln abdecken.

Die einzelnen Fachverbände des Handwerks veröffentlichen von Zeit zu Zeit die vertretbaren Daten für den Ansatz eines kalkulatorischen Unternehmerentgeltes, gegliedert nach Betriebsgrößen.

Auch den Betriebsvergleichen verschiedener Handwerkszweige sind Durchschnittssätze für kalkulatorisches Unternehmerentgelt zu entnehmen.

Bei den kalkulatorischen Kosten stellt das Unternehmerentgelt im Allgemeinen den größten Posten dar.

Beispiel: Die Geschwister Wall überlegen nun, welchen Lohn sie für sich ansetzen sollten. In Betrieben ihrer Größenordnung ist der Inhaber nicht nur verwaltend, sondern auch produktiv tätig. Die Geschwister haben für sich festgestellt, dass sie zu rund 50 % produktiv tätig sind.

Sie orientieren sich am Tarifvertrag und den darin ausführlich begründeten Einstufungsmerkmalen und suchen für sie Zutreffendes raus.

Für Angestellte mit kaufmännischer und/oder technischer und verantwortungsvoller selbstständiger Tätigkeit mit Weisungsbefugnis und Verantwortung für unterstellte Mitarbeiter wird ein Monatsgehalt von € 3 427,- angegeben.

Für Ihre produktive Tätigkeit in der Fertigung kämen auch Merkmale für einen Meister in Betracht. Dort liegt die höchste Gehaltsgruppe für selbstständiges, verantwortliches Leiten eines Betriebes bei € 3 577,- monatlich.

Ramona und Jochen Wall einigen sich auf den Ansatz eines mittleren Wertes von monatlich € 3 500,-.

Unter Berücksichtigung der weiteren Vorgaben ihres umfangreichen Arbeitseinsatzes und der Vergünstigungen, die ein Arbeitnehmer erhält, machen sie folgende Rechnung für ein jährliches Unternehmerentgelt auf:

12 Monatsgehälter	€ 42 000,-
+ 25 % Mehrarbeit über 40 tarifliche Wochenarbeitsstunden	€ 10 500,-
+ Urlaubs- und Weihnachtsgeld, begrenzt auf max.	€ 3 000,-
+ vermögenswirksame Leistungen	€ 319,-
+ Sozialversicherungsanteile eines Arbeitgebers unter Berücksichtigung der Beitragsbemessungsgrenzen, Unfallversicherung, sonstige Sozialleistungen rund 23 %	€ 12 838,-
kalkulatorischer Unternehmerlohn	€ 68 657,-

Dies erscheint Ihnen recht hoch. Sie fragen deshalb bei der betriebswirtschaftlichen Beratungsstelle ihrer Handwerkskammer nach. Es wird ihnen bestätigt, dass der errechnete Wert durchaus im Rahmen der Erhebungen des Tischlerhandwerks liegt. Der letzte vorliegende Betriebsvergleich benennt einen Betrag in dieser Höhe.

Kalkulatorische Entgelte für mithelfende Familienangehörige

Kalkulatorische Entgelte für mithelfende Familienangehörige werden nur dann berücksichtigt, wenn für die Angehörigen kein Arbeitsvertrag besteht. Seitdem die steuerliche Rechtsprechung Arbeitsverträge mit Ehegatten bzw. Kindern grundsätzlich anerkennt, hat dieser Teil der Zusatzkosten erheblich an Bedeutung verloren. Diese Kosten sind, wenn Arbeitsverträge bestehen, in der Gewinn- und Verlustrechnung enthalten. Sie stellen also in diesen Fällen keine Zusatzkosten dar.

Tätigkeiten ohne Bezahlung

In allen anderen Fällen muss die Mitarbeit von Familienangehörigen, wenn effektiv keine oder eine zu geringe Bezahlung erfolgt, kalkulatorisch berücksichtigt werden.

Die kalkulatorischen Entgelte können sowohl Einzel- als auch Gemeinkosten darstellen. Wenn der Familienangehörige direkt bei Aufträgen mitarbeitet, liegen Einzelkosten vor, bei verwaltenden Tätigkeiten, z.B. Büroarbeit, liegen hingegen Gemeinkosten vor.

Kalkulatorische Eigenkapitalverzinsung

Die kalkulatorische Eigenkapitalverzinsung ist zu berücksichtigen, da in der Finanzbuchhaltung lediglich Zinsen für Fremdkapital aufgeführt sind. Kostenrechnerisch müssen aber die Zinsen für das gesamte im Betrieb arbeitende Kapital, einschließlich Eigenkapital, berücksichtigt werden.

Daher ist eine zusätzliche Verzinsung des während der Abrechnungsperiode vorhandenen Eigenkapitals anzusetzen. Es soll auch einen Ersatz für entgangene Zinsen für den Einzelunternehmer darstellen. Er hätte sein Kapital ja auch zinsbringend bei einer Bank anlegen können.

Berechnung der Zinsen

Der Einfachheit halber wird der Durchschnitt der Summe des Anfangs- und des Endkapitals eines Jahres genommen. Die Höhe der kalkulatorischen Zinsen entspricht dem Zinssatz, den das im Betrieb arbeitende Eigenkapital bei anderweitig langfristiger, sicherer Anlage erwirtschaften würde. Die kalkulatorischen Zinsen stellen Gemeinkosten dar.

Beispiel: Die Geschwister Wall wollen nun die Verzinsung ihres Eigenkapitals berechnen. Bisher hatten sie sich nur mit dem Jahresabschluss des vergangenen Jahres beschäftigt.

Da das Eigenkapital jedoch das gesamte Jahr „gearbeitet" hat, reicht das Kapital per 31.12. des letzten Jahres zur Ermittlung nicht aus. Es muss ein Durchschnittswert zugrunde gelegt werden. Sie schauen sich deshalb die Eigenkapitalverzinsung an. Dort zeigt sich ein Anfangskapital von € 118 000,–.

So können sie nun die kalkulatorischen Zinsen für ihr eingesetztes Kapital ermitteln:

Eigenkapital am 1.1.	€ 118 000,–
Eigenkapital am 31.12.	€ 140 000,–
	€ 258 000,–
: 2 = Durchnittskapital	€ 129 000,–

Es wird ein Zinssatz von 4 % für eine längerfristige sichere Anlage angenommen. Es ergibt sich ein kalkulatorischer Zins von € 5 160,–.

Kalkulatorische Miete

Berechnung der Miete

Kalkulatorische Miete muss angesetzt werden, wenn der Betrieb ganz oder teilweise auf eigenem Grund und Boden des Einzelunternehmers unterhalten wird. Der Ansatz entspricht der orts- oder branchenüblichen Miete für vergleichbare Objekte. Sie wird vermindert, um schon in der Finanzbuchhaltung berücksichtigte Grundstücks- und Gebäudeaufwendungen, wie Grundsteuern und Gebühren. Die kalkulatorische Miete stellt Gemeinkosten dar.

Kalkulatorische Abschreibungen

Ziele und Wege der kalkulatorischen Abschreibung werden in Abgrenzung zu denen der bilanziellen Abschreibung deutlich.

bilanzielle Abschreibung

Bilanzielle Abschreibungen

- werden nach steuerrechtlichen Gesichtspunkten ermittelt, die die tatsächlichen Wertminderungen nicht genügend berücksichtigen,
- umfassen die Abschreibung aller Wirtschaftsgüter, also z.B. auch für vorzeitig stillgelegte Anlagegüter,
- müssen vom Anschaffungs- oder Herstellungswert erfolgen. Dadurch erwirtschaftet man bis zur Ersatzbeschaffung nur den ursprünglichen Anschaffungspreis,
- legen in Bezug auf die Nutzungsdauer die steuerlich gültigen AfA-Tabellen (AfA = Absetzung für Abnutzung) zugrunde.

kalkulatorische Abschreibung

Kalkulatorische Abschreibungen

- richten sich nach dem tatsächlichen Werteverzehr der betreffenden Wirtschaftsgüter (verbrauchsbedingte Abschreibungen),
- gehen von einer Lebensdauer aus, die dem tatsächlichen betriebsbedingten technischen und wirtschaftlichen Verschleiß entspricht,
- beziehen sich nur auf das betriebsnotwendige Vermögen,
- gehen vom zukünftigen Wiederbeschaffungswert aus,
- legen die realistische Nutzungsdauer zugrunde (Schätzung).

Aber wie kann man den späteren Kaufpreis ermitteln? Wertvolle Hilfe dazu bieten Statistische Jahrbücher und Auskünfte der Lieferanten und Hersteller. Hier ist ersichtlich, wie sich die Preise fast aller Wirtschaftsgüter in der Vergangenheit entwickelt haben. Dadurch kann man einen Trend für die nahe Zukunft ermitteln.

Aufgrund der Kalkulation fließen die Beträge der kalkulatorischen Abschreibungen in den Preis ein. Dementsprechend stünden bei Ersatzbeschaffung die erforderlichen Mittel zur Verfügung. Bei der steuerlichen Abschreibung ständen nur die überholten vergangenen Anschaffungskosten bereit. Voraussetzung wäre natürlich, dass die „verdienten" Abschreibungen auch zurückgelegt worden wären.

Die Beträge der kalkulatorischen Abschreibung können u.U. unter der bilanziellen Abschreibung der Finanzbuchhaltung liegen, und zwar aus folgenden Gründen. Die Kostenrechnung verwendet die betriebsgewöhnliche Nutzungsdauer von Wirtschaftsgütern. Bei sehr soliden Maschinen weicht die reale Nutzungsdauer oft nach oben von der im Steuerrecht vorgegebenen Nutzungsdauer ab, die nur in Ausnahmefällen geändert werden kann. Im folgenden Beispiel ist der Betrag der kalkulatorischen jedoch höher als der der bilanziellen Abschreibung.

Entweder wird nun in der Kostenartenrechnung allein die kalkulatorische Abschreibung eingetragen oder es wird die bilanzielle AfA um die Differenz zur kalkulatorischen Abschreibung ergänzt.

Beispiel: Die Wall OHG beschließt den Kauf einer neuen Korpuspresse für den Möbelbau.

Der Anschaffungswert beträgt:	€ 36 500,-
Die steuerliche Nutzungsdauer lt. AfA-Tabelle liegt bei 14 Jahren, das sind 7,14 % lineare Abschreibung pro Jahr:	€ 2 607,-
Die betriebsgewöhnliche Nutzungsdauer wird von den Geschwistern Wall mit 8 Jahren unterstellt. Nach Rücksprache mit dem Hersteller setzen sie den zukünftigen Wiederbeschaffungswert an mit:	€ 42 500,-
Somit ergibt sich eine kalkulatorische lineare Abschreibung von jährlich € 42 500,- : 8 Jahre =	€ 5 312,-

---

Kalkulatorische Wagnisse

Unternehmerisches Handeln bringt vielfältige Wagnisse mit sich, die zu Verlusten führen können. Dabei gibt es folgende Unterscheidung:

Unternehmerrisiko

- allgemeines Unternehmerrisiko (z.B. Wettbewerbsverschärfung, rückläufige Nachfrage, Verfall der Absatzpreise)

  Es ist unkalkulierbar bzw. wertmäßig schwer erfassbar und lässt sich nicht versichern. Die Übernahme dieses Risikos wird i.d.R. durch den Gewinnzuschlag abgedeckt.

Einzelwagnisse

- spezielle Einzelwagnisse

  Diese treten nicht regelmäßig auf, sind aber in einem entsprechend gesteckten Rahmen kalkulierbar und lassen sich zum Teil auch versichern.

  Dazu gehören:

  – Anlagewagnis: z.B. Schäden am Anlagevermögen durch verschiedene unvorhergesehene Ursachen (Hochwasser- und Feuerschäden, die nicht durch entsprechende Versicherungen gedeckt sind),

  – Fertigungswagnis: Material-, Arbeits-, Konstruktionsfehler,

  – Mängelbeseitigungswagnis: Garantiearbeiten,

  – Vertriebswagnis: Forderungsausfälle.

Die möglichen Verluste durch diese Wagnisse finden sich in der Kostenrechnung in den Wagniskosten wieder, die den Gemeinkosten zugerechnet werden.

Einfluss der kalkulatorischen Kosten auf das Betriebsergebnis

Der tatsächliche betriebliche Erfolg eines Einzelunternehmens oder einer Personengesellschaft lässt sich nicht aus der Gewinn- und Verlustrechnung ablesen, sondern muss unter Berücksichtigung der kalkulatorischen Kosten gesehen werden.

Auch die neutralen Aufwendungen und Erträge wirken sich auf das steuerliche Ergebnis aus. Sie ergeben sich aber nicht unmittelbar aus der betrieblichen Leistung. Deshalb sind sie aus der Kostenrechnung auszusondern.

Wird z.B. eine hohe Rückstellung aufgelöst, weil sie nicht oder nur zum Teil in Anspruch genommen wurde, erhöht sich der steuerliche Gewinn beträchtlich. Der Erfolg der Werkstatt ist jedoch davon nicht betroffen.

Beispiel: Ramona und Jochen Wall wollen wissen, ob sie betriebswirtschaftlich gesehen einen ausreichenden Erfolg hatten. Sie nehmen sich daher ihre Gewinn- und Verlust-Rechnung vor. Die neutralen Aufwendungen und Erträge sind bereits nicht mehr darin enthalten. Sie rechnen nun wie folgt:

Gewinn laut GuV	€ 121 591,-
./. kalkulatorische Unternehmerlöhne	€ 137 314,-
./. kalkulatorischer Lohn für mithelfende Familienangehörige	€ 3 000,-
./. kalkulatorische Zinsen	€ 5 160,-
./. kalkulatorische Miete	€ 12 000,-
./. kalkulatorische Abschreibungen	€ 1 900,-
= betriebswirtschaftliches Ergebnis = Verlust	- € 37 783,-

Dieses betriebswirtschaftliche Ergebnis zeigt ihnen, dass sich die Selbstständigkeit nicht „gelohnt“ hat. Die kalkulatorischen Kosten konnten nicht erwirtschaftet werden. Der Unternehmerlohn wurde nicht erzielt.

Mit diesem betriebswirtschaftlichen Ergebnis können sie somit nicht zufrieden sein.

Sie beschließen:

- Die Kostenrechnung soll überarbeitet werden.
- Die zuletzt ermittelten kalkulatorischen Kosten sind in die Kostenartenrechnung aufzunehmen.
- Die Stundenverrechnungssätze sind zu überprüfen.
- Die Kostenkontrolle ist intensiver durchzuführen.

Übersicht der Kostenarten in Ihrer Zuordnung zu Einzel- und Gemeinkosten

Abgrenzung Einzel-/ Gemeinkosten

Kostenart	Einzelkosten	Gemeinkosten
Fertigungsmaterial	X	
Hilfs- und Betriebsstoffe		X
Fremdleistungen	X	
Personalkosten	X	X
Abschreibungen		X
geringwertige Wirtschaftsgüter		X
Raumkosten		X
Energiekosten	X	X
Versicherungen, Beiträge		X
Reparaturen, Instandhaltungen		X
Mietleasing		X
Fahrzeugkosten	X	X
Werbekosten		X
Reisekosten	X	X
Bürokosten		X
Rechts- und Beratungskosten		X
Buchführungskosten/Steuerberater		X
Werkzeuge, Kleingeräte	X	X
sonstiger Betriebsbedarf		X
Zinsaufwand		X
Entsorgung		x
kalkulatorischer Unternehmerlohn	X	X
kalkulatorischer Lohn für mithelfende Familienangehörige	X	X
kalkulatorische Zinsen		X
kalkulatorische Miete		X
kalkulatorische Abschreibungen		X

Die rot gedruckten Kostenansätze (X) enthalten sowohl Einzel- als auch Gemeinkosten. Bevor diese Kosten in die Kalkulation eingehen, müssen sie in Einzelkosten und Gemeinkosten aufgegliedert werden.

11.3.3 Kostenartenplan

Erstellung Kostenartenplan

Eine aussagefähige Kostenartenrechnung setzt einen systematisch gestalteten Kostenartenplan voraus. Der Kostenartenplan unterstützt die Erfassung und Zuordnung der Kosten. Er orientiert sich im Allgemeinen am Kontenplan der Finanzbuchhaltung. Die Kosten aus der Finanzbuchhaltung müssen jedoch noch korrigiert werden. Sie sind gegebenenfalls um den neutralen Aufwand zu vermindern und um die Zusatzkosten zu erhöhen.

Je nachdem, wie tief die Informationen über die Kosten gewünscht sind, wird der Kostenartenplan im Detail auf der Grundlage der Unterscheidung von Gemein- und Einzelkosten ausgestaltet.

Beispiel: Ramona und Jochen Wall haben über ihren Steuerberater viel über ihre betrieblichen Zahlen gelernt. Sie wissen, wo sie welche Werte finden und was sie bedeuten. Klar ist ihnen aber jetzt auch, dass die GuV nicht alle betrieblichen Kosten beinhaltet.

Sie müssen sich nun Gedanken machen, wie die Zahlen der Gewinn- und Verlustrechnung zu ergänzen und evtl. zu korrigieren sind. Deshalb greifen sie nun zur GuV des letzten Jahres.

Die kalkulatorischen Kosten müssen noch zwingend mit einfließen. Erst dann zeigt sich der echte wirtschaftliche Erfolg ihres Betriebes. Der Plan mit den endgültig zu verwendenden Kosten ist dann die Grundlage für ihre Kostenrechnung und Kalkulation.

Gemeinkosten:

a) Kosten gemäß Gewinn- und Verlustrechnung

Gehalt der Bürokraft	€ 12 600,–
gesetzliche soziale Aufwendungen	€ 62 863,–
Abschreibungen	€ 25 312,–
Grundstücksaufwand, Heizung	€ 12 891,–
Versicherungen, Beiträge	€ 10 175,–
Kraftfahrzeugaufwand	€ 32 950,–
Werbung	€ 6 218,–
Instandhaltung Maschinen, BGA	€ 9 542,–
Strom, Gas, Wasser	€ 7 517,–
Büroaufwand	€ 7 426,–
Reisekosten	€ 4 877,–
Buchführung, Rechts- und Beratungskosten	€ 9 306,–
Entsorgung	€ 5 659,–
Werkzeuge, Kleingeräte	€ 4 982,–
Zinsaufwand	€ 12 810,–
sonstiger Aufwand	€ 11 003,–
b) Gemeinkostenlöhne	€ 79 367,–

c) Zusatzkosten

kalkulatorisches unproduktives Unternehmerentgelt (2 x € 68 657,- x 50 %)	€ 68 657,-
kalkulatorischer Eigenkapitalzins	€ 5 160,-
kalkulatorische Miete	€ 12 000,-
kalkulatorische Abschreibungen	€ 1 900,-
Summe der Gemeinkosten	€ 403 215,-

Einzelkosten:

a) Fertigungslöhne

direkt verrechenbare Personalkosten	€ 147 396,-
direkt zurechenbare Unternehmerlöhne	€ 68 657,-
produktive Mitarbeit Familienangehöriger	€ 3 000,-
Summe der Fertigungslöhne	€ 219 053,-

b) Fertigungsmaterial/Fremdleistungen

Materialeinsatz	€ 296 814,-
Fremdleistungen	€ 26 286,-

11.4 Kostenstellenrechnung

Nachdem die Kostenarten erfasst worden sind, müssen sie den einzelnen Stellen im Betrieb zugeordnet werden, an denen sie entstanden sind. Der Betriebsabrechnungsbogen (BAB) dient als Hilfsmittel bei der Verteilung der Kosten.

Die Kostenstellenrechnung hat folgende Aufgaben:

Aufgaben der Kostenstellenrechnung

- Verteilung der nach Kostenarten aufgegliederten Gemeinkosten auf die Kostenstellen,
- Ermittlung der Zuschlagssätze für jede Kostenstelle,
- Kontrolle der Kosten bei den einzelnen Kostenstellen,
- Planung von Maßnahmen aufgrund der Ergebnisse.

Alles verstanden? Werden Sie im Sackmann-Lernportal aktiv!

Bildung von Kostenstellen

Abhängig von der Art, Größe und Struktur des Unternehmens erfolgt die Einteilung der Kostenstellen nach verschiedenen Kriterien:

Einteilungskriterien für Kostenstellen

- nach betrieblichen Funktionen (z.B. Beschaffung, Fertigung, Verwaltung, Vertrieb),
- nach Verantwortungsbereichen (z.B. Abteilung, Filiale),
- nach betrieblichen Räumen (z.B. Lager, Werkstatt, Laden, Büro),
- nach einzelnen Bestandteilen des Anlagevermögens (z.B. zur Ermittlung der Kfz-Kosten, um zu prüfen, ob Leasing oder Mieten eine kostengünstigere Alternative sind.

Auch die Anzahl der Kostenstellen ist abhängig von der Betriebsgröße und -struktur. Bei größeren Betrieben oder einer breiten Produktpalette ist das Einrichten einer entsprechend großen Anzahl von Kostenstellen sinnvoll, um offenzulegen, wo genau wie viel Kosten entstehen. Nur so ist eine Optimierung der betrieblichen Entscheidungen und Maßnahmen möglich.

Beispiel: In der Wall OHG liegen die Zinsen, Abschreibungen, Energiekosten und Versicherungen im Maschinenraum aufgrund der kapitalintensiven Ausstattung erheblich höher als im sog. Bankraum, in dem überwiegend Handarbeit geleistet wird. Somit ergeben sich unterschiedlich hohe Gemeinkosten im Verhältnis zu den Einzelkosten.

Es sollten jedoch immer nur so viele Kostenstellen vorgesehen werden, wie man kalkulatorisch einsetzen und auswerten kann. Im typischen mittleren Handwerksbetrieb kommen i.d.R. ca. vier bis sechs Kostenstellen in Frage:

typische Kostenstellen im Handwerk

- Werkstatt (evtl. zwei bis drei Bearbeitungsbereiche),
- Montage,
- Lager,
- Büro/Verwaltung,
- Verkauf (soweit Handel betrieben wird).

Kostenstellen werden darüber hinaus in Hauptkostenstellen und Hilfskostenstellen unterschieden:

Hauptkostenstellen

- Hauptkostenstellen sind diejenigen Abrechnungsbereiche, die die Betriebsleistung überwiegend und unmittelbar erbringen. Sie nehmen den größten Teil der in einer Periode anfallenden Kosten eines Betriebes auf. Bei produzierenden Handwerkern ist der Werkstattbereich eine Hauptkostenstelle, bei Dienstleistern ist es u.a. der Bereich Installation.

Hilfskostenstellen

- Hilfskostenstellen erbringen für die Produktion nur mittelbare Leistungen. Dazu gehören z.B. die Bereiche Verwaltung, Vertrieb und Lager. Hilfskostenstellen sind wichtig, da sie für die betriebliche Organisation unumgänglich sind.

Aufbau und Erstellung des Betriebsabrechnungsbogens (BAB)

Der Betriebsabrechnungsbogen wird i.d.R. einmal jährlich aufgestellt. Er enthält sämtliche Kostenarten in der senkrechten Aufstellung und alle Kostenstellen in der waagerechten Zeile.

Verteilung der Einzelkosten

In den BAB werden sowohl Einzel- als auch Gemeinkosten eingetragen. Die Einzelkosten im Bereich Fertigung (Fertigungslöhne, produktiver kalkulatorischer Unternehmerlohn, produktiver kalkulatorischer Familienlohn) werden durch die Erfassung der exakten Stunden auf die entsprechenden Kostenstellen verteilt. Sie dienen als Bezugsgröße zur Errechnung der Zuschlagssätze, die in den letzten Zeilen angegeben werden.

Verteilung der Gemeinkosten

Die Verteilung der Gemeinkosten auf die einzelnen Kostenstellen erfolgt aufgrund von Belegen (z.B. Lohn- und Gehaltslisten, Entnahmescheine für Hilfs- und Betriebsstoffe) oder nach geeigneten Verteilungsschlüsseln.

Die Ermittlung des Verteilungsschlüssels ist mit einem beträchtlichen Aufwand verbunden: Jede einzelne Kostenart muss daraufhin überprüft werden, wo sie anfällt und in welcher Höhe sie der entsprechenden Kostenstelle zuzurechnen ist. Bei vielen Positionen reicht eine gewissenhafte Schätzung aus, insbesondere wenn die Kostenart keinen sehr großen Wert beinhaltet.

Ist die Verteilung der Gemeinkosten einmal vollzogen, haben die Ergebnisse für einen längeren Zeitraum Bestand. Änderungen erfolgen, wenn sich grundlegende Veränderungen in der Kosten- und Leistungsstruktur bzw. in den Kapazitäten ergeben.

Ermittlung von Gemeinkostenzuschlagssätzen

Nachdem die Gemeinkosten auf die einzelnen Kostenstellen aufgeteilt wurden, kann für jede Kostenstelle ein Gemeinkostenzuschlagssatz ermittelt werden. Bei der Berechnung des Zuschlagsatzes wird das prozentuale Verhältnis der Gemeinkosten zu den Einzelkosten berechnet. Diese Zuschlagssätze werden im Rahmen der Kostenträgerrechnung für die Kalkulation benötigt, d.h., mit ihrer Hilfe werden die Gemeinkosten auf die einzelnen Kostenträger (Produkte und Dienstleistungen) verrechnet.

Bei der Berechnung der Zuschlagssätze wird folgende allgemeine Formel zugrunde gelegt:

$$\text{Gemeinkostenzuschlag} = \frac{\text{Gemeinkosten Kostenstelle} \times 100}{\text{Bezugsgröße (Einzelkosten)}}$$

Dabei kommen unterschiedliche Bezugsgrößen in Frage:

Bezugsgrößen

- Fertigungslöhne,
- Fertigungsmaterial,
- Herstellkosten.

Wall OHG , vereinfachter Betriebsabrechnungsbogen

	Kostenarten	Verteilungsgrundlage	Betrag €	Verteilungsschlüssel %	Hauptkostenstelle I Maschinenraum €	Hauptkostenstelle II Bankraum €	Hauptkostenstelle III Montage €	Hilfskostenstelle Lager €	Hilfskostenstelle Büro/ Verwaltung €
1	Fertigungslöhne Mitarbeiter	Lohnlisten	147396,-	55/25/20/-/-	81068,-	36849,-	29479,-		
2	produktive Unternehmerlöhne	eigene Aufzeichnungen	68657,-	70/20/10/-/-	48060,-	13731,-	6866,-		
3	prod Lohn Familienangehöriger	eigene Aufzeichnungen	3000,-	20/75/5/-/-	600,-	2250,-	150,-		
4	Materialeinsatz	Materialentnahmescheine	296814,-	-/-/-/100/-				296814,-	
5	Fremdleistungen	Rechnungen	26286,-						
6	**Summe der Einzelkosten**				**129728,-**	**52830,-**	**36495,-**	**298814,-**	
7	Gemeinkostenlöhne	Lohnlisten	79367,-	55/25/20/-/-	43652,-	19842,-	15873,-		
8	Gehälter	Lohnlisten	12600,-	-/-/-/-/100					12600,-
9	gesetzlicher sozialer Aufwand	Lohnlisten	62863,-	52/24/19/-/5	32689,-	15087,-	11944,-		3143,-
10	Abschreibungen	Anlagenverzeichnis	25312,-	65/13/12/3/7	16453,-	3291,-	3037,-	759,-	1772,-
11	Grundstücksaufwand, Heizung	Errechnung	12891,-	45/41/-/6/8	5801,-	5286,-		773,-	1031,-
12	Versicherungen, Beiträge	Buchhaltung	10175,-	4/-/6/-/90	407,-		611,-		9157,-
13	Kraftfahrzeugaufwand	Fahrtenbücher	32950,-	5/5/70/8/12	1648,-	1648,-	23064,-	2636,-	3954,-
14	Werbung	Buchhaltung	6218,-	-/-/-/-/100					6218,-
15	Instandhaltung Maschinen, BGA	Buchhaltung	9542,-	80/12/4/2/2	7633,-	1145,-	382,-	191,-	191,-
16	Strom, Gas, Wasser	Errechnung	7517,-	75/20/-/1/4	5638,-	1503,-		75,-	301,-
17	Büroaufwand	Buchhaltung	7426,-	-/-/-/-/100					7426,-
18	Reisekosten	Buchhaltung	4877,-	-/-/85/-/15			4145,-		732,-
19	Buchführung, Beratungskosten	Buchhaltung	9306,-	-/-/-/-/100					9306,-
20	Entsorgung	Buchhaltung	5659,-	65/35/-/-/-	3678,-	1981,-			
21	Werkzeuge, Kleingeräte	Buchhaltung	4982,-	55/20/25/-/-	2740,-	996,-	1246,-		
22	Zinsaufwand	Buchhaltung	12810,-	65/13/12/3/7	8327,-	1665,-	1537,-	384,-	897,-
23	sonstiger Aufwand	Statistik	11003,-	35/25/20/4/16	3851,-	2751,-	2201,-	440,-	1760,-
24	Unprodukt Unternehmerlöhne	eigene Aufzeichnungen	68657,-	-/-/-/8/92				5492,-	63165,-
25	kalkulat Eigenkapitalzinsen	Anlagenverzeichnis	5160,-	60/18/12/3/7	3096,-	929,-	619,-	155,-	361,-
26	kalkulatorische Miete	Errechnungen	12000,-	45/41/-/6/8	5400,-	4920,-		720,-	960,-
27	kalkulat Abschreibungen	Anlagenverzeichnis	1900,-	65/13/12/3/7	1235,-	247,-	228,-	57,-	133,-
28	**Summe Gemeinkosten**		**403215,-**		**142248,-**	**61291,-**	**64887,-**	**11682,-**	**123107,-**
	Herstellungskosten (Zeilen 6 + 28 ohne Büro)	**822261,-**							
	Zuschlagssätze				**109,7 %**	**116 %**	**177,8 %**		

Zuschlagssätze bei einer Kostenstelle

Oftmals wird jedoch - vor allem bei kleinen Handwerksbetrieben, die nur eine Werkstatt unterhalten und wenige Produkte oder Dienstleistungen anbieten - für den Gesamtbetrieb nur eine einzige Kostenstelle unterstellt. Solche Betriebe arbeiten demzufolge nur mit einem einzigen Gemeinkostenzuschlag.

Aus Gründen der Zweckmäßigkeit werden die Gemeinkosten in den verschiedenen Handwerksbereichen entweder den Fertigungslöhnen oder aber dem Fertigungsmaterial zugeschlagen. Der Zuschlagssatz auf den Fertigungslohn wird nach folgender Formel errechnet:

$$\text{Gemeinkostenzuschlag} = \frac{\text{Gemeinkosten des Betriebs} \times 100}{\text{Fertigungslöhne}}$$

In einigen materialintensiven Handwerksbetrieben ist es üblich, den Zuschlagssatz auf Basis des Fertigungsmaterials zu berechnen:

$$\text{Gemeinkostenzuschlag} = \frac{\text{Gemeinkosten des Betriebs x 100}}{\text{Fertigungsmaterial}}$$

Ob bei Betrieben mit einer einzigen Kostenstelle der Fertigungslohn oder der Materialverbrauch als Bezugsgröße gewählt wird, kommt auf die individuellen Gegebenheiten des Betriebes und die Besonderheiten der Branche an. Bäcker und Fleischer verkaufen ihre Produkte nach Stückzahl und Gewicht und nicht nach geleisteten produktiven Stunden. Ihre Kalkulation basiert auf dem Waren- und Materialeinsatz. Tischler, Kfz-Techniker, Haushaltsgeräte-Kundendienste und Heizungsbauer „verkaufen" produktive Stunden, sodass ihre Kalkulationsgrundlage der Fertigungslohn ist.

Für einzelne Gewerke gibt es noch andere Berechnungsmöglichkeiten, wie z.B. qm im Putz- und Stukkateurhandwerk cbm (Kubikmeter) im Baugewerbe, lfdm (laufender Meter) Schlitze zur Verlegung von Kabeln bei Elektrotechnikern. Hier handelt es sich um durchschnittliche Erfahrungswerte, bei denen Fertigungslöhne, Materialverbrauch und Gemeinkosten zusammengefasst sind.

Stundenverrechnungssatz

Mithilfe des ermittelten Gemeinkostenzuschlagssatzes können dann die Selbstkosten kalkuliert werden. Diese Selbstkosten je Stunde ergänzt um einen Zuschlag für Wagnis und Gewinn sowie die Umsatzsteuer ergeben dann den Stundenverrechnungssatz | ► Zuschlagskalkulation, S. 194 |.

Beispiel: Die Geschwister Wall wollen einmal im Groben wissen, wie das Ergebnis ist, wenn sie nur von einer Koststelle ausgehen. Den Zuschlagsatz auf Fertigungslohn ermitteln sie folgendermaßen:

$$\frac{\text{€ 403 215,– x 100}}{\text{€ 219 053,–}} = \text{184,1 \% (Zuschlag auf Fertigungslohn)}$$

Kaum realistisch für ihr Unternehmen wäre der alleinige Zuschlag auf das Material. Dennoch rechnen sie einmal wie folgt:

In ihrem Betrieb beträgt der Materialverbrauch € 296 814,–.

Es ergibt sich folgende Berechnung:

$$\frac{\text{(€ 403 215,– + € 219 053,–) x 100}}{\text{€ 296 814,–}} = \text{209,7 \% (Zuschlag auf das Material)}$$

Würde die Wall OHG die Gemeinkosten nur dem Fertigungslohn zuschlagen, ergibt sich bei einem Stundenlohn von € 15,–:

Fertigungslohn pro Std.	€ 15,–
+ Zuschlagssatz für Gemeinkosten 184,1 %	€ 27,62
= Selbstkosten (ohne Materialverbrauch)	€ 42,62

Diese Selbstkosten je Stunde ergänzt um einen Zuschlag für Wagnis und Gewinn sowie die Umsatzsteuer ergeben dann den Stundenverrechnungssatz.

Selbstkosten je Stunde	€ 42,62
+ 8 % Wagnis und Gewinn	€ 3,41
+ 19 % USt	€ 8,75
= Stundenverrechnungssatz	€ 54,78

11.5 Kostenträgerrechnung

Mithilfe der Kostenträgerrechnung wird erfasst, wie viel Kosten für die einzelnen Produkte und Leistungen (Kostenträger) des Betriebs anfallen.

Die Kostenträgerrechnung lässt sich einteilen in:

- Kostenträgerstückrechnung (in der Praxis auch als Kalkulation oder Selbstkostenrechnung bezeichnet). Es werden die Selbstkosten pro Stück eines Kostenträgers ermittelt. *Kostenträgerstückrechnung*

  Aufbauend auf den Selbstkosten kann dann der Angebotspreis eines Produktes bzw. einer Leistung bestimmt werden. Die Kostenträgerstückrechnung stellt somit wichtige Informationen für die Preisfestsetzung zur Verfügung.

- Kostenträgerzeitrechnung *Kostenträgerzeitrechnung*

  Mit ihr werden die Kosten bestimmt, die innerhalb einer Periode (Monat/Jahr) insgesamt auf die verschiedenen Produktarten entfallen.

11.5.1 Kalkulationsarten

Zu unterscheiden sind drei Arten der Kalkulation, je nachdem zu welchem Zeitpunkt sie stattfindet:

- Vorkalkulation *Vorkalkulation*

  Mithilfe der Vorkalkulation soll ein Angebotspreis ermittelt werden. Die Schwierigkeit liegt darin, dass die Kosten zum Teil vorab geschätzt werden müssen.

- Zwischenkalkulation *Zwischenkalkulation*

  Bei größeren, sich über einen langen Zeitraum erstreckenden Aufträgen ist es sinnvoll, nach Abschluss bestimmter Teilarbeiten eine Zwischenkalkulation durchzuführen. Damit lässt sich ein Überblick über die bis dahin angelaufenen Kosten gewinnen.

  Diese können mit den kalkulierten Kosten der Teilarbeiten verglichen werden. Bei negativen Ergebnissen sollte man versuchen, die weiteren Kosten zu beeinflussen, um noch zu einem positiven Abschluss zu gelangen. Die Zwischenkalkulation erfüllt somit eine Überwachungsfunktion.

Nachkalkulation

- Nachkalkulation

  Nach der Ausführung eines Auftrages ist eine Nachkalkulation notwendig. Dabei werden die Kosten ermittelt, die bei der Auftragsabwicklung tatsächlich angefallen sind und mit den Daten der Vorkalkulation verglichen. Die Nachkalkulation übernimmt somit eine Kontrollfunktion. Aus dem Datenvergleich können darüber hinaus Schätzwerte für zukünftige Aufträge abgeleitet werden (sofern die neuen Aufträge ähnlich gelagert sind wie die vergangenen) | ► HF 3, Kap. 20.1 |.

Zur Durchführung der Kalkulation kommen folgende Verfahren zur Anwendung:

- Divisionskalkulation,
- Zuschlagskalkulation.

Die Wahl des Verfahrens hängt maßgeblich von der Anzahl und Verschiedenartigkeit der Produktarten und Fertigungsverfahren eines Unternehmens ab.

11.5.2 Divisionskalkulation

bei einheitlichem Produkt

Die Divisionskalkulation stellt das einfachste Kalkulationsverfahren dar. Der Einsatz dieses Verfahrens ist jedoch nur dann möglich, wenn ein einheitliches Produkt bzw. eine einheitliche Leistung angeboten werden oder wenn eindeutig abgrenzbare Kostenstellen vorhanden sind, in denen jeweils gleichartige Produkte erstellt werden.

Bei der Divisionskalkulation werden zur Ermittlung der Selbstkosten pro Einheit die gesamten Kosten einer Periode durch die in diesem Zeitraum hergestellte Stückzahl dividiert. Die Formel lautet:

$$\text{Selbstkosten der Leistungseinheit} = \frac{\text{Gesamtkosten pro Periode}}{\text{Anzahl der Leistungseinheiten pro Periode}}$$

Beispiel: Die Gesamtkosten für die Herstellung einer Serie von zehn Schränken betragen € 15 000,–. Die Selbstkosten je Schrank machen folglich € 1 500,– aus.

Die Divisionskalkulation ist bei der Mehrzahl der Handwerksbetriebe wegen der dort angebotenen unterschiedlichen Leistungen kaum anwendbar.

11.5.3 Zuschlagskalkulation

Handwerksbetriebe bieten i.d.R. verschiedenartige Produkte oder Leistungen an. Aus diesem Grund würden sie bei der Anwendung der Divisionskalkulation erhebliche Kalkulationsfehler machen. Für Handwerksbetriebe ist daher die Zuschlagskalkulation das geeignetere Kalkulationsverfahren. Das Ziel ist dabei, die Kosten möglichst genau den Kostenträgern, d.h. Produkten oder Leistungen, zuzurechnen, die sie verursacht haben.

Trennung nach Einzel- und Gemeinkosten

Die Zuschlagskalkulation macht einen Unterschied zwischen Einzel- und Gemeinkosten und rechnet den Kostenträgern die

- Einzelkosten direkt,
- Gemeinkosten über Zuschlagssätze zu.

Summarische Zuschlagskalkulation

Wird für den Betrieb nur eine einzige Kostenstelle unterstellt, so werden die Gemeinkosten mit nur einem einzigen Gemeinkostenzuschlagssatz dem Kostenträger zugerechnet (Bezugsgröße zur Gemeinkostenumlage entweder Materialeinzelkosten oder Fertigungslöhne).

bei einer Kostenstelle

Schema der summarischen Zuschlagskalkulation:

Materialkosten (Einzelkosten)
+ Fertigungslöhne (Einzelkosten)
+ Gemeinkostenzuschlag
+ Sondereinzelkosten
= Selbstkosten
+ Gewinn und Wagniszuschlag
= Nettoangebotspreis
+ USt (19 %)
= Bruttoangebotspreis

Differenzierte Zuschlagskalkulation

bei verschiedenen Kostenstellen

Bei der differenzierten Zuschlagskalkulation sind die Gemeinkosten auf verschiedene Kostenstellen verteilt und werden somit über mehrere getrennte Zuschlagsätze auf den Kostenträger verrechnet.

Schema der differenzierten Zuschlagskalkulation:

Materialeinzelkosten (Fertigungsmaterial)
+ Materialgemeinkostenzuschlag
+ Lohneinzelkosten (Fertigungslöhne) je Kostenstelle
+ Lohngemeinkostenzuschlag je Kostenstelle
+ Sondereinzelkosten/Fremdleistungen
+ Maschinenstundenverrechnungssatz
= Herstellkosten
+ Verwaltungsgemeinkostenzuschlag
= Selbstkosten
+ Zuschlag für Unternehmerwagnis und Gewinn
= Nettoangebotspreis
+ USt (19%)
= Bruttoangebotspreis

Beispiel: Die Geschwister Wall erstellen ein Angebot für eine Wohnzimmerschrankwand und wollen sehen, was im Vergleich herauskommt, wenn sie mit den verschiedenen Kalkulationsverfahren rechnen.

Als Bezugsgröße für die Gemeinkostenumlage wählen sie die Fertigungslöhne (die Wahl der Materialeinzelkosten als Bezugsgröße ist nur bei materialintensiven Handwerksbetrieben sinnvoll). Für den späteren Einbau zahlreicher Geräte der Unterhaltungselektronik sind die notwendigen Anschlussleitungen schon in der Schrankwand vorzusehen, die ein Elektrotechniker übernimmt. Es fallen also Fremdleistungen an (€ 1 500,-).

Sie veranschlagen einen Materialbedarf von € 2 600,- und 28 Fertigungsstunden im Maschinenraum. 15 Fertigungsstunden werden in der Kostenstelle Bankraum für die Oberflächenbehandlung zugrunde gelegt. Die Montage soll in 8 Stunden erfolgen. Der mittlere Stundenlohn der Wall OHG beträgt € 15,-.

- Kalkulation mit nur einem gemeinsamen Zuschlagssatz auf die gesamten Fertigungslöhne (summarische Zuschlagskalkulation):

Materialeinzelkosten	€ 2 600,-
+ Fertigungslohn	
28 Std. + 15 Std. + 8 Std. = 51 Std. x € 15,-	€ 765,-
+ Gemeinkostenzuschlag 184,1 %	€ 1 408,37
+ Sondereinzelkosten	€ 1 500,-
= Selbstkosten	€ 6 273,37

- Kalkulation mit differenzierten Zuschlagssätzen:

Materialeinzelkosten	€ 2 600,-
+ Gemeinkostenzuschlag 3,9 %	€ 101,40
Fertigungslohn Maschinenraum 28 Std. x 15,-	€ 420,-
+ Gemeinkostenzuschlag 109,7,0 %	€ 460,74
Fertigungslohn Bankraum 15 Std. x 15,-	€ 225,-
+ Gemeinkostenzuschlag 116,0 %	€ 261,-
Fertigungslohn Montage 8 Std. x 15,-	€ 120,-
+ Gemeinkostenzuschlag 177,8 %	€ 213,36
+ Sondereinzelkosten	€ 1 500,-
= Herstellkosten	€ 5901,50
+ Verwaltungsgemeinkostenzuschlag 15,0 %	€ 885,22
= Selbstkosten	€ 6 786,72

Die Geschwister Wall erkennen, dass sie mit der zwar einfacheren summarischen Zuschlagskalkulation offensichtlich zu ungenaueren Ergebnissen kommen.

Um mit einer Kalkulation zu exakten Ergebnissen zu kommen, müsste der Unternehmer bei jedem Angebot, das nicht den Kostenverhältnissen des BAB entspricht, die Gemeinkostenverteilung neu festlegen, was aber einen unverhältnismäßig hohen Aufwand bedeutet.

Bei etwa gleich bleibender Auftragsstruktur und Kapazitätsauslastung im Durchschnitt einer längeren Periode gleichen sich die Unterschiede einzelner Angebote wieder aus.

Sollte sich jedoch eine grundlegende Veränderung der betrieblichen Strukturen ergeben, so ist auf alle Fälle eine neue Ermittlung der Gemeinkostenzuschläge durchzuführen.

Das wäre z.B. sinnvoll, wenn ein Heizungsbauer von Neubauinstallationen auf Kundendienst und Wartung umstrukturiert. Im Neubau ist ein erheblicher Materialbedarf gegeben, der einen großen Teil der Gemeinkosten trägt. Beim Kundendienst werden überwiegend Stunden „verkauft", die jetzt die Gemeinkosten tragen müssen.

Die größten Schwierigkeiten bei der Kalkulation bereitet die im Voraus zu beurteilende Höhe der Einzelkosten, z.B. die Festlegung der wahrscheinlich gebrauchten Fertigungsstunden oder des Materials.

Gleichzeitig sind die Einzelkosten das wichtigste Element für die Ermittlung des Angebotspreises.

Nachkalkulation als Grundlage für Angebote

Bei handwerklichen Leistungen ist i.d.R. kein Auftrag wie der andere, sodass selten exakte Daten der Vergangenheit für ein neu zu kalkulierendes Angebot verfügbar sind.

Eine große Hilfe bietet die Nachkalkulation abgeschlossener Aufträge. Deren Werte lassen sich oft näherungsweise in Teilbereichen und -tätigkeiten für neu zu kalkulierende Angebote heranziehen. Für häufig wiederkehrende Fertigungsvorgänge können daraus auch „Katalogwerte" entwickelt werden, die künftige Vorkalkulationen erleichtern.

Ermittlung des Materialbedarfs

Folgende Informationen sind für die Ermittlung des Materialbedarfs hilfreich:

- exakte eigene oder Kundenaufzeichnungen,
- genaue Angaben zu Materialgüte und -beschaffenheit,
- Rückfragen beim Lieferanten über lieferbare Größen, um Verschnitt und Abfall zu vermeiden.

Der benötigte Zeitaufwand ergibt sich aus der unternehmerischen Erfahrung. Die Aussagen von Mitarbeitern zum zeitlichen Bedarf sollten herangezogen werden sowie evtl. Vorgaben von Richtwerten, wie z.B. bei Kfz-Reparaturen. Sondereinzelkosten und Fremdleistungen werden von Zulieferern und Subunternehmern angeboten, von denen eine verbindliche Preisangabe verlangt werden sollte.

Zuschlag für Wagnis und Gewinn

Der Zuschlag für Wagnis und Gewinn ist eine preispolitische Entscheidung. Mit der Erzielung des Selbstkostenpreises wären bereits alle betrieblichen und kalkulatorischen Kosten abgedeckt. Der Selbstkostenpreis wäre somit ausreichend, um die derzeitige Leistungskraft des Unternehmens zu bewahren, sofern keine außerordentlichen Ereignisse, wie z.B. größere Forderungsausfälle oder Anlagenverluste eintreten. Solche Risiken müssen mit dem Zuschlag für Wagnis und Gewinn berücksichtigt werden. Je nach Wettbewerbssituation kann dieser Zuschlag variiert werden. Bei starker Konkurrenz oder großem eigenem Interesse an einem bestimmten Auftrag kann der Zuschlag gering angesetzt werden. Sind die Wettbewerbsbedingungen günstig, kann er höher ausfallen.

Maschinen-Stundenverrechnungssätze

Wenn im Handwerksunternehmen der Einsatz von Maschinen eine große Rolle spielt, sollte auch der Maschineneinsatz als Bezugsgröße zur Verrechnung der Gemeinkosten herangezogen werden. Der Maschinen-Stundensatz wird wie folgt berechnet:

$$\frac{\text{Maschinenkosten}}{\text{Maschinenlaufzeit in Stunden}} = \text{Maschinen-Stundensatz}$$

In die Maschinenkosten fließen ein:

Bestandteile Maschinenkosten

- Instandhaltungskosten,
- Raumkosten,
- Energiekosten,
- Abschreibungen,
- Zinsaufwendungen.

Die jährliche Maschinenlaufzeit setzt sich zusammen aus:

Tage pro Jahr (abzgl. Samstage, Sonntage, Feiertage, Betriebsurlaubstage, Leer- und Ausfalltage) x tägliche Laufzeit in Stunden

Der Wiederbeschaffungswert einer Maschine ist die Grundlage der kalkulatorischen Abschreibung. Er wird ermittelt durch Anfrage bei der Lieferfirma, durch Schätzungen von Maschinen-Sachverständigen und/oder durch Hochrechnung mit dem zutreffenden Index der Preisentwicklung.

Für die kalkulatorischen Zinsen kann der Einfachheit halber die Hälfte des Anschaffungswerts (= durchschnittlich gebundenes Kapital) angesetzt werden.

Die kalkulatorischen Flächenkosten enthalten im Wesentlichen die Abschreibung und Verzinsung der anteilig genutzten Flächen oder die tatsächlich gezahlte Miete.

Die anderen Kosten werden den Maschinenlisten bzw. der Gewinn- und Verlustrechnung entnommen.

Beispiel: Die Wall OHG verfügt über eine sehr hochwertige CNC-gesteuerte Fräse. Sie rentiert sich zwar, ist aber mit 620 Stunden im Jahr nur zu ca. 60 % ausgelastet. Sie veranlasst gegenüber herkömmlichen Maschinen u.a. sehr viel höhere Abschreibungen und (kalkulatorische) Zinsen.

Die Geschwister Wall überlegen deshalb, ob sie durch die Vermietung der freien Kapazitäten an andere Tischlereien zur besseren Auslastung und damit Kostendeckung beitragen könnten. „Welchen Preis könnten wir verlangen für eine Stunde Nutzung?“ fragen sie sich. Auch wäre es für ihre eigene Kalkulation interessant, den Maschinen-Stundensatz zu wissen. Falls einmal eine kleine Serie aufgelegt würde, wäre der Stundensatz eine enorme Erleichterung der Kalkulation. Serienfertigung erfordert einen sehr umfangreichen Maschineneinsatz.

Sie stellen jetzt folgende Werte zusammen:

Anschaffungs- oder Herstellungswert der Maschine	€ 125 000,-
Voraussichtliche betriebsgewöhnliche Nutzungsdauer	8 Jahre
Wiederbeschaffungswert in 8 Jahren	€ 145 000,-

Sonstige Angaben:

- kalk. Abschreibung 12,5 % linear vom Wiederbeschaffungswert
- kalk. Verzinsung 5 % des durchschnittlich gebundenen Kapitals von € 125 000,- : 2 = € 62 500,- x 5 %
- kalk. Flächenkosten (Miete) 30 m^2 à € 6,- x 12 Monate
- Energiekosten 18 kW je Stunde à € 0,20 je kW
- durchschnittl. Jahreslaufzeit: 620 Stunden

Aufgrund dieser Daten rechnen sie wie folgt:

kalkulatorische Abschreibung	€ 18 125,-
kalkulatorische Zinsen	€ 3 125,-
kalkulatorische Miete	€ 2 160,-
Werkzeugkosten	€ 3 750,-
Wartung und Instandhaltung	€ 2 500,-
Energiekosten	€ 2 232,-
Summe	€ 31 892,-

Der Maschinenstundensatz liegt also bei

$$\frac{\text{€ 31 892,-}}{\text{620 Stunden Laufzeit}} = \text{€ 51,44 je Stunde}$$

Könnte die Kapazitätsauslastung auf 800 Stunden im Jahr erhöht werden, würden sich die Kosten für Wartung und Werkzeug auf € 8 065,–, die Energiekosten auf € 2880,– erhöhen. Die übrigen Kosten würden sich nicht verändern. Die Gesamtkosten würden dann € 34 355,– betragen. Das ergibt einen Stundensatz von € 42,94.

Auf dieser Basis wird die Wall OHG an Kollegen herantreten. Wenn sie einige Stunden „verkaufen" können, wird der Erlös das betriebswirtschaftliche Ergebnis verbessern.

Kalkulation von Handelswaren

Handwerksbetriebe, die außer eigenen Erzeugnissen auch Waren anderer Hersteller vertreiben, müssen für diese Handelswaren Preise kalkulieren und zwar sowohl Verkaufspreise als auch Einkaufspreise. Auch für derartige Handelswaren wird die Zuschlagskalkulation verwendet.

- Wenn von einem vorgegebenen Bezugspreis der Verkaufspreis berechnet wird, spricht man dabei von Vorwärtskalkulation. Hier wird der Listenverkaufspreis errechnet. Auf dieser Basis kann auch für den Betrieb ein Kalkulationszuschlag (in Prozent) errechnet werden.
- Wenn von einem Marktpreis ein wünschenswerter Einkaufspreis berechnet wird, spricht man von Rückwärtskalkulation. Es wird vom Zielverkaufspreis ausgegangen und der Zieleinkaufspreis „rückwärts" errechnet.

Schema Vorwärtskalkulation

Listeneinkaufspreis
./. % Lieferantenrabatt
= Zieleinkaufspreis
./. % Lieferantenskonto
= Bareinkaufspreis
+ Bezugskosten
= Bezugspreis (Einstandspreis)
+ Handelskosten (Gemeinkosten)
= Selbstkosten
+ % Gewinn
= Barverkaufspreis
+ % Kundenskonto (vom Zielverkaufspreis)
= Zielverkaufspreis
+ % Kundenrabatt (vom Listenverkaufspreis)
= Listenverkaufspreis

Tests und Aufgaben zu diesem Kapitel finden Sie im Sackmann-Lernportal.

Schema Rückwärtskalkulation

Zielverkaufspreis
./. % Kundenskonto
= Barverkaufspreis
./. % Zuschlag für Wagnis und Gewinn
= Selbstkosten
./. Handelskosten (Gemeinkosten)
= Bezugspreis (Einstandspreis)
./. Bezugskosten
= Bareinkaufspreis
\+ % Lieferantenskonto
= Zieleinkaufspreis

11.6 Kostenrechnungssysteme

Innerhalb der Kostenrechnung lassen sich verschiedene Kostenrechnungssysteme unterscheiden | ▸ HF 1, Kap. 7 |. Unterscheidungskriterien sind

- der Zeitbezug
- und der Umfang der verrechneten Kosten.

Nach dem Zeitbezug werden die Ist- und die Plankostenrechnung unterschieden. Nach dem Umfang der verrechneten Kosten wird in Vollkostenrechnung und Teilkostenrechnung differenziert.

Unterscheidungskriterien

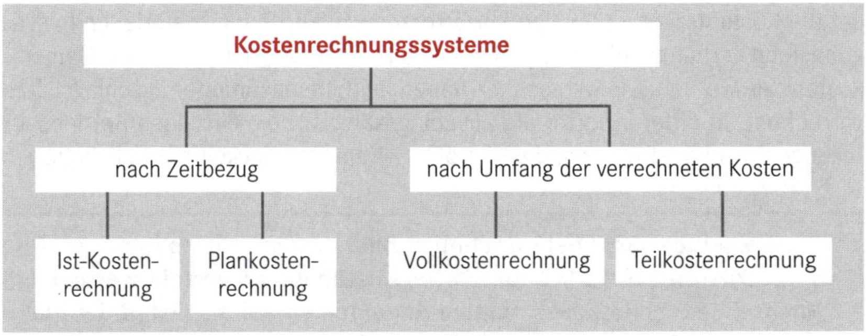

Ist-Kostenrechnung

In der Ist-Kostenrechnung wird mit den tatsächlich angefallenen Kosten, den Ist-Kosten, gerechnet. Dabei handelt es sich immer um Zahlen vergangener Geschäftsjahre. Dieser Vergangenheitsbezug der Ist-Kosten ist problematisch, wenn es um die Kalkulation zukünftiger Produkte bzw. Leistungen geht.

Welche Alternativen gibt es, um sich den Gegebenheiten des heutigen Marktes anzupassen und die jetzige Kostensituation zu berücksichtigen?

Alternativen könnten darin bestehen, dass man die Angebotspreise der allgemeinen statistischen Preisentwicklungsrate anpasst oder durch Variation des Zuschlags für Wagnis und Gewinn einen Korrekturfaktor einsetzt.

Plankostenrechnung

erwartete Kosten

Aufwendiger, aber auch zielführender ist es, sich mit der zu erwartenden Kostenentwicklung der Periode, für die kalkuliert werden soll, auseinanderzusetzen. Die Plankostenrechnung berücksichtigt u.a., inwieweit die Lohntarifpolitik eine Veränderung der Entlohnung erwarten lässt.

Auch sozialpolitische Entscheidungen mit Auswirkungen auf die Sozialversicherungsbeiträge lassen sich normalerweise schon recht früh berücksichtigen. Über Veränderungen bei den Sachversicherungen wird frühzeitig diskutiert, sodass diese ebenfalls schon einkalkuliert werden können. Auch die Energieversorger geben rechtzeitig Preisänderungen bekannt.

Wenn man jede Kostenart daraufhin untersucht, welche Veränderungen absehbar sind, kann man Konsequenzen für die Kalkulation ziehen, die in die Plankostenrechnung eingebunden werden können.

Vollkostenrechnung

Vollkostenrechnung beinhaltet, dass alle Kosten einer Periode den Produkten (Kostenträgern) vollständig zugerechnet werden. Die Zurechnung der Kosten auf die Kostenträger ist bei den Einzelkosten wie Fertigungsmaterial und Fertigungslohn verhältnismäßig unproblematisch. Schwierig ist es bei den Gemeinkosten. Sie werden, wie wir gesehen haben, mithilfe bestimmter Zuschlagssätze verrechnet. Je differenzierter die Zuschlagssätze für die einzelnen Betriebsabteilungen errechnet werden, desto größer ist die Genauigkeit der Kalkulation.

Der Vorteil der Vollkostenrechnung besteht darin, dass die gesamten Selbstkosten auf die Produkte bzw. Kostenstellen verteilt werden. Ein Nachteil jedoch ist, dass man im Allgemeinen auf die Daten der buchführungsmäßig gerade abgeschlossenen Periode, also das vergangene Geschäftsjahr, zurückgreifen muss.

Bezug auf vergangene Periode

Die Gemeinkostenzuschläge basieren sowohl auf den Kosten als auch auf der Auftragsstruktur und Kapazitätsauslastung der vergangenen Periode, werden aber für die Kalkulation künftiger Aufträge eingesetzt. Aktuelle Kostenänderungen oder Veränderungen der betrieblichen Auslastung, die eine Verschiebung der Kostenstruktur mit sich bringen, werden somit nicht berücksichtigt.

War z.B. im Vorjahr eine starke Montagetätigkeit zu verzeichnen, während im laufenden Jahr die Produktion zunimmt, so basieren jetzt die Maschinen-Gemeinkosten auf einer höheren Stundenauslastung der Maschinen.

Verringert sich die Betriebsleistung im laufenden Jahr, ohne dass z.B. im Verwaltungsbereich der Personalbestand reduziert wird, haben die niedrigeren Herstellungskosten relativ mehr Verwaltungsgemeinkosten zu tragen.

Beispiel: Durch verminderte Auftragseingänge muss die Produktion heruntergefahren werden. Deshalb fallen in der Wall OHG nur noch Herstellkosten in Höhe von € 700 000,- an. Bei gleich bleibendem Verwaltungsaufwand ergibt sich ein neuer Verwaltungsgemeinkostenzuschlag:

$$\frac{€\ 123\,107,- \times 100}{€\ 700\,000,-} = 17{,}6\ \%$$

Der Verwaltungsgemeinkostenzuschlag wäre somit gestiegen.

Darüber hinaus werden durch die Zuschlagssätze Zusammenhänge nahegelegt, die gar nicht bestehen. So wird z.B. unterstellt, dass gewisse Gemeinkosten (z.B. Mieten) nur anfallen, wenn der jeweils zu kalkulierende Auftrag ausgeführt wird. Tatsächlich fallen diese Kosten unabhängig davon an.

Trotz all dieser Mängel hat die Vollkostenrechnung in der Form der Zuschlagskalkulation in der handwerklichen Kostenrechnung ihre überragende Stellung behalten.

Bei Reparatur- und Stundenlohnaufträgen, bei denen weder Markt- noch Angebotspreise vorliegen, bleibt die Zuschlagskalkulation das gegebene Verfahren.

Teilkostenrechnung

Bei der Teilkostenrechnung wird - im Unterschied zur Vollkostenrechnung - lediglich ein Teil der gesamten, in einer Periode angefallenen Kosten den Kostenträgern (Leistungen) zugerechnet. Bei diesem Teil der Kosten handelt es sich um variable Kosten bzw. direkt zurechenbare Kosten.

Dadurch soll versucht werden, die Anwendungsprobleme der Vollkostenrechnung zu beheben und eventuell daraus resultierende Fehlentscheidungen zu vermeiden. Folgende Zusammenhänge muss sich der Unternehmer dabei ständig klar machen:

- Variable Kosten steigen oder sinken mit der Veränderung der Beschäftigung. *variable Kosten*
  Dies kann entweder im gleichen Verhältnis (proportional), schneller (progressiv) oder langsamer (degressiv) als die Veränderung der Beschäftigung geschehen.

  Schneller steigen die Kosten z.B., wenn durch die höhere Kapazitätsauslastung die Mitarbeiter Überstunden erbringen und dafür dann die entsprechenden Zuschläge gezahlt werden. Langsamer steigen sie, wenn durch den höheren Materialbedarf günstiger eingekauft werden kann.

fixe Kosten

- Fixe Kosten zeigen keine Reaktion auf Veränderungen des Beschäftigungsgrades. Bei vermehrtem Produktionsausstoß entfällt daher auf das einzelne Stück ein immer kleinerer Anteil der Fixkosten.

  Wenn die fixen Kosten auch bei Produktionssteigerungen völlig gleich bleiben, spricht man von absolut fixen Kosten (für die Erhaltung der Betriebsbereitschaft).

Der Fixkostenanteil je Stück ist dort am geringsten, wo der Betrieb bei gegebener Kapazität seine größtmögliche Menge produziert, da sich dann die fixen Kosten auf eine größere Stückmenge verteilen. Bei wesentlicher Veränderung der Kapazität ändern sich die fixen Kosten sprunghaft (Sprungfixkosten bzw. intervall-fixe Kosten). Bei notwendigen zusätzlichen Maschineninvestitionen steigen dann die fixen Kosten um Zinsen und Abschreibungen beträchtlich an.

Die Höhe der fixen Kosten ist für die Fähigkeit eines Betriebes, sich wechselnden Konjunkturbewegungen kostenmäßig anzupassen, von entscheidender Bedeutung.

Kostendegression

Einerseits bringen Spezialisierung und der Trend zur Massenproduktion einen Degressionseffekt der fixen Kosten (Kostendegression). Das bedeutet, dass sich die konstanten fixen Kosten auf höhere Leistungen verteilen und somit pro Leistungseinheit geringer werden. Andererseits liegt in der Spezialisierung und der damit i.d.R. einhergehenden zunehmenden Mechanisierung auch die Gefahr, dass diese Betriebe bei sinkender Nachfrage wiederum unter den Druck der Fixkosten geraten. Bei geringerer Leistung entfallen nämlich wieder höhere fixe Kosten auf jede Leistungseinheit.

Der Fixkostenblock muss durch die aus der Differenz von Erlösen und variablen Kosten errechneten Deckungsbeiträge abgebaut werden. Hier kommt die Deckungsbeitragsrechnung ins Spiel.

Kosten im Verhältnis zur Produktionsmenge

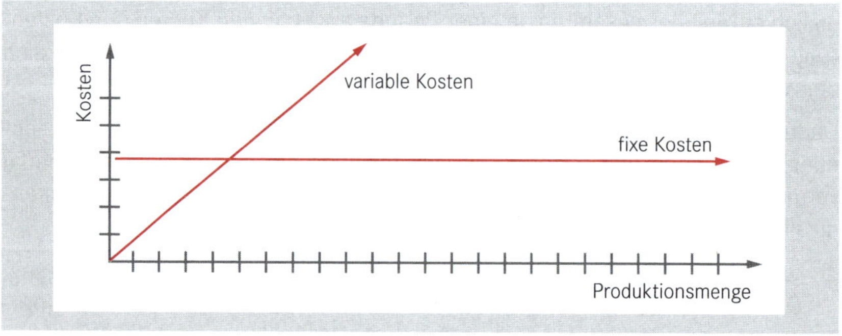

Deckungsbeitragsrechnung

Die bekannteste Methode der Teilkostenrechnung ist die Deckungsbeitragsrechnung. Sie teilt die Kosten nicht in Einzel- und Gemeinkosten auf, sondern gliedert stattdessen sämtliche Kosten in variable und fixe Kosten. Alle nicht eindeutig variablen Kosten gelten als fix und fließen nicht in die Berechnung ein.

Bei der Deckungsbeitragsrechnung werden im Rahmen eines Auftrags die variablen Kosten von dem Erlös abgezogen. Man erhält den Deckungsbeitrag für die fixen Kosten, die ohnehin anfallen (unabhängig vom aktuellen Auftrag).

Erlös ./. variable Kosten = anteiliger Deckungsbeitrag für Fixkosten

Preisuntergrenze

Die Deckungsbeiträge je Auftrag werden in der Summe den gesamten Fixkosten gegenüber gestellt. Bei der Deckungsbeitragsrechnung steht also die Betrachtung im Vordergrund, welchen Beitrag ein Auftrag zur Deckung der fixen Kosten des Handwerksbetriebs leistet.

Wenn in einer Periode die Summe der Deckungsbeiträge die fixen Kosten der Abrechnungsperiode übersteigen, entsteht Gewinn.

Deckungsbeitrag ist der Betrag, den ein Auftrag zur Deckung der fixen Kosten leistet. Produkte und Dienstleistungen sollten nicht aus dem Angebot genommen werden, so lange sie einen positiven Deckungsbeitrag erzielen.

Beispiel: Die Geschwister betrachten Ihre letzten Aufträge im Rahmen einer Deckungsbeitragsrechnung:

Auftrag-Erlöse		variable Kosten	Deckungsbeitrag	Fixkosten
1	€ 10 000,-	€ 6 000,-	€ 4 000,-	
2	€ 11 000,-	€ 7 000,-	€ 4 000,-	
3	€ 8 000,-	€ 5 500,-	€ 2 500,-	
4	€ 9 000,-	€ 5 500,-	€ 3 500,-	
5	€ 11 500,-	€ 6 500,-	€ 5 000,-	
6	€ 9 500,-	€ 8 500,-	€ 1 000,-	
	€ 59 000,-	€ 39 000,-	€ 20 000,-	€ 19 000,-

Die Deckungsbeiträge der sechs Aufträge in Höhe von € 20 000,- haben den Fixkostenblock der Periode in Höhe von € 19 000,- voll abgedeckt und noch einen Gewinn von € 1 000,- erbracht.

Wenn der Auftrag 6 nicht ausgeführt worden wäre, hätte der Erlös bis dahin € 49 500,- betragen. Die variablen Kosten hätten sich auf € 30 500,- belaufen. Der Deckungsbeitrag hätte € 19 000,- betragen und wäre lediglich deckungsgleich mit den Fixkosten gewesen. Es wäre kein Gewinn erwirtschaftet worden. Durch die Hereinnahme des Auftrages 6 ist dieser kleine Gewinn verblieben, weil der Auftrag 6 einen positiven Deckungsbeitrag aufwies.

Die Bewertung des Auftrages 6 bei einer Vollkostenrechnung:

Fertigungslohn Maschinenraum	€ 2 500,-
+ Gemeinkostenzuschlag 109,7 %	€ 2 742,50
Fertigungslohn Bankraum	€ 1 000,-
+ Gemeinkostenzuschlag 116,0 %	€ 1 160,-
Fertigungslohn Montage	€ 500,-
+ Gemeinkostenzuschlag 177,8 %	€ 889,-
Material	€ 4 500,-
+ Gemeinkostenzuschlag 3,9 %	€ 175,50
= Herstellkosten	€ 13 467,-
+ Verwaltungsgemeinkostenzuschlag 15,0 %	€ 2 020,05
= Selbstkosten	€ 15 487,05

Den errechneten Selbstkosten von € 15 487,05 hätte nur der erzielbare Erlös von € 9 500,- gegenübergestanden. Allein nach dieser Rechnung hätten Sie den Auftrag nicht annehmen dürfen.

Entscheidungsinstrument

Es ist zu erkennen, dass die zusätzliche Deckungsbeitragsrechnung einen größeren Spielraum bei folgenden Entscheidungen ermöglicht:

- Soll ein Auftrag angenommen werden?
- Welchen Auftrag sollte man annehmen, welchen nicht?
- Wo kann die Preisuntergrenze liegen?

Beispiel: Die Wall OHG hat eine Anfrage erhalten. Sie soll für ein Einfamilienhaus ein Angebot über die Gestaltung von Wohn- und Schlafzimmer abgeben. Der Architekt hat die Zeichnungen und weitere notwendige Angaben zur Verfügung gestellt. Daraus ermitteln sie den notwendigen Materialbedarf. Gemeinsam mit dem langjährigen, erfahrenen Mitarbeiter Holger Deters setzen sie sich zusammen, um die schwierige Erfassung des erforderlichen Zeitbedarfs vorzunehmen.

Zu berücksichtigen ist weiterhin, dass der potentielle Kunde eine spezielle Oberflächenbehandlung wünscht. Es sind also Fremdleistungen des kooperierenden Malerbetriebes einzuplanen.

Nun erarbeiten sie aufgrund der im BAB ermittelten Werte ein Angebot:

Materialbedarf	€ 7 800,-
60 Fertigungsstunden Maschinenraum x € 15,-	€ 900,-
+ Gemeinkostenzuschlag 109,7 %	€ 987,30
35 Fertigungsstunden Bankraum x € 15,-	€ 525,-
+ Gemeinkostenzuschlag 116,0 %	€ 609,-
55 Stunden Montage x € 15,-	€ 825,-
+ Gemeinkostenzuschlag 177,8 %	€ 1 466,85

Sondereinzelkosten	€ 2 800,-
= Herstellkosten	€ 15 913,15
+ 15,0 % Verwaltungsgemeinkostenzuschlag	€ 2 386,97
= Selbstkosten	€ 18 300,12

Nun überlegen sie, welchen Zuschlag für Wagnis und Gewinn sie ansetzen sollen. Derzeit sind die Kapazitäten nicht voll ausgelastet. Nennenswerte umfangreiche Folgeaufträge sind auch nicht in Aussicht. Also beschließen sie, einen Zuschlag von 8 % anzusetzen und setzen die Kalkulation fort:

Selbstkosten	€ 18 300,12
+ 8 % Wagnis und Gewinn	€ 1 464,01
= Netto-Angebotspreis	€ 19 764,13
+ 19 % USt	€ 3 755,18
= Brutto-Angebotspreis	€ 23 519,31

Nach 14 Tagen teilt der Architekt mit, dass wesentlich günstigere Konkurrenzangebote vorliegen. Der Bauherr tendiert zu einem Angebot, das bei € 19 500,- incl. Umsatzsteuer liegt.

Da die Geschwister Wall an dem Objekt aber interessiert sind, bitten sie eine Überarbeitung des Angebotes zuzulassen. Sie erinnern sich daran, über die Deckungsbeitragsrechnung die Preisuntergrenze feststellen zu können.

Sie müssen deshalb eine Aufteilung der Angebotsgrundlagen in fixe und variable Kosten vornehmen. Eine Verminderung des Zeit- und Materialbedarfs ist nicht möglich.

Die neue Kalkulation nur mit den variablen, auftragsabhängigen Kosten sieht jetzt so aus:

Materialbedarf	€ 7 800,-
Fertigungslöhne Maschinenraum	€ 900,-
Fertigungslöhne Bankraum	€ 525,-
Montagelöhne	€ 825,-
Sondereinzelkosten	€ 2 800,-
sonst. variable Kosten wie Fahrtkosten, Energieaufwand, Entsorgung	€ 2 200,-
= variable Kosten	€ 15 050,-
+ 19 % USt.	€ 2 859,50
	€ 17 909,50

Erfreut stellen sie fest, dass ihre Preisuntergrenze noch unter dem Angebot der Konkurrenz liegt. Sie können sich also diesem weitgehend annähern und haben dann noch einen Deckungsbeitrag.

Daraufhin geben sie das Angebot zu einem Preis von € 18 500,- inkl. Umsatzsteuer ab. Die Arbeit hat Erfolg gehabt, sie erhalten schließlich den Zuschlag.

11.7 Anwendung der Kostenrechnung

In den vorigen Kapiteln standen Kalkulationsfragen für Aufträge sehr stark im Mittelpunkt der Anwendung der Kostenrechnung. Es gibt jedoch weitere wichtige Nutzungsmöglichkeiten:

Nutzungsmöglichkeiten

- Kostenkontrolle,
- Kostenplanung,
- Unterstützung von unternehmerischen Entscheidungen.

11.7.1 Kostenkontrolle und Analyse von Kostenstrukturen

Nachkalkulation

Die Nachkalkulation ist im Handwerksbetrieb ein zentrales Instrument der Kostenkontrolle | ▸ HF 3, Kap. 20.1 |. In der Nachkalkulation zeigt sich, ob die veranschlagten Kosten eines Auftrages auch erwirtschaftet wurden. Gelegentliche Fehlkalkulationen unterlaufen jedem Handwerksmeister. Sei es, dass er sich bei der benötigten Fertigungszeit verschätzt hat, sei es, dass bei der Auftragsdurchführung unvorhersehbare negative Tatbestände eingetreten sind, die nicht auf den Auftraggeber übertragen werden können.

Häufen sich aber Fehlkalkulationen, so muss eine Analyse der Gründe erfolgen. Es ist zu vermuten, dass Probleme bei den betrieblichen Kostenstrukturen vorliegen. Die wesentlichen Kostenarten sind auf Einsparpotenziale zu untersuchen. Dadurch können sich innerbetriebliche Umstrukturierungen ergeben, wenn z.B. festgestellt wird, dass der Arbeitsablauf nicht rationell ist oder die Transportwege unzureichend sind.

Derartige Analysen sollten von externen Beratern, von der Handwerkskammer oder dem Fachverband durchgeführt werden, da der Unternehmer häufig jahrelang eingefahrene Betriebsabläufe nicht erkennt, sozusagen „betriebsblind“ ist.

11.7.2 Kostenplanung

Ergibt die Kostenkontrolle eines Betriebes, dass die vorhandenen Maschinen keine ausreichende Qualität mehr liefern können und Umrüstungen oder Reparaturen nicht zu zufriedenstellenden Ergebnissen führen würden, ist Ersatz angeraten.

Kostenplanung bei Investitionen

Umfangreiche Investitionen eines Betriebes erfordern durch die damit veränderte Kostenstruktur zwangsläufig eine neue Kostenplanung. Die Auswirkungen solcher Neuanschaffungen sind häufig beträchtlich: Moderne, mit viel Elektronik versehene Maschinen oder gar Fertigungseinheiten sind gegenüber konventionellen Einrichtungen erheblich teurer. Sie erfordern deshalb einen erhöhten Kapitaleinsatz mit entsprechend hohen tatsächlichen oder kalkulatorischen Zinsen und hohen Abschreibungen. Eventuell steigen die Energiekosten und der Flächenbedarf. Das bedeutet höhere Raumkosten, zusätzliche Ausbildungskosten des Bedienpersonals und umfangreichere Wartungskosten müssen ebenfalls beachtet werden. Dem sind die Rationalisierungserfolge gegenüberzustellen.

Die Kosten müssen bei Investitionen unter folgenden Gesichtspunkten neu geplant werden:

- **Ergeben sich durch die Investition auf eine Leistungseinheit bezogen geringere Fertigungslöhne?**
- **Kann der Materialverschnitt minimiert werden?**
- **Besteht die Möglichkeit, bei nicht ausreichender eigener Auslastung freie Maschinenkapazitäten an andere Betriebe zu verkaufen?**

Die mit der Investition einhergehende Veränderung der Kostenstruktur bedingt, dass die Kalkulationsgrundlagen neu ermittelt werden müssen.

Weiterhin führen Investitionsmaßnahmen zu Überlegungen in Bezug auf die Kapitalbeschaffung. Ein Finanzierungsplan sollte erstellt werden. Durch die dann anfallenden Zinsen und Tilgungen ergeben sich Einflüsse auf die Liquidität. Ein höherer Umsatz aufgrund der größeren Leistungsfähigkeit einer neuen Anlage erfordert einen höheren Betriebsmittelbedarf zur Vorfinanzierung besonders des Lohn- und Materialaufwandes | ► HF 2, Kap. 11.2, HF 3, Kap. 8.3.1 |.

Diese Überlegungen zeigen, dass die Kostenrechnung ständig im Fluss ist. Jede schwerwiegende unternehmerische Entscheidung hat Einfluss auf die Kostenstruktur des Betriebes und damit auf die Kalkulation.

11.7.3 Entscheidungen in Bezug auf Leistungsprogramm und Preispolitik

Neben der Kostenkontrolle und Kostenplanung stellt die Kostenrechnung darüber hinaus eine wichtige Hilfe für unternehmerische Entscheidungen dar.

Deckungsbeitragsrechnung als Entscheidungshilfe

Die Deckungsbeitragsrechnung hilft bei der Entscheidung, welche Produkte oder Leistungen zu welchem Preis angeboten werden sollen, da der Gesichtspunkt der Kapazitätsauslastung eine Rolle spielt. Wie zuvor bereits dargestellt, ergeben sich je nach Art der Berechnung unterschiedliche Werte bei der Gegenüberstellung eines Marktpreises mit den eigenen Kosten. Eine Beurteilung nur nach der Vollkostenrechnung führt eventuell zu dem Ergebnis, auf einen vorgegebenen Preis nicht einzusteigen, einen Auftrag als nicht lukrativ genug abzulehnen. Bei der dann gegebenen geringen Kapazitätsauslastung laufen die fixen Kosten aber weiter, ein Abgleiten in die Verlustzone steht bevor.

Bei ausschließlicher Anwendung der Vollkostenrechnung ergeben sich Schwierigkeiten, den Minimalpreis zu errechnen. Bei Preisverhandlungen ist es jedoch sehr wichtig, seine eigene Preisuntergrenze zu kennen. Möglich ist eine Absenkung der kalkulatorischen Kosten, auch eine Beschränkung auf die ausgabewirksamen Kosten ist denkbar.

Klare Aussagen trifft in diesem Fall die Deckungsbeitragsrechnung. Preisuntergrenze sind hierbei die variablen Kosten, d.h. die durch den Auftrag unmittelbar anfallenden Kosten. Hierbei handelt es sich auch nur um die ausgabewirksamen variablen Kosten. Wenn nur ein geringer Betrag zusätzlich zu den variablen Kosten erzielt wird, ist dieser Auftrag schon „lukrativ“, deckt er doch einen kleinen Teil der sowieso entstehenden fixen Kosten ab.

Wenn kleine Deckungsbeiträge einen Teil der entstehenden fixen Kosten abdecken, muss gewährleistet sein, dass andere Aufträge einen hohen Deckungsbeitrag erzielen, um insgesamt die fixen Kosten zu erwirtschaften.

Deckungsbeitragsrechnung als Ergänzung

Maßgeblich ist grundsätzlich die Kalkulation nach Vollkosten zur Deckung aller Kosten. Die Deckungsbeitragsrechnung ist eher als Ergänzung anzusehen. Sie kann z.B. in Fällen einer drohenden geringen betrieblichen Auslastung dazu dienen, die Arbeitsplätze zu erhalten oder kurzfristig durch geringe Preise die Marktposition gegenüber einem aggressiven Mitbewerber zu verbessern oder zu erhalten. Denn jeder noch so kleine Deckungsbeitrag über die variablen Kosten hinaus erbringt eine zusätzliche Finanzierung der fixen Kosten.

11.8 Kalkulatorische Erfolgsrechnung

Die kalkulatorische Erfolgsrechnung ermittelt den Erfolg (Gewinn oder Verlust) innerhalb eines bestimmten Zeitraumes. Grundsätzlich ist der Erfolg eine Größe, die sich durch die Gegenüberstellung einer positiven und negativen Erfolgsgröße ergibt. Im Rahmen der kalkulatorischen Erfolgsrechnung sind das die Kosten und Erlöse.

Zusammenhang Kosten-/Erlösrechnung

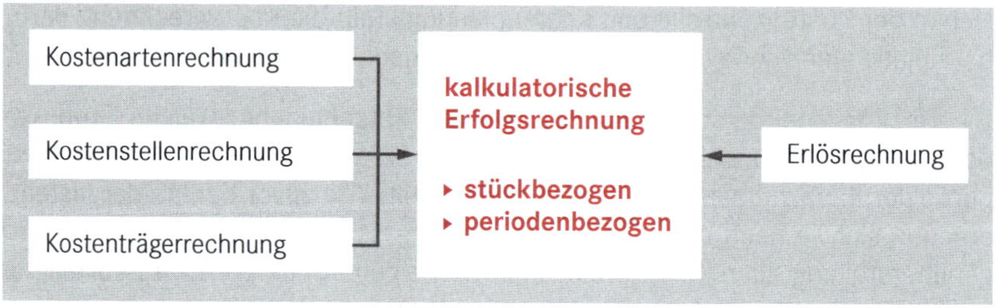

11.8.1 Erlösrechnung

Neben der Kostenrechnung nimmt die Erlösrechnung[1] im Handwerk einen deutlich geringeren Raum ein | ▸ HF 1, Kap. 7.2 |. An sie ist die Aufgabe gestellt, alle einem Unternehmen zufließenden Erlöse zu erfassen, zu strukturieren und für Auswertungsrechnungen bereitzuhalten.

[1] *In der neueren Literatur scheint sich die Bezeichnung „Kosten- und Erlösrechnung“ gegenüber der Bezeichnung „Kosten- und Leistungsrechnung“ durchzusetzen. Eine inhaltliche (aber nicht bedeutende) Abgrenzung scheint möglich, indem man mit den Leistungen die Mengen betrachtet und mit den Erlösen die bewerteten Mengen.*

Eine Strukturierung in Anlehnung an die Kostenrechnung ist möglich, spielt aber in der Praxis bisher noch keine große Rolle.

Teile der Erlösrechnung

- Erlösartenrechnung, z.B. Produkterlöse, Dienstleistungsserlöse, Arbeitserlöse,
- Erlösstellenrechnung, Erlösstellen können die verschiedenen Produkte bzw. Dienstleistungen sein und Kunden bzw. Kundengruppen,
- Erlösträgerrechnung, sie ermittelt die Stückerlöse je Erlösträger (ein einzelnes Produkt).

11.8.2 Stückerfolgsrechnung

Um die wirtschaftliche Fertigung eines Produktes oder einer Leistungseinheit festzustellen, sind die Kosten genau zu ermitteln. Vergleicht man dann die entstandenen Kosten mit den Erlösen zeigt sich der Erfolg. Ist das Ergebnis positiv (Gewinn), so ist für dieses Produkt evtl. eine intensivere Marktbearbeitung sinnvoll. Dadurch könnte mit Umsatzsteigerungen das Betriebsergebnis verbessert werden.

Bei negativem Ergebnis ist zu überprüfen, welche Kosten dazu geführt haben. Als Konsequenz sind unternehmerische Entscheidungen notwendig, ob

Maßnahmen bei Verlust

- diese Kostenart sich verringern lässt,
- eine Auslagerung der Fertigung oder Teilen davon wirtschaftlicher ist
- oder das Produkt gänzlich aus der Angebotspalette genommen wird.

Auch wenn das eigene Ergebnis mit einem vorgegebenen Marktpreis verglichen wird, kann die Stückerfolgsrechnung solche Entscheidungen veranlassen.

11.8.3 Periodenerfolgsrechnung

Die Erfassung der angefallenen Kosten über einen gewissen Zeitraum hinweg, z.B. einen Monat oder ein Vierteljahr, und die Gegenüberstellung mit den Erlösen zeigt den wirtschaftlichen Erfolg dieser Periode.

Die Periodenerfolgsrechnung sollte nicht verwechselt werden mit der betriebswirtschaftlichen Auswertung der Buchführung. Die dabei verwendeten Daten basieren auf den steuerlichen Grundsätzen der Buchführung und weichen von kostenrechnerischen Erfordernissen z.T. wesentlich ab. Diese Daten müssen für die Kostenrechnung aufbereitet werden. Erst danach führen sie zu einer aussagefähigen Periodenerfolgsrechnung.

11.8.4 Kostenstellen-Erfolgsrechnung

Eine weitere Variante der Erfolgsrechnung ist die Kostenstellen-Erfolgsrechnung. In größeren Betrieben mit mehreren Kostenstellen wird in den letzten Jahren auch im Handwerk eine Entwicklung sichtbar, die einen innerbetrieblichen Wettbewerb beinhaltet. Abteilungen bzw. Kostenstellen werden als „Profitcenter" geführt, wobei deren Leiter für die Gewinnerzielung ihrer Abteilung verantwortlich sind.

Profitcenter

Das fördert einen verantwortungsbewussten Einsatz von Kosten und Initiativen der Mitarbeiter, rationell zu arbeiten. Besonders interessant wird diese Kostenstellen-Erfolgsrechnung dann, wenn für die Mitarbeiter ein finanzieller Anreiz, z.B. durch Erfolgsprämien, geschaffen wird.

Diese Form der Erfolgsrechnung setzt voraus, dass eine gerechte Verteilung der von den Abteilungen nicht beeinflussbaren Kosten vorgenommen wird. So sollten z.B. die Verwaltungskosten entweder gar nicht oder nach einem gemeinsam unter den Bereichsleitern abgesprochenen und akzeptierten Verhältnis umgelegt werden. Auch bei Investitionen sollten die Profitcenter ein Mitspracherecht haben, da deren finanzielle Auswirkungen über Zinsen und Abschreibungen u.Ä. das Ergebnis beeinträchtigen können.

11.8.5 Gewinnschwellenanalyse

Break-even-Point

Die Zusammenhänge zwischen Kosten, Erlösen und Gewinn haben sich in den obigen Erläuterungen als entscheidend gezeigt. Die Gewinnschwellenanalyse zeigt diese Zusammenhänge klar auf und nennt die kritische Absatzmenge (die Produktionskapazität), bei der die fixen Kosten durch die Deckungsbeiträge noch abgedeckt werden. Diesen Punkt nennt man Gewinnschwelle (Break-even-Point).

Beispiel für Erreichen der Gewinnschwelle

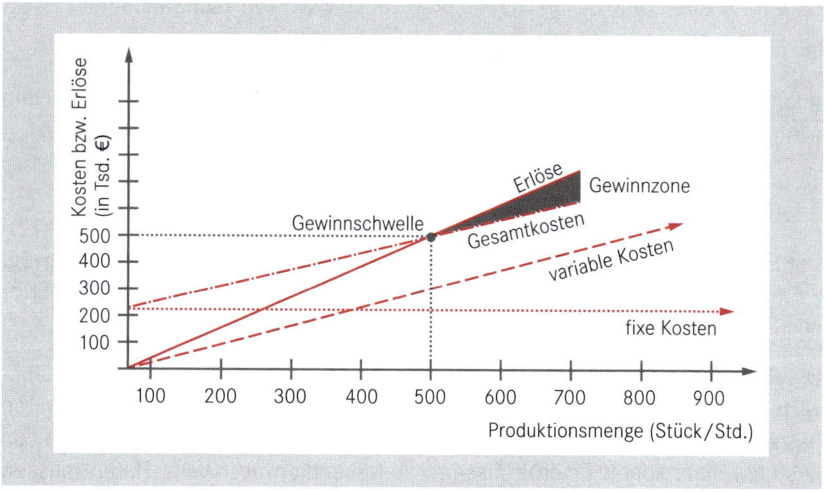

Für den Betrieb ist es wichtig zu wissen, wo die Gewinnschwelle liegt. Die oben stehende Grafik zeigt diese Grenze auf. Es ist der Schnittpunkt der Linie der Gesamtkosten mit der Linie der Erlöse (Umsatz). Anders ausgedrückt: Der Kostendeckungspunkt ist im Schnittpunkt von Gesamtkostenkurve und Erlöskurve erreicht. Der Break-even-Point liegt im Beispielfall der Grafik bei einem Erlös von € 500 000,- sowie bei einer Ausbringungsmenge von 500 Einheiten. Ein Umsatz von mehr als € 500 000,- bzw. eine Produktion von mehr als 500 Einheiten erbringt also - bei sonst unveränderten Verhältnissen - Gewinn. Diese Fläche ist gestrichelt dargestellt.

Ab dieser Produktionsmenge bzw. diesen Fertigungsstunden sind alle fixen und variablen Kosten einschließlich der kalkulatorischen Kosten gedeckt - der Betrieb kommt in die Gewinnzone.

Aus diesen Überlegungen kann der Unternehmer Schlussfolgerungen für das Erreichen der Gewinnschwelle ziehen. Es stellen sich mit Blick auf Kapazitätsplanungen stets zwei wesentliche Fragen:

- Soll ein bestimmter Auftrag bei mehreren möglichen Aufträgen angenommen werden?
- Bei welcher Produktionsmenge (bzw. welchen Fertigungsstunden) sind die Gesamtkosten gedeckt?

positiver Deckungsbeitrag

Ein Auftrag ist unter wirtschaftlicher Betrachtungsweise dann als positiv einzuschätzen, wenn der Erlös nach Abzug der variablen Kosten noch einen positiven Deckungsbeitrag erbringt. Dieser dient zur Deckung der angefallenen Fixkosten bzw. darüber hinaus zur Gewinnerzielung. Im Folgenden wird die Berechnung einer Gewinnschwelle beispielhaft durchgeführt:

Formel zur Ermittlung der Gewinnschwelle (mengenmäßig):

$$\text{Gewinnschwelle} = \frac{\text{Summe der Fixkosten}}{\text{Deckungsbeitrag je Stück}}$$

Beispiel: Die Geschwister Wall überlegen, ob sie eine Kleinserie von geschlossenen Regalelementen zur Unterbringung von Geräten der Unterhaltungselektronik und EDV-Geräten auflegen sollen. Vergleichbare Modelle werden für ca. € 1 100,- incl. USt, also rund € 925,- netto angeboten. Um Marktanteile zu erlangen, müsste ihr Preis mit etwas € 850,- netto veranschlagt werden. Da sie bisher noch keine Erfahrungen mit dem Direktvertrieb haben, sollte ein Handelsvertreter eingesetzt werden. Die übliche Provision liegt bei etwa 10 %. Nun überlegen sie, wie viel Anlagen verkauft werden müssten, um die Gewinnschwelle zu erreichen.

Nach eingehender Planung ermitteln sie folgende variablen Kosten je Stück:

Materialbedarf, Beschläge, Oberflächenbehandlung	€ 370,-
Fertigungslohn	€ 260,-
Vertreterprovision	€ 85,-
sonst. variable Kosten wie Energie, Verpackung, Versand	€ 65,-
variable Kosten	€ 780,-

geplanter Erlös	€ 850,-
./. variable Kosten	€ 780,-
Deckungsbeitrag je Stück	€ 70,-

Jetzt ermitteln sie die auf diesen Produktionszweig entfallenden fixen Kosten für ein Jahr:

anteilige Abschreibungen für die einzusetzenden Maschinen	€ 1 800,-
anteilige Zinsen für deren Finanzierung	€ 1 050,-
Raumkosten	€ 1 100,-
Instandhaltung, Wartung	€ 700,-
Versicherungen, Buchführung, sonst. Verwaltungsaufwand	€ 2 000,-
fixe Kosten	€ 6 650,-

Dadurch ergibt sich folgende Berechnung der Gewinnschwelle:

$$\frac{\text{Summe der Fixkosten € 6 650,-}}{\text{Deckungsbeitrag je Stück € 70,-}} = 95$$

Ab 95 verkauften Elementen würde ein Gewinn erzielt. Sie halten das für realistisch und wollen jetzt in die notwendigen Marketingmaßnahmen einsteigen.

Kompetenzen

Das sollten Sie als zukünftiger Meister können:

- ✔ Ziele und Aufgaben der Kostenarten, Kostenstellen und Kostenträger beschreiben,
- ✔ Auswirkungen von Kosten- und Erlösänderungen auf Finanz- und Bilanzrechnungen darstellen und bei der Entscheidungsfindung berücksichtigen,
- ✔ Entscheidungen über Neuinvestitionen auf Basis von Plankostenrechnungen treffen,
- ✔ Entscheidung über die Annahme von (Zusatz-)Aufträgen mithilfe der Plankostenrechnung begründen,
- ✔ Preisuntergrenzen mithilfe von Kostenträgerstückrechnungen auf Teilkostenbasis ermitteln,
- ✔ Gewinnschwellen berechnen und daraus Preis- und Konditionenpolitik ableiten,
- ✔ Entscheidungen über das Produktionsprogramm begründen.

F

Rechtsvorschriften, insbesondere des Gewerbe- und Handwerksrechts sowie des Handels- und Wettbewerbsrechts bei der Analyse von Unternehmenszielen und -konzepten anwenden

Auf ihrer gemeinsamen Motorradtour machen Michaela Stiehl, Erhan Özer und Ralf Weiss einen Zwischenstopp. Erhan beschwert sich, dass der Motorradhelm über seiner Brille sehr unbequem ist: „Mann, ein Motorradhelm mit eingebauter Sehstärke, das wär's!", lacht er, während er seine Brille wieder zurechtrückt. Als frisch gebackene Optikermeisterin könntest du diese Idee doch mal angehen!"

„Das vielleicht nicht", schmunzelt Michaela, „aber ein paar gute Ideen hätte ich schon!"

„Wie läuft es denn so mit dem Plan vom eigenen Geschäft?", fragt Ralf, nachdem sie sich gesetzt haben.

Michaela verdreht die Augen. „So viel Bürokratie ... Auf dem Weg zum eigenen Betrieb ist ja alles bis ins kleinste Detail geregelt, da darf man nichts übersehen."

12 Handwerks- und Gewerberecht

12.1 Handwerk als besondere Form eines Gewerbes

Gewerbebegriff

Jedes Gewerbe muss beim Gewerbeamt registriert werden. Dabei ist der Begriff des Gewerbes im Gesetz nicht eindeutig definiert. Folgende Formulierung hat sich aber in der Literatur bzw. in der Rechtsprechung eingebürgert:

> **Unter Gewerbe versteht man jede erlaubte, auf Gewinnerzielung gerichtete und auf Dauer angelegte selbstständige Tätigkeit, ausgenommen Urproduktion, freie Berufe und die bloße Verwaltung eigenen Vermögens.**

Von dem kleinen Flohmarkthändler bis hin zum Großunternehmen muss jeder ein Gewerbe anmelden, der

- ortsgebunden (kein Reisegewerbe/nicht Messen und Ausstellungen),
- planmäßig und auf Dauer angelegt (nicht nur ab und zu),

- mit Gewinnerzielungsabsicht (nicht nur als Hobby),
- mit Außenwirkung (auf dem Markt auftretend),
- selbstständig tätig wird (eigenverantwortlich und nicht als Angestellter).

Gewerbearten

Die Ausübung eines Gewerbes ist in der Gewerbeordnung (GewO) geregelt. Folgende Gewerbearten werden unterschieden:

- stehendes Gewerbe,
- Reisegewerbe,
- Messen, Ausstellungen, Märkte.

Gewerbefreiheit

Nach dem in der Gewerbeordnung festgeschriebenen Grundsatz der Gewerbefreiheit ist es jeder Person gestattet, eine gewerbliche Tätigkeit aufzunehmen und auszuüben, solange sie sich im Rahmen der Gewerbeordnung bewegt. Aus diesem Grund ist im Regelfall keine Zulassungsprüfung, sondern lediglich eine Anmeldung des jeweiligen Gewerbes nötig. Dabei wird aufgenommen, welche Tätigkeiten an welchem Ort von wem ab welchem Zeitpunkt ausgeführt werden sollen.

Die Gewerbeordnung enthält zudem einen Pflichtenkatalog für Gewerbetreibende, der von Anzeigepflichten bei Änderungen im Betrieb (Adresse/Gewerbegegenstand/Betriebsaufgabe) über besondere genehmigungsbedürftige Gewerbe (Spielhallen/Diskotheken/Makler) bis hin zu Pflichten im Umgang mit Arbeitnehmern alles erfasst, was für den Betrieb eines Gewerbes erforderlich ist.

Gewerbeuntersagung

Gemäß § 35 GewO kann die Ausübung eines Gewerbes verboten werden, wenn sich ein Gewerbetreibender als unzuverlässig darstellt. Dazu müssen eines oder mehrere der folgenden Kriterien erfüllt sein:

- regelmäßige Missachtung steuerrechtlicher Pflichten | ► HF 2, Kap. 23 |,
- wiederholte Verstöße gegen sozialversicherungsrechtliche Bestimmungen | ► HF 3, Kap. 16 |,
- Begehung von bestimmten Straftaten oder schwerwiegenden Ordnungswidrigkeiten,
- Überschuldung des Unternehmens bzw. Abgabe einer eidesstattlichen Versicherung über das Vermögen (früher Offenbarungseid),
- fehlendes berufliches Verantwortungsbewusstsein.

Für einige Gewerbezweige gelten neben den allgemeinen Regelungen der Gewerbeordnung noch Sonderregelungen. Da das Handwerk eine besondere Form des Gewerbes ist, gilt für handwerkliche Gewerbetätigkeiten als speziellere Rechtsvorschrift die Handwerksordnung.

Ihren persönlichen Zugang zum Sackmann-Lernportal finden Sie auf Seite 3.

Handwerk als stehendes Gewerbe

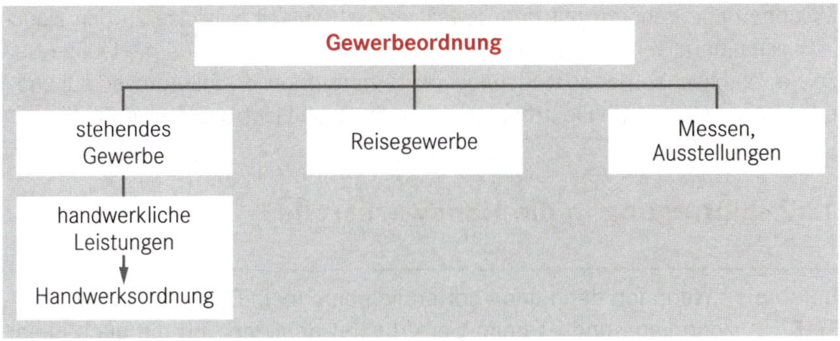

Handwerksordnung

Die Handwerksordnung (HwO) gilt für alle Tätigkeiten, die der Gesetzgeber in den Anlage A und B der Handwerksordnung dem Bereich des Handwerks zugeordnet hat. 2004 wurde in der Anlage A die Zahl der zulassungspflichtigen Handwerke von 94 auf 41 Handwerksberufe reduziert. Die Anlage B wurde ebenfalls neu strukturiert und aufgeteilt. Der neue Abschnitt B1 nimmt die bisherigen 53 Handwerke der Anlage A auf, die keinen obligatorischen Meisterbrief als Voraussetzung für die Selbständigkeit mehr erfordern. Man spricht hier von zulassungsfreien Handwerken. Die handwerksähnlichen Gewerbe werden im neuen Abschnitt B2 aufgeführt. Auch sie können ohne Qualifikationsnachweis betrieben werden | ► HF 2, Kap. 2 |.

Nach § 1 HwO ist ein Gewerbebetrieb dann ein Betrieb mit einem zulassungspflichtigen Handwerk, wenn er handwerksmäßig betrieben wird und vollständig oder in wesentlichen Teilen ein Gewerbe umfasst, das in der Anlage A zur Handwerksordnung aufgeführt ist.

Abgrenzung Handwerks- und Industriebetrieb

Dabei muss abgegrenzt werden zwischen handwerklicher und industrieller Produktion. Ein handwerklicher Betrieb ist als Industriebetrieb einzuordnen, wenn er nicht mehr handwerklich, sondern industriell fertigt. Es werden verschiedene Kriterien zur Beschreibung handwerklicher Tätigkeiten herangezogen:

- wenig Arbeitsteilung und Spezialisierung,
- höheres Maß an Einzelanfertigungen als an Massenproduktion,
- vermehrter Einsatz von Facharbeitern statt Assistenz ungelernter Helfer,
- häufige Mitarbeit des Unternehmensinhabers,
- bevorzugte direkte Vermarktung statt Vertrieb über Zwischenhändler.

Die genannten Abgrenzungskriterien können aber nicht trennscharf zwischen Industrie und Handwerk unterscheiden. Häufig fertigen Betriebe in Teilen industriell, teilweise arbeiten Sie noch handwerklich. Diese Betriebe und die Betriebe, welche sowohl im Handel als auch im Handwerk tätig sind, werden als Mischbetriebe gekennzeichnet.

Mischbetriebe

Mischbetriebe gehören mit dem jeweiligen Betriebsteil teilweise zu den Handwerkskammern, teilweise zu den Industrie- und Handelskammern. Häufige Beispiele von Mischbetrieben sind Autowerkstätten kombiniert mit Autoverkauf und/oder Tankstellen sowie Elektrohandwerker, die auch Elektrogeräte verkaufen.

12.2 Eintragung in die Handwerksrolle

Beispiel: „Wenn ich denn dann hoffentlich bald mein Optikergeschäft eröffnen kann und es beim Gewerbeamt anmelde und die auch meine Zuverlässigkeit überwachen, wieso muss ich mich denn dann noch bei der Handwerkskammer melden?“, fragt sich Michaela Stiehl.

Für eine selbstständige handwerkliche Tätigkeit ist neben der Anmeldung beim Gewerbeamt die Zugehörigkeit zur Handwerkskammer Pflicht.

Wenn eine der Handwerkskammer zugehörige Gewerbetätigkeit festgestellt ist, dann gibt es innerhalb der Handwerkskammer verschiedene Kategorien der Einordnung.

Für Handwerker ist die Eintragung in

- **die Handwerksrolle oder**
- **das Verzeichnis der zulassungsfreien Handwerke oder**
- **das Verzeichnis der handwerksähnlichen Gewerbe**

bei der Handwerkskammer verpflichtend. Erst die Eintragung bei der Handwerkskammer berechtigt zur selbstständigen Ausübung eines Handwerks, nicht alleine das Vorliegen der erforderlichen Qualifikationen.

Handwerksrolle und Verzeichnisse

Die vollzogene Handwerksrolleneintragung eines zulassungspflichtigen Handwerks wird mit der Ausstellung einer Handwerkskarte bestätigt.

Welches der drei Verzeichnisse ausschlaggebend ist, ergibt sich aus der Einordnung des ausgeübten Berufes nach den Anlagen der Handwerksordnung.

Berufe der Anlage A	Berufe der Anlage B1	Berufe der Anlage B2
Handwerksrolle	Verzeichnis der zulassungsfreien Handwerke	Verzeichnis der handwerksähnlichen Gewerbe

Die zulassungspflichtigen Handwerke der Anlage A benötigen einen Befähigungsnachweis, wenn sie handwerksmäßig betrieben werden sollen. Dafür ist in jedem Fall der Meisterbrief oder eine vergleichbare Qualifikation beim Inhaber oder einem angestellten Betriebsleiter notwendig.

Beispiel: Erhan greift Michaelas Frage auf: „Soweit ich weiß, sind wir alle mit unseren Handwerken in Anlage A eingeordnet."

„Und wieso?", fragt Michaela zurück.

„Weil du, Michaela, zu den Gesundheitshandwerken gehörst, die an sich schon die Gefahr in sich tragen, dass Menschen durch Fehler verletzt werden können. Aber auch an mein Motorrad möchte ich keinen lassen, der nicht eine umfangreiche Ausbildung abgeschlossen hat. Und die Maler arbeiten mit höchst giftigen Stoffen und unter schwierigsten Bedingungen. Außerdem sind unsere Berufszweige alle stark in der Ausbildung von qualifiziertem Nachwuchs. Daher musst du dich in die Handwerksrolle eintragen lassen."

„Und welche Voraussetzungen prüft die Handwerkskammer dann bei mir persönlich?", will Michaela weiter wissen.

„Du musst einen Befähigungsnachweis vorlegen. In deinem und auch in meinem Fall ist das der Meisterbrief. Also alles kein Problem", beruhigt Erhan sie.

Ausübungsberechtigung

Außer in den fünf Gesundheitsberufen (Hörgeräteakustiker, Augenoptiker, Orthopädiemechaniker, Orthopädieschuhmacher, Zahntechniker) und bei den Schornsteinfegern können sich aber auch erfahrene Gesellen in den zulassungspflichtigen Handwerken selbstständig machen, wenn sie sechs Jahre praktische Tätigkeit in dem entsprechenden Handwerk nachweisen können, davon vier Jahre in leitender Position.

Ausnahmebewilligungen

Ausnahmebewilligungen für das zu betreibende Handwerk können erteilt werden, wenn ein sozialer Ausnahmefall vorliegt und Kenntnisse und Fertigkeiten in der fachlichen und betriebswirtschaftlichen Betriebsführung nachgewiesen werden.

Anerkennungsprüfung

Aufgrund der Angleichung der Abschlüsse auf EU-Ebene gibt es eine Anerkennung von Abschlüssen aus dem europäischen Ausland. Darüber hinaus bietet das 2012 in Kraft getretene Anerkennungsgesetz nun die Möglichkeit der Überprüfung der Gleichwertigkeit von im Ausland (auch im außereuropäischen Ausland) erworbenen beruflichen Qualifikationen mit einem deutschen Berufsabschluss. Dies gilt auch im Hinblick auf den Meistertitel.

Eintragungsvoraussetzungen

Betriebsfortführung in Sonderfällen

Nach dem Tod eines selbstständigen Handwerkers, der in einem zulassungspflichtigen Handwerk eingetragen war, erlischt das Recht den Betrieb fortzuführen, nicht sofort. Der Erbe, der Ehegatte, der Testamentsvollstrecker oder der Nachlassverwalter kann den Betrieb zunächst fortführen, ohne selbst die Eintragungsvoraussetzungen zu erfüllen. Er muss jedoch unverzüglich einen neuen Betriebsleiter mit der entsprechenden Qualifikation einstellen oder das Unternehmen muss in der Folge verkauft bzw. aufgelöst werden | ► HF 3, Kap. 24 |.

verwandte Handwerke

In bestimmten Fällen kann mit der Meisterprüfung in einem Handwerk gleichzeitig aber auch ein anderes Handwerk ausgeübt werden. Dies ist bei den als verwandte Handwerke benannten Vollhandwerken möglich, z.B. bei Bäckern und Konditoren, bei Informationstechnikern und Elektrotechnikern sowie bei Malern und Stuckateuren.

Beispiel: „Sag mal, darfst du als Maler auch Verputzarbeiten durchführen?“, fragt Erhan Ralf. „Ja, das kann ich. Denn die Grundlagen dazu habe ich in der Gesellen- und der Meisterprüfung gelernt, da die Stuckateure und die Maler viele gleiche Lerninhalte hatten. Deswegen macht es Sinn, dass ich die Arbeiten auch ausführen darf.“ „Gilt das auch für mich?“, fragt Erhan. „Ich habe auch viel über Motoren gelernt. Könnte ich jetzt auch eine Autowerkstatt eröffnen?“

„Lass uns einmal in der Verordnung über verwandte Handwerke nachsehen, ob es eine Verwandtschaftsvorschrift zwischen den Zweiradmechanikern und den KFZ-Technikern gibt. Denn wenn das so ist, dann kannst du entscheiden, ob du lieber eine Zweiradwerkstatt oder eine Kfz-Werkstatt betreiben willst“, antwortet Ralf.

Ergebnis: Beide Handwerke sind verwandt. Erhan hat die Wahl.

Die zulassungsfreien und handwerksähnlichen Gewerbe der Anlage B können ohne Meisterprüfung ausgeübt werden. Bei der Eintragung in die entsprechenden Verzeichnisse muss deshalb auch kein formaler Befähigungsnachweis gegenüber der Handwerkskammer erbracht werden.

Die Inhaber von handwerksähnlichen und zulassungsfreien Betrieben sind jedoch ebenfalls verpflichtet, den Beginn des Betriebes bei der Gemeinde oder Stadtverwaltung und bei der Handwerkskammer anzuzeigen.

12.3 Unberechtigte Ausübung des Handwerks und Schwarzarbeit

Beispiel: „Was passiert eigentlich, wenn ein Handwerker ohne Eintragung beim Gewerbeamt und der Handwerkskammer oder ohne die Umsätze zu versteuern, seine Leistungen anbietet?“, fragt Michaela.

„Lass das mal lieber sein“, antwortet Ralf, „das ist Schwarzarbeit. Das wird richtig teuer, wenn man bei illegalen Tätigkeiten erwischt wird. Außerdem schadet es der Wirtschaft allgemein und den ehrlichen Handwerksbetrieben, also Leuten wie uns, wenn sich die schwarzen Schafe nicht an die Regeln halten und dadurch die Kunden mit günstigeren Preisen abwerben können.“

Beispiele für Schwarzarbeit

Häufige Fälle von Schwarzarbeit sind neben der unerlaubten Handwerksausübung auch die Arbeit von Handwerkern oder Dienstleistern, die ohne Rechnungsstellung ausgeführt werden, sowie nicht gemeldete Gelegenheitsjobs von Arbeitslosen- oder Harz-IV-Empfängern. Auch die Scheinselbstständigkeit kann man darunter fassen, weil auch hier sozialversicherungsrechtliche und lohnsteuerliche Pflichten nicht erfüllt werden | ► HF 3, Kap. 16 |.

Schwarzarbeit nach dem Schwarzarbeitsbekämpfungsgesetz ist jede Tätigkeit, die unter Umgehung gesetzlicher Anmelde-, Anzeige- und Abgabepflichten ausgeübt wird. Das kann sowohl ein Verstoß gegen die Anzeigepflicht beim Gewerbeamt, die Eintragungspflicht bei der Handwerkskammer oder die Pflicht zur Abführung von Steuern und Sozialabgaben sein.

Folgen der Schwarzarbeit

Illegale Beschäftigung hat erhebliche negative Auswirkungen auf den legalen Wettbewerb, denn Schwarzarbeiter zahlen keine Steuern und Sozialabgaben und können somit aufgrund geringerer Kosten ihre Werk- oder Dienstleistung zu günstigeren Konditionen anbieten als legal agierende Betriebe. Und dem Staat und der Volkswirtschaft entgehen dadurch jährlich Einnahmen in Milliardenhöhe.

zuständige Behörden

Schwarzarbeit wird deshalb von den zuständigen Behörden (Zoll/Kommunen) konsequent verfolgt. Dabei werden auch andere Behörden für die Aufklärung und Verfolgung der einschlägigen Tatbestände einbezogen. Regelmäßig werden Razzien auf Baustellen und Überprüfungen von Unternehmen durchgeführt. Arbeitnehmer in sog. schwarzarbeitsgefährdeten Berufen haben die Pflicht, Ausweispapiere zur Identifizierbarkeit bei Kontrollen mit sich zu führen. Dies gilt für die Beschäftigten der Bau- und Ausbauhandwerke sowie des Gebäudereiniger- und Fleischerhandwerks.

negative Folgen von Schwarzarbeit

Abgesehen von der Strafbarkeit und Illegalität gibt es weitere zahlreiche negative Folgen für Handwerker und für Kunden. Der Handwerker ist bei Arbeitsunfällen nicht durch die Berufsgenossenschaft abgesichert und auch eine Haftpflichtversicherung wird für Schäden, die bei illegalen Arbeiten entstehen, nicht zahlen. Dies ist insbesondere bei unsachgemäßer Durchführung der Arbeiten relevant, wenn es danach zu Personen- und/oder Sachschäden kommt.

Für den Auftraggeber fehlt bei der illegalen Arbeit oftmals ein Ansprechpartner für eine Beratung oder für die Geltendmachung und Durchsetzung von Gewährleistungs- oder Regressansprüchen, da häufig keine ladungsfähige Anschrift bekannt ist. Der Kunde kann außerdem die durchgeführten Arbeiten steuerlich nicht im Rahmen des Steuerbonus für Renovierungs-, Erhaltungs- und Modernisierungsmaßnahmen geltend machen. Darüber hinaus ist die wissentliche Beauftragung von Schwarzarbeit eine Ordnungswidrigkeit, die mit hohen Bußgeldern bestraft werden kann.

Als Arbeitnehmer sollte man Schwarzarbeit grundsätzlich vermeiden, da die Durchführung von Aufträgen ohne den Arbeitgeber in den meisten Fällen eine fristlose Kündigung des Arbeitsverhältnisses nach sich zieht.

Handwerker wie auch Kunden sind verpflichtet, Rechnungen über Handwerksleistungen zwei Jahre lang aufzubewahren. Die Handwerksunternehmen müssen in ihren Rechnungen den Kunden auf diese Pflicht zur Aufbewahrung hinweisen.

Geldbußen bei Verstößen

Aufgedeckte Schwarzarbeit wird mit empfindlichen Geldbußen von bis zu € 50 000,- geahndet. In schweren Fällen können sogar Haftstrafen drohen.

Alles verstanden? Werden Sie im Sackmann-Lernportal aktiv!

Aus der kurzen Erfrischungspause bei der Motorradtour wird ein längeres Gespräch. „Wenn ich den Gewerbeschein habe, dann kann ich doch mein Geschäft eröffnen, oder?", will Michaela von den Freunden wissen.

„So ist es", erwidert Ralf Weiss, „aber einige große Fragen hast du noch vor dir.

„Und welche?", fragt Michaela zurück.

„Du musst dir, bevor du das Gewerbe anmeldest, noch darüber klar werden, wie dein Betrieb heißen soll, welche Rechtsform er bekommt und ob du zusätzlich noch in das Handelsregister eingetragen werden musst. Diese Fragen sind grundlegend für die Gründung eines Betriebes und können dessen ganze Zukunft ausschlaggebend beeinflussen."

„Was hat denn ein Handwerksbetrieb mit dem Handelsregister zu tun?", wundert sich Erhan.

13 Handels- und Gesellschaftsrecht

13.1 Kaufmannseigenschaft

HGB für Kaufleute

Das Handelsgesetzbuch stellt ein Sonderrecht für Kaufleute dar, welches neben den Bestimmungen des Bürgerlichen Gesetzbuches (BGB) zusätzliche Regelungen für kaufmännisch tätige Gewerbetreibende beinhaltet.

Kaufmann (Istkaufmann) ist jeder Gewerbetreibende, unabhängig von der Branche, der nach Art und Umfang einen kaufmännisch eingerichteten Gewerbebetrieb betreibt (§ 1 HGB).

Liegt eine solche kaufmännische Einrichtung des Betriebes vor, ist dies das Kriterium für eine Eintragungspflicht in das Handelsregister | ► HF 1, Kap. 13.3 |. Dies betrifft vor allem Einzelunternehmen und Gesellschaften bürgerlichen Rechts | ► HF 2, Kap. 16.1, 16.2.1 |. Die Kaufmannseigenschaft tritt hier automatisch ein, die Eintragung ins Handelsregister stellt dies nur fest. Freiberufliche Betriebe, egal welcher Größe, sind grundsätzlich keine kaufmännischen Unternehmen.

Ein Kleinunternehmer, der nicht zur Eintragung verpflichtet ist, weil er keinen in kaufmännischer Weise eingerichteten Gewerbetrieb benötigt, darf sich den-

Kannkaufleute

noch freiwillig in das Handelsregister eintragen lassen (sog. Kannkaufmann). Durch die Eintragung wird der Kleinunternehmer dann genauso Kaufmann wie derjenige, der verpflichtet ist, sich eintragen zu lassen (Istkaufmann). Ein Kleinunternehmer kann sich aber im Gegensatz zu dem verpflichtend eingetragenen Unternehmen wieder aus dem Handelsregister löschen lassen (§ 2 HGB).

Beispiel: „Ich als Optikerin mit einem kleinen Ladenlokal könnte mich also trotzdem freiwillig im Handelsregister registrieren lassen, also freiwillig Kaufmann bzw. Kauffrau werden, stimmts?“, fragt Michaela.

„Ja, genau“, antwortet Ralf, der mit seinem Malerbetrieb diese Überlegungen alle schon hinter sich gebracht hat. „Das hat Vorteile, aber man muss diese gegen die Nachteile einer Handelsregistereintragung abwägen, die auch nicht zu vernachlässigen sind.“

Nichtkaufmann

Der Kleingewerbetreibende unterliegt nicht dem HGB, sondern nur dem Bürgerlichen Gesetzbuch.

Ob tatsächlich schon kaufmännisch gewirtschaftet wird, oder ob noch ein nicht kaufmännischer Kleinbetrieb besteht, beurteilt sich nach verschiedenen Merkmalen:

Merkmale Kleinbetrieb

- Organisationsstruktur des Unternehmens,
- Anzahl der Betriebsstätten,
- Anzahl und Funktion der Beschäftigten,
- Vielfalt der Geschäftsbeziehungen,
- regionale Beschränkung oder überregionale (internationale) Geschäftsbeziehungen,
- Umfang der Geschäftstätigkeit (Umsatzgröße),
- Kapitaleinsatz,
- Inanspruchnahme von Krediten,
- Umfang der Werbetätigkeit.

In der Gesamtschau der Merkmale muss eine kaufmännische Organisation (Buchführung, Inventarisierung, Lohnbuchhaltung etc.) erforderlich sein, um den Betrieb ordnungsgemäß zu verwalten.

Nutzen Sie das interaktive Zusatzmaterial im Sackmann-Lernportal.

Beispiel: Nachdenklich wirft Erhan ein: „Wie ist es denn, wenn ich mit meinem Betrieb so groß werde, dass ich unter die Handelsregisterpflicht falle? Muss ich mich dann sofort ins Handelsregister eintragen?“

„Ja“, bestätigt Ralf, „wenn die überwiegende Anzahl der Merkmale erfüllt sind, dann musst du verpflichtend eingetragen werden. Tust du es nicht, dann gelten trotzdem die handelsrechtlichen Regeln und du wirst mit Ordnungs- und Zwangsgeldern dazu gebracht, dich ordnungsgemäß einzutragen.“

Formkaufleute

Ins Handelsregister eingetragen werden müssen alle Kapitalgesellschaften (insbesondere GmbH, AG, UG) sowie auch die OHG und die KG | ► HF 2, Kap. 15 |. Die Kaufmannseigenschaft wird hier durch die Rechtsform definiert (§ 6 HGB). Der Umfang des Geschäftsbetriebs spielt in diesen Fällen keine Rolle.

Überblick über Kaufmannseigenschaft

Kaufmann

Istkaufmann § 1 HGB	**Kannkaufmann** §§ 2 und 105 Abs. 2 HGB	**Formkaufmann** § 6 Abs. 2 HGB
jeder Gewerbetreibende, dessen Unternehmen einen in kaufmännischer Weise eingerichteten Geschäftsbetrieb erfordert	Kleingewerbetreibende, deren Unternehmen einen in kaufmännischer Weise eingerichteten Geschäftsbetrieb nicht erfordert	stets Kaufmann aufgrund der Unternehmensform kraft Gesetz, ohne Rücksicht auf Unternehmensgegenstand und kaufmännischen Geschäftsbetrieb

Die Eintragung ins Handelsregister hat Vor- und Nachteile:

Vorteile

- Das Handelsregister dient zur Auskunft für jedermann und macht damit das Unternehmen bekannter.
- Eingetragene Unternehmen wirken durch die Eintragung seriöser und professioneller. Häufig wird ihnen deshalb von Vertragspartnern, z.B. Banken, mehr Vertrauen entgegengebracht.
- Bestimmte handelsrechtliche Rechtsinstitute gibt es nur nach Eintragung (z.B. eine Prokura).
- Unternehmen, die im Handelsregister eingetragen sind, haben größere Wahlmöglichkeiten bei der Bestimmung des Firmennamens | ► HF 1, Kap. 13.2 | und der gewählte und eingetragene Unternehmensname ist geschützt.

Aufgrund der Eintragung ins Handelsregister wird man Kaufmann, für den die strengeren Regeln des Handelsgesetzbuches gelten, denn der Gesetzgeber geht davon aus, dass Kaufleute mehr Erfahrung im Rechtsverkehr besitzen müssen.

Nachteile

- Kaufleute, die mehr als € 500 000,- Umsatz und € 50 000,- Gewinn erzielen, sind zur Buchführung, Bilanzierung und Inventarerstellung bzw. Inventur verpflichtet.
- Es gilt die Rügeobliegenheit, d.h. festgestellte Mängel an einer gelieferten Sache müssen unverzüglich gerügt werden, um die Gewährleistungsrechte nicht zu verlieren.
- Bürgschaften, Schuldanerkenntnisse und Schuldversprechen können formlos abgegeben werden, d.h. Kaufleute sind an ihre mündlichen Zusagen gebunden.
- Es entstehen Kosten für die Eintragung und für mögliche Änderungen in der Struktur des Betriebs (neuer Inhaber/Gesellschafter oder Geschäftsführer/Änderung Gesellschaftsvertrag).

Wer ein eintragungspflichtiges Gewerbe betreibt, der muss sich auch eintragen lassen.

13.2 Name des Betriebs

Beispiel: „Michaela, hast du dir denn schon einen Namen überlegt?", fragt Ralf nach. „Denn bevor du die Gewerbeanmeldeformalitäten in Angriff nimmst, solltest du dir schon darüber im Klaren sein, wie dein Geschäft heißen soll. Bevor du das nicht weißt, kannst du auch keinen Betrieb anmelden. Als allererstes muss man sich Gedanken über einen guten Namen machen!"

„Das sollte kein Problem sein", schaltet sich Erhan ein, „wie wäre es mit ‚Neue Brillen braucht die Welt' oder ‚Endlich Durchsicht'?"

„Na ja, das ist alles nicht sehr kreativ. Ich finde ‚Stiehlissimo' ganz gut", denkt Michaela laut nach. „Da steckt mein Familienname drin und er drückt aus, was ich Besonderes anbieten will – nämlich stilvolle Brillen".

„Macht mal langsam mit euren Ideen", unterbricht Ralf das kreative Duo. „Es gibt da einige Regeln, die zu beachten sind. Einen zulässigen Namen zu finden, der auch noch interessant klingt, ist nämlich gar nicht so einfach. Und auch hier wird wieder die Frage wichtig, ob man sich ins Handelsregister eintragen lassen muss oder nicht."

„Wieso denn das?", wundern sich Michaela und Erhan.

Bei der Namensfindung für ein Unternehmen und der Frage nach der Zulässigkeit von Namen kommt es grundlegend auf die bereits erläuterte Kaufmannseigenschaft | ▸ HF 2, Kap. 13.1 | an.

13.2.1 Name des Nichtkaufmanns

Namensfindung Nichtkaufmann

Ist der Betrieb nicht kaufmännisch tätig, dann muss der Einzelunternehmer, der nicht ins Handelsregister eingetragen ist, im Geschäftsverkehr immer mit vollständigem Vor- und Nachnamen des vollhaftenden Inhabers auftreten. Auf allen Geschäftsbriefen, Rechnungen, Angeboten etc. muss der Familienname mit mindestens einem ausgeschriebenen Vornamen angegeben sein, damit jederzeit erkennbar ist, wer haftend hinter dem Betrieb steht.

Geschäftsbezeichnung nicht irreführend

Gesellschaften bürgerlichen Rechts (GbR) müssen darüber hinaus Vor- und Zunamen aller beteiligten Gesellschafter angeben. Die Geschäftsbezeichnung bei den Nicht-Kaufleuten kann firmenähnlich aussehen, darf jedoch nicht irreführend sein. Es darf nicht der Eindruck vorgetäuscht werden, der Betrieb sei im Handelsregister eingetragen. Deshalb ist auf einen Rechtsform-Zusatz in der Betriebsbezeichnung zu verzichten ebenso wie auf eine Ortsbezeichnung, die den falschen Eindruck erwecken könnte, dass der Betrieb der Einzige in dieser Branche am Ort ist.

Zulässig ist es aber, nach den Vor- und Zunamen noch den Namen des Gewerbes oder eine Tätigkeitsangabe zu setzen, um eine bessere Unterscheidungskraft und Kennzeichnungswirkung des Betriebes in der Region bei Namensähnlichkeiten zu erreichen.

Beispiel: „So lange du anfänglich Kleingewerbetreibende bist, Michaela, dürftest du nur den Namen ‚Augenoptik Michaela Stiehl' oder etwas Vergleichbares wie ‚Michaela Stiehl – stiehlvolle Brillen' nutzen", erläutert Ralf, „nicht aber einen reinen Fantasienamen wie z.B. ‚Stiehlissimo', der dir vorschwebt. Den dürftest du wählen, wenn du im Handelsregister eingetragen bist. Dann bist du freier bei der Namenswahl, auch wenn es dann immer noch Regeln gibt."

13.2.2 Name des Kaufmanns

Im Handelsrecht gibt es spezielle Regelungen für die Namensgebung von Kaufleuten.

Unternehmen, die im Handelsregister eingetragen sind, haben eine Firma. Dies ist ein handelsrechtlicher Begriff. Firma ist der Name, unter dem der eingetragene Kaufmann seine Geschäfte betreibt, seine Unterschriften abgibt und klagt bzw. verklagt wird.

Alles verstanden? Werden Sie im Sackmann-Lernportal aktiv!

Bei nicht eingetragenen Unternehmen spricht man dagegen einfach nur von Unternehmensbezeichnungen.

größere Wahlmöglichkeiten

Das Firmenbildungsrecht gibt Kaufleuten und Handelsgesellschaften größere Freiheiten bei der Wahl eines aussage- und werbewirksamen Unternehmensnamens, da durch die Eintragung im Handelsregister bereits wichtige Informationen über das Unternehmen und die verantwortlichen Personen bekannt sind.

Voraussetzungen für Namensfreiheit

Neben einem Personennamen sind auch Sach- und Fantasienamen zugelassen, wenn

- diese sich von anderen Firmennamen deutlich unterscheiden,
- keine Verwechslungsgefahr besteht,
- der Name nicht irreführend ist,
- die Gesellschaftsform und die Haftungsverhältnisse zu erkennen sind.

Anforderungen an die Firmenbildung

Unterscheidungskraft

Es sollten nicht nur allgemeine Begriffe gewählt, sondern es muss zumindest eine Bezeichnung verwendet werden, die nicht nur den Betriebsgegenstand enthält.

Beispiel: Ralf erinnert sich: „Aus diesem Grund habe ich meine Firma ‚Malermeister Ralf Weiss e.K.‘ nennen müssen. Ich fände es auch besser, wenn meine Firma ‚Weissmalerei GmbH‘ heißen würde. Damit wäre nicht nur ein allgemeiner Begriff benannt, sondern die Bezeichnung ist erkennbar unterschiedlich zu anderen konkurrierenden Betrieben und beinhaltet auch noch meinen Namen, der ganz gut zur Branche passt. Aber dafür müsste ich erst eine GmbH gründen."

Verwechslungsgefahr

Zusätzlich ist jede Verwechslungsgefahr bei der Namensfindung von vornherein auszuschließen. Diese besteht dann, wenn zwei Firmen in der Region mit dem gleichen Tätigkeitsbereich ansässig sind oder zumindest Berührungspunkte zwischen den Tätigkeitsbereichen der beiden Betriebe bestehen. Daher sind vergleichbar aussehende und ähnlich klingende Firmennamen zu vermeiden.

Beispiel: Das ruft Michaela auf den Plan. „Ich darf mein Geschäft also nicht ‚Stiehlissimo Augenoptik‘ nennen, wenn schon ein Betrieb z.B. mit dem Namen ‚Optik Stilissimo OHG‘ besteht, richtig?", vergewissert sich Michaela. „So ist es!", bestätigt Ralf, „die Kunden wüssten ja sonst nicht mehr, wer ihr Geschäftspartner ist."

Irreführung

Außerdem darf der Kunde nicht mit dem Firmennamen über den tatsächlichen Unternehmenszweck oder über die Qualifikation des Betriebsinhabers getäuscht werden. Der Firmenname muss den Geschäftszweck der Firma und die dahinterstehenden Personen korrekt wiedergeben. Unzulässig wären demnach beispielsweise die Nennung eines nicht vorhandenen Tätigkeitsfeldes, die Aufnahme von Personennamen, die nicht an der Firma beteiligt sind oder eine falsche Berufsbezeichnung.

Beispiel: „Das bedeutet dann wohl, dass ‚Erhan Özer Autohandel' als Firmenname für mich nicht in Betracht käme", überlegt Erhan, „da ich ja nicht nur verkaufen, sondern auch reparieren will - und auch keine Autos, sondern Motorräder. Und ‚Erhan Özer KFZ-Meisterbetrieb' wäre auch unzulässig, da ich Zweiradmechanikermeister bin."

„Genau", erwidert Ralf, „du könntest den Betrieb ‚Özer Zweirad Reparatur und Verkauf' nennen. Darunter kann sich jeder etwas vorstellen."

Bei handelsrechtlichen Firmennamen muss in jedem Fall die Rechtsform genannt werden, um die Haftungsverhältnisse deutlich zu machen.

Zusatz der Gesellschaftsform

Unternehmensform	Mögliche Pflichtangabe der Rechtsform
Einzelunternehmen	„eingetragener Kaufmann/eingetragene Kauffrau" „e.K.", „e.Kfm./ e.Kffr."
Personenhandelsgesellschaft (OHG, KG, GmbH &Co.KG)	Je nach Rechtsform „OHG", „KG", „GmbH &Co.KG"
Kapitalgesellschaft (GmbH, AG, UG)	Je nach Rechtsform „GmbH", „Gesellschaft mit beschränkter Haftung" „AG", „Aktiengesellschaft" „UG", „Unternehmergesellschaft (haftungsbeschränkt")

Beispiel: „Lass mich also nochmal zusammenfassen", sinniert Erhan, „wenn ich erst einmal sozusagen als Einzelkämpfer arbeite möchte, könnte bzw. müsste ich mich ‚Erhan Özer Zweiradmechanikermeister e.K.' nennen. Wenn ich mich aber direkt für die Gründung einer GmbH entscheiden würde, dann dürfte ich meine Firma z.B. ‚Özer Zweirad Reparatur und Verkauf GmbH' nennen? Hab ich das richtig verstanden?"

„Ja, genauso ist es", bestätigt Ralf.

13.3 Handelsregister

Ort des Handelsregisters

Das Handelsregister ist ein öffentliches Verzeichnis. Es wird vom örtlichen Amtsgericht geführt und gibt Auskunft über die wirtschaftlichen Verhältnisse der im Bezirk des Amtsgerichts eingetragenen Kaufleute. Seit 2007 wird es nur noch elektronisch geführt. Auch die Anmeldung und die Eintragung erfolgen ausschließlich auf elektronischem Weg.

Das Handelsregister gliedert sich in zwei Abteilungen:

- Abteilung A: Handelsregister für natürliche Personen und Personengesellschaften (HRA)
  - eingetragene Kaufleute,
  - GbR,
  - OHG,
  - KG.
- Abteilung B: Handelsregister für juristische Personen (Kapitalgesellschaften) (HRB)
  - GmbH,
  - AG.

13.3.1 Funktionen des Handelsregisters

Im Handelsregister werden zuverlässig und lückenlos alle rechtlichen und tatsächlichen Verhältnisse eines Unternehmens erfasst. Darüber hinaus wird eine Beweis-, Kontroll- und Schutzfunktion erfüllt.

Funktionen des Handelsregisters

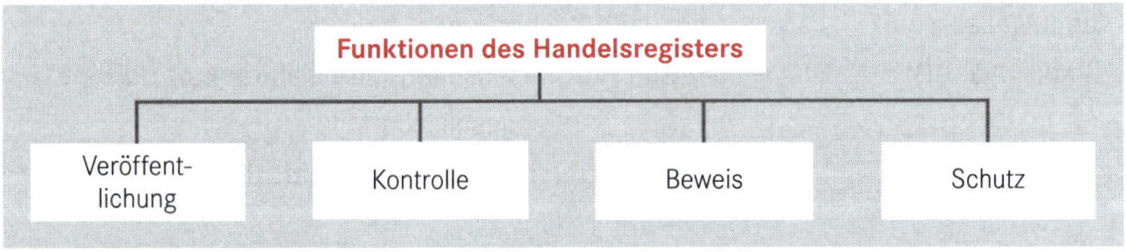

Beispiel: „Wie kann ich denn bei nichtssagenden Namen, bei denen der Inhaber nicht ersichtlich ist, wissen, wer hinter den Firmen steckt?", fragt Erhan nach kurzem Nachdenken.

„Dafür gibt es natürlich das Handelsregister. In diesem jedermann zugänglichen Verzeichnis steht alles, was Kunden oder Geschäftspartner über Firmen interessiert", weiß Ralf wiederum aus eigener Erfahrung zu berichten. „Das ist teilweise sehr interessant einmal nachzuvollziehen, wie die Firmenstruktur hinter den kreativen Namen aufgebaut ist. All das kann man jederzeit im Handelsregister überprüfen."

Publikationsfunktion

Das Handelsregister ist jedem interessierten Bürger zugänglich und eine Einsichtnahme ohne weitere Begründung gestattet. Dank dieser öffentlichen Zugangsmöglichkeiten stehen insbesondere potentiellen Geschäftspartnern wichtige Informationen über die eingetragenen Unternehmen aus dem Rechts- und Geschäftsverkehr, z.B. über die Firmenstruktur, die Haftungsverhältnisse oder die finanzielle Leistungsfähigkeit, zur Verfügung.

Kontrollfunktion

Das Registergericht prüft, ob die formellen und materiellen Voraussetzungen einer Eintragung erfüllt sind und dem Gesetz entsprechend begründet wurden.

Das Handelsregister dient insbesondere bei Formkaufleuten der Kontrolle einer formal ordnungsgemäßen Gründung. Erst wenn alle notwendigen Schritte für die Gründung einer Kapitalgesellschaft vollendet sind, wird diese durch den Eintragungsakt ins Handelsregister tatsächlich ins Leben gerufen. Das Handelsregister prüft dabei alle einzelnen Schritte der Unternehmensgründung und lässt sich alle erforderlichen Unterlagen vorlegen, um sicher zu sein, dass keine Fehler im Gründungsprozess im Nachgang zu einer unvollständigen Haftungsverteilung führen.

Beweisfunktion

Das Handelsregister erleichtert die Beweisführung im kaufmännischen Verkehr. Sowohl von den Eintragungen selbst als auch von den eingereichten Schriftstücken (z.B. Gesellschafterliste, Jahresabschluss) kann eine Abschrift gefordert werden. Bestimmte Rechtsverhältnisse (z.B. Haftungsverhältnisse, Gesellschafterstellungen, Bevollmächtigungen etc.) lassen sich gegenüber Dritten durch einen Handelsregisterauszug belegen bzw. können von Kunden oder Vertragspartnern überprüft werden.

Schutzfunktion

Auf die Richtigkeit der Eintragungen im Handelsregister darf man sich verlassen (Vertrauensschutz).

13.3.2 Eintragungsverfahren

Anmeldung

Eine Handelsregistereintragung erfolgt im Regelfall auf Antrag desjenigen, der dazu verpflichtet ist oder der sich freiwillig eintragen lassen will. Die Anmeldungen zur Eintragung sind in notariell beglaubigter Form einzureichen.

Es gibt aber auch die Eintragung von Amts wegen, z.B. bei Eröffnung eines Insolvenzverfahrens oder bei Erlöschen eines Unternehmens.

notwendige Angaben

Die elektronisch geführten Registerblätter enthalten folgende eintragungspflichtige Angaben:

- Firma,
- Firmensitz bzw. Niederlassungen der Firma mit Anschrift,
- Unternehmensgegenstand,
- Rechtsform des Unternehmens,
- Inhaber bzw. die persönlich haftenden Gesellschafter der Personenhandelsgesellschaft,

- vertretungsberechtigte Personen und besondere Vertretungsbefugnisse,
- Inhaber- oder Gesellschafterwechsel, die Eröffnung einer weiteren Niederlassung, eine Insolvenzeröffnung, die Löschung der Firma,
- Stamm- und Grundkapital bzw. der Betrag der Kommanditeinlage.

Nach der Eintragung erhält der Eingetragene eine Handelsregisternummer. Die Eintragungskosten variieren je nach Rechtsform und Unternehmensgröße zwischen ca. € 200,- bis € 300,- für Einzelunternehmen und ca. € 500,- bis € 700,- beispielsweise für eine GmbH. Wer seiner Eintragungspflicht nicht nachkommt und auffällt, wird vom Registergericht mit einem Zwangsgeld belegt.

Bekanntmachung

Wenn ein Unternehmen im Handelsregister aufgenommen ist, erfolgt eine Veröffentlichung im Internet.[1]

13.3.3 Einsicht in das Handelsregister

Registerportal der Länder

Zur Einsichtnahme in das Handelsregister steht im Internet das Gemeinsame Registerportal der Länder[2] zur Verfügung. Dort hat man die Möglichkeit, Schlagwörter einzugeben und gezielt nach registrierten Unternehmen und Einzelfirmen zu suchen. Wenn der Nutzer sich registrieren lässt, kann er den Registerinhalt gegen eine Gebühr auch als PDF-Dokument online abrufen.

Beispiel: Michaela Stiehl ist begeistert von dieser Aussicht und will direkt eine Abfrage über ihren ehemaligen Ausbildungsbetrieb starten. Noch vom Handy aus ruft sie das Registerportal der Länder auf und startet eine Suchabfrage mit dem Namen der GmbH. Das Ergebnis überrascht sie. „Sieh mal einer an... die Tatsache, dass Frau Müller zwar die Geschäftsführerin der Firma war, aber keine Gesellschaftsanteile hatte, lässt vieles in einem anderen Licht erscheinen. Außerdem wusste ich nicht, dass noch zwei weitere Niederlassungen gegründet wurden."

„Und wie hoch ist das Stammkapital?", fragt Ralf. „Ich würde mit meiner Firma keine großen Arbeiten durchführen, wenn es nicht zur Deckung der Rechnungen ausreicht."

„Da stehen € 100 000,-", antwortet Michaela. „Die Firma scheint solide aufgestellt zu sein."

Darüber hinaus kann das Handelsregister auch weiterhin während der Geschäftszeiten im Registergericht eingesehen werden. Dort kann man sich auch einen Ausdruck oder eine Abschrift gebührenpflichtig anfertigen lassen.

---

[1] *www.handelsregisterbekanntmachungen.de*

[2] *www.handelsregister.de*

Im Büro der Maurerprofis Mainau & Roth GmbH: Geschäftsführer Thorsten Mainau und Seniorpartner Friedel Roth setzen ihr Gespräch über Sinn und Zweck von Ausschreibungen ein paar Tage später fort.

Früher gab es noch ein ehrbares Handwerk.
Dafür gibt es doch das Wettbewerbsrecht.

Friedel Roth weiß zu berichten, dass zu seiner Anfangszeit noch das Sprichwort vom „ehrbaren Handwerk" hochgehalten wurde. Er beklagt sich, dass heute viele Handwerker nur noch auf den schnellen Gewinn aus seien und dabei viele Regeln des fairen Umgangs nicht mehr berücksichtigen.

Thorsten Mainau weist seinen Seniorpartner darauf hin, dass es viele Regelungen gibt, die auch heute noch den fairen Wettbewerb sichern: „Jeder Unternehmer muss sich an das Wettbewerbsrecht halten. Dies sichert ein Mindestmaß an Regelungen, um den Umgang zwischen Konkurrenten fair zu gestalten."

„Früher brauchten wir das nicht", brummt Friedel Roth, „da kannte man sich noch untereinander und hat sich aufeinander verlassen."

Thorsten Mainau schüttelt den Kopf: „Früher gab es noch viel mehr Gesetze, die den Wettbewerb zwischen den Unternehmen geregelt haben, aber mittlerweile ist das Rabattgesetz aufgehoben und auch die Ladenöffnungs- oder Ladenschlussgesetze der Länder sind überall mehr oder weniger gelockert worden."

„Wirklich?", zeigt sich der Seniorpartner überrascht. „Und ich dachte, dass das früher alles mehr oder weniger von selbst ging."

14 Wettbewerbsrecht

Aufgabe des Wettbewerbsrechts ist es, einen freien Zugang zu offenen Märkten und einen funktionierenden Wettbewerb zu gewährleisten.

Schutz des freien Wettbewerbs

Wettbewerbsrecht

- Recht gegen Wettbewerbsbeschränkungen = Kartellrecht
- Recht gegen unlauteren Wettbewerb = Lauterkeitsrecht

Beim Wettbewerbsrecht greift der Staat auf der einen Seite in den freien Wettbewerb ein und schafft die Spielregeln für ein faires wirtschaftliches Verhalten zwischen den Marktteilnehmern, indem er durch Gesetze Regeln für den Umgang miteinander aufstellt, um Mitbewerber und Kunden vor unlauteren Verhaltensweisen anderer Unternehmen zu schützen.

Auf der anderen Seite verbietet er Beschränkungen der wirtschaftlichen Handlungsfreiheit der Marktteilnehmer, um einen freien Leistungswettbewerb sicherzustellen.

gesetzliche Grundlage des Wettbewerbsrechts

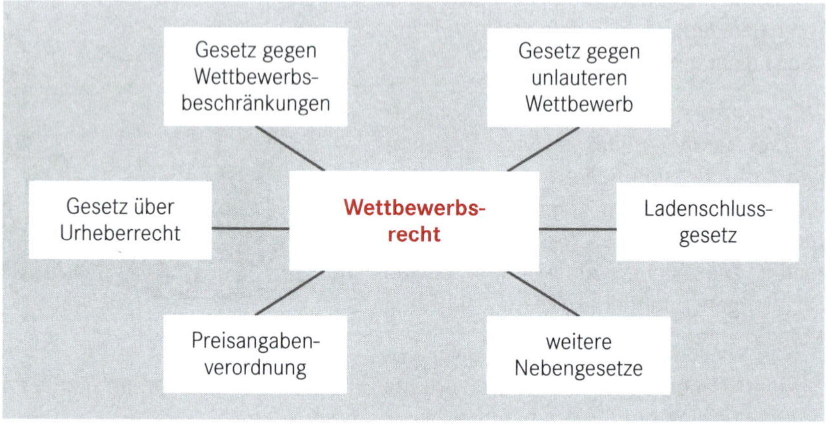

All diese Gesetze dienen dazu, in den jeweils betroffenen Bereichen eine Mindestqualität der Produkte, den Schutz eigener Entwicklungen und ein vergleichbares Marktauftreten zu sichern.

14.1 Gesetz gegen Wettbewerbsbeschränkungen

Das Gesetz gegen Wettbewerbsbeschränkungen (GWB) hat das Ziel, den freien Markt vor Preisabsprachen, Kartellen und Monopolen zu verteidigen. Es wird im Volksmund auch als Kartellgesetz bezeichnet.

Zielsetzung des Gesetzes

Danach ist es verboten, ein Marktmonopol zu missbrauchen, indem marktbeherrschende Unternehmen oder Unternehmensverbände den freien Wettbewerb der Anbieter dadurch ausschließen, dass sie in Absprache Preise erhöhen. Auch andere Vereinbarungen dürfen nicht zulasten des freien Wettbewerbs und damit auch letztlich zum Schaden des Kunden aufeinander abgestimmt werden.

Ihren persönlichen Zugang zum Sackmann-Lernportal finden Sie auf Seite 3.

Nach dem GWB sind folgende Handlungen verboten:

verbotene Handlungen

- Preis-, Mengen- und Gebietsabsprachen

Beispiel: Zwei Speiseeishersteller, die in der Stadt die einzigen Eisproduzenten sind, treffen sich im Winter und entscheiden, dass sie im nächsten Frühjahr ihr Eis nicht mehr für 50 Cent, sondern für einen Euro verkaufen werden.

Zwei Kfz-Werkstätten aus benachbarten Orten beschließen gemeinsam, dass keiner der beiden Kunden aus dem jeweils anderen Ort annimmt, um einen Preiskampf zu vermeiden.

- Marktmachtmissbrauch

Beispiel: Eine große Bäckerei bietet Brötchen unter ihrem Produktionspreis an, um konkurrierende Bäckereien zu schädigen und diese entweder zur Geschäftsaufgabe zu zwingen bzw. diese Filialen zu einem günstigen Preis übernehmen zu können.

- Marktbeherrschung durch Zusammenschluss

Beispiel: Zwei börsennotierte Elektroeinzelhändler wollen fusionieren. Zusammen würden sie danach 70% des Angebots an Unterhaltungselektronik in deutschen Innenstädten stellen und könnten ihre marktbeherrschende Stellung missbrauchen, um Preise in Regionen mit wenig Konkurrenz zu diktieren.

Verfolgung durch Kartellämter

Die Verfolgung von Wettbewerbsverstößen nach dem GWB wird durch das Bundeskartellamt und die Landeskartellämter geleistet. Stellen die Kartellämter einen Kartellverstoß fest, dann sind sie berechtigt, Bußgelder zu erheben, Unternehmenszusammenschlüsse zu untersagen, missbräuchliche Handlungen zu verbieten und Auflagen für die Zukunft zu erteilen.

14.2 Vergaberecht

Bedeutung öffentlicher Aufträge

Das Vergaberecht enthält Vorschriften über die Vergabe öffentlicher Aufträge durch öffentliche Auftraggeber. Öffentliche Aufträge sind ein bedeutsamer Wirtschaftsfaktor. Daher ist es wichtig, dass Unternehmen in einem marktgerechten Wettbewerb und in einem transparenten und diskriminierungsfreien Verfahren öffentliche Aufträge erhalten und dadurch ein wirtschaftlicher und sparsamer Umgang mit öffentlichen Steuergeldern gewährleistet werden kann. Denn z.B. Preisabsprachen, Bestechlichkeit oder gesetzeswidrige Ausschreibungspraktiken können erhebliche finanzielle Schäden verursachen.

Grundsätze des Vergaberechts

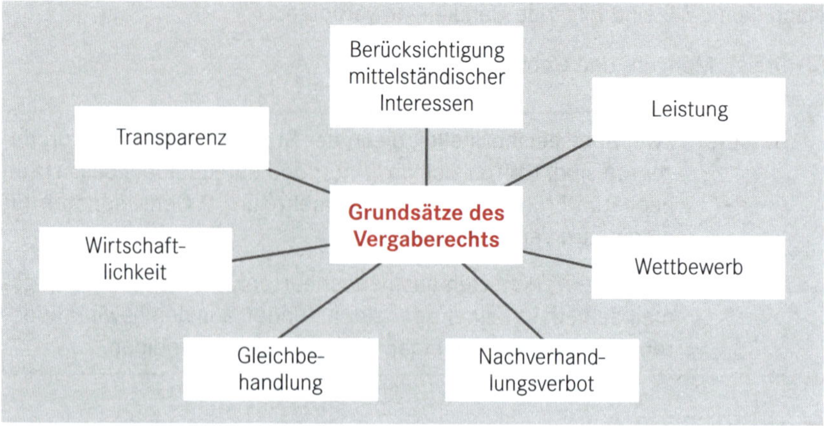

Gewährleistet werden sollen diese Grundsätze durch ausführliche Regelungen zur Auftragsbekanntmachung, Angebotsermittlung und Auftragsabwicklung.

Vergaberecht im Baubereich

Das deutsche Vergaberecht hat gerade im Baubereich eine erhebliche Bedeutung. Es gibt verschiedene Auftragsarten, für die eigene Vergaberegelungen erlassen wurden, die für die jeweilige Tätigkeit anzuwenden sind.

- Vergabe- und Vertragsordnung für Bauleistungen (VOB) | ► HF 2, Kap. 20.1.5 |,
- Vergabe- und Vertragsordnung für Leistungen (VOL),
- Vergabe- und Vertragsordnung für freiberufliche Leistungen (VOF),
- Sektorenverordnung (Aufträge im Bereich Trinkwasser-und Energieversorgung sowie im Verkehrsbereich).

Ob eine Vergabe national oder EU-weit durchzuführen ist, hängt davon ab, ob die Höhe des geschätzten Netto-Auftragswertes unterhalb oder oberhalb bestimmter Schwellenwerte liegt. Im letzteren Fall gelten haushaltsrechtliche und nationale Vergabebestimmungen. Erreicht der Auftrag den EU-Schwellenwert, sind die Regelungen des vierten Teils des GWB maßgeblich sowie die Verordnung über die Vergabe öffentlicher Aufträge (Vergabeverordnung - VgV). Diese verpflichtet die sog. klassischen öffentlichen Auftraggeber zur Anwendung der untergesetzlichen Vergabe- und Vertragsordnungen VOB Teil A und VOL Teil A - jeweils Abschnitt 2 - sowie der VOF.

Beispiel: 

„Deshalb gibt es bei staatlichen Ausschreibungen solche ausführlichen Verfahren und strenge Regeln", überlegt Friedel Roth. „Aber trotzdem ist es mir unverständlich, wenn eine Gemeinde nicht mit einem Handwerker, der dort seinen Betrieb hat, zusammenarbeitet."

„Aber fairer ist es schon, wenn der Bürgermeister nicht grundsätzlich seinen Skatkameraden den Auftrag zuschustert", entgegnet Thorsten Mainau.

14.3 Gesetz gegen den unlauteren Wettbewerb

Dieses Gesetz dient dem Schutz der Mitbewerber, der Verbraucher sowie der sonstigen Marktteilnehmer vor unlauteren geschäftlichen Handlungen. Gesichert werden soll der unverfälschte Wettbewerb. Geschäftliche Handlungen sind unzulässig, wenn sie unlauter und „geeignet sind, die Interessen von Mitbewerbern, Verbrauchern oder sonstigen Marktteilnehmern spürbar zu beeinträchtigen“ (§ 3 UWG).

Wann eine Handlung als unlauter anzusehen ist, regelt eine sog. schwarze Liste von im Geschäftsverkehr verbotenen Handlungen im Anhang zum UWG:

unlautere Handlungen

- unwahre Angaben über Qualifikationen und Auszeichnungen des Wettbewerbers,
- Werbung mit nicht oder nur knapp verfügbaren Lockangeboten,
- als Information getarnte Werbung (Schleichwerbung),
- unwahre Angaben über Art und Ausmaß einer Gefahr für die persönliche Sicherheit des Verbrauchers oder seiner Familie für den Fall, dass er die angebotene Ware nicht erwirbt,
- Übermittlung von Werbematerial unter Beifügung einer Zahlungsaufforderung, wenn damit der unzutreffende Eindruck vermittelt wird, die beworbene Ware oder Dienstleistung sei bereits bestellt usw.

Insgesamt sind auf der schwarzen Liste 30 „stets unzulässige geschäftliche Handlungen“ aufgeführt. Darüber hinaus werden im UWG zahlreiche weitere unlautere und damit verbotene Wettbewerbshandlungen definiert:

- unsachliche Beeinflussung und gezielte Behinderung von Mitbewerbern,
- Ausnutzen der geschäftlichen Unerfahrenheit oder einer Zwangslage zum Abschluss von Verträgen,
- Verkaufsförderung durch Gewinnspiele,
- Herabsetzung des Konkurrenten (sog. Anschwärzung),
- unzumutbare Belästigung (unaufgeforderte Telefonwerbung, unangeforderte Newsletter, Spam-E-Mails etc.).

Anspruch auf Unterlassung und Schadenersatz

Wer sich als Kunde oder Wettbewerber durch eine der genannten Handlungen betroffen fühlt, kann gegen den Verursacher einen Anspruch auf Unterlassung, Beseitigung der Störung und Schadensersatz geltend machen. Geschädigte Mitkonkurrenten, Verbraucherverbände, Kammern und Innungen sind berechtigt, eine schnelle Beseitigung der Störung zu verlangen, bevor in einem Wettbewerbsverfahren die Unzulässigkeit der Handlung gerichtlich festgestellt wird.

Aktuelles zu den Themen im Sackmann bietet das Lernportal.

Beispiel: „Wenn jetzt ein Konkurrent, der keinen Meister hat, in seinen Werbezetteln als Meisterbetrieb auftritt, dann ist das also unzulässig und abmahnbar?“, fragt Friedel Roth interessiert.

„So ist es“, entgegnet Thorsten Mainau. „Und nicht nur das. Wenn die Konkurrenz Unwahrheiten über unsere Leistungen verbreitet, mit nicht verfügbaren Sonderangeboten wirbt oder unsere Kunden unaufgefordert anruft, dann ist das auch gesetzeswidrig. Vor allem kostet so eine Abmahnung, wenn sie denn nachweisbar berechtigt ist, den abgemahnten Betrieb richtig viel Geld. Ganz zu schweigen von den Kosten eines folgenden Prozesses. Wir sollten also aufpassen, dass wir uns an das Gesetz gegen den unlauteren Wettbewerb halten. Wenn wir uns in der Werbung mit anderen Betrieben vergleichen, müssen wir vor allem darauf achten, dass wir nicht über die Grenzen des UWG hinausgehen.“

vergleichende Werbung

Zusätzlich zu den o.g. unlauteren Wettbewerbshandlungen war ursprünglich auch die vergleichende Werbung in Deutschland grundsätzlich verboten. Seit dem Jahr 2000 dürfen Unternehmen eigene Leistungen in der Werbung unter bestimmten Vorgaben in einen Vergleich zur Konkurrenz stellen.

Vergleichende Werbung ist jedoch nach wie vor unzulässig, wenn

- sie den Konkurrenten herabsetzt,
- sie sich auf Waren oder Dienstleistungen des Konkurrenten bezieht, die nicht vergleichbar sind,
- nicht mit der eigenen Bekanntheit, sondern mit der des Mitbewerbers geworben werden soll, und dadurch die Gefahr einer Verwechselung besteht,
- eine Ware des Mitbewerbers imitiert oder nachgeahmt werden soll.

Aufgrund der insgesamt unklaren Rechtslage, beispielsweise wann genau eine Herabsetzung des Konkurrenten vorliegt oder wann man den Namen des Mitbewerbers für eigene Werbezwecke missbraucht, machen Unternehmen bisher von der Möglichkeit der vergleichenden Werbung wenig Gebrauch. Das Risiko eines Rechtsstreites und der damit verbundenen Kosten hält die meisten Firmen von der Schaltung vergleichender Werbekampagnen ab.

14.4 Preisangabenverordnung

Die Preisangabenverordnung verpflichtet Handwerker und Händler dazu, den Kunden über die Höhe des Preises der angebotenen Produkte auf einen Blick zu informieren.

Angabe von Endpreisen

Alle sichtbaren Waren, ob im Schaufenster, in Prospekten oder auf Plakaten, müssen immer mit dem Endpreis (Preis inkl. Mehrwertsteuer, Zusatzkosten und ggf. Versandgebühren) ausgezeichnet sein.

Grundpreisangabe

Fertig verpackte Waren, die nach Gewicht, Volumen oder Länge angeboten werden, müssen zusätzlich zum Endpreis noch eine Grundpreisangabe (pro Kilo, pro laufendem Meter, pro Quadratmeter, pro Liter usw.) enthalten, so dass für den Endverbraucher der Preis vergleichbar wird, ohne dass es einer großen Rechenleistung bedarf.

Handwerker, die Dienstleistungen anbieten, z.B. Schuster, Friseure, Kfz-Branche, müssen ein Verzeichnis mit Endpreisen für ihre wesentlichen Leistungen oder Verrechnungssätzen (z.B. Stundensätze, Kilometersätze) erstellen. Dieses muss gut sichtbar entweder im Ladenlokal, am besten im Schaufenster, ausgehängt werden. Wird die Leistung an einem anderen Ort angeboten, z.B. im Internet, dann muss das Verzeichnis dort veröffentlicht werden.

Beispiel: „Für uns heißt das, dass wir entweder unseren Stundenverrechnungssatz und unsere Anfahrtskosten mit Kilometersätzen schon vor Vertragsschluss benennen müssen oder wir können unsere Leistungen nur zu Pauschalpreisen anbieten“, schlussfolgert Thorsten Mainau. „Allerdings haben die ganzen Gesetzesvorschriften auch ihre Vorteile. Ich weiß wenigstens beim Bäcker sofort, was meine Brötchen kosten. Und wenn ich einen Friseursalon betrete, kann ich schon im Schaufenster sehen, wie viel ich für den Haarschnitt bezahlen muss.“

„Stimmt eigentlich, aber wer überprüft denn das?“, fragt der Seniorpartner.

„Einerseits regelt das der Wettbewerb selbst, da ein nicht ordnungsgemäß auszeichnender Betrieb von seinem Konkurrenten abmahnbar ist, andererseits kümmern sich auch die kommunalen Überwachungsbehörden darum“, entgegnet Thorsten Mainau.

Bußgelder bei Verstößen

Verstößt ein Betriebsinhaber gegen die Preisangabenverordnung, dann kann durch die zuständigen Ordnungsbehörden ein Bußgeld verhängt werden.

14.5 Ladenöffnungs- oder Ladenschlussgesetze

Ladenöffnungszeiten Ländersache

2006 wurde im Zuge der Föderalismusreform die Gesetzgebungskompetenz in Sachen Ladenschluss vom Bund auf die Länder übertragen. Seitdem darf jedes Land eigene Regelungen bezüglich der Ladenöffnungszeiten von Verkaufsstellen festlegen. Gast- und Speisewirtschaften sowie Dienstleistungsbetriebe gelten in den meisten Ländern nicht als Verkaufsstellen und dürfen grundsätzlich außerhalb der Ladenöffnungszeiten betrieben werden.

Es gibt aber erhebliche Unterschiede darin, wie die Gesetze ausgestaltet sind. Während Bayern an den Regelungen des alten Ladenschlussgesetzes (werktags 6–20 Uhr) festhält, hat NRW die Ladenöffnungszeiten vollkommen freigegeben (werktags 0–24 Uhr). Andere Bundesländer haben zwischen den Extremen liegende Öffnungszeiten eingeführt.

Sonn- und Feiertagsregelung

An Sonn- und Feiertagen müssen Ladengeschäfte in allen Bundesländern grundsätzlich geschlossen bleiben. Die Ladenöffnungsgesetze der Länder lassen aber in unterschiedlichem Umfang Ausnahmen für den Verkauf von bestimmten Waren (z.B. Zeitungen, Backwaren, Blumen und Pflanzen, landwirtschaftliche Produkte, Milch- und Milcherzeugnisse) sowie für Verkaufsstellen in besonderen Lagen (in Bahnhöfen, Flughäfen, an Tankstellen und Apotheken oder in Touristenregionen) zu.

Aber auch wenn nach Ladenschlussgesetz eine Öffnung erlaubt ist, stehen häufig Arbeitnehmerschutzregelungen entgegen. Deshalb gibt es auch im Arbeitszeitgesetz Ausnahmen für die o.g. Gewerbe und Örtlichkeiten.

14.6 Urheberrecht

Das deutsche Urheberrecht sichert Verfassern von Werken der Literatur, Wissenschaft und Kunst den Schutz ihrer „persönlichen geistigen Schöpfung“ (§ 2 Abs. 2 UrhG) zu. Geschützt ist alles, was persönlich durch einen Menschen geschaffen wurde, eine wahrnehmbare Formgestaltung sowie eine individuelle Prägung aufweist.

Schutzgegenstände

Schutzgegenstände sind

- Sprachwerke, z.B. Romane, Erzählungen, Gedichte, Texte, Reden, Drehbücher, Computerprogramme,
- Musikstücke.

Der Urheber als Rechtsinhaber besitzt das alleinige Recht zur Verwendung und Verwertung des von ihm geschaffenen Werkes. Es wird lediglich durch das Recht auf Verwendung von Zitaten eingeschränkt.

Das Urheberrecht an sich ist nicht übertragbar, es sei denn durch eine Erbfolge. Der Urheber kann jedoch die Nutzungsrechte einem Dritten übertragen (z.B. in einem Lizenzvertrag), der das Werk dann wirtschaftlich nutzen darf.

Tests und Aufgaben zu diesem Kapitel finden Sie im Sackmann-Lernportal.

GEMA

Die Gesellschaft für musikalische Aufführungs- und mechanische Vervielfältigungsrechte (GEMA) ist eine staatlich legitimierte Verwertungsgesellschaft, die in Deutschland die Nutzungsrechte aus dem Urheberrecht von denjenigen Komponisten, Textdichtern und Verlegern von Musikwerken vertritt, die als Mitglieder in ihr organisiert sind. Jede öffentliche Wiedergabe von Musik muss bei der GEMA angemeldet und das Verwertungsrecht für den öffentlichen Bereich hinzuerworben werden.

Beispiel: Michaela Stiehl hat sich vorgenommen, in ihrem zukünftigen Optikergeschäft Hintergrundmusik laufen zu lassen. Dazu hat sie schon einige CDs mit ihren Lieblingsliedern angeschafft. Da fast alle Musiker ihre Verwertungsrechte an die GEMA übertragen haben, ist Michaela Stiehl verpflichtet, für die Musik, die sie öffentlich wiedergibt, zusätzlich eine Gebühr an die GEMA zu zahlen, da sie mit dem Musiktitelkauf nur das Verwertungsrecht im privaten Bereich erworben hat.

Kompetenzen

Das sollten Sie als zukünftiger Meister können:

- ✔ gesetzliche Voraussetzungen für die selbstständige Ausübung eines Handwerks prüfen,
- ✔ Rechtsfolgen einer unbefugten Ausübung und von Schwarzarbeit kennen,
- ✔ wichtige Anlaufstellen bei Gründung, Änderung oder Übernahme eines Handwerksbetriebes kennen und Verwaltungsverfahren anstoßen und abwickeln,
- ✔ Vorschriften zu Firmierung, Kaufmannseigenschaft, Eintragungspflicht und resultierende handelsrechtliche Konsequenzen bei der Entwicklung von Konzepten berücksichtigen,
- ✔ Auswirkungen besonderer Pflichten von Kaufleuten für die Gestaltung betrieblicher Prozesse darstellen,
- ✔ Umsetzbarkeit/Zulässigkeit von Marktstrategien vor dem Hintergrund wettbewerbsrechtlicher Vorschriften prüfen.

Handlungsfeld 2:
Gründungs- und Übernahmeaktivitäten vorbereiten, durchführen und bewerten

Bedeutung persönlicher Voraussetzungen für den Erfolg beruflicher Selbstständigkeit begründen

A

Erhan Özer träumt schon seit seiner Ausbildung davon, sich selbstständig zu machen. Als der frisch gebackene Zweiradmechanikermeister eine kleine Werkstatt in verkehrsgünstiger Lage in Aussicht hat, steht seinem Plan nichts mehr im Wege. Begeistert erzählt er seinen Eltern von seinem Vorhaben.

„Also dann ist es jetzt tatsächlich so weit?" Sein Vater klopft ihm gut gelaunt auf die Schulter. „Aber weißt du eigentlich, was in Zukunft alles auf dich zukommt, wenn du dein eigenes Unternehmen führst?"

„Na ja", meint Erhan. „Wie man einen Betrieb führt, habe ich schließlich auf der Meisterschule gelernt. Und viel zu arbeiten und wenig Freizeit zu haben, das macht mir eigentlich nichts aus. Wenn man selbstständig ist, weiß man ja schließlich, wofür man das tut. Auch wenn man im Privatleben eher zurückstecken muss."

„Wenn das einer schafft, dann Erhan", sagt seine Mutter. „Er weiß, was er will, und zieht das auch durch. Außerdem ist er belastbar und kann gut mit Menschen umgehen. Alles wichtige Voraussetzungen für unseren ‚künftigen Unternehmer'."

1 Anforderungen an einen Unternehmer

Motive für die Selbstständigkeit

Gründe, sich selbstständig zu machen, gibt es viele. Die einen verfolgen damit einen lang gehegten Traum und sehen darin eine Chance, ihre eigenen Ideen zu verwirklichen. Die anderen erhoffen sich eine bessere finanzielle Zukunft. Für manche Menschen ist die Selbstständigkeit ein Ausweg aus der Arbeitslosigkeit, wieder anderen ist es wichtig, die Familientradition fortzuführen und das elterliche Unternehmen als Nachfolger zu betreiben.

Weitere mögliche Motive sind z.B.

- das Streben nach Unabhängigkeit,
- die Suche nach neuen Herausforderungen,
- der Wunsch, das Hobby zum Beruf zu machen,
- das Streben nach Einfluss und Macht sowie
- das Erreichen eines höheren sozialen Status.

Für den Erfolg der beruflichen Selbstständigkeit ist dabei nicht entscheidend, ob sie ursprünglich zur Überwindung der Arbeitslosigkeit gewählt wurde oder aus einer ausschließlich positiven Motivation heraus.

Bedeutung persönlicher Voraussetzungen

Viel wichtiger ist, dass einige grundlegende Voraussetzungen erfüllt sind und die Grundeinstellung stimmt. Der feste Glaube an die eigene Geschäftsidee, ein starker Wille, Hingabe an die neue Aufgabe, Fleiß und Zielstrebigkeit sind entscheidende Voraussetzungen. Je stärker diese Eigenschaften ausgeprägt sind, desto größer ist auch die Aussicht, fehlende Kompetenzen im Laufe der Zeit noch zu erwerben.

Welche Eigenschaften in der Praxis wirklich entscheidend sind, lässt sich am besten an den Erwartungen der Banken und Fördermittelgeber ablesen. Noch bevor es um die konkrete Geschäftsidee geht, interessieren sie sich zunächst für die Persönlichkeit und die betriebswirtschaftlichen Kenntnisse eines Gründers.

Ein guter Handwerker ist nicht automatisch auch ein erfolgreicher Unternehmer. Die Führung eines Handwerksunternehmens erfordert neben fachlichen Kenntnissen insbesondere auch bestimmte persönliche Qualitäten und unternehmerische Kompetenzen.

1.1 Persönliche Anforderungen

Insbesondere in kleinen und mittleren Betrieben, in denen der Unternehmer noch viele Funktionen selbst wahrnimmt, um die Geschicke seines Unternehmens zu lenken, hängt der Geschäftserfolg in entscheidendem Maße von seiner Persönlichkeit ab. Die Überprüfung der eigenen Unternehmerqualitäten gehört deshalb zu den Grundlagen jeder sorgfältigen Gründungsvorbereitung.

Merkmale einer Unternehmerpersönlichkeit

Auch wenn es die ideale Unternehmerpersönlichkeit in der Praxis so nicht gibt, verfügen Personen, die ein Unternehmen gründen, führen und weiterentwickeln, i.d.R. über bestimmte Persönlichkeitsmerkmale. Zu diesen grundlegenden Eigenschaften zählen im Allgemeinen:

- Kreativität,
- Risikobereitschaft,
- Ehrgeiz,

- Organisationstalent,
- Belastbarkeit,
- Disziplin,
- Verantwortungsbewusstsein.

Unternehmereigenschaften

Willensstärke/Durchsetzungskraft

Darüber hinaus werden mit Blick auf erfolgreiches unternehmerisches Handeln weitere typische Unternehmereigenschaften wichtig. So wird jeder Unternehmer von einer bestimmten Vision oder Idee getragen, die ihn antreibt und letztlich alle unternehmerischen Aktivitäten prägt. Erfolgreiche Unternehmer zeichnen sich dabei nicht nur durch einen unerschütterlichen Glauben an die eigene Geschäftsidee sowie den unbedingten Willen aus, mit dem eigenen Unternehmen auch etwas zu bewegen. Sie verfügen i.d.R. auch über die dazu nötige Leidenschaft und Durchsetzungskraft.

Entscheidungsfreude

Eng damit verbunden ist ein gewisses Maß an Entscheidungsfreude. Schließlich müssen Unternehmer im Alltag immer wieder aufs Neue Prioritäten festlegen, weit reichende Entscheidungen treffen und dafür auch die Verantwortung übernehmen.

Überzeugungskraft

Dabei hängt der Erfolg eines Unternehmers maßgeblich von seiner Fähigkeit ab, frühzeitig neue Geschäftschancen zu erkennen und zu nutzen. Dies setzt nicht nur eine grundsätzliche Offenheit für Neues voraus, sondern vor allem Begeisterungsfähigkeit und Überzeugungskraft, um diese Ideen dann auch in die Tat umzusetzen.

Unternehmergeist

Sämtliche bisher aufgeführten Eigenschaften lassen sich dabei auf eine für Unternehmer typische Grundmotivation zurückführen, die sich mit dem Begriff Unternehmergeist beschreiben lässt. Damit ist das grundsätzliche Bestreben gemeint, nicht nur passiv auf Gegebenheiten zu reagieren, sondern aktiv die Geschicke des Unternehmens und des Marktes zu lenken und zu beeinflussen.

strategisches Denken

Angesichts der vielfältigen Aufgaben, die im Rahmen der Geschäftsplanung zu erfüllen sind, gilt ferner die Fähigkeit zu strategischem Denken als unerlässlich. Insbesondere dann, wenn es um eine der wichtigsten Aufgaben des künftigen Unternehmers geht – die Existenzsicherung des eigenen Betriebes und die Sorge, dass er auch in Zukunft wettbewerbsfähig bleibt.

Durchhaltevermögen

Auch im Umgang mit Krisen und Rückschlägen werden von einem Unternehmer besondere Kompetenzen erwartet. So sollte er einerseits ein gewisses Stehvermögen mitbringen, andererseits aber auch die Fähigkeit, aus Fehlern zu lernen. Denn nicht nur während der Gründungsphase gibt es Widerstände zu überwinden.

Nutzen Sie das interaktive Zusatzmaterial im Sackmann-Lernportal.

Auch im weiteren betrieblichen Alltag wird er immer wieder mit schwierigen Situationen konfrontiert, die Beharrlichkeit, Rückgrat und den nötigen „Biss" verlangen.

Kritikfähigkeit

Dabei unterlaufen jedem Unternehmer im Laufe des Geschäftslebens Fehler, mit mehr oder weniger schwerwiegenden Folgen für das Unternehmen. Entscheidend ist jedoch, dass er aus diesen Fehlern lernt. Deshalb zählt die Fähigkeit zur Selbstkritik mit zu den wichtigsten Unternehmereigenschaften.

soziale und kommunikative Fähigkeiten

Nicht zuletzt zählen auch ausgeprägte soziale und kommunikative Fähigkeiten zu den Schlüsselkompetenzen von erfolgreichen Unternehmern. Sie werden insbesondere im täglichen Umgang mit Kunden, Lieferanten und Mitarbeitern wichtig. So gehört der sichere Umgang mit Menschen zu den Grundvoraussetzungen, wenn es darum geht, mit Kunden in Kontakt zu treten, Mitarbeiter zu motivieren oder auch Verhandlungen mit Geschäftspartnern zu führen.

Fähigkeit zum Networking

Die Fähigkeit, Kontakte aufzubauen, aufrechtzuerhalten und Netzwerke zu bilden, gilt als weiterer entscheidender Erfolgsfaktor und setzt ein hohes Maß an Kommunikationsfreude voraus. Die Mitgliedschaft in Vereinen, die Teilnahme an Unternehmerstammtischen oder die Mitwirkung in einer Innung sind bewährte Methoden der Netzwerkpflege. Aber auch der einfache Griff zum Telefon ist nicht zu unterschätzen, wenn es darum geht, Kontakte zu Kunden, Lieferanten und sonstigen Geschäftspartnern zu halten.

Heutzutage werden dabei die vielfältigen Möglichkeiten der elektronischen Kommunikation immer wichtiger, insbesondere die Nutzung von sozialen Netzwerken im Internet. All diese Aktivitäten lassen sich unter dem Begriff Networking (Netzwerkarbeit) zusammenfassen.

Abschließend bleibt festzuhalten, dass es in der Praxis wohl keinen Unternehmer gibt, der ausnahmslos über alle hier aufgeführten Fähigkeiten und Kompetenzen verfügt. Letztlich entscheidet hier die Kombination der verschiedenen Eigenschaften und ihr Verhältnis zueinander über den Erfolg oder Misserfolg eines Unternehmers.

1.2 Familiäre Anforderungen

stabiles Umfeld

Der Schritt in die Selbstständigkeit erfordert nicht nur eine stabile Persönlichkeit des Unternehmers, sondern auch ein soziales Umfeld, das diese Entscheidung mitträgt. Schließlich wirken sich die mit der neuen Situation verbundenen Veränderungen auf den Partner, die Familie und Freunde aus. Folgende Fragen sollte der angehende Unternehmer deshalb zu Beginn der Selbstständigkeit für sich geklärt haben:

- Habe ich meine Familie von der geplanten Selbstständigkeit überzeugen können?
- Kann ich mit ihrer tatkräftigen Unterstützung rechnen?
- Ist die Familie in der Lage, finanzielle Anlaufschwierigkeiten aufzufangen?

- Sind meine Angehörigen bereit, mich von familiären Verpflichtungen zu entlasten?
- Akzeptiert mein Umfeld (Familie, Freunde, Bekannte), dass ich weniger Zeit fürs Privatleben haben werde?

Beispiel: Die Eltern von Erhan Özer sind davon überzeugt, dass der Schritt in die Selbstständigkeit die richtige Entscheidung ist. Um ihrem Sohn den Rücken freizuhalten, haben sie ihm in jeglicher Beziehung ihre volle Unterstützung zugesagt.

1.3 Fachliche Anforderungen

Die Führung eines Handwerksunternehmens setzt neben fundierten Fachkenntnissen vor allem gute Branchen- und Marktkenntnisse voraus, um sich im Wettbewerb zu behaupten.

kaufmännische Grundkenntnisse

Ferner sind grundlegende kaufmännische Kenntnisse unerlässlich. Einige Aufgaben können zwar an Experten (z.B. Steuerberater) ausgelagert werden. Gleichwohl muss ein Unternehmer stets den Überblick über seine Kosten, den Umsatz und Gewinn sowie die Zahlungsfähigkeit seines Betriebes behalten, um rechtzeitig auf Veränderungen reagieren zu können. Dies setzt voraus, dass er die Zahlen seines Betriebes auch lesen und entsprechend interpretieren kann. Anderenfalls kann er keine fundierten Entscheidungen treffen.

Nicht zuletzt ist bei einigen Gewerken der Nachweis der fachlichen Eignung zu erbringen. So besteht in zulassungspflichtigen Gewerken für die Ausübung einer selbstständigen Tätigkeit die sog. Meisterpflicht.

1.4 Unternehmereignung erkennen

Die kritische Auseinandersetzung mit der eigenen Unternehmereignung und den dazu notwendigen Führungsqualitäten gehört zu den Grundvoraussetzungen einer sorgfältigen Gründungsplanung | ► HF 2, Kap. 27 |.

Unternehmertests

Als erste Orientierung können dabei sog. Unternehmertests dienen | ► Unternehmertest |. Zwar ist ihre Aussagefähigkeit begrenzt, weil sie keine absolut verlässliche Antwort liefern können, ob jemand ein geborener Unternehmertyp ist. Mit ihrer Hilfe lässt sich jedoch schnell ermitteln, über welche Fähigkeiten Gründer bereits verfügen und welche sie ggf. noch erwerben müssen.

Gründungsberatung

Als weitergehende Vorbereitung eignen sich ferner Gespräche mit Freunden und der Familie. Letztlich können diese aber nur eine erste Einschätzung bieten und sollten eine umfassende Beratung im Rahmen einer Gründungsberatung nicht ersetzen.

Beispiel: Auch Freunde haben Erhan Özer darin bestärkt, dass er das Zeug zum Unternehmer hat. Um sich einen schnellen Überblick über seine Stärken und Schwächen zu verschaffen, macht er einen Unternehmertest | ► Unternehmertest Erhan Özer |. Die Auswertung ergibt, dass er tatsächlich viele Fähigkeiten mitbringt, die einen erfolgreichen Unternehmer ausmachen. Lediglich in den Bereichen Mitarbeiterführung sowie Vertrieb und Marketing gibt es noch Defizite auszugleichen. Da er jedoch als Einzelunternehmer startet und auch mittelfristig kein weiteres Personal geplant ist, misst er der mangelnden Erfahrung bei der Personalführung keine allzu große Bedeutung bei. Für den Bereich Marketing/Vertrieb hingegen nimmt er sich fest vor, künftig vermehrt Kontakte über soziale Netzwerke wie Xing, LinkedIn oder Facebook zu nutzen.

Unternehmertest Erhan Özer (Auszug)

Persönliche Anforderungen

1. Haben Sie Ihre Geschäftsidee gut durchdacht und sind Sie von Ihrem Erfolg überzeugt?

- [x] a) ja
- [ ] b) weiß nicht
- [ ] c) nein

4. Halten Sie sich für körperlich und seelisch belastbar?

- [x] a) ja
- [ ] b) weiß nicht
- [ ] c) nein

7. Können Sie gut argumentieren und andere überzeugen?

- [x] a) ja
- [ ] b) weiß nicht
- [ ] c) nein

10. Verfügen Sie bereits über Erfahrungen in der Mitarbeiterführung?

- [ ] a) ja
- [x] b) weniger
- [ ] c) nein

Familiäre Anforderungen

14. Ist Ihre Familie von Ihrer Geschäftsidee überzeugt und will sie Sie tatkräftig unterstützen?

- [x] a) ja
- [ ] b) weiß nicht
- [ ] c) nein

16. Erwarten Sie Probleme in Ihrem Umfeld, wenn Sie wenig Zeit für Familie und Freizeit haben?

- [ ] a) ja
- [x] b) eventuell
- [ ] c) nein

Fachliche Qualifikation

17. Kennen Sie sich gut in der Branche aus, in der Sie Ihr Unternehmen gründen möchten?

- [x] a) ja
- [ ] b) relativ gut
- [ ] c) weniger

21. Was werden Sie tun, um fachlich fit zu bleiben?

- [x] a) Weiterbildungsseminare besuchen
- [ ] b) Fachliteratur abonnieren und das Internet nutzen
- [ ] c) in der Praxis Erfahrung sammeln

Kaufmännische Qualifikation

22. Können Sie die Auswertungen einer betrieblichen Buchführung erläutern?

- [x] a) ja
- [ ] b) weiß nicht
- [ ] c) nein

24. Halten Sie sich für fit im Marketing und im Vertrieb?

- [ ] a) ja
- [x] b) weiß nicht
- [ ] c) nein

Kompetenzen

Das sollten Sie als zukünftiger Meister können:

- ✔ für eine erfolgreiche Unternehmertätigkeit relevante Anforderungen identifizieren,
- ✔ eigene Fähigkeit zum selbstständigen Führen eines Handwerksbetriebes erkennen und beurteilen.

B Wirtschaftliche, gesellschaftliche und kulturelle Bedeutung des Handwerks sowie Nutzen von Mitgliedschaften in den Handwerksorganisationen darstellen und bewerten

Erhan Özer trifft seinen alten Bekannten Peter Braun im Kino. Da noch ein wenig Zeit bleibt, bis der Film anfängt, trinken die beiden noch einen Kaffee.

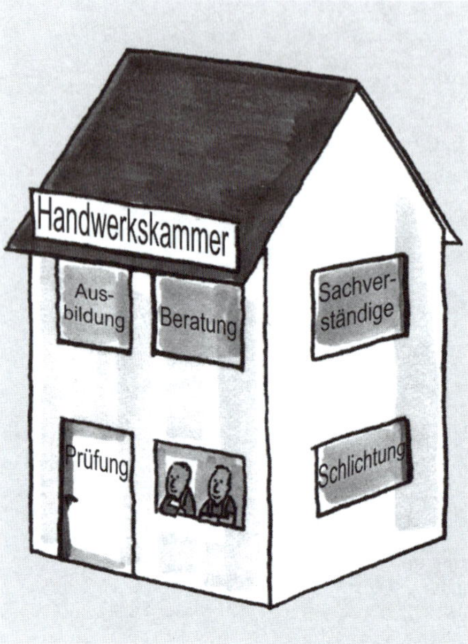

„Und?", fragt Peter Braun. „Wie läuft es? Ist doch bestimmt eine Menge Bürokratie und Schreibkram, wenn man sich selbstständig machen und ein Unternehmen gründen will, oder?"

„Das kannst du laut sagen. Da ist eine Unmenge von Dingen zu beachten. Aber zum Glück gibt es ja die Handwerkskammern. Die bieten mit ihren Betriebsberatungen nicht nur Unterstützung bei der Gründung, sondern helfen dir auch später in zahlreichen anderen Belangen weiter. Ich habe schon einen Termin vereinbart."

„Da wirst du doch später mit deinem Betrieb sowieso Mitglied sein, oder?"

„Ja, genau. Und außerdem wollte ich auch noch der Innung beitreten. Man muss ja schließlich auf dem Laufenden bleiben, was technische Neuerungen und aktuelle Entwicklungen in der Betriebsführung angeht. Sonst ist man unter Umständen schnell wieder weg vom Fenster."

2 Stellung des Handwerks in der Volkswirtschaft

Planwirtschaft

Marktwirtschaft

Die Volkswirtschaftslehre unterscheidet zwischen zwei grundlegenden Wirtschaftssystemen, der Planwirtschaft (Zentralverwaltungswirtschaft), die früher vor allem den sog. Ostblock geprägt hat und heute nur noch in wenigen Staaten existiert (z.B. Kuba und Nordkorea), und der Marktwirtschaft, die heute in unterschiedlichen Ausprägungen weltweit dominiert.

Denn das Wachstum der Volkswirtschaft und damit der Wohlstand aller an ihr Beteiligten wird durch das Streben des Einzelnen in einer Marktwirtschaft gefördert. Jeder, der eigennützig durch verstärkten Einsatz oder Mehrarbeit sein

Einkommen mehrt, trägt auch zum gesamtwirtschaftlichen Wachstum bei. In dieser Belohnung der persönlichen Leistung liegt die Stärke der Marktwirtschaften gegenüber den Planwirtschaften.

freie Marktwirtschaft

Eine Volkswirtschaft, in der Anbieter und Nachfrager unbeeinflusst von staatlichen Einflüssen an den Märkten wirtschaften, bezeichnet man als freie Marktwirtschaft. Über den Preis regelt sich Angebot und Nachfrage im freien Spiel der Kräfte. Grundlage für das Funktionieren dieses Systems ist ein ausgeprägter Wettbewerb.

soziale Marktwirtschaft

In ihrer reinen Form gibt es weltweit keine freie Marktwirtschaft, da in allen Staaten die Regierungen Einfluss auf das Marktgeschehen ausüben. In der sozialen Marktwirtschaft, die in der Bundesrepublik Deutschland 1948 von Ludwig Erhard eingeführt wurde, soll zunächst der freie Markt die wirtschaftlichen Prozesse steuern. In diesem Rahmen ist aber der Staat zur sozialpolitischen Fürsorge verpflichtet. Diese Fürsorge soll da stattfinden, wo der Einzelne alleine nicht zurechtkommt. Soziale Marktwirtschaft meint damit nicht Versorgung eines jeden, sondern Hilfe (soziale Unterstützung) für den, der aus eigener Kraft nicht zurechtkommt.

In diesem Wirtschaftssystem sollen also Leistung belohnt und Eigeninitiative gestärkt werden. Nur wer z.B. wegen Alter oder Krankheit nicht ohne Unterstützung auskommt, wird vom Staat unterstützt. Entsprechend gibt es in der sozialen Marktwirtschaft der Bundesrepublik Deutschland die sozialen Sicherungssysteme Renten-, Kranken-, Pflege- und Arbeitslosenversicherung | ▸ HF 3, Kap. 16 |.

Handwerk in den Wirtschaftssektoren

In der Volkswirtschaft unterscheidet man zwischen verschiedenen Wirtschaftssektoren je nach der Art der Leistungserbringung. Hier kann das Handwerk wie folgt eingeordnet werden.

Wirtschaftssektoren in der Volkswirtschaft

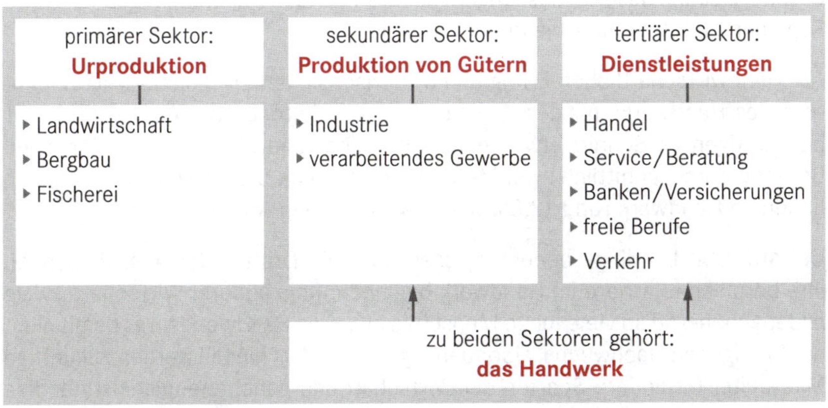

primärer Sektor

- Der primäre Sektor umfasst die Urproduktion, d.h., er liefert zumeist die Rohstoffe für Produkte. Die Bereitstellung der Rohstoffe durch Bergbau und Landwirtschaft hat in Deutschland nicht mehr dieselbe Bedeutung wie vor Jahrzehnten.

sekundärer Sektor

- Der sekundäre Sektor umfasst das produzierende Gewerbe für die Verarbeitung von Rohstoffen und ist vorrangig von der Massenproduktion der Industrie geprägt. Denn die Einzelanfertigung im Handwerk hat aufgrund der Berücksichtigung individueller Kundenwünsche bereits starken Bezug zum dritten Sektor. Auch der sekundäre Sektor hat in den letzten Jahrzehnten in Deutschland an Bedeutung verloren.

tertiärer Sektor

- Der tertiäre Sektor, der die Dienstleistungen umfasst, gilt heute als stärkster Wachstumsmarkt. In diesem Teil der Wirtschaft werden die meisten neuen Unternehmen gegründet und die meisten zusätzlichen Arbeitsplätze geschaffen. Hierhin verlagert sich immer mehr der Schwerpunkt des Handwerks. Auch in der Gesamtwirtschaft ist die Dienstleistung inzwischen zum bedeutendsten Faktor geworden.

2.1 Wirtschaftliche Bedeutung des Handwerks

Das Handwerk ist der zweitgrößte deutsche Wirtschaftszweig mit einem Umsatz von € 507 Milliarden im Jahre 2011 (ZDH-Schätzung, inkl. Umsatzsteuer). 1 000 400 Betriebe machen das Handwerk zum vielseitigsten Wirtschaftsbereich Deutschlands.

Stabilität

Die große Zahl der Betriebe sorgt für Stabilität in Krisen. Denn viele kleine und mittlere Betriebe reagieren wesentlich flexibler auf veränderte Marktverhältnisse als wenige große. So kommt es im Handwerk zu weniger Insolvenzen als in allen anderen Wirtschaftsbereichen. Auch gibt es aufgrund der kleinteiligen Struktur keine Massenentlassungen mit ihren wirtschaftlichen Folgen für ganze Regionen und Branchen wie in der Industrie.

Arbeitsmarkt

Aus dem wirtschaftlichen Erfolg und der Krisensicherheit resultiert die Bedeutung des Handwerks für den Arbeitsmarkt. Die Betriebe der Anlage A und B1 beschäftigen im Schnitt etwa sechs Mitarbeiter und die handwerksähnlichen Betriebe durchschnittlich zwei Mitarbeiter. Mit etwa 5,34 Millionen Menschen finden im Handwerk rund 12,8% aller Erwerbstätigen Arbeit.

Berufsausbildung

Ca. 402 000 Lehrlinge bedeuten, dass etwa ein Drittel aller Auszubildenden ihre berufliche Karriere im Handwerk beginnen. Kein anderer Wirtschaftszweig bildet annähernd so viele junge Menschen aus. Das Handwerk sorgt damit nicht nur für eigenen Nachwuchs. Über den eigenen Bedarf hinaus werden zukünftige Mitarbeiter für andere Sparten der Wirtschaft und gehobene unselbstständige Arbeit ausgebildet.

Schwerpunkt Dienstleistung

Das Handwerk hat großen Anteil am Dienstleistungssektor. Der Schwerpunkt handwerklicher Leistungen liegt bei der individuellen Neuherstellung, der Instandhaltung (einschließlich Installation, Montage) sowie Wartung, Pflege und Reparatur handwerklicher und industrieller Erzeugnisse. Neben dieser verbrauchernahen Versorgung und Dienstleistung kommt besonderes Gewicht auch der Zulieferung an die Industrie zu. Die direkte Beteiligung der außenwirtschaftlichen Aktivitäten ist in den letzten Jahren weiter gewachsen.

Zulieferung an die Industrie

Handwerkshandel

Der Handwerkshandel spielt in zahlreichen Bereichen des Handwerks eine besondere Rolle. Gerade in diesen Zweigen wird die besondere Sachkunde des Meisters als Dienstleistung auch bei der Beratung erwartet.

Leistungsfelder des Handwerks

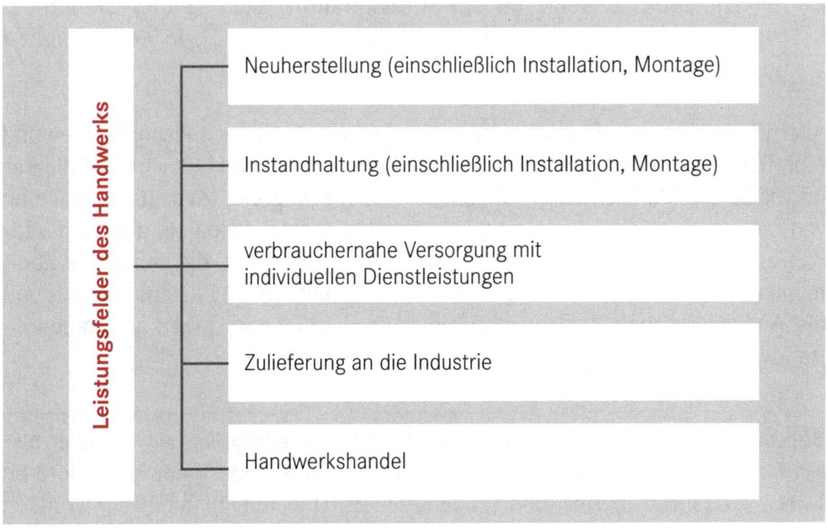

2.2 Zukunftsperspektiven und Strukturwandel

Strukturwandel

In den letzten fünf Jahrzehnten hat das Wegbrechen von Großindustrien wie Kohle und Stahl dazu geführt, dass in Deutschland ein rasanter Strukturwandel stattgefunden hat. In Gegenden wie dem Ruhrgebiet, wo früher diese Wirtschaftszweige ganze Landstriche bestimmten, brach ein Großteil der Arbeitsplätze weg.

Neue Arbeitsplätze konnten nur in kleinen und mittleren Unternehmen entstehen. Auch die Politik hat dies nach jahrzehntelangen Fehlentscheidungen bei der Industrieförderung inzwischen erkannt und stellt deshalb heute europaweit die kleinen und mittleren Betriebe in den Mittelpunkt ihrer Betrachtungen.

Alles verstanden? Werden Sie im Sackmann-Lernportal aktiv!

Tatsächlich ist die Anerkennung der wirtschaftlichen Leistung der kleinen und mittleren Betriebe mit einer Anerkennung der Leistung des Handwerks quasi gleichzusetzen. Unter den flexibel auf die veränderten Märkte reagierenden kleinen und mittleren Unternehmen und den erfolgreichen Existenzgründungen stellt das Handwerk den größten Wirtschaftssektor, was die Gesamtzahl der im Handwerk Beschäftigten betrifft.

Zukunftsperspektiven

Vor dem Hintergrund des Fortgangs des Strukturwandels und der Tatsache, dass das Handwerk traditionell einen großen Anteil des Dienstleistungsmarktes darstellt, sind auch die Zukunftsperspektiven des Handwerks positiv.

Ein Wirtschaftszweig, der von Individualität, Service und Dienstleistung lebt, ist darauf angewiesen, dies auch täglich in der Praxis zu beweisen.

Allerdings müssen die Handwerksunternehmen mit dem gesellschaftlichen und technischen Entwicklungen Schritt halten und flexibel und innovativ auf die Bedürfnisse des Marktes reagieren, um auf Dauer erfolgreich zu sein. Die Nutzung von modernen Informations- und Kommunikationstechnologien, die Kooperation über die Gewerke hinweg zur Leistung aus einer Hand, die verstärkte Kommunikation von Dienstleistung und Fertigung, ein hoher Designanspruch und die Außenwirtschaft sind nur Beispiele für viele Felder, denen sich moderne Handwerksbetriebe stellen müssen.

Beispiel: Erhan weiß, dass er sich nicht auf dem ausruhen kann, was er bisher gelernt hat. Die Beliebtheit von Motorrädern hat in den letzten Jahren immer mehr zugenommen. Und mit ihr auch der Wunsch nach individuellen Konstruktionslösungen von hoher Qualität und Komfort. Motorräder, die im Detail den Ansprüchen einzelner Kunden entsprechen sollen, indem spezielle Materialien verwendet werden, verlangen von ihm, dass er sein fachliches Know-how ständig aktualisiert und immer dran bleibt an den neusten Trends, damit er sie seinen Kunden auch direkt anbieten kann.

2.3 Gesellschaftliche Bedeutung des Handwerks

wirtschaftliche Selbstständigkeit

Die gesellschaftliche Bedeutung des Handwerks hängt primär mit dem großen wirtschaftlichen Stellenwert zusammen, den das Handwerk in Deutschland hat. Und wie kein anderer Wirtschaftszweig bietet das moderne Handwerk die Möglichkeit, zur wirtschaftlichen Selbstständigkeit zu gelangen. Der Zugang zur handwerklichen Ausbildung mit der anschließenden Meisterprüfung steht Angehörigen aller Bevölkerungskreise offen. Das Handwerk stellt damit einen sicheren Zugang zum Unternehmertum und zur selbstständigen Existenz dar.

Das mit der Selbstständigkeit verbundene Risiko fördert die Entwicklung selbstverantwortlicher Persönlichkeiten. Der persönliche Einsatz bei der beruflichen Arbeit und der daraus erwachsende Berufsstolz, die Freude an der beruflichen Betätigung und das Arbeiten in Selbstverantwortung und Selbsthilfe machen die Handwerker zu einem Faktor der gesamtgesellschaftlichen Stabilität. Überdurchschnittlich häufig sind entsprechend selbstständige Handwerksmeister nicht nur in der Handwerksorganisation auch ehrenamtlich tätig. *selbstverantwortliche Persönlichkeiten*

Die sozialen Beziehungen zwischen den in den Betrieben Tätigen sind in der Regel eng, da Handwerksbetriebe relativ klein sind. Der Handwerksbetrieb bietet somit über den bloßen Einkommenserwerb hinaus sozialen Rückhalt. *sozialer Rückhalt*

2.4 Kulturelle Bedeutung des Handwerks

Die kulturelle Bedeutung des Handwerks erwächst zunächst aus den historisch bedeutenden Bauleistungen der Handwerker. So geben zahlreiche Bauwerke, die noch heute weit über die Grenzen Deutschlands hinaus Anerkennung finden, Zeugnis von mittelalterlicher handwerklicher Baukunst. *handwerkliche Baukunst*

Aber nicht nur in der Vergangenheit liegt die kulturelle Kraft des Handwerks. Die Restauration von Bauwerken, Malereien, Möbeln und vielem anderen mehr sind heute Zeichen der Kultur des Handwerks. Viele alte Schmiede-, Stuckateur- und Malertechniken werden in heutiger Zeit auch für das moderne exklusive Bauen wiederentdeckt.

In Einzelanfertigungen nach individuellen Kundenwünschen, in der Formgebung der gestaltenden Handwerke wie auch in vielfältigen Leistungen des Kunsthandwerks wird die kulturelle Bedeutung des Handwerks beständig deutlich.

3 Handwerksorganisationen

3.1 Aufgaben und Strukturen (regional und fachlich)

Der Gesetzgeber hat im Gesetz zur Ordnung des Handwerks, der Handwerksordnung, die wesentlichen Aufgaben und Strukturen der Handwerksorganisationen festgelegt.

Die Gesamtorganisation des deutschen Handwerks beruht auf zwei Säulen:

- Fachlich organisiert sich der Handwerksbetrieb über eine freiwillige Mitgliedschaft in der Innung. Die Handwerksinnungen sind somit die fachliche Basis für den Aufbau der Handwerksorganisation. *fachlich*
- Die Handwerkskammern bilden das überfachliche Fundament für die Gesamtorganisation. Hier besteht für jeden Handwerksbetrieb der Region (Kammerbezirk) Pflichtmitgliedschaft. *regional*

ZDH An der Spitze der Organisation steht der Zentralverband des Deutschen Handwerks. In ihm sind Zentralfachverbände, die Handwerkskammern sowie wirtschaftliche und sonstige Einrichtungen des Handwerks zusammengeschlossen[1].

Organisationen im Handwerk

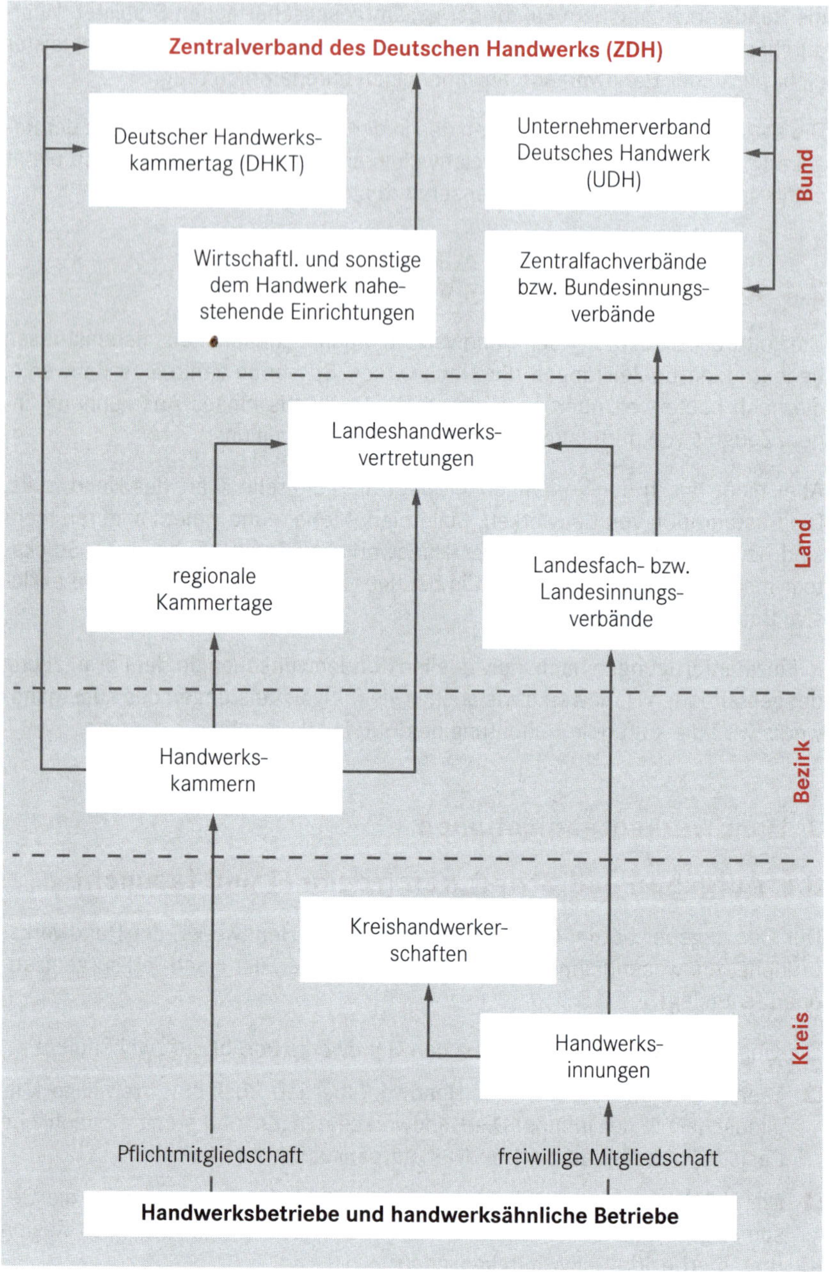

[1] *Informationen zur Organisation des Handwerks finden Sie auch unter: www.zdh.de*

Selbstverwaltung

Der Organisation des Handwerks liegt der Gedanke der Selbstverwaltung zugrunde. Die handwerkliche Selbstverwaltung erledigt die Angelegenheiten im beruflichen Bereich des Handwerks in eigener Verantwortung und Zuständigkeit, mit eigenen Mitteln und durch die eigenen Mitglieder. Es handelt sich dabei um Aufgaben, die ansonsten der Staat wahrnehmen würde, allerdings dann ohne den direkten Einfluss der Mitglieder.

Den Umfang und die Grenzen der Selbstverwaltung regelt der Staat durch Gesetz. Er übt auch die Aufsicht über die Selbstverwaltungskörperschaften aus, um die Einhaltung der Gesetze sowie die ordnungsgemäße Erfüllung der Pflichtaufgaben und der Auftragsangelegenheiten (z.B. Prüfungswesen) zu überwachen.

Die berufsständische Selbstverwaltung des Handwerks lebt aus der Gemeinsamkeit der beruflichen und wirtschaftlichen Existenzbedingungen. Sie umfasst deshalb auch alle Berufsstandsangehörigen mit Einschluss der mitarbeitenden Familienangehörigen, der kaufmännischen Auszubildenden und Angestellten, der technischen Angestellten und der un- und angelernten Arbeiter, die in handwerklichen Betrieben tätig sind. Das Handwerk fordert so viel Selbstverwaltung wie möglich, aber Staatsaufsicht nicht mehr als im Interesse der Allgemeinheit unbedingt erforderlich. Damit soll die Orientierung an den Bedürfnissen der Mitglieder erhalten bleiben.

3.1.1 Innungen

Innerhalb eines bestimmten Bezirkes können Inhaber von Mitgliedsbetrieben der Handwerkskammern zu einer Handwerksinnung zusammentreten (§§ 52–78 HwO). Für jedes Gewerbe kann im gleichen Bezirk nur eine Innung gebildet werden. Die Innungsbezirke decken sich im Allgemeinen mit den Stadt- oder Landkreisen.

Bei selteneren Handwerkszweigen erstrecken sie sich über mehrere Kreise oder über den Kammerbezirk oder auch über das Land. Übt ein Handwerker mehrere Handwerke aus, empfiehlt es sich, auch mehreren Innungen beizutreten.

Die Zugehörigkeit zur Innung ist freiwillig.

Geschäftsführung

Die Handwerksinnungen eines Stadt- oder Landkreises bilden die Kreishandwerkerschaft. Besteht keine eigene Geschäftsführung, übernimmt die Kreishandwerkerschaft die gemeinsame Geschäftsführung für die Innungen. Dies ist heute der Regelfall. Dadurch werden Kosten reduziert und den Ehrenamtsträgern verbleibt mehr Zeit zur Erledigung ihrer speziellen Aufgaben und für die Tätigkeit in ihren Betrieben.

Die Innung untersteht der Aufsicht der Handwerkskammer.

Satzung

Die Bestimmungen über die Aufgaben der Innung und über ihre Verwaltung sowie über die Aufgaben und Rechte der Organe und Mitglieder enthält die Satzung, die von der Innungsversammlung beschlossen und von der Handwerkskammer genehmigt wird.

Aufgaben

Es ist die Aufgabe der Handwerksinnung nach § 54 HwO, die gemeinsamen gewerblichen Interessen ihrer Mitglieder zu fördern. Insbesondere hat sie

- den Zusammenhalt des Berufsstandes und die Berufsehre zu pflegen,
- Streitigkeiten ihrer Mitglieder mit Lehrlingen und Kunden zu schlichten,
- die Lehrlingsausbildung zu regeln und zu überwachen,
- Gesellenprüfungen abzuhalten und Gesellenprüfungsausschüsse einzurichten, sofern sie dazu von der Handwerkskammer ermächtigt wird,
- das handwerkliche Können der Meister und Gesellen zu fördern; zu diesem Zweck kann sie Fachschulen errichten oder unterstützen und Lehrgänge abhalten,
- die Kooperation mit den berufsbildenden Schulen zu organisieren,
- das Genossenschaftswesen zu fördern,
- handwerkliche Organisationen zu unterstützen,
- Behörden Gutachten und Auskünfte zu erstatten.

Beispiel: Fest vorgenommen hatte sich Erhan Özer, der Innung beizutreten, um direkt an der Quelle der aktuellsten fachlichen Informationen zu sein. An diese Informationen kommt er dort eben nur, wenn er auch Mitglied ist.

Aber jetzt gerade bei der Gründung seines Unternehmens ist es auch so wichtig, ausreichend liquide zu sein und gleichzeitig stehen so viele Ausgaben an. Er will sich jetzt erst mal schlau machen, wie hoch der Mitgliedsbeitrag überhaupt ist.

Er ruft bei seiner Innung an und erfährt, dass diese Innung jährlich einen Grundbeitrag von € 180,- und eine Werbeumlage von € 50,- verlangt. Dazu kommt ein Zusatzbeitrag in Höhe von 2,75 Promille der Lohnsumme.

Er erhält auch die Auskunft, dass die Leistungen, die er in Anspruch nehmen kann, weit über das Fachliche hinausgehen. Gerade auch die Beratung in rechtlichen Fragen ist für ihn interessant, weil er sich mit diesem Thema immer noch etwas schwertut. Die Investition des Beitrags lohnt sich auf jeden Fall für ihn.

In Ausführung der vorgenannten Aufgaben unterhalten die Innungen häufig Sterbekassen, Streikfonds, Einziehungsstellen für Handwerkerforderungen, Buchstellen, Schlichtungsstellen und Auftragsdienste. Außerdem beraten sie ihre Mitglieder in arbeitsrechtlichen Fragen und vertreten sie vor dem Arbeitsgericht.

Die Innung darf keinen Einfluss auf die Preisgestaltung der Betriebe nehmen. Jedoch ist gestattet, die Mitglieder bei der Kalkulation zu beraten.

Ausschüsse

Die Innung kann zur Wahrnehmung einzelner Angelegenheiten Ausschüsse bilden, z.B. Berufsbildungsausschuss, Ausschuss zur Schlichtung von Lehrlingsstreitigkeiten, Rechnungsprüfungsausschuss, Gesellenprüfungsausschuss, Gesellenausschuss etc.

Gesellenausschuss

Der Gesellenausschuss ist z.B. zu beteiligen

- beim Erlass von Vorschriften über die Regelung der Lehrlingsausbildung,
- bei Maßnahmen zur Förderung und Überwachung der beruflichen Ausbildung,
- bei der Errichtung der Gesellenprüfungsausschüsse,
- bei der Mitwirkung an der Verwaltung der Berufsschulen,
- bei Maßnahmen zur Förderung des handwerklichen Könnens der Gesellen.

3.1.2 Innungsverbände (Fachverbände)

LIV

Nach § 79 der HwO sind die Landesinnungsverbände (LIV) der Zusammenschluss von Handwerksinnungen des gleichen Handwerks oder sich fachlich oder wirtschaftlich nahestehender Handwerke im Bezirk eines Landes oder Landesteils.

Nach den §§ 81 und 82 der HwO haben die Landesinnungsverbände u.a. folgende Aufgaben:

Aufgaben der LIV

- Sie nehmen die fachlichen und wirtschaftlichen Interessen des Handwerks gegenüber den politischen Gremien des Landes wahr.
- Sie unterstützen und beraten die angeschlossenen Innungen und deren Mitglieder.
- Sie unterbreiten den Behörden Anregungen und erstatten ihnen Gutachten.
- Sie sind befugt, Fachschulen und Fachkurse einzurichten.
- Sie können Tarifverträge abschließen.

BIV

Die Landesinnungsverbände des gleichen Handwerks oder sich fachlich oder wirtschaftlich nahestehender Handwerke können sich im Bundesgebiet zu Bundesinnungsverbänden (Zentralfachverbänden) zusammenschließen. Ihre Aufgaben sind für das Bundesgebiet die gleichen, die die Landesinnungsverbände auf Landesebene erfüllen.

3.1.3 Kreishandwerkerschaften

Die Handwerksinnungen, die in einem Stadt- oder Landkreis ihren Sitz haben, bilden kraft Gesetzes (§ 86 HwO) die Kreishandwerkerschaft (KH).

Die Kreishandwerkerschaft hat nach § 87 HwO u.a. folgende Aufgaben:

Aufgaben der KH

- Sie vertritt die Gesamtinteressen des Handwerks und der Handwerksinnungen ihres Bezirks.
- Sie unterstützt die Handwerksinnungen bei der Erfüllung ihrer Aufgaben.
- Sie schafft oder unterstützt Einrichtungen zur Förderung und Vertretung der gewerblichen, wirtschaftlichen und sozialen Interessen der Innungsmitglieder (z.B. Schulungswerkstätten, Buchstellen, Einziehungsstellen).
- Sie unterstützt die Behörden bei den das Handwerk betreffenden Maßnahmen, erstellt Gutachten u. Ä.
- Sie führt auf Wunsch die Geschäfte der im Bezirk ansässigen Innungen.
- Sie führt Anordnungen der Handwerkskammer durch.

Die Kreishandwerkerschaften haben sich bei der Erfüllung ihrer Aufgaben und insbesondere als Verbindungsstelle zwischen den Innungen und ihren Mitgliedern sowie den Handwerkskammern und Fachverbänden bestens bewährt.

Jede Kreishandwerkerschaft hat mindestens einen hauptberuflichen Geschäftsführer, der zugleich auch die Geschäftsführung der angeschlossenen Innungen wahrnimmt.

3.1.4 Handwerkskammern

Zur Vertretung der Interessen des Handwerks und des handwerksähnlichen Gewerbes sind Handwerkskammern (HWK) von der obersten Landesbehörde errichtet. Sie bilden das überfachliche Fundament der Organisation des Handwerks. Sie sind Körperschaften des öffentlichen Rechts. In der Regel umfassen sie das Gebiet eines Regierungsbezirkes oder größere Teile davon.

Für jeden Handwerksbetrieb des jeweiligen Kammerbezirks besteht Pflichtmitgliedschaft.

Zur Handwerkskammer gehören die selbstständigen Handwerker, die Inhaber handwerksähnlicher Betriebe und deren Gesellen und Lehrlinge.

Aufgaben der Handwerkskammer sind nach §91 HwO u. a.:

Aufgaben der HWK

- Die Handwerkskammer fördert die Interessen des Handwerks und sorgt für einen gerechten Ausgleich der Interessen der einzelnen Handwerke und ihrer Organisationen.
- Sie unterstützt die Behörden in der Förderung des Handwerks durch Anregungen, Gutachten, Berichte.

- Sie führt die Handwerksrolle.
- Sie regelt und überwacht die Lehrlingsausbildung und führt die Lehrlingsrolle.
- Sie regelt die berufliche Fortbildung bzw. Umschulung und setzt Prüfungsausschüsse dafür ein.
- Sie erlässt Gesellenprüfungsordnungen, errichtet Prüfungsausschüsse zur Abnahme von Gesellenprüfungen und überwacht die ordnungsmäßige Durchführung der Gesellenprüfung. Sie kann auch Innungen zur Errichtung von Gesellenprüfungsausschüssen ermächtigen.
- Sie führt die Geschäfte der Meisterprüfungsausschüsse.
- Sie unterhält Berufsbildungszentren für die technische und betriebswirtschaftliche Fortbildung und bietet Betriebsberatungsstellen für Einzelberatungen.
- Sie bestellt und vereidigt Sachverständige.

Die Handwerkskammer soll in allen wichtigen, das Handwerk berührenden Angelegenheiten gehört werden.

Die Handwerkskammer hat also hoheitliche Aufgaben, die u.a. in der Überwachung und Kontrolle - z.B. bei der selbstständigen Ausübung des Gewerbes und bei der Berufsausbildung - bestehen, die sich aber auch auf die Abnahme von Prüfungen und die Beteiligung bei Prüfungen erstrecken und die Beaufsichtigung der Innungen und Kreishandwerkerschaften umfassen.

Daneben haben sich in den letzten drei Jahrzehnten immer mehr betreuende Funktionen in den Vordergrund geschoben, so z B. die Unterhaltung von Meisterschulen, die Durchführung von Kursen und Lehrgängen in der überbetrieblichen Unterweisung der Auszubildenden und die fachliche und allgemeintheoretische Weiterbildung von Gesellen und Meistern. Dazu gehört auch die Beratung der Betriebe und die Vertretung der Betriebe gegenüber Behörden auf allen Gebieten, die mit der Ausübung eines Gewerbes zusammenhängen.

Organe der Handwerkskammer sind Mitgliederversammlung (Vollversammlung), Vorstand und Ausschüsse. *Vollversammlung*

Beispiel: „Wenn der Laden mal läuft“, erzählt Erhan am Telefon Michaela Stiehl „dann werde ich auf jeden Fall auch einen Auszubildenden einstellen.“

„Ja, aber weißt du denn, was da alles zu beachten ist, damit das alles ordnungsgemäß abläuft?“

„Da mache ich mir gar keine Sorgen! In diesen Sachen wird man von der Handwerkskammer bestens betreut. Erfahren habe ich, dass die Innung da auch sehr viel anbietet. Dort kann z.B. ein kostenloser Eignungstest durchgeführt werden, sie beraten bei allen Fragen zur Ausbildung, prüfen den Ausbildungsvertrag und vermitteln bei Streitigkeiten in den Lehrverhältnissen.“

Struktur der Handwerksorganisationen

	Mitglieder	Mitgliedschaft	Rechtsform	Organe	Vorsitz im Vorstand	Genehmigung der Satzung durch
Handwerksinnung	Inhaber von Handwerksbetrieben und handwerksähnlichen Gewerbebetrieben	freiwillig	Körperschaft des öffentlichen Rechts	Innungsversammlung Vorstand Ausschüsse	Obermeister	Handwerkskammer
Landesinnungsverband	Handwerksinnungen	freiwillig	juristische Person des Privatrechts	Verbandsversammlung Vorstand Ausschüsse	Landesinnungsmeister	oberste Landesbehörde (= Landeswirtschaftsministerium)
Zentralfachverband (Bundesinnungsverband)	Landesinnungsverbände	freiwillig	juristische Person des Privatrechts	Bundesinnungsversammlung Vorstand Ausschüsse	Bundesinnungsmeister	Bundesministerium für Wirtschaft
Kreishandwerkerschaft	Innungen	Pflicht	Körperschaft des öffentlichen Rechts	Mitgliederversammlung Vorstand Ausschüsse	Kreishandwerksmeister	Handwerkskammer
Handwerkskammer	Inhaber von Handwerksbetrieben und handwerksähnlichen Gewerbebetrieben	Pflicht	Körperschaft des öffentlichen Rechts	Vollversammlung Vorstand Ausschüsse	Präsident	oberste Landesbehörde (= Landeswirtschaftsministerium)

Die Vollversammlung besteht aus gewählten Mitgliedern. Zwei Drittel sind selbstständige Handwerker oder Vertreter der wahlberechtigten Personengesellschaften und juristischen Personen und ein Drittel Vertreter der Arbeitnehmerseite. Die Mitglieder der Vollversammlung und ihre Stellvertreter werden durch Listen in allgemeiner, gleicher und geheimer Wahl für fünf Jahre gewählt. Die Wahl der Arbeitnehmervertreter erfolgt durch Wahlmänner. Die Betätigung in den Organen der Handwerkskammer erfolgt ehrenamtlich.

Die Vollversammlung hat das Recht, den Haushaltsplan zu beschließen und den Vorstand und Hauptgeschäftsführer zu wählen. Die Mitglieder der Vollversammlung sind Vertreter des gesamten Handwerks und des handwerksähnlichen Gewerbes und als solche an Aufträge und Weisungen nicht gebunden.

Die Vollversammlung der Handwerkskammer wählt den Vorstand. Er setzt sich ebenfalls zu zwei Dritteln aus selbstständigen Handwerkern und einem Drittel aus Gesellenvertretern der Vollversammlung zusammen. Der Vorstandsvorsitzende führt die Bezeichnung Präsident. Er hat zwei Stellvertreter, von denen einer aus dem Arbeitnehmerstande sein muss.

Vorstand

Dem Vorstand obliegt die Verwaltung der Handwerkskammer. Präsident und Hauptgeschäftsführer vertreten die Handwerkskammer gerichtlich und außergerichtlich.

Die Kammer hat mindestens zwei ständige Ausschüsse, den Berufsbildungsausschuss und den Rechnungsprüfungsausschuss.

Ausschüsse

Der Berufsbildungsausschuss hat 18 Mitglieder, und zwar sechs selbstständige Handwerker, sechs Arbeitnehmer und sechs Lehrer von berufsbildenden Schulen. Die Lehrer haben lediglich beratende Stimme. Dieser durch das Berufsbildungsgesetz eingeführte Ausschuss hat eine Sonderstellung innerhalb der Handwerkskammer, da seine Vorschläge und Stellungnahmen im Normalfall als von der Vollversammlung angenommen gelten, wenn sie nicht von der Vollversammlung mit qualifizierter Mehrheit abgelehnt werden (§§ 43, 44 HwO).

Häufig haben die Handwerkskammern daneben einen Finanzausschuss, einen Ausschuss für Gewerbeförderung und Gesellenprüfungsausschüsse (letztere insbesondere für schwächere Handwerkszweige).

Beiträge

Die Aufbringung der Kosten der Handwerkskammer erfolgt durch Beiträge der selbstständigen Handwerker und handwerksähnlichen Unternehmer nach Maßgabe des von der Vollversammlung beschlossenen Haushaltsplanes. Die Vollversammlung bestimmt die Höhe des Grundbeitrages für jeden Betrieb und des Zusatzbeitrages, der meistens unter Zugrundelegung des Gewerbesteuermessbetrages festgesetzt wird.

Ihren persönlichen Zugang zum Sackmann-Lernportal finden Sie auf Seite 3.

3.1.5 Spitzenverbände des Handwerks

DHKT Der Deutsche Handwerkskammertag (DHKT) in Berlin ist aus dem freiwilligen Zusammenschluss der 53 Handwerkskammern im Bundesgebiet entstanden. Ihm ist die Aufgabe gestellt, die Arbeit der einzelnen Handwerkskammern aufeinander abzustimmen und insbesondere eine möglichst einheitliche Regelung des handwerklichen Berufsausbildungs- und -erziehungswesens herbeizuführen.

UDH Im Unternehmerverband Deutsches Handwerk (UDH) sind die Zentralfachverbände zusammengefasst. Er erfüllt die gleiche Aufgabe wie der DHKT für den fachlichen Bereich. Er beschäftigt sich in der Hauptsache mit sozialpolitischen Fragen und der Tarifkoordinierung.

ZDH Der Deutsche Handwerkskammertag und die Unternehmervereinigungen Deutsches Handwerk bilden zusammen mit wirtschaftlichen und sonstigen Einrichtungen den Zentralverband des Deutschen Handwerks (ZDH). Der Zentralverband dient der einheitlichen Willensbildung in allen grundsätzlichen Fragen der Handwerkspolitik und der Vertretung der Wünsche und Forderungen des Gesamthandwerks gegenüber der Bundesregierung, den zentralen Organisationen anderer Wirtschaftsgruppen etc.

Aufgaben des ZDH Zu seinen besonderen Aufgaben gehört die Mitarbeit bei der Schaffung und Erhaltung eines einheitlichen Handwerksrechts, bei Maßnahmen zur Verbesserung der Aus- und Fortbildung aller selbstständigen und unselbstständigen Angehörigen des Handwerks (z.B. Praktischer Leistungswettbewerb der Handwerksjugend), bei der Hebung der Wettbewerbsfähigkeit der Betriebe (das große und wichtige Gebiet der Gewerbeförderung), bei der gerechten Behandlung des Handwerks in der allgemeinen Wirtschafts- sowie in der Steuer- und Sozialpolitik u.a.m.

Die Organe des Zentralverbandes des Deutschen Handwerks sind

- die aus den Vertretern der angeschlossenen Handwerkskammern, zentralen Fachverbände und sonstigen Einrichtungen (berufsständische Versicherungen, Genossenschaften, wissenschaftliche Institute, Handwerkspresse etc.) bestehende Vollversammlung,
- das geschäftsführende Präsidium, das aus dem Präsidenten, zwei Vizepräsidenten und zwei weiteren Mitgliedern besteht,
- das Präsidium, das sich aus dem Präsidenten, zwei Vizepräsidenten und 19 weiteren Mitgliedern zusammensetzt.

Präsident des Zentralverbandes des Deutschen Handwerks ist seit dem 1. Januar 2005 Otto Kentzler, Dortmund.

Daneben unterhält das Handwerk zahlreiche Service-Einrichtungen wie das Deutsche Handwerksinstitut (Forschung), die Zentralstelle für die Weiterbildung im Handwerk (Fortentwicklung der Weiterbildung) u.Ä.

3.2 Beratungsdienste

3.2.1 Beratung durch Handwerksorganisationen

Die beste Ausbildung kann nicht gewährleisten, dass der Handwerksunternehmer Spezialist auf allen Gebieten ist. Insbesondere die vorrangig kleinen und mittleren Unternehmen des Handwerks sind nicht in der Lage, für jedes betriebswirtschaftliche oder technische Problem einen Fachmann zu beschäftigen. Für viele grundlegende und handwerksspezifische Fragestellungen kommen - auch aus Kostengründen - freie Berater ebenfalls nicht in Frage | ▸ HF 2, Kap. 4 |.

Deshalb gibt es spezielle Beratungsdienste bei Handwerkskammern, Bundesinnungs- und Landesinnungsverbänden. Beratungen sind als Service der Handwerksorganisation für ihre Mitgliedsbetriebe in bestimmtem Umfang kostenlos. Das Beratungsangebot umfasst Einzelberatungen (wenn nötig vor Ort), Gruppenberatungen, Seminare.

Kosten

Häufig wird die Beratung speziell von Existenzgründern in Anspruch genommen. Da sie noch nicht Mitglied der Handwerksorganisation sind, werden diese Beratungsangebote durch Bund und Länder mitfinanziert.

Neben betriebswirtschaftlichen und technischen Betriebsberatungen gibt es bei Innungen, Kreishandwerkerschaften, Handwerkskammern, Landesinnungs- und Bundesinnungsverbänden zahlreiche allgemeine Beratungsangebote. Sie sind zum Teil ständig verfügbar (z.B. zu rechtlichen Fragen oder bezüglich der Ausbildung von Lehrlingen), zum Teil bedarfsabhängig und zeitlich befristet (z.B. zur EU-Osterweiterung).

Die Beratungsdienste der Handwerkskammern

überfachliche Beratung

- können von allen Handwerksbetrieben genutzt werden,
- beraten Handwerksbetriebe zu gewerkübergreifenden Themen.

fachliche Beratung

Die Beratungsdienste von Innungen, Kreishandwerkerschaften und Landes- und Bundesinnungsverbänden

- stehen nur den Innungsmitgliedern zur Verfügung,
- konzentrieren sich auf spezifische Belange der jeweiligen Branche,
- beraten häufig auch bei speziellen Arbeitgeberfragen.

3.2.2 Betriebswirtschaftliche Beratungsdienste

kaufmännische Betriebsberatung

Die kaufmännischen Betriebsberater helfen dem Handwerksunternehmer mit dem Wissen von Spezialisten. Sie sind täglich in Handwerksunternehmen tätig und verfügen dadurch über eine genaue Kenntnis der Praxis. Die Betriebsberater sind immer dann gefragt, wenn spezielle Fragen und Probleme auftauchen, die der Handwerksunternehmer alleine nicht lösen kann. Das kann bei grundsätzlichen Entscheidungen und Veränderungen sein (z.B. Unternehmensvergrößerung, Kreditaufnahme, Betriebsneubau).

Die Berater stehen auch zur Verfügung, um im laufenden Unternehmensbetrieb Fehlentwicklungen zu erkennen und deren Ursachen zu analysieren (z.B. die Gewinne sinken, aber die Ursache ist nicht erkennbar).

Gegenstände der kaufmännischen Unternehmensberatung der Handwerksorganisation sind u.a. folgende Themenbereiche:

Beratungsgegenstände

- Existenzgründung im Handwerk (z.B. Fragen des Eigenkapitals und des Marktpotenzials),
- Betriebsnachfolge (z.B. Suche eines Betriebsnachfolgers oder des geeigneten Betriebes zur Übernahme), Unternehmensbewertung,
- Wahl der Rechtsform (z.B. Personengesellschaft oder Kapitalgesellschaft),
- Marketingberatung (z.B. Werbung, Marktpositionierung),
- Finanzierung (z.B. Kreditfragen, staatliche Finanzierungshilfen),
- betriebliches Rechnungswesen (einschließlich der Einführung neuer Buchungsprogramme),
- Kalkulation, Ermittlung von Stundensätzen (bei komplexen neuen Angebotsfeldern),
- Controlling (z.B. Nutzung von Planungs- und Kontrollinstrumenten), Schwachstellenanalyse, Betriebsanalyse/Betriebsvergleich (Vergleich von Kennzahlen des Betriebes mit den Kennzahlen anderer Betriebe der Branche),
- Investitionsplanung (z.B. Fragen der Rentabilität, des geeigneten Zeitpunkts einer Beschaffung u.Ä.),
- Betriebsorganisation/EDV/Multimedia,
- Kooperationen,
- Außenwirtschaft,
- Gestaltung.

Beispiel: Erhans geplante Werkstattausstattung ist für den Anfang erst einmal ausreichend. Mehr war an Investition nun auch einfach nicht drin. Aber sollte es gut laufen, dann möchte er sich mit seinen technischen Möglichkeiten breiter aufstellen.

Er erzählt Michaela Stiehl, dass er ein Motorraddiagnosegerät gefunden hat, das schnell arbeitet und einfach in der Anwendung ist und im Hinblick auf die meisten Motoradhersteller sehr präzise arbeitet. Man kann mit der Diagnosesoftware viele verschiedene elektronische Systeme auslesen, wie etwa Motor Management (injection), ABS, Service Intervall reset, Wegfahrsperre entsichern, Kombiinstrument oder das Zündungssystem. Auch die Anpassung von Einspritzsystemen wird unterstützt... er kommt aus dem Schwärmen nicht mehr heraus. Der Haken ist, dass das Teil sehr teuer ist.

Da wird er sich besser mal einen Termin bei der Handwerkskammer besorgen und mit einem Fachmann durchsprechen, ob das für ihn überhaupt rentabel ist und wenn ja, wann der beste Zeitpunkt für die Anschaffung ist.

3.2.3 Technische Beratungsdienste

Der Handwerksmeister ist der Fachmann in seinem Gewerk. Doch durch immer neue Gesetze, Normen und Regelungen ist auch im technischen Bereich häufig Unterstützung notwendig | ► HF 1, Kap. 3.2.2 |.

Die technischen Berater der Handwerksorganisation helfen, wenn es darum geht, den Auflagen von Staat und Behörden gerecht zu werden. Die rasante Entwicklung der Technik erfordert auch von Handwerksbetrieben eine immer schnellere Anpassung. Bei der Einführung neuer Verfahren und der Beschaffung neuer Maschinen kann das Spezialwissen von Beratern insbesondere der Fachverbände den Handwerksunternehmen praktische Hilfestellung geben.

Dazu kommen die hohen Anforderungen, die an Zulieferunternehmen im handwerklichen Bereich gestellt werden. Wenn es um Fragen der Zertifizierung nach EU-Normen geht, helfen die technischen Beratungsdienste weiter.

Gegenstände der technischen Unternehmensberatung sind u.a.:

Themen

- Betriebsstätten- und Standortplanung,
- technische Betriebsorganisation (z.B. Betriebsausstattung und Betriebsabläufe) und Rationalisierung,
- behördliche Genehmigungsverfahren/Bauleitplanung (auch Unterstützung bei Behördenkontakten),
- Qualitätsmanagement (von der Beratung über die Sinnhaftigkeit bis zur Begleitung der Zertifizierung),
- Arbeitssicherheit,
- Umweltschutz/Öko-Audit, Energieeinsparung, Abfallentsorgung/Immissionsschutz, Technologietransfer und Innovation (einschließlich Zusammenarbeit mit Hochschulen und Forschungsinstituten),
- CE-Kennzeichnung,
- Patent- und Lizenzfragen,
- Fachmessen/Zulieferwesen,
- Logistik.

Tests und Aufgaben zu diesem Kapitel finden Sie im Sackmann-Lernportal.

3.2.4 Sonstige Beratungsdienste

Neben der staatlich unterstützten betriebswirtschaftlichen und technischen Unternehmensberatung bieten alle Teile der Handwerkskammern und Innungsverbände Beratung zu weiteren Bereichen.

So beraten die Handwerkskammern und Innungen zu rechtlichen Fragen im Rahmen ihrer jeweiligen Zuständigkeit.

Beratung zur Ausbildung

Auch verfügen die Handwerkskammern über Ausbildungsberater. Diese können von Lehrlingen und von Handwerksmeistern hinzugezogen werden, wenn es Probleme in der Ausbildung gibt.

Innungen und Kreishandwerkerschaften bieten vor Ort Unterstützung bei arbeitsrechtlichen Fragen an. Auch im Inkassobereich und hinsichtlich der Altersversorgung werden Innungsmitglieder unterstützt.

Neben den allgemeinen Beratungsangeboten haben sich entsprechend dem Bedarf der jeweiligen Mitgliedsbetriebe in den verschiedenen Teilen der Handwerksorganisation auch fachlich oder regional spezifische Beratungsangebote herausgebildet. So benötigen die Gesundheitshandwerke besondere Beratung in Fragen der Abrechnung mit den Krankenkassen; Lebensmittelhygiene ist fachspezifisch wichtig und im grenznahen Raum ist beispielsweise die außenwirtschaftliche Beratung besonders auf das Nachbarland abgestellt.

Kompetenzen

Das sollten Sie als zukünftiger Meister können:

- ✔ handwerks- und branchenspezifische Informationen über Entwicklung der Gesamtwirtschaft recherchieren, relevante Daten darstellen und mit anderen Quellen vergleichen,
- ✔ den gesamtwirtschaftlichen Kontext, in dem ein handwerkliches Unternehmen operiert, erklären können,
- ✔ Selbstverständnis und persönliche Zugehörigkeit zum Handwerk begründen,
- ✔ Aufbau der Handwerksorganisation sowie Aufgaben und Leistungsangebote der einzelnen Organisationen kennen,
- ✔ Nutzen von Mitgliedschaften in Handwerksorganisationen kennen und bewerten.

Möglichkeiten der Inanspruchnahme von Beratungsdienstleistungen sowie von Förder- und Unterstützungsleistungen bei Gründung und Übernahme aufzeigen und bewerten

C

Erhan Özer hat einen Termin mit Frau Müller, der Unternehmensberaterin der zuständigen Handwerkskammer, um mit ihr die notwendigen Gründungsformalitäten durchzusprechen.

Frau Müller hat aufmerksam zugehört, als er ihr geschildert hat, dass er sich mit einer kleinen Kfz-Werkstatt selbstständig machen will und sich auf Reparaturleistungen, aber auch den Verkauf von Motorrädern spezialisieren möchte. „Was haben Sie denn – abgesehen von der möglichen Anmietung der Werkstatt – bereits unternommen, Herr Özer?", unterbricht sie ihn.

„Na ja, eigentlich noch nicht viel. Deswegen bin ich ja hier. Zunächst müsste ich mal wissen, wo ich überall vorstellig werden muss, wo ich mein Unternehmen anmelden muss und was ich alles zu beachten habe. Und dann erhoffe ich mir natürlich noch Hilfe bei der Beantragung eines Existenzgründungsdarlehens." Frau Müller nickt. „Gut, dann wollen wir mal alles der Reihe nach besprechen."

4 Gründungsberatung

4.1 Beratungsthemen

Existenzgründer stehen bei der Planung und Durchführung ihrer Geschäftsidee vor großen Herausforderungen, die eine intensive Auseinandersetzung mit zahlreichen Aspekten erfordern, die in einer Beratung eingehend überprüft werden sollten. Folgende Aspekte müssen berücksichtigt werden:

- Unternehmenskonzept,
- Finanzierung,
- rechtliche Grundlagen.

Unternehmenskonzept

Ein Unternehmenskonzept muss erstellt werden; es dient nicht nur als Leitfaden für die eigene Arbeit in der Gründungsphase, sondern soll auch Förderstellen, Banken oder mögliche Gesellschafter überzeugen | ▸ HF 2, Kap. 27 |.

Überprüfung des Konzepts

In einer kompetenten Beratung zum Konzept des Gründers sollten mindestens die folgenden Punkte erörtert werden:

- Wie tragfähig ist die Geschäftsidee des Gründers?
- Was sind die Bestandteile eines Unternehmenskonzeptes bzw. was fehlt noch in den Ideen- und Konzeptentwürfen des Gründers?
- Werden die Lebensumstände des Gründers im Konzept realistisch berücksichtigt?
- *persönliche Voraussetzungen* Bringt der Gründer die persönlichen Voraussetzungen zur erfolgreichen Umsetzung der Ideen mit?

Es darf in diesem Teil der Beratung nicht nur um Formalitäten gehen. Der Berater soll die Gesamtsituation des Gründers erfassen und erfolgversprechende Wege aufzeigen.

Die Beratung zum Konzept muss am Anfang stehen. Zu klärende finanzielle und rechtliche Aspekte ergeben sich aus dem Konzept und schließen sich an.

Finanzierung

Bei der Finanzierung | ▸ HF 2, Kap. 11 | des Vorhabens geht es zunächst um die Frage nach der Herkunft der finanziellen Mittel. Wie viel eigenes und wie viel fremdes Kapital benötigt der Gründer? Es schließt sich die Frage an: Wer stellt dem Gründer wie viel Kapital zu welchen Konditionen zur Verfügung? Folgende finanziellen Aspekte sollten in der Beratung im Detail geklärt werden:

Aspekte der Finazierungsplanung

- Wurde beim kalkulierten Gründungskapital alles berücksichtigt? Je nach Vorhaben müssen Material, Büroausstattung, ein Warenlager, Mietkaution, Umbauten usw. finanziert werden.
- Ist berücksichtigt, dass u.U. eine mehrmonatige Anlaufphase finanziell überbrückt werden muss?
- Welche laufenden Kosten sind zu erwarten?
- Werden die Einnahmen aus der beruflichen Selbstständigkeit alle betrieblichen und privaten Kosten decken?

In einer intensiven Beratung zeigt der Gründungsberater unter Zuhilfenahme von Berechnungsprogrammen, Modellrechnungen und Grafiken die voraussichtliche Umsatz- und Gewinnentwicklung während der ersten Monate auf. Er stellt auch eine Prognose auf, zu welchem Zeitpunkt unter den gegebenen Annahmen die Anlaufverluste ausgeglichen sein werden und das neue Unternehmen die Gewinnzone erreichen kann.

Förderleistungen

Besonders wichtig ist es, dass die beratende Stelle verständlich und umfassend das weite Feld der Förderleistungen darstellen und die optimalsten Wege für den Gründer aufzeigen kann.

Rechtliche Aspekte

Von großer Bedeutung ist auch, Sicherheit bei allen rechtlichen Aspekten zu erlangen | ► HF 1, Kap. 12-14, HF 2, Kap. 15-23 |. Im Einzelnen sollten z.B. folgende Fragen geklärt werden:

rechtliche Aspekte

- Welchen Namen kann das Unternehmen tragen?
- Welche handwerksrechtlichen Voraussetzungen müssen erfüllt sein?
- Welche möglichen Rechtsformen gibt es? | ► HF 2, Kap. 15 |
- Was versteht man unter einer Mini-GmbH?
- Welche Aufgabenbereiche, Pflichten und Haftungsrisiken kommen je nach gewählter Rechtsform auf den Gründer zu?
- Welche Bedeutung hat das Handelsregister? | ► HF 1, Kap. 13.3 |
- Was muss bei der Gestaltung einer Internetplattform beachtet werden?
- Sind Allgemeine Geschäftsbedingungen für mein Unternehmen notwendig oder sinnvoll?
- Was muss ich bei den Arbeitsstättenrichtlinien beachten?

4.2 Beratungsstellen und -dienstleistungen

Für eine Beratung bieten sich zahlreiche Stellen an. Die Auswahl des ersten Ansprechpartners sollte folgende Frage begleiten: Wo erhalte ich umfassende und verlässliche Hilfestellungen sowohl zu konzeptionellen, finanziellen als auch rechtlichen Fragen?

Aktuelles zu den Themen im Sackmann bietet das Lernportal.

Auswahlkriterien für Beratungsstellen

Hilfreiche Kriterien bei der Auswahl sind:

- Folgt die Beratung einem nachvollziehbaren Konzept, das die beratende Stelle zum Einstieg erklärt?
- Kann der Beratungssuchende die Qualifikationen des Beraters einschätzen?
- Kennen die Berater die Branche, in der der Gründer sein Unternehmen ansiedeln will?
- Plant der Berater ausreichend Zeit ein und ist er verfügbar, wenn man ihn braucht?
- Wird das gewünschte Ergebnis der Beratung im Vorfeld abgesprochen?
- Ist der Berater bereit und in der Lage, gemeinsam mit dem Gründer am Geschäftsmodell zu arbeiten?
- Ist der Berater in der Lage, umsetzbare Lösungen für typische Probleme an die Hand zu geben?

Beratungen, die diesen Namen verdienen, befassen sich mit der Lage des angehenden Gründers, seinen Absichten, Möglichkeiten, Fähigkeiten und den Realisierungschancen. Sie begleiten den Gründer hin zu einem Businessplan, der auch den offiziellen Anforderungen (Banken, Arbeitsagentur, etc.) genügt. Bei der Beratung dürfen eventuelle Eigeninteressen der Beratungsstelle keine Rolle spielen. Die Beratung muss ergebnisoffen bleiben.

Beratung bei der Handwerkskammer

Für Gründer im Handwerk sind die Existenzgründungsberatungen der Handwerkskammern die erste Anlaufstelle | ► HF 2, Kap. 3.1.4 |.

Gründer erhalten hier kostenlos:

Angebot der Handwerkskammern

- Erstberatungen zu Geschäftsplänen, Gründungsformalitäten und Brancheninformationen,
- Intensivberatungen in Form von persönlichen Beratungsgesprächen, die in der Regel auf den von den Gründern ausgearbeiteten Businessplänen beruhen. Die Einzelberatungen umfassen Themen wie z.B.
  - Erstellung eines Unternehmenskonzeptes,
  - Erstellung der Planungsrechnung,
  - Investitionen und Finanzierung,
  - Marketing und Vertrieb,
  - Nachfolgeregelung,
  - Übernahmefragestellungen.

Das Ergebnis einer solchen Beratung soll sein, ob und wie eine tragfähige Vollexistenz erreicht werden kann.

Vollexistenz

Um bei einem Gründungsvorhaben öffentliche Unterstützung beanspruchen zu können, müssen die Vorhaben für den Gründer die Grundlage für eine Vollexistenz bieten. Das bedeutet, mit der selbstständigen Tätigkeit müssen die Kostenbelastung des Unternehmers, Tilgungen, Zinsen sowie die Kosten für die private Lebensführung auf Dauer gedeckt sein. Des Weiteren muss die selbstständige Tätigkeit auf Dauer und hauptberuflich ausgeübt werden.

Oftmals beinhalten die kostenfreien Leistungen einer Beratung auch Ortsbegehungen zum möglichen Betriebsstandort, bei denen der Berater eine qualifizierte Beurteilung der Vor- und Nachteile des Standorts abgibt.

Die Berater der Handwerkskammern können alle gründungswilligen Handwerker bis zum Tag der Gründung begleiten, für die Zeit danach werden bei Bedarf Hinweise auf externe Berater gegeben.

Beispiel: Am Anfang der Beratung klärt Frau Müller Erhan über die einzelnen Schritte bis zur Gründung auf. Zunächst werden sie gemeinsam eine Checkliste durchsprechen, aus der Erhan auch die richtige Reihenfolge seiner Aktivitäten erkennen kann. Vor einem weiteren Termin muss Erhan sein Unternehmenskonzept planen und entwerfen. Hinweise zur Erstellung hat er im Erstgespräch erhalten.

In einer vertiefenden Beratung prüft Frau Müller zusammen mit Erhan seinen Businessplan und gibt ihm Ratschläge bezüglich der Finanzierung seines Vorhabens, zu Fragen des Marketings und der Beurteilung des Standortes. Sie klärt ihn über öffentliche Fördermittel auf und bietet ihre Hilfe bei der Beantragung an. Zum Schluss gehen sie gemeinsam durch, wann und wo Erhan sich anmelden muss und welche Unterlagen er dafür benötigt.

Wirtschaftsförderung

Beratung durch Kommunen

Die kommunale oder regionale Wirtschaftsförderung verfolgt das Ziel, die Wirtschaft in einer bestimmten Region zu erhalten bzw. zu beleben. Alle Städte oder Regionen haben deshalb ein großes Interesse an der Neugründung von Unternehmen und bieten ebenfalls ein kostenfreies Beratungsangebot an, oft im engen Verbund mit den Kammern (von der Planungsphase bis zur Realisierung des unternehmerischen Vorhabens, inklusive der Vermittlung der geeigneten Standorte und der Hilfe bei der Personalrekrutierung).

Gründungsnetzwerke

In allen Bundesländern bieten Gründungsnetzwerke als Zusammenschluss mehrerer Organisationen bedarfsgerechte Unterstützung für Gründer und junge Unternehmer an.

Agentur für Arbeit

Gründung aus der Arbeitslosigkeit

Für Gründungen aus der Arbeitslosigkeit heraus bietet auch die Agentur für Arbeit kostenlose Beratungen an. Deren Mitarbeiter kennen Ansprechpartner in Kammern, Behörden, Verbänden und Branchen und können vermittelnd tätig werden. Auch eine erste oder zweite Meinung zur Tragfähigkeit einer Geschäftsidee und den Chancen der Gründung kann sich ein Gründer bei der Agentur einholen. An den Informationstagen der diversen Netzwerkpartner, die in vielen Kommunen regelmäßig stattfinden, nehmen auch oft Experten der Agentur teil.

Berufsverbände

Auch die einzelnen Berufsverbände bieten Beratung an, in der Regel kostenpflichtig. Über die Kontaktaufnahme zu Fachverbänden oder der Innung des jeweiligen Gewerkes vor Ort können wertvolle Informationen und Branchendaten erfragt werden. Die Verbände ermöglichen auch dem Gründer, Kontakte zu Gruppen junger Unternehmer aufzunehmen. Hier werden Erfahrungen aus erster Hand ausgetauscht.

Gewerbliche Unternehmensberatung

Angebot von Unternehmensberatern

Gewerbliche Unternehmensberater bieten Gründern zu allen Fragen rund um die Gründung Beratung an, wie z.B. Konkurrenzanalyse, Marktanalyse, Standortanalyse. Auskünfte zu den Themen Rechnungswesen, Bilanzierung oder dem Steuerrecht können sie auch geben, haften aber im Gegensatz zu Steuerberatern nicht für die Richtigkeit und Aktualität dieser Informationen.

Unternehmensberater sind nicht verpflichtet, einer Kammer oder Berufsvereinigung beizutreten. Die Qualität der Beratungen wird auch nicht staatlich geprüft. Daher ist es wichtig, sich vorher über den Ruf, die Referenzen und die fachliche Qualifikation des Beraters zu erkundigen.

Kosten

Die Leistungen von Unternehmensberatern sind kostenpflichtig, sie unterliegen aber keiner Gebührenverordnung, Beraterhonorare und Stundensätze können also frei gestaltet werden. Der Existenzgründer sollte also die Preise einzelner Unternehmensberater miteinander vergleichen. Auch hier kann die Beratung in Form von Zuschüssen durch Bund und Länder gefördert werden.

Steuerberater

Kosten der Beratung

Steuerberater sind zunächst Experten für die Fragen aus den Bereichen Steuerrecht, Rechnungswesen und Bilanzierung. Neben der steuerlichen Beratung und Vertretung sowie der Erstellung von Jahresabschlüssen gewinnt die betriebswirtschaftliche Beratung der Klienten in den Steuerberaterkanzleien immer mehr an Bedeutung. Steuerberater drängen zunehmend in den Markt der kompletten Unternehmensberatung und auch Gründungsberatung.

Steuerberater als Universalberater

Die Leistungen der Steuerberater unterliegen der Gebührenverordnung der Steuerberater und sind meistens deutlich teurer als die eines Unternehmensberaters. Sie werden von Bund und Ländern nicht bezuschusst, sind aber als Betriebsausgaben steuerlich abzugsfähig.

Steuerberater müssen für die Ausübung ihrer Tätigkeit vor der Steuerberaterkammer und dem zuständigen Finanzamt eine Steuerberaterprüfung ablegen, die eine hohe Qualifikation der Beratungen gewährleisten soll. Darüber hinaus haftet der Steuerberater für seine Tätigkeit, z.B. für die Übernahme der Lohn- und Finanzbuchhaltung. Seine Auskünfte sind bindend für ihn und stellen rechtsverbindliche Sicherheit für den Existenzgründer dar.

Unabhängig davon, dass Steuerberater komplette steuerrechtliche und betriebswirtschaftliche Dienstleistungspakete anbieten können, darf ein Unternehmer den Überblick über wichtige Zusammenhänge und Zahlen seines Unternehmens nicht verlieren.

Welchen Berater auch immer ein Gründer aufsucht, am Ende muss er selbst in der Lage sein, sein Vorhaben realistisch einzuschätzen und alle wichtigen Entscheidungen kompetent zu treffen.

5 Finanzierungs- und Unterstützungsleistungen

5.1 Angebote für Existenzgründer

Durch staatliche Hilfestellungen werden vor allem externe betriebswirtschaftliche, organisatorische und technische Beratungsleistungen sowie die Gründungen aus der Arbeitslosigkeit gefördert.

Zuschussfähige Beratungsleistungen

Vorgründungsphase

Die wichtigsten Zuschüsse für Existenzgründungsberatungen vor der Gründung stellen die Bundesländer zur Verfügung. Die Gründungswilligen können vor dem Beratungsbeginn einen Antrag bei einem der öffentlichen Träger stellen. Die Zuschüsse bemessen sich an den vom Unternehmensberater in Rechnung gestellten Beratungskosten.

Die Förderung von Beratungen in der Vorgründungsphase ist in den einzelnen Bundesländern unterschiedlich geregelt, die Förderkonditionen (auch die Höchstzuschüsse), die zuständigen Stellen sowie die Vergabebedingungen unterscheiden sich deutlich. Einige Grundzüge sind jedoch gleich:

- Es gibt keinen Rechtsanspruch auf die Beratungs-Beihilfen.
- Die Bewilligung hängt davon ab, ob die Gründung im betreffenden Bundesland stattfindet.

- Nur allgemeine Unternehmensberatungen in wirtschaftlichen, finanziellen und organisatorischen Fragen werden gefördert. Spezielle Steuer-, Rechts-, oder Versicherungsberatungen sind als Vorgründungsberatungen nicht zuschussfähig.

Eine umfassende Orientierung über die Beratungs- und Coaching-Angebote von Bund und Ländern für Existenzgründer bietet die Förderdatenbank des Bundeswirtschaftsministeriums.

Gründercoaching Deutschland

Gründungsphase – die ersten fünf Jahre

Der Bund und der Europäische Sozialfond fördern mit dem Gründercoaching Deutschland Beratungen zu wirtschaftlichen, finanziellen und organisatorischen Fragen in den ersten fünf Jahren der Start- bzw. Festigungsphase eines Unternehmens. Die Koordination übernimmt die staatliche KfW[1] Mittelstandsbank, die Beantragung erfolgt bei einem Regionalpartner der KfW, z.B. bei der Handwerkskammer, der Industrie- und Handelskammer oder der regionalen Wirtschaftsförderungsgesellschaft. Es können bis zu 90 % des Beratungshonorars bezuschusst werden. Liegt dem Antragsteller die Bewilligung für den Zuschuss vor, kann er einen Berater auswählen, der in der KfW-Beraterbörse für das Gründercoaching Deutschland aufgelistet ist.

Gründungszuschuss für Arbeitslose

Gründungen aus der Arbeitslosigkeit

Einen Gründungszuschuss können alle Bezieher von Arbeitslosengeld beantragen, die die Gründung eines eigenen Unternehmens planen. Zum Zeitpunkt der Gründung müssen noch mindestens 150 Tage Restanspruch auf Arbeitslosengeld bestehen, um den Zuschuss zu erhalten.

Der Gründungswillige muss die zur Ausübung der selbstständigen Tätigkeit erforderlichen Kenntnisse und Fähigkeiten nachweisen und eine fachkundige Stelle von der Tragfähigkeit seiner Geschäftsidee überzeugen. Zu den fachkundigen Stellen gehören insbesondere

- Handwerkskammern,
- Industrie- und Handelskammern,
- Fachverbände,
- berufsständische Kammern,
- Kreditinstitute,
- Gründungszentren.

---

[1] *Kreditanstalt für Wiederaufbau – Die Aufgabe der KfW besteht in der Realisierung von öffentlichen Aufträgen wie der Förderung von Mittelstand und Existenzgründern, der Gewährung von Investitionskrediten an kleine und mittlere Unternehmen sowie der Finanzierung von Infrastrukturvorhaben und Wohnungsbau, der Finanzierung von Energiespartechniken und der kommunalen Infrastruktur.*

Die Gewährung der Leistung erfolgt in zwei Phasen:

Leistungsgewährung

- Für die ersten sechs Monate erhält der Gründer einen Zuschuss in Höhe des Betrags, den er zuletzt als Arbeitslosengeld bezogen hat, zuzüglich eines pauschalierten Zuschusses zur sozialen Absicherung in Höhe von € 300,-.
- Für weitere neun Monate können € 300,- pro Monat zur sozialen Absicherung gewährt werden, wenn eine intensive Geschäftstätigkeit und hauptberufliche unternehmerische Aktivitäten nachgewiesen werden. Dies erfolgt anhand geeigneter Unterlagen, wie z.B. einer Einnahmen-Überschuss-Rechnung (EÜR) oder einer betriebswirtschaftlichen Auswertung (BWA).

Einstiegsgeld für Arbeitslosengeld-II Empfänger

Gründungswillige ALG-II Empfänger können ein Einstiegsgeld als Zuschuss zum Arbeitslosengeld II bei der ARGE beantragen. Sie müssen dazu einen Fallmanager (Sachbearbeiter der ARGE oder des Grundsicherungsamtes) von Ihrem Vorhaben überzeugen. Grundlage für die Beurteilung ist das Unternehmenskonzept (Businessplan) und ein Beratungsgespräch. Der Fallmanager stellt eine Prognose, ob die Gründungsidee tragfähig ist und Aussicht hat, die Hilfsbedürftigkeit des Antragstellers tatsächlich und dauerhaft zu überwinden und kann dann das Einstiegsgeld in Form eines flexiblen Zuschusses bewilligen.

Konditionen

Voraussetzungen

Die Höhe des Zuschusses orientiert sich an der Dauer der Arbeitslosigkeit und am Unterhaltsbedarf der Familie des Antragstellers. Die Dauer der Förderung beträgt in der Regel 12 Monate, maximal aber 24 Monate. Die Aufnahme der selbstständigen Tätigkeit muss durch die Vorlage geeigneter Unterlagen belegt werden (z.B. Nachweis der Gewerbeanmeldung) und es ist ein Nachweis erforderlich, dass die Beschäftigung hauptberuflich ausgeübt wird.

5.2 Spezielle Angebote für Handwerk und KMU

Die Zuschüsse zu Beratungsleistungen durch Bund und Länder und das Einstiegsgeld für Arbeitslosengeld-II-Empfänger sind Unterstützungen, die nicht zurückgezahlt werden müssen. Daneben gibt es für kleine und mittlere Unternehmen (KMU) und Gründer im Handwerk auch Förderprogramme von Bund und Ländern, die als Darlehen vergeben werden. Bei den staatlichen Darlehen handelt es sich hauptsächlich um Kredite für Investitionen und Betriebsmittel.

staatliche Darlehen

Vorteile von Förderdarlehen gegenüber üblichen Bankdarlehen:

- Zinssätze meist unter denen der privaten Geldinstitute,
- über lange Zeiträume feste Zinssätze,
- lange Laufzeiten,
- tilgungsfreie Anlaufjahre.

durchleitende Bank Sparkassen, Volks- und Raiffeisenbanken sowie die Geschäftsbanken übernehmen im Rahmen des Hausbankprinzips die Prüfung des Kreditnehmers, beurteilen seine Pläne und entscheiden, ob sie das Vorhaben unterstützen und einen Antrag bei der KfW stellen. Nach Kreditbewilligung durch die KfW leitet die Hausbank (durchleitende Bank) die KfW-Mittel an den Gründer weiter.

ERP[1]-Gründerkredit - StartGeld

Voraussetzungen *Konditionen* Mit dem ERP-Gründerkredit - StartGeld der KfW werden Existenzgründer, Freiberufler und kleine Unternehmen gefördert, die weniger als drei Jahre am Markt agieren und nicht mehr als € 100 000,- finanzieren müssen. Investitionen und Betriebsmittel werden nach Abzug der Eigenmittel bis zu 100 % finanziert. Der Anteil der Betriebsmittelfinanzierung darf aber € 30 000,- Euro nicht überschreiten.

Optionen Der Gründer kann zwischen zwei Optionen wählen:

- 10 Jahre Laufzeit, 2 tilgungsfreie Anlaufjahre
- 5 Jahre Laufzeit, 1 tilgungsfreies Anlaufjahr

Der tilgungsfreien Anlaufzeit folgen monatliche Zins- und Tilgungszahlungen, die Zinsbindung besteht über die gesamte Laufzeit.

ERP-Gründerkredit - Universell

Voraussetzungen Mit dem ERP-Gründerkredit - Universell werden Existenzgründer, Freiberufler, kleine und mittlere Unternehmen gefördert, die weniger als 3 Jahre am Markt tätig sind. Es können bis zu 100 %, maximal € 10 Mio. förderfähige Investitionskosten und Betriebsmittel finanziert werden.

Konditionen Die Kreditlaufzeit beträgt 5, 10 oder 20 Jahre. Um die Liquidität des Gründers in der Startphase zu schonen, können bis zu 3 Jahre tilgungsfreie Zeit vereinbart werden. Die Zinsbindung besteht über die gesamte Laufzeit. Der ERP-Gründerkredit - Universell kann mit anderen KfW-Programmen kombiniert werden, ausgenommen dem ERP-Gründerkredit - StartGeld.

Tests und Aufgaben zu diesem Kapitel finden Sie im Sackmann-Lernportal.

[1] *European Recovery Program - Teile des ERP-Sondervermögens dienen zur Wirtschaftsförderung in Deutschland, andere dienen zur Entwicklungshilfe in anderen Ländern.*

ERP-Kapital für Gründung

Voraussetzungen

Das ERP-Kapital für Gründung eröffnet Existenzgründern, Unternehmensnachfolgern und auch bereits gegründeten jungen Unternehmen die Möglichkeit, einen Kreditbetrag von bis zu € 500 000,- zu erhalten. Für diese Fördermittel sind keine Sicherheiten erforderlich. Antragsberechtigt sind alle Personen, die kleine oder mittlere Unternehmen gegründet haben oder nicht länger als 3 Jahre nach der Aufnahme der Selbständigkeit Festigungsmaßnahmen für ihr bestehendes Unternehmen durchführen. Es müssen 15 % (alte Länder, 10% neue Länder, Berlin) der Gesamtkosten als Eigenkapital eingebracht werden.

Vor Vergabe wird geprüft:

- Lässt das Vorhaben einen nachhaltigen wirtschaftlichen Erfolg erwarten?
- Verfügt der Antragsteller über die erforderliche fachliche und kaufmännische Qualifikation?
- Ist er rechtlich Geschäftsführer/Vertreter des Unternehmens?
  - Ist er entsprechend im Handelsregister eingetragen
  - und aktiv in der Unternehmensleitung tätig?

Konditionen
zweite Chance

In den alten Bundesländern übernimmt das Programm nach Bewilligung 30% der benötigten Gesamtmittel, in den neuen Bundesländern und Berlin 40%. Die noch fehlenden Mittel müssen über einen nicht geförderten Bankkredit oder durch die Kombination mit einem beliebigen anderen Förderprogramm aufgebracht werden. Das Darlehen dient der Förderung aller Investitionen zur Einrichtung eines Unternehmens und der Erstausstattung mit Material und Waren. Die Laufzeit des Darlehens beträgt 15 Jahre, die Tilgung beginnt nach 7 Jahren und erfolgt vierteljährlich. Eine erneute Unternehmensgründung kann als zweite Chance gefördert werden, wenn keine Verbindlichkeiten mehr aus einer früheren selbständigen Tätigkeit bestehen.

Beispiel: Erhan Özer macht sich Gedanken über die Finanzierungsmöglichkeiten seines Vorhabens. In der Gründungsberatung bei der Handwerkskammer wurde er über verschiedene Finanzierungswege und Förderungen aufgeklärt. Er verfügt über eigenes Kapital in Höhe von € 32 000,-. Das wird sicher nicht reichen, es bleibt eine Finanzierungslücke, die durch Fremdkapital gedeckt werden muss, außerdem will er nicht sein ganzes Eigenkapital zu Beginn einbringen.

Für den Fall, dass die Anlaufphase etwas länger als erwartet dauert und noch nicht ausreichende Erträge erzielt werden, soll eine Reserve zur Verfügung stehen. Aus einem Besuch bei einer ganztägigen Veranstaltung für Gründungswillige, die in seiner Stadt angeboten wurde, nimmt er Anregungen für eine mögliche Finanzierung mit. Bezogen auf sein Vorhaben mit einem grob geschätzten Finanzierungsbedarf von € 50 000,- könnte die Finanzierung wie folgt aufgeteilt werden:

Finanzierungsform	Betrag
ERP – Kapital für Gründer maximal 30 % der Investitionssumme	€ 10 000,–
Eigenkapital 15 % EK am gesamten Finanzierungsbedarf sind Pflicht im ERP-Programm	€ 21 000,–
KfW Gründerkredit-StartGeld	€ 19 000,–
gesamter Finanzierungsbedarf	€ 50 000,–

Diese Kombination erscheint Erhan zunächst zweckmäßig. Eine Finanzierung mit Eigenkapitalcharakter durch das „ERP-Kapital für Gründer" wird seine Chancen bei der durchleitenden Bank verbessern, wenn er zusätzlich den „KfW Gründerkredit-StartGeld" beantragt. Auch die Tatsache, dass Erhan sein eigenes Geld einbringen will, unterstreicht sein Vertrauen in den Unternehmenserfolg und kann sich nur positiv auf die Kreditvergabe auswirken.

Das alles muss aber noch in einem Finanzierungskonzept im Detail betrachtet werden. Da wird er aber die Hilfe seiner Beraterin in der Handwerkskammer in Anspruch nehmen.

Meistergründungsprämie

schnelle Existenzgründung

Wenn die Existenzgründung innerhalb von drei Jahren nach Ablegung der Meisterprüfung erfolgt, kann der Gründer eine Meistergründungsprämie bei der zuständigen Handwerkskammer beantragen. Gefördert werden Betriebsgründungen, Übernahmen von Betrieben oder tätige Beteiligungen (finanzielles und aktives unternehmerisches Engagement).

Die Meistergründungsprämie ist kein Kredit, sie muss nicht zurückgezahlt werden.

Voraussetzungen und Konditionen

Die Voraussetzungen zur Gewährung und die Prämienhöhe unterscheiden sich in Details von Bundesland zu Bundesland. Zwei Beispiele:

- Die Meistergründungsprämie in NRW beträgt € 7 500,–, wobei das Investitionsvolumen € 25 000,– bei Vorhaben von Männern und € 20 000,– bei Vorhaben von Frauen übersteigen muss. Weitere Voraussetzung: Im Unternehmen müssen sozialversicherungspflichtige Arbeitsplätze geschaffen bzw. gesichert werden.
- Die Meistergründungsprämie in Berlin besteht grundsätzlich aus zwei Teilen: Basisförderung und Arbeitsplatzförderung. Die Basisförderung beträgt einmalig € 7 000,– bei Gründung. Es handelt sich um einen bedingt rückzahlbaren Zuschuss. Die Arbeitsplatzförderung beträgt € 5 000,–, vo-

rausgesetzt es wird mindestens ein sozialversicherungspflichtiger Arbeitnehmer in den ersten 3 Jahren der Selbständigkeit über einen Zeitraum von 12 Monaten beschäftigt oder ein Ausbildungsplatz geschaffen und besetzt.

Voraussetzung für die zahlreichen Unterstützungsleistungen bei der Gründung oder Übernahme ist immer die positive Beurteilung der Geschäftsidee durch eine fachkundige Stelle. Es reicht nicht aus, nur einen guten persönlichen Eindruck zu hinterlassen. Eine Bewilligung von Mitteln erfolgt vielmehr auf der Grundlage eines aussagekräftigen Unternehmenskonzeptes.

Bürgschaften von Bürgschaftsbanken

Wenn die Sicherheiten fehlen, gibt es Förderbanken, die gegenüber Kreditinstituten Bürgschaften für Existenzgründer, Unternehmer bzw. Firmen übernehmen, wenn deren Vorhaben Erfolg versprechend erscheinen. Aufgabe der Bürgschaftsbanken ist es, kleine und mittlere Unternehmen sowie Existenzgründer bei ihren Vorhaben mit der Übernahme von Ausfallbürgschaften für Kredite zu unterstützen und dadurch deren Chancen auf dem Markt zu verbessern.

Kompetenzen

Das sollten Sie als zukünftiger Meister können:

- ✔ Anlaufstellen für Gründungsberatung kennen sowie deren Leistungsangebot bewerten,
- ✔ öffentliche Förder- und Unterstützungsprogramme sowie wichtige Voraussetzungen und Anlaufstellen kennen und begründet auswählen.

D Entscheidungen zu Standort, Betriebsgröße, Personalbedarf sowie zur Einrichtung und Ausstattung eines Unternehmens treffen und begründen

„Endlich geschafft!“, ruft Michaela Stiehl ihren Freunden zu, die im Eiscafé schon auf sie warten. „Ich bekomme das Ergebnis der Meisterprüfung zwar erst in ein paar Wochen, aber ich denke, die Sache ist geritzt.“

„Super!“, freut sich Erhan mit ihr. „Und was hast du jetzt vor?“

„Jetzt werde ich erst mal meine Gründungspläne weiter ausarbeiten und dann ein eigenes Optiker-Fachgeschäft aufmachen oder eines übernehmen und nach meinen Vorstellungen umgestalten.“

„Und wo?“, fällt ihr Ralf Weiss ins Wort. „Ich habe gesehen, dass in der Hauptstraße ein Ladenlokal frei ist – gleich neben der Sparkasse.“

„Das kannst du doch vergessen“, mischt sich Erhan ein. „Da stehen doch schon zwei weitere Läden gleich um die Ecke leer.“

„Ja, weil sich da gleich zwei Edelboutiquen niedergelassen haben, die dort mit ihren teuren Designerklamotten nicht landen konnten“, erwidert Ralf. „Aber Brillen werden doch immer gebraucht. Und neben der Sparkasse kann man schon mit einiger Laufkundschaft rechnen. Und wenn da gleich mehrere Lokale leer stehen, ist das doch bestimmt gut für die Mietverhandlungen, oder?“

„Na ja, vor den Mietverhandlungen muss ich zuerst mal wissen, wer meine potenziellen Kunden sind und wie ich sie erreiche“, wendet Michaela ein.

6 Markt- und Standortanalyse

Von allen Einzelentscheidungen, die im Rahmen einer Unternehmensgründung zu treffen sind, gehört die Wahl des Standortes zu den wichtigsten und weitreichendsten. Nicht nur, weil damit die Grundlagen der künftigen Geschäftstätigkeit gelegt, sondern auch die Weichen für den künftigen Erfolg oder Misserfolg des Unternehmens gestellt werden.

Vor der Gründung ist deshalb eine sorgfältige Markt- und Standortanalyse notwendig, die sich eingehend mit den Absatzmöglichkeiten, der Kundenstruktur und den Standortfaktoren des neuen Betriebes beschäftigt.

Gegenstände der Markt- und Standortanalyse

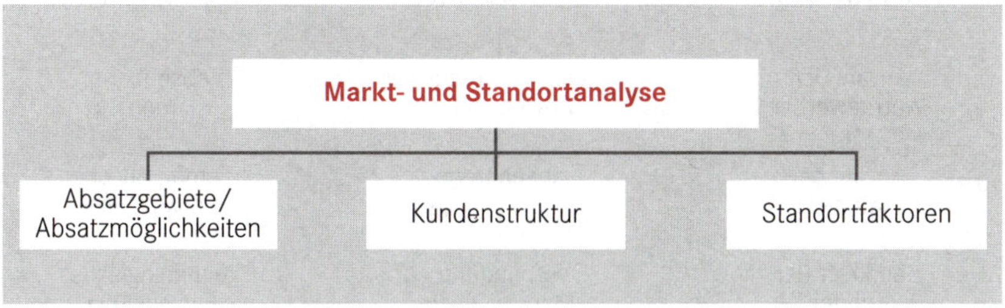

6.1 Absatzgebiete und -möglichkeiten

Genaue Kenntnisse des Marktes sind sowohl für den erfolgreichen Start als auch den langfristigen Erfolg eines Unternehmens unerlässlich. Dies beinhaltet Informationen über potenzielle Kunden, Wettbewerber und evtl. Marktnischen gleichermaßen.

Neben grundsätzlichen Überlegungen, ob man sein Leistungsspektrum eher lokal, regional oder überregional anbieten möchte (Absatzgebiete), gehört zur Beurteilung der künftigen Absatzmöglichkeiten die Beantwortung der folgenden Fragen:

- Welche potenziellen Kunden sollen mit den neuen Produkten oder Dienstleistungen angesprochen werden?
- Gibt es im Umfeld des Standortes - also im Absatzgebiet - genug Kunden für die angebotenen Dienstleistungen oder Waren?
- Wie ist die Kaufkraftentwicklung im Absatzgebiet zu beurteilen?
- Wie viele Konkurrenten haben sich bereits mit dem gleichen oder ähnlichen Sortiment auf dem Markt etabliert?
- Welche Trends sind hinsichtlich der Marktentwicklung auszumachen?

Mit anderen Worten: Gibt es einen Markt für das neu gegründete Unternehmen? Die vierte Pizzeria im gleichen Vorort oder die Eröffnung einer fünften Bäckerei mit dem gleichen Standardangebot ist sicherlich nicht das, was der Markt unbedingt benötigt.

Zur Klärung dieser Frage bietet sich eine eingehende Analyse des Absatzmarktes an, die sich neben der allgemeinen Marktsituation und -entwicklung detailliert mit der Marktgröße sowie der Marktstruktur beschäftigt | ► HF 3, Kap. 4 |.

Analyse des Absatzmarktes

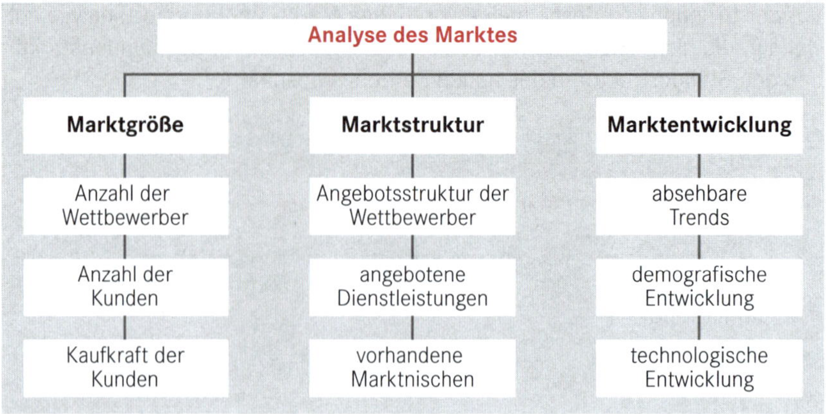

Analyse des eigenen Angebots

Basierend auf dieser Marktanalyse sind dann auch die eigenen Produkte und Dienstleistungen kritisch zu überprüfen. Hierbei können die folgenden Fragen als Orientierung dienen:

- Werden außergewöhnliche oder am Markt gängige Produkte angeboten?
- Setzt das Angebot eher auf Qualität oder Quantität?
- Was ist am eigenen Angebot anders oder besser als bei der Konkurrenz?

Beispiel: Michaela Stiehl sieht einen Schwerpunkt ihres künftigen Angebots im Bereich hochwertiger Designerbrillen und stylischer Sportbrillen des mittleren und höheren Preissegments. Mittlerweile hat sie sich mehrere leer stehende Ladenlokale angesehen und sich mit den jeweiligen Absatzmöglichkeiten beschäftigt. Das erste Geschäft befindet sich in bester Citylage in einem Einkaufszentrum mit hoher Kundenfrequenz und Kaufkraft. Hier gibt es neben einem guten Mix an Fachgeschäften und Läden des täglichen Bedarfs u.a. auch ein Fitnessstudio. Allerdings ist dort auch schon ein Filialist einer großen Optikerkette vertreten.

Der zweite Laden liegt in einem Vorort, in dem es nicht einmal ein Lebensmittelgeschäft gibt. Hier mangelt es eindeutig an entsprechender Infrastruktur und kaufkräftiger Laufkundschaft.

Schließlich nimmt sie auch noch das Geschäft in der Hauptstraße unter die Lupe, von dem Ralf Weiss ihr erzählt hat. Hier ist zwar mit viel Laufkundschaft zu rechnen, die Kaufkraft erscheint ihr jedoch im Vergleich zum Einkaufszentrum geringer.

Mit Blick auf ihr geplantes Produktspektrum kommt sie deshalb zu dem Ergebnis, dass das Einkaufszentrum trotz Konkurrenz noch die besten Absatzchancen bietet. Ihr ist jedoch klar, dass sie sich vor einer endgültigen Standortentscheidung noch stärker mit ihren potenziellen Kunden auseinandersetzen muss.

6.2 Kundenstruktur

Um das Produkt- und Leistungsangebot eines Betriebes möglichst genau auf die Kundenwünsche ausrichten zu können, sind gute Kenntnisse der Kundenstruktur notwendig. Damit ist die Zusammensetzung der Kunden hinsichtlich Alter, Geschlecht, Herkunft, Kundentyp und anderen demografischen sowie soziologischen Merkmalen gemeint.

Die Kundenstruktur erlaubt Rückschlüsse auf die Einkommensstruktur sowie das Kaufverhalten von Kunden und lässt sich in bestehenden Unternehmen mithilfe einer sog. Kundenstrukturanalyse ermitteln. Diese gibt konkret Auskunft darüber, wie viel Umsatz mit welchen Kunden erzielt wurde | ▸ HF 3, Kap. 19.4 |.

Kundenstruktur

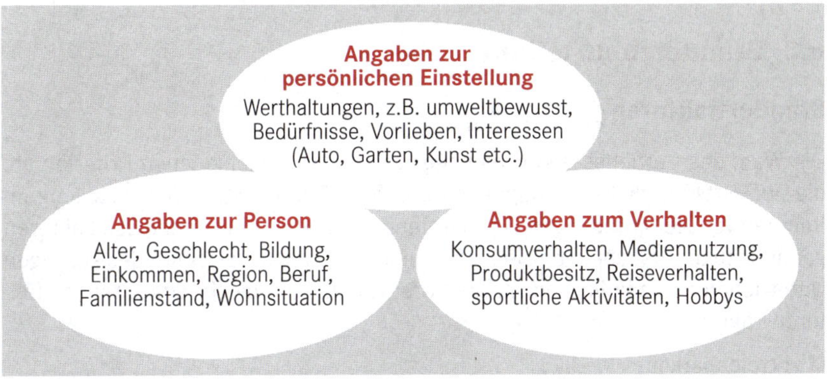

Ermittlung von Zielgruppen

Für neue Unternehmen am Markt geht es jedoch zunächst darum, ihre Zielgruppen zu bestimmen. Sie sind auf andere Informationsquellen angewiesen, um an aussagekräftige Informationen über ihre potenziellen Kunden zu gelangen | ▸ HF 2, Kap. 9.1 |.

Informationsquellen

- Demografische Daten, etwa zur Altersstruktur in einem Wohngebiet, können z.B. über die Gemeinden erfragt werden.
- Öffentliche Einrichtungen, wie Statistische Bundes- und Landesämter, verfügen über wertvolle Informationen zur Bevölkerungsentwicklung der jeweiligen Region.
- Die Beratungsstellen der HWKs oder IHKs, Berufsverbände oder die regionale Wirtschaftsförderung bieten Informationen zur jeweiligen Branche, Auskünfte zu Standorten, Umsatzzahlen und Kosten.
- Für die Marktanalyse eignen sich insbesondere die Branchenbriefe der Banken. Hier finden Gründer z.B. Kennzahlen zum Marktgeschehen, aber auch Informationen über Standortfaktoren oder auch Hinweise zu rechtlichen und steuerlichen Vorschriften.
- Nicht zu vergessen ist aber immer auch die eigene Einschätzung. So ist Gründern durchaus zu empfehlen, zu unterschiedlichen Tages- und Wochenzeiten die Kundenfrequenz zu beobachten und eine Abwägung des Wohnumfeldes vorzunehmen.

Zielgruppenanalyse Anhand der ermittelten Daten kann schließlich eine genauere Zielgruppenanalyse | ▸ HF 3, Kap. 4.1 | durchgeführt werden, die die folgenden Aspekte aufgreift:

- Unter welchen Bedingungen wird ein Mensch Kunde bei einem Unternehmen?
- Welche Anforderungen, Bedarfe, Bedürfnisse, Wünsche oder Kaufmotive haben die potenziellen Kunden?
- Wie sieht daran orientiert das optimale Produkt- und Dienstleistungssortiment des Unternehmens aus?
- Wie kann sich das Unternehmen im Vergleich zum Wettbewerb besser positionieren?

6.3 Standortbeurteilung

Standortfaktoren

Die Wahl des Betriebsstandortes hängt von vielen verschiedenen Kriterien ab, die auf wirtschaftlichen Erwägungen beruhen. Bei der Standortbeurteilung im Rahmen von Neugründungen oder Firmenübernahmen sind ebendiese Faktoren genauer zu untersuchen, da sie maßgeblich die Erfolgsaussichten des künftigen Unternehmens beeinflussen. Zu den drei wichtigsten dieser sog. Standortfaktoren zählen:

- Erreichbarkeit

  Ist das Geschäft für Kunden einfach zu erreichen bzw. sind im Gegenzug die Kunden schnell zu erreichen?
- Wahrnehmbarkeit

  Liegt das Geschäft in einem geeigneten Umfeld und ist für Kunden ersichtlich, welchem Gewerk es angehört und welche Leistungen es bietet?
- Wettbewerbssituation/Konkurrenz

  Ist das Sortiment einzigartig am Standort oder gibt es viele ähnliche Angebote?

Da bei der Wahl des Standortes insbesondere Kosten und Erlöse eine entscheidende Rolle spielen, wird bei den zentralen Standortfaktoren auch häufig zwischen kosten- und erlösorientierten Faktoren unterschieden.

Alles verstanden? Werden Sie im Sackmann-Lernportal aktiv!

kosten- und erlösorientierte Faktoren

Standortfaktoren

kostenorientierte Faktoren	erlösorientierte Faktoren
▸ Grundstückspreise/Mietkosten ▸ Höhe der Steuern und Abgaben ▸ Arbeitskosten ▸ Lohnniveau ▸ Energieversorgung ▸ Entsorgungspreise ▸ behördliche Auflagen bzgl. Lärm-, Geruchsbelästigung, Abfallbeseitigung	▸ Kundennähe ▸ Verkehrsanbindung ▸ Entwicklungstendenz des Ortes ▸ Entwicklungstendenz der Kaufkraft ▸ Wettbewerbssituation ▸ Verbrauchergewohnheiten ▸ Konkurrenz

Je nach Branche und Ausrichtung eines Betriebes kommt den einzelnen Faktoren dabei eine jeweils unterschiedliche Bedeutung zu. Für Betriebe mit Ladengeschäft stellt beispielsweise die Kundennähe ein entscheidendes Kriterium dar. Für weitgehend produzierende Gewerke spielt die Nähe zum Kunden keine zentrale Rolle.

Standortqualität

Ähnlich verhält es sich bei der Beurteilung der Standortqualität. Auch hier hängt die Bewertung zentraler Einflussfaktoren, wie z.B. der Lage des Betriebes, vom jeweiligen unternehmerischen Vorhaben ab und führt zu jeweils unterschiedlichen Ergebnissen.

Lage des Betriebes

Für produzierende Unternehmen ist es beispielsweise vorteilhaft, sich in Gewerbegebieten am Rande oder sogar außerhalb der Stadt niederzulassen, wo günstige Grundstücke oder Gewerbemieten den Start in die Selbstständigkeit erleichtern. Betriebe mit wenig Kundenverkehr, wie Heizungs- und Sanitärbetriebe, Maler oder Elektriker, finden auch in innerstädtischen Nebenstraßen geeignete Standorte. Betriebe mit Ladengeschäften, die auf Laufkundschaft angewiesen sind, wie Bäckereien, Augenoptiker und Friseure, benötigen hingegen citynahe Lagen mit unmittelbarem Kontakt zu potenziellen Kunden.

Umfeld

Bei Betrieben mit Laufkundschaft erhöht sich außerdem die Attraktivität des Standortes durch einen guten Branchen-Mix vor Ort, der weitere Kunden anzieht.

räumliche Anforderungen

Auch die räumlichen Gegebenheiten können zum entscheidenden Kriterium bei der Beurteilung der Standortqualität werden. Nicht nur die Anzahl der Räume oder weitere Ausbaumöglichkeiten spielen hier eine Rolle. Je nach Unternehmenszweck unterscheiden sich auch die Anforderungen an die Betriebsräume erheblich. Kfz-Betriebe brauchen i.d.R. Werkstätten und Lagerräume, die hohe Brandschutzbestimmungen erfüllen. Einzelhandelsbetriebe benötigen hingegen Verkaufsräume, die einen bestimmten Schnitt und ausreichend Schaufensterfläche aufweisen.

Vergünstigungen Wirtschaftlich schwache Gebiete locken Unternehmen oft mit besonderen Vorteilen, wie z.B. der Gewährung zinsgünstiger Darlehen oder der preisgünstigen Überlassung von Baugelände. Ein wichtiges Kriterium der Standortentscheidung kann auch ein Vergleich des Gewerbesteuerhebesatzes sein, der von Gemeinde zu Gemeinde unterschiedlich ist.

behördliche Auflagen Jeder Betriebsstandort unterliegt außerdem planungsrechtlichen Vorgaben. Diese können die Nutzung des Standortes einschränken. Entsprechend ist das Bauordnungs- und/oder Immissionsrecht zu beachten.

Standortvergleich

Zur Ermittlung der wirtschaftlichen Tragfähigkeit eines Standortes werden die einzelnen Standortfaktoren im Rahmen einer Standortanalyse ausgewertet. In der Praxis hat sich dazu eine tabellarische Übersicht bewährt, in der alle relevanten Standortfaktoren aufgeführt und nach einem bestimmten Punktesystem gewichtet werden (z.B. 10 - besonders wichtig, 6 - wichtig, 3 - weniger wichtig, 0 - unwichtig).

Standortanalyse

Standortfaktoren		**Standort A**		**Standort B**	
	Gewichtung	**Bewertung**	**Punkte**	**Bewertung**	**Punkte**
Kundennähe					
Konkurrenz					
Einzugsgebiet					
Verkehrsanbindung					
Passantenfrequenz					
Kundenparkplätze					
Kaufkraft					
Grundstückskosten					
Miete, Nebenkosten					
Betriebseinrichtung					
Materialbeschaffung					
Expansionsmöglichkeiten					
Schaufenster					
Gesamt					

Die Bewertung der Faktoren erfolgt nach einem Stufensystem (z.B. 5 - sehr gut, 4 - gut, 3 - mittel, 2 - schlecht, 1 - sehr schlecht). Schließlich werden die einzelnen Bewertungen noch mit dem jeweiligen Gewichtungswert multipliziert.

Standortvergleich

Bei mehreren möglichen Standorten lässt sich auf diese Weise ein Standortvergleich durchführen, wobei der Standort mit der höchsten Punktzahl die meisten Vorteile aufweist | ► Standortanalyse mit Ergebniswertung |.

Beispiel: Michaela Stiehl hat einen Standortvergleich zwischen den zwei infrage kommenden Ladenlokalen vorgenommen und ist zu dem Ergebnis gekommen, dass das Einkaufszentrum die meisten Vorteile mit sich bringt.

Standortfaktoren		**Standort A Einkaufszentrum**		**Standort B Hauptstraße**	
	Gewichtung	**Bewertung**	**Punkte**	**Bewertung**	**Punkte**
Kundennähe	10	5	50	4	40
Konkurrenz	6	2	12	3	18
Einzugsgebiet	10	5	50	5	50
Verkehrsanbindung	6	5	30	4	24
Passantenfrequenz	6	4	24	4	24
Kundenparkplätze	6	5	30	4	24
Kaufkraft	6	5	30	4	24
Grundstückskosten	0		0		0
Miete, Nebenkosten	10	3	30	4	40
Betriebseinrichtung	6	5	30	5	30
Materialbeschaffung	3	5	15	4	12
Expansionsmöglichkeiten	3	3	9	4	12
Schaufenster	6	5	30	4	24
Gesamt			**340**		**322**

7 Planung der Gründung

Die Gründung eines Handwerksbetriebes setzt in jeglicher Hinsicht eine sorgfältige Planung voraus. Dies trifft in besonderem Maße auf die Planung von Betriebseinrichtung, Betriebsgröße und Personalbedarf zu, da sich diese unmittelbar auf den Investitions- und Finanzbedarf auswirken.

7.1 Betriebseinrichtung

Bei der Planung der Betriebs- und Geschäftsausstattung (BGA) des künftigen Unternehmens geht es jedoch nicht nur in finanzieller Hinsicht um weitreichende Entscheidungen. Die technische Ausstattung begründet auch in hohem Maße die Funktionalität und damit letztlich die Wettbewerbsfähigkeit des Unternehmens.

Die Ausstattung muss sich in erster Linie am Betriebszweck orientieren. Im Gegensatz zu produzierenden Betrieben brauchen absatzorientierte Unternehmen wie Bäckereien, Fleischereien oder Augenoptiker Verkaufsräume, die ihre Kunden ansprechen. Herstellende Betriebe benötigen dagegen mehr Platz und Ausstattung in den Bereichen Produktion und Lager.

Erstausstattung

Die Erstausstattung eines Betriebes fällt zwar von Gewerk zu Gewerk sehr unterschiedlich aus, umfasst aber neben Büromöbeln i.d.R. die folgenden Güter des Anlagevermögens:

- Maschinen,
- Werkzeuge,
- Regale und Schränke für das Lager,
- die EDV-Infrastruktur,
- Fahrzeuge.

Da dies erfahrungsgemäß mit hohen Investitionskosten verbunden sind, lohnen sich bei der Planung die folgenden Überlegungen:

- Geht man bei der technischen Ausstattung von Neuanschaffungen aus oder greift man auf gebrauchte Maschinen und Werkzeuge zurück?
- Sollen die Betriebsfahrzeuge gekauft oder geleast werden?

Folgeausstattung

Bei der Planung müssen neben der Erstausstattung aber auch die Nachkäufe von Gütern des Umlaufvermögens bedacht werden. Dazu gehören Ersatzteile, Verbrauchsmaterial und Handelswaren, aber auch Druckerpatronen, Papier sowie sonstiger Bürobedarf.

Nach Einschätzung von Betriebsberatern scheitern Gründungen häufig daran, dass zwar die Betriebsausstattung finanziert wird, aber in der Folge kein Geld für den Kauf von Material vorhanden ist, weil gerade in der Anfangsphase der Bedarf an Waren, Materialien oder Werkzeugen unterschätzt wird.

Zur Betriebs- und Geschäftsausstattung gehört sowohl die Erstausstattung mit Gütern des Anlagevermögens als auch die anschließende Ausstattung mit Gütern des Umlaufvermögens.

Beispiel: Nach der Besichtigung mehrerer Ladenlokale wird für Michaela Stiehl immer deutlicher, wie ihr künftiger Betrieb aussehen und ausgestattet sein müsste. Für ihr Optikergeschäft bräuchte sie mindestens

- einen großen Verkaufsraum, in dem auch zwei Kunden gleichzeitig bedient werden können,
- einen Refraktionsraum zur Sehstärkenmessung mit einem Arbeitsplatz,
- eine Werkstatt für kleinere Reparaturen und Anpassungen,
- eine angemessene Erstausstattung bestehend aus Brillengestellen, Sport- und Sonnenbrillen, die ansprechend im Verkaufsraum präsentiert werden.

Die Werkstatt sollte mit modernen technischen Geräten, die Verkaufsräume mit freundlichen, hellen Möbeln ausgestattet sein. Außerdem müssten auch eine kleine Küche für das Personal und unbedingt ein WC vorhanden sein.

Das Optikergeschäft im Einkaufszentrum, das zur Übernahme ansteht, würde über die entsprechenden räumlichen Voraussetzungen verfügen. Michaela Stiehl beschließt, sich auf der Optikermesse einen Überblick über die neuesten Entwicklungen und Trends im Bereich technische Ausstattung und Einrichtung zu verschaffen.

7.2 Betriebsgröße

Die Größe eines Unternehmens lässt sich an verschiedenen Kriterien festmachen, so z.B. am Umsatz oder der Bilanzsumme. Häufig wird aber die Anzahl der Mitarbeiter zugrunde gelegt.

optimale Betriebsgröße

Grundsätzlich ist die Betriebsgröße so auszurichten, dass Mitarbeiter und Werkstätten optimal ausgelastet sind. Es sollte weder Leerzeiten noch Überlastungen geben. Auf diese Weise können die Fixkosten am besten auf die Aufträge oder Produkte verteilt werden. Man spricht in diesem Zusammenhang auch von optimaler Betriebsgröße.

Die optimale Betriebsgröße kennzeichnet die Größe, die unter Ausnutzung aller Kapazitäten das bestmögliche Verhältnis von Aufwand und Ertrag erzielt.

In produzierenden Gewerken ist die optimale Betriebsgröße dann erreicht, wenn Personal, Betriebsmittel und Werkstoffe so eingesetzt werden, dass mit den niedrigsten Stückkosten produziert wird.

In der Praxis bieten sich für die Planung der Betriebsgröße folgende Fragen als Richtschnur an:

- Kann der geplante Umsatz mit der vorgesehenen Mitarbeiterzahl erreicht werden?
- Würde sich eine Anstellung zusätzlicher Mitarbeiter positiv auf das Verhältnis von Umsatz zu Kosten auswirken, also mehr Gewinn erzielen?

Auswirkungen der Betriebsgröße

Nicht zuletzt sind bei der Planung der Betriebsgröße auch rechtliche und andere Gesichtspunkte zu beachten:

- Bei mindestens fünf wahlberechtigten Beschäftigten[1] ist z.B. die Gründung eines Betriebsrats möglich.
- Ab 10 Mitarbeitern greift das Kündigungsschutzgesetz.
- Bei der Beschäftigung von weiblichen und männlichen Mitarbeitern hat der Arbeitgeber für getrennte Toiletten zu sorgen.

Umsatz

Umsatzprognose

Zur Planung der Betriebsgröße gehört auch, den möglichen Umsatz abzuschätzen. Schließlich muss jeder Mitarbeiter, der eingestellt wird, von Umsatz des Unternehmens bezahlt werden. Üblicherweise umfasst eine Umsatzprognose die ersten drei Geschäftsjahre und orientiert sich an den zuvor ermittelten Absatzmöglichkeiten | ► HF 2, Kap. 12 |.

Um zu einer möglichst realistischen Einschätzung der Umsatzerwartungen zu gelangen, empfiehlt es sich, auf Vergleichswerte und Branchenkennzahlen zurückzugreifen. Anhand der Umsatzplanung kann dann im weiteren Verlauf der Gründungsplanung eine Rentabilitätsvorschau erstellt werden, um die Tragfähigkeit der Geschäftsidee zu überprüfen | ► HF 2, Kap. 14 |.

Tests und Aufgaben zu diesem Kapitel finden Sie im Sackmann-Lernportal.

[1] *Dazu gehören alle Arbeitnehmer und Auszubildende des Betriebes, die das 18. Lebensjahr vollendet haben, ausgenommen die leitenden Angestellten und Gesellschafter.*

Beispiel: Michaela Stiehl hat anhand von Branchenkennzahlen eine Umsatzprognose für ihr Optikergeschäft erstellt und daraus einen Umsatzplan für die ersten drei Jahre entwickelt.

Umsatzplanung nach Produkten/ Dienstleistungen	1. Geschäftsjahr €	%	2. Geschäftsjahr €	%	3. Geschäftsjahr €	%
Brillen	99 600,-	45,3	108 500,-	43,9	115 000,-	42,8
Sportbrillen	29 000,-	13,2	35 000,-	14,2	41 000,-	15,2
Sonnenbrillen	23 000,-	10,5	27 000,-	10,9	28 000,-	10,4
Kontaktlinsen	45 000,-	20,5	52 000,-	21,1	57 000,-	21,2
Reparaturen	12 000,-	5,5	12 000,-	4,9	12 000,-	4,5
Sehtests	1 500,-	0,7	4 000,-	1,6	6 000,-	2,2
Pflegeprodukte	4 000,-	1,8	3 000,-	1,2	4 000,-	1,5
diverse Handelswaren	5 500,-	2,5	5 500,-	2,2	6 000,-	2,2
Gesamtumsatz	**219 600,-**	**100,0**	**247 000,-**	**100,0**	**269 000,-**	**100,0**

Personal

Personalbedarfsplanung

Die Planung der Betriebsgröße ist unmittelbar mit der Planung des Personalbedarfs verbunden | ► HF 3, Kap. 11.1 |. Hier besteht die größte Herausforderung für Gründer darin, zu einer möglichst präzisen Einschätzung zu gelangen und gleichzeitig den Forderungen nach optimalem Service und möglichst geringen Personalkosten gerecht zu werden.

Als grundsätzliche Orientierung dienen dabei die betrieblichen Anforderungen, die seitens des künftigen Personals zu bewältigen sind. Hieraus sind dann Schätzungen abzuleiten, wie viele Mitarbeiter welcher Qualifikation für welche Arbeiten benötigt werden.

Kriterien

Bei der Personalbedarfsermittlung sind sowohl quantitative als auch qualitative Kriterien zu berücksichtigen. Zu den quantitativen Faktoren zählen

- die Anzahl der zu besetzenden Stellen,
- der Anteil von Vollzeit- und Teilzeitstellen,
- die geplanten Einsatzzeiten,
- die auf eine Person entfallenden Arbeitsstunden.

Unter die qualitativen Kriterien fallen

- die Anforderungen der Arbeitsplätze,
- die dazu notwendigen Qualifikationen der Mitarbeiter,
- die mit der Stelle verbundenen sozialen Kompetenzen.

Beispiel: Die Planungen zum Personalbedarf werden bei Michaela Stiehl von zwei Überlegungen getragen. Einerseits möchte sie die Ausgaben ihres Unternehmens überschaubar halten. Andererseits muss sie dafür Sorge tragen, dass im Fall von Krankheit oder Urlaub die Vertretung sichergestellt ist. Deshalb kommt sie zu dem Schluss, in der Anfangszeit nur 1,5 Stellen zu besetzen.

Für Beratung, Verkauf und die Durchführung von Sehtests ist neben ihr eine weitere Person mit einem Vollzeitarbeitsvertrag vorgesehen. Für die Werkstatt, in der nur kleinere Reparaturen und Anpassungen vorgenommen werden sollen, würde eine Person mit einem Zeitarbeitsvertrag oder sogar eine Aushilfskraft genügen.

Kompetenzen

Das sollten Sie als zukünftiger Meister können:

- ✔ Bedeutung wichtiger Standortfaktoren kennen,
- ✔ Eignung von Standorten für betriebliche Zwecke beurteilen,
- ✔ Einflussgrößen der personellen und räumlichen Betriebsgröße kennen,
- ✔ Personalbedarf ermitteln,
- ✔ Bedarf an Gütern des Anlage- und Umlaufvermögens ermitteln.

Marketingkonzept zur Markteinführung entwickeln und bewerten

E

Augenoptikerin Michaela Stiehl ist Feuer und Flamme für ihr Projekt „Selbstständigkeit“ und hat schon ganz viele konkrete Ideen. Aber ihr fehlt noch der Weg, die Ideen zu ordnen und zu prüfen. Sie vereinbart einen Termin mit Frau Müller, Beraterin bei der Handwerkskammer, der wird sie hoffentlich ein Stück weiter bringen.

„Sie haben ja eine Menge Ideen“, sagt Frau Müller. „Nun lassen Sie uns das mal systematisch angehen, damit wir sehen, ob das Konzept ‚rund‘ ist. Sie wollen also mit besonderen Produkten Zielgruppen ansprechen, für die eine Brille mehr ist als eine reine Sehhilfe?“

„Genau“, nickt Michaela Stiehl, „ich will stylische Produkte anbieten, für Menschen, denen nicht nur gutes Sehen, sondern auch gutes Aussehen wichtig ist und die bereit sind, dafür auch mehr Geld auszugeben.“

„Damit haben Sie ja bereits erste interessante strategische Ansätze. Aber es gibt noch viel zu klären ...“

8 Konzeption des Marketings

Um mit einem Unternehmen erfolgreich zu werden, muss der Gründer sich aktiv und offensiv im Markt bewegen. Erfolg im Markt kann nur der Unternehmer erwarten, der im Rahmen der betrieblichen Möglichkeiten selbst gestaltet. Und ein Unternehmer, der seinen Betrieb bewusst, systematisch und konsequent am Markt ausrichten will, um erfolgreich zu sein, braucht ein Konzept.

Ein Konzept stellt die Ideen und Vorstellungen, die man zunächst eventuell unabhängig voneinander entwickelt hat, in einen Zusammenhang. Dann erst zeigt sich, ob das, was man vorhat, wirklich sinnvoll und stimmig ist. Es ist ein „roter Faden“ für die praktische Marktbearbeitung, der sicherstellen soll, dass man nichts Wesentliches vergisst, dass alles aufeinander abgestimmt ist und - ganz wichtig - dass man nicht die Orientierung verliert und Schritte unternimmt, die nicht sinnvoll sind und viel „Lehrgeld“ kosten können.

Das Konzept ist eine Grundvoraussetzung dafür, dass betriebliche Ressourcen nicht verschwendet, sondern durchdacht eingesetzt werden - und bei diesen Ressourcen handelt es sich nicht nur um finanzielle Mittel, die insbesondere bei der Existenzgründung oft recht knapp sind, sondern auch um Zeit, Energie und Kreativität des Gründers.

Beispiel: Michaela Stiehl hat die Idee, schwerpunktmäßig stylische Sportbrillen in ihr Angebot aufzunehmen. Bietet ein weiterer Optiker in unmittelbarer Umgebung ein ähnliches Sortiment an, so ist das wenig erfolgversprechend. Also muss sie sich zunächst Informationen über die Marktsituation vor Ort beschaffen, um einzuschätzen, wo für sie eine Marktnische besteht.

Erst dann kann sie ihr Sortiment planen. Macht sich Michaela Gedanken über Werbemaßnahmen, bevor ihr richtig klar ist, wer genau die Zielgruppe für ihre stylischen Sportbrillen ist, kann sie gehörig daneben liegen. Sie läuft Gefahr, falsche Medien für ihre Werbung auszuwählen, mit denen sie ihre Zielgruppe gar nicht erreichen kann.

Doch nicht nur bei einer Existenzgründung oder Übernahme ist ein Marketingkonzept notwendig. Jeder Unternehmer, unabhängig davon, in welchem Stadium seiner Betriebstätigkeit er sich befindet, muss gezielt und geplant vorgehen.

Marketing als ständiger Prozess

Marketing ist ein ständiger Prozess für ein Unternehmen. Marktgegebenheiten verändern sich und führen zu neuen Rahmenbedingungen, neuen Zielen, neuen Strategien und neuen Maßnahmen. Marketing ist also eine permanente Herausforderung, die man nur erfolgreich bewältigen kann, wenn Konzepte an sich ständig verändernde Bedingungen angepasst werden.

Marketing umfasst die bewusste, systematische und konsequente Ausrichtung aller Unternehmensaktivitäten auf tatsächliche (aktuelle) und mögliche (potenzielle) Märkte.

Marketingkonzept

Wie aber sieht ein Marketingkonzept aus, aus welchen Bausteinen besteht es? Die einzelnen Bausteine zum fundierten Marketingkonzept bei Gründung oder Übernahme beinhalten im Einzelnen folgende Überlegungen und Schritte.

Nutzen Sie das interaktive Zusatzmaterial im Sackmann-Lernportal.

Bausteine eines Marketingkonzepts

Situationsanalyse
Mit welchen Gegebenheiten muss man sich auseinandersetzen?
Von welchem Punkt „startet“ man?
(Marketing-)Ziele
Was will/kann man erreichen?
Wohin will man?
Marketingstrategie
Wie ist die grundsätzliche Ausrichtung des Unternehmens?
Welchen Weg zum Ziel will man gehen?
Marketing-Mix/Einsatz von Marketinginstrumenten
Was muss man wie einsetzen, um diesen Weg zu beschreiten?
Umsetzung
Welche konkreten Maßnahmen sollen umgesetzt werden?
Wie soll das geschehen?
Kontrolle
Woran sieht man, ob man seine Ziele erreicht hat, ob man dort „angekommen“ ist, wo man hin wollte?
Erkenntnisse definieren eine neue Situation.

- Situationsanalyse

  Analyse der Situation

  Zunächst müssen Informationen über die Marktgegebenheiten zusammengetragen und ausgewertet werden, um die Tragfähigkeit einer Geschäftsidee einschätzen zu können | ► HF 2, Kap. 9 |. Geleitet wird die Analyse durch folgende Fragen:
  - Wie viele direkte Wettbewerber gibt es?
  - Wer ist die Zielgruppe?
  - Erreiche ich die Zielgruppe über diesen Standort?
  - Wie groß ist die mögliche Nachfrage?

Beispiel: Frau Müller regt an, dass Michaela Stiehl in Erfahrung bringt, wie das Sportangebot (z.B. Vereine und deren Aktivitäten, Anzahl der Mitglieder) vor Ort ist und dass sie sich andere Optik-Geschäfte anschaut, um festzustellen, ob diese auch modische Sportbrillen anbieten.

- Marketingziele

Marketingziele

Am Anfang der Zielfestlegung steht die Frage, mit welchen Angeboten und Leistungen das Unternehmen einzigartig wird, mit welchen Alleinstellungsmerkmalen wird es eine erfolgreiche Position im Markt finden. Im nächsten Schritt müssen die konkreten Ziele des Unternehmens geklärt werden und in welchem Zeitraum diese erreicht werden sollen. Dieser Prozess wird durch z.B. folgende Fragen gelenkt:

- Wie schnell und in welchem Umfang kann/muss das Unternehmen bekannt werden?
- Welches Image soll aufgebaut werden?
- Wie möchte sich das Unternehmen präsentieren?
- Welche Umsatzziele sind in welchen Zeiträumen realistisch?

Beispiel: Michaela Stiehl weiß schon, über welche Werte sie ihren Betrieb im Markt positionieren will: modisch, sportlich, hochwertig, mit Gefühl für das „besondere" Design will sie wahrgenommen werden. Schwerer fällt es ihr, Umsatzziele zu nennen und anzugeben, welche Umsatzentwicklung sie im ersten halben Jahr anstrebt. Hier kann ihr Frau Müller mit Vergleichs- und Erfahrungswerten helfen.

- Marketingstrategie

Strategie

Sie legt fest, welche Zielgruppen angesprochen und mit welchen Angeboten und Leistungen diese bedient werden sollen. Sie muss also die zwei entscheidenden Aspekte Zielgruppen und Produktbereiche miteinander verknüpfen. Die strategischen Geschäftsfelder, die sich aus diesen Überlegungen ergeben, müssen dahingehend bewertet werden, welche Ertragschancen in ihnen zu erzielen sind.

Um direkt am Anfang der Geschäftstätigkeit die richtigen Prioritäten zu setzen, ist es wichtig, genug Geschäftsfelder zu haben, deren Erträge schnellstmöglich zur Kostendeckung beitragen und die zu einer sinnvollen Auslastung führen („Brot-und-Butter-Geschäft").

Andererseits sind Geschäftsfelder (mit besonderen Produktgruppen und lukrativen Zielgruppen) notwendig, um sich als ganz besonderes Unternehmen am Markt zu etablieren.

Beispiel: Bei der Beratung erkennt Frau Müller schnell, dass Michaela Stiehl mit ihren Ideen zu stylischen Sportbrillen schon gute Ansätze zu einem Geschäftsfeld mit Alleinstellungsmerkmal im Blick hat, macht ihr aber auch klar, dass das nicht das einzige Geschäftsfeld sein kann, wenn sie das Ganze aus der Perspektive Auslastung und Kostendeckung betrachtet.

- Marketing-Mix

Marketing-Mix

Steht die Marketingstrategie, folgen Überlegungen, welche „Werkzeuge" (Marketinginstrumente) | ► HF 3, Kap. 6 | zur Marktbearbeitung eingesetzt werden sollen.

- Welche Werkzeuge stehen zur Verfügung, um die gesetzten Ziele zu erreichen?
- Wie groß muss/soll die Produktauswahl für die Kunden sein?
- Zu welchen Preisen sollen diese angeboten werden?
- Wo muss Präsenz gezeigt werden, um Kunden zu gewinnen?
- In welcher Form ist Werbung sinnvoll?
- Welcher besondere Service soll den Kunden ansprechen?

Beispiel: Michaela Stiehl und Frau Müller überlegen, wie man den Betrieb bekannt machen kann. Michaela hat z.B. vor, bei großen Sportveranstaltungen einen Stand mit einer Auswahl an Produkten und einer kostenfreien Beratung zu organisieren, um ihren Bekanntheitsgrad zu steigern.

- Umsetzung

Umsetzung der Maßnahmen

Mit der Umsetzung geht es dann ins Detail. Mit welchen konkreten Maßnahmen wird man wann aktiv? Wenn z.B. entschieden ist, welche Form der Werbung zur Geschäftseröffnung eingesetzt werden soll, beginnt die konkrete Suche nach Dienstleistern, die diese Werbemittel erstellen oder bereitstellen. Angebote dazu müssen eingeholt und verglichen werden.

- Kontrolle

Erfolgskontrolle

Schließlich muss im Rahmen des Konzepts festlegt werden, wann und in welcher Form kontrolliert wird, ob die Ziele erreicht wurden.

Beispiel: Um z.B. zu ermitteln, ob Werbeausgaben auch die gewünschte Wirkung gezeigt haben, will Michaela Kunden systematisch befragen, wie sie auf den Betrieb aufmerksam wurden. Das kann sie anschließend anhand einer einfachen Strichliste auswerten.

Es sollte ermittelt werden, wie sich die Umsätze in welchen Geschäftsfeldern entwickeln, um so z.B. nach einem halben Jahr erkennen zu können, ob das Konzept aufgeht oder ob es nachgebessert werden muss. Mit den daraus resultierenden Ergebnissen definiert man gleichzeitig eine neue Situation, die wiederum der Ausgangspunkt für neue konzeptionelle Ansätze sein kann.

9 Notwendige Informationen zur Abschätzung des Marktpotenzials

Ein Marketingkonzept - entstanden aus guten, kreativen Ideen -, das in sich stimmig ist, führt nicht zwangsläufig zum Erfolg. Wenn ein Konzept auf falschen Voraussetzungen über den Markt aufbaut, wird es langfristig scheitern. Deshalb ist die Situationsanalyse, die die Tragfähigkeit der Geschäftsidee und des Konzepts durch Abgleich mit den Gegebenheiten am Markt überprüft und gegebenenfalls anpasst, unverzichtbar.

Ist das Konzept angesichts der im Markt herrschenden Situation tragfähig? Gibt der Markt her, was man sich von ihm verspricht? Gibt es Platz im Markt für das neue Unternehmen?

Um diese Fragen beantworten zu können, benötigt man zahlreiche Informationen, die in Bezug auf die eigenen Pläne ausgewertet werden müssen. Auf diesem Weg wird aus dem Risiko, dass mit jeder Unternehmensgründung verbunden ist, ein kalkulierbares Risiko. Diese Informationen fließen auch in den Businessplan ein, der die Kapitalgeber davon überzeugen soll, die Gründung zu unterstützen | ▸ HF 2, Kap. 27 |.

9.1 Informationsbereiche und -quellen

Um zu fundierten Ergebnissen zu kommen, werden Informationen zu verschiedenen Bereichen benötigt.

- allgemeine Marktentwicklung

Informationen zur allgemeinen Marktlage

Was verändert sich aktuell im Markt? Berücksichtigt das Konzept diese Entwicklung? Berücksichtigt es aktuelle Trends (Mode- und Lifestyletrends, den Stand der Technik und technische Trends)? Sind diese Trends Entwicklungen, die den Markt nachhaltig beeinflussen oder handelt es sich um kurzlebige Entwicklungen?

Mögliche Informationsquellen können sein:

- Fachpresse,
- Marktstudien renommierter Marktforschungs- oder Hochschulinstitute, die - oft kostenlos - zum Download zur Verfügung stehen,
- Veröffentlichungen von Handwerkskammern und Fachverbänden.

- konjunkturelle Lage

  Informationen zur konjunkturellen Lage

  Wie ist die gesamtwirtschaftliche Lage? Wie entwickelt sich der private Konsum (Privatkunden), wie entwickelt sich das Investitionsverhalten von Unternehmen (Geschäftskunden)? Wie ist die Situation in der Baubranche oder am Immobilienmarkt (Bau- und Baunebengewerke)?

  Mögliche Informationsquellen können sein:

  - Veröffentlichungen des Bundeswirtschaftsministeriums (z.B. Monatsberichte)[1],
  - Veröffentlichungen des Statistischen Bundesamtes (z.B. einzelne relevante Kapitel des Statistischen Jahrbuchs)[2],
  - allgemeine Presse.

- Markt in der Region

  Informationen zum regionalen Markt

  Da die überwiegende Anzahl der Handwerksbetriebe eher regional innerhalb eines bestimmten Einzugsgebiets tätig sind, sind Informationen über den regionalen Markt natürlich von besonderer Bedeutung.

Beispiel: Michaela Stiehl geht mit vielen neuen Fragen aus dem Gespräch mit der Beraterin der Handwerkskammer. Und sie ist motiviert, möglichst viele Informationen zu ihrem Gründungsvorhaben zu sammeln, damit sie ihre Pläne verwirklichen und mögliche Kapitalgeber, wie z.B. ihre Hausbank, von der Tragfähigkeit ihres Konzepts überzeugen kann.

Nun überlegt sie, was genau sie in Erfahrung bringen muss. Sie kommt auf die Idee, eine Tabelle zu erstellen. Das verschafft ihr eine Übersicht und hilft ihr, die Gedanken zu strukturieren und systematisch vorzugehen.

Alles verstanden? Werden Sie im Sackmann-Lernportal aktiv!

---

[1] www.bmwi.de

[2] www.destatis.de

Übersicht über wichtige Fragestellungen und die entsprechenden Informationsquellen zum regionalen Markt:

Informationsquellen zu regionalen Märkten

Analysebereiche	gesuchte Informationen/ Fragestellungen	mögliche Informationsquellen
Marktanalyse	Wie viele Anbieter gibt es?	Handwerkskammer und Innungen
	Wie viele mögliche Nachfrager gibt es (allgemeine demografische Daten wie Altersverteilung, Wohnsituation, Einkommenssituation)?	kommunale statistische Stellen
	Wie ist die Wirtschaftsstruktur vor Ort?	Wirtschaftsförderung, kommunale statistische Stellen
	Wie ist der Baubestand bzw. die Entwicklung der Bautätigkeit (für Bau- und Baunebengewerke)?	Bebauungs- und Flächennutzungspläne, eigene Beobachtungen vor Ort
Zielgruppen-/ Kundenanalyse	Wie sind die Kaufgewohnheiten? Wie/wo decken Käufer ihren Bedarf vor Ort?	Einzelhandelsorganisationen, Wirtschaftsförderung, ggfs. Befragung im Bekanntenkreis
	Wo sind Zielgruppen anzutreffen?	eigene Beobachtungen, z.B. zum Vereinsleben und Freizeitverhalten
	Wie sehen Kaufmotive und Erwartungshaltung der Zielgruppen aus?	Handwerkskammern, Kreishandwerkerschaften und Innungen, ggfs. eigene Befragungen, Informationen von regionalen Lieferanten
Wettbewerbsanalyse	Was zeichnet Angebot und Werbeaktivitäten der Wettbewerber aus?	Websites der Wettbewerber, eigene Beobachtung, lokale Presse
	Wie sind deren Angebotsgestaltung und Preise?	eigene Beobachtung/Testkäufe (bei handelsorientierten Gewerken), Informationen von Kunden
	Wie sehen die betriebswirtschaftlichen Eckdaten aus?	Betriebsvergleiche

Beispiel: Michaela Stiehl weiß nun, womit sie in den nächsten Tagen ihre Zeit verbringen wird.

- Sie wird durch die Stadt gehen, andere Optikergeschäfte besuchen und sich so einen Eindruck verschaffen, was genau diese Geschäfte anbieten, welche Kunden in diesen Geschäften anzutreffen sind, wo die Preise der Wettbewerber liegen.
- Sie wird außerdem die Werbeaktivitäten der anderen Optiker unter die Lupe nehmen, indem sie deren Websites genau untersucht und beobachtet sowie darauf achtet, in welchen Medien (Anzeigenblatt, lokale Tageszeitung etc.) sie werben und was sie genau mit ihrer Werbung aussagen.
- Weil sie stylische Sportbrillen anbieten möchte, interessiert sie sich dafür, welche Sportvereine es am Ort gibt, bei denen sie vermutlich auf ihre potenziellen Kunden trifft. Daher will sie diese Vereine persönlich oder über deren Website kontaktieren, um nähere Informationen über Mitgliederanzahl etc. zu erhalten.
- Außerdem hat sie Betriebsvergleiche angefordert und will über die Innung in Erfahrung bringen, wie viele Anbieter es überhaupt am Ort gibt.

„Ein strammes Programm", denkt sie sich. Eigentlich wollte sie ja von Anfang an gleich so richtig durchstarten, aber ihr ist klar, dass auch Schreibtischarbeit und Recherche dazu gehören. „Also, auf geht's", sagt sie und fährt ihren Rechner hoch, um sich in die Arbeit der Informationsbeschaffung zu stürzen.

Eigenanalyse/ Unternehmensanalyse

Gleichzeitig ist es wichtig, die eigenen Rahmenbedingungen und Voraussetzungen für das Gründungsvorhaben auf der Grundlage von fundierten Informationen (z.B. in einer Beratung) einzuschätzen und zu überprüfen. Das betrifft u.a. die folgenden Fragestellungen:

- Welche fachlichen Stärken und persönliche Eigenschaften braucht ein Unternehmer? Wo liegen die eigenen Stärken und Schwächen? | ► HF 2, Kap. 1 |
- Welche finanziellen Möglichkeiten muss ein Existenzgründer haben? Welche Kapitalquellen stehen zur Verfügung? Wie lange kann der Existenzgründer „Durststrecken" überbrücken, wann muss das neue Unternehmen mindestens in welcher Form Erträge erwirtschaften? | ► HF 2, Kap. 5 |
- Gibt einen Plan B für den Fall, dass das Konzept nicht so aufgeht wie geplant?

Beispiel: Michaela Stiehl trifft verspätet auf ihre im Café wartenden Freunde. Sie hat die Zeit vergessen, weil gerade alles so viel und so aufregend ist. Und schnell ist sie bei ihrem Thema „mein eigenes Optikergeschäft" und bei dem finanziellen Aufwand, der sie gerade beschäftigt.

„Ja, es ist schon eine große finanzielle Belastung, die da auf einmal auf mich zukommt, aber ich kann ein Existenzgründerdarlehen zu günstigen Konditionen in Anspruch nehmen. Außerdem hilft mir meine Familie. Wenn ich möchte, kann ich kostenlos in der Einliegerwohnung meiner Eltern wohnen. Dann bräuchte ich gar nicht viel für meinen persönlichen Unterhalt. Meine Familie weiß, dass ich wirklich gut bin in meinem Job und dass ich meine Existenzgründung ernsthaft und diszipliniert in Angriff nehme. Das hat auch bei der Bank und beim Vermieter des Ladenlokals Eindruck gemacht. Und wenn alle Stricke reißen und mein Konzept vielleicht nicht aufgeht ...", Michaela zuckt die Schultern, „... hat mein Chef gesagt, er würde mir helfen und meine Produkte vielleicht in sein Sortiment integrieren." Dann aber lacht sie. „Das ist aber nur eine Notlösung. Ich will es selbst schaffen. Und das werde ich auch."

9.2 Nischenstrategien als Grundlage tragfähiger Konzepte

Im Zusammenhang mit den gesammelten Informationen muss auch geklärt werden, ob das Konzept eine Ansiedelung in einen Marktbereich vorsieht, der bis jetzt nur von wenigen Mitanbietern besetzt wird. Für die Tragfähigkeit eines Konzeptes spielt es eine große Rolle, dass es sich um eine solche sog. Marktnische handelt.

Eine Marktnische ist ein Marktbereich, in dem ein Unternehmen keinen oder nur wenige Mitbewerber hat.

Existenzgründer im Wettbewerb

Gerade bei der Existenzgründung ist es wichtig, vor Ort eine solche Marktnische zu finden, in der sich ein Unternehmen am Markt etablieren kann. Wer in Marktbereichen auftritt, in denen es einen ausgeprägten Wettbewerb gibt, muss sich der Tatsache bewusst sein, dass seine Leistungen in erhöhtem Maße mit denen der etablierten Anbietern verglichen werden. Das geht aber oft nicht zugunsten des Existenzgründers aus, der sich seine Bekanntheit und seinen guten Ruf erst noch erarbeiten muss.

Die Betrachtung des Marketingkonzepts vor dem Hintergrund der Frage, ob das gewählte Marktsegment eine Marktnische ist, kann aufgrund von zwei Ansätzen erfolgen:

- produktorientierte Marktnische

  Produkt als Nischenmerkmal

  Der Existenzgründer tritt im Markt mit Produkten auf, die in dieser Form kein anderes oder nur wenige Unternehmen der Branche anbieten. Wenn Informationen zu möglichen Zielgruppen und zum Käuferverhalten dafür sprechen, dass hier Nachfrage im Markt vorhanden ist, dann ist eine solche produktorientierte Nische eine Chance, die ein Existenzgründer dafür nutzen kann, sich im Markt zu etablieren.

Beispiel: Michaela Stiehl will u.a. Sportbrillen mit eigenem, modischen Design anbieten. So etwas haben andere Optiker vor Ort nicht im Angebot. Gleichzeitig hat sie in Erfahrung gebracht, dass es dort, wo sie ihr Geschäft eröffnen möchte, viele jüngere, sportlich interessierte Menschen gibt, die beim Sport nicht nur gut sehen, sondern auch gut aussehen wollen. Außerdem ist ihr bewusst, dass diese Zielgruppe bereit ist, für alles, was mit ihrem sportlichen Hobby in Zusammenhang steht, Geld auszugeben.

- zielgruppenorientierte Marktnische

  Zielgruppe als Nischenmerkmal

  Der Existenzgründer spricht Zielgruppen an, die in dieser Form nicht von Unternehmern der gleichen Branche angesprochen werden. Sich in diese Zielgruppen hineinzudenken und ihnen etwas Besonderes zu bieten, um ihnen zu vermitteln, dass man sie in den Mittelpunkt der unternehmerischen Aktivitäten stellt (z.B. einen ganz besonderen Service in Verbindung mit zielgruppenspezifischen Leistungen) ist hier sehr wichtig.

Beispiel: Michaela Stiehl möchte den Schwerpunkt ihrer Marketingaktivitäten auf junge, modisch und sportlich interessierte Zielgruppen ausrichten. Diese Zielgruppen werden zwar von anderen Optikern vor Ort auch angesprochen, aber eher als eine Zielgruppe unter vielen. Sie hat aber vor, ihr Geschäft so zu gestalten, dass Ihre Zielgruppe sich ganz zu Hause fühlt. Außerdem will sie ihnen eine Produktauswahl bieten, die keine Wünsche offen lässt. Sie will Tipps für den Einsatz der Brillen geben, die im Sport großen Belastungen ausgesetzt sein können, und beabsichtigt, lokale Sportveranstaltungen zu begleiten, um dann, wenn ein Sportler im Wettkampf Probleme mit seiner Brille hat, mit Rat und Tat, Reparatur und Ersatz helfen zu können.

---

10 Marketing-Mix zum Markteintritt

Das Besondere an der Situation eines Existenzgründers, der mit seinem Gründungsvorhaben neu in den Markt eintritt, ist, dass er noch „seinen Platz finden muss“, dass er noch keine Bekanntheit genießt und keinen guten Ruf, von dem er profitieren kann. Er ist für den Markt ein „unbeschriebenes Blatt“. Zudem ist ein neues Unternehmen meist in einer Situation,

- noch eher klein zu sein und mit entsprechend geringen Kapazitäten in allen Bereichen einen begrenzten Handlungsspielraum zu haben
- nicht über die finanziellen Ressourcen eines etablierten Unternehmens zu verfügen. Der Einsatz der Marketinginstrumente | ► HF 3, Kap. 6 | darf das ohnehin meist knappe Budget also nicht übermäßig belasten. Alle Maßnahmen müssen also durchdacht und gezielt sein. Ein Unternehmer in der Gründungsphase kann es sich schlicht nicht leisten, Geld, Zeit und Kreativität in Maßnahmen zu setzen, die dann doch nicht die beabsichtigte Wirkung haben.

10.1 Produkt- und Sortimentspolitik

Gerade für neue Unternehmen ist es wichtig, mit Produkten und Leistungen im Markt aufzutreten, die auch sicher und schnell auf Nachfrage stoßen. Es geht darum, schnellstmöglich Erträge zu erwirtschaften und seine Kapazitäten auszulasten. Lange Vorlaufzeiten, bis das Geschäft wie gewünscht anläuft, können sich in dieser Phase die wenigsten Unternehmer leisten.

Die Gestaltung des konkreten Sortiments wird geleitet von den Fragen:

- Welche und wie viele Leistungsbereiche muss/kann/soll man besetzen?
- Wie groß muss die Auswahl zwischen verschiedenen Artikeln oder Leistungsvarianten für die Kunden sein?

Abgrenzung Sortimentsbreite und -tiefe

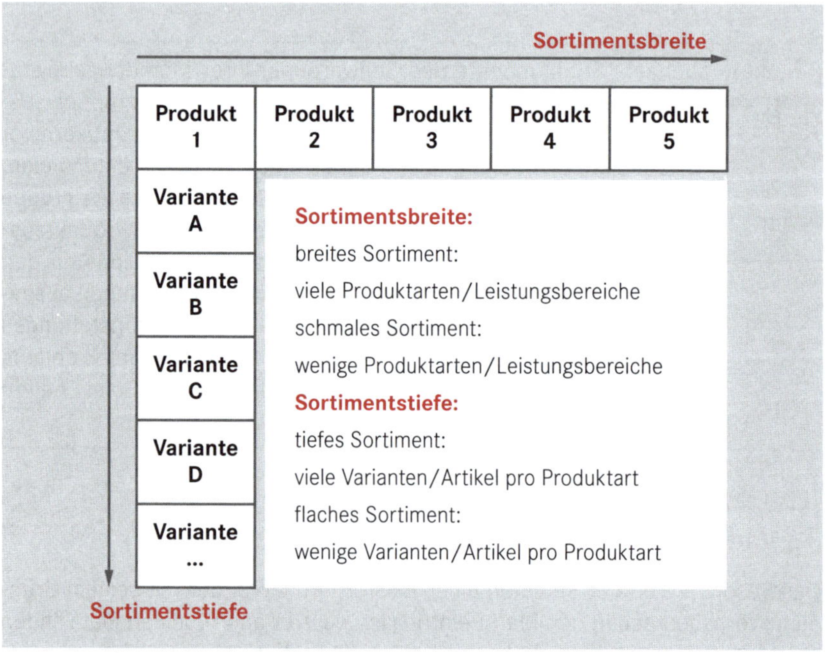

Generalisierung

Ein Unternehmen, das mit einem breiten, aber eher flachen Sortiment in den Markt geht, tritt als Generalist auf. Es deckt viele Bedarfsfelder ab, kann ein eher breites Zielgruppenspektrum ansprechen und verteilt sein Risiko auf viele verschiedene Produktbereiche. Andererseits braucht es auch Kompetenz in vielen verschiedenen Bereichen, meist eine umfangreichere Ausstattung, z.B. mit Maschinen und Werkzeugen oder eine größere Lager- und Verkaufsfläche.

Bei einem breiten Sortiment ist es schwieriger, den Überblick über die betrieblichen Prioritäten zu behalten. Das Unternehmen wird sich nicht durch ein klares Profil am Markt auszeichnen, mit dem er gezielt Kunden akquirieren kann.

Spezialisierung

Ein Unternehmen, das mit einem tiefen, aber meist schmalen Sortiment in den Markt eintritt, ist ein Spezialist. Er bietet seine Kernkompetenzen und sein Spezialwissen an. Mit dieser Ausrichtung ist es möglich, eine Marktnische zu besetzen, besonders, wenn es gelingt, wegen des spezialisierten Angebots und Know-hows einen guten Ruf im Umfeld zu erarbeiten. Allerdings ist für ein Spezialangebot oft nur ein eingeschränktes Zielgruppenspektrum vorhanden.

Beispiel: Michaela Stiehl möchte zwar klare Schwerpunkte in ihrem Sortiment setzen, dennoch ist ihr bewusst, dass sie sich nicht nur auf moderne Sportbrillen spezialisieren kann. Davon würde sie wahrscheinlich gerade in der Anfangszeit nicht existieren können. Sie braucht auch ein Präsenzsortiment im Geschäft, das die Vorstellungen ihrer Kundschaft von einer wünschenswerten Auswahl erfüllt. Gleichzeitig muss das Sortiment in sich schlüssig sein - ihre verschiedenen Produktbereiche müssen also zueinander passen. Deswegen möchte sie auch modische Brillen in unterschiedlichen Preisklassen anbieten. Eher klassische Brillenfassungen für ältere Kunden passen weniger gut in ihr Sortiment, weil ihre Hauptzielgruppe jüngere, sportliche und modisch interessierte Menschen sind.

10.2 Preispolitik

Preis-Leistungsverhältnis

Der Preis einer Dienstleistung oder eines Produkts ist für viele Kunden ein wichtiges Vergleichskriterium bei Vorliegen mehrerer Angebote von unterschiedlichen Unternehmen. Der Kunde trifft seine Kaufentscheidung aber nie allein aufgrund des Preises, sondern gleicht ihn immer mit dem Nutzen ab, den ihn der Erwerb des Produkts oder der Dienstleistung bringt.

preispolitische Grundentscheidung

Am Anfang der Preisüberlegungen des Unternehmers | ► HF 3, Kap. 6.3 | steht die Entscheidung, hoch-, mittel- oder niedrigpreisig anzubieten. Mit der zuvor getroffenen Entscheidung, für eine bestimmte Zielgruppe Produkte und Dienstleistungen bereitzustellen, ergibt sich aber auch schon weitestgehend das Preisniveau, auf dem das Unternehmen anbieten kann.

nachfrageorientierte Preisfindung

Bei der nachfrageorientierten Preisfindung spielen die Preisvorstellungen und die Preisbereitschaft der Zielgruppe die entscheidende Rolle.

- Welchen Nutzen hat das Produkt oder die Dienstleistung für die Zielgruppe?
- Wie stark sind die Kaufkraft der Zielgruppe und die Dringlichkeit des Bedarfs?

Eine Zielgruppe, die bereit ist, für hochwertige Qualität, Exklusivität, Individualität auch hohe Preise zu akzeptieren, lässt sich von einer Zielgruppe, die mit dem Erwerb einer Standardleistung in durchschnittlicher Qualität schwerpunktmäßig günstige Preise im Blick hat, gut abgrenzen.

wettbewerbsorientierte Preisfindung

Die wettbewerbsorientierte Preisfindung lässt folgende Möglichkeiten zu.

- Orientierung an den Branchendurchschnittspreisen, wobei der Preis ein wenig über oder unter dem Branchenpreis liegen kann,
- bewusstes Überschreiten der Wettbewerbspreise, allerdings nur dort, wo dem Mehrpreis auch ein Mehrnutzen für den Kunden gegenübersteht,
- bewusstes Unterschreiten der Wettbewerbspreise, dies kann für Kunden ausschlaggebend sein, die dem Produkt einen etwas geringeren Nutzen zuschreiben und deshalb nicht bereit sind, den Wettbewerbspreis zu zahlen.

kostenorientierte Preisfindung

Allerdings ist hier in jedem Fall zu beachten, dass es im Hinblick auf die Kosten des Unternehmens Preisuntergrenzen gibt. Das sind Preise, die nicht unterschritten werden dürfen, wenn der Betrieb langfristig erfolgreich wirtschaften will | ► HF 1, Kap. 11.7.3 |. Ruinöser Wettbewerb, der die Existenz der beteiligten Unternehmen durch den so entstehenden Preis-Abwärtstrend gefährdet, ist in jedem Fall zu vermeiden.

Preispsychologie

Auch die Feinabstimmung der Preise und die Art ihrer Darstellung haben eine Wirkung auf die Nachfrage:

gebrochene Preise

- Gebrochene Preise, die geringfügig unterhalb einer preispsychologischen Hemmschwelle bleiben (€ 0,98, € 98,- oder € 980,- wirken wesentlich günstiger als die eigentliche Preisdifferenz zur nächsthöheren Einheit und erwecken zudem eher den Eindruck genauer kalkuliert zu sein als glatte Preise (z.B. € 1,-, € 100,- oder € 1 000,-).

Preisbenennung

- Preise können auch nicht nur als Betrag ausgewiesen werden, sondern einen Namen bekommen, wie z.B. „Sonderpreis“ oder „Einführungspreis“. Für solche Preisaktionen sind die Bestimmungen des Gesetzes gegen den unlauteren Wettbewerb zu beachten | ► HF 1, Kap. 14 |.

Beispiel: Michaela Stiehl hat vor, die Produkte, mit denen sie eine Marktnische besetzen möchte, hochpreisig anzubieten. Das plant sie auch für die Designerfassungen und Unikate, die sie nach eigenem Design fertigt. Andererseits muss sie modische Brillenfassungen, die sie zukauft auch mindestens im mittleren Preisbereich anbieten, wenn sie im Wettbewerb mit anderen Optikern vor Ort Fuß fassen will.

Außerdem beabsichtigt sie, zur Geschäftseröffnung entsprechende Angebote zu machen, also zeitlich befristete Preisaktionen nach dem Motto „Sonderpreise zur Geschäftseröffnung".

Mittelfristig will sie sich mit ihrem Geschäft im mittleren bis höheren Preisbereich etablieren.

10.3 Servicepolitik

Gerade über durchdachte und außergewöhnliche Servicemaßnahmen, die Engagement und Kreativität erfordern, aber nicht unbedingt mit hohen finanziellen Aufwendungen verbunden sein müssen, kann sich ein Existenzgründer im Markt etablieren | ► HF 3, Kap. 6.1 |.

Service als Wettbewerbsvorteil

Ein neues Unternehmen muss das Vertrauen seiner potenziellen Kunden gewinnen. Das gelingt natürlich, indem es mit seinen Leistungen überzeugt. Zunächst können aber Kunden bei einem neuen Unternehmen kaum einschätzen, auf welchem Niveau das Unternehmen seine Leistung erbringt. Daher ist es wichtig zu vermitteln, dass die Kunden ein besonderer Vorteil erwartet. Erreicht wird das über Servicemaßnahmen, die dem Kunden besondere Wertschätzung vermitteln oder die ihm eine besondere Bequemlichkeit verschaffen.

Beispiel: Michaela Stiehl überlegt, mit welchen Servicemaßnahmen sie Kunden begeistern, zu Stammkunden machen und dazu anregen kann, Positives über sie und ihre Produkte weiter zu tragen (Mundpropaganda). Was kann sie im Umfeld von Beratung und Verkauf tun, das Kunden besonders anspricht und es so am Ort noch nicht gibt?

Sie kommt auf die Idee,

- fertige Brillen nicht nur zur Abholung bereitzustellen, sondern den Kunden nach Hause zu liefern,
- Beratungen nach Vereinbarung auch außerhalb ihrer Geschäftszeiten, z.B. an Wochentagen bis 22.00 Uhr durchzuführen, um so insbesondere berufstätige Kunden anzusprechen,
- einen „Notdienst" anzubieten, z.B. für Sportveranstaltungen, die am Wochenende stattfinden,
- bei der Abholung einer Brille nicht nur kostenfrei ein Etui mitzuliefern, sondern auch einen Gutschein für eine Tasse Kaffee in der benachbarten Konditorei.

Tests und Aufgaben zu diesem Kapitel finden Sie im Sackmann-Lernportal.

10.4 Vertriebspolitik

Vertriebspolitik beinhaltet Entscheidungen und Maßnahmen, die dem Ziel dienen, Aufträge zu akquirieren | ▸ HF 3, Kap. 6.5 |. Damit ein Existenzgründer schnell im Markt Fuß fassen kann, braucht er schnellstmöglich Beziehungen zu Vertriebspartnern und Kontakte zu möglichen Kunden.

Daher sollte man sich bei der Existenzgründung zwei Fragen stellen:

- Wo sind mögliche Kunden (persönlich) anzutreffen?
- Wer kann mir Kontakte zu Endkunden verschaffen?

Die Abbildung zeigt mögliche Wege, es hängt aber vom speziellen Gewerk ab, ob sie einsetzbar sind.

Vertriebsmaßnahmen

Vertrieb der betrieblichen Produkte

direkter Vertrieb

- Ladenlokal
- Ausstellungsfläche
- Online-Vertrieb
- persönliche Ansprache möglicher Kunden (z.B. Geschäftskunden/Großkunden)
- Ausstellung auf Messen, Stadtfesten, regionalen Ausstellungen

indirekter Vertrieb

- Ausstellung und Vertrieb von Waren z.B. über den örtlichen Einzelhandel
- Kooperationen mit anderen Handwerksbetrieben | ▸ HF 3, Kap. 18 |
- persönliche Ansprache von „Multiplikatoren", z.B. Vorstellung bei Architekten etc.
- Beziehungspflege zu Vereinen oder anderen Interessenverbänden

Beispiel: Michaela Stiehl hat recherchiert, welche Sportvereine es im Ort gibt, deren Mitglieder zu ihren Zielgruppen gehören könnten. Sie will diese Vereine direkt ansprechen und ihren Mitgliedern Vorteile einräumen (Gutscheine, Rabatte).

Außerdem hat sie in Erfahrung gebracht, dass kurz nach ihrer Geschäftseröffnung ein Stadtfest mit einem verkaufsoffenen Sonntag stattfinden wird. Hieran will sie sich beteiligen. Als besonderes Highlight soll es in der Stadthalle eine Modenschau geben und sie hat mit dem Veranstalter bereits vereinbart, dass dort zur neuesten Mode auch ihre modischen Brillen präsentiert werden.

Da sie großen Wert auf persönliche Beratung legt, wird der Schwerpunkt ihrer Vertriebsaktivitäten auf ihrer Tätigkeit im Geschäft liegen. Sie hat aber auch schon überlegt, dass sie für manche Produkte (Zubehör) einen Online-Shop einrichten könnte.

10.5 Kommunikations- und Werbepolitik

Gerade vor und während der Existenzgründung hat Werbung eine besondere Bedeutung. Wenn nicht bekannt gemacht wird, dass es den neuen Betrieb gibt und was er zu bieten hat, bleibt jeder Erfolg gerade in der Anfangszeit ein „Zufallstreffer“, auf den man aber i.d.R. keine nachhaltige Existenzsicherung aufbauen kann. Auch wenn anfangs die finanziellen Möglichkeiten recht beschränkt sind, darf auf Werbemaßnahmen nicht verzichtet werden.

Außerdem sind bei der Gründung neben der Werbung zum Markteintritt insbesondere Maßnahmen der Verkaufsförderung sinnvoll, bei denen es darum geht, kurzfristig den Absatz in Schwung zu bringen, damit die Phase der Anlaufverluste möglichst schnell in die Phase übergeht, in der die Gewinnzone erreicht wird.

Folgende Maßnahmen der Kommunikations- und Werbepolitik | ▸ HF 3, Kap. 6.4 | können auch mit geringem Budget umgesetzt werden:

Maßnahmen Kommunikations-/Werbepolitik

Kommunikations- und Werbepolitik in der Gründungsphase

Werbung

- Website gestalten
- Flyer drucken lassen und verteilen/auslegen
- Zeitungsanzeigen in örtlichen Medien schalten
- Werbegeschenke/Streuartikel verteilen
- Plakate drucken und z.B. in befreundeten Geschäften, bei Vereinen etc. aufhängen

Verkaufsförderung

- Eröffnungsveranstaltung
- durchdachte Warenpräsentation (Ladenlokal)
- Eröffnungsangebote
- Gutscheine für „Kleinigkeiten“ verteilen
- Probieraktionen/„Check-Angebote“
- Gewinnspiel

Öffentlichkeitsarbeit

- von Beginn an gut durchdachte Pressearbeit
- Kontakte zu Redaktionen der Lokalpresse knüpfen
- Erarbeiten von Pressemappen/Presseinformationen
- Nutzung sozialer Netzwerke

Kompetenzen

Das sollten Sie als zukünftiger Meister können:

- ✔ Art und Größe möglicher Kundengruppen und -bedürfnisse, mögliche Auftrags- und Umsatzzahlen einschätzen,
- ✔ Vorschlag für die Gestaltung der Produkte, Preise, Kommunikationsmittel und Absatzwege beim Markteintritt begründen,
- ✔ das Geschäftsmodell auf Basis des Kundennutzens sowie der Alleinstellungsmerkmale formulieren.

F Investitionsplan und Finanzierungskonzept aufstellen und begründen; Rentabilitätsvorschau erstellen und Liquiditätsplanung durchführen

„Wunderbar, vielen Dank! Ich schlafe noch eine Nacht drüber und sage Ihnen gleich morgen früh Bescheid." Erhan Özer atmet erleichtert auf, als er den Hörer auflegt. Seine Eltern sehen ihn fragend an. „Das war der Eigentümer der leer stehenden Werkstatt. Ich habe bis morgen Zeit, zu entscheiden, ob ich sie nehme."

„Das geht jetzt aber ganz schön schnell." Sein Vater lächelt.

„Ja, und ich hatte noch gar keine Zeit, das Ganze richtig zu planen. Die Werkstatt müsste saniert werden – da ist nicht einmal eine Heizung drin. Und das ist natürlich noch lange nicht alles. Immerhin habe ich € 12 000,– angespart und € 20 000,– von Oma bekommen."

„Reicht das denn?", fragt seine Mutter. „Schließlich wirst du ja nicht gleich in den ersten Monaten zum Millionär."

Erhan kratzt sich am Nacken. „Tja, so genau weiß ich das auch nicht ..."

11 Finanzierung

Jedes Unternehmen benötigt zur Erstellung seiner Sachgüter und Dienstleistungen Anlagen, Maschinen und Geräte – sog. Betriebsmittel. Neben diesen besonders kapitalintensiven Erstinvestitionen, die im Rahmen einer Gründung anstehen, müssen außerdem laufende Rechnungen für Personal, Miete, Energie, Versicherungen etc. beglichen werden. Gleichzeitig können in der Startphase einer Neugründung noch keine großen Umsätze – und damit Zahlungseingänge – erwartet werden, sodass mögliche Anlaufschwierigkeiten finanziell überbrückt werden müssen.

Aufgabe der Finanzierung

Zentrale Aufgabe der Finanzierung ist es, dafür zu sorgen, dass für anstehende Investitionen und laufende Zahlungsverpflichtungen stets ausreichend Liquidität (= Zahlungsmittel) zur Verfügung steht. Dies beinhaltet sowohl die Beschaffung der betriebsnotwendigen finanziellen Mittel und deren richtigen Einsatz als auch die Rückzahlung des Kapitals.

Die Sicherung der Liquidität gilt als das wichtigste Unternehmensziel. Aufgabe der Finanzplanung ist es, für ausreichend Liquidität zu sorgen.

Damit ein Unternehmen alle notwendigen Investitionen tätigen kann, müssen bei der Planung der Finanzierung folgende Fragen beantwortet werden:

- Welche Investitionen sind vorteilhaft und wann stehen diese an?
- Welcher Kapitalbedarf besteht für die Investitionen und die Vorfinanzierung?
- Auf welche Weise soll die Finanzierung erfolgen?
- Welche Einnahmen, d.h. welche Umsätze, sind zu erwarten?
- Wie sieht die zeitliche Abfolge von Einzahlungen und Auszahlungen aus und inwieweit folgt daraus Kapitalbedarf zur Sicherstellung der Liquidität?
- Inwieweit ist die Finanzierung tragfähig und vorteilhaft?

Im Rahmen der Gründung dient die Finanzierung aber auch vor allem der Überbrückung der Anlaufphase, bis ein geregelter Geschäftsbetrieb möglich ist.

In diesem Fall gehört es zu den wichtigsten Aufgaben der Finanzierung, den Zeitraum zwischen Auszahlungen und Einzahlungen zu überbrücken.

begriffliche Grundlagen

Die entscheidenden Begriffe sind hier Einzahlung und Auszahlung. Im Zusammenhang mit der Finanz- und Liquiditätsplanung sind in erster Linie die tatsächlichen Zahlungsströme wichtig. Dabei darf dieses Begriffspaar nicht mit den Begriffen Einnahme/Ausgabe oder Ertrag/Aufwand verwechselt werden. Einzahlungen/Auszahlungen beziehen sich konkret auf den Zahlungsmittelbestand, also das Geld auf dem Girokonto und in der Kasse. Zu den begrifflichen Abgrenzungen siehe | ► HF 1, Kap. 11.1 |.

Unabhängig davon, ob es sich um die Finanzierung von Investitionen oder laufenden Zahlungsverpflichtungen handelt, ist es von entscheidender Bedeutung, dass die richtige Höhe an Kapital bereitgestellt wird und Art und Laufzeit der Finanzierung so gewählt werden, dass das Kapital zweckentsprechend eingesetzt wird und die Rückzahlungen geleistet werden können.

Beispiel: Wenn Erhan Özer die Zweiradwerkstatt übernimmt und neu einrichtet, ist dafür eine bestimmte Investitionssumme notwendig. Er überlegt, was er bei der Kapitalbeschaffung zu beachten hat: „Eine neue Hebebühne, Lagerregale, die Heizung für den Betrieb etc. werden einige Jahre genutzt, d.h., das eingesetzte Kapital ist einige Jahre fest gebunden. Kapital, das ich bereits nach einem Jahr zurückbezahlen müsste, wäre für eine so lange Nutzungsdauer nicht zweckentsprechend eingesetzt. Außerdem dürfen die monatlichen Raten für Tilgung und Zinsen nur so hoch sein, dass ich meine übrigen Auszahlungen noch leisten kann ...“

11.1 Investitionsentscheidung, Investitionsplan und Kapitalbedarfsermittlung

Investitionen und die zugehörigen Finanzierungen sind zwei Kehrseiten derselben Medaille. Der Betrag, der in betriebliches Vermögen (Gebäude, Maschinen, Rohstoffe etc.) investiert wird, muss auch durch entsprechendes Kapital (Eigenkapital, Fremdkapital) gedeckt sein. Hierin spiegelt sich das Prinzip der Bilanz wider, wonach die Höhe der Mittelverwendung der Höhe der Mittelherkunft entspricht.

Zur Ermittlung des Kapitalbedarfs, der bei einer Betriebsgründung anfällt, sind zunächst die notwendigen Investitionen zu bestimmen. Dies erfolgt i.d.R. in zwei Teilschritten:

1. Zunächst ist eine Investitionsentscheidung zu treffen und dazu die Vorteilhaftigkeit einer Investition zu beurteilen. Unter Umständen muss dabei aus mehreren möglichen Investitionen diejenige ausgewählt werden, die besonders vorteilhaft ist.
2. In einem zweiten Schritt ist dann ein detaillierter Investitionsplan aufzustellen | ► HF 3, Kap. 8.3.1 |, aus dem hervorgeht, in welcher Höhe und zu welchen Zeitpunkten die Investitionsauszahlungen anstehen.

11.1.1 Investitionsentscheidung und Bestimmung der Vorteilhaftigkeit einer Gründungsinvestition

Investitionsentscheidung

Phasen

Investitionsentscheidungen im Rahmen einer Unternehmensgründung orientieren sich im Wesentlichen an den folgenden Planungsphasen:

- Problemanalyse,
- Zielanalyse,
- Suche nach Alternativen,

- Wirkungsanalyse,
- Bewertung der Alternativen,
- Entscheidung.

Problemanalyse

Zunächst verschafft sich der Unternehmer im Rahmen der Problemanalyse ein klares Bild von der Ausgangssituation des Unternehmens: Welche Chancen und Risiken bietet eine Investition? Wie viel Eigenkapital steht zur Verfügung? Welche weiteren Kapitalquellen können unmittelbar genutzt werden? Wer ist die Zielgruppe der Produkte und Dienstleistungen? Wie werden die Absatzmöglichkeiten auf dem Markt eingeschätzt? Welche Zahlungen werden laufend anfallen? Wie viel Geld wird für private Ausgaben monatlich benötigt?

Zielanalyse

Damit beurteilt werden kann, ob eine Investition vorteilhaft für das Unternehmen ist, gilt es ferner festzulegen, was vorteilhaft im konkreten Fall bedeutet. Geht es darum, aus der Investition möglichst viel Gewinn zu erwirtschaften, oder geht es vielleicht bei einer bestimmten Investition in erster Linie darum, das Image zu steigern, die Arbeitsbedingungen für die Mitarbeiter zu verbessern oder Traditionen zu folgen? Für die Investitionsentscheidung ist es also erforderlich, zunächst diese Grundlagen im Zuge der Zielanalyse zu klären.

Alternativensuche

In der Regel gibt es bei Planungsprozessen mehrere Möglichkeiten. Erhan Özer könnte beispielsweise die Werkstatträume anmieten und seinen Bedürfnissen entsprechend umbauen oder eine andere Werkstatt übernehmen, die bereits eingerichtet ist. In der Phase der Alternativensuche geht es darum, geeignete Optionen zu finden, die in die nähere Auswahl kommen. Je mehr Optionen berücksichtigt werden, umso aufwändiger wird zwar der weitere Planungsprozess, desto wahrscheinlicher wird es aber auch, dass die bestmögliche Lösung dabei ist.

Wirkungsanalyse

Aufbauend auf den zuvor festgelegten Zielen wird als Nächstes analysiert, welche Auswirkungen die verschiedenen Optionen auf die Zielerreichung haben. Im Fall von Erhan Özer stellen sich hier z.B. folgende Fragen: Inwieweit verbessern verschiedene Hebebühnen die Arbeitsbedingungen in der Werkstatt? Wie wirkt sich z.B. eine größere Werkstatt auf die Höhe des Gewinns aus?

Bewertung

Als Grundlage für die anstehende Investitionsentscheidung werden schließlich die Alternativen mit Blick auf die Zielerreichung bewertet.

Bestimmung der finanziellen Vorteilhaftigkeit einer Investition mithilfe der Investitionsrechnung

Wirtschaftlichkeitsrechnung

Da das Risiko von Fehlinvestitionen gerade zu Beginn der Geschäftstätigkeit relativ hoch ist, gilt es jede Investitionsentscheidung vorher genau zu überprüfen. Zur Ermittlung der finanziellen Vorteilhaftigkeit einer Investition bedient man sich in der Praxis der sog. Investitionsrechnung (Wirtschaftlichkeitsrechnung) | ► HF 3, Kap. 8.2.1 |. Grundsätzlich lassen sich hier zwei Typen unterscheiden.

dynamische Verfahren

Sogenannte dynamische Verfahren | ► HF 3, Kap. 8.2.3 | bestimmen die Vorteilhaftigkeit mithilfe der Zahlungsströme. Hierbei werden alle Zahlungen zum Zeitpunkt ihrer Entstehung erfasst. Aus der Gegenüberstellung von Ein- und Auszahlungen ergibt sich, ob die Investition vorteilhaft ist.

statische Verfahren

Demgegenüber bestimmen sog. statische Verfahren | ► HF 3, Kap. 8.2.2 | die Vorteilhaftigkeit mithilfe von durchschnittlichen Erlösen und Kosten. Hierzu zählen z.B.

- die Gewinnvergleichsrechnung,
- die Kostenvergleichsrechnung und
- die Amortisationsrechnung.

In der Praxis wird häufiger auf die statischen Verfahren zurückgegriffen, weil sie auf den ersten Blick weniger aufwendig und einfacher zu sein scheinen als die dynamischen. Jedoch setzen diese Verfahren immer eine Vergleichsmöglichkeit voraus und sind zudem ungenauer, weil sie von Durchschnittswerten ausgehen.

Am Beispiel der Gründungsinvestition von Erhan Özer soll deshalb im Folgenden zunächst der Prozess der Investitionsentscheidung anhand einer vereinfachten Variante der dynamischen Investitionsrechnung veranschaulicht werden.

Beispiel: Problemanalyse: Erhan Özer hat sich entschlossen, die Zweiradwerkstatt zu übernehmen, und muss dafür zunächst folgende Auszahlungen leisten:

Auszahlungen für Anschaffungen	**€**
Renovierung der Halle einschließl. Werkstattfliesen und Belüftung sowie der Sanitärräume	16 000,-
Heizungsanlage	6 000,-
2 Hebebühnen	6 000,-
Werkstatteinrichtung	3 000,-
Büroeinrichtung	1 400,-
Computer	600,-
Gesamt	**33 000,-**

Außerdem hat er folgende jährliche Zahlungsverpflichtungen:

jährliche Auszahlungen für Material, Miete, Energie etc.	€
Material in den ersten beiden Jahren in den folgenden Jahren	35 000,- 42 000,-
Miete	4 200,-
Heizung und Energie	6 000,-
Versicherungen	1 500,-
Kommunikation/Büromaterial	1 800,-
Beratung und Buchführung	250,-
Gesamt in den ersten beiden Jahren **Gesamt in den folgenden Jahren**	**48 750,-** **55 750,-**

Demgegenüber stehen die Umsätze, die er erwirtschaften kann. Da er selbst Motorrad fährt, im Motorradclub ein großes Netzwerk an Freunden und aus seiner bisherigen Tätigkeit bei einem großen Motorradhersteller viele Kontakte hat, wird es ihm nicht schwerfallen, Kunden zu gewinnen. Dennoch kalkuliert er für die ersten beiden Jahre vorsichtig mit € 105 000,- Umsatz und für die folgenden Jahre mit € 126 000,- Umsatz.

Zielanalyse: Erhan Özer möchte sich für seine geleistete Arbeit in den ersten beiden Jahren monatlich € 2 750,- und danach € 3 000,- auszahlen. Außerdem sollen die Einzahlungen immer noch höher sein als die Auszahlungen. Ziel ist es, in den ersten fünf Jahren die Anfangsinvestitionen sowie die laufenden Auszahlungen wieder zu erwirtschaften.

Alternativensuche: Erhan Özer hatte nach seiner bestandenen Meisterprüfung noch keine Gelegenheit, sich verschiedene Alternativen zu überlegen. Deshalb geht es zunächst nur darum, zu prüfen, ob die vorliegende Möglichkeit, eine Werkstatt anzumieten, zu renovieren und entsprechend auszustatten, vorteilhaft ist.

Wirkungsanalyse: Für die Wirkungsanalyse erstellt Erhan folgende Übersicht:

in €	Anfangszeitpunkt	Jahr 1	Jahr 2	Jahr 3	Jahr 4	Jahr 5
./. Auszahlungen für Anschaffungen	-33000,-					
+ Einzahlungen aus Umsätzen		105000,-	105000,-	126000,-	126000,-	126000,-

in €	Anfangszeitpunkt	Jahr 1	Jahr 2	Jahr 3	Jahr 4	Jahr 5
./. Auszahlungen für Material, Miete, Energie etc.		-48750,-	-48750,-	-55750,-	-55750,-	-55750,-
./. voraussichtliche Steuern (Einkommen- u. Gewerbesteuer)		-15000,-	-15000,-	-23000,-	-23000,-	-23000,-
./. Auszahlungen für eigene Arbeitskraft		-33000,-	-33000,-	-36000,-	-36000,-	-36000,-
= Zahlungsreihe	**-33000,-**	**8250,-**	**8250,-**	**11250,-**	**11250,-**	**11250,-**

Bewertung: Die Auswertung der Zahlungsreihe verdeutlicht, dass Erhan Özer im Zuge der Gründung € 33 000,– investiert und im Laufe der ersten fünf Jahre € 50 250,– zurückbekommt. Damit kann die Eröffnung der Werkstatt als vorteilhaft angesehen werden, wenn man davon ausgeht, dass das Geld ansonsten unverzinst auf dem Konto gelegen hätte.

Bewertung der Alternativen: Wenn die Investition nicht vorteilhaft wäre, müsste er eine entsprechende Alternative prüfen. Er könnte z.B. die € 33 000,– bei einer Bank anlegen und hätte dann bei einem angenommenen Zinssatz von 2 % pro Jahr bei einer jährlichen Zinsauszahlung und einer Laufzeit von fünf Jahren die folgenden Zahlungen:

in €	Anfangszeitpunkt	Jahr 1	Jahr 2	Jahr 3	Jahr 4	Jahr 5
Auszahlungen (Anlage)	-33 000,-					
Zinserträge		660,-	660,-	660,-	660,-	660,-
Rückzahlung am Ende der Laufzeit						33 000,-
Zahlungsreihe	**-33 000,-**	**660,-**	**660,-**	**660,-**	**660,-**	**33 660,-**

Ein Vergleich dieser Alternative mit der Eröffnung des Betriebes zeigt, dass die angelegten € 33 000,- nach fünf Jahren zu € 36 300,- anwachsen (€ 660,- + € 660,- + € 660,- + € 660,- + € 33 660,-), während die Investition in die Werkstatt zu einem Kapital von € 50 250,- führt. Die Betriebseröffnung ist also vorteilhafter.

Im Gegensatz zur oben dargestellten dynamischen Variante der Investitionsrechnung wird bei den statischen Methoden nicht berücksichtigt, zu welchem Zeitpunkt welche Zahlungen anfallen, sondern welche Kosten und Erlöse durchschnittlich pro Jahr anfallen | ► statische Methoden der Investitionsrechnung am Beispiel des Betriebs von Erhan Özer |.

Kostenvergleichsrechnung

Die Kostenvergleichsrechnung | ► HF 3, Kap. 8.2.2 | ermöglicht z.B. bei zwei Alternativen mit gleichen Erlösen einen Vergleich der Kosten. Der Nachteil dieses Verfahrens besteht darin, dass es nicht berücksichtigt, ob die Kosten durch die Erlöse überhaupt gedeckt sind. Bei der Berechnung werden für die Alternativen die durchschnittlichen Betriebskosten, die durchschnittlichen Abschreibungen sowie die kalkulatorischen Zinsen berechnet. Die Alternative mit den geringsten Kosten ist die vorteilhafteste.

Gewinnvergleichsrechnung

Bei der Gewinnvergleichsrechnung | ► HF 3, Kap. 8.2.2 | wird zusätzlich zur Kostenseite auch die Erlösseite betrachtet und der durchschnittliche Gewinn ermittelt, der im Weiteren verglichen werden kann.

Amortisationsrechnung

Mithilfe der Amortisationsrechnung | ► HF 3, Kap. 8.2.2 | wird festgestellt, wie lange es dauert, bis die durchschnittlichen jährlichen Einzahlungsüberschüsse die Anschaffungsauszahlung decken. Man spricht in diesem Zusammenhang auch davon, dass sich eine Investition „amortisiert" hat. Zur Berechnung wird die Investitionssumme durch die durchschnittlichen Einzahlungsüberschüsse geteilt.

11.1.2 Kapitalbedarfs- bzw. Investitionsplan

Ein sorgfältig ausgearbeiteter Investitions- bzw. Kapitalbedarfsplan | ► HF 3, Kap. 8.3.1 |, der die in der Gründungsphase erforderlichen Investitionen und finanziellen Mittel erfasst, bildet die Grundlage für jeden Businessplan | ► HF 2, Kap. 27 | und ggf. anstehende Bankgespräche.

Wird der Kapitalbedarf nicht sorgfältig geplant, kann es einerseits zu Finanzierungsengpässen kommen, was u.U. dazu führt, dass für den Betriebsablauf notwendige Investitionen nicht oder nur verspätet getätigt werden können.

Wird er zu niedrig angesetzt, droht im schlimmsten Fall sogar die Insolvenz | ► HF 3, Kap. 26 |. Andererseits verursacht ein zu hoch kalkulierter Kapitalbedarf unnötige Kosten für die Finanzierung (z.B. Zinsen für Darlehen). Unnötig große Investitionen führen ebenfalls zu Kosten und sind daher zu vermeiden.

Da Gründern in aller Regel entsprechende Erfahrungswerte in diesem Bereich fehlen, empfiehlt es sich, bei der Kapitalbedarfsermittlung in jedem Fall Betriebsberater der Kammern oder Verbände hinzuzuziehen.

langfristiger Kapitalbedarf

Bei Neugründungen muss grundsätzlich zwischen langfristigem und kurzfristigem Kapitalbedarf unterschieden werden. Erstinvestitionen, die bei der Gründung eines Unternehmens getätigt werden, erfordern i.d.R. langfristige finanzielle Mittel | ► Investitionsplan, S. 563 |. Dies betrifft z.B.

- die Betriebsgrundstücke und -gebäude (Grundstückskaufpreis, Nebenkosten, Anschaffungs- oder Herstellungspreis des Gebäudes, ggf. Erschließung, ggf. Außenanlagen),
- die Betriebs- und Geschäftsausstattung (Anschaffungspreis, Transport, ggf. Montage),
- Maschinen, maschinelle Anlagen und Werkzeuge (Anschaffungspreis, Transport, Mitarbeitereinweisung) sowie
- Betriebsfahrzeuge.

kurzfristiger Kapitalbedarf

Zusätzlich muss aber auch der kurzfristige Kapitalbedarf ermittelt werden, um die mit dem Beginn der Geschäftstätigkeit einsetzenden laufenden Auszahlungen zu decken | ► Betriebsmittelplan, S. 564 |. Bis aus der Geschäftstätigkeit mehr Einzahlungen als Auszahlungen resultieren, dient der kurzfristige Kapitalbedarf vor allem der Überbrückung der Anlaufphase des Unternehmens. Diese beträgt erfahrungsgemäß drei bis sechs Monate.

Kurzfristiger Kapitalbedarf bezieht sich im Wesentlichen auf

- Zahlungen für Bestände im Material- und Warenlager,
- Zahlungen für die Gründungsaktivitäten im engeren Sinn (Beratung, Notar),
- Auszahlungen an das Personal,
- Auszahlungen für Miete/Pacht,
- Auszahlungen für Büro- und Verwaltungstätigkeiten,
- Auszahlungen zum Unterhalt der Fahrzeuge (Versicherung, Benzin),
- Zins- und Tilgungsleistungen für die aufgenommenen Kredite,
- Auszahlungen für Werbung und Vertrieb,
- zu erwartende Außenstände von Kunden,
- Privatentnahmen bei Gründung einer Personengesellschaft; das Geschäftsführergehalt bei einer Kapitalgesellschaft,
- Liquiditätsreserven für Unvorhergesehenes.

Schwierig erweist sich für Gründer insbesondere die Ermittlung des Kapitalbedarfs für Lagerbestände und die Auftragsvorfinanzierung.

Kapitalbedarf für Lagerbestände

Der notwendige Lagerbestand ist von Gewerk zu Gewerk sehr unterschiedlich und lässt sich oft nur anhand von Erfahrungswerten - im Falle einer Neugründung mithilfe von Experten der Branche - bestimmen. In Zweiradwerkstätten lässt sich dieser z.B. auf ein Minimum beschränken, da viele Teile kurzfristig beim Lieferanten bezogen werden können. In diesem Fall wäre es nicht sinnvoll, einen größeren Lagerbestand an Teilen anzulegen, weil hierdurch unnötig Kapital gebunden wäre.

Sind jedoch erst einmal Erfahrungswerte vorhanden, welche Teile laufend nachgefragt werden (z.B. Öl, Zündkerzen, Verschleißteile von gängigen Marken), so hängt der Kapitalbedarf ganz wesentlich davon ab, wie lange Material und Waren im Lager verbleiben. Je kürzer die Verweildauer, d.h., je häufiger der Lagerbestand „umgeschlagen" wird, desto geringer ist tendenziell der Kapitalbedarf bzw. desto kürzer ist das Zeitintervall, für das die Waren und die Materialien finanziert werden müssen.

Berechnung

Der Kapitalbedarf für Lagerbestände ist gleich dem durchschnittlichen Lagerbestand in €. Dieser entspricht dem jährlichen Material- und Wareneinsatz dividiert durch die Umschlagshäufigkeit des Material- und Warenlagers:

$$\text{Kapitalbedarf für Lagerbestände} = \frac{\text{jährlicher Material- und Wareneinsatz}}{\text{Umschlagshäufigkeit des Material- u. Warenlagers}}$$

Die Umschlagshäufigkeit in Monaten wird dazu mit folgender Formel berechnet:

$$\text{Umschlagshäufigkeit} = \frac{12}{\text{Verweildauer}}$$

Kapitalbedarf zur Auftragsvorfinanzierung

Um den Kapitalbedarf zur Auftragsvorfinanzierung zu ermitteln, muss zunächst berechnet werden, wie hoch die täglichen Auszahlungen sind und wie lange die durchschnittlich zu überbrückende Zeit vom Entstehen der Auszahlungen bis zum Eingang der Einzahlungen ist. Letzteres nennt man Kapitalbindungsdauer.

Kapitalbindungsdauer

Die Kapitalbindungsdauer ergibt sich aus der Dauer der Auftragsabwicklung, der Zeit bis zur Rechnungsstellung und der Zeit, die von der Rechnungsstellung bis zur Zahlung der Rechnung durch den Kunden vergeht.

tägliche Auszahlungen

Die täglichen Auszahlungen ergeben sich, indem man die Auszahlungen (Materialien, Personal, Miete/Pacht, Tilgung, Zinsen, Fahrzeug, Büromaterial etc.), die in einem Jahr abfließen, aufsummiert und durch die Anzahl der Arbeitstage teilt.

Berechnung

Um den Kapitalbedarf zur Auftragsvorfinanzierung zu berechnen, werden die täglichen Auszahlungen mit der durchschnittlichen Kapitalbindungsdauer multipliziert:

Kapitalbedarf zur Auftragsvorfinanzierung = tägliche Auszahlungen x Kapitalbindungsdauer

Beispiel: Der Kapitalbedarfs- bzw. Investitionsplan von Erhan Özer stellt sich für das erste Jahr wie folgt dar:

Kapitalbedarf für Investitionen ▸ S. 318	**€**
Gebäude	–
Renovierung der Halle sowie der Sanitärräume	16 000,–
Heizung	6 000,–
2 Hebebühnen	6 000,–
Werkstatteinrichtung	3 000,–
Büroeinrichtung	1 400,–
Computer	600,–
Kapitalbedarf für Investitionen insgesamt	**33 000,–**

Kapitalbedarf für Lagerbestände	**€**
durchschnittlicher Warenbestand an Ersatzteilen	600,–
durchschnittlicher Warenbestand an Hilfs- und Betriebsstoffen	500,–
Kapitalbedarf für Lagerbestände insgesamt	**1 100,–**

Kapitalbedarf zur Auftragsvorfinanzierung ▸ S. 319	**€**
Material	35 000,–
Heizung und Energie	6 000,–
Kommunikation/Büromaterial	1 800,–
Beratung und Buchführung	250,–
Miete	4 200,–
Zinsen	–
Steuern (Einkommen- u. Gewerbesteuer)	15 000,–
Versicherungen	1 500,–
Privatentnahmen	33 000,–
jährliche Auszahlungen insgesamt	**96 750,–**
: 250 angenommene Arbeitstage im Zweiradbetrieb	
= tägliche Auszahlungen insgesamt	**387,–**

Kapitalbedarf zur Auftragsvorfinanzierung | ► S. 319 |	€
x Kapitalbindungsdauer	**7 (Tage)**
durchschnittliche Dauer der Auftragsabwicklung	2 (Tage)
+ durchschnittliche Dauer der Auftragsabrechnung	5 (Tage)
+ durchschnittliches Kundenziel	– (Kunden zahlen sofort)
= Kapitalbedarf zur Auftragsvorfinanzierung insgesamt	**2 709,–**

Gesamtkapitalbedarf	€
Kapitalbedarf für Investitionen	33 000,–
+ Kapitalbedarf für Lagerbestände	1 100,–
+ Kapitalbedarf zur Auftragsvorfinanzierung	2 709,–
= Kapitalbedarf insgesamt	**36 809,–**

Kapitalbedarfsreduktion

Insbesondere bei Neugründungen ist im Rahmen der Kapitalbedarfsplanung zu überlegen, welche Einsparmöglichkeiten es gibt. Der Kapitalbedarf wird i.d.R. umso höher, je mehr unnötige Waren, Rohstoffe etc. auf Lager sind. Hier gilt es im Vorfeld genau zu überlegen, welche Bestände unbedingt notwendig sind.

Nicht selten sind es auch Außenstände von Kunden, die zu kurzfristigem Kapitalbedarf führen. Daher ist es unbedingt notwendig, nicht nur die Aufträge zügig abzuwickeln, sondern auch die Rechnungsstellung zeitnah zu erledigen. Ferner ist ein funktionierendes System zur Zahlungseingangsüberwachung einzurichten und ggf. auch auf Möglichkeiten des Mahnwesens zurückzugreifen | ► HF 3, Kap. 21–23 |.

Eigenleistungen stellen eine weitere Möglichkeit dar, den Kapitalbedarf in der Gründungsphase zu reduzieren. Hierbei ist allerdings zu beachten, dass dann möglicherweise wertvolle Zeit für wichtige andere Aktivitäten fehlt. Ferner ist zu bedenken, dass Fehleinschätzungen der eigenen Fähigkeiten letztlich teurer werden können, als wenn doch der Fachbetrieb eingeschaltet worden wäre.

Ihren persönlichen Zugang zum Sackmann-Lernportal finden Sie auf Seite 3.

11.2 Finanzierungskonzept und Finanzierungsregeln

Nach sorgfältiger Ermittlung des Kapitalbedarfs gilt es im nächsten Schritt zu klären, woher die Mittel für eine Unternehmensgründung kommen sollen. Das Finanzierungskonzept gibt Auskunft darüber, wie der Kapitalbedarf gedeckt werden soll, d.h., mit welchen Maßnahmen (Quelle, Laufzeit) die anstehenden Investitionen konkret finanziert werden sollen.

Finanzierungsplan

Ein aussagekräftiger Finanzierungsplan | ► HF 3, Kap. 8.3.2 | stellt dabei nicht nur für den Gründer eine wichtige Planungshilfe dar, sondern gilt auch als eine unabdingbare Voraussetzung, wenn Banken bei der Finanzierung hinzugezogen werden. In diesem Zusammenhang gewinnt dann insbesondere die Frage der Finanzierungsstruktur an Bedeutung.

11.2.1 Finanzierungsstruktur

Eigenkapital

Finanzierungen lassen sich grundsätzlich mit Eigen- oder Fremdkapital bestreiten. Zwar gibt es keine für alle Branchen und Betriebe einheitliche Vorgabe, wie hoch das Eigenkapital sein sollte. Im Allgemeinen wird jedoch ein Anteil von 25–30 % des Gesamtkapitalbedarfs empfohlen, um finanzielle Engpässe zu überbrücken und die Zinskosten zu senken.

Bei der Einbringung von Eigenmitteln und Erspartem ist allerdings darauf zu achten, dass die privaten Reserven nicht völlig ausgeschöpft werden.

Die Höhe des Eigenkapitals wirkt sich dabei i.d.R. positiv auf Kreditverhandlungen aus. Je höher der Eigenkapitalanteil, desto besser stehen die Chancen auf eine Kreditzusage.

Rating

Üblicherweise wird bei der Festlegung von Darlehenskonditionen (z.B. Zinssatz) auch eine Einschätzung der Kreditwürdigkeit des Unternehmers (Rating) herangezogen. Auch dieses Rating fällt meist umso besser aus, je höher das zur Verfügung stehende Eigenkapital ist. Das heißt, je mehr Eigenkapital in der Gesamtfinanzierung enthalten ist, desto niedriger der Zinssatz.

Fremdkapital

Da in den meisten Fällen das Eigenkapital für eine Unternehmensgründung jedoch nicht ausreicht oder aus verschiedenen Gründen nicht vollständig für das Vorhaben verwendet werden soll, müssen daneben weitere Kapitalquellen erschlossen werden. Dazu gehören

- öffentliche Fördermittelgeber | ► HF 2, Kap. 5 |,
- Investoren, die sich mit sog. Beteiligungskapital längerfristig ins Unternehmen einbringen möchten (zum Teil existiert öffentliches Beteiligungskapital, z.B. über die KfW-Mittelstandsbank),
- Banken als Darlehensgeber | ► HF 3, Kap. 9.4 |,
- Verwandte und Bekannte,

- Factoring | ► HF 3, Kap. 9.5, Kap. 21.2 | zur Erhöhung der Liquidität. Wird ein bestehendes Unternehmen erweitert, können ausstehende Forderungen gegenüber Kunden an ein Finanzierungsunternehmen (Factor) verkauft werden. In der Regel erhält der Unternehmer ca. 80–90 % des Rechnungsbetrages sofort, ohne auf die Zahlung des jeweiligen Kunden warten zu müssen. Den Rest behält die Factoring-Gesellschaft zunächst zur Absicherung eventueller Einwände des Kunden (Mängel) ein.

Nicht zuletzt ist zu prüfen, welche Vermögensgegenstände aus dem Privatbesitz eingebracht werden können, wie z.B. Werkzeuge, Fahrzeuge etc.

Beispiel: Zur Erstellung seines Finanzierungskonzepts greift Erhan Özer noch einmal auf seinen Kapitalbedarfsplan zurück | ► S. 324 |. Dieser weist einen Finanzierungsbedarf von insgesamt € 36 809,– aus.

Dem kann Erhan Özer entgegensetzen, dass er € 12 000,– angespart und € 20 000,– von seiner Großmutter geschenkt bekommen hat. Er möchte jedoch nicht die gesamten € 32 000,– Eigenkapital in den Betrieb einbringen, sondern mindestens € 2 000,– als Rücklage einbehalten.

Sein Plan sieht deshalb vor, die Hebebühnen (€ 6 000,– von € 33 000,–Anschaffungskosten | ► S. 318 |) über einen Bankkredit zu finanzieren. Die Auszahlungen für den Umbau von Werkstatt und Sanitärräumen (€ 16 000,–) sowie für die Einrichtung und die Heizung (€ 5 000,– + € 6 000,– = € 11 000,–) | ► S. 318 |sollen dagegen aus Eigenmitteln bestritten werden. Sie belaufen sich auf insgesamt € 27 000,–.

Für die Lagerbestände möchte er einen Überziehungskredit einrichten. Bis zu dessen Einrichtung würde er einen Lieferantenkredit in Anspruch nehmen.

Die alltäglichen sonstigen Auszahlungen zur Auftragsvorfinanzierung könnten schließlich über die restlichen Eigenmittel in Höhe von € 3 000,– auf dem Girokonto abgedeckt werden.

Entsprechend sieht Erhan Özers Finanzierungskonzept folgende Positionen vor.

Höhe und Zusammensetzung der Finanzierung	€
Eigenmittel (einschließlich Puffer)	30 000,–
+ Bankkredit	6 000,–
+ Überziehungskredit/Lieferantenkredit	1 100,–
= Finanzierung insgesamt	**37 100,–**

11.2.2 Finanzierungs- und Liquiditätsregeln

In der betrieblichen Praxis hat sich bei Finanzierungsentscheidungen die Beachtung einiger grundlegender Finanzierungsregeln bewährt. Diese haben das finanzielle Gleichgewicht des Unternehmens zum Ziel und werden in Anlehnung an die Bilanzstruktur i.d.R. in horizontale und vertikale Finanzierungsregeln unterteilt.

horizontale Finanzierungsregeln

Die horizontalen Finanzierungsregeln beziehen sich auf beide Bilanzseiten und setzen Vermögen und Kapital in Beziehung zueinander, während die vertikalen jeweils nur die Vermögens- oder die Kapitalstruktur betrachten.

Eine der wichtigsten horizontalen Finanzierungsregeln bezieht sich dabei auf die Dauer der Finanzierung im Verhältnis zur Nutzungsdauer der damit finanzierten Güter und lautet wie folgt:

Kapitalverwendungsdauer = Kapitalbindungsdauer.

Fristenkongruenz

Ziel dieses Grundsatzes ist die sog. Fristenkongruenz zwischen der Mittelbindung und der Mittelverfügbarkeit. Das bedeutet, dass die Vermögensgegenstände, die lange im Unternehmen verbleiben, in der Finanzierung auch durch langfristig zur Verfügung stehendes Kapital gedeckt werden sollten.

Im Umkehrschluss bedeutet dies, dass für kurzfristig fällige Verbindlichkeiten möglichst kurzfristig liquidierbares Vermögen bereitstehen sollte.

Goldene/Silberne Finanzierungsregel

Wendet man diese Regel auf die Bilanz an, ergibt sich in der Folge die Goldene Bilanzregel | ► HF 1, Kap. 10.1.4 |, auch als Goldene Finanzierungsregel bekannt. Danach sollte das Anlagevermögen komplett durch das Eigenkapital gedeckt sein. Wird das Anlagevermögen durch Eigenkapital und langfristiges Fremdkapital gedeckt, ist die sog. Silberne Finanzierungsregel erfüllt.

Fristenkongruenz am Beispiel von Bilanzpositionen

Aktiva			Passiva
Anlagevermögen		**Eigenkapital**	langfristig
z.B. Betriebsgebäude	langfristig	**Fremdkapital**	
z.B. EDV	mittelfristig	z.B. Bankdarlehen	langfristig
Umlaufvermögen		z.B. Bankdarlehen	mittelfristig
z.B. Vorräte	kurzfristig	z.B. Lieferantenschulden	kurzfristig
z.B. Guthaben auf Konten	sofort		

vertikale Finanzierungsregeln

Außer diesen horizontalen Grundsätzen gibt es aber auch einige vertikale Finanzierungsregeln zu beachten. Die wichtigste bezieht sich auf die Kapitalstruktur und gibt Empfehlungen für den Eigenkapitalanteil.

Um Phasen mit Verlusten zu überstehen und zugleich die Kreditwürdigkeit des Unternehmens sicherzustellen, sollte das Verhältnis von Eigen- und Fremdkapital mindestens 1 : 3 betragen. Je mehr Eigenkapital vorhanden ist, umso unabhängiger und krisenfester ist der Betrieb.

Liquiditätsregeln

Neben den wichtigsten Finanzierungsregeln sind im Rahmen von Finanzierungsentscheidungen schließlich auch die wichtigsten Liquiditätsregeln zu beachten | ► HF 1, Kap. 10.1.5 |. Sie besagen, dass zu jedem Zeitpunkt mindestens so viele Zahlungsmittel zur Verfügung stehen müssen, wie kurzfristige Verbindlichkeiten bestehen. Je nach Liquiditätsgrad werden dabei gewisse Richtwerte empfohlen.

Liquidität 1. Grades

Für die Liquidität 1. Grades gilt im Allgemeinen ein Wert von 20 %. Das bedeutet, dass die kurzfristig fälligen Verbindlichkeiten zu mindestens 20 % durch liquide Mittel (Kontoguthaben, Kasse) gedeckt sein sollten.

Liquidität 2. Grades

Die Liquidität 2. Grades wird i.d.R. mit 100 % angesetzt. Danach müssen die kurzfristig fälligen Verbindlichkeiten vollständig durch liquide Mittel und kurzfristige Forderungen gedeckt sein.

Liquidität 3. Grades

Bei der Liquidität 3. Grades werden als Orientierung 200 % als Richtwert empfohlen. Zur Deckung der kurzfristigen Verbindlichkeiten werden hier neben den flüssigen Mitteln und den kurzfristigen Forderungen schließlich noch sämtliche Vorräte herangezogen.

Beispiel: Erhan Özers Finanzierungsstruktur würde sich in seiner Bilanz folgendermaßen widerspiegeln | ► S. 327 |.

Aktiva			**Passiva**
	€		€
Anlagevermögen		**Eigenkapital**	30 000,- (81 %)
Werkstattausstattung	33 000,- (89 %)	**Fremdkapital**	
Umlaufvermögen		Bankdarlehen	6 000,- (16 %)
Vorräte	1 100,- (3 %)	Dispositionskredit	-
Guthaben auf Konten	3 000,- (8 %)	Lieferantenschulden	1 100,- (3 %)
Bilanzsumme	**37 100,-**	**Bilanzsumme**	**37 100,-**

Damit liegt der Eigenkapitalanteil mit 81 % deutlich über den Mindestanforderungen.

Auch die Liquiditätsstruktur ist hervorragend. Den kurzfristig fälligen Verbindlichkeiten in Höhe von € 1 100,- steht Liquidität 1. Grades in Höhe von € 3 000,- gegenüber (dies entspricht 273 %). Die Forderungen an Kunden betragen bei einer Gründung € 0,-. Daher kommt die Liquidität 2. Grades ebenfalls auf 273 %. Unter Berücksichtigung der relativ zeitnah liquidierbaren Vorräte ist sogar eine Liquidität 3. Grades von 373 % gegeben.

Kapitaldienst

Solide Finanzierungsentscheidungen sollten sich aber nicht nur an den wichtigsten horizontalen und vertikalen Finanzierungsregeln sowie den einschlägigen Liquiditätsregeln orientieren, sondern auch die Rückzahlung der Fremdmittel berücksichtigen.

Eine wichtige Regel besagt deshalb auch, dass die Zahlung von Zinsen und Tilgung gesichert sein muss. Man spricht in diesem Zusammenhang auch von der Sicherung der Kapitaldienstfähigkeit.

Kapitaldienstgrenze

Damit diese Regel erfüllt werden kann, errechnet man für das Unternehmen die sog. Kapitaldienstgrenze, d.h. die maximale Belastungsgrenze für Tilgungs- und Zinsleistungen, die nicht überschritten werden darf. Bezugspunkt dabei sind die Zahlungsüberschüsse (Cashflow) des Unternehmens.

Der Cashflow kann direkt anhand der tatsächlichen Zahlungen ermittelt werden oder auch indirekt über die Gewinnrechnungen. Nimmt man den Gewinn als Ausgangspunkt, muss dieser in einem ersten Schritt um diejenige Größe bereinigt werden, die zwar für die Beurteilung des Gewinns relevant wird, aber nicht zu einem Zahlungsstrom führt: die Abschreibungen, d.h. den Werteverzehr auf Anlagen, Maschinen etc.

Darüber hinaus soll die Fähigkeit, insgesamt Zinsen zu zahlen, ermittelt werden. Daher werden die bereits bestehenden Zinszahlungen (die den Gewinn geschmälert haben) wieder hinzugerechnet.

Bei Einzelunternehmen und Personengesellschaften, bei denen sich Eigentümer kein Gehalt auszahlen, sondern vom Gewinn ihren Lebensunterhalt bestreiten, sind außerdem die Privatentnahmen abzuziehen.

Beispiel: Im Fall von Erhan Özer führt die Ermittlung der Kapitaldienstgrenze zu folgendem Ergebnis:

Kapitaldienst		**€**
	Gewinn nach Steuern	38 962,-
+	Abschreibungen	1 988,-
=	Brutto-Cashflow	40 950,-

	Kapitaldienst	**€**
+	Zinsaufwendungen	300,-
=	erweiterter Brutto-Cashflow	41 250,-
./.	Privatentnahmen	33 000,-
+	Privateinlagen	-
=	**Kapitaldienstgrenze**	**8 250,-**
=	**Kapitaldienstgrenze monatlich**	**687,50**

Der erwartete Gewinn nach Steuern ergibt sich aus der Differenz zwischen Umsatz (€ 105 000,-) und betrieblichen Kosten (Material € 35 000,-, Miete € 4 200,-, Energie € 6 000,-, Versicherungen € 1 500,-, Kommunikation/Büromaterial € 1 800,-, Beratung € 250,- | ▸ S. 319 |, Zinsen € 300,-, Abschreibungen € 1 988,-, Gewerbesteuer € 3 000,- sowie der Einkommensteuer € 12 000,-). Die Ermittlung der Abschreibung ergibt sich aus unterschiedlichen Nutzungsdauern (Renovierung: 25 Jahre, Heizung: 9 Jahre, Hebebühne: 11 Jahre, Möbel: 13 Jahre, Werkstatteinrichtung: 14 Jahre, Computer: 3 Jahre), soll hier aber nicht vertieft werden.

Bei einer Kapitaldienstfähigkeit von € 687,50 wäre zu prüfen, ob diese Summe ausreicht, um das Finanzierungsvorhaben und ggf. bestehende Ratenverpflichtungen zu bedienen. Angenommen, Erhan Özer finanziert die Hebebühne über ein Darlehen, das nach seinen Wünschen möglichst in fünf Jahren abbezahlt ist, so ergibt sich im ersten Jahr neben Zinsen eine Tilgung von € 1 200,-. Monatlich läge die Belastung bei € 100,- Tilgung plus € 25,- Zinsen. Das heißt, Erhan Özer wäre in der Lage, diesen Kapitaldienst zu leisten.

Finanzierungsüberlegungen, die sich an den wichtigsten Finanzierungsregeln orientieren, sollten berücksichtigen, dass

- **der Eigenkapitalanteil und der Anteil an langfristigem Fremdkapital ausreichen sollten, um langfristiges Vermögen (Anlagevermögen und langfristiges Umlaufvermögen) zu decken,**
- **die Laufzeit von Krediten nicht länger ist als die geplante Nutzungsdauer des Vermögensgegenstands, der mit dem Kredit finanziert wird,**
- **nur so viele kurzfristige Kredite aufgenommen werden, wie kurzfristig liquidierbare Vermögensgegenstände vorhanden sind,**
- **die Kapitaldienstfähigkeit nicht überschritten wird.**

11.2.3 Vorbereitung auf Bankgespräche

Besteht Klarheit darüber, wie die Finanzierung konkret aussehen soll, hat sich bei der Vorbereitung auf Bankgespräche die Beachtung der folgenden Hinweise bewährt:

Grundlage eines jeden Finanzierungsgesprächs sind sorgfältig ausgearbeitete Unterlagen. Dies gilt nicht nur für den Kapitalbedarfsplan und das Finanzierungskonzept, sondern für den Businessplan insgesamt.

Konzept

Das Geschäftskonzept | ► HF 2, Kap. 27 | sollte gut durchdacht und schriftlich niedergelegt sein. Der künftige Unternehmer sollte aber auch in der Lage sein, die wesentlichen Inhalte in einem Gespräch auf den Punkt zu bringen. Insbesondere müssen dabei der Nutzen der Leistung (Mehrwert für den Kunden), das Geschäftspotenzial (Mehrwert für die Unternehmenseigner) und die damit verbundenen Geschäftsmöglichkeiten für die Investoren (Banken) deutlich werden - und das in einer Sprache, die ein fachlicher Laie versteht.

In diesem Zusammenhang muss deutlich werden, dass sich der Unternehmensgründer intensiv mit der Situation am Markt, den eigenen Stärken und Schwächen sowie den daraus resultierenden Chancen und Risiken auseinandergesetzt hat | ► HF 2, Kap. 27 |.

Der künftige Unternehmer ist Geschäftsmann! Um mit dem Bankberater auf Augenhöhe verhandeln zu können, kommt es auch auf sein Auftreten und seine äußere Erscheinung an.

Konditionen

Mit Blick auf die Rückzahlungen ist zu überlegen, welche Ratenhöhe man aufbringen kann (Kapitaldienstfähigkeit) und welche Raten man aufbringen will | ► HF 3, Kap. 9.4.2 |.

Sicherheiten

Banken haben ein Interesse daran, ihr Risiko zu verringern, indem sie Sicherheiten verlangen. Deshalb ist vorab zu überlegen, welche Sicherheiten man bei der Finanzierung eines Vorhabens bieten kann | ► HF 3, Kap. 9.4.3 |.

Modalitäten im Einzelnen

Da die Form der Finanzierung letztlich von den Einzelheiten abhängt, gilt es vorab genau die Bedürfnislage auszuloten.

- Benötigt man zu Beginn z.B. tilgungsfreie Zeiten? Das bedeutet, dass zunächst nur Zinsen auf das Darlehen bezahlt werden und die Rückzahlung des aufgenommenen Darlehensbetrages erst zu einem späteren Zeitpunkt beginnt. Einige öffentliche Darlehen bieten z.B. die Möglichkeit, in den ersten beiden Jahren keine Tilgungsleistungen erbringen zu müssen | ► HF 2, Kap. 5.1 |. Dies ist im Hinblick auf die zu erwartende „Durststrecke" zu Beginn der Geschäftstätigkeit eine attraktive Option.
- Inwieweit ist es wichtig, sich das derzeitige Zinsniveau für viele oder wenige Jahre fest zu sichern? Es existieren Finanzierungsformen mit fester Verzinsung, bei denen der Zinssatz z.B. für fünf bis zehn Jahre festgeschrieben wird, und Darlehen, bei denen in regelmäßigen Abständen eine Anpassung

an das aktuelle Zinsniveau erfolgt. Erwartet man z.B., dass die Zinsen steigen werden, sollte man eine feste Verzinsung in Betracht ziehen.

- Inwieweit soll die Möglichkeit von flexiblen Rückzahlungen oder von Sondertilgungen offengehalten werden? Bei Abschluss eines Darlehensvertrages mit einem festen Zins wird i.d.R. ein Rückzahlungsplan erstellt, der vertraglich festgeschrieben wird. Besteht der Wunsch, innerhalb eines solchen Vertrages Sondertilgungen zu leisten, muss dies bei Vertragsabschluss vereinbart werden. Diese Option kann interessant sein, wenn man erwartet, während der Laufzeit genügend liquide Mittel zur Verfügung zu haben.
- Favorisiert man Finanzierungsformen, bei denen die monatliche Rate (Tilgung + Zinsen) über die gesamte Laufzeit gleich bleibt, oder Formen, bei denen die Rate in der Zukunft abnimmt? Bei sog. Tilgungsdarlehen wird die Tilgung immer mit einem festen Prozentsatz vom ursprünglichen Darlehensbetrag berechnet. Zugleich nehmen die zu zahlenden Zinsen im Laufe der Zeit ab, weil die tatsächliche Darlehensschuld sinkt. Somit sinkt auch die Gesamtrate. Beim Annuitätendarlehen wird die Rate so berechnet, dass sie immer gleich bleibt. Innerhalb der Rate nimmt entsprechend der Rückzahlung der Zinsanteil immer weiter ab und der Tilgungsanteil immer weiter zu.

12 Umsatzplan

Zu einer soliden Gründungsvorbereitung gehört neben einem Kapitalbedarfsplan und einem Finanzierungskonzept auch ein Umsatzplan, der möglichst realistisch den zu erwartenden Umsatz für die ersten drei bis fünf Jahre beziffert. Grundsätzlich lassen sich zwei Ansätze unterscheiden, um sich den Umsatzzahlen eines geplanten Unternehmens anzunähern:

Umsatzprognose

Zum einen kann man eine Umsatzprognose erstellen und dazu eine möglichst realistische Einschätzung des möglichen Absatzes vornehmen. Das Ergebnis muss dann dahingehend geprüft werden, ob der Absatz in der zur Verfügung stehenden Zeit durch die Mitarbeiter überhaupt erzielt werden kann. Ist das Ergebnis plausibel, kann zur Ermittlung des Umsatzes die Absatzmenge mit dem Preis je Mengeneinheit multipliziert werden (Umsatz = Absatzmenge X Preis, wobei die Absatzmenge auch in Arbeitsstunden oder in der Anzahl verkaufter Dienstleistungen bestehen kann und der Preis dann entsprechend der Stundensatz oder der durchschnittliche Preis für die Dienstleistung ist).

Definition Umsatz

Mindestumsatz

Zum anderen kann man, ausgehend von den vorhandenen Ressourcen (Personal, Betriebsgröße, Maschinen, Fuhrpark etc.) und den damit verbundenen Kosten, berechnen, welcher Mindestumsatz erreicht werden muss, damit alle Kosten gedeckt werden. Wählt man diesen Weg, ist anschließend zu überprüfen, ob dieser Umsatz am Markt überhaupt realisierbar ist. Diese Variante führt also nicht zu einem möglichen Umsatz bei guter Geschäftsentwicklung, sondern nur zu einem Mindestumsatz, der unbedingt erreicht werden muss.

Bestandteile einer Umsatzprognose

Die klassische Umsatzprognose basiert im Wesentlichen darauf, das Marktumfeld zu analysieren | ► HF 2, Kap. 9 | und eigene Marktpotenziale einzuschätzen | ► HF 2, Kap. 9 |. Hier ist entweder über eigene oder in Auftrag gegebene Marktstudien oder auch über Erfahrungswerte anderer Branchenteilnehmer abzuklären, wie viel der angebotenen Leistung innerhalb eines bestimmten Zeitraums unter Berücksichtigung des eigenen Geschäftskonzepts verkauft werden kann.

- Dazu muss klar definiert sein, wie die Zielgruppe aussieht (Alter, Einkommensgruppe, Lebensumfeld).
- Es sind konkrete Informationen über das Vorhandensein dieser Zielgruppe im Einzugsgebiet des Betriebes erforderlich. Dazu ist das Einzugsgebiet näher zu bestimmen und es müssen ggf. vorhandene statistische Daten auf dieses Einzugsgebiet heruntergebrochen werden.
- Ferner ist einzuschätzen, wie viele potenzielle Kunden sich voraussichtlich für die Leistung des eigenen Betriebes entscheiden werden.

Beispiel: Durch seine Mitgliedschaft im Motorradclub und seine bisherige Tätigkeit bei einem Motorradhersteller kann Erhan Özer bei seiner Umsatzprognose von guten Kenntnissen seiner Zielgruppe ausgehen.

Auch der Standort seines Betriebes ist gut erreichbar und es befindet sich keine weitere Zweiradwerksatt in der näheren Umgebung. Mit einem Stundensatz von € 65,– kann er außerdem seine Leistungen zum Teil deutlich günstiger als etablierte Markenwerkstätten anbieten.

Seine Zielgruppe besteht vor allem aus männlichen Motorradbesitzern im Alter von 30 bis 50, die sich dieses kostspielige Hobby leisten können. Erhan kalkuliert, dass in seinem Einzugsgebiet etwa 2 500 Haushalte seiner Zielgruppe entsprechen und er im ersten Jahr ca. 20 %, also etwa 500 Kunden gewinnen kann, weil er schon vielen über Mundpropaganda bekannt ist.

Er geht außerdem vorsichtig davon aus, dass im Durchschnitt jeder Kunde genau einmal im Jahr zu ihm kommt und dass jede Reparatur etwa eineinhalb Stunden dauert. Ferner schätzt er, dass die Ersatzteile noch einmal den gleichen Anteil am Umsatz ausmachen, sodass eine Reparatur im Durchschnitt € 200,– Umsatz bringt. Dieser Umsatz unterliegt jedoch saisonalen Schwankungen. Vor allem vor und zu Beginn der Motorradsaison, also von April bis Juni, ist mit höheren Umsätzen zu rechnen.

Ausgehend von diesen Schätzungen und mithilfe von Brancheninformationen über die Umsatzverteilung im Zweiradhandel erstellt Erhan Özer für das erste Geschäftsjahr folgenden Umsatzplan:

Gesamtumsatz Jahr 1	Jan	Feb	Mär	Apr	Mai	Jun	Jul	Aug	Sep	Okt	Nov	Dez
in Tsd. €	1,5	1,5	11	17	17	17	13	10	9	4	2	2

Anschließend prüft er noch einmal, ob die Zahlen auch realistisch und tragfähig sind, indem er ausrechnet, wie viele Stunden für die Spitzenumsätze notwendig wären. Die geplanten € 17 000,- setzen sich zur Hälfte aus der Bezahlung für die Stunden zusammen, also € 8 500,-. Bei einem Stundensatz von € 65,- entspricht dies gerundet 131 Stunden. Bei einer 6-Tage-Woche, die er für die Hauptsaison kalkuliert, und 4 Wochen pro Monat kommt er auf 5,5 Stunden täglich (131 : 24), was seiner Einschätzung nach realistisch ist.

Eine realistische Umsatzprognose entscheidet letztlich über die Tragfähigkeit eines Geschäftskonzeptes.

Die im Zuge der Umsatzprognose ermittelten Zahlen dienen im Folgenden als Grundlage für die Liquiditätsplanung, aber auch als Ausgangspunkt für Rentabilitätsberechnungen.

13 Liquiditätsplanung

Unter Liquidität versteht man die Zahlungsfähigkeit eines Unternehmens, d.h. die Fähigkeit, jederzeit seinen Zahlungsverpflichtungen nachkommen zu können. Ist die Zahlungsfähigkeit nicht gesichert, ist der Fortbestand des Unternehmens gefährdet und es droht u.U. die Insolvenz | ► HF 3, Kap. 26 |.

Das oberste Ziel der Liquiditätsplanung besteht daher in der Sicherung der Liquidität.

Zur unmittelbaren Deckung der Zahlungsverpflichtungen stehen einem Unternehmen mehrere Möglichkeiten zur Verfügung, wie

- laufende Einzahlungen, die ins Unternehmen fließen,
- liquide Mittel, also das Geld, das auf den Girokonten und in der Kasse frei verfügbar ist, sowie
- eingeräumte Kreditlinien (z.B. der Dispositionskredit auf den Girokonten).

Reichen diese Quellen vorübergehend nicht aus, stellt sich die Frage der Finanzierung zusätzlicher Liquidität. Damit ein eventueller Finanzierungsbedarf frühzeitig genug erkannt wird, ist ein sog. Liquiditätsplan | ► HF 3, Kap. 8.3.4 | notwendig, der alle Zahlungsein- und -ausgänge detailliert erfasst und damit planbar und kontrollierbar macht.

Ein weiteres Ziel der Liquiditätsplanung besteht darin, möglichst nur so viele flüssige Mittel unverzinslich in bar oder auf dem Girokonto bereitzuhalten wie nötig. Gegebenenfalls auftretende Überliquidität sollte für Investitionen und die Kapitalrückzahlung genutzt werden.

13.1 Liquiditätsplan

Ziel des Liquiditätsplans ist es, mithilfe einer detaillierten Übersicht über die Zahlungsein- und -ausgänge Auskunft über die Über- bzw. Unterdeckung eines Betriebes zu geben | ► HF 3, Kap. 8.3.4 |. Im Rahmen einer Gründung werden dabei üblicherweise Liquiditätspläne für die ersten drei bis fünf Jahre erstellt.

Handwerkskammern und verschiedene andere Organisationen stellen hierzu entsprechende Muster zur Verfügung. Auf die Besonderheiten der Gründungssituation ausgerichtet, sehen diese zumeist für das erste Jahr monatliche Einteilungen und für die Folgezeit immer größere Zeitabschnitte vor.

In der Praxis geht man so vor, dass die Zahlungseingänge für den Folgemonat der Rechnungserstellung (insbesondere, wenn sie am Ende des Monats liegen) geplant werden und die Zahlungsausgänge direkt im Monat der Entstehung angesetzt werden.

Ein Liquiditätsplan dient aber nicht nur während der Gründungsphase als wichtiges Planungsinstrument, sondern auch während des fortlaufenden Geschäftsjahres. In diesem Fall empfiehlt es sich, neben den Planzahlen auch die tatsächlichen Zahlen zu erfassen und mit den Planwerten zu vergleichen.

Das folgende Schema gibt Aufschluss über den Aufbau eines Liquiditätsplanes. Ausgehend vom Anfangsbestand an liquiden Mitteln werden darin alle Zahlungsein- und -ausgänge erfasst und saldiert. Der Überschuss bzw. Fehlbetrag kann bei der Planung auch kumuliert werden, um daraus eine Orientierung für die notwendige Kreditlinie abzuleiten.

Aktuelles zu den Themen im Sackmann bietet das Lernportal.

Aufbau Liquiditätsplan

Liquiditätsplan	Jan	Feb	Mär	Apr	Mai	...
(1) Anfangsbestand liquide Mittel						
Einzahlungen						
Barverkäufe						
Kundenanzahlungen						
Geldeingänge aus Forderungen						
Steuererstattung						
Kreditauszahlungen						
sonstige Einzahlungen						
(2) Summe Einzahlungen						
Auszahlungen						
Materialeinkauf						
Personal						
Miete/Pacht						
Energie/Wasser						
Werbung/Vertriebsunterstützung						
Telekommunikation						
Bürobedarf						
Reparatur/Instandhaltung						
Versicherungen						
Beratung						
(Mitglieds-)Beiträge						
Zinsen						
Tilgung von Darlehen						
Rückzahlung von Lieferantenverbindlichkeiten und sonstigen Verbindlichkeiten						
zu leistende Anzahlungen						
Privatentnahmen						
Investitionen						
Steuervorauszahlungen						
sonstige Auszahlungen						
(3) Summe Auszahlungen						
(4) Überschuss/Fehlbetrag (= (2) - (3))						
(5) Überschuss/Fehlbetrag kumuliert (= (4) + (5) aus Vormonat)						
(6) Endbestand laufender Monat (= (1) + (4))						

13.2 Kritische liquiditätswirksame Ereignisse in der Gründungsphase

Planungen sind grundsätzlich mit Unsicherheiten behaftet, d.h., sie können unmöglich alle Eventualitäten berücksichtigen. Dennoch bieten sie gerade in der Gründungsphase die Chance, einige der häufigsten Risiken zu vermeiden.

Gründe für Liquiditätsengpässe

Zu den typischen Vorfällen, die während der Start- und Anlaufphase eines Unternehmens immer wieder zu Liquiditätsengpässen führen und deshalb in der Planung zu berücksichtigen sind, gehören Steuervorauszahlungen und Forderungsausfälle.

Vielfach wird von Unternehmensgründern übersehen, dass der Betrieb, selbst wenn er noch gar keine Gewinne vorweisen kann, evtl. verschiedene Steuervorauszahlungen zu leisten hat. Eine gemeinsam mit dem Steuerberater erstellte gute Vorabkalkulation für das Finanzamt hilft in einem solchen Fall, das Risiko zu minimieren.

Ein weiterer Faktor, der immer wieder zu Engpässen führt, sind Forderungsausfälle. Bei der Planung ist deshalb immer auch eine Risikoabwägung vorzunehmen. Wie wahrscheinlich ist es, dass die Zahlungen nicht rechtzeitig oder überhaupt nicht erfolgen?

14 Rentabilitätsvorschau

Sind Kapitalbedarf und Finanzierung für das geplante Unternehmen geklärt, gilt es in der Rentabilitätsvorschau zu überprüfen, ob der Betrieb auch angemessene Gewinne erwirtschaftet | ► HF 3, Kap. 8.3.3 |. Zur Ermittlung der Rentabilität werden den ermittelten Kosten die geplanten Umsätze gegenübergestellt.

Die Rentabilitätsvorschau ist einerseits für den Unternehmensgründer von Bedeutung, weil er damit sein Vorhaben noch einmal überdenken kann, andererseits stellt sie eine unabdingbare Information für mögliche Geldgeber dar. Hierbei liegt der Fokus nicht mehr nur auf den Ein- und Auszahlungen, vielmehr wird die Gewinnsituation des Unternehmens betrachtet.

Ausgangspunkt ist die Überlegung, dass die betrieblichen Umsätze ausreichend groß sein müssen, um einerseits den Lebensunterhalt und alle privaten Verpflichtungen des Unternehmers und andererseits alle betrieblichen Kosten zu decken.

Ermittlung der Rentabilität

Zur Ermittlung der Rentabilität werden in einem ersten Schritt also zunächst die privaten Ausgaben aufgestellt.

Beispiel: Erhan Özers Auflistung seiner Privatausgaben kommt zu folgendem Ergebnis:

private Ausgaben	€ pro Monat	€ pro Jahr
Lebensmittel	300,-	3 600,-
Kleidung	150,-	1 800,-
Hobby/Freizeit/Kultur	250,-	3 000,-
Geschenke	80,-	960,-
Rentenversicherung	250,-	3 000,-
Krankenversicherung	400,-	4 800,-
Lebensversicherung	60,-	720,-
Unfallversicherung	35,-	420,-
Pflegeversicherung	50,-	600,-
Haftpflicht/Hausrat	30,-	360,-
Miete	550,-	6 600,-
Nebenkosten	200,-	2 400,-
Telefon/Internet	45,-	540,-
Möbel/Einrichtung	50,-	600,-
Kfz-Unterhalt	300,-	3 600,-
Tilgung u. Zinsen	-	-
Summe ohne Einkommensteuer		**33 000,-**
Einkommensteuer		12 000,-
Summe (einschl. Einkommensteuer)		**45 000,-**

Dies entspricht monatlichen Ausgaben von € 3 750,- einschließlich Steuern bzw. € 2 750,- ohne Steuern. Erhan Özer beabsichtigt, sich neben der Zahlung der Steuern € 2 750,- auszuzahlen, was genau den Ausgaben entspricht.

In einem zweiten Schritt werden die betrieblichen Kosten betrachtet, die gedeckt werden müssen.

Beispiel: Erhan Özers Aufstellung der betrieblichen Kosten zeigt folgendes Ergebnis:

betriebliche Kosten | ▸ S. 319, S. 330 f. |	**€**
Material	35 000,-
Fremdleistungen	-
Löhne und Gehälter	- (Einmann-Betrieb)
Miete	4 200,-
Energie und Heizung	6 000,-
Versicherungen	1 500,-
Beratung und Buchführung	250,-
Zinsen	300,-
Gewerbesteuer	3 000,-
Kommunikation/Büromaterial	1 800,-
Werbung	entfällt bei Erhan Özer, da er über seine Mitgliedschaft im Club bereits über ein Netzwerk an Kunden verfügt und Werbung eher über Empfehlungen erfolgt
Kfz-Unterhalt	- (vorerst kein Firmenwagen)
Abschreibungen	1 988,-
Summe	**54 038,-**

In einem dritten Schritt werden die Privatausgaben und die betrieblichen Ausgaben aufaddiert und den geplanten Umsätzen gegenübergestellt.

Tests und Aufgaben zu diesem Kapitel finden Sie im Sackmann-Lernportal.

Beispiel: Erhan Özer kommt nach seinen Berechnungen zu folgendem Ergebnis: Der Mindestumsatz für einen rentablen Betrieb beträgt € 99 038,– (€ 45 000,– + € 54 038,– = € 99 038,–). Gemessen an seinen Umsatzplänen (€ 105 000,– in den ersten beiden Jahren | ► S. 319 |) arbeitet die Zweiradwerkstatt also bereits im ersten Jahr rentabel.

Rentabilitätsvorschau im Businessplan

Im Rahmen von Businessplan und Bankunterlagen sind i.d.R. Rentabilitätsprognosen für die ersten drei Geschäftsjahre aufzustellen. Dazu wird üblicherweise eine Auflistung verwendet, in der Kosten unterschieden werden nach

- Personalkosten (Löhne, Gehälter),
- Sachkosten (Miete, Energie, Versicherungen, Kommunikation, Beratungs- und Buchführungskosten, Kfz),
- Zinsen sowie
- Abschreibungen.

Steuern sind hier nicht berücksichtigt, ebenso sind die Privatentnahmen noch nicht erfasst. Das Ergebnis spiegelt dann entsprechend den Gewinn wider, der noch zu versteuern ist und dann für Investitionen und die privaten Verpflichtungen zur Verfügung steht.

Beispiel: Erhan Özers Rentabilitätsvorschau für das erste Geschäftsjahr weist folgenden Gewinn aus:

Jahr 1	€	%
geplanter Umsatz	105 000,–	100,0
./. Materialeinsatz	35 000,–	33,3
= Rohgewinn I	70 000,–	66,7
./. Personalkosten	–	–
= Rohgewinn II	70 000,–	66,7
./. Sachkosten	13 750,–	13,1
= erweiterter Cashflow (Rückflüsse vor Zinszahlungen)	56 250,–	53,6
./. Zinsen | ► S. 330 f. |	300,–	0,3
= Cashflow	55 950,–	53,3
./. Abschreibungen | ► S. 330 f. |	1 988,–	1,9
= Gewinn vor Steuern	**53 962,–**	**51,4**

Der Gewinn in Höhe von € 53 962,- vor Steuern entspricht also einem monatlichen Vorsteuergewinn von € 4 496,83. Zieht man von € 53 962,- die zu zahlende Einkommen- und Gewerbesteuer in Höhe von € 15 000,- ab, verbleiben € 38 962,- (bzw. € 3 246,83 monatlich) zur Deckung der Privatentnahmen und der ungeplanten Kosten. Damit sind die monatlichen Ausgaben von Erhan Özer gedeckt, die er mit € 3 750,- (einschließlich der o.a. Steuerzahlung) bzw. € 2 750,- (nach erfolgter Steuerzahlung) kalkuliert hat | ► S. 339 |.

Kompetenzen

Das sollten Sie als zukünftiger Meister können:

- ✔ Kapitalbedarf bei der Unternehmensgründung und größeren Investitionen ermitteln,
- ✔ Liquiditätsplan der ersten fünf Jahre für mögliche Szenarien erstellen und begründen,
- ✔ Prognose- und Überwachungsinstrumente zur Vermeidung von Liquiditätsproblemen einsetzen,
- ✔ Umsatz- sowie Rentabilitätsprognose erstellen und begründen,
- ✔ Finanzierungsstruktur begründen,
- ✔ Finanzierungsgespräche vorbereiten.

Rechtsform aus einem Unternehmenskonzept ableiten und begründen

G

Markus Petersson und sein Schwager Frank sprechen über die geplante Übernahme des Familienbetriebs Petersson Bedachungen KG mit sieben weiteren Mitarbeitern. Frank weiß, dass die wirtschaftlichen Erträge momentan alles andere als gut sind und dass Markus ernsthaft überlegt, wie groß das Risiko bei einer Betriebsübernahme tatsächlich ist. „Und?“, fragt er Markus. „Hast du dich bereits entschieden?“

„Ich glaube schon, dass ich's mache“, antwortet Markus langsam. „Aber ich werde einiges im Betrieb verändern müssen! Bisher waren die meisten Aufträge Altbausanierungen bei Privatleuten. Ich würde gerne neue Geschäftsfelder eröffnen und wenn's läuft, mehr Leute einstellen.“

„Und was sagt deine zukünftige Frau dazu?“, bohrt Frank neugierig nach.

„Sie ist nicht so begeistert“, gibt Markus zu. „Mia meint, als Komplementär der KG würde ich bzw. würden wir ein hohes privates Risiko eingehen. Und das bei der schlechten Geschäftslage. Aber ich bin sowieso unschlüssig, ob der Betrieb als KG weitergeführt werden sollte. Momentan ist Opa noch Kommanditist, aber er ist auch nicht mehr der Jüngste. Vielleicht gibt es eine andere Rechtsform, die besser passt?“

15 Kriterien der Rechtsformwahl

optimale Rechtsform?

Die Wahl der richtigen Rechtsform für ein Unternehmen hängt von vielen Faktoren ab. Eine optimale Rechtsform, die alle Wünsche und Bedürfnisse des Unternehmers erfüllt, gibt es jedoch nicht, denn jede hat ihre Vor- und Nachteile. Eine einmal gewählte Rechtsform muss auch nicht auf Dauer die vorteilhafteste bleiben, denn mit der Entwicklung des Unternehmens können sich die Anforderungen an die Rechtsform ändern, so dass eine Anpassung notwendig wird.

Gründe für einen Rechtsformwechsel

Gründe für einen Wechsel in eine andere Rechtsform können sein:

- Haftungsbeschränkung,
- Aufnahme von Gesellschaftern,
- Betriebsübergabe innerhalb der Familie,
- Betriebsübergabe an Fremde,
- steuerliche Aspekte | ▸ HF 2, Kap. 23.6.2 |.

Beispiel: Markus Petersson möchte den in der Rechtsform einer Kommanditgesellschaft geführten Familienbetrieb übernehmen. Aus familiären und wirtschaftlichen Gründen will er natürlich das finanzielle Risiko beschränken.

Aber er ist auch noch darauf angewiesen, dass das Kapital seines Vaters und Großvaters im Betrieb verbleibt. Die Betriebs- und Geschäftsräume sind in der Bilanz der KG aktiviert. Inwieweit bei einer Übergabe stille Reserven im Betriebsvermögen aufzudecken und zu versteuern sind, kann Markus noch nicht beurteilen.

Als Dachdeckermeister mit betriebswirtschaftlichen Kenntnissen weiß er aber eines sicher: Es gibt viele Gründe für eine Änderung der Rechtsform. Seine Vorstellungen möchte er gerne mit Fachleuten besprechen. Er hat deshalb schon bei der Betriebsberatungsstelle der Handwerkskammer einen Beratungstermin vereinbart.

Für ein Unternehmen ist die Wahl bzw. eine Umwandlung der Rechtsform von großer Bedeutung. Sie ist jedoch keine reine Formsache, denn die Entscheidung für oder gegen eine bestimmte Rechtsform wirkt sich wirtschaftlich, rechtlich und steuerlich auf das Unternehmen aus.

Kriterien für die Rechtsformwahl

Folgende wesentliche Kriterien sind zu bedenken:

- Gründung alleine oder mit Partner/n,
- Gründungskosten,
- benötigtes Startkapital,
- bürokratischer Aufwand,
- handwerksrechtliche Voraussetzungen,
- Haftung/Risikoverteilung,
- Geschäftsführung,
- Eigen-/Fremdfinanzierung,
- Gewinn-/Verlustverteilung,

- Überschaubarkeit und Handhabung,
- Nachfolgeregelung,
- steuerliche Aspekte | ▸ HF 2, Kap. 23.6 |.

Bei der Entscheidung über die beste Rechtsform bei einer Existenzgründung helfen die Betriebsberater der örtlichen Handwerkskammern. Sie sind die Fachleute und auch erste Ansprechpartner, wenn sich im Laufe der Unternehmensentwicklung die Ansprüche an die aktuelle Rechtsform ändern.

16 Rechtsformen

Die Rechtsform stellt den rechtlichen Rahmen einer Unternehmung dar und bestimmt die internen, aber auch die externen Rechtsbeziehungen gegenüber anderen Personen bzw. gegenüber kommunalen und staatlichen Organisationen.

Die Rechtsordnung in Deutschland bietet verschiedene Grundtypen von Rechtsformen an.

Grundtypen von Rechtsformen

16.1 Einzelunternehmen

Wenn ein Gewerbetreibender oder Freiberufler allein einen Betrieb oder ein Geschäft eröffnet, entsteht automatisch ein Einzelunternehmen, sofern keine andere Rechtsform bewusst gewählt wurde. Für die Gründung ist kein Mindestkapital erforderlich. Die Formalitäten sind überschaubar und unkompliziert (Gewerbeanmeldung, Eintragung in die Handwerksrolle). Der Einzelunternehmer handelt ausschließlich eigenverantwortlich. Ihm steht der gesamte Ertrag zu, er haftet jedoch auch unbeschränkt, d.h. nicht nur mit seinem Betriebs-, sondern auch mit seinem Privatvermögen.

Formalitäten überschaubar

Eine Eintragung in das Handelsregister ist für Kleingewerbetreibende nicht erforderlich, aber auf Antrag möglich (eingetragener Kaufmann). Mit der Eintragung in das Handelsregister übernimmt der Einzelunternehmer alle Rechte und Pflichten eines Kaufmanns | ▸ HF 1, Kap. 13.1, 13.3 |.

Nutzen Sie das interaktive Zusatzmaterial im Sackmann-Lernportal.

Vor- und Nachteile des Einzelunternehmens

Vorteile	Nachteile
einfache Gründung und geringe Gründungskosten	verfügbares Kapital nur vom Inhaber abhängig
kein Mindestkapital erforderlich	Probleme bei der Kapitalbeschaffung
Entscheidungsfreiheit und großer Gestaltungsspielraum des Unternehmers	hohe Arbeitsbelastung und Verantwortung für den Einzelunternehmer
ungeteilter Gewinn	unbeschränkte Haftung mit Betriebs- und Privatvermögen
flexible Anpassung an veränderte Marktbedingungen	Unternehmerlohn stellt keine Betriebsausgabe dar

Das Einzelunternehmen ist nach wie vor die gebräuchlichste Rechtsform im Handwerk und besonders geeignet für den Start in die Selbstständigkeit. Der Übergang in eine andere Rechtsform kann dann notwendig werden, wenn sich im Laufe der Jahre die rechtlichen, finanziellen oder auch steuerlichen Anforderungen an das Unternehmen ändern.

Beispiel: Der Großvater von Markus Petersson hat sich vor 45 Jahren als Dachdeckermeister in der Rechtsform der Einzelunternehmung selbstständig gemacht. Als dann der Vater von Markus vor 20 Jahren den Betrieb übernahm, wurde die Kommanditgesellschaft gegründet, die heute noch besteht und unter dem Namen „Petersson Bedachungen KG" firmiert. Mit der Übergabe des Familienbetriebes auf die dritte Generation steht die Rechtsform jetzt erneut zur Diskussion.

16.2 Personengesellschaften

Wenn die Aufnahme einer gewerblichen Tätigkeit mit einem oder mehreren Partnern zusammen erfolgen soll, dann ist eine Personengesellschaft oder eine Kapitalgesellschaft zu gründen.

Arten der Personengesellschaft

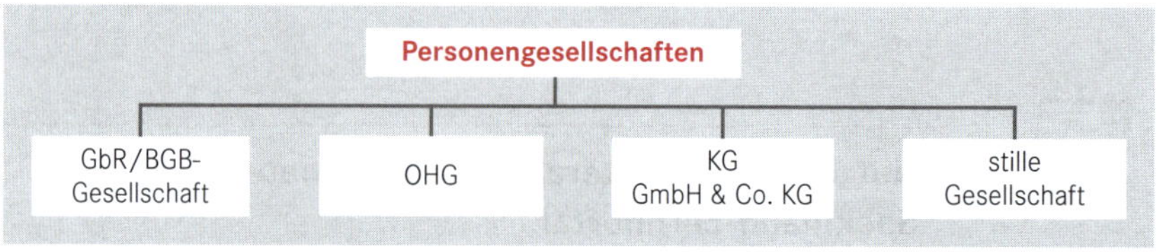

16.2.1 Gesellschaft bürgerlichen Rechts

Die Gesellschaft des bürgerlichen Rechts ist ein Zusammenschluss von zwei oder mehreren natürlichen oder juristischen Personen zur Erreichung eines gemeinsamen Zwecks. Sie ist beendet, wenn das Ziel erreicht ist. Dieses kann, muss aber nicht zwingend beruflicher Natur sein.

Beispiele für GbRs

Als GbR gelten beispielsweise Zusammenschlüsse

- von Freiberuflern zu einer Gemeinschaftspraxis oder Sozietät,
- von Bauunternehmen zur Verwirklichung eines gemeinsamen Bauvorhabens,
- zu einer Wohngemeinschaft, Fahrgemeinschaft, Spiel- oder Tippgemeinschaft.

auch BGB-Gesellschaft genannt

Die BGB-Gesellschaft, wie sie auch genannt wird, ist nach Rechtsprechung des BGH rechtsfähig und parteifähig, kann also selbst vor Gericht klagen und verklagt werden. Die Gesellschafteranteile legen die Gesellschafter selbst fest. Besondere Formalitäten sind nicht erforderlich. Im Außenverhältnis wird jeder Gesellschafter wie ein Einzelunternehmer behandelt, d.h. jeder Gesellschafter haftet unmittelbar solidarisch und unbeschränkt mit seinem Geschäfts- und Privatvermögen für die gemeinschaftlichen Schulden der Gesellschaft.

Grundsätzlich kann im Gesellschaftsvertrag, der nicht zwingend aber sinnvollerweise schriftlich vorliegen sollte, eine gemeinschaftliche Geschäftsführung oder auch die Geschäftsführung für einzelne Gesellschafter festgelegt werden. Ist nichts anderes vereinbart, so deckt sich die Vertretungsmacht, also die Befugnis zum rechtsgeschäftlichen Handeln im Namen eines anderen, mit der Geschäftsführungsbefugnis. Gesetzlich besteht jedoch eine Gesamtvertretungsmacht, was bedeutet, dass Rechtsgeschäfte mit Dritten nur dann verbindlich sind, wenn sie von allen Gesellschaftern gemeinsam abgeschlossen werden. Bei einer vereinbarten Einzelgeschäftsführung gilt auch die Einzelvertretung. Die GbR ist nicht in das Handelsregister einzutragen.

Vor- und Nachteile einer GbR

Vorteile	Nachteile
keine Gründungsvorschriften und geringe Gründungskosten	unbeschränkte Haftung auch für Verschulden von Mitgesellschaftern
kein Mindestkapital erforderlich	hohe Ertragssteuern
Teilung der Verantwortung und des Risikos	Einschränkung der Selbstständigkeit
Erhöhung des Eigenkapitals durch Aufnahme von Gesellschaftern	Teilung des Gewinns
Flexibilität in der Geschäftsführung	Gefahr von Streitigkeiten wegen fehlender Vertragsgestaltung

16.2.2 Offene Handelsgesellschaft

OHG

Die OHG ist eine Rechtsform kleiner und mittlerer Betriebe, die von mehreren Unternehmern gemeinschaftlich betrieben werden. Die Gesellschafter haften für die Verbindlichkeiten der Gesellschaft gegenüber den Gläubigern als Gesamtschuldner auch mit ihrem Privatvermögen. Das sichert der OHG hohes Ansehen und Kreditwürdigkeit bei Banken und Geschäftspartnern.

Die OHG muss in das Handelsregister | ► HF 1, Kap. 13.3 | eingetragen werden. Ihr Zweck ist ein vollkaufmännisches Handelsgewerbe unter gemeinschaftlicher Firma.

Kaufmann kraft Rechtsform

Sie ist Kaufmann kraft Rechtsform. Des Weiteren gelten die Vorschriften über Handelsbücher. Die von den Gesellschaftern getätigten Geschäfte sind Handelsgeschäfte, die handelnden Gesellschafter sind Kaufleute | ► HF 1, Kap. 13.1 |.

Die OHG gehört nicht zu den juristischen Personen, ihr wurde aber per Gesetz eine „Teilrechtsfähigkeit" zugesprochen, so dass die OHG als geschlossene Einheit im rechtsgeschäftlichen Verkehr auftreten kann. Sie hat ihren eigenen Namen, sie kann unter diesem Namen Gläubiger und Schuldner sein, Eigentum und andere Rechte erwerben, vor Gericht klagen und verklagt werden. Zur Zwangsvollstreckung in das Gesellschaftsvermögen ist ein Titel gegen die Gesellschaft erforderlich.

Das Gesellschaftsvermögen der OHG ist wie bei der BGB-Gesellschaft Gesamthandsvermögen. Die Gesellschafter können also nicht einzeln, sondern nur gemeinsam über das Gesellschaftsvermögen verfügen.

Geschäftsführung

Gemäß § 114 HGB sind grundsätzlich alle Gesellschafter zur Geschäftsführung berechtigt. Der Gesellschaftsvertrag kann aber auch die Geschäftsführung auf einen oder mehrere Gesellschafter beschränken. Jedem geschäftsführenden Gesellschafter steht jedoch ein Widerspruchsrecht zu. Die Geschäftsführungsbefugnis kann einem Gesellschafter nur auf Antrag durch eine gerichtliche Entscheidung bei grober Pflichtverletzung oder Unfähigkeit wieder entzogen werden.

Bei der Geschäftsführungsbefugnis muss unterschieden werden zwischen gewöhnlichen und außergewöhnlichen Geschäften. Alle Handlungen, die der gewöhnliche Geschäftsbetrieb der jeweiligen Branche mit sich bringt, wie beispielsweise

- An- und Verkauf von Waren,
- Einstellung und Entlassung von Personal,
- Überweisungen vom Firmenkonto,
- Versicherungsabschlüsse,

dürfen von jedem Gesellschafter alleine vorgenommen werden.

außergewöhnliche Geschäfte

Außergewöhnliche Geschäfte gehen darüber hinaus und erfordern einen Beschluss aller Gesellschafter. Zu außergewöhnlichen Geschäften gehören z. B.:

- Errichtung von Zweigniederlassungen,
- Erwerb von Beteiligungen,
- Verkauf/Bebauung von Grundstücken,
- umfangreiche und langfristige Lieferverträge.

Vor- und Nachteile der OHG

Vorteile	Nachteile
kein Mindestkapital erforderlich	unbeschränkte Haftung auch für Mitverschulden von Mitgesellschaftern
formfreier Gesellschaftsvertrag	Eintragung ins Handelsregister erforderlich
viele Mitbestimmungsmöglichkeiten der Gesellschafter	buchführungspflichtig
gutes Ansehen und hohe Kreditwürdigkeit	Gefahr von Auseinandersetzungen der Gesellschafter bei Entscheidungsprozessen

16.2.3 Kommanditgesellschaft

KG

Eine Kommanditgesellschaft besteht aus mindestens einem Komplementär und einem oder mehreren Kommanditisten.

Der Komplementär ist der persönlich haftende Gesellschafter und haftet unbeschränkt mit seinem gesamten Vermögen. Er wird auch als Vollhafter bezeichnet. Er leitet die Geschäfte der KG allein und muss die Voraussetzungen für die Eintragung in die Handwerksrolle erfüllen. Bei den Kommanditisten ist die Haftung auf deren Vermögenseinlage beschränkt (Teilhafter). Sie sind allerdings auch von der Geschäftsführung ausgeschlossen und besitzen lediglich Kontrollrechte.

Häufig wird eine KG von Kaufleuten gegründet, die zusätzliches Startkapital benötigen und der oder die Kapitalgeber weder eine persönliche Haftung übernehmen noch aktiv an der Geschäftsführung beteiligt sein wollen.

Vor- und Nachteile einer KG

Vorteile	Nachteile
kein Mindestkapital erforderlich	Eintragung ins Handelsregister notwendig
Kommanditist haftet nur bis zur Höhe seiner Stammeinlage	Komplementär haftet unbeschränkt
hohe Entscheidungsgewalt des Komplementärs	Gründung und Führung ist mit einigen Formalitäten verbunden
hohes Ansehen bei Kreditinstituten	unterschiedliche Interessen der Gesellschafter

Beispiel: „Na ja“, denkt Markus Petersson, „wenn ich meine Geschäftsideen umsetzen will und selbst entscheiden möchte, was gemacht wird, dann bleibt mir hier in der KG eigentlich nur die Rolle des Komplementärs, des Vollhafters, und da hat meine zukünftige Frau ja so ihre Bedenken.

Und ich muss ihr recht geben. Volle Haftung mit allem, was man hat, das ist nicht ungefährlich. Schließlich kenne ich auch Kollegen meines Vaters, die nicht nur ihren Betrieb ‚verloren‘, sondern auch im Rahmen der Verwertung von Kreditsicherheiten ihre Altersversorgung.

Auf der anderen Seite soll man natürlich auch zu dem stehen, was man tut. Ein unternehmerisches Risiko gibt es eigentlich immer.“

16.2.4 GmbH & Co. KG

Sonderform der KG

Sie stellt eine Sonderform der KG dar, bei der eine Gesellschaft mit beschränkter Haftung (GmbH) persönlich haftender Gesellschafter (Komplementär) ist.

Die Rechtsform der GmbH & Co. KG wurde geschaffen, um die steuerlichen Vorteile der KG mit den haftungsrechtlichen Vorteilen der GmbH zu verknüpfen, d.h. die Gesellschafter haften nicht persönlich, sondern nur mit der GmbH-Einlage.

Vor- und Nachteile der GmbH & Co. KG

Vorteile	Nachteile
Haftungsbeschränkung des Komplementärs, da GmbH	aufwendige und kostenintensive Gründungsformalitäten
Geschäftsführung und Vertretung der Gesellschaft durch Kommanditisten oder durch fremde Person möglich	hoher Buchführungsaufwand für zwei Gesellschaften
Eigenkapitalbeschaffung über Kommanditeinlagen	negatives Image durch große Insolvenzanfälligkeit
einfache Firmennachfolge	eingeschränkte Kreditwürdigkeit aufgrund der Haftungsbeschränkung des Vollhafters

Beispiel: „Hoppla“, überlegt Markus Petersson, „das ist natürlich auch eine interessante Variante: die Vorteile einer GmbH mit den Vorteilen einer KG kombinieren. Ich gründe eine GmbH mit € 25 000,- Stammkapital. Die GmbH, deren einziger Gesellschafter ich selbst bin, übernimmt die Rolle des Komplementärs. Damit ist auch meine persönliche Haftung beschränkt und Mia wäre beruhigt. Papa und Opa könnten als Kommanditisten ihr Kapital noch im Betrieb lassen, ohne der Gefahr ausgesetzt zu sein, auch noch mit ihrem weiteren persönlichen Vermögen zu haften, falls doch was ‚schief läuft‘.

Aber was ist eigentlich mit meiner Schwester? Die muss ich in meine Überlegungen ja auch noch einbeziehen. Ich habe mich schon gewundert über das große Interesse meines Schwagers an der Betriebsfortführung!“

16.2.5 Stille Gesellschaft

Um eine stille Gesellschaft handelt es sich, wenn sich jemand an dem Handelsgewerbe eines anderen mit einer Einlage beteiligt, die dann in das Betriebsvermögen übergeht. Sie ist ihrem Wesen nach eine Sonderform der BGB-Gesellschaft. Die stille Gesellschaft wird nicht in das Handelsregister eingetragen, sondern nur der Inhaber des Handelsgeschäftes, an dem die Beteiligung vorliegt.

Stiller Gesellschafter kann jede natürliche oder juristische Person sein. Er tritt nach außen hin nicht in Erscheinung. Stille Gesellschafter werden sowohl am Gewinn als auch an Verlusten beteiligt. Die Haftungsobergrenze bildet die Höhe der Einlage.

Vor- und Nachteile der stillen Gesellschaft

Vorteile	Nachteile
Haftung nur mit der Einlage	nur Kontrollrecht für Gesellschafter
Stärkung der Eigenkapitalbasis	Gefahr der Abhängigkeit von den stillen Gesellschaftern
Kapitalgeber erscheinen nicht als Gesellschafter (Anonymität)	problematische Aufteilung der stillen Reserven

16.3 Kapitalgesellschaften

Kapitalgesellschaften beruhen auf einem Gesellschaftsvertrag und sind Körperschaften des privaten Rechts. Bei der Gründung sind die rechtlichen Anforderungen an die Geschäftsführer deutlich höher als bei einer Personengesellschaft.

Arten der Kapitalgesellschaft

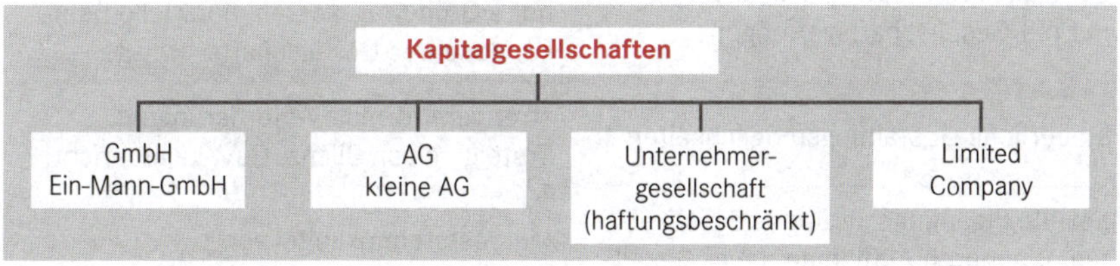

Alles verstanden? Werden Sie im Sackmann-Lernportal aktiv!

16.3.1 Gesellschaft mit beschränkter Haftung (GmbH)

GmbH Die GmbH ist unter kleinen und mittelständischen Unternehmen eine häufig gewählte Gesellschaftsform. Die Gründungsformalitäten sind aufwendig und kostenintensiv. Ein Notar muss den Gesellschaftsvertrag beurkunden und die GmbH beim zuständigen Amtsgericht zur Handelsregistereintragung anmelden. Die GmbH existiert als eigene Rechtsperson erst mit der Eintragung im Handelsregister.

Haftung Wie im Namen schon angedeutet, besteht eine Haftungsbeschränkung auf das Gesellschaftsvermögen, d.h. die Gesellschafter haften nur mit ihrer Stammeinlage.

Gründerhaftung Bereits vor der Eintragung in das Handelsregister kann die GmbH bereits Rechte und Pflichten erwerben und sogar im Grundbuch eingetragen werden. Wer vor einer Eintragung der GmbH ins Handelsregister für sie handelt, haftet persönlich mit seinem ganzen Vermögen.

Stammkapital Das Stammkapital muss mindestens € 25 000,– betragen und setzt sich aus den Einlagen der Gesellschafter zusammen. Diese können verschieden hoch sein. Der Nennbetrag jedes Geschäftsanteils muss auf volle Euro lauten. Sollen anstatt Bar- Sacheinlagen geleistet werden, müssen die Gegenstände und der Betrag der Stammeinlage im Gesellschaftsvertrag festgesetzt und ein Sachgründungsbericht erstellt werden.

Die GmbH entsteht erst, wenn 50 % des Stammkapitals eingezahlt oder durch Sacheinlagen nachgewiesen sind.

Als Formkaufmann gemäß § 6 HGB (Kaufmann kraft Rechtsform) ist die GmbH gewissen Buchführungs- und Bilanzierungsvorschriften unterworfen.

Die Gesellschafter haben die Möglichkeit, sich in der GmbH als Geschäftsführer anstellen zu lassen und ihr Gehalt als Betriebskosten abzusetzen.

Vor- und Nachteile der GmbH

Vorteile	Nachteile
Gesellschafter haften nicht persönlich, nur mit Gesellschaftsvermögen	aufwendige Gründungsformalitäten und hohe Gründungskosten, notarielle Beurkundung des Gesellschaftsvertrags
steuerliche Gestaltungsmöglichkeiten	strengere formale Anforderungen; Erstellung von Bilanz, GuV, Lagebericht
flexible Eigenfinanzierungsmöglichkeiten, u.a. durch Aufnahme neuer Gesellschafter	Mindeststammkapitel von € 25 000,– erforderlich
Führung des Unternehmens als angestellter Geschäftsführer	hohe Anforderungen an den Geschäftsführer

Vorteile	Nachteile
flexible Ausgestaltung des Gesellschaftsvertrages	Aufnahme von Fremdkapital durch Haftungsbeschränkung erschwert
Nachfolge und Beteiligung von Angehörigen kann problemlos geregelt werden	Entscheidungsspielraum eingeschränkt
Ein-Personen-GmbH möglich	persönliche Haftungserklärung für Kredite notwendig

Beispiel: „Mia, was meinst du?“, fragt Markus Petersson. „Die GmbH wäre eine Rechtsform, mit der ich leben könnte. Die Haftung ist hier auf das Vermögen der Gesellschaft beschränkt. Ich erhalte ein Geschäftsführergehalt und die Aufwendungen für meine Altersversorgung sind Betriebsausgaben. Mein Vater und Großvater lassen ihr Kapital im Betrieb und erhalten dafür entsprechende Geschäftsanteile. In einem Erbvertrag können wir vereinbaren, dass die Gesellschafteranteile später auf mich übergehen.“

Ein-Mann-GmbH

Eine Ein-Personen-GmbH ist eine GmbH, die von nur einer Person gegründet und in Personalunion als einziger Gesellschafter und alleiniger Geschäftsführer geführt wird. Für diese Ein-Personen-GmbH gelten dieselben Bestimmungen wie für eine „normale“ GmbH.

identische Bestimmungen wie bei GmbH

Die Anmeldung der Ein-Personen-GmbH im Handelsregister darf erst erfolgen, wenn entweder die Stammeinlage nach § 5 GmbHG voll geleistet worden ist oder andererseits zur Hälfte einbezahlt und für die ausstehenden Einlagen vom Gesellschafter eine Sicherheit bestellt wurde, z.B. in Form einer Bankbürgschaft, Grundschuld, Sicherungsübereignung etc.

Der Alleingesellschafter ist verpflichtet, alle Beschlüsse schriftlich mit Datum und Ort zu dokumentieren.

16.3.2 Unternehmergesellschaft (haftungsbeschränkt)

Die Unternehmergesellschaft (UG) ist eine Variante zur GmbH. Die Mini-GmbH, wie sie auch genannt wird, bietet Existenzgründern mit einem nicht besonders kapitalintensiven Gründungsvorhaben einen recht einfachen Einstieg in die gewerbliche Selbstständigkeit.

Mini-GmbH

Die Gründung einer UG ist durch einen oder mehrere Gesellschafter möglich. Bei einer Ein-Personen-Gründung ist ein Geschäftsanteil von einem Euro zulässig. Bei mehreren Gesellschaftern muss jeder Gesellschafter mindestens einen Geschäftsanteil übernehmen. Die Gründung kann durch einen individuell gestalteten

Gesellschaftervertrag erfolgen oder unter Verwendung eines Musterprotokolls. In beiden Fällen ist jedoch eine notarielle Beurkundung erforderlich.

Für die Unternehmergesellschaft besteht eine Kapitalaufholungsregelung. Danach muss jedes Jahr ein Viertel des Gewinns als Rücklage einbehalten werden, bis € 25 000,– erreicht sind. Damit soll eine wirtschaftlich erfolgreiche UG langsam in die Rechtsform der GmbH hineinwachsen.

16.3.3 Kleine Aktiengesellschaft

kleine AG

Die Rechtsform der Aktiengesellschaft ist typisch für große, kapitalintensive Unternehmen und spielt daher im Handwerk keine Rolle. Mit dem „Gesetz für kleine Aktiengesellschaften und zur Deregulierung des Aktienrechts“ wurden Aktiengesellschaften auch für mittelständische Unternehmen attraktiv. Diese können so die Eigenkapitalausstattung verbessern sowie einen anstehenden Generationenwechsel leichter vollziehen, indem z.B. Familienmitglieder nur kapitalmäßig beteiligt werden.

Im Handwerk ist diese Rechtsform der „kleinen AG“ nur für große Betriebe geeignet, denn zur Gründung ist ein Mindestkapital von € 50 000,– nötig.

Geleitet wird das Unternehmen von einem Vorstandsmitglied. Auch die kleine AG haftet nur mit ihrem Gesellschaftsvermögen. Die Organe der AG bestehen aus Hauptversammlung, Vorstand und Aufsichtsrat. Wichtige Beschlüsse und Entscheidungen werden auf der Hauptversammlung getroffen. Die Aktien der kleinen AG werden nicht an der Börse gehandelt.

Vor- und Nachteile einer kleinen AG

Vorteile	Nachteile
Haftung nur mit Gesellschaftsvermögen	hohe Steuerbelastung
einfache Möglichkeit zur Kapitalbeschaffung	hohe rechtsformbedingte Kosten und aufwendige Gründungsformalitäten
gute Eigenfinanzierungsmöglichkeiten durch Aufnahme neuer Aktionäre	Aufsichtsrat mit mindestens drei Mitgliedern muss eingerichtet werden
gute Gestaltungsmöglichkeiten für eine Unternehmensnachfolge	Grundkapital € 50 000,–
Möglichkeit der Ein-Personen-AG	hoher Organisationsaufwand

Ihren persönlichen Zugang zum Sackmann-Lernportal finden Sie auf Seite 3.

16.3.4 Limited Company

Ltd.

Mit Limited oder Ltd. ist die sog. Private Company Limited of Shares gemeint, eine Kapitalgesellschaft nach britischem Gesellschaftsrecht mit beschränkter Haftung, die in Deutschland rechts- und geschäftsfähig und der GmbH ähnlich ist. Es gibt aber auch gravierende Unterschiede.

Die Ltd. ist eine Rechtsform, die schnell, kostengünstig und unbürokratisch errichtet werden kann. Eine Gründung bringt jedoch auch Pflichten mit sich und es können nicht unerhebliche Folgekosten entstehen. Außerdem bewegt sich diese Rechtsform in zwei unterschiedlichen Rechtssystemen, die miteinander kollidieren können.

Vor- und Nachteile einer Limited

Vorteile	Nachteile
Gründungsdauer ca. 1-2 Wochen, Gründung kann von Deutschland aus erfolgen	Rechtsunsicherheiten aufgrund zweier Rechtssysteme
persönliche Haftungsbeschränkung der Gesellschafter	zahlreiche bürokratische Pflichten in zwei Ländern
geringe Eintragungs- und Registrierungskosten	bei Verstößen kann die Ltd. in Großbritannien verklagt werden
gesetzliches Mindestkapital nicht vorgesehen	Insolvenzgefahr durch zu geringes Stammkapital
keine notarielle Beurkundung erforderlich	geringere Kreditwürdigkeit als bei einer GmbH
Bürokratie und Vertretung in England übernehmen spezialisierte Limited-Agenturen	mögliche Abhängigkeit von Limited-Agenturen, unübersichtliche Kosten

Ob die Gründung einer Ltd. für Unternehmer vorteilhafter ist als beispielsweise eine Mini-GmbH (UG), ist eine Einzelfallentscheidung, die sorgfältig überlegt werden muss. Eine umfassende Beratung ist notwendig.

Beispiel: Wie sieht es nun mit der angedachten Übernahme des Dachdeckerbetriebs durch Markus Petersson und der damit verbundenen möglichen Rechtsformänderung des Dachdeckerbetriebs Petersson aus?

Zusammen mit der Betriebsberatungsstelle der Handwerkskammer und dem Steuerberater der Familie Petersson ist die Übergabe inzwischen geregelt worden. Die zur Diskussion stehende Variante, eine GmbH & Co. KG zu gründen, wurde verworfen. Die aufwendigen und kostenintensiven Gründungsformalitäten und den hohen

Buchführungsaufwand für zwei Gesellschaften wollte man vermeiden. Markus Petersson hat stattdessen eine GmbH gegründet.

Die bestehende KG bleibt aus steuerlichen Gründen zunächst als ruhender Gewerbebetrieb erhalten und wird an die neue GmbH verpachtet.

Parallel dazu hat Markus' Vater eine erbrechtliche Regelung herbeigeführt, die vorsieht, dass Markus den Verpachtungsbetrieb erbt und seine Schwester eine Abfindung erhält. Die Abfindung ist nicht sofort fällig, sondern wird terminiert und verzinst. Ein Liquiditätsabfluss wird somit verhindert.

Aus steuerlichen Gründen ist der Vater von Markus auch Mitgesellschafter der GmbH geworden. Aber auch strategische Gründe spielten dabei eine Rolle. Gerhard Petersson möchte zwar aus gesundheitlichen Gründen kürzer treten, aber andererseits ist ihm auch daran gelegen, dass der Familienbetrieb, den sein Vater gegründet hat, auch weiter am Markt besteht. Schließlich hängt davon auch ein Teil seiner Altersversorgung ab. Seinem Sohn Markus traut er die Geschäftsführung des Betriebes zwar zu, möchte ihm aber trotzdem noch ein oder zwei Jahre mit seinen Erfahrungen und seinen Kontakten zu Lieferanten und Kunden zur Seite stehen.

---

17 Gesellschaftsvertrag

Jedes Unternehmen, an dem mehrere Partner beteiligt sind, benötigt einen Gesellschaftsvertrag. Bei Kapitalgesellschaften, also bei einer GmbH oder Aktiengesellschaft, muss dieser notariell beurkundet werden.

Schriftform empfohlen

Bei Personengesellschaften dagegen ist der Vertrag an keine bestimmte Form gebunden, d.h., er muss nicht schriftlich dokumentiert werden, sondern kann auch mündlich beschlossen werden. Aus Beweisgründen und auch um Missverständnissen vorzubeugen, ist allerdings Schriftform zu empfehlen.

Ein solcher Vertrag beinhaltet die Rechte und Pflichten der Gesellschafter und sollte alle wesentlichen Eventualitäten regeln, auch die Vorgehensweise im Falle von Krankheit, Tod oder Insolvenz.

Vertragsinhalte

Vertragspunkte eines Gesellschaftsvertrages können sein:

- Bezeichnung und Sitz der Gesellschaft,
- Gegenstand der Gesellschaft,
- Einlagen der Gesellschafter,
- Beginn und Dauer der Gesellschaft,
- Geschäftsführung und Vertretung,
- Gesellschafterversammlungen,

- Gesellschafterbeschlüsse,
- Jahresabschluss und Ergebnisverwendung,
- Verfügung von Geschäftsanteilen,
- Kündigung der Gesellschaft,
- Tod eines Gesellschafters,
- Abfindung von Gesellschaftern.

Gesellschaftsvertrag der GmbH

Mindestinhalte

Der GmbH-Gesellschaftsvertrag muss mindestens enthalten:

- Firma und Sitz der Gesellschaft

  Die Firma | ► HF 1, Kap. 13.2 | kann Sachfirma oder Personenfirma sein; auch eine aus beiden Bestandteilen gemischte Firma ist zulässig. Die Firma muss jedoch die Haftungsbeschränkung ausdrücken. Der Gesellschaftssitz ist der Ort, der im Gesellschaftsvertrag bestimmt wird.

- Gegenstand des Unternehmens

  Der Unternehmensgegenstand ist mit dem gewählten Gesellschaftszweck identisch.

- Betrag des Stammkapitals

  Kapital und Vermögen haben nicht ein und dieselbe Bedeutung. Während der Umfang des Gesellschaftsvermögens vom Geschäftsverlauf abhängt, ist das Stammkapital eine im Gesellschaftsvertrag festgeschriebene Größe. Sie kann nur durch eine Änderung des Gesellschaftsvertrages herauf- oder herabgesetzt werden. Das Stammkapital fungiert daher als eine Garantiesumme, die den Gläubigern angibt, welche Höhe das Gesellschaftsvermögen mindestens haben soll.

- Betrag der von jedem Gesellschafter zu leistenden Einlage

  Die Stammeinlage drückt den Nennwert der Beteiligung eines Gesellschafters aus.

Der Gesellschaftsvertrag, mit dem eine GmbH gegründet wird, kann als Satzung individuell gestaltet werden | ► Gesellschaftsvertrag Petersson |.

Standard-Gründungen einer GmbH können auch in einem vereinfachten Verfahren vorgenommen werden. Voraussetzung ist, dass die GmbH nicht mehr als drei Gesellschafter und nur einen Geschäftsführer haben wird.

Tests und Aufgaben zu diesem Kapitel finden Sie im Sackmann-Lernportal.

GmbH-Musterprotokoll

Gesellschaftsvertrag, Geschäftsführerbestellung und Anmeldung zum Handelsregister werden in einem Gründungsprotokoll zusammengefasst, das auch im GmbH-Gesetz als Anlage beigefügt ist | ► Musterprotokoll |. In dieses Gründungsprotokoll trägt der Notar noch die Namen der Gesellschafter und der Geschäftsführer, die Höhe des Stammkapitals und den Unternehmensgegenstand ein. Das Protokoll wird dann vom Notar beurkundet.

Durch die Verwendung des Musterprotokolls können Kosten gesenkt werden. Der Nachteil ist, dass keine vom Gesetz abweichenden individuellen Bestimmungen getroffen werden können.

Kompetenzen

Das sollten Sie als zukünftiger Meister können:

- ✔ gängige Rechtsformen sowie deren Konsequenzen für die Unternehmensführung kennen,
- ✔ Auswahl einer Rechtsform begründen,
- ✔ Regelungen im Gesellschaftsvertrag prüfen und ggf. an das Unternehmenskonzept anpassen.

Rechtsvorschriften, insbesondere des bürgerlichen Rechts, des Gesellschafts- und Steuerrechts, im Zusammenhang mit Gründung oder Übernahme von Handwerksbetrieben anwenden

H

Luigi Marcello möchte seine Bäckerei Panino GmbH erweitern. Er überlegt auf einem Wiesengrundstück, das seine Frau Lisa und er geerbt haben, eine moderne Produktionsstätte zu errichten.

Sein Architekt weist ihn darauf hin, dass hierzu eine Baugenehmigung benötigt wird. Im Rathaus erfährt Marcello, einen Bauantrag brauche er erst gar nicht zu stellen. Das Grundstück liege im Außenbereich. Deshalb könne definitiv keine Baugenehmigung erteilt werden.

Marcello ist über diese Auskunft sehr verärgert. Er fragt, warum er mit seinem Grundstück nicht machen könne, was er will? Schließlich sei es doch sein Eigentum. Und in einem freien Land wie Deutschland sei das Eigentumsrecht sogar im Grundgesetz garantiert.

Hat Luigi Marcello recht?

18 Struktur der Rechtsordnung

18.1 Öffentliches und privates Recht

Rechtsordnung

Die Rechtsordnung wird in das Privatrecht und das öffentliche Recht eingeteilt. Beide Rechtsgebiete unterscheiden sich erheblich.

Grundgesetz

Die oberste Grundlage der Rechtsordnung ist jedoch das Grundgesetz, die Verfassung Deutschlands. Es enthält im ersten Teil die Grundrechte. Alle Gesetze müssen mit ihm vereinbar sein. Anderenfalls sind sie verfassungswidrig und damit unwirksam. Die Entscheidung über die Verfassungsmäßigkeit von Rechtsnormen trifft das Bundesverfassungsgericht. Darüber hinaus legt das Grundgesetz die Grundstrukturen des demokratischen Staatswesens (Staatsrecht) fest.

Aufbau der Rechtsordnung

Grundgesetz/Verfassung	
Grundrecht; Struktur des Staatswesens; Maßstab für alle Rechtsnormen	
öffentliches Recht	**Privatrecht**
Regelt die Rechtsbeziehungen zwischen Bürger und Staat.	Regelt die Rechtsbeziehungen zwischen Personen.
Wichtige Bereiche: ▸ Ordnungsrecht ▸ Baurecht ▸ Abgabenrecht ▸ Steuerrecht ▸ Strafrecht ▸ Prozessrecht	Wichtige Bereiche: ▸ Vertragsrecht ▸ Schadensersatzrecht ▸ Handels- u. Gesellschaftsrecht ▸ Arbeitsrecht ▸ Wettbewerbsrecht ▸ Marken-/Patentrecht

18.1.1 Öffentliches Recht

Das öffentliche Recht regelt die Rechtsbeziehungen der Personen gegenüber dem Staat als Hoheitsträger. Kennzeichen dieses Rechtsverhältnisses ist die Über- und Unterordnung zwischen Staat und Bürger.

Bereiche des öffentlichen Rechts

Wichtige Bereiche des öffentlichen Rechts sind

- das Verwaltungsrecht, das alle Verwaltungszweige erfasst (z.B. Ordnungsrecht, Baurecht, Abgabenrecht, Sozialrecht, Schulrecht, Steuerrecht),
- das Strafrecht, das allein dem Staat das Recht der Bestrafung vorbehält,
- das Prozessrecht, das den Ablauf von gerichtlichen Verfahren regelt.

Grundlage sind Bundes- und Landesgesetze. Da diese aber nicht ausreichen, um alle Einzelfälle zu erfassen, ermächtigen sie die zuständigen Verwaltungen, konkretisierende Normen zu erlassen. Diese nennt man Verordnungen.

Antrag und Bescheid

Die wichtigste Handlungsform im öffentlichen Recht sind Antrag und Bescheid. Fordert der Bürger etwas vom Staat, z.B. im Ausgangsfall eine Baugenehmigung, dann stellt er einen Antrag. Verlangt umgekehrt der Staat etwas vom Bürger, z.B. Steuern, dann erlässt er einen Bescheid.

Verwaltungsrechtsweg

Gegen die Ablehnung eines Antrags und gegen einen belastenden Bescheid steht dem Bürger der Verwaltungsrechtsweg offen. Zuständig sind die Verwaltungsgerichte, Oberverwaltungsgerichte und das Bundesverwaltungsgericht.

In Deutschland wird durch das Baugesetzbuch (bis 1987 Bundesbaugesetz) und die Baunutzungsverordnung festgelegt, dass Bauen nur innerhalb von Ortschaften in Gebieten zulässig ist, die für den konkreten Zweck (z.B. Wohnen, Gewerbe, Industrie) in der Bauleitplanung bestimmt sind. Die Bauleitplanung (Erstellung von Flächennutzungsplänen und Bebauungsplänen) und deren Umsetzung sind hoheitliche Verwaltungsaufgaben. Daher gehört die Erteilung bzw. Versagung der Baugenehmigung zum öffentlichen Recht.

Beispiel: Luigi Marcello darf also sein Grundstück zur Errichtung eines Produktionsgebäudes nicht ohne Baugenehmigung nutzen. Da es sich im Außenbereich befindet, ist die Erteilung einer Baugenehmigung rechtlich nicht möglich. Das hat nichts mit der Beeinträchtigung seines Eigentumsrechts zu tun. Denn das Grundgesetz schränkt die Eigentumsgarantie insoweit ein, dass der Gebrauch des Eigentums dem Allgemeinwohl dienen muss. Das wäre aber nicht der Fall, wenn sich jeder Bürger über die baurechtlichen Vorschriften hinwegsetzen könnte.

18.1.2 Privatrecht

Zivilrecht
Bürgerliches Recht

Das Privatrecht wird auch Zivilrecht oder Bürgerliches Recht genannt. Es regelt die Rechtsbeziehungen zwischen Personen (Rechtssubjekten). Diese Rechtsbeziehungen haben nichts mit hoheitlichem Handeln des Staates zu tun. Vielmehr geht es z.B. um den Kauf eines Gegenstandes, die Miete einer Sache, Schadensersatz, die Gründung einer Gesellschaft, Unterhalt, Erbansprüche u.v.a.m. Auch der Staat kann Beteiligter im Privatrecht sein, allerdings nicht bei der Ausübung hoheitlicher Befugnisse.

Gleichrangigkeit

In allen privatrechtlichen Angelegenheiten stehen sich die Personen rechtlich gesehen immer gleichrangig gegenüber. Dennoch kann ihre wirtschaftliche Stellung durchaus unterschiedlich sein. Es spielt auch keine Rolle, ob es sich bei einer Person um einen Menschen, eine Gesellschaft (z.B. eine GmbH) oder um eine staatliche Institution (z.B. eine Verwaltungsbehörde) handelt.

Beispiele:

öffentliches Recht	Privatrecht
Bund hebt Mineralölsteuer an.	Bund verkauft ein Konversionsgrundstück.
Gemeinde erlässt einen Bebauungsplan.	Gemeinde lässt Rathaus renovieren.
Kreisverwaltung verfügt Gewerbeuntersagung.	Kreisverwaltung vermietet Gebäude für dienstliche Zwecke.
Handwerkskammer nimmt Prüfungen ab.	Handwerkskammer beauftragt einen Gebäudereiniger.

Die häufigste Handlungsform im Privatrecht ist der Vertrag | ► HF 2, Kap. 20 |.

Alles verstanden? Werden Sie im Sackmann-Lernportal aktiv!

Rechtsprechung

Für Rechtsstreitigkeiten sind die ordentlichen Gerichte zuständig. Das sind die Amts-, Land- und Oberlandesgerichte sowie der Bundesgerichtshof. Ein vorgeschaltetes Schlichtungsverfahren ist gesetzlich nicht vorgesehen, wird aber vielfach auf freiwilliger Basis angestrebt. Beispielsweise schlichten die meisten Handwerkskammern bei Streitigkeiten zwischen Handwerkern und deren Kunden.

Arten der Rechtsnormen

Norm	Merkmale	Rechtsgebiet
Gesetz	von gewählten Volksvertretern im Bundestag oder in einem Landtag verabschiedete Normen	Privatrecht öffentliches Recht
Satzung	von gewählten Vertretern in Gremien der Körperschaften verabschiedete Normen	öffentliches Recht
Verordnung	von Verwaltungsbehörden geschaffene Normen mit gesetzlicher Ermächtigungsgrundlage	öffentliches Recht
Erlasse	von vorgesetzten Dienststellen an nachgeordnete Behörden gegebene Anweisungen ohne unmittelbare Wirkung gegenüber dem Bürger	öffentliches Recht

18.2 Systematik des Bürgerlichen Gesetzbuchs

Wichtigstes Gesetz im Privatrecht ist das Bürgerliche Gesetzbuch (BGB). Es ist am 1. Januar 1900 in Kraft getreten. Es gliedert sich in folgende fünf Bücher:

Übersicht Bürgerliches Gesetzbuch

Buch	Themen
Allgemeiner Teil	Der Allgemeine Teil enthält die Themen, die für alle Bücher gelten, also vor die Klammer gezogen sind. Hierzu gehören insbesondere: Personen, Sachen, Willenserklärung, Zustandekommen von Verträgen, Fristenberechnung und Verjährung.
Schuldrecht	Das Schuldrecht enthält zunächst die allgemeinen Vorschriften zur Vertragsabwicklung. Sodann werden zahlreiche Vertragsarten geregelt | ▸ HF 2, Kap. 19 bis 21, HF 3, Kap. 15 |.
Sachenrecht	Das Sachenrecht enthält die Vorschriften über das Entstehen, die Übertragung, Störung und Belastung des Besitz- und Eigentumsrechts | ▸ HF 2, Kap. 21 |.
Familienrecht	Das Familienrecht regelt das Verlobungsrecht, das Eherecht | ▸ HF 3, Kap. 25.1 | einschließlich der Güterstände, das Kindschafts-, Unterhalts- und Pflegschaftsrecht.
Erbrecht	Das Erbrecht | ▸ HF 3, Kap. 25.2 | enthält die gesetzlichen Erbfolgeregelungen sowie die Vorschriften zu deren Änderung durch Testament und Erbvertrag. Ferner behandelt es die Rechtsbeziehungen in Erbengemeinschaften sowie die Erbenhaftung.

Bedeutung des BGB

Das Bürgerliche Gesetzbuch (BGB) hat eine zentrale Bedeutung. Es regelt die wichtigsten Rechtsangelegenheiten des täglichen Lebens. Jeder Handwerksmeister kauft Material, Werkzeuge und Maschinen ein. Er schließt also Kaufverträge. Gegenüber seinen Kunden erbringt er Werkleistungen. Jetzt schließt er Werkverträge. Ein sog. Warenhandwerker wie z.B. Bäcker Marcello verkauft seine Backwaren. Wiederum geht es um Kaufverträge. Produktions- und Verkaufsstätten werden oft gemietet oder gepachtet. Grundlage sind Miet- oder Pachtverträge. Führen mehrere Handwerker zusammen ein Unternehmen oder arbeiten sie als Arbeitsgemeinschaft zusammen, so schließen sie Verträge zur Gründung von Gesellschaften des bürgerlichen Rechts. Zur Betriebsführung gehören aber auch Bankgeschäfte. Die häufigsten Verträge sind hier Darlehens- und Bürgschaftsverträge. All diese Vertragsarten regelt das BGB.

Tatjana Kaschak arbeitet als Auszubildende in einer der vier Filialen der Bäckerei Panino GmbH. Eines Nachmittags kommt sie aufgeregt in den Aufenthaltsraum gelaufen, wo der Geschäftsführer der Filiale und Meister Stefan Krumme sitzt.

„Gut, dass Sie da sind! Vorne im Laden steht Frau Schweigert und ist total aufgebracht. Ihre 6-jährige Tochter Lea war vorhin hier und hat wie immer mit einem Einkaufszettel die Brötchen für ihre Mutter abgeholt. Heute wollte sie aber noch zwei Muffins zusätzlich haben. Die habe ich ihr auch verkauft. Jetzt ist die Mutter hier und verlangt ihr Geld für die Muffins zurück, da diese nicht auf dem Einkaufszettel standen. Die Kleine hat die Muffins aber längst aufgegessen. Was mache ich denn jetzt? Hat Frau Schweigert etwa recht?"

19 Grundlagen rechtsgeschäftlichen Handelns

Rechtsgeschäfte

Jede Handlung, die darauf gerichtet ist, einen Rechtserfolg herbeizuführen, nennt man rechtsgeschäftliche Handlung, gleichgültig ob sie schriftlich, mündlich, durch eine Geste oder in anderer Form erfolgt. Rechtsgeschäfte sind nicht nur alle Verträge, sondern auch einseitige Erklärungen wie z.B. eine Kündigungserklärung oder ein Testament.

Der rechtsgeschäftlich Handelnde ist immer eine Person, juristisch ausgedrückt: ein Rechtssubjekt.

19.1 Rechtsfähigkeit

19.1.1 Natürliche Personen

Natürliche Personen sind alle Menschen. Dabei kommt es nicht auf Alter oder persönliche Eigenschaften an. Das neugeborene Kind ist wie der Greis oder der Strafgefangene ein Mensch und damit eine natürliche Person.

Rechtsfähigkeit

Alle natürlichen Personen sind mit Vollendung der Geburt bis zum Tod rechtsfähig. Das bedeutet, sie sind Träger von Rechten und Pflichten. Sie können Eigentum besitzen, Verträge abschließen, steuerpflichtig sein usw. Völlig gleichgültig ist, ob sie ihre Rechte und Pflichten auch selbst wahrnehmen können.

Verbraucher und Unternehmer

Das BGB kennt noch die Begriffe „Verbraucher“ und „Unternehmer“. Verbraucher sind natürliche Personen. Sie schließen Rechtsgeschäfte ab, die keiner gewerblichen oder sonstigen selbstständigen Tätigkeit zugerechnet werden können. Dagegen können Unternehmer sowohl natürliche als auch juristische Personen sein. Sie tätigen Rechtsgeschäfte im Zusammenhang mit ihrer Selbstständigkeit.

Ein und dieselbe natürliche Person kann je nach Zweck des Rechtsgeschäfts Verbraucher oder Unternehmer, niemals aber beides gleichzeitig sein.

Beispiel: Bäckermeister Luigi Marcello, der für seine Backstube eine Maschine kauft, handelt als Unternehmer. Kauft er aber für sein Wohnzimmer Möbel, so gilt er als Verbraucher.

19.1.2 Juristische Personen

Juristische Personen sind Zusammenschlüsse von natürlichen Personen. Sie sind als solche immer rechtsfähig. Das bedeutet, sie werden rechtlich wie natürliche Personen behandelt. Juristische Personen gibt es im Privatrecht und im öffentlichen Recht.

juristische Personen des öffentlichen Rechts	juristische Personen des Privatrechts
Bundesrepublik Deutschland	eingetragener Verein (e.V.)
Bundesland	Gesellschaft mit beschränkter Haftung (GmbH)
Kommune	Aktiengesellschaft (AG)
Handwerkskammer	eingetragene Genossenschaft (e.G.)

Entstehung und Beendigung

Eine juristische Person des Privatrechts wird auch als „Gesellschaft“ bezeichnet. Sie entsteht, indem ihre Mitglieder, die Gesellschafter, einen Gesellschaftsvertrag abschließen, der in einem bestimmten bei den Amtsgerichten geführten Register eingetragen wird. Für Vereine ist es das Vereinsregister, für gewerbliche Gesellschaften das Handelsregister, für Genossenschaften das Genossenschaftsregister. Erst wenn die Eintragung vollzogen und veröffentlicht wird, entsteht die juristische Person und damit auch ihre Rechtsfähigkeit.

Die juristische Person des öffentlichen Rechts (Körperschaft, Anstalt) entsteht durch einen staatlichen Rechtsakt, der im Bundesanzeiger bzw. in den Staatsanzeigern der Länder veröffentlich wird.

Die Existenz der juristischen Person und somit auch ihre Rechtsfähigkeit enden durch Löschung aus dem entsprechenden Register bzw. bei öffentlich-rechtlichen Körperschaften und Anstalten durch einen staatlichen Aufhebungsakt.

Rechtsfähigkeit

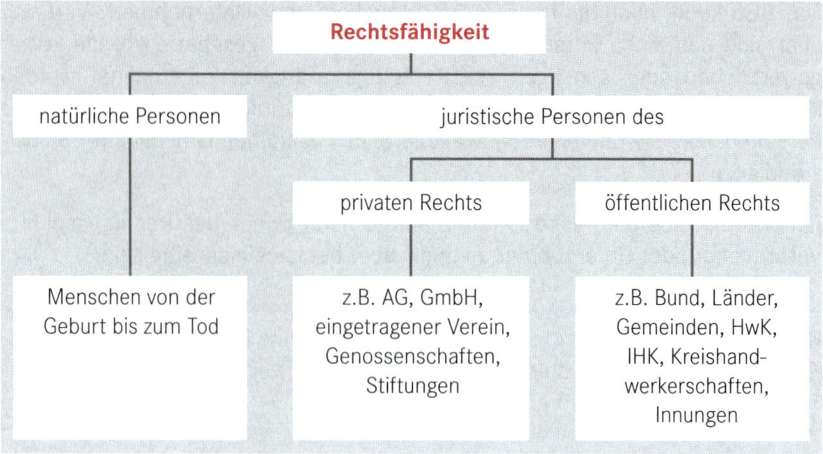

19.2 Geschäftsfähigkeit

Geschäftsfähigkeit ist die Fähigkeit, die durch Rechtsfähigkeit | ► HF 2, Kap. 19.1 | erworbenen Rechte und Pflichten auch selbst wahrnehmen zu können. Die unbeschränkte, also volle Geschäftsfähigkeit, tritt mit Vollendung des 18. Lebensjahres ein. Ab jetzt ist der Mensch für alle seine rechtsgeschäftlichen Handlungen selbst verantwortlich.

19.2.1 Geschäftsunfähigkeit

Kinder Kinder sind nach der Geburt bis zur Vollendung des siebten Lebensjahres geschäftsunfähig. Alle ihre rechtsgeschäftlichen Handlungen (Willenserklärungen) sind deshalb unwirksam und können auch nicht durch Genehmigung der Eltern wirksam werden. Kinder unter 7 Jahren können nach deutschem Recht wenn überhaupt nur als Bote tätig werden und eine Willenserklärung ihres gesetzlichen Vertreters, also der Eltern oder eines allein sorgeberechtigten Elternteils oder eines Vormunds, übermitteln. Wenn für geschäftsunfähige Kinder Rechtshandlungen getätigt werden sollen, müssen das die Eltern selbst tun.

Volljährige Geschäftsunfähig sind auch Volljährige, die infolge dauernder krankhafter Geistesstörung ihre Angelegenheiten nicht selbst regeln können. Ihnen wird vom Betreuungsgericht ein Betreuer zur Seite gestellt, der sie vertritt.

Aktuelles zu den Themen im Sackmann bietet das Lernportal.

Beispiel: Frau Schweigert hat recht. Die Willenserklärung der 6-jährigen Lea, mit der sie die Muffins verlangte, ist unwirksam. Sie konnte als geschäftsunfähige Person die Muffins überhaupt nicht kaufen.

Hinsichtlich der Brötchen überbrachte Lea aber als Bote die auf dem Zettel dokumentierte Willenserklärung der Mutter. Die hat die Auszubildende Tatjana Kaschak angenommen, sodass ein Kaufvertrag zwischen der Panino GmbH und Frau Schweigert unmittelbar zustande gekommen ist. Da die Muffins nicht auf dem Zettel standen, sind sie somit auch nicht Gegenstand der Willenserklärung bzw. des Kaufvertrags.

Die Panino GmbH muss Frau Schweigert das Geld dafür zurückerstatten, auch wenn die Bäckerei im Gegenzug die Ware nicht mehr zurückbekommen kann.

19.2.2 Beschränkte Geschäftsfähigkeit

Minderjährige

Minderjährige sind vom 7. bis zum 18. Lebensjahr beschränkt geschäftsfähig. In dieser Phase können sie zwar schon eigene Willenserklärungen abgeben. Allerdings sind diese grundsätzlich schwebend unwirksam. Mit diesem Begriff soll verdeutlicht werden, dass die Willenserklärung weder wirksam noch unwirksam ist. Die Wirksamkeit hängt von der Zustimmung der Eltern ab. Wurde diese jedoch schon im Voraus erteilt, dann ist die Willenserklärung von Anfang an wirksam. Die Zustimmungserklärung muss nicht dem Minderjährigen gegenüber abgegeben werden. Sie kann auch gegenüber dem Vertragspartner erfolgen.

schwebend unwirksame Willenserklärungen

Ausnahmen von der beschränkten Geschäftsfähigkeit

- Lediglich rechtlicher Vorteil:

  Die Willenserklärung ist aber wirksam, wenn das Rechtsgeschäft dem Minderjährigen ausschließlich rechtlichen Vorteil und keinen noch so geringen rechtlichen Nachteil verschafft. Ein wirtschaftlich vorteilhaftes Geschäft, bei dem er aber eine - wenn auch geringfügige - Gegenleistung erbringen muss, genügt also nicht.

Beispiel: Der 17-jährige Neffe von Luigi Marcello bekommt ein Lotterielos geschenkt, das € 10 000,- gewinnt. Von dem Geld kauft er ein gebrauchtes Auto, das objektiv mindestens das Doppelte wert ist.

Der Schenkungsvertrag bezüglich des Loses ist sofort wirksam, weil er nur rechtlichen Vorteil bringt. Dagegen ist der Kaufvertrag zwar wirtschaftlich vorteilhaft, rechtlich bringt er aber auch Nachteile: nämlich die Verpflichtung, den (sehr günstigen) Kaufpreis zu bezahlen und die laufenden Kosten aufzubringen. Allein deshalb ist der Autokauf schwebend unwirksam.

- Zur freien Verfügung überlassene Mittel:

Taschengeldparagraph

Aus einer Willenserklärung entsteht nur eine Zahlungsverpflichtung, wenn er sie mit eigenen Mitteln erfüllt, z.B. mit seinem Taschengeld.

- Führen eines Gewerbebetriebs:

Will der Minderjährige selbstständig einen Gewerbebetrieb führen, muss zusätzlich noch das Familiengericht zustimmen. Dann ist er für alle Rechtsgeschäfte, die der Gewerbebetrieb mit sich bringt, voll geschäftsfähig.

Geschäftsfähigkeit

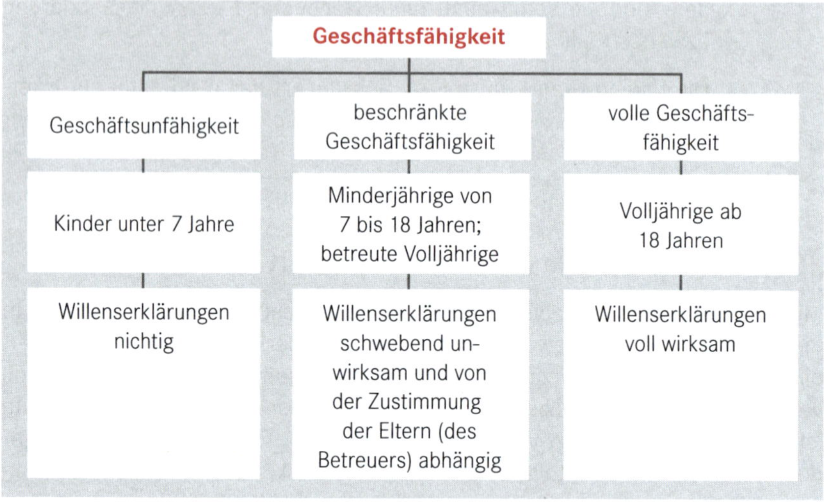

19.2.3 Gesetzliche Vertretung

unterschiedliche Bezeichnungen

Wenn eine rechtsfähige Person nicht selbst für sich handeln kann, muss ein gesetzlicher Vertreter vorhanden sein. Bei Minderjährigen sind das die Eltern gemeinsam oder der sorgeberechtigte Elternteil allein. Bei volljährigen Personen ist das der Betreuer. Bei juristischen Personen müssen zwangsläufig natürliche Personen als gesetzliche Vertreter vorhanden sein:

- Vorsitzender (Verein),
- Geschäftsführer (GmbH),
- Vorstand (AG),
- Bürgermeister (Kommune).

19.3 Deliktsfähigkeit

Von der Rechtsfähigkeit und der Geschäftsfähigkeit ist die Deliktsfähigkeit zu unterscheiden. Sie bedeutet, dass man für sein Handeln auch verantwortlich ist. Rechtswidriges und schuldhaftes Handeln | ► HF 2, Kap. 20.1.6| führt somit zur Schadensersatzpflicht, wenn jemand tatsächlich einen Schaden erlitten hat.

Altersgrenzen

Minderjährige sind bis zur Vollendung des 7. Lebensjahres deliktsunfähig. Sie haften selbst dann nicht, wenn sie einem anderen absichtlich Schaden zugefügt haben. Minderjährige zwischen dem 7. und 18. Lebensjahr sind immer dann deliktsunfähig, wenn ihnen die Einsicht fehlte, die Verantwortlichkeit für ihr Handeln zu erkennen. Aus Billigkeitsgründen kann trotz Deliktsunfähigkeit in extremen Ausnahmefällen eine Schadensersatzpflicht entstehen.

Mit Eintritt der Volljährigkeit beginnt auch die unbeschränkte Deliktsfähigkeit.

19.4 Willenserklärung

19.4.1 Begriff

Der schon mehrfach verwendete Begriff „Willenserklärung“ bezeichnet

- eine bewusste Erklärungshandlung,
- die auf einem inneren Handlungswillen beruht,
- der auf die Herbeiführung einer bestimmten Rechtsfolge gerichtet ist.

Grundlage eines Rechtsgeschäfts

Die Willenserklärung ist die Grundlage eines jeden Rechtsgeschäfts. Bei einem einseitigen Rechtsgeschäft, z.B. einer Kündigung, gibt es nur eine einzige Willenserklärung. Dagegen muss bei einem mehrseitigen Rechtsgeschäft, etwa einem Vertrag, jeder Beteiligte eine eigene Willenserklärung abgeben.

19.4.2 Form

Grundsätzlich sind Willenserklärungen in jeder Form wirksam.

Formen der Willenserklärung

Form	Erklärung	Anwendungsbeispiele
stillschweigend	Der Erklärende sagt nichts, aber aus den Umständen wird klar, was er will.	Bedienung eines Verkaufsautomaten
konkludent	Der Erklärende zeigt eine Geste oder ein Verhalten, das auf seinen inneren Willen mit großer Wahrscheinlichkeit schließen lässt.	Auflegen der Waren auf das Förderband an der Supermarktkasse
mündlich	Der Erklärende äußert die Willenserklärung verbal.	Brötchenkauf beim Bäcker
Textform	Der Erklärende äußert sich schriftlich oder auf einer elektronisch erstellten Urkunde, aus der seine Identität hervorgeht, jedoch ohne Unterschrift.	Widerrufsbelehrung und Erfüllung von Informationspflichten in bestimmten Verträgen mit Verbrauchern
Schriftform	Der Erklärende äußert sich schriftlich mit Unterschrift.	Schuldanerkenntnis, Bürgschaft (ausgenommen bei Kaufleuten)

Form	Erklärung	Anwendungsbeispiele
elektronische Signatur	Der Erklärende gibt die Erklärung auf elektronischem Weg, jedoch mit elektronischer Signatur versehen, ab.	wie bei Schriftform
notarielle Beurkundung	Der Erklärende gibt die Willenserklärung vor einem Notar schriftlich ab. Sie wird vom Notar beurkundet.	Grundstückskauf, Schenkungsversprechen

Nur wenn das Gesetz für ein Rechtsgeschäft eine bestimmte Form der Willenserklärung vorschreibt, muss diese eingehalten sein, sonst sind Willenserklärung und Rechtsgeschäft unwirksam.

19.4.3 Empfangsbedürftigkeit

Im Allgemeinen wird die Willenserklärung erst mit Zugang beim Empfänger wirksam. Bei gleichzeitiger Anwesenheit des Erklärenden und des Empfängers entstehen keine Zugangsprobleme. Unmöglich ist nur der Nachweis, wenn keine Zeugen vorhanden sind. Problematisch wird der Zugang aber, wenn die Willenserklärung einem Abwesenden gegenüber nachweisbar abzugeben ist.

Zugegangen ist die Willenserklärung, wenn sie in den Machtbereich des Empfängers gelangt ist und dieser die Möglichkeit der Kenntnisnahme hat. Eine tatsächliche Kenntnisnahme ist nicht erforderlich.

Zugang einer Willenserklärung

Übermittlungsart	Erläuterung
einfache Post	Zugang ist wahrscheinlich, aber nicht nachweisbar.
normales Einschreiben	Der Absender kann nur die Abgabe des Briefs bei der Post durch den Einlieferungsschein nachweisen, nicht aber den Zugang beim Empfänger.
Einwurfeinschreiben	Zusätzlich zum normalen Einschreiben erhält jetzt der Absender einen Auslieferungsnachweis, auf dem der Zusteller bestätigt, wann er den Brief in den Empfängerbriefkasten eingeworfen hat. Bestreitet der Empfänger den Erhalt des Briefs, ist der Auslieferungsbeleg kein gerichtsfester Beweis.
Einschreiben mit Rückschein	Zusätzlich zum normalen Einschreiben übergibt der Zusteller den Brief an den Empfänger, was unterschriftlich auf dem Rückschein bestätigt wird. Öffnet der Empfänger dem Zusteller nicht, erhält er die Benachrichtigung, dass er den Brief eine Woche lang bei der Post abholen kann. Wird er nicht abgeholt, geht er an den Absender zurück. Kein Zugang.

Übermittlungsart	Erläuterung
Zustellung durch Boten	Der vertrauenswürdige Bote nimmt vom Inhalt des Briefs Kenntnis und bestätigt das zusammen mit dem Datum des Einwurfs in den Empfängerbriefkasten. Damit ist der Brief nachweisbar in den Machtbereich des Empfängers gelangt. Zugang ist dann, wenn der Empfänger üblicherweise seinen Briefkasten leert, spätestens aber am nächsten Werktag.

Bei Verweigerung der Annahme ist der Vermerk des Zustellers „Annahme verweigert“ der Zugangsnachweis!

19.4.4 Nichtigkeit und Anfechtbarkeit

Eine Willenserklärung ist nichtig, d.h. ohne jede Rechtswirkung, wenn sie gegen ein Gesetz verstößt oder sittenwidrig ist. Die Sittenwidrigkeit ist ein unbestimmter Rechtsbegriff. Allein der Richter entscheidet darüber im konkreten Einzelfall.

Anfechtung als Willenserklärung

Eine fehlerhafte Willenserklärung kann aber zunächst wirksam sein und erst durch die Anfechtung unwirksam werden. Die Anfechtung selbst ist ihrerseits eine Willenserklärung. Zu ihrer Wirksamkeit sind eine Geschäftsfähigkeit des Anfechtenden und der Zugang beim Empfänger (Anfechtungsgegner) erforderlich.

Anfechtung wegen Irrtums

Folgende Arten des Irrtums rechtfertigen eine Anfechtung:

- Inhaltsirrtum: Der Erklärende weiß zwar, was er erklärt, er hat aber eine falsche Vorstellung von dem, was er erklärt. *Inhaltsirrtum*
- Erklärungsirrtum: Der Erklärende weiß nicht, was er erklärt. Er verschreibt oder verspricht sich. *Erklärungsirrtum*
- Eigenschaftsirrtum: Der Erklärende irrt sich über die Eigenschaft der Sache oder der Person, um die es in der Willenserklärung geht. *Eigenschaftsirrtum*

Beispiele: Bäcker Luigi Marcello bestellt zehn Säcke Mehl. Er glaubt, ein Sack enthalte 25 kg Mehl. Tatsächlich sind es aber 50 kg.

Marcello irrt sich nicht darüber, dass er 10 Säcke bestellt. Der Irrtum liegt vielmehr in seiner Willensbildung, weil er von falschem Gewicht ausgeht (Inhaltsirrtum).

Zu einem anderen Zeitpunkt benötigt er wieder 250 kg Mehl. Marcello weiß, dass jeder Sack 50 kg enthält. Er vertippt sich aber beim Ausfüllen der Bestellung und schreibt versehentlich 50 anstatt 5 Säcke.

Jetzt liegt der Irrtum nicht in seiner Willensbildung, sondern in der Erklärungshandlung (Erklärungsirrtum).

In dieser Variante will Luigi Marcello 250 kg Mehl bestellen, um ganz bestimmte Backwaren herzustellen. Bisher hatte er dafür die Sorte X verwendet. Weil die Sorte Y preisgünstiger ist, bestellt er jetzt diese, nicht wissend, dass sie sich für die besagten Backwaren nicht eignet.

Der Irrtum liegt jetzt nicht in seinem Willen und auch nicht in seiner Erklärungshandlung. Vielmehr irrt er sich über die Eigenschaften der bestellten Ware (Eigenschaftsirrtum).

Der Erklärende kann gegenüber dem Vertragspartner seine Willenserklärung anfechten, sodass sie rückwirkend unwirksam wird.

Die Anfechtung muss unverzüglich erklärt werden, nachdem der Irrtum bemerkt wird (nach der Rechtsprechung binnen drei bis fünf Tagen). Und da dem Vertragspartner ein Geschäft entging, muss der Anfechtende dem Vertragspartner auch noch den dadurch erlittenen Vertrauensschaden ersetzen.

Vorteil prüfen Vor einer Irrtumsanfechtung ist zu prüfen, ob die Durchführung des Geschäfts evtl. vorteilhafter ist als eine Anfechtung und Schadensersatzleistungen.

Anfechtung wegen arglistiger Täuschung

Eine arglistige Täuschung liegt vor, wenn jemand wissentlich über wesentliche Tatsachen des Rechtsgeschäfts getäuscht wird und in Kenntnis der Wahrheit das Geschäft nicht oder nur zu anderen Bedingungen tätigen würde. Die Anfechtungsfrist beträgt ein Jahr.

Beispiel: Luigi Marcello kauft für das Ausfahrgeschäft ein gut erhaltenes, als unfallfrei bezeichnetes Gebrauchtfahrzeug für € 15 000,-. Dieses erweist sich jedoch im Nachhinein als Unfallwagen, der nur einen tatsächlichen Wert von € 8 000,- hat.

Luigi Marcello kann den Kauf wegen arglistiger Täuschung anfechten. Das Rechtsgeschäft wird rückwirkend nichtig.

Anfechtung wegen Drohung

Auch wenn eine Willenserklärung unter einer Drohung abgegeben wird, ist sie deshalb noch nicht nichtig, wohl aber anfechtbar. Die Anfechtung macht das Rechtsgeschäft wiederum rückwirkend nichtig. Die Anfechtungsfrist beträgt wieder ein Jahr. Schadensersatzansprüche des Anfechtungsgegners bestehen nicht.

19.4.5 Stellvertretung und Vollmacht

Bei der Abgabe einer Willenserklärung kann man sich vertreten lassen. Voraussetzung ist die Erteilung einer Vollmacht. Ohne entsprechende Vereinbarung ist der Vertreter nicht befugt, die Vollmacht auf einen Dritten weiter zu übertragen (Erteilung von Untervollmacht). Überschreitet der Vertreter die Grenzen seiner Vollmacht, so ist die von ihm abgegebene Willenserklärung schwebend unwirksam. Genehmigt sie der Vertretene, wird sie wirksam. Verweigert er die Genehmigung, ist sie endgültig nichtig. Dem pflichtvergessenen Vertreter drohen dann Schadensersatzansprüche des Vertragspartners.

offene Stellvertretung

Der Vertreter gibt - im Gegensatz zum Boten - eine eigene Willenserklärung für und gegen den Vertretenen ab. Ein Vertragsabschluss kommt aber unmittelbar zwischen dem Vertretenen und dem Vertragspartner zustande. Grundsätzlich muss der Vertreter offenlegen, dass er für einen anderen handelt (offene Stellvertretung). Tut er das nicht, wirkt seine Willenserklärung nur dann für und gegen den Vertretenen, wenn es sich um Bargeschäfte des täglichen Lebens handelt. Ansonsten wird der Vertreter selbst zum Vertragspartner.

Anscheinsvollmacht

Der Vertretene kann jederzeit gegenüber dem Vertreter die Vollmacht widerrufen. Zweckmäßig ist aber, den Geschäftspartnern davon Mitteilung zu machen, um den Fall der Anscheinsvollmacht zu vermeiden.

Beispiel: Nehmen wir an, Bäckermeister Marcello hätte seine Backstubenleiterin Elena Bertani bevollmächtigt, in seinem Namen je nach Bedarf Backzutaten beim Großhändler einzukaufen. In Eilfällen holt Frau Bertani die Waren selbst ab. Die Rechnungen gehen unmittelbar an die Buchhaltung der Panino GmbH. Dann widerruft Marcello die Vollmacht gegenüber Elena Bertani. Diese kauft aber weiter auf Rechnung der Panino GmbH Waren ein, die sie privat nutzt. Muss die GmbH die Rechnungen dafür bezahlen?

Antwort: Ja, denn der Großhändler ist gutgläubig. Über den Widerruf der Vollmacht wurde er nicht informiert.

Duldungsvollmacht

Tritt jemand als Vertreter eines anderen auf, ohne bevollmächtigt zu sein, und duldet der angeblich Vertretene das auch noch, wird er aus der abgegebenen Willenserklärung des vollmachtlosen Vertreters in vollem Umfang so verpflichtet, als habe er eine Vollmacht erteilt. Diesen Fall nennt man Duldungsvollmacht.

Nutzen Sie das interaktive Zusatzmaterial im Sackmann-Lernportal.

Luigi Marcello plant, weitere Filialen seiner Bäckerei zu eröffnen. Nach längerer Suche findet er endlich ein passendes Ladenlokal. Er verhandelt mit Manfred Schäfer, dem Eigentümer, über den Kaufpreis. Dieser macht ihm schließlich folgendes Angebot: „€ 720 000,- und der Laden gehört Ihnen!“

Luigi Marcello möchte sich jedoch zunächst noch mit seinen beiden anderen Geschäftsführern, Hendrik Mielmann und Stefan Krumme, besprechen. Außerdem wollen sie sich noch weitere Objekte ansehen. Er verabschiedet sich ohne konkrete Äußerung. „Danke, Herr Schäfer, ich melde mich dann bei Ihnen.“

Neuer Preis: € 800 000,-
Es waren € 720 000,- vereinbart!

Nachdem er und seine Geschäftspartner sich noch weitere Ladenlokale angeschaut haben, kommen sie zu dem Schluss, dass das Angebot von Manfred Schäfer das Beste war. Als Luigi Marcello ihn zwei Tage später anruft, um dessen Angebot anzunehmen, überrascht ihn dieser mit der Äußerung: „Ach, Herr Marcello. Ja, ich erinnere mich. Es tut mir leid, aber ich habe es mir anders überlegt. Ich verkaufe nur für € 800 000,-.“

Luigi Marcello ist außer sich. „Aber Sie können doch nicht einfach einen neuen Preis angeben, Herr Schäfer. Angebot ist schließlich Angebot! Auch an mündliche Angebote muss man sich halten!“

20 Vertragsrecht

20.1 Allgemeines Vertragsrecht

20.1.1 Vertragsfreiheit

Ordnungsprinzip des BGB

Der Grundsatz der Vertragsfreiheit ist ein wichtiges Ordnungsprinzip des Bürgerlichen Gesetzbuches. Es besteht eine Abschlussfreiheit, d.h. jeder bestimmt selbst, mit wem er einen Vertrag abschließen möchte. Inhaltsfreiheit ist das Recht der Vertragspartner festzulegen, wie der Inhalt ausgestaltet werden soll.

Das gilt jedoch nicht bei Verträgen, die eine Wirkung zulasten eines Dritten ausüben sollen. Ohne Zustimmung des Belasteten sind diese nichtig. Gesetzeswidrige Verträge (z.B. Schwarzarbeiterverträge) oder sittenwidrige Verträge (z.B. wucherische Rechtsgeschäfte) sind ebenfalls nichtig.

20.1.2 Zustandekommen eines Vertrags

Vertragsangebot, Vertragsannahme

Wenn zwei Personen einen Vertrag abschließen wollen, gibt jeder eine Willenserklärung ab. Decken sich beide inhaltlich, so „vertragen" sich die Partner. Daher kommt der Begriff „Vertrag". Die Willenserklärungen nennt man Vertragsangebot und Vertragsannahme oder kurz Angebot und Annahme.

tatsächlicher Wille

Ob sich die Willenserklärungen tatsächlich inhaltlich decken, ist nicht nur nach dem Wortlaut zu beurteilen. Entscheidend ist der beiderseitige Wille, der zum Ausdruck gebracht werden muss.

Auslegung

Ist eine Willenserklärung nicht eindeutig formuliert, muss sie ausgelegt werden, und zwar dahingehend, wie ein objektiver Dritter sie nach Treu und Glauben, also nach dem Prinzip von Ehrlichkeit und Fairness sowie unter Berücksichtigung der Gesetzeslage verstehen muss.

modifizierte Annahme

stillschweigende Willenserklärung

Reagiert der Partner auf ein Vertragsangebot bewusst und erkennbar mit einer inhaltlich abweichenden Willenserklärung, ist dies keine Annahme, sondern vielmehr ein neues Vertragsangebot, sodass jetzt wieder der andere Partner am Zug ist. Nimmt er das neue Vertragsangebot an, handelt es sich um eine modifizierte Vertragsannahme. Dafür reicht eine konkludente, d.h. schlüssige Handlung aus, beispielsweise in dem er einfach mit der Durchführung des Vertrags beginnt. Dies wird auch als stillschweigende Willenserklärung bezeichnet.

20.1.3 Geltungsdauer eines Vertragsangebots

Angebot gegenüber Anwesendem

Ein Angebot gegenüber einem Anwesenden wird ungültig, wenn dieser es nicht sofort annimmt. Einigen sich beide Partner auf eine Bedenkzeit, ist der Anbietende bis zum Ablauf der Bedenkzeit an sein Angebot gebunden.

Angebot gegenüber Abwesendem

Wird das Angebot gegenüber einem Abwesenden abgegeben, ist der Anbietende so lange daran gebunden, wie üblicherweise mit einer Antwort zu rechnen ist. Was das konkret bedeutet, ist Auslegungssache. Deshalb sollten alle schriftlichen Angebote befristet werden („Dieses Angebot gilt bis zum ...").

Beispiel: Der Eigentümer des zum Verkauf stehenden Ladenlokals hatte Luigi Marcello im direkten Gespräch ein mündliches Kaufangebot unterbreitet; dieser hat es aber nicht sofort angenommen. Eine Bedenkzeit wurde auch nicht vereinbart. Manfred Schäfer war deshalb nicht an sein Angebot gebunden. Die spätere Kaufpreiserhöhung ist daher - zumindest rechtlich - nicht zu beanstanden.

Alles verstanden? Werden Sie im Sackmann-Lernportal aktiv!

20.1.4 Form des Vertrags

Ebenso wie Willenserklärungen formlos möglich sind | ► HF 2, Kap. 19 |, können auch Verträge formlos geschlossen werden, sofern nicht gesetzlich etwas anderes vorgeschrieben ist. Das ist z.B. beim Immobilienkauf der Fall. Diese Willenserklärungen bedürfen der Schriftform mit notarieller Beurkundung.

Beispiel: Bei dem Kaufangebot für das Ladenlokal von Manfred Schäfer handelt es sich nicht um eine wirksame Willenserklärung. Es fehlt die Schriftform mit notarieller Beurkundung. Rechtlich gesehen hat das Angebot keinerlei Bedeutung.

20.1.5 Allgemeine Geschäftsbedingungen/VOL/VOB

AGB als sog. Kleingedrucktes

Wenn Vertragspartner nicht immer wieder alle Einzelheiten eines Vertrages neu aushandeln und festlegen wollen, empfiehlt sich die Formulierung von allgemeinen Geschäftsbedingungen (AGB), bekannt als das sog. „Kleingedruckte".

AGB sind für eine Vielzahl von Verträgen vorformulierte Vertragsbedingungen, die eine Vertragspartei der anderen Vertragspartei bei Abschluss eines Vertrages auferlegt, welche diese akzeptieren muss, wenn der Vertrag zustande kommen soll. Im Einzelnen ausgehandelte individuelle Vertragsbestimmungen sind keine AGB.

Nach den gesetzlichen Vorschriften zu den AGB dürfen Geschäftspartner jedoch nicht „unangemessen" benachteiligt werden. So können etwa Mängelbeseitigungsansprüche nicht ausgeschlossen werden. Verjährungsfristen können nur verlängert, nicht aber verkürzt werden.

Auch überraschende Klauseln sind unwirksam. Beispielsweise darf ein Vertrag über die Installation einer Heizung keinen - z.B. auf der Rückseite versteckten - Zusatzauftrag zur regelmäßigen Wartung enthalten.

Vereinbarung

Vertragsinhalt werden die AGB durch Vereinbarung. Der Verwender muss bei Vertragsabschluss ausdrücklich auf sie hinweisen, indem er dem Vertragspartner eine zumutbare Kenntnisnahme ermöglicht, z.B. durch Aufdruck der AGB auf dem Angebot oder Bestellschein oder - je nach Geschäftstyp - durch Aushang im Ladenlokal oder in einer Reparaturwerkstätte.

Beispiel: In der Erwartung, dass der Kauf des Ladens in Ordnung geht, hatte Luigi Marcello schon mit Malermeister Ralf Weiss über die Renovierung der Räume gesprochen. Dieser schickte ihm darauf ein Angebot, in dem u.a. steht: „Es gelten meine AGB, die in meinem Büro oder auf meiner Homepage eingesehen werden können." Ohne Einsicht zu nehmen, erteilte Luigi Marcello telefonisch den Auftrag an Ralf Weiss.

In diesem Fall gelten die AGB dennoch nicht. Denn es ist Kunden nicht zuzumuten, die AGB im Büro des Vertragspartners einzusehen oder sie auf dessen Internetseite zu suchen. Ralf Weiss hätte sie seinem Angebot beifügen müssen.

Vergabe- und Vertragsordnung (VOL, VOB)

Bauverträge werden überwiegend unter Einbeziehung der VOB Teil B (VOB/B) abgeschlossen. Die vom Deutschen Vergabe- und Vertragsausschuss herausgegebene Vergabe- und Vertragsordnung für Bauleistungen (VOB) bzw. für Leistungen (VOL) haben die Rechtsqualität von AGB. Sie enthalten Abänderungen und Ergänzungen des BGB. Bei privaten Kunden werden sie nur durch ausdrückliche Vereinbarung und Kenntnisnahme Vertragsinhalt. Bei Kunden, die die VOB/B bzw. VOL/A kennen, also Bauunternehmer, Bauhandwerker, Architekten, Rechtsanwälte, reicht der Verweis auf ihre Geltung aus.

20.1.6 Fehler in der Vertragsabwicklung

wichtige juristische Fachbegriffe

Begriff	Erläuterung
Leistung	Erfüllung einer vertraglichen Pflicht. Leistung kann ein Tun (Zahlung, Lieferung) oder ein Unterlassen (Beendigung z.B. von unlauterer Werbung) sein.
Leistungsstörung	Verstoß gegen eine vertragliche Pflicht (Pflichtverletzung).
Verschulden	Fahrlässigkeit oder Vorsatz.
Gläubiger	Wer eine Vertragsleistung verlangen kann.
Schuldner	Wer eine Vertragsleistung zu erbringen hat.
Nichtleistung	Leistung wird nicht erbracht oder ist unmöglich.
Verzug	Leistung wird verspätet erbracht.
Schlechtleistung	Leistung wird fehlerhaft erbracht.
Mängelhaftung	Identisch mit dem früheren Begriff Gewährleistung.

Nichtleistung

Unmöglichkeit der Leistung

Erbringt ein Vertragspartner seine vertraglich geschuldete Leistung nicht, kann das zwei Ursachen haben: Entweder er will oder er kann nicht leisten. Im ersten Fall darf ihn der Gläubiger mahnen und ggf. auf Leistung verklagen. In der Regel wird er dann verspätet seine Leistung erbringen, sodass Verzug | ► S. 378 | vorliegt. Kann der Schuldner aber nicht leisten, selbst wenn er wollte, spricht man von Unmöglichkeit | ► HF 3, Kap. 21.1 |.

Wird in einem Vertrag dem Schuldner die Leistungserbringung unmöglich, so liegt darin eine Pflichtverletzung. Eine Schadensersatzpflicht gegenüber dem Gläubiger entsteht aber nur, wenn er die Pflichtverletzung auch zu vertreten hat.

Beispiel: Malermeister Ralf Weiss kann das Fliesenmaterial, das er einem Kunden für eine Badsanierung vertraglich zugesagt hat, nicht liefern. Dies hat er gegenüber seinem Kunden zu vertreten. Folge: Schadensersatzpflicht.

Kann der Kunde nicht bezahlen, weil er kein Geld hat, hat er das immer zu vertreten. Folge: Schadensersatzpflicht.

Verzug

Voraussetzungen

Beim Verzug wird die Leistung verspätet erbracht. Deshalb setzt Verzug voraus:

- Fälligkeit der Leistung,
- Mahnung und
- Schuld an der Verspätung.

Fälligkeit

Wann eine Leistung fällig ist, hängt von der Vertragsart und den im Einzelfall getroffenen Vereinbarungen ab. Im Allgemeinen sind Leistungen sofort nach Vertragsabschluss zusammen mit der Gegenleistung fällig. Man nennt das „Leistung Zug um Zug".

Beispiel: In der Bäckerei Panino reicht die Fachverkäuferin Elena Bertani die gewünschten Brötchen über die Ladentheke. Im Gegenzug zahlt die Kundin ihr den vereinbarten Preis dafür.

Muss dagegen ein Vertragspartner seine Leistung zuerst erbringen, bevor er Anspruch auf die Gegenleistung hat, so ist er vorleistungspflichtig. Dies gilt beispielsweise beim Werkvertrag | ► HF 2, Kap. 20.3 |. Der Werklohnanspruch des Unternehmers wird erst bei der Abnahme seines Werkes durch den Kunden (Besteller) fällig, also erst dann, wenn sein Werk schon vollständig hergestellt ist.

Beispiel: Erst wenn Ralf Weiss die Sanierungsarbeiten des Badezimmers vollständig erbracht hat, muss sein Kunde die Rechnung auch bezahlen.

Ein konkreter Fälligkeitszeitpunkt kann auch vertraglich vereinbart werden („zahlbar bis zum ...").

Die Mahnung ist die Aufforderung an den Schuldner, seine Leistung innerhalb einer bestimmten Frist (Nachfrist) zu erbringen, verbunden mit der Androhung von Sanktionen für den Fall der Nichtleistung. Gesetzlich vorgeschrieben ist nur eine einzige Mahnung. Ihr Zugang beim Schuldner muss jedoch nachweisbar sein | ► HF 2, Kap. 19.4.3 |. Erst dann beginnt die Nachfrist. Mahnungen sollten daher als Einschreiben mit Rückschein oder durch Boten zugestellt werden | ► HF 3, Kap. 21.1 |. *Mahnung*

Bei einer Geldforderung gerät der Schuldner auch ohne Mahnung spätestens 30 Tage nach Fälligkeit und Zugang einer Rechnung in Verzug. Der Gläubiger muss Privatkunden jedoch zuvor auf diese 30-Tage-Regelung aufmerksam gemacht haben. *30-Tage-Regelung*

Ferner ist die Mahnung entbehrlich, wenn der Schuldner die Zahlung ernsthaft verweigert.

Eine Erinnerung ist keine Mahnung und auch nicht gesetzlich vorgeschrieben. Sie enthält weder eine Nachfrist noch eine Sanktionsandrohung. *Erinnerung*

Verschulden bedeutet vorsätzliches oder fahrlässiges Handeln (Absicht oder Außerachtlassung der notwendigen Sorgfalt). Wer ohne Schuld seiner Leistungspflicht nicht nachkommt, gerät nicht in Verzug (z.B. Schuldner liegt im Koma). *Verschulden*

Die Verzugsfolgen umfassen neben dem weiterbestehenden Leistungsanspruch des Gläubigers zusätzlich den Ersatz des durch die Verspätung verursachten Schadens. Bei Geldschulden können z.B. Kreditzinsen entstehen. Sie können vom Schuldner in tatsächlicher Höhe (Bankbescheinigung) verlangt werden oder pauschal in Höhe von 5 % über dem Basiszins der Deutschen Bundesbank. Ausnahmeweise gelten 8 % über dem Basiszins, wenn kein Vertragspartner Verbraucher ist. *Verzugsfolgen* *Zinsen* *Basiszins*

Schlechtleistung

Schlechtleistungen sind pünktliche, aber mangelhafte Leistungen. Sie werden im Rahmen des Mängelbeseitigungsrechts bei den jeweiligen Vertragsarten behandelt. Entstehen durch Schlechtleistung Folgeschäden, die von der Mängelbeseitigung nicht erfasst werden, sind diese zusätzlich zu ersetzen. *mangelhafte Leistung*

Verletzung von Nebenpflichten

Eine Leistungsstörung liegt auch vor, wenn ein Vertragspartner eine Nebenpflicht verletzt und dadurch den Vertragspartner schädigt. Nebenpflichten haben mit der vertraglich geschuldeten Leistung unmittelbar nichts zu tun. Es handelt sich um Hinweis-, Obhuts- und Aufklärungspflichten. *Nebenpflichten*

Haftung für Mitarbeiter

Da Unternehmer meist ihre vertraglichen Pflichten nicht selbst wahrnehmen, sondern dazu Mitarbeiter einsetzen, haften sie auch für deren Fehlverhalten,

Haftung für Erfüllungsgehilfen

wenn dadurch der Vertragspartner geschädigt wird (z.B. Maler beschädigt die Einrichtung). Der Mitarbeiter ist Erfüllungsgehilfe, sodass man von der „Haftung für den Erfüllungsgehilfen" spricht.

Haftung für den Verrichtungsgehilfen

Wird ein Dritter geschädigt, der nicht Vertragspartner des Unternehmers ist (z.B. Gerüstbauer beschädigt den Zaun des Nachbarn), haftet der Unternehmer nur dann, wenn er schuldhaft einen unfähigen Mitarbeiter mit der Arbeit betraut hat. Jetzt spricht man von der „Haftung für den Verrichtungsgehilfen".

Anspruchsverjährung

Erhebung der Verjährungseinrede

Alle Ansprüche aus Verträgen unterliegen der Verjährung. Verjährte Ansprüche sind nicht untergegangen und können sogar eingeklagt werden. Beruft sich der Schuldner aber auf Verjährung, kann er die Leistung verweigern (Erhebung der Verjährungseinrede). Beginn und Dauer der einzelnen Verjährungsfristen hängen von der jeweiligen Vertragsart ab | ▸ HF 2, Kap. 20.2-20.4 |.

Besondere Informationspflichten

Dienstleistungs-Informationspflichten-Verordnung

Nach der Dienstleistungs-Informationspflichten-Verordnung (DL-InfoV) muss der Unternehmer den Kunden zahlreiche Informationen über sich selbst und seinen Betrieb vor Abschluss eines schriftlichen Vertrages, bei mündlichen Verträgen vor Erbringung der Dienstleistung unverlangt zur Verfügung stellen. Die Informationen reichen von den Personalien und der Betriebsadresse bis zu Angaben über die Qualifikation des Inhabers und seiner Berufshaftpflichtversicherung. Zuwiderhandlungen werden mit Bußgeld geahndet.

Fernabsatzgeschäft Widerruf

Ein Fernabsatzgeschäft liegt vor, wenn ein Unternehmer mit einem Verbraucher einen Vertrag telefonisch, per Post, Telefax, Internet, E-Mail, SMS oder unter Nutzung anderer elektronischer Medien schließt. Vor Vertragsabschluss muss er den Verbraucher in Textform | ▸ HF 2, Kap. 19 | auf dessen 14-tägiges Widerrufsrecht hinweisen.

Internetauftritt

Zusätzliche Informationspflichten bestehen, wenn eine Internetpräsentation betrieben wird. Nach dem Telemediengesetz müssen Gewerbetreibende ein Impressum mit umfangreichen Angaben über den Betrieb veröffentlichen.

Haustürgeschäft Widerruf

Ein Haustürgeschäft ist ein Vertragsabschluss zwischen einem Unternehmer und einem Verbraucher in dessen Wohnung, an dessen Arbeitsplatz oder an einem öffentlich zugänglichen Ort. Auch hier muss der Verbraucher auf sein 2-wöchiges Widerrufsrecht hingewiesen werden.

Ihren persönlichen Zugang zum Sackmann-Lernportal finden Sie auf Seite 3.

20.2 Kaufvertrag

20.2.1 Pflichten der Kaufvertragspartner

Pflicht des Verkäufers

Der Verkäufer hat sofort nach Abschluss des Kaufvertrags oder zum vereinbarten Zeitpunkt die Kaufsache mangelfrei dem Käufer zu übergeben und ihm das Eigentum daran zu verschaffen | ► Eigentumsübertragung, S. 390 |.

Pflicht des Käufers

Der Käufer muss die Kaufsache abnehmen und sofort den Kaufpreis bezahlen. Eine gesetzliche Zahlungsfrist gibt es nicht, ebenso wenig einen Anspruch auf Skontoabzug. Der Zahlungsanspruch verjährt nach drei Jahren. Verjährungsbeginn ist der 1. Januar nach der Übergabe! | ► Verzug, S. 378 |.

Pflichten der Vertragspartner

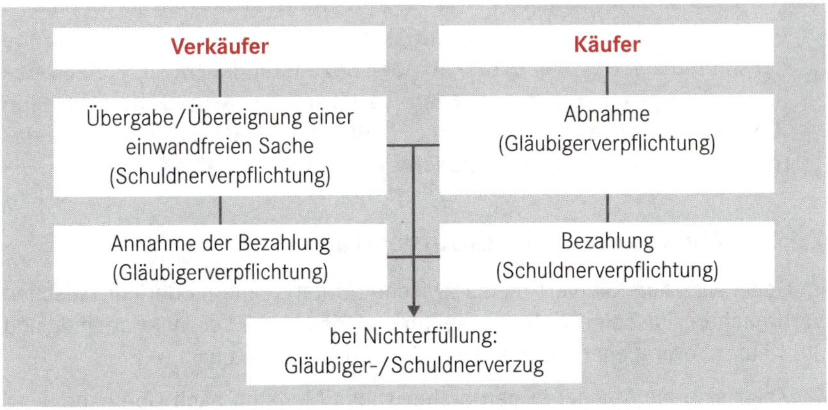

20.2.2 Mängelbeseitigungsrecht

Mangelbegriff

Ein Mangel liegt vor, wenn die Kaufsache

- zu dem im Kaufvertrag vorausgesetzten Zweck ungeeignet ist,
- nicht die übliche Beschaffenheit aufweist,
- nicht die in der Werbung angegebenen Eigenschaften besitzt,
- keine oder eine fehlerhafte Gebrauchs-/Montageanleitung beigefügt ist,
- nicht in der vereinbarten Menge geliefert wird.

Risiko bei Versendungskauf

Kein Sachmangel sind Frachtschäden, wenn die Kaufsache auf Wunsch des Käufers an einen von diesem bestimmten Ort geliefert werden soll (Versendungskauf). Dieses Risiko trägt der Käufer.

Bei Mängeln hat der Käufer folgende Mängelbeseitigungsansprüche:

Nacherfüllung

- Nacherfüllung: Der Käufers muss dem Verkäufer zuerst die Möglichkeit der Nacherfüllung einräumen, d.h. die mangelhafte Ware zurücknehmen und eine gleichartige mangelfreie Ware liefern (Umtausch) oder den Mangel ausbessern bzw. beseitigen. Alle Kosten trägt allein der Verkäufer. Erst wenn die Nacherfüllung verweigert wird, nach dem zweiten erfolglosen Versuch als fehlgeschlagen gilt oder für den Verkäufer unzumutbar ist, können die nachfolgenden Mängelbeseitigungsansprüche geltend gemacht werden.

Minderung

- Minderung: Der Käufer behält die Ware im mangelhaften Zustand, jedoch bei vermindertem Preis. Die Höhe der Minderung ist Verhandlungssache.

Rücktritt vom Vertrag

- Rücktritt vom Vertrag, Schadensersatz: Verweigert der Verkäufer trotz Mahnung die Nacherfüllung, oder schlägt sie zweimal fehl, kann der Käufer vom Vertrag zurücktreten und Schadensersatz verlangen.

Ein Ausschluss der Mängelbeseitigungsansprüche im Vertrag ist unwirksam. Bei gebrauchten Sachen kann die Haftung gegenüber Unternehmern vollständig ausgeschlossen werden.

Mängelbeseitigungsansprüche verjähren nach zwei Jahren ab Übergabe der Kaufsache. Bei Grundstücken oder Gegenständen, die üblicherweise in ein Bauwerk eingebaut werden, verjähren die Ansprüche erst nach fünf Jahren ab Umschreibung im Grundbuch bzw. Übergabe. Der Käufer muss beweisen, dass die Kaufsache von Anfang an fehlerhaft war.

20.2.3 Verbrauchsgüterkaufvertrag

Im Gegensatz zum Kaufvertrag nur zwischen Unternehmern oder nur zwischen Verbrauchern ist beim Verbrauchsgüterkauf der Verkäufer Unternehmer und der Käufer Verbraucher. Es gelten wichtige Besonderheiten:

Besonderheiten

- Zeigt sich ein Mangel in den ersten sechs Monaten nach Übergabe, wird unterstellt, dass der Mangel schon bei Übergabe vorhanden war. Der Verkäufer kann aber das Gegenteil beweisen (Beweislastumkehr).
- Der Ausschluss der Mängelbeseitigungsansprüche bei gebrauchter Kaufsache ist unwirksam. Stattdessen kann eine nur einjährige Verjährungsfrist für Mängelbeseitigung vereinbart werden.

Beispiel: Die Panino GmbH verkauft ein acht Jahre altes Firmenfahrzeug mit 50 000 Kilometern Laufleistung an ihren Mitarbeiter Tom Unger. Alle Mängelbeseitigungsansprüche werden ausgeschlossen („verkauft wie besehen"). Nach dreizehn Monaten und mittlerweile 58 000 Kilometern ist der Motor ohne Schuld des Mitarbeiters defekt.

Trotz des Alters des Fahrzeugs hätte der Motor mehr als 58 000 Kilometer halten müssen. Die Kaufsache ist somit mangelhaft. Dass Luigi Marcello als Bäcker von dem Mangel nichts wusste, ist unerheblich. Weil die Panino GmbH Unternehmerin und Tom Unger Verbraucher ist, liegt ein Verbrauchsgüterkauf vor. Die Ausschlussklausel ist unwirksam. Die Panino GmbH muss den Mangel auf ihre Kosten beseitigen. Hätte Luigi Marcello Mängelhaftung für ein Jahr vereinbart, könnte er sich jetzt auf Verjährung berufen.

20.3 Werkvertrag

Definition

Im Werkvertrag verpflichtet sich der Unternehmer zur fristgerechten Herstellung eines einwandfreien Werkes und der Besteller zur Abnahme und Zahlung der vereinbarten Vergütung.

Gegenstand typischer Werkverträge sind Bauarbeiten, Reparaturarbeiten, handwerkliche Tätigkeiten (beispielsweise Möbelanfertigung, Installation, Tapezieren), Transportleistungen (z.B. Taxifahrten), Herstellung von künstlerischen Werken oder die Erstellung von Gutachten und Plänen.

20.3.1 Kostenvoranschlag

Der Kostenvoranschlag ist ein Vertragsangebot | ► HF 2, Kap. 20.1.2 |. Darin listet der Handwerksunternehmer die voraussichtlich anfallenden Arbeiten auf und schätzt die Kosten. Es sollte eine Geltungsdauer des Kostenvoranschlags vermerkt sein.

Abweichungen zwischen Kostenvoranschlag und Rechnungshöhe führen oft zum Streit. Hier die wichtigsten Anlässe und Rechtsfolgen:

Rechtsfolgen bei Abweichung vom Angebot

Anlass	Rechtsfolge
Schätzfehler	bis max. 20 % der Mehrkosten vom Gesamtpreis müssen vom Kunden akzeptiert werden
Kalkulationsfehler	keine Auswirkung auf die Rechnungshöhe; kein Anfechtungsgrund | ► HF 2, Kap. 19.4.4 |
eigenmächtige Mehrarbeit	keine Auswirkung auf die Rechnungshöhe; Mehrarbeit muss nicht bezahlt zu werden
Umplanung (Baubereich)	Mehrkosten können berechnet werden; nach der VOB aber nur, wenn sie zuvor schriftlich angekündigt waren

keine Vergütung

Der Kostenvoranschlag ist nicht zu vergüten, auch wenn dem Unternehmer der Auftrag nicht erteilt wird. Es ist aber zulässig, für diesen Fall eine Vergütung des Kostenvoranschlags zu vereinbaren.

20.3.2 Ausführung der Werkleistung

Ausführungsbeginn
Subunternehmer

Der Unternehmer muss mit der Werkleistung gleich nach Vertragsabschluss beginnen und sie zügig, sorgfältig und nach den sog. anerkannten Regeln der Technik durchführen. Die Weitergabe des Auftrags an einen Subunternehmer ist nur mit Zustimmung des Kunden zulässig.

Kündigungsrecht des Kunden

Während der Ausführung kann der Kunde den Werkvertrag jederzeit ohne Angabe von Gründen kündigen. In diesem Fall hat der Unternehmer Anspruch auf die vereinbarte Vergütung abzüglich dessen, was er an Kosten durch die Aufhebung des Vertrags eingespart hat.

Informationspflicht

Kommt es bei der Ausführung zu Behinderungen des Unternehmers oder zu anderen unvorhersehbaren Problemen, die sich auf die vereinbarte Vergütung auswirken, muss der Unternehmer den Kunden sofort umfassend informieren.

Abnahme

Nach Fertigstellung der Werkleistung ist diese vom Kunden abzunehmen, wenn sie nicht mit offenkundigen wesentlichen Mängeln behaftet ist. Die Abnahme kann mündlich und sogar konkludent, also durch schlüssiges Verhalten des Auftraggebers, erfolgen, z.B. dadurch, dass der Auftraggeber die Leistung in Gebrauch nimmt. Die schriftliche Abnahme ist nur in der VOB vorgeschrieben.

Rechtsfolgen der Abnahme

Bereich	Rechtsfolge
offenkundige Mängel	ohne Vorbehalt bei der Abnahme keine Mängelbeseitigungsansprüche des Kunden
Beschädigung des Werks durch Dritte	vor Abnahme: Unternehmer muss kostenlos die Werkleistung erneut erbringen; nach Abnahme: Risiko trägt allein der Kunde
Vertragsstrafe	ohne Vorbehalt bei der Abnahme Erlöschen der Vertragsstrafe
Vergütung	Fälligkeit tritt ein. Verjährungsbeginn am folgenden 1.1.
versteckte Mängel	Mängelbeseitigungsansprüche entstehen. Verjährung beginnt sofort

20.3.3 Vergütung

ortsübliche Vergütung

Generell gilt die vereinbarte Vergütung. Ist nichts vereinbart, muss die ortsübliche Vergütung bezahlt werden (ggf. Sachverständigengutachten).

Stundenlohn

Das BGB geht vom Stundenlohnprinzip aus. Dabei wird die benötigte Stundenzahl mit dem vereinbarten Stundenverrechnungssatz multipliziert und zum Preis des Materials addiert.

Pauschal-/ Festpreis

Wird zwischen Kunde und Unternehmer ein Pauschal- bzw. ein Festpreis vereinbart, dann ist der Preis bindend. Auch wenn das Werk für den Auftragnehmer teurer wird als kalkuliert, muss der Kunde keinen Mehrpreis zahlen.

Einheitspreis

Das Einheitspreisprinzip kann ebenfalls nur aufgrund einer Vereinbarung angewandt werden. Hier wird eine Einheit der Leistung (z.B. ein Quadratmeter Anstrich) zu einem bestimmten Preis (Einheitspreis) vereinbart. Er umfasst Arbeitslohn und Material. Die Rechnungshöhe ergibt sich aus der Multiplikation des Einheitspreises mit der durch Aufmaß festgestellten tatsächlichen Menge der Einheiten.

Aktuelles zu den Themen im Sackmann bietet das Lernportal.

Zur Absicherung seiner Vergütung kann der Unternehmer zwar keine Vorauszahlung, wohl aber Abschlagszahlungen für mangelfreie Teilleistungen verlangen.

Wird die Werkleistung an einer Sache erbracht, die der Kunde dem Unternehmer übergeben hat, so kann er die Herausgabe der Sache bis zur vollständigen Bezahlung der Vergütung verweigern (Unternehmerpfandrecht).

Bauhandwerkersicherung

Bauhandwerker können vom Auftraggeber eine Sicherheit für die zu erbringende Vorleistung zu verlangen. Dies kann in Form einer Bankbürgschaft über die gesamte Angebotssumme abzüglich evtl. geleisteter Abschlagszahlungen erfolgen. Nachteil ist, dass der Unternehmer die Bürgschaftszinsen bis zur Höhe von jährlich 2 % tragen muss.

Verweigert der Auftraggeber diese Sicherheitsleistung, kann der Bauhandwerker wählen, ob er nach einer Fristsetzung zur Erbringung der Sicherheit entweder die Bauarbeiten einstellt und weiterhin auf der Sicherheit besteht oder aber den Vertrag außerordentlich kündigt, und zwar ohne vorige Kündigungsandrohung. Dieser Anspruch gilt nicht, wenn der Auftraggeber eine juristische Person des öffentlichen Rechts oder eine natürliche Person ist, die Bau- oder Instandhaltungsarbeiten an einem Einfamilienhaus durchführen lässt.

Bauhandwerkersicherungshypothek

Ist der Auftraggeber auch gleichzeitig Grundstückseigentümer, hat der Bauhandwerker im Fall des Verzugs die Möglichkeit, die Zahlung seiner Vergütung (Werklohnforderung) durch Eintragung einer Sicherungshypothek im Grundbuch zu sichern.

20.3.4 Mängelbeseitigung

Nacherfüllung

Bei Mängeln, die nach der Abnahme auftreten (versteckte Mängel), hat der Kunde zunächst das Recht auf Mängelbeseitigung durch Nacherfüllung (Nachbesserung). Schlägt die Nacherfüllung fehl oder wird sie verweigert, stehen dem Kunden wahlweise zur Verfügung:

sonstige Mängelbeseitigungsansprüche

- Minderung (Akzeptanz des Mangels bei Minderung der Vergütung),
- Rücktritt vom Werkvertrag, Schadensersatz,
- Selbstbeseitigung des Mangels auf Kosten des Unternehmers.

Verjährung

Die Mängelbeseitigungsansprüche verjähren

- in fünf Jahren bei Arbeiten an Grundstücken und Gebäuden,
- in zwei Jahren bei Arbeiten an beweglichen Sachen,
- in drei Jahren in allen sonstigen Fällen.

Die Verjährungsfrist beginnt mit der Abnahme. Für Nachbesserungsarbeiten gelten die gleichen Mängelbeseitigungsansprüche und Verjährungsfristen. Sie beginnen mit der Abnahme der Nachbesserung.

20.3.5 Bauwerkvertrag nach VOB/B

VOB Im Baubereich ist es üblich, VOB-Werkverträge abzuschließen, da die VOB | ► S. 377 | ein speziell auf Bauleistungen zugeschnittenes Regelwerk ist. Hierbei werden die werkvertraglichen BGB-Vorschriften teilweise zugunsten des Bauherrn und teilweise zugunsten des Bauunternehmers abgewandelt.

Verjährung Nach dem BGB verjähren Mängelrechte erst in fünf Jahren nach der Abnahme; in einem VOB/B-Werkvertrag gelten nur vier Jahre.

Vergütung Die Vergütung erfolgt nach dem Einheitspreisprinzip | ► S. 384 |, wenn nicht ausdrücklich etwas anderes vereinbart wird. Die Zahlungsfrist beträgt nach VOB/B 30 Tage.

20.4 Miet- und Pachtvertrag

20.4.1 Gewerblicher Mietvertrag

Der Mietvertrag wird zwischen Mieter und Vermieter auf Gebrauchsüberlassung einer Sache gegen Entgelt geschlossen. Gegenstand von Mietverträgen können bewegliche Sachen sein, z.B. Gegenstände, sowie unbewegliche Sachen, wie z.B. Grundstücke und Gebäude.

Formfreiheit Mietverträge können formlos geschlossen werden. Die Schriftform ist nur bei Verträgen vorgeschrieben, die länger als ein Jahr gelten.

vertragsgemäßer Gebrauch Der Vermieter muss dem Mieter die Sache zum vertragsgemäßen Gebrauch überlassen und die dazu notwenigen Erhaltungsarbeiten auf eigene Kosten durchführen. Damit in Zusammenhang stehende unvermeidbare Behinderungen muss der Mieter entschädigungslos dulden.

Sorgfaltspflicht Der Mieter muss die Mietsache sorgfältig behandeln. Dazu gehört auch die Durchführung von Schönheitsreparaturen bei Immobilien auf Kosten des Mieters. Schäden sind dem Vermieter unverzüglich mitzuteilen.

Mietzins Die Miete (Mietzins) für Gewerberäume muss - im Gegensatz zur Wohnraummiete - nicht im Voraus bezahlt werden. Die Betriebskosten können im Vertrag als Pauschale oder als Abschlagszahlungen mit jährlicher Abrechnung vereinbart werden.

Mietgleitklausel Mietsteigerungen werden üblicherweise durch Mietgleitklauseln vereinbart. Danach ändert sich die Miete entsprechend der Veränderung des im Vertrag bezeichneten Kostenindexes. Relevante Indizes werden vom Statistischen Bundesamt festgestellt und veröffentlicht.

Mängel an der Mietsache Bei Mängeln an der Mietsache, die vom Vermieter nicht behoben werden, kann der Mieter diesen mit Fristsetzung abmahnen. Bleibt die Abmahnung erfolglos, kann der Mieter die Miete angemessen kürzen (Mietminderung), Ersatz des entstandenen Schadens verlangen und sogar außerordentlich kündigen.

Beendigung

Der Mietvertrag endet nicht, wenn die Mietsache veräußert wird („Kauf bricht nicht Miete“). Ein Mietvertrag endet jedoch durch:

- einvernehmliche Aufhebung,
- Zeitablauf, wenn Mietverhältnisse zeitlich begrenzt sind,
- außerordentliche Kündigung bei schwerwiegenden Gründen,
- ordentliche Kündigung, wobei folgende Kündigungsfristen zu beachten sind:
  - bei Vermietung von Geschäftsräumen sechs Monate zum Quartalsende,
  - bei Vermietung von beweglichen Sachen mit nach Tagen bemessenem Mietzins (z.B. Gerüst) zum Ablauf des auf die Kündigung folgenden Tages,
  - bei Vermietung von beweglichen Sachen mit anderer Mietzinsberechnung mit Ablauf des auf die Kündigung folgenden dritten Tages.

Die Kündigung ist nur schriftlich wirksam. Sie muss keine Begründung enthalten. Kündigungsschutz gibt es im gewerblichen Bereich nicht.

Vermieterpfandrecht

Eingebrachte Sachen darf der Mieter mitnehmen, sofern sie nicht fest eingebaut oder zu wesentlichen Bestandteilen der Mietsache geworden sind. In diesen Fällen besteht aber ein Entschädigungsanspruch. Bei Mietrückständen kann der Vermieter die Wegnahme der Gegenstände verhindern, bis die Rückstände bezahlt sind (Vermieterpfandrecht).

20.4.2 Pachtvertrag

Unterschied zur Miete

Im Unterschied zum Mietvertrag gibt der Pachtvertrag dem Pächter neben einem Gebrauchsrecht das Recht, einen Ertrag aus der Pachtsache zu ziehen.

Beispiel: Bei einer Überlassung leerstehender Räume zur Nutzung als Lager würde Luigi Marcello diese mieten, während es sich bei der Nutzung als Bäckerei-Filiale um eine Pacht handeln würde, da er aus dem Ladengeschäft wirtschaftliche Erträge ziehen könnte.

---

grundsätzliche Geltung des Mietrechts

Ansonsten sind die Regelungen zum Pachtvertrag im Wesentlichen identisch mit denen des Mietvertrags (ohne Mieterschutzgesetze), mit Ausnahme der gesetzlichen Kündigungsfrist; sie beträgt sechs Monate zum Schluss des Pachtjahres. Stirbt der Pächter, hat der Verpächter ein vorzeitiges Kündigungsrecht.

Inventarersatz

Der Pächter muss unbrauchbar gewordenes Inventar auf seine Kosten ersetzen. Auf ein Verschulden des Pächters kommt es dabei nicht an.

Nutzen Sie das interaktive Zusatzmaterial im Sackmann-Lernportal.

20.5 Bürgschaft

Begriff

Eine Bürgschaft ist ein Vertrag zwischen dem Schuldner und dem Bürgen, in dem sich der Bürge zur Zahlung von Geldschulden/Verbindlichkeiten des Schuldners an dessen Gläubiger verpflichtet. Bürgschaften bedürfen der Schriftform, sofern der Bürge nicht Kaufmann ist.

Arten der Bürgschaft

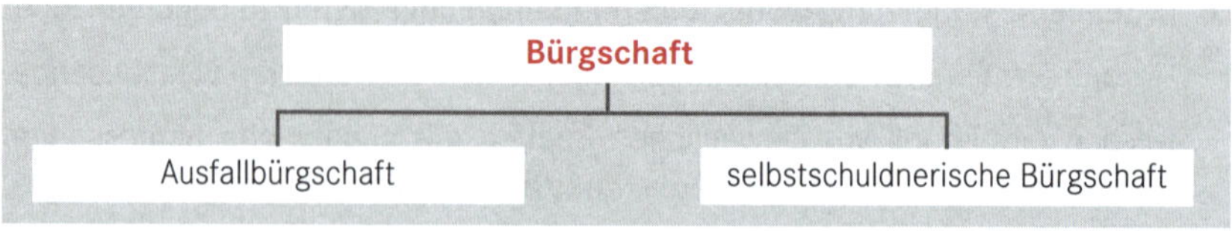

Ausfallbürgschaft

Die Ausfallbürgschaft ist die gesetzlich übliche Form der Bürgschaft. Der Bürge muss erst zahlen, wenn bei dem Schuldner nichts mehr zu holen ist. Der Gläubiger muss also zunächst gegen den Schuldner prozessieren und gegen ihn die Zwangsvollstreckung einleiten. Erst wenn diese erfolglos bleibt, muss der Bürge zahlen. Die Berechtigung des Bürgen, hierauf zu verweisen, nennt man Einrede der Vorausklage.

selbstschuldnerische Bürgschaft

Wenn auf die Einrede der Vorausklage verzichtet wird, entsteht eine selbstschuldnerische Bürgschaft. Dann darf der Gläubiger sofort vom Bürgen die Zahlung verlangen, wenn der Schuldner bei Fälligkeit nicht zahlt.

Begleicht der Bürge die Forderung des Gläubigers, geht der Anspruch des Gläubigers auf den Bürgen über, sodass nun der Schuldner dem Bürgen haftet.

Bürgschaft als Sicherungsmittel

Die Bürgschaft ist ein wichtiges Sicherungsmittel. Sie bietet beispielsweise einer Bank Sicherheit bei der Vergabe von Krediten. Banken treten aber selbst auch als Bürgen auf. Sie machen den Bürgschaftsvertrag wiederum vom Erhalt von Sicherheiten abhängig (z.B. eine Hypothek am Privatgrundstück).

Beispiel: Benötigt die Panino GmbH zum Kauf der Filiale einen Kredit und will mit ihrer Hausbank einen Darlehensvertrag schließen, wird das die Bank nur tun, wenn Sicherheiten gestellt werden. Eine solche Sicherheit kann auch eine Bürgschaft von Luigi Marcello sein. Er verbürgt sich dann mit seinem Privatvermögen gegenüber der Bank für die Panino GmbH. Ob sich die Bank mit einer solchen Bürgschaft zufrieden gibt, hängt nicht nur von der Höhe seines Vermögens ab, sondern auch davon, dass es dauerhaft wertbeständig ist. Deshalb wird die Bank wohl eher auf eine Hypothek an seinem Privatgrundstück bestehen.

Die Gesellschafter der Panino GmbH haben sich mit dem Eigentümer doch noch über den Kauf des Ladenlokals geeinigt. Da Luigi Marcello mit seinem italienischen Temperament die Gespräche nicht gefährden wollte, hat sein Partner Stefan Krumme die Verhandlungen geführt und zusammen mit Manfred Schäfer bei einem Notar den Kaufvertrag unterschrieben.

Stolz kommt Stefan Krumme in die Backstube und wedelt mit dem Vertrag. „So, das wäre erledigt! Hiermit sind wir Eigentümer eines neuen Ladenlokals!“

Luigi Marcello schmunzelt. „Na ja, ganz so schnell geht das nicht.“

„Warum nicht?“, fragt Stefan Krumme. „Das ist doch ein schriftlicher Kaufvertrag und sogar vom Notar beurkundet!“

21 Sachenrecht

Das Sachenrecht befasst sich mit den Rechtsbeziehungen von Personen zu Sachen, während das Schuldrecht das Verhältnis der Personen untereinander regelt. Zu den Sachen gehören dabei die beweglichen Sachen (alle körperlichen Gegenstände) und die unbeweglichen Sachen (z.B. Grundstücke und Gebäude).

bewegliche/ unbewegliche Sachen

21.1 Besitz und Eigentum

Definitionen

Besitz ist das Recht, die tatsächliche Gewalt über eine Sache auszuüben. Eigentum heißt, dass einer Person die Sache auch gehört und sie darüber nach Belieben verfügen kann.

Der Mieter eines Hauses besitzt es aufgrund eines Mietvertrages und übt die tatsächliche Gewalt über die Mietsache aus. Der Vermieter ist Eigentümer, nicht aber Besitzer. Wer Eigentümer eines Hauses ist und es selbst bewohnt, ist Eigentümer und Besitzer zugleich.

21.2 Eigentumsübergang

Übergabe

Bei beweglichen Sachen wird Eigentum durch Übergabe der Sache und Einigung, dass das Eigentum übergehen soll, übertragen.

Besitzt der künftige Eigentümer die Sache bereits, z.B. weil er sie gemietet hat, genügt zum Eigentumsübergang die schlichte darauf gerichtete Einigung.

Bei einfachen Verträgen fallen die Willenserklärungen sowie die Einigung zum Eigentumsübergang zeitlich so zusammen, dass den beteiligten Personen oft nicht bewusst ist, welche Willenserklärung gerade abgegeben wird.

Beispiel: Verlangt ein Kunde der Panino GmbH ein Brot, gibt er ein Angebot auf Abschluss eines Kaufvertrages ab. Legt die Verkäuferin das Brot auf die Theke, nimmt sie das Angebot an und ein schuldrechtlicher Kaufvertrag kommt zustande. Gleichzeitig gibt die Verkäuferin mit der Brotübergabe die Erklärung ab, dass auch das Eigentum auf den Kunden übergehen soll. Der Kunde nimmt diese Erklärung stillschweigend an, indem er das Brot von der Theke nimmt.

Eigentumsübertragung von Immobilien

Für die Übertragung des Eigentums an einem Grundstück sind Auflassung und Eintragung im Grundbuch erforderlich. Auflassung nennt man die Einigung über den Eigentumsübergang. Sie vor dem Notar erklärt. Der Notar reicht die Unterlagen zur Umschreibung des Eigentums beim Grundbuchamt ein.

Beispiel: Der vom Notar beglaubigte Kaufvertrag, den Stefan Krumme seinem Partner Luigi Marcello stolz entgegenhält, beinhaltet im Allgemeinen auch die Auflassung. Aber erst mit der Umschreibung im Grundbuch wird die Panino GmbH Eigentümerin des Ladenlokals. Mit der Schlüsselübergabe wird sie gleichzeitig auch Besitzerin.

Eigentumsübergang wesentlicher Bestandteile

Das Eigentum an einem Grundstück erstreckt sich auch auf die Sachen, die wesentlicher Bestandteil des Grundstücks sind. Die Verbindung muss so fest sein, dass eine Trennung zur Beschädigung einer der beiden Sachen führen würde, z.B. Teppichboden, Einbauküche, Fenster, Außentüren, Dachpfannen.

Beispiel: Maler Ralf Weiss tapeziert die Wohnräume von Luigi Marcello. Das Eigentum an der Tapete geht automatisch auf Marcello über, wenn sie verklebt ist.

Wesentliche Bestandteile können aber auch Gegenstände sein, die in bewegliche Sachen eingebaut worden sind, z.B. die Auspuffanlage an einem Auto, der Motor in einer Waschmaschine, ein Edelstein in einem Schmuckstück.

Tests und Aufgaben zu diesem Kapitel finden Sie im Sackmann-Lernportal.

Wird eine Sache unter Eigentumsvorbehalt verkauft, übergibt oder liefert der Verkäufer die Sache an den Käufer, ohne das Eigentum zu übertragen. Der Käufer wird nur Besitzer der Sache. Erst mit der Bezahlung des Kaufpreises geht das Eigentum über. *Eigentumsvorbehalt*

Beispiel: Luigi Marcello kauft beim Müllerbetrieb Gersch Mehl auf Rechnung. In den AGB heißt es u.a.: „Bis zur vollständigen Bezahlung bleibt die Ware unser Eigentum." Marcello wird durch die Lieferung Besitzer, nicht Eigentümer. Mit Bezahlung der Rechnung geht das Eigentum über.

Hätte Luigi Marcello vor Bezahlung der Rechnung schon aus dem Mehl Brot gebacken, so wäre eine neue Sache entstanden. Das Eigentum an dem Brot stünde allein der Panino GmbH zu.

Insbesondere bei Waren, die verarbeitet oder mit anderen Sachen vermischt oder verbunden werden, ist der einfache Eigentumsvorbehalt ohne Wirkung. Hier bietet sich der verlängerte Eigentumsvorbehalt an, der z.B. wie folgt lauten kann: „Bis zur vollständigen Bezahlung bleibt die Ware mein Eigentum. Sollte ich das Eigentum durch Verbindung, Vermischung oder Verarbeitung an einen Dritten verlieren, so geht ein evtl. Anspruch meines Vertragspartners gegen den Dritten auf mich über." Jetzt kann der Verkäufer seine Kaufpreisforderung ihm gegenüber geltend machen. *verlängerter Eigentumsvorbehalt*

21.3 Sicherungsrechte

Neben Eigentumsvorbehalt und verlängertem Eigentumsvorbehalt gibt es noch Sicherungsrechte, die dem Gläubiger die Befugnis geben, eine Sache zur Befriedigung von Ansprüchen zu verwerten.

Beim Pfandrecht übergibt der Schuldner (Sicherungsgeber) dem Gläubiger (Sicherungsnehmer) eine bewegliche Sache als Pfand dafür, dass er die Forderung des Gläubigers erfüllt (sog. Faustpfand). Der Gläubiger wird nur Besitzer, nicht Eigentümer der Pfandsache. Er kann aber die Pfandsache versteigern lassen, wenn seine Forderung nicht erfüllt wird, und sich aus dem Erlös befriedigen. Der Nachteil dieses Sicherungsmittels besteht jedoch darin, dass der Schuldner zeitweise den Besitz und damit das Nutzungsrecht an der Sache verliert. *Pfandrecht*

Ein besseres Instrument ist dagegen die Sicherungsübereignung. Der Schuldner überträgt das Eigentum bis zur Tilgung der Schuld auf den Gläubiger, behält aber den Besitz und kann weiter mit der Sache arbeiten und diese nutzen. *Sicherungsübereignung*

Beispiel: Luigi Marcello kauft einen teuren Backofen, den er für seine Produktion dringend braucht, um auf dem neuesten technischen Stand zu bleiben. Mit der kreditgebenden Bank wird eine Sicherungsübereignung vereinbart. Die Panino GmbH kann den Ofen nutzen. Sollte sie später ihren Zahlungsverpflichtungen nicht nachkommen können, kann die Bank als Eigentümerin durch den Verkauf des Ofens die noch offenen Zahlungen des Kredits begleichen.

Hypothek Soll ein Grundstück die Sicherheit für eine Forderung sein, wird zugunsten des Gläubigers eine Hypothek in das Grundbuch eingetragen. Zahlt der Schuldner nicht, kann der Hypothekengläubiger das Grundstück versteigern lassen.

Eigentümergrundschuld Erlischt die Forderung, besteht die Hypothek zunächst weiter. Der Grundstückseigentümer und ehemalige Schuldner kann sie jetzt löschen oder auf sich selbst umschreiben lassen. Man nennt sie dann Eigentümergrundschuld.

Beispiel: Die Panino GmbH will den Kauf des Ladenlokals durch einen Bankkredit finanzieren. Die Bank verlangt dafür eine Sicherheit. Die Panino GmbH könnte zugunsten der Bank auf das neue Grundstück oder ein anderes ihr gehörendes Grundstück eine Hypothek in das Grundbuch eintragen lassen. Dann könnte die Bank der Hypothek in das Grundstück vollstrecken, würde die Panino GmbH ihren Verpflichtungen nicht nachkommen.

Nachdem der Kauf des Ladenlokals unter Dach und Fach ist, steht der fünften Filiale der Bäckerei Panino GmbH nichts mehr im Wege. Nun geht es an die Umbauarbeiten. Luigi Marcello und Hendrik Mielmann besichtigen gemeinsam mit Bäckermeisterin Elena Bertani, die künftig hier arbeiten wird, das neue Ladenlokal.

„Also, ich würde hier diese Wand zwischen Aufenthaltsraum und Verkaufsraum einreißen“, schlägt Elena Bertani vor. „Dann hätten wir mehr Platz für Regale und einige Stehtische. Danach wurden wir von unseren Kunden doch schon so oft gefragt.“

Luigi Marcello nickt und reibt sich nachdenklich übers Kinn. „Mhm, ja, das stimmt. Stehtische wären nicht schlecht. Ich bin mir aber nicht sicher, ob wir nicht verpflichtet sind, unseren Mitarbeitern einen Aufenthaltsraum zur Verfügung zu stellen. Hendrik, kannst du dich auch mal bitte über andere Formalitäten und Vorschriften informieren, die wir bei der Eröffnung beachten müssen?“

22 Gründungsrelevante Rechtsvorschriften

22.1 Bauordnungs-, umweltschutz- und abfallrechtliche Vorschriften

22.1.1 Bauordnungsrechtliche Vorschriften

Bebauungsplan

Während das Bauen außerhalb geschlossener Ortschaften für Handwerksbetriebe unzulässig ist, regelt der Bebauungsplan die Zulässigkeit von innerörtlichen Bauvorhaben. Betroffen sind nicht nur Neubauten, sondern auch Umbauten. Dabei ist das Ortsgebiet in höchstens zehn verschiedene Gebiete eingeteilt: Kleinsiedlungsgebiete, reine Wohngebiete, allgemeine Wohngebiete, besondere Wohngebiete, Dorfgebiete, Mischgebiete, Kerngebiete, Gewerbegebiete, Industriegebiete und Sondergebiete. Die Baunutzungsverordnung legt fest, welche Bauvorhaben in den einzelnen Gebietsarten zulässig sind.

Einsichtnahme in den Bebauungsplan

Vor dem Kauf eines Betriebsgrundstücks ist es daher zweckmäßig, den Bebauungsplan bei der Kommune einzusehen und sich bei der Baugenehmigungsbehörde über die Zulässigkeit der beabsichtigten Bebauung zu informieren. Bei Erwerb eines bestehenden Handwerksbetriebs sollte diese Prüfung ebenfalls vorgenommen werden. Denn dieser könnte nach zulässiger Errichtung mit anderen Festsetzungen überplant worden sein, sodass zwar Bestandsschutz besteht, Änderungen an der Bebauung, z.B. Erweiterungen, aber nicht mehr vorgenommen werden dürfen. Die Einsichtnahme in den Bebauungsplan ist kostenfrei.

Beispiel: Wird das von Luigi Marcello erworbene Gebäude nur als Verkaufsstätte genutzt, ist das in reinen Wohngebieten unzulässig.

Eine Produktionsstätte wäre dagegen auch in einigen anderen Gebietsarten nicht genehmigungsfähig, wenn sie durch ihre Größe zu einem sog. störenden Gewerbebetrieb würde. Störende Emissionen könnten beispielsweise zu großer Lärm durch häufige Anfahrten von Zulieferern mit LKW oder Geruchsbelästigungen sein.

22.1.2 Umweltschutzrechtliche Vorschriften

Das Umweltrecht ist kein scharf umgrenztes Rechtsgebiet. Regelungen zum Schutz der Umwelt finden sich in zahlreichen Gesetzen und planerischen Vorschriften wieder. Ihre Relevanz hängt vom Betriebsgegenstand und der jeweiligen Arbeitsweise ab. Jeder Existenzgründer im Handwerk sollte sich daher bei seinem Fachverband über die berufsspezifischen Vorschriften informieren.

Altlasten

Vor Erwerb eines Betriebsgrundstücks ist zunächst auf eine evtl. Kontamination des Erdreichs mit Schadstoffen zu achten. Insbesondere bei früher militärisch genutzten Liegenschaften ist mit solchen Altlasten häufig zu rechnen. Deshalb sollte in Zweifelsfällen vor dem Grundstückskauf ein Bodengutachten eingeholt werden.

Immissionsschutz

Das Bundes-Immissionsschutzgesetz regelt die Beeinträchtigung der Umwelt durch Luftverunreinigungen, Geräusche, Erschütterungen, Licht, Wärme, Strahlen u.Ä. Zur Vermeidung solcher Emissionen können dem Betrieb der Einbau von technischen Vorrichtungen auferlegt werden. Letztlich kann auch die Fortführung des Betriebs untersagt werden. Im Fall der Zuwiderhandlung drohen Bußgelder. Grenzwerte enthalten die Technischen Anleitungen zur Reinhaltung der Luft (TA Luft) und zum Schutz gegen Lärm (TA Lärm).

22.1.3 Abfallrechtliche Vorschriften

Ein anderer Bereich des Umweltrechts ist das Abfallrecht. Sein Kern ist das Kreislaufwirtschaftsgesetz, das folgende Abfallhierarchie festsetzt:

Abfallhierarchie

- Pflicht zur Abfallvermeidung,
- Vorbereitung des unvermeidbaren Abfalls zur Wiederaufbereitung,
- Zurückführen des unvermeidbaren Abfalls in den Wertstoffkreislauf,
- Verwertung des nicht zurückführbaren Abfalls zur Energiegewinnung oder Verfüllung,
- Beseitigung des nicht verwertbaren Abfalls.

Ferner enthält das Gesetz Vorschiften zur Abfalltrennung sowie zur Klassifizierung der Abfälle in solche, die selbst beseitigt werden dürfen, und solche, die konzessionierten Entsorgern überlassen werden müssen (überlassungspflichtige Abfälle). Schließlich ist noch die Rücknahmepflicht von Abfällen durch Gewerbetreibende (z.B. bei Verpackungen) geregelt.

Gewerbeabfallverordnung

Von Bedeutung für das Handwerk ist die Gewerbeabfallverordnung. Sie konkretisiert die Abfalltrennung in Papier und Pappe, Glas, Kunststoffe, Metalle und biologisch abbaubare Abfälle. Zudem enthält sie Vorschriften zur Trennung von Bau- und Abbruchabfällen. Die Fachverbände beraten ihre Mitglieder ausführlich und berufsbezogen.

22.2 Gewerbe-, Handwerks-, Handels- und Steuerrecht

Bei der Unternehmensgründung sind zahlreiche Anzeige- und Meldepflichten zu beachten:

Übersicht über Anzeige- bzw. Meldefristen

Meldepflicht	Zuständigkeit	Rechtsvorschrift
Gewerbeanzeige	Gewerbeamt oder Handwerkskammer	Gewerbeordnung
sozialversicherungsrechtliche Anmeldungen | ► HF 3, Kap. 16.5 |	Arbeitslosenversicherung (Arbeitsagentur)	Sozialgesetzbuch III
	Kranken- und Pflegeversicherung (gewählte Krankenkasse)	Sozialgesetzbuch V und XI
	Rentenversicherung (Deutsche Rentenversicherung)	Sozialgesetzbuch VI
	Unfallversicherung (fachlich zuständige Berufsgenossenschaft)	Sozialgesetzbuch VII
Eintragung in ▪ die Handwerksrolle ▪ das Verzeichnis der zulassungsfreien Handwerke ▪ das Verzeichnis der handwerksähnlichen Gewerbe | ► HF 2, Kap. 3.1.4 |	Handwerkskammer	Handwerksordnung
Anmeldung beim Handelsregister | ► HF 1, Kap. 13.3 |	Amtsgericht	Handelsgesetzbuch

Meldepflicht	Zuständigkeit	Rechtsvorschrift
Anmeldung beim Finanzamt (Erhalt der Steuernummer und der Umsatzsteuer-Identifikationsnummer) | ▸ HF 2, Kap. 23 |	Finanzamt/Bundesamt für Steuern	Abgabenordnung
Anmeldung bei der Agentur für Arbeit (Erhalt der Betriebsnummer) | ▸ HF 3, Kap. 16.5 |	Agentur für Arbeit	Sozialgesetzbuch
Anmeldung bei der Berufsorganisation (freiwillig) | ▸ HF 2, Kap. 3.1.1 |	Handwerksinnung	Handwerksordnung

22.2.1 Gewerbeanmeldung

Die Gewerbeanzeige erfolgt beim kommunalen Gewerbeamt. Dieses informiert die übrigen Behörden, bei denen der Existenzgründer erneut schriftliche Anmeldungen mittels zum Teil umfangreicher Fragebögen abgeben muss.

vereinfachte Anmeldung mit Meta-Formular

Zur Vereinfachung des Verfahrens können in fast allen Bundesländern sämtliche An-, Ab- und Ummeldungen bei den Handwerkskammern vorgenommen werden. Durch Ausfüllen eines einzigen Meta-Formulars werden alle benötigten Formulare automatisch erstellt und den jeweiligen Institutionen elektronisch zugeleitet. Besitzt der Existenzgründer keine elektronische Signatur, müssen die Anmeldungen noch ausgedruckt, unterzeichnet und verschickt werden.

Beispiel: Bei der Eröffnung einer neuen Filiale durch Luigi Marcello handelt es sich nicht um eine Existenzgründung, sondern um eine Betriebserweiterung. Dennoch ist auch diese wie eine Neugründung bei allen Institutionen anzumelden.

22.2.2 Handwerksrechtliche Fragen

Handwerksrollen-eintragung

Vor der Existenzgründung muss geklärt werden, ob die handwerksrechtlichen Zulassungsvoraussetzungen erfüllt sind. Der Betriebsinhaber muss bei zulassungspflichtigen Handwerken Meister sein oder einen Meister als technischen Betriebsleiter beschäftigen | ▸ HF 1, Kap. 12.2 |. Bei Gründung eines Unternehmens in einem zulassungsfreien Handwerk oder in einem handwerksähnlichen Gewerbe bestehen keine Zulassungsbeschränkungen.

Eintragungs-verfahren

Der Eintragungsantrag ist auf den Internetpräsentationen der Handwerkskammern als Download verfügbar. Nach Prüfung des Antrags durch die Handwerkskammer erhält der Existenzgründer einen Ausweis (Handwerkskarte bzw. Gewerbekarte). Mit der Eintragung ist er Mitglied der HWK mit allen Rechten und

Pflichten. Stellt der Existenzgründer keinen Eintragungsantrag, kann die Handwerkskammer die Eintragung von Amts wegen vornehmen.

22.2.3 Handelsrechtliche Fragen

Kaufmannseigenschaft

Alle Gewerbetreibenden gelten nach dem HGB zunächst als Kaufleute mit der Folge, dass die Vorschriften des Handelsgesetzbuchs (HGB) gelten. Sie haben aber die Möglichkeit nachzuweisen, dass sie nur ein Kleingewerbe betreiben. In diesem Fall gilt das HGB für sie nicht, und sie benötigen auch keine Eintragung im Handelsregister | ► HF 1, Kap. 13.1 |.

Eintragung in das Handelsregister

Im Handelsregister | ► HF 1, Kap. 13.3 | müssen grundsätzlich alle Unternehmer eingetragen sein. Eintragungen erfolgen auf Antrag eines Notars, der eine vom Existenzgründer zu unterzeichnende Urkunde mit den erforderlichen Betriebsdaten erstellt und dem Amtsgericht zuleitet.

Betriebsübernahme

Wird ein bestehender Betrieb übernommen, der bei Übernahme kein Kleingewerbe ist, so ist bei vorhandener Handelsregistereintragung der Übernehmer in das Handelsregister einzutragen. War dagegen der übernommene Betrieb ein Kleingewerbe und freiwillig im Handelsregister eingetragen, kann der Übernehmer die Registereintragung löschen lassen.

22.2.4 Steuerrechtliche Fragen

Betriebserfassungsbogen
Steuernummer

Aufgrund der Gewerbeanmeldung übersendet das Finanzamt dem Existenzgründer einen Betriebserfassungsbogen, in dem die Besteuerungsgrundlagen, d.h. erwartete Umsätze und Gewinne, erfragt werden. Er enthält ferner eine Steuernummer. Diese ist nicht zu verwechseln mit der Umsatzsteuer-Identifikationsnummer (USt-IdNr.).

Umsatzsteuervoranmeldung

Mit Beginn der unternehmerischen Tätigkeit muss der Existenzgründer bis zum 10. eines Monats dem Finanzamt seine Umsätze aus dem Vormonat angeben und Umsatzsteuer-Vorauszahlungen leisten. Für Existenzgründer besteht diese Verpflichtung mindestens während der ersten zwei Jahre nach der Gründung.

Alle durch die Existenzgründung verursachten notwendigen Kosten sind Betriebsausgaben und steuerlich abzugsfähig. Das gilt auch bei Betriebsänderungen oder -erweiterungen.

Wahl der Rechtsform

Steuerliche Erwägungen können auch für die Wahl der Rechtsform ausschlaggebend sein | ► HF 2, Kap. 23.6 |. Während bei Einzelunternehmen der Gewinn einkommenssteuerpflichtig ist, sind Kapitalgesellschaften, z.B. die GmbH, körperschaftssteuerpflichtig. Angemessene Geschäftsführervergütungen sind als Betriebsausgaben steuermindernd. Wohl aber muss der Gesellschafter-Geschäftsführer die Vergütung als Einkommen versteuern.

Betriebsaufspaltung

Weitere Steuervergünstigungen können sich aus einer Betriebsaufspaltung ergeben. Hier ist der Eigentümer des Betriebsgrundstücks und der Maschinen nicht identisch mit dem Gewerbetreibenden. Vielmehr pachtet der Gewerbetreibende das Grundstück vom Eigentümer oder der Besitzgesellschaft, sodass die Pachtzahlungen absetzbare Betriebsausgaben sind | weitere steuerrechtliche Einzelheiten ▸ HF 2, Kap. 23 |.

22.3 Arbeitsstättenverordnung

Für alle Arbeitsstätten, wozu auch Baustellen gehören, müssen die arbeitsschutzrechtlichen Bestimmungen der Arbeitsstättenverordnung beachtet werden. Ist mit der Existenzgründung eine Baumaßnahme verbunden, so ist das bei der Planung zu berücksichtigen.

wesentliche Bestimmungen

Thema	Arbeitgeberverpflichtung
Gefährdungsbeurteilung (schriftliche Dokumentation)	▸ Feststellung der möglichen Gefährdungen für Arbeitnehmer durch Gebäude und Ausstattung ▸ Beurteilung der Gefährdungsmöglichkeiten und ▸ Festlegung von Schutzmaßnahmen nach dem Stand der Technik, arbeitsmedizinische und hygienische Maßstäben
Barrierefreiheit	barrierefreies Betriebsgebäude bei Beschäftigung behinderter Mitarbeiter
Wasch-, Toiletten-, Umkleideräume	Trennung der Räume nach Geschlechtern, mindestens getrennte Benutzungsmöglichkeit
Pausen- und Aufenthaltsräume	nur erforderlich, wenn mehr als zehn Mitarbeiter beschäftigt werden
Arbeitsräume	Beachtung ausreichender Grundfläche und Höhe
Mutterschutz	Bereitstellung eines Ruheraums für Schwangere und stillende Mitarbeiterinnen
Erste-Hilfe-Räume	Vorhaltepflicht entsprechend der Mitarbeiterzahl und der Gefahrenträchtigkeit des Betriebes

Ordnungswidrigkeiten

Verstöße gegen die Arbeitsstättenverordnung können als Ordnungswidrigkeiten und in bestimmten Fällen als Straftaten verfolgt werden. Detaillierte Anforderungen enthält der umfangreiche Anhang zur Arbeitsstättenverordnung | ▸ Anhang ArbStättV |.

Beispiel: Beschäftigt Luigi Marcello in der neuen Filiale gleichzeitig mehr als zehn Mitarbeiter, ist er verpflichtet, einen Aufenthaltsraum zur Verfügung zu stellen. Der Plan, den dazu vorgesehenen Raum zu einer Imbissecke umzugestalten, ist dann nicht realisierbar. Anders ist es, wenn – wie bei einer Bäckereifiliale ohne Produktion üblich – höchstens zehn Mitarbeiter gleichzeitig beschäftigt werden. Dann könnte er die Wand beseitigen und die Stehtische aufstellen.

Optikerin Michaela Stiehl hat ihr Beratungsgespräch mit Frau Müller von der Handwerkskammer zum Thema Marketing hinter sich und trifft sich etwas erschlagen von der Informationsflut mit Erhan Özer. „Ich hätte nicht gedacht, dass hinter dem Begriff Marketing so viele Fragestellungen stecken, über die man nachdenken muss“, sagt Michaela.

„Ja, mag sein“, antwortet Erhan. „Was mir im Moment aber viel mehr Respekt einflößt, ist diese ganze Steuergeschichte. Ich habe mich letztens mit Ralf Weiss darüber unterhalten. Bei ihm hat sich kürzlich die Steuerprüfung angemeldet, er rotiert jetzt ganz gewaltig, damit alles seine Richtigkeit hat. Mit welchen Begriffen er um sich geworfen hat: monatliche Umsatzsteuervoranmeldung, Einkommensteuer-Vorauszahlungen, Gewerbesteuer, Körperschaftsteuer, Hebesatz ... ehrlich gesagt, habe ich davon noch überhaupt keine Ahnung!“ stöhnt er.

„Ich auch nicht, Erhan. Vielleicht sollten wir uns gemeinsam schlau machen, was wir da alles beachten müssen, wenn wir unsere eigenen Läden eröffnen. Was meinst du?“

23 Steuerplanung und Unternehmenserfolg

Das Steuerrecht spielt in einigen Bereichen des Unternehmens eine ganz entscheidende Rolle. Bereits die gewählte Rechtsform des Unternehmens | ► HF 2, Kap. 15 | löst ganz unterschiedliche Steuerfolgen aus. Unternehmerische Entscheidungen sind immer mit steuerlichen Auswirkungen verbunden, die es bereits im Vorfeld zu beachten gilt. Die vom Unternehmen zu zahlenden Steuern sind immer Kosten und beeinflussen so die Liquidität und damit den Erfolg und die Stabilität des Unternehmens.

Steuern beeinflussen Liquidität

Da die Liquidität gerade bei Gründern sehr im Fokus steht, werden häufig in Unkenntnis der Folgen, fällig werdende Steuervorauszahlungen nicht in ausreichender Höhe angesetzt. Kommt es dann zu Nachforderungen, kann das Unternehmen schnell in eine finanzielle Schieflage geraten.

Die Befolgung steuerlicher Vorschriften und das Nutzen der Gestaltungsmöglichkeiten auf Grundlage dieser Vorschriften setzen die Grundkenntnisse des Steuerrechts voraus. Das Wissen, dass z.B. die zu zahlende Gewerbesteuer auch bei unmittelbar benachbarten Standorten sehr unterschiedlich ausfallen kann, je nachdem zu welcher Gemeinde sie gehören, kann bei der Standortwahl eines neu zu gründenden Unternehmens von Bedeutung sein.

Wird ein Unternehmen gegründet, müssen mit dem Aufbau der Buchführung zunächst alle Sachverhalte in Bezug auf das Steuerrecht geklärt werden. Das bedeutet, dass zunächst nach den jeweiligen Steuerarten (Umsatzsteuer, Gewerbesteuer, Körperschaftsteuer, Einkommensteuer) zu unterscheiden und einzuordnen ist. Falsches Buchen und Kontieren führt häufig zu belastenden Steuernachzahlungen.

Dem Steuerrecht und dem Finanzamt als ausführende Institution sollte auch deshalb große Aufmerksamkeit geschenkt werden, weil Schulden gegenüber dem Finanzamt das Unternehmen in eine sehr schwierige Situation bringen können. Zwar ist die selbstständige Ausübung eines Gewerbes grundsätzlich jedermann gestattet, ohne dass er hierzu eine besondere Erlaubnis benötigt. Die Ausübung eines Gewerbes kann allerdings untersagt werden, wenn die gewerbliche Zuverlässigkeit nicht gegeben und eine Untersagung zum Schutz der Allgemeinheit erforderlich ist.

Dies kann bei Überschuldung (z.B. hohe finanzielle Verbindlichkeiten gegenüber dem Finanzamt, den Sozialversicherungsträgern oder den Berufsgenossenschaften) des Unternehmens der Fall sein. Deshalb dürfen auch im Falle eines finanziellen Engpasses die bestehenden Zahlungsverpflichtungen gegenüber dem Finanzamt nicht vollständig vernachlässigt werden. Laufen hohe Steuerzahlungsrückstände auf, kann das Finanzamt wegen persönlicher Unzuverlässigkeit ein Gewerbeuntersagungsverfahren nach § 35 der Gewerbeordnung (GewO) durch das zuständige Gewerbe- bzw. Ordnungsamt einleiten lassen.

Je früher sich der Unternehmer mit dem Steuerrecht beschäftigt, umso eher können Fehler vermieden und mögliche Vorteile genutzt werden.

23.1 Überblick über Steuerarten

Zu den wichtigsten Steuerarten im Rahmen der Unternehmensbesteuerung zählen die Umsatzsteuer, Gewerbesteuer, Einkommenssteuer, Lohnsteuer | ► HF 3, Kap. 19 | und Körperschaftssteuer.

Steuersätze 2013

Steuerart	Steuersätze/ Steuerbelastung	Bedeutung und Funktion
Umsatzsteuer | ► S. 401 |	Regelsteuersatz 19 %; ermäßigter Steuersatz 7 %	besteuert steuerpflichtige Umsätze von Unternehmern mit dem jeweiligen Steuersatz
Gewerbesteuer | ► S. 411 |	Messbetrag X Hebesatz der Gemeinde	besteuert den Gewerbeertrag nach Abzug eines Freibetrages für Einzelunternehmer und Personengesellschaften in Höhe von € 24 500,- (entfällt für Kapitalgesellschaften)

Steuerart	Steuersätze/ Steuerbelastung	Bedeutung und Funktion
Einkommensteuer | ► S. 413 |	Grundfreibetrag € 8 130,-/16 260,- progressiver Steuersatz 14-42 % Höchststeuersatz/ „Reichensteuer" 45 %	besteuert das zu versteuernde Einkommen natürlicher Personen nach Ablauf eines Wirtschaftsjahres und Abgabe einer Einkommensteuererklärung ab einem zu versteuernden Einkommen von € 250 731,-/501 462,-
Lohnsteuer | ► S. 685 |	wie Einkommensteuer	besteuert die Vergütung von Arbeitnehmern durch Abzug vom Arbeitslohn
Körperschaftsteuer | ► S. 422 |	15 %	besteuert das Einkommen von nicht natürlichen (juristischen) Personen

23.2 Umsatzsteuer

23.2.1 Wirkungsweise der Umsatzsteuer

Gesetzliche Grundlage für die Erhebung der Umsatzsteuer ist das Umsatzsteuergesetz (UStG).

Netto-Allphasensteuer

Die Umsatzsteuer ist eine Netto-Allphasensteuer mit Vorsteuerabzug. Sie wird von Unternehmern auf allen Stufen des Wirtschaftsgeschehens (Urerzeugung, Weiterverarbeitung, Groß- und Einzelhandel) mit dem gesetzlich festgelegten Steuersatz erhoben. Dieser wird in Prozenten ausgedrückt und auf den Nettowert der Lieferungen und Leistungen aufgeschlagen, die an die Abnehmer erbracht werden.

Mehrwertsteuer

Der „Mehrwert" (Differenz zwischen dem Nettoverkaufspreis und dem Nettoeinkaufspreis) ist lediglich die Bemessungsgrundlage für die Höhe der abzuführenden Umsatzsteuer. Deshalb ist auch der Begriff Mehrwertsteuer (MwSt) verbreitet.

Wenn Unternehmer ihrerseits Lieferungen und Leistungen von anderen umsatzsteuerpflichtigen Unternehmern beziehen, wird ihnen in der Eingangsrechnung der Nettopreis zzgl. Umsatzsteuer in Rechnung gestellt. Dieser Umsatzsteuerbetrag wird Vorsteuer genannt. Er wird dem Unternehmer vom Finanzamt erstattet oder gutgeschrieben.

Vorsteuerabzug

Durch die Möglichkeit des Vorsteuerabzugs bleibt die Umsatzsteuer im Bereich der Unternehmen ein durchlaufender Posten. Weil das Finanzamt die dem Unternehmer in Rechnung gestellte Vorsteuer vergütet und die Umsatzsteuer auf die Ausgangsumsätze an das Finanzamt abzuführen ist, bleibt die Umsatzsteuer gewinnneutral.

Beispiel: Verkauf des Holzes durch den Holzhändler an die Wall OHG

	€ 10 000,-	
+ 19 % USt.	€ 1 900,-	
= Verkaufspreis	€ 11 900,-	
Der Holzhändler führt die USt. an das Finanzamt ab		€ 1 900,-
Die Wall OHG verkauft die Stühle an einen Möbelhändler im Ort	€ 30 000,-	
+ 19 % USt.	€ 5 700,-	
= Verkaufspreis	€ 35 700,-	
Die Wall OHG führt die USt. abzüglich der Vorsteuer, die beim Einkauf bezahlt wurde, an das Finanzamt ab: € 5 700,- ./. € 1 900,- =		€ 3 800,-
Der Möbelhändler verkauft die Stühle an Kunden	€ 40 000,-	
+ 19 % USt.	€ 7 600,-	
= Verkaufspreis	€ 47 600,-	
Der Möbelhändler führt die USt. abzüglich der Vorsteuer an das Finanzamt ab € 7 600,- ./. € 5 700,- =		€ 1 900,-
Das Finanzamt erhält insgesamt € 1 900,- + € 3 800,- + € 1 900,- =		€ 7 600,-

Umsatzsteuer als durchlaufender Posten

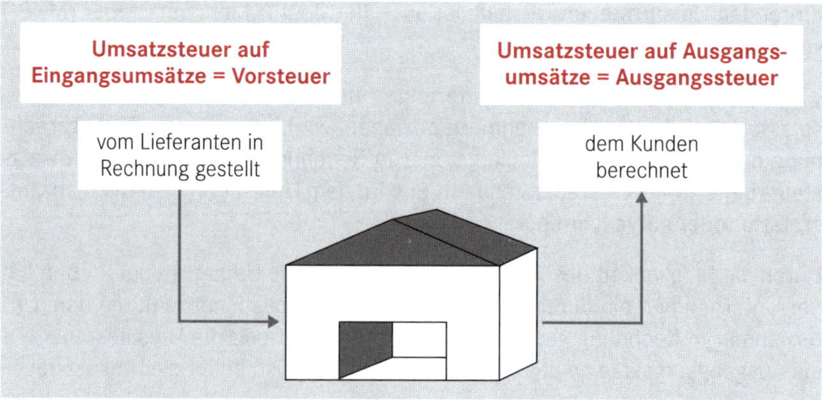

Allphasensteuer bedeutet, dass eine Besteuerung in jedem Stadium der Wertschöpfung erfolgt.

23.2.2 Unternehmer im Umsatzsteuerrecht

Unternehmer/ Steuerschuldner

Den Regelungen des Umsatzsteuerrechts sind Unternehmer (jede natürliche und juristische Person und jede Personengesellschaft) unterworfen, die

- eine gewerbliche oder berufliche Tätigkeit,
- nachhaltig und selbstständig,
- mit der Absicht Einnahmen zu erzielen, ausüben.

Die Absicht, Gewinn zu erzielen, ist nicht erforderlich.

Der Unternehmerbegriff ist somit nicht von der Rechtsform abhängig, sondern richtet sich allein nach der Art der Tätigkeit. Auch wer regelmäßig online (etwa bei Ebay) Waren verkauft, muss damit rechnen, dass das Finanzamt darin eine unternehmerische Tätigkeit sieht und Umsatzsteuer verlangt. Die unternehmerische Tätigkeit beginnt bereits mit den Vorbereitungshandlungen, die auf die Erzielung von Einnahmen gerichtet sind, auch wenn es später dann nicht zu Einnahmen kommen sollte.

Selbst wenn Gründungsvorhaben scheitern, verbleibt den Unternehmen im Sinne des Umsatzsteuergesetzes auf Dauer ein Vorsteuerguthaben. Somit beteiligt sich das Finanzamt auch an letztlich fehlgeschlagenen Investitionsvorhaben durch die Vorsteuer. Wirtschaftlich belastet bleibt der Unternehmer im Gründungsstadium allein mit dem Nettobetrag der Eingangsrechnungen (ohne ausgewiesene Umsatzsteuer).

Der Unternehmer hat die Umsatzsteuer in gesetzlicher Höhe auf seine Lieferungen und Leistungen aufzuschlagen, die Zahllast selbst zu berechnen und an das Finanzamt abzuführen. Steuerträger ist der Endverbraucher, der über den Preis von Produkten und Leistungen letztlich mit der Umsatzsteuer belastet wird. Damit ist die Umsatzsteuer eine indirekte Steuer.

23.2.3 Umsatzsteuerzahllast/Umsatzsteuerguthaben

Verfahren

Der Unternehmer muss bis zum 10. Tag nach Ablauf des Voranmeldungszeitraums seine Umsatzsteuerschuld für den vergangenen Voranmeldungszeitraum selbst berechnen und nach amtlich vorgeschriebenem Datensatz dem Finanzamt einreichen. Voranmeldungszeitraum ist das Kalendervierteljahr. Beträgt die Steuer für das vorangegangene Kalenderjahr mehr als € 7 500,–, ist der Kalendermonat Voranmeldungszeitraum. Beträgt die Steuer für das vorangegangene Kalenderjahr nicht mehr als € 1 000,–, kann das Finanzamt dem Unternehmer von der Verpflichtung der Abgabe der Umsatz-Voranmeldungen und Entrichtung der Vorauszahlungen befreien.

Umsatzsteuer bei Gründung

Existenzgründer müssen in den ersten zwei Kalenderjahren ihre Umsatzsteuervoranmeldungen monatlich abgeben und zwar bis zum 10. Tag des nachfolgenden Kalendermonats.

Umsatzsteuervoranmeldung

Auf Antrag kann das Finanzamt die Abgabefristen von Umsatzsteuervoranmeldungen und die Zahlungsfristen für Vorauszahlungen um einen Monat verlängern (Dauerfristverlängerung). Wenn der antragstellende Betrieb Monatszahler ist, hat er hierfür eine Sondervorauszahlung in der Höhe eines Elftels der Vorauszahlungen des vorangegangenen Kalenderjahres zu leisten.

Jeder Unternehmer hat darüber hinaus bis zum 31. Mai des Folgejahres eine Umsatzsteuer-Jahreserklärung für das vergangene Jahr abzugeben, in der er die noch zu entrichtende Steuer oder den zu viel gezahlten Überschuss zu seinen Gunsten selbst berechnet. Ergibt sich eine Abweichung zu den Voranmeldungen, ist die restliche Steuerschuld unaufgefordert binnen eines Monats an das Finanzamt abzuführen, ein Vorsteuerüberschuss wird erstattet.

Die Umsatzsteuervoranmeldung und die Umsatzsteuer-Jahreserklärung muss auf elektronischem Wege eingereicht werden[1].

Berechnung der Umsatzsteuerzahllast

Traglast

Zahllast

Der Unternehmer berechnet die Umsatzsteuer, die auf seine steuerpflichtigen Ausgangsumsätze entfällt (Traglast). Die ihm von anderen Unternehmern in diesem Zeitraum in Rechnung gestellte Vorsteuer kann er hiervon abziehen. Ergibt sich ein Umsatzsteuer-Überschuss (Zahllast), ist dieser unaufgefordert an das Finanzamt abzuführen. Umgekehrt ergibt sich bei einem Vorsteuer-Überhang ein Vergütungsanspruch gegenüber dem Finanzamt.

Beispiel: Innerhalb eines Voranmeldungszeitraums bezieht die Wall OHG Vorleistungen in Höhe von € 20 000,– zzgl. 19 % Umsatzsteuer von € 3 800,– und verkauft Produkte und Leistungen im Nettowert von € 60 000,– zzgl. € 11 400,– Umsatzsteuer. Es ergibt sich die folgende Belastungsrechnung:

Summe der USt. auf Ausgangsumsätze (Traglast)	€ 11 400,–
./. USt. an die Vorlieferanten (Vorsteuer)	€ 3 800,–
= Vorauszahlung an das Finanzamt (Traglast ./. Vorsteuer = Zahllast)	€ 7 600,–

Jeder Unternehmer, der das allgemeine Umsatzsteuersystem anwendet, ist nach § 22 UStG verpflichtet, zur Feststellung der Umsatzsteuer und der Grundlagen ihrer Berechnung Aufzeichnungen zu machen.

[1] *amtlich vorgeschriebener Ausdruck unter www.elster.de*

23.2.4 Steuerbare, steuerfreie und steuerpflichtige Umsätze

Allgemeine Regelungen

Gegenstand der Besteuerung

Steuergegenstand sind nach dem Umsatzsteuergesetz folgende wirtschaftliche Vorgänge (sie werden im Gesetz steuerbare Umsätze genannt, §§ 1, 3 UStG):

- Lieferungen und sonstige Leistungen, die ein Unternehmer im Inland gegen Entgelt im Rahmen seines Unternehmens ausführt,
- unentgeltliche Lieferungen oder sonstige Leistungen,
- die Einfuhr von Gegenständen aus dem Drittlandsgebiet in das Inland,
- der innergemeinschaftliche Erwerb (d.h. aus einem anderen EU-Staat) im Inland gegen Entgelt.

nichtsteuerbarer Umsatz

Nichtsteuerbare Umsätze fallen nicht unter das Umsatzsteuergesetz (z.B. der Verkauf eines Computers aus dem Privatvermögen, die Geschäftsveräußerung im Ganzen an einen anderen Unternehmer).

steuerbarer Umsatz

Ein steuerbarer Umsatz ist entweder steuerfrei, dann entsteht keine Umsatzsteuer, oder steuerpflichtig, dann entsteht Umsatzsteuer. Die Steuerbefreiungen sind im Umsatzsteuergesetz abschließend aufgezählt (§§ 4-8 UStG), z.B. Umsätze aus der Vermietung und Verpachtung von Grundstücken, Umsätze aus heilberuflicher Tätigkeit sowie Umsätze im Geld- und Kreditverkehr.

Umsatzsteuerbefreiung

Da sich aus der Umsatzsteuerbefreiung auch Nachteile ergeben können, bestimmt § 9 Abs. 1 UStG, dass ein Unternehmer bestimmte steuerfreie Umsätze als steuerpflichtig behandeln kann (sog. Umsatzsteueroption). Vermietet z.B. ein Vermieter mittels Umsatzsteueroption umsatzsteuerpflichtig ein Ladengeschäft an ein Unternehmen, erhält er so den Vorsteuerabzug aus den Baurechnungen der Handwerker für die Umgestaltung der Räume.

Das Umsatzsteuerrecht klärt die Begriffe Inland, Gemeinschaftsgebiet und Drittlandsgebiet wie folgt:

- *Inland* — Inland ist das Gebiet der Bundesrepublik Deutschland, mit Ausnahme des Gebietes von Büsingen am Hochrhein, der Insel Helgoland, der Freihäfen, der Gewässer und Watten zwischen der Strandlinie und der Hoheitsgrenze (zwölf Seemeilen) sowie der deutschen Schiffe und Luftfahrzeuge außerhalb von Zollgebieten.
- *Gemeinschaftsgebiet* — Das Gemeinschaftsgebiet umfasst das deutsche Inland und die Gebiete der übrigen Mitgliedstaaten der Europäischen Union (übriges Gemeinschaftsgebiet), die nach dem Gemeinschaftsrecht als Inland dieser Mitgliedstaaten gelten.
- *Drittlandsgebiet* — Als Drittlandsgebiet werden Gebiete bezeichnet, die nicht Gemeinschaftsgebiet sind.

Lieferung und sonstige Leistung

Zur Anwendung dieser allgemeinen Regelungen sollen einige Begriffe konkreter bestimmt werden:

Lieferung

- Eine Lieferung ist die Leistung eines Unternehmers, durch die er dem Abnehmer die Verfügungsmacht (d.h. wirtschaftliches Eigentum) an einem Gegenstand verschafft (z.B: Die Fa. SH Haustechnik GmbH verkauft einen Heizstrahler an einen Kunden. Die Bäckerei Panino verkauft frische Brötchen an ihre Kundschaft).

sonstige Leistung

- Als sonstige Leistung wird alles bezeichnet, was keine Lieferung ist (z.B.: Ein Rechtsanwalt berät seinen Mandanten. Eine Kfz-Werkstatt repariert einen Pkw. Ein Malerbetrieb streicht die Innenräume. Ein Friseur schneidet einer Kundin die Haare. Ein Tischler restauriert alte Möbel.)

Unentgeltliche Lieferungen und sonstige Leistungen (unentgeltliche Wertabgaben)

Unter anderem sind folgende unentgeltliche Lieferungen und sonstige Leistungen den entgeltlichen Lieferungen und sonstigen Leistungen gleichgestellt:

Entnahme von betrieblichen Gegenständen

- Entnahme von betrieblichen Gegenständen durch den Unternehmer für unternehmensfremde Zwecke, soweit die Anschaffung oder Herstellung des Gegenstandes oder seiner selbstständig nutzbaren Teile zum vollen oder teilweisen Vorsteuerabzug berechtigten,

Sachzuwendungen

- Sachzuwendungen an das Personal unter der Voraussetzung, der Gegenstand hat zum vollen oder teilweisen Vorsteuerabzug berechtigt,

Verwendung von betrieblichen Gegenständen

- Verwendung von betrieblichen Gegenständen durch den Unternehmer und sein Personal für unternehmensfremde Zwecke, soweit bei ihrer Herstellung oder Anschaffung ein Vorsteuerabzug ganz oder teilweise möglich war.

unentgeltliche Sachzuwendungen

Unentgeltliche Sachzuwendungen und sonstige Leistungen an Mitarbeiter für deren persönlichen Bedarf sind nur dann keine steuerbaren Umsätze, wenn sie Aufmerksamkeiten darstellen, überwiegend durch das betriebliche Interesse veranlasst sind und ihr Wert € 40,- inkl. Umsatzsteuer nicht übersteigt.

Steuersätze

Der allgemeine Umsatzsteuersatz beträgt 19 % des Nettoentgelts. Er ermäßigt sich auf 7 % für bestimmte begünstigte Umsätze, die im § 12 Abs. 2 und in der Anlage 2 des Umsatzsteuergesetzes aufgeführt sind (z.B. bestimmte Nahrungsmittel, Waren des Buchhandels, Beförderungsleistungen im Nahverkehrsbereich, aber auch Hundefutter, Hotelübernachtungen und Popcorn im Kino).

23.2.5 Entstehung der Steuerschuld

Die Steuerschuld entsteht mit dem Ablauf jenes Voranmeldungszeitraums, in dem die Lieferung oder sonstige Leistung ausgeführt wurde bzw. die unentgeltliche Wertabgabe stattgefunden hat. Dabei ist es unerheblich, ob der Kunde die Rechnung bereits bezahlt hat (Versteuerung nach vereinbarten Entgelten/ Soll-Versteuerung).

Soll-Versteuerung

Auf Antrag kann das Finanzamt Betrieben gestatten, die Umsatzsteuer nach vereinnahmten Entgelten zu berechnen; dies betrifft Betriebe, deren Gesamtumsatz im vorangegangenen Kalenderjahr € 500 000,- nicht überschritten hat. Die Steuerschuld entsteht in diesem Fall in dem Voranmeldungszeitraum, in dem die Zahlung eingeht (Ist-Versteuerung).

Ist-Versteuerung

Beispiel: Die Bäckerei Panino zahlt monatlich die Umsatzsteuer. Sie liefert am 29. Juni Brot und Backwaren an das Kreiskrankenhaus im Nettowert von € 5 000,- zzgl. 7 % Umsatzsteuer (€ 350,-) auf Rechnung. Die Rechnung wird am 15. Juli beglichen.

Unterliegt die Bäckerei der Soll-Versteuerung, ist die Umsatzsteuerschuld mit Ablauf des 30. Juni entstanden.

Unterliegt sie der Ist-Versteuerung, ist die Steuerschuld mit Ablauf des 31. Juli entstanden.

Steuerschuld des Leistungsempfängers

Die Steuerschuld geht nach § 13b UStG auf den Unternehmer als Empfänger einer Leistung über,

- wenn er Werklieferungen und sonstige Leistungen von einem im Ausland ansässigen Unternehmer empfängt,
- wenn er selbst Bauleistungen ausführt und sog. Bauleistungen von einem im Inland ansässigen Unternehmer im Inland empfängt (z. B.: ein Bauunternehmer schaltet Subunternehmer für die Leistungserbringung ein),
- wenn er von einem im Ausland ansässigen Unternehmen Gas, Elektrizität, Wärme oder Kälte bezieht,
- wenn der Unternehmer steuerpflichtige Lieferungen von Industrieschrott, Altmetallen und sonstigen Abfallstoffen erhält,
- wenn Subunternehmer auf dem Gebiet der Gebäudereinigung für ein Gebäudereinigungsunternehmen tätig werden,
- bei Bezug von Gold ab einem bestimmten Feingehalt,
- in bestimmten Fällen auch bei Lieferungen von Mobilfunkgeräten/Handys sowie von integrierten Schaltkreisen, d.h. Mikro- und Hauptprozessoren.

Das bedeutet, der Unternehmer, der die Leistung erbringt, erstellt eine Rechnung netto ohne Umsatzsteuer mit Hinweis auf den Wechsel der Steuerschuldnerschaft. Der Unternehmer, der die Leistung empfängt, weist die Umsatzsteuer in seiner Umsatzsteuer-Voranmeldung aus. Gleichzeitig kann er sie als Vorsteuer abziehen. Damit stehen sich die Umsatzsteuer und die Vorsteuer in gleicher Höhe gegenüber. Folglich ist an das Finanzamt keine Umsatzsteuer abzuführen und das Finanzamt hat keine Vorsteuer zu erstatten.

23.2.6 Vorsteuer

Abziehbare Vorsteuer

ordnungsgemäße Rechnung

Sachliche Voraussetzung für den Vorsteuerabzug ist der Besitz einer ordnungsgemäßen Rechnung eines anderen umsatzsteuerpflichtigen Unternehmers für Lieferungen und sonstige Leistungen, die für das Unternehmen des Rechnungsempfängers erbracht wurden. Mit Einverständnis kann auch der Leistungsempfänger eine Rechnung für eine Lieferung oder sonstige Leistung des Unternehmers ausstellen.

In diesem Fall handelt es sich um eine den Vorsteuerabzug ermöglichende Gutschrift. Rechnungen können auf Papier oder auf elektronischem Weg übermittelt werden. Ausnahmen von dieser Regelung gelten für Rechnungen über Kleinbeträge (€ 150,– einschließlich Umsatzsteuer) und für Fahrausweise als Rechnungen.

notwendige Angaben gemäß UStG

Eine Rechnung muss gemäß § 14 Abs. 4 UStG folgende Angaben enthalten:

- den vollständigen Namen und die Anschrift des leistenden Unternehmers und des Leistungsempfängers,
- Steuer- oder Umsatzsteuer-Identifikationsnummer des leistenden Unternehmers,
- Ausstellungsdatum der Rechnung,
- fortlaufende Rechnungsnummer,
- Menge und handelsübliche Bezeichnung des Gegenstandes der Lieferung oder Art und Umfang der sonstigen Leistung,
- Zeitpunkt der Lieferung oder der sonstigen Leistung sowie Vereinnahmung des Entgelts bei Anzahlungen,
- Nettoentgelt getrennt aufgeschlüsselt nach Steuersätzen und Steuerbefreiungen unter Angabe der im Voraus vereinbarten Entgeltminderungen (z.B. durch Skonti, Boni und Rabatte),
- den anzuwendenden Steuersatz sowie den auf das Nettoentgelt entfallenden Steuerbetrag oder den Grund der Steuerbefreiung (z.B. „Ausfuhr“),
- bei Bauleistungen oder sonstigen Leistungen im Zusammenhang mit Grundstücken von Privatpersonen den Hinweis, dass der Privatkunde die Rechnung für mindestens zwei Jahre aufzubewahren hat.

Nicht abziehbare Vorsteuerbeträge

Vom Vorsteuerabzug grundsätzlich ausgeschlossen ist die Umsatzsteuer

- für die Lieferungen, die Einfuhr und den innergemeinschaftlichen Erwerb von Gegenständen sowie für die sonstigen Leistungen, die der Unternehmer zur Ausführung steuerfreier Umsätze verwendet,
- für Aufwendungen, die nach den Vorschriften des Einkommensteuergesetzes nicht als Betriebsausgabe abgezogen werden dürfen. Hierzu zählen insbesondere Geschenke an Geschäftsfreunde von mehr als € 35,- netto pro Jahr und Empfänger, unangemessene Bewirtungskosten, die Kosten der Lebensführung des Unternehmers und seiner Familie,

  Ausnahme: Für betrieblich veranlasste Bewirtungskosten ist die Vorsteuer aufgrund von EU-Recht zu 100 % abziehbar. Dies gilt auch für den nicht als Betriebsausgaben abziehbaren Teil von 30 %,
- für Verpflegungsmehraufwendungen (Pauschalen) des Unternehmers und seines Personals anlässlich von Geschäfts- oder Dienstreisen und für erstattetes Kilometergeld. Der Ausschluss des Vorsteuerabzugs gilt auch für rechnerisch oder sachlich unrichtig berechnete Umsatzsteuerbeträge.

23.2.7 Besteuerung der Kleinunternehmer (faktische Steuerbefreiung)

Die geschuldete Umsatzsteuer wird auf Antrag nicht erhoben bei Unternehmern,

Bedingungen Steuerbefreiung

- deren Jahresumsatz einschließlich Umsatzsteuer im vorangegangenen Kalenderjahr € 17 500,- nicht überstiegen hat
- und im laufenden Kalenderjahr voraussichtlich € 50 000,- nicht übersteigen wird.

Bei Gründung muss der voraussichtliche Gesamtumsatz geschätzt werden. Im Gründungsjahr ist allein auf den voraussichtlichen Gesamtumsatz des laufenden Kalenderjahres abzustellen, der inklusive Umsatzsteuer € 17 500,- nicht übersteigen darf.

Unter Umsatz sind die vereinnahmten Entgelte einschließlich Umsatzsteuer gekürzt um die ggf. in ihnen enthaltenen Umsätze von Wirtschaftsgütern des Anlagevermögens zu verstehen.

Der Kleinunternehmer, der diese Regelung anwendet, muss grundsätzlich keine Umsatzsteuer entrichten und ist nicht verpflichtet, Voranmeldungen abzugeben. Andererseits darf er keine Vorsteuern abziehen und die Umsatzsteuer nicht gesondert in Rechnung stellen. Er muss jedoch eine Umsatzsteuer-Jahreserklärung bis 31. Mai des Folgejahres abgeben.

Verzicht auf Kleinunternehmerregelung

Der Unternehmer ist nicht verpflichtet, diese Vergünstigung in Anspruch zu nehmen. Er kann auf die Nichterhebung der Umsatzsteuer verzichten und sich dem allgemeinen Umsatzsteuersystem unterwerfen. Der Verzicht empfiehlt sich insbesondere in der Gründungsphase mit hohen Ausgaben für Investitionen und/oder Warenlieferungen, in denen recht hohe Vorsteuerbeträge enthalten sind. Denn wer keine Umsatzsteuer an das Finanzamt abführt, kann diese auch nicht mit der Vorsteuer verrechnen. Bei Verzicht auf die Nichterhebung der Umsatzsteuer unterliegt der Kleinunternehmer dem allgemeinen Umsatzsteuersystem mit seinen Steuersätzen. Er kann allerdings zugleich die Vorsteuern abziehen und muss die Umsatzsteuer gesondert in Rechnung stellen.

23.2.8 Umsatzsteuer und Binnenmarkt im Rahmen der Europäischen Union

Das System für innergemeinschaftliche Lieferungen oder Erwerbe regelt die Steuerpflicht für Unternehmer und Privatverbraucher unterschiedlich.

- Ein Unternehmer in Deutschland liefert an einen anderen Unternehmer in einem anderen EU-Staat.

  Bestimmungslandprinzip

  In diesem Fall bleibt die Lieferung umsatzsteuerfrei. Der Abnehmer entrichtet in seinem Heimatland nach den dort geltenden Steuersätzen die Umsatzsteuer für diesen Erwerb, die er als Vorsteuer im selben Veranlagungszeitraum abziehen kann (Bestimmungslandprinzip).

  Für die praktische Abwicklung des Verfahrens benötigt jeder Unternehmer, der EU-grenzüberschreitend liefert oder bezieht, eine Umsatzsteuer-Identifikationsnummer (USt-IdNr.), die in jedem EU-Staat von einer Zentralbehörde vergeben wird.[1] In allen Rechnungen über die innergemeinschaftliche Lieferung sind die eigene und die Umsatzsteuer-Identifikationsnummer des Abnehmers auszuweisen.

- Ein Unternehmer in Deutschland liefert an einen privaten Käufer in einem anderen EU-Staat.

  Ursprungslandprinzip

  Der Unternehmer muss den Umsatz in Deutschland besteuern (Ursprungslandprinzip). Wird der private Käufer über den Versandhandel bedient, muss der Lieferer die Umsatzsteuer nach den Vorschriften des Bestimmungslandes entrichten.

Auch bei der Ortsbestimmung der sonstigen Leistung kommt es darauf an, ob der Leistungsempfänger ein Unternehmer oder ein Nichtunternehmer ist.

Empfängerortprinzip

- Bei Leistungen an einen Unternehmer richtet sich die Ortsbestimmung grundsätzlich nach dem Sitz des Leistungsempfängers. Die Leistung ist dort steuerbar, wo der Leistungsempfänger sein Unternehmen betreibt (Empfängerortprinzip). Bei einer sonstigen Leistung an einen durch eine Umsatzsteueridentifikationsnummer ausgewiesenen ausländischen Unternehmer

---

[1] *Deutschland: Bundeszentralamt für Steuern, 53221 Bonn, www.bzst.bund.de*

muss die Rechnung grundsätzlich ohne Umsatzsteuer ausgewiesen werden. Der ausländische Unternehmer muss dann die Leistung nach den Vorschriften des anderen EU-Staates versteuern.

- Bei sonstigen Leistungen an einen Nichtunternehmer ist der Ort der Leistung dort, von wo aus der Unternehmer sein Unternehmen betreibt (Sitzortprinzip). Dort muss die Leistung auch versteuert werden.

Sitzortprinzip

Für bestimmte Dienstleistungen gelten Ausnahmen. Zum Beispiel greift allein das Sitzortprinzip bei Leistungen im Zusammenhang mit einem Grundstück (wichtige Ausnahme für Handwerker bei Bauleistungen).

23.3 Gewerbesteuer

Zur Finanzierung ihrer öffentlichen Aufgaben setzen die Städte und Gemeinden die Einkünfte aus der Gewerbesteuer der Unternehmen ein, die ihren Standort in dieser Gemeinde haben.

Rechtsgrundlagen

Die Gewerbesteuer erfasst den Gewerbebetrieb als Steuerobjekt ohne Berücksichtigung persönlicher Verhältnisse. Steuerschuldner ist der Unternehmer, bei einer Personengesellschaft die Gesellschaft. Rechtsgrundlage ist das Gewerbesteuergesetz (GewStG). Die Gewerbesteuer besteuert den Gewerbeertrag. Als Gewerbeertrag gilt der nach Einkommen- oder Körperschaftsteuerrecht ermittelte Gewinn aus dem Gewerbebetrieb unter Berücksichtigung bestimmter Hinzurechnungen und Kürzungen. So soll die tatsächliche Ertragskraft des Betriebes ermittelt werden.

Ermittlung Gewerbeertrag

Dem Gewinn werden u.a. hinzugerechnet:

\+ Schuldzinsen
\+ Gewinnanteile des stillen Gesellschafters
\+ 20 % der Mieten, Pachten und Leasingraten für bewegliche Wirtschaftsgüter des Anlagevermögens,
\+ 50 % der Mieten, Pachten und Leasingraten für unbewegliche Wirtschaftsgüter des Anlagevermögens,
\+ 25 % der Lizenzen und Konzessionen

= Summe der Hinzurechnungen
./. Freibetrag von € 100 000,-

= Restbetrag x 25 % allgemeiner Hinzurechnungssatz

= Gewerbeertrag

Gekürzt wird der Gewinn noch um 1,2 % des Einheitswerts des zum Betriebsvermögen des Unternehmers gehörenden Grundbesitzes. Der korrigierte Gewerbeertrag ist auf volle hundert Euro nach unten abzurunden. Für natürliche Personen und Personengesellschaften gibt es noch einen Freibetrag in Höhe von € 24 500,-.

Verfahren

Die Ermittlung und Erhebung der Gewerbesteuer erfolgt mithilfe eines besonderen Verfahrens. Durch Anwendung einer für alle gewerbesteuerpflichtigen Unternehmen einheitlichen Steuermesszahl (3,5 %) auf den Gewerbeertrag (sofern dieser über dem allgemeinen Freibetrag von € 5 000,– liegt), wird so vom Finanzamt der Gewerbesteuermessbescheid festgestellt.

Auf diesen festgestellten Messbetrag erhebt die Gemeinde einen für jedes Kalenderjahr durch Satzung festgesetzten und für alle ansässigen Gewerbebetriebe gleichermaßen gültigen Hebesatz (in Höhe von mindestens 200 %, derzeit max. 490 % in München) und erteilt den Gewerbesteuerbescheid.

Ermittlung des Gewerbesteuerjahresbetrags

Bemessung der Gewerbesteuer nach

Gewerbeertrag (davon 3,5 %)

ergibt den

Gewerbesteuermessbetrag des Finanzamtes

wird multipliziert mit dem

Hebesatz der Gemeinde (mind. 200 %)

ergibt den

Gewerbesteuerjahresbetrag

Beispiel: Die Ermittlung der Gewerbesteuerschuld der Wall OHG sieht vereinfacht bei zusätzlich angenommenen Hinzurechnungen von € 120 000,– so aus:

Gewinn der Personengesellschaft		€ 120 000,–
Hinzurechnung	€ 120 000,–	
./. Freibetrag	€ 100 000,–	
Restbetrag	€ 20 000,–	
X 25 %	€ 5 000,–	+ € 5 000,–
Gewerbeertrag		€ 125 000,–
./. Freibetrag		€ 24 500,–
Zwischensumme		€ 100 500,–
X Steuermesszahl 3,5 % =		€ 3 517,50

Der so ermittelte Gewerbesteuermessbetrag beträgt € 3 517,50.

Bei einem angenommenen Hebesatz der Betriebssitzgemeinde von 390 % beträgt die Gewerbesteuer-Jahresschuld € 13 718,25 (€ 3 517,50,- X 3,9), bei einem Hebesatz von 200 % nur € 7 035,- und bei einem Hebesatz von 490% (derzeit u.a. in München) € 17 235,75.

Das 3,8-fache des Messbetrages kann bei Einzelunternehmen und anteilig bei Gesellschaftern von Personengesellschaften von der Einkommensteuerschuld abgezogen werden. Dafür ist die Gewerbesteuer bei der Einkommensteuer zur Ermittlung der Einkünfte aus Gewerbebetrieb keine Betriebsausgabe mehr.

23.4 Veranlagte Einkommensteuer

23.4.1 Rechtsgrundlagen (Einkunftsarten/zu versteuerndes Einkommen)

Rechtsgrundlagen

Steuerpflicht

Die Rechtsgrundlagen der Einkommensteuer sind im Einkommensteuergesetz (EStG) geregelt. Natürliche Personen, die ihren Wohnsitz oder gewöhnlichen Aufenthaltsort im Inland haben, sind unbeschränkt steuerpflichtig. Das heißt, alle in- und ausländischen Einkünfte (Welteinkommen) unterliegen der Besteuerung im Inland.

Besteuert wird ausgehend vom Gesamtbetrag der Einkünfte das sog. zu versteuernde Einkommen, das unter Beachtung der persönlichen Verhältnisse des Steuerpflichtigen und seiner steuerlichen Leistungsfähigkeit mithilfe der Einkommensteuererklärung und ihrer Anlagen ermittelt wird.

Aufgrund der selbst erteilten Angaben in der bis zum 31. Mai des Folgejahres abzugebenden Einkommensteuer-Jahreserklärung erfolgt die Veranlagung des Steuerpflichtigen durch das Finanzamt, aus der sich aufgrund des Einkommensteuerbescheides Nachzahlungen oder Erstattungen ergeben können.

Nicht buchführungspflichtige Selbstständige haben einen amtlichen Vordruck einer Einnahmen-Überschuss-Rechnung als Anlage zur Steuererklärung abzugeben (Anlage EÜR), wenn ihre Betriebseinnahmen € 17 499,- im Jahr übersteigen.

Diese Anlage EÜR ist mit der Jahressteuererklärung elektronisch zu übermitteln. Für Bilanzen sowie Gewinn- und Verlustrechnungen gilt diese Verpflichtung zur elektronischen Übermittlung zwingend für Jahresabschlüsse für das Geschäftsjahr 2013.

Da die Einkommensteuer eine Jahressteuer ist, kann die Einkommensteuererklärung nur für ein abgelaufenes Jahr abgegeben werden (Veranlagungszeitraum).

ausgewählte Anlagen zur Einkommensteuererklärung

Bezeichnung der Anlage	Geltungsbereich für
Anlage L	Land- und Forstwirte (Einkünfte aus Land- und Forstwirtschaft)
Anlage G	Gewerbetreibende (Einkünfte aus Gewerbebetrieb)
Anlage S	Freiberufler (Einkünfte aus selbstständiger Arbeit)
Anlage N	Arbeitnehmer (Einkünfte aus nichtselbstständiger Arbeit)
Anlage KAP	Sparer (Einkünfte aus Kapitalvermögen)
Anlage SO	sonstige Einkünfte (z. B. Unterhaltsleistungen vom geschiedenen Ehepartner, gelegentliche Vermittlungen, private Veräußerungsgeschäfte). Veräußerungsgeschäfte mit Ausnahme von Gewinnen aus der Veräußerung privater Kapitalanlagen
Anlage V	Haus- und Wohnungseigentümer (Einkünfte aus Vermietung und Verpachtung)
Anlage R	steuerpflichtige Rentner

23.4.2 Ermittlung der Summe der Einkünfte

Wesentliche Grundlage für die Berechnung des zu versteuernden Einkommens ist die Ermittlung der Summe der Einkünfte aus den sieben Einkunftsarten. Im steuerlichen Sinn können Einkünfte positiv und - im Fall von Verlusten - negativ sein.

die sieben Einkunftsarten

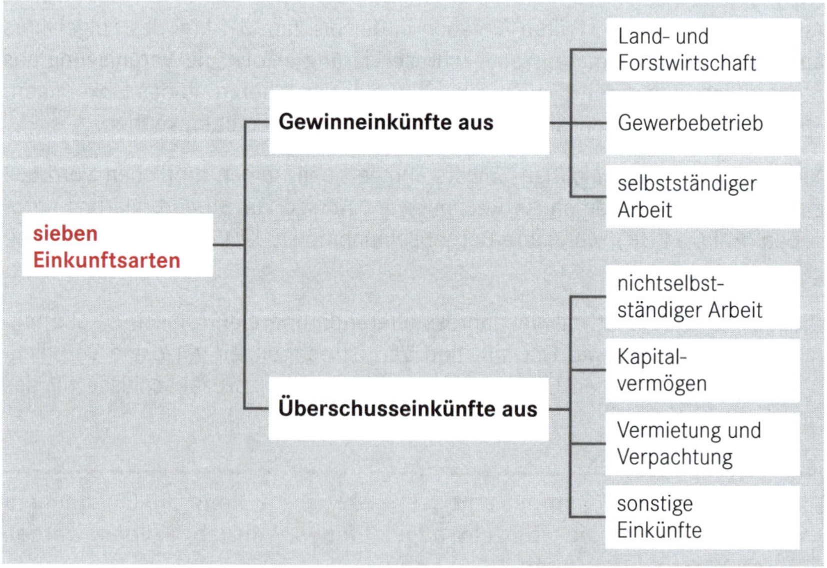

Die Einkünfte von Personengesellschaften (z.B. BGB-Gesellschaft, Kommanditgesellschaft, offene Handelsgesellschaft) werden einheitlich festgestellt und einkommensteuerlich den Gesellschaftern entsprechend ihrer Beteiligung zugeordnet. Durch Aufnahme weiterer Gesellschafter aus dem Familienverbund kann somit der Gewinn der Personengesellschaft auf mehrere Köpfe verteilt und dadurch die Einkommensteuerprogression | ► Progression, S. 417 | abgemildert werden. Die dazu erforderlichen Feststellungserklärungen sind seit 2012 auf elektronischem Wege an das Finanzamt zu übermitteln.

Beispiel: Gerhard Petersson macht sich Gedanken, wie es möglich wäre, die Einkommensteuer zu reduzieren. Wären noch weitere Familienmitglieder Gesellschafter der Petersson KG, würde der Gewinn auf mehrere Familienmitglieder verteilt, was sich durch die Wirkung der Einkommensteuerprogession in Summe positiv auswirken würde. Er wird das mit seinen Töchtern Helga und Herta und auch Markus besprechen.

Als Einkünfte zählen bei den Gewinneinkünften die erzielten Gewinne/Verluste, die i.d.R. durch den Betriebsvermögensvergleich ermittelt werden. Gewinn ist nach § 4 Abs. 1 Satz 1 EStG der Unterschiedsbetrag zwischen dem Betriebsvermögen am Schluss des Wirtschaftsjahres und dem Betriebsvermögen am Schluss des vorangegangenen Wirtschaftsjahres, vermehrt um den Wert der Entnahmen und vermindert um den Wert der Einlagen.

Ermittlung von Gewinn/Verlust durch Betriebsvermögensvergleich

	Betriebsvermögen am Schluss des Wirtschaftsjahres
./.	Betriebsvermögen am Anfang des Wirtschaftsjahres
+	Entnahmen
./.	Einlagen
=	**Gewinn/Verlust**

Unter Betriebsvermögen versteht der Gesetzgeber das betriebliche Reinvermögen, also das Eigenkapital. Als Entnahmen des Betriebsinhabers für betriebsfremde Zwecke kommen Barbeträge, aber auch Waren, Nutzungen und Leistungen des Betriebes in Frage. Umgekehrt können Einlagen neben Bargeld auch Wirtschaftsgüter sein, die der Unternehmer dem Betrieb aus seinem privaten Bereich zuführt.

Bei den Überschusseinkünften werden die Einkünfte durch den Überschuss der Einnahmen über die Werbungskosten ermittelt. Übersteigen die Werbungskosten die Einnahmen, ergibt sich ein Verlust.

Besteht weder nach dem Handelsgesetzbuch noch nach der Abgabenordnung Buchführungspflicht, so kann der Gewinn durch eine Einnahmen-Überschuss-Rechnung ermittelt werden: Dabei werden den Betriebseinnahmen die Betriebsausgaben gegenübergestellt (§ 4 Abs. 3 EStG). Für ein Einzelunternehmen trifft dies bei Umsatzerlösen von bis zu € 500 000,– oder bei einem Gewinn von bis zu € 50 000,– (§ 141 AO) zu.

23.4.3 Berechnung des zu versteuernden Einkommens

Die Berechnung des zu versteuernden Einkommens erfolgt nach folgendem vereinfachten Schema:

Berechnung des zu versteuernden Einkommens

	Summe der Einkünfte aus den sieben Einkunftsarten
./.	Altersentlastungsbetrag* (§ 24a EStG)
=	Gesamtbetrag der Einkünfte
./.	Verlustabzug (§ 10d EStG)
./.	Sonderausgaben (§§ 10, 10a, 10b, 10c EStG)
./.	außergewöhnliche Belastungen (§§ 33 bis 33c EStG)
=	**Einkommen**
./.	Freibeträge
=	**zu versteuerndes Einkommen**

* wird schrittweise bis zum Jahr 2040 bis auf € 0,– verringert

23.4.4 Verlustberücksichtigung

Verlustausgleich

Negative und positive Einkünfte können innerhalb eines Veranlagungszeitraums verrechnet werden (Verlustausgleich). Zunächst erfolgt der Ausgleich im Rahmen einer Einkunftsart (horizontal), falls dann noch Verluste übrig bleiben, werden sie unter Heranziehung anderer Einkunftsarten (vertikal) mit positiven Einkünften verrechnet. Verbleibt hiernach noch ein Gesamtverlust, kann dieser in einem besonderen Verfahren (gemäß § 10d EStG) noch für zurückliegende oder spätere Jahre berücksichtigt werden.

23.4.5 Einkommensteuertabelle

Die tarifliche Einkommensteuer für das zu versteuernde Einkommen ergibt sich aus der Grund- (für Alleinstehende) oder der Splittingtabelle (für Verheiratete).

Splittingtarif

Beim Splittingtarif wird das gemeinsam erzielte zu versteuernde Einkommen halbiert, und zwar auch dann, wenn nur ein Ehegatte Einkünfte bezogen hat. Anschließend wird in der Grundtabelle der Steuerbetrag für diesen hälftigen

Anteil abgelesen und verdoppelt. Daraus ergeben sich eine Milderung der Steuerprogression und eine geringere Steuerlast. Von Ausnahmefällen abgesehen führt die Zusammenveranlagung so zu einer niedrigeren Besteuerung | ▸ HF 3, Kap. 24.1 |.

23.4.6 Einkommensteuertarif

Progression

Jedem Steuerpflichtigen wird jahresbezogen ein Grundfreibetrag gewährt, der steuerfrei verbleibt. Er beträgt derzeit € 8 130,- für Ledige und € 16 260,- für Verheiratete (Freizone/Nullzone). Darüber liegende zu versteuernde Einkommensteile unterliegen einer linear-progressiv steigenden Einkommensteuer (Progressionszone) mit einem Eingangssteuersatz von 14 %, der bereits bei einem zu versteuernden Einkommen von € 13 469,- (bei Verheirateten € 26 938,-) knapp 24 % beträgt. Der Spitzensteuersatz von 42 % wird bei einem zu versteuernden Einkommen von € 52 882,- für Ledige bzw. € 105 764,- für Verheiratete erreicht.

Ab einem zu versteuernden Einkommen von € 250 731,- (bei Verheirateten € 501 462,-) wird ein erhöhter Spitzensteuersatz von 45 % (Proportionalzone II) angesetzt (sog. „Reichensteuer").

Eckdaten des Einkommensteuertarifs (Stand: 2013)

Grundfreibetrag (€)	Ledige	8 130,-
	Verheiratete	16 260,-
Progressionszone (%)	Beginn	14,0
	Ende	42,0*

Proportionalzone:
**Ledige bis € 250 731,-, Verheiratete bis € 501 462,-*

23.4.7 Steuerermäßigungen für Unternehmer

Einzelunternehmer und Gesellschafter von Personengesellschaften können bei gewerblichen Einkünften das 3,8-fache des Gewerbesteuermessbetrages von der tariflichen Einkommensteuer abziehen (§ 35 EStG).

Einzelunternehmer und Gesellschafter von Personengesellschaften, die ihren Gewinn nach § 4 Abs. 1 EStG durch Betriebsvermögensvergleich ermitteln, können beantragen, dass sie mit den Einkünften aus Land- und Forstwirtschaft, Gewerbebetrieb und selbstständiger Arbeit in vergleichbarer Weise wie Kapitalgesellschaften steuerlich belastet werden.

In diesem Fall wird der nicht entnommene Gewinn lediglich mit einem ermäßigten Steuersatz von 28,25 % zzgl. Solidaritätszuschlag besteuert statt mit dem höheren persönlichen Steuersatz. Soweit der begünstigt besteuerte Gewinn in späteren Jahren entnommen wird, ist insoweit eine Nachversteuerung in Höhe von 25 % zzgl. Solidaritätszuschlag vorzunehmen. Damit handelt es sich im Ergebnis um eine zinslose Steuerstundung.

23.4.8 Veranlagung und Gestaltungsmöglichkeiten

Betriebsausgaben

Als Betriebsausgaben gelten alle Aufwendungen, die durch den Betrieb veranlasst sind; sie können nur bei sog. Gewinneinkünften entstehen. In der Regel sind sie in voller Höhe gewinnmindernd abzugsfähig.

Auch die Kosten, die vor Betriebsgründung entstehen und mit ihr in Zusammenhang stehen, können als (vorweggenommene) Betriebsausgaben behandelt werden.

Beispiel: Michaela Stiehl arbeitet die Unterlagen und Notizen durch, die sie aus dem Beratungsgespräch mit Frau Müller mitgenommen hat. Da greift sie zum Hörer und ruft Erhan an.

„Mir fällt gerade ein, was ich dir dringend noch sagen muss. Bitte bewahre alle Kostenbelege auf, die irgendwie im Zusammenhang mit Ausgaben rund um die Gründung stehen. Da kommt doch jetzt Einiges zusammen. Sie können bei der Einkommensteuerberechnung als Betriebsausgaben mit einfließen."

Kosten vor Betriebsgründung

Als vorweggenommene Betriebsausgaben kommen vor allem in Betracht:

- Gründungs- und Anlaufkosten,
- Rechtsberatungskosten,
- Finanzierungskosten,
- Reisekosten, z.B. zur Besichtigung eines zum Kauf angebotenen Unternehmens,
- Planungskosten für ein Betriebsgebäude, auch wenn es letztlich nicht zur Verwirklichung des Bauvorhabens kommt,
- Besuch der Meisterschule zwecks späterer Existenzgründung.

Bestimmte Betriebsausgaben dürfen jedoch den Gewinn nicht mindern (§ 4 Abs. 5 Ziff. 1-8 EStG). Zu ihnen zählen insbesondere Aufwendungen für Geschenke, Bewirtung, Unterbringung sowie Freizeitbedarf von Geschäftsfreunden. Seit 2008 ist auch die Gewerbesteuer keine Betriebsausgabe mehr.

Absetzung für Abnutzung (AfA)

Die Anschaffungs- oder Herstellungskosten von Wirtschaftsgütern, die i.d.R. länger als ein Jahr nutzungsfähig sind, dürfen nicht in einer Summe, sondern nur verteilt auf die Jahre der betriebsgewöhnlichen Nutzungsdauer abgesetzt werden | ► HF 1, Kap. 9.2.5 |. Der Jahresanteil dieser Betriebsausgaben heißt steuerlich „Absetzung für Abnutzung" (AfA). Der steuerliche Vorgang ist auch als Abschreibung bekannt.

Eine Ausnahme bilden die geringwertigen Wirtschaftsgüter.

Zur steuerlichen Entlastung können kleine und mittlere Unternehmen auf zukünftige Investitionen einen Investitionsabzugsbetrag in Anspruch nehmen. Dieser kann für künftige Investitionen in abnutzbare bewegliche (neue und gebrauchte) Wirtschaftsgüter des Anlagevermögens in Höhe von 40 % der voraussichtlichen Anschaffungs- oder Herstellungskosten gewinnmindernd abgezogen werden. Damit soll bereits in der Anspar- und Planungsphase die Finanzierung durch eine Steuerstundung erleichtert werden.

Bei bilanzierenden Unternehmen ist für die Inanspruchnahme der Begünstigung deren steuerliches Betriebsvermögen maßgebend. Dieses darf € 235 000,- nicht überschreiten.

Für Unternehmen, die die Einnahmen-Überschuss-Rechnung anwenden, beträgt die maßgebliche Gewinngrenze € 100 000,-.

nachträgliche Betriebsausgaben

Nachträgliche Betriebsausgaben liegen demgegenüber häufig vor, wenn nach Betriebsaufgabe bzw. Insolvenz der bisherige Inhaber oder Beteiligte (an einer Personengesellschaft) für nicht getilgte betriebliche Schulden in Anspruch genommen wird. In diesem Fall können die auf die verbleibenden Verbindlichkeiten zu zahlenden Schuldzinsen als nachträgliche Betriebsausgaben abgezogen werden, nicht aber die Tilgungsleistungen. Voraussetzung ist allerdings, dass das gesamte Betriebsvermögen zur Schuldentilgung eingesetzt wurde. Keine nachträglichen Betriebsausgaben liegen daher vor, wenn im Rahmen der Betriebsaufgabe ein Betriebsgrundstück in das Privatvermögen überführt wird, anstatt es zu verwerten und den Erlös zur Schuldentilgung zu verwenden.

Werbungskosten

Unter Werbungskosten fallen alle Aufwendungen, die der Erzielung von Einnahmen sowie der Sicherung und Erhaltung der Erwerbsquelle dienen. Sie können nur bei den Einkunftsarten „nichtselbstständige Arbeit“, „Kapitalvermögen“, „Vermietung und Verpachtung“ sowie „Sonstige Einkünfte“ entstehen und dürfen nur von der Einkunftsart abgesetzt werden, durch die sie veranlasst sind. Werbungskosten können nur im Kalenderjahr ihrer Entstehung Berücksichtigung finden. Im Übrigen gibt es ebenso wie bei den Betriebsausgaben vorweggenommene und nachträgliche Werbungskosten.

Absetzung für Abnutzung (AfA), Bewertung

Zur zutreffenden Gewinnermittlung ist die Zuordnung und Bewertung jener Wirtschaftsgüter unerlässlich, die der Einnahmenerzielung dienen. Dies ist eine Grundlage für die Abschreibung (Absetzung für Abnutzung/AfA). Man unterscheidet:

Bewertung Wirtschaftsgüter

- notwendiges Betriebsvermögen (Wirtschaftsgüter, die ihrer Art und Verwendung nach dazu bestimmt sind, dem Betrieb zu dienen),
- notwendiges Privatvermögen (Vermögenswerte, die ausschließlich privaten Zwecken dienen und mit der privaten Sphäre eng verbunden sind),

- „gewillkürtes“ Betriebsvermögen (Vermögenswerte, die sowohl dem privaten als auch dem betrieblichen Bereich zugeordnet werden können und weder notwendiges Privatvermögen noch notwendiges Betriebsvermögen darstellen, z.B. Wertpapiere). Über die Zuordnung dieser Wirtschaftsgüter zur betrieblichen Sphäre gibt die Bilanz Auskunft.

einkommensteuerliches Bewertungsrecht

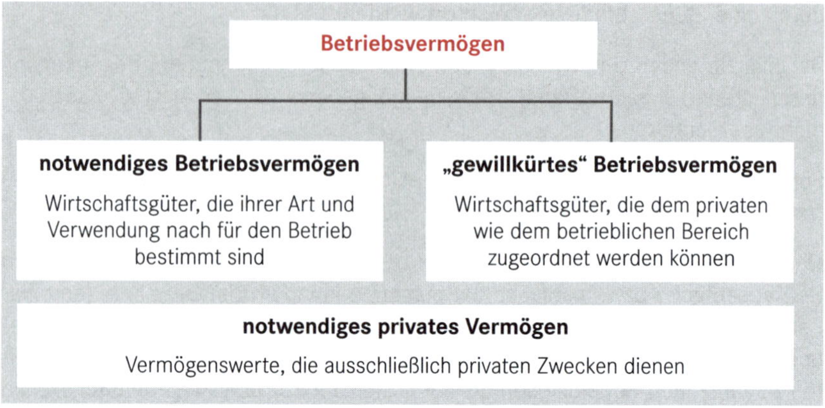

Als Bewertungsmaßstäbe gelten die Anschaffungskosten, die Herstellungskosten oder der Teilwert.

Bewertungsmaßstäbe

- Als Anschaffungskosten sind die Aufwendungen für den Erwerb eines Wirtschaftsgutes anzusehen (der Kaufpreis ohne Umsatzsteuer) unter Abzug der Einkaufsvorteile (z.B. Skonti, Rabatte) und unter Hinzufügung der Nebenkosten (Verpackung, Spedition) sowie der innerbetrieblichen Kosten (Ablade-, Transport- und ggf. Anschlusskosten)
- Unter Herstellungskosten versteht man alle Aufwendungen, die durch den Verbrauch von Gütern und die Inanspruchnahme von Diensten für die Herstellung eines Wirtschaftsgutes im Betrieb entstehen. Zu ihnen zählen neben den Einzelkosten für Material und Fertigung auch die einschlägigen Gemeinkosten und die Sondereinzelkosten (z.B. Lizenzen).
- Als Teilwert gilt der Betrag, den ein Erwerber des ganzen Betriebes im Rahmen des Gesamtkaufpreises für das einzelne Wirtschaftsgut ansetzen würde unter der Voraussetzung, dass er den Betrieb fortführt.

Die Anschaffungs- bzw. die Herstellungskosten von Wirtschaftsgütern, die dem Betrieb länger als ein Jahr dienen, dürfen nicht in einer Summe, sondern nur verteilt auf die betriebsgewöhnliche Nutzungsdauer als Betriebsausgabe abgesetzt werden.

lineare Abschreibung

Hierbei werden die Anschaffungs- oder Herstellungskosten in gleichen Beträgen auf die Jahre der betriebsgewöhnlichen Nutzungsdauer verteilt (lineare Abschreibung) | ▸ HF 1, Kap. 9.2.5 |.

Für bewegliche Wirtschaftsgüter des Anlagevermögens darf für das Jahr ihrer Anschaffung oder Herstellung und in den vier folgenden Jahren eine Sonder-AfA von insgesamt 20 % zusätzlich vorgenommen werden. Begünstigt sind kleinere und mittlere Unternehmen, wenn die Wirtschaftsgüter zu mindestens 90 % betrieblich genutzt werden und mindestens ein Jahr lang nach ihrem Zugang im inländischen Betriebsvermögen verbleiben.

Ein in Anspruch genommener Investitionsabzugsbetrag mindert die Anschaffungs- und Herstellungskosten und damit die Bemessungsgrundlage für die Sonderabschreibungen.

geringwertige Wirtschaftsgüter

Geringwertige Wirtschaftsgüter (GWG) sind solche Wirtschaftsgüter, die zum beweglichen und abnutzbaren Anlagevermögen zählen und selbstständig nutzungsfähig sind (z.B. Schreibtisch, Stuhl, Bohrmaschine). PC, Monitor, Tastatur sind im Gegensatz dazu nur gemeinsam nutzungsfähig | ► HF 1, Kap. 9.2.5 |.

Gewinneinkünfte

Für Gewinneinkünfte (Einkünfte aus Land- und Forstwirtschaft, Gewerbebetrieb und selbstständiger Arbeit) hat der Steuerpflichtige ein Wahlrecht, ob er

- Wirtschaftsgüter bis zu einem Wert von € 410,- sofort als Betriebsausgaben geltend macht, die Wirtschaftsgüter über € 410,- aktiviert und über die betriebsgewöhnliche Nutzungsdauer abschreibt oder
- Wirtschaftsgüter mit Anschaffungs- oder Herstellungskosten über € 150,- bis € 1 000,- in einen sog. Sammelposten einstellt und diesen über fünf Jahre linear abschreibt (Poolabschreibung).

Entscheidet sich der Steuerpflichtige für die Poolabschreibung, hat er ein Wahlrecht, die Wirtschaftsgüter bis zu einem Wert von € 150,- als Sofortaufwand zu berücksichtigen.

Bei Überschusseinkünften (Einkünfte aus nichtselbstständiger Arbeit, aus Kapitalvermögen, aus Vermietung und Verpachtung und sonstige Einkünfte) besteht für Wirtschaftsgüter bis € 410,- lediglich ein Wahlrecht zur Sofortabschreibung oder zur Aktivierung und Abschreibung über die gewöhnliche Nutzungsdauer.

Sonderausgaben

abzugsfähige Sonderausgaben

Aus sozialen oder volkswirtschaftlichen Gründen sind bestimmte Aufwendungen, die weder Betriebsausgaben noch Werbungskosten darstellen - und somit eigentlich zu den Kosten der privaten Lebensführung zählen -, als Sonderausgaben ganz oder teilweise vom Gesamtbetrag der Einkünfte abzugsfähig. Man unterscheidet in diesem Zusammenhang Vorsorgeaufwendungen, die nur beschränkt abzugsfähig sind, sowie unbeschränkt abzugsfähige Sonderausgaben.

Zu den Vorsorgeaufwendungen gehören eigene Beiträge zur Kranken-, Pflege-, Unfall- und Haftpflichtversicherung, zur gesetzlichen Rentenversicherung, zu Versicherungen auf den Erlebens- oder Todesfall und Beiträge an die Bundesanstalt für Arbeit. Seit 2010 sind Aufwendungen für die Kranken- und Pflegeversicherung voll abzugsfähig, soweit sie der sog. Basisabsicherung dienen.

Außergewöhnliche Belastungen

abzugsfähige außergewöhnliche Belastungen

Aus Gründen der sozialen Gerechtigkeit sowie der gleichmäßigen Steuerbelastung können außergewöhnliche Belastungen von dem Gesamtbetrag der Einkünfte abgesetzt werden. Die Ausgaben müssen zwangsläufig erwachsen und einen außergewöhnlichen Charakter haben.

Zu den außergewöhnlichen Belastungen im Allgemeinen zählen beispielsweise Krankheits- und Kurkosten, Aufwendungen für die Wiederbeschaffung von Hausrat sowie einer Ehescheidung. Sie können nach Abzug eines Eigenanteils (zumutbare Belastung) in voller Höhe abgesetzt werden (§ 33 EStG).

23.5 Körperschaftsteuer

Mithilfe der Körperschaftsteuer erfolgt die Besteuerung des Einkommens von juristischen Personen, also Kapitalgesellschaften (z.B. Aktiengesellschaft, GmbH). Die Besteuerung des Einkommens natürlicher Personen erfolgt durch die Einkommensteuer.

Besteuerung des Einkommens

natürliche Personen, die ihren Wohnsitz bzw. gewöhnlichen Aufenthalt im Inland haben,	**juristische Personen,** die ihre Geschäftsleitung bzw. ihren Sitz im Inland haben,
unterliegen der	unterliegen der
Einkommensteuer	**Körperschaftsteuer**

Steuerpflicht

Unbeschränkt steuerpflichtig mit ihren sämtlichen (in- und ausländischen) Einkünften sind Körperschaften, die ihre Geschäftsleitung oder ihren Sitz im Inland haben. Besteuert wird das zu versteuernde Einkommen eines Kalenderjahres, das unter Anwendung der Vorschriften des Einkommensteuergesetzes und unter Beachtung zusätzlicher Bestimmungen nach dem Körperschaftsteuergesetz ermittelt wird.

Im Unterschied zum Einzelunternehmer und der Personengesellschaft ist der Unternehmerlohn als Gehalt absetzbar. Das Geschäftsführergehalt ist eine Betriebsausgabe und mindert somit in dieser Höhe den Gewinn.

Einheitlicher Körperschaftsteuersatz

einheitlicher Körperschaftsteuersatz

Eine Kapitalgesellschaft zahlt auf das zu versteuernde Einkommen 15 % Körperschaftsteuer zzgl. 5,5 % Solidaritätszuschlag aus der Körperschaftsteuer. Eine Kapitalgesellschaft hat die Möglichkeit, Gewinne an die Anteilseigner auszuschütten. Der tarifliche Steuersatz für den ausgeschütteten Gewinn liegt ebenfalls bei 15 %. Die Körperschaftsteuererklärung ist ebenfalls elektronisch abzugeben.

Besteuerung der Kapitalgesellschaft

Besteuerung der Kapitalgesellschaft (ohne Kapitalertragsteuer und Solidaritätszuschlag), z.B.

Gewinn vor Abzug der Körperschaftsteuer	€ 100,-
./. Körperschaftsteuer (15 %)	€ 15,-
= verbleiben zur Ausschüttung	€ 85,-

Besteuerung des Gesellschafters (Anteilseigners)

Besteuerung des Gesellschafters

Beim Anteilseigner führt die Ausschüttung zu Einkünften aus Kapitalvermögen, wenn er die Anteile im Privatvermögen hält. Diese Einkünfte unterliegen der Einkommensteuer, seit dem 1. Januar 2009 mit dem besonderen Steuersatz von 25 % im Rahmen der Abgeltungsteuer.

Werden die Anteile im Betriebsvermögen gehalten, gilt das sog. Teileinkünfteverfahren. Danach werden im Ergebnis Gewinnausschüttungen sowie Gewinne aus dem Verkauf von Anteilen an einer Kapitalgesellschaft mit 60 % steuerpflichtig und unterliegen in dieser Höhe dem persönlichen Einkommensteuersatz des jeweiligen Gesellschafters.

Trennungsprinzip

Das Trennungsprinzip besagt, dass die Besteuerung bei Kapitalgesellschaft und Gesellschafter völlig losgelöst voneinander erfolgt. Hiernach spielt es für die Ermittlung des Einkommens der Gesellschaft keine Rolle, ob es an die Gesellschafter verteilt wird. Erst tatsächliche Gewinnausschüttungen führen beim Gesellschafter zu Einnahmen.

Rechtsgeschäfte zwischen dem Gesellschafter und der Kapitalgesellschaft werden so auch steuerlich berücksichtigt. Das bedeutet z.B., dass Vergütungen aus dem Anstellungsvertrag, etwa als Geschäftsführer, beim Gesellschafter als Einkünfte aus nichtselbstständiger Arbeit zu erfassen und dafür auf der Ebene der Kapitalgesellschaft als Betriebsausgaben abzugsfähig sind, soweit sie nicht überhöht sind.

Bei Kapitalgesellschaften gilt das Trennungsprinzip. Die Gewinne unterliegen bei der Kapitalgesellschaft der Körperschaftsteuer, ausgeschüttete Gewinne bilden bei den Gesellschaftern Einkünfte aus Kapitalvermögen und unterliegen der progressiven Einkommensteuer.

Alles verstanden? Werden Sie im Sackmann-Lernportal aktiv!

23.6 Steuerliche Kriterien für die Rechtsformwahl

23.6.1 Steuerliche Festlegungen für die einzelnen Rechtsformen

Einzelunternehmer

laufende Besteuerung

Der Einzelunternehmer zahlt als Betriebsinhaber Einkommensteuer nach seinem persönlichen Einkommensteuersatz sowie unter Berücksichtigung eines Freibetrags von € 24 500,– Gewerbesteuer. Einen Unternehmerlohn, der als Betriebsausgabe abzugsfähig wäre, gibt es hier nicht. Die Gewerbesteuer ist nicht als Betriebsausgabe abzugsfähig. Dafür wird sie bei der Einkommensteuer angerechnet.

Steuerermäßigung bei Betriebsaufgabe

Führt die Beendigung der gewerblichen Tätigkeit durch Veräußerung des Gewerbebetriebs oder durch Betriebsaufgabe zu einem Veräußerungs- oder Aufgabegewinn, sieht das Einkommensteuergesetz hierfür eine Steuerentlastung durch einen Freibetrag und einen ermäßigten Steuersatz vor.

Personengesellschaft

laufende Besteuerung

Die Personengesellschaft selbst ist nicht einkommensteuerpflichtig. Der Gewinn/Verlust wird einheitlich festgestellt und auf die einzelnen Gesellschafter aufgeteilt und von ihnen mit jeweils persönlichem Einkommensteuersatz versteuert. Ein von der Gesellschaft gezahlter Unternehmerlohn wird beim Gesellschafter, der die Zahlungen erhalten hat, bei seinen Einkünften aus Gewerbebetrieb als Sonderbetriebseinnahme erfasst. Dies gilt auch für sonstige Zahlungen aufgrund vertraglicher Rechtsbeziehungen zwischen den Gesellschaftern und der Personengesellschaft (etwa Miete oder Pacht). Diese werden damit auch Gegenstand der einheitlichen und gesonderten Gewinnfeststellung und unterliegen der Gewerbesteuer. Die Gesellschaft als Betriebsinhaberin zahlt ebenfalls unter Berücksichtigung eines Freibetrages von € 24 500,– Gewerbesteuer, die nicht als Betriebsausgabe abzugsfähig ist. Dafür erhalten die Gesellschafter der Personengesellschaft bei der Einkommensteuer eine anteilige Anrechnung der Gewerbesteuer.

Steuerermäßigung bei Betriebsaufgabe

Bei Veräußerung eines Gesellschaftsanteils (Mitunternehmeranteils) gelten dieselben Steuervergünstigungen wie beim Einzelunternehmen.

Kapitalgesellschaft

laufende Besteuerung

Die Kapitalgesellschaft unterliegt mit ihrem zu versteuernden Einkommen einem einheitlichen Körperschaftsteuersatz von 15 %. Die Kapitalgesellschaft erhält bei der Gewerbesteuer keinen Freibetrag. Auch bei ihr ist die Gewerbesteuer nicht als Betriebsausgabe abzugsfähig. Allerdings vermindern Geschäftsführervergütungen an den Gesellschafter sowie andere Zahlungen aufgrund von Rechtsbeziehungen mit den Gesellschaftern (Mietverträge, Darlehensverträge) das Einkommen der Gesellschaft und damit auch ihre Gewerbesteuerbemessungsgrundlage, den Gewerbeertrag. Gewinnausschüttungen an die Gesellschafter unterliegen der Abgeltungsteuer.

Steuerermäßigung bei Anteilsveräußerung

Bei der Veräußerung von Anteilen an Kapitalgesellschaften wird ein persönlicher Freibetrag gewährt, der bereits bei einem Veräußerungsgewinn von € 45 160,- auf € 0,- abschmilzt. Darüber hinaus wird zwar kein ermäßigter Steuersatz gewährt, dafür greift aber das Teileinkünfteverfahren, womit 40 % des Veräußerungsgewinns steuerfrei bleiben.

23.6.2 Steuerliche Gründe für einen Rechtsformwechsel

In der Unternehmenspraxis bestehen vielfältige Gründe für die Umwandlung eines Betriebes in eine andere Rechtsform. Zu den wirtschaftlichen Gründen zählt die Steuerbelastung der Unternehmen in ihrer jeweiligen Rechtsform. So kann die Umwandlung zur Schaffung möglichst günstiger Bedingungen bei der laufenden Besteuerung eingesetzt werden. Im Einzelnen sind das:

wirtschaftliche Gründe für Rechtsformwechsel

- Ausnutzung von Verlustvorträgen,[1]
- Erhöhung von Abschreibungspotenzial,
- Wechsel der Besteuerung nach dem Einkommensteuerrecht zum Körperschaftsteuerrecht oder umgekehrt,
- Schaffung der Voraussetzungen für eine geplante Übertragung oder Veräußerung von Betrieben oder Betriebsteilen.

Darüber hinaus kann sich ein derartiger Umstrukturierungsbedarf auch aus betriebsinternen Gründen ergeben:

betriebsinterne Gründe für Rechtsformwechsel

- gestiegener Kapitalbedarf wegen der angewachsenen Größe des Unternehmens,
- Notwendigkeit der Beschränkung oder Freistellung der persönlichen Haftung der Beteiligten,
- Aufnahme von Geschäfts- oder Kooperationspartnern,
- Ausweitung der Tätigkeit,
- Notwendigkeit der Ausnutzung von Synergieeffekten, z.B. durch Zusammenlegung von Unternehmen oder bestimmten Tätigkeitsbereichen oder der Übernahme eines Konkurrenten.

---

[1] *Ein Verlustvortrag ist die Summe der Verluste, die in den abgelaufenen Wirtschaftsjahren/Veranlagungszeiträumen angefallen sind und nicht mit positiven Einkünften verrechnet werden konnten. Diese Verluste können auf spätere Wirtschaftsjahre/Veranlagungszeiträume vorgetragen werden. Der Verlustvortrag ist sowohl handelsrechtlich als auch steuerrechtlich von Bedeutung* *| ► HF 2, Kap. 22.4.4 |*.

Umwandlungsgesetz

Das Umwandlungsgesetz schafft hierfür die zivilrechtlichen Möglichkeiten und stellt einen Katalog von Umwandlungsarten zur Verfügung.

Es soll gewährleisten, dass betriebswirtschaftlich sinnvolle und gesellschaftsrechtlich zulässige Umstrukturierungen nicht steuerlich behindert werden.

23.7 Besteuerungsverfahren

Die maßgeblichen Rechtsbeziehungen zwischen dem Steuerpflichtigen und dem Finanzamt sind in der Abgabenordnung (AO) geregelt.

Die Festsetzung der Steuern erfolgt im Rahmen des Festsetzungs- und Feststellungsverfahrens (§ 155 f. AO) durch den Steuerbescheid**,** dessen Form und Inhalt vorgeschrieben sind. Bei der Steuererhebung geht es um die Verwirklichung der Steueransprüche (Zahlung, Verrechnung, Stundung, Erlass, Verjährung).

Besteuerungsverfahren

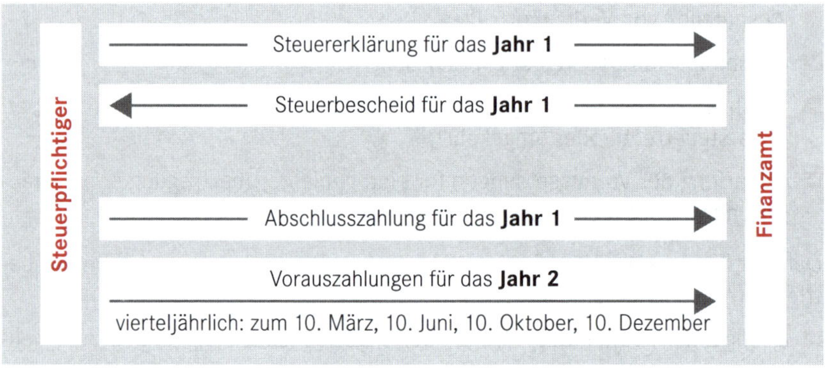

Solange der Steuerfall nicht abschließend geprüft worden ist, kann die Steuerfestsetzung unter Vorbehalt der Nachprüfung erfolgen oder vorläufig sein, wenn ungewiss ist, ob die Voraussetzungen für die Entstehung der Steuer überhaupt eingetreten sind. Die Feststellung der Besteuerungsgrundlagen durch den Feststellungsbescheid der zuständigen Finanzbehörde ist eine unverzichtbare Voraussetzung für die Steuerfestsetzung.

Feststellungsbescheid

Dies gilt insbesondere dann, wenn eine einheitliche und gesonderte Feststellung des Steuergegenstandes erforderlich wird. Zum Beispiel wird bei einem in der Rechtsform einer Gesellschaft des bürgerlichen Rechts geführten Unternehmen der erzielte Jahresgewinn einheitlich für den Betrieb und gesondert entsprechend dem Beteiligungsverhältnis für jeden Gesellschafter festgestellt.

Tests und Aufgaben zu diesem Kapitel finden Sie im Sackmann-Lernportal.

Erhebungsverfahren

Die Verwirklichung, die Fälligkeit und das Erlöschen von Ansprüchen aus dem Steuerschuldverhältnis werden im Erhebungsverfahren geregelt. Fehlt es an einer besonderen gesetzlichen Vorschrift, ist der Anspruch grundsätzlich mit seiner Entstehung fällig. Das Finanzamt kann die Steuerforderung stunden, wenn die sofortige Bezahlung für den Steuerpflichtigen eine erhebliche Härte darstellt und der Steueranspruch durch die Stundung nicht gefährdet wird.

Für gestundete Steuerforderungen können Stundungszinsen berechnet werden. Für nicht gestundete, aber nicht fristgerecht gezahlte Steuerbeträge ist ein Säumniszuschlag zu zahlen. Auch ein Erlass der zu zahlenden Steuer bzw. eine Rückerstattung bereits bezahlter Steuer kann in Betracht kommen.

Nach Ablauf von vier Jahren ist die Steuerfestsetzung grundsätzlich verjährt. Ausnahmen bestehen u.a. bei einer Steuerordnungswidrigkeit (Verjährung nach fünf Jahren), bzw. Steuerhinterziehung (Verjährung nach zehn Jahren).

Außenprüfung vor Ort

Das Finanzamt kann die steuerlichen Verhältnisse des Steuerpflichtigen durch eine Außenprüfung vor Ort zusätzlich erforschen. Sie ist insbesondere bei Handwerksbetrieben wegen ihrer Einkünfte aus Gewerbebetrieb zulässig. Der Außenprüfer prüft zu Gunsten wie zu Lasten des Steuerpflichtigen die für die Steuerpflicht sowie Steuerbemessung maßgebenden tatsächlichen und rechtlichen Verhältnisse.

Hierbei hat der Steuerpflichtige durch Erteilung von Auskünften, Bereithaltung und Erläuterung von Unterlagen sowie durch die Bereitstellung eines Arbeitsplatzes und der erforderlichen Hilfsmittel in vollem Umfang mitzuwirken. Ein Auskunftsverweigerungsrecht ist lediglich bei Eröffnung eines Strafverfahrens gegeben.

Steuerbescheid

Ein Steuerbescheid ist ein Verwaltungsakt. Er kann beim Finanzamt innerhalb eines Monats nach Bekanntgabe durch Einspruch angefochten werden. Bei Zurückweisung des Einspruchs kann hiergegen wiederum innerhalb eines Monats beim Finanzgericht geklagt werden.

unrichtige Angaben Steuererklärung

Werden bei der Steuererklärung unrichtige Angaben gemacht, kann dies als Ordnungswidrigkeit mit Geldbuße oder als Steuerstraftat mit Geld- und Freiheitsstrafe geahndet werden. Durch eine Selbstanzeige kann der Steuerpflichtige straffrei werden, wenn er vor Entdeckung durch das Finanzamt seine unrichtigen oder unvollständigen Angaben berichtigt oder ergänzt bzw. unterlassene Angaben nachholt und die hinterzogene Steuer nachzahlt.

Die Verjährung der Strafverfolgung von besonders schwerer Steuerhinterziehung beträgt zehn Jahre, ansonsten fünf Jahre. In den letzten Jahren hat der Bundesgerichtshof (BGH) die Strafen für schwere Steuerhinterziehung verschärft. Nunmehr gilt der Grundsatz: Wer Steuern in Höhe von mehr als einer Million Euro hinterzieht, muss i.d.R. ins Gefängnis.

Kompetenzen

Das sollten Sie als zukünftiger Meister können:

- ✔ Grundlagen der deutschen Rechtsordnung erklären,
- ✔ Rechts-, Geschäfts- und Deliktsfähigkeit unterscheiden,
- ✔ rechtliche Bedeutung von Willenserklärung, Vertretung und Vollmacht sowie Einwilligung und Genehmigung erklären,
- ✔ Verträge abschließen und ihre Rechtswirksamkeit beurteilen,
- ✔ Möglichkeiten der Anfechtung von Verträgen prüfen,
- ✔ Leistungsverpflichtungen sowie Haftungsfolgen (auch für Erfüllungs-/Verrichtungsgehilfen) kennen,
- ✔ rechtsgültige Dokumente im Geschäftsverkehr erstellen,
- ✔ Rechte und Pflichten aus allgemeinen Geschäftsbedingungen einschätzen und Verwendung von AGB bezogen auf ein Unternehmenskonzept prüfen,
- ✔ rechtsgeschäftliche Vertretung der Geschäftsführung organisieren,
- ✔ Grundbegriffe des Sachenrechts sowie Sicherungsrechte kennen,
- ✔ Betriebsstätten unter Beachtung der rechtlichen Vorschriften einrichten,
- ✔ wesentliche Grundsätze der Besteuerung in Deutschland verstehen,
- ✔ Umsatzsteuervoranmeldung und Einkommensteuererklärung termingerecht organisieren.

Notwendigkeit privater Risiko- und Altersvorsorge begründen, Möglichkeiten aufzeigen

Augenoptikerin Michaela Stiehl und Zweiradmechanikermeister Erhan Özer tauschen sich mal wieder bei einer Tasse Kaffee über den Stand ihrer Gründungsaktivitäten aus. „Bei mir läuft es eigentlich ganz gut", beginnt Erhan Özer. „Aber es ist schon schwierig, immer alles im Blick zu haben. Vor allem, was die ganzen Versicherungen angeht ..."

„Da hast du recht", stimmt Michaela Stiehl zu. „Schließlich geht es nicht nur darum, Vorsorge für den Betrieb zu treffen, sondern auch darum, sich um die eigene Absicherung zu kümmern."

„Ja, genau. Deshalb habe ich mir jetzt schon die Möglichkeiten angeschaut, wie man seinen Lebensstandard auch im Alter halten kann. Denn von der gesetzlichen Rente kann man später wohl kaum vernünftig über die Runden kommen", berichtet Erhan. „Was, jetzt schon?", Michaela Stiehl lacht. „Also, ich mache im Moment nur das Nötigste. Für alles andere habe ich keine Zeit und kein Geld."

Erhan sieht sie nachdenklich an. „Das war mir eigentlich das Wichtigste, dass ich als selbstständiger Handwerker gut abgesichert bin. Du weißt nie, ob dich nicht mal einer verklagt. Und was machst du, wenn du einen Unfall hast und nicht mehr voll arbeiten kannst? Ich glaube, über eine gute Risiko- und Altersvorsorge sollte man so früh wie möglich nachdenken ..."

24 Soziale Sicherungssysteme

Die Deutsche Sozialversicherung ist ein gesetzliches Versicherungssystem, das als Teil der sozialen Sicherung der Bürger Deutschlands eine herausragende Rolle spielt. Als Solidargemeinschaft bietet es wirksamen finanziellen Schutz vor den großen Lebensrisiken und deren Folgen wie Betriebsunfällen, Krankheit, Arbeitslosigkeit, Alter und Pflegebedürftigkeit. Die Sozialversicherung garantiert einen stabilen Lebensstandard jedes Einzelnen und umfasst folgende Zweige | ► HF 3, Kap. 16 |:

Zweige der Sozialversicherung

- Krankenversicherung,
- Pflegeversicherung,
- Unfallversicherung,
- Rentenversicherung,
- Arbeitslosenversicherung.

Arbeitnehmer unterhalb einer bestimmten Einkommensgrenze sind i.d.R. automatisch pflichtversichert. Die jeweiligen Träger der Sozialversicherung werden grundsätzlich von den Beiträgen der versicherten Mitglieder und deren Arbeitgeber finanziert.

Beispiel: „Siehst du", sagt Michaela, „ist doch prima, wie man bei uns vor eventuellen Risiken durch die Sozialversicherung geschützt wird. Und damit ist ja das Nötigste bereits abgedeckt und wie gesagt, für alles andere habe ich keine Zeit und kein Geld."

„Ja, aber Moment mal", sagt Erhan, „soviel ich weiß, gilt dies nicht für Selbstständige. Wir müssen uns um diese Dinge selbst kümmern. Meine Krankenkasse, bei der ich seit meiner Lehrzeit bin, hat mich angeschrieben und mir mitgeteilt, dass ich mit Beendigung meiner unselbstständigen Beschäftigung nicht mehr pflichtversichert bin. Sie hat mir eine freiwillige Mitgliedschaft angeboten. Soll ich das jetzt machen, oder soll ich mich privat versichern? Was meinst du?"

---

25 Private Personen-, Sach- und Schadenversicherung

neue Risiken als Selbstständiger

Mit dem Wechsel aus einem Arbeitsverhältnis in eine selbstständige Tätigkeit ändert sich die soziale Absicherung des Existenzgründers. Er unterliegt anderen sozialversicherungsrechtlichen Bestimmungen. Auch kommen durch seinen Gewerbebetrieb neue Risiken auf ihn zu. Der betriebliche und private Versicherungsschutz muss den individuellen Gegebenheiten des Existenzgründers angepasst werden. Vor Abschluss einer Versicherung sollten mehrere Angebote von Versicherungen bzw. Versicherungsmaklern (führen in ihrem Angebot mehrere Versicherungsfirmen) zum Vergleich der unterschiedlichen Leistungs- und Prämienpaletten eingeholt werden.

Bei Fragen, Unklarheiten oder Problemen können helfen:

- Versicherungsexperten der Handwerkskammern,
- Versicherungsberater/-makler,
- Deutsche Rentenversicherung.

Die Prämien zu den betrieblichen Versicherungen sind Betriebsausgaben und damit steuerlich absetzbar.

25.1 Soziale Absicherung

Eine lange Krankheit oder ein schwerer Unfall können Selbstständige schnell in große finanzielle Schwierigkeiten bringen und die Existenz gefährden. Entsprechende Versicherungen können die Risiken mildern | ► HF 3, Kap. 16.7 |.

25.1.1 Freiwillige gesetzliche Krankenversicherung

Selbstständige können im Allgemeinen zwischen einer freiwilligen gesetzlichen oder einer privaten Krankenversicherung wählen | ► HF 3, Kap. 16.7.2 |. Soweit der Existenzgründer seine Mitgliedschaft in einer gesetzlichen Krankenkasse beibehalten möchte, muss er dies innerhalb von drei Monaten nach Beendigung der Pflichtmitgliedschaft seiner Krankenkasse mitteilen.

Voraussetzungen der freiwilligen Mitgliedschaft

Voraussetzung für eine solche Mitgliedschaft sind bestimmte Versicherungszeiten in der gesetzlichen Versicherung:

- mindestens 12 Monate ununterbrochen
- oder in den letzten 5 Jahren mindestens 24 Monate insgesamt.

Die Beiträge orientieren sich am tatsächlichen Einkommen bzw. an einer jährlich festgelegten Höchstgrenze (Beitragsbemessungsgrenze) und sind für alle Kassen einheitlich.

ohne Krankengeld

Selbstständige haben die Möglichkeit, einen ermäßigten Beitragssatz der Krankenversicherung zu wählen. Das schließt aber den Bezug von Krankengeld aus bzw. eine Krankengeld-Versicherung muss zusätzlich abgeschlossen werden.

mit Krankengeld

Oder sie wählen den allgemeinen Beitragssatz der Krankenversicherung und erhalten dafür Krankengeld ab der 7. Woche. Die Wahlerklärung für das gesetzliche Krankengeld muss schriftlich erfolgen. Die Erklärung hierfür ist zum Beginn des folgenden Monats möglich, es kann aber auch ein späterer Zeitpunkt bestimmt werden.

Familienversicherung

Hat der Existenzgründer eine Familie, ist in vielen Fällen sicher die gesetzliche Krankenversicherung ratsam, da die Möglichkeit der Familienversicherung die vorteilhaftere Lösung bietet.

25.1.2 Private Krankenversicherung

Bei der privaten Krankenversicherung werden Art und Höhe der Leistungen mit jedem Mitglied frei vereinbart. Dazu bieten die Versicherungsgesellschaften eine Reihe von unterschiedlichen Tarifen an, die es ermöglichen auf individuelle Belange einzugehen.

Ihren persönlichen Zugang zum Sackmann-Lernportal finden Sie auf Seite 3.

Eine Familienversicherung gibt es nicht, die Familienmitglieder müssen einzeln versichert werden.

Kostenerstattungsprinzip

Während die gesetzliche Krankenversicherung nach dem sog. Sachleistungsprinzip verfährt, gilt für die private Krankenversicherung das Kostenerstattungsprinzip. Der Unterschied ist, dass die Ärzte, Apotheken und Krankenhäuser über die elektronische Gesundheitskarte (eGK) mit der gesetzlichen Krankenkasse abrechnen. Als privat Krankenversicherter ist man zunächst einmal für die Vergütung der Ärzte, des Krankenhauses oder der Apotheke selbst verantwortlich. Anschließend kann man die Rechnung der Versicherungsgesellschaft vorlegen und die Erstattung der Kosten verlangen.

Wird die Selbstständigkeit zugunsten eines unselbstständigen Beschäftigungsverhältnisses mit einer Vergütung unterhalb der Bemessungsgrenze aufgegeben, greift wieder die gesetzliche Krankenversicherung, sofern das 55. Lebensjahr nicht überschritten ist.

Krankentagegeldversicherung

Auffangen des Verdienstausfalls

Mit einer Krankentagegeldversicherung erhält man für die Zeit der Arbeitsunfähigkeit durch Krankheit oder Unfall Tagegeld in vereinbarter Höhe. Dies erfolgt unabhängig davon, ob die Behandlung ambulant oder stationär erfolgt. Das Geld steht zur freien Verfügung. Es kann vor allem dazu dienen, die Einkommensminderungen aufzufangen, die durch eine Arbeitsunfähigkeit verursacht werden. Insbesondere für Selbstständige, die bereits nach relativ kurzer Krankheit mit einem völligen Einkommensausfall rechnen müssen, ist eine solche Verdienstausfallversicherung unentbehrlich.

Der Zeitpunkt des Leistungsbeginns kann gewählt werden. Es empfiehlt sich ein Leistungsbeginn ab dem 15. oder 22. Tag der Arbeitsunfähigkeit. Je früher das Krankentagegeld gezahlt wird, desto höher ist der monatlich zu zahlende Beitrag. Die Krankentagegeldversicherung ist zeitlich nicht begrenzt und bietet Sicherheit selbst bei langwieriger Arbeitsunfähigkeit. Das Tagegeld wird auch für Sonn- und Feiertage gezahlt und ist steuerfrei. Zum Teil werden auch Krankentagegeldversicherungen angeboten, die durch dynamische Leistungsanpassung Wertbeständigkeit garantieren.

Beispiel: Erhan hat sich von der Handwerkskammer und einem Versicherungsfachmann des dortigen Versorgungswerkes beraten lassen. Er selbst legt nun mal großen Wert auf die persönliche Absicherung in der Selbstständigkeit. Und Erhan möchte nicht nur einen Betrieb gründen, sondern auch mal eine Familie. Er denkt, dass er mit der Familienversicherung in der gesetzlichen Krankenkasse besser fährt, als mit einer privaten Krankenversicherung. Denn hier müssten seine zukünftigen Familienmitglieder einzeln versichert werden.

Ergänzend zu seiner gesetzlichen Krankenversicherung will er eine Krankentagegeldversicherung abschließen. Als „Einmannbetrieb“, mit dem er zunächst startet, wird es für den Fall, dass er krank und damit arbeitsunfähig wird, direkt schwierig. Vom ersten Tag an wäre dann mit Einkommensminderungen zu rechnen. Da erscheint ihm das gesetzliche Tagegeld, das erst ab dem 43. Tag gezahlt wird, nicht die richtige Wahl zu sein. Michaela, die über Ihre Eltern in einer privaten Krankenkasse mitversichert war, hat sich entschieden, auch weiterhin privat krankenversichert zu sein.

Krankenhaustagegeldversicherung

Die Krankenhaustagegeldversicherung ist eine Bargeld-Versicherung. Das Tagegeld wird für jeden Tag, den man im Krankenhaus verbringt, gezahlt, auch für Sonn- und Feiertage. Die Höhe der Absicherung kann individuell vereinbart werden und ist nicht einkommensabhängig. Die Auszahlung ist steuerfrei.

Eine vernünftige und bedarfsorientierte Krankenversicherung gehört zur Grundausstattung der eigenen sozialen Absicherung, auch wenn sie i.d.R. mit relativ hohen finanziellen Belastungen einhergeht. Grundsätzlich hat man hier die Wahl zwischen dem gesetzlichen System oder einer privaten Krankenversicherung.

25.1.3 Unfallversicherung

Pflichtversicherung bestimmter Gewerke

Einige Unternehmer sind laut Satzung der zuständigen Berufsgenossenschaft pflichtversichert. Der erste Schritt bei den Überlegungen zu einer Unfallversicherung ist also die Klärung, ob der Existenzgründer in der jeweiligen Berufsgenossenschaft pflichtversichert ist | ► HF 3, Kap. 16.12 |. Soweit keine Versicherungspflicht für den Unternehmer vorliegt, kann dieser zur Risikoabsicherung der gesetzlichen Unfallversicherung freiwillig beitreten. Die Alternative hierzu kann im Abschluss einer privaten Unfallversicherung liegen.

private Unfallversicherung

Der Abschluss einer privaten Unfallversicherung hat den Vorteil, Risiken abzudecken, die von der gesetzlichen Unfallversicherung nicht erfasst sind. Sie sichert in allen Lebensbereichen (Arbeit, Urlaub, Freizeit, Sport) rund um die Uhr und weltweit ab. Sie ist also nicht nur eine Alternative zur gesetzlichen Unfallversicherung, sondern kann eine sinnvolle Ergänzung sein. Eine Befreiung von der Pflichtversicherung ist unter Umständen auf Antrag bei der Berufsgenossenschaft möglich.

Aktuelles zu den Themen im Sackmann bietet das Lernportal.

25.1.4 Berufsunfähigkeitsversicherung

Häufig wird das Risiko der Berufsunfähigkeit unterschätzt. Die statistischen Zahlen zeigen aber, dass eine Auseinandersetzung damit und eine entsprechende Versicherung sinnvoll ist.

- Jeder fünfte Bundesbürger scheidet aus gesundheitlichen Gründen aus dem Berufsleben aus.
- Handwerker im Durchschnitt häufiger und früher.

Der Eintritt einer Berufsunfähigkeit in jungen Jahren ist zwar statistisch weniger wahrscheinlich als bei älteren Menschen, hat aber umso fatalere finanzielle Folgen, da keine Möglichkeit mehr besteht, sich ein eigenes Vermögen zu erarbeiten.

Mit einer privaten Berufsunfähigkeitsversicherung, die im Schadensfall eine ausreichende monatliche Rente garantiert, kann man sich absichern. Da diese private Rentenzahlung mit dem Eintritt in den Ruhestand endet, muss die Berufsunfähigkeitsabsicherung mit der eigenen Altersversorgung abgestimmt sein.

25.1.5 Freiwillige Arbeitslosenversicherung

Existenzgründer haben die Möglichkeit einer freiwilligen Weiterversicherung in der Arbeitslosenversicherung (Versicherungspflichtverhältnis auf Antrag) | ► HF 3, Kap. 16.11 |.

Voraussetzungen der freiwilligen Arbeitslosenversicherung

Dazu müssen folgende Voraussetzungen erfüllt sein:

- Die Erwerbstätigkeit muss mindestens 15 Wochenstunden umfassen.
- Innerhalb der letzten 24 Monate vor Beginn der Selbstständigkeit muss der Antragsteller mindestens 12 Monate in einem Versicherungspflichtverhältnis gestanden haben.
- Zwischen dem Ende des Versicherungspflichtverhältnisses und der Aufnahme der Selbstständigkeit darf nicht mehr als ein Monat liegen (Unmittelbarkeit). Die Voraussetzung ist auch erfüllt, wenn eine Entgeldersatzleistung (z.B. Arbeitslosengeld I) unmittelbar vor Beginn der Selbstständigkeit bezogen wurde.
- Der Antrag auf freiwillige Weiterversicherung in der Arbeitslosenversicherung muss innerhalb der ersten drei Monate der Selbstständigkeit bei der Agentur für Arbeit gestellt werden.

Die Weiterversicherung beginnt am Tag des Antragseingangs, frühestens an dem Tag, an dem die Voraussetzungen erfüllt sind. Sie endet, wenn Arbeitslosengeld bezogen wird oder mit Ablauf des Tages, an dem die Voraussetzungen für die freiwillige Arbeitslosenversicherung letztmals erfüllt werden. Sie endet auch, wenn der Versicherte mit seiner Beitragszahlung länger als drei Monate im Verzug ist.

25.1.6 Pflegeversicherung

Mit in die Überlegungen eines jungen Unternehmers zur Risikoabsicherung gehören die finanziellen Belastungen einer eventuellen Pflegebedürftigkeit, die auch durch Krankheit oder Unfall in jungen Jahren eintreten kann.

Formen der Pflegeversicherung

Es bieten sich unterschiedliche Pflegeversicherungen an:

- gesetzliche Pflegeversicherung | ▸ HF 3, Kap. 16.8 |,
- private Pflegepflichtversicherungen und
- Pflegezusatzversicherungen (freiwillige Privatversicherungen).

Jeder, der gesetzlich krankenversichert ist, ist automatisch in der gesetzlichen Pflegeversicherung versichert. Existenzgründer, die sich in der gesetzlichen Krankenversicherung freiwillig versichern,

- können sich auch in der gesetzlichen Pflegeversicherung versichern
- oder eine Pflegeversicherung bei einem Privatunternehmen wählen.

Personen, die in der privaten Krankenversicherung voll versichert sind, müssen auch Mitglied in der privaten Pflegeversicherung werden.

Tritt der Versicherungsfall der Pflegebedürftigkeit ein, erbringt die Versicherung Geld- oder Sachleistungen, um die erforderliche Pflege ganz oder teilweise zu gewährleisten. Die Leistungen umfassen ambulante wie stationäre Pflegekosten.

Beispiel: „So", sagt Michaela, „jetzt können wir ja ganz entspannt krank werden. Aber was ist eigentlich, wenn mit unserem Betrieb etwas passiert. Im elterlichen Unternehmen meiner Freundin ist beim letzten Hochwasser der ganze Laden vollgelaufen. Ein großer Schaden ist entstanden und das Geschäft war wegen den Renovierungsarbeiten drei Wochen geschlossen."

„Na ja", sagt Erhan, „das kann mir eigentlich nicht passieren. Vor Hochwasser muss ich bei der Lage keine Angst haben, eher dass meine Zweiräder über Nacht verschwinden. Schließlich liegt meine Werkstatt etwas abseits an der Bundesstraße, da könnte schon jemand auf dumme Gedanken kommen. Und mein ganzes Geld habe ich ja in Maschinen, Betriebsausstattung und Material investiert. Da wäre ich ganz schnell am Ende."

25.2 Betriebliche Versicherungen

Vorsorge gegen Schäden

Jeder Betrieb lebt mit allgemeinen und spezifischen Betriebsrisiken. Und nicht alle Risiken können versichert werden. Aber man kann Vorsorge gegen Schäden treffen, die beispielsweise durch Einbruch, Wasserrohrbruch oder Fahrlässigkeit entstehen.

Gerade für Existenzgründer kann der Traum vom eigenen Betrieb schnell zu Ende gehen, wenn solche Schäden auch noch aus der eigenen Tasche bezahlt werden müssen. Bevor man Angebote von Versicherungen einholt, ist es wichtig zu wissen, wo die Hauptrisiken für den Betrieb liegen.

Folgende Überlegungen helfen, die richtige Versicherung auszuwählen.

Überlegungen zur Versicherungsauswahl

- Welche Schäden können auftreten?
- Wie hoch ist die Gefahr, dass die Schäden die Existenz gefährden?
- Wie können solche Schäden vermieden werden?
- Welche Risiken können im Schadensfall selbst gedeckt werden?
- Welche Risiken lassen sich versichern?

Formen der betrieblichen Versicherung

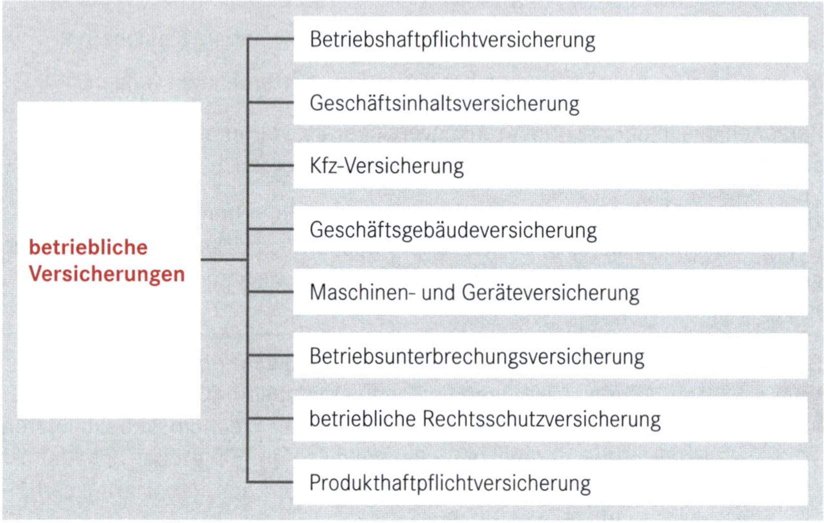

Betriebshaftpflichtversicherung

Der Unternehmer muss für alle Schäden (Personen-, Sach- und Vermögensschäden) haften, die er selbst bzw. seine Mitarbeiter aus dem Betrieb, dem Haus- und Grundbesitz und den betrieblichen Einrichtungen und Tätigkeiten heraus, anderen zufügen.

Haftung mit dem gesamten Vermögen

Laut BGB kennt die Haftpflicht keine Begrenzung. Der Schädiger haftet mit seinem gesamten Vermögen. Der Abschluss einer Betriebshaftpflichtversicherung ist für den Unternehmer daher ein „Muss“. Die Betriebshaftpflichtversicherung deckt die Haftpflichtansprüche, die einem Dritten durch die betriebliche Tätigkeit eines Unternehmens schuldhaft verursacht werden.

Aufgaben der Haftpflichtversicherung

Die Haftpflichtversicherung hat die Aufgabe,

- die Rechtslage zu prüfen,
- unberechtigte Ansprüche des Geschädigten gegen den Versicherungsnehmer abzuwehren (gegebenenfalls in einem Prozess),
- berechtigte Ansprüche zu erfüllen,
- Regressansprüche der Berufsgenossenschaft bei Arbeitsunfällen abzudecken.

Der Nachweis einer Betriebshaftpflichtversicherung ist für Auftraggeber auch ein Entscheidungskriterium bei der Vergabe von Aufträgen.

Die Höhe der Deckungssumme muss sich an den möglichen betrieblichen Risiken orientieren. Die Mindestversicherungssumme ist von Branche zu Branche verschieden und orientiert sich an der Beschäftigtenzahl und dem Gefahrengrad.

Grundsatz der Spezialität

In der Haftpflichtversicherung gilt der Grundsatz der Spezialität. Nur die Eigenschaften und Rechtsverhältnisse, die der Versicherungsnehmer bei Vertragsabschluss angibt, fallen unter den Versicherungsschutz. Das heißt, die abgeschlossene Betriebshaftpflichtversicherung gilt nur für den jeweiligen Beruf. Änderungen müssen angezeigt werden.

Geschäftsinhaltsversicherung

In Handwerksbetrieben ist es sinnvoll, die Einrichtung, Waren und Vorräte finanziell abzusichern. Die Geschäftsinhaltsversicherung bietet Schutz vor den finanziellen Folgen, wenn das Inventar zum Beispiel durch Feuer, Einbruchdiebstahl, Raub, Leitungswasser oder Sturm zerstört wird. Im Schadenfall erhält man den Neuwert für die Wiederbeschaffung.

Kfz-Versicherung

Jeder Handwerksbetrieb benötigt für seine Fahrzeuge eine passgenaue Vorsorge. Wird das Auto, der LKW oder der Lieferwagen zugelassen, dann ist eine Kfz-Haftpflichtversicherung laut Gesetzgeber Pflicht.

Kfz-Haftpflichtversicherung

- Die Kfz-Haftpflichtversicherung tritt für Personen- und Sachschäden ein, die der Fahrer verursacht hat.

Kaskoversicherung

- Die Kaskoversicherung bezahlt darüber hinaus die Schäden am eigenen Fahrzeug. Die Kaskoversicherung ist immer dann zu empfehlen, wenn ein neu- oder hochwertiges oder ein finanziertes Fahrzeug zum Fuhrpark zählt.

Nutzen Sie das interaktive Zusatzmaterial im Sackmann-Lernportal.

Geschäftsgebäudeversicherung

Damit Schäden, die durch Sturm, Leitungswasser oder Brand am Firmengebäude entstehen, nicht zum finanziellen Ruin führen, gibt es die Geschäftsgebäudeversicherung. Der Versicherungsschutz umfasst das gesamte Betriebsgebäude einschließlich der Grundstücksbestandteile, wie z.B. Parkplätze.

Maschinen- und Geräteversicherung

Hier erstreckt sich der Versicherungsschutz auf unvorhergesehene und plötzlich eintretende Schäden an Maschinen und Geräten z.B. durch

- Bedienungsfehler,
- Kurzschluss, Versagen von Mess-, Regel- und Sicherheitseinrichtungen u.a.

Eine Elektronikversicherung sichert Verluste durch Schäden an PC-Hardware ab.

Betriebsunterbrechungsversicherung

Auch bei einer vorübergehenden Unterbrechung der Produktion, z.B. durch Feuer, Einbruchdiebstahl, Raub, Leitungswasser oder Sturm und Hagel, laufen i.d.R. viele betriebliche Kosten weiter, während die Erlöse zu deren Abdeckung fehlen. Eine Betriebsunterbrechungsversicherung

Leistungen

- übernimmt die Mietzahlungen,
- erstattet den Verdienstausfall,
- ersetzt den entgangenen Gewinn.

Die Versicherungsleistung richtet sich auch nach der Höhe der Versicherungssumme, die ausreichend bemessen sein muss. Die Entschädigung für entgangenen Betriebsgewinn sowie für Löhne und Gehälter erfolgt bis zu 12 Monate.

Betriebliche Rechtsschutzversicherung

Viele gesetzliche Vorschriften bestimmen und beeinflussen Entscheidungen, Abläufe und Struktur eines Unternehmens. Dazu kommen noch viele europäische sowie landes- und kommunalrechtliche Regelungen. Mehr denn je braucht ein Unternehmen daher umfassende Informationen und Rat. Denn jeder Auftrag ist ein Rechtsgeschäft und im Geschäftsalltag müssen immer komplexere rechtliche Sachverhalte berücksichtigt werden. Die betriebliche Rechtsschutzversicherung hat das Ziel, die berechtigten Ansprüche des Betriebes gegenüber Dritten durchzusetzen und die Kosten der Wahrnehmung der betrieblichen Interessen zu tragen. Firmenrechtsschutzversicherungen bieten Schutz in folgenden Rechtsbereichen.

Bereiche des Rechtschutzes

- Schadenersatz-Rechtschutz (gem. § 823 BGB),
- Straf-Rechtschutz,

- Arbeits-Rechtschutz,
- Sozialgerichts-Rechtschutz.

Sie versichert nicht gegen Streitigkeiten aus Werkverträgen.

In den für Handwerksunternehmen wichtigen Rechtsgebieten halten auch die Handwerkskammern die notwendigen Informationen bereit und erteilen ihren Mitgliedsbetrieben kostenlos Rechtsauskünfte.

Produkthaftpflichtversicherung

Grundsätzlich haben die Betriebe selbst für die Sicherheit der von Ihnen produzierten und verteilten Waren einzustehen. Jeder, der eine Gefahrenquelle eröffnet, hat für deren Verkehrssicherung zu sorgen.

Produkthaftungsgesetz

Für das Handwerk bedeutet dieses Produkthaftungsgesetz (ProdHG), dass die Unternehmen, die selbst Produkte herstellen, einem größeren Haftungsrisiko ausgesetzt sind, als diejenigen, die Produkte liefern.

Hat ein Handwerker schuldhaft einen Schaden verursacht, dann haftet er nach BGB. Die Haftung nach dem ProdHG geht weiter. Dieses Gesetz verlangt von den Betrieben, alle Gefahrenquellen zu beherrschen und abzusichern. Die Haftung für Personenschäden und Sachschäden ist nicht mehr vom Verschulden abhängig, sondern nur noch von dem Hersteller und dessen Absicherung.

Die Erwartung an sichere Produkte und die Zahl der Produkthaftungsfälle nimmt immer weiter zu. Jeder Hersteller eines Produktes kann haftbar gemacht werden, wenn der Abnehmer des Produktes oder ein Verbraucher einen Schaden durch dieses Produkt erleidet.

Das Risiko aus der Produkthaftung kann bereits durch die Betriebshaftpflichtversicherung abgedeckt sein. Produzierende Betriebe sollten dies auf jeden Fall hinterfragen und sich individuell beraten lassen, um eine Produkthaftpflichtversicherung in Betracht zu ziehen.

Beispiel: Michaela Stiehl und Erhan Özer tauschen sich bei einem Kaffee über den Stand ihrer Gründungsaktivitäten aus.

„Du ich lade dich zu einem Kaffee ein", sagt Michaela. „Was soll ich dir bestellen? Caffè Latte, Cappuccino, Kakao-Cappuccino, Caramel Macchiato, Espresso, Espresso con Panna..."

„Hör auf", sagt Erhan, „da verliert man doch den Überblick. Bin froh, dass ich jetzt endlich eine Vorstellung habe, welche Versicherungen ich für meinen Betrieb brauche."

„Und welche sind das und wie bist du da vorgegangen?", fragt Michaela. „Nun, ich habe mich einfach gefragt, welche Versicherungen ich tatsächlich für meinen Betrieb brauche. Unterstützt wurde ich dabei von meinem Betriebsberater bei der Handwerkskammer und dem dortigen Versicherungsexperten.

Ich habe mich dann nur für das Nötigste entschieden, aber auch da kommt schon Einiges zusammen. Aber gerade beim Aufbau einer Existenz ist die Absicherung unerlässlich. Schließlich ist unser Kapital noch nicht groß genug, um größere Schäden finanziell selbst zu tragen. Insofern kann ein ungenügender oder fehlender Versicherungsschutz schnell zum Verhängnis werden. Übrigens, ich nehme einen Filterkaffee!“

26 Altersversorgung des selbstständigen Handwerkers

Selbständige Handwerker müssen den Aufbau ihrer Altersversorgung rechtzeitig planen, insbesondere dann, wenn sie nach 18 Jahren nicht mehr der Handwerkerpflichtversicherung unterliegen. Die Ansprüche an die gesetzliche Rentenversicherung, die man sich in den 18 Jahren als Arbeitnehmer und Selbstständiger mit der Handwerkerpflichtversicherung erworben hat, bleiben erhalten | ▸ HF 3, Kap. 16.10 |.

finanzielle Versorgungslücke

Allerdings deckt die Altersrente aus der gesetzlichen Rentenversicherung normalerweise nur eine Grundversorgung ab. Da die gesetzliche Rentenversicherung erhebliche Finanzierungsprobleme hat, weil immer weniger Beitragszahler immer mehr Rentenempfänger unterhalten müssen, sind Versorgungskürzungen die Folge. Zusätzlich wächst die Versorgungslücke zwischen dem letzten Einkommen und der Rente mit steigendem Einkommen. Der gewohnte Lebensstandard kann im Alter nur gehalten werden, wenn man rechtzeitig die notwendigen Vorsorgemaßnahmen trifft und für weitere Rücklagen sorgt.

26.1 Altersvorsorge systematisch planen

Wer seine persönliche Altersvorsorge plant, muss sich zunächst einen Überblick verschaffen, wie hoch die derzeitigen Versorgungsansprüche insgesamt sind und welche Anwartschaften erreicht werden können.

Versorgungsbilanz

Dazu wird eine persönliche Versorgungsbilanz - am besten gemeinsam mit einem Vorsorgeexperten - erstellt.

Versorgungsanwartschaften

Bestehende Versorgungsanwartschaften aus der gesetzlichen Rentenversicherung können einer Renteninformation des Rentenversicherungsträgers oder einer persönlichen Versorgungsanalyse, etwa von den Versorgungswerken des Handwerks, entnommen werden. Sind die bestehenden Versorgungslücken aufgedeckt, können sie durch geeignete Maßnahmen geschlossen bzw. gemindert werden.

Beitragshöhe bei der Versicherungspflicht

Im Rahmen der Handwerkerpflichtversicherung zahlt der selbstständige Handwerker für jeden Monat einen Pflichtbeitrag. Im Rahmen der Beitragsfestlegung sind drei Varianten möglich:

- Regelbeitrag

Bemessungsgrundlage für den Regelbetrag ist die monatliche Bezugsgröße Ost/West und der jeweilige Beitragssatz der gesetzlichen Rentenversicherung. Selbstständige, die den Regelbeitrag zahlen, brauchen ihr tatsächliches Arbeitseinkommen nicht nachzuweisen.

- halber Regelbeitrag

Bis zu 3 Jahren nach Aufnahme der selbstständigen Tätigkeit können die Handwerker nur den halben Beitrag zahlen.

- einkommensabhängige Beitragsberechnung

Eine Beitragsberechnung kann auch auf der Grundlage des tatsächlichen Einkommens gewählt werden. Dies ist insbesondere dann angeraten, wenn das Einkommen niedriger ist, als die jeweilige Bezugsgröße im Rahmen der Ermittlung des Regelbeitrages.

Folgende Möglichkeiten bieten sich nach den 18 Jahren Handwerkerpflichtversicherung in der Rentenversicherung an:

nach 18 Jahren Handwerkerpflichtversicherung

- Versicherungspflicht wie bisher fortführen,
- freiwillige Beiträge leisten,
- komplett auf die private Vorsorge setzen.

private Vorsorge

Innerhalb der privaten Vorsorge gibt es folgende Möglichkeiten Rücklagen zu bilden:

- Geldanlagen wie Sparverträge,
- Investmentfonds,
- Immobilienbesitz,
- Kapital bildende Lebensversicherungen,
- betriebliche Rentenversicherung | ► HF 3, Kap. 13.4 |,
- private Rentenversicherung,
  - Riester Rente,
  - Rürup Rente.

Sobald der Betrieb gut läuft, sollte der Unternehmer ergänzende private Versorgungsmaßnahmen für die Alters-, Invaliditäts- und Hinterbliebenenversorgung umsetzen.

Verlässt ein selbstständiger Handwerker nach 18 Jahren Handwerkerpflichtversicherung die gesetzliche Rentenversicherung, sollte er sich gut beraten lassen, welche privaten Versorgungsmaßnahmen zum Ausgleich wichtig sind.

Vorteile gesetzlicher Rentenversicherung

Die gesetzliche Rentenversicherung bietet folgende Vorteile:

- Grundversorgung

  Sie ist eine ideale Möglichkeit, um eine pfändungs- und insolvenzgeschützte Altersversorgung aufzubauen.

- Steuervorteile

  Seitens des Staates werden die Beiträge zur gesetzlichen Rente schrittweise steuerfrei gestellt. Jahr für Jahr erhöht sich so die steuerliche Förderung.

- Erhalt von Anspruch auf Erwerbminderungsrente

  Für Selbstständige kann es sich lohnen, weiter Pflichtbeiträge an die gesetzliche Rentenversicherung zu zahlen, weil sie sich damit z.B. den Anspruch auf eine Erwerbsminderungsrente oder auf Reha-Maßnahmen erhalten. Den Pflichtmitgliedern bleibt das Komplettpaket an Schutz, das die gesetzliche Rentenversicherung bietet.

- Riester-Rente

  Als Pflichtversicherter ist der Abschluss eines Riester-Vertrages möglich.

Vorteile privater Vorsorge

Private Vorsorgemöglichkeiten haben folgende Vorteile:

- individuell anpassbare Leistungen

  Private Lebens- und Rentenversicherungen bieten umfangreiche Leistungsgarantien und Gestaltungsfreiheiten entsprechend der persönlichen und familiären Verhältnisse.

- bessere Rendite

  Geht es vor allem um die Rendite der Einzahlungen, lohnt es sich oftmals nicht, weiter Pflichtmitglied zu bleiben oder freiwillige Beiträge einzuzahlen, um die Rente im Alter zu erhöhen. Hier gibt es bessere Möglichkeiten, z.B. mit Unterstützung des Staats privat vorzusorgen.

Beispiel: Michaela und Erhan sind beide in der Rentenversicherung versicherungspflichtig, da sie sich in einem zulassungspflichtigen Handwerk selbstständig machen und noch lange nicht 18 Jahre Pflichtbeiträge gezahlt haben.

Michaela hat vor, innerhalb dieser Handwerkerpflichtversicherung den vollen Regelbeitrag zu zahlen, danach will sie sich entscheiden, wie Ihre Altersversorgung optimiert werden kann.

Erhan dagegen beabsichtigt zunächst, nur den halben Regelbeitrag zu zahlen. Bis zum Ablauf von drei Kalenderjahren nach dem Jahr der Aufnahme der selbstständigen Tätigkeit ist dies ja grundsätzlich möglich ohne Nachweis des tatsächlichen Arbeitseinkommens. Erhan hat sich zu diesem Schritt entschieden, da ihm seine voraussichtliche Ertragslage nicht allzu viel Spielraum für große

Privatentnahmen lässt. Und er muss immer an den Satz denken den er in seinem Vorbereitungskurs zur Meisterprüfung gehört hat: Liquidität geht vor Rentabilität.

26.2 Anlageformen der privaten Vorsorge

klassische Anlageform

In der klassischen oder konventionellen Anlageform übernimmt das Versicherungsunternehmen die Anlage und das Risiko und garantiert dem Kunden einen festen Auszahlungsbetrag oder eine feste Rente, deren Höhe garantiert ist und durch eine positive Entwicklung der Anlage auch höher ausfallen kann. Die Beiträge werden i.d.R. zum großen Teil in festverzinsliche Wertpapiere, Immobilen und andere sichere Anlageformen investiert.

Anlage in Fondspolicen

Die Alternative zur klassischen Anlageform ist die Anlage in Fondspolicen. Die Entwicklung der Renditen ist hier sehr stark von den Schwankungen am Aktienmarkt beeinflusst. Ohne Garantien ist hier im schlechtesten Fall auch ein Kapitalverlust möglich. Verluste drohen auch, wenn sich der Versicherte seine Beiträge nicht mehr leisten kann und den Vertrag sogar kündigen muss. Andererseits sind auch höhere Renditen als bei der klassischen Anlage möglich.

gemischte Anlageform

Bei der gemischten Anlageform werden Teile des Kapitals in konventioneller Weise angelegt, um den Kunden eine Mindestverzinsung oder zumindest den Kapitalerhalt zu garantieren. Der Rest des Kapitals wird in Aktienfonds investiert, um eine höhere Rendite zu erreichen.

Lebensversicherung

Kapitaleinlage mit Verzinsung

Die Lebensversicherung erhöht durch ihre Überschussbeteiligung die Versicherungsleistung und macht sie damit zu einer Kapitalanlage mit Verzinsung. Die Gewinne aus einer Lebensversicherung (Auszahlung abzüglich gezahlter Beiträge) ist zu versteuern. Jedoch wird nur auf die Hälfte des Gewinns eine Besteuerung erhoben, wenn der Vertrag 12 Jahre andauerte und die Auszahlung nach Vollendung des 60. Lebensjahr erfolgt.

Die genaue Entwicklung der Gewinnanteile kann, wegen der i.d.R längeren Dauer des Vertrages, nur prognostiziert werden. Bei einer klassischen Lebens-/Rentenversicherung gibt es eine gesetzlich geregelte Mindestverzinsung des eingezahlten Ansparkapitals.

- Risikoversicherung

  Todesfallversicherung

  Sie ist eine besondere Form der Todesfallversicherung. Eine Leistung wird nur dann fällig, wenn der Versicherte innerhalb der vereinbarten Versicherungsdauer stirbt. Diese Versicherung eignet sich besonders für solche Fälle, in denen für einen begrenzten Zeitraum ein besonderes Risiko abgesichert werden muss, z.B. wenn ein hohes Darlehen aufgenommen wurde und die Angehörigen geschützt werden sollen.

- Erlebensfallversicherung

  Diese Versicherung zahlt dann, wenn der Versicherte den vertraglich vereinbarten Ablauftermin erlebt. Daher eignet sie sich besonders für allein stehende Personen, die keine Hinterbliebenen zurücklassen und lediglich für den eigenen Lebensabend vorsorgen wollen.

- gemischte Versicherung

  Diese Angebotsform vereint die Vorteile einer reinen Erlebensfall- mit denen einer Risikoversicherung. Sie wird damit zu einer Versicherungsform für die Alters- und Hinterbliebenenversorgung. Die Dauer der Versicherung kann frei bestimmt werden. Die Versicherungssumme und natürlich auch das bis zur Fälligkeit der Leistung angesammelte Überschussguthaben werden nach Ablauf der Versicherungsdauer ausgezahlt; im Falle des vorzeitigen Todes sofort.

Riester-Rente

Förderung durch Zulagen oder Steuervorteile

Für den selbständigen Handwerker, der noch in der gesetzlichen Rentenversicherung pflichtversichert ist, ist die Riester-Rente eine interessante Vorsorgevariante. Die staatliche Förderung erfolgt in Form von Zulagen oder der Möglichkeit, die Beiträge als Sonderausgaben geltend zu machen. Endet die Pflichtmitgliedschaft und damit der Anspruch auf direkte Förderung, kann der Selbstständige seinen Vertrag ruhen lassen.

Für nicht Pflichtversicherte ist häufig auch eine Riester-Förderung über den förderfähigen Ehegatten möglich (ohne eigene Beitragszahlung).

Wird der Handwerksbetrieb als GmbH geführt, können Gesellschafter-Geschäftsführer - ebenso wie mitarbeitende Ehegatten und die weiteren Arbeitnehmer des Betriebs - die Vorteile der betrieblichen Altersversorgung nutzen, sofern ein steuerlich anerkannter Arbeitsvertrag vorliegt. So besteht die Möglichkeit, steuer- und sozialabgabenfrei Vorsorge zu betreiben. Erst die späteren Leistungen unterliegen der Steuer- und Abgabenpflicht.

Rürup-Rente

Förderung durch Steuervorteile

Die Rürup-Rente wendet sich in erster Linie an Selbstständige, die keinen Anspruch auf Riester-Förderung haben und damit oftmals die einzige Möglichkeit ist, von staatlicher Förderung in Form von Steuervorteilen zu profitieren. Da man einen Großteil der Beiträge für einen Rürup-Vertrag als Sonderausgaben in der Steuererklärung geltend machen kann, lohnt sich für viele Selbstständige eine klassische Rürup-Rentenversicherung als sichere und relativ bequeme Altersvorsorge.

Tests und Aufgaben zu diesem Kapitel finden Sie im Sackmann-Lernportal.

Gefördert werden konventionelle oder fondsgebundene Rentenversicherungen und auch Fondssparpläne. Voraussetzung für die Rürup-Förderung ist, dass das angesparte Kapital später als garantierte lebenslange Monatsrente ausgezahlt wird. Ein Nachteil aller Angebote ist, dass der Vertrag eher unflexibel und nicht vererbbar oder auf eine andere Person übertragbar ist.

Kompetenzen

Das sollten Sie als zukünftiger Meister können:

- ✔ Lücke bei der Altersvorsorge abschätzen und alternative private Vorsorgeinstrumente vergleichen und bewerten,
- ✔ Schutz vor wirtschaftlichen Folgen unternehmerischer Probleme planen,
- ✔ soziale Absicherung bei Unfällen, Krankheit und Erwerbsminderung planen.

J Bedeutung persönlicher Aspekte sowie betriebswirtschaftlicher und rechtlicher Bestandteile eines Unternehmenskonzepts im Zusammenhang darstellen und begründen

„So, Leute, jetzt wird's langsam ernst", verkündet Michaela Stiehl ihren Freunden vom Motorradclub aufgeregt. „Ich bin gerade dabei, das Konzept für meinen Businessplan zu formulieren und das ganze Zahlenwerk zusammenzustellen."

„Dann hast du dich also doch für das Ladenlokal in der Hauptstraße entschieden?", fragt Erhan Özer.

„Nein, aber stellt euch vor, ich habe im Einkaufszentrum ein kleines Optikergeschäft gefunden, das ich übernehmen könnte. Von Lage und Größe her wäre es einfach ideal für meine Zwecke. Ein echter Glückstreffer!"

„Und wie viele Mitarbeiter müsstest du übernehmen? Bei einer Übernahme sind schließlich ein paar gesetzliche Verpflichtungen zu beachten", mischt sich Ralf Weiss ins Gespräch ein. „Ich sage nur ‚Betrieblicher Bestandsschutz'."

„Betrieblicher Bestandsschutz?" Michaela sieht ihn verständnislos an.

Ralf Weiss grinst und klopft ihr aufmunternd auf die Schulter. „Also ehrlich, Michaela, das solltest du als künftige Augenoptikermeisterin aber eigentlich wissen!"

27 Unternehmenskonzept

Sowohl die Neugründung als auch die Übernahme eines Betriebes bedarf einer gründlichen und systematischen Vorbereitung und Planung. Der Unternehmensgründer muss vor allem eine klare Vorstellung davon haben, welche Produkte und Dienstleitungen er welchen Zielgruppen anbieten will. Ausgangspunkt ist die Geschäftsidee, die in ein tragfähiges Unternehmenskonzept einmünden muss.

Businessplan

Dieses Konzept, auch als Geschäfts- oder Businessplan bezeichnet, gibt umfassend Auskunft über das geplante Geschäftsvorhaben und zählt damit zu den wichtigsten Maßnahmen im Rahmen der Gründungsvorbereitung.

In der Gründungsphase bildet es die wichtigste Grundlage zur Beurteilung der Tragfähigkeit eines Gründungsvorhabens. Darüber hinaus ist ein aussagekräftiger Businessplan unentbehrlich, wenn es um die Beschaffung von Fremdkapital geht. Banken als Kapitalgeber können sich bei der Beurteilung von Gründungsvorhaben im Allgemeinen nur auf die Gründerpersönlichkeit und den Geschäftsplan stützen.

Nach der Anlaufphase dient der Businessplan üblicherweise der Kontrolle der Zielerreichung und sollte in dieser Funktion auch genutzt werden.

Ein aussagekräftiges und schlüssiges Unternehmenskonzept bildet die Grundlage für jede erfolgreiche Gründung oder Übernahme. Es ermöglicht dem Gründer, die Tragfähigkeit seines Vorhabens zu überprüfen. Darüber hinaus stellt es eine wichtige Grundlage dar, um Banken und andere Fördermittelgeber von der eigenen Geschäftsidee zu überzeugen.

Ein sorgfältig ausgearbeitetes Unternehmenskonzept informiert i.d.R. über die Geschäftsidee, das Produkt- und Leistungsprogramm, den Kundennutzen sowie die Zielgruppen, die erreicht werden sollen. Darüber hinaus sollte es folgende Bestandteile aufweisen:

Bestandteile des Unternehmenskonzeptes

Gliederungspunkte	Inhalt
Person des Gründers	berufliche Erfahrung, fachliche und kaufmännische Kenntnisse, unternehmerische Qualifikationen wie Führungskompetenz etc.
Beschreibung des Vorhabens	Geschäftsidee, Ziele, Rechtsform, Partnerschaften
Leistungsangebot	Produkte, Dienstleitungen, Besonderheiten, Zusatzangebote, Serviceleistungen, Produktqualität, Preispolitik
Zielgruppen	definierte Zielgruppen, Ideen zur Kundenbindung, Abhängigkeiten von bestimmten Kunden
Konkurrenzsituation	Zahl, Größe, Standort und Struktur der Wettbewerber; Wettbewerbsvorteile und Wettbewerbsnachteile (Preis, Kosten, Qualität, Standort, Technik, Image, Marketing, Service etc.)
Marktbeschreibung	Marktsituation (Wachstumsmarkt, Marktsättigung oder Verdrängungsmarkt), Trends, Marktstellung, Alleinstellungsmerkmale, eigene Stärken und Schwächen, Chancen und Risiken
Marketingkonzept	Werbung, Erscheinungsbild, Imagebildung, Vertriebsstruktur, Kundenbindung, Preisstrategie

Gliederungspunkte	Inhalt
Standort	Lage und Umfeld, Größe des Grundstücks und der Betriebsräume, Zustand, Erweiterungsmöglichkeiten, Kostenaspekte
Mitarbeiter	Anzahl, Qualifikation, Alter, Arbeitszeiten, Vergütung, Lösung für Arbeitsspitzen
Investitionsplan	Angaben zu allen im Rahmen der Gründung anfallenden Investitionen wie Unternehmenskauf, Maschinen, Geräte, Werkzeuge, Fahrzeuge, Büroausstattung, Laden und Lager etc.
Kapitalbedarfsplan	Angaben zum Gesamtkapitalbedarf, zum Kapitalbedarf für Investitionen, für die mit der Geschäftstätigkeit einsetzenden laufenden Kosten sowie Informationen zum Bedarf an finanziellen Mitteln zur Überbrückung der Anlaufphase
Finanzierungskonzept	Angaben zu Eigenkapital (Barmittel und Sachwerte), Fremdkapital (öffentliche Kreditprogramme, Hausbankdarlehen, Verwandtendarlehen), Kontokorrentrahmen und Sicherheiten
Rentabilitätsvorschau	Übersicht zur wirtschaftlichen Tragfähigkeit durch Schätzung der voraussichtlichen Kosten, Umsätze und Gewinne (3-Jahres-Übersicht)
Liquiditätsplan	Übersicht über voraussichtliche monatliche Einzahlungen und Auszahlungen (inklusive Privatentnahmen, Berücksichtigung der Kontokorrentkreditlinie) zur Ermittlung der Über- oder Unterdeckung (3-Jahres-Übersicht)
Leitbild	Kernsätze der Unternehmensphilosophie; Grundsätze und Ziele des Unternehmens; Maßstäbe bzgl. Qualitätsstandards, Kunden- und Serviceorientierung

Die Bewertung des Gründungsvorhabens hängt nicht selten von der Qualität des Unternehmenskonzeptes ab. Deshalb sollte der Businessplan unbedingt schriftlich formuliert, übersichtlich gegliedert und ansprechend präsentiert werden.

Im Hinblick auf mögliche Bankgespräche sollte der künftige Unternehmer aber auch in der Lage sein, seine Geschäftsidee und die wesentlichen Eckpunkte seiner Planung mündlich darzulegen und überzeugend zu vertreten.

Alles verstanden? Werden Sie im Sackmann-Lernportal aktiv!

27.1 Leitbild

Ein Leitbild darf in einem Geschäftsplan nicht fehlen. Jedes Unternehmen benötigt feste Grundsätze, an denen sich Kunden, Mitarbeiter und die Unternehmensführung orientieren können.

Das Unternehmensleitbild ist Ausdruck des Selbstverständnisses eines Unternehmens. Es umschreibt seine Visionen und Ziele und bezieht sich im Wesentlichen auf die in einem Unternehmen geltenden

Bestandteile

- Werte, Grundprinzipien und Leitlinien (Unternehmensphilosophie),
- Standards hinsichtlich Qualität, Kunden- und Serviceorientierung,
- Grundsätze der Zusammenarbeit,
- Prinzipien der internen und externen Kommunikation bzw. des Umgangs miteinander.

Erstellung eines Leitbildes

Zur Erstellung eines Unternehmensleitbildes muss sich ein Unternehmer zunächst über seine eigenen Ziele und die Ziele seines Unternehmens klar werden | ► HF 1, Kap. 1 |.

- Welche Grundauffassungen und Werte wollen wir vertreten?
- Wo werden die Stärken und Schwächen unseres Unternehmens liegen?
- Wie können wir uns von Wettbewerbern unterscheiden?
- Warum soll der Kunde ausgerechnet zu uns kommen (Alleinstellungsmerkmal)?
- Wie ist das Verhältnis zu Mitarbeitern, zu Kunden, zur Umwelt?
- Welchen Stellenwert haben Beratung, Kundenfreundlichkeit und Service?
- Soll eine hochwertige Qualität, die Individualität oder mehr das Mengengeschäft im Vordergrund stehen?

Erst die Antworten auf diese oder ähnliche Fragen verleihen dem Unternehmen ein eigenes Profil und damit die Voraussetzung für seine Unverwechselbarkeit am Markt. Dabei wird die Notwendigkeit eines Leitbildes umso dringlicher, je weniger allein technologische oder ökonomische Vorteile dem Unternehmen einen Wettbewerbsvorteil garantieren.

Ein Leitbild darf jedoch nicht als Werbebotschaft missverstanden werden | ► Positiv- und Negativbeispiele für Leitbilder |, sondern sollte sich im Idealfall auch auf sämtliche betrieblichen Bereiche und Abläufe auswirken. Leitbilder müssen im betrieblichen Alltag gelebt werden. Nur so können sie zu einem Bestandteil der Unternehmenskultur | ► HF 1, Kap. 3 | werden.

Unternehmensleitbilder dokumentieren, wofür ein Unternehmen steht. Sie müssen innerhalb und außerhalb des Unternehmens kommuniziert werden, um ihre Wirkung zu entfalten.

Sie bilden die Grundlage für sämtliche in einem Unternehmen verfolgten Ziele und Strategien und erfüllen im Wesentlichen die folgenden Funktionen:

- Nach außen prägen sie das Profil des Unternehmens.
- Nach innen schaffen sie Orientierung für die Mitarbeiter und fördern deren Identifizierung mit dem Unternehmen.

Beispiel: Michaela Stiehl hat bei der Erstellung ihres Unternehmenskonzeptes zunächst ihre Geschäftsidee dargelegt. Sie möchte vorrangig hochwertige Designer- und Sportbrillen für zahlungskräftige Kunden anbieten. Im nächsten Schritt fasst sie das Leitbild ihres Unternehmens zusammen:

Leitbild Optik Stiehl

Ziel der Stiehl Optik ist es, ihre Kunden bestmöglich zu beraten und für jeden die ideale Brille zu finden. Unser Motto lautet: „Optik mit Stiehl – besondere Brillen für besondere Menschen."

Dabei orientieren wir uns, was Qualität und Kundenzufriedenheit angeht, stets an höchsten Ansprüchen. Wir arbeiten mit führenden Herstellern zusammen und setzen bei Gestellen und Gläsern stets auf hochwertige Materialien.

Neue Trends und Technologien zu beobachten, versteht sich für uns von selbst. So nutzen wir z.B. bei der Sehstärkenermittlung modernste Geräte und Methoden.

Bestens geschulte Mitarbeiter sorgen dabei für optimale Ergebnisse. Die Qualifikation unserer Mitarbeiter stellt unser größtes Kapital dar. Fort- und Weiterbildungsmaßnahmen sind deshalb für uns selbstverständlich.

Unseren Kunden bieten wir einen ausgezeichneten Service. Eine umfassende Beratung bildet die Grundvoraussetzung. Sonderwünsche sind für uns keine Belastung, sondern eine willkommene Herausforderung.

Die Zufriedenheit unserer Kunden ist unsere größte Motivation. Letztlich begründet sie unseren Erfolg – denn nur zufriedene Kunden empfehlen uns auch weiter. Dabei setzen wir bei unseren hochwertigen und besonderen Produkten auf eine transparente Preisgestaltung.

Unser Umgang mit Kunden, Lieferanten und Geschäftspartnern ist stets von Freundlichkeit und Respekt getragen.

27.2 Produkt- und Leistungsprogramm

Bedeutung der Geschäftsidee

Die erfolgreiche Suche nach der absolut neuen Geschäftsidee bleibt nur wenigen Existenzgründern vergönnt. Es gibt jedoch viele Produkt- und Leistungsangebote im handwerklichen Bereich, die hinsichtlich Qualität und Service erheblich verbessert werden können. Auch verbreitete Geschäftsideen können anders angeboten werden. Hier muss der Gründer im Vorfeld Schwächen und Mängel des geplanten Produkt- und Leistungsprogramms genau analysieren | ► HF 2, Kap. 10.1 und HF 3, Kap. 6.2 |.

Am erfolgreichsten ist ein Existenzgründungsvorhaben dann, wenn gegenüber den Mitbewerbern deutliche Vorteile beim Produkt-, Leistungs- und Serviceprogramm angeboten werden können.

Beispiel: Michaela Stiehl schweben Aktionswochen in Kooperation mit Glas- und Brillenherstellern vor. Im Rahmen dieser Aktionen könnten z.B. beim Kauf einer teuren Designer- oder Sportbrille die Gläser einer entsprechenden Sonnenbrille zum halben Preis angeboten werden.

Bedeutung von Kundenbedürfnissen

Dies setzt voraus, dass das Produkt- und Leistungsprogramm im Hinblick auf die Kundenbedürfnisse immer wieder überprüft und angepasst wird.

- Gibt es Lücken im Angebot, die höhere Umsätze verhindern?
- Werden bestimmte Angebote wenig oder gar nicht nachgefragt?
- Bietet der Markt Innovationen, für die die Zielgruppe aufgeschlossen ist?

Durch eine regelmäßige Nachkalkulation der Aufträge kann im Einzelnen geprüft werden, welche Leistungen bzw. Produkte gute Gewinne bringen und welche sich nicht rentieren. Die Entscheidung, bestimmte Leistungen nicht mehr anzubieten, kann möglicherweise sogar den Gewinn erhöhen. So z.B., wenn ein zu hoher Serviceaufwand als nicht rentabel erkannt wird | ► HF 3, Kap. 20.1 |.

Beispiel: Michaela Stiehl hat sich vorgenommen, ihr Produkt- und Leistungsangebot hinsichtlich der Designerbrillen noch einmal kritisch zu überprüfen. Sie geht auch für die Zukunft davon aus, ihr Angebot in diesem Segment nach genauer Analyse der Verkäufe entsprechend anzupassen.

Den Absatz von Sportbrillen will sie bei geringen Verkaufsanteilen durch gezieltes Marketing fördern. Hierzu möchte sie sich bei Sportveranstaltungen präsentieren und das Besondere ihres Angebots in Interviews mit Vor-Ort-Zeitungen herausstellen. Auch Kooperationen mit Sportgeschäften sind geplant.

27.3 Zielgruppen

Ermittlung der Zielgruppen

Zu einem soliden Unternehmenskonzept gehören auch Angaben zu den künftigen Zielgruppen und den Grundlagen der Marketingstrategie | ▸ Zielgruppenanalyse, S. 496 |. Bei der Definition der Zielgruppen sind u.a. folgende Fragen hilfreich:

- Besteht eine ausreichend große Nachfrage nach den angebotenen Leistungen?
- Welche möglichen Kundengruppen kommen als Käufer für das Produkt- und Dienstleistungsprogramm infrage?
- Was könnte mögliche Kunden besonders begeistern?
- Welche konkreten Wünsche, Gewohnheiten und Erwartungen haben diese Kunden?
- Welche Kaufmotivation haben die potenziellen Kunden?
- Welchen Service erwarten diese Kunden?
- Welche Preise sind diese Kunden bereit, zu zahlen?

Beispiel: Die Gründungsberaterin hatte Michaela Stiehl geraten, sich zu Beginn ihrer Tätigkeit nicht nur auf eine Zielgruppe zu spezialisieren. Michaela Stiehl geht davon aus, dass ihr Konzept mit Designer- und Sportbrillen sich zwar insgesamt an zahlungskräftige Kunden richtet, dabei aber vor allem verschiedene Altersgruppen ansprechen wird. Nach ihren Beobachtungen im Umfeld des Einkaufszentrums erwartet sie eine ausreichend hohe Nachfrage nach diesen Produkten und einer guten Beratung.

Festlegung der Marketingstrategie

Sind die verschiedenen Zielgruppen erkannt und eindeutig definiert, gilt es im Folgenden die Grundlagen der Marketingstrategie | ▸ HF 2, Kap. 10 | festzulegen. Dazu gehören Aktivitäten wie

- Verstärkung aller Maßnahmen zur Kundengewinnung (Akquise) durch
  - zielgerichtete Werbung,
  - Empfehlungsmarketing,
  - Anpassung der Produkte und Leistungen an die Kundenbedürfnisse,
- Überprüfung der Zufriedenheit der Zielgruppe durch
  - das persönliche Gespräch beim Abschluss der Leistung,
  - die Verteilung von Kundenfragebogen,
  - die Erfassung von Stammkunden und Weiterempfehlungen.

Beispiel: Sollte Michaela Stiehl während der Anlaufphase feststellen, dass hochpreisige Designerbrillen an mode- und markenbewusste Frauen und Männer zwischen 30 und 50 Jahren verkauft werden und teure Sportbrillen vorwiegend an Männer derselben Altersklasse, überlegt sie, ihre Marketingstrategie speziell auf diese beiden Zielgruppen auszurichten. Sie hat auch schon konkrete Pläne für Werbeflyer, die sie in den Modeboutiquen und im Fitnessstudio des Einkaufszentrums auslegen möchte.

28 Betriebsübernahme bzw. -beteiligung

Die Neugründung eines Unternehmens ist nicht der einzige Weg in die Selbstständigkeit. Eine gute Alternative stellt die Übernahme eines bestehenden Betriebes dar | ► HF 3, Kap. 24 |.

Für den Nachfolger ist die Betriebsübernahme eine Existenzgründung, obwohl sie sich von der Neugründung eines Betriebes in einigen Punkten unterscheidet. Die Besonderheit einer Übernahme besteht darin, das Erhaltenswerte zu bewahren, gleichzeitig aber auch eigene Ideen und Ziele zu verwirklichen, um den Betrieb erfolgreich in die Zukunft zu führen.

Die Vor- und Nachteile, die mit einer Übernahme verbunden sind, lassen sich wie folgt zusammenfassen:

Vor- und Nachteile einer Betriebsübernahme

Vorteile	(mögliche) Nachteile
vorhandener Kundenstamm	überhöhte Kaufpreisvorstellungen des Inhabers
eingearbeitete Mitarbeiter	Mitarbeiter müssen übernommen werden
stabile Lieferantenbeziehungen	Verhandlungsspielräume weitgehend ausgeschöpft
ausgestattete Werkstatt und komplette Betriebseinrichtung	veraltete Betriebseinrichtung, Notwendigkeit von Investitionen
Betrieb am Markt etabliert	Marktpotenzial evtl. ausgeschöpft
Erfahrungen des Vorgängers können genutzt werden	Schwierigkeiten bei der Durchsetzung von neuen Ideen und Arbeitsweisen
vorhandene Genehmigungen und evtl. Schutzrechte	versteckte Verbindlichkeiten oder Gewährleistungen

Unternehmensanalyse

Eine Betriebsübernahme ist mit weit reichenden Konsequenzen verbunden und mangelhafte Planung kann durchaus die Existenz des Betriebes gefährden. Der Übernehmer muss sich daher im Vorfeld intensiv auf die Selbstständigkeit vorbereiten. Neben einer kritischen Selbstüberprüfung | ► HF 2, Kap. 1 | muss er sich ausreichend über den Ist-Zustand des Betriebes, über die Rahmenbedingungen und seine Zukunftsaussichten informieren. Denn nur ein Betrieb, der auch in Zukunft wettbewerbsfähig ist, kommt für eine Übernahme überhaupt infrage | ► Unternehmensanalyse, S. 498 |.

Die Analyse des Kundenstamms und der Wettbewerbssituation spielen bei einer Übernahme eine besonders wichtige Rolle. Die Analyse des Standortes und des Produkt- und Leistungsangebotes gelten für Neugründer und Übernehmer gleichermaßen.

Überprüfung vor einer Betriebsübernahme

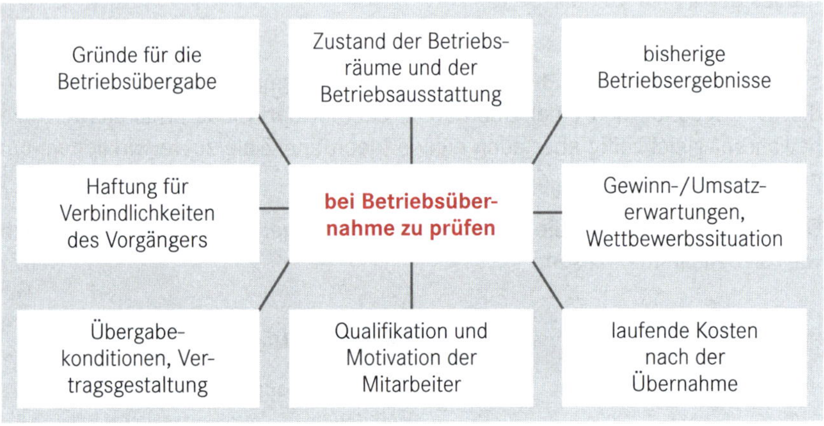

Analyse des Unternehmenszustandes

technischer Stand

Bei der Überprüfung des Unternehmenszustandes geht es darum, ob der Vorgänger die richtigen Investitionen getätigt hat und sich der Betrieb im Ganzen technisch auf dem aktuellen Stand befindet. Die Analyse sollte sich auf die technische Ausstattung mit Maschinen und Werkzeugen, die Betriebseinrichtung, die Bausubstanz der Betriebsräume allgemein, die Gestaltung der Verkaufsräume und die Möglichkeiten der Warenpräsentation beziehen.

Gleich bedeutsam sind die Organisationsstruktur, das Qualitätsmanagement, der Einsatz neuer Medien (EDV, Internet) sowie das betriebliche Controlling | ► HF 3, Kap. 19 |.

Analyse der Personalstruktur

Qualifikation der Mitarbeiter

Der Erfolg eines Unternehmens hängt stark von der Qualifikation, der Motivation und der Leistungsbereitschaft der Mitarbeiter ab. Dazu kommen die richtige Altersstruktur, das Lohn- und Gehaltsniveau und die Anzahl der Mitarbeiter. Wichtige Aufschlüsse für die Beurteilung des Personalbereiches liefern die Betriebszugehörigkeit der Mitarbeiter, die Fluktuationsrate (das Verhältnis zwischen der Zahl der Austritte und der Zahl der Mitarbeiter), die Fehlzeitquote (Verhältnis von Fehlzeiten zu Arbeitstagen) und das Alter der Mitarbeiter, insbesondere der Führungskräfte.

Analyse der betrieblichen Kennzahlen

Bilanzanalyse

Unbedingt zu empfehlen ist eine sorgfältige Analyse der Bilanzen der letzten drei Jahre | ► Bilanzanalyse, S. 141 |. Entsprechende Kennzahlen geben hier Aufschluss über die Entwicklung des Unternehmens, seine finanzielle Situation und Ertragskraft. Auf der Grundlage der Gewinn- und Verlustrechnung des Vorgängers kann der Nachfolger dann eine eigene Umsatz- und Gewinnplanung vornehmen.

Beispiel: Die Möglichkeit, ein bestehendes kleines Optikergeschäft zu übernehmen, scheint Michaela Stiehl eine interessante Alternative zur Neugründung zu sein. Bevor sie sich endgültig zu diesem Schritt entschließt, nimmt sie den Betrieb im Einkaufszentrum allerdings ganz genau unter die Lupe, mit folgendem Ergebnis:

- Der Verkauf erfolgt aus Altersgründen.
- Der Übergeber hat in den letzten Jahren wenig in die Betriebsausstattung investiert, hier wird sie selbst investieren müssen.
- Es bestehen aber auch keine langfristigen Kreditbelastungen.
- In den letzten drei Jahren wurden konstant Gewinne erzielt, die der Vorbesitzer zum Großteil privat entnommen hat. Dies kommt für Michaela zu Beginn nicht infrage.
- Ein stabiler, zahlungskräftiger Kundenstamm ist vorhanden, das Geschäft hat am Standort ein gutes Image.
- Zwar besteht ein lebhafter Wettbewerb vor Ort und das Online-Angebot nimmt an Bedeutung zu, aber gerade mit ihrer geplanten Stärkung der Segmente Sport- und Designerbrillen rechnet sich Michaela am Standort gute Chancen aus.
- Die beiden Mitarbeiter sind gut ausgebildet, mittleren Alters (35 bzw. 42 Jahre alt) und erscheinen Michaela sehr engagiert.
- Die laufenden Kosten (Miete, Energiekosten, Bürobedarf, Porto, Telefon, Buchführung, Leasing etc.) liegen im erwarteten Umfang, nur die Personalkosten sind etwas höher als erwartet.

Insgesamt beurteilt Michaela Stiehl das Verkaufsangebot als fair und sieht auch keine Fallstricke in den Übernahmeverträgen. Hierzu will sie allerdings noch gezielt Beratung einholen.

28.1 Betrieblicher Bestandsschutz

Bei der Übernahme eines Betriebes sind die gesetzlichen Pflichten zum betrieblichen Bestandsschutz zu beachten. Diese regeln, wie mit bestehenden Verträgen zu verfahren ist.

Formen des Bestandsschutzes

Man unterscheidet grundsätzlich zwischen dem Bestandsschutz für Mitarbeiter und für Gebäude und Betriebseinrichtungen. Der Bestandsschutz erstreckt sich aber auch auf die Übernahme von Verträgen und Haftungsregelungen.

Bestandsschutz für Mitarbeiter

Schutz der Arbeitsplätze

Grundlegende Vorschriften beim Übergang von Arbeitsverhältnissen auf den Übernehmer enthält das Bürgerliche Gesetzbuch (§ 613a BGB). Dieser Paragraph soll zum einen gewährleisten, dass der Übernehmer in die bestehenden Arbeitsverhältnisse eintritt. Zum anderen regelt er die Haftung des alten sowie des neuen Arbeitgebers und ordnet die Auswirkungen des Betriebsübergangs auf Tarifverträge.

Regelungen beim Betriebsübergang

Liegt ein Betriebsübergang im Sinne von § 613a Abs. 1 BGB vor, so gehen die bestehenden Arbeitsverhältnisse unverändert auf den Übernehmer über. Dies gilt auch bei Abschluss eines Pacht- oder Mietvertrages oder einer Schenkung. Weder der bisherige noch der neue Betriebsinhaber kann Arbeitsverhältnisse nur aufgrund eines Betriebsübergangs kündigen.

Haftungsregelungen

Gemäß § 613a Abs. 2 BGB haftet der Übergeber gesamtschuldnerisch neben dem Übernehmer für Verpflichtungen aus den übergegangenen Arbeitsverhältnissen, soweit die Verpflichtungen vor dem Zeitpunkt des Betriebsübergangs entstanden sind und vor Ablauf von einem Jahr nach diesem Zeitpunkt fällig werden. Insbesondere bei Weihnachtsgeld, 13. Monatsgehalt und Urlaubsgeld handelt es sich um Zahlungsverpflichtungen, für die der Übergeber nur zeitanteilig, also nur bis zum Zeitpunkt der Betriebsübergabe, haftet | ▸ Gesetzestext BGB |.

Beispiel: Michaela Stiehl ist bei den ersten Überlegungen zum Personalbedarf ihres künftigen Unternehmens von 1,5 zu besetzenden Stellen ausgegangen. Mit Blick auf eine mögliche Übernahme hat sie noch einmal die Voraussetzungen des Optikergeschäfts im Einkaufszentrum geprüft.

Bei einer Übernahme des kleinen Ladens müsste sie exakt 1,5 Mitarbeiter übernehmen: eine Ganztagsangestellte im Verkauf und eine Halbtagsangestellte in der Werkstatt. Das würde nicht nur idealerweise zu ihren eigenen Vorstellungen passen. Sie könnte auch auf entsprechend kundiges und eingearbeitetes Personal zurückgreifen.

Bestandsschutz der Standorte, Gebäude und Betriebseinrichtungen

Grundsätzlich genießen bestehende Betriebe Bestandsschutz, da sie vor längerer Zeit - vor Inkrafttreten der heutigen Bau- und Immissionsschutzgesetzgebung - mit gültiger Baugenehmigung errichtet worden sind. Vielfach sind jedoch notwendige Veränderungen und Erweiterungen am Standort nach aktuellem Baurecht nicht mehr genehmigungsfähig. Standortuntersuchungen von Handwerkskammern haben ergeben, dass sich eine Vielzahl von Handwerksbetrieben an einem baurechtlich falschen Standort befinden und auf längere Sicht gesehen eine Verlagerung unumgänglich erscheint.

Formen des Bestandsschutzes

- Der planungsrechtliche Bestandsschutz ergibt sich aus einem rechtsverbindlichen Bebauungsplan im Sinne des Baugesetzbuches. Der richtig geplante Gewerbebetrieb kann nur durch Umplanung betroffen werden und hat dann einen Entschädigungsanspruch.
- Der baurechtliche Bestandsschutz ergibt sich aus einer erteilten Baugenehmigung. Jedes „zulässigerweise errichtete" Gebäude ist geschützt. Der baurechtliche Bestandsschutz gewährt auch einen Anspruch auf die Genehmigung von geringfügigen Änderungen.
- Der gewerberechtliche Bestandsschutz ist ein Schutz, den eine gewerbliche Anlage genießt, die im förmlichen Verfahren nach dem Bundes-Immissionsschutzgesetz genehmigt wurde. Danach sind privatrechtliche Abwehransprüche von Nachbarn ausgeschlossen.

Bei der Entscheidungsfindung bezüglich der Übernahme eines produzierenden Handwerksbetriebes ist also die Klärung der Frage bedeutsam, ob der dauerhafte Bestand des Unternehmens durch die Bauplanung und das Baurecht gesichert und ob eine evtl. notwendige Expansion durch Aus- oder Umbau möglich ist. Der Übernehmer muss sich daher auf jeden Fall über die Gebietsausweisung beim Planungsamt der Stadt bzw. der Gemeinde informieren.

Weiterbestand von Verträgen

Bei Mietverträgen besteht kein Automatismus in der Vertragsübergabe. Im günstigsten Fall erhält der Betriebsübernehmer die Möglichkeit, in den laufenden Vertrag einzusteigen. In vielen Fällen wird der Vermieter jedoch die Möglichkeit zur Kündigung des alten Vertrages nutzen und einen neuen Vertrag mit geänderten, für ihn günstigeren Konditionen vereinbaren, also eine Mieterhöhung durchführen. Gleiches gilt prinzipiell auch für Lieferverträge. Versicherungsverträge sind personengebunden und es besteht i.d.R. ein Sonderkündigungsrecht für den Übergeber.

Konkurrenzklausel

Die Vereinbarung einer Konkurrenzklausel, die den Übernehmer vor Wettbewerb nach dem Kauf des Unternehmens schützen soll, ist grundsätzlich möglich. Eine solche Klausel darf aber nicht sittenwidrig sein, z.B. zeitlich oder örtlich unbegrenzt.

Regelung der Haftung

Grundsätzlich haftet der alte Inhaber für Altschulden, der neue Inhaber haftet nur für Neuschulden. Es gibt allerdings Ausnahmen:

Verbindlichkeiten

- Bei Übernahme eines Betriebes, der im Handelsregister eingetragen ist, haftet der Nachfolger für alle Geschäftsverbindlichkeiten, es sei denn, er schließt diese Haftung im Übernahmevertrag aus und lässt diese Erklärung auch ins Handelsregister eintragen.

Steuern

- Wird ein Betrieb übernommen, so haftet der Übernehmer für die Steuern des Unternehmens, die seit dem Beginn des letzten, vor der Übereignung liegenden Kalenderjahrs entstanden sind und bis zum Ablauf von einem Jahr nach Anmeldung des Betriebes durch den Erwerber festgesetzt oder angemeldet werden.

Es empfiehlt sich also dringend für den Übernehmer, Erkundigungen einzuholen, wie es um die Bonität des Vorgängers bestellt ist. Das ist die beste Voraussetzung, sich vor den Haftungen zu schützen.

28.2 Kriterien der Kaufpreisermittlung

Den objektiv „richtigen" Kaufpreis gibt es nicht. Letztlich hängt der erzielbare Preis für ein Unternehmen von Angebot und Nachfrage sowie vom Verhandlungsgeschick der Beteiligten ab.

Neben dem offiziellen Kaufpreis kann es dabei zusätzlich noch weitere Zahlungen geben, die durch den Übernehmer in der Rechtsnachfolge an den Verkäufer zu leisten sind. Diese machen den sog. versteckten Kaufpreis aus und setzen sich z.B. aus Kosten für Pensionszusagen oder Gewährleistungsansprüchen von Kunden zusammen.

Für die Ermittlung des Unternehmenswertes gibt es verschiedene Bewertungsverfahren, die zu unterschiedlichen Ergebnissen führen und immer nur eine Orientierungshilfe für die Festsetzung des Kaufpreises sein können. Im Handwerk wird der Wert häufig aus einer Kombination aus Substanz- und Ertragswertverfahren errechnet.

Methoden zur Wertermittlung

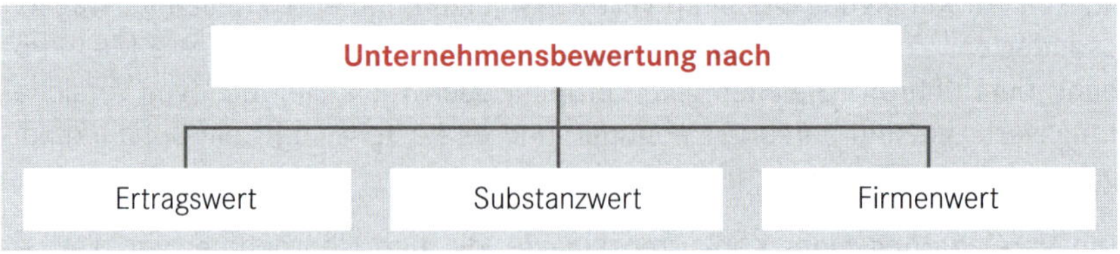

- Das Ertragswertverfahren basiert auf der Annahme, dass der Wert eines Unternehmens hauptsächlich durch sein Potenzial bestimmt wird, in Zukunft Erträge zu erzielen. Der Unternehmenswert ergibt sich hiernach aus dem zu erwartenden alljährlichen Geschäftserfolg, der auf den Zeitpunkt des Verkaufs abgezinst wird. Die Prognose der zukünftigen Erträge baut auf den Werten der Vergangenheit auf, ergänzt um aktuelle Erkenntnisse, z.B. über Wachstumsraten der Branche, Wettbewerber, Konkurrenzsituation und Kundenstruktur. Die Ertragswertmethode ist durch langjährige Anwendung in der Rechtsprechung anerkannt und ist damit begründet, dass kein Unternehmenskäufer einen Preis zahlt, der sich nicht genügend verzinst. Problematisch bei diesem Verfahren ist die Unsicherheit bezüglich der Höhe der künftigen Erträge und des Risikos. Die Gewinne aus der Vergangenheit sind nur grobe Anhaltspunkte, denn die Marktverhältnisse können sich im Laufe der Zeit wesentlich ändern. Zudem verfügt der Nachfolger häufig über andere kaufmännische Fähigkeiten als der Vorgänger. *Ertragswert*
- Der Substanzwert entspricht dem Gegenwartswert (Zeitwert) des betriebsnotwendigen Anlage- und Umlaufvermögens, also dem Preis, den ein Erwerber für Grundstück, Gebäude, Maschinen, Werkzeuge, Fahrzeuge, Geräte- und Warenlager im heutigen Zustand bezahlen müsste. Der Substanzwert wird bestimmt durch den Anschaffungswert, das Alter, den Zustand, die durchschnittliche technische Nutzungs- und Lebensdauer der verkauften Wirtschaftsgüter, aber auch durch die Nachfrage nach diesen Wirtschaftsgütern. Die Summe dieser Verkehrswerte abzüglich der Schulden ergibt den Substanzwert des Betriebes. *Substanzwert/ Zeitwert*
- Der Firmenwert ist die positive Differenz zwischen Ertragswert und Substanzwert. Darin kommen Faktoren wie der Ruf, der Bekanntheitsgrad des Unternehmens, das Know-how, die Kundenbeziehungen und der Mitarbeiterstamm zum Ausdruck. Der Firmenwert ist das Entgelt dafür, dass ein Nachfolger im Vergleich zu einem Neugründer einen eingeführten und funktionierenden Betrieb übernimmt. *Firmenwert*

Neben der reinen Ertragswertmethode und der reinen Substanzwertmethode sind in der Praxis auch folgende Vorgehensweisen üblich: Es wird ein Durchschnittswert aus Ertragswert und Substanzwert ermittelt oder man addiert zusätzlich zum Substanzwert einen Firmenwert hinzu.

Da es keinen objektiven Wert des Unternehmens gibt, kann es auch nicht den „richtigen" Preis geben. Der ermittelte Wert wird lediglich einen Rahmen für die Preisverhandlungen vorgeben. Der tatsächliche Preis kann u.U. stark von der Wertermittlung abweichen. Ausschlaggebend sind Art und Umstände des Verkaufs.

Der Übernehmer sollte grundsätzlich anstreben, dass die Finanzierungskosten für den Kaufpreis aus den geplanten zukünftigen Einnahmen zu bezahlen sind, d.h., Tilgung und Zinsen müssen durch die in der Rentabilitätsvorschau geplanten Umsätze gedeckt sein. Außerdem ist darauf zu achten, dass es keine versteckten Schulden und drohenden Garantieleistungen gibt.

Findet der Wechsel innerhalb der Familie statt, bewegt sich der Preis voraussichtlich an der Wertuntergrenze. Bei externen Käufern wird der Verkäufer versuchen, einen hohen Preis zu erzielen. In jedem Fall sollte sich der Käufer also beraten lassen.

Aber auch Unternehmen unterliegen den Gesetzen des Marktes: Angebot und Nachfrage bestimmen den Preis. Aufgrund des schrittweisen Ausscheidens einer ganzen Gründergeneration ist z.B. in den nächsten Jahren mit einem Überangebot an Unternehmen zu rechnen, die zur Übernahme anstehen. In solchen Fällen kann von relativ günstigen Preisen ausgegangen werden.

Alle Handwerkskammern unterhalten Betriebsvermittlungsbörsen. Die eingehenden Angebote und Nachfragen werden EDV-gestützt ausgewertet und können kostenlos abgefragt werden.

28.3 Gestaltung des Übernahme- bzw. Gesellschaftsvertrags

Neben Übernahmen infolge von Erbschaft und Schenkung gehören vor allem Kauf, Pacht und Beteiligung zu den im Handwerk üblichen Formen der Betriebsübernahme.

Formen der Betriebsübernahme

Schenkung	Erbschaft	Pacht	Kauf	Beteiligung
häufig bei Familienbetrieben; Übernahme des ganzen Unternehmens oder von Anteilen	häufig bei Familienbetrieben; Übernahme des ganzen Unternehmens oder von Anteilen	der Verpächter bleibt Eigentümer; der Pächter bewirtschaftet das Unternehmen befristet oder unbefristet	Übertragung des Unternehmens vom Übergeber an den Übernehmer zu einem vertraglich fixierten Preis; Zahlung einmalig oder gegen Leistung einer Rente	Kauf von Anteilen an einem Unternehmen

Welche Form der Übernahme für den Gründer letztlich die beste ist, hängt von vielen, ganz unterschiedlichen Faktoren ab. Wichtig ist jedoch, dass er sich im Vorfeld der Entscheidung einige grundlegende Unterschiede bewusst macht.

grundlegende Unterschiede

So gehen beim Verkauf und beim Verschenken des Betriebes Besitz und Eigentum auf den Nachfolger über. Beim Verpachten und Vermieten bleibt der Übergeber Eigentümer des bisherigen Unternehmens.

Darüber hinaus gilt für alle folgenden, im Zuge der Übernahme notwendigen Schritte höchste Sorgfalt. Dazu gehört auch, in jedem Fall einen schriftlichen Übernahmevertrag aufzusetzen.

Vorgehen bei der Betriebsübernahme

28.3.1 Übernahmeregelungen

Kauf eines Betriebs

Zahlungsarten

Der Existenzgründer kann den Handwerksbetrieb grundsätzlich gegen eine Einmalzahlung oder gegen wiederkehrende Zahlungen wie Rente, Rate oder dauernde Last kaufen.

- Kauf gegen Einmalzahlung

  Hierbei muss der Existenzgründer dem Verkäufer die gesamte Summe auf einmal übergeben. Der Kapitalbedarf ist für den Gründer damit zunächst hoch, er kann jedoch unter bestimmten Voraussetzungen mithilfe öffentlicher Gelder zinsgünstig finanziert werden. Der Vorteil des Erwerbs durch Kauf liegt darin, dass von Anfang an klare Eigentumsverhältnisse geschaffen werden. Der Käufer hat freie Verfügungsgewalt über das Unternehmen.

- Kauf auf Rentenbasis

  Unterschieden wird hier zwischen Zeit- und Leibrente. Bei der Leibrente erfolgen die wiederkehrenden Zahlungen bis zum Tod der Nutznießer. Die Zeitrente ist auf eine bestimmte Dauer festgelegt, muss aber über mindestens zehn Jahre laufen.

- Kaufpreis-Rate

  Der Gründer kann den Kaufpreis auch in Raten zahlen. Diese Variante dient dazu, dem Gründer die Finanzierung zu erleichtern.

- Dauernde Last

  Bei der dauernden Last handelt es sich um lebenslange und wiederkehrende Versorgungsleistungen. Die Besonderheit liegt darin, dass die Zahlungen zwar regelmäßig, aber nicht immer in gleicher Höhe ausfallen. Die Zahlungen können sich z.B. dem Unternehmensgewinn oder einer vereinbarten Wertsteigerung anpassen.

Pacht eines Betriebs

Vor- und Nachteile

Bei der Pacht geht das Unternehmen nicht in das Eigentum des Nachfolgers über. Die Pacht stellt eher eine Art Miete für die Nutzung der Wirtschaftsgüter dar. Der Vorteil der Pacht für den Übernehmer liegt darin, dass der Kapitalbedarf gering bleibt, weil er keine hohe Kaufpreissumme finanzieren muss und die Pachtzahlungen steuerlich in voller Höhe als Betriebsausgaben geltend gemacht werden können. Der Nachteil liegt darin, dass die unternehmerische Tätigkeit des Pächters innerhalb des Pachtbetriebes zeitlich begrenzt ist.

Ferner ist zu beachten, dass es in der Praxis mit Blick auf die Investitionen immer wieder Interessensgegensätze gibt. Der Pächter ist grundsätzlich daran interessiert, die Leistungsfähigkeit des Unternehmens durch Investitionen zu steigern, der Verpächter verzichtet auf diese, weil er als Eigentümer nicht gleichzeitig auch Nutznießer ist.

Beteiligung des Nachfolgers

Gerade älteren Betriebsinhabern fällt es häufig schwer, sich rechtzeitig zu einem Verkauf oder einer Verpachtung ihres Betriebes zu entschließen. Diese Form der Nachfolgeregelung kommt im Handwerk häufig erst dann in Betracht, wenn die Gesundheit des Seniors angegriffen oder die Altersgrenze erreicht ist | ► HF 3, Kap. 24 |.

Eine Alternative stellt in diesen Fällen die Beteiligung am Unternehmen dar. Hier wird die Nachfolgregelung sozusagen „scheibchenweise“ durchgeführt. Der Nachfolger kann mit einem kleinen Prozentsatz anfangen und diesen allmählich steigern. Die Höhe der Beteiligung wird der jeweiligen Situation angepasst. So wächst der Nachfolger nach und nach stärker in die Führungsverantwortung für das Unternehmen hinein, ohne dass der Übergeber zu einem bestimmten Zeitpunkt alles auf einmal aus der Hand geben muss.

Es sollten jedoch eine längere Vertragsdauer (mindestens zehn Jahre) und eine längere Kündigungsfrist (z.B. zwei Jahre) vereinbart werden, damit der potenzielle Nachfolger nicht jederzeit mit der gesetzlichen Kündigungsfrist von sechs Monaten zum Ende eines Geschäftsjahres aus der Gesellschaft wieder ausscheiden kann.

Tests und Aufgaben zu diesem Kapitel finden Sie im Sackmann-Lernportal.

Kompetenzen

Das sollten Sie als zukünftiger Meister können:

- ✔ Analysen und Planungen zur Vorbereitung eines Unternehmenskonzepts auf Konsistenz prüfen und anpassen,
- ✔ Ergebnisse in einem Businessplan zusammenfassen und darstellen,
- ✔ unter Berücksichtigung der Rahmenbedingungen Konzepte für Gründung und Übernahme entwickeln,
- ✔ Zweck und Aufbau eines Unternehmensleitbildes verstehen,
- ✔ Gestaltungsmöglichkeiten eines Übernahmevertrages abwägen,
- ✔ gesetzliche Pflichten bei Übernahmen kennen,
- ✔ wichtige Einflussgrößen auf den Kaufpreis kennen.

Handlungsfeld 3: Unternehmensführungsstrategien entwickeln

Bedeutung der Aufbau- und Ablauforganisation für die Entwicklung des Unternehmens beurteilen, Anpassungen vornehmen

A

„Hör mal, Jens, bei einem Betrieb unserer Größe kann nicht einfach jeder machen, was er will!" Reinhard Schwarz, Gesellschafter der Schwarz Elektrotechnik OHG, ist sauer auf seinen Sohn, der als Elektrotechnikermeister im Unternehmen mitarbeitet. „Du solltest bis Freitag das Angebot fürs Marienhospital fertig haben und einen Termin mit der Verwaltung ausmachen! Mensch, das war ein dicker Auftrag, der uns da durch die Lappen geht!"

„Wie bitte? Ich sollte das machen?", fragt Jens gereizt.

„Ich habe dir doch extra eine Notiz auf den Schreibtisch gelegt!", erwidert sein Vater aufgebracht.

„Was für eine Notiz denn? Warum schickst du mir denn keine Mail oder ein Memo?"

„Also ehrlich, Leute, so geht das nicht weiter!", mischt sich jetzt auch Jens' Schwester Caroline ein, die das Büro managt. „Wichtige Termine werden bei uns nicht eingehalten, weil die Aufgaben nicht eindeutig verteilt sind oder unser Kommunikationssystem nicht funktioniert. Wir bräuchten endlich mal eindeutige Organisationsstrukturen, an die sich dann auch jeder hält!"

1 Aufbauorganisation

Im Zuge dynamisierter Märkte und verschärften Wettbewerbs sind Handwerksbetriebe mehr denn je darauf angewiesen, Wettbewerbsvorteile zu erlangen und zu sichern. Eine wesentliche Voraussetzung stellt eine optimale betriebliche Organisation dar.

Aufgaben der Organisation

Gegenstand der Betriebsorganisation ist die Gestaltung optimaler Betriebsabläufe und Betriebsstrukturen, die dazu beitragen, den Unternehmenserfolg zu gewährleisten. Als Bestandteil der Unternehmensführung kommt ihr dabei eine ausführende, steuernde und koordinierende Funktion zu.

Bereiche der Organisation

Grundsätzlich wird zwischen Aufbau- und Ablauforganisation unterschieden. Während sich die Ablauforganisation mit der Aufgabenerfüllung in einem Unternehmen beschäftigt, befasst sich die Aufbauorganisation mit der formalen Struktur der einzelnen Aufgabenbereiche.

Aufbauorganisation

Ziel ist es, eine funktionsfähige betriebliche Organisationsstruktur zu schaffen, die eine effiziente Arbeitsteilung sicherstellt. Dazu gliedert sie das Unternehmen in verschiedene Bereiche bzw. Abteilungen und Stellen und verteilt die Aufgaben und Kompetenzen auf die entsprechenden Aufgabenträger (Mitarbeiter). Ein so entstandenes Stellengefüge bzw. Organisationsschema wird grafisch in einem Organigramm dargestellt.

Organigramm

Beispiel: Für die Schwarz Elektrotechnik OHG, einen alteingesessenen Elektrobetrieb mit 15 Mitarbeitern, ergibt sich folgendes Organigramm:

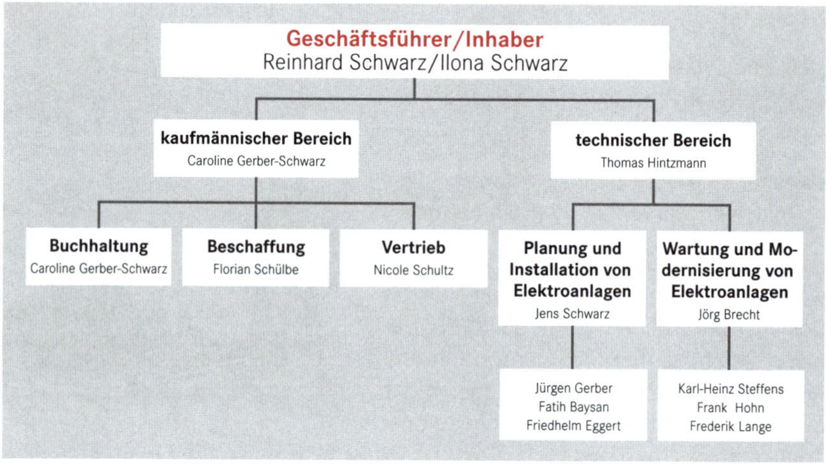

1.1 Aufgabenanalyse und -synthese

Zur Erstellung eines Organisationsschemas eines Betriebes sind abgegrenzte Aufgabenbereiche zu definieren. Um diese zu ermitteln, bedient man sich der Aufgabenanalyse und -synthese.

Im Rahmen der Aufgabenanalyse wird zunächst die Gesamtaufgabe, also z.B. die Instandhaltung von Geräten in einem Elektrobetrieb, in Teilaufgaben zerlegt. Auf diese Weise wird klar, welche Teilaufgaben notwendig sind, um die Gesamtaufgabe zu erfüllen.

Anschließend werden im Rahmen der Aufgabensynthese mehrere Teilaufgaben wieder zu Aufgabenkomplexen zusammengefasst. Diese umfassen dann bestimmte Tätigkeiten, die sich wiederum einer konkreten Stelle zuordnen lassen.

Beispiel: Im Fall des Elektrobetriebs Schwarz führen Aufgabenanalyse und -synthese zu folgender Aufgabenverteilung:

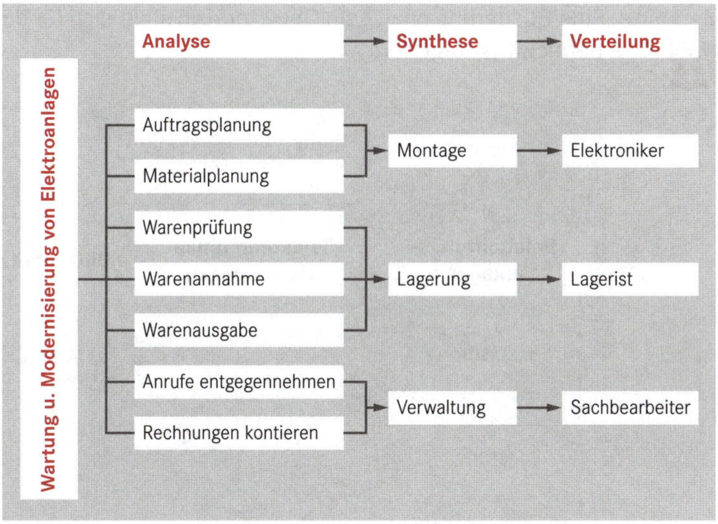

Bei der Untergliederung der Gesamtaufgabe in Teilaufgaben können unterschiedliche Kriterien angewendet werden, je nachdem, ob man das Verrichtungs- oder das Objektprinzip zugrunde legt. Beide Prinzipien führen in der Folge zu jeweils unterschiedlichen Organisationsformen.

Verrichtungsprinzip

Bei der Gliederung nach Verrichtungen wird die Frage gestellt, welche Tätigkeiten die Aufgabe beinhaltet und zu welcher Stelle sie zusammengefasst werden sollten.

Beispiel: Beim Elektrobetrieb Schwarz führt die Gliederung nach dem Verrichtungsprinzip im Bereich Planung und Installation von Elektroanlagen zu folgendem Ergebnis:

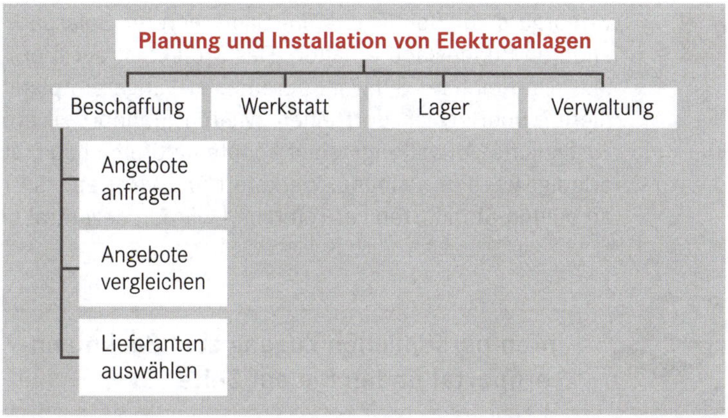

Objektprinzip Bei der Gliederung nach Objekten steht die Frage im Vordergrund, auf welche Objekte sich die Aufgaben beziehen.

Beispiel: Eine Gliederung nach dem Objektprinzip stellt sich für den gleichen Bereich wie folgt dar:

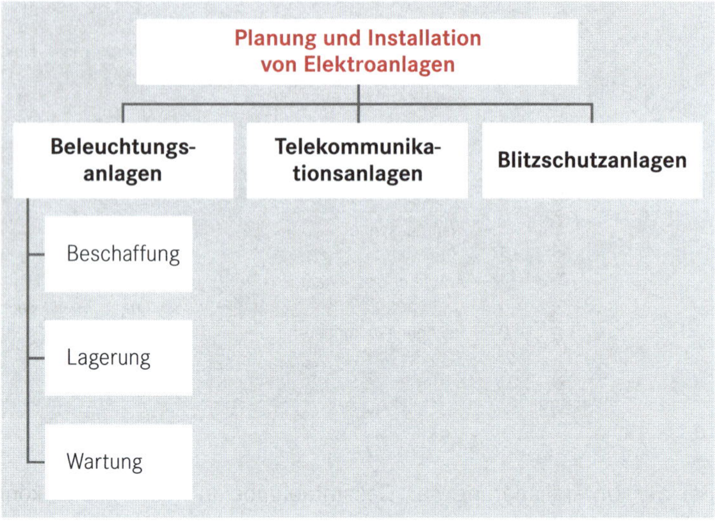

Weitere Möglichkeiten einer effizienten Aufgabenverteilung bieten je nach Art und Größe des Betriebs die Zentralisation bzw. die Dezentralisation.

- Bei der Zentralisation werden gleichartige Aufgaben an einer Stelle bzw. an einem Standort zusammengefasst.
- Bei der Dezentralisation werden gleichartige Aufgaben auf mehrere Stellen verteilt.

Beispiel: Die Schwarz Elektrotechnik OHG hat den Auftrag eines Energieversorgers zur Beteiligung am Bau mehrerer Solarparks in einem anderen Bundesland erhalten. Das Projekt ist auf drei Jahre angelegt. Da Reinhard Schwarz bereits seit Längerem plant zu expandieren, überlegt er, dort einen zweiten Standort zu eröffnen. Die zusätzliche Verwaltungsarbeit könnte im Stammhaus, also zentral, erledigt werden. Planung, Werkstatt und Vertrieb wären hingegen an beiden Standorten vertreten und würden dezentral organisiert.

Ihren persönlichen Zugang zum Sackmann-Lernportal finden Sie auf Seite 3.

1.2 Stellenbildung

Unternehmensziele werden mithilfe der Mitarbeiter umgesetzt. Sie erfüllen über ihre Stellen die Unternehmensaufgaben. Durch ihre Tätigkeiten sind die Mitarbeiter immer auch an Unternehmensprozessen beteiligt. Entsprechend bieten sich grundsätzlich zwei Möglichkeiten an, den Stellenbedarf zu ermitteln und einzelne Stellen zu definieren. Man unterscheidet hierbei zwischen

- aufgabenorientierter Stellenbildung (Aufbauorganisation) und
- prozessorientierter Stellenbildung (Ablauforganisation).

Das Vorgehen bei der Stellenbildung orientiert sich generell an den folgenden Schritten:

- **Aufgabenanalyse (Aufgliederung der Aufgaben oder Arbeitsprozesse in sämtliche Bestandteile),**
- **Aufgabensynthese (Zusammenfassen einzelner Bestandteile zu Komplexen),**
- **Aufgabenverteilung (Verteilung der Komplexe auf die Stellen).**

Stellenbeschreibung

Eine wesentliche Voraussetzung zur Stellenbildung bildet dabei die genaue Definition der Stelle im Rahmen einer Stellenbeschreibung. Hierin werden die jeweiligen Aufgabenbereiche, die hierarchische Einordnung sowie die Kompetenzbereiche einer Stelle festgelegt.

Beispiel: Als die Pläne zur Schaffung der zweiten Firmenfiliale seines Elektrobetriebes konkrete Formen annehmen, formuliert Reinhard Schwarz die folgende Stellenbeschreibung für einen Meister im Bereich Planung und Installation von Photovoltaikanlagen:

Inhalt	Beschreibung
Stellenbezeichnung	Projektleiter der Abteilung „Planung und Installation von Photovoltaikanlagen“
Über- und Unterstellungsverhältnis	▸ Der Technische Bereichsleiter ist überstellt. ▸ Zwei Gesellen sind unterstellt.
Stellvertretung	Technischer Bereichsleiter
Einbindung in die Unternehmensstruktur	Zuordnung in den technischen Bereich, Schwerpunkt Planung und Installation von Photovoltaik- und Wärmepumpenanlagen
Fachaufgaben	▸ Planen, Durchführen und Koordinieren der Aufträge ▸ Installation, Konfiguration, Prüfen der Anlagen

Inhalt	Beschreibung
spezifische Aufgaben	projektbezogene Betreuung von Großkunden-Aufträgen
Sonderbefugnisse	▸ Weisungsbefugnis für diesen Bereich ▸ Ausbildungsverantwortlicher
Qualifikationsanforderungen	▸ abgeschlossene Berufs- sowie Meisterausbildung im Bereich Elektrotechnik ▸ 3-jährige Berufserfahrung ▸ selbstständiges Arbeiten ▸ Verantwortungsbewusstsein ▸ soziale Kompetenz
Zusammenarbeit mit anderen Stellen	Beschaffung: Verfügungsberechtigung bis € 50 000 ,-

1.3 Organisationsformen

Organisationseinheiten

Stelle, Instanz und Stabstelle werden als formale Organisationseinheiten bezeichnet. Die Stelle bildet hierbei die kleinste Einheit. Von einer leitenden Stelle mit Weisungsbefugnis wird dabei als Instanz gesprochen. Dagegen dürfen Stabstellen (Stäbe) keine Entscheidungen oder Anordnungen treffen, sondern lediglich Leitungsstellen beraten.

Eine Instanz mit mehreren Stellen bildet eine Abteilung. In kleineren Unternehmen kann z.B. der kaufmännische Bereich eine Abteilung oder auch nur eine Stelle sein. In großen Unternehmen sind i.d.R. mehrere Stellen im Einkauf tätig und bilden zusammen mit dem Einkaufsleiter als Instanz eine Abteilung. Darüber hinaus werden weitere Führungsebenen auch durch Begriffe wie Gruppe, Abteilung, Hauptabteilung und Geschäftsbereich abgegrenzt.

Organisationssystem

Die verschiedenen Organisationseinheiten stehen in der Praxis nicht beliebig nebeneinander, sondern sind miteinander verknüpft. Den Informationsfluss untereinander regelt der sog. Dienstweg. Die Verknüpfung der Stellen zu einem Stellengefüge, die Art und Weise der Beziehungen und nicht zuletzt die Über- und Unterordnung bilden das Organisationssystem eines Betriebes.

Leitungssysteme

Abhängig davon, wer in einem Betrieb gegenüber welcher Stelle weisungsbefugt ist, lassen sich folgende Leitungssysteme unterscheiden:

- Einliniensystem,
- Mehrliniensystem,
- Stabliniensystem.

Kennzeichnend für das Einliniensystem ist, dass jede Stelle nur von ihrer jeweils übergeordneten Instanz geradlinig, also einlinig, Anordnungen erhält.

Einliniensystem

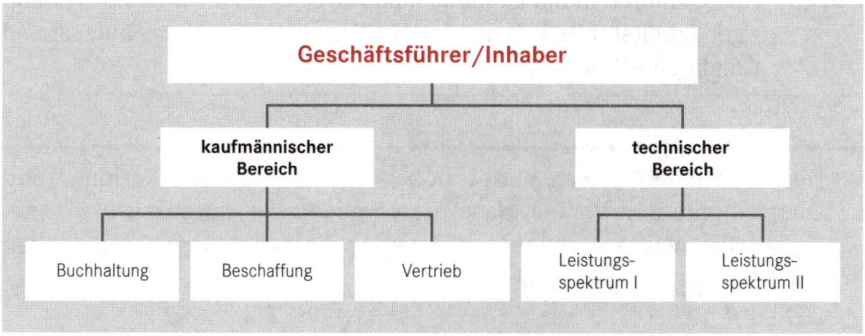

Unterstellungsverhältnisse und Kompetenzbereiche sind bei diesem System eindeutig geregelt und die Organisationsstrukturen transparent. Es besteht jedoch die Gefahr, dass die vorgesetzte Instanz durch die Koordination, Motivation und Kontrolle zahlreicher Mitarbeiter überfordert ist. Außerdem stößt das Einliniensystem mit wachsender Betriebsgröße schnell an seine Grenzen.

Beispiel: Karl-Heinz Steffens, Geselle im Elektrobetrieb Schwarz, stellt einen Fehler in seiner Lohnabrechnung fest. Er wendet sich damit an seinen Vorgesetzten Jörg Brecht. Dieser trägt das Problem dem Technischen Bereichsleiter Thomas Hintzmann vor, der die Anfrage von Caroline Gerber-Schwarz, der kaufmännischen Bereichsleiterin, prüfen lässt. Nachdem diese den Fehler gefunden hat, erläutert sie dem Technischen Bereichsleiter die Korrektur. Dieser informiert wiederum den Abteilungsleiter, welcher dann zu Karl-Heinz Steffens geht und ihm die Korrektur erklärt | ► Organigramm, S. 468 |.

Im Mehrliniensystem kann die einzelne Stelle Anweisungen von mehreren Instanzen erhalten. Dadurch verkürzt sich der Dienstweg.

Mehrliniensystem

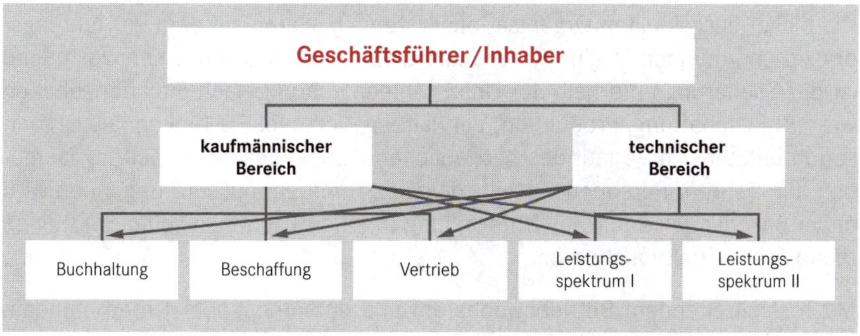

Beispiel: Im Rahmen des Mehrliniensystems hätte Karl-Heinz Steffens die Chance, sich mit der fehlerhaften Lohnabrechnung auf kurzem Wege direkt an die Lohnbuchhaltung zu wenden. Wesentlich weniger Arbeitskräfte wären mit der Klärung des Problems befasst und dadurch gebunden.

Das Mehrliniensystem bietet neben kurzen Kommunikations- und Dienstwegen den Vorteil, dass die vorgesetzten Instanzen über spezielles Fachwissen und entsprechende Entscheidungskompetenzen verfügen.

Koordinierungsaufwand

Andererseits ist jeder Mitarbeiter mehreren Vorgesetzten unterstellt, wodurch ein erhöhter Koordinierungsbedarf entsteht. Kompetenzüberschneidungen und widersprüchliche Anweisungen können die Folge sein. Das Hauptproblem des Mehrliniensystems liegt also in einem hohen Organisationsaufwand und dem Konfliktpotenzial der Mehrfachunterstellung.

Das Stabliniensystem bietet die Möglichkeit, die Vorteile des Einliniensystems mit denen des Mehrliniensystems zu verbinden. Der beratende Spezialist als Stabstelle ohne Entscheidungs- und Anordnungsbefugnis kann insbesondere das Problem der Überforderung der vorgesetzten Instanz im Einliniensystem beheben. Stabstellen können dabei generell allen Leitungsstellen zugeordnet werden.

Stabliniensystem

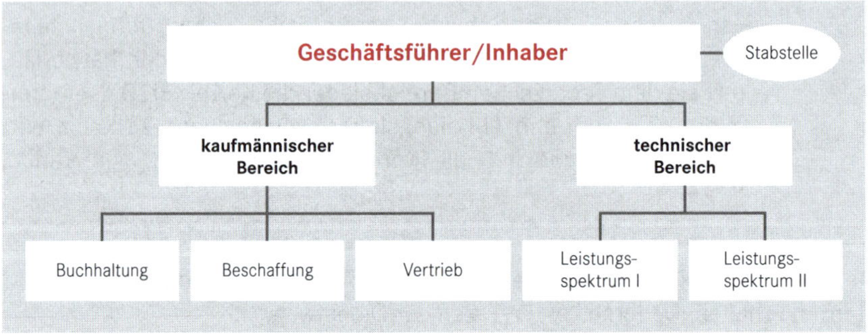

funktionale Organisation

Die bisher dargestellten Organisationssysteme basieren auf dem Verrichtungsprinzip und münden in eine funktionale Organisationsstruktur. Kennzeichnend ist die Gliederung unterhalb der Unternehmensführung nach Funktionsebenen wie z.B. Beschaffung, Produktion, Verwaltung, Vertrieb. Die funktionale Organisation entsteht im Verlauf des betrieblichen Wachstums, wenn Leitungsaufgaben auf mehrere Personen verteilt (delegiert) werden müssen. Begonnen wird dabei üblicherweise mit der Unterteilung in einen kaufmännischen und einen technischen Funktionsbereich.

divisionale Organisation

Mit fortschreitendem Betriebswachstum und entsprechender Unternehmensgröße ist ein Aufbau nach dem Verrichtungsprinzip oftmals nicht mehr geeignet. Neue Absatzgebiete, verschiedene Produktionsbereiche, zusätzliche Fertigungsstätten oder Filialen lassen eine Objektorientierung nach Sparten bzw. Bereichen, sog. Divisionen, sinnvoll erscheinen. Man spricht in diesem Zusammenhang auch von divisionaler Organisation.

Beispiel: Da der Elektrobetrieb Schwarz durch die geplante Filiale künftig drei Bereiche in seinem Leistungsspektrum führen wird, bietet sich hier grundsätzlich eine divisionale Organisationsstruktur nach folgendem Muster an.

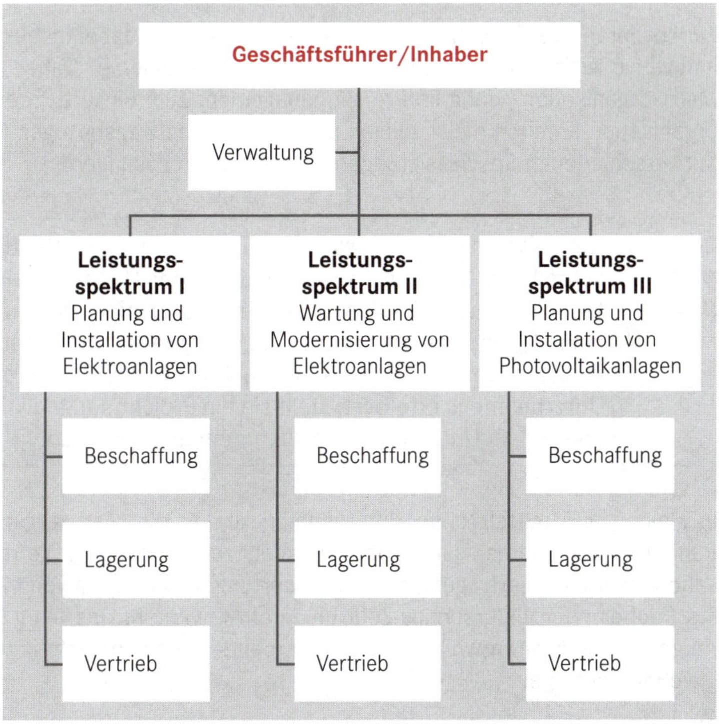

Den einzelnen Bereichen oder Divisionen kann durch Zielvorgaben und entsprechende Kontroll- bzw. Steuerungsmechanismen weitgehende Entscheidungsfreiheit gewährt werden. So ist bei einem Profitcenter die Division für das eigene wirtschaftliche Ergebnis verantwortlich.

Matrixorganisation

Eine weitere im Handwerk übliche Organisationsform stellt die Matrixorganisation dar - eine Kombination aus Verrichtungs- und Objektprinzip. Ein Unternehmen profitiert dabei von den speziellen Fähigkeiten und Erfahrungen seiner Mitarbeiter, die sowohl die Funktion (z.B. Beschaffung von Material) als auch das Objekt bzw. Produkt (z.B. Planung und Installation von Photovoltaik- und Wärmepumpenanlagen) betreffen. Diese Organisation erfordert ein Mehrliniensystem und ermöglicht eine direkte Zusammenarbeit von Mitarbeitern verschiedener Abteilungen.

Beispiel: Eine direkte Zusammenarbeit von Mitarbeitern aus den Abteilungen Beschaffung und Planung mit je unterschiedlichen Anliegen (zum einen die kostengünstige Beschaffung von Material, zum anderen die Entwicklung eines qualitativ hochwertigen Produkts) hat auch bei der Schwarz OHG erheblich zum Erfolg in der Leistungserstellung beigetragen.

Projektorganisation

Ein konzentrierter Einsatz von Spezialisten eignet sich dabei insbesondere für innovative Aufgaben und die Lösung komplexer Probleme. Daher kommt die Matrixorganisation häufig im Projektmanagement zum Einsatz. In der Projektorganisation arbeiten meist zeitlich befristet bzw. auftragsbezogen Mitarbeiter mit verschiedenen Spezialisierungen an innovativen Lösungen.

Beispiel: Der Elektrobetrieb Schwarz beteiligt sich an einer öffentlichen Ausschreibung. Die Aufgabe besteht darin, den IT-Bereich einer Schule technisch zu überprüfen und weiter auszubauen. Da diese Aufgabe einmalig und zeitlich befristet ist sowie fachlich die Kompetenzen verschiedener Mitarbeiter aus unterschiedlichen Bereichen des Unternehmens erfordert, stellt sie ein Projekt dar und kann als solches in die Unternehmensstruktur integriert werden.

Teamorganisation

In kleinen und mittelgroßen Unternehmen kommt die Matrixorganisation im Rahmen der Teamorganisation mehr und mehr zur Anwendung. Die Teamorganisation stellt die Übertragung der Verantwortung auf ein Team von Mitarbeitern statt auf eine Einzelperson ins Zentrum ihrer Aktivitäten. Das Team übernimmt Aufgaben eigenverantwortlich, die Mitarbeiter stimmen sich untereinander gleichberechtigt ab.

Beispiel: Im Elektrobetrieb Schwarz übernimmt ein Team das Projekt „Hausbau“ mit dem Schwerpunkt Installation einer Blitzschutzanlage, während ein anderes Team das Projekt „Büroausbau“ mit der Installation einer Beleuchtungsanlage betreut.

1.4 Organisationsentwicklung

Die Aufbauorganisation eines Unternehmens ist an den Unternehmenszielen ausgerichtet. Ändern sich diese, muss auch die Organisation angepasst werden. Die betriebliche Organisation ist also nichts Statisches, sondern reagiert je auf betriebliche Veränderungen.

Für einen kleinen Betrieb mit wenigen Mitarbeitern leistet eine flache Organisationsstruktur gute Dienste. Alle Verantwortung konzentriert sich beim Unternehmer. Die Mitarbeiter erhalten klare Anweisungen und treffen selbst keine Entscheidungen.

wechselnde Organisationsformen

Mit zunehmender Betriebsgröße muss jedoch über einen Wechsel der Organisationsform, z.B. vom Einlinien- zum Mehrliniensystem nachgedacht werden. Neue Produktionsformen, Geschäftsfelder oder veränderte Unternehmensziele können aber auch eine Neuorganisation nach dem Ablaufprinzip notwendig machen.

Beispiel: Reinhard Schwarz hat seinen Elektrobetrieb bislang im Einliniensystem geführt. Alle Informationen, ob aus dem kaufmännischen oder technischen Bereich, liefen bei ihm zusammen. Doch mit der Eröffnung eines zweiten Standorts mit eigener Planung, Werkstatt und Vertriebseinheit kommt dieses System an seine Grenzen. Es muss also eine den neuen Anforderungen angepasste Organisationsform gefunden werden. Er denkt darüber nach, zukünftig seine Organisationsstruktur divisional auszurichten | ▸ Beispiel S. 475 |.

Hat das Unternehmen schließlich eine gewisse Größe und Struktur erreicht, können umgekehrt Überlegungen zur Verschlankung der Organisation in den Vordergrund rücken. Das Gleiche gilt z.B. für die Aufgabe von Geschäftsfeldern.

Nur wenn sich die Unternehmensführung ständig auch mit der Organisationsentwicklung beschäftigt, können rechtzeitig wettbewerbsentscheidende Veränderungen vorgenommen werden.

2 Ablauforganisation

Die Ablauforganisation beschäftigt sich mit den Arbeitsprozessen in einem Betrieb. Ziel ist es, die stellenbezogenen Aufgaben in einen optimalen Arbeitsfluss zu übertragen.

Ziele der Ablauforganisation

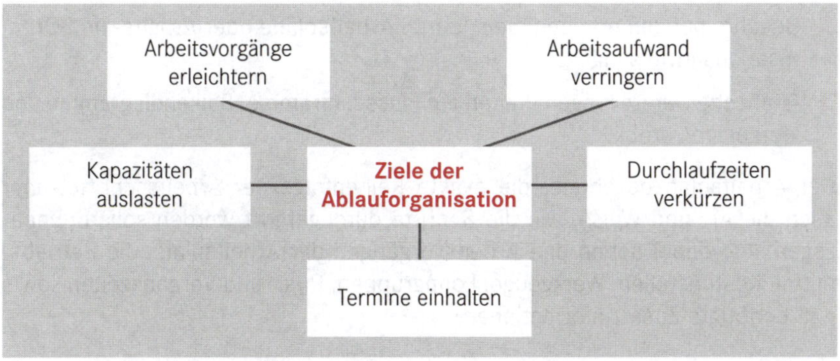

2.1 Prozessanalyse und -gestaltung

Zur Optimierung der konkreten Aufgabenumsetzung (Arbeitsdurchführung) werden ebenfalls die Instrumente der Analyse und Synthese eingesetzt.

Die Prozessanalyse zerlegt dabei die Arbeitsaufgabe in dafür benötigte Arbeitsschritte bis hin zu einzelnen Handgriffen. So lässt sich der optimale Ablauf einer Aufgabe festlegen. Über die Zeitmessung der Handgriffe kann die Durchführung der Aufgabe außerdem besser geplant werden.

Beispiel: Die Schwarz OHG gliedert beim Messen der Beleuchtungsstärke die Aufgaben in folgende Arbeitsschritte:

1. Messgerät auspacken,
2. Messgerät einschalten/Kalibrierung abwarten,
3. Leuchte einschalten,
4. Messwert ablesen,
5. Messwert protokollieren,
6. Leuchte ausschalten,
7. Messgerät einpacken.

Festlegung des Arbeitsablaufs Sind die Arbeitsschritte und Handgriffe hinreichend analysiert, folgt im Rahmen der Arbeitssynthese die räumliche, zeitliche und personelle Eingliederung in den Arbeitsfluss. Dazu werden die Details der Arbeitsanalyse zu einem möglichst reibungslosen Arbeitsablauf kombiniert und die Einzelaufgaben auf die Arbeitsträger (Mitarbeiter) verteilt.

Ablaufplanung Arbeitsanalyse, Arbeitssynthese und die Verteilung des Arbeitsablaufs auf die Arbeitsträger ermöglichen die konkrete Ablaufplanung. Dies erklärt, warum der Begriff Ablaufplanung häufig auch als Ausdruck für die gesamte Arbeitsorganisation verwendet wird.

Mehrere Methoden eignen sich, eine Ablaufplanung darzustellen:

- Beschreibungen erfolgen meist durch Arbeitspläne oder Arbeits- und Organisationsanweisungen.
- Grafische Darstellungen greifen auf Flussdiagramme, Balkendiagramme und Netzpläne zurück.

Arbeitsplan Der Arbeitsplan beschreibt die exakte Reihenfolge der Arbeitsschritte, aber auch die Art und Weise, wie die Schritte durchgeführt werden sollen. Einbezogen sind dabei neben den Arbeitsvorgängen der Arbeitsplatz, die Betriebsmittel, Kostenstellen, Werkzeuge, Lohngruppen, Rüst- und Vorgabezeiten sowie ggf. benötigte Zusatzinformationen.

Beispiel: Beispiel für einen Arbeitsplan, wie er auch häufig im Elektrobetrieb Schwarz erstellt wird:

Arbeitsplan Nr.: 123456 Kundennummer: Meier 00234
Auftrag: Montage eines Einbaudownlights Auftrags-Nr.: K2727
Arbeitsplatz: Baustelle

Nr.	Arbeitsvorgänge	Kostenstelle	Werkzeug	Lohngruppe	Rüstzeit in Min.	Vorgabezeit in Min.
1	Ausschnitt für Leuchte erstellen	1110	Fräse	1,00	4	1,5
2	Grundelement Einbaudownlight einsetzen und befestigen	1120	Schraubendreher	1,00	3,5	3
3	Anschluss Zuleitung	1120	Schraubendreher, Abmantler, Abisolierzange	2,00	1	5
4	Einsetzen des Reflektors	1120	Schraubendreher	1,00	1	1
5	Bestückung Leuchte mit Leuchtmittel		-	1,00	0,5	0,5
6	Montage Blendschutzraster (Bildschirmarbeitsplatz)		-	2,00	1	1
7	Funktionsprobe		-	-	-	0,5
8	Messen der Beleuchtungsstärke	1120	Luxmeter	2,00	0,5	3

Beim Messen der Beleuchtungsstärke wurde mit der Zergliederung der Arbeitsschritte gleichzeitig auch die Reihenfolge der einzelnen Tätigkeiten ermittelt. Zwar leuchtet es in diesem einfachen Beispiel unmittelbar ein, dass zuerst das Messgerät ausgepackt werden muss, bevor man es benutzen kann. Bei komplexeren Aufgaben jedoch, z.B. auf einer Baustelle, laufen mehrere Prozesse parallel oder die Erledigung einer Aufgabe ist die Voraussetzung für den Beginn einer anderen. In diesem Fall werden weitere Planungsmittel benötigt.

Planung komplexer Aufgaben

Flussdiagramm Ein solches Mittel zur Planung von komplexen Arbeitsabläufen ist das Flussdiagramm. Es ist funktional ausgerichtet und stellt durch seine „Ja"-/„Nein"-Optionen auch alternative Abläufe bzw. die notwendige Wiederholung bestimmter Vorgänge dar.

Beispiel: Beispiel für ein Flussdiagramm, wie es auch im Elektrobetrieb Schwarz häufig verwendet wird:

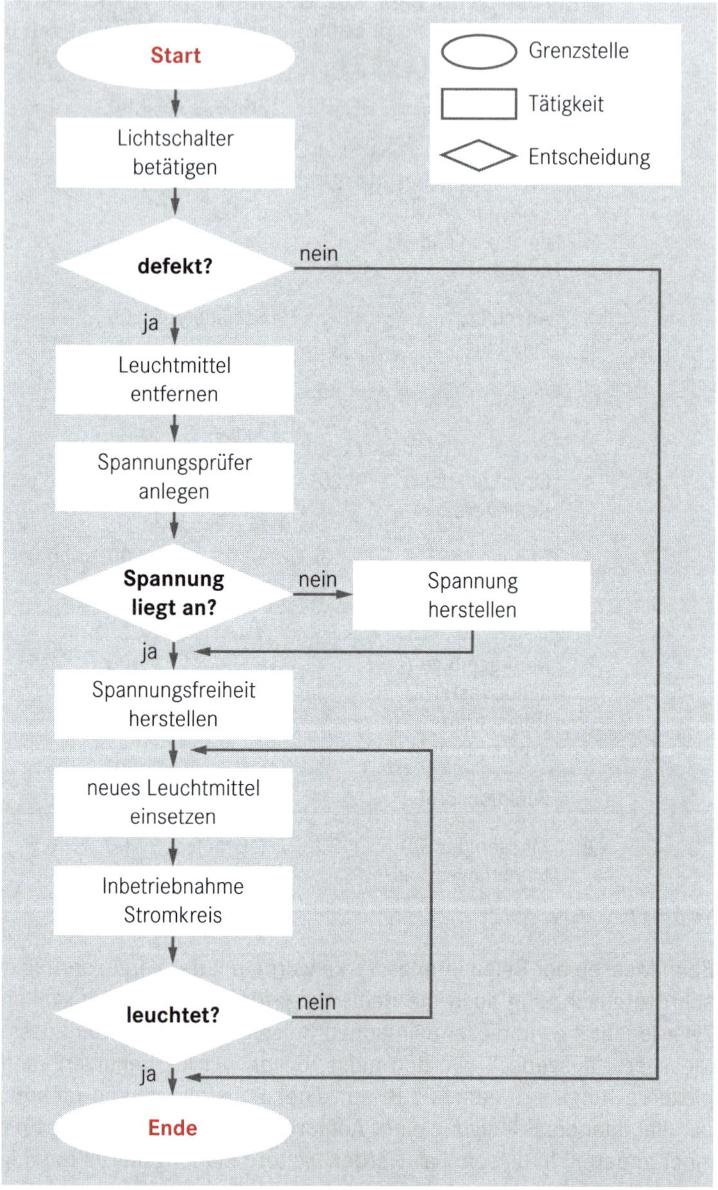

Balkendiagramm

Das Balkendiagramm (auch Gantt-Diagramm genannt) veranschaulicht Arbeitsvorgänge, die in ihrer Abfolge logisch und zeitlich zueinander durch Balken in Beziehung gesetzt werden. Es zeigt Anfangs- und Endtermin eines Auftrags, also die Gesamtdauer. Ferner werden Anfangs- und Endtermin einzelner Vorgänge und deren paralleler Ablauf dargestellt.

Beispiel: Reinhard Schwarz nutzt Balkendiagramme, um bei Gesamtprojekten einen Überblick über die Elektroarbeiten zu erhalten:

Vorgänge/ Tätigkeiten	**Zeitplan in Tagen**											
	Dauer	**1.**	**2.**	**3.**	**4.**	**5.**	**6.**	**7.**	**8.**	**9.**	**10.**	**11.**
Einbau Unterkonstruktion Trockenbau	2	■	■									
Rohmontage Elektroinstallation	3			■	■	■						
Rohmontage Klima-, Heizungs-, Lüftungstechnik	2			■	■							
Beplanken der Unterkonstruktion und Spachtelarbeiten	2						■	■				
Malerarbeiten	1								■			
Endmontage Elektroinstallation	2									■	■	
Endmontage Klima-, Heizungs-, Lüftungstechnik	1									■		
Bodenlegearbeiten	2										■	■

Netzplan

Der Netzplan ist ein Instrument zur Planung, Steuerung und Kontrolle komplexer Projekte mit verzweigten Arbeitsabläufen. Berücksichtigt werden sowohl zeitliche als auch funktionsbezogene Aspekte. Die Netzplantechnik bezieht Pufferzeiten mit ein und ermöglicht somit ein frühzeitiges Reagieren auf Engpässe. Haben Vorgänge keine Pufferzeiten (Puffer gleich 0), nennt man diesen Ablauf kritischer Weg. Die Arbeitsvorgänge sind grafisch zueinander in Beziehung gesetzt. Dauer und Termine einzelner Vorgänge sowie des gesamten Projekts können genau abgelesen werden.

Beispiel: Beispiel für einen Netzplan des Elektrobetriebes Schwarz:

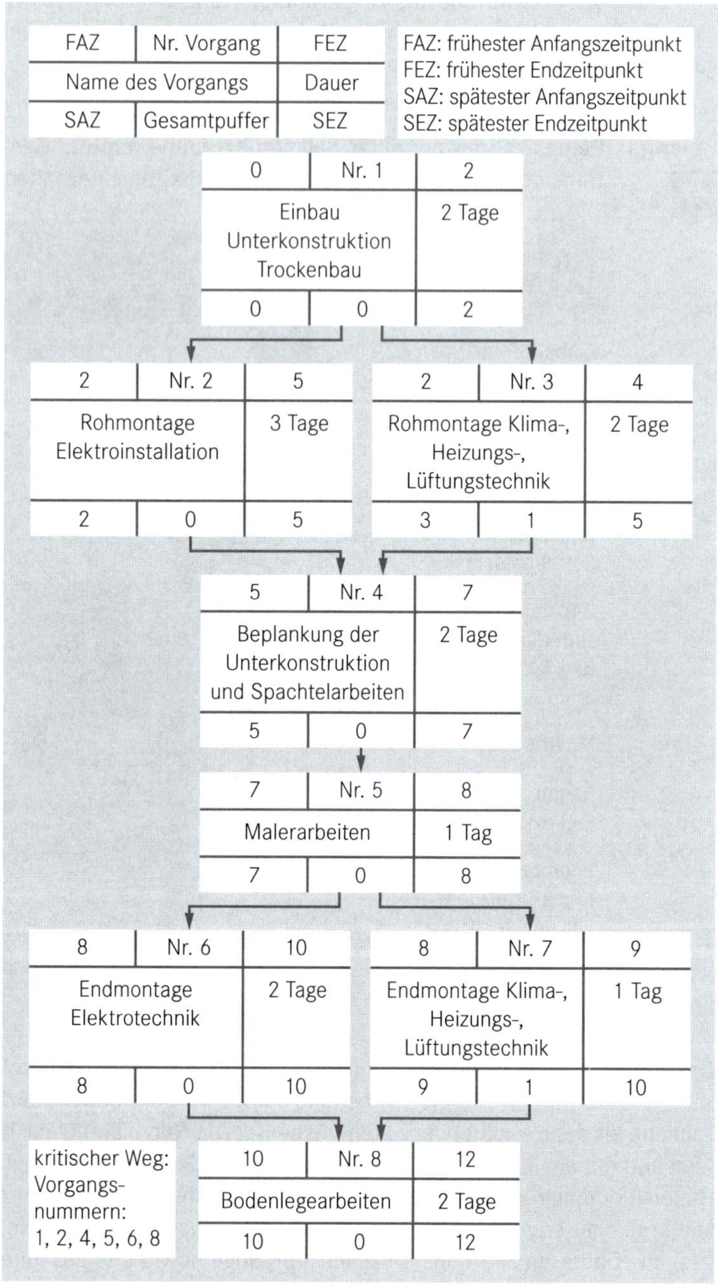

Mit diesen Instrumenten können Personalkapazitäten, Baustellen, Maschinenbelegungen etc. geplant und überwacht werden.

2.2 Logistik

Kleine und mittelständische Betriebe ohne Spezialisierung arbeiten i.d.R. unter hohem Wettbewerbsdruck. Kunden können sich jederzeit für einen anderen Anbieter entscheiden. Für viele Betriebe stellt diese Situation die entscheidende Herausforderung dar. Lieferengpässe und Terminverzögerungen müssen im Zuge der Kundenorientierung vermieden werden.

Lagerhaltung

Eine entsprechende Lagerhaltung bietet zwar die Sicherheit einer zügigen Auftragsabwicklung, erweist sich aber in mehrfacher Hinsicht als kostenintensiv. Eine Lösung bietet in diesem Fall die Logistik, die planvolle Organisation von Beschaffungs- und Lagerprozessen.

Gegenstände der Logistik sind Transport, Umschlag und Lagerung sowie Warenprüfung, Handhabung, Kommissionierung und Verpackung. Sie schließt aber auch die Verbesserung der Ablauforganisation ein.

Die Logistik regelt die Verfügbarkeit von Gütern zu einem bestimmten Zeitpunkt an einem bestimmten Ort und dient damit der Sicherstellung der Auftragsabwicklung durch einen reibungslosen Materialfluss.

Just-in-time-Verfahren

Die Ablauforganisation bedient sich im Rahmen der Logistik u.a. des Just-in-time-Verfahrens. Das heißt, Materialien werden vom Lieferanten zeitnah zur Verarbeitung angeliefert. Auch in kleinen und mittelgroßen Unternehmen können die Kernprinzipien der Just-in-time-Produktion angewandt werden.

Folgende Vorteile sind damit verbunden:

- Minimierung der Durchlaufzeiten,
- Abbau überflüssiger Lagerbestände,
- Kostensenkung für Lagerhaltung und Personal,
- Reduzierung gebundenen Kapitals.

Der Logistikprozess erfordert eine konzentrierte Ablaufplanung unter strikter Beachtung von Durchlauf- und Wiederbeschaffungszeiten, um Lieferengpässe und Terminverzögerungen zu vermeiden. Hierzu eignet sich z.B. die Netzplantechnik.

2.3 Qualitätsmanagement

Qualität ist einer der entscheidenden Wettbewerbsfaktoren. Über die Industrie hat das Qualitätsmanagement mittlerweile auch bei kleinen und mittelgroßen Handwerksunternehmen Einzug gehalten. Insbesondere als Zulieferer der Industrie sind Handwerksbetriebe oftmals verpflichtet, umfangreiche Qualitätssicherungssysteme zu entwickeln und sich zertifizieren zu lassen.

Das Qualitätsmanagement soll gewährleisten, dass der Betrieb Produkte und Dienstleistungen in gleichbleibend hoher Qualität liefert.

Dazu ist es notwendig, Arbeitsabläufe (Prozesse) so festzulegen, dass sie einheitlich und stets in gleicher Weise stattfinden. Dies führt i.d.R. zu einer Optimierung der Arbeits- bzw. Produktionsprozesse, zu Kostensenkung und Reduzierung von Fehlerquellen.

systematische Steuerung betrieblicher Prozesse

Das Qualitätsmanagement zielt auf die Abläufe (Prozesse) in einem Betrieb und damit auf die Ablauforganisation. Diese wird von vielen Unternehmen eher selbstverständlich als bewusst betrieben. Aber nur durch eine systematische Steuerung der betrieblichen Prozesse kann letztendlich ein Qualitätsmanagementsystem eingerichtet werden.

Zertifizierung

Die Einführung eines Qualitätsmanagementsystems setzt die Einhaltung bestimmter Qualitätsnormen voraus, die in den Normreihen EN ISO 9001 ff. einheitlich geregelt sind. Diese finden im sog. Qualitätsmanagement-Handbuch Berücksichtigung. Die Einhaltung dieser Normen wird durch einen unabhängigen Gutachter einer Überprüfung (Audit) unterzogen und mittels Zertifizierung bestätigt.

Durch die Zertifizierung wird aber nicht nur die Einhaltung der Normen nachgewiesen, sondern das Qualitätsmanagementsystem regelmäßig geprüft. Beim Zentralverband des Deutschen Handwerks steht mit ZDH-Zert[1] eine spezielle Zertifizierungsstelle für das Handwerk zur Verfügung.

2.4 Arbeitszeitmodelle

Arbeitsorganisation

Die Arbeitsorganisation regelt den Arbeitsfluss in räumlicher, zeitlicher und personeller Hinsicht. Wann und wo Arbeit durch Mitarbeiter optimal verrichtet werden kann, hängt zum einen von der Verfügbarkeit der Mitarbeiter, zum anderen von der anfallenden Arbeit ab. Schwankende Auftragseingänge sind nicht nur Betrieben in saisonabhängigen Branchen vertraut. Eine Möglichkeit, diesem Problem zu begegnen, bieten flexible Arbeitszeitmodelle. Sie steuern die Verfügbarkeit von Mitarbeitern über die Arbeitszeit | ► HF 3, Kap. 11.4 |.

Gesetzliche Regelungen zur Arbeitszeit sind sehr komplex und unterliegen häufigen Veränderungen. Deshalb empfiehlt es sich, vor Entscheidungen in dieser Frage die Beratungsstellen der Handwerksorganisation in Anspruch zu nehmen.

[1] *www.zdh-zert.de*

Zu den grundlegenden Modellen flexibler Arbeitszeit gehören u.a.:

- Arbeitszeitkonten,
- Teilzeitarbeit,
- Abrufarbeit,
- Arbeitsplatzteilung,
- Schichtarbeit,
- Telearbeit.

Arbeitszeitkonten

Das Modell der Arbeitszeitkonten steht den fest vereinbarten Arbeitszeiten (z.B. Montag bis Freitag 8.00–16.00 Uhr) gegenüber. Die Arbeitszeit kann flexibel und individuell eingeteilt werden. Der Mitarbeiter erhält ein persönliches Zeitkonto, auf dem die Abweichungen zwischen vereinbarter und geleisteter Arbeitszeit verrechnet werden. Je nach Auslastung wachsen und schrumpfen Zeitguthaben oder Zeitschulden.

Gleitzeit

Bekanntestes Beispiel für Arbeitszeitkonten ist die Gleitzeit. Sie definiert eine Regelarbeitszeit auf täglicher, wöchentlicher oder sogar monatlicher Basis. Innerhalb der Kernarbeitszeit (z.B. 8.00–14.00 Uhr) muss der Mitarbeiter anwesend sein. Die verbleibende Zeit kann individuell innerhalb der Rahmenarbeitszeit (z.B. 8.00–16.00 Uhr)verteilt werden. Überstunden können durch Freizeit ausgeglichen oder nach vereinbarten Regeln auf die Folgeperiode übertragen werden.

Auch die Vereinbarung eines Jahreszeitkontos kann sinnvoll sein, wenn der Arbeitsanfall im Betrieb starken saisonalen Schwankungen unterliegt.

Ist ein Arbeitszeitkorridor vereinbart, schwankt die vertraglich festgesetzte Arbeitszeit je nach Arbeitsanfall innerhalb festgelegter Ober- und Untergrenzen. So kann der Arbeitgeber eine hier vereinbarte Arbeitszeit von 35 Stunden z.B. auf eine Spanne zwischen 30 und 40 Stunden pro Woche variieren.

Teilzeitarbeit

Von Teilzeitarbeit ist die Rede, wenn die Arbeitszeit regelmäßig kürzer ist als die vergleichbarer vollzeitbeschäftigter Mitarbeiter. Neben der weit verbreiteten Halbtagsstelle sind viele andere Modelle möglich. Auch bei einer Volltagsarbeit an nur drei Tagen in der Woche oder bei Vollzeitblöcken mit längeren Freizeitperioden handelt es sich um Teilzeitarbeit.

Abrufarbeit

Das Modell der Abrufarbeit gewährt dem Arbeitgeber das Recht, den Arbeitnehmer je nach betrieblichen Anforderungen einzusetzen. Der Arbeitnehmer arbeitet dann, wenn im Betrieb die entsprechende Arbeit anfällt. Für die flexible Verfügbarkeit erhält der Mitarbeiter ein vertraglich vereinbartes Arbeitszeitkontingent mit einer durchschnittlich zu leistenden wöchentlichen Arbeitszeit (z.B. 20 Stunden). Abhängig von der Bedarfslage entscheidet der Arbeitgeber, ob die wöchentliche Arbeitszeit regelmäßig, in Blöcken oder am Stück mit entsprechenden Freizeitblöcken geleistet wird. Zu beachten ist allerdings eine Abruffrist von mindestens vier Tagen.

Arbeitsplatzteilung Formen von Arbeitsplatzteilung sind Jobsplitting und Jobsharing. Das Jobsplitting teilt eine Vollzeitstelle in zwei Teilzeitstellen, die als voneinander unabhängige Arbeitsplätze gelten. Die Aufteilung eines Arbeitsplatzes auf zwei Mitarbeiter wird als Jobsharing bezeichnet. Hier besetzten zwei Mitarbeiter in gegenseitiger Abstimmung wechselnd ein und denselben Arbeitsplatz nach einem aufgestellten Arbeitszeitplan.

Schichtarbeit Soll die Betriebszeit über die übliche Arbeitszeit ausgedehnt werden, z.B. um Service-, Ansprech-, Öffnungs- oder Maschinenlaufzeiten zu verlängern, wird in Schichtarbeit gearbeitet. Die Variationsbreite der Schichtarbeit ist erheblich und reicht von einfachen Zweischichtmodellen (z.B. Früh- und Spätschicht) oder Dreischichtmodellen über kombinierte Teilzeit-Vollzeit-Schichtmodelle bis hin zu vollkontinuierlichen Schichtsystemen im 24-Stunden-Betrieb.

Telearbeit Mit der Telearbeit verbindet sich ein Arbeitszeitmodell, das den technischen Fortschritt im Kommunikationsbereich widerspiegelt. Die Arbeitsleistung des Mitarbeiters erfolgt in Teil- oder Vollzeit zu Hause und wird mithilfe moderner Telekommunikationstechnik in den Betrieb übertragen. Je nach Vereinbarung bestimmt der Mitarbeiter selbst über Zeitpunkt, Dauer und Ort, um das vereinbarte Arbeitsvolumen zu erbringen.

2.5 Gruppenorganisation

Gruppenarbeit Während Arbeitszeitmodelle die Verfügbarkeit von Mitarbeitern über die Arbeitszeit bzw. die Arbeitsdauer steuern, setzt die Gruppenarbeit auf die höhere Produktivität der Gemeinschaft. Bei der Gruppenorganisation wird die Verantwortung an eine Gruppe delegiert. Die Motivation der Mitarbeiter im Team soll die gemeinsame Arbeitsleistung steigern.

In Gruppen- oder Teamarbeit erfüllen mehrere Mitarbeiter gemeinsam über einen mehr oder weniger langen Zeitabschnitt eine Aufgabe und stimmen sich bei deren Umsetzung untereinander ab.

Kriterien Damit diese gewünschte Wirkung der Gruppenorganisation erzielt werden kann, sind die folgenden Einflussfaktoren zu beachten:

- die Gruppengröße,
- die Kontinuität der Zusammenarbeit sowie
- das Gruppengefüge.

Tests und Aufgaben zu diesem Kapitel finden Sie im Sackmann-Lernportal.

optimale Gruppengröße

Die Arbeitsfähigkeit einer Gruppe ist stark von der Anzahl der Mitarbeiter abhängig. Als optimal gilt i.d.R. eine Gruppengröße von drei bis sieben Mitarbeitern. Arbeitsfähige Gruppen können aber auch bis zu 15 Mitglieder umfassen. Eine zu große Gruppe behindert die direkte Kommunikation untereinander und schwächt die Effizienz der Arbeitsabläufe.

Die Kontinuität einer Gruppe ist für die Zusammenarbeit der Gruppenmitglieder wichtig: Arbeitsrhythmus, Abstimmung und Umsetzung der Teilaufgaben verlaufen mit wachsender Gruppenroutine reibungsloser.

Bei zeitlich begrenzten Aufgaben (wie z.B. auf Baustellen) ist der Aufbau einer Kerngruppe ratsam, die je nach Auftragsgröße erweitert wird. Diese Gruppe kann dann immer wieder für ähnliche Aufträge eingesetzt werden.

Auch die Zusammensetzung der Gruppe, das Gruppengefüge, ist bedeutsam. Sie prägt in entscheidendem Maße die Gruppenentwicklung. Ausgesprochene Einzelgänger werden z.B. ihre Fähigkeiten nicht voll einbringen.

Gruppennormen

Im Laufe der Zusammenarbeit bilden Gruppen eigene Normen und Verhaltensregeln aus. Dabei besteht die Gefahr, dass betriebliche Ziele zugunsten der eigenen gruppeninternen Regeln vernachlässigt werden. Häufig steigt auch die Risikoneigung der Gruppe, z.B. wenn sich die Überzeugung durchsetzt, Arbeitsschutzmaßnahmen behinderten den Arbeitsfluss.

Prinzipiell sind gruppeneigene Normen produktivitätssteigernd, wenn sie die betrieblichen Normen und Ziele unterstützen. Dies kann vor allem durch erfahrene Mitarbeiter gewährleistet werden.

Deshalb ist es wichtig, die Führung der Gruppe klar und mit Bedacht zu definieren. Der mit der Führung betraute Mitarbeiter muss neben seinem Fachwissen auch über entsprechende Führungsqualitäten verfügen und die Anerkennung der Gruppenmitglieder genießen, um den Arbeitsablauf der Gruppe im Sinne der Betriebsziele steuern zu können.

Chancen und Risiken von Gruppenarbeit

Die Gruppenorganisation bietet die Chance, durch die Kombination unterschiedlicher Erfahrungen und Qualifikationen, durch höhere Motivation, kollektive Kreativität, positives Arbeitsklima und die gegenseitig verstärkte Zielorientierung der Gruppe zu besseren Arbeitsergebnissen zu gelangen. Andererseits kann das Arbeitsergebnis der Gruppe durch emotionale Spannungen, Egoismus, Kommunikationsprobleme, Gruppenzwang und Ausgrenzung auch weit hinter das von beauftragten Einzelpersonen zurückfallen.

3 Verwaltungs- und Büroorganisation

Das Büro erfüllt im Handwerksunternehmen viele verschiedene Aufgaben. Es dient vorrangig der Angebotserstellung, der Buchhaltung sowie der Rechnungserstellung und Kontrolle ein- und ausgehender Rechnungen. Zudem läuft im Büro auch die Kommunikation zwischen Geschäftsführung, Kunden, Lieferanten und Mitarbeitern zusammen. Eine gut strukturierte Büroorganisation ist also unerlässlich, um eine reibungslose interne und externe Kommunikation zu gewährleisten. Ziel ist es, dass im Krankheits- oder Urlaubsfall ein Dritter (Stellvertreter) alle wichtigen Informationen und Daten zu Aufträgen oder Personalfragen finden kann.

3.1 Dokumentenmanagement

Definition

Unter Dokumentenmanagement im engeren Sinn versteht man die Verwaltung von elektronischen Daten mithilfe von Datenbanksystemen. Im allgemeinen Sprachgebrauch werden hierunter jedoch i.d.R. die folgenden Bereiche zusammengefasst:

- Verwaltungsabläufe (Geschäftsprozesse),
- Bürokommunikation im eigentlichen Sinne,
- Archivierung der Dokumente.

Verwaltungsabläufe

Verwaltungsabläufe beinhalten Tätigkeiten wie die Postbearbeitung, Termin- und Telefonmanagement sowie die Schriftgutverwaltung. Im Mittelpunkt steht eine einheitliche und schnelle Bearbeitung anfallender Geschäftsvorfälle.

Postbearbeitung

Zur Postbearbeitung gehört die Nutzung eines Postein- und Postausgangsbuches. Im Eingangsbuch werden die Schriftstücke der Reihenfolge, dem Absender und dem Inhalt nach dokumentiert - zuvor mit einem Posteingangsstempel versehen. Im Ausgangsbuch wird anstelle des Absenders der Adressat verzeichnet. Ziel ist es, die Nachvollziehbarkeit der schriftlichen Kommunikation zu gewährleisten. Zur Unterstützung dient z.B. eine Liste im PC.

Termin- und Telefonmanagement

In jedem Handwerksunternehmen müssen Zahlungs- und Liefertermine sowie Beratungs- und Besichtigungstermine koordiniert werden. Das Termin- und Telefonmanagement lässt sich in diesen Fällen sehr gut mit einer sog. PIM[1]-Software (Termin- und Kalendersoftware) gestalten. Die Programme bieten die Möglichkeit einer ganzheitlichen Übersicht sowie der individuellen und bürounabhängigen Nutzung auf dem Handy.

Schriftgutverwaltung

Die Schriftgutverwaltung lässt sich mit Textverarbeitungs- oder Tabellenkalkulationsprogrammen regeln. Sie definieren die jeweilige Ordnungssystematik.

---

[1] *PIM, engl.: Personal Information Manager (persönlicher Informationsverwalter)*

Büro-kommunikation

Im Rahmen der eigentlichen Bürokommunikation erleichtern allgemein verbindliche Regeln die Zusammenarbeit. So beugt die Nutzung von Ablagefächern und Vordrucken der chaotischen Zettelwirtschaft vor. Namentlich gekennzeichnete Fächer zum Hinterlegen von Angeboten, Protokollen oder Nachrichten sparen Zeit. Voraussetzung sind entsprechende Vordrucke, die dort abgelegt werden, und Mitarbeiter, die ihr Ablagefach regelmäßig kontrollieren.

Archivierung

Eine der wichtigsten Aufgaben des Dokumentenmanagements besteht in der Archivierung von Dokumenten. Dies dient nicht nur einem reibungslosen Arbeitsablauf, sondern erfüllt auch die gesetzlichen Verpflichtungen | ► HF 1, Kap. 8.4.2 |, Dokumente fristgerecht aufzubewahren. Mithilfe eines strukturierten elektronischen Dokumentenmanagements ist es z.B. möglich, Dokumente schnell wiederzufinden, wenn diese mit Schlagworten oder Zahlencodes zur Identifikation abgespeichert bzw. archiviert wurden.

Beispiel: Im Elektrobetrieb Schwarz ist man sich einig, dass eine umfassende Neustrukturierung der Verwaltungsorganisation unerlässlich ist. Und das nicht erst, seit dem Betrieb durch ein Terminversäumnis ein großer Auftrag entgangen ist. Auch die Planung eines zweiten Standortes unter Beibehaltung der Verwaltung in der Firmenzentrale macht eine Neustrukturierung notwendig. Reinhard Schwarz entscheidet sich für die Einführung eines elektronischen Datenmanagementsystems, auf das künftig alle Abteilungs- und Bereichsleiter sowie die Geschäftsführung zugreifen können.

Ablageordnung

Für Unterlagen in Papierform haben sich in kleineren und mittleren Handwerksbetrieben Ordnersysteme mit Kategorisierung nach Stichworten bewährt.

Beispiel: Im Zuge der Neustrukturierung der Büroorganisation macht sich Caroline Gerber-Schwarz auch für ein neues Akten-Ordnungssystem stark. Bislang gab es einen Aktenplan nach Zahlen. Künftig soll ein Stichwortsystem für mehr Übersichtlichkeit in der der Datenverwaltung sorgen. Folgende Systematik schlägt sie vor:

Kategorie	Beispiele
Lieferanten von A bis Z (Kreditoren)	Lieferantendaten, Kommunikationsdaten, Lieferscheine, Eingangsrechnungen
Kunden von A bis Z (Debitoren)	Kundendaten, Kommunikationsdaten, Ausgangsrechnungen
Versicherungen von A bis Z	Unterlagen für betriebliche Versicherungen
Personal	Unterordnung Gesellen, Facharbeiter, Auszubildende

Kategorie	Beispiele
Fahrzeuge	Unterlagen zu Kauf oder Leasing, Verträge, Fahrtenbücher
Grundstücke und Gebäude	Unterlagen zum Kauf oder den Eigentumsverhältnissen, Flurkarten, Grundbuchauszüge

3.2 Einsatz moderner Informations- und Kommunikationstechnologien

Im Zeitalter der Dienstleitungs- und Informationsgesellschaft ist der Einsatz von modernen Informations- und Kommunikationstechnologien auch aus Handwerksbetrieben nicht mehr wegzudenken. Mithilfe von Internet und Intranet lassen sich betriebliche Arbeitsläufe oftmals erheblich zeit- und kostensparender organisieren. So hat im Rahmen der schriftlichen Bearbeitung von Geschäftsvorfällen neben dem Postverkehr nicht nur die E-Mail-Nutzung in den letzten Jahren deutlich zugenommen. Auch Anfragen, Kalkulationen, Angebote und Rechnungen werden in zunehmendem Maße elektronisch erstellt.

E-Mail

Softwaresysteme

Dies setzt in der täglichen Praxis die Nutzung von entsprechenden Softwaresystemen voraus. Neben gängigen Textverarbeitungs-, Kalkulations- oder Präsentationsprogrammen und Datenbanken hat sich vor allem der Einsatz einer einfachen Buchhaltungssoftware und entsprechender Warenwirtschaftssysteme (Buchhaltung, Personalbuchhaltung, Lagerwirtschaft, Fakturierung) bewährt.

Beispiel: Caroline Gerber-Schwarz überprüft im Rahmen der Nachkalkulation einen Auftrag. Durch ein entsprechendes Warenwirtschaftssystem, das ihr Einsicht in die entsprechenden Datenbanken ermöglicht, kann sie jetzt die einzelnen Schritte des Auftrages nachverfolgen. Neben der zeitlichen Zuordnung des Personals in der Lohnbuchhaltung lassen sich damit auch die verwendeten Materialien aus der Lagerbuchhaltung mit den Einkaufsdaten und den dazugehörigen Eingangsrechnungen abgleichen. Ohne diese vernetzte Struktur lägen die Informationen teilweise elektronisch und teilweise in Papierform vor, was einen erheblich höheren Zeitaufwand in der Bearbeitung bedeuten würde.

Handy-Einsatz

Der Einsatz moderner Informations- und Kommunikationstechnologien in Handwerksunternehmen umfasst aber auch die Nutzung von Handys. Mit integrierter Kamera versehen, bieten sie den Mitarbeitern auf der Baustelle z.B. die Möglichkeit, Mängel aufzuzeigen oder vor Ort beim Kunden die Auftragsanfrage und die damit verbundenen Details für eine Auftragserstellung zu dokumentieren.

GPS-Systeme

Ferner fällt hierunter auch die Nutzung von GPS-Systemen[1] als Diebstahlschutz für Werk- oder Fahrzeuge. Nach der Archivierung und Einrichtung der Daten sind mithilfe dieser Systeme teure Werkzeuge, die z.B. auf der Baustelle verloren gingen, schnell wieder auffindbar sowie Fahrzeuge und ihre Routen überprüfbar.

Homepage

Nicht zuletzt verfügt heutzutage der größte Teil der Handwerksunternehmen über eine Internetpräsenz. Dazu zählen eine Homepage, auf der die eigenen Produkte und Dienstleistungen präsentiert werden, die Registrierung in gängigen Suchmaschinen oder auch die Installation eines eigenen Shopsystems.

3.3 Organisation des Rechnungswesens

gesetzliche Vorgaben

Für das interne wie das externe Rechnungswesen müssen Daten in Papier- und elektronischer Form aufbereitet, zusammengestellt, bearbeitet und archiviert werden. Das interne Rechnungswesen verwendet dazu die abgegrenzten Daten der Buchführung und weitere betriebsinterne Informationen. Im Rahmen des externen Rechnungswesens sind außerdem gesetzliche Vorgaben bindend, so z.B. die Belegaufbereitung und -sortierung nach den Grundsätzen ordnungsgemäßer Buchführung | ► HF 1, Kap. 8.1.3 | oder die Archivierung/Aufbewahrung der Geschäftsunterlagen nach den Grundsätzen des HGB sowie den Steuergesetzen, insbesondere der Abgabenordnung | ► HF 1, Kap. 8.1.1 |.

Verfahrensregeln

Zur Organisation des Rechnungswesens gehören verschiedene Schritte. So muss es im Unternehmen u.a. eine aufbauorganisatorische Regelung geben, die die Verantwortlichkeiten festlegt. Die Unternehmensleitung sollte zudem klare Verfahrensregeln aufstellen. Solche Regelungen beinhalten z.B. die Entscheidung für eine elektronische Beleg- und Rechnungsbearbeitung sowie die Nutzung von Kontierungshilfen. Ferner fällt hierunter die Entscheidung, ob Belege (Quittungen, Eingangs- und Ausgangsrechnungen, Lieferscheine, Gutschriften u.Ä.) für einen externen Dienstleister wie einen Steuerberater oder ein Buchhaltungsbüro vorzubereiten sind.

GoB und GoS

Die folgenden Schritte erfordern die Beachtung der geltenden Grundsätze ordnungsgemäßer Buchführung (GoB) sowie der Grundsätze ordnungsgemäßer Speicherbuchführung (GoS) | ► HF 1, Kap. 8.4.2 |:

- Belegsammlung,
- Belegsortierung,
- Belegbearbeitung,
- Belegsicherung.

Belegsammlung

Die Belegsammlung kann nach bestimmten Kategorien erfolgen. So werden z.B. unter der Kategorie Kasse alle Barbelege erfasst.

---

[1] *GPS, engl.: Global Positioning System = globales Positionsbestimmungssystem*

Belegsortierung Innerhalb der jeweiligen Kategorie werden die Belege chronologisch geordnet und mit einer Nummer versehen. Dabei wird festgestellt, ob die Belege den rechtlichen Anforderungen, z.B. für einen Vorsteuerabzug, entsprechen. Schließlich werden fehlerhafte Exemplare aussortiert und ggf. bei Lieferanten korrigierte Belege erbeten.

Belegbearbeitung Die Barbelege werden täglich in einem Kassenbuch erfasst, die Bankbelege werden nach Abgabetermin mit den zur Abbuchung passenden Belegen (z.B. Eingangs- oder Ausgangsrechnungen) sortiert. Dabei besteht die Möglichkeit, die Belege vorzukontieren.

Belegsicherung Nach §§ 38, 44 HGB sowie § 146 f. AO müssen Handelsbücher, Inventare, Bilanzen, Handelsbriefe und Buchungsbelege zehn Jahre aufbewahrt werden | ► HF 1, Kap. 8.1.1 | (Frist beginnend mit dem 1. Januar des auf den Abschluss folgenden Jahres). Geschäftsbriefe unterliegen einer Aufbewahrungsfrist von sechs Jahren. Das bedeutet, dass zur Sicherstellung dieser Anforderungen überlegt werden muss, ob die Belege alle elektronisch gesichert werden oder Kopien anzufertigen sind.

Aufbewahrungsfristen

Nachdem die Belege auf diese Weise durch den Betrieb vorbereitet wurden, kann die Weiterbearbeitung durch den externen Dienstleister erfolgen | ► HF 1, Kap. 8.4.3 |. Dort werden die Unterlagen mit der Maßgabe, den Jahresabschluss zu erstellen, u.a. verbucht, verarbeitet, gespeichert und gesichert. Das Unternehmen bestimmt weiterhin, wie und in welcher Form die Zwischenergebnisse gemeldet werden. Ziel ist es, die Daten selbst zu analysieren und Schlussfolgerungen für weitere operative oder strategische Planungen treffen zu können.

Kompetenzen

Das sollten Sie als zukünftiger Meister können:

- ✔ Bereiche, Instrumente und Grundsätze der betrieblichen Organisation kennen,
- ✔ Geschäftsprozesse unter Berücksichtigung der Aufbau- und Ablauforganisation dokumentieren,
- ✔ Organigramme und Stellenbeschreibungen erstellen,
- ✔ Vorschläge für Anpassungen der organisatorischen Gestaltung von Geschäftsprozessen erläutern,
- ✔ die Auswirkungen der geplanten Unternehmensentwicklung auf die betriebliche Organisation erkennen.

Entwicklungen bei Produkt- und Dienstleistungsinnovationen sowie Marktbedingungen, auch im internationalen Zusammenhang, bewerten und daraus Wachstumsstrategien ableiten

B

Malermeister Ralf Weiss lässt sich abends erschöpft auf den Bürostuhl neben seiner noch arbeitenden Frau fallen. „Ich sag dir: Immer nur für Großkunden Neubauwohnungen mit Raufaser auszustatten – das ist eigentlich nicht das, was ich mir mal vorgestellt habe. Wenn es hier wenigstens noch was zu verdienen gäbe... Aber meist passt es gerade so“, äußert er unzufrieden.

„Ich habe dir schon einmal vorgeschlagen, gezielt andere Geschäftsfelder zu suchen. Aufträge von Privatkunden haben wir so gut wie gar nicht“, wirft Sabrina ein.

„Da brauche ich aber viel mehr Aufträge, um zu einer vernünftigen Auslastung zu kommen. Das ist ja das Gute an größeren Aufträgen, dass wir mittelfristig ausgelastet sind“, seufzt Ralf Weiss.

„Du kannst ja das eine tun, ohne das andere zu lassen. Was hältst du davon, Leistungen speziell für ältere Menschen anzubieten? Die renovieren ihre Wohnung nicht mehr selbst und zahlen zuverlässig.“

„Ach, Senioren haben doch kein Geld!“, glaubt Ralf Weiss. „Unsinn“, sagt Sabrina. „Die Senioren verfügen insgesamt monatlich über eine Kaufkraft von ca. € 7,5 Milliarden. Das habe ich im Internet recherchiert. Wir müssen das nur strategisch angehen!“

4 Wege der Informationsbeschaffung zu Absatz- und Beschaffungsmarkt – Marktforschung

Strategisch denken – was ist das eigentlich? Ein Unternehmen und seine Stärken und Schwächen zu bewerten, ist das Eine. Das geschieht zunächst mit Blick in die eigenen Zahlen und aufgrund der bisherigen Erfahrungen im Markt. Aber ein Unternehmen strategisch am Markt aufzustellen, verlangt eine zukunftsorientierte Denkweise. Die eigenen Stärken und Schwächen im Vergleich zum Wettbewerb zu kennen, ist die Grundlage dafür, zukünftige Möglichkeiten für das eigene Unternehmen im Markt zu erkennen und die entsprechenden Entscheidungen zu treffen und diese dann auch umzusetzen. Dazu gehört auch, eine „Witterung" für die Chancen und Risiken, die im Markt erkennbar sind, zu entwickeln.

Die Einschätzung der aktuellen Situation und der zukünftigen Möglichkeiten darf aber nicht nur „aus dem Bauch heraus" erfolgen. Vielmehr muss man gezielt Informationen sammeln, um eine sichere Grundlage für Entscheidungen zu haben.

Marktforschung ist die gezielte und systematische Sammlung und Auswertung von relevanten Informationen über den Markt.

Marktforschung wird nicht nur von großen Unternehmen mithilfe breit angelegter Feldstudien betrieben. Auch für Handwerksbetriebe gilt: Informationen sind der Schlüssel zum Erfolg. Jeder Entscheidung, unabhängig davon, welchen Aspekt des Marketingkonzepts sie betrifft, sollten fundierte Informationen zugrunde liegen. Werden solche Informationen über die Gegebenheiten im Markt nicht berücksichtigt, besteht immer die Gefahr, dass Chancen und Risiken zu spät oder gar nicht erkannt werden und demzufolge auch die Strategie des Betriebs nicht an der Realität ausgerichtet wird und damit mögliche Chancen ungenutzt bleiben und möglichen Risiken nicht gezielt vorgebeugt wird.

Beispiel: Auch Maler Weiss muss wissen, was sich im Markt tut, um die Ideen seiner Frau aufgreifen zu können:

- Wie stark ist der Wettbewerb im Bereich der Standardleistungen, von denen er redet? Was bedeutet das für seine betriebswirtschaftliche Situation? Steht er durch starken Wettbewerb preislich unter Druck?
- Wo gibt es lukrative Zielgruppen? Hat seine Frau recht? Wären ältere Menschen eine interessante Zielgruppe für seinen Betrieb? Wenn ja, was erwarten diese Kunden? In welchem Preisbereich kann er hier auftreten, welchen Service muss er dafür bieten?
- Welche Zielgruppen im Bereich privater Kunden gibt es noch? Welche Neuerungen und Trends gibt es im Markt? Und haben seine Wettbewerber diese Trends eventuell noch gar nicht erkannt?
- Was kann er mit seinem Betrieb leisten? Hat er das Know-how, bestimmte Leistungen anzubieten? Hat er die Ausstattung und die Kapazitäten dafür?

Fragen über Fragen...

Um sich einen Überblick über Marktgegebenheiten zu verschaffen, muss zunächst geklärt werden,

- welche Informationen ganz konkret benötigt werden (Inhalte der Marktforschung)
- und wie diese Informationen beschafft werden können (Methoden der Marktforschung).

4.1 Inhalte betrieblicher Marktforschung

An Informationen heranzukommen, ist i.d.R. heute schon allein aufgrund des Internets kein großes Problem. Eher macht es die Fülle an Informationen schwierig, die für die eigenen Bedürfnisse und Entscheidungen wesentlichen Informationen herauszufiltern.

Zunächst einmal beschäftigt sich Marktforschung ganz allgemein mit Informationen über den Markt, der sehr vielschichtig und damit zunächst sehr unübersichtlich ist, weshalb man ihn aus verschiedenen Perspektiven betrachten muss. Der Markt besteht aus Wettbewerbern, Kunden bzw. Zielgruppen und dem eigenen Unternehmen mit dem zugehörigen Beschaffungsmarkt des Unternehmens. Hinzu kommt eine grundlegende Betrachtung (z.B. allgemeine wirtschaftliche Lage oder Stand der Technik), die jeden dieser Bestandteile gleichermaßen betrifft.

strategisches Dreieck/ Analysefelder

Betreibt ein Unternehmen im Hinblick auf die strategische Ausrichtung des Unternehmens umfassend Marktforschung, betrachtet es also folgende Bereiche:

Bereiche der Marktforschung

- den Markt, in dem es angesiedelt ist mit seinen Wettbewerbern, Kunden bzw. Zielgruppen und dem eigenen Unternehmen,
- Beschaffungsmöglichkeiten bzw. Lieferanten für die unternehmenseigenen Produkte bzw. Dienstleitungen,
- die allgemeine wirtschaftliche Lage, Trends und den Stand der Technik in der Branche.

Kunden-/Zielgruppenanalyse

Der Unternehmer muss wissen,

- welche Zielgruppen für die Leistungen seines Handwerksbetriebs in Betracht kommen
- und welche Zielgruppen besonders interessant sind (weil mit ihnen z B. besonders hohe Erträge zu erzielen sind).

Um diese Zielgruppen auch mit der Ansprache zu erreichen, ist es wichtig zu wissen,

- von welchen Motiven sie sich leiten lassen,
- welche Ansprüche und Erwartungen sie haben und
- was ihnen bei einer Kauf- oder Auftragsvergabeentscheidung wichtig ist.

Markt-segmentierung

Darüber hinaus ist es wichtig, die eigene Kundschaft im Rahmen einer Marktsegmentierung zu analysieren. Hierbei sind je nach Gewerk unterschiedliche Kriterien zugrunde zu legen.

Für einen Friseur- oder Optikerbetrieb ist die Altersverteilung ein interessantes Kriterium bzw. die Altersverteilung bei den beiden Geschlechtern, während ein Elektro- oder Heizungs-/Sanitärbetrieb eher die Wohn- und Eigentumssituationen als Kriterien der Betrachtung wählt (Bauherr oder Sanierer, Eigentümer oder Mieter). Resultat dieser Marktsegmentierung sind unterschiedliche Kundengruppen, die einen speziellen Marketing-Mix erfordern | ► Kundenstruktur, S. 287 |.

In jedem Fall sollte ein Betrieb Informationen darüber gewinnen, wie er von Kunden und/oder Zielgruppen wahrgenommen wird (Bekanntheit, Image, Kundenzufriedenheit).

Hierbei ist zu bedenken, dass Kunden und Zielgruppen nicht dasselbe sein müssen.

Aktuelles zu den Themen im Sackmann bietet das Lernportal.

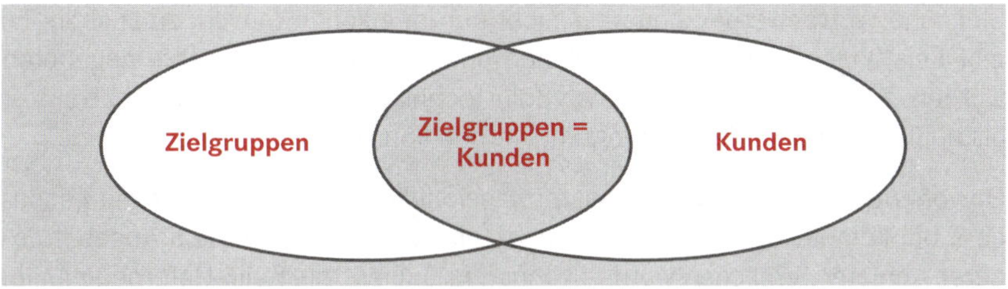

Kunden und Zielgruppen

Kunden sind Personen, die die Produkte eines Unternehmens tatsächlich nachfragen bzw. nachgefragt haben.

Zielgruppen sind Personengruppen, die sich in Bezug auf die Produkte eines Unternehmens gleichartig verhalten und die das Ziel der strategischen Ausrichtung des Betriebs sind.

Es ist also denkbar, dass es Zielgruppen gibt, die noch nicht zu den Kunden gehören, weil sie sich im Rahmen der eigenen Marktforschung erst als Zielgruppe herausgestellt haben. Diese müssen durch eine gezielte Strategie noch zu Kunden werden.

Genauso denkbar ist, dass es Kunden gibt, die nicht zu den betrieblichen Zielgruppen gehören, deren Aufträge aber angenommen und in gewohnter Qualität erfüllt werden. Bei den strategischen Überlegungen spielen sie aber weniger eine Rolle. In Bezug auf eine strategische Ausrichtung ist es sinnvoll, eine größtmögliche Überschneidung zwischen Kunden und Zielgruppen zu erreichen | ► Zielgruppenanalyse, S. 288 |.

Wettbewerbsanalyse

Im Markt konkurrieren eine Vielzahl von Unternehmen um dieselben Zielgruppen und Kunden. Steht eine Kaufentscheidung eines Kunden an, werden diese konkurrierenden Unternehmer i.d.R. miteinander verglichen. Daher ist es wichtig, diesen Vergleich auch als Unternehmen selbst zu vollziehen und in Erfahrung zu bringen, welches die Stärken und Schwächen von direkten Wettbewerbern sind. Erst aus dem Abgleich der eigenen Stärken und Schwächen mit denen der Konkurrenz ergibt sich die realistische Einschätzung der eigenen Wettbewerbsvorteile und -nachteile.

direkter Wettbewerber

Bei dieser Betrachtung muss berücksichtigt werden, dass nicht jeder Betrieb, der im selben Gewerk auftritt, gleich ein möglicher direkter Wettbewerber ist.

Direkte Wettbewerber sind Unternehmen, die

- **aus Kundensicht mit vergleichbaren Produkten,**
- **für dieselben Zielgruppen,**
- **im selben Einzugsgebiet auftreten.**

Wettbewerber in anderen Gewerken

Mögliche Wettbewerber sind aber nicht nur im eigenen Gewerk zu suchen. Es gibt Leistungen, die von Unternehmen unterschiedlicher Gewerke angeboten werden, z.B. Leistungen im Bereich Solartechnik, die sowohl durch Elektroniker als auch durch Dachdecker erbracht werden können.

Obwohl der Fachmann weiß, dass professionelle Handwerksleistungen besonders bei komplexen Aufgabenstellungen eigentlich nicht mit dem Angebot anderer Anbieter verglichen werden können (z.B. Elektrotechnik-Unternehmen im Vergleich zu Hausmeister-Dienstleistern), muss der Handwerksbetrieb doch zur Kenntnis nehmen, dass manche Kunden hier durchaus einen Vergleich anstellen. Das Ergebnis dieses Vergleiches muss sich der Unternehmer vergegenwärtigen, um Stärken und Schwächen auch hier zu sehen und damit argumentieren zu können.

Also geht es im Rahmen der Wettbewerbsanalyse darum,

- zu erfahren, wer konkret direkte Wettbewerber sind,
- zu sondieren anhand welcher Kriterien ein Vergleich überhaupt vollzogen werden kann (z.B. Qualität der Leistungen, Service, Preise, Standort, Kapazitäten und Ausstattung, Bekanntheit, Image),
- Informationen zu erhalten, die das Unternehmen in die Lage versetzen, direkte Wettbewerber anhand dieser Kriterien miteinander und mit dem eigenen Betrieb zu vergleichen (z.B. wie gut ist das Qualitätsniveau der Wettbewerber, wie umfangreich sind ihre Serviceleistungen, wie hoch sind ihre Preise?).

Unternehmensanalyse

Stärken/ Schwächen des Unternehmens

Um die eigene Wettbewerbsposition realistisch einschätzen zu können, muss man Klarheit über die Stärken und Schwächen des eigenen Unternehmens haben. Wie sind Preise und Preisspielräume, Standort des Betriebs, Auswahl im Sortiment/Leistungsspektrum, der angebotene Service, Bekanntheit, Image, Kapazitäten und Ausstattung zu bewerten? Die Fragestellungen sind also die gleichen wie bei der Wettbewerbsanalyse - nur auf das eigene Unternehmen bezogen.

Analyse des Beschaffungsmarktes

Zur Unternehmensanalyse gehört auch die Analyse des Beschaffungsmarktes. Die Auswahl der Lieferanten hat entscheidenden Einfluss auf die eigenen Stärken und Schwächen. Sie bestimmt letztlich wichtige Faktoren wie Qualität, Termintreue und nicht zuletzt über die Beschaffungskosten die Preise.

Daher sind tatsächliche und potenzielle Lieferanten, von denen man Material, Produkte, Komponenten oder Werkzeuge und Ausrüstung bezieht, im Hinblick auf folgende Punkte zu bewerten:

Bewertung von Lieferanten

- Qualität (z.B. Verarbeitung von Materialien, Haltbarkeit von Teilen und Komponenten),
- Image (z.B. Ruf einer Herstellermarke),
- Einkaufspreise (z.B. von Handelswaren, Materialien, Ersatzteilen, Höhe der Versand- und Abwicklungskosten)
- Preisvorteile (z.B. Rabatte, Boni oder Skonti),
- sonstige Vorteile (z.B. Treuerabatte, Vorteile wie Technik-Hotlines, Werbeunterstützung oder Teilnahme an Kundenbindungsmaßnahmen der Lieferanten, wie z.B. Hersteller-Schulungen),
- Zahlungskonditionen (z.B. Zahlungsziele, Zahlungsarten),
- Lieferfristen/Lieferturnus/Flexibilität der Beschaffung,
- Qualität der Abwicklung (z.B. Dauer eines Beschaffungsprozesses, Erreichbarkeit des Lieferanten),
- Termintreue und Zuverlässigkeit der Lieferungen.

Bezüglich dieser Kriterien sollte man alle in Frage kommenden Lieferanten auflisten, bewerten und dann miteinander vergleichen | ► HF 3, Kap. 7 |.

Markt- und Branchenanalyse

Diese allgemeinen Informationen über Gegebenheiten und Rahmenbedingungen im Markt betreffen alle Unternehmen mit vergleichbaren Leistungen. Fragestellungen sind z.B:

Fragen zum Markt und der Branche

- Wie groß ist der Markt überhaupt? Wie ist die Wettbewerbsstruktur insgesamt?
- Welchen Einfluss hat die Wettbewerbsstruktur auf das Preisgefüge im Markt?
- Wie viel Nachfrage gibt es im Markt? Worauf reagieren Nachfrager allgemein (Preise, Qualität, Neuheiten)?
- Welches Potenzial bietet der Markt?
- Welche neuen Trends und Entwicklungen sind erkennbar?
- Ist der Markt z.B. von gesetzlichen Neuerungen betroffen, und wenn ja, in welcher Weise?

Nutzen Sie das interaktive Zusatzmaterial im Sackmann-Lernportal.

Beispiel: Was bedeutet das nun für Ralf Weiss?

- Kunden-/Zielgruppenanalyse

  Er muss herausfinden, wie hoch der Anteil der Senioren an den Einwohnern seines Einzugsbereichs ist, wie viele Seniorenwohnanlagen es gibt und über welche Medien er diese Senioren erreichen kann. Auch muss er sich in diese Zielgruppen hineindenken und Informationen darüber sammeln, welche Motive sie bei einer Auftragsvergabe leiten. Geht es ihnen nur um eine preisgünstige Renovierung oder darum, sich bei teilweise eingeschränkter Mobilität in den eigenen vier Wänden wohl zu fühlen und möglichst jeden Handgriff (Bilder abnehmen, Schränke abrücken etc.) abgenommen zu bekommen?

  Verwaltungs- und Trägergesellschaften von Seniorenwohnanlagen sind z.B. eine neue Zielgruppe für Ralf Weiss, aber sie gehören derzeit noch nicht zu seiner Kundschaft. Öffentliche Auftraggeber wiederum treten als Kunden auf, gehören aber nicht unbedingt zu den Zielgruppen von Maler Weiss, weil er diese aufgrund des Preiskampfes, der dort herrscht, gar nicht besonders ansprechen will. Sollte er aber Aufträge in diesem Geschäftsfeld bekommen, wird er sie sicher (trotzdem) annehmen, z.B. um seine Kapazitäten auszulasten.

- Wettbewerbsanalyse

  Ralf Weiss überlegt, wer nun genau die Wettbewerber in seinem Geschäftsfeld sind. Was bieten sie im Detail an und zu welchen Preisen? Wo liegen die Schwerpunkte?

- Unternehmensanalyse

  Er vergleicht sein eigenes Unternehmen mit denen seiner Wettbewerber: Wie steht es um seine Bekanntheit am Ort, sein Image, seinen Ruf, seine Service- und Leistungsqualität, seine Kapazitäten und seine Kalkulation etc.?

  Außerdem muss er überlegen, welche Auswirkungen die Neuausrichtung seines Betriebs für die Auswahl seiner Lieferanten hat. Die Verschiedenartigkeit der Aufträge für ältere Privatkunden wird dazu führen, dass er statt einer überschaubaren Auswahl von Standardprodukten in größerer Menge eine größere Vielfalt an Materialien in kleineren Mengen abnehmen wird. Bei besonderen (Qualitäts-)ansprüchen wird er u.U. auch neue Beschaffungsmöglichkeiten suchen müssen.

- Markt- und Branchenanalyse

  Welche Trends herrschen im Marktsegment „Senioren" vor? Welche Techniken sind gefragt? Gibt es Unternehmen, die sich schon auf diese Zielgruppe besonders spezialisiert haben?

Oder kann Ralf Weiss eine Marktnische besetzen? Gleichfalls sollte er sich Gedanken darüber machen, ob auch Leistungen im Bereich der Bauwerkssanierung gefragt sein könnten (Betonsanierung, Vollwärmeschutz oder Schimmelbeseitigung).

4.2 Methoden der Marktforschung

Doch wie kommt man nun zu den Informationen, die man braucht? Welche Methoden kann man anwenden, welche Quellen stehen zur Verfügung?

Methoden der Marktforschung

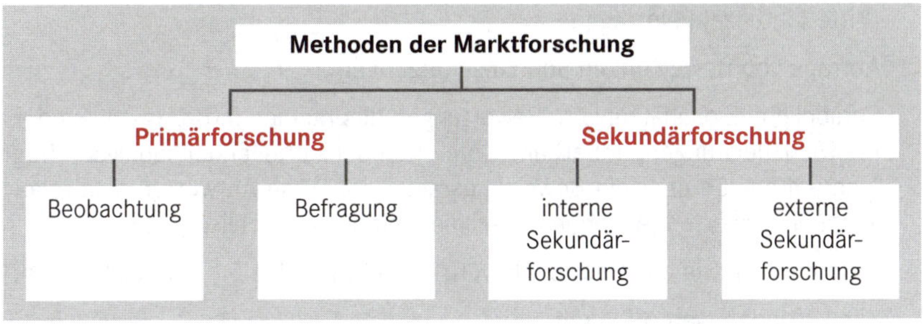

Primärforschung

Primärforschung

Primärforschung ist eine direkte Form der Marktforschung. Der Unternehmer wählt eine Fragestellung und sammelt die Informationen „vor Ort" bei denen, über die er etwas wissen will. Die Methoden, die hier zur Verfügung stehen, sind Beobachtung und Befragung.

Beobachtung

Gezielt und unter einer bestimmten Fragestellung beobachten kann man Vieles, was man sonst eher unbewusst wahrnimmt: das Verhalten von Kunden im Ladenlokal oder auf Messen (Wie viele Kunden kommen? Was schauen sie sich an? Wie präsentieren sich Wettbewerber?)

Befragung

Von besonderer Bedeutung ist die Methode der Befragung, wenn der Unternehmer erfahren möchte, wie der eigene Betrieb wahrgenommen wird und wie zufrieden Kunden mit den Produkten, Dienstleistungen oder den Mitarbeitern des Unternehmens sind (Kundenzufriedenheitsbefragung). Bei einer Befragung lassen sich auch wertvolle Informationen zur Kundenstruktur (demografische Merkmale, wie z.B. Wohnsituation, Alter, Geschlecht) gewinnen.

Vorbereitung von Befragungen

Eine solche Fragebogenaktion muss gut vorbereitet sein, damit auch tatsächlich Ergebnisse dabei heraus kommen, die bei Entscheidungen über zukünftige Strategien weiter helfen. Bei der Gestaltung eines Fragebogens hat man folgende Möglichkeiten:

- Abfrage von Fakten und Daten

  Fakten und Daten kann man abfragen, indem man ein Feld zum Ankreuzen angibt, z.B.:

  Wohnen Sie
  im eigenen Haus? ☐
  in einer Eigentumswohnung? ☐
  in einer Mietwohnung? ☐

  Eine weitere Möglichkeit ist, ein freies Feld anzulegen, in das der Kunde die entsprechende Information eintragen kann, z.B.:

  Wann wurde das Haus, in dem sie wohnen, gebaut?
  (Bitte Jahreszahl eintragen) ______________

- Abfrage von Bewertungen und Einschätzungen

  Persönliche Einschätzungen/Bewertungen des Kunden in Bezug auf Produkte, Dienstleistungen, Mitarbeiter etc. (Kundenzufriedenheitsanalyse) fragt man am besten über ein Bewertungsraster ab. Diese Antworten sind relativ leicht auszuwerten (einfaches Auszählen mit einer Strichliste), z.B.:

  Bitte kreuzen Sie auf einer Skala von 1 (=sehr gut) bis 5 (=mangelhaft) an:

Wie zufrieden waren Sie mit	1	2	3	4	5
der Qualität der erbrachten Leistung?	☐	☐	☐	☐	☐
der Sauberkeit während und nach der Arbeit?	☐	☐	☐	☐	☐
der Pünktlichkeit und Termintreue?	☐	☐	☐	☐	☐
dem Auftreten unserer Mitarbeiter?	☐	☐	☐	☐	☐

- Abfrage von Meinungen und Stellungnahmen

  Hierbei wird eine offene Frage gestellt. Die Beantwortung soll frei - also ohne vorgegebene Kriterien - erfolgen. Die Auswertung ist schwieriger als bei vorgegebenen Kriterien. Dafür bietet diese Form die Möglichkeit, an Informationen zu kommen, die der Unternehmer selbst überhaupt noch nicht bedacht hat, z.B:

  Welche Wünsche und Anregungen haben Sie für uns?

  ____
  ____
  ____

Durchführung der Kundenbefragung

Die Durchführung einer Kundenbefragung kann auf verschiedene Weise erfolgen:

- In Kundenverweilzonen (Friseur oder Kfz-Werkstatt) kann man Fragebögen auslegen.
- Zum Abschluss der Arbeiten kann man Kunden bitten, einen Fragebogen auszufüllen.
- Fragebögen können auch auf der Firmenwebsite eingestellt werden.

In jedem Fall sollte man beachten, dass dem Kunden das Ausfüllen und Abgeben von Fragebögen so einfach und bequem wie möglich gemacht wird. Ein Fragebogen, der z.B. dem Unternehmen mit der Post zugeschickt werden muss, wird wahrscheinlich seltener ausgefüllt als einer, der direkt während des Kundenkontakts beim Mitarbeiter abgegeben werden kann.

Beispiel: Welche Informationen kann Ralf Weiss mithilfe der Primärforschung erhalten?

„Da musst du nur mal mit offenen Augen durch die Stadt fahren", sagt seine Frau. „Wenn du dir Gerüstwerbung anschaust, weißt du, welcher Betrieb an welcher Bau- oder Sanierungsmaßnahme beteiligt ist.

Wenn du darauf achtest, wo du Firmenwagen deiner Wettbewerber fahren siehst, hast du Informationen darüber, in welchem Einzugsgebiet sie unterwegs sind."

Wenn Ralf Weiss nun verstärkt Aufträge für private Kunden annimmt, will er diese nach Abschluss der Arbeiten systematisch fragen, in welchem Maße sie womit zufrieden sind, um an Stärken und Schwächen besser arbeiten zu können.

„Ich rufe sie dann einfach an, nachdem der Auftrag erfüllt wurde", denkt er sich, aber seine Frau rät zur Vorsicht und dazu, eine solche Befragung besser direkt mit einem Fragebogen durchzuführen, den der Kunde ausfüllen kann, während z.B. Material und Werkzeug aufgeräumt werden.

Sekundärforschung

Sekundärforschung

Sekundärforschung ist eine eher indirekte Form der Marktforschung. Hier nutzt man Informationsquellen, die von anderen bzw. zu anderen Zwecken zusammengestellt wurden.

interne Sekundärforschung

Es gibt eine Fülle von Informationen, die innerhalb des eigenen Betriebs zur Verfügung stehen, wie z.B. Auftragsunterlagen, Kundendateien und das betriebliche Rechnungswesen. Nutzt der Unternehmer diese Informationen zu Marktforschungszwecken, betreibt er interne Sekundärforschung.

externe Sekundärforschung

Es gibt aber auch viele Informationen außerhalb des Unternehmens, z.B. von Medien (Fachpresse) oder Institutionen (insbesondere Handwerkskammern, Innungen, Fachverbänden, aber auch Hochschul- oder Marktforschungsinstituten, Banken oder Versicherungen), die das Unternehmen für die eigenen Zwecke nutzen kann. Externe Sekundärforschung ist das Erschließen dieser Informationen für die unternehmenseigene Marktforschung.

Beispiel: Ralf Weiss möchte nun genauer wissen, ob die Idee seiner Frau „strategischer Aufbau des Geschäftsfelds Privatkunden" ein erfolgversprechender Weg ist. Dazu ermittelt er anhand seiner Unterlagen folgende Informationen:

- Wie viele Angebote hat er im letzten Jahr für Privatkunden erstellt? Welchen Anteil an der Gesamtzahl der Angebote hatten diese? Aus wie vielen Angeboten ist tatsächlich ein Auftrag geworden (prozentualer Anteil = Auftragsquote)?
- Wie viel hat er an diesen Aufträgen verdient? Welche Deckungsbeiträge hat er erzielt? Wie verhält sich das im Vergleich zu den Deckungsbeiträgen, die er im Geschäft mit Bauträgern erzielt?
- Wie ist die Altersstruktur, wie die Eigentumsverhältnisse und die Wohnsituation der Privatkunden, für die er schon gearbeitet hat? Diese Informationen kann er seiner Kundendatei entnehmen - Voraussetzung dafür ist allerdings, dass diese aussagefähig und aktuell ist.

Ralf Weiss will nun auch wissen, ob die Idee seiner Frau, gezielt Senioren in den Blick zu nehmen, ausbaufähig ist. Er durchforstet nun ganz gezielt alle Informationsquellen. Und es verdichtet sich der Eindruck, dass Senioren eine interessante Zielgruppe für seinen Betrieb sein können. Kein Wettbewerber, dessen Website er aufruft, spricht diese Zielgruppe in besonderer Weise an.

Zudem erfährt er, dass Menschen der Zielgruppe „60+" Wert darauf legen, sich in den eigenen vier Wänden wohl zu fühlen. Viele davon wohnen in älterem Baubestand mit regelmäßigem Renovierungsbedarf, haben es gern sauber und ordentlich und legen nicht mehr - wie in früheren Lebensjahren - selbst Hand an, sondern vertrauen lieber darauf, dass ein verlässlicher, solider handwerklicher Anbieter Leistungen erbringt, die für ihr Wohlbefinden im eigenen Heim wichtig sind.

Die neue Zielgruppe scheint also gefunden. Doch jetzt heißt es, ins Detail gehen. Stärken und Schwächen, Chancen und Risiken, Pro und Contra des neuen Seniorenkonzeptes sind genau zu analysieren. Dann kann er entscheiden.

5 Methoden zur Entscheidungsvorbereitung und -findung

Risiken von Entscheidungen

Eine der wesentlichen Anforderungen an einen Unternehmer oder an einen Leistungsträger im Unternehmen ist es, Entscheidungen treffen zu können. Entscheidungen sind aber immer mit Risiken verbunden, sie bergen immer die Unsicherheit in sich, ob eine Alternative nicht doch zu einem besseren Ergebnis führt, die tatsächlichen Auswirkungen zeigen sich erst in der Zukunft.

Daher ist es wichtig, Methoden zu kennen, welche die eigenen Entscheidungen systematisch vorbereiten und eine Grundlage dafür schaffen, Entscheidungen zu treffen, die die zukünftige Situation des Unternehmens bestmöglich gestalten und Fehler weitestgehend vermeiden | ► Risikobewertung, S. 60 |.

5.1 Methode zur Ermittlung strategischer Geschäftsfelder

Die Ermittlung konkreter strategischer Geschäftsfelder beginnt mit zwei grundlegenden Überlegungen:

- Welche Zielgruppen sollen angesprochen werden?
- Welche Leistungen können/sollen erbracht werden?

Beide Aspekte - Zielgruppen und Produkte - können nicht getrennt voneinander betrachtet werden. Es macht keinen Sinn, Leistungen anzubieten, für die man keine Zielgruppen hat oder Zielgruppen anzusprechen, für die man keine Leistungen anbieten kann.

Wenn man aber beide Dimensionen miteinander verknüpft, dann erhält man strategische Geschäftsfelder.

> **Strategische Geschäftsfelder sind Zielgruppen-Produkt-Kombinationen.**

Bildung strategischer Geschäftsfelder

Eine relativ einfache Methode zur Ermittlung dieser Geschäftsfelder beginnt mit dem Erstellen einer Tabelle, in der die Zielgruppen eines Unternehmens die Spalten und die Produkte die Zeilen belegen. So sind Zuordnungen von Zielgruppen und Produkten möglich, die den Geschäftsfeldern des Betriebs entsprechen.

Dieses Vorgehen soll helfen, die eigene Geschäftstätigkeit abzubilden und dabei das eigene Marktpotenzial aufzuzeigen. Das gelingt, wenn Schwerpunkte des Unternehmens erfasst werden. Nicht sinnvoll ist es deshalb, dort ein Kreuz zu setzen, wo ganz selten einmal ein vereinzelter Auftrag erteilt wird.

Alles verstanden? Werden Sie im Sackmann-Lernportal aktiv!

Beispiel: Ralf Weiss erstellt für seine Geschäftstätigkeit folgende Tabelle:

	Privatkunden			gewerbliche Kunden	
	Bauherren	**Besitzer/ Sanierer**	**Mieter / Senioren**	**Bauträger**	**Hausverwaltungen**
Innenraum Standard	X		X	X	
Innenraum hochwertig		X	X		
Bodenbeläge	X	X	X		
Fassadengestaltung	X			X	X
Wärmedämmung	X	X		X	X

Auf Grundlage der Tabelle stellt er folgende Überlegungen an:

Bauherren fragen bei ihm eher Standardleistungen nach. Das erklärt Maler Weiss sich damit, dass in der Hausbauphase bei Leistungen, die man auch bei späterer Renovierung „upgraden" kann, eher Sparen angesagt ist. Haus- und Wohnungsbesitzer - besonders die, die ihre Immobilie selbst bewohnen - legen mehr Wert auf hochwertige Lösungen, wie er sie anbieten möchte. Das trifft auch auf ältere Mieter zu, die aber wiederum weder Leistungen im Bereich Fassadengestaltung noch im Bereich Wärmedämmung nachfragen, weil sie hierfür als Mieter nicht zuständig sind. Bauträgergesellschaften, die z.B. als Generalunternehmer Mehrfamilienhäuser bauen, sind auch eher an Standardleistungen interessiert. Und bei Hausverwaltungen ist es so, dass die, die an ihn herantreten, i.d.R. nichts mit der Ausstattung der einzelnen Wohnungen zu tun haben.

Diese differenzierte Betrachtungsweise zeigt deutlich, dass es die eine Strategie für ein Unternehmen gar nicht geben kann. Es sind vielmehr unterschiedliche strategische Ansätze für die unterschiedlichen Geschäftsfelder gefragt.

Bewertung strategischer Geschäftsfelder

Um herauszufinden, welches für den Unternehmenserfolg wirklich bedeutende Geschäftsfelder sind, muss eine Bewertung anhand der folgenden Kriterien erfolgen:

- Umsatzanteile,
- Gewinnanteile,
- Deckungsbeiträge | ► HF 1, Kap. 11.6 |.

5.2 SWOT-Analyse

Die SWOT-Analyse ist ein weiteres Instrument, die Situation des Unternehmens im Markt zu erfassen und daraus Strategien abzuleiten.

Kriterien der SWOT-Analyse

SWOT steht für

- Strenghts (Stärken des Unternehmens),
- Weaknesses (Schwächen des Unternehmens),
- Opportunities („Gelegenheiten" – Chancen im Markt),
- Threats („Bedrohungen" – Risiken im Markt).

In einer SWOT-Analyse werden zwei verschiedene Aspekte (Stärken und Schwächen des Betriebs einerseits und Chancen und Risiken | ► Risikobewertung, S. 60 | im Markt andererseits) zueinander ins Verhältnis gesetzt, um zu erkennen, wann bzw. wo die verschiedenen strategischen Ansätze sinnvoll sind. Daher muss man jedes der (wichtigen) strategischen Geschäftsfelder dahin gehend unter die Lupe nehmen, wo konkret Stärken entwickelt, Schwächen ausgeglichen, Chancen genutzt und Risiken gemindert werden können.

Stärken, bzw. Schwächen kann ein Betrieb am ehesten selbst beeinflussen (abhängige Kriterien, unternehmensbezogene Faktoren), während Chancen und Risiken im Markt in die Betrachtung einbezogen werden müssen, ohne dass man hierauf kurzfristig direkt Einfluss hätte (unabhängige Kriterien, Umweltfaktoren).

Bei der SWOT-Analyse folgt auf die Einschätzung der einzelnen strategischen Geschäftsfelder die Entwicklung konkreter strategischer Ansätze, die auf grundlegenden Strategiealternativen aufbauen.

SWOT-Matrix

SWOT-Analyse		**Unternehmen/betriebliche Faktoren**	
		Stärken	**Schwächen**
Markt-/Umweltfaktoren	**Chancen**	Chance im Markt, gleichzeitig Stärke des Betriebs Strategie: **Ausbauen** Verfolgen von neuen Chancen, die gut zu den Stärken des Unternehmens passen	Chance im Markt, gleichzeitig Schwäche des Betriebs Strategie: **Aufholen** Schwächen eliminieren bzw. Schwächen zu Stärken verändern, damit die Chance genutzt werden kann
	Risiken	Risiko im Markt, gleichzeitig Stärke des Betriebs Strategie: **Absichern** Stärken nutzen, um Risiken bzw. Gefahren abzuwehren	Risiko im Markt, gleichzeitig Schwäche des Betriebs Strategie: **Meiden** Vermeidungsstrategien entwickeln, um vorhandene Schwächen nicht zu einer betrieblichen Belastung werden zu lassen

Beispiel: Wie kann Ralf Weiss für seine Geschäftsfelder passende Strategieansätze wählen und umsetzen?

- Strategieansatz „Aufholen“

  Ralf Weiss sieht Marktchancen im Geschäftsfeld „Wärmedämmung für Hauseigentümer/Sanierer“. Er weiß, dass energetische Gebäudesanierung vom Staat gefördert wird und dass viele Gebäude im Ort hierfür in Frage kommen.

  Allerdings hat er dieses Geschäftsfeld bislang nicht systematisch bearbeitet. Einige Wettbewerber haben hier einen Vorsprung, sodass er aufholen muss, indem er z.B. seine Kompetenzen zielgerichtet erweitert, seine Mitarbeiter auf entsprechende Schulungen schickt und anlässlich der Immobilienmesse, die demnächst stattfinden wird, Informationsmaterial verteilt.

- Strategieansatz „Ausbauen“

  Angeregt durch die Idee seiner Frau, sieht er Chancen in den Geschäftsfeldern „Innenraumgestaltung Standard und hochwertig für die Zielgruppe 60+“. Seine Wettbewerber treten hier noch nicht systematisch in Erscheinung und außerdem liegt hier seine besondere Stärke, denn er verfügt über alle notwendigen Kompetenzen und hat ein Händchen im Umgang mit älteren Menschen.

  Dieses Geschäftsfeld auszubauen heißt, z.B. auf Kundenorientierung und Service zu setzen, um weiterempfohlen zu werden. Er hat vor, seine Mitarbeiter dahingehend schulen zu lassen, damit sie nicht nur sauber und ordentlich arbeiten, sondern auch höflich, sympathisch und wertschätzend mit Kunden umgehen.

- Strategieansatz „Absichern“

  Ralf Weiss hat durch die Bewertung seiner Geschäftsfelder festgestellt, dass er im Bereich „Innenraumgestaltung für Bauträgergesellschaften“, also z.B. Erstausstattung von Neubauwohnungen in Mehrfamilienhäusern, zwar viel Umsatz erzielt, aber wenig Erträge erwirtschaftet. Diese Leistungen zu erbringen, fällt seinen Mitarbeitern leicht und er hat einen guten Stand bei dieser Zielgruppe.

  Aber dieses Marktsegment ist hart umkämpft, es lassen sich keine attraktiven Preise erzielen und die Abhängigkeit von wenigen Großkunden bereitet ihm Sorge. Sich hier abzusichern, heißt für ihn, seine Verbindungen zu pflegen, aber auch seine Preisuntergrenzen zu kennen und zu beachten und zudem gezielt die Geschäftsfelder zu entwickeln, mit denen er höhere Erträge erzielen kann.

- Strategieansatz „Meiden“

  Und schließlich fällt ihm auf, dass er im Geschäftsfeld „Bodenbeläge für Bauherren“ ein Problem hat: Private Bauherren sparen meist an den Dingen, die bei der nächsten Renovierung verbessert werden können, und das betrifft auch hochwertige Bodenbeläge. Zudem ist er hier im Wettbewerb mit Teppichmärkten nicht konkurrenzfähig. Er selbst muss die Ware zukaufen und verdient nicht viel an der Verlegung.

  Also sollte er es vermeiden, hier Aufträge zu übernehmen. Kann er solche Leistungen zu einem akzeptablen Preis „mitverkaufen“ - gut. Falls nicht, sollte er vielleicht auf Kooperationspartner verweisen.

Planen der Ressourcen nach Geschäftsfeldern

Für den Unternehmer ist die Ermittlung der Erfolg versprechenden Geschäftsfelder von ganz zentraler Bedeutung. Auf die falschen Geschäftsfelder zu setzen, bedeutet in jedem Fall Ressourcen des Unternehmens zu verschwenden, da sie - an anderer Stelle eingesetzt - deutlich mehr Ertrag bringen könnten. Es wird auch nicht erkannt, wo im Unternehmen grundsätzliche Veränderungen nötig sind. An die Ermittlung der wesentlichen Geschäftsfelder schließen sich die Fragen an,

- wo Kapazitäten (Mitarbeiter, Material- und Maschineneinsatz, Lager- und Verkaufsfläche etc.) sinnvoll, d.h. Ertrag bringend, eingesetzt werden können,
- wo welche Preisuntergrenzen beachtet werden müssen,
- welche Geschäftsfelder gezielt mit Werbemaßnahmen gefördert werden können und welche nicht,
- in welchen Geschäftsfeldern Kompetenzen gesichert und gefördert werden müssen (Personalentwicklung, z.B. Schulung der Mitarbeiter),
- wo zusätzliche Investitionen (Betriebserweiterung, neue Maschinen und Werkzeuge) sinnvoll und notwendig sind.

5.3 Pro-Contra-Analyse

Eine Strategie umzusetzen, ist etwas, das gut durchdacht sein will, denn Strategien wirken mittel- bis langfristig. Die richtige Strategie kann erfolgsbestimmend für die Zukunft des Unternehmens sein. Eine Fehlentscheidung zu treffen, kann auf der anderen Seite dazu führen, dass man bestenfalls unter seinen Möglichkeiten bleibt und schlimmstenfalls die Marktsituation des Unternehmens gefährdet.

Es ist darum naheliegend, sich intensiv und systematisch mit den Vorteilen (Pro) und den Nachteilen (Contra) von dem, was man vorhat zu beschäftigen.

Beispiel: Malermeister Ralf Weiss steht vor der Entscheidung, seinem Unternehmen eine neue Ausrichtung zu geben, indem er sich verstärkt darauf konzentriert, Leistungen für ältere Zielgruppen zu erbringen.

Was spricht dafür?	Was spricht dagegen?
Es gibt es größere Preisspielräume, denn hier zählt nicht nur der niedrigste Preis.	Diese Zielgruppen sind anspruchsvoll in puncto Service, Umgangsformen etc. Weiss müsste seine Mitarbeiter entsprechend schulen.
Die Bedarfsstruktur ist vorteilhaft, denn ältere Kunden sind treue Kunden, die oft nicht mehr selbst renovieren.	Es ist ein höherer Aufwand, viele kleine Baustellen einzurichten (Planung und Koordination, nicht direkt produktive Zeiten, Beschaffung).
Im Einzugsbereich des Betriebs gibt es viele potenzielle Kunden (zahlreiche Seniorenresidenzen, hoher Bestand an älteren Immobilien in Privatbesitz).	Ralf Weiss muss sich bei diesen Zielgruppen verstärkt „bekannt machen", denn er hat hier noch nicht den Ruf, den er in seinen etablierten Geschäftsfeldern hat.
.....	.....

Gewichtung der Argumente

Neben der bloßen Gegenüberstellung von Vor- und Nachteilen ist bei der Pro-Contra-Analyse Folgendes zu beachten. Es reicht nicht aus, die Vorteile einerseits und die Nachteile andererseits nur zu zählen und die Entscheidung danach zu treffen, welche Seite überwiegt. Manche wiegen schwerer als andere. Darum sollte man jedes Pro und Contra gewichten, ihnen also eine Bedeutung zumessen. Schwerwiegende Vorteile kann man mit z.B. mit drei Punkten gewichten, leichtere mit nur einem Punkt. Für die Nachteile gilt dasselbe. Zur Entscheidungshilfe kann man nun die Summe der Punkte heranziehen. Diese Methode setzt voraus, dass man die Argumente für Pro und Contra möglichst exakt und voneinander abgrenzbar angibt.

Beispiel: Malermeister Ralf Weiss möchte die Vor- und Nachteile seines Vorhabens gewichten. Deshalb vervollständigt er seine Gegenüberstellung wie folgt:

Was spricht dafür?	Was spricht dagegen?
größere Preisspielräume sind direkt ertragswirksam 3 Punkte	Mitarbeiterschulung erforderlich (fällt weniger stark ins Gewicht, da der Betrieb in mehrfacher Hinsicht davon profitiert - z.B. Teambildung - und der einmalige Aufwand eine Investition darstellt) 2 Punkte

Was spricht dafür?	Was spricht dagegen?
Möglichkeiten der Kundenbindung (wichtig wegen der Chance auf Empfehlungen und regelmäßigen Umsatz, andererseits nimmt Potenzial auch in sehr hohem Alter der Kunden wieder ab) 2 Punkte	höherer Planungsaufwand (bei Standardleistungen geringerer Planungsaufwand als z.B. bei der Erstellung komplexer Leistungsverzeichnisse und Angebote) 3 Punkte
großes Potenzial an zusätzlicher Kundschaft (demografischer Wandel und der Bau von Seniorenresidenzen versprechen mit diesem neuen Zweig ein sicheres Standbein). 3 Punkte	erhöhte Werbeaufwendungen (Mehraufwendungen sind nötig, die aber durch das Empfehlungsverhalten der Kunden - kostenlose Mundpropaganda - ergänzt werden) 2 Punkte
.....	.....

Bewertung der Argumente

Eine weitere Verfeinerung der Pro-Contra-Analyse kann man erreichen, wenn man statt einer solchen Gewichtung den einzelnen Vor- und Nachteilen Werte beimisst, z.B. indem man das, was das Vorhaben bringt und das, was es kostet z.B. in Geldeinheiten bewertet.

Beispiel: Für das oben genannte Beispiel könnte das wie folgt aussehen:

Pro	Wert pro Jahr
erhöhte Preisspielräume	Mehrumsatz durch höhere Gewinnzuschläge, z.B. 5 % bei einem Umsatzziel von € 500 000,- in diesem Segment Mehreinnahmen von € 2 500,-
günstige Bedarfsstruktur	erhöhte Kundenbindung - durchschnittl. Umsatz pro Kunde (langfristig) vorsichtige Schätzung: ein durchschnittl. Umsatz pro Kunde € 1 500,- ergibt bei Renovierung alle 5 Jahre € 3 000,- auf 10 Jahre gerechnet - bei 50 Stammkunden ergeben sich € 150 000,- für 10 Jahre und pro Jahr € 15 000,-

Pro	Wert pro Jahr
viele neue potenzielle Kunden	x % älterer Einwohner als neue Kunden - Auftragspotenzial (aktuell) in den Seniorenresidenzen in der näheren Umgebung wohnen ca. 500 Senioren, bei einem geschätzten Umsatz von € 1 500,– in den kleineren Wohneinheiten ergibt sich ein Potenzial eines zusätzlichen Umsatzes (wenn pro Jahr 5 % der Senioren als Kunden gewonnen werden können) von € 37 000,-
Contra	**Wert pro Jahr**
gehobene Ansprüche der Kunden	Schulungsaufwand bei einer Inhouse-Schulung Kosten von € 1 000,-
erhöhter Planungsaufwand	x Baustellen im Jahr zusätzlich - damit verbunden Aufwendungen 50 Stammkunden x 2 Renovierungen in 10 Jahren = 100 Baustellen oder 10 zusätzliche Baustellen pro Jahr. Bei einem geschätzten Mehraufwand in Höhe von € 300 (pauschal geschätzt) ergibt sich ein Mehraufwand von € 3 000,-
sich bekannt machen müssen	um Senioren als Kunden zu gewinnen, wird für Zeitungsanzeigen, Flyer und Werbegeschenke ein Jahresbudget veranschlagt in der Höhe von € 3 000,-

Durch die Zuordnung konkreter Werte werden die Vor- und Nachteile noch transparenter und Entscheidungen greifbarer. Diese Methode der Entscheidungsfindung rückt in die Nähe der Wertanalyse | ► HF 3, Kap. 20.3 |.

5.4 Vorgehen auf internationalen Märkten

Marktchancen zu erkennen – das bezieht sich nicht nur auf Inlandsmärkte. Wer einen Handwerksbetrieb strategisch und zukunftssicher am Markt aufstellen will, kann Auslandsmärkte nicht außen vor lassen.

Tests und Aufgaben zu diesem Kapitel finden Sie im Sackmann-Lernportal.

Beispiel: Der Auszubildende Pit erzählt in der Frühstückspause begeistert von seinem Auslandsaufenthalt und seiner Arbeit dort. Einer der Gesellen ist skeptisch. „Und was hat das jetzt gebracht", fragt er. „Du hast im Betrieb gefehlt und die Arbeit ist doch dieselbe. Letztlich kochen doch alle nur mit Wasser."

Pit widerspricht: „Nein, das ein oder andere läuft schon anders und das ist auch interessant für unsere Arbeit. Und in dem Betrieb, in dem ich gearbeitet habe, hält man große Stücke auf die Ausbildung in Deutschland und Leistung ‚made in Germany'. Der Chef hat mich gefragt, ob man nicht kooperieren könnte, denn es gibt dort Nachholbedarf, wenn es um Sanierung, z.B. Wärmedämmung, Betonsanierung oder die Beseitigung von Feuchteschäden geht. Wäre das denn nichts für uns?"

Die Qualität deutscher Handwerkleistungen ist in vielen Ländern gefragt, sodass sich hier vielfach gute Chancen für Handwerksbetriebe ergeben. Und das betrifft sowohl ausländische Auftraggeber wie auch inländische Kunden, die z.B. über eine Immobilie im Ausland verfügen.

Dabei ist es erforderlich, sich über rechtliche und wirtschaftliche Rahmenbedingungen in Auslandsmärkten und die Chancen und Risiken in diesem Markt zu informieren.

Informationsquellen

Informationsquellen können sein:

- Handwerkskammern mitunter auch Innungen und Fachverbände geben vielfältige Hilfestellungen. Die Kammern haben z.B. größtenteils eigene Stellen eingerichtet, die Betriebe in der Aufnahme von Auslandskontakten und der Abwicklung von Aufträgen im Ausland beraten und unterstützen.
- Daneben gibt es viele Informationsquellen, z.B. das Bundes- oder die Landeswirtschaftsministerien und die Außenwirtschaftsabteilungen der Kreditinstitute.
- Vielfach bieten kommunale Wirtschaftsförderungsorganisationen Reisen ins Ausland an, die der Information und Auftragsanbahnung dienen.
- Handwerkskammern informieren über die Möglichkeiten, sich an Messen und Ausstellungen im Ausland zu beteiligen oder organisieren Gemeinschaftsstände auf diesen Veranstaltungen.
- Ob und inwiefern es Fördermöglichkeiten gibt, ist über die Förderdatenbank[1] in Erfahrung zu bringen.

[1] *www.foerderdatenbank.de*

Beispiel: Ralf Weiss ist noch unsicher bezüglich der Abwicklung von Aufträgen ausländischer Kunden. Er schreibt auf, was genau er unbedingt in Erfahrung bringen will:

- Welche Normen gelten in anderen Ländern?
- Was ist bzgl. der Besteuerung zu beachten?
- Wie kann man Zahlungsausfallrisiken absichern?
- Welche tariflichen und steuerlichen Regelungen gibt es bei der Entsendung von Mitarbeitern ins Ausland?
- Welche kulturellen Besonderheiten sind zu beachten? Wie soll man sich verhalten, um nicht „anzuecken“? - Manche Verhaltensweisen, die in der täglichen Arbeit durchaus üblich sind, können in anderen Kulturen einen Tabubruch bedeuten!

Er hat vor, demnächst einmal zur Handwerkskammer zu gehen. Hier kann man ihm bei der Beantwortung seiner Fragen sicher weiter helfen.

Kompetenzen

Das sollten Sie als zukünftiger Meister können:

- ✔ Informationsquellen zu Produkt- und Dienstleistungstrends systematisch erkunden, unter Berücksichtigung der Unternehmens- und Marktbedingungen auswerten und dokumentieren,
- ✔ Methoden der Marktforschung im Hinblick auf ihre Einsatzmöglichkeiten abwägen und auswählen,
- ✔ Kundendaten auswerten,
- ✔ Kundenbefragungen vorbereiten und durchführen,
- ✔ Stärken-Schwächen und Chancen-Risiken-Analysen (SWOT-Analysen) durchführen und Strategien ableiten,
- ✔ Pro-Contra-Analyse durchführen.

Einsatzmöglichkeiten von Marketinginstrumenten für Absatz und Beschaffung von Produkten und Dienstleistungen begründen

C

Sabrina ist ganz begeistert, dass ihr Mann, Malermeister Ralf Weiss, die Senioren als neue Zielgruppe in den Blick genommen hat. Und nun heißt es, konkret werden und die Idee „Marketing 60+“ in gut überlegte Maßnahmen umzusetzen. „So, jetzt bist du gefragt.“ Neugierig setzt sich Ralf Weiss zu seiner Frau ins Büro. „Wie machen wir denn nun aus der neuen Zielgruppe auch unsere Kunden?“

„Also, bei den Leistungen, die wir anbieten, steht für ältere Menschen sicher nicht der Preis im Vordergrund, sondern die Qualität. Sie wollen das gute Gefühl haben, dass alles auf Anhieb perfekt ausgeführt wird, mit Mängeln irgendwelcher Art wollen sie sich nicht mehr belasten. Und sie wünschen sich weitgehend alle Leistungen aus einer Hand, damit sie nicht zu viele Ansprechpartner haben, wenn sie sich zu einer Renovierung entschließen. Da müssen wir uns mit unserem Angebot noch breiter aufstellen als bisher. Und ganz sicher wissen sie außergewöhnlichen Service zu schätzen.

Erreichen müssen wir sie natürlich auch mit unserem Angebot: wir müssen unsere Website um Aussagen erweitern, mit denen wir Senioren gewinnen können. Wir sollten Flyer streuen, im Golfclub ebenso wie in Seniorenwohnanlagen. Auch Anzeigen z.B. im Gemeindeblättchen kommen in Frage, ältere Menschen lesen diese aufmerksam. Und bei der nächsten Seniorenmesse sind wir natürlich auch dabei.“

6 Marketingfunktionen und -instrumente auf der Absatzseite

Auf dem Weg zu dem Ziel, eine neue Zielgruppe zu Kunden des Unternehmens zu machen, müssen Strategien entwickelt werden, wie Marketinginstrumente eingesetzt werden sollen, um das Ziel bestmöglich zu erreichen. Die Auswahl der Instrumente und ihre Gestaltung vor dem Hintergrund eines konkreten Ziels bezeichnet man als Marketing-Mix | ► HF 2, Kap. 10 |.

Marketing-Mix

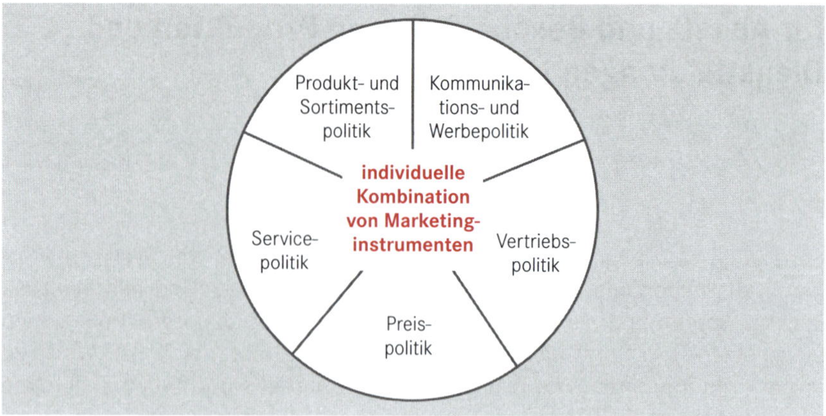

6.1 Kundenorientierung und Kundenbehandlung

Der Einsatz der Marketinginstrumente führt nur dann zu Erfolg, wenn diese im Kern an den Bedürfnissen des Kunden ausgerichtet sind. Die Märkte sind i.d.R. Käufermärkte, d.h., dass viele Anbieter um dieselben Zielgruppen konkurrieren. Der Käufer ist also derjenige, der entscheiden kann, welchen Anbieter er bevorzugt.

Kunden wissen aber nicht, sondern können nur einschätzen, welche Qualität des Produkts bzw. der Dienstleistung sie nach der Auftragsvergabe erwartet und verfügen i.d.R. auch nicht über die fachliche Kompetenz für eine klare Bewertung.

Deshalb ist nicht nur die handwerkliche Leistung eines Anbieters für den Kunden als Beurteilungskriterium entscheidend und führt am Ende zu seiner Zufriedenheit, sondern z.B. auch das Auftreten des Handwerkers, die Qualität der Beratung und die Art und Weise, wie man mit ihm als Kunden umgeht. Das trifft insbesondere auf das Handwerk zu, da der Handwerker i.d.R. im engen Kontakt zum Kunden steht.

Kundenorientierung ist die bewusste, systematische und konsequente Ausrichtung aller Unternehmensaktivitäten auf die Bedürfnisse des jeweiligen Kunden.

Kundenzufriedenheit

Zufriedene Kunden

- kommen auch bei erneutem Bedarf gern wieder auf einen Handwerksbetrieb zu, mit dem sie gute Erfahrungen gemacht haben,
- tragen ihre positiven Erfahrungen weiter und empfehlen das Unternehmen in ihrem Bekanntenkreis. So wird der gute Ruf des Betriebs hergestellt und gefestigt,

- und haben somit ganz erheblichen Anteil an der positiven wirtschaftlichen Entwicklung eines Betriebs. In manchen Marktbereichen (vorwiegend bei Privatkunden) kann es so sein, dass Preise zwar nicht unwichtig, aber zweitrangig werden - vorausgesetzt, man schafft es, eine Vertrauensbasis und eine persönliche Bindung herzustellen.

  Diese wird vom Kunden oft mehr geschätzt als die Tatsache, dass ein anderer Anbieter geringfügig preiswerter auftritt. Kundenorientierung kann also ein entscheidender Wettbewerbsvorteil sein.

Absatz- und Beschaffungsmärkte

In Absatzmärkten für Handwerksbetriebe ist es der Kunde, der handwerkliche Leistungen nachfragt und in Beschaffungsmärkten ist es der Handwerksbetrieb, der entscheidet, mit welchen Herstellern, Händlern und sonstigen Dienstleistern er zusammenarbeitet.

Wenn ein Handwerker z.B. bei seiner Entscheidung für einen Lieferanten Kriterien wie Termintreue, Zuverlässigkeit, Betreuung, Service sowie Freundlichkeit und Ansprechbarkeit der Mitarbeiter zu Grunde legt, sollte er davon ausgehen, dass seine Kunden diese Kriterien auch bei ihm prüfen.

Beispiel: Ralf Weiss bekommt Besuch von einem Außendienstmitarbeiter eines industriellen Farben- und Lackherstellers, dessen Produkte er verwendet und informiert sich über neue Produkte.

Dieser schlägt ihm vor: „Herr Weiss, treten Sie doch unserem Kundenclub bei. Das ist für Sie zunächst nicht mit Kosten verbunden und wir unterstützen Sie gern mit Schulungen, Ihren Betrieb immer aktuell am Markt auszurichten. Wir stellen unseren Mitgliedern auch Werbemittel zur Verfügung.“ Ralf Weiss ist begeistert von diesem Angebot.

Kundenerwartungen

Welche Erwartungen haben Kunden an einen Handwerksbetrieb?

- Zuverlässigkeit

  Kunden müssen sich auf alle Zusagen (z.B. Terminzusagen oder Qualitätsversprechen) des Handwerksbetriebs verlassen können.

- Ordnung und Sauberkeit

  Sach- und fachgerechte Ausführung von Arbeiten erwartet jeder Kunde. Ordnung und Sauberkeit sollten diese Arbeit begleiten.

  Sorgsam mit dem Eigentum des Kunden umzugehen, anfallenden Schmutz zu entfernen und Maßnahmen zu treffen, dass unvermeidliche Schmutzentstehung gar nicht erst unangenehm auffallen kann, gehören genauso dazu wie der ordentliche Zustand von Werkzeugen und ein angemessenes äußeres Erscheinungsbild der Mitarbeiter.

- Freundlichkeit

  „Wenn du nicht lächeln kannst, dann eröffne kein Geschäft" heißt es. Jeder Kunde misst seinen Anbieter an der Art und Weise, wie er ihm begegnet. Freundlichkeit im Umgang mit Kunden gehört genauso zur Professionalität eines Handwerksbetriebs wie eine qualitativ hochwertige Leistung.

- Transparenz

  Kunden wollen während der Auftragsabwicklung durchgängig informiert werden. Das betrifft die Erläuterung der Leistungen, die man erbringt, genauso wie die Weitergabe von Informationen zum Fortgang der Arbeit oder die Erklärung von Angebot und Rechnung.

Kundenorientierung ist die Aufgabe eines jeden Mitarbeiters, jeder vertritt das Unternehmen nach außen und ist darum für den Ruf des Unternehmens mit verantwortlich.

Beispiel: Ralf Weiss fragt die Kundin zum Abschluss des Auftrags, ob sie zufrieden sei. „Also, um ehrlich zu sein", sagt Frau Schmidt, „hat mich gestört, dass Ihr Mitarbeiter eine Stunde zu spät gekommen ist. Da hätte er doch mal eben anrufen können. Und er gehört wohl eher zur zurückhaltenden Sorte. Er hat die Zähne ja kaum auseinander bekommen."

Ralf Weiss bespricht das im Anschluss mit dem Gesellen, trifft aber zunächst auf Unverständnis. „So lange ich gut arbeite, ist doch alles ok, oder?"

„Nein", sagt der Malermeister, „die Wettbewerber arbeiten auch gut. Das reicht nicht, das setzen die Kunden und das setze ich einfach voraus. Unsere Leistungen sind aus Kundensicht meist mit denen unserer Wettbewerber vergleichbar, aber die Art und Weise, wie wir mit Kunden umgehen - das macht den Unterschied und unseren Erfolg aus."

Servicepolitik

Kundenorientierung/ Service

Kundenorientierung ist die Leitidee, die grundlegend ist für das Verstehen der Bedeutung von Kundenbeziehungen für den Erfolg des Unternehmens. Service ist das, was genau diese Idee mit Leben erfüllt und für den Kunden greifbar macht.

Beispiel: Wenn das Team von Ralf Weiss den Kunden freundlich gegenübertritt, dann ist das Kundenorientierung. Wenn den Kunden eine Tasse Kaffee angeboten wird, dann ist das Service.

Wenn Ralf Weiss seine Kunden gemäß ihren Bedürfnissen berät, dann ist das Kundenorientierung. Tut er das in den Abendstunden, dann ist das Service.

Kaum ein anderer Begriff wird so missverständlich verwendet wie der Begriff „Service“. Manches, das selbstverständlich gegeben sein sollte (z.B. Freundlichkeit und verständliche Beratung), wird ebenso als Service bezeichnet wie anderes, das eigentlich zum Leistungsspektrum eines Betriebs gehört (Klima-Service in einer Kfz-Werkstatt oder Wartungsservice).

Service umfasst alle Maßnahmen, die ein Betrieb einsetzt, um seinen Kunden über die reine Bedarfsdeckung im Rahmen einer Leistung hinaus einen Zusatznutzen zu verschaffen.

Leistung/Service

Die betrieblichen Leistungen sollen Umsatz und Gewinn generieren, indem die Bedürfnisse der Kunden befriedigt werden. Service dient dazu, neue Kunden zu gewinnen und Stammkundschaft an den Betrieb zu binden. Das Backen und Verkaufen von Brötchen gehört zum Leistungsangebot einer Bäckerei, das Liefern der Backwaren nach Hause ist ein Service. Das Instandsetzen defekter Scheinwerfer ist Leistung einer Kfz-Werkstatt, der kostenlose Lichttest ist Service.

kostenfreier/ kostenpflichtiger Service

Nicht alle Servicemaßnahmen sind für den Kunden kostenlos. Der oben erwähnte Lichttest in der Kfz-Werkstatt ist es z.B., aber für die Einlagerung von Winterrädern könnte das gleiche Unternehmen eine Pauschale in Rechnung stellen, die zur Deckung der damit verbundenen Kosten beiträgt, ohne dass damit direkt schon nennenswert Gewinn erwirtschaftet werden könnte. Ob ein Service kostenfrei oder kostenpflichtig ist, hängt von der Wettbewerbssituation und der betriebswirtschaftlichen Situation des Betriebs ab.

Beispiel: Malermeister Ralf Weiss und seine Frau überlegen, welchen Service sie schon bieten:

- Abrücken/Demontage von Möbeln,
- Abnehmen von Gardinen, Bildern, Lampen etc.,
- „Urlaubsservice – Sie fahren in Urlaub und wir renovieren Ihre Wohnung“,
- Vermittlung von Leistungen anderer Gewerke (z.B. Gerüstbau, Fliesenleger, Elektroinstallationen etc.).

„Du könntest den Kunden morgens auch ein paar frische Brötchen mitbringen“, sagt Sabrina Weiss. Und der Außendienstmitarbeiter des Farben- und Lackherstellers hat dir doch angeboten, einmal im Jahr eine Betriebsbesichtigung für dich und deine Kunden zu organisieren. Und kleinere Handreichungen durchzuführen, wie z.B. in der Wohnung älterer Kunden mal die Birnen in den Deckenleuchten zu ersetzen, gehört genauso dazu.“

6.2 Produkt- und Sortimentspolitik

6.2.1 Produktpolitik

Die Entscheidungen, welche Produkte in welchen Varianten angeboten werden sollen und wie umfangreich das Leistungsspektrum (Sortiment) des Unternehmens sein soll, gehören zum Marketinginstrument der Produkt- und Sortimentspolitik | ► HF 2, Kap. 10.1 |.

Das Sortiment eines Unternehmens ist nichts, was langfristig unverändert bleiben kann. Märkte ändern sich ständig, Trends kommen und gehen, und ein Unternehmen muss sich dem anpassen, wenn es am Markt bestehen will.

Die Entscheidungsalternativen in der Produktpolitik sind in der folgenden Abbildung dargestellt.

produktpolitische Entscheidungen

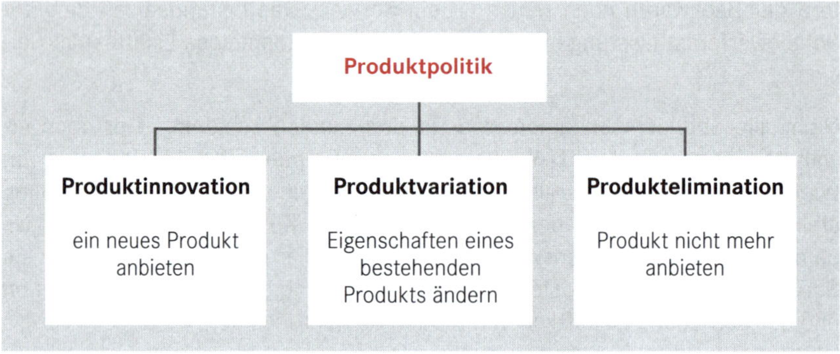

Produktinnovation

echte Produktinnovation/ Me-too-Produkte

„Innovation" bedeutet, dass ein Betrieb ein Produkt anbietet, das vorher nicht im Sortiment war. Je nachdem, wie neu dieses Produkt ist, unterscheidet man echte Innovationen und Me-too-Produkte.

Echte Innovationen sind Marktneuheiten, also etwas, das im Unternehmen entwickelt wurde und das es auch bei Wettbewerbern noch nicht gibt.

Me-too-Produkte dagegen sind Produkte, die von anderen Unternehmen bereits angeboten werden, die aber im Sortiment des eigenen Betriebs neu sind. Ein Me-too-Produkt nimmt z.B. ein Dachdeckerbetrieb auf, wenn er zusätzlich in den Marktbereich Solartechnik vordringt.

Neue, lukrative Marktsegmente können besetzt werden, wenn es dem Betrieb gelingt, sich in diesem Markt mit schon positionierten, aktiven Wettbewerbern zu etablieren.

Für diesen Schritt sind Investitionen nötig, die im Voraus berücksichtigt werden müssen, z.B. die Schulung der Mitarbeiter, Ausrüstung und Ausstattung und Werbemaßnahmen, die ihn bekannt machen.

Oft ist es aber nicht nur der Reiz lukrativer Marktsegmente, der zur Innovation anregt. Vielmehr ist Innovation in vielen Fällen unverzichtbar, denn der Wandel in Märkten, neue Materialien und Techniken, neue Trends und Konsummotive oder die Änderung rechtlicher Rahmenbedingungen können nicht ignoriert werden, wer nicht mitzieht, bleibt zurück.

Produktvariation

Wenn Produkte, die bereits im Leistungsspektrum eines Betriebs geführt werden, verändert werden, dann spricht man von Produktvariation. Manchmal ist diese Veränderung mit einer Verbesserung verbunden (Produktverbesserung), manchmal ändert sich nur die Optik eines Produkts (Face-Lift), z.B. durch eine neue Verpackung oder eine sonstige Veränderung, die aber nicht den Kern der Leistung verändert.

Produktverbesserung/ Face-Lift

Beispiel: Luigi Marcello verfeinert die Rezeptur eines seiner Produkte und verbessert so die Qualität (z.B. Haltbarkeit, Bekömmlichkeit). Hierbei handelt es sich um eine Produktverbesserung. Verändert er die Form seiner Produkte, indem er seine klassischen, runden Torten nun auch in eckigen Formen anbietet, wobei die Rezeptur unverändert bleibt, handelt es sich um ein Face-Lift.

Produktelimination

Manche Produkte, die nicht mehr den gewünschten Absatz finden, sollten mindestens mittelfristig gar nicht mehr angeboten werden. Das kann eine betriebswirtschaftlich wichtige Entscheidung sein, denn „Ladenhüter" binden Kapital und Kapazitäten der Mitarbeiter, die bei anderen Produkten gewinnbringender wären und belegen Lager- und Verkaufsfläche, die mit gängigeren Produkten besser genutzt wäre. Solche Produkte können auch das Image eines Unternehmens negativ beeinflussen („altbacken", „nicht auf der Höhe der Zeit").

Ihren persönlichen Zugang zum Sackmann-Lernportal finden Sie auf Seite 3.

6.2.2 Sortimentspolitik

Insbesondere Entscheidungen zu Produktinnovation und -elimination haben Auswirkungen auf das Sortiment insgesamt. Innovationen verbreitern oder vertiefen das Sortiment und führen zu neuen Schwerpunkten im Sortiment. Eliminationen verflachen oder verschmälern das Sortiment | ▸ HF 2, Kap. 10.1 |.

Produktdifferenzierung

Variante des Produkts

Durch Produktdifferenzierung wird das Angebot um eine Variante des Produkts erweitert. Eine Variante schafft die Möglichkeit, bisher noch nicht erreichte Käuferschichten anzusprechen.

Beispiel: Luigi Marcello bietet seine beliebten Ciabatta-Brote jetzt auch mit glutenfreiem Mehl an, ein Angebot das sich gezielt an Allergiker richtet.

Produktdiversifizierung

neue Produkte im Sortiment

Eine weitere Form, das Sortiment eines Unternehmens zeitgerecht und ertragsreich zu gestalten ist die Diversifizierung. Hierbei werden zusätzliche Produkte in das Sortiment aufgenommen, die mit den bisher angebotenen Leistungsbereichen nicht unbedingt im Zusammenhang stehen müssen. Man versucht damit, für den Betrieb ein weiteres Standbein im Markt zu schaffen, um zusätzliche Erträge zu erwirtschaften und das unternehmerische Risiko auf breiterer Basis zu streuen.

Beispiel: Ralf Weiss hat bislang seinen Angebotsschwerpunkt bei der Gestaltung von Innenräumen und Fassaden. Jetzt, wo er einen neuen betrieblichen Schwerpunkt mit der Ausrichtung der Leistungen auf ältere Zielgruppen legen will, bekommt er häufiger Anfragen, die auch die Ausstattung der Wohnungen mit Bodenbelägen betreffen. Nun überlegt er sich, ob das nicht ein eigener, neuer Leistungsbereich werden sollte.

Markenpolitik

Marken als Qualitätsträger

Marken sind Produktnamen, die meist mit hohem Qualitätsanspruch in Verbindung gebracht werden und auch häufig einen Prestigewert haben. Sie werden über den Namen mit dem Produkt an sich in Verbindung gebracht (z.B. „Tempo“ steht für „Papiertaschentuch“). Für Handwerksbetriebe gibt es zwei mögliche Ansätze:

- Man kann Hersteller- oder Handelsmarken gezielt ins Sortiment aufnehmen und in das Leistungsspektrum einbinden (ein Elektrobetrieb empfiehlt und vertreibt z.B. Hausgeräte eines speziellen Markenherstellers).

- Der Betrieb an sich kann - zumindest regional - zur eigenen Marke werden. Warum sollten nicht auch Panino-Brot, Schwarz-Elektronik oder Mainau-Dächer zu einem Synonym für hohe Qualität werden? Markennamen sollten zum Kauf motivieren, leicht zu merken und unterscheidbar sein.

6.3 Preispolitik

Jede Entscheidung, die sich mit der Festsetzung der Preise für die betrieblichen Leistungen und mit der Gestaltung der hier evtl. bestehenden Preisspielräumen beschäftigt, gehört zum Marketinginstrument der Preispolitik | ► HF 2, Kap. 10.2 |.

Im Wettbewerb spielen Preise mitunter eine entscheidende Rolle. Preise sind für Kunden eine klare Größe - sie können beurteilt und verglichen werden, während die jeweiligen betrieblichen Leistungen und ihre Unterschiede oft nicht so transparent sind.

In diesem Zusammenhang zeigt die Preispolitik gegenüber den anderen Marketinginstrumenten einige Besonderheiten, die ihr bei Steuerung von Absatz, Marktanteil und Gewinn auch eine besondere Rolle zuweisen.

- Wirkungsstärke *Wirkungsstärke*

  Preisänderungen bewirken i.d.R. bei der Zielgruppe starke Änderungen der Nachfrage.

- Wirkungsgeschwindigkeit *Wirkungsgeschwindigkeit*

  Wird der Preis geändert, so reagiert die Zielgruppe sehr schnell darauf. Schon innerhalb weniger Stunden (z.B. bei Benzinpreisen) kann eine Kaufentscheidung beschlossen oder verworfen werden.

- Flexibilität *Flexibilität*

  Preisänderungen können i.d.R. kurzfristig umgesetzt werden. Aktivitäten in der Produkt- und Kommunikationspolitik beanspruchen vergleichsweise deutlich längere Vorbereitungen.

- Reaktionsverbundenheit *Reaktionsverbundenheit*

  Auch die Wettbewerber können ebenso schnell ihre Preise veränderten Situationen anpassen.

Da die Reaktionen der Kunden und Konkurrenten und damit die langfristigen Folgen auf Preisaktivitäten nicht einfach abzuschätzen sind, ist die Preispolitik schwierig und risikoreich. Fehleinschätzungen und „Schnellschüsse" können zu belastenden und schwer umkehrbaren Problemsituationen führen (Preiskämpfe, Gewinneinbrüche).

Es lassen sich verschiedene Aspekte der Preisermittlung unterscheiden.

Preisermittlung

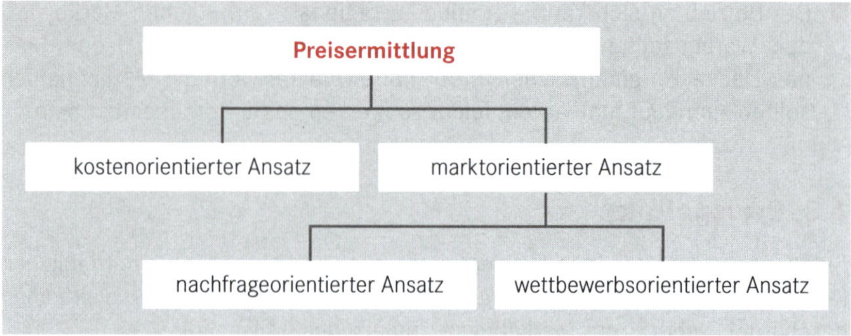

kostenorientierter Ansatz Der kostenorientierte Ansatz basiert auf den Kosten des Betriebs und ermittelt den Preis z.B. im Rahmen der klassischen Angebotskalkulation | ► HF 1, Kap. 11.6, HF 3, Kap. 20 |.

marktorientierter Ansatz Der marktorientierte Ansatz basiert auf dem Verhalten bzw. erwarteten Verhalten der Marktteilnehmer (Zielgruppen, Wettbewerber). Alle Verfahren haben ihre Vor- und Nachteile und sind unter den gegebenen Umständen mehr oder weniger sinnvoll. Sie schließen sich aber nicht gegenseitig aus, sondern können in der gegenseitigen Ergänzung angewandt werden.

wettbewerbsorientierter Ansatz Der Versuch, sich erfolgreich im Wettbewerbsumfeld zu positionieren, lässt verschiedene Wege zu:

- Entweder das Unternehmen bietet mehr Leistung bzw. einen höheren Nutzen (bessere Qualität, besserer Service) zum gleichen Preis an,
- oder es verlangt für die gleiche Leistung niedrigere Preise. Allerdings ist hier in jedem Fall zu beachten, dass es im Hinblick auf die Kosten des Unternehmens Preisuntergrenzen gibt, also Preise, die nicht unterschritten werden dürfen, wenn der Betrieb langfristig erfolgreich wirtschaften will | ► HF 1, Kap. 11.7.3 |.

nachfrageorientierter Ansatz Bei der nachfrageorientierten Preisbildung steht zunächst die Frage im Mittelpunkt, wie viel die Kunden vermutlich aufgrund des Nutzens, den sie sich von diesem Produkt versprechen, für das Produkt bzw. für die Dienstleistung zu zahlen bereit sind | ► Marktforschung, S. 494 |.

Ist eine Vorstellung über den Preis gewonnen, den der Kunde zu zahlen bereit ist, muss geprüft werden, ob dieser für den Betrieb tragbar ist.

Break-even-Analyse Mit der Break-even-Analyse | ► HF 1, Kap. 11.8.5 | kann die Absatzmenge bestimmt werden, bei der bei gegebenem Preis die Gewinnschwelle erreicht wird. Ist es realistisch, dass der Betrieb diese Menge absetzen kann, wird er auf den Preis einsteigen. Ist die Absatzmenge, bei der für den Betrieb die Gewinnschwelle erreicht wird, so hoch, dass nicht davon ausgegangen werden kann, dass sie auch abgesetzt wird, ist noch zu prüfen, ob es Spielraum gibt, die Kosten zu senken. Ansonsten lohnt sich die Bereitstellung dieser Leistung für den Betrieb nicht.

Zielkostenrechnung

Die Zielkostenrechnung | ▸ HF 3, Kap. 20.4 | verknüpft den kostenorientierten Ansatz mit marktorientierten Überlegungen. Ausgangspunkt ist nicht wie bei der klassischen Angebotskalkulation die Frage, wie hoch der Preis für das Produkt oder die Dienstleistung aufgrund der betrieblichen Voraussetzungen (Kosten) sein muss, sondern was das Produkt aufgrund der Marktbedingungen maximal kosten darf.

Mithilfe der Marktforschung wird deshalb der am Markt erzielbare bzw. durchsetzbare Preis für das Produkt mit den von den Kunden gewünschten Eigenschaften abgeschätzt. Nach Abzug der gewünschten Gewinnspanne, ergeben sich die Zielkosten. Ist es unrealistisch, dass der Betrieb die Zielkosten einhalten kann, wird sich das Unternehmen gegen die Bereitstellung des Produkts entscheiden.

6.4 Kommunikations- und Werbepolitik

Selbst ein Unternehmen, das hochwertige und preisgünstige Produkte anbietet, wird erfolglos bleiben, wenn niemand davon erfährt. Hier setzen die Aufgaben der Kommunikations- und Werbepolitik an | ▸ HF 2, Kap. 10.5 |.

Kommunikations- und Werbepolitik umfasst alle Maßnahmen eines Betriebs, die dem Zweck dienen, mit dem Markt zu kommunizieren. Es werden dem Markt also Informationen über den Betrieb, seine Leistungen und wodurch er sich positiv von anderen unterscheidet vermittelt.

Im Rahmen der Kommunikations- und Werbepolitik stehen verschiedene Instrumente zur Verfügung:

- Werbung,
- Öffentlichkeitsarbeit (Public Relations/PR),
- Verkaufsförderung (Sales Promotion).

Kommunikations-Mix

Sie alle unterscheiden sich in Bezug auf Adressaten, Inhalte und Ziele, die damit verfolgt werden. Die jeweilige Kombination dieser Instrumente, die ein Betrieb wählt, nennt man Kommunikations-Mix.

Der Einsatz dieser Instrumente wird ergänzt und verstärkt durch den persönlichen Verkauf, also durch das Führen von Beratungs- und Verkaufsgesprächen.

Aktuelles zu den Themen im Sackmann bietet das Lernportal.

Instrumente der Kommunikations- und Werbepolitik

	Zielgruppe(n) An wen wendet sich dieses Instrument?	**Inhalt** Welchen Inhalt hat es?	**Ziel** Welches Ziel wird verfolgt?
Werbung	aktuelle und potenzielle Kunden	Werbebotschaft bezieht sich auf die Produkte eines Betriebs	mittel- bis langfristige Absatzsteigerung
Öffentlichkeitsarbeit	Öffentlichkeit insgesamt	Informationen beziehen sich auf das Unternehmen an sich	positives Unternehmensbild/Image zu schaffen
Verkaufsförderung	aktuelle Kunden	Werbebotschaft bezieht sich auf die Produkte eines Betriebs	kurzfristige Absatzsteigerung

Öffentlichkeitsarbeit

„Tue Gutes und rede darüber" ist das Motto der Öffentlichkeitsarbeit. Sie richtet sich nicht gezielt an ausgewählte Personengruppen und wird folglich von Kunden ebenso wahrgenommen wie von Menschen, die gar nicht zu den betrieblichen Zielgruppen gehören. Ziel der Öffentlichkeitsarbeit ist es, Verständnis, Vertrauen und Wohlwollen gegenüber dem Unternehmen in der Öffentlichkeit zu erzeugen, es positiv ins Gespräch zu bringen, und das nicht nur aufgrund der angebotenen Leistungen, sondern auch aufgrund der Werte, für die ein Unternehmen steht.

Förderung des guten Rufs des Unternehmens

Sie dient auch dazu, mögliche Kapitalgeber zu interessieren oder sich als Ausbildungsbetrieb und Arbeitgeber interessant zu machen. Wünschenswert ist, dass von dem guten Ruf insgesamt wieder auf gute Leistungen des Unternehmens geschlossen wird.

Beispiel: „Was ist los?", fragt Ralf Weiss beim Abendessen seinen Sohn Marcel. „Was machst du für ein Gesicht? Klappt's nicht in der neuen Schule?" „Doch, eigentlich schon. Die Lehrer sind ganz nett, die Klasse auch, aber die Schule ist so hässlich", murrt er vor sich hin. „Sie ist eben schon alt. Der Klassenraum ist nicht schön und als der Peter heute die Tür zugeknallt hat, ist der Putz von der Decke gerieselt."

„Die Stadt hat eben kein Geld", seufzt Ralf Weiss. Da mischt seine Frau sich ein. „Dann mach du halt mal was. Wir haben einen Malerbetrieb. Es kann doch wohl nicht so viel Aufwand sein, den Klassenraum neu herzurichten." Ralf Weiss verdreht die Augen. „Ich kann doch nicht alles kostenlos machen. Erst vor einem halben Jahr habe ich dem Vereinsheim des Fußballvereins einen neuen Anstrich verpasst."

„Eben“, meint Sabrina Weiss, „und das hat sich auch herumgesprochen. Und du hast einige Folgeaufträge von Vereinsmitgliedern bekommen. Diesmal ziehen wir das noch professioneller auf, indem wir die lokale Tagespresse darüber informieren, dass wir etwas für die Allgemeinheit tun. Du musst das als Investition sehen.“

Hier nun einige Möglichkeiten, wie ein Unternehmen seine Beziehungen zur Öffentlichkeit gestalten kann:

Möglichkeiten der Öffentlichkeitsarbeit

- Sponsoring von Sport, sozialen oder kulturellen Einrichtungen, Spendenaktionen,
- ehrenamtliches Engagement, z.B. im örtlichen Vereinsleben,
- Beteiligung an öffentlichen Veranstaltungen, wie Stadtfesten und Handwerkermärkten,
- Betriebsbesichtigungen, z.B. für Schulklassen oder sonstige Interessierte und für das Unternehmen interessante Gruppen,
- Veranstaltungen wie ein „Tag der offenen Tür“.

aktive Presse- und Medienarbeit

Werden solche Maßnahmen von einer aktiven Presse- und Medienarbeit begleitet, z.B. über Pressemitteilungen und Mitteilungen auf der firmeneigenen Website, wird die positive Wirkung noch verstärkt. PR-Arbeit ist aber nur dann erfolgreich, wenn sie ehrlich und glaubwürdig ist. Werden im Nachhinein Unwahrheiten und Unaufrichtigkeiten aufgedeckt, ist das nur schädlich für das Image des Unternehmens.

Verkaufsförderung

Maßnahmen der Verkaufsförderung sollen Kunden zur Tätigung von Zusatzkäufen bewegen, die ursprünglich nicht geplant waren. Durch gezielte Maßnahmen werden beim Kunden unbewusste Kaufimpulse aktiviert, Kaufentscheidungen werden in der Folge dann kurzfristig getroffen.

Beispiel: Malermeister Ralf Weiss hat gute Erfahrungen damit gemacht, seine Angebote hochwertig zu gestalten, z.B. in Mappen eingebunden, mit Visitenkarte und Informationen über zusätzliche Leistungen versehen. Diese gibt er und bei größeren Aufträgen persönlich beim Kunden ab, um auf die ergänzenden Angebote zum eigentlichen Auftrag aufmerksam zu machen, auf die er dann nochmal eingehen kann, wenn der Auftrag an ihn geht.

Außerdem plant er für Zeiten, in denen saisonal weniger zu tun ist, spezielle Angebote mit interessanten Konditionen zu entwickeln, z.B. „Schöne Weihnachten! - Unser besonderes Angebot in der Zeit vom 10. bis zum 20. Dezember...“.

Hier nun einige Beispiele für Maßnahmen der Verkaufsförderung:

Maßnahmen der Verkaufsförderung

- Sonderangebote, Sonderpreisaktionen,
- Gutscheine,
- Probieraktionen (Proben verteilen, Produktverkostungen in den Nahrungsmittelhandwerken, günstige Schnupperangebote),
- Payback- und sonstige Bonussysteme,
- Schauwerbegestaltung und Warenpräsentation in Ladenlokalen bzw. Angebotspräsentationen im Dienstleistungsgewerk,
- „Checks" wie der Dachcheck des Dachdeckerbetriebs oder der Urlaubs- oder Wintercheck in der Kfz-Werkstatt, bei denen man Zusatzumsätze generieren kann, indem man anbietet, kleine Mängel gleich zu beseitigen.

Werbung

Werbung ist unter den Instrumenten ein wesentliches Werkzeug, wenn es darum geht, mit dem Markt zu kommunizieren. Werbung soll Einstellungen und Verhaltensweisen von Zielgruppen dahingehend beeinflussen, dass sie sich für Produkte und Dienstleistungen des werbenden Unternehmens entscheiden.

Ziele der Werbung

Im Hinblick auf die Zielgruppenansprache hat Werbung im Einzelnen folgende Ziele:

- Sie soll über die Produkte bzw. Dienstleistungen und deren Verwendung informieren.
- Sie soll vom Nutzen überzeugen und veranlassen, dass der Kunde sich für dieses Produkt entscheidet, ggf. die Marke wechselt.
- Sie soll unterhalten. Kunden schenken witziger und kreativer Werbung deutlich mehr Aufmerksamkeit, die Glaubwürdigkeit darf dadurch aber nicht beeinträchtigt werden.

Im Hinblick auf die Belange des Unternehmens hat Werbung ein wesentliches Ziel: Werbung muss verkaufen.

Werbung kann beträchtliche Kosten verursachen. Deshalb müssen Werbeaktivitäten durchdacht und geplant erfolgen. Gerade weil sie nicht unmittelbar, sondern mittel- und langfristig wirkt, sollte auch die Planung mittel- bis langfristig erfolgen. Es muss also gelingen, ständig werblich aktiv und präsent zu sein.

Beispiel: Malermeister Ralf Weiss nimmt an einem Seminar zum Thema „Demografischer Wandel – Zielgruppen 60+" teil, das die Handwerkskammer anbietet. Alle Teilnehmer haben ein Interesse: Wie erreicht man ältere Zielgruppen?

„Mundpropaganda ist sowieso die beste Werbung", sagt einer der Teilnehmer. „Mundpropaganda ist zwar wichtig, aber sie basiert doch sehr auf dem Prinzip Hoffnung. Das kann klappen, aber auch nicht. Das kann ja nicht die Grundlage für gesicherten langfristigen Unternehmenserfolg sein“, wendet Ralf Weiss ein.

Der Seminartrainer legt Zahlen zur Mediennutzung älterer Menschen vor. Daraus ergibt sich, dass viele Senioren lokale Tageszeitungen abonnieren und auch dem Pfarrgemeindebrief eine gewisse Aufmerksamkeit widmen.

„Soll ich da etwa inserieren?“, fragt ein Teilnehmer. „Das lese ich ja selbst nicht, eine überregionale Zeitung mit hoher Auflage muss es sein.“ Ralf Weiss überlegt.

„Es spielt doch überhaupt keine Rolle, ob man selbst bestimmte Medien nutzt. Es kommt darauf an, auf welchem Weg Zielgruppen zugänglich sind. Was bringt ein Medium, das viele erreicht, wenn nicht die eigenen Zielgruppen darunter sind? Und was bringt es, überregional möglichst viele Leute zu erreichen, wenn die erstens viel zu weit weg wohnen und wenn diese Form der Werbung zweitens viel zu teuer für einen mittelständischen Betrieb ist?“

Wenn zunächst geklärt ist, wofür und warum eine Werbemaßnahme durchgeführt werden soll, schließt sich der Prozess der Werbeplanung in mehreren Stufen an.

Prozess der Werbeplanung

Zielfestlegung

Welche **Zielgruppe** soll angesprochen werden?

Welche **Botschaft** soll vermittelt werden?

Wie groß soll das **Budget** sein?

↓

Werbemittelauswahl

Welche Werbemittel sollen eingesetzt werden?

↓

Werbeträgerauswahl/Streuung der Werbemittel

Wie sollen die Werbemittel verbreitet werden?

↓

Werbegestaltung

Wie sollen die Werbemittel gestaltet werden?

Zielgruppe

Adressat der Werbung

Je nach Produkt bzw. Dienstleistung ist zu entscheiden, wer der Adressat der Werbung ist. Je genauer eine Zielgruppe bestimmt und abgegrenzt wird, desto besser kann man eine Werbemaßnahme abstimmen. Die Verbreitung von Werbung für ältere Menschen unterscheidet sich von der für jüngere. Die Gestaltung von Werbung für weibliche Zielgruppen unterscheidet sich von der für männliche, die für gewerbliche Zielgruppen von der für private Endverbraucher.

> **Wer jeden auf dieselbe Weise ansprechen will, spricht letztlich niemand wirklich an.**

Werbebotschaft

Damit eine Werbebotschaft die gewünschte Wirkung erzeugt, sollte sie folgende Bedingungen erfüllen | ▸ Werbegestaltung, S. 532 |:

Kriterien einer Werbebotschaft

- Sie muss Aufmerksamkeit, Interesse und Sympathie erzeugen (originelle, witzige Darstellung).
- Gegenüber Konkurrenzprodukten müssen Unterschiede und Besonderheiten klar werden.
- Sie soll ein klares Nutzenversprechen enthalten.
- Sie sollte glaubhaft wirken und die Versprechungen möglichst nachprüfbar sein.

Werbebudget

Und schließlich muss überlegt werden, wie viel Geld man für Werbung einsetzen will, kann und muss. Erst eine Planung der Werbekosten stellt sicher, dass auch wirklich kontinuierlich Werbung betrieben werden kann.

Werbemittel

Werbemittel sind die verschiedenen Erscheinungsformen der Botschaft, die die Zielgruppe erreichen soll.

Werbemittel, die ein Handwerksbetrieb je nach Budget einsetzen kann, sind z.B.

- Flyer,
- (Unternehmens-)Broschüren,
- eigene Website oder auch Anzeigen auf fremden Websites,
- Außenwerbung wie Plakate oder die Beschriftung von Verkehrsmitteln,
- Streuartikel und Werbegeschenke,

- Radiospots,
- Anzeigen in Printmedien,
- Werbebriefe/Newsletter.

Werbeträger

Jedes Werbemittel muss verbreitet, d.h. möglichst zielgruppengerecht gestreut werden. Werbeträger sind in diesem Zusammenhang die Medien, die zur Streuung von Werbemitteln eingesetzt werden.

Werbeträger/ Möglichkeiten der Streuung

Werbemittel	Werbeträger/Möglichkeiten der Streuung
Flyer	Flyer können verteilt, zugeschickt, überreicht oder dort ausgelegt werden, wo mögliche Zielgruppen anzutreffen sind.
Unternehmens-Broschüren	Broschüren sind meist hochwertiger, darum werden sie i.d.R. im persönlichen Gespräch überreicht oder zielgerichtet zugeschickt.
Website	Streuung erfolgt über das Internet, wobei hier insbesondere bedacht werden muss, wie man „leichter gefunden" wird (QR-Codes, Verlinkung, Listung in Portalen, Suchmaschinenoptimierung).
Außenwerbung	klassischer Werbeträger ist z.B. eine Plakatwand oder eine Litfasssäule
Streuartikel	Streuartikel werden meist entweder persönlich überreicht (z.B. als „Mitbringsel" bei Kundengesprächen), gering preisige Streuartikel können auch ausgelegt oder verschickt werden (z.B. Streichholzbriefchen in der Gastronomie)
Radiospots	Werbeträger sind hier die in Frage kommenden Radiosender, die sich insbesondere durch ihre Hörerschaft und ihre regionale Verbreitung voneinander unterscheiden.
Anzeigen	Werbeträger sind hier Printmedien, die sich an unterschiedliche Leser wenden – also regionale oder überregionale Tageszeitungen, Anzeigenblätter oder Fachzeitschriften.
Werbebriefe/Newsletter	Werbebriefe werden meist per Post gestreut, während Newsletter über das Internet verbreitet werden.

Streuverluste

Die Entscheidung, wie welche Werbemittel gestreut werden sollen, muss vor allem berücksichtigen, dass Streuverluste möglichst gering bleiben.

Von Streuverlusten spricht man, wenn das Werbemittel Personen erreicht, die nicht zur Zielgruppe des beworbenen Produkts oder beworbenen Dienstleistung gehören. Wenn z.B. durch überregionale Werbung Personen weit außerhalb des Einzugsbereichs eines Betriebs erreicht werden, die das Angebot aufgrund der Distanz nicht aufgreifen werden, dann ist diese Form der Verbreitung wenig effizient.

Werbegestaltung

Jedes Werbemittel muss so gestaltet werden, dass die Werbebotschaft interessant und unmissverständlich vermittelt wird.

Es ist zu beachten, dass es kaum eine Gestaltung gibt, die allen Werbemitteln gleichermaßen gerecht wird. Eine Anzeige ist anders zu gestalten als ein Plakat, eine Website bietet andere Gestaltungsmöglichkeiten als ein Flyer.

Um Werbung so zu gestalten, dass sich der gewünschte Effekt ergibt, muss man wissen, wie Werbung grundsätzlich wirken soll. Genau dies wird beschrieben durch das AIDA-Prinzip der Werbewirkung.

AIDA-Prinzip

A →	**Aufmerksamkeit (Attention)** durch auffällige Gestaltung
I →	**Interesse (Interest)** wecken durch klar strukturierte Botschaft
D →	**Kaufwunsch (Desire)** wecken durch Aufzeigen des Nutzens
A →	**Kaufhandlung (Action)** über einfache Handlungsanweisungen

- Aufmerksamkeit

  Es muss zunächst gelingen, die Aufmerksamkeit der Person auf das Werbemittel zu lenken. Eine Anzeige, die in der Zeitung nicht wahrgenommen wird, weil sie keinen „Hingucker" hat, verfehlt bereits im Ansatz ihre Wirkung. Aufmerksamkeit wird meist durch die Einarbeitung von sog. Blickfängern, z.B. in Form von Bildern, erreicht.

- Interesse

  Dann muss das Interesse der Person geweckt werden, damit sie sich näher mit dem Werbemittel und dessen Botschaft beschäftigt. Konkret heißt das, dass der Betrachter nicht nur zum Hinschauen, sondern auch zum Durchlesen bewegt werden muss.

  Eine klare Struktur, die den Blick des Betrachters lenkt, erreicht dieses Teilziel, während zu viel Text und/oder eine unklare Gestaltung durch zu viele verschiedene Gestaltungselemente eher ablenkt.

- Kaufwunsch

  Aufmerksamkeit und Interesse am Werbemittel und seiner Botschaft geweckt zu haben, bringt aber nichts, wenn nicht auch der Kaufwunsch geweckt wird. Der Betrachter muss klar den Nutzen des Angebotenen erkennen können (z.B. Energie sparen, sich wohl fühlen).

- Kaufhandlung

  Schließlich muss darüber hinaus ebenso klar vermittelt werden, was der Betrachter konkret tun soll. Die Kaufhandlung bzw. die Entscheidung, den Kontakt zum Anbieter zu suchen, um z.B. ein Angebot erstellen zu lassen, wird begünstigt durch Appelle wie „Sprechen Sie uns an“ oder „Wir kommen gern unverbindlich zu ihnen“.

6.5 Vertriebspolitik

Maßnahmen der Vertriebspolitik | ► HF 2, Kap. 10.4 | haben das Ziel, einen Weg zu möglichen Kunden zu finden, indem das Produkt direkt angeboten wird, um so Aufträge zu akquirieren. Während Werbung Zielgruppen aufmerksam machen und den Besitz- bzw. Kaufwunsch auslösen soll, damit der Kunde dann auf das Unternehmen zugeht, geht Vertriebspolitik direkt mit dem Angebot auf den Kunden zu. Endverbraucher sind eher über Werbung zu erreichen, während die Ansprache von Geschäftskunden eher Vertriebsaktivitäten erfordert.

Es bieten sich zwei Wege für das Unternehmen an:

- Es bringt sich selbst bei möglichen Kunden ins Gespräch (Direktvertrieb).
- Es schaltet Dritte ein, die helfen, dem Unternehmen Aufträge zu verschaffen (indirekter Vertrieb).

Für Handwerksbetriebe gibt es u.a. folgende Möglichkeiten des Direktvertriebs: *Direktvertrieb*

- persönlich vorstellig werden

  Bei Geschäftskunden, wie z.B. Freiberuflern, Architekten, Bauträgergesellschaften/Generalunternehmern oder Hausverwaltungen kann man seine Leistungen vertreiben, indem man den Kontakt sucht, einen Termin vereinbart und in einem persönlichen Gespräch das Unternehmen und seine Leistungen vorstellt.

- Beteiligung an Messen, Ausstellungen und anderen Veranstaltungen

  Die Beteiligungen an Verbrauchermessen, Handwerkermärkten oder ähnlichen Veranstaltungen dient dazu, direkt mit Interessenten in Kontakt zu kommen. Hierbei ist es wichtig, das Unternehmen dort zu präsentieren, wo mögliche Zielgruppen anzutreffen sind.

Beispiel: Malermeister Weiss kann z.B. auf einer Gesundheits- und Wellnessmesse, die am Ort stattfindet, seine Leistungen rund um die Verbesserung des Raumklimas anbieten.

- Eigene Ausstellungsräume/-flächen

  Betriebe der Gewerke, die i.d.R. kein Ladenlokal betreiben, können die betrieblichen Leistungen auf eigenen Ausstellungsflächen präsentieren und vertreiben (z.B. Bäderaussstellung eines Sanitär-/Heizungsbetriebs).

- Online-Vertrieb

  Gewerken, die überwiegend Dienstleistungen vertreiben, stehen Portale zur Verfügung, über die Aufträge vermittelt werden. Bei den gängigen Bieterportalen muss man sich jedoch der Tatsache bewusst sein, dass hier oft ein Abschluss zu niedrigen Preisen erzielt werden kann. Zur Kapazitätsauslastung kann das unter Umständen sinnvoll sein.

  Betriebe, die Waren fertigen, können einen eigenen Online-Shop einrichten und so ihre Produkte vertreiben.

indirekter Vertrieb

Möglichkeiten des indirekten Vertriebs unter Einschaltung Dritter können sein:

- Empfehlungsmanagement

  Betreibt ein Unternehmen Empfehlungsmanagement, arbeitet es systematisch daraufhin, dass der eigene Betrieb durch Kunden weiterempfohlen wird. Es nimmt gezielt Empfehlungen auf, z.B. indem jeder Neukunde befragt wird, wie er auf das Unternehmen aufmerksam wurde. Für Empfehlungen bedankt sich das Unternehmen mit einer kleinen Aufmerksamkeit. Zufriedene Kunden übernehmen so quasi die Funktion eines „Vertriebshelfers“.

- Kooperationen

  Kooperationen können viele Vorteile haben, wie z.B. gemeinsame und darum günstigere Beschaffung, gemeinsame Imagebildung oder die gemeinsame Abwicklung größerer Aufträge. Vertriebspolitisch sind Kooperationen interessant, wenn die beteiligten Partner sich gegenseitig unterstützten, um Aufträge zu generieren | ▸ HF 3, Kap. 18 |.

- Netzwerke bilden

  Neben der Kooperation als besondere Form des Netzwerks gibt es Netzwerke, die sich manchmal zufällig ergeben, die aber auch bewusst gewählt und gestaltet werden können und sollten, da sie der Auftragsakquisition dienen können, z.B.:

  – Eine Mitgliedschaft in einem Verein dient natürlich der Freizeitgestaltung, sollte aber auch unter Vertriebsgesichtspunkten betrachtet werden, denn hier lassen sich in eher privaten Rahmen auch Aufträge akquirieren.

  – Architekten setzen gern Handwerksbetriebe bei Bauvorhaben ein, mit denen sie gut vernetzt sind.

  – Ehrenamtliche Tätigkeiten schaffen Kontakte, die auch zu Aufträgen führen können.

- Soziale Netzwerke im Internet können ebenfalls dazu eingesetzt werden, die Leistungen des Handwerksbetriebs zu vertreiben. Hier verschwimmen die Grenzen zwischen den Marketinginstrumenten, denn der Auftritt des Betriebs in sozialen Netzwerken kann sowohl zu Vertriebs-, als auch zu Werbezwecken und zu Zwecken der Öffentlichkeitsarbeit eingesetzt werden.

Tests und Aufgaben zu diesem Kapitel finden Sie im Sackmann-Lernportal.

Das veränderte Unternehmenskonzept hin zu mehr Privatkunden läuft im Malerbetrieb Weiss ganz gut an. Aber an einigen Stellen tauchen auch ganz neue Probleme auf.

Geselle Peter Braun kommt sichtlich genervt ins Büro gestürzt. „Chef, das Material für den Kunden Meyer sollte heute Morgen geliefert werden, aber das hat wieder nicht geklappt. Jetzt ist unser guter Plan im Eimer. Wenn der Kunde Meyer aus dem Urlaub kommt, ist die Wohnung nicht fertig, wie von ihm erwartet, er wird sehr enttäuscht sein!“

Ralf Weiss seufzt. „Ich werde mit dem Lieferanten reden müssen. Das geht so nicht weiter. Als wir überwiegend Großprojekte abgewickelt haben, hat der Materialfluss besser geklappt. Das war im Vorfeld besser planbar und Kleinigkeiten, die fehlten, haben wir bei der Genossenschaft besorgt. Dass wir jetzt viel mehr Aufträge von Privatkunden abwickeln, hat auch unsere Beschaffung völlig verändert.“

7 Beschaffung

Unter Beschaffung versteht man alle Tätigkeiten eines Betriebes zur Deckung des Bedarfes an Gütern und Dienstleistungen, Betriebs- und Arbeitsmitteln sowie Informationen aus Quellen außerhalb des eigenen Unternehmens. Die Versorgung mit Kapital | ▸ HF 3, Kap. 8 | und Mitarbeitern | ▸ HF 3, Kap. 11 | wird nicht unter dem Aspekt der Beschaffung, sondern gesondert betrachtet.

Die Beschaffung kann nach strategischen und operativen Aufgaben unterschieden werden:

strategische Aufgaben

Zu den strategischen Aufgaben | ▸ HF 3, Kap. 7.1 | gehören:

- Beschaffungsmarktforschung,
- Lieferantenanalyse, -bewertung, -auswahl,
- Beziehungsmanagement in Bezug auf Lieferanten,
- Planung und Einsatz geeigneter Informationsquellen.

Zu den operativen Aufgaben | ▸ HF 3, Kap. 7.2-7.3 | gehören:

operative Aufgaben

- Bestandskontrolle,
- Bedarfsermittlung und Bestellmengenplanung,
- Material- und Rechnungskontrolle,
- Vorratshaltung und Lagerdisposition.

7.1 Beschaffungsplanung

Die Beschaffungsplanung stellt sicher, dass das entsprechende Produkt, in ausreichender Menge, zum richtigen Zeitpunkt, am richtigen Ort vorhanden ist und die erforderliche Qualität zum optimalen Bezugspreis erreicht wird. Nur so kann eine reibungslose Auftragsabwicklung erfolgen. Bei der Planung des Auftrages muss ein Beschaffungsplan erstellt werden. Dieser umfasst folgende Bestandteile:

Beschaffungsplan

- Art der benötigten Produkte,
- Menge der benötigten Produkte,
- Zeitpunkt der Lieferung (Termintreue),
- Ort der Lieferung,
- Lieferant,
- Preis der benötigten Produkte.

Die Beschaffung sollte so erfolgen, dass diese Kriterien erfüllt sind:

Kriterien einer erfolgreichen Beschaffung

- Termine werden eingehalten,
- Arbeitskräfte werden bestmöglich eingesetzt,
- Kosten der Beschaffung werden optimiert,
- Qualität wird optimiert/verbessert.

Nur so kann ein Handwerksbetrieb die Zufriedenheit seiner Kunden gewährleisten und einen wirtschaftlichen Erfolg erzielen.

Beispiel: Der Kunde Meyer wird sehr enttäuscht sein, da der Malerbetrieb Weiss seine Terminvereinbarung aufgrund des fehlenden Materials nicht einhalten kann. Um langfristig seine Kunden zufriedenzustellen, muss Ralf Weiss seine Beschaffungsplanung überarbeiten und den Beschaffungsablauf optimieren. Er muss Lieferanten suchen, die kurzfristig kleinere Mengen an verschiedene Orte zuverlässig liefern. Natürlich muss die Ware den üblichen Qualitätsstandards entsprechen.

Beschaffungsobjekte

Die Beschaffung unterscheidet zwischen verschiedenen Objekten, die je nach Art des Unternehmens beschafft werden müssen.

- *Rohstoffe* Rohstoffe bilden den Hauptbestandteil eines Fertigerzeugnisses.
- *Hilfsstoffe* Hilfsstoffe gehen ergänzend in das Fertigerzeugnis ein.
- *Betriebsstoffe* Betriebsstoffe werden zur Durchführung der Fertigung benötigt, ohne in das Fertigerzeugnis einzugehen.
- *Betriebsmittel* Betriebsmittel sind Maschinen und Werkzeuge, die zur Erstellung der Fertigerzeugnisse bzw. Dienstleistungen benötigt werden.
- *Dienstleistungen* Zu den Dienstleistungen zählt eine Vielzahl unterschiedlicher, immer wiederkehrender Fremdleistungen: Angefangen bei der Wasser- und Stromversorgung, Abfallentsorgung, Telefon- und Postdienste bis hin zu Transportleistungen oder Versicherungen.
- *Handelswaren* Handelswaren werden ohne Veränderung an den Kunden weiterverkauft.

7.1.1 Informationsbeschaffung

Die Beschaffung von Informationen gewinnt in Unternehmen eine immer größere Bedeutung. In einer Gesellschaft, in der sich Veränderung und Fortschritt in rasanter Geschwindigkeit vollziehen, muss ein Handwerksbetrieb nicht nur über die neusten Entwicklungen in der Wirtschaft, sondern auch über Neuerungen in Politik und Rechtsprechung informiert sein. Man muss kontinuierlich Informationen über neue Gesetze, sowie technische Innovationen und Entwicklungen im Fachbereich oder auch über das Verbraucherverhalten einholen. Zu diesen entscheidenden Informationen findet man Zugang über:

Informationsquellen

- Fachzeitschriften,
- Handwerkskammern und Innungen,
- Internet,
- Branchenbücher,
- Messen/Ausstellungen/Fachtagungen.

Beispiel: Ralf Weiss sucht nun neue Lieferanten. Er kauft sich einige Fachzeitschriften, in denen Lieferanten zu finden sind und plant Besuche auf Fachmessen im Malerhandwerk, auf denen er direkt mit den Lieferanten ins Gespräch kommen kann. Seine Frau Sabrina macht sich im Internet auf die Suche. Der Vorteil hier ist, dass sie über Bewertungsportale auch schnell eine Vorauswahl treffen kann. Dann setzt sich Ralf Weiss mit einigen Lieferanten telefonisch in Verbindung.

Nutzen Sie das interaktive Zusatzmaterial im Sackmann-Lernportal.

7.1.2 Lieferantenauswahl

Wesentlich für eine gut laufende Beschaffung ist die richtige Auswahl des Lieferanten und die Entscheidung, ob man auf einen Lieferanten setzt oder mehrere im Beschaffungsprozess integriert. Während ein Lieferant i.d.R. gleichbleibende Qualität der eingekauften Waren und eine reibungslose Abwicklung des Bestellvorganges sichert, liegen die Vorteile bei der Zusammenarbeit mit mehreren Lieferanten vor allem in der besseren Markt- und Preistransparenz sowie in einer gesicherteren Beschaffung. Folgende Kriterien sind bei der Auswahl entscheidend:

Kriterien bei der Lieferantenauswahl

- Preise,
- Qualität der Produkte,
- Lieferfristen,
- Transport- und Frachtkosten,
- Rabatte,
- Zahlungsbedingungen, Zahlungsziele, Skonti,
- Gewährleistung bei fehlerhaften Produkten,
- Lieferzuverlässigkeit,
- Flexibilität des Lieferanten bei schwankender Bestellmenge.

Der erste Schritt zum Aufbau einer Lieferantenbeziehung ist die Anfrage. Geklärt wird darüber, ob die gewünschte Ware erhältlich ist, zu welchem Preis, in welcher Zeit und mit welchen Zahlungsbedingungen. Die Anfrage ist nicht rechtlich bindend.

Angebotsvergleich

Erst mit der Abgabe eines Angebotes verpflichtet sich der Lieferant, die vereinbarte Ware zu den angegebenen Bedingungen, die im Detail aufgeführt werden, zu liefern. Verschiedene Angebote werden so auch in allen Details vergleichbar und bei Vertragsabschluss kann die Abwicklung sofort beginnen. Um mehrere Lieferanten miteinander vergleichen zu können, empfiehlt es sich, deren Angebote durch Übertragung in eine Tabelle direkt im Detail abzugleichen.

7.1.3 Lieferantenbeziehung

Im Handwerk ist es besonders wichtig, zu seinem Lieferanten eine langfristige, gute Geschäftsbeziehung aufzubauen, denn diese wirkt sich positiv auf den gesamten Beschaffungsprozess aus. Vorteile in einer guten Lieferantenbeziehung sind:

- reibungsloser, einfacher, unkomplizierter Bestellablauf,
- zuverlässige Lieferung,
- flexiblere Reaktion bei unterschiedlich großen Bestellmengen,
- Termintreue.

Beispiel: Malermeister Ralf Weiss hat Kontakt zu verschiedenen Lieferanten aufgenommen. Er fordert nun von jedem ein Angebot über 10 Eimer Innenraumfarbe mit je 10 Litern.

Hier die Angebote im Überblick:

Inhalt des Angebots	Colorprofi GmbH	Klein & Wiese OHG	Brinkmann GmbH
Listenpreis pro Eimer	€ 49,98	€ 52,13	€ 47,56
vereinbarter Preisnachlass	10 %	12 %	5 %
Lieferkosten	€ 50,90	Frei Haus	€ 76,10
Lieferzeit	2 Wochen	1 Woche	4 Wochen
Zahlungsbedingungen	innerhalb von 5 Tagen mit 3 % Skonto	innerhalb von 10 Tagen mit 2 % Skonto	innerhalb von 30 Tagen netto Kasse

Ralf Weiss beginnt mit der Auswertung der einzelnen Angebote mithilfe folgender Übersicht:

Kriterium	Colorprofi GmbH	Klein & Wiese OHG	Brinkmann GmbH
Listenpreis für 10 Eimer	€ 499,80	€ 521,30	€ 475,60
./. Preisnachlass	€ 49,98	€ 62,56	€ 23,78
= Zieleinkaufspreis	€ 449,82	€ 458,74	€ 451,81
./. Skonto	€ 13,49	€ 9,17	€ 0,-
= Summe	€ 463,33	€ 449,57	€ 451,81
+ Versandkosten	€ 50,90	€ 0,-	€ 76,10
= Bezugspreis	€ 502,70	€ 449,57	€ 527,91

Die Auswertung zeigt, dass die Firma Klein & Wiese OHG die Innenraumfarbe am preisgünstigsten anbietet. Hinzu kommt, dass auch die Lieferzeit am kürzesten ist. So liegt die Entscheidung auf der Hand. Ralf Weiss möchte zukünftig seine Innenraumfarbe bei der Firma Klein & Wiese OHG beziehen.

Nur wenn der Bestellprozess und die Lieferung an das Handwerksunternehmen planmäßig laufen, kann auch das Handwerksunternehmen seine Leistungen in vollem Umfang und zeitlich optimal ausführen und damit seinen Kunden zufrieden stellen.

Der Kunde des Handwerksunternehmens sieht zunächst nur das Ergebnis und ihn interessiert weniger, warum eine Leistung nicht planmäßig erfolgt (dies evtl. das Verschulden des Lieferanten des Handwerksunternehmens ist). Er wird beim nächsten Auftrag ein anderes Unternehmen wählen. Deshalb ist die zuverlässige Lieferung des Lieferanten ebenso bedeutend wie die eigene Leistung des Handwerkers.

Beispiel: Malermeister Ralf Weiss hat nun schon mehrere Male Innenraumfarbe bei der Firma Klein & Wiese OHG bestellt. Alle Liefertermine wurden bisher eingehalten und der Malerbetrieb konnte alle mit seinen Kunden vereinbarten Fertigstellungstermine einhalten. Auch war eine kurzfristige Änderung der Bestellmenge kein Problem. Ralf Weiss will diese Beziehung ausbauen und auch andere Produkte dort beziehen. Zwar sind andere Lieferanten bei diesen etwas günstiger, aber für Meister Weiss steht die Zuverlässigkeit im Vordergrund. Auch hat die Firma Klein & Wiese OHG für die Zukunft einen höheren Rabatt versprochen, da der Malerbetrieb Weiss nun schon mehrere Bestellungen getätigt hat.

7.2 Liefer- und Zahlungsbedingungen

Das Kaufvertragsrecht | ► HF 2, Kap. 20.2 | legt fest, dass der Käufer die Waren beim Verkäufer abholen muss. Man bezeichnet diese Schuld als Holschuld. *Holschuld* Der Erfüllungsort des Rechtsgeschäftes ist also der Geschäftsbetrieb des Lieferanten. Es stellt sich die Frage, wer die Transportkosten bzw. die Anlieferungskosten tragen muss. *Transportkosten* Rechtlich betrachtet, ist dies die Aufgabe des Käufers. Abweichungen davon und Details dazu werden i.d.R. in den Lieferbedingungen festgelegt. Hier ist Verhandlungsgeschick gefragt, denn oft sind Lieferanten bereit, die anfallenden Lieferkosten zu tragen. Es können folgende Kostensituationen vereinbart werden:

- Die gesamten Beförderungskosten trägt der Verkäufer.
- Die Kosten werden zwischen Käufer und Verkäufer aufgeteilt.
- Die gesamten Beförderungskosten gehen zu Lasten des Käufers.

Lieferzeit Auch die Lieferzeit muss im gegenseitigen Interesse geregelt werden. Ist nichts vereinbart, kann der Lieferant sofort liefern. Der Käufer kann seinerseits sofortige Lieferung verlangen. Man unterscheidet nachfolgende Lieferbedingungen:

Sofortkauf
- Sofortkauf: die Ware muss unmittelbar nach Abschluss des Kaufvertrages geliefert werden,

Terminkauf
- Terminkauf: die Ware muss innerhalb einer bestimmten Frist (z.B. 30 Tage) geliefert werden,

Fixkauf
- Fixkauf: die Ware muss zu einem genau festgelegten Zeitpunkt geliefert werden.

Kauf auf Abruf
- Kauf auf Abruf: die Ware wird, auf Wunsch des Käufers, zu einem späteren Zeitpunkt komplett oder in Teilmengen geliefert.

Beispiel: Der Malerbetrieb erfährt gerade eine erfreulich rege Auftragslage. Dies bedeutet für Ralf Weiss, dass er die Abwicklung der einzelnen Baustellen besonders sorgfältig planen muss. Dazu gehört auch die punktgenaue Beschaffung der benötigten Arbeitsmaterialien. Deshalb vereinbart er mit seinem Lieferanten stets einen festen Liefertermin, also einen Fixkauf.

Fälligkeit der Rechnung

Wenn über den Zeitpunkt der Zahlung nichts vereinbart wurde, hat der Käufer sofort, d.h. bei Übergabe der Ware zu zahlen. Meist werden aber bestimmte Zahlungsbedingungen vereinbart, z. B.:

- Vorauszahlung: der Kaufpreis ist vor der Lieferung fällig,
- Anzahlung: ein Teil des Kaufpreises ist vor der Lieferung fällig,
- Zahlungsziel (Zielkauf): der Kaufpreis ist erst nach Ablauf einer vereinbarten Frist (z.B. 30 Tage) zu entrichten,
- Ratenzahlung: der Kaufpreis wird nach und nach in mehreren Teilbeträgen gezahlt.

Beispiel: Ralf Weiss vereinbart mit seinen Kunden, die Rechnung über die ausgeführten Arbeiten nach Fertigstellung des Auftrages zu begleichen. Wenn er die Zahlungsbedingungen für das für diese Aufträge benötigtes Material nicht regelt, muss er in Vorleistung treten, was zu einer Beeinträchtigung seiner Liquidität führt. Deswegen einigt er sich mit seinem Lieferanten darauf, den Rechnungsbetrag der gelieferten Waren innerhalb einer Frist von 30 Tagen zu begleichen. In diesem Zeitraum sind die Aufträge bei seinem Kunden abgewickelt. So kann er sicherstellen, dass er die Warenlieferung erst dann bezahlen muss, wenn seine Kunden die Rechnung schon bezahlt haben.

Die Möglichkeit, Liefer- und Zahlungsbedingungen zu verhandeln, ist abhängig vom Auftragsvolumen und der Art der Geschäftsbeziehung zum Lieferanten. Je enger und vor allem je länger die Geschäftsbeziehung besteht, desto mehr Spielraum ist zu erwarten.

Preisnachlässe

Preisnachlässe eröffnen die Möglichkeit einer erheblichen Kostenminimierung. | ► HF 3, Kap. 10 | Im laufenden Geschäftsbetrieb unterscheidet man zwischen:

- Mengenrabatt: Preisnachlass bei der Bestellung von großen Mengen,
- Treuerabatt: Preisnachlass für langjährige Kunden,
- Bonus: nachträglich gewährter Preisnachlass, gemessen am Umsatz, den der Kunde beim Lieferanten erzielt hat. In der Regel wird der erzielte Umsatz am Jahresende ermittelt,
- Skonto: Preisnachlass, wenn eine vorzeitige Zahlung der Lieferantenrechnung erfolgt.

Beispiel: Sabrina Weiss bearbeitet gerade im Büro des Malerbetriebes noch offenstehende Rechnungen von Lieferanten. Die neue Auszubildende schaut ihr über die Schulter, als die Rechnung der Firma Klein & Wiese vor ihr liegt und liest: „Der Rechnungsbetrag ist zahlbar innerhalb von 5 Tagen mit 3 % Skonto oder netto Kasse innerhalb von 30 Tagen."

„Frau Weiss, was bedeutet dieser Satz eigentlich genau?", fragt sie nach. „Das bedeutet, dass wir 3 % weniger bezahlen müssen, wenn wir die Rechnung innerhalb von 5 Tagen bezahlen. Oder wir bezahlen die Rechnung in einem Zeitraum von 30 Tagen, aber dann erhalten wir keinen Preisnachlass."

7.3 Material- und Rechnungskontrolle

Zur Erfüllung des Kaufvertrags durch den Lieferanten ist es notwendig, dass er die bestellte Ware in einwandfreiem Zustand, zum richtigen Zeitpunkt, am richtigen Ort und zum richtigen Preis liefert. Um die Einhaltung dieser Vereinbarung zu überprüfen, müssen die eingehenden Waren und die Rechnung sorgfältig kontrolliert werden. Bei der Warenkontrolle ist Folgendes zu prüfen:

Warenkontrolle

1. Sind äußere Schäden an der Verpackung oder an den Waren erkennbar?
2. Stimmen die Adressen und die Stückzahlen mit den Angaben der Begleitpapiere (z.B. Lieferschein oder Rechnung) überein?
3. Ist das angegebene Gewicht der Warenbestellung auch das tatsächliche Gewicht?

Wenn bei der äußeren Sichtkontrolle schon Mängel erkennbar sind, müssen diese entweder protokolliert werden oder die Annahme der Warensendung wird verweigert. Anschließend wird eine Material- und Artikelkontrolle durchgeführt.

Sinnvoll ist es, die komplette Lieferung genau zu überprüfen, doch die Anforderungen des Alltags lassen oft nur eine stichprobenartige Überprüfung zu. Hierbei liegt der Schwerpunkt der Kontrolle auf der

Material- und Artikelkontrolle

- korrekten Anzahl der Artikel,
- Richtigkeit der Artikel,
- Qualität der Artikel.

Werden Mängel festgestellt, müssen diese unverzüglich gerügt werden.

Die Kontrolle der Eingangsrechnung umfasst eine sachliche und eine rechnerische Überprüfung. Die sachliche Überprüfung beinhaltet folgende Punkte:

sachliche Überprüfung der Rechnung

- Ist die Rechnung mit einer Rechnungsnummer versehen und ist das Eingangsdatum vermerkt?
- Stimmt die berechnete Menge?
- Stimmt die Warenart?
- Wurden die vereinbarten Lieferbedingungen eingehalten?
- Stimmen die Einzelpreise?
- Wurden ausgehandelte Skonti und vereinbarte Preisnachlässe berücksichtigt?

Bei der rechnerischen Überprüfung ist zu beachten:

rechnerische Überprüfung der Rechnung

- Sind die Preise richtig ausgerechnet?
- Wurden ausgehandelte Preisnachlässe korrekt angerechnet?
- Ist die Umsatzsteuer korrekt berechnet und ausgewiesen?
- Stimmt der zu zahlende Rechnungsbetrag?

Wenn nun keinerlei Mängel festgestellt werden, ist der Rechnungsbetrag zum fälligen Termin zu zahlen. Ansonsten erfolgt eine sofortige Rücksprache mit dem Lieferanten.

7.4 Vorratshaltung und Lagerdisposition

Kundenaufträge im Handwerk sind i.d.R. auf individuelle Kundenbedürfnisse zugeschnitten und damit sehr breit gefächert. Dies führt dazu, dass es für Handwerksunternehmen sehr schwierig ist, den Bedarf der Materialien richtig zu bestimmen. Manche Betriebe lösen das Problem mit einem großen, gut sortierten Lager, andere Betriebe pflegen langjährige und zuverlässige Lieferantenbeziehungen, die das Material schnell und zuverlässig zur Verfügung stellen. Ein gesunder Mittelweg ist in den meisten Fällen sicher erstrebenswert.

Beispiel: Ralf Weiss verschafft sich mithilfe seiner Frau Sabrina einen Überblick über die bisher vorgenommenen Bestellungen. Der Malermeister ist unzufrieden. „Wir bestellen viel zu oft, jedes Mal die Transportkosten, das ist doch ärgerlich!“, kritisiert er die momentane Situation. „Wenn wir einige Standard-Waren auf Lager hätten, könnten wir seltener und dann mehr bestellen und größere Rabatte aushandeln.“ Sabine Weiss erwidert: „Ja, da stimme ich dir zu, aber wir wollten doch eigentlich kein Lager, da die Kosten hierfür sehr hoch sind.“ Ein vernünftiger Mittelweg muss überlegt werden.

7.4.1 Lagerhaltung

Die Lagerhaltung in Handwerksbetrieben erfüllt folgende Aufgaben:

- Sicherungsaufgabe: durch eine gewisse Kapazität im Lager kann der Handwerksbetrieb sicherstellen, dass Kundenaufträge schnell und unkompliziert abgewickelt werden. *Sicherungsaufgabe*
- Zeitausgleich: Der Zeitraum zwischen Bestellung und Lieferung von Materialien kann durch die Lagerung häufig benötigter Materialien überbrückt werden. *Zeitausgleich*
- Preisausgleich: oftmals unterliegen viele Materialen starken Preisschwankungen. Durch ein Lager können die Kosten durch diese Preisschwankungen reduziert werden. Man kauft die Materialien dann, wenn sie am günstigsten sind. *Preisausgleich*
- Quantitativer Ausgleich: Hohe Bestellmengen wirken sich durch Mengenrabatte günstig auf den Bezugspreis aus. *quantitativer Ausgleich*

Ein Handwerksbetrieb verfügt i.d.R. über verschiedene Arten von Lagern. *Arten von Lagern*

- Werkzeuglager für die zur Produktion benötigten Werkzeuge,
- Materiallager für die zur Produktion benötigten Güter,
- Zwischenlager: für noch nicht fertig gestellte Leistungen bis zu deren Fertigstellung.

Die größte Rolle spielt im Handwerk das Materiallager (Rohstoffe, Hilfsstoffe und Betriebsstoffe). Wichtig ist, dass man die Kosten der Lagerhaltung im Blick behält. Um sich einen Überblick über die Kosten der Lagerhaltung zu verschaffen, müssen im Detail folgende Punkte betrachtet werden:

- Kosten des Lagerraums: *Kosten der Lagerhaltung*
  - Abschreibung des Gebäudes und der Lagereinrichtung,
  - Mietkosten, Energiekosten, Reparaturkosten des Lagerraums,
  - Versicherungsbeiträge.

- Kosten der Lagerbestände:
  - Zinsen für das Kapital, welches in die gekauften Materialien investiert wurde,
  - notwendige Abschreibung für das Material, die durch Überalterung, Verlust, Diebstahl oder Beschädigung begründet wird,
  - Versicherungsbeiträge der Diebstahl- und Feuerversicherung.
- Handlingkosten des Lagergutes:
  - Gerätschaften, um das Lagergut zu transportieren (z.B. Gabelstabler),
  - Kosten für den Erhalt des Lagergutes (z.B. Kühlung, Luftaufbereitung).
- Lagerverwaltungskosten:
  - anteilige Personalkosten.

7.4.2 Bedarfsermittlung und optimale Bestellmenge

Verbrauchsverfahren

Um die Beschaffung zu optimieren, muss ein Handwerksbetrieb zunächst seinen Bedarf an Materialien über das sog. Verbrauchsverfahren ermitteln. Grundlage sind die Verbrauchswerte bei der Auftragsabwicklung aus den Vorjahren.

Bei der Festlegung der optimalen Bestellmenge steckt der Unternehmer häufig in einem Zielkonflikt. Auf der einen Seite ist eine geringe Menge sinnvoll, um auch die Kosten der Lagerung gering zu halten, auf der anderen Seite ist eine große Menge wünschenswert, um Lieferkosten zu senken und Rabatte zu erhalten.

Vorteile großer Bestellmengen

Vorteile von Einkauf in großen Mengen:

- Ausnutzung von Mengenrabatten,
- Senkung der Verwaltungskosten des Bestellvorgangs,
- Senkung der Liefer-/Bezugskosten.

Vorteile kleiner Lagermengen

Vorteile von Lagerung kleiner Mengen:

- geringe Raum- und Energiekosten,
- kaum Überalterung und Verderb,
- wenig totes Kapital,
- geringe Personalkosten,
- geringere Zinskosten für das im Lager gebundene Kapital.

Unter Berücksichtigung dieser Aspekte ist die optimale Bestellmenge berechnet, wenn die Summe aus den Kosten des Einkaufs und den Kosten des Lagers am geringsten ist.

Beispiel: Um die optimale Bestellmenge weißer Innenraumfarbe zu errechnen, ermittelt Ralf Weiss zunächst seinen Jahresbedarf und die Kosten der Lagerung pro Farbeimer.

Jahresbedarf: 456 Eimer

Bestellkosten: € 60,90 pro Bestellung (Kosten pro Bestellvorgang € 10,- und Lieferkostenpauschale: € 50,90)

Lagerkosten pro Eimer: € 2,-

Übersicht zur Ermittlung der Bestell- und Lagerkosten:

Anzahl der Bestellungen	Bestellmenge in Eimern	Bestell-kosten	Lager-kosten	Summe der Bestell- und Lagerkosten
12	38	€ 730,80	€ 76,00	€ 806,80
8	57	€ 487,20	€ 114,00	€ 601,20
6	76	€ 365,40	€ 152,00	€ 517,40
3	152	€ 182,70	€ 304,00	€ 486,70
1	456	€ 60,90	€ 912,00	€ 972,90

Ralf Weiss errechnet eine optimale Bestellmenge von 152 Eimern weißer Innenfarbe. Dies bedeutet, dass er die Innenfarbe dreimal innerhalb eines Jahres bestellen muss.

7.4.3 Lagerbestand

Die Höhe des Lagerbestands hängt hauptsächlich ab

- vom Materialverbrauch
- und der Lieferzeit in Bezug auf die Beschaffung.

Sicherheitsbestand

Von allen benötigten Materialien muss ein Sicherheitsbestand (eiserne Reserve) vorhanden sein, der nicht oder nur auf ausdrückliche Anweisung angegriffen werden darf. Die Höhe orientiert sich an einer Menge, die in 3-4 Tagen verbraucht wird.

Meldebestand

Festzulegen ist auch ein Meldebestand. Wenn dieser erreicht ist, muss eine neue Bestellung erfolgen. Die Höhe des Meldebestandes lässt sich mit folgender Formel berechnen:

Meldebestand = (Wiederbeschaffungszeit x Bedarf je Zeiteinheit) + Sicherheitsbestand

Höchstbestand

Des Weiteren gibt es noch den Höchstbestand. Dieser Bestand stellt die größte Menge dar, die das Lager eines Handwerksbetriebes fassen kann.

Beispiel: Malermeister Weiss möchte den Meldebestand für Raufasertapete ausrechnen. Dies ist ein Standardartikel, den er täglich beim Kunden verarbeitet. Er verbraucht pro Tag 50 m Raufasertapete. Der Mindestbestand soll für 4 Tage reichen. Er beträgt folglich 200 m. Die Wiederbeschaffungszeit beträgt 6 Tage. Nun berechnet er mithilfe der allgemeinen Formel den Meldebestand.

$$\begin{aligned} \text{Meldebestand} &= (\text{Wiederbeschaffungszeit x Tagesverbrauch}) \\ &\quad + \text{Sicherheitsbestand} \\ &= (6 \text{ x } 50\text{ m}) + 200\text{ m} \\ &= 500\text{ m} \end{aligned}$$

Somit muss er bei einem Meldebestand von 500 m Raufasertapete nachbestellen.

7.4.4 Lagerkennzahlen

Die Situation in den einzelnen Handwerksbetrieben ist sehr unterschiedlich, was auch eine sehr unterschiedliche Lagerhaltung zur Folge hat. Aus diesem Grund ist es nicht möglich, Idealkennziffern zu nennen. Die Kennziffern zur Lagerhaltung | ► HF 2, Kap. 11.1.1 | sollten aber in jedem Fall Grundlage für betriebliche Entscheidungen sein.

Lagerkennzahlen

Kennzahl	**Formel**
durchschnittlicher Lagerbestand	$\frac{\text{Anfangsbestand + Endbestand}}{2}$
Lagerumschlagshäufigkeit	$\frac{\text{Materialverbrauch}}{\text{durchschnittlicher Lagerbestand}}$
durchschnittliche Lagerdauer	$\frac{\text{360 Tage}}{\text{Lagerumschlagshäufigkeit}}$
Lagerzinssatz	$\frac{\text{Jahreszinssatz x durchschnittliche Lagerdauer}}{\text{360 Tage}}$

Tests und Aufgaben zu diesem Kapitel finden Sie im Sackmann-Lernportal.

Beispiel: Ralf Weiss überprüft einmal im Jahr seine Lagerhaltung mithilfe der Lagerkennzahlen. Aus seinen Unterlagen entnimmt er die aufgelisteten Daten:

Anfangsbestand Waren: € 12 000,-

Schlussbestand Waren: € 12 600,-

Materialverbrauch (Wareneinsatz): € 130 000,-

Er legt seinen Berechnungen einen Jahreszinssatz von 13 % zu Grunde.

Zunächst berechnet er den durchschnittlichen Lagerbestand.

$$\text{Durchschnittlicher Lagerbestand} = \frac{€\ 12\,000,\text{-} + €\ 12\,600,\text{-}}{2}$$

Malermeister Weiss hat im Durchschnitt einen Warenwert von € 12 300,- in seinem Lager.

Dann berechnet er die Lagerumschlagshäufigkeit.

$$\text{Lagerumschlagshäufigkeit} = \frac{€\ 130\,000,\text{-}}{€\ 12\,300,\text{-}}$$

Der gesamte Lagerbestand des Malerbetriebes wurde 10,57 Mal im Jahr verbraucht (umgeschlagen).

Nun berechnet Ralf Weiss die durchschnittliche Lagerdauer der Materialien.

$$\text{Durchschnittliche Lagerdauer} = \frac{360\ \text{Tage}}{10{,}57}$$

Im Durchschnitt liegen die Materialien 34 Tage im Lager des Malerbetriebes. Dann werden sie durch neue ersetzt.

Als letztes berechnet Ralf Weiss den Lagerzinssatz, damit er die anteiligen Zinskosten, welche das Lager verursacht, genau bestimmen kann.

$$\text{Lagerzinssatz} = \frac{13\ \% \times 34{,}06\ \text{Tage}}{360\ \text{Tage}}$$

Der Lagerzinssatz beträgt 1,23 %.

Das bedeutet für Ralf Weiss, dass er bei einem durchschnittlichen Lagerbestand im Wert von € 12 300,- Zinskosten in Höhe von € 151,29 berücksichtigen muss.

Kompetenzen

Das sollten Sie als zukünftiger Meister können:

- ✔ Bereiche und Instrumente des Marketings im Überblick darstellen und Gemeinsamkeiten sowie Unterschiede des Marketings auf Beschaffungs- und Absatzmärkten erläutern,
- ✔ Konsequenzen von absatzpolitischen Entscheidungen ermitteln und Entscheidungen für einen Marketing-Mix begründen,
- ✔ den Ablauf von Beschaffungsprozessen erläutern sowie Schwachstellen analysieren.

D

Veränderungen des Kapitalbedarfs aus Investitions-, Finanz- und Liquiditätsplanung ableiten; Alternativen der Kapitalbeschaffung darstellen

Seit feststeht, dass Markus Petersson den elterlichen Dachdeckerbetrieb als GmbH fortführen wird, schmieden er und sein Vater Pläne. Dabei ist beiden klar, dass sich dringend etwas im Unternehmen ändern muss.

„Du, der Betriebsberater der Kammer hat mir neulich bestätigt, dass Solareindeckung und Photovoltaikanlagen nach wie vor ein gutes Geschäft sind, ebenso wie die energetische Dachsanierung. Aber dazu müssen wir investieren", erklärt Markus. „Wir sollten mindestens noch zwei Gesellen einstellen. Außerdem müssen wir unbedingt in die Qualifizierung unserer Belegschaft investieren. Es gibt da einen Lehrgang bei der Kammer zur ‚Fachkraft für erneuerbare Energien'. Darüber hinaus schwebt mir vor, eine Werkstatt für Solarpanelbau und Klempnerarbeiten einzurichten, damit wir endlich von Subunternehmern unabhängig werden. Und nicht zuletzt brauchen wir dringend Ersatz für unseren alten Firmenwagen ..."

„Und wie willst du das alles finanzieren?", fragt Gerhard Petersson. „Unsere Zahlen sind nicht gerade berauschend. Wir haben zwar einiges gespart, aber ob das reicht?"

„Also unsere Gesellschafteranteile müssten mit dem Gesparten aufgestockt werden und den restlichen Kapitalbedarf könnten wir über die Bank finanzieren."

8 Investitions-, Finanz- und Liquiditätsplanung

Jedes Unternehmen benötigt zur Aufrechterhaltung des betrieblichen Leistungsprozesses eine solide finanzielle Basis. Ziel von Investitions-, Finanz- und Liquiditätsplanung ist es, die dafür notwendigen Grundlagen zu legen und damit nicht nur zur Sicherung des Tagesgeschäfts, sondern auch zur langfristigen Existenzsicherung des Unternehmens beizutragen.

Aufgaben Hierbei besteht eine der vorrangigen Aufgaben der Liquiditäts- und Finanzplanung darin, für ausreichende Liquidität zu sorgen, damit das Unternehmen jederzeit seinen Zahlungsverpflichtungen fristgerecht nachkommen kann. Mindestens ebenso wichtig ist jedoch auf lange Sicht der Erhalt und Ausbau der Rentabilität und damit die Verbesserung der finanziellen Situation. Eine vernünftige Finanzplanung wird also immer auch ein ausgeglichenes Verhältnis beider Aufgaben im Blick haben.

Als ein Teil der strategischen Geschäftsplanung gehören Investitions-, Finanz- und Liquiditätsplanung zu den Hauptaufgaben eines Unternehmers. Abhängig von der jeweiligen Situation des Betriebes werden damit unterschiedliche Ziele verfolgt.

Beispiel: Gerhard Petersson hat in den letzten Jahren vor allem das Tagesgeschäft im Blick gehabt. Oberstes Ziel war, immer genug finanzielle Mittel zu haben, um alle Rechnungen bezahlen zu können. Der Erhalt der langfristigen Rentabilität durch Beachtung von Auslastung, Produktivität und langfristiger Kalkulation ist dagegen ein wenig zu kurz gekommen. „Keine Experimente!“, lautete seine Devise. Bislang ist er damit immer gut gefahren, denn der Betrieb war und ist bekannt für solide und nachhaltige Handwerksarbeit.

Doch nun hat sich die Situation geändert. Die Zahlen der Petersson GmbH sehen nicht gut aus und die Geschäftsführung muss mit ihrer künftigen Unternehmensstrategie dringend darauf regieren. Markus Petersson überlegt deshalb gemeinsam mit seinem Vater, welche Finanzziele in der gegenwärtigen Situation am wichtigsten sind, welche Maßnahmen zu ihrer Umsetzung notwendig werden und was das für ihre Finanzplanung bedeutet.

8.1 Finanz- und Liquiditätsplanung im Unternehmenszyklus

Wie jede Form der betrieblichen Planung hängt auch die Finanz- und Liquiditätsplanung davon ab, in welcher Phase sich ein Unternehmen befindet. Je nach Ausgangslage werden hier verschiedene Schwerpunkte gesetzt.

Gründungsphase In der Gründungsphase ist es das oberste Ziel eines Unternehmens, Fuß zu fassen und Marktanteile zu erobern. Die gesamte Kraft ist im Folgenden darauf ausgerichtet, die gewonnenen Marktanteile zu halten und auszubauen. In dieser Phase finden naturgemäß die meisten Investitionen statt | ► HF 2, Kap. 11.1.2 |. Die Renditen sind i.d.R. noch niedrig, der Cashflow ist negativ und die Liquiditätssicherung steht allgemein im Zentrum der Finanzplanung | ► HF 1, Kap. 10.2.2 |.

Wachstumsphase

In der Wachstumsphase eines Unternehmens wächst das Produkt- und Leistungsprogramm i.d.R. stark an. Damit dies so bleibt, müssen Entwicklungspotenziale gezielt gefördert und zu diesem Zweck Investitionen getätigt werden. Die Renditen fallen in dieser Phase meist gering aus und der Cashflow ist noch negativ. Deshalb stellt auch hier die Sicherung der Liquidität das oberste Ziel der Finanzplanung dar.

Reifephase

In der Reifephase baut das Unternehmen seine Marktanteile weiter aus. Ist es erst einmal etabliert, richtet sich jetzt das Augenmerk auf vollständige Auslastung, mögliche Kapazitätsengpässe, ständige Optimierung und Kostensenkung. Die Rentabilität ist in dieser Phase üblicherweise hoch, der Cashflow steigt und bei der Finanzplanung tritt die Liquiditätssicherung i.d.R. hinter der Rentabilitätssicherung zurück.

Finanzziele in den einzelnen Unternehmensphasen

Unternehmensphase	mögliche Finanzziele
Gründungs-/ Einführungsphase	▸ Steigerung des Umsatzes bei Bestandskunden und Neukunden ▸ Sicherung der Liquidität ▸ Steigerung des Umsatzes je Mitarbeiter/Produkt/ Bereich
Wachstums-/ Entwicklungsphase	▸ Steigerung des Umsatzwachstums je Produkt oder Bereich ▸ Steigerung der kurzfristigen Rentabilität für Bereiche oder Produktgruppen ▸ Sicherung der Investitionsquote ▸ Erhöhung der Entwicklungsaufwandsquote ▸ Sicherung der Liquidität
Reifephase	▸ Steigerung des ROI (Return on Investment) ▸ Maximierung der Rentabilität (z.B. Eigenkapitalrentabilität) ▸ Erhöhung der Deckungsbeiträge (z.B. je Produkt, je Geschäftsfeld oder je produktiver Stunde) ▸ Verbesserung der Kapitalstrukturkennzahlen ▸ Sicherung der Liquidität
Sättigungsphase	▸ Beibehalten des Umsatzwachstums in erfolgreichen Geschäftsfeldern ▸ Aufrechterhaltung von Tilgungs- und Zinsfähigkeit ▸ Maximierung des Cashflows ▸ Steigerung des Umsatzwachstums pro Mitarbeiter im Vertrieb

Sättigungsphase In der Sättigungsphase wird fast nicht mehr oder nur noch wenig investiert. Das Unternehmen sichert jetzt nur noch den Bestand. Der Fokus liegt auf der Rückführung des investierten Kapitals aus früheren Phasen. In dieser Unternehmensphase werden nur noch wenige Ausgaben zur Förderung von Entwicklungspotenzialen getätigt. Hauptziel der Finanzplanung ist die Maximierung des Cashflows. Die Rendite fällt allmählich und die Liquidität wird dem Hauptziel untergeordnet.

Beispiel: Der Dachdeckerbetrieb der Peterssons befindet sich hinsichtlich der Unternehmensentwicklung in der Reifephase. Zur langfristigen Sicherung der Existenz des Betriebes muss er sich jedoch geänderten Markterfordernissen anpassen. Um die Wettbewerbsfähigkeit des Unternehmens auch in Zukunft zu sichern, will Markus Petersson gleich mehrere Vorhaben realisieren. Jedes der Vorhaben ist mit Investitionen verbunden und es ist klar, dass sich das alles nicht gleichzeitig finanzieren lässt.

Um sich für seine Investitions- und Finanzplanung einen Überblick zu verschaffen, teilt er die Investitionen nach dem Investitionsbereich und ihrer Dringlichkeit ein und ermittelt gleichzeitig, welches Finanzziel dabei berührt wird | ▸ HF 1, Kap. 1.2 |.

Investitionsbereich	Investitionsobjekt	Finanzziele	Priorität
Personal	Einstellung von zwei Gesellen	Rentabilität	1
Produktion	Anbau einer Werkstatt	Rentabilität	2
Vertrieb	Mieten oder Leasen eines Transporters	Liquidität	3

Markus und Gerhard Petersson können nun ihre Investitions- und Finanzplanung danach ausrichten, die sich am derzeit obersten Ziel orientiert – der Erhöhung der Rentabilität.

8.2 Investitionsplanung

Da Investitionen i.d.R. mit hohem Kapitaleinsatz verbunden sind und u.U. weitreichende Folgen für das Unternehmen haben, kommt der Investitionsplanung eine besondere Bedeutung zu. Sie beinhaltet im Allgemeinen die Ermittlung des Investitionsbedarfes, der damit verbundenen Kosten sowie aller erforderlichen Finanzmittel. Hierzu kann der Handwerksunternehmer auf eine Reihe von Plänen und Berechnungsverfahren zurückgreifen, die im Folgenden noch genauer dargestellt werden.

Eine Investitionsentscheidung hat immer viele verschiedene Aspekte zu berücksichtigen. Erst wenn alle wichtigen Informationen beachtet und alle wesentlichen Blickwinkel eingenommen wurden, kann ein klares Investitionsziel benannt werden.

Investitionsarten

Die folgenden Fragen können hierbei als Orientierung dienen und geben zugleich einen Überblick über die wichtigsten Investitionsarten:

- In was wird investiert? Man unterscheidet Realinvestitionen (Maschinen, Gebäude etc.) oder Finanzinvestitionen (Wertpapiere, Staatsanleihen).
- In welchem Bereich wird investiert? Investitionen können z.B. im Lager, in der Produktion, im Personal- oder Finanzbereich erfolgen. Die Frage nach dem Investitionsort wird vor allem wichtig für die Planung der Budgets in den Kostenstellen.
- Wie oft wird investiert? Handelt es sich um Routineinvestitionen (Wartung und Ersatz) oder um eine unternehmenspolitische Investition (z.B. eine neue Produktlinie)? Der Liquiditätsplan muss Routineinvestitionen berücksichtigen und den Zeitpunkt einmaliger Investitionen beachten.
- Welche Auswirkung hat die Investition im Rechnungswesen? Handelt es sich um eine vermögenswirksame Investition oder um eine aufwandswirksame Investition?
- Warum wird investiert? Es lassen sich generell die folgenden Investitionsgründe unterscheiden:
  - Gründungsinvestitionen (bei Existenzgründung, Betriebsübernahme, Errichtung von Betriebsstätten, Bildung von Tochterunternehmen),
  - Ersatz- oder Reininvestitionen (zum Erhalt der betrieblichen Kapazität),
  - Erweiterungsinvestitionen (zur Vergrößerung der betrieblichen Kapazität),
  - Rationalisierungsinvestitionen (zur Vermeidung von Kosten und zur Erweiterung der betrieblichen Kapazität),
  - Diversifikationsinvestitionen (beim Eintritt in neue Märkte oder neue Verfahren).

Investitionsgründe

8.2.1 Investitionsrechnung

Grundsätzlich ist im Vorfeld eines jeden Investitionsvorhabens zu prüfen, ob es sich überhaupt lohnt. Zu diesem Zweck wird üblicherweise die sog. Investitionsrechnung herangezogen. Dieses Verfahren zur Beurteilung der Wirtschaftlichkeit einer Investition findet insbesondere in den folgenden Fällen Anwendung:

Wirtschaftlichkeitsrechnung

- bei Gründung oder Betriebsübergabe | ► HF 2, Kap. 11.1.1 |,
- im Rahmen einer Unternehmensbewertung (z.B. für neue Gesellschafter),
- bei der Anschaffung von Anlagevermögen (z.B. Maschinen, PKW),

- bei der Planung komplexer Projekte (z.B. Hausbau),
- bei der Aufnahme von Krediten.

statische Investitionsrechnung

Generell lässt sich dabei zwischen statischen und dynamischen Methoden der Investitionsrechnung unterschieden. Die statischen Varianten betrachten im Wesentlichen Durchschnittswerte und verwenden Datenmaterial der Vergangenheit. Sie lassen sich relativ schnell und einfach berechnen und sind insbesondere bei kleineren und überschaubaren Investitionsvorhaben hilfreich.

dynamische Investitionsrechnung

Demgegenüber versuchen die dynamischen Methoden mithilfe von mathematischen und statistischen Berechnungen eine Hochrechnung in die Zukunft, um den künftigen Erfolg der Investition besser vorhersagen zu können. Sie eignen sich vor allem für taktische und strategische, also mittel- und langfristige Investitionsvorhaben.

8.2.2 Statische Methoden der Investitionsrechnung

Statische Methoden der Investitionsrechnung | HF 2, Kap. 11.1.1 | ignorieren grundsätzlich Zeitverläufe. Sie stellen Überschlagsrechnungen dar, gehen dabei von den Daten des betrieblichen Rechnungswesens aus, betrachten bestimmte Perioden und ermitteln Durchschnittswerte für die Zukunft.

Für das Handwerk sind vor allem die folgenden Formen der statischen Investitionsrechnung von Bedeutung:

Formen der statischen Investitionsrechnung

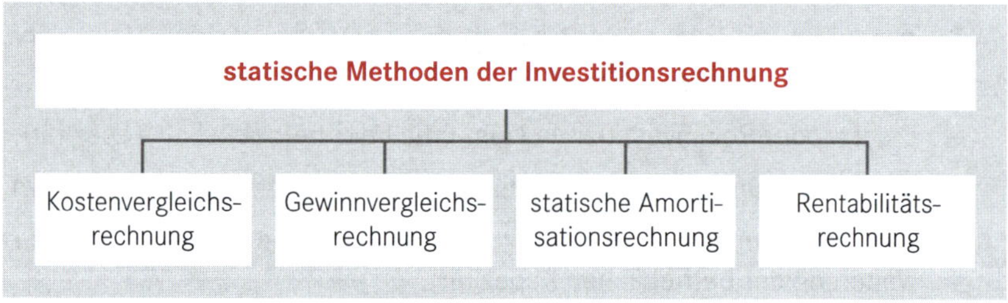

Kostenvergleichsrechnung

Die Kostenvergleichsrechnung | ▸ HF 2, Kap. 11.1.1 | wird angewandt, wenn die Gesamtkosten bei einer Investitionsentscheidung oberste Priorität haben. Dazu vergleicht man die Gesamtkosten oder die Stückkosten der Investitionsalternativen. Der Nutzen wird dabei vereinfacht als gleich angenommen. Berücksichtigt werden bei diesem Verfahren insbesondere die Kostenarten der Teilkostenrechnung | ▸ Teilkostenrechnung, S. 203 |, die durch die Investition verursacht werden. Dies sind z.B.

- variable Kosten, die nur dann anfallen, wenn das Investitionsgut „arbeitet" (Material und Löhne, aber auch Strom, Werkzeugmiete oder Kraftstoffkosten),

- fixe Kosten, die auch anfallen, wenn das Investitionsgut nicht arbeitet (Miete, Versicherungen, Kapitalkosten auf das betriebsnotwendige Kapital, Abschreibungen etc.).

Beispiel: Markus Petersson plant einen neuen Firmenwagen zu kaufen. Ihm liegen zwei Angebote vor. Die jährliche Fahrleistung wird jeweils mit 35 000 km angenommen.

Kostenvergleichsrechnung	**PKW**	
Ausgangsdaten	**A**	**B**
Kraftstoff je 100 km (l)	5,6 l	4,3 l
Kraftstoffpreis (€/l)	€ 1,50	€ 1,50
Nutzungskilometer/Jahr	35 000	35 000
Anschaffungskosten (AK)	€ 12 300,–	€ 13 500,–
geplante Nutzungsdauer (ND) in Jahren	5	5
Restwert (Verkaufserlös nach ND)	€ 3 600,–	€ 4 500,–
kalkulatorischer Zinssatz (%)	6 %	6 %
variable Kosten pro Jahr $\frac{\text{Kraftstoff/100 km x Preis/Liter x Nutzungs-km}}{100}$	**€ 2 940,–**	**€ 2 257,–**
fixe Kosten pro Jahr, davon	**€ 4 117,–**	**€ 4 040,–**
Abschreibung (AfA) (AK ./. Restwert) : ND	€ 1 740,–	€ 1 800,–
kalkulatorischer Zins $\frac{\text{(AK + Restwert) x kalkulatorischer Zinssatz}}{2}$	€ 477,–	€ 540,–
Versicherungen	€ 1 000,–	€ 900,–
Steuern	€ 400,–	€ 250,–
sonstige Fixkosten	€ 200,–	€ 250,–
Wartung, Reparatur, Inspektion, Reifen	€ 300,–	€ 300,–
Gesamtkosten pro Jahr	**€ 7 057,–**	**€ 6 297,–**

Nach der Kostenvergleichsrechnung ist der PKW B vorzuziehen, da er in der Nutzung insgesamt günstiger ist als PKW A, auch wenn die Anschaffungskosten zunächst höher ausfallen.

Die Kostenvergleichsrechnung ermöglicht bei Investitionsalternativen zwar einen Vergleich der voraussichtlichen Kosten, berücksichtigt aber nicht die Erlöse und somit auch nicht die Rentabilität einer Investition. Um diese beurteilen zu können, bedient man sich der Gewinnvergleichsrechnung.

Gewinnvergleichsrechnung

Bei der Gewinnvergleichsrechnung | ► HF 2, Kap. 11.1.1 | werden die Gewinnerwartungen von alternativen Investitionsvorhaben miteinander verglichen. Betrachtet wird dazu der Gesamtgewinn oder der Stückgewinn. Bei gleichem Gewinn entscheiden am Ende qualitative Bewertungskriterien.

Beispiel: Die Idee, eine kleine Werkstatt für Solarpanelbau und Klempnerarbeiten anzubauen, um in Zukunft neue Geschäftsfelder selbst bearbeiten zu können, spukt Markus Petersson schon seit einiger Zeit im Kopf herum. Bisher wurden alle notwendigen Klempnerarbeiten des Betriebes immer durch Subunternehmer erledigt. Doch in letzter Zeit häufen sich die Reklamationen. Außerdem drohen die Angebote der Subunternehmer die Kalkulation zu sprengen. Markus möchte nun herausfinden, was mehr Gewinn abwirft - alle Arbeiten selbst zu erledigen oder diese durch Subunternehmer ausführen zu lassen. Zu diesem Zweck nimmt er eine Gewinnvergleichsrechnung vor.

Gewinnvergleichsrechnung Ausgangsdaten	**Fremdfertigung**	**Eigenfertigung**
erwarteter Verkauf (Aufträge/Jahr)	60	78
erwartetes Umsatzminimum (€/Auftrag)	€ 3 310,-	€ 2 550,-
durchschnittliche variable Kosten (€ vom Umsatz)	93 %	52 %
Reklamationskosten	€ 4 000,-	-
Fixkosten ohne AfA und Zins vom Umsatz	5 %	43 %
Anschaffungsausgaben Werkstatt (€)	-	€ 20 000,-
geplante Nutzungsdauer (ND in Jahren)	0	20
Anschaffungskosten Technik (€)	-	€ 8 000,-
geplante Nutzungsdauer (ND in Jahren)	0	5
Kalkulationszinssatz	6 %	6 %

Gewinnermittlung Werkstatt	**Fremd-fertigung**	**Eigen-fertigung**
Umsatz (€/Jahr)	€ 198 600,-	€ 198 900,-
./. variable Kosten gesamt (€/Jahr)	€ 184 698,-	€ 103 428,-
= **Deckungsbeitrag I**	**€ 13 902,-**	**€ 95 472,-**
./. fixe Kosten ohne Abschreibungen und Zinsen (€/Jahr)	€ 13 930,-	€ 85 527,-
./. Abschreibungen (€/Jahr)	€ 0,-	€ 2 600,-
./. kalkulatorische Zinsen (€/Jahr)	€ 0,-	€ 840,-
= **Gesamtgewinn (€/Jahr)**	**€ –28,-**	**€ 6 505,-**

Gewinnermittlung je Auftrag	**Fremd-fertigung**	**Eigen-fertigung**
erwarteter durchschnittl. Umsatz/Auftrag	€ 3 310,-	€ 2 550,-
./. variable Kosten (€/Auftrag)	€ 3 078,-	€ 1 326,-
= Deckungsbeitrag je Auftrag	€ 232,-	€ 1 224,-
./. Fixkosten (€/Auftrag)	€ 232,-	€ 1 141,-
= **Gewinn (€/Auftrag)**	**€ 0,-**	**€ 83,-**

Das Ergebnis ist eindeutig: Unter Berücksichtigung der vorliegenden Grundannahmen ist der Anbau einer Werkstatt der Beschäftigung von Subunternehmern vorzuziehen. Die Eigenfertigung rentiert sich in jedem Fall.

Statische Amortisationsrechnung

Amortisationszeit

Neben den Kosten und Gewinnerwartungen spielt bei der Beurteilung von Investitionen die Amortisationszeit eine wichtige Rolle, also die Zeit, in der eine Investition ihre Kosten wieder erwirtschaftet hat. Zur Berechnung wird die Amortisationsrechnung | ► HF 2, Kap. 11.1.1 | herangezogen, die von folgender Formel ausgeht:

$$\text{Amortisationszeit} = \frac{\text{Anschaffungsausgaben ./. Restwert}}{\text{durchschnittlicher Gewinn/Jahr + Abschreibungen}}$$

Hierbei werden folgende Angaben benötigt:

- Anschaffungs-/Herstellkosten abzüglich des Restwertes der Investition oder ihres Verkaufserlöses,
- Gewinn zzgl. kalkulatorischer Zinsen und Abschreibungen.

Beispiel: Der Bauaufzug der Peterssons ist seit vier Jahren in Betrieb. Aus Sicherheits- und Kostengründen soll er maximal fünf Jahre genutzt werden, sich in dieser Zeit aber wenigstens amortisieren. Bei der Berechnung der Amortisationszeit geht Markus Petersson von folgenden Zahlen aus: Der Anschaffungspreis betrug seinerzeit € 7 000,–. Der Restwert ist mit € 1 000,– anzusetzen. Die durch den Aufzug erwirtschafteten Gewinne betragen € 16 000,– vor Zinsen inkl. AfA.

Markus rechnet nun den Gewinn auf ein Jahr herunter und setzt diesen ins Verhältnis zu den Anschaffungskosten:

$$\text{Amortisationszeit} = \frac{€\,7\,000,\text{–}\ ./.\ €\,1\,000,\text{–}}{€\,4\,000,\text{–}} = 1{,}5 \text{ Jahre}$$

Laut Amortisationsrechnung hat sich der Bauaufzug bereits nach 1,5 Jahren amortisiert und seitdem Gewinne erwirtschaftet. Jetzt kann Markus entscheiden, ob und wann der Aufzug ersetzt werden soll.

Als ein weiteres Verfahren der statischen Investitionsrechnung gilt die Rentabilitätsrechnung, die hier aber nur erwähnt werden soll.

8.2.3 Dynamische Methoden der Investitionsrechnung

Werden bei der Wirtschaftlichkeitsberechnung längere Zeiträume betrachtet, verwendet man Methoden der dynamischen Investitionsrechnung | ► HF 2, Kap. 11.1.1 |. Diese berücksichtigen den Zinseszinseffekt, da sich das eingesetzte Kapital verzinst.

Danach verzinst sich ein Geldbetrag (K_0), der heute eingesetzt wird, im ersten Jahr um einen gewissen Zinssatz (q). Das eingesetzte Kapital wächst auf K_1 an. Im zweiten Jahr verzinst sich nun K_1 auf K_2 etc. Auf diese Weise wächst das Kapital mit zunehmender Laufzeit (n) exponential an. Die Beschaffung der notwendigen Zahlen gestaltet sich bei der dynamischen Investitionsrechnung zwar aufwändiger als bei den statischen Methoden, dafür liefern die Ergebnisse ein genaueres Bild darüber, ob und wann sich die investierten Mittel amortisiert haben.

Zinseszinseffekt

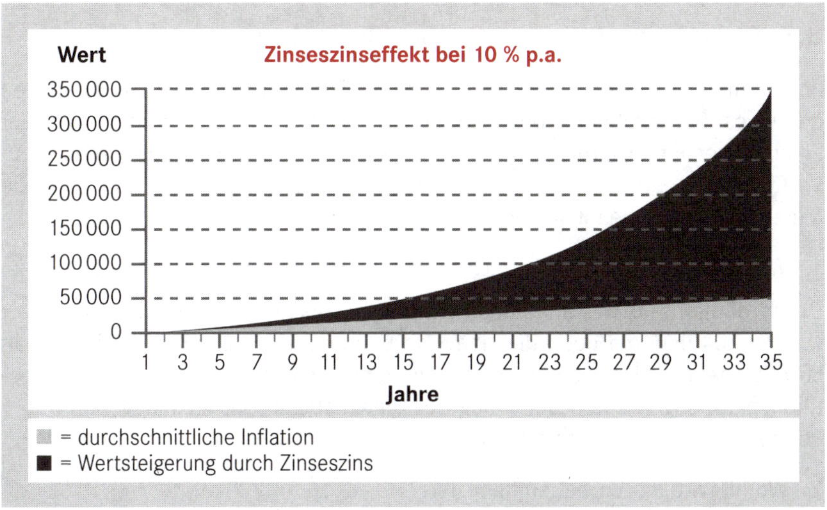

Zu den wichtigsten Methoden der dynamischen Investitionsrechnung zählen die Kapitalendwertmethode, die Kapitalbarwertmethode, die Methode des internen Zinsfußes und die dynamische Amortisationsrechnung.

Da es in der betrieblichen Praxis immer wieder um die Wertsteigerung von Kapitalanlagen geht, kann ein Handwerksunternehmer vor allem mit der Kapitalendwertmethode die Endwerte einer Kapitalanlage zur Vorbereitung einer Investitionsentscheidung selbst ermitteln. Daher soll hier auch nur auf diese Methode eingegangen werden.

Kapitalendwertmethode

Um die Wertsteigerung einer Kapitalanlage zu berechnen, benötigt man einen festen Zinssatz. Unter Berücksichtigung des Zinseszinseffektes lässt sich so der Kapitalwert am Ende der Laufzeit ermitteln.

Aufgezinst wird mit folgender Formel: $K_n = K_0 \times (1 + q)^n$

K_n = Kapitalendwert, q = Zins (z.B. 6 %, also 0,06), K_0 = Kapitalbarwert (eingesetztes Kapital), n = Laufzeit

---

Beispiel: Vor zehn Jahren haben Gerhard und Hilde Petersson ihr Sparguthaben von € 60 000,- aufgelöst und zugunsten einer Sparanlage mit 8 % Verzinsung angelegt. Mittlerweile sind daraus € 129 535,50 geworden. Dieses Kapital wollen die beiden nun nutzen, um bei Bedarf die Stammeinlagen der GmbH aufzustocken.

K_n = € 60 000,-, q = 8 %, n = 10 Jahre

€ 60 000,- x $1{,}08^{10}$ = € 129 535,50

8.3 Planungsinstrumente der Finanzierung

Im Rahmen der Investitionsplanung helfen dem Unternehmer die Methoden der Investitionsrechnung bei konkreten Investitionsentscheidungen. Bei der Planung der Finanzierung stehen ihm verschiedene Planungsinstrumente zur Verfügung, die systematisch aufeinander aufbauen, einander bedingen und die folgenden Fragen beantworten:

1. Wie viel Kapital wird benötigt?

Investitions- bzw. Kapitalbedarfsplan

Der Investitions- bzw. Kapitalbedarfsplan gibt Auskunft darüber, was finanziert werden soll und wie hoch der damit verbundene Kapitalbedarf ist. Er enthält im Allgemeinen eine Übersicht über die einmaligen Investitionskosten (Investitionsplan) sowie eine Aufstellung der regelmäßigen Betriebsausgaben in der Vorlaufzeit (Betriebsmittelplan) | ► HF 2, Kap. 11.1.2 |.

2. Womit wird ein Vorhaben finanziert?

Finanzierungsplan

Der Finanzierungsplan führt sämtliche zur Finanzierung notwendigen Eigen- und Fremdmittel auf. Sofern Fremdmittel benötigt werden, kann der Kreditgeber aus dieser Aufstellung ersehen, wie hoch die Kredithöhe ist, ob sich die Kreditvergabe lohnt und wie der Kreditnehmer im Rating einzustufen ist | ► HF 2, Kap. 11.2, HF 3, Kap. 9.6 |.

3. Wie rentabel ist die Investition?

Rentabilitätsvorschau

Die Rentabilitätsvorschau | ► HF 2, Kap. 14 | trifft Aussagen über die Rentabilität eines Vorhabens, indem sie die Umsatzerwartungen mit den voraussichtlichen Kosten vergleicht. Im Umsatzplan werden dazu die voraussichtlichen Einkünfte, die in einem bestimmten Zeitraum erwirtschaftet werden, erfasst. Der Kostenplan stellt dem alle variablen und fixen Kosten gegenüber.

4. Wie sehen die Zahlungsflüsse nach der Investition aus?

Liquiditäts- und Finanzplan

Liquiditätsplan und Finanzplan geben Auskunft über die Über- oder Unterdeckung eines Unternehmens. Beim Liquiditätsplan werden hierzu über das Jahr verteilt die monatlichen Ein- und Auszahlungen gegenübergestellt. Der Finanzplan funktioniert nach dem gleichen Prinzip, legt aber größere Zeitabschnitte zugrunde (drei bis fünf Jahre).

Alles verstanden? Werden Sie im Sackmann-Lernportal aktiv!

Finanzplanungsprozess

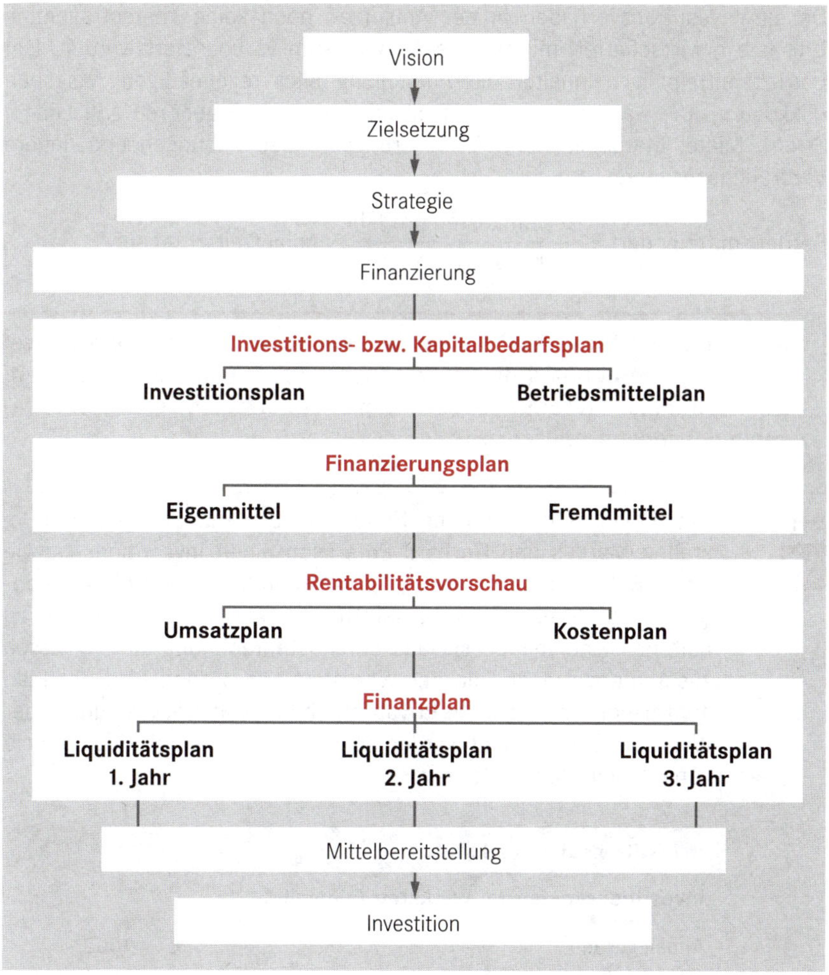

Da die Pläne der Finanzierung nicht nur wichtige Planungs- und Entscheidungshilfen für den Unternehmer darstellen, sondern zugleich auch die Beurteilungsgrundlage für mögliche Fremdkapitalgeber bilden, sollten sie stets mit größter Sorgfalt erstellt werden. Dazu gehört u.a., dass sie realistisch, widerspruchsfrei und für Dritte gut nachvollziehbar sind.

8.3.1 Investitions- bzw. Kapitalbedarfsplan

Investitionsplan

Der Investitionsplan gibt Auskunft über den konkreten Investitionsbedarf und listet zu diesem Zweck sämtliche Investitionen sowie deren Kosten auf. Meist handelt es sich dabei um einmalige Investitionen des Anlagevermögens wie z.B. Maschinen, PKW, Werkzeuge etc.

Betriebsmittelplan

Da ein Investitionsvorhaben in der Anlaufzeit noch keine kostentragenden Umsätze erwirtschaftet, müssen die Anlaufkosten vorfinanziert werden. Der Betriebsmittelplan beinhaltet die Aufstellung aller regelmäßigen Ausgaben (Fixkosten), die während der Anlaufzeit anfallen. Hierzu gehören z.B. Löhne, Strom, Miete, Materialkosten, Versicherungen, Abschreibungen und andere Verbrauchsausgaben.

Betriebsmittelbedarf

$$\text{Betriebsmittelbedarf} = \frac{\text{Gesamtkosten pro Jahr}}{\text{Arbeitstage pro Jahr}} \times \text{Anlaufzeit in Tagen}$$

Da es insbesondere für Banken von Interesse ist, wofür ihre Mittel verwendet werden und ob sich die Investition auch lohnt, gehört ein aussagefähiger Investitions- bzw. Kapitalbedarfsplan zu den Unterlagen eines jeden Kreditgesprächs.

Beispiel: Um die Investitionssumme für die neue Werkstatt zu ermitteln, stellen Markus und Gerhard Petersson einen Investitions- sowie einen Betriebsmittelplan auf. Dazu haben sie im Vorfeld Angebote verglichen, um die Erstausstattungskosten möglichst gering zu halten. Ferner haben sie aus der Kostenrechnung alle Fixkosten zusammengetragen, die der Werkstatt zuzuordnen sind. Ihr Plan geht davon aus, dass die Privatentnahmen von Markus künftig der Werkstatt zugerechnet werden sollen. Bei der Anlaufzeit gehen sie von ca. vier Monaten aus.

Investitionsplan Werkstatt	
Investitionskosten der Werkstatt (einmalig)	
Anbau gesamt	€ 40 000,-
Installationen	€ 3 000,-
Außengelände	€ 4 000,-
Bauamt (Genehmigungen)	€ 1 200,-
Bauingenieur	€ 4 000,-
Notarkosten	€ 500,-
Werkbänke	€ 2 000,-
Maschinen, Geräte, Werkzeuge	€ 12 000,-
Regale	€ 1 500,-
Ausstattung Personalräume	€ 2 000,-
PKW	€ 12 300,-

Investitionsplan Werkstatt	
Transporter	€ 27 000,-
Warenlager	€ 2 000,-
PC/Laptop/Kasse	€ 3 000,-
Telefon/ISDN-Neuanschluss	€ 50,-
Investitionsbedarf	**€ 114 550,-**
davon nicht ausgabewirksam, da bereits vorhanden	€ 7 555,-
davon ausgabewirksam	€ 106 995,-

Betriebsmittelplan Werkstatt		
Personalkosten ohne Unternehmerlohn		€ 2 700,-
sonstige Betriebsausgaben der Werkstatt		€ 2 880,-
Miete/Pacht für Büro/Laden	€ 1 200,-	
Mietnebenkosten	€ 205,-	
Fahrzeugkosten (Kfz-Steuer, Versicherungen, Stellplatz, Wartung und Reparatur, Benzinkosten)	€ 1 200,-	
Weiterbildung	€ 130,-	
Instandhaltung Geräte, Maschinen (Wartung, Reparatur, Ersatz)	€ 50,-	
Bürobedarf, Kopien	€ 5,-	
Fachzeitschriften, -bücher	€ 5,-	
Hosting	€ 15,-	
Handy	€ 20,-	
Telefon, Fax, Internetzugang	€ 20,-	
Porto und Kurier	€ 30,-	
Zinsen		€ 180,-
Abschreibung für Sachanlagen		€ 740,-
Betriebsmittelkosten im Monat		**€ 6 500,-**
Betriebsmittelkosten für 4 Monate Anlaufzeit		**€ 26 000,-**

Kapitalbedarfsplan Anhand der Werte des Investitions- und Betriebsmittelplans lässt sich das Investitionsvolumen beziffern und hieraus der Gesamtkapitalbedarf ableiten. Dieser wird im Kapitalbedarfsplan zusammengefasst.

Beispiel: Um zu sehen, welche finanziellen Belastungen durch die Werkstatt auf den Betrieb zukommen, führt Markus Petersson die Daten des Investitions- und Betriebsmittelplans in einem Kapitalbedarfsplan zusammen.

Kapitalbedarfsplan Werkstatt		
Investitionsbedarf (einmalig)		**€ 114 550,–**
davon nicht ausgabewirksam, da bereits vorhanden	€ 7 555,–	
davon ausgabewirksam	€ 106 995,–	
Betriebsmittel zur Anlauffinanzierung (Liquiditätsreserve) in Höhe der monatlichen Betriebsausgaben für 4 Monate		**€ 26 000,–**
Gesamtkapitalbedarf		**€ 140 550,–**

Um mögliche Risiken abzufedern, empfiehlt es sich bei der Erstellung des Kapitalbedarfsplans einen ausreichenden finanziellen Puffer einzuplanen. Eine vorausgehende Risikoabschätzung erweist sich in diesem Zusammenhang als sinnvoll.

8.3.2 Finanzierungsplan

Ist der Kapitalbedarf ermittelt, gilt es in einem nächsten Schritt zu klären, wie er gedeckt werden soll. Der Finanzierungsplan führt alle zur Finanzierung erforderlichen Mittel auf, insbesondere deren Quellen und Verteilung, und berücksichtigt dabei die folgenden Positionen:

- Kosten des Vorhabens,
- Eigenmittel (Bargeld und Sachmittel wie Grundstücke, Maschinen, PKW, Eigenleistungen),
- Fremdmittel (zinsfreie oder zinsgünstige Verwandtendarlehen, Fördermittel oder Bankdarlehen).

Beispiel: Bis in den späten Abend sitzen Markus und seine Eltern zusammen, um die Finanzierung der Werkstatt durchzusprechen. Dabei geht es konkret um die Frage, wie hoch die verfügbaren Eigenmittel der

Petersson GmbH sind und welche Fremdmittel hinzugezogen werden müssen.

Da das Unternehmen im Moment keine Gewinne abwirft, sind sich alle einig, die Rücklagen aus früheren Jahren nicht anzutasten, sondern einen Teil ihrer Ersparnisse als Eigenkapitalaufstockung in den Betrieb einzulegen.

Hilde und Gerhard Petersson wollen dazu ihre gemeinsamen Ersparnisse zur Hälfte in den Betrieb einbringen. Gerhards Eigenkapitalanteil und Hildes Anteil als stiller Teilhaber würden dadurch um jeweils € 32 500,- aufgestockt. Auch Markus will Ersparnisse im Wert von € 30 000,- als Eigenkapital einsetzen. Da bereits einige Maschinen vorhanden sind, können diese ebenfalls in die Werkstatt einfließen. Was dann noch fehlt, soll fremdfinanziert werden.

Abschließend wird folgender Plan gefasst: Markus soll sich um ein geeignetes Förderprogramm bemühen und Gerhard mit der Bank über ein zinsgünstiges Darlehen verhandeln. Den neuen Transporter will man jedoch über das Autohaus finanzieren. Schließlich haben die Peterssons hier beste Beziehungen. Doch als Erstes will Markus zum Betriebsberater der Kammer, um sich die Zahlen bestätigen zu lassen.

Finanzierungsplan Werkstatt		
Eigenmittel		**€ 102 555,-**
Eigenmittel Markus Petersson	€ 30 000,-	
Eigenmittel Gerhard Petersson	€ 32 500,-	
Eigenmittel Hilde Petersson	€ 32 500,-	
Sacheinlagen Gerhard Petersson	€ 7 555,-	
langfristiges Fremdkapital		**€ 25 695,-**
Fördermittel (vergünstigte Kredite)	€ 25 695,-	
Kredit der Hausbank	€ -	
Darlehen von Verwandten o.Ä.	€ -	
mittelfristiges Fremdkapital		**€ 12 300,-**
Finanzierung Transporter Autohaus	€ 12 300,-	
kurzfristiges Fremdkapital		**€ -**
Dispokredit	€ -	
Lieferantenkredit	€ -	
Finanzierungsmittel gesamt		**€ 140 550,-**

8.3.3 Rentabilitätsvorschau

Durch Gegenüberstellung von geplanten Umsätzen und voraussichtlichen Kosten erlaubt die Rentabilitätsvorschau | ▸ HF 2, Kap. 14 | eine Prognose über die Rentabilität eines Vorhabens. Da zumeist mehrere Jahre betrachtet werden, gibt sie zugleich an, wie sich diese über einen bestimmten Zeitraum entwickelt.

Beispiel: Markus Petersson weiß, dass sich bei der Petersson Bedachungen GmbH dringend etwas ändern muss. Er schätzt, dass der Betrieb, so wie er momentan läuft, keine fünf Jahre mehr überlebt. Von einer Rentabilitätsvorschau erhofft er sich nun genaueren Aufschluss, um entsprechend gegensteuern zu können.

Er bittet den Steuerberater, die betriebswirtschaftlichen Auswertungen (BWA) der letzten drei Jahre auszudrucken, und holt sich die Auftragsplanungen der Vergangenheit und der nächsten Zeit hinzu. Daraus kann er relativ genau ersehen, wie sich die nächsten drei Jahre entwickeln werden, wenn die Kosten sich mit 3 % Inflation verändern.

Rentabilitätsvorschau Petersson GmbH **Beträge in € (ohne Umsatzsteuer)**	**Jahr 1**	**Jahr 2**	**Jahr 3**
erwarteter Umsatz Handwerk	510 000,-	480 000,-	460 000,-
./. Materialeinsatz	209 100,-	196 800,-	188 600,-
= **Rohgewinn I Handwerk**	**300 900,-**	**283 200,-**	**271 400,-**
erwarteter Umsatz Handel	40 000,-	42 000,-	38 000,-
./. Wareneinsatz	13 200,-	13 860,-	12 540,-
= **Rohgewinn I Handel**	**26 800,-**	**28 140,-**	**25 460,-**
= **Rohgewinn I gesamt**	**327 700,-**	**311 340,-**	**296 860,-**
./. Personalkosten	219 034,-	225 605,-	232 373,-
= **Rohgewinn II**	**108 666,-**	**85 735,-**	**64 487,-**
Raumkosten	6 800,-	7 004,-	7 214,-
Fahrzeugkosten	42 300,-	43 569,-	44 876,-
Leasing von Maschinen	9 000,-	9 270,-	9 548,-
Werbungskosten	4 000,-	4 120,-	4 244,-
Büro	8 000,-	8 240,-	8 487,-
Beratung/Buchhaltung	3 200,-	3 296,-	3 395,-

Rentabilitätsvorschau Petersson GmbH Beträge in € (ohne Umsatzsteuer)	Jahr 1	Jahr 2	Jahr 3
Beiträge (wie z. B. HK)	600,-	618,-	637,-
betriebliche Versicherungen	8 000,-	8 240,-	8 487,-
sonstige Kosten	48 100,-	49 543,-	51 029,-
./. **Summe betrieblicher Kosten**	**130 000,-**	**133 900,-**	**137 917,-**
= **Gewinn vor Steuern**	**-21 334,-**	**-48 165,-**	**-73 430,-**
./. Steuern	0,-	0,-	0,-
= **Gewinn nach Steuern**	**-21 334,-**	**-48 165,-**	**-73 430,-**
+ Abschreibungen	16 000,-	16 000,-	12 000,-
= **Reingewinn (Brutto-Cashflow)**	**-5 334,-**	**-32 165,-**	**-61 430,-**

Die Auswertung der Zahlen bestätigt seine Befürchtung. Gleichzeitig sieht er sich aber auch in seinen strategischen Überlegungen bestärkt. „Bereits in diesem Jahr schreiben wir Verluste“, erklärt er seinem Vater, „und das wird sich noch verschärfen. Spätestens in drei Jahren haben wir alle Reserven aufgebraucht. Aber nun wissen wir wenigstens, wie viel Zeit uns noch zum Handeln bleibt. Wir sollten also so schnell wie möglich die Werkstatt auf den Weg bringen und unser Angebot um Solarinstallationen und Photovoltaikanlagen erweitern. Damit wären wir sogar Alleinanbieter in der Region.“

Werden bei der Finanzierung eines Vorhabens Fremdmittel in Anspruch genommen, wird vonseiten der Fremdkapitalgeber eine Rentabilitätsvorschau gefordert. Unter Zuhilfenahme von Branchenkennziffern und internen Vergleichszahlen erlaubt sie nicht nur Prognosen über die voraussichtliche Gewinnhöhe. Darüber hinaus dient sie dem Nachweis, dass sich der Unternehmer mit seinen Zahlen auskennt und realistische Werte zugrunde gelegt hat.

Beispiel: Um zu klären, ob das „Projekt Werkstatt“ überhaupt Aussicht auf wirtschaftlichen Erfolg hat und sich rentiert, hat Markus Petersson einen Termin beim Betriebsberater der Kammer. Als Vorbereitung hat er den Kosten- und den Umsatzplan zu einer Rentabilitätsvorschau über drei Jahre gebündelt.

Kostenplan Werkstatt zur Rentabilitätsvorschau		
	Monat	**Jahr**
Personalkosten	€ 2 700,–	€ 32 400,–
sonstige Betriebsausgaben		
fixe Betriebsausgaben	€ 2 880,–	€ 34 560,–
variable Betriebsausgaben/Wareneinsatz	€ 9 110,–	€ 109 320,–
Zinsen	€ 180,–	€ 2 160,–
Abschreibungen	€ 740,–	€ 8 880,–
kalkulatorischer Unternehmerlohn	€ 1 800,–	€ 21 600,–
Gesamtausgaben	**€ 17 410,–**	**€ 208 920,–**

Umsatz- und Rentabilitätsvorschau Werkstatt				
zugrunde liegende Annahmen		**Jahr 1**	**Jahr 2**	**Jahr 3**
	umsatzwirksame Tage	240	238	241
x	durchschn. Umsatz/Tag	€ 828,–	€ 952,–	€ 1 095,–
=	**Umsatz (Plan)**	**€ 198 720,–**	**€ 226 576,–**	**€ 263 895,–**
./.	variable Kosten	€ 109 320,–	€ 112 600,–	€ 115 978,–
=	**Rohertrag I**	**€ 89 400,–**	**€ 113 976,–**	**€ 147 917,–**
./.	Personalkosten	€ 32 400,–	€ 33 372,–	€ 34 373,–
=	**Rohertrag II**	**€ 57 000,–**	**€ 80 604,–**	**€ 113 544,–**
./.	sonstige Betriebsausgaben (Fixkosten)	€ 34 560,–	€ 35 597,–	€ 36 665,–
=	**Cashflow**	**€ 22 440,–**	**€ 45 007,–**	**€ 76 879,–**
+	Zinsen	€ 2 160,–	€ 1 900,–	€ 1 900,–
+	Abschreibung	€ 8 880,–	€ 8 880,–	€ 8 880,–
=	**Ergebnis vor Steuern**	**€ 33 480,–**	**€ 55 787,–**	**€ 87 659,–**
./.	Steuern	€ 1 620,–	€ 5 012,–	€ 9 696,–
./.	Privatentnahme	€ 21 600,–	€ 22 250,–	€ 22 900,–
=	**Netto-Cashflow**	**€ 10 260,–**	**€ 28 525,–**	**€ 55 063,–**

Bei der Auswertung ermittelt der Betriebsberater folgende Kennzahlen und setzt sie in Vergleich zum Branchendurchschnitt. Dabei kommt er zu folgenden Ergebnissen:

Entwicklung der Petersson GmbH mit Werkstatt				
	heute	**Jahr 1**	**Jahr 2**	**Jahr 3**
Eigenkapitalquote	-27 %	62 %	65 %	60 %
Branchenmittel	30–38 % vom Gesamtkapital			
Anlagedeckung I	142 %	115 %	125 %	130 %
Branchenmittel	167–204 % Deckung durch Eigenkapital			
Gesamtkapitalrentabilität	-11 %	-16 %	11 %	8 %
Branchenmittel	5–5,5 % vom Gesamtkapital			
Umsatzrentabilität	-6 %	-11 %	12 %	9 %
Branchenmittel	2,5–3,0 % vom Gesamtumsatz			
Kapitalumschlag	1,797	0,496	0,614	1,158
Branchenmittel	1,8-mal pro Jahr			
Vorratsquote	38 %	59 %	49 %	54 %
Branchenmittel	52–58 % vom Betriebsumsatz			
Personalkostenanteil	35 %	26 %	26 %	28 %
Branchenmittel	26,2–31,1 % vom Betriebsumsatz			

Im Vergleich zur letzten BWA stellt sich die künftige Entwicklung der Petersson GmbH mit der Werkstatt besser dar als ohne sie. Durch die geplanten Einlagen steigt die Eigenkapitalquote und pendelt sich bei etwa 60 % ein. Die Anlagedeckung I wird daher immer noch erreicht, trotz neuer Investitionen. Die Gesamtkapitalrentabilität wird sich voraussichtlich sogar über das Branchenmittel hinaus entwickeln. Ebenso verhält es sich mit den anderen Rentabilitätskennzahlen.

Zu erkennen ist aber auch, dass das erste Jahr der Investition die Verluste der letzten Jahre noch nicht auffangen kann. Erst im zweiten Jahr wird sich das bei den geplanten Umsätzen ändern. Durch die Kapitalerhöhungen wird auch der Kapitalumschlag leiden. Es ist also damit zu rechnen, dass mehr Kapital zur Vorleistung in die Hand genommen werden muss. Daher wird es besonders wichtig sein, künftig die Liquidität im Auge zu behalten.

Was Vorratsquote und Personalintensität anbelangt, werden sich diese dank besserer Auslastung im Branchenmittel einpendeln. Im zweiten Jahr könnten daher theoretisch sogar drei Gesellen in der Werkstatt eingesetzt werden.

Diese Ergebnisse bestätigen Markus endgültig in seinem Vorhaben, das Werkstatt-Projekt in Angriff zu nehmen. Damit steht die neue Marschrichtung für die Petersson GmbH fest.

8.3.4 Liquiditätsplan/Finanzplan

Um notwendige Investitionen und evtl. Kreditbelastungen bezahlen und darüber hinaus sämtliche anderen Zahlungsverpflichtungen erfüllen zu können, muss ein Unternehmen über ausreichend Liquidität verfügen. Der Liquiditätsplan stellt in einer detaillierten Übersicht alle Zahlungsein- und -ausgänge gegenüber und ermöglicht auf diese Weise Aussagen über die finanzielle Über- oder Unterdeckung.

Liquiditätsplan und Finanzplan

Je nach betrachtetem Planungszeitraum wird zwischen kurzfristig ausgerichteten Liquiditätsplänen und mittel- bis langfristig angelegten Finanzplänen unterschieden | ► HF 2, Kap. 13.1 |.

Der Liquiditätsplan gibt Auskunft über monatliche, wöchentliche oder sogar tägliche Zahlungsströme.

Beim Finanzplan werden dagegen größere Zeiträume betrachtet. Mittelfristige Finanzpläne umfassen meist ein Jahr. Daneben gibt es noch mehrjährige Finanzpläne, die die langfristige finanzielle Entwicklung eines Unternehmens zum Gegenstand haben.

Banken fordern im Zusammenhang mit der Rentabilitätsermittlung Finanzpläne für drei bis fünf Jahre.

Mithilfe von Liquiditäts- und Finanzplänen kann der Unternehmer frühzeitig auf Liquiditätsengpässe reagieren und notwendige Gegenmaßnahmen einleiten. Im Rahmen der strategischen Geschäftsplanung dienen sie zudem als Grundlage für die Rentabilitätsvorschau und den Soll-Ist-Vergleich.

Mithilfe entsprechender Computerprogramme können die Pläne der Finanzierung auch genutzt werden, um verschiedene Alternativen durchzuspielen und die jeweiligen Auswirkungen auf das Unternehmen zu analysieren. Auf diese Weise lässt sich beispielsweise leichter beurteilen, ob eine Fremdfinanzierung einer Privateinlage vorzuziehen ist oder wie sich ein Fahrzeugleasing gegenüber einem Fahrzeugkauf verhält.

Ihren persönlichen Zugang zum Sackmann-Lernportal finden Sie auf Seite 3.

9 Arten der Finanzierung

Grundsätzlich stehen dem Unternehmer zur Beschaffung der notwendigen finanziellen Mittel mehrere Möglichkeiten zur Verfügung. Bei der Beschreibung der verschiedenen Finanzierungsarten sind dabei zwei grundlegende Betrachtungsweisen zu unterscheiden.

Die Betrachtung der Finanzierung aus der Sicht des Betriebes (Herkunft der Mittel) wird durch die Innen- und die Außenfinanzierung beschrieben.

Die Betrachtung der Finanzierung aus der Sicht des Unternehmers als Eigenkapitalgeber (rechtliche Zuordnung der Mittel) wird durch die Eigen- und Fremdfinanzierung dargestellt.

Finanzierungsarten

Eigenfinanzierung			**Fremdfinanzierung**
Finanzierung aus Vermögensumschichtung: ► Abschreibung ► Kapitalumschlag	Finanzierung aus nicht entnommenen Gewinnen (Selbstfinanzierung)	► Einlagen der Inhaber/Teilhaber (bei Personengesellschaften) ► Kapitalbeteiligung (bei Kapitalgesellschaften)	Kreditfinanzierung: ► kurzfristig ► mittelfristig ► langfristig
Innenfinanzierung		**Außenfinanzierung**	

9.1 Innenfinanzierung

Selbstfinanzierung

Als wichtigste Form der Innenfinanzierung gilt die sog. Selbstfinanzierung. Hierunter versteht man den Verzicht auf Ausschüttung von Gewinnen bzw. die Erhöhung von Rücklagen. Ferner werden durch Überbewertung der Aktiva oder Unterbewertung der Passiva stille Rücklagen gebildet, die Vermögen im Betrieb binden und gleichzeitig die Gewinnbesteuerung für dieses Geschäftsjahr senken.

Daneben fasst man unter Innenfinanzierung die folgenden Finanzierungsarten zusammen:

- Finanzierung aus Abschreibungen, wobei sich diese auf den Gewinn auswirken und somit auch Einfluss auf die Höhe der Gewinnbesteuerung haben,
- Finanzierung aus der Auflösung von Rückstellungen, die für bestimmte Zwecke in vergangenen Geschäftsperioden gebildet wurden | ► Rückstellungen, S. 125 |,

- Finanzierung durch Rationalisierungserfolge, welche die Steigerung von Auslastung und Produktivität zur Folge haben und somit unmittelbar an der Gewinnerwirtschaftung beteiligt sind.

9.2 Außenfinanzierung

Außenfinanzierung bezeichnet die Mittelbeschaffung von außen durch

- Aufnahme von Krediten,
- Fördermittel (zinsgünstige Darlehen oder Zuschüsse),
- Aufnahme von neuen Gesellschaftern oder Beteiligungen.

Beteiligungen

Daneben können aber auch Beteiligungen zur Kapitalgewinnung herangezogen werden. Hierbei ist allerdings zu beachten, wie stark sich diese auf den bisherigen Gesellschafterstatus auswirken. Kommt ein neuer Gesellschafter mit Beteiligung hinzu, verringert sich nämlich automatisch auch der Anteil der bisherigen Eigenkapitalgeber am Gesamtkapital und damit u.U. auch das Stimmrecht.

Beteiligungsgesellschaften

Beteiligt werden können natürliche Personen, Gesellschaften oder juristische Personen. Der Zweck von Beteiligungsgesellschaften ist es Minderheitsbeteiligungen an vielen Unternehmen zu suchen und so für Anleger Renditen zu erwirtschaften. Gleichzeitig ist dies für kleinere Unternehmen eine Chance zur Finanzierung auch in Engpasszeiten.

stille Beteiligung

Eine besondere Form der Beteiligung stellt die stille Beteiligung dar. Hierbei verzichtet der stille Gesellschafter auf sein Stimmrecht und beschränkt sich auf die Gewinnausschüttung. Im Gegenzug ist er von der Haftung ausgeschlossen.

9.3 Eigenfinanzierung

Erfolgt die Finanzierung über das Eigenkapital eines Betriebes, spricht man von Eigenfinanzierung. Zur Erhöhung des Eigenkapitals kommen folgende Möglichkeiten in Betracht:

- Aufstockung der Gesellschafteranteile per Beschluss oder Verzicht auf die Ausschüttung von Gewinnen (Thesaurierung); diese als Selbstfinanzierung bekannte Form der Eigenfinanzierung ist auch Teil der Innenfinanzierung | ▸ Innenfinanzierung, S. 573 |,
- Aufnahme von neuen Gesellschaftern und Beteiligungen,
- Privateinlagen in das Eigenkapital im Geschäftsjahr,
- Verzicht auf Privatentnahmen im Geschäftsjahr.

9.4 Fremdfinanzierung

Unter Fremdfinanzierung wird die Finanzierung durch unternehmensfremde Quellen (Fremdkapital) verstanden. Zu beachten ist, dass bei dieser Finanzierungsart u.U. Zinsen anfallen (außer beim Lieferantenkredit). Zinsen schmälern jedoch den Gewinn. Zu den wichtigsten Arten der Fremdfinanzierung gehören:

- Kredite oder rückzahlbare Fördermittel,
- Zuschüsse (zinsfrei und nicht rückzahlbar),
- Verlängerung von Lieferantenkrediten,
- Inanspruchnahme von Skonto durch Finanzierung des Nettorechnungsbetrages,
- Kundenanzahlungen.

9.4.1 Fremdfinanzierung über Kredite

Kredite stellen insofern eine besondere Form der Finanzierung dar, als durch die Zinsen Kosten anfallen. Diese belasten das Unternehmen und schmälern insbesondere bei hoher Fremdkapitallast den Gewinn. Bei der Rückzahlung werden die Tilgung des Darlehens (Rate) und die Zinsen regelmäßig entrichtet. Dieser regelmäßige Zahlbetrag wird als Annuität bezeichnet. *Tilgung, Annuität*

Annuität = Tilgung (Rate) + Zins

Der Tilgungsplan gibt Auskunft über die Annuität. Insbesondere Verbraucherkreditverträge müssen unbedingt einen Tilgungsplan ausweisen.

Nominalzins

Zur Beurteilung der tatsächlich anfallenden Kreditkosten ist nicht nur der Nominalzins, sondern auch der Effektivzins zu berücksichtigen. Der nominale Jahreszins beziffert den eigentlichen Kreditpreis. Er ist nicht verhandelbar. Je nach Kreditvertrag bleibt der Zins über die Gesamtlaufzeit konstant (Zinsbindung) oder er variiert je nach aktuellem Zinsniveau.

Effektivzins/ Kreditnebenkosten

Der Effektivzins enthält zusätzlich alle Nebenkosten des Kreditgeschäfts. Das sind neben Vertragsausstellungsgebühren sowie Kontoführungs- und Kontoauszugsgebühren vor allem Kosten für

- Disagio bzw. Damnum,
- Restschuldversicherungen,
- Vorfälligkeitsentschädigungen.

Disagio/Damnum

Bei einigen Kreditformen werden nicht 100 % der Darlehenssumme ausgezahlt, sondern nur 96 %. Die Differenz behält die Bank zur stärkeren Risikoabsicherung ein. Dieser Betrag wird als Disagio bzw. Damnum bezeichnet.

Restschuld-versicherungen Für den Fall, dass die Raten nicht rechtzeitig bedient werden können, werden Restschuldversicherungen abgeschlossen, die die Zahlung in einem solchen Fall übernehmen. Auch diese Kosten sind in den Kreditnebenkosten enthalten.

Vorfälligkeits-entschädigung Vorfälligkeitsentschädigungen werden bei außerplanmäßigen Zahlungen in Rechnung gestellt, die vorfristig durch den Kreditnehmer getätigt werden. Sie sollen zumindest einen Teil des entgangenen Nutzens auffangen, der der Bank durch die fehlenden Zinseinnahmen entsteht.

Vor Abschluss eines Kreditvertrages sind die jeweiligen Konditionen genau zu prüfen. Kreditnebenkosten sind verhandelbar, Kreditkosten (Nominalzins) nicht.

9.4.2 Kreditarten

Bei der Wahl eines Kredites stellt der Verwendungszweck das entscheidende Kriterium dar. Weitere maßgebliche Faktoren, die bei der Entscheidung berücksichtigt werden sollten, sind der Zinssatz, die Laufzeit sowie Fälligkeit, Höhe und Anzahl der Raten.

Bei Unternehmer- und Privatkrediten wird im Allgemeinen zwischen kurzfristigen (bis zu einem Jahr), mittelfristigen (ein bis vier Jahre) und langfristigen Krediten (über vier Jahre) unterschieden.

Die regelmäßige Zahlung an die Bank wird als Annuität bezeichnet und setzt sich aus der eigentlichen Schuldentilgung und dem Zins (Effektivzins) zusammen.

Da die Annuität eine regelmäßige Belastung für den Handwerksbetrieb darstellt, ist sie bei der Finanzplanung mit zu berücksichtigen. Ferner muss ihre pünktliche Entrichtung sichergestellt werden. Bei nur zwei Raten im Verzug, kann die Bank den Gesamtkredit fällig stellen. Damit wären u.U. die Finanzierung eines Vorhabens und die geleisteten Sicherheiten gefährdet.

Je nach Verwendungszweck kommen verschiedene Kreditarten in Betracht. Im Handwerk sind vor allem die folgenden Kredite von Bedeutung:

- Lieferantenkredit,
- Kontokorrentkredit,
- Tilgungsdarlehen,
- Annuitätendarlehen,
- Festdarlehen.

wichtige Kredite im Handwerk

Kreditart	Kreditgeber	Laufzeit	Tilgung	Zins	Annuität
Lieferantenkredit	Lieferant	kurzfristig, 10–60 Tage	nach Vereinbarung	2–4 % in 10 bis 30 Tagen	nach Vereinbarung
Kontokorrentkredit	Hausbank	kurzfristig, 0–365 Tage	nach Vereinbarung	5–17,75 % pro Jahr	nach Vereinbarung
Tilgungsdarlehen	Kreditinstitute, Verwandte, Sonstige	mittel- bis langfristig, ab 1 Jahr	konstant	fallend	fallend
Annuitätendarlehen			steigend	fallend	konstant
Festdarlehen			nach Ende der Laufzeit	konstant	konstant, letzte Annuität sehr hoch durch Gesamttilgung

Lieferantenkredit

Der Lieferantenkredit ist ein kurzfristiger Kredit, der meist beim Kauf von Betriebsmitteln wie Material etc. gewährt wird. Hierzu räumt der Lieferant dem Käufer ein sog. Zahlungsziel ein (meist 10–60 Tage), d.h., die Rechnung wird erst später fällig. Bei Rechnungsbegleichung vor diesem vereinbarten Zahlungsziel wird ein Preisnachlass in Form von Skonto gewährt. Da die Kosten des Lieferantenkredits bei ungenutztem Skonto relativ hoch sind, lohnt es meistens, alternative Finanzierungsmöglichkeiten in Betracht zu ziehen.

Kontokorrentkredit

Ein Kontokorrentkredit (Dispositionskredit) ist ein Bankkredit, der üblicherweise von der Hausbank angeboten wird, die auch das Geschäftskonto des Unternehmens führt. Es handelt sich um einen Überziehungskredit, der zur kurzfristigen Zwischenfinanzierung dient. Dabei beträgt der geduldete Überziehungszins meist 12–17,75 %. Nach Vereinbarung kann die Bank den ausschöpfbaren Kreditrahmen erweitern.

Tilgungsdarlehen

Beim Tilgungsdarlehen | ► HF 2, Kap. 11.2.3 | handelt es sich um einen mittel- bis langfristigen Kredit, der im Allgemeinen zur Finanzierung von Anlagevermögen in Anspruch genommen wird. Er basiert auf einer konstanten Tilgungsrate, während der Zins stetig fällt. Folglich sinkt auch die Gesamtrate. Unter den mittel- bis langfristig angelegten Krediten stellt er die kostengünstigste Variante dar[1].

Annuitätendarlehen

Unter einem Annuitätendarlehen ist ebenfalls ein mittel- bis langfristig angelegter Kredit zu verstehen. Hier bleibt die Annuität, also die Summe aus Zins und Tilgung, über die Gesamtlaufzeit gleich. Das macht diese Kreditart überschaubar, weil sich die Ausgabe nicht ändert. Dennoch ist dieser Kredit über die Laufzeit gesehen teurer als das Tilgungsdarlehen.

---

[1] *bei sonst gleichem Zinssatz*

Festdarlehen Das Festdarlehen zählt unter den mittel- bis langfristigen Krediten zu den teuersten. Hier zahlt der Kreditnehmer den gesamten Darlehensbetrag erst am Ende der Kreditlaufzeit zurück. Tilgungsraten fallen also während dieser Zeit nicht an. Lediglich die Zinsen sind je nach Vereinbarung jährlich bzw. monatlich auf das Gesamtdarlehen zu bezahlen.

Beispiel: Markus Petersson möchte einen Teleskopstapler finanzieren und dazu einen Kredit über € 26 000,– zu 5 % Zinsen jährlich aufnehmen. Er rechnet aus, bei welcher Kreditart die wenigsten Kosten anfallen und bei welcher die Liquidität in den ersten drei Jahren geschont wird.

Tilgungsdarlehen					
Jahr	**Darlehen Restdarlehen**	**Tilgung**	**Zins 5 % p.a.**	**Annuität**	**Restbetrag**
1	€ 26 000,–	€ 5 200,–	€ 1 300,–	€ 6 500,–	€ 20 800,–
2	€ 20 800,–	€ 5 200,–	€ 1 040,–	€ 6 240,–	€ 15 600,–
3	€ 15 600,–	€ 5 200,–	€ 780,–	€ 5 980,–	€ 10 400,–
4	€ 10 400,–	€ 5 200,–	€ 520,–	€ 5 720,–	€ 5 200,–
5	€ 5 200,–	€ 5 200,–	€ 260,–	€ 5 460,–	€ 0,–
Zinsbelastung beim Tilgungsdarlehen: € 3 900,–					

Annuitätendarlehen					
Jahr	**Darlehen Restdarlehen**	**Tilgung**	**Zins 5 % p.a.**	**Annuität**	**Restbetrag**
1	€ 26 000,–	€ 4 705,35	€ 1 300,–	€ 6 005,35	€ 21 294,65
2	€ 21 294,65	€ 4 940,62	€ 1 064,73	€ 6 005,35	€ 16 354,03
3	€ 16 354,03	€ 5 187,65	€ 817,70	€ 6 005,35	€ 11 166,38
4	€ 11 166,38	€ 5 447,03	€ 558,32	€ 6 005,35	€ 5 719,35
5	€ 5 719,35	€ 5 719,35	€ 285,97	€ 6 005,32	€ 0,–
Zinsbelastung beim Annuitätendarlehen: € 4 026,72					

Festdarlehen					
Jahr	**Darlehen Restdarlehen**	**Tilgung**	**Zins 5 % p.a.**	**Annuität**	**Restbetrag**
1	€ 26 000,-	€ 0,-	€ 1 300,-	€ 1 300,-	€ 26 000,-
2	€ 26 000,-	€ 0,-	€ 1 300,-	€ 1 300,-	€ 26 000,-
3	€ 26 000,-	€ 0,-	€ 1 300,-	€ 1 300,-	€ 26 000,-
4	€ 26 000,-	€ 0,-	€ 1 300,-	€ 1 300,-	€ 26 000,-
5	€ 26 000,-	€ 26 000,-	€ 1 300,-	€ 27 300,-	€ 0,-
Zinsbelastung beim Festdarlehen: € 6 500,-					

Der kostengünstigste Kredit ist hier das Tilgungsdarlehen, der Kredit mit der geringsten Belastung in den ersten drei Jahren das Festdarlehen, welches aber insgesamt am teuersten ist.

Da Kreditentscheidungen immer mit weit reichenden Folgen für das Unternehmen verbunden sind, sollten sie sich generell an den wichtigsten Finanzierungsregeln orientieren | ▸ HF 2, Kap. 11.2.2 | und mit Blick auf das Finanzierungsvorhaben stets mit größter Sorgfalt getroffen werden.

9.4.3 Kreditsicherheiten

Bei der Vergabe von mittel- und langfristigen Krediten verlangen Banken und andere Kreditgeber Sicherheiten.[1] Grundsätzlich kommen hierfür verschiedene Formen von Personen- und Realsicherheiten in Betracht.

Personensicherheiten: Sicherheiten durch Personen

Garantie

Eine Bankgarantie ist eine Zusage der Bank, für den künftigen Erfolg oder Schaden infolge eines Vorhabens einzustehen. Garantien sind vor allem bei Großprojekten oder Auslandsgeschäften von Bedeutung.

Bürgschaft

Bei einer Bürgschaft wird der Kredit eines Schuldners teilweise oder gänzlich durch einen Bürgen besichert. Bei Ausfall des Schuldners haftet dieser gegenüber dem Kreditgeber (Gläubiger).

[1] *Auskunft hierüber geben auch:*
www.handwerkskammer.de/service/beratung.html (vor Ort)
www.gruendungsberatung-online.de (Gründerportal)

Ausfallbürgschaft Im Falle einer Ausfallbürgschaft kann der Gläubiger den Bürgen erst dann in Anspruch nehmen, wenn eine vorherige Zwangsvollstreckung des Schuldners erfolglos geblieben ist. Im Bürgschaftsvertrag muss hierzu eine „Einrede der Vorausklage" vereinbart sein.

selbstschuldnerische Bürgschaft Bei der selbstschuldnerischen Bürgschaft tritt die Haftung des Bürgen unverzüglich ein und der Gläubiger kann sofortige Zahlung von ihm verlangen. Auf die Einrede der Vorausklage wird in diesem Fall verzichtet. Für den Fall, dass der Bürge zahlen musste, kann er seine Forderungen gegenüber dem Schuldner auch nach Erlöschen des Kreditvertrages geltend machen. Die Schuld des Schuldners gegenüber dem Bürgen erlischt also nicht.

Realsicherheiten: Sicherheiten durch unbewegliche Sachen

Grundpfandrechte Sogenannte Grundpfandrechte dienen vor allem zur Besicherung von langfristigen Krediten. Hierbei werden Immobilien (Grundstücke, Gebäude) als Sicherheiten gestellt. Grundpfandrechte werden ins Grundbuch eingetragen. Sie erlauben es dem Gläubiger, die Immobilie zu verwerten, wenn die Kreditraten nicht bedient werden können. Zu den wichtigsten Arten zählen die Grundschuld und die Hypothek.

Grundschuld Bei einer Grundschuld besichert ein Grundstück den Kredit. Kann der Kreditnehmer (Schuldner) den Kredit nicht mehr mit Zins und Tilgung bedienen, wird das Grundstück zwangsversteigert. Aus dem Erlös wird zuerst bedient, wer im Grundbuch im Rang vorrangig eingetragen ist. Banken verlangen deshalb häufig die Grundschuld ersten Ranges.

Eine Grundschuld wird unabhängig von der Höhe oder dem Bestehen einer durch sie besicherten Forderung im Grundbuch geführt. Das bedeutet, dass sie in voller Höhe weiter besteht, auch wenn ein Teil der Forderung schon beglichen ist oder die Forderung schon längst nicht mehr besteht.

Hypothek Bei einer Hypothek haften das Grundstück und der Kreditnehmer mit seinem Vermögen. Die Hypothek gibt dem Hypothekeninhaber das Recht, eine geschuldete Summe aus einer Grundstücksversteigerung oder Nutznießung zu befriedigen. Auch hier wird nach eingetragener Rangfolge im Grundbuch gezahlt. Im Gegensatz zur Grundschuld ist eine Hypothek allerdings immer abhängig von der Höhe und der Existenz einer Forderung. Das heißt, dass die Hypothek in dem Maße im Wert abnimmt, wie der Kredit zurückgezahlt wird. Erlischt die Schuld, so erlischt auch die Hypothek.

Realsicherheiten: Sicherheiten durch bewegliche Sachen

Pfandrechte Als Sicherheit für einen Kredit können auch Ansprüche dienen, die der Kreditnehmer gegenüber Dritten hat. Der Kreditgeber kann vertragsgemäß bei Ausfall der Kreditzahlung diese Rechte veräußern oder sich anders daran schadhaft halten.

Eigentumsvorbehalt

Der Kauf unter Eigentumsvorbehalt entsteht häufig bei Lieferantenkrediten. Bewegliche Gegenstände bleiben in diesem Fall bis zur Begleichung der Schulden Eigentum des Verkäufers. Der Eigentumsvorbehalt erlischt, sobald der Schuldner zahlt.

Sicherungsübereignung

Bei der Sicherungsübereignung dienen bewegliche Sachen, die sich im Eigentum des Kreditnehmers befinden, als Kreditsicherheit (z.B. Maschinen, Kfz). Für die Dauer des Kredits tritt der Kreditnehmer das mittelbare Eigentum daran an den Kreditgeber ab, bleibt aber unmittelbarer Besitzer und kann somit weiter Umsätze mit den Sachen erwirtschaften.

Sicherungsabtretung

Kredite können auch durch Risikolebensversicherungen oder Kapitallebensversicherungen besichert werden. Begünstigter ist hier der Darlehensgeber.

Forderungszession

Bei der Forderungszession werden zum Zweck der Besicherung Rechte an noch offenen Forderungen an den Kreditgeber abgetreten. Bei einzelnen Forderungen handelt es sich um eine Einzelzessionen. Geht es um ganze Bündel von Forderungen, spricht man von Mantelzessionen. Im Fall von Globalzessionen werden neben gegenwärtigen auch künftige Forderungen abgetreten.

offene Zession

stille Zession

Je nachdem, ob der Schuldner über den Wechsel der Forderung zu Sicherungszwecken informiert wurde oder nicht, wird auch zwischen offener und stiller Zession unterschieden. Bei der offenen Zession zahlt der Schuldner an den Kreditgeber, bei der stillen Zession an den Kreditnehmer, der die Zahlung zur Fälligkeit an den Kreditgeber weiterleitet. Auf diese Weise kann der Kreditnehmer sein Image wahren.

9.5 Alternative Finanzierungsformen

Leasing

Was die Finanzierung von Maschinen, Fahrzeugen oder Hardware anbelangt, gewinnt Leasing auch im Handwerk immer mehr an Bedeutung. Bei diesem Verfahren werden Wirtschaftsgüter entweder vom Hersteller oder von sog. Leasinggesellschaften gegen eine Nutzungsgebühr (Leasingrate) an einen Leasingnehmer vermietet. Dieser ist berechtigt, den geleasten Gegenstand vertragsgemäß zu nutzen, und kann ihn am Ende der Laufzeit entweder zurückgeben, zum Restwert kaufen oder die Leasingzeit verlängern.

Vor- und Nachteile

Im Gegensatz zum Kauf schont Leasen die Liquidität, da sich die Zahlungen auf die Nutzungsdauer verteilen und folglich niedrig ausfallen. Vorhandenes Eigenkapital kann somit für andere Zwecke eingesetzt werden. Außerdem sind die Leasingraten steuerlich absetzbar. Demgegenüber können die Leasinggebühren je nach Vertrag über die Gesamtlaufzeit gesehen bis zu 30 % über dem Anschaffungspreis liegen. Inwieweit Leasing also infrage kommt, ist im Einzelfall zu prüfen. Wird in einem Betrieb häufig die neueste Technik benötigt, bietet diese Form der Finanzierung eine interessante Alternative.

Beispiel: Markus und Gerhard Petersson stehen vor der Entscheidung, einen Transporter für € 26 000,- zu kaufen oder zu leasen. Der Händler bietet ein 3-jähriges Leasing zu monatlich € 830,- (Variante A) oder zu € 600,- an, dann allerdings mit einer Schlussrate von € 8400,- (Variante B). Markus Petersson rechnet die verschiedenen Möglichkeiten durch:

1. Kauf: einmalige Kosten von € 26 000,-, Nutzungsdauer 6 Jahre
2. Leasing A: € 830,- x 12 x 3 = € 29 880,-
3. Leasing B: € 600,- x 12 x 3 + € 8 400,- = € 30 000,-

Die Peterssons einigen sich darauf, dass die Rentabilität im Vordergrund steht, und ermitteln daher die Aufwendungen der drei Varianten:

1. Kauf: jährliche Afa: € 4 333,33
2. Leasing A: jährliche Durchschnittsbelastung durch Leasingraten: € 9 960,-
3. Leasing B: jährliche Durchschnittsbelastung durch Leasingraten: € 10 000,-

Markus und Gerhard entscheiden sich für den Kauf des Transporters.

Factoring

Factoring stellt eine weitere alternative Finanzierungsform dar, bei der ein Unternehmen offene Kundenforderungen an eine Factoring-Gesellschaft, einen sog. Factor, verkauft. Diese übernimmt das Mahnwesen und schreibt dem Unternehmen im Gegenzug den Forderungsbetrag unter Abzug von Zinsen und Provisionen als Vorschuss gut | ▸ HF 3, Kap. 21.2 |.

Je nach Vertrag gibt es verschiedene Varianten. Zum einen kann der regelmäßige Verkauf von Forderungen vereinbart werden. In diesem Fall werden zunächst 80–95 % der offenen Forderung vom Factor als Vorschuss an das Unternehmen ausgezahlt. Nach erfolgreicher Zahlung erfolgt die Überweisung der Restsumme. Die Kosten für diese Transaktionen werden dem Handwerksunternehmer mit 0,5–2 % vom Jahresumsatz berechnet. Es kann aber auch der einmalige Verkauf von Forderungen vereinbart werden. Hierbei fallen ca. 4–6 % der Forderungssumme an.

Vor- und Nachteile

Der Vorteil von Factoring besteht darin, dass einerseits die Liquidität verbessert und gleichzeitig der Aufwand für das Mahn- und Inkassowesen (Zahlungseinzug) minimiert wird. Auch hier ist jedoch im Einzelfall genau zu prüfen, ob die Kosten im Vergleich zu anderen Finanzierungsformen nicht mitunter höher ausfallen.

Subventionen

Subventionen durch EU, Bund, Länder oder Gemeinden gewähren Beihilfen für Vorhaben, die einen volkswirtschaftlichen Zweck erfüllen. Sie dienen im Allgemeinen der Erschließung neuer Wirtschaftsfelder, sollen Marktteilnehmern helfen, sich an veränderte Bedingungen anzupassen, oder auch kulturelle und sozial erhaltenswerte Strukturen schützen[1]. Um Subventionen nutzen zu können, ist im Vorfeld zu prüfen, ob die dazu notwendigen Voraussetzungen erfüllt sind. Im Handwerk werden vor allem die folgenden Bereiche subventioniert:

Subventionsbereiche im Handwerk

- Gründung und Unternehmensfinanzierung,
- Aus- und Weiterbildung,
- Infrastruktur und Regionalförderung,
- Umwelt, Naturschutz und Energieeffizienz.

Da die Zins- und Tilgungskonditionen oftmals günstiger ausfallen als bei vergleichbaren Bankdarlehen und auch die Kreditbesicherung vielfach leichter ist, sind unter den gängigen Subventionsarten insbesondere die öffentlichen Darlehen als Finanzierungsalternative hervorzuheben. Öffentliche Finanzierungsmittel sind zwingend vor Beginn der Fördermaßnahme vom Antragsteller über die Hausbank zu beantragen.

typische Subventionsarten

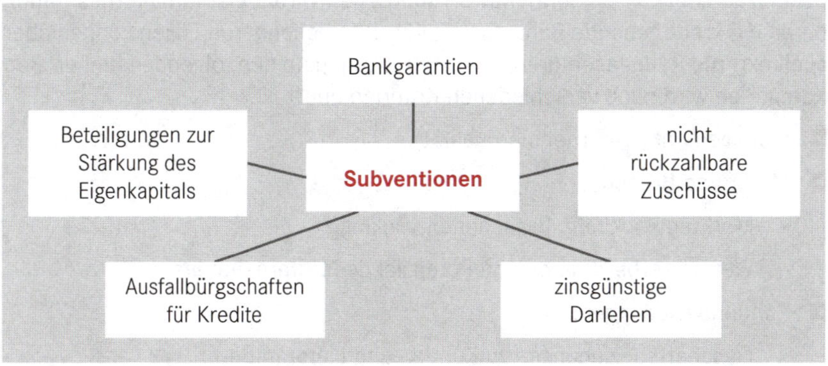

9.6 Kreditprüfung und Rating

Entscheidet sich ein Unternehmer im Rahmen der Finanzierung für einen Kredit, führt die Bank eine sorgfältige Kreditprüfung durch. Seit den Eigenkapitalvereinbarungen von Basel II und III haben sich hier die Bedingungen verschärft, da Banken bei der Kreditvergabe zu einem verbindlichen Verfahren verpflichtet sind - dem Rating.

---

[1] *Bei der Suche nach geeigneten Förderprogrammen sind folgende Internet-Seiten hilfreich: www.foerderdatenbank.de; www.subventionen.de; www.kfw.de*

Basel II/III Hintergrund ist zum einen die 2007 in Kraft getretene Eigenkapitalvereinbarung Basel II, die durch die Bank für Internationalen Zahlungsausgleich (BIZ) zur Stabilisierung des internationalen Finanzwesens geschaffen wurde. Im Zuge dieser Vereinbarung wurden die Banken verpflichtet, korrelierend zur Menge an Krediten für Kunden mit geringer Bonität das Eigenkapital der Bank aufzustocken. Aufgrund der jüngsten Finanz- und Wirtschaftskrise ist mit Basel III zusätzlich eine verschärfte Regulierung des Bankensektors eingeführt worden, die seit 2013 schrittweise in Kraft tritt. Ziel ist es, den Steuerzahler stärker aus der Haftung zu nehmen, den Finanzsektor zu stabilisieren und eine Kreditverknappung zu verhindern. Gleichzeitig sollen die Schwächen des Finanzsystems durch mehr Regulierung behoben werden.

Ratingverfahren Im Rahmen des Ratingverfahrens wird der Kreditnehmer zum einen in eine Bonitätsklasse eingestuft, die dem Ausfallrisiko entspricht. Ferner werden seine Sicherheiten klassifiziert. Bonitäts- und Sicherheitsklassen ergeben die Gesamtbeurteilung und münden in einer sog. Risikonote. Je nach Ratinginstitut werden dazu Buchstaben verwendet (von AAA-DDD) oder andere interne Klassifizierungsmerkmale. Die Risikonote entscheidet schließlich, ob ein Kredit gewährt wird und zu welchen Konditionen.

Risikonote

Bonitätsprüfung Bei der Bonitätsprüfung wird nicht nur das zu finanzierende Vorhaben hinterfragt, sondern auch die Wirtschaftskraft des Unternehmens und die Unternehmerpersönlichkeit. Bei Handwerksbetrieben wird meist ein internes Rating durch die kreditgebende Bank durchgeführt. In besonderen Fällen können aber auch externe Ratingagenturen beauftragt werden. In den folgenden fünf großen Kategorien wird nach verschiedenen Kriterien beurteilt:

Kriterien der Prüfung

- Management (Unternehmerqualität),
- Markt und Branche,
  - Marktentwicklung, Branchenentwicklung,
  - Wettbewerbssituation und Potenzial des Unternehmens,
- Kundenbeziehungen,
  - Geschäftsbeziehungen zu Kunden und Lieferanten,
  - bisheriges Verhalten gegenüber der Bank (Zuverlässigkeit),
- wirtschaftliche Verhältnisse,
  - Jahresabschlüsse und Kapitalausstattung,
  - Liquidität, Finanz- und Ertragslage,
- weitere Unternehmensentwicklung,
  - Geschäftsplanung und Unternehmensstrategie.

notwendige Unterlagen Kreditverhandlungen sollten immer sorgfältig vorbereitet sein. Dazu gehört auch ein aussagefähiger Geschäftsplan, bestehend aus einem Textteil und einem Zahlenteil mit folgenden Punkten:

- Textteil:
  - Vorhabensbeschreibung,
  - Unternehmensbeschreibung, Unternehmerqualifikationen,
- Zahlenteil:
  - Kapitalbedarfsplan und Finanzierungsplan,
  - Liquiditätsplan und Rentabilitätsvorschau,
  - Jahresabschlüsse der letzten drei Jahre und Besicherungsvorschläge.

Mit Basel III sind die Voraussetzungen für die Kreditvergabe bei kleinen und mittleren Unternehmen erschwert. Dennoch kann der Handwerksunternehmer erheblich dazu beitragen, durch eine angemessene Darstellung seiner Person und der Erfolgspotenziale von Projekt und Unternehmen die Bewertungskriterien im Ratingverfahren positiv zu beeinflussen.

10 Zahlungsverkehr

Grundsätzlich werden alle Kaufgeschäfte mit dem gesetzlichen Zahlungsmittel (Geld) abgewickelt. Das in der Eurozone gültige Geld wird von der Europäischen Zentralbank mit der Währungsbezeichnung Euro herausgegeben. Die im Euroraum möglichen Zahlungen verdeutlicht die folgende Übersicht.

Zahlungsarten

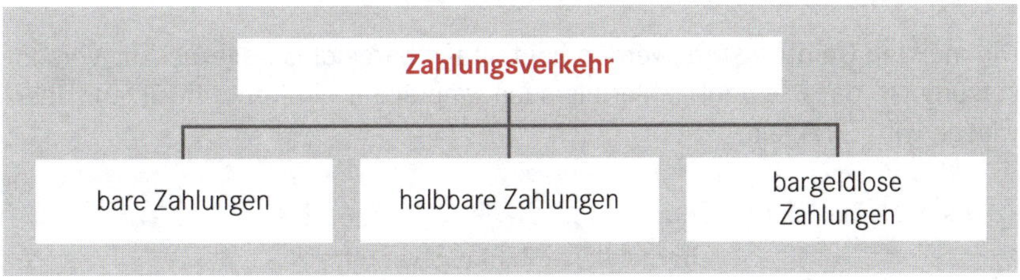

10.1 Barer Zahlungsverkehr

Beim baren Zahlungsverkehr werden Scheidemünzen (Stückgeld) und Geldscheine (Papiergeld) in festgelegter Stückelung unterschieden.

Barzahlung mit Quittung

Die direkte Barzahlung erfolgt Zug um Zug durch persönliche Übergabe des Bargeldes. Als Beleg dient eine Quittung.

Tests und Aufgaben zu diesem Kapitel finden Sie im Sackmann-Lernportal.

10.2 Halbbarer Zahlungsverkehr

Beim halbbaren Zahlungsverkehr findet die Zahlungstransaktion auf der einen Seite bar und auf der anderen Seite über ein Bankkonto statt.

Einzahlung per Zahlschein Bei einer Einzahlung per Zahlschein zahlt der Käufer mittels diesem einen Barbetrag bei der Bank ein. Diese transferiert den Betrag auf das Bankkonto des Verkäufers, wo es gutgeschrieben wird. Bareinzahlungen sind auch auf das eigene Konto möglich.

Nachnahme Sendungen per Nachnahme werden durch Versandunternehmen nur dann dem Empfänger ausgehändigt, wenn der Rechnungsbetrag und die Nachnahmegebühr unverzüglich von diesem bar entrichtet werden. Der Rechnungsbetrag wird dem Versender anschließend vom Versandunternehmen überwiesen. Der Höchstwert bei Nachnahmebriefen beträgt € 1 600,– bei Nachnahmepaketen maximal € 3 500,–.

Barscheck Durch einen Barscheck ermächtigt der Käufer den Verkäufer, sein Bankkonto mit einem bestimmten Betrag zu belasten und sich diesen bar am Bankschalter auszahlen zu lassen. Als Schutz vor Missbrauch sollten Barschecks stets ohne Unterschrift mitgeführt werden (Blankoscheck) | ► Verrechnungsscheck, S. 589 |.

10.3 Bargeldloser Zahlungsverkehr

Die meisten Geldtransfers werden heutzutage bargeldlos abgewickelt. Voraussetzung ist, dass sowohl Zahler als auch Empfänger ein Konto besitzen. Überwiesen wird Giralgeld.

Übersicht

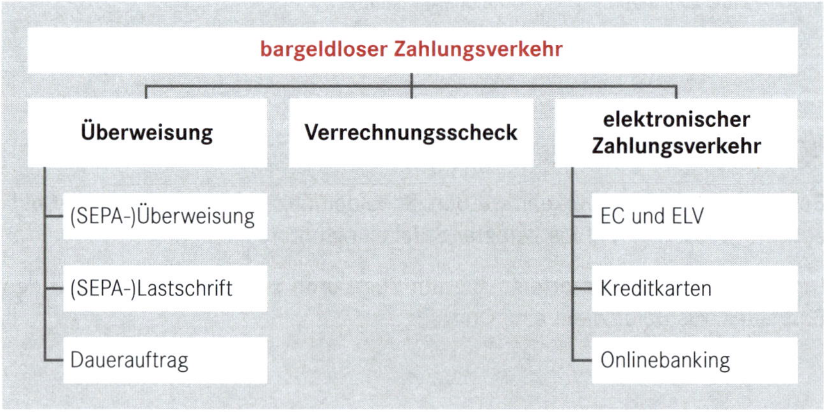

Banktransaktionen vor dem 1. Februar 2014

Bis zu diesem Stichtag können beim bargeldlosen Zahlungsverkehr herkömmliche Transaktionsverfahren durch Privatpersonen und Unternehmen genutzt werden. Dies betrifft insbesondere Überweisungen, Lastschriften und Daueraufträge.

Überweisung

Mittels Überweisungsvordruck kann ein Betrag am Bankschalter von Konto zu Konto transferiert werden, auch bankenübergreifend. Hier findet intern eine Verrechnung statt. Der Zahler verzeichnet auf seinem Konto eine Lastschrift (Soll) der Empfänger eine Gutschrift (Haben). Als Nachweis der Transaktion dient der Kontoauszug. Überweisungen sind aber auch online möglich | ► Onlinebanking, S. 589 |.

Lastschrift

Das Lastschriftverfahren stellt eine Sonderform der Überweisung dar. Hierbei erlaubt der Zahlungspflichtige dem Zahlungsempfänger, einen Betrag von seinem Konto einzuziehen. Man unterscheidet die Einzugsermächtigung und das Abbuchungsverfahren, bei dem der Zahlungspflichtige der Bank des Empfängers gestattet, sein Konto zu belasten.

Dauerauftrag

Eine weitere Sonderform der Überweisung stellt der Dauerauftrag dar. Hierbei handelt es sich um eine Anweisung an die eigene, kontoführende Bank, einem Empfänger dauerhaft oder in einem bestimmten Wiederholungstakt Zahlungen in festgelegter Höhe zu leisten. Die ausführende Bank haftet für die ordnungsgemäße Transaktion.

Banktransaktionen ab dem 1. Februar 2014

SEPA

Mit der Schaffung eines einheitlichen europäischen Zahlungsraums SEPA (Single Euro Payment Area) ab 1. Februar 2014 wird der bargeldlose Zahlungsverkehr in der EU endgültig vereinheitlicht. Damit gibt es nur noch ein europaweit geltendes Überweisungs- und Lastschriftverfahren, das alle bisherigen nationalen Standards ablöst.

S.W.I.F.T.

Um den Zahlungsverkehr abzuwickeln, sind alle teilnehmenden Banken nun im S.W.I.F.T.-Netzwerk (Society for Worldwide Interbank Financial Telecommunication) verbunden. Über dieses Netzwerk werden Zahlungen und Informationen ausgetauscht. Hierzu muss jede Bank über den BIC (Bank Identifier Code) zweifelsfrei identifiziert werden können.

SEPA-Überweisung mit IBAN und BIC

Im Zuge der Umstellung werden die bisherigen Kontonummern und Bankleitzahlen ersetzt durch eine IBAN-Nummer (International Bank Account Number) und einen BIC (Bank Identifier Code), der der früheren Bankleitzahl entspricht. IBAN und BIC werden von der Hausbank vergeben und den Bankkunden per Kontoauszug übermittelt. Überweisungen müssen wie bisher ausgefüllt werden, nun aber unter Verwendung von IBAN und BIC.

SEPA-Lastschrift

Auch beim Lastschriftverfahren bringt die EU-weite Angleichung umfangreiche Änderungen mit sich. So ist künftig ein Lastschrifteinzug nur noch mit Gläubiger-Identifikationsnummer möglich, die bei der Bundesbank beantragt werden muss. Ferner benötigen Unternehmen ein SEPA-Lastschrift-Mandat von ihren Kunden, um Lastschriften einziehen zu können. Geschäftskunden nutzen künftig die SEPA-Firmenlastschrift. Dabei muss ein SEPA-Lastschriftenmandat vom Zahlungspflichtigen ausgefüllt und vor der Transaktion aus Sicherheitsgründen noch einmal bestätigt werden. Diese Bestätigung ist notwendig, da eine Lastschrift nicht mehr rückgebucht werden kann.

Privatkunden hingegen nutzen die Basislastschrift. Diese wird bei der Umstellung an bereits existierende Einzugsermächtigungen angepasst. Zu beachten ist ferner, dass künftig alle Lastschriften, ob Firmen- oder Basislastschriften, ein eindeutiges Einzugsdatum aufweisen müssen.

Um mögliche Liquiditätsengpässe, Verzugszinsen und Mahnkosten zu verhindern, sind frühzeitige Vorbereitungen zur SEPA-Umstellung dringend angeraten. Hierzu gehören u.a.

- **Beantragung der Gläubiger-Identifikationsnummer,**
- **Einholen von Lastschriftmandaten,**
- **Angabe von IBAN und BIC auf Briefen, Vorlagen und Rechnungen,**
- **Austausch alter Zahlscheine zugunsten von SEPA-Zahlscheinen,**
- **Anpassung betriebsinterner Abläufe an die SEPA-Einreichungsfristen,**
- **Prüfung von Zahlungssoftware und Finanzbuchhaltung auf SEPA-Tauglichkeit.**

Weitere Formen des bargeldlosen Zahlungsverkehrs

Schecks

Schecks sind Schuldversprechen, die durch das Scheckgesetz geregelt sind. Ein Scheck ist eine schriftliche Zahlungsanweisung an die Bank, dem Überbringer eine bestimmte Summe aus dem Guthaben des Ausstellers zu zahlen. Folgende Bestandteile müssen auf einem Scheck vermerkt sein:

Scheckbestandteile

gesetzliche Inhalte	kaufmännische Inhalte
unbedingte Anweisung, eine bestimmte Geldsumme zu zahlen (Zahlen Sie gegen ...)	Angaben zum Zahlungsempfänger mit der Überbringerklausel
Bezeichnung Scheck im Text der Urkunde	Schecknummer
Name des bezogenen Geldinstitutes (zahlende Bank)	Kontonummer des Ausstellers
Ausstellungsort und -tag	Bankleitzahl der bezogenen Bank
Zahlungsort und Unterschrift	Scheckbetrag in Ziffern

Verrechnungsscheck

Vorlagefrist

Im Allgemeinen wird zwischen Barscheck und Verrechnungsscheck unterschieden. Während der Barscheck zur Barauszahlung führt, wird mit einem Verrechnungsscheck, signalisiert durch die Formulierung „nur zur Verrechnung", der Betrag dem Konto des Gläubigers gutgeschrieben. Die Vorlagefrist am Bankschalter beträgt für im Inland ausgestellte Schecks acht Tage. Schecks sind wie Bargeld sorgsam aufzubewahren. Bei Scheckverlust muss sofort die Bank informiert und der Scheck gesperrt werden.

Elektronischer Zahlungsverkehr

Der elektronische Zahlungsverkehr (Electronic Banking) umfasst alle Geldtransaktionen, die sich digital bearbeiten lassen. Dies beinhaltet die Nutzung von EC- und Kreditkarten ebenso wie die Nutzung von Bankplattformen im Internet oder die Verwendung von Finanzsoftware zur Bearbeitung und Verwaltung aller Zahlungs- und Finanzvorgänge.

EC-System

Das EC-System (kartengestützte Zahlung) nutzt EC-Karten als Träger der Bankdaten. Damit kann der Nutzer bei EC-verbundenen Händlern Waren bezahlen oder an Bankautomaten Bargeld abheben. Um diese Geldtransaktionen tätigen zu können, benötigt er eine vierstellige PIN (Persönliche Identifikationsnummer). Der Händler verfügt über ein Lesegerät und muss bei jeder Transaktion eine Gebühr für die EC-Systemnutzung an die Bank entrichten. Dafür haftet die Bank voll.

ELV-System

Die EC-Gebühr wird günstiger, wenn der Händler an ein ELV-System (Elektronisches Lastschriftverfahren) angeschlossen ist. Hierfür haftet die Bank nicht. Bei Unterdeckung des Kontos, wird die Zahlung von der Bank abgelehnt. Der Kontoinhaber trägt die Kosten. Der Nutzer des ELV-Systems muss daher auf der Rückseite des Kassenbeleges unterschreiben.

Kreditkarten

Kreditkarten werden von Banken oder Kreditkartengesellschaften herausgegeben und dienen der bargeldlosen Zahlung von Waren und Dienstleistungen. Sie gewähren dem Inhaber je nach Kartenart einen begrenzten oder unbegrenzten Kreditrahmen. Für die Nutzung wird von den ausgebenden Instituten eine Grundgebühr verlangt und der Kreditrahmen je nach Art der Kreditkarte verzinst. Die Rückzahlung der Kredite erfolgt entweder zu einem jährlichen Stichtag oder monatlich mit einem bestimmten Anteil vom Gesamtkredit.

Onlinebanking

Onlinebanking[1] bezeichnet mehrere Möglichkeiten, den Zahlungsverkehr mittels Datenübertragungsnetzen unabhängig vom Bankstandort zu tätigen. Hierunter fallen u.a. Datenträgeraustauschverfahren (DTA) (Übermittlung von notwendigen Daten an die Bank), Telebanking (Bankgeschäfte per Telefon) und Homebanking (Bankgeschäfte mittels internetfähigem PC).

Homebanking

Dabei kommt dem Homebanking (Onlinebanking von zu Hause aus) in Handwerksbetrieben eine zunehmende Bedeutung zu, insbesondere was die Ver-

[1] *www.verbraucher-sicher-online.de/thema/online-banking*

wendung von Finanzsoftware oder auch den Zahlungsverkehr mittels Internetplattform der Hausbank anbelangt. Der Vorteil liegt darin, dass Homebanking bequem, kostengünstig und unabhängig von den jeweiligen Geschäftszeiten der Banken ist.

Onlineüberweisung Wer Onlinekonten führt, kann bei Überweisungen grundsätzlich auf drei Möglichkeiten zurückgreifen. Diese unterscheiden sich in der Art des Sicherheitszugangs (PIN-TAN-Verfahren/HBCI). Zu den jeweiligen Vor- und Nachteilen erteilt die kontoführende Bank Auskunft.

PIN-TAN-Verfahren Der Kontoinhaber kann sich online mit der entsprechenden Bankplattform in Verbindung setzen und sich dort mithilfe von Benutzernamen und Eingabe einer gesicherten PIN (Persönliche Identifikationsnummer) identifizieren. Alle Transaktionen wie z.B. Überweisungen werden dann durch die Eingabe einer TAN (Transaktionsnummer) oder einer erfragten iTAN (individuelle TAN aus Transaktionslisten) bestätigt.

HBCI und Finanzsoftware Wird eine Finanzsoftware verwendet, steht dem Kontoinhaber ebenfalls das PIN-TAN-Verfahren zur Verfügung. Er kann über diese Finanzsoftware aber auch das HBCI-Verfahren (Homebanking Computer Interface) nutzen. Hierbei bietet die Bank meist kostenfrei ein Lesegerät und eine HBCI-Card an. Diese Karte enthält alle persönlichen Daten zur Identifizierung, damit entfällt die Eingabe von Benutzerkennung und PIN. Transaktionen können dann nur mit Einlesen dieser Karte und der TAN erfolgen.

Kompetenzen

Das sollten Sie als zukünftiger Meister können:

- ✔ Möglichkeiten der Kapitalbeschaffung aus der finanziellen Situation des Unternehmens ableiten,
- ✔ Arten von Kreditsicherheiten unterscheiden und deren Bedeutung kennen,
- ✔ Formen des Zahlungsverkehrs unterscheiden.

Konzepte für die Personalplanung, -beschaffung und -qualifizierung erarbeiten und bewerten sowie Instrumente der Personalführung und -entwicklung darstellen

E

„Unsere 5. Filiale soll in einem halben Jahr eröffnet werden“, erinnert Luigi Marcello, Geschäftsführer der Panino GmbH, seine beiden Gesellschafter. „Es wird Zeit, auf Personalsuche zu gehen“.

„Ja, wir haben uns immer ausreichend Zeit genommen, um die geeigneten Mitarbeiter für unsere Filialen zu finden“, stimmt Hendrik Mielmann zu.

„Wir wollen uns auch diesmal nicht unter Zeitdruck setzen“, ergänzt Stefan Krumme, „denn wir brauchen Fachverkäuferinnen mit sehr guten Produktkenntnissen, die unsere Kunden nicht nur freundlich und fachlich qualifiziert beraten, sondern auch noch in unser Team passen.“

11 Personalplanung

Die Personalplanung gehört zu den wesentlichen Aufgaben einer vorausschauenden Unternehmenspolitik. Ziel der Personalplanung und damit auch der Personalbedarfsplanung ist die Sicherung des Wachstums und die Entwicklung des Unternehmens in personeller Hinsicht sowie die optimale Nutzung des personellen Leistungsvermögens.

Die Aufgabe der Personalbedarfsplanung besteht darin, den für das Unternehmen zu festgelegten Zeitpunkten erforderlichen Personalbedarf richtig vorauszubestimmen.

Bedeutung der Personalplanung im Handwerk

Gerade in kleineren und mittleren Handwerksbetrieben verdient die Personalplanung besondere Aufmerksamkeit:

- Da im Gegensatz zur Industrie im Handwerk nur wenig produktivitätssteigernde Technologie eingesetzt werden kann, muss dies durch den verstärkten Einsatz von Mitarbeitern ausgeglichen werden.
- Komplexere Aufgaben bei nicht so starker Arbeitsteilung im Handwerk erfordern höhere fachliche wie persönliche Anforderungen an die Mitarbeiter.

- Qualität und Service sind entscheidende Wettbewerbsinstrumente im Handwerk. Deshalb müssen qualifizierte Mitarbeiter eingestellt werden, die diese auf den Kunden zugeschnittene Leistung erbringen können.
- In Klein- und Mittelbetrieben erarbeiten nur wenige Mitarbeiter das Betriebsergebnis. Deshalb wirken sich Minderleistungen und Fehlzeiten, aber auch Entgelterhöhungen und Arbeitszeitverkürzungen stärker auf den Betriebserfolg aus als in Großbetrieben.

ausreichender Personalbestand

Aus diesen Gründen ist ein ausreichender und gesicherter Personalbestand unverzichtbar. Die Leistungskapazität muss jederzeit der Auftragslage entsprechend gewährleistet sein. Darüber hinaus zwingt der bestehende Facharbeitermangel in einigen Handwerkszweigen den Betriebsinhaber bzw. die Personalverantwortlichen dazu, sich frühzeitig um eine angemessene Deckung des Personalbedarfs zu bemühen.

11.1 Personalbedarfsermittlung

Beispiel: Was meint ihr, mit wie viel Personal sollen wir die neue Filiale besetzen?", fragt Hendrik Mielmann.

„Ich denke, wir sollten uns an den bestehenden Filialen orientieren", antwortet Luigi Marcello. „In jeder unserer vier Filialen arbeiten zurzeit jeweils drei Fachverkäuferinnen und in zwei Filialen bilden wir jeweils einen Lehrling aus."

„Was haltet ihr von der Idee, zunächst nur mit zwei Fachverkäuferinnen zu beginnen und wenn es läuft, können wir immer noch eine weitere Mitarbeiterin einstellen", schlägt Stefan Krumme vor.

Am Anfang der Personalbedarfsplanung steht eine Analyse des momentanen Mitarbeiterbestandes und des zu erwartenden Bedarfs an neuen Arbeitskräften. Dabei kommt es darauf an, das zukünftige betriebliche Handeln gedanklich vorwegzunehmen, um so auf der Grundlage des aktuellen Personalbestandes die Planung des zukünftigen Personalbedarfs durchzuführen. Dabei sind kurzfristige und langfristige Überlegungen anzustellen.

kurzfristiger Bedarf

Kurzfristig lässt sich der Personalbedarf relativ sicher unter Beachtung

- der zu erwartenden Personalabgänge,
- des Krankenstandes und
- der Arbeitszeitentwicklung

bestimmen.

Ein unvorhergesehener Bedarf an Arbeitskräften kann sehr kurzfristig auftreten, z.B. durch

- eine plötzlich erhöhte Auftragslage oder
- durch Erkrankung oder Kündigung eines Mitarbeiters.

langfristiger Bedarf

Langfristig müssen Personalbedarfsplanungen Folgendes berücksichtigen:

- geplante Kapazitätsveränderungen des Unternehmens, Veränderungen des Produktionsprogramms, des Dienstleistungsangebotes, die eine Umstrukturierung der Belegschaft zur Folge haben können,
- Veränderungen von Fertigungsverfahren und/oder Arbeitsabläufen, die eine Fortbildung der bestehenden Belegschaft oder Neubeschaffung von Mitarbeitern erfordern.

Auch muss geklärt werden, aus welchen Gründen Personalbedarf voraussichtlich entstehen kann.

Arten des Personalbedarfs

Arten des Personalbedarfs

Ersatzbedarf	Zusatzbedarf	Minderbedarf
Ersatz von Mitarbeitern z.B. wegen: ▸ Kündigung ▸ Renteneintritt ▸ Elternzeit	zusätzliche Mitarbeiter z.B. wegen: ▸ Kapazitätsausweitung ▸ Entwicklung neuer Geschäftsfelder bzw. Produkte	Verringerung der Mitarbeiterzahl z.B. wegen: ▸ Rationalisierung ▸ Kapazitätsverringerung ▸ Wegfall von Geschäftsfeldern bzw. Produkten

Ermittlung des Bedarfs

Wie jede Planung muss auch die betriebliche Personalbedarfsplanung immer von einer bestimmten Zielsetzung bzw. Aufgabenstellung ausgehen. Die Stellen, die zur Erfüllung bestimmter Aufgaben oder unternehmerischer Zielsetzungen notwendig sind, werden ermittelt und diese Ergebnisse i.d.R. in einem Stellenplan festgehalten. Daraus leitet sich dann der Stellenbesetzungsplan ab, der nur die tatsächlich besetzten Stellen im Unternehmen darstellt.

Denn nur im Idealfall stimmen Soll- und Istwerte überein. Meist ergibt sich entweder eine Unter- oder Überdeckung an Personal. Dann sind zunächst unternehmerische Entscheidungen über die Konsequenzen notwendig:

- Übersteigen die Sollwerte die Istwerte, entsteht Personalbedarf und es müssen Maßnahmen zur Beschaffung neuer Mitarbeiter eingeleitet werden.
- Liegen dagegen die Istwerte über den Sollwerten, dann ist zu viel Personal im Betrieb vorhanden und die Einführung von Arbeitszeitkonten, Kurzarbeit, flexiblen Arbeitszeiten oder eine Reduzierung der Mitarbeiterzahl sind in Erwägung zu ziehen.

Ziel einer guten Personalbedarfsermittlung ist die Vermeidung sowohl von Personalengpässen als auch von Personalüberschüssen. Gleichzeitig sind dabei die Personalkosten so gering wie möglich zu halten.

Bei der Personalbedarfsplanung ist sowohl der quantitative (mengenmäßige) als auch qualitative Bedarf an Personal zu berücksichtigen: Wie viele Mitarbeiter mit welchen Qualifikationen werden wann und wo benötigt?

11.2 Personalbeschaffung und Personalauswahl

Ist der Personalbedarf festgestellt, schließen sich Überlegungen zu seiner Deckung an. Die Aufgabe der Personalbeschaffung besteht darin, die erforderlichen Arbeitskräfte nach Art, Qualifikation und Anzahl bereitzustellen.

Beispiel: „Luigi, deine Entscheidung damals direkt nach der Existenzgründung Stellenbeschreibungen für alle notwendigen Positionen zu erstellen, ist wirklich Gold wert“, lobt Hendrik Mielmann. „Ich kann die notwendigen Aufgaben und Qualifikationsanforderungen für die neue Fachverkäuferin bzw. für den neuen Bäcker bzw. Bäckerin einfach daraus übernehmen und dadurch ganz schnell die Stellenanzeige für unsere Homepage, für die Online-Jobbörsen und die Onlineausschreibung bei der Arbeitsagentur fertigmachen.“

„Lasst uns die Stellenanzeige aber auch bei der Innung und der Handwerkskammer aushängen“, ergänzt Stefan.

„Und damit wir nicht nur Computerbesitzer ansprechen, müssen wir auch unbedingt in der Tageszeitung inserieren, dadurch werben wir gleichzeitig auch für unsere neue Filiale“, fügt Hendrik hinzu.

fünf Schritte zur erfolgreichen Personalauswahl

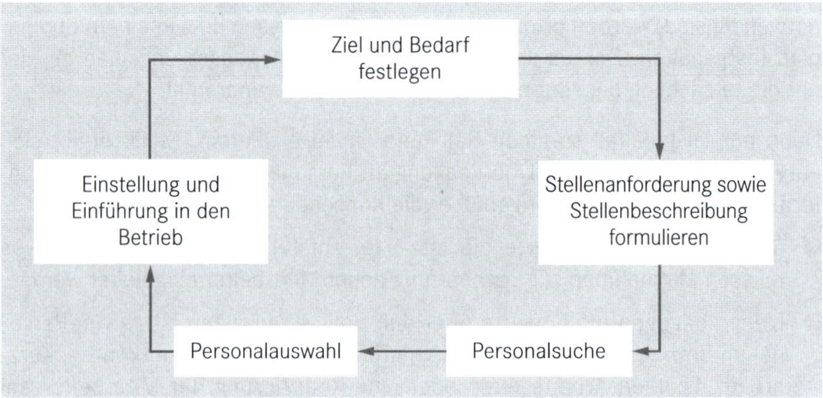

Bevor die Suche nach dem neuen Mitarbeiter beginnt, sollten folgende Fragen beantwortet sein:

- Welche fachlichen Qualifikationen und sozialen Kompetenzen muss der Bewerber mitbringen?
- Ab wann soll der neue Mitarbeiter anfangen (sofort oder später)?
- Soll der neue Mitarbeiter befristet oder unbefristet eingestellt werden?
- Wo soll der neue Mitarbeiter eingesetzt werden (am Hauptsitz des Unternehmens oder in einer Filiale)?

Mitarbeiter können innerbetrieblich oder von außen beschafft werden.

11.2.1 Interne Personalbeschaffung

Eine freie Stelle wird mit einem Mitarbeiter besetzt, der bereits im Unternehmen arbeitet. Es gibt folgende Möglichkeiten:

- interne Stellenausschreibung,
- Versetzung/Umsetzung von Mitarbeitern, entweder auf deren Wunsch oder durch direkte Ansprache eines Mitarbeiters durch den Vorgesetzten | ► Personalentwicklung, HF 3, Kap. 11.5 |,
- Ausbildung bzw. Übernahme von Auszubildenden, Übernahme von Praktikanten oder Zeitarbeitern,
- Umwandlung von Teilzeit- in Vollzeitarbeitsverhältnisse,
- Umwandlung von befristeten in unbefristete Arbeitsverhältnisse.

Vorteile

Die interne Beschaffung hat den Vorteil, dass neben geringen zeitlichen und finanziellen Aufwendungen auch ein geringeres Risiko von Fehlbesetzungen besteht, weil die Persönlichkeit des Kandidaten bzw. seine Qualifikation dem Unternehmen bereits bekannt sind. Außerdem kann er schneller in betriebseigene Abläufe integriert werden.

Nachteile

Es gibt aber auch Nachteile wie die notwendig werdende Nachbesetzung der umbesetzten Position, mögliche innerbetriebliche Spannungen und Rivalitäten sowie die Gefahr einer gewissen „Betriebsblindheit" interner Kandidaten.

In Handwerksunternehmen spielt die innerbetriebliche Beschaffung nur eine geringe Rolle.

11.2.2 Externe Personalbeschaffung

Verschiedene Wege stehen den Unternehmen dabei zur Verfügung: Sie können auf Inserate Arbeitsuchender antworten oder aus Initiativbewerbungen auswählen. Sie suchen jedoch auch gezielt selbst - über Stellenangebote in Zeitungen oder im Internet, über die Arbeitsagenturen oder über private Arbeitsvermittler. Schließlich besteht die Möglichkeit, sich im privaten Umfeld umzuhören oder auf Empfehlungen aus der Belegschaft zu reagieren.

Vorteile Die wesentlichen Vorzüge einer externen Personalbeschaffung liegen in der größeren Auswahlmöglichkeit an geeigneten Bewerbern sowie im zusätzlichen Wissen und den Erfahrungen, die der von außen kommende Mitarbeiter mitbringt. Auch können Stellen exakt nach den benötigten Qualifikationen besetzt werden.

Nachteile Nachteilig sind die höheren Personalbeschaffungskosten, längere Einarbeitungs- und Eingewöhnungszeiten. Ebenso sind Arbeitsverhalten und Persönlichkeit des neuen Mitarbeiters zunächst nicht bekannt. Auch sind häufig die Fluktuationsraten bei Neueinstellungen höher als bei der internen Personalbeschaffung.

Stellenanzeige in Tages- und Fachzeitschriften

Die Aufgabe einer Stellenanzeige besteht darin, den am besten geeigneten Mitarbeiter für eine bestimmte Stelle zu finden. Die Anzeige soll nicht nur diejenigen ansprechen, die ganz aktuell eine Stelle suchen, sondern auch diejenigen, die keine unmittelbaren Änderungsabsichten haben. Darüber hinaus bedeutet jede Anzeige für ein Unternehmen immer auch eine Image-Werbung.

Anforderungen an Stellenanzeigen Jede Stellenanzeige ist informativ, attraktiv und psychologisch geschickt abzufassen. Es kommt nicht darauf an, dass sich möglichst viele Bewerber auf eine Anzeige melden, sondern darauf, dass sich der geeignete Mitarbeiter bewirbt.

Bei der Gestaltung spielen neben der Aussagekraft und der Vollständigkeit des Anzeigentextes auch Schriftart, Schriftgröße, Anordnung des Textes innerhalb der Anzeige sowie die Anzeigengröße und die Platzierung in der Zeitung eine wichtige Rolle. Je genauer die Angaben in der Stellenanzeige sind, desto größer ist die Wahrscheinlichkeit, dass sich der geeignete Bewerber meldet.

Schlagwortartige Kurzanzeigen bergen das Risiko, dass sich eine große Zahl von „Fehlbewerbern" meldet. Dadurch entstehen ein höherer Zeitaufwand sowie höhere Kosten durch die Sichtung der eingegangenen Bewerbungen.

Zu berücksichtigen ist auch, dass inhaltliche Aussagen einer Anzeige in arbeitsrechtlicher Hinsicht Gegenstand des Arbeitsvertrages werden können.

Vorgaben des AGG Das Allgemeine Gleichbehandlungsgesetz (AGG) ist bei der Ausschreibung einer offenen Stelle zu beachten. Sie darf keinerlei Indizien für eine Diskriminierung enthalten. Nicht die gewünschte Eigenschaft des Bewerbers sollte in den Mittelpunkt der Stellenanzeige gestellt werden, sondern das Aufgabengebiet sowie die notwendigen fachlichen Qualifikationen sind ausführlich und konkret zu beschreiben. Die Bitte, aussagekräftige Bewerbungsunterlagen einzureichen, legt die Entscheidung, welche Unterlagen mitgesendet werden, in die Hand des Bewerbers. Somit umgeht man die direkte Aufforderung, Lichtbild und Lebenslauf zu schicken, aus denen man auf das Alter, Geschlecht etc. schließen kann.

Im Handwerk sollte man bei der Ausschreibung einer Gesellenstelle eine telefonische Kontaktaufnahme auf jeden Fall ermöglichen, da sich viele Bewerber bei einer ausschließlich schriftlichen Bewerbungsmöglichkeit aus Unsicherheit erst gar nicht melden, obwohl sie eigentlich für die Stelle geeignet sind | ▸ Beispiele für Stellenanzeigen |.

korrekte Absagen

Um spätere Diskriminierungsvorwürfe von vorneherein zu vermeiden, sollten Ablehnungsschreiben und mündliche Absagen, z.B. in einem Telefongespräch, keine konkreten Gründe für die Nichteinstellung enthalten.

Internet-Stellenmärkte

Internetsuche

Stellenanzeigen können nicht nur in Zeitungen und Zeitschriften (Print-Medien) geschaltet werden, sondern immer häufiger auch im Internet. Es bieten sich Online-Jobbörsen von verschiedenen Anbietern, der Internet-Stellenmarkt der Bundesagentur für Arbeit - einer der größten Anbieter -, die eigene Webseite oder auch soziale Netzwerke an. Häufig findet man auf Jobbörsen auch Tipps und Informationen zu den Themen Job, Karriere und Bewerbung. Einige spezialisieren sich zudem auf bestimmte Branchen, Berufsgruppen oder geografische Bereiche, die Nutzerzahl steigt stetig an.

Weitere externe Beschaffungswege

Personalberater

Ein weiteres Instrument bei der Suche und Auswahl von Fach- und Führungskräften ist die Einschaltung einer Personalberatung. Personalberater veröffentlichen Stellenangebote oder sprechen potenzielle Kandidaten, die in anderen Unternehmen beschäftigt sind, direkt an. Sie prüfen die Bewerbungsunterlagen und treffen eine Vorauswahl geeigneter Stellenanwärter. Zumeist verfügen Personalberater über gute Kenntnisse des aktuellen Arbeitsmarktes und sind häufig objektiver bei der Entscheidungsfindung. Ein weiterer Vorteil ist außerdem, dass kein Wettbewerber zunächst von der Suche erfährt.

Arbeitnehmerüberlassung

Bei kurzfristigem bzw. nur vorübergehendem Personalbedarf kann es sinnvoll sein, ein Personal-Leasingunternehmen einzuschalten und einen Mitarbeiter "auszuleihen". Für die Arbeitnehmerüberlassung bestehen gesetzliche Vorschriften. Zwischen dem Überlassungsunternehmen und dem Auftraggeber wird ein Arbeitnehmerüberlassungsvertrag geschlossen, in dem die Rechte und Pflichten beider Vertragspartner schriftlich niedergelegt werden.

11.2.3 Personalauswahl

Beispiel: „Wir können zufrieden sein, es sind viele Bewerbungen per Post und per E-Mail eingegangen", teilt Luigi Marcello seinen Kollegen mit. „Es haben sich auch sehr viele Bewerber telefonisch gemeldet, die wesentlichen Daten und Informationen über sie haben wir notiert."

„Und bei mir haben sich einige Fachverkäuferinnen persönlich vorgestellt", berichtet Stefan Krumme. „Unsere Anzeige hat die richtigen Kandidaten angesprochen, war von daher ein voller Erfolg."

„Dann können wir ja heute Abend mit der Auswertung und der Vorauswahl anfangen", schlägt Luigi Marcello vor. „Und wir müssen bei der Gelegenheit unseren Personalfragebogen noch einmal durchgehen, ob er aktuell ist, bevor wir ihn an die potenziellen Kandidaten ausgeben."

Nicht nur für Arbeitnehmer, auch für das Unternehmen ist die Einstellung eines neuen Mitarbeiters ein wichtiger Schritt, der mit vielen Fragen - aber auch Risiken - verbunden ist: Passt der neue Kollege oder die neue Kollegin in die bestehende Betriebsgemeinschaft? Nehmen die Mitarbeiter den „Neuen" in ihre Arbeitsgruppe auf? Vorgesetzte müssen sich auf ihn einstellen. Neue Mitarbeiter bedeuten eine nicht zu unterschätzende Umstellung für alle Beteiligten.

Aus diesen Gründen muss die Personalauswahl sehr sorgfältig erfolgen. Deshalb sollte auf

- eine schriftliche Bewerbung,
- ggf. einen Personalfragebogen,
- die Auswertung der Bewerbungsunterlagen,
- die Führung eines Vorstellungsgespräches sowie
- die Vereinbarung einer angemessenen Probezeit

nicht verzichtet werden.

Ein wichtiges Hilfsmittel für die Personalauswahl ist ein Personalfragebogen, den der Unternehmer dem Bewerber vorher zusenden oder gemeinsam mit ihm ausfüllen kann. Die Vorgaben des AGG sind auch dabei zu beachten.

Personalfragebogen

Aufgabe des Personalfragebogens | ► Personalfragebogen | ist es, alle wichtigen Personaldaten übersichtlich und einheitlich auf einem Formblatt zusammenzustellen. Ein solcher Fragebogen erleichtert die Führung des Vorstellungsgesprächs und die Auswahl neuer Mitarbeiter. Gleichzeitig werden damit schon wichtige Daten für die Personalverwaltung erfasst | ► HF 3, Kap. 12 |.

Bei der Erstellung eines Personalfragebogens sollte man beachten, dass er keine Benachteiligungsmerkmale, z.B. Angaben zur Nationalität, zur Religion etc. enthält | ► Gesetzestext AGG | und der Betriebsrat nach § 94 BetrVG ein Mitbestimmungsrecht hat.

zulässige/ unzulässige Fragen

Die bewusst unrichtige oder unvollständige Beantwortung einzelner Fragen im Vorstellungsgespräch und/oder Personalfragebogen berechtigt den Arbeitgeber i.d.R. zur Anfechtung des Arbeitsvertrages wegen arglistiger Täuschung, soweit die Fragen zulässig waren. Unzulässige Fragen müssen jedoch nicht wahrheitsgemäß beantwortet werden.

Bei einer Bewerberin ist die Frage nach einer bestehenden Schwangerschaft im Regelfall unzulässig. Wird die Frage trotzdem gestellt und entspricht die Antwort nicht der Wahrheit, ist der geschlossene Arbeitsvertrag dennoch gültig.

Auswertung der Bewerbungsunterlagen

Bei der Auswertung der Bewerbungsunterlagen sollte darauf geachtet werden, dass auch die zugehörigen Arbeitszeugnisse beigefügt worden sind. Fehlen Zeugnisse oder Qualifikationsnachweise, so kann der Bewerber noch aufgefordert werden, diese nachzureichen oder zum Vorstellungsgespräch mitzubringen.

Anschreiben

Das Bewerbungsanschreiben lässt erkennen, ob der Bewerber auf den Inhalt der Anzeige eingegangen ist und sich mit den Anforderungen der angebotenen Stelle beschäftigt hat. Folgende Informationen kann man i.d.R. dem Bewerbungsanschreiben entnehmen:

- eine Aussage darüber, ob der Bewerber sich in einem gekündigten oder ungekündigten Arbeitsverhältnis befindet,
- den möglichen Eintrittstermin,
- die Gründe für den beabsichtigten Arbeitsplatzwechsel,
- Wünsche hinsichtlich der zukünftigen Beschäftigung und Bezahlung,
- die Begründung, warum sich der Bewerber den Anforderungen der Stelle gewachsen fühlt,
- die Qualifikation des Bewerbers.

Lebenslauf

Der Lebenslauf wird heute meist in tabellarischer Form verlangt. Er gibt Aufschluss über die Schulbildung, die Berufsausbildung und den beruflichen Werdegang sowie evtl. Sonderqualifikationen des Bewerbers.

Des Weiteren findet man im Lebenslauf Angaben, ob die berufliche Entwicklung des Bewerbers „gradlinig“ oder eher sprunghaft verlaufen ist.

Schulzeugnisse

Schulzeugnisse haben bei Ausbildungsplatzbewerbern einen Aussagewert, wenn man die Noten in den einzelnen Fächern betrachtet. Darüber hinaus geben sie auch Aufschluss über die Art der besuchten Schulen und ob Abschlüsse vorliegen oder nicht. Die Bewertung von Schulnoten spielt eine geringere bzw. keine Rolle mehr, je länger die Schulzeit zurückliegt.

Arbeitszeugnisse

Arbeitszeugnisse geben sowohl Auskunft über die Unternehmen, in denen der Bewerber ausgebildet wurde und bisher gearbeitet hat als auch über die durchschnittliche Dauer und Art der Beschäftigung. Auch wird aus dem Arbeitszeugnis ersichtlich, wie der Bewerber den bisherigen Aufgaben und Anforderungen entsprochen hat.

Vorstellungsgespräch

Ziel des Vorstellungsgespräches ist es, die für eine Entscheidung notwendigen Informationen über den Bewerber zu erhalten. Dazu muss der Gesprächsführer ein gutes Gesprächsklima herstellen.

Fragen an den Bewerber

Die ersten Fragen sollten vom Bewerber leicht zu beantworten sein und darauf abzielen, den Bewerber möglichst viel selbst reden zu lassen. Unterbrechungen sind nur sinnvoll, wenn der Bewerber abschweift oder ausweicht.

Der Gesprächsführer steuert mit seinen Fragen den Gesprächsverlauf. Die meisten Informationen erhält man durch offene Fragen (wann? was? wer? wo? wozu?).

Auch das soziale Verhalten des Bewerbers ist wichtig und kann durch Fragen, die sich auf Persönlichkeitsmerkmale und die Leistungsmotivation des Bewerbers richten, ermittelt werden. Gute Zeugnisse und hervorragende Fachkenntnisse allein sagen nichts darüber aus, ob ein Mensch zur bestehenden Belegschaft des Unternehmens passt. Nach dem Vorstellungsgespräch sollte man sich einen Eindruck verschafft haben | ► Vorstellungsgesprächsverlauf |.

Vorgaben des AGG beachten

Auch beim Führen von Bewerbungsgesprächen sind die Vorgaben des Allgemeinen Gleichbehandlungsgesetzes | ► Gesetzestext AGG | zu beachten. Der Arbeitgeber sollte daher Fragen vermeiden, die als diskriminierend ausgelegt werden können. Wichtig ist, dass das Gespräch zu zweit, d.h. mit einem Zeugen, geführt wird und die Fragen und Antworten dokumentiert werden.

11.3 Personaleinsatz und Stellenbesetzung

Als Personaleinsatz wird die Zuordnung der vorhandenen und neuen Mitarbeiter zu den verfügbaren Arbeitsplätzen eines Unternehmens bezeichnet, und zwar

Kriterien für den Personaleinsatz

- qualitativ, d.h. eine möglichst große Übereinstimmung zu erzielen zwischen den Anforderungen der Arbeitsaufgaben und der jeweiligen Leistungsfähigkeit der Mitarbeiter.
- quantitativ, d.h. wie viele Mitarbeiter sind für die Bewältigung der Arbeitsaufgabe notwendig? Wie viele geeignete Mitarbeiter gibt es für den zu besetzenden Arbeitsplatz?
- zeitlich, d.h. welche terminlichen Gesichtspunkte müssen berücksichtigt werden? Beispielsweise Einsatz einer Teilzeitkraft, Einsatz im Schichtbetrieb. Welche Sollzeiten sind für die Bewältigung der anfallenden Aufträge zu berücksichtigen?
- örtlich, d.h. welche ortsbezogenen Gesichtspunkte sind wichtig? Beginnt z.B. die Arbeitszeit des jeweiligen Mitarbeiters auf der Baustelle, beim Kunden oder im Unternehmen?

Wesentlich für eine erfolgreiche Stellenbesetzung sind genaue Kenntnisse über die qualitativen Anforderungen, die ein bestimmter Arbeitsplatz stellt, sowie über die Eignungsmerkmale, die der Mitarbeiter für die Besetzung dieser Stelle besitzt bzw. besitzen sollte.

Diese Anforderungen des Arbeitsplatzes sind aus einer Stellenbeschreibung | ► HF 3, Kap. 1.2 | sowie einer Arbeitsplatzanalyse | ► HF 3, Kap. 2.1 | abzuleiten. Die notwendigen Anforderungen an den Mitarbeiter, die für eine optimale Aufgabenerfüllung notwendig sind, werden in einem Anforderungsprofil festgehalten.

Anforderungsprofil

In einem Anforderungsprofil werden alle notwendigen fachlichen Fähigkeiten und Kenntnisse zusammengestellt, aber auch persönliche und soziale Kompetenzen sowie mögliche Belastungen definiert, die der Stelleninhaber mitbringen bzw. denen er standhalten muss.

Die einzelnen Anforderungsmerkmale sollten auf einer Skala mit den Ausprägungen „unbedingt notwendig“, „notwendig“ etc. gewichtet werden. Ein Anforderungsprofil sollte folgende Bestandteile beinhalten:

Bestandteile des Anforderungsprofils

- Stellenbezeichnung (entsprechend der Stellenbeschreibung),
- fachliche Anforderungen (Ausbildung, Berufserfahrung, Zusatzqualifikationen etc.),
- persönliche Anforderungen (geistige Fähigkeiten, Entscheidungsfähigkeit),
- soziale Anforderungen (z.B. Teamfähigkeit),
- optional: mögliche körperliche, geistige und mentale Anforderungen.

Eine mithilfe des Anforderungsprofils durchgeführte qualitative Personaleinsatzplanung ermöglicht einen flexiblen Mitarbeitereinsatz, z.B. in Krankheitsfällen. Darüber hinaus ist sie auch von Bedeutung für die Unternehmens- und Personalentwicklung.

Sind die Arbeitsanforderungen und Eignungsmerkmale des Mitarbeiters deckungsgleich, so ist der ideale Mitarbeiter für die Besetzung dieses Arbeitsplatzes gefunden.

11.4 Arbeitszeitmodelle

Nutzen für Arbeitnehmer/Arbeitgeber

Durch den Einsatz von Arbeitszeitmodellen haben Unternehmen die Möglichkeit, beispielsweise auf saisonale oder konjunkturelle Nachfrageschwankungen, Produktionsanstiege oder bei Personalengpässen flexibel reagieren zu können. Für die Beschäftigten bieten flexible Arbeitszeitmodelle oft die Chance, ihre privaten Verpflichtungen und individuellen Interessen besser mit ihrer Arbeit vereinbaren zu können.

Beispiel: Luigi Marcello und seine beiden Geschäftsführer haben bereits vor längerer Zeit erkannt, dass flexible oder verkürzte Arbeitszeiten sich nicht nur positiv auf die Zufriedenheit und die Motivation der Mitarbeiter auswirken, sondern auch für das eigene Unternehmen Vorteile bieten. Neben der Bindung von Fachpersonal an den eigenen Betrieb können sie durch den kombinierten Einsatz ihrer Vollzeit- und Teilzeitkräfte vormittags und nachmittags die Öffnungszeiten in den einzelnen Filialen ausdehnen, vor allem in die Abendstunden, und somit das Serviceangebot erhöhen.

Aber auch in der Backstube ist Teilzeitarbeit möglich. Claudia Förster, die eine kleine Tochter hat, arbeitet als Bäckerin von 4:30 Uhr bis 7:30 Uhr. Wenn ihr Mann dann zur Arbeit fährt, ist sie wieder zu Hause bei ihrer Tochter.

Beim Einsatz von Arbeitszeitmodellen müssen sowohl die betrieblichen Belange als auch die persönlichen Bedürfnisse der Mitarbeiter berücksichtigt werden. Dadurch können kostenintensive Mehrarbeit verhindert, langfristig die Wettbewerbsfähigkeit eines Betriebs gesichert und Mitarbeiter stärker an das Unternehmen gebunden werden.

Folgende Arbeitszeitmodelle kommen besonders in Betracht:

Teilzeitarbeit

- Teilzeitarbeit

  Mit dem Mitarbeiter wird ein Arbeitsvertrag mit einer bestimmten (ggf. flexiblen) Arbeitszeit vereinbart. Durch diese zeitliche Flexibilität kann der Mitarbeiter Beruf und Privatleben besser verbinden. Zudem gewinnt und bindet man Mitarbeiter an das Unternehmen.

Jobsharing

- Jobsharing

  Zwei oder mehrere Mitarbeiter teilen sich einen oder mehrere Arbeitsplätze. Die Partner-Mitarbeiter können selbst die Lage und die Dauer ihrer individuellen Arbeitszeit festlegen. Wesentliche Voraussetzungen sind, dass sich die Jobsharing-Partner gut verstehen und über möglichst gleiche Kompetenzen verfügen. Mitarbeiter mit Kindern haben so einen größeren Handlungsspielraum, um ihren familiären Pflichten nachzukommen.

  Das Unternehmen bindet Fach- und Spezialwissen, bei erhöhtem Arbeitsanfall steht die doppelte Mitarbeiter-Kapazität zur Verfügung und bessere Vertretungsmöglichkeiten bei Urlaub oder Krankheit.

Arbeitszeitkonten

- Arbeitszeitkonten

  Auf einem Arbeitszeitkonto werden die tatsächlich geleisteten Stunden als Arbeitszeitguthaben oder als -schulden gesammelt. Der Ausgleich von Über- oder Minusstunden erfolgt später durch einen Freizeitausgleich bzw. durch Mehrarbeit. Der Vorteil für die Beschäftigten liegt darin, bei gleichem

Einkommen zeitliche Spielräume z.B. für private Verpflichtungen oder für eine Auszeit nutzen zu können. Für Unternehmen ist vorteilhaft, dass beispielsweise keine Kosten für Mehrarbeit in Spitzenzeiten entstehen.

modulare Arbeitszeit

- Modulare Arbeitszeit

  Die Betriebszeit wird in Module (Blöcke) aufgeteilt. Die Mitarbeiter teilen die Module unter Einhaltung der betrieblichen Vorgaben untereinander auf. Die Besetzung eines Arbeitsbereichs kann dadurch sehr bedarfsgerecht erfolgen, wenn dort nicht zu jeder Tages- und Wochenzeit dieselbe Anwesenheitspflicht besteht. Mitarbeiter erhalten so die Möglichkeit, Kinder oder pflegebedürftige Angehörige zu betreuen oder selbst an Fortbildungen teilzunehmen. Das Unternehmen kann Personal bedarfsgerecht einsetzen und Stoßzeiten ausgleichen. Die Einplanung von Teilzeitkräften wird zudem erleichtert. |

Weitere Modelle flexibler Arbeitszeit sind in | ► HF 3, Kap. 2.4 | dargestellt.

11.5 Personalentwicklung

Fachkräftemangel im Handwerk

Steigende Anforderungen im Arbeitsprozess, technologische Weiterentwicklungen, Veränderungen im Dienstleistungsangebot, neue Organisationsprozesse, stärkere Kundenorientierung etc. und nicht zuletzt der Fachkräftemangel erfordern zunehmend eine fortlaufende Aus- und Fortbildung der Mitarbeiter, um wettbewerbsfähig zu sein bzw. zu bleiben.

Maßnahmen zur Verbesserung der Mitarbeiterqualifikation nennt man Personalentwicklung. Ziel ist es, die Mitarbeiter für die Bewältigung der gegenwärtigen und zukünftigen Aufgaben zu qualifizieren und somit sicherzustellen, dass sie den vielfältigen Anforderungen gewachsen sind.

Zur Anwendung kommen dabei verschiedene Methoden. Das Anforderungsprofil der Stelle und die tatsächliche Qualifikation des Mitarbeiters (das Mitarbeiterprofil) werden gegenübergestellt und verglichen. Dadurch kann man die Stärken und Schwächen des Mitarbeiters ermitteln. Entweder wird der Vorgesetzte diesen Vergleich allein oder gemeinsam mit dem betreffenden Mitarbeiter durchführen, nach dem Grundsatz der „Beteiligung des Betroffenen". Eine solche Vorgehensweise trägt sicherlich dazu bei, dass Mitarbeiter anstehenden Qualifizierungsmaßnahmen aufgeschlossen und interessierter gegenüberstehen.

Aktuelles zu den Themen im Sackmann bietet das Lernportal.

Bildungsbedarfsanalyse

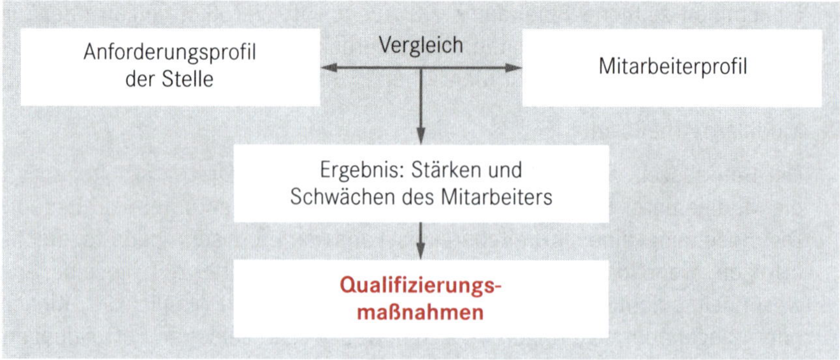

Mitarbeitergespräch

Im Anschluss an diese Bildungsbedarfsanalyse sollte der Vorgesetzte ein Gespräch mit dem Mitarbeiter führen, um mit ihm die weitere berufliche Entwicklung zu diskutieren und ggf. dazu notwendige Qualifizierungsmaßnahmen festzulegen. Die Ergebnisse des Gesprächs werden in einem Protokoll festgehalten und von den Gesprächspartnern unterschrieben.

Für die konkrete Durchführung bestimmter Methoden der Personalentwicklung wird von Dienstleistungsunternehmen Unterstützung angeboten, über die bei der Handwerksorganisation Informationen eingeholt werden können. In kleineren Handwerksunternehmen kann der Unternehmer selbst oder ein Mitarbeiter die Qualifizierung der Mitarbeiter durchführen, vor allem das Coaching und Mentoring. Oft werden auch Herstellerschulungen kostenfrei angeboten, an denen geeignete Mitarbeiter teilnehmen sollten.

Es gibt verschiedene Methoden der Personalentwicklung. Sie dienen dazu, die Ziele des Unternehmens mit den Bedürfnissen und Fähigkeiten der Mitarbeiter oder des Arbeitsteams in Einklang zu bringen. Die Kompetenzen von Mitarbeitern sollen durch die Personalentwicklungsmaßnahmen auf die aktuellen, aber auch auf die künftigen Aufgaben des Unternehmens ausgerichtet werden.

Nachfolgend werden einige Methoden der Personalentwicklung vorgestellt:

Laufbahnplanung

- In der Laufbahnplanung wird die weitere berufliche Entwicklung eines Mitarbeiters festgelegt. Dies fördert seine Bindung an das Unternehmen und steigert seine Leistungs- und Einsatzbereitschaft. Eine individuelle Laufbahnplanung ist auf jeder Ebene des Unternehmens möglich. Hierbei geht es nicht nur um den „Aufstieg" in eine Führungsposition, sondern z.B. auch um die Qualifizierung eines Gesellen zum Fachbeauftragten für einen speziellen Dienstleistungsbereich. Laufbahnplanung beinhaltet dann eine umfassendere Fachverantwortung.

Nachfolgeplanung

- In Bezug auf Führungskräfte regelt die Nachfolgeplanung, wer aus der Belegschaft im Falle einer frei werdenden Stelle als Nachfolger in Frage kommt und welche Qualifizierungsmaßnahmen notwendig sind, um der Stellenanforderung gerecht zu werden. Im Unterschied zur Laufbahnplanung geht die Nachfolgeplanung von der zu besetzenden Stelle aus. Die Erstellung eines solchen Nachfolgeplans wird durch eine Befragung des derzeitigen Stelleninhabers erleichtert, da er die Anforderungen seines Arbeitsplatzes am besten kennt. Dieser kann wahrscheinlich auch gut beurteilen, wer von den Mitarbeitern seine Nachfolge antreten könnte | ► HF 3, Kap. 24 |.

- *Coaching*
  Der Begriff Coaching stammt vom englischen „to coach" (betreuen, trainieren) und bezeichnet die persönliche und fachliche Unterstützung von Beschäftigten (Coachees, Klienten). Wie im Sport, wo der Coach nicht nur Trainer für sportliche Fertigkeiten, sondern darüber hinaus auch zielorientierter Begleiter und Motivator ist, ist der Coach in der Personalförderung Trainer der mentalen Fähigkeiten und Fertigkeiten, i.d.R. für Führungskräfte.
- *Mentoring*
  Auch beim Mentoring steht die persönliche Beratung im Vordergrund. Das Wort „Mentor" (weiblich: Mentorin) bezeichnet die Rolle eines Ratgebers oder eines erfahrenen Beraters, der sein fachliches Wissen oder seine Erfahrungen an neue oder noch unerfahrene Mitarbeiter weitergibt. Dieser kann sich jederzeit bei Problemen und Fragen an den Mentor wenden. Als Mentoren kommen beispielsweise Vorgesetzte oder langjährige Mitarbeiter in Frage.
- *Qualitätszirkel*
  Eine andere Form der Personalentwicklung, die heute oft in Unternehmen angewandt wird, ist der Qualitätszirkel. Der Kerngedanke besteht darin, dass sich mehrere Mitarbeiter neben ihrer normalen Tätigkeit in kleinen Gruppen freiwillig treffen, um gemeinsam Schwachstellen im Unternehmen aufzudecken, Lösungsvorschläge zu entwickeln, Anleitungen für die praktische Umsetzung zu erarbeiten und die Einführung praktisch bzw. beratend begleiten. So können z.B. Verbesserungsvorschläge zur Produktivitätssteigerung, Fehlerbeseitigung, Abbau von Fehlzeiten, Qualitätssicherung, aber auch zur Lernförderung entworfen werden. Dabei ist die Anleitung eines Moderators, der aus den eigenen Reihen kommen sollte, nützlich. Seine Aufgabe besteht darin, Moderationsunterlagen zu erstellen, den „roten Faden" für die Zirkelsitzungen festzulegen und die Gespräche zu leiten.

Die Grundlage für die Erarbeitung und Vereinbarung individueller Personalentwicklungsmaßnahmen bildet die Mitarbeiterbeurteilung | ► HF 3, Kap. 14.1 |.

Tests und Aufgaben zu diesem Kapitel finden Sie im Sackmann-Lernportal.

12 Personalverwaltung

Die Personalverwaltung wickelt alle administrativen, routinemäßigen Arbeiten ab, die sich aus dem Personaleinsatz ergeben: z.B. die Einstellung, Versetzung, Beförderung, Personalentwicklung, Personalbetreuung und ggf. die Entlassung von Mitarbeitern. Die Personalverwaltung sammelt, speichert, verarbeitet und wertet die personalwirtschaftlichen Informationen über die Mitarbeiter aus.

Wesentliche Ziele dabei sind Transparenz, Aktualität, Aussagekraft und Vollständigkeit der gesammelten Unterlagen und Daten, um die Wirtschaftlichkeit des Unternehmens zu sichern und zu verbessern.

Als Hilfsmittel, um diese verwaltenden Tätigkeiten systematisch und übersichtlich auszuführen, nutzt man Personalakten. Weitere Hilfsmittel sind Personalkarteien, Personalstammkarteien, Personalstatistiken, Lohn- und Gehaltsabrechnungen.

Aufgaben der Personalverwaltung

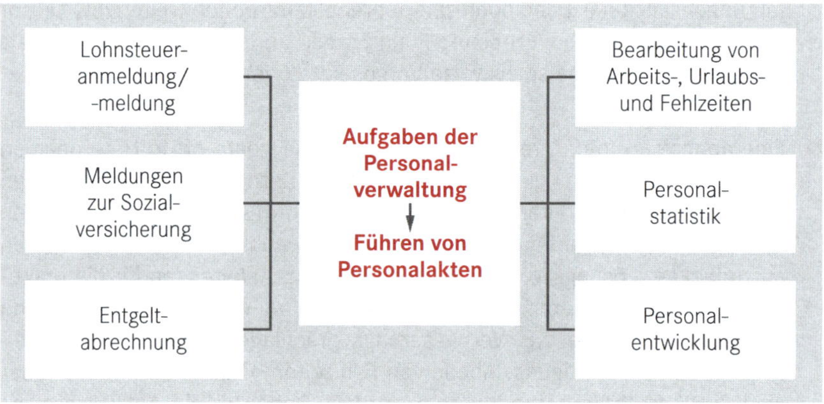

12.1 Personalakte

Alle Unterlagen, die für einen Mitarbeiter und sein Beschäftigungsverhältnis wesentlich sind, werden in der Personalakte gesammelt. Zu den zulässigen Inhalten gehören:

zulässige Dokumente

- Bewerbungsunterlagen einschließlich der Arbeitszeugnisse und des Personalfragebogens,
- Arbeitsvertrag und zusätzliche vertragliche Vereinbarungen (z.B. Entgeltvereinbarungen, Sonderurlaub),
- Steuerkarte bzw. Lohnsteuerbescheinigung, seit 2013 nur noch in elektronischer Form | ► HF 3, Kap. 17 |,
- Informationen über die Tätigkeit des Mitarbeiters (Urlaub, Fehlzeiten, Beurteilungen, Gesprächsnotizen von Mitarbeitergesprächen, evtl. Fortbildungen ggf. Disziplinarmaßnahmen oder Abmahnungen),

- Angaben zur Sozialversicherung (z.B. Grundentgelt, Krankenkasse bzw. Minijobzentrale, vermögenswirksame Leistungen) | ► HF 3, Kap. 16 |,
- Schriftverkehr.

Die Personalakte ist regelmäßig zu ergänzen, um ein umfassendes und aktuelles Bild über den Mitarbeiter zu haben. Denn der Arbeitgeber kann die Personalakte zur Entscheidungsfindung verwenden, wenn es z.B. um Fortbildungsmaßnahmen oder Entlassungen geht.

Beispiel: Lisa Marcello ruft aufgeregt bei ihrem Mann an: „Du hast eine Einladung zu den italienischen Backwochen in Verona erhalten und kannst mit einem Bäckerteam an dem Wettbewerb teilnehmen!"

Luigi Marcello ist begeistert und berät sich umgehend mit seinen beiden Geschäftsführern. „Wen nehmen wir alles mit?"

„Wir wollen doch gewinnen!", ruft Stefan Krumme euphorisch. „Am besten schauen wir uns die Personalakten an, wer beispielsweise wann und mit welchem Ergebnis an Fortbildungen teilgenommen hat."

„Gute Idee", antwortet Hendrik Mielmann, „und dort finden wir ja auch noch alle weiteren Informationen und Angaben zu den Mitarbeitern, die wir evtl. darüber hinaus benötigen."

Einsichtnahme des Mitarbeiters

Ein Mitarbeiter ist gemäß § 83 Abs. 1 BetrVG berechtigt, die über ihn geführte Akte einzusehen. Bei Vorhandensein eines Betriebsrats kann er ein Betriebsratsmitglied hinzuziehen. Zeit und Ort der Einsichtnahme sowie die dabei anwesenden Aufsichtspersonen werden vom Arbeitgeber bestimmt. Der Arbeitnehmer darf sich Notizen oder Kopien von einzelnen Unterlagen aus seiner Personalakte machen.

Einflussnahme des Mitarbeiters

Des Weiteren hat er das Recht, die Entfernung oder Berichtigung unrichtiger Angaben aus seiner Personalakte zu verlangen, z.B. eine zu Unrecht erteilte Abmahnung. Darüber hinaus ist es dem Mitarbeiter gemäß § 83 BetrVG Abs. 2 gestattet, zu einem in der Personalakte vermerkten Sachverhalt eine eigene schriftliche Stellungnahme in die Akte aufnehmen zu lassen.

Verbleib von Abmahnungen in der Personalakte

Die Frage, wann Abmahnungen wieder aus der Personalakte entfernt werden müssen, ist nicht gesetzlich geregelt. Wenn es sich nicht um schwere Verstöße handelt, ist ein begrenzter Zeitraum von 2-3 Jahren üblich, z.B. bei Abmahnungen wegen wiederholten Zuspätkommens oder wegen Missachtung einer betrieblichen Anordnung.

elektronische Verwaltung

Das Führen der Personalakten in Form sog. Hängeakten, die es heute nur noch selten, meist in kleineren Betrieben, gibt, wird zunehmend durch die elektronische Verwaltung am PC übernommen. Das hat den Vorteil, dass schnell und unkompliziert Mitarbeiterdaten aufgerufen und aktualisiert werden können.

Personalkartei

Ein weiteres empfehlenswertes Hilfsmittel der Personalverwaltung ist die Personalkartei, die ebenfalls ständig aktualisiert werden muss. Während die Personalakte ausführlich alle wichtigen persönlichen Daten über den einzelnen Mitarbeiter enthält, befinden sich in der Personalkartei nur die wichtigsten Informationen in stichpunktartiger Form. Sie soll dem Personalsachbearbeiter einen schnellen Überblick über jeden Mitarbeiter geben.

Unterschied zur Personalakte

Bei der Personalkartei wird unterschieden zwischen der Personalstammkartei und Spezialkarteien.

Personalstammkartei

- Die Personalstammkartei umfasst die persönlichen, allgemein beschreibenden Daten aus der Personalakte sowie Veränderungsmeldungen (z.B. Beförderung, Versetzung).

Spezialkartei

- Spezialkarteien werden für bestimmte Datenauswertungen geführt und können sich je nach Bedarf z.B. auf Fehlzeiten, Ein-/Austrittsdaten, betriebliche Sozialleistungen, Beurteilungstermine und -ergebnisse beziehen.

Auch die Personalkartei wird nur noch sehr selten in Form einer Karteikarte genutzt, sondern heute i.d.R. als Datei in einer elektronischen Datenverwaltung.

12.2 Archivierung und Datenschutz

Schutz personenbezogener Daten

Arbeitnehmerdatenschutz bedeutet, dass der Mitarbeiter ein Grundrecht auf informationelle Selbstbestimmung hat. Der Arbeitgeber darf nur Informationen in der Personalakte sammeln, die maßgeblich mit dem Arbeitsverhältnis in Verbindung stehen.

Gemäß § 32 Bundesdatenschutzgesetz darf die Personalakte Informationen über das innerbetriebliche Verhalten des Arbeitnehmers und seine beruflichen Kenntnisse und Fertigkeiten enthalten, soweit sie zur Begründung, zur Durchführung von bestimmten Tätigkeiten, Fortbildungen oder zur Beendigung des Arbeitsverhältnisses notwendig sind.

vertrauliche Behandlung

Der Arbeitgeber hat die Inhalte der Personalakte vertraulich zu behandeln. Sollten sich besonders sensible oder brisante Fakten in der Akte befinden (beispielsweise über Krankheiten oder Suchtverhalten, Gerichtsurteile etc.), dann müssen diese vor zufälliger Einsichtnahme besonders geschützt werden, z.B. durch Aufbewahrung in einem verschlossenen Umschlag.

Die Personalakten müssen sorgfältig verwahrt werden, z.B. in einem Stahlschrank, auf den nur Personalverantwortliche zugreifen können.

sichere Archivierung

Bei elektronischen bzw. digitalen Personalakten muss ein voll verschlüsseltes Archivsystem eingesetzt werden, in dem alle Personaldaten (sowohl die eingescannten als auch die originären elektronischen Dokumente) sicher abgelegt werden können.

Der Ruheständler Friedel Roth, sein Nachfolger Maurermeister Thorsten Mainau und Dachdeckermeister Gerhard Petersson sitzen gemütlich beim Bier zusammen und reden über die alten Zeiten.

„Ja, damals ging es auf den Baustellen noch gemütlicher zu, auch ein Bier war mal drin. Meine Maurer haben Stundenzettel geschrieben oder einfach nur gesagt, wie viele Stunden sie gearbeitet haben“, erzählt Friedel.

„Diese Zeiten kennen ich auch noch“, erinnert sich Gerhard Petersson.

„Doch das ist vorbei, das Geld ist knapper und unsere Kunden erwarten eine genaue Auflistung der Stunden“, schaltet sich Thorsten Mainau ein. „Also habe ich vor einiger Zeit auf die mobile Zeiterfassung über Handy umgestellt. Das war das sinnvollste, da jeder Mitarbeiter ein Handy hat.“

„Das ist eine gute Idee, die werde ich mit meinem Sohn Markus besprechen. Er denkt ja auch schon länger darüber nach, welche Zeiterfassung er einführen soll“, bedankt sich Gerhard Petersson.

13 Entgeltzahlung

13.1 Zeiterfassung

Die Personalzeiterfassung ist die Datenerfassung von Arbeitszeiten der Arbeitnehmer. Arbeitszeiterfassungsverfahren reichen von früher üblichen handschriftlich geführten Stunden- und Arbeitszetteln über Stempeluhren bis zu den heute gebräuchlichen elektronischen Zeiterfassungsgeräten, teilweise mit Chipkarten für die mobile Zeit- und Datenerfassung.

Da im Handwerk die Entgeltkosten ein wesentlicher, wenn nicht sogar der entscheidende Kostenfaktor sind, ist nicht nur eine genaue Zeiterfassung erforderlich, sondern auch eine tätigkeitsbezogene bzw. auftragsspezifische Zuordnung der erfassten Zeiten wichtig. Dies bietet folgende Vorteile:

Vorteile der elektronischen Zeiterfassung

- exakte und verlässliche Erfassung von Arbeitszeiten,
- mögliche Ungenauigkeiten durch handgeschriebene Stundenzettel entfallen,
- einfachere und detaillierte Projektabrechnung,

- Zeit- und Kostenersparnis durch einfache Auswertungsmöglichkeiten,
- höhere Transparenz für Kunden durch genaue Aufstellung von geleisteten Stunden und anderen erbrachten Tätigkeiten,
- optimale Kontrolle über laufende Arbeiten,
- bessere Vor- und Nachkalkulation von Aufträgen,
- Optimierung von Arbeitsprozessen,
- effizientere Lohn- und Gehaltsabrechnung.

Eine elektronische bzw. softwaregestützte Zeiterfassung ist darüber hinaus auch das optimale Werkzeug, um sowohl feste Arbeitszeiten als auch evtl. im Unternehmen existierende flexible Arbeitszeitmodelle im Zugriff zu haben. Gleitzeitregelungen oder das Führen von Arbeitszeitkonten sind so problemlos möglich. Der Mitarbeiter wie der Vorgesetzte kann jederzeit den aktuellen Stand des Arbeitszeitkontos abrufen.

Zeiterfassung auf Baustellen

Die betriebliche Zeit- und Datenerfassung für Arbeitsplätze außerhalb des Unternehmens, z.B. Mitarbeiter, die auf Baustellen eingesetzt sind, erfolgt meist bei größeren Betrieben über mobile Systeme, die es möglich machen, Arbeitszeiten über Laptops, Tablet-PCs und Mobiltelefone zu erfassen.

13.2 Arbeitsbewertung

Der Mitarbeiter erwartet vom Arbeitgeber eine gerechte Bezahlung. Auch aus Sicht des Unternehmers ist ein leistungsgerechtes Entgeltgefüge von wesentlicher Bedeutung, da es entscheidend zur Motivation der Beschäftigten beiträgt. Der Mitarbeiter benötigt die Gewissheit, dass seine Vergütung in einem angemessenen Verhältnis zum Entgelt seiner Arbeitskollegen steht, die schwierigere oder leichtere Arbeiten ausführen.

Feststellung der Arbeitsplatzanforderung

Dazu ist es notwendig, die körperlichen und geistigen Anforderungen eines Arbeitsplatzes festzustellen und zu klassifizieren. Für die Festlegung des anforderungsgerechten Entgelts bildet die Arbeitsbewertung die Grundlage. Die Anforderungen einer Tätigkeit werden im Verhältnis zu anderen Tätigkeiten nach einem einheitlichen Maßstab bestimmt. Es wird nicht die Leistung eines einzelnen Mitarbeiters beurteilt, sondern die Normalleistung einer fiktiven Person zugrunde gelegt.

Mit einer Arbeitsbewertung wird angestrebt, dass unterschiedliche Tätigkeiten nach einheitlichen Kriterien so klassifiziert werden, dass auf dieser Grundlage eine möglichst gerechte Entgeltzahlung erfolgen kann. Dazu werden die auszuführenden Arbeitsaufgaben auf der Basis von Stellenbeschreibungen und Arbeitsanalysen ermittelt, dokumentiert und bewertet.

Dem Ziel der Entgeltgerechtigkeit kann man sich allerdings nur annähern, denn die Wahrnehmung einer Entgeltgerechtigkeit durch den einzelnen Arbeitnehmer ist immer subjektiv.

Kriterien für eine Entgeltdifferenzierung

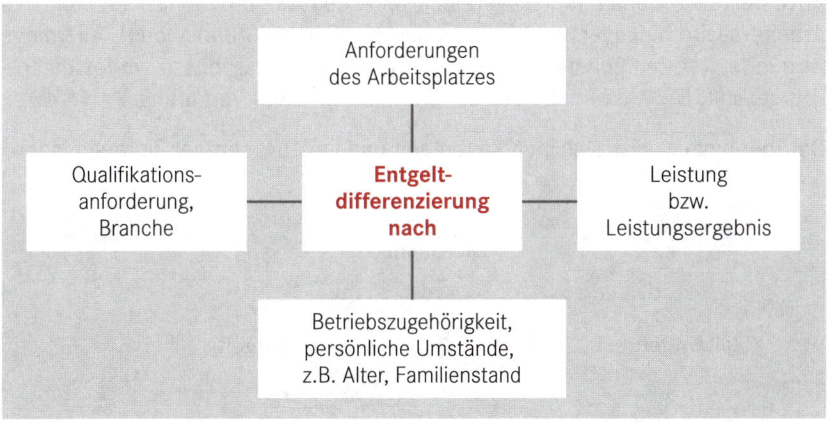

anforderungsgerechte Entlohnung

Im Rahmen der Anforderungsgerechtigkeit sind die körperlichen, geistigen und psychischen Anforderungen des Arbeitsplatzes für die Entgelthöhe entscheidend. Der Schwierigkeitsgrad der Arbeit wird berücksichtigt. Hier bildet die Arbeitsbewertung die Grundlage für eine Entgeltfestlegung.

leistungsgerechte Entlohnung

Bei der Anwendung der Leistungsgerechtigkeit erfolgt eine Differenzierung des individuellen Entgelts nach Leistung oder genauer nach dem Leistungsergebnis. Damit soll eine starke Leistungsmotivation der Beschäftigten sichergestellt werden. Die quantitative Leistungsbewertung mit Leistungsziffern ermittelt Kennzahlen für das Leistungsergebnis, die durch Messen gewonnen werden. Die qualitative Leistungsbewertung hingegen bestimmt Leistungswerte, also Kennzahlen für Kriterien wie Arbeitsqualität oder Sozial- und Führungsverhalten.

Soziallohn

Unter der Maßgabe Sozialgerechtigkeit wird das Entgelt an der Bedürftigkeit bzw. den persönlichen Umständen, wie Familienstand, Lebensalter oder Betriebszugehörigkeit des Beschäftigten orientiert. Diese Entgeltform ist sehr häufig im öffentlichen Dienst, allerdings seltener in der privaten Wirtschaft zu finden.

qualifikationsorientiertes Entgelt

Darüber hinaus existiert eine Entgeltdifferenzierung nach der Qualifikation des Mitarbeiters bzw. der Qualifikationsanforderung einer Stelle sowie eine Orientierung nach Arbeitsmarktgesichtspunkten, also die Zahlung branchenüblicher Löhne und Gehälter.

Nutzen Sie das interaktive Zusatzmaterial im Sackmann-Lernportal.

13.3 Entgeltformen

Unterscheidung Lohn/Gehalt

Umgangssprachlich ist nach wie vor die grundsätzliche Unterscheidung des Entgelts von Arbeitnehmern in Lohn und Gehalt verbreitet. Traditionell erhalten Angestellte ein Gehalt mit fest vereinbarter Arbeitszeit pro Monat, der Lohn des Arbeiters wird hingegen auf Stundenbasis berechnet (Stundenlohn). Allerdings wird in letzter Zeit zunehmend auch gewerblichen Mitarbeitern ein festes Entgelt gezahlt. Bei Auszubildenden spricht man von einer Vergütung.

Darüber hinaus wird zwischen Zeitentgelt und Leistungsentgelt unterschieden.

Entgeltformen

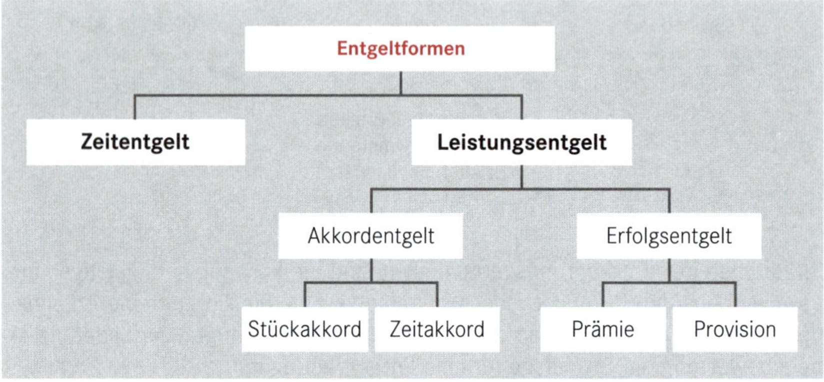

Zeitentgelt

Definition

Beim Zeitlohn des gewerblichen Arbeitnehmers ebenso wie beim Gehalt des Angestellten erfolgt die Vergütung nach Zeiteinheiten, z.B. Monats-, Wochen-, Tages oder Stundenlohn, abzüglich unbezahlter Pausen. Entscheidend ist die Gesamtjahresvergütung, die evtl. geldwerte Vorteile beinhaltet. Ein direkter Zusammenhang zwischen der Leistung und der Vergütung ist nicht gegeben. Die Höhe der Vergütung pro Zeiteinheit orientiert sich meist an der Qualifikation, ausgedrückt durch die Eingruppierung gemäß Tarifvertrag.

Beispiel: Luigi Marcello, Erhan Özer und Stefan Hoffmann unterhalten sich im Juniorenkreis Handwerk über Entgeltzahlungsformen.

„Bei uns ist der Fall klar, das geht auch gar nicht anders, die Mitarbeiter können nur Backwaren verkaufen, wenn Kunden kommen, deshalb zahlen wir ein Zeitentgelt. Außerdem ist unsere Geschäftsidee ‚Verkauf von Qualität', deshalb wollen wir, dass unsere Fachverkäuferinnen sich Zeit für die Kunden nehmen und nicht Umsatzzahlen im Kopf haben", begründet Luigi Marcello die Bezahlung in seinen Bäckerei-Filialen.

Die Beschäftigten können mit einem konstanten und gesicherten Entgelt rechnen. Sie sind im Gegenzug aufgrund ihres Arbeitsvertrages dazu verpflichtet, eine allgemein erwartete Normalleistung zu erbringen. Der Unternehmer trägt beim Zeitlohn das alleinige Risiko geringer Arbeitsleistung. Der Arbeitnehmer erhält keine finanziellen Anreize für eine Leistungssteigerung.

Einsatzmöglichkeiten

Wägt man Vor- und Nachteile gegeneinander ab, so empfiehlt sich das Zeitentgelt vor allem dann,

- wenn besondere Anforderungen an die Qualität der Arbeit gestellt werden, die unter besonderen Sach- und Zeitzwängen kaum zu erfüllen sind,
- wenn der Leistungsbeitrag des einzelnen Mitarbeiters nicht zuverlässig und eindeutig zu bestimmen ist,
- wenn die Beschäftigten den Arbeitsablauf nicht maßgeblich beeinflussen können und
- wenn die Entgeltkosten im Verhältnis zu anderen Kosten gering sind.

Aber auch bei Zeitentgelten können in besonderen Fällen leistungsbezogene Zulagen gezahlt werden, z.B. um bei Leistungsunterschieden an gleich eingestuften Arbeitsplätzen einer Demotivation von Leistungsstärkeren entgegenzuwirken bzw. deren Weggang zu verhindern.

Leistungsentgelt

Definition

Im Gegensatz zum Zeitentgelt wird beim Leistungsentgelt nicht die abgeleistete Arbeitszeit vergütet, sondern das mengen- bzw. zeitmäßige Ergebnis.

Eine Form des Leistungsentgelts ist der Akkord. Grundsätzlich ist eine Entgeltzahlung im Akkord nur unter gewissen Bedingungen möglich. Der Arbeitsablauf muss im Voraus zeitlich und inhaltlich festgelegt sein und die Mitarbeiter müssen ihn beeinflussen können. Auch dürfen keine Abhängigkeiten (z.B. Wartezeiten durch vorangehende Tätigkeiten) bestehen.

Berechnung des Akkordlohns

Der Akkordlohn wird aus zwei Bestandteilen ermittelt:

1. dem Grundlohn, der meist einem Stundenlohn entspricht,
2. dem Akkordzuschlag, der üblicherweise zwischen 5-15%, höchstens jedoch 25 % des Grundlohns beträgt.

Grundlohn und Akkordzuschlag bilden zusammen den Akkordrichtsatz. Der Akkordrichtsatz ist der Lohn einer bei Normalleistung (100% Leistung) arbeitenden Arbeitskraft. (Tariflich ist der Grundlohn meist der Mindestlohn, den der Mitarbeiter erhält, auch wenn er die Normalleistung nicht erbringt.)

Stückakkord

Grundsätzlich gibt es zwei Formen der Akkordzahlung: den Zeitakkord und den Stückakkord. Beim Stückakkord erfolgt die Vergütung pro geleistete Einheit, z.B. Quadratmeter, Stück etc.

Beispiel: Im Juniorenkreis erklärt Stefan Hoffmann die Bezahlung seiner Aushilfskräfte. „Auf größeren Baustellen, auf denen viele Rohrleitungen verlegt werden müssen, arbeite ich mit dem Akkordsystem. Die Mitarbeiter erhalten pro verlegtem lfd. Meter Rohrleitung € 2,-. Pro Stunde wird das Verlegen von 8 lfd. Metern erwartet. Das Zeitentgelt würde € 14,- pro Stunde betragen. Hierauf wird ein Akkordzuschlag von 20 % gewährt; das entspricht einem Akkordrichtsatz von € 16,80. Schaffen die Mitarbeiter z.B. 10 lfd. Meter pro Stunde, entspricht dies einem Akkordentgelt von € 2,10 (pro lfd. Meter) x 10 = € 21,- pro Stunde“, berichtet Stefan Hoffmann.

Zeitakkord Beim Zeitakkord wird für die Ausführung einer bestimmten Tätigkeit eine Zeit vorgegeben (Vorgabezeit).

Beispiel: „Wenn ich endlich meine Zweiradwerkstatt eröffnet habe und sie mal gut läuft, werde ich einen Mitarbeiter einstellen und ihm einen Zeitakkord zahlen“, meldet sich Erhan Özer zu Wort, „denn z.B. für den Austausch einer Abgasanlage an einem Motorrad einer speziellen Marke (Crosstourer) ist nach Herstellerangabe eine Zeitdauer von 60 Minuten vorgeschrieben, was Lohnkosten von € 20,- entspricht (Normalleistung). Würde mein Mitarbeiter nur 50 Minuten für diese Tätigkeit benötigen, hätte er die € 20,- schon nach dieser Zeit verdient und könnte 10 Minuten früher mit einer anderen Tätigkeit beginnen. Davon würden wir letztlich beide profitieren“, ist sich Erhan Özer sicher.

Insgesamt bietet der Akkord einen Anreiz zu erhöhter Arbeitsleistung. Für den Unternehmer reduziert diese Form der Entgeltzahlung erheblich das Risiko der Minderleistung. Ein Nachteil ist allerdings u.a., dass die Mitarbeiter schneller ermüden und ihre Kräfte schneller verschleißen. Außerdem kann es zu einem erhöhten Betriebsmittelverbrauch und einer Minderung der Qualität kommen.

Prämie Weitere Formen des Leistungsentgelts sind die Prämie und die Provision. Die Prämie ist eine Vergütung, bei der ein im Voraus festgelegter Erfolg eintreten muss. Ziel ist hierbei eine Leistungssteigerung der Mitarbeiter. Neben einer erhöhten Mengenleistung können auch die Qualitätssteigerung, die Einsparung von Material oder die Verminderung von Stillstand und Leerlauf belohnt werden (Mengenprämien, Qualitätsprämien, Ersparnisprämien, Nutzungsprämien).

Alles verstanden? Werden Sie im Sackmann-Lernportal aktiv!

Provision

Die Provision ist im Regelfall eine zusätzliche Vergütung, die neben einer festen Grundvergütung gezahlt wird. Provisionen werden auf der Grundlage von Leistungsziffern errechnet, oft entsprechen sie einem bestimmten Prozentsatz der erwirtschafteten Umsätze, der Deckungsbeiträge oder ähnlicher Kennzahlen.

13.4 Betriebliche Altersvorsorge

Beispiel: Ralf Weiss und Luigi Marcello tauschen sich regelmäßig über Fragen oder betriebliche Probleme aus.

„Sag mal Luigi, hast du eigentlich in deinem Betrieb irgendetwas in Richtung betriebliche Altersvorsorge geregelt? Peter, mein Geselle, hat mich letztens darauf angesprochen, ob ich da etwas anbieten kann. Und ich möchte meine Mitarbeiter natürlich motivieren und an mich binden, deshalb wollte ich mal darüber nachdenken. Ich finde es außerdem gut, wenn sich jemand Gedanken über seine Absicherung im Alter macht. Dieses Thema vernachlässigen leider viel zu viele."

Luigi nickt und sagt: „Ja, da hast du recht, das Thema Altersvorsorge kann man gar nicht ernst genug nehmen! Und du musst auch darüber nachdenken, denn Arbeitgeber sind seit einigen Jahren gesetzlich dazu verpflichtet, ihren Mitarbeitern eine betriebliche Altersvorsorge über eine sog. Entgeltumwandlung anzubieten, wenn die das wünschen."

„Dann wird es ja höchste Zeit, mich zu informieren, welche Möglichkeiten es gibt und ob der Betrieb neben dem Papierkram vielleicht sogar auch Vorteile davon hat", entgegnet Ralf Weiss.

Die betriebliche Altersvorsorge ist eine von drei Säulen, die geschaffen wurden, um den gewohnten Lebensstandard auch im Alter halten zu können.

Bausteine der Altersvorsorge

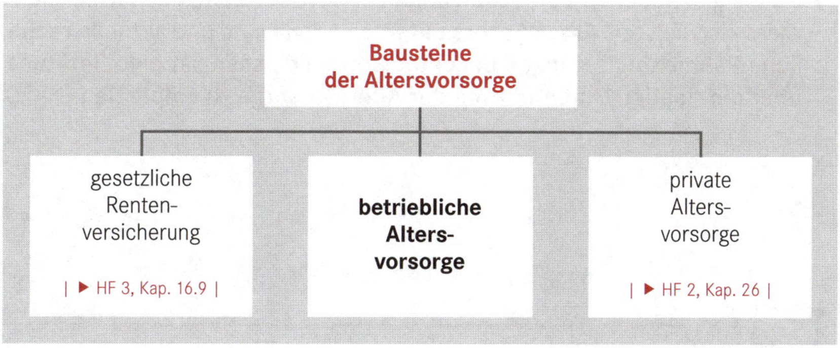

Entgeltumwandlung

Die betriebliche Altersvorsorge ist demnach ein wesentlicher Teil der Gesamtversorgung. Seit 2002 besteht ein Rechtsanspruch auf eine sog. Entgeltumwandlung, d.h. der Arbeitgeber muss dem Arbeitnehmer die Möglichkeit bieten, Teile seines Gehalts oder Zusatzleistungen in Beiträge zur Altersvorsoge umzuwandeln. Der Arbeitgeber überweist das Geld direkt aus dem Bruttogehalt, womit der Arbeitnehmer steuerliche und ggf. sozialversicherungsrechtliche Vorteile hat. Letztere treffen evtl. auch auf den Arbeitgeber zu. Zusätzlich kann der Arbeitgeber noch selbst Zuschüsse zahlen (indirekte Entgeltzahlung).

Wenn das Unternehmen keine eigene Altersvorsorge anbietet, kann der Arbeitnehmer eine andere Altersvorsorge (z.B. Riester-Rente | ► HF 2, Kap. 26.2 |) wählen. Der Arbeitgeber schließt in seinem Auftrag und in seinem Namen einen Vertrag ab und übernimmt die Abwicklung.

gesetzliche Grundlage

Gesetzliche Grundlage für die betriebliche Altersvorsorge ist das Betriebsrentengesetz. Die Rahmenbedingungen werden häufig in Tarifverträgen oder in Betriebsvereinbarungen festgelegt.

Für den Arbeitnehmer stellt die betriebliche Altersversorgung eine dringend notwendige Ergänzung der Gesamtaltersversorgung unter Inanspruchnahme der staatlichen Förderung dar. Für den Arbeitgeber bedeutet sie eine Möglichkeit der besonderen Bindung der Mitarbeiter an das Unternehmen bei gleichzeitiger Nutzung der entsprechenden Vorteile.

Durchführungswege

Man unterscheidet fünf mögliche Durchführungswege | ► betriebliche Altersvorsorgemodelle |:

- Direktversicherung,
- Pensionskasse,
- Pensionsfonds,
- Unterstützungskasse,
- Pensionszusage.

Da die individuellen Voraussetzungen sowohl auf Seiten des Arbeitnehmers als auch des Arbeitgebers unterschiedlich sind und aktuelle rechtliche Rahmenbedingungen beachtet werden müssen, ist eine Beratung über die richtige Durchführung der Altersvorsorge zu empfehlen.

Tests und Aufgaben zu diesem Kapitel finden Sie im Sackmann-Lernportal.

Im monatlich stattfindenden Juniorenkreis Handwerk berichtet Luigi Marcello anderen jungen Unternehmerinnen und Unternehmern über die Bedeutung der Personalführung für den Unternehmenserfolg:

„Ich habe eine grundsätzlich positive Einstellung zu Menschen. Mit diesem Vertrauensvorschuss führe ich auch meine Mitarbeiter. Bei meinen vier bzw. demnächst fünf Filialen, die örtlich getrennt sind, gibt es auch gar keine andere Möglichkeit.

Wir haben stets gute Erfahrungen gemacht, unsere Leute selbstständig arbeiten zu lassen. Das fördert nicht nur die Leistungsbereitschaft unserer Mitarbeiter, sondern macht auch die Zusammenarbeit viel angenehmer.

Aber es gibt natürlich auch Situationen, da ist einfach nur eine klare Ansage gefragt. Doch das ist gerade die Kunst: zu erkennen, wann welche Haltung das beste Ergebnis bringt!"

14 Mitarbeiterführung

Begriff

Mit dem Begriff Mitarbeiterführung wird der Umgang von Führungskräften mit den ihnen unterstellten Beschäftigten bezeichnet, also wie Vorgesetzte ihren Mitarbeitern Unternehmensziele, Vorgaben und Arbeitsaufgaben kommunizieren und wie sie menschlich miteinander umgehen, wie z.B. Kritik, Anerkennung und Wertschätzung weitergegeben werden.

Mitarbeiterführung bedeutet, Menschen im Unternehmen in ihrem Verhalten so zu steuern, dass sie den gewünschten Beitrag zur Erreichung der Unternehmensziele leisten. Denn der Unternehmenserfolg hängt u.a. von der Fähigkeit des Vorgesetzten ab, Mitarbeiter in Richtung des Unternehmensziels zu führen. Gleichzeitig hat der Vorgesetzte dafür Sorge zu tragen, dass die Leistungen der einzelnen Mitarbeiter zu einer bestmöglichen Gesamtleistung koordiniert werden.

Menschenbild

Umso bedeutungsvoller ist das Menschenbild der Führungskraft: Was und wie Vorgesetzte über ihre Mitarbeiter und deren Arbeitsmotivation denken, wirkt sich nicht nur auf ihr Führungsverhalten und damit auf die Führungsmittel aus, sondern auch auf das Leistungsverhalten der Mitarbeiter.

Beispiel: „Der Führungsstil meines zweiten Chefs war u.a. auch ein Grund mich selbstständig zu machen. Ich kenne keinen größeren Kontrollfreak“, erläutert Luigi Marcello im Juniorenkreis.

„Ständig hat er uns vorgeschrieben, was und wie wir unsere Arbeit auszuführen haben. Denken war nicht erwünscht - das sei seine Sache, da er ja der Chef sei. Und immer diese unterschwellige Annahme, wir seien faul. Hast du mal nur eine Minute nichts in der Hand gehabt, stand er direkt hinter dir und blaffte dich an, ob du nichts zu tun hast. Es hat nicht lange gedauert und wir haben uns genauso verhalten, wie er es uns immer unterstellt hat. Ich habe schließlich gekündigt und mich später selbstständig gemacht, das war ja nicht mehr auszuhalten“, schließt Luigi Marcello seinen Vortrag ab.

Nur Führungskräfte mit einem positiven Menschenbild sind in der Lage, Mitarbeiter auf die betrieblichen Ziele einzustimmen bzw. Mitarbeiter zu motivieren und von ihnen entsprechende Leistungen zu verlangen. Ebenso sind Kenntnisse über die Motivationsstruktur und Motive[1] des jeweiligen Mitarbeiters erforderlich.

14.1 Führungsstile und Führungsmittel

14.1.1 Führungsstile

Der Führungsstil beschreibt die Art und Weise, in der ein Vorgesetzter seine Führungsaufgaben wahrnimmt und sich seinen Mitarbeitern gegenüber verhält. Der Führungsstil ist immer auf die jeweilige betriebliche Situation und an die Fähigkeiten sowie die Leistungsbereitschaft des jeweiligen Mitarbeiters anzupassen. Drei grundsätzliche Führungsstile sind zu unterscheiden:

Führungsstile

Führungsstil	Beschreibung
autoritärer Führungsstil	▶ Vorgesetzter entscheidet und kontrolliert, arbeitet überwiegend mit Anweisungen, Befehlen, Beanstandungen und Tadel ▶ Tendenz zur Bevormundung; bei Fehlern wird eher bestraft statt zu helfen ▶ nur bei einem hohen Abhängigkeitsgrad der Mitarbeiter durchführbar Folge: Unselbstständigkeit, Motivationsverlust und das Nicht-Mitdenken der Mitarbeiter, wenn dieser Führungsstil überwiegend angewendet wird.

[1] *Grundlegende Ausführungen über Mitarbeiterführung und Motivation sind enthalten in: Sackmann - das Lehrbuch für die Meisterprüfung, Teil IV, Lernfelder 2 und 5.*

Führungsstil	Beschreibung
kooperativer Führungsstil	▶ Mitarbeiter werden in den Entscheidungsprozess mit einbezogen ▶ Führungsmittel sind Aufträge, Delegation, Anerkennung der Leistung des Mitarbeiters, Lob und Selbstkontrolle; d.h. allerdings nicht, dass auf Beanstandung, Tadel oder Fremdkontrolle ganz verzichtet wird Folge: Bereitschaft zur Zusammenarbeit, Offenheit und Vertrauen; es werden Selbstständigkeit und Verantwortungsbereitschaft, Kritikfähigkeit und Toleranz gefördert
Laissez-faire-Führungsstil	▶ verlässliche, fachlich kompetente, selbstständig arbeitende Mitarbeiter haben volle Handlungsfreiheit ▶ Entscheidung und Kontrolle liegt beim Mitarbeiter; die Führungskraft delegiert Folge: vorhandene Leistungsbereitschaft des Mitarbeiters bleibt erhalten, eigenständiges Arbeiten wird gefördert

Personalführung als interaktiver Prozess

Die Führungsstile können in der betrieblichen Realsituation in der oben dargestellten Form nicht durchgängig angewendet werden. Führung ist ein interaktiver Prozess, der durch das Zusammenwirken verschiedener Faktoren bestimmt ist. Dazu gehören die Persönlichkeitsmerkmale der Beteiligten, die Erfahrungsstände des Mitarbeiters, die objektiven Bedingungen der Situation sowie deren subjektive Wahrnehmung. Führung ist danach ein Wechselwirkungsprozess zwischen Führungskräften, Mitarbeitern und der jeweiligen Situation. Eine wichtige Fähigkeit des Führenden besteht darin, die wesentlichen Einflüsse sowie die Wirkung seines Verhaltens zu erkennen und bei seinen Entscheidungen zu berücksichtigen.

Den einzig richtigen Führungsstil gibt es nicht. Moderne Personalführung tendiert zu einer situativen Führung, bei der die Vorgesetzten ihren Führungsstil an die jeweilige betriebliche Situation und an die Fähigkeiten sowie die Leistungsbereitschaft ihrer Mitarbeiter anpassen.

14.1.2 Führungsmittel

Um die Leistung und das Verhalten der Mitarbeiter in bestimmten Situationen im Hinblick auf die Erreichung der betrieblichen Ziele zu steuern, können unterschiedliche Führungsmittel eingesetzt werden. Dazu gehören u.a.:

Ihren persönlichen Zugang zum Sackmann-Lernportal finden Sie auf Seite 3.

Information
- Informationen

  Mitarbeiter müssen nicht nur alle notwendigen Informationen erhalten, die sie zur Erledigung ihrer konkreten Arbeitsaufgabe benötigen, sondern auch wichtige Nachrichten aus dem betrieblichen Umfeld bekommen.

Besprechungen
- Besprechungen

  Ziel ist der Austausch von Sachinformationen und Meinungen, das Finden von Lösungen für mögliche Probleme sowie die Vorbereitung anstehender Entscheidungen in einem Team, um ein für das Unternehmen möglichst optimales Ergebnis zu erzielen.

Anweisungen
- Anweisungen

  Die Führungskraft erteilt den Mitarbeitern konkrete Anweisungen, wie sie beispielsweise an eine bestimmte Arbeitsaufgabe herangehen und diese ausführen sollen.

Kontrolle
- Kontrollen

  Kontrollen beziehen sich einerseits auf die Einhaltung von Anweisungen und auf die Erfüllung von Aufgaben und andererseits auf das Verhalten der Mitarbeiter. Beim kooperativen Führungsstil bedeutet Kontrolle keine Bestrafung, sondern eine Chance, Fehlerquellen aufzudecken und daraus zu lernen.

Delegation
- Delegation

  Vom Führungsverhalten sowie von den individuellen Kompetenzen der Mitarbeiter hängt es ab, in welchem Maße Aufgaben, Befugnisse und Verantwortungsbereiche von der Führungskraft auf den einzelnen Mitarbeiter übertragen werden.

Lob und Kritik
- Lob und Kritik

  Ein Lob bzw. das Hervorheben positiver Aspekte motiviert den Mitarbeiter und steigert sein Selbstvertrauen, seine Arbeitszufriedenheit und seine Leistungsbereitschaft. Positive Verhaltensänderungen können durch Anerkennung viel effektiver gesteuert werden als durch Kritik. Wenn Kritik geübt werden soll, muss sie immer sachbezogen und konstruktiv sein und darf nicht persönlich werden.

Feedbackgespräch

Ein weiteres wichtiges Führungsmittel ist neben anderen Gesprächen das Feedbackgespräch, das die Führungskraft mit ihren Mitarbeitern führt. Darin sollten positive wie negative Rückmeldungen an konkreten Situationen und Verhaltensweisen aufgezeigt werden. Ein Feedback bietet die Möglichkeit zur persönlichen Weiterentwicklung des Mitarbeiters, gibt aber auch dem Vorgesetzten die Chance, selbst Hinweise bzw. Rückmeldung zu bestimmten Frage- oder Problemstellungen zu erhalten.

Ein Feedbackgespräch basiert auf regelmäßigen Beurteilungen. Die Beurteilung der Mitarbeiter ist eine wichtige Aufgabe der Personalführung, die nicht nur bei der Einstellung eines neuen Mitarbeiters ansteht. Für den Betriebserfolg ist eine systematische Mitarbeiterbeurteilung empfehlenswert, da Personaleinsatz und -entwicklung jederzeit flexibel erfolgen können. Das Ergebnis einer Mitarbeiterbeurteilung sollte schriftlich | ► Beurteilungsbogen | festgehalten werden.

Beurteilungsbogen

Ein Beurteilungsbogen enthält im Allgemeinen folgende Bestandteile:

- sachlich-organisatorische Angaben,
- Kurzbeschreibung der Aufgaben,
- die eigentliche Leistungsbeurteilung,
- Eignungs- und Entwicklungsbeurteilung,
- Empfehlungen zur Förderung des Mitarbeiters,
- Stellungnahme des Mitarbeiters.

freie und gebundene Beurteilungen

Man unterscheidet zwischen freien und gebundenen Beurteilungen. Die freie Beurteilung ist an kein Schema gebunden; es bleibt dem Beurteiler überlassen, welche Kriterien und Maßstäbe er auswählt. In der betrieblichen Praxis überwiegt die gebundene bzw. eine Mischform, durch die ein einheitliches Vorgehen bei allen Mitarbeitern sichergestellt wird.

Damit sich auch der Mitarbeiter auf dieses Gespräch vorbereiten kann, ist es notwendig, ihm den Termin sowie den Anlass zu nennen. Anlässe für diese Gespräche können sein: Halbjahresgespräch, ein bestimmter Vorfall, Zielvereinbarungsgespräche, Beurteilungsgespräche etc.

Beispiel: „Und – wie ist das Feedbackgespräch mit Elena Bertani gelaufen?“, will Stefan Krumme wissen.

„Ganz gut“, berichtet Luigi Marcello. „Zuerst habe ich sie gelobt für ihre gute Vorbereitung der Schulung der neuen Mitarbeiter und dass sie sich die Mühe gemacht hat, einen Großteil der italienischen Rezepte aus dem Italienischen zu übersetzen“, antwortet Luigi Marcello.

„Hast du denn auch unsere Kritik angebracht?“ fragt Stefan Krumme weiter.

„Natürlich, das gehört dazu. Wir haben das Problem des privaten Wareneinkaufs bei unserem Lieferanten auf Unternehmensrechnung besprochen und geklärt“, entgegnet Luigi Marcello. „Bei der Gelegenheit habe ich allerdings auch sehr interessante Neuigkeiten über unseren Lieferanten von ihr erfahren. Davon erzähle ich ausführlich, wenn auch Hendrik mit dabei ist.“

14.2 Betriebsklima

Die Einstellung der Mitarbeiter zu ihrem Unternehmen bestimmt wesentlich das Betriebsklima. Es ist Ausdruck der Zufriedenheit bzw. Unzufriedenheit mit der betrieblichen Situation, kurz gesagt, es beschreibt die Stimmung in einem Unternehmen.

Einflussfaktoren

Ob die Mitarbeiter sich im Unternehmen wohlfühlen oder nicht, ist von zwei Einflussfaktoren abhängig: den äußeren Arbeitsbedingungen und der inhaltlichen Gestaltung des eigenen Aufgabengebietes.

Gute Arbeitsbedingungen und eine adäquate Gestaltung der Arbeitsaufgabe haben einen positiven Einfluss auf die subjektive Sicht und die Bewertung der Arbeitssituation durch die Mitarbeiter. Die positive Wirkung muss jedoch nicht von jedem Mitarbeiter gleich empfunden werden.

subjektives Empfinden

Folgende Faktoren prägen u.a. das subjektive Empfinden:

- Sind die Erwartungen des Mitarbeiters an den Arbeitsplatz und die Arbeitsaufgabe erfüllt worden?
- Fühlt sich der Mitarbeiter anforderungsgerecht eingesetzt?
- Wie schätzt sich der Mitarbeiter selbst ein?
- Fühlt sich der Mitarbeiter gemäß seiner Qualifikation eingesetzt, d.h. fühlt er sich über- bzw. unterfordert?

Folgen eines negativen Betriebsklimas

Das Betriebsklima ist auch ein wichtiger betrieblicher Faktor. Ein gestörtes Betriebsklima wirkt sich negativ auf die Kommunikation der Mitarbeiter untereinander aus. Dies kann zu zeitlichen Verzögerungen bei Arbeitsabläufen führen. Darüber hinaus konzentrieren sich Mitarbeiter bei schlechter Stimmungslage eher auf die bestehenden Konflikte als auf ihre eigentliche Arbeitsaufgabe. Dadurch geht effektive Arbeitszeit verloren. Ein dauerhaft schlechtes Betriebsklima stellt auch eine Gefahr für die Gesundheit der Beschäftigten dar. Stress als Hauptauswirkung kann Konzentrations- und Schlafstörungen, Angstgefühle oder Überforderungszustände etc. auslösen.

Anzeichen für ein schlechtes Betriebsklima

Ein schlechtes Betriebsklima lässt sich an vielerlei Faktoren ablesen: häufige Beschwerden, Streit, hohe Fehlzeiten, eine hohe Fluktuationsrate. Daher führen viele Unternehmen Statistiken über Fehlzeiten, größere Unternehmen auch über die Fluktuation (Wechsel von Mitarbeitern nach eigener Kündigung). Diese Statistiken müssen regelmäßig ausgewertet werden, um Rückschlüsse auf das Betriebsklima zu erhalten. Auch die Teilnahme (oder Nicht-Teilnahme) von Mitarbeitern an Betriebsfeiern und -ausflügen lässt erkennen, ob ein positives oder negatives Betriebsklima vorhanden ist.

Tests und Aufgaben zu diesem Kapitel finden Sie im Sackmann-Lernportal.

Maßnahmen für ein gutes Betriebsklima

Zu einem guten Betriebsklima („Wir-Gefühl") liefert jeder Vorgesetzte wie auch jeder Mitarbeiter seinen eigenen Beitrag. Konflikte gehören dazu. Regelmäßige Mitarbeitergespräche, in denen offen konstruktive Kritik am Verhalten sowohl des Vorgesetzten wie der Mitarbeiter geübt werden kann und regelmäßige Feedbackgespräche können eine subjektive Beurteilung des Betriebsklimas objektiver machen.

Um festzustellen, wie die Mitarbeiter das Betriebsklima tatsächlich beurteilen, könnten (anonyme) Befragungen durchgeführt werden. In kleinen und mittleren Handwerksbetrieben empfiehlt es sich jedoch, mit den Mitarbeitern direkt zu sprechen. Bei Betriebsfeiern und -ausflügen z.B. kann der Unternehmer sich ein Bild davon machen, wie die Mitarbeiter das Betriebsklima einschätzen, sei es durch beiläufige Bemerkungen oder in geselligen Gesprächen.

Beispiel: „Egal wie der Backwettbewerb ausgeht – unser jährlicher Betriebsausflug und die Feier finden statt, oder?", fragt Luigi Marcello.

„Aber sicher, was halten du und Hendrik davon, wenn wir dieses Mal eine Übernachtung mit einplanen?", schlägt Stefan Krumme vor. „Wir können so abends und beim Frühstück gemütlich zusammensitzen und uns austauschen. Ich halte das für sehr wichtig, damit sich unsere Mitarbeiter aus den verschiedenen Filialen als eine Einheit verstehen."

„Gute Idee", stimmt Hendrik Mielmann zu, „wir bieten den Mitarbeitern Fortbildungen an, signalisieren ihnen durch unsere Sozialleistungen und den sicheren Arbeitsplatz, dass wir an ihrem persönlichen Wohlbefinden interessiert sind, aber es ist besonders wichtig, dass wir alle mal auf privater Ebene zusammenkommen."

„Wir nennen den Mitarbeitern einen finanziellen Rahmen und sie können selbst den Betriebsausflug planen, egal ob es ein Wellness-, Kultur- oder Einkaufswochenende wird", schlägt Stefan Krumme vor. „So tauschen sich die Mitarbeiter schon persönlich vor dem Ausflug aus – eine bessere Förderung der sozialen Beziehungen und des Betriebsklimas kann ich mir nicht vorstellen."

Mobbing/Bossing

Ein positives Betriebsklima sowie gute soziale Beziehungen verhindern Mobbing, denn in einem störungsfreien und wohlwollenden Miteinander werden solche Reibungen offen kommuniziert und behoben.

Entstehung von Mobbing

Echtes Mobbing ist beziehungsorientiert und destruktiv. Ungelöste Konflikte und Kränkungen wachsen sich zu Hassgefühlen aus. Zwischen den Akteuren besteht ein auf Konfrontation angelegtes polarisierendes Macht-Ohnmacht-Verhältnis mit wechselseitiger Kommunikation aus Anschuldigungen, Vorwürfen, Behauptungen, Unterstellungen, Rechthaberei und Schuldzuweisungen.

Vereinzelte Beleidigungen oder Angriffe gelten nicht als Mobbing. Kennzeichnend sind ein langandauernder Verlauf und die Unfähigkeit der gemobbten Person, sich aufgrund ihrer unterlegenen Position richtig zur Wehr setzen zu können.

Bossing Als Bossing bezeichnet man ein „Mobbing von oben", wenn also ein Vorgesetzter systematisch versucht, einen Mitarbeiter mit unfairen Attacken und einer Art Psychoterror aus dem Unternehmen zu drängen bzw. ihn zur Kündigung zu treiben. Die Betroffenen haben meist keine Chance, sich aus diesem Dilemma zu befreien, denn gegen den eigenen Chef vorzugehen, ist schwierig.

Bei beiden Mobbingarten entsteht eine typische Täter-Opfer-Beziehung. Mobber agieren wie Täter, sie greifen an. Gemobbte reagieren opfertypisch und fühlen sich dem Mobber hilflos ausgeliefert. Beide, Täter und Opfer, sind Gefangene ihrer einseitigen Wahrnehmung, es entsteht ein „Tunnelblick", der eine sachliche Auseinandersetzung verhindert.

Alarmzeichen für Mobbing Damit sich aus ungelösten Konflikten erst gar keine Mobbing-Handlungen entwickeln, müssen mobbingauslösende Strukturen möglichst frühzeitig erkannt werden. Indikatoren können sein:

- hoher Krankenstand und/oder hohe Fluktuation,
- Zunahme von Mitarbeiterbeschwerden, z.B. beim Betriebsrat,
- Häufung von Ausfällen und verbalen Entgleisungen,
- lautstarke Auseinandersetzungen,
- vermehrte Arbeitsgerichtsprozesse.

Das Thema Vermeidung von Mobbing ist also auch eine wichtige Führungsaufgabe. Führungskräfte und Vorgesetzte sind gefordert, Mobbing-Vorfälle möglichst schon im Vorfeld zu verhindern oder aber frühzeitig zu erkennen und geeignete Gegenmaßnahmen zu treffen.

vorbeugende Maßnahmen Als vorbeugende innerbetriebliche Organisationsmaßnahmen werden empfohlen:

- Entwicklung einer offenen Gesprächs- und Kommunikationskultur,
- regelmäßige Mitarbeitergespräche zur Aufdeckung möglicher Konflikte,
- klare Aufgaben- und Kompetenzabgrenzungen,
- Sensibilisierung der Mitarbeiter und der Führungskräfte in Bezug auf Mobbing-Prozesse durch Informationsveranstaltungen bzw. durch gezielte Schulungen,
- Kommunikationstrainings oder Anti-Stress-Programme,
- Benennung eines Mobbing-/Konfliktbeauftragten,
- Betriebsvereinbarungen zum Thema Mobbing.

14.3 Soziale Beziehungen

In vielen Unternehmen wird die private Seite der Mitarbeiter nicht mehr berücksichtigt. Ihre Bedürfnisse werden ausschließlich unter den Aspekten Motivation, Leistungsfähigkeit und Leistungsbereitschaft zum Wohl des Unternehmens betrachtet. Der einzelne Mitarbeiter wird häufig nur auf seine Rolle als Fachkraft reduziert.

Berücksichtigung persönlicher Belange

Soziale Beziehungen am Arbeitsplatz verlangen jedoch von Vorgesetzten wie von den Kollegen auch die Berücksichtigung persönlicher Belange. Private Themen sollten zwar dem Privatleben vorbehalten bleiben, aber für Mitarbeiter ist wichtig zu wissen, dass sie bei Problemen auf das Verständnis und die Unterstützung von Vorgesetzten und Kollegen zählen können.

Gute soziale Beziehungen am Arbeitsplatz zeichnen sich dadurch aus, dass

- Gespräche, insbesondere mit Vorgesetzten, in einem respektvollen Miteinander stattfinden,
- interne Besprechungen oder auch Termine mit Kunden in positiver Atmosphäre verlaufen,
- Unterstützung von Kollegen für die eigene Argumentation o.Ä. vorhanden ist,
- Fairness unter Kollegen herrscht,
- spürbares persönliches Interesse an den Mitarbeitern deutlich wird.

Dagegen kann ausbleibende soziale Unterstützung am Arbeitsplatz auf lange Sicht zu erhöhten Fehlzeiten, Ängsten oder gesundheitlichen Problemen bis hin zur Kündigung führen.

14.4 Fürsorge: Arbeits-, Unfall- und Gesundheitsschutz

Verantwortung des Unternehmers

Mitarbeiterführung bedingt auch Fürsorgepflichten: Die Verantwortung für die Sicherheit und Gesundheit seiner Beschäftigten trägt - unabhängig von der Größe des Betriebes - allein der Unternehmer. Er kann bestimmte Aufgaben zwar delegieren, allerdings muss er sich vergewissern und belegen können, dass der Beauftragte für diese Aufgabe entsprechend qualifiziert ist und angemessene Möglichkeiten zur Durchführung dieser Aufgaben hat. Die Gesamtverantwortung für die Organisation und Durchführung des Arbeits- und Gesundheitsschutzes im Betrieb behält jedoch der Unternehmer.

Fürsorgepflicht

Allgemeine Grundsätze für die Fürsorgepflicht des Unternehmers gegenüber seinen Mitarbeitern legen sowohl das Bürgerliche Gesetzbuch (BGB) wie das Arbeitsschutzgesetz (ArbSchG) dar. § 618 BGB formuliert die Pflicht zu Schutzmaßnahmen „gegen Gefahr für Leben und Gesundheit“, die geregelt werden müssen, soweit „die Natur der Dienstleistung es gestattet“. Diese Verpflichtung kann vertraglich weder aufgehoben noch beschränkt werden (§ 619 BGB).

Allgemeine Grundsätze der Arbeitgeberpflichten, die auch für die Arbeitssicherheit gelten, formuliert § 4 ArbSchG, beispielsweise eine möglichst gefährdungsarme Gestaltung der Arbeit nach den neuesten arbeitswissenschaftlichen Kenntnissen, insbesondere bei schutzbedürftigen Beschäftigungsgruppen (z.B. Schwangere, Behinderte). In § 5 ArbSchG wird der Arbeitgeber zur Durchführung einer Gefährdungsbeurteilung jedes Arbeitsplatzes verpflichtet, um bei Bedarf die entsprechend notwendigen Gegenmaßnahmen einleiten zu können.

Pflicht zur Gefährdungsbeurteilung

Weitere Pflichten des Unternehmers (aber auch der Arbeitnehmer) bezüglich Unfall- und Gesundheitsschutz im Betrieb sind in den Berufsgenossenschaftlichen Vorschriften (bis 2000 Unfallverhütungsvorschriften genannt) festgeschrieben. Diese haben die Aufgabe, Arbeitsunfälle und Berufskrankheiten sowie arbeitsbedingte Gesundheitsgefahren zu verhindern.

Der Unternehmer hat danach die Pflicht, je nach Anzahl der Beschäftigten sog. Fachkräfte für Arbeitssicherheit, einen Betriebsarzt sowie einen Sicherheitsbeauftragten zu bestellen, die ihn bei der Erfüllung seiner Pflichten unterstützen.

Vorgaben durch Arbeitsstättenverordnung

Auch die Arbeitsstättenverordnung legt dem Arbeitgeber gewisse Pflichten auf. Der Unternehmer muss die Arbeitsstätten bzw. Arbeitsplätze so einrichten und ausstatten, dass von ihnen keine Gefahren für die Sicherheit und die Gesundheit der Arbeitnehmer ausgehen können.

Von der Beachtung der Arbeitssicherheit, des Unfall- und Gesundheitsschutzes hängen sowohl das Wohlergehen des arbeitenden Menschen als auch der betriebliche Erfolg ab. Schließlich kann dadurch

- der Krankenstand beeinflusst,
- das vorzeitige Eintreten einer Berufs- oder Erwerbsunfähigkeit vermieden und
- die Leistungsfähigkeit der Mitarbeiter gesteigert werden.

Andererseits führen Überbeanspruchung und Überforderung über längere Zeit unweigerlich zu

- Einschränkung der Arbeitskraft,
- Leistungsabfall,
- Fehlhandlungen,
- Unfällen,
- Invalidität.

Mitgestaltung des Arbeitsplatzes

Die Fürsorgepflicht des Arbeitgebers zur Gesunderhaltung der Mitarbeiter umfasst neben der Gefahrenabwehr und dem Schutz vor Berufskrankheiten im weiteren Sinne auch die Schaffung von Möglichkeiten zur Mitgestaltung der Arbeitsumgebung durch den Arbeitnehmer selbst.

Unter Arbeitsplatzgestaltung wird eine Anpassung der äußeren Arbeitsbedingungen an den Menschen mit dem Ziel der Gesunderhaltung und Leistungsoptimierung verstanden. Diese Ziele sind erreicht, wenn

- Leistungsgrenzen nicht überschritten werden,
- die Höhe und Dauer von Belastungen so abgestimmt sind, dass die Gefahr von unmittelbaren oder späteren Schäden ausgeschlossen ist,
- die Beanspruchung innerhalb zumutbarer Grenzen zur Verbesserung der Leistung genutzt wird,
- die Aufrechterhaltung der körperlichen und seelischen Gesundheit auch in schwierigen Situationen noch möglich ist.

Die Umsetzung arbeitswissenschaftlicher Erkenntnisse trägt dazu bei, Belastungen der Mitarbeiter zu vermeiden, die bei jahrelanger Einwirkung unter Umständen zu Gesundheitsschäden und/oder vorzeitigen Verschleißerscheinungen führen können. Hand in Hand mit einer Verminderung von Personal- und Sachkosten kann die erhöhte Zufriedenheit der Mitarbeiter zu einer Leistungsverbesserung führen. Bei Überbeanspruchung und Überforderung kommt es hingegen häufig zum Leistungsabfall.

betriebliches Eingliederungsmanagement

Seit 2004 gibt es das gesetzliche Instrument des betrieblichen Eingliederungsmanagements (BEM), durch das Arbeitgeber in die Pflicht genommen werden, sich frühzeitig um die dauerhafte Wiedereingliederung langzeiterkrankter Mitarbeiter zu bemühen. Damit sind Beschäftigte gemeint, die innerhalb eines Jahres ununterbrochen länger als sechs Wochen oder wiederholt arbeitsunfähig waren.

Die Initiative zum BEM muss vom Arbeitgeber ausgehen. Inhalt eines BEM-Gesprächs, das durch § 84 SGB IX (Prävention) vorgeschrieben wird, ist die Erörterung von Möglichkeiten einer wiederkehrenden Arbeitsunfähigkeit vorzubeugen bzw. durch anderweitige Hilfen den Arbeitsplatz auch weiterhin zu erhalten. Zum Gespräch hinzugezogen wird neben der Interessenvertretung (Personal- oder Betriebsrat, Mitarbeitervertretungen etc.) auch die Schwerbehindertenvertretung, sofern es sich um einen Mitarbeiter mit bereits anerkannter Behinderung handelt. Damit muss der betroffene Arbeitnehmer jedoch einverstanden sein. Das Gespräch zwischen Arbeitgeber und Arbeitnehmer hat in jedem Fall stattzufinden und stellt eine Arbeitgeberpflicht dar. Ohne Zustimmung der betroffenen Person darf jedoch ein BEM nicht durchgeführt werden.

Das betriebliche Eingliederungsmanagement hat für den Arbeitgeber folgende Vorteile:

Vorteile für den Arbeitgeber

- Er gewinnt Klarheit über die Beschäftigungsmöglichkeiten in seinem Betrieb.
- Ungerechtfertigte krankheitsbedingte Kündigungen werden verhindert.
- Zeit- und Geldverlust durch Kündigungsstreitigkeiten oder für die Einstellung und Einarbeitung von Ersatzkräften entfallen.
- Ein vorschnelles Ausscheiden erfahrener Fachkräfte wird vermieden.

Beispiel: „Morgen in einer Woche kommt Stefan Davids nach seinem Bandscheibenvorfall zurück“, teilt Luigi Marcello seinen beiden Partnern mit.

„Gott sei Dank!“, atmet Stefan Krumme auf. „Diese acht Wochen Krankheit mit Aushilfen zu überbrücken war ganz schön schwierig.“

„Wir müssen sofort mit ihm sprechen, wie wir seine Arbeit, seinen Arbeitsplatz oder seine Arbeitszeit umgestalten müssen, damit er möglichst keinen Bandscheibenvorfall mehr bekommt“, entgegnet Luigi Marcello. „Stefan, bitte informiere dich schon mal über geeignete sinnvolle und bei uns auch umsetzbare Maßnahmen, z.B. bei der Berufsgenossenschaft, die wir dann zusammen in dem Gespräch diskutieren können.“

Kompetenzen

Das sollten Sie als zukünftiger Meister können:

- ✔ Personalbedarf auf Grundlage der Unternehmensplanung bestimmen und in Stellenbeschreibungen präzisieren,
- ✔ Möglichkeiten der Personalbeschaffung beurteilen, offene Stellen ausschreiben und Bewerbungsgespräche führen,
- ✔ Weiterbildungsbedarf der Mitarbeiter ermitteln und Konzepte zur bedarfsgerechten Qualifizierung erstellen,
- ✔ Maßnahmen zur Mitarbeitermotivation und -bindung kennen,
- ✔ Einsatzmöglichkeiten unterschiedlicher Arbeitszeit- und Entlohnungsmodelle beurteilen,
- ✔ Feedbackgespräche mit Mitarbeitern führen,
- ✔ Bedeutung des Betriebsklimas begründen,
- ✔ Möglichkeiten der betrieblichen Altersvorsorge kennen,
- ✔ Strategien zur Verhinderung von Mobbing kennen,
- ✔ Grundlagen des betrieblichen Wiedereingliederungsmanagements (BEM) kennen,
- ✔ eigenes Führungsverhalten reflektieren und Wirkungen auf die Mitarbeiter und das Betriebsklima kennen.

Bestimmungen des Arbeits- und Sozialrechts bei der Entwicklung einer Unternehmensstrategie berücksichtigen

F

Jochen Wall ist als Tischler damit beauftragt worden, beim Dachgeschossausbau eines Architekten-Paares eine individuell geplante Sauna einzubauen. Auf der Baustelle lernt er den jungen Gesellen des ebenfalls dort arbeitenden Zimmermann-Betriebs kennen. Als die zwei in der Frühstückspause ins Gespräch kommen, erfährt er, dass der Geselle nach der Ausbildung nur für ein halbes Jahr übernommen wurde und sein Vertrag bald ausläuft.

„Hey, kein Problem", lacht Jochen, dem der junge Kerl sympathisch ist, „du kannst ja danach für ein weiteres halbes Jahr bei mir einsteigen." Der Geselle grinst ebenfalls: „Gute Idee, das mache ich, wir können bestimmt gut zusammenarbeiten!"

Jochen hat dieses Gespräch schon ganz vergessen, als seine Schwester Ramona ihn vier Wochen später anspricht: „Du Jochen, ich hatte grade einen jungen Zimmermann am Telefon, der erzählte mir, dass er am nächsten ersten bei uns anfangen kann. Er hätte jetzt eine andere Stelle abgesagt, weil er lieber in der Nähe bleiben will. Kannst Du mir sagen, was das bedeutet? Wir können zwar eine Aushilfe gebrauchen, aber doch keinen Gesellen."

Jochen fasst sich an den Kopf und denkt: „Das kann doch nicht wahr sein! Da hat der doch tatsächlich unser Gespräch als mündlichen Vertrag aufgefasst ..."

15 Arbeitsrecht

In unserer freien Marktwirtschaft gibt es verschiedenste Möglichkeiten, einer Arbeit nachzugehen. Es gibt den Handwerksunternehmer, den selbstständigen Architekten oder den Finanzbeamten ebenso wie die Sekretärin, die Bäckereifachverkäuferin oder den Tischlergesellen. Das Arbeitsrecht regelt jedoch nicht das Berufsleben als Ganzes, sondern bezieht sich allein auf die Rechte und Pflichten aus einem privatrechtlichen Arbeitsverhältnis zwischen Arbeitgebern und den abhängig beschäftigten Arbeitnehmern.

Sozialstaatsprinzip Das Sozialstaatsprinzip erfordert es, das strukturelle Ungleichgewicht zwischen dem sozial schwächeren Arbeitnehmer und dem zur einseitigen Leistungsbestimmung berechtigten Arbeitgeber auszugleichen. Neben einer Ordnungsfunktion kommt dem Arbeitsrecht daher vor allem die Aufgabe zu, die berechtigten Interessen der Arbeitnehmer zu schützen. Dies geschieht durch eine Vielzahl von Einzelgesetzen. Ein abschließendes Arbeitsgesetzbuch ist bis heute nicht vom Gesetzgeber verabschiedet worden.

Das Arbeitsrecht ist das Sonderrecht (Schutzrecht) der Arbeitnehmer. Es ist kein in sich geschlossenes Rechtsgebiet.

Rechtsquellen Der Inhalt eines Arbeitsverhältnisses wird durch die folgenden, ihrer Rangfolge nach aufgeführten, arbeitsrechtlichen Rechtsquellen bestimmt:

- Europarecht,
- Grundgesetz,
- Bundes- und Landesgesetze,
- Tarifverträge,
- Betriebsvereinbarungen,
- Arbeitsvertrag,
- betriebliche Übung und Gleichbehandlungsgebot,
- Direktionsrecht des Arbeitgebers.

Richterrecht Neben den zahlreichen Rechtsquellen ist im Arbeitsrecht die Rechtsprechung des Europäischen Gerichtshofs und des Bundesarbeitsgerichts von besonderer Bedeutung. Die Grundsätze zur Haftung des Arbeitnehmers oder das gesamte Arbeitskampfrecht basieren beispielsweise im Wesentlichen auf Entscheidungen des Bundesarbeitsgerichts.

Arbeitnehmer Der Arbeitnehmerbegriff wird in zahlreichen Gesetzen verwendet, aber in keinem Gesetz allgemeinverbindlich erläutert. In der Rechtsprechung hat sich folgende Definition herausgebildet:

Arbeitnehmer ist, wer aufgrund eines privatrechtlichen Vertrags im Dienste eines anderen zur Leistung weisungsgebundener, fremdbestimmter Arbeit in persönlicher Abhängigkeit verpflichtet ist.

Während der Arbeitnehmer stets eine natürliche Person ist, können Arbeitgeber natürliche oder juristische Personen des privaten Rechts (z.B. GmbH, AG, e.V.), Handelsgesellschaften (GbR, OHG, KG, GmbH & Co. KG) oder juristische Personen des öffentlichen Rechts (Körperschaften, Stiftungen, Anstalten) | ► HF 2, Kap. 15 | sein.

15.1 Arbeitsvertrag

Grundsatz der Vertragsfreiheit

Der Arbeitsvertrag ist ein Dienstvertrag im Sinne des Bürgerlichen Gesetzbuches (BGB). Als Teil des Privatrechts unterliegt er dem Grundsatz der Vertragsfreiheit | ► HF 2, Kap. 20.1 |.

freie Inhaltsgestaltung

Arbeitgeber und Arbeitnehmer können sich über den Abschluss eines Arbeitsvertrages und dessen Inhalt, z.B. Art der Tätigkeit, Arbeitsort, Dauer einer möglichen Befristung sowie Höhe der Vergütung, frei verständigen. Auch die Entscheidung, ob ein Arbeitsvertrag überhaupt geschlossen werden soll, treffen allein Arbeitgeber und Arbeitnehmer im gegenseitigen Einvernehmen.

In § 105 der Gewerbeordnung werden ebenfalls die Vertragsfreiheit, aber auch mögliche Einschränkungen durch Rechtsnormen genannt.

Arbeitgeber und Arbeitnehmer können Abschluss, Inhalt und Form des Arbeitsvertrages frei vereinbaren, soweit nicht zwingende gesetzliche Vorschriften, Bestimmungen eines anwendbaren Tarifvertrages oder einer Betriebsvereinbarung entgegenstehen.

Formfreiheit

Neben der Inhaltsfreiheit gilt für den Arbeitsvertrag auch der Grundsatz der Formfreiheit. Sowohl der Abschluss als auch die inhaltliche Abänderung eines Arbeitsvertrages können ohne Einhaltung einer bestimmten Form erfolgen. Das bedeutet, dass auch ein mündlich geschlossener Arbeitsvertrag rechtlich wirksam zustande gekommen ist.

Beispiel: Die mündliche Vereinbarung zwischen Jochen Wall und dem jungen Gesellen hat zum Abschluss eines Arbeitsvertrages geführt. Jochen Wall hat ausdrücklich und ernsthaft eine Beschäftigung angeboten. Der junge Mann hat sich einverstanden erklärt, sodass ein Vertragsschluss vorliegt. In der Praxis würden sich jedoch erhebliche Beweisprobleme für den Gesellen stellen, wenn Jochen Wall die Ernsthaftigkeit seines vermeintlichen Angebots nachträglich leugnen würde.

Befristung des Arbeitsverhältnisses

Eine wichtige Ausnahme vom Grundsatz der Formfreiheit findet sich in den Vorschriften über die Befristung von Arbeitsverhältnissen (Teilzeit- und Befristungsgesetz). Wenn das Arbeitsverhältnis als solches oder einzelne Bestimmungen befristet werden sollen, muss dies schriftlich festgehalten werden, um wirksam zu werden.

Aktuelles zu den Themen im Sackmann bietet das Lernportal.

Beendigung des Arbeitsverhältnisses Im Gegensatz zum Abschluss eines Arbeitsverhältnisses muss eine Kündigung durch den Arbeitgeber oder den Arbeitnehmer gemäß § 623 BGB stets schriftlich erfolgen. Gleiches gilt für die einvernehmliche Aufhebung des Arbeitsverhältnisses.

Nachweisgesetz Der Grundsatz der Formfreiheit wird auch durch das Nachweisgesetz eingeschränkt, das den Arbeitgeber verpflichtet, spätestens einen Monat nach Beginn des Arbeitsverhältnisses die wesentlichen Vertragsbedingungen schriftlich niederzulegen. Hierdurch sollen Rechtssicherheit und Rechtsklarheit geschaffen werden.

Mindestangaben im Vertrag Folgende Mindestangaben sind in den Vertrag aufzunehmen:

- Name und Anschrift der Vertragsparteien,
- Zeitpunkt des Beginns des Arbeitsverhältnisses,
- bei befristeten Arbeitsverhältnissen die vorhersehbare Dauer,
- Arbeitsort oder Hinweis, dass der Arbeitnehmer an verschiedenen Orten beschäftigt werden kann,
- kurze Beschreibung der Tätigkeit,
- Zusammensetzung und die Höhe des Arbeitsentgelts einschließlich Zuschläge, Zulagen und Prämien sowie deren Fälligkeit,
- vereinbarte Arbeitszeit,
- Dauer des jährlichen Erholungsurlaubs,
- Fristen für die Kündigung des Arbeitsverhältnisses,
- Hinweis auf Tarifverträge, Betriebs- oder Dienstvereinbarungen, die auf das Arbeitsverhältnis Anwendung finden.

Ein Verstoß gegen das Nachweisgesetz hat jedoch keine unmittelbaren Rechtsfolgen, eine Sanktion wird nicht angeordnet. Die Wirksamkeit des Arbeitsvertrages wird dadurch nicht beeinträchtigt.

Beweiserleichterungen Streiten sich jedoch Arbeitgeber und Arbeitnehmer über einzelne Vertragsinhalte, die nicht schriftlich niedergelegt wurden, kommen dem Arbeitnehmer Beweiserleichterungen zugute. Vor Gericht müsste daher der Arbeitgeber nachweisen, dass z.B. nur 25 und nicht wie vom Arbeitnehmer behauptet 30 Urlaubstage vereinbart wurden. Daher sollten in jedem Fall die wesentlichen Vertragsinhalte in einem schriftlichen Arbeitsvertrag festgehalten werden.

AGB-Kontrolle Die Vertragsfreiheit wird im Arbeitsrecht ferner durch die gesetzlichen Vorschriften über allgemeine Geschäftsbedingungen | ▸ HF 2, Kap. 20.1.5 | eingeschränkt. Der Arbeitgeber verwendet i.d.R. vorformulierte Vertragsmuster. Diese unterliegen einer Inhaltskontrolle nach dem AGB-Recht. Im Streitfall kann daher ein Arbeitsgericht prüfen, ob bestimmte Vertragsklauseln den Arbeitnehmer einseitig benachteiligen.

Die Rechtsprechung hat zahlreiche Vertragsklauseln aufgrund des AGB-Rechts für unwirksam erklärt, z.B. Festlegungen über den Widerrufsvorbehalt für freiwillige Leistungen, Regelungen über Vertragsstrafen oder die Bestimmung kurzer Ausschlussfristen für die Geltendmachung von Ansprüchen aus dem Arbeitsverhältnis.

15.1.1 Vertragsarten

Vertragsarten

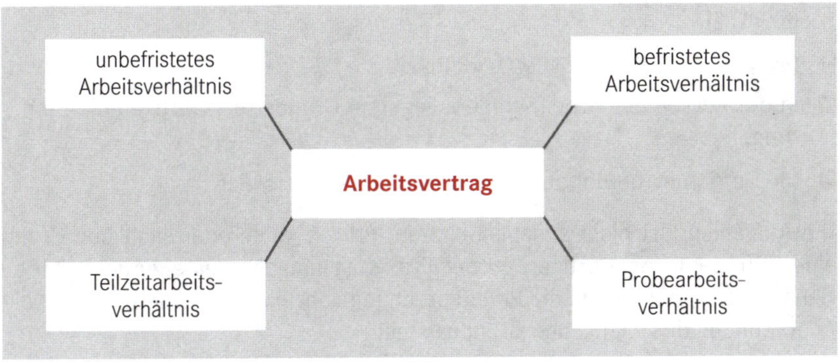

Unbefristeter Arbeitsvertrag

Sofern Arbeitgeber und Arbeitnehmer nichts Abweichendes vereinbaren, wird ein Arbeitsvertrag auf unbestimmte Zeit abgeschlossen bzw. endet das Arbeitsverhältnis i. d. R. mit Erreichen des Renteneintrittsalters. Gesetzlich vorgegeben ist dieser Beendigungszeitpunkt jedoch nicht. Er muss daher im Arbeitsvertrag geregelt sein. Nach der Rechtsprechung stellt dies auch keine unzulässige Diskriminierung wegen des Alters dar.

Befristeter Arbeitsvertrag

Teilzeit- und Befristungsgesetz

Das Teilzeit- und Befristungsgesetz regelt in § 14 zwei Arten der Befristung:

- die durch einen sachlichen Grund gerechtfertigte Befristung und
- die kalendermäßige Befristung ohne sachlichen Grund.

Der Arbeitgeber soll nicht die Möglichkeit haben, durch mehrere aufeinander folgende befristete Arbeitsverträge (sog. Kettenarbeitsverträge) den Kündigungsschutz zu umgehen. Gleichzeitig erkennt der Gesetzgeber jedoch an, dass Arbeitgeber ein berechtigtes Interesse an einer befristeten Einstellung haben können und nur unter dieser Voraussetzung bereit sind, einen Arbeitsvertrag abzuschließen. Nicht ohne Grund hieß daher das Gesetz über die Befristung von Arbeitsverhältnissen früher Beschäftigungsförderungsgesetz.

Befristung mit sachlichem Grund

Die Befristung eines Arbeitsvertrages kann durch nachfolgende Gründe gerechtfertigt sein:

- vorübergehender betrieblicher Bedarf an der Arbeitsleistung,
- die Befristung erfolgt im Anschluss an eine Ausbildung oder ein Studium, um den Übergang des Arbeitnehmers in eine Anschlussbeschäftigung zu erleichtern,
- der Arbeitnehmer wird zur Vertretung eines anderen Arbeitnehmers beschäftigt,
- die Befristung erfolgt zur Erprobung,
- in der Person des Arbeitnehmers liegende Gründe rechtfertigen die Befristung,
- die Befristung beruht auf einem gerichtlichen Vergleich.

Die Aufzählung ist nicht abschließend. Im Prinzip kann jeder sachliche Grund eine Befristung rechtfertigen. In der Praxis ist hingegen eine zurückhaltende Handhabung geboten, da die Rechtsprechung sehr hohe Anforderungen an die Anerkennung des sachlichen Grundes stellt.

Befristung ohne sachlichen Grund

In der betrieblichen Praxis ist die kalendermäßige Befristung ohne sachlichen Grund der Regelfall. Sie ist rechtssicher, da eine inhaltliche Begründung der Befristung eben nicht verlangt wird.

Die kalendermäßige Befristung ist bis zur Dauer von zwei Jahren zulässig. Bis zu dieser Gesamtdauer ist auch die höchstens dreimalige Verlängerung eines befristeten Arbeitsverhältnisses erlaubt. Unzulässig ist die Befristung jedoch, wenn mit demselben Arbeitnehmer bereits zuvor ein befristetes oder unbefristetes Arbeitsverhältnis bestanden hat. Diese strenge Regelung hat die Rechtsprechung zwischenzeitlich gelockert und den Zeitraum der Vorbeschäftigung auf drei Jahre begrenzt.

Die Befristung muss schriftlich erfolgen, um wirksam zu werden. Wird dies versäumt, ist dadurch der Arbeitsvertrag nicht automatisch unwirksam. Stattdessen entsteht zwischen den Vertragsparteien ein unbefristetes Arbeitsverhältnis.

Beispiel: Jochen Wall hatte mit dem jungen Zimmermannsgesellen vereinbart, dass er für ein halbes Jahr bei ihm in den Betrieb einsteigen sollte. Diese Befristung ist aufgrund einer fehlenden schriftlichen Vereinbarung unwirksam. Das Arbeitsverhältnis ist somit auf unbestimmte Zeit abgeschlossen.

Existenzgründer

Eine Sonderregelung gilt für Existenzgründer in den ersten vier Jahren nach der Unternehmensgründung. In diesem Zeitraum kann eine kalendermäßige Befristung bis zur Dauer von vier Jahren erfolgen. Innerhalb dieser vierjährigen Frist ist auch die mehrfache Verlängerung eines befristeten Arbeitsverhältnisses möglich.

Wenn Arbeitnehmer zu Beginn des befristeten Arbeitsverhältnisses das 52. Lebensjahr vollendet haben und unmittelbar vorher mindestens vier Monate beschäftigungslos waren, ist eine Befristungsdauer bis zu fünf Jahren zulässig.

Ende der Befristung

Der Arbeitgeber hat darauf zu achten, dass nach Wegfall des Sachgrunds oder dem Ablauf der Zeit, für die das Arbeitsverhältnis befristet war, keine Fortsetzung der Beschäftigung erfolgt. In diesem Fall ordnet das Gesetz nämlich an, dass das bis dahin befristete Arbeitsverhältnis in ein unbefristetes übergeht. Während der Dauer der Befristung ist zudem die ordentliche Kündigung ausgeschlossen, wenn im Arbeitsvertrag oder in einem anwendbaren Tarifvertrag nichts Abweichendes vereinbart ist.

Probearbeitsverhältnis

vorgeschaltete Probezeit

In der betrieblichen Praxis werden Arbeitsverhältnisse vielfach zur Erprobung abgeschlossen. Das Probearbeitsverhältnis kann als befristetes Arbeitsverhältnis vereinbart werden. Häufiger wird jedoch ein unbefristetes Arbeitsverhältnis mit vorangestellter Probezeit geschlossen. Diese darf maximal sechs Monate dauern. In einer ausdrücklich vereinbarten Probezeit beträgt die Kündigungsfrist nur zwei Wochen, anderenfalls gelten gesetzliche oder tarifliche Kündigungsfristen | ► S. 645 |.

Teilzeitarbeitsverhältnis

Ein Arbeitnehmer ist im Sinne des Teilzeit- und Befristungsgesetzes dann teilzeitbeschäftigt, wenn seine regelmäßige Wochenarbeitszeit kürzer ist als die eines vergleichbaren vollzeitbeschäftigten Arbeitnehmers. Das Gesetz gilt für Betriebe mit i. d. R. mehr als 15 Mitarbeitern.

Gleichbehandlung

Der Teilzeitarbeitnehmer hat einen Anspruch auf Gleichbehandlung und darf gegenüber den in Vollzeit beschäftigten Arbeitnehmern nicht schlechter gestellt werden. Eine Ausnahme gilt dann, wenn ein sachlicher Grund für eine Ungleichbehandlung vorliegt. So hat es die Rechtsprechung z.B. für zulässig erklärt, Überstundenzuschläge an Teilzeitbeschäftigte nicht auszuzahlen.

Anspruch auf Teilzeitarbeit

Arbeitnehmer, die länger als sechs Monate beschäftigt sind, haben überdies einen Anspruch auf Verringerung der Arbeitszeit. Auch die Veränderung der Lage der Arbeitszeit kann geltend gemacht werden. Die Verringerung muss der Arbeitnehmer spätestens drei Monate vor deren Beginn beantragen. Eine weitere Verringerung kann frühestens nach zwei Jahren gefordert werden.

entgegenstehende betriebliche Gründe

Arbeitgeber und Arbeitnehmer müssen sich bezüglich der gewünschten Verringerung einvernehmlich verständigen. Ablehnen kann der Arbeitgeber einen derartigen Wunsch nur dann, wenn betriebliche Gründe der Reduzierung der Arbeitszeit entgegenstehen. Nach der Rechtsprechung liegen betriebliche Gründe vor, wenn der Wunsch nach Teilzeitarbeit nicht in Übereinstimmung mit Organisationsentscheidungen des Arbeitgebers gebracht werden kann.

15.1.2 Vertragspflichten des Arbeitgebers und des Arbeitnehmers

Die Vertragspflichten von Arbeitgeber und Arbeitnehmer ergeben sich aus den gesetzlichen Bestimmungen über den Dienstvertrag sowie aus dem Inhalt des Arbeitsvertrages. Danach besteht die Hauptleistungspflicht des Arbeitnehmers in der Erbringung der Arbeitsleistung, der Arbeitgeber ist im Gegenzug zur Zahlung der vereinbarten Vergütung verpflichtet.

Pflichten des Arbeitnehmers

Vertragspflichten des Arbeitnehmers

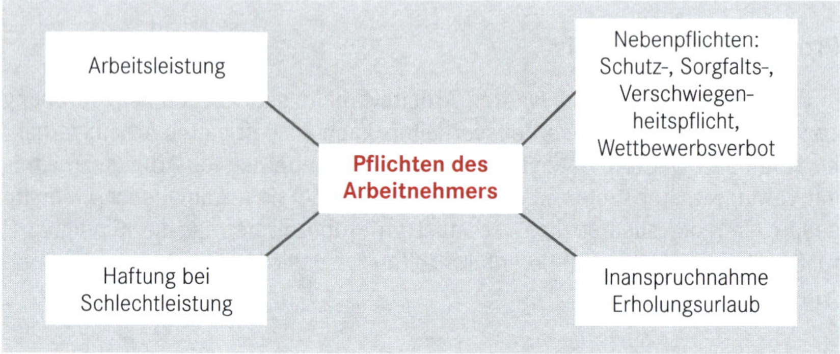

Arbeitspflicht

Die Hauptpflicht des Arbeitnehmers besteht in der persönlichen Leistung der versprochenen Dienste. Anders als bei einem Werkvertrag | ▸ HF 2, Kap. 20.3 | schuldet der Arbeitnehmer jedoch keinen bestimmten Arbeitserfolg, sondern nur die vereinbarte Arbeitsleistung. Der Arbeitgeber hat daher auch keine Gewährleistungsrechte, wenn eine Arbeitsleistung mit Mängeln behaftet ist. Er darf auch den Arbeitslohn nicht kürzen. Ebenso wenig ist der Arbeitnehmer zu einer Nachbesserung durch unentgeltliche Mehrarbeit verpflichtet.

Erhebliche Leistungsmängel können jedoch eine Kündigung des Arbeitsverhältnisses oder eine Haftung des Arbeitnehmers auf Schadensersatz nach sich ziehen.

inhaltliche Bestimmung durch Direktionsrecht

Im Arbeitsvertrag wird der Inhalt der Tätigkeit des Arbeitnehmers oft nur grob umrissen. Daher kommt dem Direktionsrecht des Arbeitgebers für die inhaltliche Bestimmung der Arbeitspflicht maßgebliche Bedeutung zu. Der Gesetzgeber hat den Begriff des Direktionsrechts in § 106 der Gewerbeordnung sinngemäß wie folgt definiert:

Der Arbeitgeber kann Inhalt, Ort und Zeit der Arbeitsleistung nach seinen Vorstellungen bestimmen, soweit diese Arbeitsbedingungen nicht durch den Arbeitsvertrag, Bestimmungen einer Betriebsvereinbarung, eines anwendbaren Tarifvertrages oder gesetzliche Vorschriften festgelegt sind.

Das Direktionsrecht beschreibt somit das Weisungsrecht des Arbeitgebers. Es gehört zum wesentlichen Inhalt eines Arbeitsverhältnisses und bedarf keiner gesonderten Vereinbarung. Bei der Ausübung des Direktionsrechts ist der Arbeitgeber allein an den vereinbarten Inhalt des Arbeitsvertrages gebunden. Beabsichtigt er jedoch, dem Arbeitnehmer eine andere als die vertraglich vereinbarte Tätigkeit zuzuweisen, so muss er eine Änderungskündigung | ► S. 649 | aussprechen und kann sich nicht auf sein Direktionsrecht berufen.

Beispiel: Durch eine rege Auftragslage der Tischlerei Wall OHG nimmt die Arbeit für die nur stundenweise beschäftigte Bürokauffrau Claudia Fritsch ständig zu. Jochen Wall will zudem seine Schwester von der Büroarbeit entlasten und beabsichtigt, die Arbeitszeit von Frau Fritsch von den vereinbarten 12 auf 25 Stunden zu erhöhen. Das Direktionsrecht kann eine solche Arbeitszeiterhöhung nicht rechtfertigen, da vertraglich nur 12 Stunden vereinbart wurden. Jochen Wall muss sich daher mit Frau Fritsch auf eine Änderung des Arbeitsvertrags verständigen oder eine Änderungskündigung aussprechen.

Haftung des Arbeitnehmers

Bei Ablieferung einer mangelhaften Arbeitsleistung, durch die der Arbeitgeber einen finanziellen Schaden erleidet, ist der Arbeitnehmer grundsätzlich zum Schadensersatz verpflichtet. Eine unbegrenzte Haftung des Arbeitnehmers wurde von der Rechtsprechung jedoch als unverhältnismäßig bewertet. Denn der Arbeitnehmer begründet allein aufgrund der Erfüllung seiner vertraglichen Verpflichtung das Risiko einer Schadensverursachung. Darüber hinaus stehen häufig die möglichen Schadenshöhen in keinem vernünftigen Verhältnis zur Vergütung.

Um das Haftungsrisiko angemessen zu begrenzen, hat die Rechtsprechung Grundsätze für die Arbeitnehmerhaftung bei einer betrieblich veranlassten Tätigkeit entwickelt. Abhängig vom Verschuldensgrad wird der Schaden wie folgt auf Arbeitgeber und Arbeitnehmer verteilt:

Haftungsbegrenzung nach Verschulden

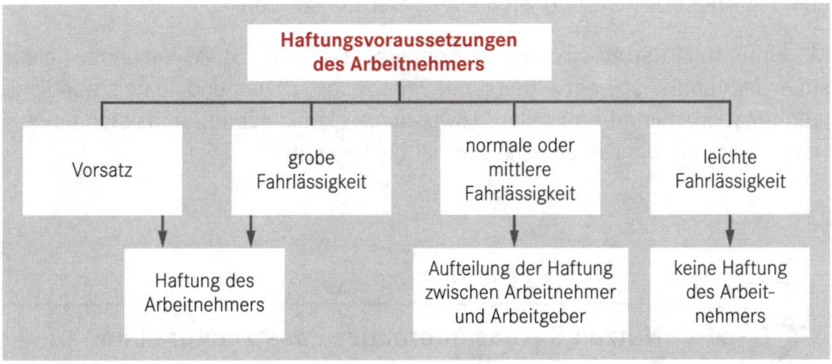

Aber auch bei einem grob fahrlässigen Verhalten des Arbeitnehmers erfolgt eine Einschränkung seiner Haftung. Steht nämlich sein Verdienst in einem deutlichen Missverhältnis zum Schadensrisiko, wird von der Rechtsprechung häufig eine Begrenzung der Haftung auf drei Brutto-Monatsgehälter festgeschrieben.

Die Grundsätze zur eingeschränkten Haftung des Arbeitnehmers basieren nicht auf einer gesetzlichen Bestimmung, sondern beruhen allein auf der Rechtsprechung des Bundesarbeitsgerichts. Geregelt hat der Gesetzgeber indes die Beweislast für eine Haftung des Arbeitnehmers. In § 619a BGB ist bestimmt, dass abweichend von der Regel in § 280 Abs. 1 BGB der Arbeitgeber auch das Verschulden nachzuweisen hat.

Nebenpflichten

Neben der Hauptpflicht, die vereinbarte Arbeitsleistung zu erbringen, muss der Arbeitnehmer zahlreiche Nebenpflichten erfüllen, die entweder auf gesetzlichen Vorschriften oder der Rechtsprechung der Arbeitsgerichte beruhen.

Treuepflicht

Der Arbeitnehmer hat auf die im Zusammenhang mit dem Arbeitsverhältnis stehenden berechtigten Interessen des Arbeitgebers Rücksicht zu nehmen. Er darf z.B. keinen Wettbewerb betreiben und keine ungenehmigte Nebentätigkeit aufnehmen. Auch ist er zur Verschwiegenheit verpflichtet und darf keine Geschäftsgeheimnisse und Betriebsinterna öffentlich machen.

Mitteilung bei Arbeitsunfähigkeit

Darüber hinaus hat der Arbeitnehmer Mitteilungspflichten nach dem Entgeltfortzahlungsgesetz. So muss er seinem Arbeitgeber eine Erkrankung und deren voraussichtliche Dauer unverzüglich mitteilen. Spätestens nach drei Kalendertagen ist eine ärztliche Bescheinigung über die Arbeitsunfähigkeit vorzulegen und nach deren Ablauf eine Folgebescheinigung. Im Arbeitsvertrag können auch kürzere Vorlagefristen vereinbart werden.

Vorlage der Arbeitspapiere

Zu den weiteren Nebenpflichten des Arbeitnehmers gehört die Vorlage der Arbeitspapiere. Zu diesen gehören u.a. Sozialversicherungsausweis, Bescheinigung über im Kalenderjahr gewährten oder abgegoltenen Urlaub, Unterlagen über vermögenswirksame Leistungen.

Im Baugewerbe sind die Lohnnachweiskarte für Urlaub, Lohnausgleich und Zusatzversorgung vorzulegen. In Berufen des Lebensmittelhandwerks kann zudem ein Attest des Gesundheitsamtes gefordert werden.

Mit Einführung der elektronischen Lohnsteuerkarte (ELStAM-Verfahren) muss ein Arbeitnehmer seinem Arbeitgeber sein Geburtsdatum und seine steuerliche Identifikationsnummer mitteilen, sowie die Auskunft geben, ob es sich um das Haupt- oder um ein Nebenarbeitsverhältnis handelt.

Nutzen Sie das interaktive Zusatzmaterial im Sackmann-Lernportal.

Inanspruchnahme des Jahresurlaubs

Um seinen Jahresurlaub muss sich ein Arbeitnehmer zunächst selber kümmern. Es handelt sich hierbei nicht um eine echte Vertragspflicht, sondern um eine sog. Obliegenheit. Das bedeutet, dass der Arbeitnehmer in seinem eigenen Interesse rechtzeitig den Arbeitgeber über seine Urlaubsplanung informieren muss, sonst erlischt sein Urlaubsanspruch mit Ablauf des Kalenderjahres. Liegen besondere betriebliche Gründe vor, kann der Urlaub in das erste Quartal des Folgejahres übertragen werden.

Pflichten des Arbeitgebers

Vertragspflichten des Arbeitgebers

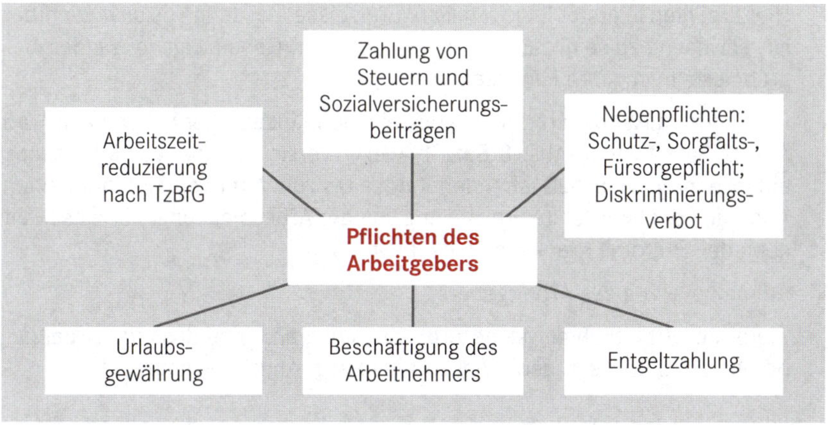

Vergütungspflicht

Die Hauptpflicht des Arbeitgebers besteht in der Zahlung der vertraglich vereinbarten oder tariflich angeordneten Vergütung. Nach § 108 der Gewerbeordnung muss er dem Arbeitnehmer eine Abrechnung in Textform zukommen lassen. Diese muss mindestens Angaben über den Abrechnungszeitraum und die Zusammensetzung des Arbeitsentgelts enthalten.

Brutto-/Nettovergütung

Sofern keine abweichende Regelung getroffen wird, vereinbaren die Vertragsparteien einen Bruttolohn.

Das Bruttoentgelt ist die Gesamtvergütung des Arbeitnehmers vor Abzug von Steuern und öffentlich-rechtlichen Abgaben.

Steuerschuldner ist nach § 38 Abs. 2 Satz 1 EStG der Arbeitnehmer. Gegenüber dem Finanzamt ist der Arbeitgeber jedoch Haftungsschuldner. Anders ist die Rechtslage im Sozialversicherungsrecht. Nach § 28e Abs. 1 Satz 1 SGB IV ist der Arbeitgeber Schuldner des Gesamtsozialversicherungsbeitrags, der aus dem Arbeitgeber- und dem Arbeitnehmeranteil besteht.

Beschäftigungspflicht

Im Mittelpunkt des Arbeitsverhältnisses steht die Arbeitspflicht des Arbeitnehmers. Im Gegenzug ist der Arbeitgeber verpflichtet, den Arbeitnehmer im Rahmen der vereinbarten Tätigkeit auch zu beschäftigen.

Lohn ohne Arbeit

Die Hauptpflichten aus dem Arbeitsverhältnis stehen in einem Gegenseitigkeitsverhältnis. Das bedeutet, dass der Arbeitnehmer nur bei erbrachter Arbeitsleistung auch einen Anspruch auf Zahlung der vereinbarten Vergütung hat. In bestimmten Fällen ist der Arbeitnehmer jedoch nicht zur Arbeit verpflichtet, zugleich bleibt aber die Vergütungspflicht des Arbeitgebers bestehen (sog. Lohn ohne Arbeit):

- Persönliche Verhinderung

  Nach § 616 BGB behält der Arbeitnehmer seinen Vergütungsanspruch auch dann, wenn er für eine kurze Zeit ohne eigenes Verschulden aus Gründen, die in seiner Person liegen, verhindert ist.

  familiäre Ereignisse

  Hierzu zählen in erster Linie familiäre Ereignisse, bei denen es unverzichtbar ist, anwesend zu sein, z.B. die eigene Hochzeit, Geburt eigener Kinder, Begräbnisse im engeren Familienkreis.

  Kinderbetreuung

  Ein Sonderfall ist die Erkrankung des eigenen Kindes. Hier haben nach § 45 Abs. 2 Satz 1 i.V.m. Abs. 3 Satz 1 SGB V Versicherte bei der Erkrankung eines in ihrem Haushalt lebenden Kindes bis zum Alter von 12 Jahren einen Anspruch auf unbezahlte Freistellung von der Arbeitsleistung. Für diese Zeit kann der Elternteil Krankengeld beanspruchen.

- Annahmeverzug des Arbeitgebers

  Bietet der Arbeitnehmer seine Arbeitsleistung an, ohne dass der Arbeitgeber ihn arbeiten lässt, gerät dieser in den sog. Annahmeverzug.

Beispiel: Im Streit schickt Jochen Wall seinen Gesellen Rico Fidorra nach Hause. Dieser ist alles andere als einverstanden, trotzdem sagt ihm Jochen Wall, dass er sich bis auf Weiteres nicht mehr im Betrieb blicken lassen solle. Rico Fidorra hat dennoch Anspruch auf seinen Arbeitslohn.

- Entgeltfortzahlung im Krankheitsfall

  Die Fortzahlung der Vergütung im Krankheitsfall wird im Entgeltfortzahlungsgesetz geregelt und gilt für Arbeitnehmer und Auszubildende.

  Dauer der Fortzahlung

  Erstmalig wird der Anspruch auf Entgeltfortzahlung nach vierwöchiger ununterbrochener Dauer des Arbeitsverhältnisses erworben. Erkrankt dann ein Arbeitnehmer, ohne dass ihn ein Verschulden trifft, so wird sein Gehalt für die Zeit der Arbeitsunfähigkeit bis zur Dauer von sechs Wochen weiter gezahlt.

  Fortsetzungserkrankung

  Wird der Arbeitnehmer infolge derselben Krankheit erneut arbeitsunfähig, verliert er wegen der erneuten Erkrankung den Anspruch auf Entgeltfortzahlung für einen weiteren Zeitraum von höchstens sechs Wochen dann nicht, wenn

  - er vor der erneuten Arbeitsunfähigkeit mindestens sechs Monate nicht infolge derselben Krankheit arbeitsunfähig war oder
  - seit Beginn der ersten Arbeitsunfähigkeit infolge derselben Krankheit eine Frist von zwölf Monaten abgelaufen ist.

- Erholungsurlaub

Jeder Arbeitnehmer hat nach dem Bundesurlaubsgesetz Anspruch auf bezahlten Erholungsurlaub. Währenddessen ist eine dem Urlaubszweck zuwiderlaufende Erwerbstätigkeit verboten. *Urlaubszweck*

Der volle Urlaubsanspruch wird erstmalig nach einer Wartezeit von sechs Monaten seit Bestehen des Arbeitsverhältnisses erworben. Neu eintretende und ausscheidende Arbeitnehmer haben einen Anspruch auf einen anteiligen Jahresurlaub.

Der gesetzliche Mindesturlaub beträgt 24 Werktage, Samstage mit eingerechnet. Bei einer 5-Tage-Woche sind es entsprechend nur 20 Werktage. Das Gesetz legt also den gesetzlichen Mindesturlaubsanspruch auf insgesamt vier Wochen fest. *Dauer des Mindesturlaubs*

Beispiel: Frau Fritsch, die Bürokauffrau der Jochen Wall OHG, die noch nichts von der Aufstockung ihrer Arbeitszeit weiß, wird bislang an einem Tag in der Woche mit sieben Stunden und an einem weiteren Tag mit fünf Stunden beschäftigt. Da der Urlaub nach Werktagen berechnet wird, ist von einem Verhältnis von sechs Werktagen zu zwei Arbeitstagen auszugehen. Der Urlaubsanspruch berechnet sich daher nach der Formel 24 : 6 x 2 = 8 Arbeitstage. Da Frau Fritsch nur zwei Tage in der Woche arbeitet, kommt sie demnach auch auf einen Urlaub von insgesamt vier Wochen.

Der Arbeitgeber ist zur Urlaubsgewährung verpflichtet. Nur in besonderen Ausnahmefällen kann er aus dringenden betrieblichen Gründen oder wegen vorrangiger Urlaubswünsche anderer Mitarbeiter, die auf sozialen Gründen beruhen, den Urlaubswunsch verweigern.

Der Urlaub ist stets als Freizeit zu gewähren. Ein Wahlrecht zwischen bezahlter Freistellung und doppelt bezahlter Arbeit während der Urlaubszeit besteht nicht, da dies mit der Zweckbindung des Urlaubs als Zeit der Erholung nicht vereinbar ist. Es gibt jedoch eine Ausnahme: Kann der Urlaub wegen Beendigung des Arbeitsverhältnisses ganz oder teilweise nicht mehr gewährt werden, so muss er ausbezahlt werden. *Urlaubsabgeltung*

Das Urlaubsentgelt bemisst sich zunächst nach dem durchschnittlichen Arbeitsverdienst, den der Arbeitnehmer in den letzten dreizehn Wochen vor Urlaubsbeginn erhalten hat, mit Ausnahme der Vergütung, die zusätzlich für Überstunden gezahlt wurde. Das Urlaubsentgelt ist vom Urlaubsgeld zu unterscheiden, das vielfach aufgrund eines Tarifvertrages oder als freiwillige Leistung des Arbeitgebers zusätzlich zum Urlaubsentgelt gezahlt wird. *Urlaubsentgelt*

- Betriebsstörungen

Das Risiko des Betriebsausfalls, z.B. aus technischen Gründen, trägt generell der Arbeitgeber. Kann er deshalb die Arbeitnehmer nicht arbeiten lassen, so verlieren sie ihren Vergütungsanspruch nicht.

- Sonderfall: Arbeitskampf

  Kommt es zu einem rechtmäßigen, d.h. gewerkschaftlich organisierten Streik der Arbeitnehmer, ruht ihre vertragliche Arbeitspflicht während der Dauer des Arbeitskampfes. Ein Anspruch auf ihren Arbeitslohn haben die Streikenden nicht. Daher führen Gewerkschaften auch Streikkassen, aus denen die gewerkschaftszugehörigen Arbeitnehmer während eines Arbeitskampfes Zahlungen erhalten.

Nebenpflichten

Neben der Zahlung der Vergütung als Hauptpflicht hat der Arbeitgeber Nebenpflichten, die in erster Linie dem Schutz berechtigter Interessen des Arbeitnehmers bei der Ausübung seiner Tätigkeit an seinem Arbeitsplatz dienen sollen. Diese können als Schutz- und Fürsorgepflichten zusammengefasst werden.

Schutz und Fürsorge

Der Arbeitgeber muss sicherstellen, dass von Maschinen, Geräten und Arbeitsabläufen keine Schäden verursacht werden oder Gefahren für Leben und Gesundheit der Mitarbeiter ausgehen. Diese allgemeine Verpflichtung wird in Arbeitsschutzbestimmungen | ▸ HF 2, Kap. 15.5 | konkretisiert.

Mitgebrachtes Eigentum der Arbeitnehmer muss während der Arbeit durch geeignete betriebliche Vorrichtungen sicher aufbewahrt werden können.

Auch verpflichtet das Fürsorgegebot den Arbeitgeber zu Hinweisen auf steuer- und sozialversicherungsrechtliche Melde- und Abführpflichten des Arbeitnehmers. Außerdem muss er den Arbeitnehmer bei bevorstehender Beendigung des Arbeitsverhältnisses darüber informieren, dass dieser frühzeitig eigene Aktivitäten bei der Suche nach einer neuen Beschäftigung unternehmen muss und eine persönliche Meldepflicht innerhalb von drei Tagen nach Kenntnis des Beendigungstermins, spätestens jedoch am ersten Tag der Beschäftigungslosigkeit, bei der Agentur für Arbeit besteht. Dafür muss der Arbeitgeber den Arbeitnehmer freistellen und ihm auch die Teilnahme an erforderlichen Qualifizierungsmaßnahmen ermöglichen.

Verbot der Diskriminierung nach dem AGG

Mit der Einführung des Allgemeinen Gleichbehandlungsgesetzes (AGG) verfolgt der Gesetzgeber das Ziel, Benachteiligungen wegen der Rasse, der ethnischen Herkunft, des Geschlechts, der Religion oder Weltanschauung, einer Behinderung, des Alters oder der sexuellen Identität zu verhindern oder zu beseitigen.

Der Arbeitgeber muss erforderliche und auch vorbeugende Maßnahmen treffen, um die Mitarbeiter vor derartiger Benachteiligung zu schützen und auf tatsächliche Verstöße angemessen reagieren.

Entschädigungspflicht

Verstöße gegen das AGG können eine Entschädigungspflicht des Arbeitgebers nach sich ziehen.

Alles verstanden? Werden Sie im Sackmann-Lernportal aktiv!

15.1.3 Beendigung des Arbeitsverhältnisses

Ein Arbeitsverhältnis kann auf unterschiedliche Weise enden. Entweder gibt es dazu eine vertragliche Vereinbarung oder es wird eine einseitige Kündigungserklärung abgegeben.

Die wichtigsten Anlässe für eine Beendigung sind:

- Fristablauf bei einem befristeten Vertrag | ► S. 633 |,
- Eintritt in den Ruhestand,
- Aufhebungsvertrag,
- ordentliche Kündigung,
- fristlose Kündigung,
- Änderungskündigung.

Renteneintrittsalter

Das Erreichen des Renteneintrittsalters durch den Arbeitnehmer führt nicht automatisch zur Beendigung des Arbeitsverhältnisses. Es muss eine entsprechende Regelung im Vertrag existieren oder in einem anwendbaren Tarifvertrag bestimmt sein. Darüber hinaus ist in § 41 SGB VI festgelegt, dass der Anspruch auf Bezug einer Altersrente keinen Grund für eine Kündigung durch den Arbeitgeber darstellt.

Aufhebungsvertrag

Die Beendigung des Arbeitsverhältnisses kann auch in beiderseitigem Einvernehmen zwischen Arbeitgeber und Arbeitnehmer in Form eines schriftlichen Aufhebungsvertrages erfolgen. Kündigungsfristen oder Kündigungsschutzbestimmungen müssen nicht beachtet werden.

Aufhebungsverträge werden jedoch vielfach auch geschlossen, um eine andernfalls drohende Kündigung durch den Arbeitgeber zu vermeiden. Der Arbeitnehmer kann auch die Zahlung einer Abfindung aushandeln.

Für den Arbeitnehmer kann der Abschluss eines Aufhebungsvertrags von Nachteil sein, da sein Anspruch auf Arbeitslosengeld ruht, wenn die Frist für die ordentliche Kündigung nicht eingehalten oder die Abfindung auf die Zahlung des Arbeitslosengelds angerechnet wird. Auch droht die Verhängung einer Sperrzeit, wenn der Arbeitnehmer durch die Aufhebung seinen Arbeitsplatz freiwillig aufgegeben hat, ohne dass eine Kündigung drohte.

Kündigung

Wie jedes Dauerschuldverhältnis, das auf fortlaufenden Leistungsaustausch gerichtet ist, kann auch der Arbeitsvertrag grundsätzlich jederzeit von einem der beiden Vertragspartner gekündigt werden. Das Gesetz unterscheidet zwischen zwei Kündigungsarten:

- der fristlosen Kündigung aus wichtigem Grund und
- der fristgemäßen Kündigung.

fristlose Kündigung

wichtiger Grund

Die fristlose oder außerordentliche Kündigung nach § 626 BGB beendet das Arbeitsverhältnis mit sofortiger Wirkung, d.h. mit Zugang der schriftlichen Kündigungserklärung. Sie ist nur dann wirksam, wenn ein wichtiger Grund vorliegt. Dieser wichtige Grund ist nicht mit den Kündigungsgründen nach dem Kündigungsschutzgesetz zu verwechseln.

Ein wichtiger Grund für eine fristlose Kündigung liegt dann vor, wenn dem Kündigenden unter Berücksichtigung aller Umstände des Einzelfalls und unter Abwägung der Interessen beider Vertragsteile die Fortsetzung des Arbeitsverhältnisses bis zum Ablauf der Kündigungsfrist nicht zugemutet werden kann.

Interessenabwägung

Es sind i.d.R. gravierende Vertragsverletzungen, die einen wichtigen Grund für eine fristlose Kündigung liefern. Eine Interessenabwägung ist jedoch zwingend erforderlich, da die sofortige Beendigung als schärfstes Instrument im Arbeitsrecht nur das letzte in Betracht kommende Mittel sein darf.

Beispiel: Jochen Wall erfährt durch ein Gespräch mit einem Kunden zufällig, dass sein Geselle Rico Fidorra diesem mehrere Werkzeuge verkauft hat, ohne eine Rechnung zu stellen. Das Geld für die Waren wurde direkt an Rico Fidorra gezahlt. Tatsächlich fehlen die Werkzeuge im Betrieb, ein Zahlungseingang ist nicht festzustellen. Hierauf zur Rede gestellt, gibt Rico Fidorra zu, das Geld für private Zwecke gebraucht und nicht ordnungsgemäß abgerechnet zu haben. In diesem Fall liegt eine strafbare Handlung vor. Jochen Wall kann nicht zugemutet werden, seinen Gesellen bis zum Ablauf der ordentlichen Kündigungsfrist weiter zu beschäftigen. Eine fristlose Kündigung wäre gerechtfertigt.

Ausschlussfrist

Die Kündigung aus wichtigem Grund muss innerhalb von zwei Wochen erfolgen. Diese Frist beginnt zu dem Zeitpunkt, zu dem der Kündigungsberechtigte von den maßgeblichen Tatsachen, die die Kündigung rechtfertigen, erfahren hat.

ordentliche Kündigung

Im Gegensatz dazu benötigt die ordentliche oder fristgemäße Kündigung keine inhaltliche Rechtfertigung, um gültig zu sein. Sie ist eine einseitige, empfangsbedürftige Willenserklärung | ► S. 370 | und wird erst wirksam, wenn sie dem Empfänger schriftlich zugeht.

Die Möglichkeit, das Arbeitsverhältnis fristgemäß zu kündigen, wird für den Arbeitgeber durch besondere Kündigungsschutzregeln (z.B. Mutterschutzgesetz) und den allgemeinen Kündigungsschutz nach dem Kündigungsschutzgesetz | ► HF 3, Kap. 15.2 | eingeschränkt. Außerhalb des Anwendungsbereichs dieser Schutzvorschriften bleibt es jedoch beim freien Kündigungsrecht des Arbeitgebers. Der Arbeitnehmer ist ohnehin in seinem Recht zur fristgemäßen Kündigung nicht beschränkt.

Kündigungsfristen

Grundsätzlich kann ein Arbeitsverhältnis von beiden Seiten mit einer gesetzlichen Frist von vier Wochen zum 15. oder zum Ende eines Kalendermonats gekündigt werden. Für die Arbeitgeberkündigung kann es verlängerte Kündigungsfristen je nach Betriebszugehörigkeit geben. Im Einzelfall ist darauf zu achten, ob ein auf das Arbeitsverhältnis anwendbarer Tarifvertrag abweichende Kündigungsfristen vorsieht.

Die Einhaltung der Kündigungsfrist hat - anders als die vorgeschriebene Schriftform - bezüglich ihrer Wirksamkeit keine Bedeutung. Enthält ein Kündigungsschreiben eine falsch berechnete Frist, so wird das Arbeitsverhältnis im Zweifel zum nächstmöglichen Zeitpunkt beendet.

Sonderfall Betriebsübergang

Verkauft ein Arbeitgeber seinen Betrieb oder einzelne Betriebsteile, wird dadurch kein Arbeitsverhältnis beendet. § 613a BGB legt fest, dass der neue Inhaber die Rechte und Pflichten aus den im Zeitpunkt des Übergangs bestehenden Arbeitsverhältnissen übernimmt und fortführt. Weder der neue noch der bisherige Betriebsinhaber darf wegen des Betriebsübergangs eine Kündigung des Arbeitsverhältnisses aussprechen.

15.2 Kündigungsschutz

allgemeiner und besonderer Kündigungsschutz

Das Kündigungsrecht des Arbeitgebers gilt nicht uneingeschränkt. Der Gesetzgeber hat Vorschriften zum allgemeinen Kündigungsschutz und zum Schutz besonderer Personengruppen erlassen. Hierdurch soll ein Ausgleich zwischen den Interessen des Arbeitgebers an einer den betrieblichen Erfordernissen angepassten Personalpolitik und der existenzsichernden Bedeutung des Arbeitsplatzes für den Arbeitnehmer geschaffen werden.

15.2.1 Kündigungsschutz nach dem Kündigungsschutzgesetz

persönlicher Anwendungsbereich

Auf den Schutz des Kündigungsschutzgesetzes kann sich ein Arbeitnehmer berufen, wenn er ohne Unterbrechung länger als sechs Monate in demselben Betrieb oder Unternehmen beschäftigt war. Mit einzurechnen ist eine Ausbildungszeit zum Zwecke der Berufsausbildung.

betrieblicher Anwendungsbereich

Der Betrieb selbst muss regelmäßig mehr als zehn Mitarbeiter in Vollzeit beschäftigen. Teilzeitkräfte mit bis zu 20 Wochenstunden werden mit dem Faktor 0,5 und Teilzeitkräfte mit bis zu 30 Wochenstunden mit dem Faktor 0,75 gezählt. Auszubildende werden nicht mitgezählt, ebenso wenig der Betriebsinhaber selbst.

Eine Kündigung ist nur wirksam, wenn sie sozial gerechtfertigt und auf einem personen-, verhaltens- oder betriebsbedingten Grund beruht, der der Weiterbeschäftigung des Arbeitnehmers entgegensteht.

allgemeiner Kündigungsschutz

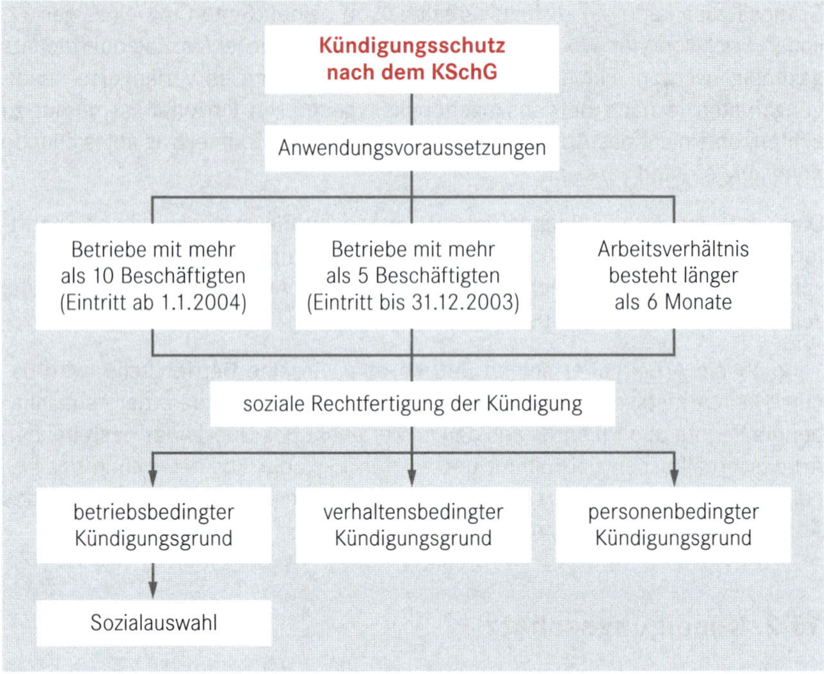

Kleinbetriebe mit nicht mehr als zehn Arbeitnehmern sind aus dem Anwendungsbereich des Gesetzes herausgenommen.

Bestandsschutz für Altmitarbeiter

Bis 31.12.2003 lag der Schwellenwert bei fünf Mitarbeitern. Für Arbeitnehmer, die nach altem Recht Kündigungsschutz hatten, bleibt dieser bestehen.

Beispiel: Jochen Wall entschließt sich, den auf der Baustelle mündlich geschlossenen Vertrag mit dem jungen Mann wieder zu kündigen. Da er nur drei Gesellen und eine Teilzeitkraft beschäftigt, ist das Kündigungsschutzgesetz auf die Mitarbeiter seines Betriebs nicht anzuwenden. Zudem war der neue Mitarbeiter noch keine sechs Monate bei ihm beschäftigt. Die Kündigung muss demnach auch nicht sozial gerechtfertigt sein. In der schriftlichen Kündigung muss er jedoch die gesetzliche Kündigungsfrist von vier Wochen zum 15. oder Monatsende einhalten. Die 2-Wochen-Frist würde nur dann gelten, wenn schriftlich eine Probezeit vereinbart worden wäre.

Verhaltensbedingte Kündigung

Störungen im Leistungs- oder Vertrauensbereich

Eine Kündigung kann durch Gründe, die im Verhalten des Arbeitnehmers liegen, gerechtfertigt sein. Die denkbaren Fälle von Vertragspflichtverletzungen sind vielfältig und reichen von Störungen im Leistungsbereich bis hin zu oftmals strafrechtlich relevanten Verstößen im Vertrauensbereich. Bei schweren Verfehlungen kann auch eine fristlose Kündigung gerechtfertigt sein. Verhaltensbedingte Gründe können insbesondere sein:

verhaltensbedingte Gründe

- eigenmächtiger Urlaubsantritt,
- Tätlichkeiten im Betrieb,
- Aufrufen pornografischer oder extremistischer Internetseiten,
- unentschuldigtes Fehlen und Arbeitsverweigerung,
- Alkoholmissbrauch,
- Diebstahl, Unterschlagung, Veruntreuung,
- Bestechlichkeit,
- dauerhafte Minderleistung.

Liegt ein verhaltensbedingter Grund vor, so ist in einem zweiten Schritt zu prüfen, ob nach Abwägung aller Interessen kein milderes Mittel als eine Kündigung zur Verfügung steht. Im Regelfall ist die Kündigung im Verhaltensbereich daher nur nach einer vorherigen einschlägigen Abmahnung wirksam.

Abmahnung

Die Funktion der Abmahnung besteht darin, dem Arbeitnehmer zu verdeutlichen, dass sein Verhalten den Fortbestand des Arbeitsverhältnisses gefährdet. Sie ist immer dann notwendig, wenn der Mitarbeiter sein Verhalten steuern kann (sog. Warn- und Hinweisfunktion).

Bei offenkundig schweren Pflichtverletzungen, also z.B. bei strafbaren Handlungen oder Tätlichkeiten, die die Vertrauensbasis für eine weitere Zusammenarbeit zerstört haben, muss nicht abgemahnt werden. Trotzdem ist Vorsicht geboten: Kommt es zu einem einmaligen „Ausraster“ eines über viele Jahre treuen und redlichen Mitarbeiters, fordern viele Arbeitsgerichte dennoch eine vorherige Abmahnung.

Personenbedingte Kündigung

Der häufigste Fall der personenbedingten Kündigung ist die Kündigung wegen Krankheit. Wichtige Fallgruppen sind:

krankheitsbedingte Kündigung

- die Kündigung wegen häufiger Kurzerkrankungen,
- die Kündigung wegen einer lang anhaltenden Krankheit.

Die Dauer einer Krankheit kann nicht als Begründung für eine Kündigung herangezogen werden. Es müssen Anhaltspunkte dafür vorliegen, dass auch zukünftig mit weiteren Erkrankungen zu rechnen ist oder eine lang anhaltende Erkrankung auf nicht absehbare Zeit fortbesteht.

negative Zukunftsprognose

Durch die krankheitsbedingten Fehlzeiten muss es zudem zu einer Beeinträchtigung betrieblicher Interessen des Arbeitgebers gekommen sein. Hierunter fallen z.B. Störungen der Betriebsabläufe oder erhebliche wirtschaftliche Belastungen durch die Kosten der Entgeltfortzahlung.

Beeinträchtigung betrieblicher Interessen

Beispiel: Der bei der Schwarz Elektrotechnik beschäftigte Geselle Jürgen Gerber erkrankt schwer und ist seit einem Jahr arbeitsunfähig. Der Betrieb läuft dank der anderen Mitarbeiter reibungslos weiter. Auf die Frage des Geschäftsführers Reinhard Schwarz gibt Jürgen Gerber an, dass er weiterhin in ärztlicher Behandlung sei und momentan noch nicht absehen könne, wann er wieder arbeiten kann. Reinhard Schwarz entschließt sich daraufhin, eine ordentliche Kündigung auszusprechen.

Jürgen Gerber klagt – mit Erfolg. Begründung des Gerichts: Nach Ablauf des 6-Wochen-Zeitraums, in der das Gehalt fortgezahlt werden muss, entstehen der Elektrotechnik Schwarz OHG keine weiteren Lohnkosten. Auch kann der Betrieb ohne große Störungen weitergeführt werden. Die Ungewissheit, wann Jürgen Gerber wieder gesund wird, reicht nicht für eine Kündigung aus. Erst wenn aus ärztlicher Sicht eine Genesung unwahrscheinlich wird, kann eine Kündigung gerechtfertigt sein.

betriebliches Eingliederungsmanagement (BEM)

Nach § 84 Abs. 2 SGB IX ist der Arbeitgeber bei langzeiterkrankten Mitarbeitern zur Durchführung eines betrieblichen Eingliederungsmanagements (BEM) verpflichtet. Ziel ist es, Möglichkeiten der Vermeidung oder Verringerung krankheitsbedingter Fehlzeiten zu finden oder Arbeitsunfähigkeit zu verhindern, um so den Arbeitsplatz zu erhalten. Das BEM ist keine Wirksamkeitsvoraussetzung einer Kündigung. Wird es jedoch unterlassen, so kann dies bei der Prüfung der Beeinträchtigung betrieblicher Interessen berücksichtigt werden und zur Unverhältnismäßigkeit der Kündigung führen.

Betriebsbedingte Kündigung

Wegfall des Arbeitsplatzes

Eine Kündigung kann nach dem KSchG auch durch ein dringendes betriebliches Erfordernis gerechtfertigt sein. Durch außerbetriebliche oder innerbetriebliche Faktoren muss es zum Wegfall eines oder mehrerer Arbeitsplätze gekommen sein. Für den betroffenen Arbeitnehmer darf es zudem keine andere Beschäftigungsmöglichkeit auf einem freien Arbeitsplatz im Betrieb geben.

freie Unternehmerentscheidung

Betriebsbedingt wird oft bei Rationalisierungsmaßnahmen gekündigt. Der Arbeitgeber ist dabei grundsätzlich frei in seiner Entscheidung, ob und welche Maßnahmen er durchführt. Das Arbeitsgericht darf nur prüfen, ob die Maßnahmen tatsächlich durchgeführt wurden und zum Wegfall des betroffenen Arbeitsplatzes geführt haben.

Ihren persönlichen Zugang zum Sackmann-Lernportal finden Sie auf Seite 3.

Entschließt sich der Arbeitgeber, z.B. wegen Auftragsrückgang, die Zahl seiner Angestellten von 12 auf 8 zu reduzieren, muss er unter den Mitarbeitern eine Sozialauswahl durchzuführen.

Sozialauswahl

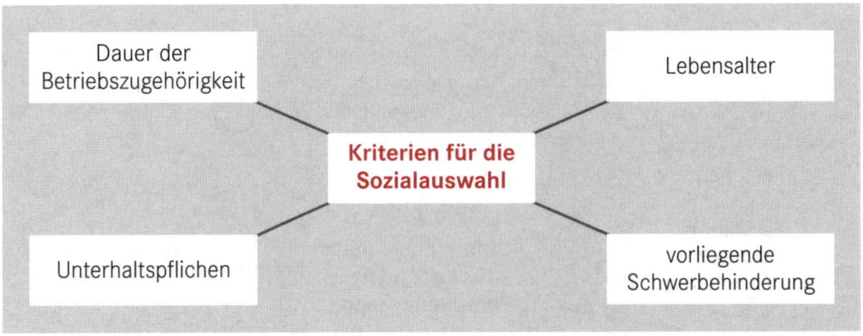

Sind die betroffenen Mitarbeiter auf vergleichbaren Arbeitsplätzen beschäftigt, so müssen die sozialen Auswahlkriterien verglichen werden. Gekündigt werden dürfen nur die Arbeitnehmer, die den geringeren sozialen Schutz genießen.

besondere Leistungsträger

Eine Ausnahme gilt für Personen, deren Weiterbeschäftigung aufgrund ihrer Kenntnisse, Fähigkeiten, Leistungen oder zur Wahrung einer ausgewogenen Personalstruktur im berechtigten betrieblichen Interesse liegt.

Abfindungsanspruch

Bei der betriebsbedingten Kündigung können sich Arbeitgeber und Arbeitnehmer nach § 1a KSchG über die Zahlung einer Abfindung einigen. Im Gegenzug muss der Arbeitnehmer auf eine Kündigungsschutzklage verzichten. Hintergrund dieser Bestimmung ist, dass die meisten Kündigungsschutzklagen wegen einer betriebsbedingten Kündigung ohnehin vor Gericht verglichen werden und der Arbeitnehmer eine Abfindung erhält.

Änderungskündigung

Abgrenzung zum Direktionsrecht

Das KSchG findet auch auf Änderungskündigungen Anwendung. Der Arbeitgeber kann aufgrund seines Direktionsrechts Art und Inhalt bzw. mögliche Veränderungen eines Arbeitsverhältnisses nur soweit bestimmen, wie es der Arbeitsvertrag zulässt. Soll ein Arbeitsverhältnis zu geänderten Arbeitsbedingungen fortgesetzt werden, muss der Arbeitgeber eine Änderungskündigung aussprechen.

Annahme unter Vorbehalt

Der Arbeitnehmer kann das Angebot annehmen oder ablehnen. Die Annahme kann er auch unter dem Vorbehalt annehmen, dass die Änderung der Arbeitsbedingungen nicht sozial ungerechtfertigt ist. Ebenso wie bei einer Beendigungskündigung muss der Arbeitnehmer dann eine Kündigungsschutzklage erheben.

Kündigungsschutzklage

Will der Arbeitnehmer die Unwirksamkeit einer Kündigung geltend machen, muss er innerhalb von drei Wochen nach Zugang der Kündigung eine Kündigungsschutzklage beim Arbeitsgericht einreichen. Wird die Frist versäumt, ist die Kündigung nach § 7 KSchG wirksam.

15.2.2 Besonderer Kündigungsschutz

Neben dem allgemeinen Kündigungsschutz ist in mehreren Gesetzen der Schutz besonderer Personengruppen angeordnet.

besonderer Kündigungsschutz

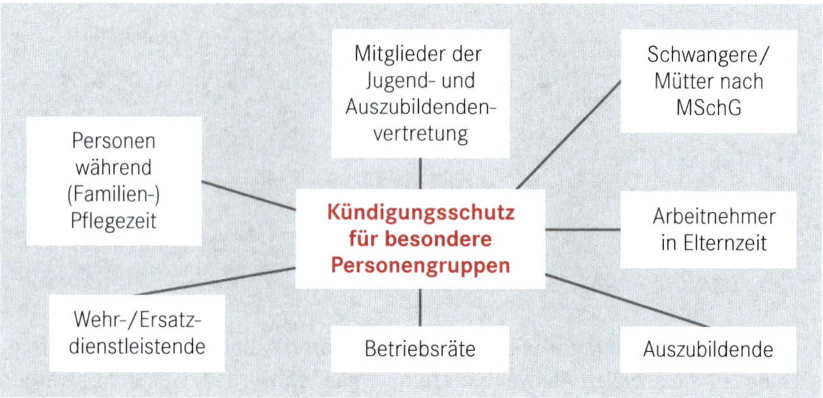

werdende Mütter

- werdende Mütter

  Mit Beginn der Schwangerschaft entsteht nach § 9 MSchG ein absolutes Kündigungsverbot. Selbst die fristlose Kündigung aus wichtigem Grund ist verboten. Dies gilt bis zum Ablauf von vier Monaten nach der Schwangerschaft. Lediglich in besonderen Fällen, die nicht im Zusammenhang mit der Schwangerschaft liegen dürfen, kann die für den Arbeitsschutz zuständige oberste Landesbehörde die Kündigung für zulässig erklären, z.B. bei Insolvenz oder Stilllegung eines Betriebes.

Beispiel: Claudia Fritsch, die Bürokauffrau der Tischlerei Wall OHG, wird schwanger. Jochen Wall ist nicht begeistert, denn es kommt immer häufiger zu Fehlzeiten. Er spricht sie an und legt ihr die Kündigung nahe. Daraufhin entbrennt ein erbitterter Streit, bei dem Frau Fritsch ihm völlig erbost den Dienstlaptop vor die Füße knallt. Jochen Wall kündigt ihr noch am selben Tag fristlos, hilfsweise fristgerecht. Jedoch wird diese Kündigung vor dem Arbeitsgericht keinen Erfolg haben, da das Kündigungsverbot für Schwangere auch in Fällen gilt, in denen sonst eine fristlose Kündigung gerechtfertigt wäre.

Betriebsratsmitglieder

- Betriebsratsmitglieder

  Eine ordentliche Kündigung von Mitgliedern des Betriebsrates ist gemäß § 15 KSchG unzulässig. Dagegen ist eine außerordentliche Kündigung möglich, wenn ein wichtiger Grund diese rechtfertigt.

- Schwerbehinderte

Schwerbehinderte

Die Kündigung eines schwerbehinderten Menschen ist nur dann wirksam, wenn zuvor eine Zustimmung des Integrationsamtes eingeholt wurde. Diese Zustimmung wird i.d.R. erteilt, wenn die Kündigung nicht im Zusammenhang mit der Behinderung steht. Schwierigkeiten können in der Praxis die Fälle bereiten, in denen der Arbeitgeber erst nach Ausspruch einer Kündigung von der anerkannten Schwerbehinderung erfährt.

Beispiel: Nachdem Jochen Wall seinen Gesellen Rico Fidorra wegen der Unterschlagung der Werkzeuge gekündigt hatte, wird ihm eine Kündigungsschutzklage zugestellt. Vier Wochen später findet der Gütetermin vor dem Arbeitsgericht statt. Im Termin beruft sich Rico Fidorra zum ersten Mal auf eine anerkannte Schwerbehinderung mit einem Grad von 50. Gegenüber Jochen Wall hatte er seine Schwerbehinderung bis dahin verschwiegen.

Die Klage wird keinen Erfolg haben. Begründung: Ist der Arbeitgeber nicht über die Schwerbehinderung informiert, muss der Arbeitnehmer zwingend innerhalb einer Frist von drei Wochen auf den besonderen Kündigungsschutz hinzuweisen. Der erstmalig im Gütetermin erfolgte Hinweis von Rico Fidorra auf seine Schwerbehinderung kommt also zu spät.

- Elternzeitberechtigte

Arbeitnehmer in Elternzeit

Nach dem Bundeselterngeld- und Elternzeitgesetz darf der Arbeitgeber ab dem Zeitpunkt, von dem an Elternzeit beantragt worden ist, bzw. höchstens acht Wochen vor Beginn und während der Elternzeit nicht kündigen. Dies gilt auch für Teilzeitbeschäftigte. Nur in besonderen Fällen kann ausnahmsweise eine Kündigung mit Genehmigung der zuständigen Behörde ausgesprochen werden.

- Pflegezeitberechtigte

Arbeitnehmer in (Familien-) Pflegezeit

Der Arbeitgeber darf das Beschäftigungsverhältnis während der Inanspruchnahme einer (Familien-)Pflegezeit bzw. während einer kurzzeitigen Arbeitsverhinderung aufgrund eines akuten Pflegebedarfs nicht kündigen. Nur in besonderen Ausnahmefällen ist eine Kündigung mit Zustimmung einer Arbeitsschutzbehörde erlaubt.

Im Gegensatz zum allgemeinen Kündigungsschutz gelten die Kündigungsvorschriften für besondere Personengruppen unabhängig von der Betriebsgröße auch für Kleinbetriebe mit weniger als zehn Mitarbeitern.

15.3 Tarifvertrag

unmittelbare und zwingende Wirkung

Das Tarifvertragsrecht ist Teil des kollektiven Arbeitsrechts (Recht der arbeitsrechtlichen Koalitionen, also von Gewerkschaften und Arbeitgeberverbänden). Das wesentliche Merkmal eines Tarifvertrags ist seine Doppelnatur. Einerseits ist er ein von den Tarifvertragsparteien geschlossener privatrechtlicher Vertrag, andererseits hat er eine normative Wirkung, d.h., er gilt wie ein Gesetz unmittelbar und zwingend für alle Arbeitsverhältnisse, die in seinen Geltungsbereich fallen.

Inhaltlich regelt der Tarifvertrag nach § 1 TVG die Rechte und Pflichten der Tarifvertragsparteien und enthält Rechtsnormen, die den Inhalt, den Abschluss und die Beendigung von Arbeitsverhältnissen ordnen. Es kann daher z.B. die Vergütung für bestimmte Berufsgruppen festgelegt, die Anzahl der Urlaubstage oder die Zahlung eines 13. Monatsgehalts bestimmt werden. Ebenso finden sich Kündigungsfristen und Verfallsklauseln für Ansprüche aus dem Arbeitsverhältnis.

15.3.1 Tarifvertragsparteien

Tarifvertragsparteien sind nach § 2 TVG ausschließlich Gewerkschaften, einzelne Arbeitgeber sowie Vereinigungen von Arbeitgebern.

Flächen- und Haustarifvertrag

Vereinbart ein einzelner Arbeitgeber mit einer Gewerkschaft einen Tarifvertrag, so spricht man von einem Haustarifvertrag. Das Gegenstück ist der Flächentarifvertrag, der von einer Arbeitgebervereinigung geschlossen wird.

Tarifvertragsparteien

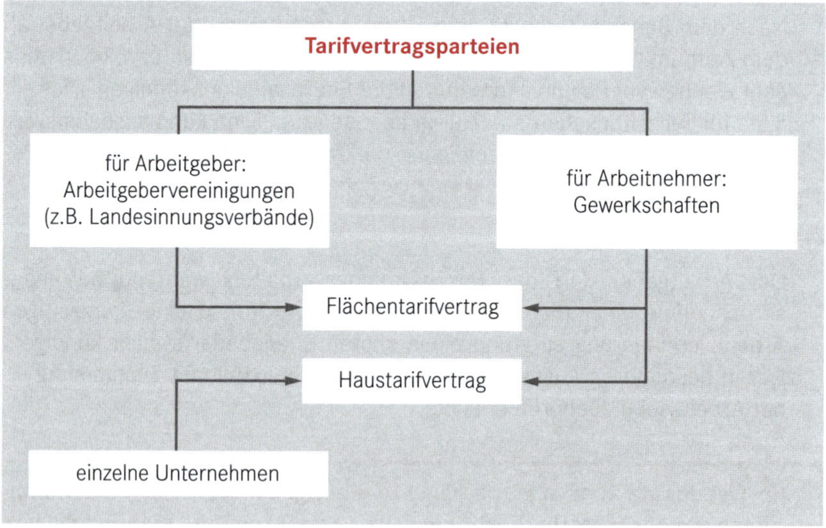

Tariffähigkeit

Nicht jede Gewerkschaft ist berechtigt, Tarifverträge zu schließen. Ein maßgebliches Kriterium ist deren soziale Mächtigkeit. Verlangt wird eine durchsetzungsfähige Organisation, eine hinreichende Mitgliederzahl, eine grundsätzliche Arbeitskampfwilligkeit sowie eine Finanzstärke, die eine gewisse

Durchsetzungskraft bei Tarifverhandlungen erwarten lassen. In letzter Zeit wurde diese soziale Mächtigkeit von der Rechtsprechung im Falle einzelner kleiner Gewerkschaften verneint.

15.3.2 Tarifbindung

Tarifbindung liegt vor, wenn der Arbeitgeber dem Arbeitgeberverband und der Arbeitnehmer der Gewerkschaft angehört, die den einschlägigen Tarifvertrag abgeschlossen haben (Verbands- oder Flächentarifvertrag). Es kann aber auch ein einzelner Arbeitgeber mit einer Gewerkschaft einen Firmen- oder Haustarifvertrag abschließen.

Die Mitglieder der Tarifvertragsparteien sind verpflichtet, die Bestimmungen des Tarifvertrages einzuhalten. Die Tarifbindung bleibt bestehen, bis der Tarifvertrag endet.

Bezugnahme im Arbeitsvertrag

Auf Arbeitnehmerseite gilt der Tarifvertrag nur für Mitglieder der beteiligten Gewerkschaft. Sollen die tariflichen Bestimmungen auch auf die Arbeitnehmer eines Betriebes angewendet werden, die nicht Gewerkschaftsmitglieder sind, muss eine entsprechende Regelung im Arbeitsvertrag aufgenommen werden, z.B.: „Auf das Arbeitsverhältnis finden die Bestimmungen des X-Tarifvertrages in seiner jeweils geltenden Fassung Anwendung."

Allgemeinverbindlichkeit

Ein Sonderfall der Tarifbindung ist die Allgemeinverbindlichkeit. Das Bundesministerium für Arbeit und Soziales kann bestimmte Tarifverträge für allgemeinverbindlich erklären. Damit gelten die Tarifbestimmungen für sämtliche Arbeitsverhältnisse, also auch für die nicht gewerkschaftlich organisierten Arbeitnehmer, die in den Anwendungsbereich des für allgemeinverbindlich erklärten Tarifvertrages fallen. Aktuell sind über 500 Tarifverträge allgemeinverbindlich.[1]

Günstigkeitsprinzip

Der Tarifvertrag enthält zwingende Bestimmungen. Davon abweichende Vereinbarungen zwischen Arbeitgeber und Arbeitnehmer sind nur zulässig, wenn sie für den Arbeitnehmer günstiger sind. So können im Arbeitsvertrag mehr Urlaubstage, ein höheres Urlaubsgeld, ein erhöhter Grundlohn oder Lohnzuschläge vereinbart werden.

15.4 Betriebsverfassung

Die Leitung eines Betriebs liegt grundsätzlich in der alleinigen Verantwortung des Betriebsinhabers. Bei betrieblichen Organisationsentscheidungen sollen jedoch die Interessen der betroffenen Arbeitnehmer nicht übergangen werden dürfen. Das Betriebsverfassungsrecht soll durch Informations-, Beteiligungs- und Mitwirkungsrechte des Betriebsrats einen Ausgleich der wechselseitigen Interessen bewirken.

---

[1] *Ein Verzeichnis der allgemeinverbindlichen Tarifverträge steht unter www.bmas.de/DE/Themen/Arbeitsrecht/Tarifvertraege/inhalt.html*

15.4.1 Betriebsrat

Die Beteiligung der Arbeitnehmer am betrieblichen Geschehen erfolgt über den Betriebsrat. Dieser kann in Betrieben mit i.d.R. mindestens fünf wahlberechtigten Arbeitnehmern, von denen drei wählbar sind, gewählt werden.

aktives und passives Wahlrecht

Wahlberechtigt ist jeder volljährige Arbeitnehmer und Auszubildende eines Betriebs. Zur Wahl stellen können sich alle wahlberechtigten Arbeitnehmer, die dem Betrieb länger als sechs Monate angehören.

Zu den wesentlichen Aufgaben des Betriebsrats gehört die Mitbestimmung in sozialen und personellen Angelegenheiten. Darüber hinaus bestehen weitgehende Informations-, Beratungs- und Mitwirkungsrechte, die das einseitige Bestimmungsrecht des Arbeitgebers einschränken.

Mitwirkungs- und Mitbestimmungsbefugnisse

Der Betriebsrat ist nicht frei in der Bestimmung der Sachgebiete, in denen er die Interessen der Belegschaft gegenüber dem Arbeitgeber durchsetzen möchte. Das Betriebsverfassungsgesetz sieht folgende Beteiligungsrechte vor:

- Mitbestimmung in sozialen Angelegenheiten nach § 87 BetrVG,
- Unterrichtung und Mitbestimmung bei der Gestaltung von Arbeitsplätzen,
- Unterrichtung und Mitbestimmung bei personellen Angelegenheiten,
- Unterrichtung und Mitwirkung in wirtschaftlichen Angelegenheiten.

Beteiligung als Wirksamkeitserfordernis

Besonderer Bedeutung kommt der Mitwirkung des Betriebsrats bei sozialen Angelegenheiten nach § 87 BetrVG zu. Bei allen im Gesetz genannten sozialen Angelegenheiten sind Maßnahmen des Arbeitgebers unwirksam, sofern er nicht vorher den Betriebsrat beteiligt hat.

Beispiel: Die Mitarbeiter der Schwarz Elektrotechnik OHG haben vor einigen Jahren einen Betriebsrat gewählt. Wenn nun die beiden Geschäftsführer Reinhard und Illona Schwarz beispielsweise die Verteilung der Arbeitszeit neu regeln möchten, wenn sie einen Urlaubsplan aufstellen, oder wenn sie planen, technische Einrichtungen zur Überwachung der Leistung der Mitarbeiter oder neue Entlohnungsgrundsätze einzuführen, müssen sie vorher den Betriebsrat beteiligen und mit ihm eine Einigung erzielen. Der Inhalt der Einigung wird dann in einer Betriebsvereinbarung festgelegt.

Einigungsstelle

Kommt keine Einigung zustande, wird eine Einigungsstelle angerufen, die dann in der Sache eine Entscheidung treffen muss.

Initiativrecht

In den Fällen der Mitbestimmung nach § 87 BetrVG steht dem Betriebsrat nach der Rechtsprechung auch ein Initiativrecht zu. Er kann daher aus eigenem Antrieb Entscheidungen auf dem Gebiet der sozialen Mitbestimmung erzwingen.

15.4.2 Betriebsvereinbarung

normative Wirkung

Die Betriebsvereinbarung weist viele Parallelen zum Tarifvertrag auf. Obgleich sie ein privatrechtlicher Vertrag zwischen Arbeitgeber und Betriebsrat ist, gilt ihr Inhalt unmittelbar und zwingend für alle im Betrieb beschäftigten Arbeitnehmer, also unabhängig von einer Gewerkschaftszugehörigkeit. Generell werden alle Mitarbeiter des Betriebs erfasst.

Inhalt

Wesentliche Bedeutung hat die Betriebsvereinbarung bei der erzwingbaren Mitbestimmung in den sozialen Angelegenheiten. Die Einigung, die Arbeitgeber und Betriebsrat erzielen, wird in Form einer schriftlichen Betriebsvereinbarung dokumentiert und im Betrieb ausgelegt bzw. bekannt gemacht. Sie kann von beiden Parteien gekündigt werden. Ebenso ist eine zeitliche Befristung möglich.

Beispiel: Als ein wichtiger Kunde der Schwarz Elektrotechnik OHG einen Wartungsauftrag erteilt und eine ständige Rufbereitschaft auch an Wochenenden verlangt, will der Geschäftsführer Reinhard Schwarz einen Bereitschaftsdienst anordnen und für die Mitarbeiter einen verbindlichen Wochenplan festlegen.

Diese Maßnahme darf er nur mit vorheriger Zustimmung des Betriebsrats durchführen. Mit diesem schließt die Schwarz OHG daher eine Betriebsvereinbarung über die Errichtung eines Bereitschaftsdienstes. In der Betriebsvereinbarung wird u.a. geregelt, dass für Einsätze außerhalb der vereinbarten Arbeitszeiten ein Freizeitausgleich zu gewähren ist, auch werden die Wochenendeinsätze gleichmäßig auf die Mitarbeiter verteilt und die Erstellung eines Bereitschaftsplanes angeordnet.

Vorrang des Tarifvertrages

Sofern jedoch Arbeitsbedingungen bereits durch einen Tarifvertrag geregelt sind, können sie nicht ergänzend oder abweichend durch eine Betriebsvereinbarung verändert werden.

Beispiel: Aufgrund von Auftragsrückgängen waren in der Vergangenheit in dem tarifgebundenen Sanitärbetrieb SH Haustechnik Arbeitsplätze gefährdet. Um diese zu erhalten, wollte Geschäftsführer Stefan Hoffmann mit dem Betriebsrat eine Betriebsvereinbarung aushandeln, wonach die Mitarbeiter des Betriebs vorübergehend auf ihr tarifliches 13. Monatsgehalt verzichten und die wöchentliche Arbeitszeit um 1,5 Stunden erhöht werden sollte.

Der Betriebsrat lehnte den Vorstoß damals jedoch mit der Begründung ab, dass eine solche Betriebsvereinbarung gegen geltendes Tarifrecht verstoße und nach der Rechtsprechung daher unwirksam sei.

15.5 Betrieblicher Arbeitsschutz

15.5.1 Arbeitsschutz

Der betriebliche Arbeitsschutz ist in verschiedenen Einzelgesetzen geregelt. Grundlegend sind die folgenden Vorschriften:

Rechtsquellen zum betrieblichen Arbeitsschutz

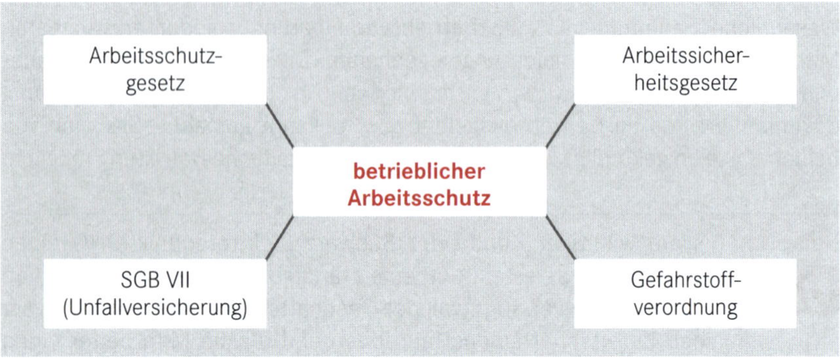

Arbeitsschutzgesetz

Der Arbeitgeber trägt nach dem Arbeitsschutzgesetz die Verantwortung für Sicherheit und Gesundheitsschutz. Hierzu hat er geeignete organisatorische Regelungen im Betrieb zu treffen. In diesen muss eindeutig formuliert sein, welcher Mitarbeiter welche Aufgaben im Arbeitsschutz wie und wann erfüllen soll. Die Aufgaben können auf geeignete Mitarbeiter übertragen werden, eine Aufsichtspflicht liegt jedoch aufseiten des Arbeitgebers. Die Arbeitsschutzstrukturen sollten in einem Betriebsorganigramm festgelegt werden.[1]

Berufsgenossenschaft

Wesentliche Bedeutung für den Inhalt der Arbeitsschutzmaßnahmen haben die Unfallverhütungsvorschriften der gesetzlichen Unfallversicherung (UVV). Diese werden von den jeweils fachlich zuständigen Berufsgenossenschaften herausgegeben und müssen vom Arbeitgeber zwingend beachtet werden.

Arbeitssicherheitsgesetz

Das Arbeitssicherheitsgesetz bestimmt, dass Betriebe Betriebsärzte und Fachkräfte für Arbeitssicherheit bestellen müssen. Nach den Bestimmungen der zuständigen Berufsgenossenschaft gilt dies nur für Betriebe mit mehr als 20 Mitarbeitern. Ziel ist es, die Anwendung der UVV und die Durchführung von sicherheitstechnischen und arbeitsmedizinischen Maßnahmen zu gewährleisten. Mit diesen Maßnahmen kann der Arbeitgeber in kleineren Betrieben auch einen überbetrieblichen Dienst beauftragen. Hierfür stehen neben den Berufsgenossenschaften auch einzelne Innungen und Kreishandwerkerschaften zur Verfügung.

Gefahrstoffverordnung

Die Gefahrstoffverordnung regelt umfassend die Schutzmaßnahmen für Beschäftigte bei Tätigkeiten mit Gefahrstoffen. Dazu zählen Stoffe, Zubereitungen und Erzeugnisse, die z.B. hochentzündlich, giftig, ätzend oder krebserzeugend sind.

---

[1] *Vorlagen für eine Betriebsorganisation und Pflichtenübertragung können unter www.arbeitsschutz.nrw.de heruntergeladen werden.*

15.5.2 Mutterschutz

Schutz werdender und stillender Mütter

Schwangere Frauen und stillende Mütter werden in besonderer Weise durch das Arbeitsrecht geschützt. Im Gesetz zum Schutz der erwerbstätigen Mutter (MSchG) werden daher Beschäftigungsverbote, ein Vergütungsschutz, der Sonderkündigungsschutz | ► S. 645 | sowie eine behördliche Aufsicht angeordnet.

Beschäftigungsverbot

Werdende Mütter dürfen in den letzten sechs Wochen vor dem errechneten Geburtstermin nicht beschäftigt werden, außer sie erklären ausdrücklich, dass sie bereit und in der Lage sind zu arbeiten. Ein zwingendes Beschäftigungsverbot gilt für Mütter bis zum Ablauf von acht Wochen nach der Entbindung, bei Früh- und Mehrlingsgeburten bis zum Ablauf von 12 Wochen nach der Entbindung. Aber auch bereits während der Schwangerschaft besteht bei ärztlich attestierter Gefährdung von Mutter oder Kind ein Beschäftigungsverbot. Generell untersagt sind schwere körperliche Arbeiten und solche, die Gesundheitsgefahren für Mutter und Kind hervorrufen können.

Vergütungspflicht

Die werdende Mutter soll keine Veranlassung haben, aus Sorge vor Einkommenseinbußen gesundheitsgefährdende Arbeiten auszuführen. Im MSchG ist daher festgelegt, dass während der Dauer eines Beschäftigungsverbotes der Vergütungsanspruch bestehen bleibt.

15.5.3 Schwerbehindertenschutz

Schwerbehinderte Menschen stehen unter dem besonderen Schutz des Arbeitsrechts. Ziel der Regelungen im 9. Sozialgesetzbuch (SGB IX) ist es u.a., die gleichberechtigte Teilhabe am Leben in der Gesellschaft zu fördern und Benachteiligungen zu vermeiden oder ihnen entgegenzuwirken. Für sie gilt auch ein besonderer Kündigungsschutz | ► S. 645 |.

Grad der Behinderung

Der Schwerbehindertenschutz gilt für Menschen mit einem anerkannten Grad der Behinderung von 50. Für Menschen mit einem Grad der Behinderung von unter 50, aber wenigstens von 30 gibt es jedoch die Möglichkeit der Gleichstellung, wenn sie infolge ihrer Behinderung ohne die Gleichstellung keinen Arbeitsplatz erlangen oder behalten könnten.

Beschäftigungspflicht

Ein wichtiges Instrument zur Integration schwerbehinderter Menschen ist die gesetzliche Beschäftigungspflicht. Sie gilt für Betriebe mit mindestens 20 Arbeitsplätzen. In diesen Betrieben muss der Arbeitgeber auf mindestens 5 % der Arbeitsplätze schwerbehinderte Menschen beschäftigen. Einen Anspruch auf Einstellung hat ein schwerbehinderter Mensch aber nicht.

Tests und Aufgaben zu diesem Kapitel finden Sie im Sackmann-Lernportal.

Ausgleichsabgabe Wird die Mindestquote von 5 % nicht erreicht, ist der Arbeitgeber zur Zahlung einer Ausgleichsabgabe verpflichtet. Diese beträgt für jeden nicht besetzten Arbeitsplatz zwischen € 105,- und € 260,-, abhängig von der Höhe der tatsächlichen Beschäftigungsquote.

Zusatzurlaub Schwerbehinderte Menschen haben einen Anspruch auf bezahlten Zusatzurlaub. Dieser beträgt fünf Arbeitstage im Jahr, wenn die regelmäßige Arbeitszeit auf fünf Tage einer Woche verteilt ist. Bei einer geringeren Anzahl von Wochentagen wird der Zusatzurlaub entsprechend gekürzt.

15.6 Arbeitsgerichtsbarkeit

Zuständigkeit Für sämtliche Streitigkeiten aus einem Arbeitsverhältnis sowie für Auseinandersetzungen, die das Tarif- und Betriebsverfassungsrecht betreffen, sind die Arbeitsgerichte zuständig, ebenso wie für Klagen im Zusammenhang mit einem Arbeitskampf.

Verfahrensgang Eine Besonderheit des Verfahrens vor den Arbeitsgerichten ist der zwingende Gütetermin vor dem Einzelrichter. Dieser wird zeitnah nach Eingang einer Klage anberaumt. Im Rahmen der Güteverhandlung wird mit den Parteien die Möglichkeit einer einvernehmlichen Regelung erörtert und im Erfolgsfall ein Vergleich geschlossen. Scheitert der Gütetermin, wird ein neuer Termin vereinbart, in dem über die Klage entschieden wird. Dieser Termin wird Kammertermin genannt, da neben dem Arbeitsrichter zwei ehrenamtliche Richter eine Kammer bilden. Je ein ehrenamtlicher Richter kommt aus dem Arbeitnehmer- bzw. dem Arbeitgeberlager.

Instanzenzug

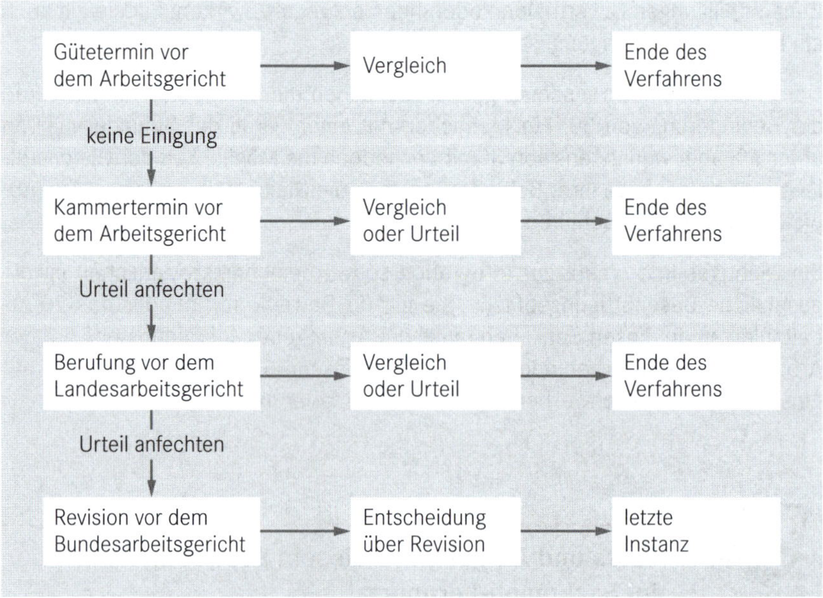

Prozessvertretung

Vor dem Arbeitsgericht kann sich jede Partei unabhängig vom Streitwert einer Klage selbst vertreten. Dies geschieht jedoch nur in Ausnahmefällen. Zur Vermeidung von Fehlern werden die Parteien im eigenen Interesse einen Prozessvertreter beauftragen. Neben einem zugelassenen Rechtsanwalt können vor dem Arbeitsgericht auch Gewerkschaften und Arbeitgeberverbände als Prozessvertreter auftreten. Im Handwerk sind daher auch die Innungsgeschäftsführer befugt, ihre Mitgliedsbetriebe in der ersten und zweiten Instanz zu vertreten. Erst vor dem Bundesarbeitsgericht muss zwingend ein Rechtsanwalt beauftragt werden.

Kosten

Im Zivilprozess gilt der Grundsatz, dass die Kosten eines Rechtsstreits von der unterlegenen Partei getragen werden. Hat eine Klage nur teilweise Erfolg, wird eine Kostenquote gebildet.

Vor dem Arbeitsgericht wird in der 1. Instanz von diesem Grundsatz abgewichen. Unabhängig vom Ausgang des Rechtsstreits trägt jede Partei ihre Verfahrenskosten selber. Damit soll sichergestellt sein, dass insbesondere ein Arbeitnehmer nicht aus Sorge vor der möglichen Kostenlast von der Erhebung einer Klage abgehalten wird.

Holger Deters sucht Tischlermeisterin Ramona Wall im Büro auf und hält ihr seine Lohnabrechnung unter die Nase. „Hier muss ein Fehler sein!“, beschwert er sich. „Schau dir meinen Beitrag zur Pflegeversicherung an, der ist viel zu hoch!“

Ramona Wall wirft einen Blick auf die Abrechnung und erwidert: „Claudia macht keine Fehler, das ist doch klar. Die Abzüge sind nun mal so hoch! Außerdem – was sollen wir als Unternehmer denn sagen? Jochen und ich zahlen das Doppelte, wenn nicht sogar mehr. Wir müssten uns eigentlich über die hohen Abgaben beklagen!“

16 Sozialversicherungsrecht

Die deutsche Sozialversicherung ist ein gesetzliches Versicherungssystem, das auf dem grundlegenden Prinzip der Solidarität aufbaut. Die Mitglieder der Solidargemeinschaft gewähren sich gegenseitig Hilfe und Unterstützung. Das System soll wirksamen Schutz vor Lebensrisiken und deren Folgen bieten, wie Alter, Alterspflegebedürftigkeit, Krankheit, Arbeitslosigkeit und Betriebsunfälle.

Die Sozialversicherung beruht auf mehreren Prinzipien:

Prinzipien der Sozialversicherung

- Prinzip der Versicherungspflicht
- Prinzip der Beitragsfinanzierung

  Die Sozialversicherungen werden überwiegend aus Beiträgen der Arbeitnehmer und Arbeitgeber finanziert, deren Höhe gesetzlich vorgeschrieben ist und sich am Gehalt des Arbeitnehmers orientiert.

- Prinzip der Selbstverwaltung

  Der Staat überträgt die Verantwortung und Aufgaben an die einzelnen Träger der Sozialversicherungen, wobei der Staat die Rechtsaufsicht behält. Arbeitnehmer und Arbeitgeber sind unmittelbar an der Selbstverwaltung beteiligt.

- Prinzip der Solidarität

  Die zu versichernden Risiken werden von allen Versicherten gemeinsam getragen. Unabhängig davon, wie viel die Versicherten an die Sozialversicherungen gezahlt haben, sind sie in umfassendem Maße abgesichert. Durch diesen solidarischen Ansatz wird ein Ausgleich zwischen Gesunden und Kranken, zwischen besser und weniger gut Verdienenden, zwischen Jung und Alt, zwischen Familien und Singles geschaffen. Eine Ausnahme hierbei ist die Rentenversicherung. Grundsätzlich richten sich hier die Leistungen nach der Höhe der in der Erwerbsphase gezahlten Beiträge.

Äquivalenzprinzip

Die tragenden Säulen dieses Sozialversicherungssystems sind die:

- Krankenpflichtversicherung,
- Pflegeversicherung,
- Gesetzliche Rentenversicherung,
- Arbeitslosenversicherung,
- Unfallversicherung.

Säulen der Sozialversicherung

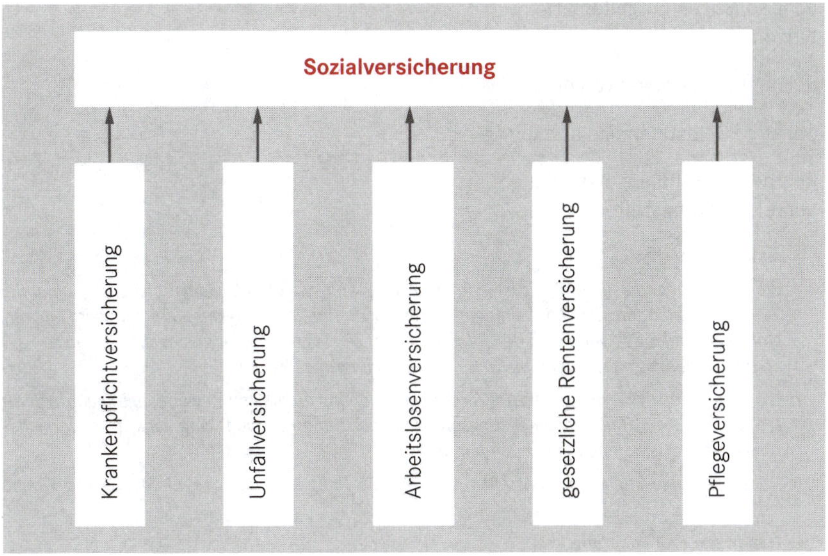

16.1 Versicherungspflicht bzw. -freiheit

Nach dem Gesetz unterliegen bestimmte Personengruppen, in der Annahme besonderer Schutzbedürftigkeit, der Versicherungspflicht.

versicherungsfreie Personen

Versicherungsfrei sind grundsätzlich Beamte, Richter u. Ä. sowie eingeschriebene Studenten, soweit sie während der Semesterzeiten nicht mehr als 20 Stunden wöchentlich gegen Entgelt arbeiten (außer in der Rentenversicherung).

Nutzen Sie das interaktive Zusatzmaterial im Sackmann-Lernportal.

versicherungspflichtige Personengruppen

	Arbeitslosenversicherung	Krankenversicherung	Rentenversicherung	Pflegeversicherung
Arbeitnehmer, Auszubildende	X	X*	X	X
Studenten, Praktikanten		X		X
Wehrpflichtige, Zivildienstleistende	X	X	X	X
Pflegepersonen			X*	X
Krankengeldbezieher	X		X	X
Empfänger von Arbeitslosengeld oder sonstigen Entgeltersatzleistungen		X	X	X
Selbstständige Handwerker*)			X	X
Sonstige Selbstständige auf Antrag	X		X	X
Rentner bei Erfüllung bestimmter Vorversicherungszeiten		X		X

* *Ausnahmen:*

- *Wer überwiegend selbstständig ist, wird als Arbeitnehmer nicht krankenversicherungspflichtig. Wer nach Vollendung des 55. Lebensjahres eine Arbeitnehmertätigkeit aufnimmt, wird nur versicherungspflichtig, wenn er in den letzten fünf Jahren Mitglied einer gesetzlichen Krankenkasse und in dieser Zeit mindestens 30 Monate versicherungsfrei war.*
- *Wer die Jahresarbeitsentgeltgrenze (unter Einbeziehung einmaliger Zuwendungen) überschreitet, d.h. 75 % der Beitragsbemessungsgrenze in der Rentenversicherung, ist krankenversicherungsfrei mit Beginn des folgenden Jahres.*
- *Rentenversicherungspflicht besteht nur, wenn die Pflege mindestens 14 Stunden je Woche erfordert.*
- *Handwerkerversicherung*

16.2 Sozialversicherungspflicht bei sonstigen Beschäftigungsverhältnissen

Es gibt eine Reihe von Beschäftigungsverhältnissen, die den verschiedenen Bedürfnissen auf Arbeitnehmer- und Arbeitgeberseite entgegen kommen sollen. Für diese gelten spezielle Regelungen zur Sozialversicherung.

16.2.1 Geringfügige Beschäftigung

Diese regulären Beschäftigungsverhältnisse im Niedriglohnbereich (mit Berücksichtigung von Urlaubsanspruch, Feiertagsbezahlung, Einhaltung von Kündigungsfristen etc.) wurden einerseits geschaffen, um den Bürgern eine Gelegenheit zu geben, steuer- und abgabenfreies Arbeitseinkommen zu erlangen. Darüber hinaus spielt auch die Wiedereingliederung in den Arbeitsmarkt eine

Rolle. Unternehmen haben häufig Bedarf nach Personal, das flexibel einsatzfähig ist und können dies über eine geringfügige Beschäftigung regeln.

Minijob-Zentrale

Die zentrale Einzugs- und Meldestelle für alle geringfügigen Beschäftigungen ist die Minijob-Zentrale. Träger der Minijob-Zentrale ist die Knappschaft-Bahn-See.

Unterschieden wird in diesem Rahmen in

- zeitlich geringfügige Beschäftigung,
- geringfügig entlohnte Beschäftigung (Minijob).

zeitlich geringfügige Beschäftigung

	zeitlich geringfügige Beschäftigung (kurzfristige Beschäftigung)
Voraussetzung	► Beschäftigung ist innerhalb eines Kalenderjahres auf 2 Monate (bei Beschäftigung an 5 Tagen in der Woche) oder 50 Tage begrenzt, ► werden mehrere kurzfristige Beschäftigungen nacheinander ausgeübt, werden die Beschäftigungszeiten addiert, es gilt dann eine Grenze von 60 Arbeitstagen, wenn es sich bei den Beschäftigungen nicht um volle Kalendermonate handelt, ► Beschäftigung darf nicht berufsmäßig ausgeübt werden (d.h. sie wird nur gelegentlich ausgeübt und ist wirtschaftlich von untergeordneter Bedeutung).
Verdienstgrenze	► keine Verdienstgrenze
Abgaben - Arbeitgeber	► Beitragsfreiheit in der Sozialversicherung, ► unter bestimmten Voraussetzungen Pauschalversteuerung möglich | ► HF 3, Kap. 17.3 |.
Abgaben - Arbeitnehmer	► Beitragsfreiheit in der Sozialversicherung, ► Angabe Lohnsteuerabzugsmerkmale oder Lohnsteuerpauschalierung durch den Arbeitgeber | ► HF 3, Kap. 17.3 |.

geringfügig entlohnte Beschäftigung

	geringfügig entlohnte Beschäftigung (Minijob):
Verdienstgrenze	► Arbeitsentgelt pro Monat maximal € 450,-, ► Arbeitsentgelte aus mehreren geringfügigen Beschäftigungen bei verschiedenen Arbeitgebern sind zusammenzurechnen und dürfen € 450,- im Monat nicht überschreiten, ► eine Zusammenrechnung erfolgt nicht bei Übernahme eines Minijobs und einer kurzfristigen Beschäftigung.

	geringfügig entlohnte Beschäftigung (Minijob):
Abgaben - Arbeitgeber	Arbeitgeberpauschale für ▸ Rentenversicherung (unter Beachtung einer Mindestbemessungsgröße), ▸ Krankenversicherung, ▸ pauschale Lohnsteuer oder wahlweise - Angabe Lohnsteuerabzugsmerkmale - Abwälzung der pauschalen Lohnsteuer auf den Arbeitnehmer im Innenverhältnis | ▸ HF 3, Kap. 17.3 |.
Abgaben - Arbeitnehmer	▸ Beitragsfreiheit in der Krankenversicherung, Pflegeversicherung und Arbeitslosenversicherung, Rentenversicherungspflicht seit 2013 (der Arbeitnehmer kann sich aber von der Rentenpflichtversicherung befreien lassen).

16.2.2 Gleitzone (Midijob)

Für Arbeitnehmer, deren Arbeitsentgelt zwischen € 450,01 bis € 850,- liegt, wurde eine Gleitzone eingeführt.

Arbeitnehmer mit einem regelmäßigen monatlichen Arbeitsentgelt innerhalb der Gleitzone sind versicherungspflichtig. Sie zahlen jedoch nur einen abgestuften Sozialversicherungsbeitrag, welcher mit steigendem Arbeitsentgelt den vollen Arbeitnehmeranteil erreicht. Der Arbeitgeber hingegen hat den vollen Arbeitgeberanteil zu entrichten. Eine spezielle Regelung zur Rentenversicherung gibt es nicht, die Beiträge sind aus dem tatsächlichen Arbeitsentgelt zu berechnen.

Ziele der Gleitzonenregelung sind:

Ziele der Gleitzonenregelung

- den Niedriglohnbereich durch geringere Sozialabgaben attraktiver zu gestalten,
- die Aufnahme einer versicherungspflichtigen Beschäftigung zu fördern und damit die Sozialabsicherung (insbesondere Krankenversicherung) zu erhöhen,
- den Sozialversicherungsträgern weitere Beitragsquellen zu verschaffen.

16.2.3 Geringverdiener

Als Geringverdiener werden die Beschäftigten bezeichnet, die ein Arbeitsentgelt von maximal € 325,- im Monat erhalten. Zu Geringverdienern zählen jene, die

- zur Berufsausbildung beschäftigt sind (Auszubildende und Praktikanten),
- ein freiwilliges soziales oder ökologisches Jahr absolvieren.

Im Rahmen dieser Beschäftigung haben die Arbeitgeber den gesamten Sozialversicherungsbeitrag allein zu tragen.

Wird durch eine einmalige Zuwendung (Urlaubsgeld oder Weihnachtsgeld) die Geringverdienergrenze überschritten, so tragen Arbeitgeber und Auszubildender die Beiträge für den übersteigenden Betrag nach den normalen Berechnungsgrundsätzen.

Beispiel: Ramona Wall erhält einen Anruf von Tobias, dem Sohn ihrer Freundin. Er fragt sie, ob er für die Osterferien einen Job in der Tischlerei bekommen könnte. Ramona überlegt nicht lange. Da lässt sich etwas machen, ihr Auszubildender und ein Geselle sind in Urlaub, da gibt es sicher einiges für ihn zu tun. Mit 10 Arbeitstagen ist das eine kurzfristige Beschäftigung, da müssen Tobias und sie als Betrieb auch keine Sozialversicherungsbeiträge zahlen.

Später erzählt ihre Freundin, was für ein fleißiger Junge ihr Sohn doch sei, alle Schulferien nutze er, um mit Jobs Geld zu verdienen. Ramona überlegt und rechnet nach: Da sieht die Sache mit der Sozialversicherung dann schon wieder anders aus, denn das fällt nicht mehr unter geringfügige Beschäftigung. Darüber muss sie mit Tobias noch reden.

16.3 Träger der Sozialversicherung

Die Träger der Sozialversicherung sind rechtsfähige Körperschaften des öffentlichen Rechts, die jedoch unter Rechtsaufsicht des Staates stehen.

Träger der Versicherungszweige

Versicherungszweig	Träger
gesetzliche Krankenversicherung und Pflegeversicherung	gesetzliche Krankenkassen
Rentenversicherung	► Deutsche Rentenversicherung Bund ► Deutsche Rentenversicherung Regional ► Deutsche Rentenversicherung Knappschaft-Bahn-See
Arbeitslosenversicherung	Bundesagentur für Arbeit

Alles verstanden? Werden Sie im Sackmann-Lernportal aktiv!

Krankenkassen Zu den gesetzlichen Krankenkassen zählen die Allgemeinen Ortskrankenkassen (AOK), die Ersatzkassen (EK), die Betriebskrankenkassen (BKK), die Innungskrankenkassen (IKK) sowie einige Sondereinrichtungen.

Jeder hat das Recht, eine Krankenkasse frei zu wählen. Diese ist ggf. ohne Einschränkung zur Aufnahme verpflichtet. Ein Wechsel der Krankenkasse ist unter Einhaltung von Fristen möglich.

Bundesagentur für Arbeit Die Bundesagentur für Arbeit (BA) mit Sitz in Nürnberg arbeitet über Regionaldirektionen in den einzelnen Bundesländern sowie über ein weit verzweigtes Netz von örtlichen Arbeitsagenturen.

Pflegekassen Die Pflegekassen sind zwar rechtlich selbstständige Einrichtungen, deren Verwaltung wird aber von der zuständigen Krankenkasse wahrgenommen.

Beispiel: Jochen Wall möchte Ordnung in die Organisation seines Betriebes bringen. Ihn stört die zuweilen unorganisierte Arbeit von Ramona. Das Thema Personalkosten will er sich nun genauer anschauen, vielleicht sollte er sich in Zukunft darum kümmern. Er muss sich jetzt aber zunächst einen Überblick zu diesem ganzen Thema und den Zusammenhängen verschaffen. Er skizziert für sich folgende Übersicht:

16.4 Beiträge zur Sozialversicherung

Krankenkasse als Einzugsstelle

Bei pflichtversicherten Arbeitnehmern erhebt die Krankenkasse als Einzugsstelle den Gesamtsozialversicherungsbeitrag, der die Beiträge (Arbeitnehmer- und Arbeitgeberanteile) zur Arbeitslosen-, Kranken-, Renten-, Unfall- und Pflegeversicherung beinhaltet.

Für die monatliche Abführung der Beiträge ist der Arbeitgeber verantwortlich. Bei Leiharbeitnehmern besteht auch eine Haftung des Entleihers, im Bauhauptgewerbe auch des Hauptunternehmers für die Subunternehmer.

Beitragsberechnung

Grundlage der Beitragsberechnung sind das beitragspflichtige Arbeitsentgelt bis zu den Beitragsbemessungsgrenzen und die Beitragsätze.

Beitragsbemessungsgrenzen

Beitragsbemessungsgrenzen (BBG) sind Höchstgrenzen für den Bruttolohnbetrag, bis zu dem Beiträge zur Sozialversicherung höchstens erhoben werden dürfen. Sie werden jährlich durch die Bundesregierung festgesetzt.

Der Teil des Bruttolohns, der die Beitragsbemessungsgrenze übersteigt, bleibt bei der Berechnung des Beitrags unberücksichtigt. Es werden für diesen Teil aber auch keine Ansprüche auf Krankengeld, Arbeitslosengeld und Rentenpunkte erworben.

Zusatzbeitrag

Die gesetzlichen Krankenkassen können darüber hinaus einen Zusatzbeitrag erheben, der allerdings 2 % der beitragspflichtigen Einnahmen nicht übersteigen darf.

Mehrfachbeschäftigung

Werden mehrere sozialversicherungspflichtige Beschäftigungen nebeneinander ausgeübt, sind die Arbeitsentgelte zu addieren. Die Überschreitung der Beitragsbemessungsgrenze wird durch die gesetzliche Krankenkasse geprüft und dem jeweiligen Arbeitgeber eine anteilige Beitragsbemessungsgrenze mitgeteilt.

Zum beitragspflichtigen Arbeitsentgelt zählen alle laufenden Entgelte und Einmalzahlungen bis zur Beitragsbemessungsgrenze. Es werden auch beitragspflichtige Sachbezüge, wie Produkte des Betriebes, Dienstwagen zur kostenlosen Privatnutzung, verbilligte Dienstwohnung etc. einbezogen.

Einmalig gezahltes Arbeitsentgelt (auch Einmalzahlungen oder einmalige Zuwendung genannt) wird zu einem bestimmten Anlass gewährt, dazu gehören:

Einmalzahlungen

- Weihnachtsgeld,
- Urlaubsgeld,
- Gewinnbeteiligungen,
- Urlaubsabgeltung,
- Tantieme,
- Sonderzahlungen.

Übersicht über gesetzliche Sozialversicherung

Versicherungszweig	Rechtsgrundlage	Träger	Versicherungspflichtige	Versicherungsberechtigte	Beitragssatz[1] (2013)	Bemessungsgrenze (2013) mtl. €
Arbeitslosenversicherung	SGB III	Bundesagentur für Arbeit	Arbeitnehmer Wehrpflichtige	Existenzgründer, Pflegepersonen, Auslandsbeschäftigte (außerhalb der EU)	3,0 %	West: € 5 800,– Ost: € 4 900,–
Krankenversicherung	SGB V	Krankenkassen	Arbeitnehmer bis zur Jahresarbeitsentgeltgrenze (2013: € 52 200,–) Wehrpflichtige Empfänger von Entgeltersatzleistungen Studenten und Rentner (unter bestimmten Bedingungen)	bisher (mindestens 12 Monate) Pflicht- oder Familienversicherte	15,5 %	€ 3 937,50
Rentenversicherung	SGB VI	Deutsche Rentenversicherung	Arbeitnehmer; selbstständige Handwerker; sonstige Selbstständige auf Antrag; Wehrpflichtige; Empfänger von Entgeltersatzleistungen; Pflegepersonen	jeder, der 16 Jahre alt und nicht versicherungspflichtig ist Ausnahme: Beamte u.Ä.	18,9 %	West: € 5 800,– Ost: € 4 900,–
Unfallversicherung	SGB VII	Berufsgenossenschaften; Unfallkassen der öffentlichen Hand	alle Beschäftigten; bestimmte Unternehmer; Schüler, Studenten u.Ä. Personen, die im öffentlichen Interesse tätig werden; Pflegepersonen	je nach Satzung Unternehmer und mithelfende Familienangehörige	je nach Satzung ca. 2 bis 10 %	je nach Satzung bis zu € 6 200,–
Pflegeversicherung	SGB XI	Pflegekassen	jeder Krankenversicherte	–	2,05 %; Zuschlag von 0,25 % von Kinderlosen allein zu tragen	€ 3 937,50

[1] *In der sog.* **Gleitzone** *wird der Arbeitnehmeranteil mithilfe einer komplizierten Formel nach einem fiktiven Entgelt ermittelt, sodass sich für den Arbeitnehmer eine von etwa 4 auf 21 % steigende Gesamtbelastung ergibt.*

Nicht zu den Einmalzahlungen gehören (auch dann nicht, wenn sie nicht mit jeder Lohn- und Gehaltszahlung abgerechnet und ausgezahlt werden):

- Provisionen,
- Zuschläge,
- Überstundenzuschläge,
- Verkaufsprämien,
- Zulagen,
- Erschwerniszuschläge.

Beispiel: Im Tischlerbetrieb Wall kommt nach der Zahlung des Urlaubsgeldes im Mai Unmut bei dem Gesellen Holger Deters auf.

„Warum muss ich für meine € 1 000,– Urlaubsgeld eigentlich Beiträge zur Sozialversicherung zahlen? Freunde haben mir erzählt, dass bei ihnen das Urlaubsgeld überhaupt keinen Einfluss auf die Höhe der Sozialversicherungsbeiträge hat.“

Berechnungsvorschriften bei Einmalzahlungen

Für Einmalzahlungen gelten besondere Berechnungsvorschriften für die Bestimmung der Beiträge. Je nach nachdem, ob das laufende Arbeitsentgelt die monatliche Bemessungsgrenze übersteigt oder nicht, ist die Einmalzahlung beitragspflichtig oder beitragsfrei.

Beitragspflicht/-freiheit bei Einmalzahlung

laufendes Arbeitsentgelt	größer →	monatliche Bemessungsgrenze KV/PV/RV/ALV	=	Einmalzahlung beitragsfrei
laufendes Arbeitsentgelt + Einmalzahlung	kleiner oder gleich →	monatliche Bemessungsgrenze KV/PV/RV/ALV	=	Einmalzahlung voll beitragspflichtig
laufendes Arbeitsentgelt (weniger als Bemessungsgrenze) + Einmalzahlung	größer →	monatliche Bemessungsgrenze KV/PV/RV/ALV	=	Teil der Einmalzahlung beitragsfrei, anderer Teil beitragspflichtig

Bei der Prüfung der Beitragspflicht der Einmalzahlung wird festgestellt, inwieweit die Beitragsbemessungsgrenzen noch nicht ausgeschöpft wurden. Dies jedoch nur für die Lohnabrechnungszeiträume von Jahresbeginn bis zu dem Lohnabrechnungszeitraum der Gewährung der Einmalzahlung.

Beispiel: Ramona greift die Beschwerde von Holger Deters auf und erklärt ihm, wie seine Abzüge bei der Sozialversicherung zustande kommen. Dieser bezieht ein monatliches Gehalt von € 2 250,-.

Die Beitragsbemessungsgrenze für Kranken- und Pflegeversicherung beträgt € 3 937,50,- pro Monat.

Die anteilige Jahres-Beitragsbemessungsgrenze bis Mai beträgt:
5 x € 3 937,50,- = € 19 687,50

Sein beitragspflichtiges Entgelt bis einschl. Mai beträgt:
5 x € 2 250,- = € 11 250,-

Das ergibt eine noch nicht mit Beiträgen belegte Differenz von:
€ 8 437,50

Damit ist Holger Deters Urlaubsgeld in Höhe von € 1 000,- voll beitragspflichtig. Dies gilt aufgrund der höheren Beitragsbemessungsgrenzen natürlich auch für die Renten- und Arbeitslosenversicherung.

16.5 Meldepflichten

Betriebsnummer

Der Arbeitgeber hat gegenüber der Sozialversicherung Meldepflichten. Im Onlineverkehr über das Internet sind Meldungen zur Sozialversicherung an die zuständige Krankenkasse zu erstatten. Diese sorgt für die Weiterleitung an die anderen Versicherungsträger. Damit Betriebe an dem Datenerfassungs- und Übermittlungsverfahren der Sozialversicherung (DEÜV) teilnehmen können, benötigen sie eine Betriebsnummer. Mithilfe der Betriebsnummer werden Arbeitgeber bei den Sozialversicherungsträgern identifiziert; Beitragszahlungen können so dem betreffenden Arbeitgeberkonto zugeordnet werden.

Versicherungsnummer des Arbeitnehmers

Die Versicherungsnummer des Arbeitnehmers ist die Grundlage für das Meldeverfahren. Sie wird vom Rentenversicherungsträger vergeben und ist dem Sozialversicherungsausweis zu entnehmen. Soweit diese noch nicht bekannt ist bzw. noch nicht vergeben wurde, können die Anmeldungen auch ohne Versicherungsnummer erstellt werden. Dann muss die Meldung jedoch die Angaben zur Vergabe der Versicherungsnummer enthalten.

Der Arbeitgeber muss folgende Meldefristen einhalten:

Meldefristen

- Er muss eine neue versicherungspflichtige Beschäftigung mit der ersten Lohn- und Gehaltsabrechnung, spätestens innerhalb von sechs Wochen nach Beginn der Beschäftigung, melden.
- In Branchen, in denen ein erhöhtes Risiko für Schwarzarbeit besteht, ist eine sofortige Meldung zum Zeitpunkt der Beschäftigungsaufnahme erforderlich (z.B. Baugewerbe, Gebäudereiniger, Personenbeförderung).
- Bei Beendigung der Beschäftigung muss mit der nächsten folgenden Lohn- und Gehaltsabrechnung, spätestens innerhalb von sechs Wochen nach Beschäftigungsende, abgemeldet werden.

- Die Jahresmeldung des beitragspflichtigen Entgelts muss mit der ersten folgenden Lohn- und Gehaltsabrechnung, spätestens bis zum 15. April des folgenden Jahres erfolgen.

16.6 Arbeitgeberhaftung

Arbeitgeber haften für die richtige Berechnung und die Abführung der Beiträge zur Sozialversicherung und für Säumniszuschläge, die bei Verzögerungen fällig werden. Bei pflichtversicherten Arbeitnehmern tritt der Arbeitgeber alleine als Schuldner der Arbeitgeber- wie Arbeitnehmeranteile gegenüber der Einzugsstelle auf. Führen Arbeitgeber die Beiträge zur Sozialversicherung nicht bzw. nicht rechtzeitig ab, drohen ihnen ggf. strafrechtliche Konsequenzen (§ 266a Abs. 1 StGB).

Umfang der Haftung

Die Haftung für die Beiträge erstreckt sich nicht nur auf das Unternehmensvermögen. Es kommt auch eine persönliche Haftung des Arbeitgebers in Frage.

Der Arbeitgeber darf durch eigenes Verschulden unterbliebene Einbehaltungen von Sozialversicherungsbeiträgen des Arbeitnehmers nur bei den nächsten drei Lohn- oder Gehaltszahlungen nachholen. Verschuldet der Arbeitgeber den unterbliebenen Beitragsabzug nicht selbst, so ist ein rückwirkender Beitragsabzug uneingeschränkt möglich. Das Problem spielt auch bei der Frage, ob jemand selbstständig oder Arbeitnehmer (und damit sozialversicherungspflichtig) oder scheinselbstständig ist, eine Rolle. Geklärt werden kann das mit einer Statusfeststellung über die Deutsche Rentenversicherung Bund. Das Rückgriffsrecht gilt nicht mehr, wenn das Arbeitsverhältnis beendet wurde.

Beispiel: Ramona und Jochen Wall hatten vor zwei Monaten den Tischlergesellen Dennis Horn als „freien Mitarbeiter“ verpflichtet. Ein richtiger Glückgriff, wie sich nach kurzer Zeit herausstellte. Er passte gut ins Team, mit seiner Arbeit waren sie sehr zufrieden. Im Kreis der jungen Unternehmer erzählte Jochen von seinem Zuwachs. Als der Name fiel, meldete sich ein anderer Unternehmer am Tisch: „Den kenne ich, er arbeitet doch auch im Betrieb meines Bruders.“

Das hatte er ihnen nicht gesagt, dass er nebenher noch einen anderen Job hatte. Auch seine Gewerbeanmeldung hatten sie leider nicht überprüft. Das musste er sofort mit Ramona besprechen. Und ihr war gleich klar, dass das einen Rattenschwanz an Problemen nach sich ziehen kann. Sie hatten ja keine Sozialversicherungsbeiträge berechnet und abgeführt. Mit dem Problem der Scheinselbständigkeit hatten sie sich leider auch nicht richtig befasst. Ramona hat dann schnell einen Antrag auf Statusfeststellung beim Betriebsprüfdienst der Deutschen Rentenversicherung gestellt. Falls hierbei eine Scheinselbständigkeit festgestellt wird, haben sie zum Glück noch ein Rückgriffsrecht gegenüber Herrn Horn.

16.7 Krankenversicherung

Eine Krankenversicherung muss jeder Deutsche abschließen. Aber wer muss sich in einer gesetzlichen Krankenversicherung pflichtversichern und für wen ist der Beitritt in diese freiwillig bzw. kann einer privaten Krankenversicherung beitreten?

16.7.1 Pflichtversicherung in der gesetzlichen Krankenversicherung

Für Arbeiter, Angestellte und Auszubildende, die gegen Arbeitsentgelt beschäftigt werden, besteht bis zur Überschreitung der jährlichen Versicherungspflichtgrenze die Pflicht zur Versicherung in der gesetzlichen Krankenversicherung (GKV).

Grundlage der gesetzlichen Krankenversicherungsbeiträge ist

- das tatsächliche Arbeitsentgelt unter Berücksichtigung der Beitragsbemessungsgrundlage,
- und der einheitliche Beitragssatz für alle gesetzlichen Krankenversicherungen.

Familienversicherung

Ehegatten und Kinder, die nicht selbst Mitglied einer gesetzlichen Krankenkasse sind, haben unter folgenden Voraussetzungen einen unmittelbaren Leistungsanspruch an die Krankenkasse des Ehepartners oder der Eltern.

Voraussetzungen Familienversicherung

- Das regelmäßige Gesamteinkommen (steuerliche Einkünfte) des Familienangehörigen darf im Jahr 2013 € 385,- im Monat (ein Siebtel der Bezugsgröße nach § 18 SGB IV) nicht übersteigen.
- Es wird nur eine geringfügig entlohnte Beschäftigung ausgeübt (mit einer Grenze bei € 450,-).
- Die Kinder haben das 18. Lebensjahr noch nicht erreicht.

  In folgenden Fällen geht der Anspruch darüber hinaus:

  - wenn sie nicht erwerbstätig sind,
  - bis zum 23. Lebensjahr, wenn sie sich in einer Ausbildung befinden,
  - bis zum 25. Lebensjahr (bei Studium, Meisterschule etc.).

Zeiten eines ggf. absolvierten Wehr- oder Zivildienstes werden zu diesen Fristen hinzugerechnet.

Kein Anspruch besteht für Kinder, wenn der andere Ehegatte nicht Mitglied einer gesetzlichen Krankenkasse ist, sein Einkommen höher ist als das des Kassenmitglieds und über der Jahresbeitragsbemessungsgrenze liegt.

Kündigung

Ein Krankenkassenwechsel innerhalb der gesetzlichen Krankenkassen ist nur unter Einhaltung einer Bindefrist von 18 Monaten bei gleichzeitiger Einhaltung der Kündigungsfrist von 2 Monaten nach dem Monat der Kündigung möglich. Die Kündigung ist jedoch nur wirksam, wenn der Versicherte eine Mitgliedsbescheinigung einer neuen Krankenkasse vorlegt.

Ein Sonderkündigungsrecht besteht bei Beitragserhöhung durch die gesetzlichen Krankenkassen.

16.7.2 Freiwillige Versicherung in der Krankenversicherung

Mit der Überschreitung der jährlichen Versicherungspflichtgrenze hat der Arbeitnehmer die Wahl zwischen einer freiwilligen Mitgliedschaft in der gesetzlichen Krankenkasse oder einer privaten Krankenkasse | ▸ HF 2, Kap. 25.1.1 |.

Arbeitnehmer mit freiwilliger Versicherung in der gesetzlichen Krankenkasse werden versicherungspflichtig, wenn sie die jährliche Versicherungspflichtgrenze wieder unterschreiten. Die Versicherten können sich jedoch von der Krankenversicherungspflicht befreien lassen. Für die Befreiung ist ein Antrag innerhalb von drei Monaten nach Beginn der Versicherungspflicht notwendig. Die Befreiung kann nicht rückgängig gemacht werden.

private Krankenversicherung

Entscheidet sich der Arbeitnehmer für eine private Krankenkasse, steht ihm ein Zuschuss des Arbeitgebers zur Krankenversicherung zu. Dieser Zuschuss beträgt:

- die Hälfte des Beitrages,
- aber maximal die Höhe des gesetzlichen Arbeitgeber-Anteils.

Die private Krankenversicherung zeichnet Folgendes aus:

- Sie wird in Deutschland von privatrechtlichen Versicherungsunternehmen als Vollversicherung oder Zusatzversicherung angeboten.
- Die Versicherungsprämie wird einkommensunabhängig erhoben. Faktoren zum Vertragsabschluss und der Versicherungsprämie sind Alter, Gesundheitszustand, Beruf, Risikofaktoren und der zu erbringende Leistungsumfang.
- Sie ist gesetzlich verpflichtet, Altersrückstellungen in Höhe von 10 % zu bilden. Diese Altersrückstellungen müssen seit 2009 bei einem Wechsel zu einer anderen Versicherung partiell übertragen werden.
- Jede private Krankenversicherung muss den Basistarif anbieten, dessen Leistungen sich an dem Tarif der gesetzlichen Krankenversicherungen orientieren muss. Dabei darf der Beitrag nicht den Höchstbeitrag der gesetzlichen Versicherung überschreiten.
- Mit den privaten Krankenkassen können Vereinbarungen zum Krankentagegeld abgeschlossen werden. Gezahltes Krankentagegeld unterliegt hier nicht dem Progressionsvorbehalt im Rahmen der Einkommensteuer.

16.7.3 Leistungen der gesetzlichen Krankenkassen

Aufgabe der gesetzlichen Krankenversicherung ist es, den Versicherten und ihren Familienangehörigen neben den vorbeugenden Maßnahmen sachliche und finanzielle Unterstützung bei Krankheit und Mutterschaft zu gewähren.

Die Leistungsberechtigung ist bei jeder Inanspruchnahme durch Vorlage der Krankenversichertenkarte nachzuweisen.

Zu den Leistungen der gesetzlichen Krankenversicherung zählen im Wesentlichen:

Schwerpunkte der Leistungen

- ärztliche und zahnärztliche Behandlung,
- Zuschüsse zum Zahnersatz,
- Gesundheits- und Vorsorgeuntersuchungen,
- Arzneimittel,
- Heil- und Hilfsmittel,
- stationäre Behandlung und Rehabilitationsmaßnahmen,
- Zahlung von Krankengeld,
  - Krankengeldzahlung grundsätzlich für längstens 78 Wochen (6 Wochen Lohnfortzahlung durch den Arbeitgeber + 72 Wochen Krankengeld) innerhalb von drei Jahren.
  - Das (Brutto-)Krankengeld beträgt 70 % des regelmäßigen Bruttoarbeitsentgeltes (Regelentgelt) bis zur Beitragsbemessungsgrenze, jedoch höchstens 90 % des Nettoentgeltes.
  - Gezahltes Krankengeld unterliegt dem Progressionsvorbehalt im Rahmen der Einkommensteuererklärung.
- Haushaltshilfe, falls Versicherte, in deren Haushalt ein Kind unter 12 Jahren lebt, ins Krankenhaus müssen und ihren Haushalt nicht weiter führen können,
- häusliche Krankenpflege, wenn dadurch ein Krankenhausaufenthalt vermieden oder verkürzt werden kann,
- ärztliche Betreuung, Hebammenhilfe, stationäre Entbindung, häusliche Pflege, Haushaltshilfe, Betriebshilfe für Landwirte, Mutterschaftsgeld bei Schwangerschaft und Mutterschaft.

16.7.4 Krankenversicherung für Selbstständige

Selbstständigen stehen zwei Möglichkeiten zur Verfügung. Sie können eine private Krankenversicherung oder freiwillige Mitgliedschaft in der gesetzlichen Krankenversicherung wählen | ▸ HF 3, Kap. 25.1 |.

Hinsichtlich einer privaten Krankenversicherung gilt das unter | ► HF 3, Kap. 16.7.2 | Genannte. Hier nur mit dem Unterschied, dass der Selbstständige keine Verdienstgrenzen nachweisen und seine Beiträge allein aufbringen muss. Besonderheiten sind bei geschäftsführenden Gesellschaftern von Kapitalgesellschaften zu beachten.

Eine freiwillige Mitgliedschaft in der gesetzlichen Krankenversicherung setzt Folgendes voraus:

Voraussetzung freiwillige Mitgliedschaft in der GKV

- Beantragung der freiwilligen Mitgliedschaft bis zu drei Monate nach Ausscheiden aus der Versicherungspflicht in der gesetzlichen Krankenversicherung,
- vor Ausscheiden aus der gesetzlichen Krankenversicherung muss der Selbstständige in den letzten fünf Jahren 24 Monate oder unmittelbar vor dem Ausscheiden ununterbrochen mindestens 12 Monate in dieser versichert gewesen sein.

Die Beiträge werden nach folgenden Grundsätzen berechnet:

Berechnung der Beiträge

- Bemessungsgrundlage sind alle positiven Einkünfte des Selbstständigen (Gewinn, Einnahmen aus Kapitalvermögen, z.B. Zinsen, Dividenden, Vermietung und Verpachtung und in gewissem Umfang auch Renten und Entgelte aus geringfügigen Beschäftigungen). Die Einkünfte müssen durch jährliche Vorlage des Einkommensteuerbescheides nachgewiesen werden.
- Begrenzt wird die Bemessung des Beitrags durch
  - einen Maximalbeitrag bis zur Beitragsbemessungsgrenze,
  - einen Mindestbeitrag auf der Basis einen fiktiven Einkommens (Bezugsgröße).

Für die Beitragssätze gilt:

- allgemeiner Beitragssatz 14,6 % mit Krankengeldanspruch,
- ermäßigter Beitragssatz 14,0 % ohne Krankengeld oder mit Krankengeld nach Wahltarif.

16.7.5 Ausgleichsverfahren bei Krankheit und Mutterschaft (Umlage)

Das Umlageverfahren ist eine Lohnfortzahlungsversicherung, die Aufwendungen der Arbeitgeber bei Lohnfortzahlung im Krankheitsfall und andererseits bei Mutterschaft erstattet.

Ihren persönlichen Zugang zum Sackmann-Lernportal finden Sie auf Seite 3.

U1-Verfahren Durch das U1-Verfahren soll verhindert werden, dass kleinere Unternehmen durch die Erfüllung der Entgeltfortzahlungsansprüche ihrer Arbeitnehmer finanziell überlastet werden. Voraussetzung für die Beteiligung am U1-Verfahren ist, dass der Arbeitgeber nicht mehr als 30 anrechenbare Arbeitnehmer beschäftigt.

U2-Verfahren Die Teilnahme am U2-Verfahren ist hingegen für alle Arbeitgeber verpflichtend. Es handelt sich hierbei um ein Verfahren zum Ausgleich der finanziellen Belastungen aus dem Mutterschutz. Die Arbeitgeber erhalten durch dieses Ausgleichsverfahren alle nach dem Mutterschutzgesetz zu zahlenden Aufwendungen erstattet (Mutterschutzlohn bei Beschäftigungsverbot, Zuschuss zum Mutterschaftsgeld und die Arbeitgeberbeiträge zur Sozialversicherung).

Diese besondere Versicherung ist bei den gesetzlichen Krankenkassen des Arbeitnehmers eingerichtet.

Die Beitragssätze werden individuell von den gesetzlichen Krankenkassen in der Satzung festgelegt. Die Berechnungsgrundlage ist der beitragspflichtige Bruttolohn bis zur Beitragsbemessungsgrenze der Rentenversicherung.

16.8 Pflegeversicherung

Pflicht zur Pflegeversicherung Es besteht bei pflichtversicherten und freiwillig versicherten Arbeitnehmern in der gesetzlichen Krankenkasse auch die Pflicht zur Pflegeversicherung. Es gilt der Grundsatz: „Pflegeversicherung folgt Krankenversicherung“.

Die Beiträge werden zur Hälfte von Arbeitnehmer und Arbeitgeber getragen. Dies gilt nicht:

- im Freistaat Sachsen (die Arbeitnehmer zahlen in Sachsen einen höheren Anteil als die Arbeitgeber) und
- für Arbeitnehmer mit Arbeitsentgelt innerhalb der Gleitzone | ► HF 3, Kap. 16.2.2 |.

Beitragszuschlag zur Pflegeversicherung für Kinderlose Mit dem „Gesetz zur Berücksichtigung der Kindererziehung im Beitragsrecht der sozialen Pflegeversicherung“ (Kinder-Berücksichtigungsgesetz) müssen gesetzlich Versicherte zwischen 23 und 65 Jahren ohne Kinder einen Zuschlag von 0,25 Prozentpunkten zur Pflegeversicherung bezahlen. Diesen Beitrag zahlt der Arbeitnehmer allein.

Versicherte in privaten Krankenkassen Auch für Versicherte in privaten Krankenkassen besteht die Pflicht, sich gegen das Risiko der Pflegebedürftigkeit abzusichern. Die Versicherungsverträge müssen nicht bei einem Versicherungsträger abgeschlossen werden.

Der privat Versicherte zahlt seine Beiträge selbst. Hierbei steht ihm als Arbeitnehmer aber ein Zuschuss vom Arbeitgeber zu. Generell gilt, dass ein Zuschuss einerseits bis zur Höhe von 50 % des Beitrages der privaten Krankenversicherung gezahlt werden und andererseits bis zum maximalen gesetzlichen Arbeitgeberzuschuss gehen kann.

Einteilung in Pflegestufen

Unter Beteiligung des Medizinischen Dienstes der Krankenkassen erfolgt - abhängig vom Umfang der notwendigen Verrichtungen - eine Einstufung in folgende drei Stufen: I = erheblich pflegebedürftig, II = schwerpflegebedürftig, III = schwerstpflegebedürftig.

Leistungen der Pflegeversicherung

Nachfolgende Leistungen können gewährt werden:

- Vollpflege,
- Sachleistung für die Pflege,
- Pflegegeld für Pflegehilfen,
- Kombination von Geldleistung und Sachleistung,
- häusliche Pflege bei Verhinderung der Pflegeperson,
- Hilfsmittel und technische Hilfen,
- Tagespflege und Nachtpflege,
- kurzzeitige Pflege,
- Leistungen zur sozialen Sicherung der Pflegepersonen,
- Pflegekurse für Angehörige und ehrenamtliche Pflegepersonen.

16.9 Rentenversicherung

Die Aufgabe der gesetzlichen Rentenversicherung gliedert sich in zwei zentrale Bereiche: Zum einen die Zahlung von Renten, zum anderen die Rehabilitation, die dafür sorgen soll, die Erwerbsfähigkeit kranker und behinderter Menschen positiv zu beeinflussen und - wenn möglich - wieder herzustellen.

Äquivalenzprinzip

Die Leistungen sind in ihrem Umfang - anders als bei den anderen Säulen der Sozialversicherung - abhängig von der Höhe der eingezahlten Beiträge (Äquivalenzprinzip).

Versicherungspflicht

Nach dem SGB VI sind Arbeiter, Angestellte und Auszubildende versicherungspflichtig. Diese Versicherungspflicht bleibt auch bei Überschreitung der Beitragsbemessungsgrenze bestehen.

Versicherungsfreiheit

Versicherungsfreiheit besteht für:

- Beamte,
- Geringverdiener (Praktikanten),
- zeitlich geringfügige Beschäftigte und
- Altersrentner in einem Beschäftigungsverhältnis.

Leistungen der gesetzlichen Rentenversicherung

Die Regelleistungen der Rentenversicherung sind:

Rehabilitation

- Rehabilitation,

  Dazu gehören Heilbehandlungen (Gewährung von Kuren), Berufsförderung (Umschulung, Hilfe bei Arbeitsstellenbeschaffung, soziale Betreuung (finanzielle Unterstützung während der Dauer der Heilbehandlung und der Berufsförderung).

Altersrente

- Zahlung von Altersrente,

  Versicherte haben nach Erreichen der Regelaltersgrenze und einer allgemeinen Wartezeit (Beitragszeit) von 5 Jahren Anspruch auf Altersrente. Ein früherer Rentenbeginn ist mit Abschlägen möglich. Dies gilt jedoch nur für Versicherte mit 45 Pflichtbeitragsjahren aus Beschäftigung, Kindererziehungszeiten und versicherungspflichtigen Pflegezeiten.
- Zahlung von Rente aufgrund einer verminderten Erwerbsfähigkeit,
- Hinterbliebenenrente (Witwen/Witwer und Waisenrente).

Folgende Versicherungszeiten fließen in die Rentenberechnung ein:

Beitragszeiten

- Zu den Beitragszeiten zählen Pflichtbeitragszeiten, freiwillige Beitragszeiten und Beitragszeiten, die als gezahlt gelten (Kindererziehungszeiten),

Anrechnungszeiten

- Anrechnungszeiten sind beitragsfreie Zeiten, die zu Rentenansprüchen führen können:
  - Schutzfristen nach dem Mutterschutzgesetz,
  - Schulzeiten nach dem vollendeten 17. Lebensjahr,
  - Arbeitslosigkeit ohne Leistungsbezug.

Zurechnungszeiten

- Zurechnungszeiten sind beitragsfreie Zeiten wegen Erwerbsminderung oder bei Rentenbezug wegen Todes. Diese werden den rentenrechtlichen Zeiten hinzugerechnet. Voraussetzung hierfür ist, dass der Versicherte das 60. Lebensjahr noch nicht vollendet hat.

16.10 Rentenpflichtversicherung im Handwerk

Selbstständig tätige Handwerker sind in der gesetzlichen Rentenversicherung i.d.R. dann versicherungspflichtig,

Voraussetzungen

- wenn sie in die Handwerksrolle eingetragen sind (als zulassungspflichtiges Handwerk nach der Anlage A der Handwerksordnung) und
- eine selbstständige Tätigkeit tatsächlich ausüben.

Sie sind dann versicherungspflichtig, wenn sie Betriebsinhaber von Einzelunternehmen und Gesellschafter von Personengesellschaften sind und über die erforderliche Qualifikation (Meisterprüfung) verfügen.

Nicht versicherungspflichtig sind Gesellschafter von Kapitalgesellschaften (GmbH, Aktiengesellschaft und Unternehmergesellschaft).

Handwerkerpflichtversicherung

Ein selbstständiger Handwerker, der im Rahmen der Anlage A bereits vor 2004 der Versicherungspflicht unterlag und dessen Handwerk durch die Novellierung der Handwerksordnung per 1. Januar 2004 in die Anlage B1 überführt worden ist, unterliegt weiterhin der Handwerkerpflichtversicherung.

Die Pflichtversicherung beträgt insgesamt 216 Monate (18 Jahre).

Auf diese 18 Jahre sind sämtliche für den Handwerker anrechenbaren Pflichtbeitragszeiten anzurechnen. Dazu gehören auch solche, die außerhalb der Handwerkertätigkeit liegen (z.B. Pflichtbeiträge aufgrund einer Beschäftigung, Berufsausbildung, Kindererziehung, nicht erwerbsmäßigen Pflegetätigkeit, Wehrdienstleistungen).

Pflichtbeitrag

Der pflichtversicherte Handwerker zahlt für jeden Monat einen Pflichtbeitrag. Im Rahmen der Beitragsfestlegung sind drei Varianten möglich.

Regelbeitrag

Bemessungsgrundlage für den Regelbeitrag ist die monatliche Bezugsgröße Ost/West und der jeweilige Beitragssatz der gesetzlichen Rentenversicherung. Die Bezugsgröße ist hierbei eine Rechengröße der Sozialversicherung und stellt das Durchschnittsentgelt aller Rentenpflichtversicherten im vorangegangenen Kalenderjahr dar.

halber Regelbeitrag

Der halbe Regelbeitrag kann im Jahr der Aufnahme der selbstständigen Tätigkeit und in den sich anschließenden vollen drei Kalenderjahren der Beitragsberechnung zugrunde gelegt werden („Jungmeisteregelung"). Dies gilt nicht für Bezirksschornsteinfeger.

einkommensabhängige Beitragsberechnung

Eine Beitragsberechnung kann auch auf der Grundlage des tatsächlichen Einkommens gewählt werden. Dies ist insbesondere dann angeraten, wenn das Einkommen niedriger ist, als die jeweilige Bezugsgröße im Rahmen der Ermittlung des Regelbeitrages.

Als Einkommen wird hierbei der Gewinn aus dem letzten vorliegenden Einkommensteuerbescheid verstanden (Einkünfte aus Gewerbebetrieb). Bei Aufnahme der selbstständigen Tätigkeit im laufenden Jahr wird der Gewinn auf das Jahr hochgerechnet.

Der mittels des letzten vorliegenden Steuerbescheids zugrunde gelegte Gewinn wird von dem Rentenversicherungsträger jährlich dynamisiert, d.h., mit einem vierstelligen Faktor auf die Gegenwart hochgerechnet (§ 165 Abs. 1 Satz 4 SGB VI).

Liegt ein neuer Einkommensteuerbescheid vor, muss der selbstständige Handwerksmeister diesen spätestens zwei Monate nach Zustellung dem Rentenversicherungsträger vorlegen. Änderungen werden dann im des Folgemonats berücksichtigt.

Der Mindestbeitrag wird derzeit auf Basis von € 450,-/Monat, der Höchstbeitrag bis zur Beitragsbemessungsgrenze der Rentenversicherung berechnet.

Die Wahl zwischen Bezugsgröße oder Einkommen als Berechnungsgrundlage ist nicht endgültig. Eine Änderung ist jederzeit möglich. Die Änderung wirkt dann ab dem Folgemonat nach der Antragstellung.

Beiträge als Sonderausgaben

Die Beiträge zur gesetzlichen Rentenversicherung des Handwerksmeisters können darüber hinaus im Rahmen der Einkommensteuererklärung als Sonderausgaben/Vorsorgeaufwendungen geltend gemacht werden.

Beispiel: Ramona und Jochen Wall haben sich mit der Gründung ihres Unternehmens vor fünf Jahren zunächst für den halben Regelbeitrag entschieden, um gerade am Anfang eine weitestgehende Liquidität zu sichern. Nach den drei folgenden Kalenderjahren mussten sie sich dann für den Regelbeitrag oder die einkommensabhängige Beitragsbemessung entscheiden.

Mithilfe eines Versicherungsexperten der Handwerkskammer haben sie sich Ihre Einkommenssituation angeschaut und es wurde klar, dass ihre Beiträge zur Rentenversicherung geringer ausfallen, wenn sie die einkommensabhängige Beitragsbemessung wählen. Erst wenn der Betrieb höhere Gewinne verzeichnet, wollen sie zum Regelbeitrag wechseln und auch über ergänzende Vorsorgemaßnamen für ihre Altersversorgung nachdenken.

Befreiung von der Versicherungspflicht

Selbstständig tätige Handwerker können sich - mit Ausnahme der Bezirksschornsteinfegermeister - auf Antrag von der Versicherungspflicht in der gesetzlichen Rentenversicherung befreien lassen, wenn sie die 18 Jahre (216 Kalendermonate) Pflichtbeiträge (Handwerkerpflichtversicherung) zur gesetzlichen Rentenversicherung entrichtet haben | ► HF 2, Kap 26.1 |.

Die Befreiung wirkt erst vom Vorliegen der Befreiungsvoraussetzungen an, wenn sie innerhalb von drei Monaten beauftragt wird, sonst vom Eingang des Antrags an. Der Antrag ist bei der Deutschen Rentenversicherung zu stellen.

Aktuelles zu den Themen im Sackmann bietet das Lernportal.

16.11 Arbeitslosenversicherung

Versicherungspflichtig in der Arbeitslosenversicherung sind grundsätzlich alle Personen, die eine mehr als geringfügige Beschäftigung gegen Arbeitsentgelt ausüben und Auszubildende.

Bestimmte Personengruppen sind von der Versicherungspflicht ausgeschlossen, weil sie dem Schutz der Versicherung nicht unterliegen sollen (z.B. Beamte, Soldaten oder Personen, die das reguläre Rentenalter erreicht haben).

Der Leistungskatalog der Arbeitslosenversicherung an Arbeitnehmer bietet z.B.:

Leistungen an Arbeitnehmer

- Entgeltersatzleistungen: Arbeitslosengeld bei Arbeitslosigkeit und bei beruflicher Weiterbildung, Teilarbeitslosengeld, Übergangsgeld, Insolvenzgeld,
- Beratung und Vermittlung (Bewerbungskosten, Erstattung von Reisekosten, Vermittlungsgutschein),
- Förderung der Aufnahme einer Beschäftigung (Übergangsbeihilfe, Ausrüstungsbeihilfe, Reisekostenbeihilfe, Fahrkostenbeihilfe, Umzugskostenbeihilfe),
- Förderung der Aufnahme einer selbstständigen Tätigkeit,
- Förderung der Berufsausbildung, Förderung der beruflichen Weiterbildung,
- Förderung der Teilhabe behinderter Menschen am Arbeitsleben,
- Förderung einer ganzjährigen Beschäftigung (Saison-Kurzarbeitergeld, Zuschuss-Wintergeld und Mehraufwands-Wintergeld).

Die Leistungen an die Arbeitgeber beinhalten z.B.:

Leistungen an Arbeitgeber

- Einstellung von Arbeitnehmern (Eingliederungszuschüsse, Einstellungszuschuss bei Neugründungen, Einstellungszuschuss bei Vertretung),
- Förderung der beruflichen Weiterbildung (Zuschuss zum Arbeitsentgelt für Ungelernte),
- Förderung der Teilhabe behinderter Menschen am Arbeitsleben.

Der Leistungskatalog der Arbeitslosenversicherung an die Träger bietet z.B.:

Leistungen an Träger

- Berufsausbildungsförderung,
- Förderung von Einrichtungen zur beruflichen Aus- oder Weiterbildung oder zur beruflichen Rehabilitation,
- Förderung von Jugendwohnheimen,
- Zuschüsse zu Sozialplanmaßnahmen,
- Förderung von Arbeitsbeschaffungsmaßnahmen,
- Förderung von Beschäftigung schaffenden Infrastrukturmaßnahmen.

Leistungen an Arbeitnehmer

Freiwillige Arbeitslosenversicherung für Selbstständige

Selbstständig Tätige, deren Arbeitszeit mindestens 15 Stunden beträgt, sind zur freiwilligen Arbeitslosenversicherung berechtigt | ▸ HF 2, Kap 25.1.5 |.

Voraussetzungen Voraussetzungen für das Versicherungspflichtverhältnis auf Antrag sind:

- Innerhalb der letzten 24 Monate vor Aufnahme der Tätigkeit/Beschäftigung muss der Antragsteller mindestens 12 Monate in einem Versicherungspflichtverhältnis gestanden haben.
- Zwischen Aufnahme der Selbstständigkeit und dem Ende des Versicherungspflichtverhältnis darf nicht mehr als ein Monat liegen.
- Die Voraussetzung ist entsprechend auch bei Bezug von Entgeltersatzleistung nach dem SGB III (z.B. Arbeitslosengeld I) erfüllt.

Der Antrag auf freiwillige Weiterversicherung ist innerhalb von drei Monaten nach Aufnahme der Selbstständigkeit zu stellen.

Beitragshöhe Der monatliche Beitrag wird auf Grundlage einer monatlichen Bezugsgröße errechnet, die jährlich neu berechnet wird. Sie entspricht etwa den Durchschnittseinkommen aller rentenpflichtversicherten Beschäftigten. 3 % dieser Beträge müssen Selbstständige als Beitrag an die Arbeitslosenversicherung abführen.

Um den Besonderheiten der Startphase einer Existenzgründung Rechnung zu tragen, zahlen Selbstständige im Jahr der Existenzgründung und im darauf folgenden Kalenderjahr nur 50 % des monatlichen Beitrages.

Leistung Die Höhe der Leistung hängt dann von der Qualifikationsgruppe, der Steuerklasse und der Anzahl der Kinder ab.

Es werden vier Personengruppen unterschieden:

- mit Hochschulausbildung,
- Meister,
- mit Ausbildungsberuf,
- ohne Berufsausbildung.

Obwohl alle Selbstständigen den gleichen Beitrag in die freiwillige Versicherung einzahlen, fallen die Leistungen unterschiedlich aus.

Beispiel: Ramona und Jochen Wall haben sich bei Ihrer Gründung für eine freiwillige Arbeitslosenversicherung entschieden, weil die Unsicherheit, ob sie das mit der Selbständigkeit überhaupt schaffen, noch recht groß war. Erleichtert hat Ihnen der Schritt, dass der Beitrag im Jahr ihrer Gründung und dem darauf folgenden Jahr nur 50 % beträgt.

Und die Tatsache, dass sie einen Meistertitel haben, sichert Ihnen relativ hohe Leistungen für den Fall, dass sie als Selbstständige arbeitslos werden.

Das sah bei Ramonas Freundin, die sich als Restaurantfachfrau mit einem Bistro selbstständig gemacht hat, nicht ganz so gut aus. Hier ist die Grundlage für ihre Einordnung „nur" die Ausbildung.

16.12 Gesetzliche Unfallversicherung

Aufgabe der Unfallversicherung

Die Berufsgenossenschaften - als Träger der gesetzlichen Unfallversicherung - haben den Auftrag, Arbeitsunfälle sowie Berufskrankheiten und arbeitsbedingte Gesundheitsgefahren zu verhüten (z.B. durch Unfallverhütungsvorschriften) und den Versicherten und seine Hinterbliebenen bei Eintritt eines Versicherungsfalles zu entschädigen.

Die gewerblichen Berufsgenossenschaften versichern Arbeitnehmer ohne Berücksichtigung des Alters, Geschlechts, Familienstands, der Nationalität oder des Einkommens.

Für Selbstständige und Unternehmer besteht die Möglichkeit, sich freiwillig in der gesetzlichen Unfallversicherung zu versichern, wenn Sie nicht zu den Gruppen gehören, die verpflichtend versichert sind | ► HF 2, Kap 25.1.3 |.

Leistungen aus der Unfallversicherung werden bei Arbeitsunfällen (d.h. während der Arbeitszeit im Betrieb, auf einer Baustelle oder Dienstreise etc.) gewährt. Darüber hinaus sind folgende Fälle abgedeckt:

Zuständigkeit der Unfallversicherung

- Wegeunfälle,

  Wegeunfälle sind Unfälle, die Beschäftigte auf dem Weg zur oder von der Arbeit erleiden. Auch notwendige Umwege sind hierbei mit eingebunden, z.B. Wege die erforderlich sind, um Kinder während der Arbeitszeit unterzubringen, mit Fahrgemeinschaften, bei Umleitungen, weil der Arbeitsplatz über einen längeren Weg schneller erreicht werden kann.

- Berufskrankheiten,

  Berufskrankheiten sind bestimmte in einer Rechtsverordnung aufgeführte Krankheiten, die infolge der beruflichen Tätigkeit entstehen.

- Unternehmerhaftpflicht - Haftungsablösung.

  Die gesetzliche Unfallversicherung übernimmt bei Arbeitsunfällen und Berufskrankheiten von Arbeitnehmern die Haftung des Arbeitgebers. Durch diese sog. Haftungsablösung müssen die Unternehmen keine Schadensersatzansprüche wegen eines Arbeits- oder Wegeunfalls fürchten.

Leistungen

Die Leistungen der Unfallversicherung umfassen Sach- und Geldleistungen (grundsätzlich ohne Eigenbeteiligung der Versicherten). Sie werden von Amts wegen festgestellt, d.h. gewährt, ohne dass es eines Antrages des Versicherten oder Hinterbliebenen bedarf.

Die Leistungen an Versicherte sind im Wesentlichen medizinische und berufsfördernde Leistungen zur Rehabilitation sowie Lohnersatz- bzw. Entschädigungsleistungen in Geld. Bei einer Erwerbsminderung in rentenberechtigender Höhe werden eine Rente und andere Geldleistungen an den Versicherten gezahlt. Die Hinterbliebenenleistungen werden nach festen Prozentsätzen gezahlt.

Leistungen der Unfallversicherung

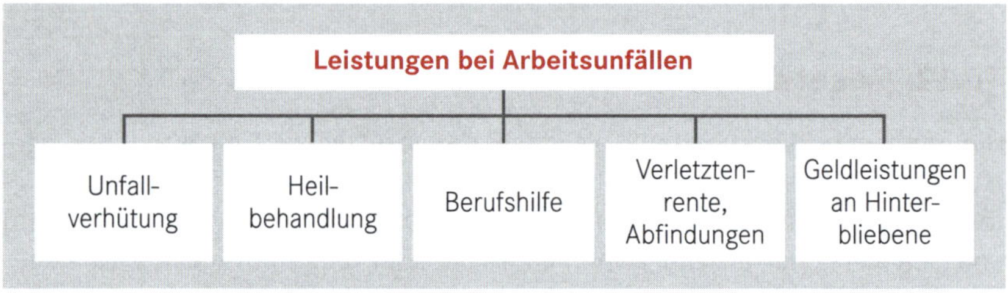

Beiträge zur Unfallversicherung

Die Beiträge zur Unfallversicherung werden von den Unternehmen aufgebracht. Die Beitragshöhe ist abhängig von:

- der Lohnsumme der Mitarbeiter (Löhne und Gehälter),
- den Ausgaben der gesetzlichen Unfallversicherung und
- dem Unfallrisiko (Gefahrklasse).

Der Unternehmer hat bezüglich der Unfallversicherung insbesondere folgende Pflichten (bei vorsätzlicher oder fahrlässiger Verletzung der Pflichten drohen Geldbußen):

Unternehmerpflichten

- die Eröffnung und Beendigung eines Betriebes binnen einer Woche der zuständigen Berufsgenossenschaft melden,
- alle Arbeitsstätten, Maschinen und Geräte so einzurichten und zu erhalten, dass die Versicherten gegen Arbeitsunfälle geschützt sind,

- die Unfallverhütungsvorschriften den Betriebsangehörigen in geeigneter Weise bekannt geben,
- die arbeitsmedizinische und sicherheitstechnische Betreuung sicherstellen,
- einen Arbeitsunfall, der eine dreitägige Arbeitsunfähigkeit bedingt, binnen drei Tagen der Berufsgenossenschaft sowie dem Amt für Arbeitsschutz melden, einen tödlichen Unfall sofort.

17 Lohnsteuer

Die Lohnsteuer ist eine Erhebungsform der Einkommensteuer zur Besteuerung von Einkünften aus nichtselbstständiger Arbeit durch Abzug vom Arbeitslohn. Als Arbeitslohn gilt die Summe der Bar- und Sachbezüge, die den Arbeitnehmern aus ihren Dienstverhältnissen zufließen.

Die Lohnsteuer verhält sich analog der Einkommensteuer progressiv-proportional. Das bedeutet, dass bis zu einer bestimmten Arbeitslohnhöhe die Steuer schneller steigt als der Lohn.

Zuschlagsteuer

Neben der Lohnsteuer fallen die Zuschlagsteuern (Annexsteuern) Solidaritätszuschlag und ggf. die Kirchensteuer an. Ihre Bemessung richtet sich nach der Höhe der Lohnsteuer.

Steuerschuldner ist der Arbeitnehmer. Der Arbeitgeber hat bei jeder Lohnzahlung die Lohnsteuer vom Arbeitslohn einzubehalten und an das Betriebsstättenfinanzamt abzuführen.

17.1 Ermittlung der Lohnsteuer

Zur Durchführung des Lohnsteuerabzugs sind die steuerpflichtigen Arbeitnehmer in Steuerklassen einzuteilen. Die Steuerklassen spiegeln die individuellen Besteuerungsmerkmale des Arbeitnehmers wider.

Steuerklassen

Steuerklassen	Arbeitnehmer
SKL I	Ledige und dauernd Getrenntlebende
SKL II	tatsächlich Alleinlebende mit Anspruch auf den Entlastungsbetrag und mit mindestens einem Kind
SKL III	1. Verheiratete, wenn der Ehegatte a) keinen Arbeitslohn bezieht, b) auf Antrag in der SKL V eingereiht wird 2. Verwitwete für das Kalenderjahr, das dem Todesjahr des Ehegatten folgt 3. Geschiedene für das Jahr der Ehescheidung

Steuerklassen	Arbeitnehmer
SKL IV	Verheiratete, wenn der Ehegatte ebenfalls Arbeitslohn bezieht – mit und ohne Faktor
SKL V	Verheiratete, wenn der Ehegatte ebenfalls Arbeitslohn bezieht und auf Antrag in der SKL III eingereiht wird
SKL VI	Steuerpflichtige, die Arbeitslohn aus einem zweiten oder weiteren Dienstverhältnis erzielen

Im Rahmen der Steuerklassenwahl sind für Ehepaare verschiedene Kombinationen möglich. Je nachdem wie die Einkommensverhältnisse sind, gibt es mehr oder weniger vorteilhafte Lösungen für den Steuerzahler:

Steuerklassenkombinationen

- Die Steuerklassenkombination IV/IV (gesetzlicher Regelfall) geht davon aus, dass die Ehegatten gleich viel verdienen.
- Die Steuerklassenkombination III/V ist so gestaltet, dass die Summe der Steuerabzugsbeträge für beide Ehegatten in etwa der gemeinsamen Jahressteuer entspricht, wenn der Ehegatte mit Steuerklasse III 60 %, der Ehegatte mit Steuerklasse V 40 % des gemeinsamen Arbeitseinkommens erzielt.
- Anstelle der Steuerklassenkombinationen III/V können Arbeitnehmer für den Lohnsteuerabzug das sog. Faktorverfahren bei Steuerklasse IV/IV wählen. Der Faktor ist ein steuermindernder Multiplikator, damit bei Ehegatten mit der Steuerklasse IV nicht mehr Lohnsteuer einbehalten wird als unbedingt notwendig.

Durch die Lohnsteuerklassen werden im Zusammenhang mit den Lohnsteuertabellen bereits bei der Lohnsteuerberechnung bestimmte Freibeträge (z.B. Grundfreibetrag, Werbungskostenpauschbetrag und Vorsorgepauschalen) berücksichtigt.

Lohnsteuertabellen

Aus den Lohnsteuertabellen (heute eher elektronische Versionen als „Lohnsteuerrechner“ oder „Brutto-Netto-Rechner“) lässt sich ablesen, wie viel der Arbeitgeber vom Lohn eines Arbeitnehmers an Lohnsteuer, Solidaritätszuschlag und Kirchensteuer einzubehalten hat.

ELStAM

Neben der Steuerklasse benötigt der Arbeitgeber weitere Informationen (Lohnsteuerabzugsmerkmale). Diese Informationen (Freibeträge) werden vom Bundeszentralamt für Steuern zum elektronischen Abruf bereitgestellt (Elektronische LohnSteuerAbzugsMerkmale – ELStAM).

Diese Freibeträge kann der Arbeitnehmer zur Berücksichtigung bei den Lohnsteuerabzugsmerkmalen beantragen, um eine zutreffende Besteuerung sicherzustellen. Es handelt sich z.B. um folgende Beiträge:

Freibeträge

- Kinderfreibeträge,
- Pauschbeträge für Behinderte und Hinterbliebene,

- Werbungskosten aus nichtselbstständiger Arbeit (soweit sie den Arbeitnehmer-Pauschbetrag übersteigen und mehr als 600 €/Jahr betragen),
- Sonderausgaben (soweit sie den Sonderausgaben-Pauschbetrag übersteigen,
- außergewöhnliche Belastungen.

17.2 Pflichten des Arbeitgebers

Abführen der Lohnsteuer

Der Arbeitgeber hat i.d.R. spätestens am 10. Tag nach Ablauf eines jeden Monats dem Finanzamt auf elektronischem Weg eine Steuererklärung (Lohnsteueranmeldung) einzureichen, in der die Summe der einzubehaltenden Lohnsteuer anzugeben ist. Zugleich hat er die einbehaltene Lohnsteuer abzuführen.

Lohnkonto

Der Arbeitgeber hat für jeden Arbeitnehmer und jedes Kalenderjahr am Ort der Betriebsstätte ein Lohnkonto zu führen. Unter Betriebsstätte ist der Betrieb oder Teil des Betriebes des Arbeitgebers zu verstehen, in dem der Arbeitslohn ermittelt wird. Im Lohnkonto sind die Lohnsteuerabzugsmerkmale aufzuführen. Es werden auf den Lohnkonten auch die monatlichen Bruttolöhne, die Abzüge und Abgaben sowie die Sachbezüge, Urlaubsgelder oder andere Lohnbestandteile erfasst. Die Aufzeichnungen sind bis zum Ablauf des sechsten Kalenderjahres, das auf die zuletzt eingetragene Lohnzahlung folgt, aufzubewahren.

Am Jahresende und bei Beendigung des Dienstverhältnisses ist das Lohnkonto abzuschließen und der Arbeitnehmer erhält eine entsprechende Lohnsteuerbescheinigung, wenn er zur Einkommensteuer veranlagt wird.

Einkommensteuerveranlagung von Arbeitnehmern

Lohnsteuerpflichtige haben jährlich eine Einkommensteuerklärung u.a. dann abzugeben, wenn

Voraussetzungen Einkommensteuererklärung

- ihre Nebeneinkünfte, die nicht dem Lohnsteuerabzug unterlagen, mehr als € 410,- betragen haben,
- sie im Veranlagungszeitraum Lohnersatzleistungen bezogen haben (z.B. Arbeitslosengeld, Krankengeld, Mutterschaftsgeld),
- sie von mehreren Arbeitgebern Arbeitslohn erhalten haben,
- bei den Lohnsteuerabzugsmerkmalen ein Freibetrag berücksichtigt ist,
- bei Verheirateten, die beide Arbeitslohn bezogen haben, ein Ehegatte in die Steuerklasse V eingereiht war,
- die Steuerklasse VI beantragt wurde,
- sie ihre Ehe beendet und im selben Veranlagungszeitraum wieder geheiratet haben,
- einer der Ehegatten die getrennte Veranlagung beantragt hat.

Die Lohnsteuer kann einerseits durch den Arbeitgeber mittels Lohnsteuerjahresausgleich (soweit das Dienstverhältnis im Ausgleichsjahr ständig bestand) überprüft und bei Überzahlung erstattet werden. Andererseits wird im Rahmen der Einkommensteuerveranlagung die zu zahlende Einkommensteuer durch das Finanzamt festgestellt und ggf. erstattet oder nachgefordert (ggf. bei Verwendung Steuerklasse VI).

17.3 Lohnsteuerpauschalierung

Die Abwicklung rund um die Lohnsteuer des einzelnen Arbeitnehmers ist für den Arbeitgeber mit beträchtlichem Arbeits- und Kostenaufwand verbunden. Um diesen zu vereinfachen, ist es gesetzlich zugelassen, in bestimmten Fällen die Lohnsteuer pauschal zu erheben.

Dabei wird zwischen einem gesetzlichen Steuersatz (zwischen 2 und 25 %) und einem betriebsindividuellen Steuersatz unterschieden. Eingeräumt wurde die Pauschalierung insbesondere für solche Lohnarten, an deren Zahlung der Staat ein besonderes Interesse hat.

pauschalierte Lohnarten

- Fahrtkostenzuschuss für Fahrten Wohnung – Arbeitsstelle,
- Beiträge zur betrieblichen Altersvorsorge,
- Gehälter für kurzfristig beschäftigte Arbeitnehmer,
- Erstattung steuerpflichtiger Spesen (Verpflegungsmehraufwendungen),
- verbilligte Mahlzeiten und Essenszuschüsse.

Wird die Lohnsteuer pauschal erhoben, gilt Folgendes:

- Mit der Pauschalierung der Lohnsteuer wird der Arbeitgeber zum Steuerschuldner im Außenverhältnis; zugleich ist die pauschale Steuer endgültig.
- Mit der Ermittlung der pauschalen Lohnsteuer erfolgt gleichzeitig die Ermittlung des Solidaritätszuschlages und ggf. der Kirchensteuer mittels eines besonderen Kirchensteuersatzes (außer bei geringfügig entlohnter Beschäftigung).
- Eine Abwälzung der Lohnsteuer, des Solidaritätszuschlages und der Kirchensteuer im Innenverhältnis auf den Arbeitnehmer ist jedoch möglich.

Aus den genannten Regelungen ergeben sich Vorteile für Arbeitnehmer und Arbeitgeber:

Vorteile Arbeitnehmer/-geber

- Dadurch, dass der Arbeitgeber zum Steuerschuldner wird, braucht der Arbeitnehmer seine pauschal versteuerten Lohnarten nicht mehr zur Einkommensteuer veranlagen. Das ist dann von Vorteil, wenn der persönliche Grenzsteuersatz des Arbeitnehmers größer ist als der Pauschalsteuersatz.
- Für die meisten der pauschal versteuerten Lohnarten ergibt sich unter Beachtung bestimmter Voraussetzungen darüber hinaus noch eine Beitragsfreiheit in der Sozialversicherung für den Arbeitnehmer.

Nachfolgende Fälle sind für die Pauschalierung der Lohnsteuer zugelassen:

Regelungen Pauschalierung

- Pauschalierung mit besonders ermittelten Pauschalsteuersätzen (§ 40 (1) EStG):

  Auf Antrag des Arbeitgebers kann das Finanzamt für Zahlungen von „Sonstigen Bezügen" bis € 1 000,- einen Pauschalsteuersatz festlegen. Voraussetzung hierbei ist, dass diese Zahlungen in einer größeren Zahl von Fällen vorgenommen werden. Es besteht jedoch keine Beitragsfreiheit in der Sozialversicherung.

- Pauschalierung des gesamten Arbeitslohnes bei geringfügiger Beschäftigung | ► HF 3, Kap. 16.2.1 |:

  Hier steht die steuerliche Förderung von geringfügigen Beschäftigungsverhältnissen im Vordergrund.

  – geringfügig entlohnte Beschäftigung 2 % pauschale Lohnsteuer,
  – zeitlich geringfügige Beschäftigung ggf. 25 % pauschale Lohnsteuer (unter Einhaltung bestimmter Grenzen bei den Arbeitstagen, dem Stundenlohn und dem Tageslohn),

- Pauschalierung der Lohnsteuer von Teilen des Arbeitslohnes (§ 40 (2) EStG), z.B. Erholungsbeihilfen, Betriebsveranstaltungen, erhöhte Verpflegungsmehraufwendungen.

Die Vereinbarung dieser Lohnarten hat die Zielrichtung, den Arbeitnehmer von der gesamten Abgabelast zu befreien. Diese Lohnarten sind i.d.R. den „sozialen Lohnarten" zuzuordnen.

17.4 Lohnsteuerermittlung von einmaligem Arbeitslohn

Einmaliger Arbeitslohn wird steuerrechtlich als „Sonstiger Bezug" bezeichnet. Sonstige Bezüge sind alle Vergütungen, die als einmalige Zahlungen zu einem bestimmten Zweck und zu einem bestimmten Anlass gewährt werden. Die am häufigsten vorkommenden sonstigen Bezüge sind:

Arten von einmaligem Arbeitslohn

- Urlaubsgeld,
- Gratifikationen,
- Weihnachtsgeld,
- Zielprämien,
- Urlaubsabgeltung,
- Entlassungsabfindung (mit Sonderregelungen zum Lohnsteuerabzug).

Beispiel: Der Geselle Tobias Greiner spricht Jochen Wall mit der Bitte an, dass sein Urlaubsgeld über zwei Monate verteilt ausgezahlt wird. Er hat von einem Freund gehört, dass dies die Lohnsteuer reduzieren würde. Wie ist das nun mit den Prämien und der Steuerprogression? Da weiß Jochen Wall nicht Bescheid, da muss er Ramona fragen.

Sonstige Bezüge werden nach dem Zuflussprinzip versteuert. Es gelten die Besteuerungsmerkmale zum Zeitpunkt der Zahlung. Die Ermittlung der Lohnsteuer für die sonstigen Bezüge erfolgt auf Basis der Jahreslohnsteuertabelle (unter Berücksichtigung des Jahresarbeitslohns).

Die Berechnung vermeidet eine zu hohe progressive Besteuerung der Einmalzahlung, da der sonstige Bezug im Lohnabrechnungszeitraum Monat separat so besteuert wird, als wäre er gleichmäßig mit je einem Zwölftel auf das Kalenderjahr verteilt zugeflossen.

Beispiel: Ramona erklärt Jochen, wie die Versteuerung des Urlaubsgeldes in Höhe von € 1 000,– unter Berücksichtigung der Besteuerungsmerkmale von Tobias Greiner berechnet wird, das er im Juni bezieht.

Sein monatliches Gehalt beträgt € 2 250,–

Einschließlich Mai hat er dann in diesem Jahr bezogen:

5 x € 2 250,– = € 11 250,–

Das bereits gezahlte laufende Gehalt wird auf 12 Monate umgerechnet:

€ 11 250,– : 5 = € 2 250,– x 12 = € 27 000,–

Für den Jahresarbeitslohn von € 27 000,– ohne das Urlaubsgeld ergibt sich eine Lohnsteuer von

€ 3 269,– (entspricht 12,11 %)

Zu den € 27 000,– werden die € 1 000,– Urlaubsgeld addiert.

Für den Betrag von € 28 000,– wird dann die Lohnsteuer aus der Jahreslohnsteuertabelle abgelesen:

€ 3 511,– (entspricht 12,54 %)

Die Lohnsteuer für das Urlaubsgeld beträgt dann:

€ 3 511,– ./. € 3 269,– = € 242,– (entspricht 24,2 %).

Die prozentuale Höhe der Lohnsteuer auf die Prämie spiegelt hier ebenfalls die Steuerprogressionswirkung eines Mehrverdienstes wider.

17.5 Zuschläge

Zuschläge sind Lohnbestandteile, die vom Arbeitgeber zusätzlich vereinbart werden. Diese werden für besondere Leistungen oder Belastungen gezahlt.

Zuschläge sind vom Grundsatz steuer- und beitragspflichtig. In Grenzen sind nur Zuschläge zum Arbeitslohn für Sonntags-, Feiertags- oder Nachtarbeit steuer- und beitragsfrei. Mit diesen Zuschlägen zum Grundlohn soll die Leistung des Arbeitnehmers zu Zeiten, an denen die Mehrheit der Beschäftigten arbeitsfrei hat, finanziell honoriert werden.

Ein Rechtsanspruch auf Zuschläge besteht nur aufgrund des Arbeitszeitgesetzes für die Nachtarbeit.

17.6 Sachbezüge

Unter Sachbezügen versteht man Sachzuwendungen und geltwerte Vorteile, die der Arbeitnehmer für seine Dienste erhält.

Sachbezüge unterliegen

- den allgemeinen Vorschriften von Lohnsteuer und Sozialversicherung (Privatnutzung Dienst-PKW),
- der Möglichkeit der Lohnsteuerpauschalierung (Mahlzeiten),
- der Steuerfreiheit (Rabattfreibetrag, Warengutschein).

Ein Vorteil für den Arbeitnehmer bei Gewährung eines Sachbezuges kann i.d.R. angenommen werden.

So führt z.B. die Möglichkeit der Privatnutzung des Dienstfahrzeuges natürlich zu einem steuer- und beitragspflichtigen Abzug. Dieser steht jedoch in keinem Verhältnis zu den notwendigen privaten Aufwendungen für ein Privatfahrzeug.

Folgende Sachbezüge sind möglich:

mögliche Sachbezüge

- kostenlose oder verbilligte Zuwendungen von Sachwerten,
  - Waren,
  - Grundstücke,
  - Kraftfahrzeuge,
  - Gas, Strom, Wasser, Heizung,
  - Deputate,
- kostenlose oder verbilligte Gebrauchs- und Nutzungsüberlassung,
  - Wohnung,
  - Kraftfahrzeuge,
  - Telefon,

- Ersparnis eigener Aufwendungen,
  - Zinsverbilligung (Arbeitgeberdarlehn),
  - Verbilligter Versicherungsschutz.

17.7 Lohnsteuerhaftung des Arbeitgebers

Der Arbeitgeber haftet für die einzubehaltende und abzuführende Lohnsteuer des Arbeitnehmers. Mit dieser Regelung sollen Steuerausfälle vermieden werden. Die Haftung des Arbeitgebers erstreckt sich auf:

Haftung des Arbeitgebers

- die Lohnsteuer, die er einzubehalten und abzuführen hat,
- die Lohnsteuer, die er beim Lohnsteuer-Jahresausgleich zu Unrecht erstattet hat,
- die Einkommensteuer (Lohnsteuer), die auf Grund fehlerhafter Angaben im Lohnkonto oder in der Lohnsteuerbescheinigung verkürzt wird.

Der Arbeitgeber haftet nicht, wenn er erkennt, dass er die Lohnsteuer nicht ordnungsgemäß einbehalten hat und dies unverzüglich dem Finanzamt meldet. Es ist davon auszugehen, dass dies nur bei versehentlich falsch einbehaltener Lohnsteuer gilt und nicht dann, wenn die Lohnsteuer vorsätzlich falsch einbehalten wird.

Für die Tatbestände der Arbeitgeberhaftung sind Arbeitnehmer und Arbeitgeber Gesamtschuldner. Der Arbeitnehmer kann jedoch nur dann in Anspruch genommen werden, wenn

- der Arbeitgeber die Lohnsteuer nicht vorschriftsmäßig vom Arbeitslohn einbehalten hat,

Gesamtschuldner

- oder wenn der Arbeitnehmer weiß, dass der Arbeitgeber die einbehaltene Lohnsteuer nicht vorschriftsmäßig angemeldet hat.

Dies gilt nicht, wenn der Arbeitnehmer den Sachverhalt dem Finanzamt unverzüglich mitgeteilt hat. Eine Haftung erfolgt nur für Lohnsteuernachforderungen die einen Betrag von € 10,- übersteigen.

Tests und Aufgaben zu diesem Kapitel finden Sie im Sackmann-Lernportal.

Kompetenzen

Das sollten Sie als zukünftiger Meister können:

- ✔ Arbeitsverhältnisse rechtswirksam begründen und beenden,
- ✔ Rechte und Pflichten aus Arbeitsverhältnissen beachten,
- ✔ für KMU relevante Regelungen zu Tarifvertrag, Mitbestimmung und Arbeitsschutz bei der Vertrags- und Arbeitsgestaltung berücksichtigen,
- ✔ grundlegende Elemente des Systems der Sozialversicherung hinsichtlich unternehmensrelevanter Pflichten und Gestaltungsmöglichkeiten analysieren und wichtige Regelungen zu Versicherungspflicht, Beitrag, Leistungen und Meldevorschriften beschreiben,
- ✔ für die Lohn-/Gehaltsabrechnung Steuerklassen, Entrichtungsform der Lohnsteuer und Haftung des Arbeitgebers sowie Möglichkeiten von Zuwendungen und Aufwandsersatz recherchieren und beurteilen.

G

Chancen und Risiken zwischenbetrieblicher Kooperationen darstellen

Mit der Übernahme des elterlichen Dachdeckerbetriebs sprudeln bei Markus Petersson die Ideen für Veränderungen, die er dann immer mit seinem Vater bespricht.

„Sag mal, sollen wir im Rahmen von klassischen Aufträgen, wie einem Dachgeschossausbau nicht doch noch einmal über eine Art von Kooperation mit anderen Betrieben nachdenken?“ „Wie kommst du jetzt darauf?“, fragt dieser zurück.

„Mir ist aufgefallen, dass es viele Kunden gibt, die alles aus einer Hand wünschen“, erklärt Markus, „zum Beispiel einen Dachgeschossausbau. Wir können den Kunden aber nur ein Angebot für das Dach machen und empfehlen dann unseren Kunden andere Handwerker für Innenausbau-, Elektro- oder Sanitär-Arbeiten, mit denen wir aus Erfahrung gut zusammenarbeiten können. Ob die dann genommen werden, ist aber eine andere Frage. Und dann müssen wir häufig mit unbekannten Betrieben arbeiten. Die Abstimmung klappt dann häufig gar nicht. Und ganz oft gehen wichtige Aufträge schon vorab an größere Unternehmen, die ein Komplettpaket anbieten und einen guten Gesamtpreis machen können. Im Zusammenschluss mit anderen kleinen Betrieben hätten wir vielleicht auch mehr Chancen bei größeren Aufträgen.“

18 Zwischenbetriebliche Zusammenarbeit

Zwei Entwicklungen im Handwerk führen zu einer immer größeren Bedeutung von zwischenbetrieblichen Kooperationen. Zum einen sind Handwerksbetriebe einem immer stärkeren Wettbewerbsdruck ausgesetzt. Zum anderen nimmt der Wunsch der Kunden nach Komplettangeboten, die Nachfrage von verschiedenen Leistungen „aus einer Hand“, stetig zu. Im Zuge dieser Entwicklung zeigt sich eine steigende Kooperationsbereitschaft vor allem junger Unternehmen, da Kooperationen mit zahlreichen Vorteilen und Chancen verbunden sein können. Die Risiken müssen durch strategisches Vorgehen vermieden werden.

18.1 Unternehmenskooperation entlang der Wertschöpfungskette

Die Wertschöpfungskette umfasst alle Stufen der Produktion von Waren und Dienstleistungen als eine geordnete Reihe von Tätigkeiten. Diese verbrauchen Ressourcen, schaffen Werte und verfolgen das Ziel, einen Gewinn zu erwirtschaften. Teile der Wertschöpfungskette sind:

Teile der Wertschöpfungskette

- Beschaffung von Materialien und Rohstoffen,
- Herstellung bzw. Erstellung der Leistung,
- Anbahnung von Geschäften,
- Beratung,
- Verkauf,
- Reparatur.

Beispiel: Der Wahlspruch von Gerhard Petersson lautete „immer gut und trotzdem günstig“, wobei der Schwerpunkt auf der Qualität lag, die gerade seine ältere Stammkundschaft auch zu schätzen wusste. Doch der Gewinn stagniert und Markus muss sich neue Strategien überlegen, wenn er das Unternehmen erfolgreich in die Zukunft führen will.

Durch betriebsinterne Strategien und Maßnahmen kann eine verbesserte Effizienz der einzelnen Stufen bzw. Prozesse der Wertschöpfungskette erreicht werden und damit eine Optimierung des Gewinns.

Über betriebsinterne Strategien hinaus geht ein Trend hin zu Optimierungen der Wertschöpfungskette im Rahmen von Kooperationen mit anderen Betrieben. Je größer und zuverlässiger das Netzwerk von zusammenarbeitenden Handwerksbetrieben ist, desto größer ist das Leistungsspektrum, welches angeboten werden kann, und desto mehr Aufträge werden an Sie vergeben. So wird auch dem vermehrt auftretenden Wunsch vieler Kunden nach Leistung aus einer Hand entsprochen (z.B. das schlüsselfertige Haus). Zum anderen können durch gemeinsame Akquise, Werbung, Verwaltung und Auftragsbearbeitung Effizienzsteigerungen auf allen Stufen der Wertschöpfungskette erreicht werden.

Grundsätzlich lassen sich zwei Arten von Kooperationen unterscheiden, die verschieden gelagerte Vorteile haben:

- horizontale Kooperation

  horizontale Kooperation

  Dies sind Zusammenschlüsse zwischen Betrieben desselben Gewerks. Vorteile bringen hier gemeinsame Aktivitäten im Bereich Einkauf, Entwicklung, in der Anschaffung von gemeinsam genutzten Produktionsanlagen, im Vertrieb oder als Werbegemeinschaft.

- vertikale Kooperation

vertikale Kooperation

Dies sind Zusammenschlüsse von Betrieben unterschiedlicher Gewerke, die der Nachfrage „alles aus einer Hand“ entgegenkommen wollen.

Beispiel: Markus Petersson hat während seiner Meisterausbildung viel über zwischenbetriebliche Zusammenarbeit gelernt. Daher rührt auch seine Idee, durch den Verbund mit regionalen Handwerksunternehmen das Leistungsspektrum des Betriebes zu vergrößern und so neben den großen Firmen bei der Vergabe von Aufträgen nicht immer leer auszugehen. So hofft er den stagnierenden Gewinn beleben zu können.

Vorteile bzw. Chancen einer Kooperation

Für die Unternehmen in einer betrieblichen Kooperation ergeben sich folgende Vorteile bzw. Chancen:

- Leistungsangebot wird innerhalb kurzer Zeit erweitert,
- Wettbewerbsfähigkeit wird über konkurrenzfähige Angebote gesteigert,
- größere Aufträge können übernommen und termingerecht abgewickelt werden; die Auftragslage und die Kundenanzahl kann erhöht werden,
- reibungslose Arbeitsabläufe sind sicherer,
- Beschaffung kann optimiert werden,
- Risiken werden durch Teilnahme mehrerer Unternehmen für das einzelne geringer,
- Innovationspotenzial wächst durch gegenseitigen Input, Kompetenzen aller Beteiligten können ausgebaut werden,
- personelle Engpässe oder Überkapazitäten können ausgeglichen werden.

Die Vorteile für die Kunden bei Abnahme von Leistungen einer betrieblichen Kooperation:

- sie haben nur einen Ansprechpartner,
- weniger Bürokratie und Aufwand sind zu erwarten,
- Einhaltung von Fertigstellungsterminen ist wahrscheinlicher.

Nutzen Sie das interaktive Zusatzmaterial im Sackmann-Lernportal.

Risiken einer Kooperation

Nachteile einer Kooperation

Die Nachteile bzw. die Risiken einer Kooperation lassen sich durch das Beachten der noch folgenden Voraussetzungen minimieren, ganz ausschalten lassen sie sich aber nie:

- Selbstständigkeit wird in einem gewissen Rahmen eingeschränkt, da Entscheidungen mit allen Beteiligten abgestimmt werden müssen,
- Auftreten von zeitintensiven Abstimmungsprozessen gerade zu Beginn einer Zusammenarbeit, wenn die Abläufe noch nicht so eingespielt sind,
- Auftreten von zeit- und energieraubenden Konflikten, wenn sich die Beteiligten nicht gut verstehen, harmonieren und sich nicht ausreichend vertrauen oder nicht alle in angemessenem Maße Energie und Personal in die gemeinsame Sache investieren.

Beispiel: Gerhard Petersson hat intensiv über die Ideen seines Sohnes nachgedacht. Es ist schon wahr, dass ein frischer Wind dem Dachdeckerbetrieb nicht schaden könnte. Aber er weiß nun wirklich nicht, wie man eine Kooperation auf die Beine stellt, was man beachten muss, welche Möglichkeiten und Formen es gibt, oder was rechtlich berücksichtigt werden muss. Er ruft seinen Sohn an und Markus ist Feuer und Flamme, dass sein Vater nun offen ist für diese neue Möglichkeit. Sie beschließen, sich gleich am Abend zusammenzusetzen und alle Fragen durchzusprechen.

- In welchen Bereichen ist eine Zusammenarbeit sinnvoll?
- Welche Gewerke kommen in Frage?
- Welche Erwartungen stellen Sie an eine funktionierende Kooperation?
- Wie sollten Betriebe aussehen, mit denen man kooperiert?
- Wie weit soll die Kooperation vertraglich vereinbart werden?
- Wo findet man Betriebe, die kooperationsbereit sind?
- Welchen Stellenwert haben dann die Kooperationsaufträge in Bezug zu den Aufträgen an das Einzelunternehmen? Welche Aufträge haben Vorrang?

Voraussetzungen einer erfolgreichen Kooperation

Kooperationsbereitschaft

Ziele klären

Grundlegend für das Funktionieren einer Kooperation ist eine ausgeprägte Kooperationsbereitschaft und Einigkeit darüber, in welche Richtung die Betriebe gemeinsam gehen möchten. Das bedeutet aber nicht zwangsläufig, dass alle Beteiligten für sich die gleichen Ziele haben.

Transparenz

Wichtig ist aber, dass die Ziele zusammenpassen und jeder seine Ziele einbringen kann, die des anderen kennt und akzeptiert. Transparenz innerhalb der Kooperation ist eine wesentliche Voraussetzung für das Gelingen.

Grundlegende Voraussetzungen, die bei den beteiligten Betrieben gegeben sein müssen:

- gleiches Engagement,
- geklärte Rechte und Pflichten,
- Kompromissbereitschaft,
- gewünschter Nutzen für alle Beteiligten durch die Zusammenarbeit.

Beispiel: Am Abend setzen sich Vater und Sohn zusammen, um über die neusten Entwicklungen zu diskutieren.

„Zuerst einmal müssen wir wissen, welche zusätzlichen Leistungen wir den Kunden anbieten wollen", leitet Markus Petersson das Gespräch ein. „Ja, wir können doch einfach mal mit einem kompletten Dachausbau anfangen. Dann sehen wir, wie das klappt", antwortet sein Vater.

„Ok, wir müssen erst mal mit den Handwerksunternehmen sprechen, die wir normalerweise empfehlen. Und dann müssen wir mit denen genaue Ziele und Konditionen vereinbaren. Es ist auch ganz wichtig, dass jeder die gleichen Verpflichtungen und die gleiche Haftung an der Baustelle hat, damit es nachher keinen Streit gibt. Am besten wäre ein Kooperationsvertrag, wie der genau aussehen sollte, das müssen wir uns anschauen."

„Wenn aber die Unternehmen, die wir kennen, kein Interesse an so einer Zusammenarbeit haben, was machen wir dann?", fragt Gerhard Petersson. „Da gibt es Möglichkeiten, kooperationsbereite Unternehmen zu finden", ist sich Markus sicher.

Wege in die Kooperation

Kooperationspartner finden

Die meisten Kooperationen werden von Unternehmen beschlossen, die sich schon kennen. Der Vorteil liegt darin, dass ein vorsichtiges, aufwändiges Herantasten bei den ersten Planungsgesprächen nicht in der Form erforderlich ist, wie bei unbekannten Unternehmen. Der Weg zu einer vertrauensvollen Zusammenarbeit ist kürzer.

Kontakte zu fremden Unternehmen lassen sich auf Messen und Ausstellungen knüpfen. Berater von Handwerkskammern verfügen über zahlreiche Kontakte zu Unternehmen und häufig über einen Zugang zu Datenbanken, in denen kooperationsbereite Unternehmen registriert sind.

Kooperationsvertrag

Regelung der Zusammenarbeit

Wenn sich rechtlich und wirtschaftlich unabhängige Unternehmen entschließen, überbetrieblich zusammenzuarbeiten, muss diese Zusammenarbeit selbstverständlich geregelt werden | ► HF 2, Kap. 20 |. Diese Aufgabe übernimmt der Kooperationsvertrag.

Zuerst müssen die Kooperationspartner festlegen, über welchen Zeitraum die Zusammenarbeit laufen soll:

- Zusammenarbeit nur im Rahmen eines klar begrenzten Projektes,
- nicht befristete Zusammenarbeit über Jahre.

Der Kooperationsvertrag kann sowohl mündlich als auch schriftlich abgeschlossen werden. Dies bedeutet, dass er keiner gesetzlichen Formvorschrift unterliegt. Empfehlenswert ist jedoch im Hinblick auf mögliche spätere Konflikte die schriftliche Form, in der alle Vereinbarungen genau festgehalten sind.

Aspekte des Vertrags

Ziel des Kooperationsvertrages ist die Regelung wesentlicher Fragestellungen:

- Welche Ziele hat die Kooperation?
- Was genau soll die Kooperation leisten? Wer ist für welche Leistung verantwortlich?
- Welche Rechtsform soll für den Kooperationszweck gewählt werden.
- Über welchen Zeitraum läuft die Kooperation (Beginn, Dauer, Kündigung)?
- Wie sehen die Rechte und Pflichten der Partner aus?
- Wie sehen die Rechtsbeziehungen zwischen Kooperationpartnern und Kunden aus?
- Wie werden die Kapitaleinlage bzw. die Beiträge geregelt?
- Wie werden die Kosten verteilt?
- Wie wird der Gewinn verteilt?
- Wie geht man mit Mängeln bei der erbrachten Leistung um?
- Wie sehen die Regelungen zu Ausscheiden, Sanktionen und Ausschluss aus?

18.2 Kooperationsformen

Im Bereich der zwischenbetrieblichen Zusammenarbeit gibt es eine Vielzahl von Kooperationsformen entlang der Wertschöpfungskette. Wirtschaftlich als auch rechtlich hat die Auswahl der Kooperationsform eine entscheidende Bedeutung.

Bereiche der Kooperation

Mögliche Bereiche der Kooperation sind:

- Beschaffung,
- Leistungserstellung,
- Vertrieb,
- Verwaltung.

18.2.1 Kooperationsformen bei der Beschaffung

Die Zusammenarbeit im Bereich der Beschaffung | ▸ HF 3, Kap. 7 | lässt sich unterschiedlich gestalten:

Einkaufsgemeinschaft (GbR)

- Die Einkaufsgemeinschaft wird in der Rechtsform der GbR (Gesellschaft bürgerlichen Rechts) geführt und ist besonders bei mittelständischen Handwerksbetrieben verbreitet. Ziel ist es, durch größere Abnahmemengen bessere Konditionen zu erzielen bzw. die Kosten zu senken. Die Möglichkeiten dabei sind breit gefächert. Es geht vom Einkauf von Waren und Rohstoffen bis zum Einkauf von Strom im gemeinschaftlichen Energiebündel. Oft existiert eine zentrale Verwaltung, die im Namen der Mitglieder die Auswahl der Lieferanten sowie den Bestellvorgang, und die Anlieferung der Bestellung übernimmt und koordiniert.

Einkaufsgenossenschaft

- Wird die Kooperation in der Rechtsform der Genossenschaft ausgeführt, spricht man von der Einkaufsgenossenschaft. Bei einer Genossenschaft ist im Gegensatz zur GbR die Anzahl der Mitglieder nicht festgelegt. Es können ständig neue Mitglieder aufgenommen werden und Mitglieder jederzeit die Genossenschaft wieder verlassen. Je mehr Handwerksbetriebe an der Zusammenarbeit im Bereich der Beschaffung teilnehmen, desto höher ist die Wahrscheinlichkeit, dass sie sich in einer Genossenschaft zusammenschließen. Große Einkaufsgenossenschaften gibt es z.B. im Bäckerhandwerk und im Malerhandwerk.

Beispiel: Markus Petersson ist Mitglied in der Interessengemeinschaft junger Unternehmer. Er spricht bei einem Treffen über die Kooperationspläne, um von möglichen Erfahrungen der anderen zu hören. Ein Mitglied gibt ihm daraufhin den Hinweis auf eine Webseite, die eine Vielzahl von Einkaufsgemeinschaften innerhalb Deutschlands gelistet hat.

Bei seinem Vater stößt er damit erst wieder auf Skepsis. „Und was bringt uns so eine Einkaufsgemeinschaft? Wir sind doch mit unseren bisherigen Lieferanten super zurechtgekommen“, möchte Vater Gerhard wissen. „Ja, aber wenn wir über so eine Einkaufsgemeinschaft einkaufen, erhalten wir besonders günstige Preise und müssen uns vielleicht nicht mehr um die Anlieferung der Sachen kümmern. Es gibt Einkaufsgemeinschaften, die das zentral organisieren“, erklärt Markus Petersson euphorisch. „Ich mache dir folgenden Vorschlag“, antwortet Gerhard Petersson, „du suchst mal was raus und wenn die Preise stark voneinander abweichen, dann peilen wir so etwas mal an.“

18.2.2 Kooperationsformen bei der Leistungserstellung

Eine Kooperation verschiedener Betriebe bei der Leistungserstellung gewinnt gerade im Handwerk immer mehr an Bedeutung. Ziel dieser Kooperationsform ist die Dienstleistung aus einer Hand, die von Seiten der Kunden immer mehr nachgefragt wird.

General- und Subunternehmer

- Von besonderer Bedeutung ist im Handwerk die Kooperationsform der General- und Subunternehmer. Der Generalunternehmer schließt mit dem Kunden einen Werkvertrag über eine komplette Leistungserstellung ab (z.B. der Bau eines schlüsselfertigen Hauses). Da dem Generalunternehmer jedoch die Ressourcen fehlen, um den Auftrag komplett alleine auszuführen, muss er ihn in Teilaufträge untergliedern. Diese vergibt er dann an weitere Handwerksbetriebe, die sog. Subunternehmer.

  Am Ende rechnet der Generalunternehmer mit den Subunternehmern ab und zahlt ihnen die fällige Vergütung. Der Kunde begleicht seine Rechnungen ausschließlich beim Generalunternehmer. Dieser trägt dann auch die Verantwortung für die korrekte und termingerechte Fertigstellung des Kundenauftrags. Durch diese Kooperationsform wird die Mitarbeit an Großbaustellen für kleinere und mittlere Handwerksunternehmen erst möglich.

Arbeitsgemeinschaft

- Eine weitere Möglichkeit der zwischenbetrieblichen Kooperation ist die Bildung einer Arbeitsgemeinschaft (ARGE). Dies ist ein Zusammenschluss von Unternehmen, um ein gemeinsames Projekt umzusetzen oder auch gemeinsame Ziele zu erreichen. Der Unterschied zur Kooperation von General- und Subunternehmer besteht darin, dass in der Arbeitsgemeinschaft alle Beteiligten gleichberechtigt sind, d.h., jeder trägt die Verantwortung an einem Projekt mit und kann sich mit seiner Meinung und seinen Entscheidungen einbringen.

Handwerkerhof

- Eine immer häufiger angestrebte Form der zwischenbetrieblichen Zusammenarbeit ist der Handwerkerhof. Dies ist eine Ansiedlung von Handwerkern in einem Industriegebiet. Es wird bei der Planung von Handwerkerhöfen besonders darauf geachtet, dass sich Gewerke, die eng zusammenarbeiten, auch in unmittelbarer Nähe befinden, was die Absprachen untereinander sehr erleichtert. Des Weiteren werden hier oftmals sog. Kompetenzzentren gegründet, die die Zusammenarbeit der Handwerksbetriebe koordinieren und unterstützen. Darin besteht auch ein entscheidender Vorteil für den Kunden. Er kann sich in der Zentrale über die ansässigen Handwerksbetriebe informieren und so effizienter sein Vorhaben planen.

Leistungsgemeinschaft

- Ebenfalls besteht die Möglichkeit, in Form einer Leistungsgemeinschaft zu kooperieren. Eine Leistungsgemeinschaft ist ein Zusammenschluss von Unternehmen, die auf Basis der Interessenvertretung zusammenarbeiten. Dies bedeutet, dass jedes Mitglied ein unabhängiges Handwerksunternehmen bleibt, aber in verschiedenen Bereichen mit anderen Unternehmen kooperiert. Beispiel für eine Leistungsgemeinschaft ist die Organisation in einem regionalen Gewerbeverein, in dem z.B. die Öffentlichkeitsarbeit der Unternehmen zentral gesteuert wird.

Beispiel: Vater und Sohn Petersson sprechen über eine geeignete Kooperationsform bei der Leistungserstellung für den Dachdeckerbetrieb. „Was meinst du denn zu so einem Handwerkerhof?", will Markus Petersson wissen. „Das passt doch gar nicht zu unserem Unternehmen", stellt Gerhard Petersson klar. „Wir sind nun schon seit unserer Gründung durch deinen Großvater hier in unserem Gebäude, in dem wir ja auch leben und ausreichend Platz haben."

„Aber kannst du dir uns als Generalunternehmer vorstellen?", versucht es Markus erneut. „Davon bin ich auch nicht so ganz überzeugt", lehnt Gerhard ab. „Wir haben ja mit solchen Großaufträgen noch gar keine Erfahrung. Und wir müssten erst mal Subunternehmen finden, denen wir vertrauen." Dann beschließen beide: „Wir bilden eine Arbeitsgemeinschaft! Frau Meier wollte doch ein Angebot über einen Dachgeschossausbau. Der Auftrag passt da gut, nicht zu groß und nicht zu klein. Da können wir ohne viel Risiko unseren ersten großen Auftrag als Arbeitsgemeinschaft mit den uns bekannten Unternehmen abwickeln, wenn wir sie von der Kooperation überzeugen. Und wenn es gut klappt, sehen wir weiter!"

18.2.3 Kooperationsformen im Vertrieb

Im Bereich des Vertriebs | ►, HF 2, Kap. 10.4, HF 3, Kap. 6.5 | sind folgende Kooperationsformen möglich:

Verkaufsgenossenschaft

- Eine Verkaufsgenossenschaft ist ein Zusammenschluss von Handwerksbetrieben des gleichen Geschäftsbereiches, die gemeinschaftlich, in der Organisationsform der Genossenschaft, ihre erstellten Leistungen verkaufen. Die Besonderheiten der Verkaufsgenossenschaft liegen darin, dass die angebotenen Produkte unter einem gemeinsamen Namen verkauft werden. Auch der Bereich Marketing wird gemeinschaftlich betrieben.

Vertriebsgesellschaft

- Als Vertriebsgesellschaft bezeichnet man einen Zusammenschluss von Handwerksbetrieben, die ausschließlich im Vertrieb von Fertigerzeugnissen und Dienstleistungen zusammenarbeiten. Die Unternehmen bleiben unabhängig voneinander und auch die Leistungserstellung erfolgt getrennt. Die Vertriebsgesellschaft ist jedoch eine eigenständige Institution und kann in allen gängigen Rechtsformen gegründet werden. Ein Vorteil für die beteiligten Handwerksbetriebe besteht darin, dass finanzielle Risiken besser abgesichert und verteilt werden. So können auch kleinere und mittlere Handwerksbetriebe Großaufträge wahrnehmen. Im Handwerk findet man die Organisationsform häufig im Baugewerbe.

Ladengemeinschaft

- Bei der Ladengemeinschaft kooperieren Handwerker im Bereich des Ladenverkaufs miteinander. Wichtig ist, dass sich sortimentsmäßig ergänzende, aber dennoch selbstständige Handwerksbetriebe hier räumlich zusammenschließen. Eine mögliche Kombination stellt z.B. das Malerhandwerk mit dem des Raumausstatters dar. So kann der Kunde nachfolgende Gestaltungsmöglichkeiten, wie Wandfarbe o.Ä. schon im Hinblick auf Gardienen aussuchen.

Werbegemeinschaft

- Bei der Werbegemeinschaft schließen sich Unternehmen zusammen, um einen positiven Nutzen aus der gemeinsamen Entwicklung und Finanzierung von Marketingstrategien zu ziehen. Gerade bei kleineren und mittleren Handwerksbetrieben ist dies besonders sinnvoll, da oft nicht das nötige Fachwissen und die finanziellen Mittel vorhanden sind, um Marketingideen eigenständig umzusetzen. Eine hervorragende Möglichkeit bieten die Handwerksinnungen an. Sie vereinen alle Mitgliedsbetriebe eines Gewerkes und können durch Fachpersonal und Mitgliedsbeiträge kostengünstige und professionelle Werbelösungen anbieten.

Beispiel: Der Dachdeckerbetrieb der Familie Petersson ist in der Dachdeckerinnung organisiert. Diese schaltet regelmäßig Anzeigen und erstellt Plakate, um regional auf das Dachdeckerhandwerk aufmerksam zu machen. Eine andere Kooperation in diesem Bereich kommt für den Dachdeckerbetrieb der Familie Petersson nicht in Frage, da sie keine Dachziegel o.Ä. an Privatkunden verkaufen.

18.2.4 Kooperationsformen in der Verwaltung

Eine Kooperation ist auch in Bezug auf die Verwaltung des Handwerksbetriebes möglich. Dort zu kooperieren hilft dem Unternehmen, die eigene Verwaltung zu entlasten und damit mehr Kapazitäten für die fachliche Arbeit zu haben. Möglich ist das durch den Aufbau einer gemeinschaftlichen Stelle, die zentral Verwaltungs- und Buchführungsaufgaben übernimmt.

Tests und Aufgaben zu diesem Kapitel finden Sie im Sackmann-Lernportal.

Buchstelle Im Handwerk gibt es organisationseigene, sog. Vertragsbuchstellen, die als Gewerbeförderungsmaßnahme die Betriebe des Handwerks auf dem Gebiet der Verwaltung einschließlich der Buchführung entlasten sollen. Neben diesen gibt es noch selbstständige Vertragsbuchstellen, die von Steuerberatern, welche sich auf das Handwerk spezialisiert haben, geführt werden.

Die Betriebe arbeiten in diesem Falle nicht unmittelbar zusammen, sondern beauftragen gemeinschaftlich einen Steuerberater, der diese Aufgabe für sie übernimmt. Für die beteiligten Betriebe bedeutet das eine Senkung der Kosten in diesem Unternehmensbereich. Zu beachten ist allerdings, dass die Buchführung nicht in vollem Umfang ausgelagert werden kann. Folgende Tätigkeiten aus diesem Bereich müssen vom Handwerksbetrieb selbst ausgeführt werden:

- Führung des Kassenbuches,
- Führung des Wareneingangsbuches,
- fortlaufende Aufzeichnung der umsatzsteuerlichen Entgelte,
- Übermittlungen der Belege an die Buchstelle.

Die Erstellung der Grundbücher, Sachkonten und des Jahresabschlusses wird von der Buchstelle übernommen.

Die Buchstellen können auch eine Kostenübersicht und verschiedene Kennzahlen für das Controlling errechnen, die dann vom Handwerksbetrieb in der Kalkulation eingesetzt werden.

Kompetenzen

Das sollten Sie als zukünftiger Meister können:

- ✔ Wertschöpfungsketten auf Möglichkeiten zur Kooperation analysieren und Chancen sowie Risiken abwägen,
- ✔ geeignete Kooperationspartner unter Berücksichtigung gemeinsamer Ziele auswählen und ansprechen.

Controlling zur Entwicklung, Verfolgung, Durchsetzung und Modifizierung von Unternehmenszielen nutzen

H

„Mensch Stefan, da haben wir dieses Jahr die eine Million Umsatz erneut geschafft!", freut sich kurz vor Weihnachten Michael Horstkamp, Freund und rechte Hand von Stefan Hoffmann, Geschäftsführer der SH Haustechnik GmbH.

„Ja, das ist toll. Aber Umsatz ist bei Weitem nicht alles! Und schwer genug war es. Gib es zu, manchmal wussten wir nicht mehr, wo uns der Kopf steht. Weißt du noch, als uns im Sommer die Banken fast den Geldhahn abdrehen wollten, weil unser Konto hoffnungslos überzogen war? Wir haben die Löhne fünf Tage zu spät gezahlt. Das hat verdammt viel Mühe und viele Gespräche gekostet, alles wieder auf Kurs zu bringen. In der Hektik des Tagesgeschäfts haben wir uns einfach keine Zeit mehr genommen, auf unsere Zahlen zu schauen. Da waren wir schon mal besser. Das darf uns einfach nicht mehr passieren. Wir haben zu oft nur reagiert auf das, was kam. Wir brauchen eine Art Frühwarnsystem, das uns genau sagen kann, wo Gefahr droht und wo wir aktiv werden müssen."

„Du meinst also eine bessere Kontrolle?", fragt Michael Horstkamp. „Nein, eben nicht nur Kontrolle! Ich meine das gleichzeitige Steuern und Lenken von Vergangenheit, Gegenwart und Zukunft. Das Fachwort dafür ist Controlling – Kontrolle ist gut, Controlling macht es besser!"

19 Controlling

19.1 Aufgaben und Ziele

Begriffsursprung

„Controlling" lässt sich auf das englische „to control" zurückführen, was so viel bedeutet wie Lenken, Steuern und Regeln von Prozessen. Dieser Begriffsursprung ist schon sehr nahe bei dem, was Controlling im Rahmen der Unternehmensführung bedeutet: Es ist ein Führungsinstrument. Die wesentlichen Aufgaben sind Planung, Kontrolle und Steuerung aller Maßnahmen, die dem Erreichen der Unternehmensziele dienen.

Dabei laufen Daten aus dem betrieblichen Rechnungswesen und anderen Quellen zusammen. Eine Voraussetzung für Controlling ist also ein funktionierendes Finanz- und Rechnungswesen. Bilanzen, Gewinn- und Verlustrechnung sowie betriebswirtschaftliche Auswertungen sind wesentliche Informationsquellen.

Aufgaben

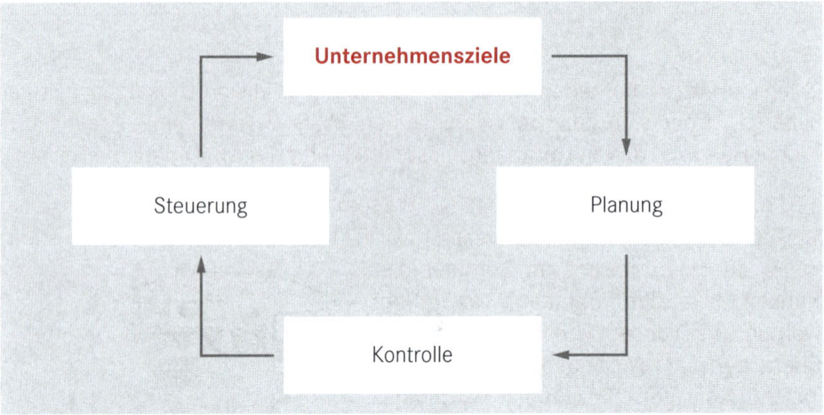

Planung, Kontrolle und Steuerung der Unternehmensziele - die Hauptaufgaben des Controllings - werden im Handwerksbetrieb häufig vom Handwerksmeister selbst bzw. seiner mitarbeitenden Ehefrau, bei größeren Betrieben auch von Mitarbeitern des Rechnungswesens übernommen.

Regelkreis Controlling

Ausgehend von den festgelegten Zielen plant der Unternehmer im nächsten Schritt den konkreten Kurs für das folgende Geschäftsjahr, z.B. werden Umsatzziele und Investitionen überlegt und festgelegt. Der Meister schreibt die Angebote, holt die Aufträge und damit den Umsatz ins Unternehmen und steuert damit das Erreichen des Umsatzzieles. Gleichzeitig werden die Kosten geplant. Mit Beginn der Leistungserbringung setzt auch die Kontrolle der Planzahlen ein. Entsprechen die Ergebnisse nicht den Planzahlen, kann durch veränderte Maßnahmen in den Prozess eingegriffen werden, um das geplante Ziel noch zu erreichen. Möglich ist auch die Erkenntnis, dass das Ziel nicht realistisch war und es erfolgt eine Korrektur des Ziels.

Beispiel: Genau diesen Regelkreis meint Stefan Hoffmann, als er zu seinem Freund Michael Horstkamp sagt: „Kontrolle reicht nicht." Denn ganz offensichtlich haben die beiden zu spät gemerkt, dass sie die fehlende Liquidität in eine bedrohliche Situation bringt. Das hätten sie mit dem Einsatz einfacher Controllinginstrumente verhindern können.

Führungsaufgabe

Bereits bei der Unternehmensgründung sollte der Unternehmer den Aufbau eines individuell auf die Größe und Branche des Betriebes zugeschnittenen Controllingsystems als wichtige Führungsaufgabe begreifen und annehmen.

Es ist ratsam, als junges Unternehmen regelmäßig externe Hilfe für die Umsetzung in Anspruch zu nehmen, z.B. von Beratern der Handwerkskammer oder Berufsverbände, aber auch von frei tätigen Beratern.

So wird es langsam zur Selbstverständlichkeit, aus den Zahlen des Rechnungswesens die wesentlichen Informationen abzuleiten und wichtige Entscheidungen aufgrund von Fakten und Entwicklungen zu treffen und nicht aus dem Bauch heraus.

Um die Aufgaben und Ziele des Controllings im Detail zu verstehen, bietet sich eine differenzierte Betrachtungsweise an, auch wenn beide Wege nicht streng voneinander getrennt werden können, weil sie wechselseitig aufeinander einwirken:

- operatives Controlling,
- strategisches Controlling.

operatives Controlling

Operatives Controlling umfasst die kurz- bis mittelfristige Planung, Kontrolle und Steuerung vor allem innerbetrieblicher Vorgänge. Es werden Ziele, Strategien, Maßnahmen und Budgets für einen Zeitraum von bis zu drei Jahren geplant. Dabei ist der Blick auf die Ressourcen gerichtet, die bestmöglich eingesetzt werden sollen. Operatives Controlling

- basiert hauptsächlich auf den Informationen, die das Rechnungswesen des Unternehmens bietet,
- vergleicht im Hinblick auf die Ziele den geplanten und tatsächlichen Einsatz von Ressourcen (Soll-Ist-Vergleich).

  Folgende Ressourcen werden betrachtet:

  - Betriebsmittel (Maschinen),
  - Personal,
  - Kapital.

Beispiel: Die SH Haustechnik GmbH hatte sich ein Umsatzziel gesteckt, das auch erreicht wurde. Aber offensichtlich sind im Laufe des Jahres plötzlich und unerwartet Liquiditätsengpässe aufgetreten.

Stefan Hoffmann hat versäumt zu prüfen, ob die vorhandenen liquiden Mittel reichen, um die Betriebsmittel vorzufinanzieren, die für das Umsatzziel erforderlich sind. Er hat die Ressource „Kapital" nicht ausreichend berücksichtigt.

In der Planungsphase hätte ihm bereits klar werden müssen, dass die Finanzierung aus eigener Kraft schwer wird und eventuell auftretende Zahlungsausfälle die Situation noch verschärfen können. Das wäre auch der richtige Zeitpunkt für ein Gespräch über eine Kontokorrentlinie (Finanzmittel zur Vorfinanzierung von Aufträgen) mit der Bank gewesen.

Die Voraussetzungen waren gut: Das Unternehmen war bis dahin wirtschaftlich stabil, das Eigenkapital wurde seit der Gründung aufgebaut und Stefan Hoffmann zeigt, dass er die Liquidität immer im Blick hat - das schafft Vertrauen bei den Banken.

---

strategisches Controlling

Strategisches Controlling beinhaltet die längerfristige, strategische Unternehmensführung. Es werden Informationsdaten über längere Zeiträume gesammelt, strukturiert und interpretiert, um zukunftsweisende Signale für das Unternehmen zu erkennen.

Wo liegen Erfolg versprechende Möglichkeiten, wo liegen Ursachen für mögliche Fehlentwicklungen, denen man frühzeitig entgegensteuern muss? In diesem Bereich der Unternehmensführung geht es um Ziele wie Wachstum und Marktanteile, Produktvielfalt oder auch Alleinstellungsmerkmale zur Existenzsicherung.

Steigender Konkurrenzdruck, sich schnell verändernde Märkte und regelmäßig neue Gesetze (wie z.B. Änderungen im Steuerrecht, Einführung gesetzlicher Mindestlöhne, Gesetze zum Schutz der Verbraucher, der Umwelt u.a.), die die Handlungsspielräume für Unternehmer einengen, stellen immer höhere Anforderungen an die Führung eines erfolgreichen Unternehmens. Controlling ist ein unverzichtbares Instrument der Unternehmensführung, wenn man diesen Anforderungen gerecht werden will.

operatives/strategisches Controlling

	strategisches Controlling	**operatives Controlling**
Zeitraum	längerfristig, ohne zeitliche Begrenzung	kurzfristig, ein bis maximal drei Jahre
Ziele	Erfolgspotenziale schaffen, anpassen und erhalten, Existenzsicherung für das Unternehmen - qualitative Faktoren im Planungs- und Steuerungsprozess	Steuerung des Gewinns, Erhaltung der Liquidität, Sicherung der Rentabilität - quantitative Größe im Planungs- und Steuerungsprozess
Instrumente	Zielgruppenanalyse Schwachstellenanalyse Szenario-Technik Zielkostenmanagement/ -rechnung Stärken-Schwächen-Analyse Sortiments-/Leistungsanalyse	Kostenartenrechnung Kostenstellenrechnung Deckungsbeitragsrechnung Break-even-Analyse Schwachstellenanalyse Budgetierung Finanzplan Finanzierungsplan Investitionsrechnung Kennzahlen Nachkalkulation Auftragsgrößenanalyse Wertanalyse

19.2 Schwachstellenanalyse

Bei der Schwachstellenanalyse werden Daten oder Werte miteinander verglichen. Sie ist sowohl ein Instrument des operativen als auch des strategischen Controllings, je nachdem welche Vergleichsgröße der Analyse zugrunde liegt:

- Zeitvergleich

  Beim Zeitvergleich werden aktuelle Daten aus Bereichen des Unternehmens den entsprechenden Daten aus der vorhergehenden bzw. den geplanten Daten der nächsten Periode gegenübergestellt. Diese Zeitvergleiche ergeben aufschlussreiche Informationen über die Entwicklung des Betriebes und lassen nicht genutzte Potenziale und Entwicklungen erkennen.

- Soll-Ist-Vergleich

  Beim Soll-Ist-Vergleich stammen die Werte aus einer Periode, wobei die tatsächlich erreichten Werte mit den Planungsdaten verglichen werden. Mit der Schwachstellenanalyse werden Mängel bei der Planung und Realisierung aufgezeigt. Wird festgestellt, dass die tatsächlich erreichten Werte (Ist-Werte) nicht mit den in der Planung vorgegebenen Zielwerten (Soll-Werte) übereinstimmen, können die Ursachen innerhalb und außerhalb des betroffenen Betriebes liegen. Verantwortlich für das Auseinanderklaffen von Soll- und Ist-Werten sind Schwachstellen.

- zwischenbetrieblicher Vergleich

  Hierbei werden die eigenen Daten mit denen ähnlich strukturierter Betriebe oder den Durchschnittswerten der Branche verglichen. Die von den Landesgewerbeförderungsstellen herausgegebenen Betriebsvergleiche für die einzelnen Gewerke eignen sich als Grundlage. Es kann jedoch auch ein Konkurrent sein, mit dem man sich vergleicht. Dabei besteht die Schwierigkeit, geeignete Informationen über den Konkurrenten zu erhalten. Erhält man Informationen, ist der Wahrheitsgehalt dieser Informationen aber unsicher.

Als Schwachstellen werden all jene Gegebenheiten und Entwicklungen innerhalb des Betriebes und in dessen Umfeld verstanden, die bei der Planung nicht berücksichtigt wurden und dadurch zur Abweichung geführt haben.

Ursachen von Schwachstellen

Schwachstellen können unterschiedliche Ursachen haben:

- Zum Zeitpunkt der Planung der Soll-Werte waren mögliche Störungen noch nicht vorhersehbar und sind in der Planung folglich nicht berücksichtigt (z.B. Produktionsausfall nach Unwetterkatastrophe oder Insolvenz eines Geschäftspartners).
- Bekannte und entscheidende Faktoren (z.B. veraltete Fertigungstechnik) wurden bei der Planung der Sollwerte außer Acht gelassen, ein schwerwiegender Fehler in der Planungsphase.

Verlustquellen

In jedem Fall sind Schwachstellen mögliche Verlustquellen des Unternehmens. Nicht erkannte Schwachstellen können dazu führen, dass im Betrieb Leistungspotenziale nicht ausgeschöpft und Zielvorgaben nicht optimal bestimmt werden. Das Ziel Gewinnmaximierung erfordert die konsequente Suche nach Schwachstellen und deren Abbau.

Werden Schwachstellen im Betrieb nicht gezielt und strukturiert gesucht und dann beseitigt, nimmt der Unternehmer eine Schmälerung des Betriebserfolges in Kauf.

systematische Schwachstellensuche

Strukturiert suchen bedeutet, dass man sich einzelne Funktionsbereiche (Beschaffung, Produktion, Montage, Verwaltung, Vertrieb) oder Aufgabengebiete regelmäßig vornimmt und nach einem festgelegten Plan, z.B. mithilfe einer Checkliste, betrachtet. Voraussetzung für die Schwachstellenanalyse ist, dass man weiß, wo Schwachstellen auftreten und welcher Art sie sein können. Die Zahlen aus dem Rechnungswesen bieten eine Grundlage für das Aufspüren von Schwachstellen. Hat man eine Schwachstelle erkannt, muss die Ursache ermittelt werden, damit die Schwachstelle auch aufgelöst werden kann.

Beispiel Beschaffung

Eine Schwachstellenanalyse z.B. des Bereichs Beschaffung kann nach diesen Schritten erfolgen:

kalkulierter Wareneinsatz: € ________

tatsächlicher Wareneinsatz: € ________

Abweichung: € ________

Ermittlung der Gründe:

- ☐ falsche oder fehlerhafte Angebotskalkulation
- ☐ Fehlbestellung oder nicht rechtzeitig bestellt
- ☐ Qualitätsverlust im Lager
- ☐ Qualitätsmängel Lieferant
- ☐ sonstige: ______________________________

Maßnahmen: ______________________________

Alles verstanden? Werden Sie im Sackmann-Lernportal aktiv!

Beispiel Betriebsorganisation

Schwachstellen z.B. im Bereich der Betriebsorganisation kann man sich mit folgender Checkliste nähern:

Fragen	ja	nein
Wir brauchen zu viel Zeit, um Unterlagen oder Dateien zu finden.		
Rechnungen werden häufig erst nach einer Mahnung bezahlt.		
Wiederkehrende Zahlungen, z.B. Abschlagszahlung für Stromlieferanten, Versicherungsbeiträge, werden vergessen.		
Unterlagen werden lange auf einem (oder mehreren) Stapel(n) gesammelt, bevor sie bearbeitet und abgelegt werden.		
Die zur Verfügung stehende Zeit reicht nicht, um die anstehenden Arbeiten zu erledigen.		
Oft ist unklar, wer für bestimmte Arbeiten zuständig ist.		
Unser Personal ist häufig nicht ausgelastet.		
Vertretungen (bei Urlaub oder Krankheit) wissen nicht genau, was sie erledigen müssen.		
Informationen werden oft zu spät ausgetauscht, es kommt oft zu Missverständnissen.		
Wir haben das Gefühl, dass die Organisation des Unternehmens zu viel Zeit in Anspruch nimmt.		
Ein Privatleben findet nicht mehr (kaum noch) statt.		

Beispiel: Auch Stefan Hoffmann will nun gezielt Schwachstellen im Betrieb aufspüren. Ein Grund für die mangelnde Liquidität liegt in zu teuer eingekauftem Material. Bei der Ursachensuche stellt er fest, dass das Material immer kurzfristig beschafft wurde und das Kriterium für die Auswahl des Lieferanten die schnelle Lieferung und nicht der Preis war.

Stefan Hoffmann stellt sich die Frage, warum so kurzfristig Material bestellt wird. Ist der zuständige Mitarbeiter überlastet oder generell dem Arbeitsanfall nicht gewachsen? Oder wird dem Kunden zu viel versprochen: „Machen wir kurzfristig!“?

Die Ursachen muss er klären und dann braucht es organisatorische Maßnahmen und Festlegungen, um diese Schwachstelle zu beseitigen. So müssen Fristen für das Einholen eines Auftrags und Zusage möglicher Liefertermine vom Chef vorgegeben und die Einhaltung überprüft werden. Eine weitere Maßnahme ist das Einstellen eines zusätzlichen Sachbearbeiters, der sich um die Beschaffung kümmert.

Bei der Überprüfung der Beschaffung im Unternehmen stellt Stefan Hoffmann sich im Rahmen der Schwachstellenanalyse auch folgende Fragen: Kaufen wir noch immer zeitgerechte Produkte ein, wie werthaltig ist unser Warenlager?

---

vertikale/ horizontale Schwachstelle

Schwachstellen, die ausschließlich in einem Funktionsbereich (z.B. Beschaffung) auftreten, werden als vertikale Schwachstellen bezeichnet. Horizontale Schwachstellen zeichnen sich dadurch aus, dass sie auf mehrere betriebliche Funktionsbereiche einwirken.

So ist knappe Liquidität zunächst eine vertikale Schwachstelle im Bereich der Unternehmensfinanzierung. Fehlen aber in der Folge die Mittel, um den Lohn pünktlich zu zahlen und notwendige Materialien einzukaufen, wie im Eingangsbeispiel, dann sind mehrere Unternehmensbereiche betroffen und die fehlende Liquidität wird zur horizontalen Schwachstelle. Hat man eine Schwachstelle ermittelt, muss also auch geprüft werden, inwieweit sich diese Schwachstelle horizontal durch verschiedene Bereiche zieht. Das ist wichtig, um die richtigen Maßnahmen einzuleiten und den Zeitpunkt für die notwendigen Maßnahmen nicht zu verpassen.

Beispiel: Stefan Hoffmann konnte davon ausgehen, dass sich die Liquidität im Jahresvergleich durch den erzielten Gewinn verbessert und die Unternehmensfinanzierung stabiler wird. Aber er hätte die mangelnde Liquidität als horizontale Schwachstelle erkennen müssen, die sich durch andere Betriebsbereiche zieht und dort zu schweren Problemen führt: Denn die Löhne fünf Tage nicht zahlen zu können, zieht einen Rattenschwanz an weiteren Problemen nach sich. Das wird Stefan Hoffmann nicht mehr passieren.

---

kurzfristige/ strukturelle Schwachstellen

Weiter ist von Bedeutung, ob es sich um kurzfristige oder strukturelle Schwachstellen handelt:

- Kurzfristige Schwachstellen sind i.d.R. unerwartete Veränderungen, die nur eine zeitlich begrenzte Wirkung haben (z.B. Ausfall einer Maschine bis zur Reparatur). Hier sind sofortige oder kurzfristig wirksame Anpassungsentscheidungen erforderlich, um das Ausmaß an Schaden oder Verlusten zu begrenzen.
- Strukturelle Schwachstellen sind im System der Abläufe verankert und wirken sich grundsätzlich auf das Handeln im Unternehmen und die Ergebnisse aus. Strukturelle Schwachstellen (z.B. fehlender Informationsaustausch) können selten durch kurzfristige Anpassungsentscheidungen in den einzelnen Bereichen beseitigt werden. Hier sind langfristig wirkende, bereichsübergreifende Anpassungsentscheidungen erforderlich.

Hinweise auf Schwachstellen geben unerwünschte, unerwartete Veränderungen oder Abweichungen von Plänen bzw. geplanten Sollwerten. Geeignete Hilfsmittel, um solche Abweichungen festzustellen, sind systematische Analysen der gewonnenen Daten. Das sind insbesondere die im Rechnungswesen ermittelten Werte.

19.3 Stärken-Schwächen-Analyse

Diese Analysemethode des strategischen Controllings dient der realistischen Einschätzung der Stärken und Schwächen des Unternehmens. Dazu werden die Potenziale des Unternehmens den Anforderungen des Marktes bzw. Unternehmensumfeldes gegenübergestellt. Nur wenn die relevanten Umweltentwicklungen und Qualifikationen, die auf dem Markt benötigt werden, um erfolgreich zu sein, bekannt sind, kann analysiert werden, ob in dem Unternehmen vorhandene Ressourcen Stärken darstellen oder eine Schwäche sind. Ziel ist es, Ansatzpunkte für die Erhöhung des Unternehmenserfolges zu finden.

Ablauf einer Stärken-Schwächen-Analyse

1. Kriterien bestimmen	▸ auf Bedürfnisse des Handwerksbetriebes zuschneiden ▸ mit Mitarbeitern und Führungskräften gemeinsam erarbeiten ▸ auf wesentliche Faktoren konzentrieren ▸ deutliche Formulierungen wählen
2. Kriterien bewerten	▸ Bewertung nach mehrstufiger Skala (gut - mittel - schlecht oder -2 bis +2)
3. Informationen erheben	▸ Befragung nicht nur im Betrieb (Mitarbeiter), sondern auch außerhalb (Kunden)
4. Antworten auswerten	▸ Darstellung in Form eines Profils
5. Konsequenzen ziehen	▸ auf Stärken konzentrieren ▸ Schwächen beheben ▸ konkreten und zeitlich festgelegten Maßnahmenkatalog erarbeiten

Bei der Festlegung der zu analysierenden Kriterien sollten alle Unternehmensbereiche des Handwerksbetriebes, wie z.B. Geschäftsführung, Verwaltung, Beschaffung, Lagerhaltung, Produktion, Montage, Service und Kundendienst bis hin zu einzelnen Arbeitsaufgaben, wie Kalkulation oder Marketing, berücksichtigt werden. In großen Unternehmen werden die Bereiche eher einzeln betrachtet.

Beim Analyseverfahren müssen ausreichende Informationen zur Verfügung stehen. Diese erhält man z.B., indem Mitarbeiter, Führungskräfte und Kunden einen Fragebogen oder eine Checkliste bearbeiten. Vorlagen für solche Checklisten und Fragebögen lassen sich z.B. bei den Handwerkskammern abrufen, sie sollten aber dem eigenen Unternehmen angepasst werden. Hier ein Vorschlag für einen allgemein gehaltenen Fragebogen:

Kriterium	**Beurteilung**		
	stark	**mittel**	**schwach**
Marketing/Vertrieb			
Wie gut ist unser Standort?			
Bieten wir unseren Kunden Kostenvorteile?			
Binden wir Kunden?			
Nutzen wir moderne Medien zur Werbung?			
Dienstleistung/Produktion			
Wie ist die Qualität unserer Angebote?			
Wie ist unser Leistungsangebot im Vergleich zur Konkurrenz?			
Wie ist unsere technische Ausrüstung im Hinblick auf den Stand der Technik zu bewerten?			
Halten wir Terminvereinbarungen ein?			
Ist die Vorlaufphase vor Beginn der Arbeit beim Kunden angemessen?			
Beschaffung			
Sind wir abhängig von einzelnen Lieferanten?			
Wählen wir die Lieferanten optimal aus?			
Kontrollieren wir den Wareneingang?			
Überwachen wir unsere Lagerbestände?			

Kriterium	Beurteilung		
	stark	mittel	schwach
Rechnungswesen			
Planen wir Umsatz und Gewinn?			
Kennen und optimieren wir Kosten?			
Wie gut ist unsere Nachkalkulation?			
Wie finanzkräftig sind wir?			
Pflegen wir eine intensive Zusammenarbeit mit der Hausbank?			
Planen wir Investitionen langfristig?			
Personal			
Sind die Mitarbeiter fachlich ausreichend qualifiziert?			
Kümmern wir uns um den Nachwuchs im Unternehmen?			
Nutzen wir die EDV optimal?			
Wie steht es um unser Betriebsklima?			

Beispiel: Stefan Hoffmann plant immer wieder Veränderungen im Leistungsangebot der SH Haustechnik GmbH. Er greift nochmal den Traum eines großzügig gestalteten, exklusiven Bad-Studio auf. Platz wäre genug in dem neuen Gewerbegebiet, aber Stefan Hoffmann scheut bisher die immensen Investitionen, die er jetzt auf € 250 000,– schätzt.

Mit seinen ersten Überlegungen kommt er zu folgenden Stärken und Schwächen.

Was spricht dafür?

- Die Kunden können direkt die Produkte bei ihm auswählen.
- Währenddessen kann durch Beratung Einfluss auf die Wahl und damit die Kundenzufriedenheit genommen werden.
- Auch im Einkaufspreis der Produkte liegt er als Händler günstiger, was gegenüber dem Wettbewerb zu Marktvorteilen führen wird.

Was spricht dagegen?

- Das Unternehmen liegt am Rande eines Gewerbegebiets, Laufkundschaft ist nicht zu erwarten.
- Für Werbung muss ein hohes Budget bereitgestellt werden.

- Die Ausstellung muss regelmäßig verändert werden, noch bevor die Erstinvestition zurückgezahlt ist.
- Die Finanzierung wird auch eine große Herausforderung, ausreichend Eigenkapital ist derzeit nicht vorhanden.

Eine detailliertere Stärken-Schwächen-Analyse muss noch folgen, aber es zeichnet sich schon ab, dass die Badausstellung wohl ein Traum bleibt.

Das Ergebnis einer Stärken-Schwächen-Analyse kann in einem Profil anschaulich dargestellt werden.

Stärken-Schwächen-Analyse

Kriterien	Bewertung	sehr gut +2	+1	+0	-1	sehr schlecht -2
Produkt	Absatzentwicklung					o
	Angebotsvielfalt			o		
	Preis-Leistungs-Verhältnis		o			
	Qualität	o				
Ressourcen	personelle Ressourcen			o		
	finanzielle Ressourcen					o
	maschinelle Ressourcen				o	
Flexibilität	personelle Flexibilität				o	
	finanzielle Flexibilität			o		
	maschinelle Flexibilität	o				
Führung	Führungssystem			o		
	Organisationskonzept				o	
	Führungspotenzial			o		
Risiko	Personalrisiko					o
	Qualitätsrisiko	o				
	Sicherheitsrisiko		o			
	Konkursrisiko				o	

Unternehmen müssen bestehende Potenziale und Risiken in ihren Betrieben rechtzeitig erkennen. Deshalb ist es notwendig und empfehlenswert, jährlich Stärken-Schwächen-Analysen durchzuführen, um zeitnah neue Wege einzuschlagen und Fehlentwicklungen zu erkennen.

19.4 Sortiments- und Leistungsanalyse

Mittels der Sortiments- und Leistungsanalyse können in Unternehmen mit mehreren Leistungsgruppen entscheidende Informationen darüber gewonnen werden, welche Produkte (z.B. Badewannen, Armaturen, Solaranlagen) oder Leistungen (z.B. Rohrreinigung oder Sanitärinstallation) gefördert, zurückgefahren oder ganz aufgegeben werden sollten. Dazu können Umsatzstruktur-, Kundenstruktur- oder Deckungsbeitragsanalyse herangezogen werden.

Umsatzstrukturanalyse

Die Umsatzstrukturanalyse gibt Auskunft darüber, mit welchen Produkten wie viel Umsatz erzielt wird, indem in einer Tabelle Produkte bzw. Dienstleistungen nach Absatzmenge und erzieltem Umsatz erfasst werden.

ABC-Analyse

Auf Basis einer ABC-Analyse kann ermittelt werden, welche Produkte oder Dienstleistungen nur geringen Einfluss auf den Umsatz haben. Als A-Umsätze werden dabei relativ hohe Umsätze bezeichnet, die mit einem relativ geringen Mengenanteil erzielt werden. Als C-Umsätze werden relativ geringe Umsätze bezeichnet, die mit einem relativ hohen Mengenanteil erzielt werden. Mit der Zuordnung zu den Kategorien A, B und C werden Entscheidungen vorbereitet, bestimmte Produkte oder Dienstleistungen aus dem Angebot zu nehmen.

Beispiel: In der SH Haustechnik GmbH werden je nach Kundenwunsch Waschtischarmaturen angeboten. Stefan Hoffmann überlegt, den Einkauf und die Konditionen der Armaturen zu optimieren. Dazu ermittelt er mithilfe der Umsatzstrukturanalyse, welche seiner im letzten Jahr verkauften Armaturen er aus dem Angebot nehmen sollte.

Artikelnr.	Hersteller	Stück	%	VK-Preis	Gesamtumsatz	%
100H22	A	15	30	€ 177,50	€ 2 662,50	17
100K23	B	3	6	€ 259,-	€ 777,-	5
100HA29	C	2	4	€ 1 440,-	€ 2 880,-	18
100G18	D	20	40	€ 422,-	€ 8 440,-	53
100D09	E	10	20	€ 116,-	€ 1 160,-	7
		50			€ 15 919,50	

Als Ergebnis dieser Analyse stellt er fest, dass die Armaturen von Hersteller B und E nur geringe Umsatzbedeutung haben. Dennoch sollte er zusätzlich die Kunden betrachten, die diese Produkte kaufen. Wie wertvoll diese Kunden für sein Unternehmen sind entscheidet darüber, ob er sich von diesem Angebot trennen kann. Armaturen der Firma C sind unzweifelhaft wertvolle A-Umsätze.

Kundenstrukturanalyse

Die Kundenstrukturanalyse gibt Auskunft darüber, mit welchen Kunden wie viel Umsatz bzw. Gewinnanteil durch den Verkauf welcher Leistungen erzielt wurde. Sie beschäftigt sich mit der Analyse schon länger bestehender Kundenbeziehungen und zeigt auf

- welche Kunden wirklich wertvolle Kunden sind,
- welche Zielgruppen ausbaufähig sind und welche Kunden gefördert werden sollten,
- mit welchen Sie das Gespräch suchen müssen, um künftig die Geschäftsbeziehung zu verbessern oder gegebenenfalls einzustellen.

In die Analyse sind alle Punkte einzubeziehen, die für den effektiven Verkauf von Produkten und Dienstleistungen notwendig sind. Dazu gehören z.B.:

- Jahresumsatz und Anteil am Gesamtumsatz je Kunde,
- Gewinnanteil je Kundenumsatz,
- Anzahl der Einzelaufträge,
- durchschnittliche Auftragsgröße des Einzelauftrags,
- Verhältnis von Zahlungseingang und Zahlungszielen (Zahlungsmoral),
- interner Aufwand je Kunde (Aufwand für Pflege der Kundenbeziehung, Reklamationsquote),
- Vertriebsstrukturanalyse (Direktgeschäft, Nachunternehmer, Vertrieb).

Deckungsbeitragsanalyse

Die Deckungsbeitragsanalyse untersucht die Differenz zwischen Erlösen und Kosten und damit den Erfolg eines Produkts | ▸ Deckungsbeitragsrechnung, S. 204 |.

Bei der Auswertung der Sortiments- und Leistungsanalyse ist jedoch stets darauf zu achten, dass nicht vorschnell „unwichtige" Produkte oder Leistungen aus dem Sortiment genommen werden. Es kann vorkommen, dass gerade diese Produkte oder Leistungen Verbundkäufe auslösen, sodass sie trotz ungünstiger Kostenstruktur für das Unternehmen von großer Bedeutung sein können.

19.5 Kennzahlen und Kennzahlensysteme

Ein wichtiges Instrument im operativen Controlling sind die betrieblichen Kennzahlen.

absolute Zahlen

Grundsätzlich unterscheidet man bei den Kennzahlen zwischen Verhältniszahlen und absoluten Zahlen. Absolute Zahlen geben genaue Größen an, wie z.B. Umsatz, Wertschöpfung, Anzahl der Mitarbeiter, Personalkosten, Gewinn. Vergleicht man die Umsätze von drei Jahren und stellt eine stetige Umsatzsteigerung fest, ist das eine Aussage, aber noch keine Bewertung. Wichtig ist es, auch die Kosten zum Umsatz ins Verhältnis zu setzen, um diese Umsatzsteigerung auch bewerten zu können. Nur bei angepasster Kostensituation wird auch Gewinn erzielt bzw. ist die Umsatzsteigerung positiv zu bewerten, weil ein konstantes Betriebsergebnis erzielt wird. Oder anders, gesunkener Umsatz muss nicht schlecht sein, wenn auch die Kosten deutlich gesenkt wurden und dadurch sogar ein besseres Betriebsergebnis erzielt wurde.

Verhältniszahlen

Verhältniszahlen ermöglichen diese Vergleichbarkeit, weil sie immer eine Zahl ins Verhältnis zu einer anderen setzen. So stellt z.B. die Umsatzrentabilität den auf den Umsatz bezogenen Gewinnanteil dar. Eine Umsatzrendite von 10 % bedeutet, dass mit jedem umgesetzten Euro ein Gewinn von 10 Cent erwirtschaftet wurde. Eine steigende Umsatzrentabilität deutet bei unveränderter Preis- und Kostensituation im Unternehmen auf gestiegene Produktivität, also hervorragende Auftragslage und hohe Auslastung hin. Sinkt die Umsatzrentabilität, müssen Produktivität und Kostenentwicklung geprüft werden.

$$\text{Umsatzrentabilität in \%} = \frac{\text{Gewinn}}{\text{Umsatz}} \times 100$$

Aufgabe und Funktion von Kennzahlen

Die Aufgabe von Kennzahlen besteht also darin, Informationen zu liefern und quantifizierbare, betriebswirtschaftliche Zusammenhänge abzubilden. Basis für die Ermittlung von Kennzahlen ist das Rechnungswesen eines Unternehmens (Buchführung, Jahresabschluss, Kostenrechnung, Statistik).

Kennzahlen haben eine

- Informationsfunktion

  Die Kennzahlen dienen als Fundament betrieblicher Entscheidungen. Dabei bedient man sich des Zeitvergleichs oder des Betriebs- oder Branchenvergleichs.

- und eine Steuerungsfunktion.

  Die Kennzahlen beinhalten Vorgaben, die erreicht werden sollen (z.B. Ausschussquote von 3 % auf 1 % senken). In dieser Funktion bewirken die Kennzahlen Motivation (Anreiz zum Übertreffen der Vorgaben), Leistungskontrolle (Soll-Ist-Vergleich) und Koordination (mit dem Zielsystem der Unternehmung).

Kennzahlensysteme - Verknüpfung von Kennzahlen

Von Kennzahlensystemen spricht man, wenn einzelne, voneinander abhängige und/oder sich ergänzende Kennzahlen miteinander in Beziehung gesetzt werden. Der Sinn solcher Verknüpfungen liegt darin, dass man den Ursachen für die Kennzahlenentwicklungen näher kommt als bei der Betrachtung einzelner Größen.

Das Ziel ist, umfassend über einen Sachverhalt (z.B. Rentabilität) zu informieren. In Unternehmen liefern Kennzahlensysteme zum einen schnelle und verdichtete Informationen über die Leistung eines Unternehmens. Zum anderen unterstützen sie - wie auch die Kennzahlen - die Aufgaben der Planung, Kontrolle und Steuerung in einem Unternehmen.

Beispiel: Stefan Hoffmann reicht es nun nicht mehr, sich allein über den Umsatz von über € 1 Mio. zu freuen. Er will jetzt wissen, ob das Ergebnis wirklich zufriedenstellend ist. Dazu muss er sich jetzt die Kosten und damit den tatsächlichen Gewinn anschauen. Er will sich deshalb nochmal intensiv mit Kennzahlen und Kennzahlensystemen beschäftigen, damit sein Unternehmen nicht wieder in eine Schieflage gerät, weil er Signale nicht frühzeitig erkennt.

Kennzahlenpyramide

Es gibt zahlreiche Kennzahlensysteme. Allen gemein ist, dass es sich um hierarchisch aufgebaute Kennzahlenpyramiden handelt, bei denen jeweils eine sog. Spitzenkennzahl durch andere Kennzahlen erklärt wird. Die Spitzenkennzahl bezieht sich meist auf ein Unternehmensziel, z.B. die Rentabilität oder den Gewinn. Je nach Kennzahlensystem sind die einzelnen Kennzahlen entweder rechnerisch oder inhaltlich miteinander verknüpft.

Hier sollen nur die beiden bekanntesten Systeme vorgestellt werden:

- DuPont-System, auch ROI-System genannt (Return on Investment),
- ZVEI-System (Kennzahlensystem des Zentralverbandes der Elektrotechnischen Industrie).

19.5.1 DuPont-System

ROI

Das DuPont-Kennzahlensystem ist das älteste und wohl auch das bekannteste. In der Praxis ist es in verschiedenen Versionen verbreitet. Die Spitzenkennzahl ist der **R**eturn **o**n **I**nvestment (ROI), die Rendite des investierten Kapitals. Diese Gesamtkapitalrentabilität wird in die Kennzahlen „Umsatzrentabilität" und „Umschlagshäufigkeit des investierten Kapitals" zerlegt und diese wiederum in weitere Komponenten.

Das DuPont-System ist sehr übersichtlich und anschaulich, da es nicht zu sehr ins Detail geht. Es eignet sich aber nicht, um bei der Analyse in die Tiefe zu gehen. Zudem ist das DuPont-System auf das Ziel Gewinnerhöhung ausgerichtet. Mit dieser Ausrichtung bleiben andere Ziele außer Acht, z.B. finden Liquiditätskennzahlen keine Beachtung.

DuPont-Kennzahlensystem

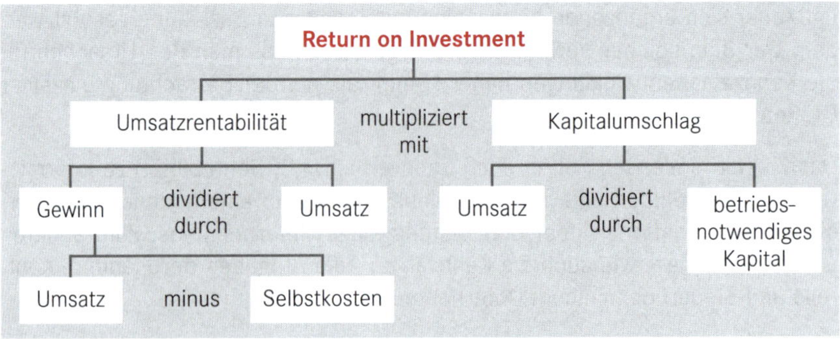

19.5.2 ZVEI-Kennzahlensystem

Neben dem DuPont-System gehört das ZVEI-Kennzahlensystem zu den bedeutendsten. Es wurde vom deutschen **Z**entral**v**erband **E**lektrotechnik- und Elektronik**i**ndustrie entwickelt. Es ist branchenneutral und kann daher von Unternehmen aller Branchen angewendet werden.

Unterschied der Systeme

Grundgedanke dieses Systems ist es, der Unternehmensführung ein Instrument zur Analyse, Planung und Steuerung des Betriebs zu liefern. Im Gegensatz zum DuPont-System erlaubt das ZVEI-System die gleichzeitige Berücksichtigung mehrerer Ziele, wie z.B. Gewinn und Liquidität. Das ZVEI-System unterteilt die Kennzahlen in Wachstums- und Strukturkennzahlen.

Wachstumsanalyse

Die Wachstumsanalyse vergleicht Zahlen der Berichtsperiode mit denen der Vorperiode in Prozent. Hierbei werden folgende Größen betrachtet:

- Geschäftsvolumen (Auftragsbestand, Umsatz, Wertschöpfung),
- Personal (Personalaufwand, Anzahl der Mitarbeiter),
- Erfolg (Betriebsergebnis, Jahresüberschuss, Cashflow).

Strukturanalyse

Die Strukturanalyse ist das Herzstück dieses Kennzahlensystems. Ausgehend von der Spitzenkennzahl Eigenkapitalrentabilität werden in der Strukturanalyse Ertragskraft und betriebliche Risiken untersucht, die die zukünftige Ertragsfähigkeit des Unternehmens gefährden könnten. Kennzahlen folgender Bereiche werden dabei untersucht:

- Rentabilität (ROI),
- Ergebnisbildung (Umsatzrentabilität),
- Kapitalstruktur (Eigenkapitalanteil),
- Kapitalbindung.

ZVEI-Kennzahlen-system

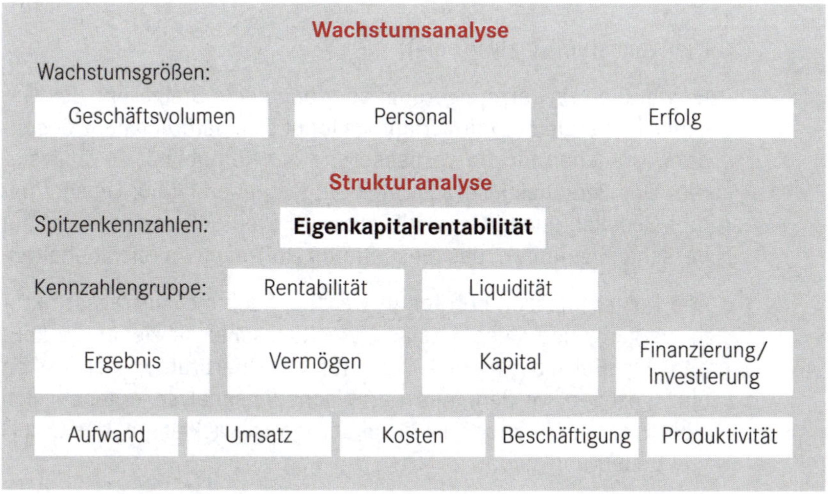

Das ZVEI-System besteht aus insgesamt 140 Kennzahlen. Davon werden lediglich 60 für die eigentliche Analyse benötigt. Die restlichen 80 Kennzahlen stellen eine Datenbasis für die Berechnung der relevanten Kennzahlen dar (Hilfskennzahlen). Für kleinere und mittlere Handwerksbetriebe ist das branchenübergreifende Informationssystem wegen seiner Komplexität und aufwendigen Einbindung in das Rechnungswesen weniger geeignet.

In der Abbildung wird dieses Kennzahlensystem nur schematisch dargestellt, ohne alle 140 Kennzahlen einzeln zu benennen.

Beispiel: Stefan Hoffmann will nun prüfen, ob das Unternehmen für die neue Umsatzgröße in Zukunft optimal aufgestellt ist, damit es im Verlauf des Jahres nicht wieder zu Engpässen kommt. Er analysiert zum Jahresbeginn einige wichtige Kennzahlen - in Anlehnung an das ZVEI-Kennzahlensystem - im Jahresvergleich bzw. anhand der Bilanz des Vorjahres:

Wachstums-größen	aktuelles Jahr 07	Vorjahr 06	Veränderung
Umsatz	€ 1 000 000,–	€ 905 000,–	+ 10,5 % Umsatz-steigerung
Mitarbeiter-zahl	5 Gesellen	5 Gesellen	keine Veränderung
Gewinn	€ 18 000,–	€ 10 000,–	+ 0,7 % im Verhältnis zum Jahresumsatz

Die Wachstumsanalyse zeigt:

Es gibt eine Umsatzsteigerung, aber auch eine Steigerung des Gewinns im Vergleich zum Vorjahr. Es lohnt sich natürlich ganz besonders, Ursachen für die Verbesserung der Rentabilität zu analysieren. Der Personaleinsatz ist unverändert, aber 1 Mio. Umsatz mit fünf Gesellen und einem Azubi, da wird eventuell das Personal auf Verschleiß gefahren, das muss Stefan Hoffmann im Blick behalten.

Alle Kosten müssen betrachtet werden, auch die Auftragsstruktur im vergangenen Geschäftsjahr, um Rückschlüsse ziehen zu können. Ein Betriebsvergleich kann für die Überprüfung der Kosten hinzugezogen werden. Aus der Wachstumsanalyse ergeben sich viele Fragen, die aber für die zukünftige Entwicklung in der GmbH von Bedeutung sind.

Die Strukturanalyse ergibt folgendes Ergebnis:

Spitzenkennzahl Eigenkapitalrentabilität	36,0 %
ausgewählte weitere Kennzahlen:	
Umsatzrentabilität	1,8 %
Anlagedeckung II	135,0 %
Liquidität 2. Grades	62,0 %

Diese Auswahl von Kennzahlen aus dem ZVEI-Kennzahlensystem zeigen Stefan Hoffmann die Schwachpunkte in der Unternehmensentwicklung.

Während die Spitzenkennzahl Eigenkapitalrentabilität - für sich betrachtet - eine positive Entwicklung des Unternehmens zeigt, erkennt er anhand von Kennzahlen aus dem Bereich Liquidität und Finanzierung schnell, was er ja schon schmerzlich im Verlauf des Jahres erfahren hat: Die SH Haustechnik GmbH hat Probleme.

An der Anlagendeckung II liegt es aber nicht, das Anlagevermögen wurde zu 135 % mit Eigenkapital und langfristigem Fremdkapital finanziert. Das ist in Ordnung, hier ist also kein kurzfristiges Kapital gebunden.

Das Ergebnis der Liquiditätskennzahl aber sagt, dass die kurzfristigen Verbindlichkeiten nur zu 62 % durch flüssige Mittel und Forderungen gedeckt sind. Und das ist der kritische Punkt.

Zur Vorfinanzierung der Aufträge fehlen die Mittel, das wurde im zurückliegenden Geschäftsjahr schon sehr deutlich. Das wird auch zukünftig so sein, wenn Stefan Hoffmann hier nicht die Weichen in eine andere Richtung stellt.

Die genauen Ursachen will er nun prüfen, z.B. mit einer Schwachstellenanalyse. Wichtig ist jedoch zunächst, kurzfristig Abhilfe zu schaffen.

Die Liquidität im Unternehmen muss gesichert sein, wenn es im neuen Geschäftsjahr reibungslos laufen soll. Wichtigste interne Maßnahme dabei ist die Verbesserung des Forderungsmanagements: Abschlagszahlungen vereinbaren, zeitnahe Rechnungslegung und das Eintreiben der Forderungen wurden vernachlässigt. Zusätzlich muss bei der Hausbank eine ausreichende Kontokorrentlinie beantragt werden.

Wichtige Kennzahlen im Handwerk

Im Handwerksbetrieb sollte eine minimale Anzahl ausgewählter Kennzahlen regelmäßig vom Unternehmer ermittelt und analysiert werden, um rechtzeitig Fehlentwicklungen des Unternehmens erkennen zu können. Vorgeschlagen werden die folgenden Kennzahlen:

Kennzahlen im Handwerk

Kennzahlen	Vergleichswerte im Handwerk
Eigenkapitalrentabilität	30 %
Gesamtkapitalrentabilität	15 %
Liquidität 2. Grades	75 %
Cashflow	9 % des Umsatzes
Schuldtilgungsdauer in Jahren (Verschuldungsgrad)	5 Jahre
Umsatzrentabilität	8 %
Dauer der Außenstände	40 Tage
Dauer der Verbindlichkeiten	70 Tage
Kapitalumschlag	2-mal pro Jahr
Anlagedeckung II	100 %
Umsatz pro produktiven Mitarbeiter	branchenabhängig
Anteil an Personalaufwand in % des Umsatzes	branchenabhängig, rund 34 %
Anteil an Materialaufwand in % des Umsatzes	branchenabhängig, rund 30 %

19.6 Budgetierung

Die im Handwerksbetrieb verfügbaren Mittel sind i.d.R. begrenzt. Daher ist es besonders wichtig, zu überlegen, wie und für was die Mittel eingesetzt werden. Die Budgetierung ist ein Hilfsmittel, die Kosten für einzelne Unternehmensbereiche zu planen und steuern.

Zeitvorgaben

So können Fehlentwicklungen frühzeitig erkannt und verhindert werden. Budgetierung ist die wertmäßige Vorgabe von Leistungszielen und den dafür veranschlagten, notwendigen Kosten. Budgets werden für einen konkreten Zeitraum bestimmt, wobei die Intervalle so kurz gewählt sein sollten, dass ein Gegensteuern bei Fehlentwicklungen gut möglich ist.

Budgetarten

Es gibt verschiedene Arten von Budgets:

- starre Budgets

  Absolut starre Budgets sind unbedingt einzuhalten. Abweichungen von den festgelegten Vorgaben sind nicht zulässig. In der Praxis verwendet man absolut starre Budgets insbesondere in Bereichen, die sich nicht unmittelbar auf den Leistungsprozess auswirken (z.B. Budget für Betriebsfeiern).

  Bei relativ starren Budgets werden Veränderungen der Bezugsgrößen, die der Budgetplanung zugrunde liegen, berücksichtigt. So können Veränderungen der Beschäftigungszahlen bei den Personalkosten in einem sog. Nachtragsbudget berücksichtigt werden.

- flexible Budgets

  Das flexible Budget ist grundsätzlich abhängig von Bezugsgrößen und wird bei deren Veränderung entsprechend angepasst. Wird z.B. die Produktionsmenge gesteigert, so führt dies gleichzeitig zu einer Erhöhung des Materialkostenbudgets.

Die Budgetierung kommt in Handwerksbetrieben nur selten zum Einsatz. Sie bietet jedoch die Möglichkeit, die Leistungs- und Kostenverantwortung vom Unternehmer auf die einzelnen Unternehmensbereiche zu delegieren.

Der Unternehmer erteilt keine konkreten Handlungsanweisungen, sondern erwartet nur die Einhaltung des Budgets und überlässt dem Budgetverantwortlichen weitgehende Freiheit bei seinen Sachentscheidungen. Das wirkt motivierend und schafft Leistungsanreize. Deshalb ist es auch sinnvoll, in Handwerksbetrieben den einzelnen Verantwortungsbereichen eigene Budgets zuzuteilen.

Funktionen der Budgetierung

Die Budgetierung hat verschiedene Funktionen:

- Planung - mithilfe des Budgets soll die künftige Unternehmensentwicklung festgelegt werden.
- Motivation - Budgetvorgaben können eine Motivation zur Leistungssteigerung sein, die Übererfüllung des Solls kann an ein Belohnungssystem gekoppelt werden.
- Kontrolle - mithilfe des Soll-Ist-Vergleichs können frühzeitig Fehlentwicklungen erkannt werden.

Budgetierung für verschiedene Bereiche

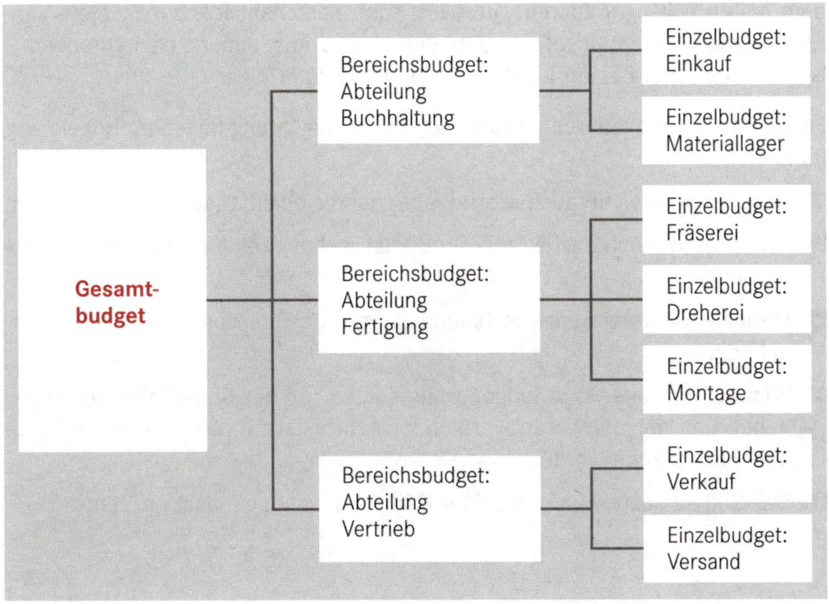

Aufteilung von Budgets

Die Aufteilung von Budgets ist abhängig von der Größe und Art des Unternehmens. In kleineren Handwerksbetrieben, in denen mehrere Aufgaben in einem Bereich oder sogar verschiedene Aufgaben von nur einer Person gleichzeitig wahrgenommen werden, ist die Aufteilung in Einzelbudgets weniger sinnvoll. Hier muss das Augenmerk darauf gerichtet sein, dass das Gesamtbudget des Betriebes (z.B. Umfang der Materialkosten) eingehalten wird.

In größeren Unternehmen, in denen die Aufgaben einzelnen Abteilungen oder mehreren Personen zugeordnet sind, sollten jedoch Bereichsbudgets festgelegt werden, in denen einzelnen Abteilungen oder Kostenstellen der zulässige Kostenverbrauch vorgegeben wird. Das Gesamtbudget des Unternehmens ergibt sich dann aus der Summe der im Betrieb vorhandenen Bereichsbudgets.

Erstellen von Budgets

In der Praxis resultieren Schwierigkeiten bei der Budgetierung zum Teil aus einer ungenauen Vorgehensweise, die gewissen Sachzwängen folgt. So wird die Budgetierung oft anhand der Plandaten des vergangenen Jahres vorgenommen. Werden so die Budgets der Vorjahre mehr oder weniger fortgeschrieben, bleiben eingetretene Veränderungen unberücksichtigt.

Der sog. Bereichsegoismus ist häufig ein weiteres Problem bei der Festlegung von Budgets. Jede Abteilung ist bestrebt, ein möglichst großes Budget für sich zu beanspruchen, um keinem Kostendruck zu unterliegen.

Wird die Budgetierung hingegen ausschließlich vom Betriebsinhaber vorgenommen, besteht die Gefahr, dass - mangels genauer Kenntnis der Bereiche und mit dem festen Willen zu sparen - unrealistische Kostenansätze zur Budgeterstellung gewählt werden. Insofern sollte immer eine Abstimmung aller verantwortlichen Mitarbeiter bei der Festlegung von Budgets erfolgen.

Regeln zum Aufstellen von Budgets

Fehler bei der Budgetierung lassen sich durch Beachtung folgender Regeln vermeiden:

- Budgets müssen herausfordernd, aber auch einhaltbar sein.
- Für einen Bereich darf es nur ein Budget geben (keine zusätzlichen Schattenbudgets).
- Derjenige, der ein Budget erfüllen soll, muss bei dessen Erarbeitung beteiligt sein.
- Wichtige Eckdaten der Budgetierung sollten von der Betriebsleitung vorgegeben und mit den verantwortlichen Mitarbeitern in den einzelnen Bereichen abgestimmt werden.
- Das Budget sollte während seiner Gültigkeit nicht geändert werden.

- Bei Überschreitung des Budgets sind Gegenmaßnahmen gemeinsam zu diskutieren und einzuleiten.
- Abweichungen sind keine Schuldbeweise, sondern bilden den Anlass für einen Lernprozess.
- Die Einhaltung des Budgets ist das Ziel, nicht eine tragbare Abweichung von den Vorgaben, um z.B. in der nächsten Periode ein größeres Budget zu erhalten.

19.7 Szenario-Technik

Die Szenario-Technik ist ein Planungsinstrument, das sich von herkömmlichen Planungsmethoden deutlich unterscheidet.

In Zeiten rascher Veränderungen in Gesellschaft, Politik und Umwelt, ist es nicht mehr angemessen, ausschließlich Trends der Vergangenheit in die Zukunft weiterzudenken. Und auch ein Handwerksbetrieb kann nicht nur geradlinig auf Basis des Erreichten planen. Die Szenario-Technik entspricht im Grunde einer alltäglichen Denkweise, die ihren Ausdruck findet in der Formulierung „Was wäre, wenn ...?“. Strategisch zu planen heißt, neue Planungsmethoden einzusetzen, die den Wandel des Umfeldes und die Unsicherheit der Zukunft ausreichend berücksichtigen.

Zum Umfeld des Unternehmens gehören in diesem Sinn:

Umfeldfaktoren des Unternehmens

- Gesetze,
- technischer Fortschritt,
- Infrastruktur,
- Arbeitsmarkt,
- Lieferanten,
- Kunden,
- Umwelt.

Ein Szenario ist die Beschreibung einer möglichen zukünftigen Situation, wobei die Entwicklung hin zu dieser Zukunftssituation aufgezeigt wird.

In der Szenario-Technik werden mehrere mögliche Zukunftsbilder entwickelt und dargestellt. Im ersten Schritt wird der Ist-Zustand des zu untersuchenden Gegenstandes, z.B. eines Unternehmensbereiches, betrachtet. Dann werden verschiedene Einflussgrößen, interne und externe Einflussfaktoren betrachtet. Für diese Faktoren müssen z.T. unterschiedliche, alternative Annahmen gemacht werden, woraus sich dann unterschiedliche Zukunftsbilder (Szenarien) ergeben. Aus diesen Entwicklungen kann und muss der Unternehmer Rückschlüsse ziehen und Konsequenzen ableiten.

Arbeitsschritte Szenario-Technik

Die einzelnen Arbeitsschritte der Szenario-Technik sind:

1. Bestimmung des Untersuchungsgegenstandes,
2. Identifizierung der Einflussfaktoren,
3. Beschreibung des Ist-Zustands,
4. Annahmen zukünftiger Entwicklungen,
5. Ermittlung von Störereignissen,
6. Ausarbeitung von Szenarien mit Ableitung von Konsequenzen,
7. Formulierung von Maßnahmen.

Die Szenario-Technik wird eingesetzt, um unternehmerische Entscheidungen zu erleichtern. Sie ist ein Analyse- und Prognoseinstrument und wird in der strategischen Unternehmensplanung eingesetzt.

Sie kann unterstützend eingesetzt werden bei strategischen Entscheidungen in Bezug auf:

- Dienstleistungs-/Produktangebot,
- Eigenfertigung oder Fremdbezug,
- Änderung der Struktur im Vertrieb,
- Marketingkonzept,
- Eingehen von Kooperationen.

Die Szenario-Technik zeigt Möglichkeiten auf, liefert jedoch keine sicheren Ergebnisse. Das ist eine Schwäche dieser Methode, die oft kritisiert wird. Zudem ist die Erstellung umfassender Szenarien zeitaufwendig und damit teuer. Im Handwerk spielt diese Technik noch keine entscheidende Rolle, dennoch sollte sie als mögliches Planungsinstrument bekannt sein.

20 Steuerung und Kontrolle von Kosten und Erlösen

Die Umsatzplanung und -steuerung wird man als Unternehmer nie aus den Augen verlieren, denn ohne Umsatz funktioniert ein Unternehmen gar nicht. Aber wenn man langfristig erfolgreich arbeiten will, reicht es nicht, den Umsatz zu planen und zu akquirieren. Viel entscheidender ist der Gewinn, der dadurch erwirtschaftet wird. Dazu muss der Unternehmer die Kosten nicht nur kennen, er muss sie planen, steuern und kontrollieren.

Ihren persönlichen Zugang zum Sackmann-Lernportal finden Sie auf Seite 3.

20.1 Nachkalkulation

Die klassische Kontrolle von Kosten und Erlösen ist die zeitnahe Nachkalkulation der einzelnen Aufträge (unmittelbar nach Abschluss der Arbeiten). In der Nachkalkulation vergleicht man die in der (Angebots-)Kalkulation | ► HF 1, Kap. 11.5 | zugrunde gelegten Daten mit den tatsächlich realisierten Werten. Dieses Vorgehen ermöglicht es Fehlplanungen aufzuspüren und Fehlentwicklungen vorzubeugen.

Jeder Auftrag muss mithilfe der Kalkulation überprüft werden. Bei größeren Aufträgen reicht die Nachkalkulation nicht aus. Hier muss sogar begleitend überwacht werden.

Schema Nachkalkulation

Eine Nachkalkulation folgt diesem Schema:

erzielter Erlös (ohne USt.)
./. Materialeinzelkosten (zum Einstandspreis)
./. Materialgemeinkostenzuschlag

= Lohnerlös
: tatsächliche Bearbeitungszeit (Stunden)

= Lohnerlös pro Stunde
./. kalkulierter Stundenverrechnungssatz (Vollkostensatz) ohne USt.

= Zusatzgewinn/-verlust je Stunde
x Bearbeitungszeit (Stunden)

= Gewinn/Verlust des Auftrags

Auswertung der Nachkalkulation

Aus dem Ergebnis einer Nachkalkulation lässt sich Folgendes ablesen:

- Ergibt die Nachkalkulation „null“, weder Gewinn noch Verlust, entspricht das Ergebnis der Angebotskalkulation.
- Ein Verlust bedeutet, dass mehr Material oder Arbeitszeit (oder beides) verbraucht wurden als kalkuliert. In einem solchen Fall ist es besonders wichtig, die genauen Ursachen der Abweichung zu ermitteln, um die Kalkulation der Angebote zu optimieren und Verluste in Zukunft zu vermeiden.
- Aus einem Zusatzgewinn lassen sich ebenfalls wichtige Informationen ableiten.
  - Das Arbeitsteam kann z.B. besser zusammen gearbeitet haben als erwartet und der Auftrag erforderte folglich einen geringeren Einsatz von Arbeitsstunden.
  - In der Kalkulation wurden evtl. zu hohe Einkaufswerte für das eingesetzte Material zugrunde gelegt. Solche Fehlplanungen schaffen zwar einen Zusatzgewinn, aber vielleicht bietet der Mitbewerber aufgrund seiner genaueren Kalkulation beim nächsten Mal preisgünstiger an und erhält den Zuschlag.

– Der Fehlplanung kann auch eine zu hoch angesetzte Materialmenge zugrunde liegen. Sie wurde dann zwar nicht eingesetzt, aber beim Lieferanten gekauft und liegt nun im Lager.

  Das spart nur Kosten, wenn genau dieses Material auch für andere Aufträge zum Einsatz kommt. Sogar ein Zusatzgewinn bietet also die Möglichkeit, Schwachstellen aufzuspüren und zu optimieren.

Beispiel: In der SH Haustechnik GmbH werden alle Aufträge ab € 2000,- nachkalkuliert (kleinere Auftragsvolumen nur sporadisch).

Die Nachkalkulation zu dem Auftrag „Lieferung und Installation eines Waschtisches inklusive neuer Armatur" bringt folgendes Ergebnis.

		Angebot	**Nachkalkulation**
	Erlös (ohne USt.)	€ 2400,-	€ 2400,-
./.	Materialeinzelkosten (zum Einstandspreis)	€ 1899,-	€ 1899,-
./.	Materialgemeinkostenzuschlag	€ 303,84	€ 303,84
=	Lohnerlös	€ 197,16	€ 197,16
:	Bearbeitungszeit (Stunden)	5	6
=	Lohnerlös pro Stunde	€ 39,43	€ 32,86
./.	kalkulierter Stundenverrechnungssatz (Vollkostensatz) ohne USt.	€ 39,43	€ 39,43
=	Zusatzgewinn/-verlust je Stunde		€ -6,57
x	Bearbeitungszeit (Stunden)		5,5
=	Zusatzgewinn/-verlust des Auftrages		€ -36,14

Das war nun wirklich eine überschaubare Aufgabe. Michael Horstkamp, der diesen Auftrag nachkalkuliert hat, ist enttäuscht.

Er hatte die Arbeitszeit eher großzügig kalkuliert. Auf Nachfragen, warum die Arbeitszeit so hoch war, erfährt er, dass Geselle Jonas Klein die falsche Armatur eingepackt hatte. Der Kunde hat das sofort gesehen und Abbau, zweimal quer durch die Stadt fahren, die richtige Armatur holen und anbauen waren fast zwei Stunden Arbeitszeit und € 36,- verlorener Gewinn für den Betrieb.

Kleine Unaufmerksamkeit, große Wirkung. Die Organisation zeigt Schwachstellen.

Aus einer zeitnahen Nachkalkulation der Aufträge können wichtige Erkenntnisse abgeleitet werden. Diese lassen wichtige Schlussfolgerungen für zukünftige Kalkulationen und die Abwicklung von Aufträgen zu.

20.2 Auftragsgrößenanalyse

Der Gewinn hängt stark von der Struktur der Aufträge eines Handwerksbetriebes ab. Kleinaufträge schmälern das Betriebsergebnis, weil sie nahezu den gleichen Aufwand in der Auftragsbearbeitung haben wie ein Großauftrag. Aufgaben der Auftragsbearbeitung sind z.B. Kundenakquise, Angebotskalkulation, Überwachung, Auftragseingang, Materialbestellung, Einsatzplanung der Arbeitskräfte und Technik, Terminabstimmung, Nachkalkulation, Rechnungslegung. Grundsätzlich sind Kleinaufträge für größere Unternehmen noch weniger effektiv als für kleinere Unternehmen, da die fixen Kosten in einem großen Unternehmen höher sind.

Kosten für Auftragsakquise und Verwaltung steigen also mit der Anzahl, nicht mit dem Wert der Aufträge. Deshalb ist es sinnvoll, nicht nur den Jahresumsatz zu planen, sondern zu wissen, welche Anzahl von Aufträgen mit welchen Umsatzgrößen den angestrebten Gewinn bringt.

Betrachtungszeitraum

Dazu muss regelmäßig, pro Monat, pro Quartal oder auch pro Jahr, eine Auftragsgrößenanalyse gemacht werden. Über den Zeitraum entscheidet neben der Unternehmensgröße auch, ob die Struktur der Aufträge z.B. saisonal bedingt schwankt, denn dann muss das Jahr betrachtet werden. Ist die Struktur der Aufträge übers Jahr verteilt gleich, dann kann man auch nur Aufträge eines Monats betrachten.

Analyseverfahren

Bei der Analyse der Auftragsgrößen müssen zunächst Größenordnungen der Aufträge bestimmt werden. Dabei ist es unternehmensabhängig, welche Größenordnungen sinnvoll zusammengefasst werden, z.B. Auftragswert von € 0 bis € 100, € 101 bis € 250, € 251 bis € 1 000 usw. oder € 0 bis € 2 000, € 2 000 bis € 5 000 usw.

Tabelle Auftragsgrößenanalyse

Danach wird die Anzahl der Aufträge im betrachteten Zeitraum ermittelt und das Ganze in einer Tabelle erfasst. Es ist sinnvoll, hier zunächst die absoluten Zahlen zu ermitteln, dann aber den prozentualen Anteil am Gesamtauftragsbestand auszurechnen, um die Werte zum Umsatz ins Verhältnis zu setzen. Ebenfalls wird empfohlen, die Auftragsanzahl der einzelnen Größenordnungen aufsteigend zu Zwischensummen zusammenzufassen, um Auswertungen in gewünschten Größenklassen zu ermöglichen.

In der Tabelle wird dann in einer weiteren Spalte der jeweils erreichte Umsatzwert der einzelnen Größenordnung erfasst, ebenfalls absolut und anteilig zum Gesamtumsatz.

Beispiel: Stefan Hoffmann führt eine solche Analyse für das vergangene Geschäftsjahr durch:

Auftragswert	Anzahl der Aufträge			Umsatz		Zwischensumme	durchschn. Auftragswert
		Zwischensumme				Umsatz	
€			%	€	%	€	€
bis 100	46		5,58	3 930,-	0,39		85,-
101 - 250	120	166	14,56	25 800,-	2,58	29 730,-	215,-
251 - 500	352	518	42,72	134 112,-	13,41	163 842,-	381,-
501 - 1 000	128	646	15,53	96 640,-	9,66	260 482,-	755,-
1 001 - 5 000	163	809	19,78	525 186,-	52,52	785 668,-	3 222,-
5 001 - 20 000	12	821	1,46	133 332,-	13,33	919 000,-	11 111,-
über 20 000	3	824	0,36	81 000,-	8,10	1 000 000,-	27 000,-
Summe	824			1 000 000,-			1 214,-

Stefan Hoffmann schaut sich nun die Zahlen genauer an:

Kleinaufträge unter € 500,- kommen überwiegend aus den Geschäftsbereichen Rohrreinigung und Wartung, machen 63 % aller Aufträge aus. Jedoch werden nur 16 % des Jahresumsatzes damit erwirtschaftet. Da liegt es nahe, den Bereich Rohrreinigung aufzugeben. Damit würde sich der Anteil der Kleinaufträge reduzieren, was sich positiv auf die Auftragsbearbeitung und gesamte Betriebsorganisation auswirken wird.

Maßnahmen zur Reduzierung von Kleinaufträgen

Zeigt die durchgeführte Auftragsgrößenanalyse, dass Kleinaufträge überwiegen, muss die Auftragsstruktur bzw. das dahinter stehende Leistungsangebot genauer betrachtet werden mit dem Ziel, Maßnahmen zu entwickeln, die die Anzahl der Kleinaufträge reduzieren. Mit der Reduzierung der Kleinaufträge kann sich das Unternehmen um neue, lohnendere Aufträge bemühen.

Beispiel: Bei der SH Haustechnik GmbH gehört die Wartung von Heizungen zu den Kleinaufträgen, doch dieser Service ist im Hinblick auf die Kundenbindung von zentraler Bedeutung und darf deshalb nicht aufgegeben werden. Die Rohrreinigung stellt Stefan Hoffmann aber nun als zukünftige Leistung in Frage.

Eine weitere Möglichkeit ist, für Kleinaufträge höhere Stundenverrechnungssätze anzusetzen und Anfahrtspauschalen für Aufträge bis zu einer festgelegten Größenordnung extra zu kalkulieren und zu berechnen.

Wenn die Stundensätze und Anfahrtspauschalen durchgesetzt werden, erhöht sich der Auftragswert. Setzt man die Preise nicht durch, entfällt der Auftrag, auch das reduziert die Anzahl der Kleinaufträge.

Die Auftragsgröße kann aber auch schon bei der Auftragsakquise beeinflusst werden, z.B. durch Vorgabe von Mindestauftragswerten, Mindestabnahmemengen und Gewährung von Rabatt und Skonto ab einer bestimmten Auftragsgröße.

Wichtig ist für jeden Unternehmer, dass er seine Auftragsgrößenstruktur kennt und beeinflusst. Die Reduzierung der Kleinaufträge ist nicht schwer und führt recht schnell zu einer Verbesserung des Betriebsergebnisses.

20.3 Wertanalyse

Zunehmender Preisdruck ist auch im Handwerk zu verzeichnen. Zunehmende Konkurrenz ist dafür die Hauptursache. Aber auch steigende Energiepreise und Lohnkosten führen dazu, dass Gewinne schrumpfen. Auch wenn es der richtige Weg wäre, ist es nicht immer kurzfristig und in vollem Umfang möglich, jede Kostenerhöhung, die auf ein Unternehmen zukommt, an die Kunden weiterzugeben.

In dieser Situation ist die Stellschraube für eine tragbare Gewinnsituation auch im Handwerk die Kostensenkung. Ein Verfahren zur Kostensenkung bei Produkten und Dienstleistungen ist die Wertanalyse. *Kostensenkung*

Aufgabenstellung dieser Analyse ist, niedrigste Kosten für ein Produkt oder eine Dienstleistung einzusetzen, ohne Verzicht auf wesentliche Funktionen, Qualität, Sicherheit und Attraktivität. Es geht dabei eben nicht nur darum, Kosten zu senken, sondern darum, ein optimales Verhältnis zwischen Kosten und Nutzen zu erzielen.

Bei der Wertanalyse werden die Funktionen eines Produktes bei niedrigsten Kosten erstellt, ohne dass die erforderliche Qualität, Zuverlässigkeit und Marktfähigkeit des Produktes beeinträchtigt werden.

Ziele der Wertanalyse

Mit der Wertanalyse werden im Einzelnen folgende Ziele verfolgt:

- Senkung der Kosten,
- Steigerung der Rentabilität,
- Verbesserung der Qualität,
- Optimierung des Arbeitskräfteeinsatzes und der betrieblichen Abläufe.

Hinter dem Verfahren Wertanalyse steht eine komplexe Managementmethode, die bei sehr komplexen Prozessen eingesetzt wird und ein regelmäßig angewendetes Verfahren in Großbetrieben und Konzernen ist.

Ein Handwerksmeister wird die Wertanalyse in Ihrer ganzen Breite ohne Hilfe kaum bewerkstelligen können. Aber jedes Handwerksunternehmen wird bestrebt sein, die Grundanliegen der Wertanalyse umzusetzen, z.B. bei einem neuen Produkt den Wareneinsatz zu vergleichen, nach günstigen Einkaufskonditionen suchen und insgesamt optimal zu kalkulieren. Aber das ist nur ein Einsatzgebiet der Wertanalyse.

Anwendung der Wertanalyse

Die häufigsten Einsatzgebiete der Wertanalyse sind:

- optimaler Einsatz von Waren und Personal bei der Entwicklung neuer Produkte und Dienstleistungen,
- Verbesserung und Kostenoptimierung bestehender Produkte und Dienstleistungen,
- Optimierung bestehender Arbeitsabläufe,
- Entwicklung und Gestaltung neuer Arbeitsplätze.

Und je nach dem, was untersucht werden soll, unterscheidet man auch Arten der Wertanalyse:

Arten der Wertanalyse

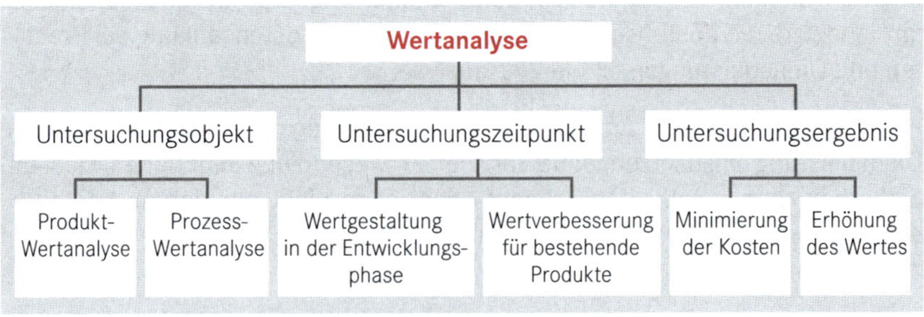

Die Wertanalyse sollte im Team erfolgen. Je nach Unternehmensstruktur und Größe werden Mitarbeiter aus verschiedenen Bereichen zu einem Team zusammengefasst, z.B. Mitarbeiter aus Einkauf, Kalkulation, Montage und Vertrieb. Wichtig ist, dass die ausgewählten Mitarbeiter das Produkt oder den Prozess kennen. Es wird ein Zeitrahmen und die Zielstellung vorgegeben. Jeder aus dem Team entwickelt Ideen zur Veränderung, alles wird angesprochen und diskutiert. Im Idealfall werden so ein bis zwei Lösungsansätze entwickelt, die es dann auf Umsetzbarkeit zu prüfen gilt. Und das was machbar ist, wird umgesetzt.

Arbeitsplan

Ein möglicher Arbeitsplan im Handwerksbetrieb sieht folgendermaßen aus:

- Vorbereitung: Auswahl des zu untersuchenden Produkts oder Prozesses, Team festlegen, Ist-Zustand des Produkts oder Prozesses erfassen (Feststellung der Funktionen des Produkts und Ermittlung der Kosten dieser Funktionen),
- Durchführung: Entwicklung von Ideen und Diskussion, Ableiten von Lösungen,
  - Gibt es Funktionen, auf die man verzichten kann?
  - Können notwendige Funktionen kostengünstiger erbracht werden?
  - Gibt es Funktionen, die dem Kunden einen Zusatznutzen bringen? Zu welchen Kosten sind sie realisierbar?
- Prüfen: Umsetzbarkeit der Lösungen hinterfragen,
- Umsetzung: Einführen und Überwachen der Maßnahmen.

Auch ein gut laufendes Produkt oder eine bewährte Dienstleistung muss auf Rentabilität geprüft werden. Es ist einfacher, Kosten im Einkauf oder in der Produktion zu sparen, als Preiserhöhungen am Markt durchzusetzen.

20.4 Zielkostenrechnung

Im Rahmen der Kostenrechnung ermittelt der Unternehmer zunächst die Kosten für eine Leistung, um dann einen Angebotspreis zu ermitteln, der dem Unternehmen einen tragfähigen Gewinn sichert. In der Folge zeigt sich dann, ob man mit diesem Preis wettbewerbsfähig ist bzw. den Zuschlag für den Auftrag erhält.

Tests und Aufgaben zu diesem Kapitel finden Sie im Sackmann-Lernportal.

Die Zielkostenrechnung geht einen anderen Weg. Am Anfang steht die Ermittlung des Marktpreises für ein bestimmtes Produkt oder eine Dienstleistung, den die Kunden bereit sind zu zahlen bzw. mit dem das Unternehmen am Markt wettbewerbsfähig sein wird.

Es geht also nicht darum, welche Kosten in welcher Höhe im Betrieb für die Leistung entstehen, sondern wie hoch die Kosten insgesamt maximal sein dürfen, um konkurrenzfähig zu sein.

Kalkulation – Zielkostenrechnung

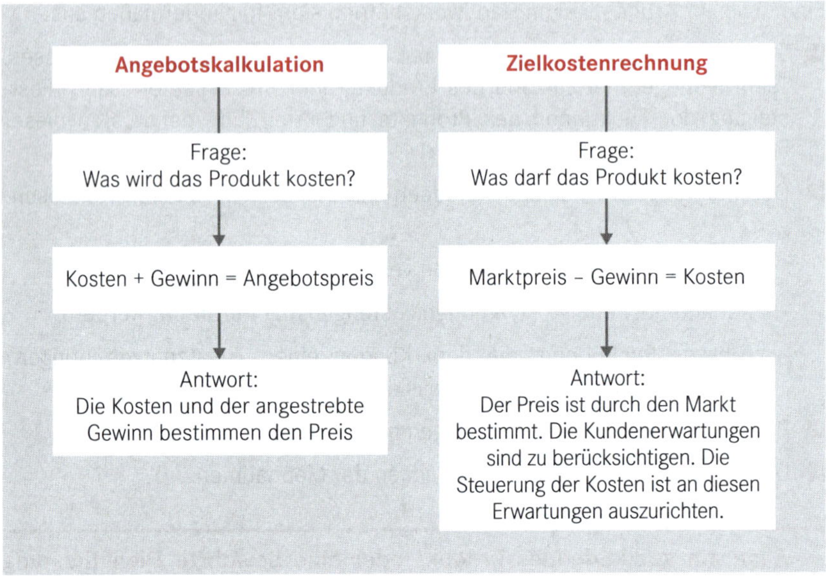

Angebotskalkulation
Frage:
Was wird das Produkt kosten?
Kosten + Gewinn = Angebotspreis
Antwort:
Die Kosten und der angestrebte Gewinn bestimmen den Preis
Zielkostenrechnung
Frage:
Was darf das Produkt kosten?
Marktpreis – Gewinn = Kosten
Antwort:
Der Preis ist durch den Markt bestimmt. Die Kundenerwartungen sind zu berücksichtigen. Die Steuerung der Kosten ist an diesen Erwartungen auszurichten.

Der wesentliche Unterschied des Zielkostenmanagements zur Angebotskalkulation ist, dass nicht ermittelt wird, was ein Produkt kosten wird, sondern was es kosten darf.

Vorgehensweise

Folgende Schritte sind typisch für die Zielkostenrechnung:

1. Marktpreis ermitteln,
2. Zielkosten bestimmen: erwünschten Gewinn vom Marktpreis abziehen,
3. Kundenanforderungen prüfen: wesentliche Komponenten des Produkts oder der Dienstleistung bestimmen,
4. Zielkostenspaltung: Kosten für die einzelnen Komponenten des Produkts oder der Dienstleistung im Verhältnis zum Stellenwert, den sie für die Kunden haben, festlegen (geringer Stellenwert – geringe Kosten, hoher Stellenwert – hohe Kosten),

5. Vergleich von Unternehmenskosten und Zielkosten für die Komponenten,
   - gewichtete Kundenwünsche sind höher als der Kostenanteil, die Zielkosten sind unterschritten - eine Kostensteigerung zur Verbesserung der Funktion ist akzeptabel,
   - gewichtete Kundenwünsche sind niedriger als der Kostenanteil - eine Kostensenkung ist notwendig, um die Zielkosten zu erreichen,
6. Maßnahmen der Kostensenkung entwickeln,
7. Umsetzung und Kostenkontrolle.

Zunächst wird ermittelt, welchen Preis ein Kunde bereit ist, für ein Produkt oder eine Dienstleistung zu zahlen. Dem Marktpreis müssen auch die Kundenanforderungen zugeordnet werden. Dabei wird geprüft, welche Produktmerkmale der Kunde für diesen Preis erwartet.

Vom so angestrebten Marktpreis wird der geplante Gewinn abgezogen und man kennt die erlaubten Kosten, die Zielkosten. Wenn man die Zielkosten kennt, müssen die realen Kosten der Unternehmung betrachtet werden. Diese Informationen bekommt der Unternehmer aus der Kostenrechnung. Dabei ist zu berücksichtigen, für welche Komponenten des Produkts oder der Dienstleistung die Kosten anfallen.

Maßnahmen der Kostensenkung

Sind dies Komponenten, die einen hohen Stellenwert für den Kunden haben oder eher nicht? Gerade die Kosten für weniger wichtige Komponenten sind die Stellschrauben für die Reduzierung der Kosten. Erwartungsgemäß liegen die tatsächlichen Kosten über den erlaubten Kosten, Maßnahmen der Kostensenkung sind zu ermitteln. Dabei werden verschiedene Kosten betrachtet, wobei der Schwerpunkt meist im Einkauf liegt.

Es ist sinnvoll, die Lieferanten einzubeziehen, denn es geht nicht nur um den Preis, sondern auch um die Qualität. Ein weiterer Kostenschwerpunkt sind die Personalkosten. Der Personaleinsatz muss optimal geplant werden. Hilfsmittel im Prozess der Kostenoptimierung ist die Wertanalyse, die bereits vorgestellt wurde. Der wesentliche Vorteil ist die Einbeziehung von Mitarbeitern verschiedener Bereiche.

Gelingt es, Kosten zu senken, hat der Unternehmer in der Entwicklungsphase eines Produktes oder einer Dienstleistung bereits auf die Marktfähigkeit des Produktes Einfluss genommen. Etwa 80 % aller Herstellungskosten eines Produktes im gesamten Produktlebenszyklus werden in der Entwicklungsphase festgelegt. Also ist es wichtig, in dieser Phase Markterfordernisse zu berücksichtigen (Marktpreise und Kundenerwartungen). Der Handwerksbetrieb wird sich zukünftig verstärkt am Markt orientieren und seine internen Prozesse daraufhin betrachten, analysieren und anpassen.

Die gewonnenen Erkenntnisse und Möglichkeiten aus diesem Prozess sollten auch zur Untersuchung bestehender Produkte und Dienstleistungen ermutigen.

Kompetenzen

Das sollten Sie als zukünftiger Meister können:

- ✔ Instrumente des Controllings darstellen und zur Situationsanalyse, zum Erkennen von Fehlentwicklungen sowie zum Aufdecken von zukünftigen Potenzialen einsetzen,
- ✔ Instrumente des Controllings zur Erhaltung der Liquidität und Sicherung der Rentabilität einsetzen,
- ✔ Erreichung von Unternehmenszielen überwachen, gegebenenfalls Unternehmensziele anpassen und Maßnahmen zur Erreichung der Ziele begründen.

Instrumente zur Durchsetzung von Forderungen darstellen und Einsatz begründen

Als Stefan Hoffmann das Büro seiner Buchhaltung betritt, schaut Svenja, die für den Einkauf zuständig ist, ihren Chef besorgt an. „Gut, dass du kommst. Ich habe für das Designerbad des Architektenehepaares alles soweit rausgesucht und die Bestellung fertig gemacht. Allerdings ist das ein recht hoher Betrag, den wir momentan nicht verfügbar haben, sodass ich die Bestellung noch nicht rausgeben kann.“

„Wieso haben wir das Geld nicht verfügbar?“, wundert sich Stefan. „Wir müssten doch die Anzahlung des Architektenehepaares und die beiden Teilzahlungen aus den Großprojekten sowie aus den kleineren Aufträgen bekommen haben. Wir haben die Zahlungsbedingungen doch so festgelegt, dass es keine Engpässe geben dürfte.“ Er dreht sich zu Thomas Wolf um, der eifrig nach den Kontoauszügen sucht.

„Ich habe momentan so viel um die Ohren ... ich glaube, es ist nach meinem Urlaub noch einiges aufzuarbeiten. Da ist wohl noch nichts auf dem Konto eingegangen... außer ein paar kleinere Aufträge für die Heizungswartung... ja, da hätte wohl schon einiges angemahnt werden müssen.“

„Wie bitte?“ Stefan Hoffmann versucht sich zu beherrschen. „Die Zahlung für das Großprojekt war schon lange vor deinem Urlaub fällig. Ich will in einer Stunde genau wissen, welche Zahlungen noch offen sind und wie du die Forderungen nun möglichst schnell einholst. Ich bin in meinem Büro.“ Wütend geht er hinaus.

21 Forderungsmanagement und Zahlungsmodalitäten

Wenn Zahlungen auf Forderungen verspätet oder gar nicht eingehen, hat das für das Unternehmen weitreichende Folgen. Die eigene Zahlungsfähigkeit sinkt, Material für anstehende Aufträge kann nicht mehr problemlos beschafft werden, Aufträge müssen in der Folge verschoben oder können gar nicht angenommen werden und finanzielle Reserven werden knapper. Die Kreditwürdigkeit | ► HF 3, Kap. 9.4 | sinkt mit der Zunahme der Außenstände, mit der Folge, dass Kredite höher bezinst werden. Notwendige Investitionen, die der zukünftigen Wettbewerbsfähigkeit dienen, entfallen. Im Ernstfall wird das Unternehmen selbst zahlungsunfähig und es droht die Insolvenz | ► HF 2, Kap. 13.2, HF 3, Kap. 26 |.

Besonders junge Betriebe laufen in den ersten Jahren ihrer Geschäftstätigkeit Gefahr, in eine Insolvenz zu geraten, weil sie allzu leichtgläubig Aufträge annehmen und auf Vorsichtsmaßnahmen zur Verhinderung von Forderungsausfall verzichten.

Oft sieht der Handwerksbetrieb im Zahlungsverzug der Kunden auch nur eine Unmoral, der man mehr oder weniger ausgeliefert ist. Und da Forderungsmanagement - als Schutz vor Forderungsausfall - fachfremd ist und somit nicht zum Kerngeschäft gehört, aber Zeit erfordert, wird ihm häufig keine oder nicht ausreichende Aufmerksamkeit zuteil. Aber mit dem Wissen, welche gravierenden Folgen Forderungsausfälle haben können, sollte jeder Unternehmer schon bei der Unternehmensgründung das Forderungsmanagement mit aufbauen.

21.1 Maßnahmen zum Schutz vor Forderungsausfall

Risiken prüfen

Schutz vor Forderungsausfall

Auch wenn der Gesetzgeber dem Unternehmer mit dem Werk- und Kaufvertragsrecht weitgehende Instrumente zur Sicherung von Ansprüchen an die Hand gegeben hat | ► HF 2, Kap. 20.2–20.3 |, empfiehlt es sich, vor Beginn der Arbeiten sorgfältig alle Risiken zu prüfen, die später zum Zahlungsausfall führen können und entsprechende Sicherheiten einzufordern. Dabei ist es wichtig, dem Kunden mit dem nötigen Einfühlungsvermögen und entsprechendem Verhandlungsgeschick gegenüberzutreten. Die ablehnende Haltung eines Kunden gegenüber Sicherheitsmaßnahmen ist häufig schon ein Zeichen dafür, dass es später zu Problemen bei der Zahlung kommen wird. In allen Phasen der Auftragsabwicklung gibt es mögliche Maßnahmen zum Schutz vor Forderungsausfall.

Maßnahmen vor Beginn der Auftragsdurchführung

vor der Auftragsdurchführung

- Bonitätsauskunft (Auskunft über Zahlungsfähigkeit und -willigkeit) über Neukunden bei Wirtschaftsauskunfteien einholen,
- detailliertes Angebot erstellen,
- schriftlichen Auftrag verlangen,
- ausführliche Auftragsbestätigung erstellen,
- auf einheitliche Bezeichnung des Auftraggebers im Schriftverkehr (Vor- und Zuname, Firma, Adresse) achten,
- Vertretungsberechtigung prüfen, falls der Verhandlungspartner nicht der Auftraggeber ist,

- falls Zweifel an der Seriosität des auftraggebenden Unternehmens bestehen, eventuell den Eintrag im Handelsregister prüfen,
- vertragliche Vereinbarung von Vorkasse für Material und andere Vorleistungen und Abschlagszahlungen bei zeitlich länger währenden Aufträgen,
- Nachtragsangebote nur schriftlich unter Angabe des voraussichtlichen Umfangs und der Kosten an den Auftraggeber oder an vertretungsberechtigte Person abgeben,
- Leistungen des Nachtragsangebots erst nach schriftlicher Bestätigung des Nachtrags durch den Auftraggeber ausführen.

Maßnahmen während der Auftragsdurchführung

während der Auftragsdurchführung

- bei Abschlagszahlungen alle erbrachten Leistungen im Detail aufführen,
- jeden Anlass für einen Zahlungsverzug (Leistungserbringung mängelfrei, pünktlich und absprachegemäß) vermeiden,
- Abschlagszahlungen einholen, bei Verzug mahnen, bei weiterem Forderungsausfall gegebenenfalls Arbeit einstellen.

Maßnahmen nach Beendigung des Auftrags

nach Auftragsdurchführung

- Es wird dem Kunden angezeigt, dass die Arbeiten fertiggestellt sind und um einen schnellen Abnahmetermin gebeten (innerhalb von 12 Werktagen).

  Mitunter verweigert der Auftraggeber die Abnahme und führt als Begründung Mängel an, um die Zahlung hinauszuzögern bzw. die Höhe der Forderung in Zweifel zu stellen. In Streitfällen kann ein durch die jeweilige Handwerkskammer vereidigter Sachverständiger hinzugezogen werden bzw. auf die Schlichtungsstelle zugegangen werden. Laut BGB § 640 ist der Besteller allerdings zur Abnahme verpflichtet, wenn das Werk keine wesentlichen Mängel aufweist. Ersetzt wird die Abnahme je nach Rechtsgrundlage des Vertrags entweder durch das Verstreichen lassen des Abnahmetermins oder durch die Nutzung des Werks durch den Auftraggeber.
- Es wird ein Protokoll über die Abnahme erstellt und berechtigt gerügte Mängel umgehend beseitigt sowie dies schriftlich bestätigt.
- Eine vollständige (Schluss)-Rechnung mit Rechnungsnummer, Zahlungsziel (kalendarisch datiert) sowie Steuernummer und Leistungszeitraum wird erstellt. Bei Gewährung von Zahlungszielen ist im Blick zu behalten, dass sie die eigene Liquidität nicht zu sehr beeinträchtigen.

Tests und Aufgaben zu diesem Kapitel finden Sie im Sackmann-Lernportal.

- die Gewährung eines Skontos (i.d.R. bis zu 3 % des Rechnungsbetrages) ist an eine schnelle Zahlung der Rechnung geknüpft (z.B. innerhalb einer Woche) und bewegt den Kunden das auch zu tun,
- Zugang der Rechnung beim Rechnungsempfänger sicherstellen für den Fall, dass es jetzt schon Zweifel an der Zahlungswilligkeit oder -fähigkeit gibt oder es sich um ein sehr großes Auftragsvolumen handelt | ► HF 2, Kap. 19.4.3 |,
- nach Rechnungsstellung die Zahlungseingänge genau überwachen, ebenso die gewährten Zahlungsziele und Skonto-Regelungen.

Beispiel: Stefan Hoffmann geht mit Thomas Wolf alle offenen Rechnungen durch, viele sind schon fällig oder hätten sogar schon längst angemahnt werden müssen. „Ich schicke gleich heute alle Zahlungserinnerungen raus", verspricht Thomas Wolf schuldbewusst.

„Ja, das erwarte ich auch, aber besser wäre noch, du rufst alle diese Kunden an, informierst sie freundlich, dass sie im Verzug sind, fragst nach dem Grund und wann die Zahlung eingeht. Ich denke, so kommen wir schneller zum Ziel."

Maßnahmen bei Forderungsausfall

bei Forderungsausfall

Zahlungserinnerung

- Wenn die Rechnung umgehend nach Beendigung des Auftrags gestellt wurde und der Verzug | ► HF 2, Kap. 20.1.6 | durch regelmäßige Prüfung der Zahlungseingänge schnell bemerkt wird, bleibt Spielraum für eine freundliche Zahlungserinnerung (die dann auch im Gespräch oder dem Anschreiben auch nicht als Mahnung bezeichnet wird), um den Kunden nicht zu verschrecken.

  Häufig ist ein direkter Anruf der schriftlichen Form vorzuziehen, er holt den Schuldner aus der Anonymität und setzt ihn mehr unter Zugzwang. Es lassen sich auch die Gründe des Zahlungsverzugs direkt klären und gute Lösungen für beide besprechen (Ratenzahlung, Stundung). Ein solches Gespräch lässt sich auch sehr gut mit Kundenservice und Planung von weiteren Aufträgen verbinden.

schriftliche Mahnung

- Bei weiterhin nicht eingehender Zahlung erfolgt eine schriftliche Mahnung mit neuem Fälligkeitstermin (ca. 7 Tage) unter Angabe der Rechnungsnummer und des Datums (eine Rechnungskopie beschleunigt den Vorgang) mit Hinweis auf Verzugszinsen und Mahngebühren sowie der Absicht zur gerichtlichen Durchsetzung.

  Spätestens diese Mahnung sollte per Einschreiben mit Rückschein geschickt werden, damit man einen Nachweis bezüglich des Zugangs der Mahnung hat.

- Falls eine Gewährleistungsbürgschaft[1] ausgehändigt wurde, soll sie zurückgefordert werden. *Gewährleistungsbürgschaft*
- Wenn der Auftraggeber zahlungswillig, aber momentan zahlungsunfähig ist, soll ein notarielles Schuldanerkenntnis angefordert werden, um in der Folge den Ablauf des Eintreibens der Forderungen bei der Zwangsvollstreckung zu erleichtern und zu beschleunigen. *notarielles Schuldanerkenntnis*

Verzug

Der Auftraggeber gerät in Verzug, wenn er auf eine Mahnung hin nicht innerhalb der gesetzten Frist zahlt. Er gerät aber auch ohne Mahnung spätestens in Verzug, wenn er innerhalb von 30 Tagen nach Zugang einer Rechnung nicht zahlt. Privatkunden müssen - im Gegensatz zu Unternehmen - schon in der Rechnung auf diesen „automatischen" Verzug nach 30 Tagen hingewiesen werden | ▸ HF 2, Kap. 20.1.6 |.

Befindet sich der Auftraggeber in Verzug, so hat er Verzugszinsen und Schadenersatz für alle Schäden zu zahlen, die durch die verspätete Bezahlung der Rechnung entstehen. Der gesetzliche Zinssatz beträgt 5 % über dem Basiszinssatz gegenüber privaten Verbrauchern und 8 % über dem Basiszinssatz zwischen Unternehmern. Mit entsprechendem Nachweis (Bankbescheinigung) kann auch ein höherer Zinssatz verlangt werden.

Zahlungsfristen sind entweder vertraglich geregelt oder es gelten gesetzliche Fristen: *Zahlungsfristen*

- **nach BGB § 286: 30 Tage,**
- **nach VOB: 18 Tage für Teilrechnungen, 2 Monate für Schlussrechnung.**

Unterstützende Gesetze im Forderungsmanagement

Folgende gesetzliche Grundlagen hat der Gesetzgeber insbesondere für die Absicherung von Bauhandwerkern geschaffen, da im Baugewerbe die Risiken, bei Problemen mit der Zahlungsunfähigkeit bzw. -unwilligkeit großen Schaden zu nehmen, besonders hoch sind.

- Forderungssicherungsgesetz, § 632a BGB Absatz 1,
- Bauhandwerkersicherung | ▸ HF 2, Kap. 20.3 |, § 641a BGB,
- Bauforderungssicherungsgesetz, BauFordSiG,
- Selbstständiges Beweisverfahren (früher Beweissicherungsverfahren) unter Zuweisung eines vereidigten Sachverständigen § 485 bis 494a ZPO | ▸ selbstständiges Beweisverfahren, S. 746 |.

---

[1] *Die Gewährleistungsbürgschaft stellt sicher, dass ein Bürge, beispielsweise auch eine Bank über einen Avalkredit, für die Kosten der Beseitigung von innerhalb der Gewährleistungsfrist auftretenden Mängeln einsteht, falls die ausführende Baufirma mittlerweile insolvent ist.*

21.2 Möglichkeiten der Entlastung im Forderungsmanagement

Forderungsausfallversicherung

Will der Unternehmer - unabhängig von einem gut funktionierenden Forderungsmanagement - die Sicherheit noch erhöhen, kann er auch eine Forderungsausfallversicherung in Anspruch nehmen, welche nach einer Prüfung des Geschäftsvorfalls und nachdem sich ein Auftraggeber mehr als zwei Monate im Zahlungsverzug befindet, im vertraglich geregelten Rahmen das Ausfallrisiko trägt. Meist beschränken sich diese Versicherungen (auch Warenkredit- oder Delkredereversicherung genannt) nicht nur auf die Übernahme des Ausfallrisikos, sondern umfassen auch präventive Maßnahmen wie Bonitätsprüfung u.Ä.

Factoring

Eine andere Möglichkeit, auf berechtigte Forderungen auch fristgerecht Zahlungseingänge zu erreichen, ist das Factoring. Es handelt sich dabei um den vertragsmäßigen Verkauf der Forderungen an eine Factoring-Gesellschaft (meist eine Bank). Gegen eine entsprechende Gebühr (ca. 4-6% der Forderungssumme), die i.d.R von der Schlusszahlung einbehalten wird, kann der Gläubiger sofort über liquide Mittel verfügen und es entfallen alle Aufwendungen zum Einholen offener Forderungen.

22 Mahn- und Klageverfahren

Wenn der Schuldner nun nicht auf das außergerichtliche (private) Mahnverfahren reagiert, muss der Gläubiger gerichtliche Schritte einleiten. Er kann wählen, ob er zunächst ein Mahn- oder direkt ein Klageverfahren durchführen will. Das Mahnverfahren ist nur dann sinnvoll, wenn der Gläubiger davon ausgehen kann, dass der säumige Zahler keinen Einwand gegen die Ansprüche bringt. Ist mit Widerspruch zu rechnen, geht mit dem Mahnverfahren nur Zeit verloren, das Klageverfahren ist dann der richtige Weg.

Beispiel: Das Designerbad des Architektenehepaares konnte Stefan Hoffmann nun mit einigen Verzögerungen aufgrund von Liquiditätsengpässen fertig stellen, kleine Mängel wurden nachgebessert und die Abnahme hat stattgefunden, worüber ein entsprechendes Protokoll angefertigt und von beiden Vertragspartnern unterschrieben wurde.

Doch da steht schon wieder der nächste Ärger an: Trotz Rechnungslegung und Mahnung sind immer noch keine Zahlungen eingegangen. Auf telefonische Anfragen wird eine sofortige Zahlung angekündigt, die aber ausbleibt. Stefan Hoffmann gerät immer mehr unter Druck und überlegt, was nun zu tun ist, um doch an sein Geld zu kommen. Er muss zum ersten Mal den Weg über das Gericht gehen. Was das wohl kostet und ob sich der Aufwand lohnt? Da muss er sich erst mal informieren.

Das gerichtliche Mahnverfahren ist ein einfacher und kostengünstiger Weg, um dem Gläubiger zu seinem Recht zu verhelfen. Ein oft langwieriges und teures Verfahren vor Gericht soll damit vermieden werden.

Voraussetzungen

Zunächst muss der Gläubiger prüfen, ob das gerichtliche Mahnverfahren für die konkrete Situation geeignet ist bzw. ob die notwendigen Voraussetzungen gegeben sind:

- Wurden alle vertraglich festgelegten Leistungen auch ohne Mängel vom Unternehmer erbracht?
- Handelt es sich um einen Geldanspruch in Euro? Das Mahnverfahren ist nur zulässig bei fälligen Ansprüchen auf Zahlung in inländischer Währung. Ein Mahnverfahren über einen Anspruch auf Zahlung in ausländischer Währung ist nur dann möglich, wenn die Auslandszustellung im Rahmen zwischenstaatlicher Übereinkünfte erlaubt ist.
- Ist der Aufenthaltsort des Schuldners bekannt? Wenn der Mahnbescheid nicht zugestellt werden kann, bleibt er wirkungslos, denn es gibt keine öffentliche Zustellung wie bei der Erhebung einer Klage.

Zuständig ist das Mahngericht des jeweiligen Bundeslandes, welches seit 2012 an die Stelle des Amtsgerichts am Wohnort des Gläubigers getreten ist, Rechtsbeistand durch einen Anwalt ist nicht erforderlich.

22.1 Ablauf des Mahnverfahrens

Der Erlass eines Mahnbescheids kann nur mit dem offiziellen Online-Mahnantrag in Gang gebracht werden, der beim zuständigen Mahngericht eingereicht wird, welches zeitnah den gerichtlichen Mahnbescheid erlässt und dem Schuldner zustellt.

Der Antragsteller (Gläubiger) nennt den Geldbetrag und Anspruchsgrund, die Berechtigung der Forderung wird nicht geprüft. Denn die Wahl des gerichtlichen Mahnverfahrens zur Geltendmachung fälliger Forderungen setzt voraus, dass die Forderung eindeutig nachweisbar und ein Widerspruch des Schuldners wahrscheinlich nicht zu erwarten ist.

Möglichkeiten des Schuldners

Der Schuldner hat nunmehr nach Zugang des Bescheids zwei Wochen Zeit zu reagieren.

- er zahlt - das Verfahren ist abgeschlossen,
- er widerspricht - die Forderungssicherung kann nur über ein Klageverfahren realisiert werden,

- er reagiert nicht - der Gläubiger stellt einen Antrag auf Vollstreckungsbescheid beim Amtsgericht, welches ihn erlässt. Der Schuldner hat wiederum drei Möglichkeiten:
  - er zahlt - das Verfahren ist abgeschlossen,
  - er widerspricht - Übergang zum Klageverfahren,
  - er reagiert nicht - es folgt auf Antrag die Zwangsvollstreckung | ▸ HF 3, Kap. 23 |.

Selbstständiges Beweisverfahren

Das selbstständige Beweisverfahren (früher Beweissicherungsverfahren) kann während oder außerhalb eines Streitverfahrens gemäß § 485 Abs. 1 ZPO auf Antrag einer Partei zur Vernehmung von Zeugen, zur Einnahme des Augenscheins oder zur Begutachtung durch einen Sachverständigen angeordnet werden.

Es ist ein gerichtliches Verfahren, bei dem rechtliche Probleme außen vor bleiben. Es geht hier nur um die Begutachtung eines Sachmangels, dessen Feststellung eilig ist. Ziel eines solchen Verfahrens kann auch sein, ein weiteres kostenintensives Gerichtsverfahren zu verhindern.

In diesem Verfahren wird die Begutachtung des Mangels durch einen gerichtlichen Sachverständigen vorgenommen. Im Antrag auf das Beweisverfahren wird mitgeteilt, über welches Gewerk eine schriftliche Begutachtung erforderlich ist. Die Handwerkskammern haben zu diesem Zweck öffentlich bestellte Sachverständige vereidigt.

22.2 Ablauf des Klageverfahrens

Wählt der Gläubiger direkt den Weg des Klageverfahrens, weil er mit Widerspruch seitens des Schuldners rechnet oder widerspricht der Schuldner den Forderungen des gerichtlichen Mahnbescheids, muss der Klageweg eingeschlagen werden. Welches Gericht zuständig ist und damit Umfang und Kosten des Verfahrens, hängt von der Höhe der bestehenden Forderung ab.

Liegt der Forderungswert einschließlich Mahngebühren unter € 5 000,–, ist das Amtsgericht zuständig und es besteht kein Anwaltszwang. Der Gläubiger kann die Klage selbst einreichen. Es empfiehlt sich eine vorherige Rechtsberatung. Bei einer Forderung über € 5 000,- ist das Landgericht zuständig und nur ein zugelassener Anwalt kann die Klage einreichen.

Bestandteile Klageschrift

Bestandteile der Klageschrift sind Antrag, Gegenstand, Grund und Höhe des Anspruchs. Das Gericht entscheidet nun, in welcher Form der Klage stattgegeben wird. Gegebenenfalls kommt es nun zu einer mündlichen Verhandlung (bei geringem Streitwert kann auch ein schriftliches Verfahren angeordnet werden), über welche ein Sitzungsprotokoll erstellt wird. Falls die Verhandlung keine Klärung bringt, ist eine weitere Beweisaufnahme nötig, je nach Ergebnis sind mehrere gerichtliche Entscheidungen möglich:

Ergebnisse der Verhandlung

- ein gerichtlicher Vergleich (über eine gütliche Einigung),
- ein richterliches Urteil,
- ein Versäumnisurteil, bei Nichtanwesenheit einer Partei nach Antrag der anwesenden Partei.

Es schließen sich zwei Wochen Einspruchsfrist an, dann besitzen die Entscheidungen Urteilskraft und dienen als Titel für die Vollstreckung.

Kosten gerichtlicher Verfahren

Die Kosten gerichtlicher Verfahren variieren erheblich, je nachdem ob man ohne externe Hilfe den Weg beschreitet oder ein Inkassounternehmen oder einen Rechtsanwalt einschaltet. Grundsätzlich richten sich die Gerichtsgebühren sowie die Gebühren für Rechtsanwälte und Inkassounternehmen nach der Höhe der jeweiligen Forderung, um die es in diesem Streitfall geht.

Beispiel: Stefan Hoffmann beschließt den Weg über ein gerichtliches Mahnverfahren zu gehen, weil er zuversichtlich ist, dass er so zu seinem Geld kommt. Und vor diesem Hintergrund erscheinen ihm die Kosten des Verfahrens bei einem Forderungsbetrag von € 12 000,- vertretbar:

Gerichtsgebühr für den Erlass des entsprechenden Mahnbescheids:	€ 133,50 (USt-frei)
+ Bearbeitungsgebühr: (bei Nutzung der Internetseite mahnbescheide.de oder abweichend bei Nutzung der Inkassostelle der HWK)	€ 21,00
+ 19% USt	€ 3,99
	€ 158,49

Nutzen Sie das interaktive Zusatzmaterial im Sackmann-Lernportal.

Klageverfahren

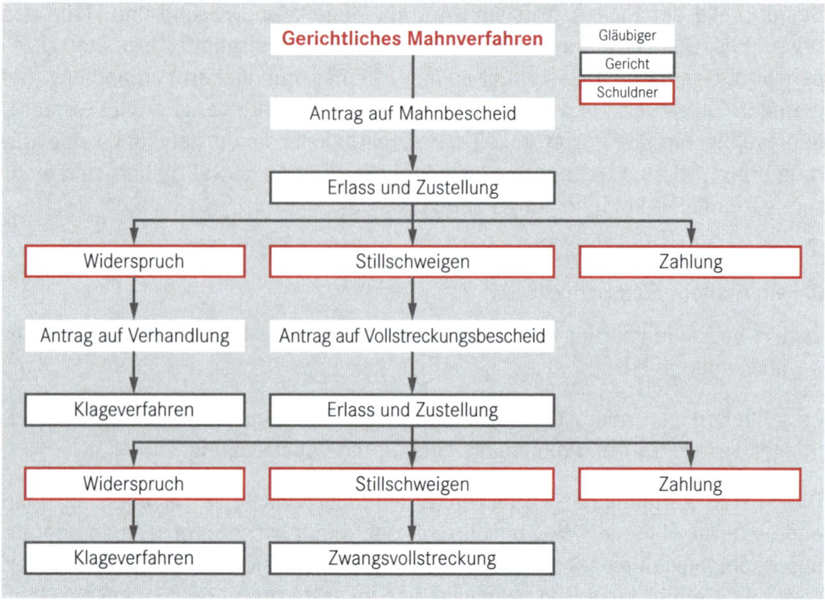

22.3 Inkasso

Ist ein Unternehmen durch Forderungsausfälle sehr belastet und sind die eigenen Bemühungen, Forderungen einzutreiben häufig erfolglos, kann auch ein dafür spezialisiertes Unternehmen eingeschaltet werden.

Gebühren

Die für Leistungen zu entrichtenden Gebühren orientieren sich i.d.R. an der Gebührenordnung für Rechtsanwälte und bestimmen sich daher nach der Höhe der einzutreibenden Forderungen. Es kann sowohl im außergerichtlichen als auch im gerichtlichen Mahnverfahren die Hilfe eines Inkassounternehmens in Anspruch genommen werden. Ihr Vorteil besteht vor allem darin, dass sie professionell im Umgang mit den Schuldnern arbeiten und der unangenehme Vorgang des Mahnens nicht direkt im Zusammenhang mit dem Gläubiger steht. Das Inkassounternehmen nimmt den Kontakt zum Kunden auf, erstellt und überwacht Zahlungspläne. Gleichzeitig findet eine Beratung statt, ob der Gang zum Gericht lohnt. Die Erfolgsquote dieser Unternehmen liegt schätzungsweise bei 30 %.

Mahn- und Inkassostellen der Handwerkskammern

Auch bei den Handwerkskammern sind Mahn- und Inkassostellen eingerichtet, welche folgende Dienstleistungen im Mahn- und Klageverfahren für ihre Mitglieder übernehmen.

Nach erfolgloser erster Mahnung wird:

- ein vorgerichtliches Mahnverfahren durchgeführt,
- Ratenzahlung erarbeitet und vereinbart,

- ein Mahn- und Vollstreckungsbescheid beantragt,
- die Forderung im Zwangsvollstreckungsverfahren betrieben,
- die Pfändung ins bewegliche und unbewegliche Vermögen durchgeführt.

Folgende Unterlagen werden dafür benötigt:

- Vertragsunterlagen sowie Ab- oder Übernahmeprotokoll,
- fällige Rechnung,
- erste Mahnung (soweit vorhanden),
- genaue Angaben über den Schuldner (ladungsfähige Adresse).

Auch vor der Annahme eines Auftrags von unbekannten Kunden, kann man Kontakt zu dieser Stelle aufnehmen, um eventuell Informationen über dessen Bonität und Zahlungsmoral zu erhalten. Eine solche Auskunft ist für die Mitglieder der Handwerkskammern kostenfrei und kann späteren Problemen vorbeugen.

23 Zwangsvollstreckung

Wenn der Schuldner auch nach Erlass und Zustellung des Vollstreckungsbescheids weder zahlt noch Einspruch einlegt, ist der Gläubiger gezwungen, die Zwangsvollstreckung mit staatlicher Gewalt durchzuführen. Dazu erforderlich ist:

Voraussetzungen der Zwangsvollstreckung

- ein Vollstreckungstitel (Urteil, gerichtlicher Vergleich, Vollstreckungsbescheid, in der Insolvenztabelle festgestellte - vom Schuldner nicht bestrittene - Forderung)
- und die Vollstreckungsklausel, mit der das Gericht die Zulässigkeit der Vollstreckung erklärt.

Ferner muss der Vollstreckungstitel mit entsprechender Klausel dem Schuldner vor oder mit Beginn der Zwangsvollstreckung zugestellt werden.

Beispiel: Im Fall des Architektenehepaares wurde ein gerichtliches Mahnverfahren eingeleitet, die Zahlungen blieben trotzdem aus. Nach drei Wochen teilt Stefan Hoffmann ihnen mit, dass er nunmehr die im Mahnbescheid angekündigte Zwangsvollstreckung beantragt.

Die Zwangsvollstreckung kann erfolgen:

- wegen einer Geldforderung,
- wegen Herausgabe von Sachen,
- wegen vertretbarer oder nicht vertretbarer Handlungen,
- zur Abgabe einer Willenserklärung.

wegen einer Geldforderung

Die Zwangsvollstreckung wegen einer Geldforderung erfolgt in das bewegliche Vermögen oder in das unbewegliche Vermögen des Schuldners oder auch in Rechte und Forderungen des Schuldners.

in das bewegliche Vermögen

- Zwangsvollstreckung in das bewegliche Vermögen

  Verweigert der Schuldner nach Vorlage des Vollstreckungstitels durch den Gerichtsvollzieher die Zahlung, leitet der Gerichtsvollzieher die Pfändung ein. Zum einen kann er Wertgegenstände wie Schmuck, Münzsammlungen direkt an sich nehmen, andere Gegenstände (Möbel, Maschinen) werden durch die Pfandsiegelmarke als gepfändet gekennzeichnet. Der Schuldner darf diese Gegenstände nicht mehr veräußern. Die gepfändeten Gegenstände werden zwangsversteigert.

  Der Gerichtsvollzieher nimmt auf Antrag des Gläubigers auch eine Vermögensauskunft des Schuldners auf.

in Grundstücke

- Zwangsvollstreckung in Grundstücke

  Die Zwangsvollstreckung in ein Grundstück erfolgt durch Eintragung einer Sicherungshypothek für die Forderung, durch Zwangsverwaltung bzw. Zwangsversteigerung.

in Forderungen

- Zwangsvollstreckung in Forderungen

  Hier pfändet das Vollstreckungsgericht durch Beschluss eine Forderung des Schuldners gegen einen Dritten (Drittschuldner). Das können Lohn- und Gehaltsforderungen gegenüber dem Arbeitgeber oder z.B. Kontoguthaben sein.

wegen Herausgabe von Sachen

In diesem Fall wird der Schuldner verurteilt, eine Sache an den Gläubiger herauszugeben. Der Gerichtsvollzieher entzieht die Sache dem Schuldner und übergibt sie dem Gläubiger.

wegen vertretbarer oder nicht vertretbarer Handlungen

Erfolgt eine Verurteilung zu einer Handlung, die auch ein anderer vornehmen kann (vertretbare Handlung), ermächtigt das Gericht den Gläubiger, auf Kosten des Schuldners einen Dritten mit der Arbeit zu beauftragen. Der Schuldner kann auch zu einer Vorauszahlung zur Bezahlung des Dritten verurteilt werden.

zur Abgabe einer Willenserklärung

Ist der Schuldner zur Abgabe einer Willenserklärung verurteilt, so gilt die Erklärung als abgegeben, sobald das Urteil die Rechtskraft erlangt hat, eine Zwangsvollstreckung ist also gar nicht erforderlich.

Kompetenzen

Das sollten Sie als zukünftiger Meister können:

- ✔ Risiken von Zahlungsausfällen einschätzen und Möglichkeiten der Überwachung von Zahlungseingängen darstellen,
- ✔ Maßnahmen zur Durchsetzung von Forderungen sowie zur Beschleunigung der Zahlungen abwägen,
- ✔ Ablauf und Kosten gerichtlicher Verfahren kennen.

Notwendigkeit der Planung einer Unternehmensnachfolge, auch unter Berücksichtigung von Erb- und Familienrecht sowie steuerrechtlicher Bestimmungen, darstellen und begründen

J

Reinhard und Ilona Schwarz, Gesellschafter der Schwarz Elektrotechnik, sitzen gerade beim gemeinsamen Abendessen, als Ilona erzählt: „Ich habe heute Frau Schmidt getroffen. Die Ärmste ist völlig durch den Wind seit dem Tod ihres Mannes."

„Kein Wunder", brummt Reinhard, „kein Mensch hätte gedacht, dass ihr Mann plötzlich an einem Herzinfarkt stirbt."

„Ja, und jetzt gibt es auch noch Ärger mit dem Betrieb", fährt Ilona fort. „Es war immer geplant, dass der Sohn den Betrieb eines Tages übernehmen soll. Aber sie haben kein Testament gemacht. Und jetzt besteht die ältere Tochter darauf, ausgezahlt zu werden. Sie will mit dem Betrieb nichts mehr zu tun haben. Außerdem ist noch nicht ganz klar, wie viel Erbschaftsteuer gezahlt werden muss. Frau Schmidt befürchtet, dass ihr Sohn unter diesen Bedingungen den Betrieb vielleicht verkaufen muss. Und das, obwohl er der Lebensinhalt ihres Mannes war."

Reinhard und Ilona sehen sich an. „Wir führen auch einen großen Betrieb. Was passiert, wenn einer von uns plötzlich verstirbt?", fragt Ilona.

24 Planung der Unternehmensnachfolge unter Berücksichtigung von Erb- und Familienrecht

Der Tod eines nahestehenden Menschen ist für alle eine sehr emotionale Situation, in der gleichzeitig viele Entscheidungen zu treffen und Formalitäten abzuwickeln sind. Dabei handelt es sich um sehr private Angelegenheiten, die jenseits der gewohnten Routine bewältigt werden müssen. Umso komplizierter wird die Situation, wenn ein Unternehmer verstirbt, der seine Nachfolge nicht geregelt hat. Zwar ist im Bürgerlichen Gesetzbuch Teil V die gesetzliche Erbfolge eindeutig festgelegt, problematisch wird das allerdings, wenn mehrere gleichberechtigte Erben oder auch gar kein gesetzlicher Erbe vorhanden sind.

Dann ist es besonders wichtig, dass im Vorfeld alle Risiken abgewogen werden und Vorsorge getroffen wird, sodass im Ernstfall nicht noch rechtliche Unklarheiten auf die Hinterbliebenen zukommen.

Die eigene Nachfolge als Unternehmer zu planen, wird häufig verschoben, weil es emotional nicht einfach ist, sich mit seinem beruflichen Rückzug zu beschäftigen und die Regelung gerade bei komplizierten Familienstrukturen einen großen Aufwand bedeuten kann.

Arten der Unternehmensnachfolge

In der Praxis wird unterschieden zwischen

- unerwarteten Nachfolgen, die erforderlich werden durch Krankheit, Unfall oder Tod des Unternehmers,
- geplanten Nachfolgen, bei denen frühzeitig ein Nachfolger gesucht wird und alle erforderlichen Maßnahmen zur Sicherung dieser Nachfolge und des Unternehmens eingeleitet werden. Das wirkt sich positiv auf die Sicherheit des Unternehmers, der Mitarbeiter bzw. Familienangehörigen und auch auf die Kreditwürdigkeit bei den Banken aus,
- ungeplanten Unternehmensnachfolgen, die durch Ehescheidungen, Streitigkeiten in der Familie oder den plötzlichen Entschluss des Unternehmers zum Ausstieg entstehen.

Gründe für Unternehmensübertragungen

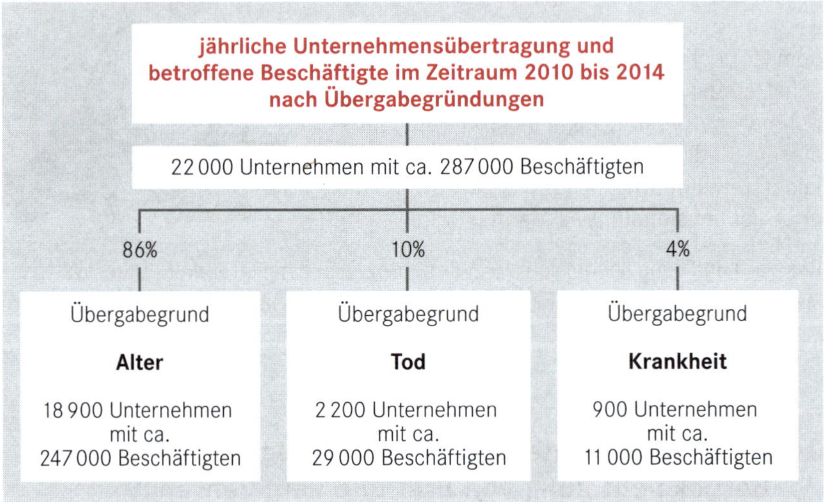

Quelle: IFM Bonn

Ein gut gehender Handwerksbetrieb ist i.d.R. nicht das Werk eines Einzelnen, sondern wird auch von anderen Personen getragen, die im Bedarfsfall für den Unternehmer einspringen können, wenn sie darauf vorbereitet sind. Um die Zukunft und den Erfolg des Unternehmens zu sichern, muss ein verantwortungsvoller Unternehmer rechtzeitig (wenn noch keine unmittelbare Gefahr des Ausfalls besteht) seine Nachfolge klären und regeln. Da eine reibungslose Nachfolgeplanung mitunter eine Zeitspanne von einigen Jahren in Anspruch nimmt, sollte der Prozess durch einen Fahrplan gestaltet werden, der alle Betroffenen mit einbezieht. Dabei sind vor allem folgende Fragen zu klären:

Fahrplan für die Nachfolge

- Zu welchem konkreten Zeitpunkt soll der Nachfolger die Führung übernehmen (Eintrittszeitpunkt des Nachfolgers)?
- Wann möchte der Unternehmer sich spätestens ganz aus der Verantwortung zurückziehen (Austrittszeitpunkt)? Dabei ist zu beachten, dass eine Rückkehr in die gesetzliche Krankenversicherung spätestens bis zur Vollendung des 55. Lebensjahres möglich ist | ▸ HF 3, Kap. 16.7 |.
- Welche Aufgaben, Kompetenzen und Verantwortungsbereiche sollen in welchen Schritten übergeben werden?
- Wer kommt aufgrund seiner Qualifikationen für die konkrete Nachfolge in Frage? Welche Voraussetzungen muss er für eine Erfolg versprechende Übernahme noch schaffen?
- Welche begleitenden Maßnahmen müssen bedacht und organisiert sowie finanziert werden?
- Soll die Übergabe sukzessive oder in einem Schritt erfolgen?

Wenn die Überlegungen zur Nachfolge konkretere Formen annehmen, gehört zur Planung, dass

Einbinden aller Beteiligten

- die Mitarbeiter frühzeitig in den Veränderungsprozess eingebunden werden und sich im Hinblick auf die Veränderungen orientieren und positionieren können,
- auch Lieferanten und Kunden vor dem Wechsel persönlich über die Veränderungen informiert werden, um eine gewachsene vertrauensvolle Beziehung nicht zu gefährden,
- die Finanzierungspartner im Vorfeld einbezogen werden, da eine Unternehmensnachfolge mit der Übertragung und Aufnahme von Krediten verbunden ist.

Formen der Unternehmensnachfolge

innerhalb der Familie

Da der Handwerksbetrieb oft als Familienbetrieb geführt wird, liegt es natürlich nahe, zunächst in der Familie einen geeigneten Nachfolger zu finden. Allerdings erschweren Emotionen gegenüber den Familienmitgliedern häufig eine objektive Betrachtung der Fähigkeiten. In manchen Fällen erwartet der Senior viel mehr von seinem Sohn oder seiner Tochter als er von einem Außenstehenden erwarten würde.

Aktuelles zu den Themen im Sackmann bietet das Lernportal.

Mitarbeiter

Wenn kein Familienmitglied zur Verfügung steht, ist es auch möglich, einen Mitarbeiter als Nachfolger aufzubauen. Das hat den Vorteil, dass er das Unternehmen mit seinen Eigenheiten bereits gut kennt und auch die erforderliche Fachkompetenz schon unter Beweis gestellt hat.

firmenexterner Übernehmer

Eine weitere Möglichkeit besteht in der Veräußerung des Unternehmens an einen Firmenexternen. Andere Unternehmer der gleichen Branche könnten interessiert sein, weil sie ihr Geschäft erweitern oder ein zusätzliches Standbein schaffen wollen.

Natürlich sind auch Absolventen der Meisterschule, die ihren Meistertitel erworben haben, mögliche Nachfolger. Unternehmensberater und Handwerkskammern unterstützen bei der Suche nach einem Nachfolger.

In diesem Fall schließen sich Überlegungen zu der zukünftigen Rechtsform des Unternehmens an | ► HF 2, Kap. 15 |.

In allen drei Fällen ist es möglich, dass für einen gewissen Übergangszeitraum Eigentum und Führung des Unternehmens nicht in derselben Hand liegen und auch steuerliche Besonderheiten zu beachten sind | ► HF 2, Kap. 23.6 |.

In jedem Fall muss sich der Unternehmer im Vorfeld mit einigen rechtlichen Grundlagen des Familien- und Erbrechts vertraut machen, damit er noch zu Lebzeiten eine reibungslose Übergabe gewährleisten kann.

24.1 Familienrecht

Die Familie nimmt in der Gesellschaft eine besonders geschützte Stellung ein. Deshalb wird ihr auch im BGB ein gesonderter Bereich (Teil IV §§ 1297 - 1921 Familienrecht) gewidmet. Dabei hat sich das Zusammenleben der Menschen in den westlichen Kulturen in den letzten Jahrzehnten weitreichend verändert, was auf ökonomische, technische und kulturelle Ursachen zurückzuführen ist.

Vielfältigkeit von Zusammenleben

Es gibt immer mehr Partnerschaften, die auf den Schritt in die Ehe verzichten. Auch hat sich das klassische Modell verändert, dass i.d.R. erst nach der Eheschließung Kinder geboren werden; der Anteil der verheirateten Eltern geht deutlich zurück. Insgesamt leben immer mehr Kinder bei unverheirateten Partnern, bei Alleinerziehenden und in sog. Patchworkfamilien.

Das im BGB Teil IV verankerte Familienrecht, worauf auch das Erbrecht aufbaut, wurde in den letzten Jahren immer wieder ergänzt, entspricht in der heutigen Fassung aber immer noch nicht der Vielfältigkeit von Zusammenleben.

Für den Unternehmer sind vor allem die vermögensrechtlichen Regelungen von Bedeutung und müssen genau bedacht werden.

Formen des Zusammenlebens in Deutschland 2011

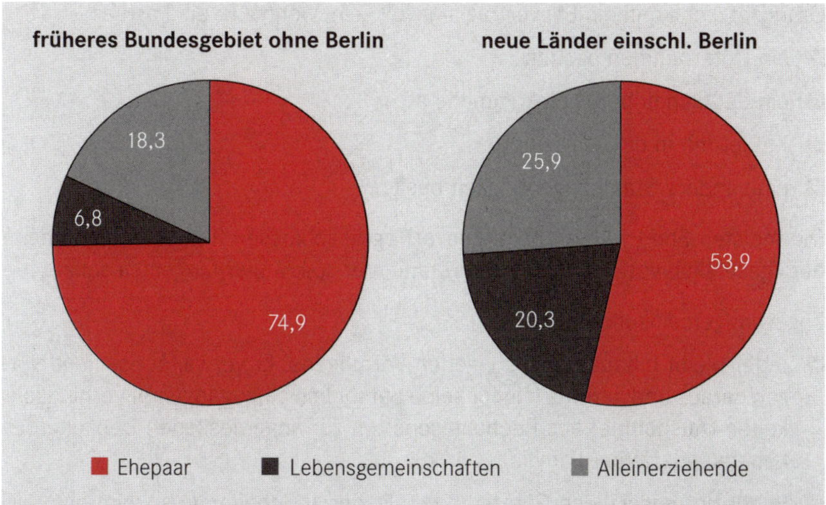

Quelle: Statistisches Bundesamt, 2012: Mikrozensus - Familien und Haushalte 2011

Güterstände

Das deutsche Familienrecht unterscheidet drei Formen des ehelichen Güterstandes:

- die Gütertrennung,
- die Gütergemeinschaft und
- den gesetzlichen Güterstand der Zugewinngemeinschaft.

mögliche Güterstände

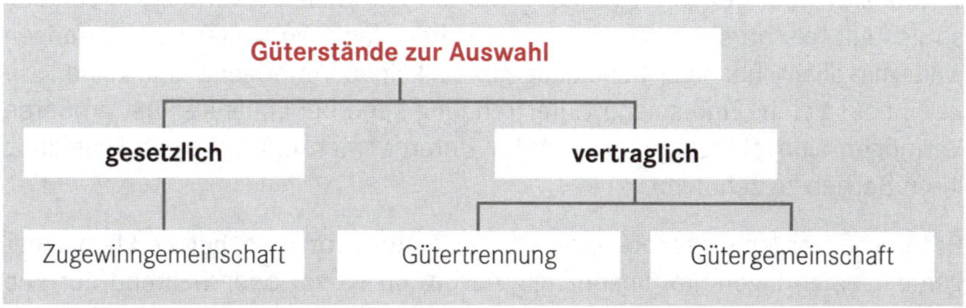

Ehevertrag

Ehegatten können nach BGB Rechte und Pflichten während und nach der Ehe in einem Ehevertrag regeln, wobei allerdings keine unbeschränkte Gestaltungsfreiheit besteht (z.B. kann der Unterhalt für Kinder nicht ausgeschlossen werden). Ein Ehevertrag muss in Anwesenheit beider Partner vor einem Notar unterschrieben werden.

Grundsätzlich kann ein Ehevertrag sinnvoll sein, wenn z.B. ein Partner

- ein Unternehmen besitzt,
- ein deutlich höheres Einkommen hat,
- Kinder mit in die Ehe bringt,
- eine andere Staatsangehörigkeit besitzt.

Zugewinngemeinschaft

Die meisten Ehen werden ohne Ehevertrag geschlossen und unterliegen dann dem gesetzlich vorgesehenen Güterstand, der sog. Zugewinngemeinschaft.

Zugewinngemeinschaft bedeutet:

- Jeder bleibt Inhaber seines eigenen Vermögens. Er verwaltet es, zieht Nutzen daraus und haftet allein für seine persönlich eingegangenen Verbindlichkeiten (Ausnahme: aus Rechtsgeschäften zur angemessenen Deckung des Lebensbedarfs der Familie).
- Endet der gesetzliche Güterstand, z. B. durch Scheidung, so wird das Vermögen, das die Ehegatten während der Ehe erworben haben (Zugewinn) ermittelt und untereinander ausgeglichen. Dazu wird im Vergleich von Anfangs- und Endvermögen errechnet, wer während der Ehe den höheren Zugewinn erwirtschaftet hat. Dieser Überschuss wird zwischen den Ehegatten hälftig ausgeglichen (Ausnahme: Ein Ehegatte bekommt etwas geschenkt oder erbt. Das wird von der Berechnung des Zugewinns ausgeschlossen).
- Beim Tod des Ehegatten erhöht sich in der Zugewinngemeinschaft der gesetzliche Erbteil um ein Viertel, unabhängig davon, ob ein Zugewinn erzielt wurde oder nicht.

Gütertrennung

Die Ehegatten können per Vertrag Gütertrennung oder Gütergemeinschaft vereinbaren. Bei der Gütertrennung werden die Eheleute vermögensrechtlich so gestellt, als ob sie nicht verheiratet wären. Jeder verwaltet sein Vermögen weiterhin allein. Bei einer Scheidung gibt es keinen Vermögens- und keinen Zugewinnausgleich. Eine solche Gütertrennung kann bei Eheleuten mit größeren Vermögen sinnvoll sein, aber auch für Unternehmer, um bei einer Scheidung ihren Betrieb zu schützen.

Gütergemeinschaft

Bei der Gütergemeinschaft wird das gesamte Vermögen beider Ehepartner gemeinsames Eigentum, unabhängig davon, ob es vor oder während der Ehe erworben wurde. Damit gehört jedem alles. Die Ehegatten können das Gesamtgut grundsätzlich auch nur gemeinschaftlich verwalten, haften allerdings auch gemeinsam für alle Schulden.

In einem Ehevertrag können die Ehegatten durch eine notarielle Vereinbarung den Versorgungsausgleich ausschließen oder anders regeln, als es das Gesetz bestimmt.

ökonomische Vorteile in der Ehe

Ehegatten haben deutliche ökonomische Vorteile, z.B. bei der Einkommenssteuer, der Krankenversicherung im Rahmen der Familienversicherung, im Erbrecht und bei der Hinterbliebenenrente.

Lebensgemeinschaften

Es gibt allerdings auch andere Formen der Lebensgemeinschaften, für die das Splitting in der Einkommenssteuer nicht gilt. Die seit 2001 gesetzlich eingeführte Lebenspartnerschaft stellt gleichgeschlechtliche Partner rechtlich weitgehend einer Ehe gleich. Ausnahmen sind Beamtenrecht und größtenteils Steuerrecht.

Eheähnliche Gemeinschaften werden bei der Sozialhilfe und der Grundsicherung für Arbeitssuchende und Rentner den Ehen gleichgestellt, Ausgleichsansprüche bei Trennung von nicht Verheirateten bejaht die Rechtsprechung allerdings nur in Ausnahmefällen.

Bei der Regelung der Nachfolge gilt es immer zu prüfen, ob der Abschluss eines Ehevertrags bzw. die Änderung des Güterstands für den Übernehmer sinnvoll oder notwendig ist, um das Unternehmen im Falle von Trennung und Scheidung nicht in Gefahr zu bringen.

24.2 Erbrecht

Bei der Nachfolgeplanung spielen Überlegungen zum Erbrecht eine sehr wichtige Rolle. Ein verantwortungsbewusster Unternehmer, dem es um den Erhalt des Unternehmens geht, wird die Nachfolge nicht der gesetzlichen Erbfolge überlassen, sondern im Rahmen der Möglichkeiten selbst festlegen, wer das Unternehmen weiterführt und wie andere Erbberechtigte dabei berücksichtigt werden.

Auch die Erteilung von Vollmachten muss von einem Unternehmer besonders weitsichtig geregelt werden. Nach seinem Tod sperren die Banken i.d.R. alle Konten, über die er die alleinige Verfügungsberechtigung hatte, bis sich die Erben legitimieren können. Für diesen Fall muss unbedingt Vorsorge getroffen werden, z.B. durch eine „Vollmacht über den Tod hinaus“, wofür es bei einigen Banken Vordrucke gibt.

Gesetzliches Erbrecht

Die im BGB geregelte gesetzliche Erbfolge soll die Versorgung der engsten Angehörigen sichern und dafür sorgen, dass das Vermögen in der Familie bleibt. Sie tritt ein, wenn der Erblasser kein Testament hinterlassen hat und gliedert die potentiellen Erben in Rangstufen (Ordnungen).

Erben sind die Rechtsnachfolger des Verstorbenen. Sie können das Erbe nur im Gesamten annehmen oder ablehnen. Sind auch Schulden vorhanden, müssen die Erben genau prüfen, ob sie das Erbe antreten, da sie auch die Verbindlichkeiten übernehmen.

Erbordnungen

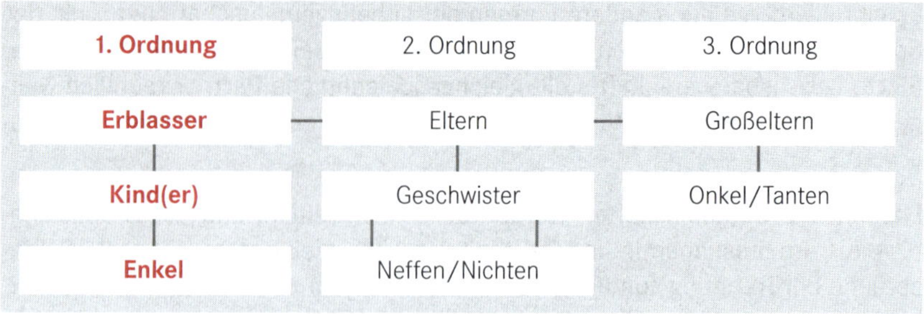

gesetzliche Erbfolge

An erster Stelle stehen die Abkömmlinge (Kinder, Enkel usw.) des Erblassers, an zweiter die Eltern und deren Abkömmlinge (Geschwister) und in der dritten Ordnung dann die Großeltern, wiederum mit ihren Abkömmlingen, also den Onkeln oder Tanten und ersatzweise deren Kinder.

Neben den Blutsverwandten erbt auch der Ehegatte bzw. der eingetragene Lebenspartner des Verstorbenen – die Höhe seines Anteils richtet sich dabei nach dem Güterstand, den die Partner bei der Eheschließung gewählt haben.

Erbordnung bei verschiedenen Güterständen

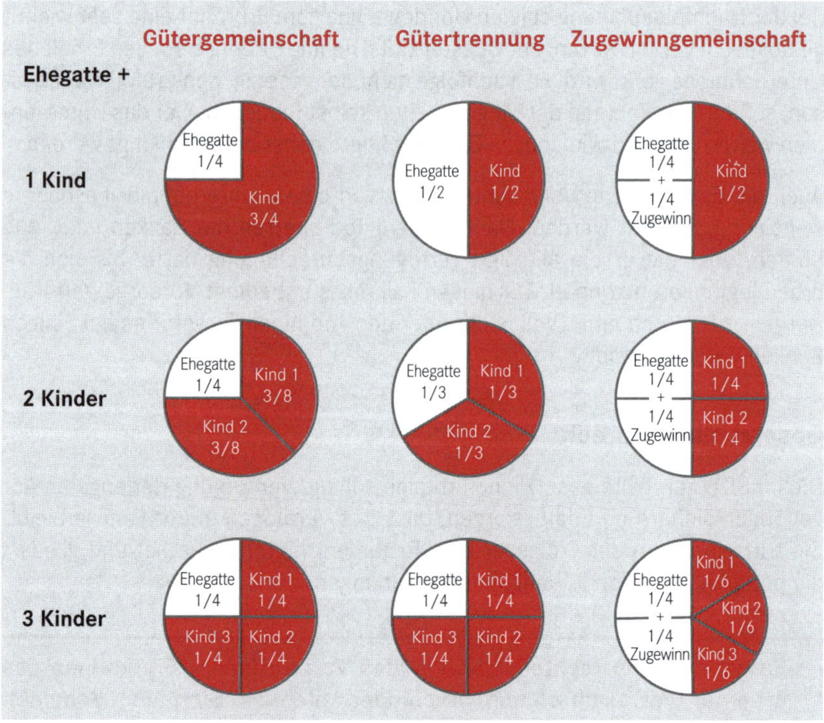

Erbengemeinschaft

Die gesetzliche Erbfolge führt oft dazu, dass mehrere gleichwertige Erben festzustellen sind, die sich dann einigen müssen. Erben mehrere Personen, können diese nur gemeinsam über den Nachlass verfügen.

Erbrecht für Lebenspartner

Das Lebenspartnerschaftsgesetz (LPartG) regelt, dass der überlebende Lebenspartner des Erblassers neben Verwandten erster Ordnung zu einem Viertel, neben Verwandten der zweiten Ordnung oder den Großeltern zur Hälfte gesetzlicher Erbe ist. Daneben gelten die Regelungen über den Zugewinnausgleich in der Ehe entsprechend. Das heißt, auch der Lebenspartner erhält ein weiteres Viertel über die Vorschriften zum Zugewinn.

Testament und Erbvertrag

Mit einem Testament kann man von der gesetzlichen Ordnung abweichen. Es kann z.B. ein Wunscherbe eingesetzt werden. Dieser muss nicht zwingend ein Familienmitglied sein.

sinnvoller Einsatz eines Testaments

Ein Testament ist immer nützlich,

- wenn der Unternehmer eine andere Regelung möchte als gesetzlich vorgesehen,
- um Erbstreitigkeiten zu vermeiden,
- wenn das Erbe aus einer Immobilie oder einem Betrieb besteht.

Form des Testaments

Um die Gültigkeit eines Testaments abzusichern, müssen einige Formalien eingehalten werden. Man unterscheidet das private und das öffentliche Testament. Das private Testament muss handschriftlich erstellt werden und mit Datum und Unterschrift versehen sein. Das öffentliche Testament wird von einem Notar aufgesetzt, nachdem ihm der Erblasser seine Wünsche i.d.R. mündlich erklärt hat. Anschließend wird das Testament vom Erblasser unterschrieben und vom Notar beurkundet. Um zu garantieren, dass das Testament nach dem Tod auch zur Kenntnis kommt, kann man es bei einem Notar hinterlegen bzw. im zentralen Nachlassregister/Testamentsregister einschreiben lassen. Ist man gesundheitlich nicht mehr in der Lage, diese Formvorschriften einzuhalten, kann ein sog. Nottestament aufgesetzt werden, wozu eine Amtsperson, z.B. der Bürgermeister, hinzugezogen wird.

Per Testament lässt sich die gesetzliche Erbfolge modifizieren – der Erblasser bestimmt seinen bzw. seine Wunscherben. Ein Testament ist eine einseitige Erklärung und kann jederzeit neu geschrieben werden (Ausnahme sind gemeinschaftliche Testamente von Ehepartnern).

Berliner Testament

Eine klassische Form des Testaments ist das sog. Berliner Testament, eine gemeinschaftliche Verfügung, in der sich Ehepartner gegenseitig als Alleinerben einsetzen. So bleibt der überlebende Partner im Besitz des gesamten Familienvermögens; die Kinder sind erst dann an der Reihe, wenn auch der zweite Elternteil verstorben ist. Es ist von Vorteil, wenn festgelegt wird, dass der überlebende Ehepartner die Erbquoten neu testieren kann.

Ist der Hauptgegenstand des Testaments ein Unternehmen, dann ist die Übereinstimmung des Testaments mit dem Gesellschaftervertrag zwingende Voraussetzung für die Anerkennung.

Im Gegensatz zu Ehepaaren können Unverheiratete kein gemeinsames Testament errichten. Stattdessen haben sie die Möglichkeit, jeweils per Einzeltestament den Partner als Erben einzusetzen. Es besteht dabei die Gefahr, dass einer der Partner später seine testamentarische Verfügung ohne Wissen oder gegen den Willen des anderen ändert.

Erbvertrag

Eine Alternative zum Testament ist der Erbvertrag. In einem Erbvertrag können sowohl Vertragspartner, die diese Vereinbarung unterschreiben, als auch Dritte zu Erben bestimmt werden. Der Erbvertrag kann nur mit Zustimmung aller Vertragspartner aufgehoben werden. Das gilt nicht, wenn sich der Erblasser bereits im Ursprungsvertrag ausdrücklich vorbehält, einseitig etwas zu ändern. Der Erbvertrag bedarf zwingend eines Notars und verursacht somit Kosten.

Ein Erbe wird in vielerlei Hinsicht Rechtsnachfolger des Verstorbenen. Das kann ggf. eine finanzielle und zeitliche Überforderung bedeuten, insbesondere dann, wenn die Schulden des Verstorbenen die Erbmasse übersteigen oder mit dem Erbantritt Verpflichtungen verbunden sind, die man nicht eingehen will oder kann, wie z.B. die Fortführung eines Betriebes. Man kann das Erbe auch als Angebot interpretieren und es daher ablehnen.

Ausschlagung des Erbes

Dazu muss man es persönlich innerhalb von sechs Wochen nach Kenntnis beim Nachlassgericht oder am eigenen Wohnort bei einem Notar gegen eine geringfügige Gebühr ausschlagen. Dann geht das Erbe auf die Person/Personen über, die in der Rangordnung als nächstes folgen.

Pflichtteilansprüche

Der Unternehmer kann durch Testament oder Erbvertrag grundsätzlich frei entscheiden, wen er als Erben einsetzen will. Dieser Wunscherbe muss nicht zwingend ein Familienmitglied sein. Allerdings lassen sich die nächsten Verwandten nicht ohne weiteres ausklammern. Eltern, Ehegatten und Kinder, die nicht als Erben eingesetzt werden, haben einen gesetzlichen Pflichtteilanspruch, d.h. einen sofort fälligen Geldanspruch in Höhe der Hälfte des gesetzlichen Erbteils gegen den Erben.

Pflichtteilentzug

Ein Pflichtteilentzug ist inzwischen nur noch in wenigen Fällen durchsetzbar, z.B. bei Gewalt gegen den Erblasser und seine nächsten Angehörigen oder bei schweren Straftaten. Der Entzug muss vom Erblasser in einer letztwilligen Verfügung unter Angabe der Gründe angeordnet sein.

Der Erbe eines Unternehmens kann durch Pflichtteilansprüche in eine schwierige Lage geraten und gezwungen sein, Teile des Unternehmens oder das Unternehmen als Ganzes zu verkaufen.

Beispiel: Im Gespräch mit ihrem Mann über die Zukunft ihres Betriebs fällt Ilona Schwarz ein, was ihr vor Kurzem über den verstorbenen Inhaber des Malerbetriebs im Ort erzählt wurde. Er hatte zwei erwachsene Kinder aus seiner ersten Ehe, lebte aber dann mit seiner neuen Partnerin in einer Lebensgemeinschaft mit drei minderjährigen Kindern. Seine Partnerin ist Meisterin und Ausbilderin in seinem Betrieb und er hatte sie als Alleinerbin im Testament eingesetzt.

Aber die Kinder aus der ersten Ehe verlangen nun ihren Pflichtteil und die neue Inhaberin scheint nun gezwungen, das Unternehmen zu verkaufen, um die Pflichtteile auszahlen zu können. Ihr bleibt als letzte Möglichkeit jetzt nur noch, beim Nachlassgericht die Stundung der Pflichtteilansprüche zu beantragen, weil eine unbillige Härte vorliegt.

Um den Bestand des zu vererbenden Unternehmens nicht zu gefährden, muss in einem solchen Fall frühzeitig ein Erbausgleich verbunden mit einem Pflichtteilverzicht geregelt werden.

Rechte von Pflichtteilberechtigten

Pflichtteilberechtigte haben

- einen gesetzlichen Auskunftsanspruch über den Nachlasswert und können eine eidesstattliche Versicherung darüber verlangen, dass der Nachlassbestand vollständig angegeben wurde (ist nur auf dem Klageweg zu erreichen und mit entsprechenden Kosten verbunden),
- einen Pflichtteilergänzungsanspruch, wenn der Erblasser zu Lebzeiten sein Vermögen ganz oder teilweise verschenkt hat. Die Pflichtteilberechtigten können in diesem Fall verlangen, dass Geschenke aus den letzten zehn Jahren vor dem Tod des Erblassers in die Pflichtteilberechnung einbezogen werden.

Bei der Geltendmachung der Pflichtteilansprüche sind Fristen einzuhalten. Beginnend mit der Kenntnis vom Tod des Erblassers ist ab dem folgenden Jahreswechsel nach drei Jahren die Frist zur Geltendmachung abgelaufen.

Vorweggenommene Erbfolge – Schenkung

Entscheidet sich der Unternehmer zu Lebzeiten, das Unternehmen an einen seiner Erben zu übergeben, ist das eine familien- und unternehmensfreundliche Lösung. Diese Form bietet viel Raum und Zeit, alle Fragen zu klären. Dem Nachfolger bietet es die Möglichkeit, sich in Ruhe einzuarbeiten und dem Unternehmer seine langjährigen Erfahrungen weiterzugeben.

Tests und Aufgaben zu diesem Kapitel finden Sie im Sackmann-Lernportal.

Dabei müssen die erbrechtlichen Ansprüche anderer Familienangehöriger frühzeitig geregelt werden, wenn man vermeiden will, dass im Todesfall Pflichtteile geltend gemacht werden.

Schenkungsvertrag

Sinnvoll ist der Abschluss eines Schenkungsvertrags, in dem in Abstimmung mit dem späteren Testament die Details der Eigentumsübergabe notariell beglaubigt werden.

Eine Schenkung, die zum Zeitpunkt des Ablebens des Schenkers nicht länger als 10 Jahre zurückliegt, gilt als vorgezogenes Erbe.

25 Erbschaft- und Schenkungsteuer

Bei Erbschaft oder Schenkung verdient der Staat kräftig mit, denn es fällt Erbschaft- und Schenkungsteuer an. Die Steuer wird allerdings erst fällig, wenn der Wert des übertragenen Vermögens festgesetzte Freibeträge übersteigt und richtet sich in ihrer Höhe nach der Steuerklasse. Die Begünstigten werden je nach Verwandtschaftsgrad in Steuerklassen eingeteilt und erhalten Freibeträge.

persönliche Freibeträge im Erbfall

Personengruppe	Steuer-klasse	Freibetrag (in €)
Ehegatte und eingetragener Lebenspartner	I	500 000,–
eheliche und nichteheliche Kinder, Stiefkinder, Adoptivkinder, Enkel nach dem Tod ihrer Eltern	I	400 000,–
Enkel, deren Eltern noch leben, Urenkel	I	200 000,–
Eltern, Großeltern im Erbfall	I	100 000,–
Geschwister, Nichten und Neffen, Schwiegerkinder, Stiefeltern, Schwiegereltern, geschiedener Ehegatte	II	20 000,–
sonstige Erben	III	20 000,–

Erbschaftsteuer fällt im Todesfall an u.a.

- bei Erwerb durch gesetzliche, testamentarische oder erbvertragliche Erbfolge,
- aufgrund eines geltend gemachten Pflichtteils,
- bei Abfindung für den Verzicht eines Pflichtteils oder für die Ausschlagung einer Erbschaft.

Schenkungsteuer fällt für Schenkungen unter Lebenden an. Als Schenkung gilt u.a.

- jede freiwillige Zuwendung,
- wenn eine Abfindung für einen Erbverzicht gezahlt wird,
- wenn Vermögen im Vorgriff auf eine Erbschaft vor Eintritt des Todesfalls übertragen wird.

Bis auf Einzelfälle gelten bei Schenkungen die gleichen Steuerklassen und Freibeträge wie im Erbfall.

Neben den persönlichen Steuerfreibeträgen gibt es im Erbfall einige sachliche Steuerbefreiungen. Für Personen der Steuerklasse I bleibt Hausrat bis zu einem Wert von € 41 000,- und weitere bewegliche Gegenstände, wie z.B. Pkw, Schmuck, Kunstgegenstände usw. bis zum Wert von € 12 000,- steuerfrei. Personen der Steuerklassen II und III erhalten für Hausrat und bewegliche Gegenstände insgesamt nur einen Freibetrag bis € 12 000,-.

sachliche Steuerfreibeträge

Gegenstand	Steuerklasse	Freibetrag (in €)
Hausrat	I	41 000,-
andere bewegliche körperliche Gegenstände	I	12 000,-
Hausrat und andere bewegliche körperliche Gegenstände	II, III	12 000,-
Darüber hinaus gibt es eine sachliche Befreiung für den Erwerb von Todes wegen von selbst genutztem Wohneigentum		

Steuerfreiheit bei selbstgenutzten Immobilien

Wohnungen und Häuser bleiben nach neuestem Recht für Ehepartner, Lebenspartner und Kinder im Erbfall steuerfrei, sofern sie mindestens 10 Jahre selbst bewohnt werden. Für Kinder ist diese Steuerfreiheit allerdings auf eine Wohnfläche von 200 qm begrenzt. Wird die Immobilie vor Ablauf der 10 Jahre verkauft oder vermietet, werden nachträglich Steuern fällig. Bei Schenkung einer Immobilie gilt diese Steuervergünstigung nicht.

Steuertarif

Wert des steuerpflichtigen Erwerbs bis einschließlich (in €)	Steuerklasse I	Steuerklasse II	Steuerklasse III
75 000,-	7 %	15 %	30 %
300 000,-	11 %	20 %	30 %
600 000,-	15 %	25 %	30 %
6 000 000,-	19 %	30 %	30 %
13 000 000,-	23 %	35 %	50 %
26 000 000,-	27 %	40 %	50 %
über 26 000 000,-	30 %	43 %	50 %

Für Betriebsnachfolger gilt unabhängig vom Verwandtschaftsgrad die Steuerklasse I.

Übertragung von Betriebsvermögen

Für die Übertragung von Betriebsvermögen hat der Gesetzgeber komplett andere Vorschriften erlassen und weitreichende Vergünstigungen vorgesehen. Durch hohe Abschläge von der Erbschaft- und Schenkungsteuer (sog. Verschonungsabschläge) soll das Betriebsvermögen geschützt und die Weiterführung des Unternehmens begünstigt werden.

Verschonungsabschlag

- Es gilt der Verschonungsabschlag von 85 % bei Fortführung des Unternehmens über einen Zeitraum von fünf Jahren.
- Es erfolgt eine Freistellung von der Erbschaftsteuer bei Fortführung des Unternehmens über den Zeitraum von sieben Jahren.

Allerdings sind strenge Regeln an diese Begünstigungen geknüpft; sie werden zunächst nur vorläufig gewährt. Endgültig wird der Abschlag erst, wenn die Mindestlohnsumme des Unternehmens (gilt nur für Betriebe mit mehr als 20 Beschäftigten) innerhalb eines bestimmten Zeitraums nicht wesentlich unterschritten und nicht gegen die Behaltensvoraussetzungen verstoßen wird.

Beispiel: Ilona und Reinhard Schwarz haben erkannt, dass sie dringend ein Testament aufsetzen müssen, das sie gegenseitig absichert, wenn einer von ihnen beiden verstirbt. Sie wollen sich auch einmal mit der Familie zusammensetzen und gemeinsam im Detail Gedanken machen, wie es mit dem Unternehmen weiter geht, wenn sie mal aus dem Berufsleben aussteigen wollen. Bestimmt wird Jens in die Aufgabe, den Betrieb zu leiten, hineinwachsen, aber da ist auch noch die Schwester Carolin. Auch wenn sie sicher ein Interesse am Fortbestand des Unternehmens hat, weil sie und ihr Mann auch Teil des Betriebs sind, so muss das im Detail geklärt werden, damit über Streitigkeiten am Ende nicht das Unternehmen untergeht.

Kompetenzen

Das sollten Sie als zukünftiger Meister können:

- ✔ Regelungen der gesetzlichen Erbfolge kennen und verstehen,
- ✔ Möglichkeiten der Gestaltung durch Erbvertrag und Testament abwägen,
- ✔ Grundfreibeträge sowie Steuerklassen der Erbschaft- und Schenkungsteuer sowie Gestaltungsmöglichkeiten kennen,
- ✔ Unterschiede zwischen Zugewinngemeinschaft und Gütertrennung kennen.

Notwendigkeit der Einleitung eines Insolvenzverfahrens anhand von Unternehmensdaten prüfen, insolvenzrechtliche Konsequenzen für die Weiterführung oder Liquidation eines Unternehmens aufzeigen

K

„Das bricht uns das Genick“, schießt es Stefan Hoffmann, Geschäftsführer der SH Haustechnik GmbH, durch den Kopf, als er den Hörer auflegt. Vor zwei Wochen der Schock mit dem Bauherrn, der sich mit den Anzahlungen seiner Kunden abgesetzt hatte. Und weil sein Mitarbeiter Thomas Wolf den Eingang der anstehenden Forderungen nicht geprüft hatte, haben sie auch noch an dem Großprojekt weiter gearbeitet, obwohl kein Geld mehr zu erwarten war. Aber nun auch noch das: Gestern hatte er die Lieferung der Materialien für das Designerbad des Architektenehepaars Kramer bekommen. Ausgehandelt hatte er mit dem Lieferanten, dass er den großen Betrag erst in zwei Monaten bezahlen muss, nachdem er die nächste Rate vom Architektenehepaar bekommen hat.

Doch dann rief Frau Kramer an und verkündete die Hiobsbotschaft: Die Finanzierung des Bades hatten ihr Mann und sie auf einer anstehenden Versicherungszahlung in einem Schadenfall aufgebaut, aber die hat jetzt abgelehnt. Nun seien sie ruiniert und könnten Privatinsolvenz anmelden. Insolvenz - das steht jetzt auch vor ihm wie ein Schreckgespenst. „Jetzt nur die Ruhe bewahren“, denkt Stefan Hoffmann.

26 Insolvenzverfahren

Geraten Unternehmen oder natürliche Personen in die Situation, zahlungsunfähig zu sein oder laufen durch mangelnde Liquidität Gefahr, bald in diese Situation zu kommen, können sie nach der Insolvenzordnung (InsO) einen Antrag auf Eröffnung eines Insolvenzverfahrens stellen.

Zahlungsunfähigkeit

Zahlungsunfähigkeit liegt vor, wenn der Schuldner nicht in der Lage ist, seine fälligen Zahlungspflichten zu erfüllen. Die gefestigte Rechtsprechung des Bundesgerichtshofs grenzt das genauer ein: Wenn der Schuldner nicht binnen drei Wochen in der Lage ist, 90% seiner fälligen Verbindlichkeiten zu erfüllen, ist er

Liquiditätskennzahl

zahlungsunfähig. Zur Ermittlung der Zahlungsunfähigkeit eignet sich ein stichtagsbezogener Liquiditätsstatus, bei dem die liquiden Mittel und fälligen Forderungen den fälligen Verbindlichkeiten gegenüber gestellt werden.

Eine drohende Zahlungsunfähigkeit liegt vor, wenn mit einer Zahlungsunfähigkeit wahrscheinlich zu rechnen ist.

Überschuldung

Bei juristischen Personen sowie bei Gesellschaften, bei denen keine natürliche Person persönlich haftender Gesellschafter ist, kommt als Eröffnungsgrund auch noch die Überschuldung hinzu. Überschuldung ist anzunehmen, wenn eine rechnerische Überschuldung vorliegt, d.h., die Schuldwerte sind größer als die Vermögenswerte. Das Eigenkapital befindet sich auf der Aktivseite der Bilanz.

Zahlungsunfähigkeit, drohende Zahlungsunfähigkeit und Überschuldung sind Gründe für die Eröffnung eines Insolvenzverfahrens.

Für juristische Personen besteht die Pflicht, innerhalb von drei Wochen nach Eintritt der Zahlungsunfähigkeit oder Überschuldung einen Insolvenzantrag zu stellen. Wer den Antrag gar nicht, nicht richtig oder nicht rechtzeitig stellt, wird mit einer Freiheitsstrafe bis zu drei Jahren bestraft.

Insolvenzgründe

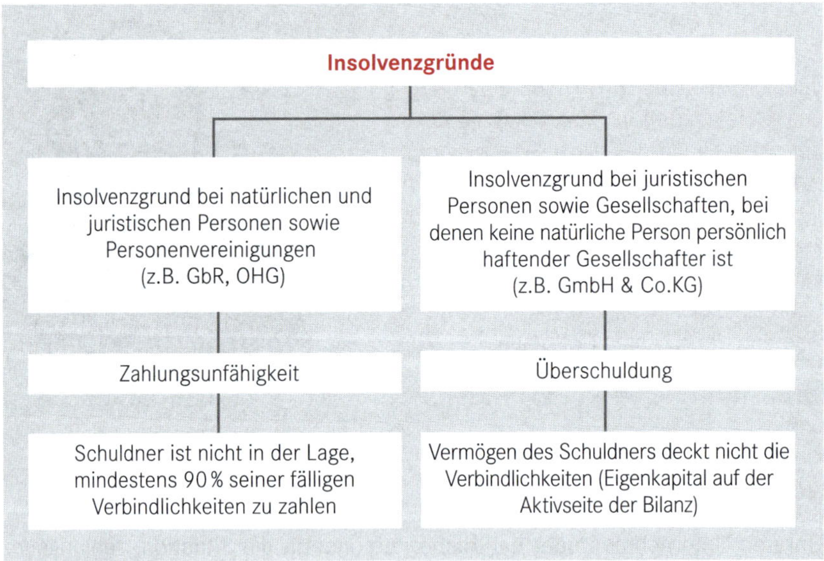

Insolvenzgründe
Insolvenzgrund bei natürlichen und juristischen Personen sowie Personenvereinigungen (z.B. GbR, OHG)
Insolvenzgrund bei juristischen Personen sowie Gesellschaften, bei denen keine natürliche Person persönlich haftender Gesellschafter ist (z.B. GmbH & Co.KG)
Zahlungsunfähigkeit
Überschuldung
Schuldner ist nicht in der Lage, mindestens 90 % seiner fälligen Verbindlichkeiten zu zahlen
Vermögen des Schuldners deckt nicht die Verbindlichkeiten (Eigenkapital auf der Aktivseite der Bilanz)

Beispiel: Nachdem sich Stefan Hoffmann vom ersten Schrecken erholt hat, überlegt er, was zu tun ist. Zunächst geht er zusammen mit Thomas Wolf die Debitoren- und Kreditorenliste durch und prüft die liquiden Mittel, um sich Klarheit zu verschaffen, ob die GmbH noch alle Verbindlichkeiten fristgerecht begleichen kann. Stefan Hoffmann steht nach der Überprüfung vor einem ernüchternden Ergebnis.

Liquide Mittel und fällige Forderungen:

Guthaben Bank:	€ 23 700,-
Bestand Kasse:	€ 3 500,-
Forderungen, die in den nächsten drei Wochen fällig werden:	€ 55 800,-
Summe:	€ 83 000,-

Verbindlichkeiten, die in den nächsten drei Wochen fällig werden:

Verbindlichkeiten aus Lieferungen und Leistungen:	€ 90 000,-
Umsatzsteuer:	€ 15 000,-
Sozialversicherung:	€ 25 000,-
Summe:	€ 130 000,-

$$\frac{83\,000}{130\,000} \times 100 = 63{,}48\,\%$$

Die Liquiditätskennzahl liegt bei 63,48 % und damit weit unter den geforderten 90 %. Schnell wird Stefan Hoffmann klar, dass er bei Fälligkeit nur 63,48 % der Verbindlichkeiten erfüllen könnte, für den Rest fehlt ihm das Geld.

Da alle Versuche von Stefan Hoffmann scheitern, kurzfristig Geldquellen zu erschließen, beschließt er schweren Herzens, beim zuständigen Insolvenzgericht einen Insolvenzantrag zu stellen.

26.1 Frühe Anzeichen einer Insolvenz

Anzeichen einer drohenden Insolvenz

Im Vorfeld eines Insolvenzverfahrens können bereits frühe Anzeichen auf eine spätere Insolvenz hindeuten:

- Kontokorrent ist überwiegend ausgeschöpft,
- Forderungseinzug verläuft nur schleppend,
- Lieferanten liefern nur noch auf Vorkasse,
- Verbindlichkeiten können bei Fälligkeit nicht gezahlt werden,
- Skonto wird gar nicht mehr in Anspruch genommen,
- Privatvermögen wird über einen längeren Zeitraum dem Unternehmen zugeführt.

frühzeitige Gegenmaßnahmen

Erkennt der Unternehmer ein oder mehrere Anzeichen, sind sofortige Gegenmaßnahmen zu ergreifen | ► HF 3, Kap. 21 |. Unter anderem kommen in Betracht:

- Erweiterung Kontokorrent,
- Umfinanzierung auf langfristige Darlehen,

- Forderungseinzug ggf. übertragen und künftig Forderungseingänge absichern,
- Vorräte kurzfristig abbauen, um Liquidität zu schaffen,
- (nicht notwendiges) Anlagevermögen verkaufen und ggf. zurückleasen,
- Eigenkapital dem Unternehmen zuführen (macht nur Sinn, wenn noch Gewinne erzielt werden),
- oder einen professionellen Sanierer beauftragen.

26.2 Insolvenzordnung

Ziel der Insolvenzordnung (gilt seit 1. Januar 1999) ist es, die Gläubiger des Schuldners gemeinschaftlich zu befriedigen, indem das Schuldnervermögen verwertet und der Erlös verteilt wird. Eine andere Möglichkeit ist die Sanierung mithilfe eines Insolvenzplans.

verschiedene Insolvenzverfahren

Je nachdem welcher Personenkreis betroffen ist, greifen unterschiedliche Verfahren. Für juristische Personen, Personenvereinigungen und gewerblich tätige natürliche Personen gilt das Regelinsolvenzverfahren, für natürliche Personen, die nicht gewerblich tätig sind, das Verbraucherinsolvenzverfahren. Geregelt sind beide Verfahren in der Insolvenzordnung.

26.2.1 Regelinsolvenzverfahren

Insolvenzverwalter

Das Regelinsolvenzverfahren ist ein Gesamtvollstreckungsverfahren, bei dem unter Leitung eines Insolvenzverwalters das vorhandene und neu erworbene Vermögen (Insolvenzmasse) - nach Abzug der Kosten und Vergütung des Insolvenzverwalters - unter allen Insolvenzgläubigern aufgeteilt wird. Während der Dauer eines Insolvenzverfahrens ist grundsätzlich nur der Insolvenzverwalter zu Entscheidungen über das Vermögen befugt und berechtigt.

Nach Verteilung des vorhandenen Vermögens wird das Verfahren durch Beschluss des Insolvenzgerichts aufgehoben und der Schuldner kann wieder selbst über sein Vermögen (soweit noch vorhanden) verfügen. Abweichend von der Zerschlagung des Unternehmens kann auch die Weiterführung im Rahmen eines Insolvenzplanverfahrens geregelt werden.

Ist der Schuldner eine natürliche Person kann er auf Antrag nach sechs Jahren ab Verfahrenseröffnung von seinen verbliebenen Verbindlichkeiten befreit werden (Restschuldbefreiung) | ► S. 777 |.

Nutzen Sie das interaktive Zusatzmaterial im Sackmann-Lernportal.

Ablauf Insolvenzverfahren

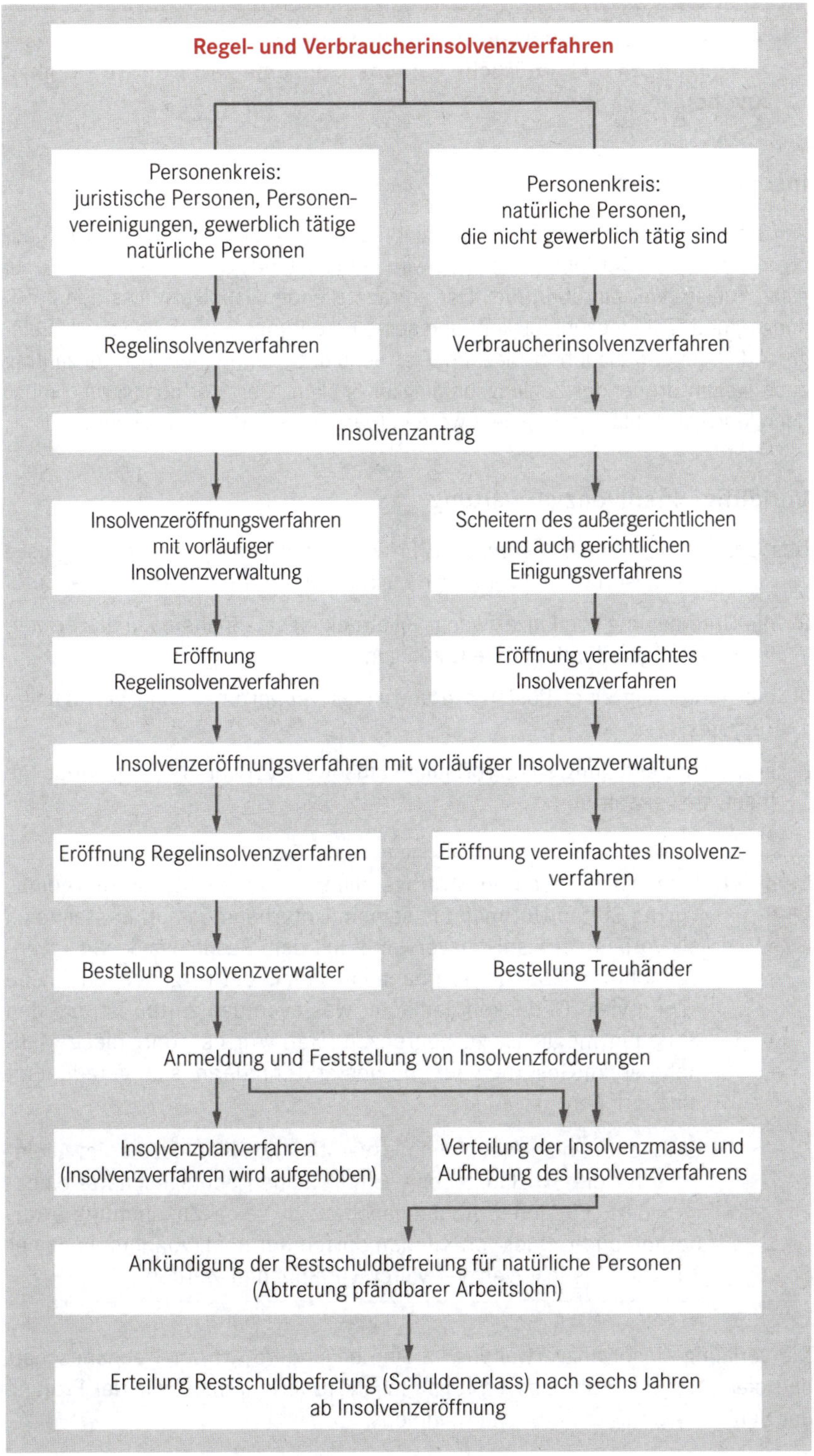
Regel- und Verbraucherinsolvenzverfahren
Personenkreis: juristische Personen, Personenvereinigungen, gewerblich tätige natürliche Personen
Personenkreis: natürliche Personen, die nicht gewerblich tätig sind
Regelinsolvenzverfahren
Verbraucherinsolvenzverfahren
Insolvenzantrag
Insolvenzeröffnungsverfahren mit vorläufiger Insolvenzverwaltung
Scheitern des außergerichtlichen und auch gerichtlichen Einigungsverfahrens
Eröffnung Regelinsolvenzverfahren
Eröffnung vereinfachtes Insolvenzverfahren
Insolvenzeröffnungsverfahren mit vorläufiger Insolvenzverwaltung
Eröffnung Regelinsolvenzverfahren
Eröffnung vereinfachtes Insolvenzverfahren
Bestellung Insolvenzverwalter
Bestellung Treuhänder
Anmeldung und Feststellung von Insolvenzforderungen
Insolvenzplanverfahren (Insolvenzverfahren wird aufgehoben)
Verteilung der Insolvenzmasse und Aufhebung des Insolvenzverfahrens
Ankündigung der Restschuldbefreiung für natürliche Personen (Abtretung pfändbarer Arbeitslohn)
Erteilung Restschuldbefreiung (Schuldenerlass) nach sechs Jahren ab Insolvenzeröffnung

Das Regelinsolvenzverfahren gilt für juristische Personen, Personenvereinigungen und natürliche Personen, die eine gewerbliche Tätigkeit ausüben.

Insolvenzantrag

erforderliche Angaben

Zur Stellung eines Insolvenzantrages sind neben dem Schuldner auch alle Gläubiger berechtigt. Der Insolvenzantrag wird vom zuständigen Insolvenzgericht auf seine Zulässigkeit hin überprüft. Der antragstellende Gläubiger muss den Eröffnungsgrund (Zahlungsunfähigkeit) und seine Forderungen durch geeignete Belege und Urkunden glaubhaft machen. Der Schuldner kann einen Insolvenzantrag auch wegen drohender Zahlungsunfähigkeit stellen. Der Eröffnungsgrund muss dann lediglich schlüssig dargelegt werden (nachvollziehbare Finanzlage).

Vorläufige Insolvenzverwaltung

Das Gericht kann zur Sicherung und Erhaltung der künftigen Insolvenzmasse bis zur Verfahrenseröffnung vorläufige Maßnahmen treffen. Hierzu zählen u.a.

vorläufige Maßnahmen

- die Untersagung von Einzelzwangsvollstreckungsmaßnahmen in das bewegliche Vermögen durch andere Gläubiger,
- die Anordnung einer Postsperre und eines Verwertungs- und Verfügungsverbotes
- sowie die Bestellung eines vorläufigen Insolvenzverwalters (sog. vorläufige Insolvenzverwaltung).

Beispiel: Eine Woche nach der Antragstellung sucht Rechtsanwalt Thomas Wirths Stefan Hoffmann in seinem Unternehmen auf. Er stellt sich als vorläufiger Insolvenzverwalter mit dem Beschluss des Insolvenzgerichts vor. Stefan Hoffmann hat sich in der vergangenen Woche schon viele Gedanken gemacht, was eventuell zu tun ist, um den Schaden möglichst zu begrenzen. Herr Wirths greift diese Maßnahmen im Gespräch auf und bestärkt ihn darin, sich gerade jetzt einzubringen.

Er macht ihm aber auch unmissverständlich klar, dass er im Alleingang für die SH Haustechnik GmbH keine Rechtsgeschäfte eingehen darf. Für jedes Rechtsgeschäft ist seine Zustimmung erforderlich und Gelder von Kunden dürfen nur noch von ihm, in seiner Funktion als Insolvenzverwalter, vereinnahmt werden.

Die vorläufige Insolvenzverwaltung ist eine besondere Art der Treuhandschaft und dient der Sicherung des künftigen Insolvenzverfahrens sowie der Prüfung der Sanierungsfähigkeit des Unternehmens.

Zustimmungsvorbehalt

Das Insolvenzgericht bestellt hierzu einen vorläufigen Insolvenzverwalter und stattet ihn mit entsprechenden Rechten aus. Das Recht auf Zustimmungsvorbehalt bedeutet, dass der Schuldner nicht ohne Zustimmung des vorläufigen Insolvenzverwalters über sein Vermögen verfügen kann (er kann ohne Zustimmung z.B. weder Material einkaufen noch Fertigerzeugnisse verkaufen).

Rechtsgeschäfte des Schuldners sind schwebend unwirksam bis der Insolvenzverwalter seine Zustimmung gegeben hat. Im vorläufigen Insolvenzverfahren besteht des Weiteren die Möglichkeit, die Lohnzahlungen für maximal drei Monate aus dem Insolvenzgeld zu finanzieren. Dieses wird von der Bundesagentur für Arbeit gezahlt.

Die vorläufige Insolvenzverwaltung dient der Sicherung des Schuldnervermögens und soll klären, ob ausreichend Vermögen für eine Insolvenzeröffnung vorhanden ist.

Abweisung mangels Masse

Stellt der vorläufige Insolvenzverwalter fest, dass das Vermögen des Schuldners voraussichtlich nicht ausreichen wird, um die Gerichtskosten und die Vergütung des Insolvenzverwalters zu decken, weist das Insolvenzgericht den Insolvenzantrag mangels Masse ab.

Beispiel: Rechtsanwalt Thomas Wirths besucht nun regelmäßig Stefan Hoffmann. Bei seinem letzten Besuch informiert er ihn über die Eröffnung des Insolvenzverfahrens und teilte ihm mit, dass er vom Insolvenzgericht zum Insolvenzverwalter bestellt wurde.

„Das bedeutet, dass die Geschäfte der GmbH nur noch durch meine Person geführt werden. Es bedeutet aber nicht, dass Sie nicht mehr gebraucht werden. Sie müssen mir weiterhin zur Seite stehen und mich bei meiner Aufgabe unterstützen," erläutert er Stefan Hoffmann. „Mit 50 % Ihrer bisherigen Arbeitszeit können Sie sich da einbringen."

Eröffnung des Insolvenzverfahrens

Hat der vorläufige Insolvenzverwalter eine ausreichende Insolvenzmasse für den Ausgleich der Gerichtskosten und seine Vergütung (Verfahrenskosten) festgestellt, wird das Insolvenzgericht die Eröffnung des Insolvenzverfahrens anordnen (in der Regel ca. drei Monate nach Antragstellung). Hierzu wird vom Insolvenzgericht ein Insolvenzverwalter bestellt, der meistens identisch mit der Person des vorläufigen Insolvenzverwalters ist. Mit der Eröffnung des Insolvenzverfahrens treten erhebliche Veränderungen für den Schuldner aber auch für die Gläubiger ein. Auch die Rechte und Pflichten des Insolvenzverwalters sind neu definiert.

Schuldner Rechte und Pflichten des Schuldners:

- Er kann jetzt nicht mehr wirksam über sein Vermögen verfügen; dies obliegt alleine dem Insolvenzverwalter. Rechtsgeschäfte des Schuldners sind daher unwirksam.
- Er kann kann offenstehende Forderungen nicht mehr einziehen bzw. Verbindlichkeiten nicht mehr begleichen.
- Bevollmächtigungen des Schuldners erlöschen (z.B. Bevollmächtigung eines Steuerberaters).
- Nur der Insolvenzverwalter verwertet das Vermögen des Schuldners, führt das Unternehmen weiter oder liquidiert es und kann Mitarbeitern wirksam kündigen.

Gläubiger Rechte und Pflichten des Gläubigers:

- Bis zur Verfahrenseröffnung begründete Forderungen (Insolvenzforderungen) dürfen kraft Gesetz nicht mehr gegen den Schuldner vollstreckt werden.
- Bis zur Verfahrenseröffnung begründete Forderungen (Insolvenzforderungen) können nur zur Insolvenztabelle angemeldet werden. Diese werden dann - abhängig vom vorhandenen freien Vermögen - quotal befriedigt.

Mit der Eröffnung des Insolvenzverfahrens gehen alle Rechte und Pflichten des Schuldners in Bezug auf sein Vermögen auf den Insolvenzverwalter über.

Insolvenzverwalter Rechte und Pflichten des Insolvenzverwalters bestehen im Übergang der

- Verwaltungs- und Verfügungsbefugnis,
- steuerrechtlichen Rechte und Pflichten,
- Arbeitgeberstellung,
- Prozessführungsbefugnis.

Beispiel: Bei Stefan Hoffmann klingelt das Telefon, es ist sein größter Lieferant. Er bietet Stefan Hoffmann an, bei Zahlung der Hälfte der noch ausstehenden Verbindlichkeiten den Rest zu erlassen. Stefan Hoffmann versucht, innerhalb der Familie Geld für diese Verbindlichkeit aufzutreiben, da dieses Angebot sehr verlockend ist.

Als der Insolvenzverwalter hiervon erfährt, bestellt er Stefan Hoffmann zu sich. „Ich kann verstehen, dass ein solches Angebot reizvoll erscheint. Aber in Ihrem Insolvenzverfahren ist alles geregelt und dem müssen alle Beteiligten auch nachkommen. Verfügungen über das Vermögen der GmbH kann nur ich treffen. Gläubiger der

GmbH müssen ihre Forderungen bei mir anmelden und erhalten darauf auch nur von mir eine anteilige Zahlung. Zahlungen aus Ihrem Privatvermögen sollten Sie bei diesem Vorgang nicht leisten.“

Geltendmachung von Insolvenzforderungen

begründete Forderungen

Alle bis zur Eröffnung des Insolvenzverfahrens begründeten Forderungen, stellen Insolvenzforderungen nach § 38 InsO dar. Begründet ist eine Forderung dann, wenn die entsprechenden Lieferungen und Leistungen schon vor der Eröffnung des Verfahrens ausgeführt wurden.

Insolvenzforderungen können nach der Verfahrenseröffnung nicht mehr direkt gegen den ursprünglichen Schuldner durch Zahlungsaufforderung, Mahnung, Vollstreckung geltend gemacht werden. Sie werden ausschließlich beim Insolvenzverwalter zur Insolvenztabelle angemeldet.

Insolvenztabelle

In die Insolvenztabelle werden alle Forderungen vom Insolvenzverwalter aufgenommen, die bis zur Eröffnung des Verfahrens begründet worden sind. Die Anmeldung ist grundsätzlich formlos; die Forderungen sind aber durch entsprechende Unterlagen (Aufträge, Rechnungen, Lieferzettel etc.) glaubhaft zu machen. Ist die Forderung berechtigt und auch vom Gläubiger nachgewiesen, stellt der Insolvenzverwalter die Forderung zur Insolvenztabelle fest.

Feststellung von Forderung

Diese Feststellung wirkt dann wie ein rechtskräftiges Gerichtsurteil (Titel gegenüber Schuldner). Wurde die Forderung bestritten, ist diese gegenüber dem Insolvenzverwalter zu verfolgen (zivilrechtliche Klage). Ist dieses Verfahren erfolgreich, wird die Forderung bei der Verteilung berücksichtigt.

Nach Abzug der Verfahrenskosten noch verbleibendes Vermögen wird quotal auf die festgestellten Forderungen der Gläubiger verteilt. Eine weitere Befriedigung ist darüber hinaus nicht vorgesehen.

Eine Ausnahme ergibt sich im Restschuldbefreiungsverfahren bei natürlichen Personen. Bei diesem Verfahren erhalten die Gläubiger dann auch für die Dauer der Wohlverhaltensperiode Befriedigung auf ihre festgestellten Forderungen | ► HF 3, Kap. 26.2.3 |.

Insolvenzforderungen dürfen laut Insolvenzordnung nur durch Anmeldung zur Insolvenztabelle geltend gemacht werden.

Alles verstanden? Werden Sie im Sackmann-Lernportal aktiv!

Geltendmachung von Insolvenzforderungen

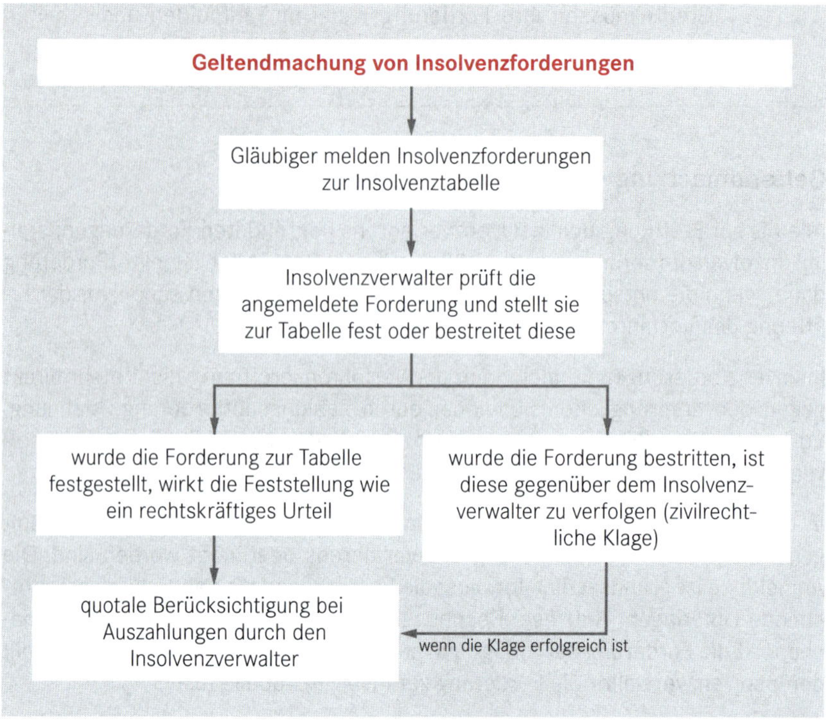
Geltendmachung von Insolvenzforderungen
Gläubiger melden Insolvenzforderungen zur Insolvenztabelle
Insolvenzverwalter prüft die angemeldete Forderung und stellt sie zur Tabelle fest oder bestreitet diese
wurde die Forderung zur Tabelle festgestellt, wirkt die Feststellung wie ein rechtskräftiges Urteil
wurde die Forderung bestritten, ist diese gegenüber dem Insolvenzverwalter zu verfolgen (zivilrechtliche Klage)
quotale Berücksichtigung bei Auszahlungen durch den Insolvenzverwalter
wenn die Klage erfolgreich ist

Beispiel: **Fall 1:** Stefan Hoffmann ist zutiefst betrübt. Der Insolvenzverwalter Thomas Wirths hat ihm mitgeteilt, dass das Unternehmen nicht mehr gerettet werden kann. „Das bedeutet, dass jetzt alle Vermögenswerte veräußert werden, um die Gläubiger daraus zu befriedigen," erklärt er ihm.

Es stellt sich aber bald heraus, dass der Erlös nicht ausreicht, alle Gläubiger zu befriedigen. In der Folge wird das Insolvenzverfahren vom Insolvenzgericht aufgehoben, Stefan Hoffmann und seine Angestellten entlassen und das Unternehmen im Handelsregister gelöscht.

Folgen der Verfahrensbeendigung - Liquidation

Mit der Aufhebung des Insolvenzverfahrens gehen sämtliche Rechte wieder auf den Schuldner über. Er kann wieder über sein Vermögen - soweit noch vorhanden - verfügen. Alle Gläubiger, die nicht bzw. nicht vollständig befriedigt wurden, können jetzt wieder ohne Einschränkung vollstrecken. Handelt es sich um natürliche Personen, die die Restschuldbefreiung | ► S. 777 | beantragt haben, besteht aber für die Dauer der Wohlverhaltensperiode ein Vollstreckungsverbot. Wird dem Schuldner Restschuldbefreiung erteilt, fallen damit alle Verbindlichkeiten weg.

Soweit es sich bei dem Schuldner um eine juristische Person (z.B. die SH Haustechnik GmbH) handelt, ist nach der Durchführung des Insolvenzverfahrens kein Gesellschaftsvermögen mehr vorhanden und die Gesellschaft wird im Handelsregister gelöscht.

26.2.2 Verbraucherinsolvenzverfahren

außergerichtlicher Einigungsversuch

Für natürliche Personen, die keine selbstständige wirtschaftliche Tätigkeit ausüben und zahlungsunfähig werden, greift das Verbraucherinsolvenzverfahren. Vor Insolvenzantragstellung müssen diese Personen zwingend einen außergerichtlichen Einigungsversuch mit sämtlichen Gläubigern versucht haben. Der außergerichtliche Einigungsversuch ist frei gestaltbar, er muss nur alle Gläubiger berücksichtigen und Aussagen dazu treffen, wie die (Teil-) Rückzahlung gestaltet werden soll.

gerichtlicher Einigungsversuch

Stimmen alle Gläubiger dem außergerichtlichen Einigungsversuch zu, werden nach den vereinbarten Zahlungen die restlichen Verbindlichkeiten erlassen. Scheitert die außergerichtliche Einigung, ist mit der Insolvenzantragstellung der gescheiterte Versuch der Einigung gegenüber dem Insolvenzgericht durch eine Bescheinigung einer anerkannten Schuldnerberatungsstelle nachzuweisen. Das Insolvenzgericht kann jetzt selbst einen Einigungsversuch mit den Gläubigern versuchen (sog. gerichtlicher Einigungsversuch). Stimmt die Mehrheit der Gläubiger dem gerichtlichen Einigungsversuch zu, werden auch in diesem Fall die verbliebenen Verbindlichkeiten erlassen.

Natürliche Personen, die keine gewerbliche Tätigkeit ausüben, fallen unter das Verbraucherinsolvenzverfahren. Vor der Insolvenzeröffnung ist der Versuch einer außergerichtlichen Einigung zwingend erforderlich.

Scheitert auch der gerichtliche Einigungsversuch, kann das Insolvenzverfahren eröffnet und ein Treuhänder bestellt werden. Voraussetzung hierfür ist, dass eine ausreichende Masse vorhanden ist bzw. die Verfahrenskosten gestundet werden.

Beispiel: Stefan Hoffmann hat sich von der Insolvenz und der Auflösung seiner GmbH noch nicht erholt, da droht schon weiteres Übel. Für einen Bankkredit an die GmbH hat er mit seinem Privatvermögen gebürgt. Da die Bank mit ihren Forderungen gegenüber der SH Haustechnik GmbH im Insolvenzverfahren größtenteils ausgefallen ist, macht sie nun ihre offenen Forderungen gegenüber Stefan Hoffmann als Bürgen geltend. Daneben schuldet er noch einem Autohaus Geld.

Der erste Schritt geht zu einer staatlich anerkannten Schuldnerberatungsstelle. Diese versucht zuerst mit den Gläubigern von Stefan Hoffmann eine außergerichtliche Einigung zu erreichen und bietet den Gläubigern 15 % auf die bestehenden Forderungen an. Leider lehnen alle Gläubiger das Angebot ab. Jetzt bleibt ihm tatsächlich nur noch der Weg, einen Insolvenzantrag als Privatperson zu stellen. Da das Insolvenzgericht eine gerichtliche Schuldenbereinigung für aussichtslos hält, wird das Insolvenzverfahren eröffnet. Das Insolvenzgericht hat Rechtsanwalt Horst Stein als Treuhänder bestellt. Dieser sucht in den nächsten Tagen Stefan Hoffmann auf und erklärt ihm die Folgen des Insolvenzverfahrens. Leider kennt er - aus dem Insolvenzverfahren seiner gelöschten GmbH - die meisten Konsequenzen bereits.

Eröffnung eines vereinfachten Insolvenzverfahrens

Mit der Eröffnung des vereinfachten Insolvenzverfahrens gehen alle Rechte und Pflichten auf den Treuhänder über. Dieser verwaltet und verwertet das Vermögen des Schuldners und verteilt es - nach Abzug der Verfahrenskosten - an alle Gläubiger. Die Gläubiger müssen ihre Forderungen beim Treuhänder zur Tabelle anmelden. Nur vom Treuhänder festgestellte Forderungen werden bei einer Verteilung berücksichtigt. Zusammenfassend gilt auch im Verbraucherinsolvenzverfahren:

Schuldner

Für den Schuldner:

- Der Schuldner kann nicht mehr wirksam über sein Vermögen verfügen; dies liegt alleine in der Hand des Treuhänders.
- Der Schuldner kann offenstehende Forderungen nicht mehr einziehen bzw. Verbindlichkeiten nicht mehr begleichen.
- Bevollmächtigungen des Schuldners erlöschen (z.B. Bevollmächtigung eines Steuerberaters).
- Nur der Treuhänder verwertet Vermögen des Schuldners.

Für den Gläubiger:

Gläubiger

- Bis zur Verfahrenseröffnung begründete Forderungen (Insolvenzforderungen) können nicht mehr gegen den Schuldner vollstreckt werden.
- Insolvenzforderungen können nur (quotale) Befriedigung erhalten, wenn diese zur Insolvenztabelle angemeldet und festgestellt wurden.

Beispiel: Nach der Verwertung seines privaten Vermögens und der Verteilung an die Gläubiger hat das Insolvenzgericht das Insolvenzverfahren aufgehoben und für Stefan Hoffmann Restschuldbefreiung angekündigt. Er hatte bereits mit dem Antrag auf Eröffnung des Insolvenzverfahrens seinen pfändbaren Arbeitslohn seines neuen Arbeitsgebers an den Treuhänder abgetreten und Restschuldbefreiung beantragt. Von seinem Nettoarbeitslohn von € 2 500,- sind bei drei unterhaltspflichtigen Personen (Ehefrau arbeitet nicht, sowie zwei schulpflichtige Kinder) € 195,73 pfändbar.

26.2.3 Restschuldbefreiung

Natürliche Personen können im Anschluss an das Insolvenzverfahren (Regel- und Verbraucherinsolvenz) auf Antrag von ihren verbliebenen Verbindlichkeiten befreit werden. Hierzu kündigt das Insolvenzgericht mit der Aufhebung des Insolvenzverfahrens im Schlusstermin die Restschuldbefreiung an.

Versagungsgründe

Werden von einem Gläubiger im Schlusstermin Versagungsgründe wie z.B.

- die Verurteilung wegen einer Insolvenzstraftat,
- die Abgabe unrichtiger oder unvollständiger Angaben des Schuldners zur Erlangung eines Kredites oder von Leistungen aus öffentlichen Mitteln sowie zur Vermeidung von Zahlungen an öffentliche Kassen

geltend gemacht, wird dem Schuldner ein Zugang zur Restschuldbefreiung versagt. Die Restschuldbefreiung wird dann nicht angekündigt.

Das Insolvenzgericht entscheidet im Schlusstermin noch nicht darüber, ob der Schuldner von der Restschuld befreit wird, sondern nur darüber, ob der Schuldner im weiteren Verfahren überhaupt eine Restschuldbefreiung erlangen kann. Die Entscheidung über die Restschuldbefreiung steht erst am Ende der Wohlverhaltensperiode.

Pflichten in der Wohlverhaltensperiode

Die Laufzeit der Wohlverhaltensperiode beträgt sechs Jahre nach der Eröffnung des Insolvenzverfahrens. Während dieser Laufzeit muss der Schuldner

- eine angemessene Erwerbstätigkeit ausüben oder sich um eine solche bemühen,
- seinen pfändbaren Arbeitslohn an einen vom Insolvenzgericht bestellten Treuhänder abtreten. Dieser sammelt die pfändbaren Beträge und verteilt diese jährlich an die Insolvenzgläubiger,
- Vermögen, das er erbt, zur Hälfte an den Treuhänder herausgeben,
- jeden Wechsel des Wohnsitzes oder der Beschäftigungsstelle dem Treuhänder und dem Insolvenzgericht anzeigen,
- jedes Abkommen mit einzelnen Insolvenzgläubigern, durch das diese einen Sondervorteil erhalten, unterlassen.

Schuldenerlass

Mit Ablauf der sechs Jahre erteilt das Insolvenzgericht dem Schuldner die Restschuldbefreiung, soweit er seinen vorgenannten Verpflichtungen nachgekommen ist. Mit Rechtskraft dieses Beschlusses wird der Schuldner von seinen verbliebenen Verbindlichkeiten befreit. Er ist jetzt grundsätzlich schuldenfrei. Ausgenommen hiervon sind aber u.a. Unterhaltsforderungen.

Voraussetzungen für Restschuldbefreiung

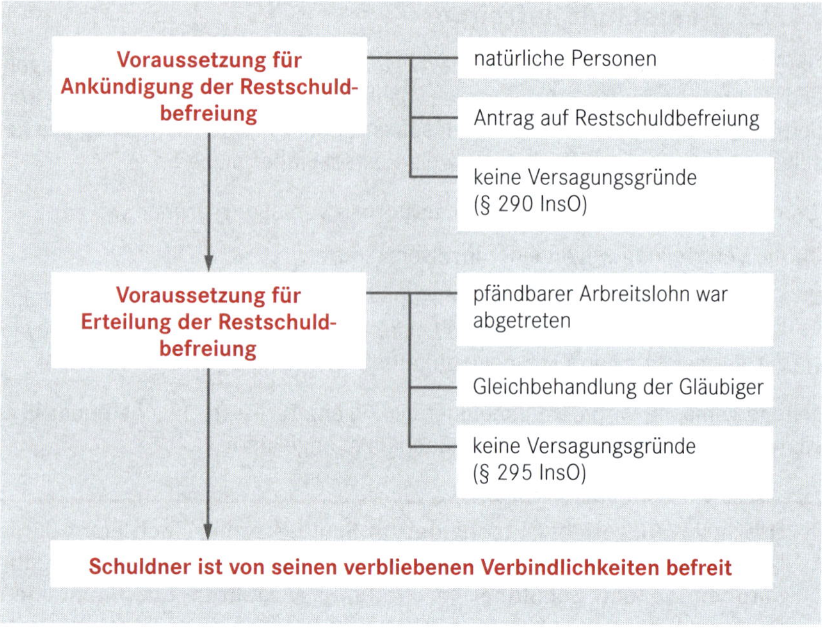

26.2.4 Sanierung

erwartete Rentabilität

Bereits in der Phase der vorläufigen Insolvenzverwaltung hat der vorläufige Insolvenzverwalter die Aufgabe, zu prüfen und zu beurteilen, inwieweit das Unternehmen saniert und erhalten werden kann. Nur wenn es zukünftig rentabel geführt werden kann, liegt auch die Voraussetzung für eine, vom Gesetzgeber gewollte Sanierung vor, ansonsten wird das Insolvenzverfahren mit anschließender Liquidation eingeleitet | ► HF 3, Kap. 26.2.1 |. Die Fortführung des Unternehmens darf jedoch nicht zu einer erheblichen Vermögensminderung führen. Nach der Verfahrenseröffnung kann im Rahmen eines Insolvenzplanverfahrens die Sanierung des Unternehmens erreicht werden.

Insolvenzplanverfahren

Vor dem Hintergrund der Sanierung eines Unternehmens kann in einem Insolvenzplan die Befriedigung der Gläubiger und die Verwertung der Insolvenzmasse und deren Verteilung an die Beteiligten abweichend von den Regeln der Insolvenzordnung festgelegt werden. Zur Vorlage eines Insolvenzplans ist neben dem Insolvenzverwalter auch der Schuldner berechtigt. Der Insolvenzplan ist die Grundlage für die Entscheidung der Gläubiger über die Zustimmung zum Verfahren.

Die Insolvenzordnung regelt nur das Verfahren und den Ablauf des Planverfahrens, die inhaltliche Ausgestaltung liegt allein in der Hand des Schuldners und der Gläubiger.

Teile des Insolvenzplans

Der Insolvenzplan besteht aus einem darstellenden und einem gestaltenden Teil. Der darstellende Teil beinhaltet:

- die Vermögens-, Finanz- und Ertragslage des Schuldners,
- die Darstellung des Sanierungsziels,
- die Darstellung der bereits eingeleiteten Maßnahmen bzw. der noch einzuleitenden Maßnahmen,
- eine Vergleichsrechnung (wie viel bekommen die Gläubiger nach Insolvenzplan und wie viel nach Abwicklung der Insolvenz ohne Insolvenzplan),
- die Darlegung, ob ein Liquidationsplan (das bisherige Unternehmen wird aufgelöst), ein Sanierungsplan (das bisherige Unternehmen bleibt mit einigen Veränderungen bestehen) oder ein Übertragungsplan (das bisherige Unternehmen wird ganz oder teilweise auf ein anderes Unternehmen übertragen) erstellt wird.

Der gestaltende Teil beinhaltet:

- wie sich die Rechtstellung der Beteiligten ändern soll,
- Haftungsansprüche,
- finanzielle Absprachen (z.B. Absprachen nach denen Gläubigerforderungen in Anteilsrechte umgewandelt werden - sog. Debt-Equity-Swap).

Gläubigergruppen

Unterschiedliche Gläubiger sind in Gläubigergruppen einzuteilen, wobei in jeder Gruppe die Gläubiger die gleichen Rechte haben. Die Abstimmung erfolgt dann in jeder Gläubigergruppe. Stimmt die Mehrheit der Gläubiger und der Schuldner dem Insolvenzplan zu und beträgt die Summe der Ansprüche (Insolvenzforderungen) der zustimmenden Gläubiger mehr als die Hälfte der gesamten Ansprüche, gilt der Insolvenzplan als angenommen. Der Insolvenzplan bedarf danach noch der gerichtlichen Bestätigung durch das Insolvenzgericht. Mit der Rechtskraft der Bestätigung treten die Wirkungen des Insolvenzplans für und gegen alle Beteiligten ein. Forderungen werden z.B. nur noch in der vereinbarten Höhe befriedigt, der Rest gilt als erlassen (sog. unvollkommene Forderungen, die weder vollstreckt noch aufgerechnet werden können).

Mit der Rechtskraft der gerichtlichen Bestätigung des Insolvenzplans wird das Insolvenzverfahren aufgehoben.

Tests und Aufgaben zu diesem Kapitel finden Sie im Sackmann-Lernportal.

Ablauf Insolvenzplanverfahren

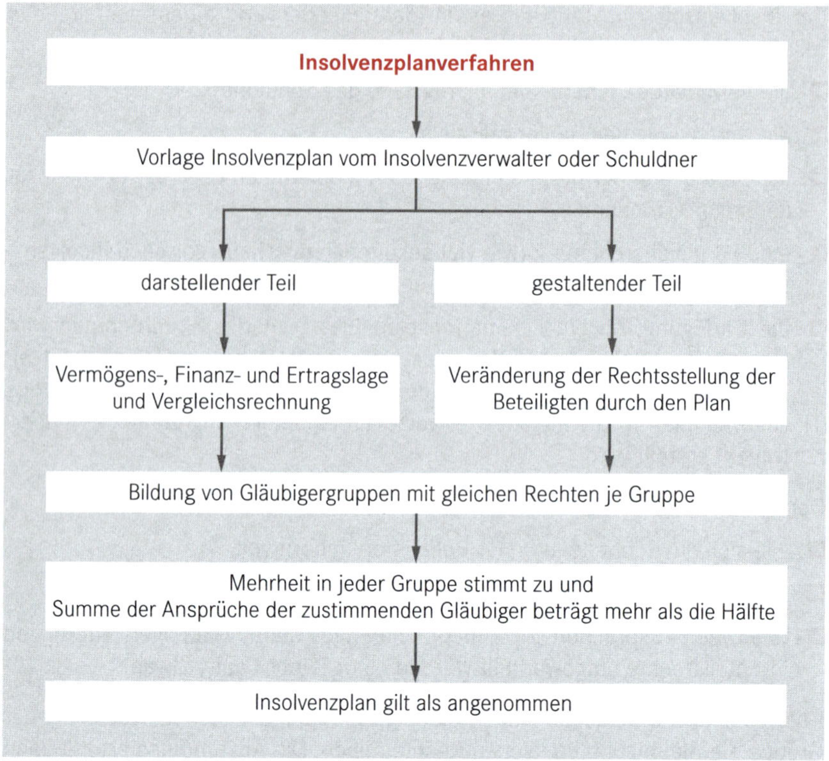

Beispiel: **Fall 2:** Der Insolvenzverwalter Thomas Wirths hat gute Nachrichten für Stefan Hoffmann. Sein Unternehmen kann gerettet werden, da es grundsätzlich wirtschaftlich arbeite und auch eine gute Zukunftsprognose habe. Thomas Wirths hat einen Insolvenzplan ausgearbeitet.

Danach sollen alle Großgläubiger (über € 5 000,- Forderungssumme) eine Vergleichsumme von 55 % ihrer Forderungen und alle Kleingläubiger (€ 1 000,- bis € 5 000,- Forderungssumme) eine Vergleichsumme von 75 % ihrer Forderungen erhalten. Gläubiger mit Forderungen unter € 1 000,- sollen 90 % erhalten. Zur langfristigen Finanzierung dieses Betrages hat Thomas Wirths eine neue Bank gefunden. Die Mehrheit der Gläubiger hat dem Insolvenzplan zugestimmt. Das Insolvenzgericht hat daraufhin den Insolvenzplan bestätigt und das Insolvenzverfahren aufgehoben.

Kompetenzen

Das sollten Sie als zukünftiger Meister können:

- ✔ rechtsformabhängige Insolvenzantragspflicht erkennen und Konsequenzen der unternehmerischen und privaten Insolvenz darstellen,
- ✔ Ablauf der Insolvenzverfahren beschreiben und Möglichkeiten der Weiterführung und Liquidation einschätzen,
- ✔ Möglichkeiten und Voraussetzungen der Restschuldbefreiung kennen.

Abkürzungsverzeichnis

AfA	Absetzung für Abnutzung
AFBG	Aufstiegsfortbildungsförderungsgesetz
AG	Aktiengesellschaft
AGB	Allgemeine Geschäftsbedingungen
AGG	Allgemeines Gleichbehandlungsgesetz
ALG	Arbeitslosengeld
AMVO	Verordnung über gemeinsame Anforderungen in der Meisterprüfung im Handwerk
AO	Abgabenordnung
ARA	Aktive Rechnungsabgrenzung
ArbSchG	Arbeitsschutzgesetz
ArbStättV	Arbeitsstättenverordnung
BA	Bundesagentur für Arbeit
BAB	Betriebsabrechnungsbogen
BAföG	Bundesausbildungsförderungsgesetz
BDA	Bundesvereinigung der Deutschen Arbeitgeberverbände
BDI	Bundesverband der Deutschen Industrie
BDSG	Bundesdatenschutzgesetz
BEM	betriebliches Eingliederungsmanagement
BErzGG	Bundeserziehungsgeldgesetz
BetrVG	Betriebsverfassungsgesetz
BG	Berufsgenossenschaft
BGA	Betriebs- und Geschäftsausstattung
BGB	Bürgerliches Gesetzbuch
BGH	Bundesgerichtshof
BIC	Bank Identifier Code
BIV	Bundesinnungsverband
BIZ	Bank für Internationalen Zahlungsausgleich
BKGG	Bundeskindergeldgesetz

BKK	Betriebskrankenkasse
BWA	betriebswirtschaftliche Auswertung
CD	Corporate Design
CI	Corporate Identity
DATEV	Datenverarbeitungsorganisation der steuerberatenden Berufe
DGB	Deutscher Gewerkschaftsbund
DHKT	Deutscher Handwerkskammertag
DIHK	Deutscher Industrie- und Handelskammertag
DIN	Deutsche Industrienorm
DTA	Datenträgeraustauschverfahren
EB	Eröffnungsbilanz
eGK	elektronische Gesundheitskarte
e.G	eingetragene Genossenschaft
e.K./e.Kfm./e.Kffr.	eingetragener Kaufmann/eingetragene Kauffrau
ELV	elektronisches Lastschriftverfahren
EN	Europäische Norm
ErbStG	Erbschaftsteuer- und Schenkungsteuergesetz
ERP	European Recovery Program
EStDV	Einkommensteuer-Durchführungsverordnung
EStG	Einkommensteuergesetz
EStR	Einkommensteuer-Richtlinien
EÜR	Einnahmen-Überschuss-Rechnung
EZB	Europäische Zentralbank
GbR	Gesellschaft bürgerlichen Rechts
GEMA	Gesellschaft für musikalische Aufführungs- und mechanische Vervielfältigungsrechte
GewO	Gewerbeordnung
GewStG	Gewerbesteuergesetz
GKV	gesetzliche Krankenversicherung
GmbH	Gesellschaft mit beschränkter Haftung
GmHG	GmbH-Gesetz
GoB	Grundsätze ordnungsmäßiger Buchführung
GoBil	Grundsätze ordnungsmäßiger Bilanzierung
GoS	Grundsätze ordnungsmäßiger Speicherbuchführung

GuV	Gewinn- und Verlustrechnung
GWB	Gesetz gegen Wettbewerbsbeschränkungen
GWG	geringwertige Wirtschaftsgüter
HBCI	Homebanking Computer Interface
HF	Handlungsfeld
HGB	Handelsgesetzbuch
HÜ	Hauptabschluss-Übersicht
HWK	Handwerkskammer
HwO	Handwerksordnung
IBAN	International Bank Account Number
i.d.R.	in der Regel
IHK	Industrie- und Handelskammer
IKK	Innungskrankenkasse
InsO	Insolvenzordnung
ISO	International Organization for Standardization
KER	kurzfristige Erfolgsrechnung
KfW	Kreditanstalt für Wiederaufbau
KG	Kommanditgesellschaft
KH	Kreishandwerkerschaft
KMU	kleine und mittlere Unternehmen
KSchG	Kündigungsschutzgesetz
LAG	Landesarbeitsgericht
LBB	Landesbürgschaftsbank
LIV	Landesinnungsverband
LPartG	Lebenspartnerschaftsgesetz
Ltd.	Limited
L. u. L.	Lieferung und Leistung
MuSchG	Mutterschutzgesetz
MwSt.	Mehrwertsteuer
OHG	offene Handelsgesellschaft
PIM	Personal Information Manager
PIN	Persönliche Identifikationsnummer
PR	Public Relations
PRA	Passive Rechnungsabgrenzung

ProdHG	Produkthaftungsgesetz
ROI	Return on Investment
SB	Schlussbilanz/Schlussbestand
SchwbG	Schwerbehindertengesetz
SEPA	Single Euro Payment Area (Einheitlicher Euro-Zahlungs-verkehrsraum
SGB	Sozialgesetzbuch
SGG	Sozialgerichtsgesetz
SKR	Spezialkontenrahmen
StGB	Strafgesetzbuch
S.W.I.F.T.	Society for Worldwide Interbank Financial Telecommunication
TA Lärm	Technische Anleitung zum Schutz gegen Lärm
TA Luft	Technische Anleitung zur Reinhaltung der Luft
TAN	Transaktionsnummer
TzBfG	Teilzeit- und Befristungsgesetz
U1/U2	Umlageverfahren
UG	Unternehmergesellschaft
UrhG	Urheberrechtsgesetz
USt.	Umsatzsteuer
UStG	Umsatzsteuergesetz
USt-IdNr.	Umsatzsteuer-Identifikationsnummer
UStR	Umsatzsteuer-Richtlinien
UWG	Gesetz gegen den unlauteren Wettbewerb
VOB	Vergabe- und Vertragsordnung für Bauleistungen
VOF	Vergabe- und Vertragsordnung für freiberufliche Leistungen
VOL	Vergabe- und Vertragsordnung für Leistungen
ZDH	Zentralverband des Deutschen Handwerks
ZPO	Zivilprozessordnung
ZVEI	Zentralverband Elektrotechnik- und Elektronikindustrie

Stichwortverzeichnis

B

M

N